Das Beatles-Lexikon

McLuhans, der das Medium zur Botschaft erklärt hatte? Ein Recht auf etwas mehr Spaß am und im Leben als ihre noch vom Zweiten Weltkrieg geprägten Eltern hatten John, Paul, George und Ringo sowieso. Und warum sollten sie verdammt noch mal nicht selbst über ihre Produktionsmittel bestimmen können? Apple war den Versuch wert, auch wenn die Würmer des Kommerz ihn bald fraßen und auch die gut gemeinte Revolution alsbald ihre Kinder korrumpierte.

Trotzdem: Die swinging sixties waren ein hochbrisantes Jahrzehnt, das die Welt veränderte – die Ära des Vietnamkrieges und der Bürgerrechtsbewegung, der Hippies und Yippies, der Massendemonstrationen und Open-Air-Konzerte (Woodstock!), heftiger Rassenunruhen und politischer Morde (Martin Luther King, John F. Kennedy). Die Identität einer Weltmacht stand zur Disposition. Damals ging auch durch Deutschland ein Ruck – durch Ost und West. Eine starke, wenn auch wirre Hoffnung machte der Jugend Mut. Der gesellschaftliche Umbruch am Ende der 1960er Jahre wurde allerdings nicht mehr von den Beatles katalysiert, auf der Suche nach sich selbst hatten sie sich ins Abseits gestellt, waren sie von Akteuren zu Beobachtern mutiert. Sie hatten der Popmusik neue Horizonte eröffnet, die von ihnen geprägte Generation zog in Woodstock ihre Bilanz ohne sie.

Trotzdem: Der Einfluss der Beatles auf die populäre Musik und Kultur unserer Zeit ist unbestreitbar. Ihr Aufstieg von den »Yeah! Yeah! Yeah!«-Jungs aus den Kellern von Liverpool zu weltweit akzeptierten Idolen hat der Jugend der 1960er Jahre Mut gemacht, den Aufbruch zu wagen. Bereits damals war die Ansicht weit verbreitet, dass jeder »erwachsen« (was immer das auch heißen mag) werden könne, dürfe oder müsse – mit Ausnahme der Rock'n'Roll-Stars. Diese durften auch im »hohen Alter« von dreißig oder mehr Jahren (»Trau keinem über 30!«) noch über die Bühnen dieser Welt toben, Hotelzimmer demolieren, jeden Tag neue Groupies haben usw. Sicher machte auch das einen Großteil ihrer Idol-Wirkung aus. Als die Beatles nicht länger als Projektionsfläche für die Wünsche ihrer älter werdenden Fans nach ewiger Jugend herhalten wollten, besaßen sie den Mut, sich als Band aufzulösen. Revolutionen in der Gesellschaft und in den Köpfen werden schließlich nicht von Gruppen initiiert, sondern von mehr oder weniger charismatischen Persönlichkeiten.

Die Beatles standen und stehen auch für den viel beschworenen Generationskonflikt – und tragen heute dazu bei, dass die Gräben zwischen den Alten und den Jungen (beides ist immer relativ) nicht zu tief werden. Die Beatles Conventions als gemeinsame Spielwiese der Alt-68er und ihrer Kinder und Enkel? Auch in den 1970er, 1980er und 1990er Jahren wie auch im neuen Millennium waren die Beatles immer wieder in den Hitparaden – mit immer neuen Re-releases. So kam 1982 die unter dem Motto »It Was Twenty Years Ago Today ...« als Picture Disc wiederveröffentlichte Single »Love Me Do« auf Platz 4 der britischen Charts – 13 Plätze höher als bei der Erstveröffentlichung 1962! Die britische Band mit den meistverkauften CDs in den USA waren 1996 die Beatles. Im Millennium-Poll der BBC Ende 1999 belegten die Beatles den ersten Platz – vor Queen, den Rolling Stones und U2 – 600 000 befragte Briten kürten die Beatles zur »Band des Jahrtausends«; John Lennon wurde zum »einflussreichsten Musiker« ernannt, gefolgt von Elvis Presley, Michael Jackson, Jimi Hendrix und Wolfgang Amadeus Mozart. Ende der neunziger Jahre waren Untersuchungen zufolge 18,5 Prozent der Käufer von Beatles-Platten unter 24 Jahre alt. Seitdem ist dieser

Die Revolution begann in Liverpool

»Die Interpreten machen oft einen großen Fehler. Sie haben keinen Mut. Sie glauben, dass ein Publikum etwas nicht akzeptieren wird. Und das ist nicht wahr! Ich meine, wenn man überzeugt ist und die Leute überzeugen will, kann man sicher sein, dass der Moment kommen wird, an dem sich das Publikum ändert.« Der das sagte, ist einer der großen Innovatoren der Musik des 20. Jahrhunderts: Pierre Boulez. Sicher, große Ereignisse werfen nicht immer große Schatten voraus. Und wer würde schon Elvis Presley, Bill Haley und die ganze Rock'n'Roll-Crew der Fifties als Vorboten der Beatles akzeptieren? Auch wenn Ahnungen bisweilen spannender als Vorherwissen sind – niemand ahnte Ende der 1950er Jahre, welche Revolution die 1960er Jahre der Rockmusik bescheren würden.

Oder war es letztendlich doch nur eine Evolution? Gab es nicht die gleiche Massenhysterie, den gleichen Starkult bereits bei Frank Sinatra, Elvis Presley und Bill Haley? Ist nicht alles schon mal dagewesen? Sucht sich nicht jede Generation auch in der Musik ihre ganz persönlichen Helden? Nach Rudolph Valentino, James Dean, Frank Sinatra und den Stars des Rock'n'Roll war Anfang der 1960er Jahre die Zeit reif für eine neue Massenhysterie, die Beatlemania. Die Aura der Stars definierte sich damals noch sowohl aus dem Wissen wie aus dem Nichtwissen; längst nicht alles, was heute in den laufenden Regalmetern Beatles-Literatur penibel dokumentiert ist, war damals bekannt. Und es gab noch nicht das Internet, das weltweite Netz der Netze mit dem unbegrenzten Zugang zu Informationen aller Art, nicht wertend, sondern lediglich verfügbar machend. Die Portion Nichtwissen, die sich Stars auch heute noch bewahren sollten, um Stars zu bleiben, war damals noch wesentlich größer als heute. Und so kann und will auch dieses Lexikon nicht alle Geheimnisse lüften, nicht alle Daten versammeln, die verfügbar sind, sondern vielmehr als Wegweiser dienen durch das Universum der vier Musiker aus Liverpool, die die Rockmusik und ein kleines Stück auch die Gesellschaft revolutionierten. Aber was heißt hier Universum – lebten nicht auch die Beatles eigentlich in einer »klaustrophobischen Kapsel«, wie das Terence Spencer in seinem Buch »It Was Thirty Years Ago« beschreibt? Wie groß war der Horizont der vier Liverpooler Jungs, die sich anschickten, ihre Botschaft von der Macht der Jugend aus dem Cavern über Hamburg in die Welt hinauszuschreien? War es nur ein überkommenes Gegen-alles-Sein oder hatte der primär mit musikalischen Mitteln artikulierte Protest auch eine Richtung, gab es einen Gegenentwurf zu den tradierten Werten der Welt der Erwachsenen? »In Bezug auf die Rockmusik waren die Beatles ›Das Kapital‹ und ›Die Entstehung der Arten‹ zusammengenommen«, konstatiert Patrick Humphries im zweiten Teil seines »Complete Guide To The Music Of The Beatles«. Das ist vielleicht etwas übertrieben. Personifizierten John, Paul, George und Ringo nur eine Fortsetzung des Rock'n'Roll mit anderen Mitteln, die konkrete Umsetzung der Theorien Marshall

Rainer Bratfisch

Das Beatles-Lexikon

John, Paul, George & Ringo – aus Liverpool in die Welt

Mit einem Bildteil von Rainer Schwanke
»Die Beatles in München – 1966«

Schwarzkopf & Schwarzkopf

Anteil auf über 33 Prozent gestiegen. Als das Magazin *Forbes* 2001 seine Liste der berühmtesten Persönlichkeiten veröffentlichte, standen die Beatles nach Tom Cruise und Golf-Profi Tiger Woods immerhin auf Platz 3. Die am 13.11.2000 erschienene CD »1« der Beatles mit all ihren 27 Nummer-1-Hits hatte eine Startauflage von 8 Mill. CDs und hätte fast einen Grammy bekommen – über 30 Jahre nach ihrer Auflösung als Band! Bei einer Umfrage der Zeitschrift *Rolling Stone* nach den wichtigsten Rockmusikern (»Rock Immortals Poll«) kamen die Beatles 2004 auf Platz 1. Als eine Jury des *Rolling Stone* 2004 die 500 besten Songs aller Zeiten ermittelte, waren die Beatles mit den meisten Songs (insgesamt 22) vertreten. Auf der im Februar 2005 in Berlin vom Verein für gegenkulturelle Studien und von »Betrieb – Organisation für bildende Künstler« organisierten Tagung »Kanon und Kanonen« wurde eine Liste der »besten Bands bis heute« verabschiedet. Auf Platz 1: The Beatles. Der Verband popkritischer Musikpädagogen Berlin (VPMB) protestierte allerdings und präsentierte eine Gegenliste, auf der die Beatles lediglich auf Platz 18 stehen. Auf einer zweiten Gegenliste, aufgestellt von Trost-Musik, landeten sie sogar erst auf Platz 22 (Platz 1: Motörhead!). Auch als die britischen Radiohörer 2006 nach dem beliebtesten britischen Musiker aller Zeiten gefragt wurden, landeten die Beatles gerade mal auf Platz 34. Auf Platz 1 stand Will Young – der Gewinner des ersten britischen »Superstar«-Wettbewerbes ... Aber ob in 40 Jahren noch jemand seinen Namen kennt?

Inzwischen waren die Beatles bereits im Weltraum: Der amerikanische Millionär und Weltraumtourist Dennis A. Tito hörte bei seinem Besuch in der russischen Weltraumstation Beatles-Musik von CDs, die er mitgenommen hatte. Und basiert nicht auch der ganze Britpop letztendlich auf den Beatles? Es gibt die Theorie der Zweiteilung der Popmusik in einen Post-Beatles- und einen Post-Velvet-Underground-Strang. Die Verkaufszahlen der immer neuen Beatles- und Velvet-Underground-Kompilationen belegen anschaulich, welcher Strang dominiert. Dabei haben sie in ihrer aktiven Zeit als Gruppe, also innerhalb von neun Jahren, lediglich ca. 11 Stunden Musik veröffentlicht, auf 13 LPs und etwa 20 Singles. Bis heute haben die Beatles über 1,3 Mrd. Platten und CDs verkauft. Wenn ich richtig gezählt habe, nahmen sie zwischen 1962 und 1966 188 Songs auf, 1967 bis 1970 kamen noch einmal 97 dazu – das macht insgesamt 215 Kompositionen. 161 davon stammen von John Lennon und Paul McCartney – zumindest theoretisch, praktisch hat oft einer von ihnen die Titel geschrieben –, 22 von George Harrison und zwei von Ringo Starr. Dazu kommen 24 Cover-Versionen anderer Songschreiber. Der Output ist überschaubar. Über 400 Stunden Beatles-Musik sollen allerdings noch in den Hochsicherheitstresoren der Studios in der Abbey Road lagern ...

Das Phänomen Beatles ist dabei nicht isoliert zu betrachten, sondern immer im Kontext der Zeit- und Musikgeschichte. Ich sehe mich dabei als »kritischen Fan«. Das bewahrt mich hoffentlich sowohl vor einem nostalgisch verklärten Trip in die swinging sixties, zu den Wurzeln der Beatmusik, als auch vor einer trockenen Anhäufung von Fakten. Mein Motto: »Wer nicht hören will, muss fühlen; wer hören will, sollte auch lesen«. Mit diesem Buch bekommen die »Hardcore-Fans« von John, Paul, George und Ringo interessante Hintergründe, Erklärungen und Daten und die »Beatles-Anfänger« Einstiegs- und Orientierungshilfen. Noch ein Buch über die Fab Four also? Über 2 000 Bücher über die Beatles soll es weltweit geben. Die Vielzahl der Beatles-Bücher produzierte auch eine Vielzahl von Fehlern. Nicht immer ist es heute möglich, zwischen Wahrheit und Legende zu unterscheiden und Fakten und Ereignisse chronologisch exakt zu datieren. Natürlich, da gibt es die Biographien und Autobiographien. Aber wird nicht gerade hier am meisten geschludert, gelogen und zurechtgebogen? Nobody's perfect. So datiert z.B. John Robertson den Unfalltod von Julia Lennon, Johns Mutter, richtig auf den 15.7.1958, lässt sie aber bereits am 9. Juli, also sechs Tage vorher, beerdigen. Bill Harry berichtet vom Tod von John Lennons Tante Mimi am 6.12.1991, verlegt die Einäscherung aber auf den 11. Oktober (des gleichen Jahres!). Auch seine Übersicht der Tourneen weist Fehler auf: Am 6.6.1964 waren die Beatles in den Niederlanden, nicht in Dänemark, und am 3.7.1965 traten sie in Barcelona auf, nicht in Madrid. Barry Graves, Siegfried Schmidt-Joos und Bernward Halbscheffel verlegen in ihrem ansonsten sehr verdienstvollen »neuen rock-lexikon« (vollständig überarb. u. erw. Neuausgabe, Reinbek bei Hamburg 1998) die entscheidende Begegnung zwischen John Lennon und Yoko Ono auf den 9.11.1968, also zwei Jahre später als den tatsächlichen Termin. Georg Diez beschreibt in »Beatles – Rolling Stones – GegenSpieler« (Frankfurt/M. 1999), wie Paul McCartney auf der Geburtstagsparty Mick Jaggers am 26.7.1968 (er feierte seinen 25., nicht den 26. Geburtstag) den DJ bittet, die neue Beatles-Single »Hey Jude«/»Revolution« zu spielen, »Hey Jude« wurde jedoch erst Tage später aufgenommen. Woodall datiert in seinem gut recherchierten Buch »John Lennon und Yoko Ono« (Reinbek b. Hamburg 1998) die Hochzeit von John Lennon und Yoko Ono auf den 26.3.1969, sie fand jedoch bereits am 20.3.1969 statt. Allerdings hatte Yoko Ono die Hochzeit als Happening betrachtet und verkündet: »Wir haben vor, das innerhalb der nächsten Woche zu wiederholen.« Aber da lagen sie bereits im Bett des »Amsterdam Hilton«. Bei Bill Harry, einem der profundesten Beatles-Kenner, heißt die Essener Grugahalle »Grugenhalle«, selbst Moers/Meier/Bühring/ Budéus – zu den Autoren gehören die Betreiber des Beatles-Museums in Halle – lassen Paul McCartney im zarten Alter von 11 Jahren die Kunsthochschule besuchen. Aber das Liverpool Institute And School Of Art war nun mal ein Gymnasium und keine Kunsthochschule – das war das Liverpool College Of Art. John Robertson, wirklich ein profunder Beatles-Kenner, verlegt in seinem Buch »John Lennon 1940–1980« den Vietnam Moratorium Day auf den 1. Oktober 1969 und lässt so John Lennon 14 Tage früher darüber jubeln, dass eine halbe Million Menschen sein »Give Peace A Chance« anstimmten. Die Beispiele ließen sich fortsetzen, aber man sollte es mit den Beatles halten, die in »Fixing A Hole« singen: »It really doesn't matter if I'm wrong I'm right ...« (Es ist wirklich egal, ob ich Recht habe oder nicht ...) Und so werden auch an diesem Lexikon die professionellen Beatles-Fehlersucher ihre Freude haben. Um noch einmal die Beatles (»Paperback Writer«) zu zitieren: »Dear Sir or Madam, will you read my book, it took me years to write, will you take a look.« (Sehr geehrte Damen und Herren, bitte lesen Sie mein Buch, ich habe zwei Jahre dafür gebraucht, bitte sehen Sie sich's an.) Sachdienliche Hinweise nehmen in diesem besonderen Fall nicht Ihre nächstgelegene Polizeidienststelle, sondern Autor und Verlag entgegen.

Jedes bedeutende Ereignis der Geschichte generiert seinen Hype, gebiert aber auch seine Mythen. Die Beatles sind ein bedeutendes Ereignis der Geschichte, und sie haben sich einen Spaß daraus gemacht, die Journalisten mit erdachten Geschichten und bewusst verfälschten Fakten an der Nase herumzuführen. Paul zu seinem Biographen Barry Miles: »Um diesem Druck etwas auszuweichen, fingen wir versuchsweise an, die Presse zu verarschen.« Bald gaben sie einander Punkte für die beste erdachte Story. Viele dieser Storys haben in diversen Biographien überlebt, sind allerdings durch wiederholtes Kolportieren nicht wahrer geworden. Auch solche Gerüchte finden sich in diesem Lexikon – (hoffentlich immer) als solche gekennzeichnet –, siehe »Paul Is Dead«.

Natürlich informiert dieses Lexikon – nomen est omen – vor allem über die Beatles als Gruppe, d.h. die Zeit von den allerersten Anfängen in Liverpool bis zum Split im April 1970 – über die Musiker selbst, über ihre Familien, über ihre Musik, über ihr Umfeld, über die Vermarktung und die Rezeption ihrer Musik. Yoko Ono ist also dabei, die Songs der ersten Solo-LP Paul McCartneys werden einzeln aufgeführt (bei Erscheinen gab's ja die Beatles noch).

Natürlich wurden auch spätere Veröffentlichungen von Beatles-Material (»The Beatles Anthology«) berücksichtigt. Und natürlich werden die Biographien bis zur Gegenwart fortgeführt – in aller Kürze. Wer will nicht wissen, wie es den Weggefährten der Beatles aus den 1960er Jahren heute geht? Die Grenzen sind also fließend, schließlich spielen die Beatles noch immer eine wichtige Rolle in der internationalen Pop- und Rockmusik. Die am Schluss der Erläuterungen zu den einzelnen Kompositionen der Beatles aufgeführten Cover-Versionen stellen natürlich eine Auswahl dar – ohne jegliche Wertung und ohne den Anspruch auf die ohnehin nicht zu erreichende Vollständigkeit. Schließlich existieren allein von »Yesterday« ca. 3 000 Versionen anderer Interpreten! Und es werden fast täglich mehr. Aber vielleicht findet selbst der Sammler solcher Cover-Versionen in diesem Buch einige ihm unbekannte Perlen? Check it out! Schließlich gibt es inzwischen Beatles für Babys, Beatles-Songs von Hunden gebellt, Beatles-Songs im Reggae- und Blues-Rhythmus, in Deutsch, Französisch, Schwyzerdütsch und anderen Sprachen, als Jazz, Blas- und klassische Musik ... Auch die angeführten Literaturhinweise erheben keinen Anspruch auf Vollständigkeit, sondern dienen lediglich als Tipps zum Weiterlesen.

Goethe sagte: »Man sieht nur, was man weiß.« Dasselbe gilt wohl auch für das Ohr: Man hört nur, was man kennt. Wenn dieses Buch einige Hintergrundgeräusche, Erklärungen, Fakten und vielleicht sogar einen Kompass zum Verständnis der Beatles und ihrer Zeit liefert, erfüllt es seinen Zweck. Wer hören will, sollte auch lesen. Das Sammeln, Strukturieren und Bewerten von Informationen, wie in diesem Lexikon geschehen, könnte so nicht nur Fabfourologen und manischen Komplettsammlern, die eh schon alles haben und wissen, als Spiegel ihres eigenen Kenntnisstandes und über das Aufspüren von Fehlern zur Selbstbefriedigung dienen, sondern auch einige neue Erkenntnisse und Einsichten generieren und auch bei Noch-nicht-Fans die Neugier auf die Originale wecken. Viel Spaß (und gute Musik) beim Lesen!

Rainer Bratfisch
Berlin, im Februar 2007

Zum Gebrauch des Lexikons

Aufgenommen wurden in das vorliegende Lexikon Personen und Sachbegriffe, die zur Zeit der Beatles – also von ihren allerersten Anfängen Ende der 1950er Jahre bis zu ihrer Trennung im April 1970 – für deren Musik bzw. das Verständnis ihres unmittelbaren musikalischen, geschäftlichen, gesellschaftlichen und politischen Umfeldes relevant waren. Da die Rezeptions- und Wirkungsgeschichte ihrer Musik jedoch nicht mit ihrer Trennung endete, wurden die Biographien der aufgenommenen Personen bis in die Gegenwart fortgeführt. Und natürlich wurden auch Platten, Songs, Bands, Filme, Theaterstücke usw. in das Lexikon aufgenommen, die nach der Trennung der Beatles erschienen, entstanden bzw. aufgeführt wurden, mit ihnen bzw. ihrer Musik aber in ursächlichem Zusammenhang stehen. Nicht im Detail besprochen werden die Veröffentlichungen der Beatles als Solisten nach ihrer Trennung. Ähnlich verhält es sich mit den Plattenlabels – alle Labels, auf denen die Beatles als Gruppe oder (bis zum April 1970) als Solisten offiziell veröffentlichten, sind dabei, von A wie Apple über Capitol Records, EMI, Odeon, Parlophone Records, Polydor, Swan Records bis Z wie Zapple. Natürlich fehlt auch Decca nicht, die sich das Jahrhundertgeschäft entgehen ließ. Nicht dabei sind also Geffen Records, Atlantic, Mercury, CBS und andere, mit denen die Solo-Beatles in späteren Jahren verbandelt waren.

Die englischen Artikel »the« und »a« bzw. »an« werden bei der alphabetischen Ordnung ebenso wenig berücksichtigt wie die bestimmten und unbestimmten Artikel der deutschen Sprache bzw. aus anderen Sprachen. The Beatles finden sich also unter dem Buchstaben B, L'Angelo Misterioso unter A. Auf John Lennon, Paul McCartney, George Harrison und Ringo Starr als Personen, auf die Beatles als Gruppe und auf ihre Songs, Alben und Filme wird in den einzelnen Einträgen nicht verwiesen – die Vielzahl der Verweispfeile wäre erdrückend.

Die Nennung von als Marken geschützten Wörtern erfolgt in diesem Lexikon, wie in Nachschlagewerken üblich, ohne Erwähnung etwa bestehender Patente, Gebrauchsmuster oder Marken. Das Fehlen eines solchen Hinweises berechtigt also nicht zu der Annahme, eine nicht gekennzeichnete Ware, Marke oder Dienstleistung sei frei. In dem Buch erwähnte Bootlegs sind illegale Produkte, die Aufnahmen enthalten, die auf regulären Veröffentlichungen nicht erhältlich sind. Ihre Erwähnung dient einzig und allein der Dokumentation und der Information des Lesers. Autor und Verlag haben weder mit der Herstellung noch mit dem Handel zu tun und vermitteln keine Bezugsquellen. Bei den verwendeten Fotos und Illustrationen handelt es sich um urheberrechtlich geschützte Fotos und um Vorlagen aus freien und privaten Archiven. Ich habe mich bemüht, sämtliche Rechteinhaber von Abbildungen zu ermitteln. Sollte dem Verlag gegenüber dennoch der Nachweis der Rechteinhaberschaft geführt werden, wird das branchenübliche Honorar gezahlt. In diesen Fällen bitte ich, berechtigte Ansprüche über den Verlag an mich zu richten.

Diese Publikation wurde nicht von The Beatles, Apple Corps Limited oder anderen mit diesen bzw. ihren Rechtsnachfolgern in Verbindung stehenden Personen oder Unternehmen autorisiert oder unterstützt und ist deshalb 100 % inoffiziell. *Rainer Bratfisch*

Abkürzungen

acc	Akkordeon
ac-g	akustische Gitarre
act	Interpret (Sänger, Musiker)
A&R	Artists & Repertoire
arr.	Arrangeur
as	Altsaxophon
b	Bass
b/w	backed with (Rückseite einer Single)
bg	Bassgitarre
bars	Baritonsaxophon
bcl	Bassklarinette
bjo	Banjo
CD	Compact Disc
CD-ROM	CD-Read Only Memory (CD für die Datenspeicherung)
cl	Klarinette
co	Kornet
comp.	Komponist, Komposition
cga	Conga
discogr.	Diskographie
DJ	Discjockey
DoCD	Doppel-CD
DoLP	Doppel-LP
DoMC	Doppel-Musik-Kassette
DVD	Digital Versatile Disc/Digital Video Disc
dr	Schlagzeug
dr-comp	Drum-Computer
EP	Extended Play
fl	Flöte
flh	Flügelhorn
frh	French Horn
g	Gitarre
GB	Großbritannien
h	Horn
harm	Mundharmonika
harp	Harfe
Inc.	Incorporated (AG)
keyb	Keyboard
ld	Lead(-Sänger)
lit.	Literatur(hinweise)
LP	Langspielplatte
Ltd	Limited (GmbH)
mand	Mandoline
MC	Musik-Kassette
ob	Oboe
org	Orgel
p	Piano
perc	Perkussion
plc	public limited company (AG)
prod.	Produktion, Produzent, produziert
rec.	(auf Platte/CD) aufgenommen
rel.	veröffentlicht
rhythm-g	Rhythmusgitarre
s	Saxophon
SP	Single
ss	Sopransaxophon
str	Strings (Streichinstrumente)
synth	Synthesizer
ta	Tablâ
tamb	Tamburin
tb	Posaune
techn.	Technik
tp	Trompete
ts	Tenorsaxophon
tu	Tuba
v	Violine
va	Viola
vc	Violoncello
vib	Vibraphon
Vol.	Band, Teil
wbd	washboard
xyl	Xylophon

A

1

Am 13.11.2000 erschienene CD/DoLP (180 gr, mit 4 beiliegenden Drucken und einem Poster mit der Abbildung von 126 Single-Covern aus aller Welt) der Beatles mit allen 27 Nummer-1-Hits der Beatles in GB und den USA in remasterter Version, Startauflage 8 Mill. CDs: »Love Me Do« (1962)/»From Me To You« (1963)/»She Loves You« (1963)/»I Want To Hold Your Hand« (1963)/»Can't Buy Me Love« (1964)/»A Hard Day's Night« (1964)/»I Feel Fine« (1964)/»Eight Days A Week« (1965)/»Ticket To Ride« (1965)/»Help!« (1965)/»Yesterday« (1965)/»Day Tripper« (1965)/»We Can Work It Out« (1965)/»Paperback Writer« (1966)/»Yellow Submarine« (1966)/»Eleanor Rigby« (1966)/»Penny Lane« (1967)/»All You Need Is Love« (1967)/»Hello Goodbye« (1967)/»Lady Madonna« (1968)/ »Hey Jude« (1968)/»Get Back« (1969)/»The Ballad Of John And Yoko« (1969)/»Something« (1969)/»Come Together« (1969)/»Let It Be« (1970)/»The Long And Winding Road« (1970). »Beatles For Sale … eine Hitkopplung fürs Weihnachtsgeschäft«, urteilte der *musikexpress* 12/2000, und: »Quasi die Essenz des ›Roten‹ und des ›Blauen Albums‹ auf einer CD und mit einer Spielzeit von knapp 80 Minuten.« Allerdings: »Something« stand weder in GB noch in den USA jemals auf der Pole Position. Wolfgang Doebeling bringt es im → *Rolling Stone* 12/2000 auf den Punkt: »Viel Genie und kaum Kalamitäten, doch leider inkonsequent selektiert.« In Großbritannien stieg das Album schnell auf die Nr. 1 der Hit-Parade. »Die größte Band des letzten Jahrtausends zurück in den Charts«, jubelte sogar *Bravo* 49/2000. In 34 Ländern kam die CD auf Platz 1 der Charts – »1« war damit eins der meistverkauften Alben des Jahres 2001. Bereits am ersten Verkaufstag erreichte die CD in Deutschland mit 300 000 verkauften Exemplaren Platin-Status. Das Ziel der EMI Deutschland, bis Ostern 2001 eine Mill. Exemplare zu verkaufen, wurde bereits Ende 2000 erreicht. In den USA standen »Something« und »Come Together« als Doppel-A-Seiten eine Woche auf Platz 1 der *Billboard* Single Charts. Die CD kam sogar ins → *Guinness Book Of Records*: Das Album verkaufte sich allein am ersten Tag 3,6 Mill. Mal, im ersten Monat weltweit 13,5 Mill. Mal. In GB wurde es das erfolgreichste Album des Jahres. In 35 Ländern erreichte es Platz 1 der Charts. »1« wurde damit zur erfolgreichsten Platte des Jahres 2001 – mit weltweit 25 Mill. verkauften Exemplaren (USA: 11 Mill., Deutschland: 1,5 Mill.). Nicht zuletzt deshalb belegten die Beatles im »Money Report« 2002 des *Rolling Stone* mit einem Nettoverdienst von 47,9 Mill. $ den 3. Platz – nach U2 und Dr. Dre. 2005 erhielt das Album einen → *Diamond Award* für 10 Mill. verkaufte Alben in den USA. 2003 erschien eine → *Bootleg-*

»1« – am 13.11.2000 erschienene CD/DoLP mit den Nr.-1-Hits der Beatles

DoCD »The Alternate One« und die Bootleg-CD »1 – All The Hits & More On DVD«.

3 NORMAL BEATLES
→ *The Three Normal Beatles*.

4 BY THE BEATLES
Am 1.2.1965 in den USA bei → *Capitol Records* veröffentlichte EP der Beatles mit den Titeln »Honey Don't«, »I'm A Loser«, »Mr. Moonlight« und »Everybody's Trying To Be My Baby« – alle von der LP »Beatles '65«.

7"
→ *Single*.

8-TRACK CARTRIDGE
Tonbandkassette mit einer größeren Bandbreite als »normale« Musik-Kassetten (MC), bestimmt vor allem für Abspielgeräte in PKW, in den 1960er Jahren noch weit verbreitet. Mit der technischen Verbesserung der MC und der entsprechenden Abspielgeräte verschwanden die 8-Track Cartridges Anfang der 1970er Jahre vom Markt. Ein Großteil der Beatles-LPs, aber auch der ersten Solo-LPs der vier Musiker, erschien auch als 8-Track Cartridge. 1974 gab es sogar einige Kassetten in Quadrophonie.

12"
→ Longplay(er), → Maxi-Single.

12-BAR ORIGINAL
Unter diesem Titel erschien im März 1996 auf der DoCD »The Beatles Anthology 2« der Mitschnitt einer langen Blues-Jam der Beatles, aufgenommen am 11.11.1965. Als Autoren werden Lennon/McCartney/Harrison/Starr genannt. Aufnahmen des Titels vom 4.11.1965 (Mono Mix am 30.11.1965) finden sich u.a. auf den → *Bootlegs* »Acetates«, »Ultra Rare Trax 3 & 4«, »Hold Me Tight«, »Back Track Part Three«, »The Lost Lennon Tapes Vol. 20« und »Unsurpassed Masters Vol. 2«.

13 DAYS DO-IT-YOURSELF DANCE FESTIVAL IN YOUR MIND
Von → *Yoko Ono* vom 27.9. bis 9.10.1967 in London veranstaltetes Fluxus-Event: Für einen Beitrag von 1 £ bekam jeder Interessent eine Postkarte mit Tanzanweisungen. Yoko Ono: »Dadurch kann jedes Mitglied des Tanzes mit den anderen Mitgliedern mittels Telepathie kommunizieren.« Yoko Ono schickte auch John Lennon am nächsten Tag eine Postkarte mit der Aufforderung »Breathe at dawn« (Atme bei Tagesanbruch), es folgten weitere elf Anweisungen.

14-HOUR TECHNICOLOR DREAM
Titel eines → *psychedelischen* Events am 29.4.1967 in der Great Hall des Alexandra Palace (»Ally Pally«) im Londoner Stadtteil Wood Green, veranstaltet als Benefizkonzert zugunsten der → *International Times*; für den Pink-Floyd-Biografen Nicholas Schaffner das »legendärste 1967er Happening des Londoner Undergrounds«. Zu den ca. 30 Mitwirkenden gehörten neben Musikern und Bands wie → *Pink Floyd*, Alexis Korner, Soft Machine, The Move, The Creation, Alex Harvey, Champion Jack Dupree, Pretty Things und Pete Townshend Dichter, Tänzer und bildende Künstler wie → *Yoko Ono* und das Binder, Edwards & Vaughan-Team, das bereits John Lennons Rolls Royce und Paul McCartneys Piano bemalt hatte. John Lennon und Paul McCartney deckten einen Teil der Kosten, John Lennon, gerade auf einem Acid Trip, und → *John Dunbar* waren auch im Publikum. Bei Yoko Onos → *Cut Piece* bekam das Publikum Scheren, um sich ein Stück von ihrer Bekleidung abzuschneiden. Das Video »The Pink Floyd London 1966–1967«, produziert von Peter Whitehead, zeigt das

Event – und einen John Lennon, der sich mit seiner Felljacke relativ unbeachtet durch die Menge schiebt. Mick Farren von der *International Times*: »Die meisten Hippies agierten nach dem Motto: ›Hier bitte keine Beatlemania‹.« (*The Beatles Special Limited Edition*, Vol. 1, 2002)

20 GIANT HITS
Im Februar 1971 in den USA im Versandhandel (The Do It Now Foundation, LP 1001) erschienene → *Kompilation* mit → *Cover-Versionen* von Beatles-Songs und »Nowhere Man« im Beatles-Original.

20 GOLDEN HITS
1979 auf → *Apple Records* erschienene → *Kompilation*. Die LP/MC mit den 20 Beatles-Hits brachte auch die Arcade Records (Deutschland) GmbH, Frankfurt/M. (»Aus der TV + Radio Werbung«) heraus, das Plattenlabel stammt allerdings von → *Odeon*, und auch auf das Cover musste ein Odeon-Aufkleber gepappt werden.

20 GREAT HITS
Am 10.9.1983 auf dem Label Phoenix in GB erschienene LP mit Aufnahmen aus dem Hamburger → *Star-Club* vom Dezember 1962.

20 Golden Hits (Arcade/Odeon)

20 GREATEST HITS
Am 11.10.1982 bei → *Parlophone Records* erschienene LP mit 20 Beatles-Hits. Ursprünglich sollte die LP »The Beatles Greatest Hits« heißen und zum 20. Jahrestag des Beginns der Schallplattenkarriere der Beatles erscheinen. Das Cover gestalteten Roy Kohara und Peter Shae. Bei → *Capitol Records* erschien am 11.10.1982 eine LP mit dem gleichen Cover, aber z.T. anderen Songs. Am 4.10.1984 erhielten die Beatles dafür in den USA eine → *Goldene Schallplatte*, am 26.12.1991 wurde die LP in den USA für 1 Mill. verkaufte Exemplare mit Multi-Platin ausgezeichnet. Am 10.9.1983 erschien auf dem Label Phoenix in GB eine LP unter dem gleichen Namen, jedoch mit Aufnahmen aus Hamburg und von den → *Decca Tapes*.

THE 910 NEWSLETTER
→ *Fanzine*, herausgegeben und verlegt von Doug Sulpy seit Januar 1991; Nachfolger des Fanzines *Illegal Beatles* (seit 1986). Anschrift: P.O.B. 161, Jackson, N.J. 08527, USA. Das Fanzine veröffentlicht auch größere Werke, wie »The 910's Guide To The Solo Beatles' Outtakes (Doug Sulpy und Chip Madinger 1996), »The 910's Guide To The Beatles' Outtakes« (4. Ausgabe, Doug Sulpy), »The 910's Guide To The Beatles' Outtakes – Part Two: The Complete ›Get Back‹ Sessions« (Doug Sulpy) und »The 910's Guide To The Beatles' Outtakes – 2004 Edition« (Doug Sulpy, 2004). 1991 erschienen die ersten 15 Ausgaben von »Illegal Beatles« als Nachdruck in Buchform, Vol. 2, erschienen 1994, enthält die Ausgaben 16–19.

A&R

Abk. für Artists & Repertoire Manager. Mitarbeiter eines Labels, der verantwortlich ist für die Suche nach neuen Künstlern und Kompositionen. Die Qualifikation dieses Talentescouts besteht darin, ein Gespür für künftige Trends und Hits zu haben und diese zum richtigen Zeitpunkt für das Label unter Vertrag zu nehmen. Im engeren Sinne auch verwendet als Bezeichnung für einen Schallplattenproduzenten, zu dessen Aufgaben auch die Auswahl geeigneter Stücke für die Künstler gehört. A&R Manager der → *Apple Corps Limited* war z.B. → *Peter Asher*.

ABBEY ROAD

1. Straße im Londoner Stadtteil St. John's Wood, der Zebrastreifen am Beginn der Straße, an der Grove End Road, ziert das Cover der LP »Abbey Road« (1969; am 8.8.1969 um 10.00 Uhr oder 11.35 Uhr fotografiert von → *Iain Macmillan*, ein Polizist hielt derweil den Verkehr auf). Paul McCartney wählte dann von sechs Fotos eins für das Cover aus, später verwendete er eine Replik des Motivs für das Cover seiner CD »Paul Is Live« (1993), eine weitere Version des Macmillan-Fotos ziert das Cover der → *Bootleg*-CD »Abbey Road Video Show – Stereo Tracks From 1983 Show« (Strawberry Records), das Label Exotica Records parodierte das Motiv für

Abbey Road (1969)

das Cover der CD »The Exotic Beatles, Part Three«, und Koch Records nutzte es 2005 für das Cover von »beatlesregrooved«. 1996 veröffentlichte die Punkband Los Ass Draggers eine CD »Abbey Roadkill«, ohne allerdings explizit auf die Beatles Bezug zu nehmen. Die Red Hot Chili Peppers, BAP (Single »Aff un zo«), George Benson, Ren and Stimpy, Benny Hill, The Rutles (LP »Shabby Road«), The King's Singers (»The Beatles Connection«) und zahlreiche weitere Bands nutzten das Motiv für eigene Platten. Die Ärzte (»Die beste Band der Welt«) verwendeten das Abbey-Road-Motiv 1998 für das Titelblatt eines Comics im LP-Format. Auch die Band The Dice zitiert auf dem Cover ihres 10. Albums den berühmten Zebrastreifen. Das

London, Abbey Road

Abbey Road, London:
der berühmteste Zebrastreifen der Welt

Stadtmarketing Mannheim schaltete 2004 ganzseitige Anzeigen mit dem Motiv. Der britische Künstler James Cauty gestaltete im Rahmen seiner Serie »Royal Mail« eine fiktive 66-p-Briefmarke mit dem Motiv – allerdings stehen die Vier, die über den Zebrastreifen laufen, in Flammen. Die Abbey Road Promotions and Memorabilia Ltd (Suite No. 8507, 16/18 Circus Road, St. John's Wood, London NW 6PG) vermarktet heute das Andenken an den Ort. Via Web-Kamera ist der Ort auch im Internet präsent: http://www.abbeyroad.co.uk/virtual_visit/webcam/.

2. Zwölfte LP der Beatles, erstmals erschienen am 26.9.1969 (mit zwei Wochen Verspätung, weil die Plattenhüllen noch nicht fertig waren). Sie sollte ursprünglich »Everest« heißen. Die BBC2 hatte den Song bereits am 19.9.1969 in ihrer Sendung »Late Night Line Up« vorgestellt. Nach Meinung von Michael Kerkmann (*Spex* 12/1999) läutete »Abbey Road« – die »beste, weil heute noch hörbarste Beatlesplatte« – das Ende der Beatles ein: »Nie zuvor sahen die einzelnen Persönlichkeiten so unterschiedlich, so mit sich selbst beschäftigt aus, auch wenn man zum letzten Mal im Gleichschritt, d.h. Bandformat ging. Diese Schwellensituation beherrscht die gesamte Stimmung.« Nach Meinung von → *George Martin* war die LP ein Kompromiss – eine halbe Seite bestand aus Songs, die John Lennon bevorzugte, die andere Hälfte aus Songs, die er und Paul McCartney präferierten. »Abbey Road« war für George Martin sowohl sein Lieblingsalbum als auch das »Totengeläut« für die Beatles. John Lennon bezeichnete die LP später als »etwas Glattes und Glitschiges, um den Mythos zu erhalten«. 1970 coverten Booker T. and the MG's auf ihrer LP »McLemore Avenue« die Songs der LP als Medleys, sogar das Cover wurde adoptiert: »The picture may look familiar: But the sound is Memphis.« 1989 nahm die Mike Westbrook Band ihre Version unter dem Titel »Off Abbey Road« auf (das Programm wurde auch live gespielt). Am 26.12.1991 wurde die originale LP in den USA für 9 Mill. verkaufte Exemplare mit Multi-Platin ausgezeichnet. »Abbey Road« war damit das meistverkaufte Album vor 1991. 1994 erschien die → *Bootleg*-LP »Abbey Road Outtakes«, 1996 »The Other Way Of Crossing« (Hier sind die Beatles auf dem Cover bei vier verschiedenen Versuchen, den Zebrastreifen zu überqueren, zu sehen, 1997 »The Alternate Abbey Road« und Ende 2003 auf dem Label Pear die CD »The Alternate Abbey Road«. Der Volkswagen LMW 28 IF, der auf dem Cover zu sehen ist, wurde 1986 von Christie's für 2300 £ an einen texanischen Ölmillionär verkauft und im Juni 1999 für 11 000 £ erneut versteigert, neuer Besitzer ist Eckberth von Witzleden. Das Auto ist im Museum der Autostadt Wolfsburg ausgestellt, allerdings gibt es Zweifel an der Echtheit. 2004 gab → *Yoko Ono* dem Sportartikelhersteller Nike die Erlaubnis, Lennon-Turnschuhe auf den Markt zu bringen, die den Schuhen nachempfunden sind, die Lennon auf dem Cover dieser LP trug. Auf dem Absatz sollte Lennons Unterschrift stehen, auf den Schuhspitzen der Text von »Imagine«. Der gesamte Ertrag der Kollektion sollte wohltätigen Zwecken zu Gute kommen. Das Album verkaufte sich bisher weit über 15 Mill. Mal.

Lit.: Doggett, Peter: Let It Be/Abbey Road/The Beatles – Classic Rock Albums (New York 1998)

ABBEY ROAD STUDIOS

Bezeichnung für den Studiokomplex der EMI in 3 Abbey Road im Londoner Stadtteil St. John's Wood (NW8) im Haus von Edward Elgar, der bereits seit dem 12.11.1931 besteht. Die Beatles arbeiteten vor allem im Studio 2; die anderen Studios wurden für klassische

Aufnahmen (Studio 1, für bis zu 250 Musiker) bzw. für klassische und Pop-Aufnahmen (Studio 3) genutzt. Alan Dower Blumlein entwickelte hier die Stereo-Aufnahmetechnik, Yehudi Menuhin nahm hier ca. 250 Werke auf, Artur Schnabel 32 Klaviersonaten Beethovens. Der erste hier aufgenommene Nummer-1-Hit war 1954 Eddie Calverts »Oh Mein Papa«. 1957 machten hier Cliff Richard und die Shadows ihre ersten Aufnahmen, 1959 Adam Faith und 1961 Helen Shapiro. Am 6.6.1962 spielten die Beatles hier → *George Martin* und Ron Richards vor. Im Studio 3 nahmen sie vier Songs auf: »Ask Me Why«, »P.S. I Love You«, »Love Me Do« und »Besame Mucho«. Beginnend mit »Please Please Me« wurden hier ab dem 26.11.1962 zahlreiche LPs und Singles der Beatles aufgenommen – bis zur LP »Abbey Road« im August 1969. Am 20.8.1969 waren die Beatles zum letzten Mal gemeinsam in den Abbey Road Studios, um diese LP abzumischen. In den 1960er Jahren waren u.a. → *Pink Floyd*, Manfred Mann und The Seekers in den Studios zu Gast. Auch Ella Fitzgerald nahm ihre → *Cover-Version* von »Can't Buy Me Love« in den Abbey Road Studios auf. Die CD »Beat At Abbey Road N.W. 8 1963–66« enthält digital remasterte Aufnahmen u.a. der Dakotas, von Freddie & The Dreamers, Pat Wayne & The Beachcombers, Keith Powell & The Valets und Mike Sheridan & The Nightriders. In der CD-Reihe »Abbey Road Archives« erschienen des Weiteren CDs von → *Gerry & The Pacemakers*, The Hollies, Manfred Mann und The Shadows mit digital remasterten Aufnahmen aus den Jahren 1963–1966. Vom 18.7. bis 11.9.1983 hatten Fans unter dem Motto »The Beatles At Abbey Road« Gelegenheit, das Studio zu besichtigen. Wer nicht dabei war: Die dabei gespielten Studioaufnahmen, Alternate Takes und unveröffentlichten Songs sind auf den → *Bootlegs*

St. John's Wood: die Abbey Road Studios

»The Beatles Live At Abbey Road Studios«, »The Beatles In Abbey Road« (1983), »Abbey Road Video Show – Stereo Tracks From 1983 Show« (1999) und »Abbey Road Show 1983« zu hören. Paul McCartney hat sich in den Büros von → *MPL Communications Limited* in London eine Replik des Studios bauen lassen. 1980 wurde im ersten Stock des Gebäudes in der Abbey Road ein weiteres Studio eingerichtet, das sog. Penthouse – mit einem 48-Spur-Gerät und einem 100 000 £ teuren Neve-Pult. In diversen Magazinen lagern mittlerweile über 100 000 Mastertapes der Studioaufnahmen. Heute erlauben die Studios auch digitale Aufnahmen. Besucher werden nur selten eingelassen. »Das Labyrinth aus Studios, Schneideräumen und Nachbearbeitungszimmern ist von geschäftiger Banalität«, schreibt Andreas Obst in der *FAZ*. »Schallplattenhüllen und Künstlerfotos schmücken Flure und das Treppenhaus auf Augenhöhe, darunter stapeln sich Kisten entlang der Wände ... Vom genius loci keine Spur.«

***Lit.**: Southall, Brian: Abbey Road – The Story Of The World's Most Famous Recording Studios (Cambridge 1982, London 1997; 2., akt. Aufl. London 2002 als »Abbey Road Update« – mit Peter Vine und Allen Rouse); Lewisohn, Mark: Complete Beatles Recording Sessions – The Official Story Of The Abbey Road Years 1962–1970 (New York, London 1988, London 1994, London 2005)*

ABKCO INDUSTRIES, INC.

(Abk. für: Allen and Betty Klein Corporation) Im Februar 1969 wurde aus der Plattenfirma Cameo-Parkway das Unternehmen ABKCO Industries, Inc. – mit Sitz in New York und → *Allen Klein* als Präsident und Direktor. ABKCO Music, Inc. bzw. ABKCO Music and Records, Inc. besitzen noch heute die Rechte an zahlreichen frühen Songs der → *Rolling Stones*. Vom 8.5.1969 bis 31.3.1973 lenkte ABKCO auch die finanziellen Belange der Beatles. Sie fungierte als Business Manager (Geschäftsführer) für → *Apple Corps Limited* und ihre Tochterunternehmen, Apple Corps Ltd wurde damit faktisch zu einer »ABKCO managed company«. Im Januar 1970 forderten John Lennon, George Harrison und Ringo Starr schriftlich die → *EMI* und → *Capitol Records* auf, alle Tantiemen der Beatles direkt an diese Firma zu überweisen. Capitol hielt sich allerdings nicht an diese Aufforderung. Bei ABKCO lernten John Lennon und → *Yoko Ono* im Sommer 1971 May Pang kennen, die später ihre persönliche Assistentin und zeitweilig John Lennons Geliebte wurde. 1973 gab es Differenzen zwischen Apple Corps Ltd und ABKCO. ABKCO forderte für das Jahr 1970 die Zahlung von 1 035 099 £ und für die Zeit zuvor 86 067 £. 1977 kam es zu einem Vergleich.

www.abkco.com

THE ABSURDS

Aus Jack Walters (»Jack Lentil«) und Pius Brot (»Pius Mahogany«) bestehendes britisches Comedy-Duo, das die Beatles persifliert – z.B. mit Songs wie »Can't Buy Me A Cup of Tea Can Ya?«, »I Should of Know You'd Tell On Me«, »On The Road To Liverpool« und »In The Cavern«. Allerdings: »Sie klingen nicht wie die Beatles und sehen auch überhaupt nicht so aus.« (Homepage) Das Duo trat des Öfteren zur Liverpool Beatleweek auf, so 1999, 2000, 2001 und 2003.

***Anschrift:** Jack Walters, 47 Willow Wood Crescent, South Norwood, London SE25 5PZ. • **Discogr.**: Absurdity, Winters Eve EP, Cream Tea In A Strange Place • www.theabsurds.freewebspace.com*

ACID

Szene-Ausdruck für → *LSD*.

ACORNS FOR PEACE

(auch: Acorn Event). Erste gemeinsame Performance von John Lennon und → *Yoko Ono* am 15.6.1968 im Rahmen der National Sculpture Exhibition in den Ruinen der alten Kathedrale von Coventry, die im Zweiten Weltkrieg zerstört worden war, arrangiert von → *Anthony Fawcett*. Die Eichelpflanz-Aktion musste allerdings auf einer Wiese vor der neuen Kathedrale stattfinden, weil die Kirche wohl befürchtete, mit der Aktion der wilden Ehe von Yoko und John Lennon, die damals noch nicht von ihren Partnern geschieden waren, ihren Segen zu geben. Die Aktion wurde deshalb auch nicht in den offiziellen Katalog aufgenommen, die beiden produzierten daraufhin ein Faltblatt, das kostenlos an die Besucher verteilt wurde. Die Eicheln, in Ost-West-Richtung nebeneinander gepflanzt, sollten als »lebende Skulptur« der Hoffnung Ausdruck verleihen, dass der Westen und der Osten bald wieder vereint sein mögen. Sie sollten auch für John

Lennon und Yoko Ono und damit für zwei Kulturkreise – den westlichen und den östlichen – stehen. Eichen sind auch Symbol der Liebe zweier Menschen. Die Eicheln wurden allerdings bald darauf von Beatles-Fans wieder ausgegraben. Die Aktion ging weiter: Von Dezember 1968 bis April 1969 verschickten John Lennon und Yoko Ono an führende Politiker in aller Welt ein Paar Eicheln mit der Aufforderung, sie für den Frieden in der Welt zu pflanzen. John und Yoko hatten die Idee und die Apple-Leute die Arbeit: Erstens waren Eicheln im April kaum aufzutreiben, zweitens lagen noch wochenlang Päckchen im Büro, die auf den Versand warteten. Positiv antworteten Präsident Botha von Südafrika, der kanadische Ministerpräsident → *Pierre Trudeau*, der jordanische König Hussein II. und Golda Meir (Premierministerin von Israel). Letztere äußerte zwar, nicht zu wissen, wer John Lennon und Yoko Ono sind, aber wenn ihr jemand Eicheln im Namen des Friedens schicke, sei sie dafür. Auf dem Cover der LP »John Lennon/Plastic Ono Band« (1970) sind John Lennon und Yoko Ono unter einer Eiche zu sehen. – Judson Knight verzeichnet die Aktion in seinem Buch »Abbey Road To Zapple Records« (Dallas/Texas 1999) als »Nuts For Peace« (Nüsse für den Frieden).

ACROSS THE UNIVERSE

1. Song von John Lennon/Paul McCartney, in einer ersten Version aufgenommen von den Beatles am 3. und 8.2.1968 und am 12.12.1969, in einer speziellen Abmischung (erstellt am 2.10.1969) erschienen auf dem Benefiz-Sampler »No One's Gonna Change Our World«, einem Album zugunsten des World Wildlife Fund, initiiert von dessen Präsident Spike Milligan. John Lennon schrieb den Song, nachdem er sich mit → *Transzendentaler Meditation* beschäftigt hatte. Die Background-Vocals singen die Beatles-Fans Lizzie Bravo und Gayleen Pease, die man einfach von den Stufen des Apple-Gebäudes ins Studio geholt hatte. Deutlicher sind die beiden Damen allerdings in der Version des Songs zu hören, die auf »Past Masters Volume 2« erschien. Am 1.4.1970 bearbeitete → *Phil Spector* den Song, er nahm das Vogelgezwitscher heraus und fügte ein Orchester und einen Chor hinzu, diese Version erschien am 8.5.1970 auf der LP »Let It Be«. Die von John Lennon im Refrain wiederholten Worte »Jai Guru Deva Om« beziehen sich auf Guru Dev, den Lehrer des → *Maharishi Mahesh Yogi*. Für Gene Simmons von Kiss ist »Across The Universe« »einer der unvergesslichsten Songs, die ich je gehört habe«. Zahlreiche → *Cover-Versionen*, u.a. von Erich Kunzel Cincinnati Pops Orchestra feat. King's Singers, David Bowie (1975, LP »Young Americans«, mit John Lennon – g), Electric Light Orchestra, Fantasy Factory, Elias, 10cc, Morpho Eugenia & John Selway, Monti Beton, Sway, Andrew Belew, The RRSO Symphony Orchestra und Göran Söllscher, Adrian Belew, Madooo (Madhukar Chandra Dhas), Frankie Goes To Liverpool, Laibach, Moby, Sean Lennon & Rufus Wainwright.

2. 1993 gegründetes australisches Beatles-→ *Fanzine*. Anschrift: P.O.B. 754, Epping, NSW 2121, hunter@midnite.net.au.

3. Arbeitstitel eines Musical-Films (Regie: Julie Taymor, Buch: Dick Clement und Ian La FrenaisIan, Produzenten: Suzanne und Jennifer Todd), der 18 Beatles-Songs (nach anderen Quellen 30) enthalten soll. Läuft auch unter dem Arbeitstitel »All You Need Is Love« und »Come Together For All You Need Is Love«. Produktionsbeginn war im August/September 2005, die Premiere ist für den 3.11.2006 angesetzt. 1998 gewann die Regisseurin zwei Tony Awards für das Musical »Lion King« (dt.: Der König der Löwen), 2002 drehte sie »Frida

Kahlo«. Thema des Films sind die Erlebnisse von zwei jungen Leuten im → *Swinging London* der 1960er Jahre.

ACT NATURALLY

Song von Johnny Russell/Vonie Morrison, 1963 von Buck Owens gesungen, von den Beatles aufgenommen am 17.6.1965, erstmals erschienen am 6.8.1965 auf der LP »Help!« und am 4.3.1966 auf der EP »Yesterday«. In → *Cilla Blacks* TV-Show »Cilla« sang Ringo den Song am 6.2.1968 im Duett mit der Sängerin, am 27.3.1989 in den Londoner → *Abbey Road Studios* auch gemeinsam mit Buck Owens. Auf der CD »Ringo & His New All Star Band« (2002) ist eine Live-Version (rec. 22.8.2002 Chicago) enthalten.

ADAGROSE LIMITED

→ *MPL Communications Limited.*

ADELPHI HOTEL

Lange Zeit das beste Hotel Liverpools, am Ranelagh Place im Zentrum Liverpools gelegen, eröffnet 1826 von James Radley. Bereits Charles Dickens (1812–1870) beschrieb es als bestes Hotel der Welt. Es verfügt über drei Restaurants, drei Bars, einen Nightclub, Konferenzsäle, einen Gesundheits- und Fitness-Club, eine Sauna und einem Dampfbad. Wenn die Beatles in Liverpool spielten, Mitte der 1960er Jahre, als sie bereits in London wohnten, logierten sie hier. John Lennons Vater → *Alfred Lennon* hatte hier kurzzeitig als Page gearbeitet. Jetzt finden hier im Britannia Adelphi jährlich im August Veranstaltungen der → *International Beatle Week* statt.

ADMIRAL GROVE

Kleine Seitenstraße zwischen High Park Street und North Hill Street im Liverpooler »Dingle«. Hierher, in die Nummer 10, zogen Ringo und seine Mutter 1943 aus der 9 Madryn Street nach deren Scheidung, Ringo lebte hier, bis er nach London zog. 1965 waren Ringos Mutter → *Elsie Starkey* und sein Stiefvater → *Harry Graves* gezwungen, das Haus zu verlassen, weil es ständig von Fans belagert wurde.

AERIAL TOUR

→ *Flying.*

AIN'T SHE SWEET

Song von Jack Yellen/Milton Ager, Anfang 1927 von Paul Ash und Al Jolson gesungen, später ein Vaudeville-Hit für Eddie Cantor und 1956 von Gene Vincent and his Blue Caps für den Rock'n'Roll entdeckt; aufgenommen von den Beatles wahrscheinlich am 23.6.1961, produziert von → *Bert Kaempfert*, erschienen auf einer Single am

10, Admiral Grove, Liverpool: Hier lebte Ringo Starr ab 1943

29.5.1964 – John Lennons erste Lead-Vocals auf Schallplatte! Atco Records verkaufte den Song Anfang der 1960er Jahre in den USA als »neue Beatles-Single«, er kam sogar in die Top Twenty. Am 24.7.1969, zwischen den Aufnahmen zu »Sun King« und »Mean Mr. Mustard«, spielten die Beatles eine weitere Version von »Ain't She Sweet« ein, erschienen am 28.10.1996 auf der DoCD »The Beatles Anthology 3«.

AIN'T THAT CUTE

Song von George Harrison/Doris Troy, erstmals aufgenommen im Dezember 1969 von → *Doris Troy*, produziert von George Harrison, erschienen auf einer Single in GB am 13.2.1970 (USA: 16.3.1970) und der LP »Doris Troy« am 11.9.1970 (GB; USA: 9.11.1970).

ALBUM

→ *Longplay(er).*

ALCHEMICAL WEDDING

Weihnachtsfeier der Londoner Underground-Künstler in der Londoner → *Royal Albert Hall* am 18.12.1968. John Lennon und → *Yoko Ono* »zeigten« sich dabei zum ersten Mal für 25 Minuten in einem Sack (→ *Bagism*). Allerdings war sich niemand sicher, ob sie wirklich in dem Sack waren.

ALDRIDGE, ALAN

Britischer Grafiker, Designer und Geschäftsführer des Londoner Unternehmens Alan Aldridge Associates Limited, als Freund der Beatles Herausgeber des 1969 im Londoner Verlag Macdonald und in New York bei Delacorte/Seymour Lawrence erschienenen Songbooks »The Beatles Illustrated Lyrics«. Bekannte und weniger bekannte Künstler aus aller Welt illustrierten dafür diverse Beatles-Songs (Aldridge selbst ist gleich 15 Mal vertreten). Das Buch erschien 1969 in zahlreichen Ländern, u.a. auch in Dänemark, Frankreich, Italien und in der ČSSR. Die erste deutsche Ausgabe erschien 1971 im Deutschen Taschenbuch-Verlag in München. 1971 erschien in London bei PBC Publishing Ltd und in New York bei Delacorte/Seymour Lawrence »The Beatles Illustrated Lyrics 2«, bei Macdonald in London auch unter dem Titel »More Beatles Illustrated Lyrics«. Deutsche Ausgaben des ersten und zweiten Teiles erschienen dann 1981 im Wilhelm Goldmann Verlag München und bei Bertelsmann in Gütersloh (Buchclub-Ausgabe). 2000 erschien das Songbook in zwei neuen deutschen Ausgaben im Wilhelm Goldmann Verlag München und als dtv Taschenbuch. Der → *Rolling Stone* in einer Rezension: »Ein wirklich schönes, extrem buntes Bilderbuch, das freilich keinen Anspruch auf Vollständigkeit erhebt und somit nicht als Nachschlagewerk taugt.« Aldridge gestaltete 1967 auch das rings um das Apple-Label verlaufende Copyright-Lettering. Aldridge hatte mit 15 Jahren die Schule verlassen und anfangs als Versicherungsangestellter, Marktverkäufer und Bühnenschauspieler gearbeitet. 1963, als Zwanzigjähriger, begann er zu zeichnen. Später gestaltete er u.a. Magazine, Poster und Zeichentrickfilme. 1965 begann er ein Porträt (eine Collage) von John Lennon. Es sollte 1986 in Los Angeles für Live Aid versteigert werden, wurde aber gestohlen.

ALI, MUHAMMAD

* 17.1.1942 in Louisville/Kentucky als Cassius Marcellus Clay. Amerikanischer Profi-Boxer, Rebell und Idol, seit seinem Sieg über Sonny Liston am 25.2.1964 in Miami Box-Weltmeister im Schwergewicht (bis 1967, dann auch 1974–1978 und 1978–1980). Sein Motto: »I am the greatest!« Die Beatles trafen ihn am 18.2.1964 in seinem Trainingslager im Fifth

Street Gym in Miami Beach/Florida, auf ihrer ersten USA-Tournee, als er für seinen Kampf gegen Sonny Liston trainierte. Joe Louis und Liston waren zwei Tage zuvor in der → *Ed Sullivan Show*, in der die Beatles auftraten. Clays Meinung: »Alle Rassen lieben die Beatles, ich liebe sie. Sie sind die Größten, ich der Schönste. Damals habe ich immer nach ihrer Musik trainiert.« Box-Promoter Harold Conrad, der das Treffen organisierte, behauptet allerdings, dass Clay damals überhaupt nicht wusste, wer die Beatles waren: »Er hatte lediglich gehört, dass sie irgendwie Rockstars aus England waren, aber das war auch schon alles.« Auf einem Foto posieren sie im Ring, »k.o.« geschlagen von einem triumphierenden Muhammad Ali. Als sie mit ihm im Ring standen und über (viel) Geld redeten, soll Clay zu ihnen gesagt haben: »Ihr Burschen seid gar nicht so dumm, wie ihr ausseht.« Und John Lennon soll geantwortet haben. »Das stimmt, aber nicht bei dir.« Als Clay seinen »Sklavennamen« ablegte, zu den Black Muslims übertrat und den Kriegsdienst verweigerte, wurde er 1967 zu fünf Jahren Gefängnis verurteilt, als Weltmeister abgesetzt und drei Jahre gesperrt. Ali blieb gegen Kaution auf freiem Fuß; 1971 wurde die Haftstrafe aufgehoben. Am 4.2.1970 trafen sich John Lennon und → *Yoko Ono* mit → *Michael X* im Black Centre in London und tauschten ihre abgeschnittenen Haare gegen blutbefleckte Shorts von Ali, um diese zu versteigern – für den Frieden. Im Dezember 1970 besuchten John Lennon und Yoko Ono einen Kampf Muhammad Alis. 1973 nahm Ringo Starr (mit John Lennon, George Harrison, → *Klaus Voormann* und → *Billy Preston*) John Lennons Song »I'm The Greatest« auf – eine Reverenz an den großen Boxer. Im Januar 1977 trafen sich John Lennon und Ali noch einmal bei einer Gala zu Ehren von Präsident Jimmy Carter am Vorabend seiner Vereidigung im Kennedy Center for the Performing Arts in New York. 1996 entzündete Ali in Atlanta/USA das olympische Feuer, bei den »World Sports Awards of the Century« 1999 wählte die Jury Ali zum Jahrhundertsportler in der Kategorie »Kampfsport«. 2000 nahm er sogar an den Olympischen Spielen teil – als Zuschauer, begleitet von 14 Leibwächtern. Ali leidet unter der Parkinson'schen Krankheit, »schlagfertig zu schweigen ist Alis letzter Triumph« (*Die Welt* 21.11.2005) Inzwischen boxt auch seine Tochter Laila. Ali lebt mit seiner vierten Frau Lonnie auf einer Farm in Berrien Springs/Michigan und engagiert sich für diverse karitative Stiftungen, zusammengeschlossen unter dem Namen GOAT (»Greatest Of All Time«). Im Dezember 2001 wurde in London der Film »Ali« (Regie: Michael Mann) mit Will Smith als Ali uraufgeführt. 2003 erschien die CD/DoLP »Muhammad Ali And The Ultimate Sound Of Fistfighting: Hits And Misses«. 2005 wurde in Louisville das Muhammad Ali Center eröffnet. Toni Morrison: »Ali war ein schöner Krieger und er reflektierte eine neue Haltung für einen Schwarzen. Ich mag Boxen nicht, aber er war etwas Besonderes. Seine Grazie war beinahe erschreckend.«

Lit.: Ali, Muhammad; Durham, Richard: The Greatest: My Own Story (New York 1975; dt.: Der Größte – Meine Geschichte, Berlin 1979); Sheed, Wilfrid: Muhammad Ali – A Portrait In Words And Photographs (New York 1975); Hauser, Thomas: Muhammad Ali – His Life And Times (1992); Remnick, David: King of the World. Der Aufstieg des Cassius Clay oder Die Geburt des Muhammad Ali (Berlin 2001); GOAT – A Tribute To Muhammad Ali (Köln 2004)

ALL I'VE GOT TO DO

Song von John Lennon/Paul McCartney, aufgenommen am 11.9.1963, erstmals erschienen am 22.11.1963 auf der LP »With The Beatles«. Als Quelle der Inspiration zu diesem Song nannte John Lennon Arthur

Alexander, von dem die Beatles bereits einige Songs im Repertoire hatten. Zahlreiche → *Cover-Versionen*, u.a. von The George Martin Orchestra, Beatles Forever, Toxic Audio, Peter Lipa.

ALL THE LONELY PEOPLE

Ballett mit der Musik der Beatles, aufgeführt neun Mal vom 13. bis 29.6.1997 am Mecklenburgischen Staatstheater in Schwerin von der Schweriner Ballett-Companie unter der Leitung von Stefan Haufe. Die Musik wurde z.T. vom Band eingespielt, einige Songs spielte die Band Beatles Songs Unplugged (Simone Cohn-Vossen, Ronny Rühmling und Patrick Li) live. Das Thema wurde dem Song »She's Leaving Home« entlehnt: Ein Mädchen verlässt sein Zuhause.

ALL MY LOVING

1. Song von John Lennon/Paul McCartney, aufgenommen am 30.7.1963, erstmals erschienen am 22.11.1963 auf der LP »With The Beatles« und am 7.2.1964 auf der EP »All My Loving«. Am 28.2.1964 nahmen die Beatles den Song im Piccadilly Theatre, London, für die → *BBC*-Sendung → *From Us To You* (Produzent: Bryant Marriott, gesendet am 30.3.1964) auf. Erschienen am 28.10.1994 auf der DoCD »Live At The BBC«. Zahlreiche → *Cover-Versionen*, u.a. von Count Basie, The Downlands, The Trends, Los Fernandos, Billy Lee Riley (harm), Arthur Wilkinson and his Orchestra, Rundfunk-Tanzorchester Berlin, Barock And Roll Ensemble, Didi & His ABC-Boys (»Schließ deine Augen«), The Hollyridge Strings, The Punkles, The George Martin Orchestra, The Chipmunks, Matt Monro, Dick James, Mary Wells, Suzy Bogguss & Chet Atkins, The Hill/Wiltschinsky Guitar Duo, The CT Beatles, Jive Bunny & The Mastermixers, Pinky & Perky, Beatles Forever, The Beatles Revival Band, Bornagen, Los Rolin, Los Manolos, Les Lionceaux (»Toi l'ami«), The Royal Symphonic Rock Orchestra Vienna, The Fabulous Four, The Quarrymen (Österreich), Houdini Band, Hard Day's Night, Elena Duran/Stephane Grappelli/Laurie Holloway, The Koppycats (Ian & The Zodiacs), Herb Alpert and The Tijuana Brass, Margareta Pislaru, Peter Lipa und Orchester Bert Kaempfert.

2. Titel einer am 7.2.1964 erschienenen EP der Beatles mit den Songs »All My Loving«, »Ask Me Why«, »Money (That's What I Want)« und »P.S. I Love You«.

3. Titel einer Fernsehdokumentation von → *Tony Palmer* für BBC Television, ausgestrahlt ab 31.10.1968. Palmer interviewte dafür am 23.5.1968 Paul McCartney und Ringo Starr.

ALL THINGS MUST PASS

Song von George Harrison und Titel von George Harrisons erster Solo-LP, erschienen im November 1970. Eine Solo-Version des Songs, aufgenommen bei den Sessions für das »Let It Be«-Album am 25.2.1969 (der damals noch als George Harrisons 26. Geburtstag galt), mit einer dazumontierten 2. Gitarre) »im Garage-trifft-Gospel-Stil von Bob Dylan und der Band zu Zeiten der ›Basement Tapes‹« (*Rolling Stone* 3/2003) erschien am 28.10.1996 auf der DoCD »The Beatles Anthology 3«. »McCartneys jubilierendes Falsett im Refrain ist sicher einer der Gründe, warum der liebe Gott Bootlegs gemacht hat«, urteilte der *Rolling Stone* (3/2003) später. Nach dem Tode von George Harrison nahm Paul McCartney den Song in sein Repertoire auf.

ALL TOGETHER NOW

Song von John Lennon/Paul McCartney, aufgenommen am 12.5.1967, erstmals erschienen am 17.1.1969 auf der LP »Yellow

Submarine«. Zahlreiche → *Cover-Versionen*, u.a. von Volkers lustiger Musikverein (»Eins, zwei, drei«) und Los Rolin.

ALL TOGETHER ON THE WIRELESS MACHINE

Fiktiver Titel für ein Jingle, aufgenommen von Paul McCartney solo am Piano, offiziell unveröffentlicht (Quelle: »The Commercially Unreleased Songs«, in: Geoffrey Giuliano: Two Of Us, Harmondsworth 1999). Paul McCartney und → *Kenny Everett* nahmen das Stück lt. Allen J. Wiener (»The Beatles – The Ultimate Recording Guide«, New York/Oxford 1992) am 12.12.1967 für eine Radio-Show der → *BBC* auf, mit Paul McCartney am Piano und einigen Vocals im Hintergrund. Aber sowohl die Autorenschaft von John Lennon als auch die Mitwirkung der Beatles sind zweifelhaft. Kevin Howlett (»The Beatles At The BBC«, London 1996) berichtet, dass Paul lediglich ein Jingle mit der einige Male wiederholten Zeile »Kenny Everett and Chris Denning all together on the wireless machine« aufnahm. Da die Aufnahme lt. Mark Lewisohn (»The Complete Beatles Chronicle«, London 1992) bereits am 25.11.1967 im Radio 1-Programm »Where It's At« gesendet wurde, stammt sie wahrscheinlich von Mitte November 1967. Die Aufnahme befindet sich auf einigen → *Bootlegs*, u.a. »Cavern Days«, »A Doll's House«, »Magical Mystery Demos« und »Their Greatest Unreleased«. Oft wird in diesem Zusammenhang auch ein Song mit dem Titel »Bye Bye Bye« erwähnt, an dem die Beatles aber wahrscheinlich ebenfalls nicht beteiligt sind.

ALL YOU NEED IS LOVE

Song von John Lennon/Paul McCartney, aufgenommen am 14., 19., 23., 24. und 25.6.1967, erstmals erschienen am 7.7.1967 auf Single. Die Entscheidung, den Song auf Single zu veröffentlichen, fiel erst 24 Stunden vor der TV-Show aufgrund des starken Medieninteresses. Am 17.1.1969 erschien auf der LP »Yellow Submarine« ein Stereo-Mix, ohne »Greensleeves« am Ende. Der Song gilt als ein Symbol des »Sommers der Liebe« und als Hymne der 1960er Jahre, die die Jugendlichen aufrief, die aggressive Gesellschaft ihrer Eltern zu verlassen. John Lennon: »Das ist wirklich meine höchste politische Überzeugung. Wir alle brauchen mehr Liebe.« Die Aufnahmesession für die Single, mit zahlreichen befreundeten Musikern, u.a. Mick Jagger, Keith Richards, → *Marianne Faithfull*, → *Eric Clapton*, → *Michael McCartney*, Gary Leeds (von den Walker Brothers), Keith Moon, → *Jane Asher*, → *Pattie Harrison* und Graham Nash (mit seiner Frau Rose) sowie einem 13-köpfigen Orchester unter der Leitung von Mike Vickers, wurde aus dem Studio 1 der → *Abbey Road Studios* in London im ersten weltweiten TV-Programm → *Our World*, von der → *BBC* am 25.6.1967 weltweit über Satellit live übertragen. Insgesamt beteiligten sich 18 Fernsehstationen an der Veranstaltung. Ein Teil des Songs war allerdings bereits zuvor aufgenommen worden, und John Lennons Lead-Gesang wurde danach neu geschnitten. In den Song sind Teile aus der »Marseillaise« (im Intro), aus »In The Mood«, »Greensleeves« und sogar kurze Parts aus Bachs »Brandenburgischen Konzerten« integriert. → *George Martin* dachte, dass für Glenn Millers Swing-Klassiker »In The Mood« (Joe Garland/Andy Razaf) keine Tantiemen mehr bezahlt werden müssten, irrte aber – Jahre später wurde er zur Nachzahlung verurteilt. Am Ende des Songs beginnt jemand mehrmals, »She Loves You« zu singen – entweder John Lennon oder Paul McCartney. → *The Rolling Stones* reagierten auf den Song mit ihrer

»Alles, was du brauchst, ist Gier« (Karikatur aus dem Londoner »Independent«, 23.11.1995)

Hymne »We Love You«. Paul McCartney später: »Von allen Botschaften, die man verkünden kann, ist ›All You Need Is Love‹ sicher die perfekteste. Wirklich das Schönste und Wundervollste, das man sagen kann.« (*musikexpress The Beatles Special Limited Edition*, Vol. 1, 2002) → *Michael Jackson*: »Ich kriege noch immer eine Gänsehaut, wenn ich die Beatles ›All You Need Is Love‹ singen höre. Ich habe mir immer gewünscht, dass dieser Song zur Hymne der Welt wird.« Immerhin: Vor der offiziellen Eröffnung des Millennium Dome in London wurde der Song von allen Mitwirkenden gesungen. Am 28.7.2005 brachte eine Versteigerung des Textmanuskripts von John Lennon im Londoner Auktionshaus Cooper Owen 690 000 £ (ca. 868 000 €). Auch eine unveröffentlichte Aufnahme des Songs, gesungen von John Lennon und ihren Kindern, wurde versteigert. Auf ihrer CD »Tabula Rasa« (1993) integrieren die Einstürzenden Neubauten zwei Strophen des Beatles-Songs in ihren Song »Headcleaner«, und bei sat.1 diente der Song als Jingle der Sendung »Nur die Liebe zählt«. Zahlreiche → *Cover-Versionen*, u.a. von The Canadian Brass, Rundfunk-Tanzorchester Berlin, Elvis Costello, Erich Kunzel The Cincinnati Pops Orchestra feat. King's Singers, The Royal Philharmonic Orchestra, Dusty Springfield, The Bugs, Los Rolin, The Mike Sceptre Singers With The London Starlight Orchestra, Berliner Beatles Band, Tom Jones, The Hollyridge Strings, The Rubber Band, The RRSO Symphony Orchestra, Echo & The Bunnymen, The Day Trippers, James Last, The Keith Mansfield Orchestra, Jonathan Hard, The Freedom Sounds feat. Wayne Henderson, Koz Mick, The House Jacks, Stop The Shoppers (»Tut è spir amur«), Thüringen Philharmonie/Vital, Wiener Sängerknaben und The Copycats.

***Lit.**: Turner, Steve: All You Need Is Love – The Beatles Dress Rehearsal (London1997)*

ALL YOU NEED IS LOVE! – A TRIBUTE TO THE BEATLES

Eine »Musical-Biographie der Beatles«, Untertitel: »A Tribute To The Beatles«, Weltpremiere am 5. Juli 2000 auf der Seebühne in Prien am Chiemsee. In der Show werden die wichtigsten Stationen der Beatles nachgezeichnet – anhand von Nachrichten, Interviews, Presseartikeln und Augenzeugenberichten. Tänzer, Schauspieler und Musiker der Gruppe → *Twist & Shout* aus Las Vegas/USA verkörpern die Beatles (z.B. Tony Kishman als Paul McCartney), die Story endet mit dem → *Rooftop Concert* der Beatles in London. Über 30 Songs sind in das Musical integriert, Produzent ist Bernhard Kurz (»Cats«, »Phantom der Oper«, »Starlight Express«), künstlerischer Berater → *Ulf Krüger*, Veranstalter die Chiemsee Seebühnen GmbH, zu den Sponsoren gehört auch The Liverpool Institute For Performing Arts (LIPA). Das Buch ist von Jim Huntley (Las Vegas), Co-Produzent ist Smash! Entertainment (Las Vegas), die musikalische Leitung hat Bob Edwards (Berlin), für das Lichtdesign zeichnet Rick Belzer (New York) verantwortlich, Regie führt Bobby Boling (Las Vegas), Regieassistent ist Hans Neblung (Berlin). Vom 22.3. bis Anfang Juli 2001 (mit Verlängerung!) lief das Programm im St. Pauli-Theater in Hamburg, ab 5.7.2001 dann wieder am Chiemsee und am 15./16.8.2001 im Estrel Convention Center Berlin (mit → *Pete Best* und → *Tony Sheridan*!). 2001 erschien auch eine CD mit der Musik des Musicals. Auch 2005 lief das Musical wieder im Berliner Hotel Estrel, das auch eine CD mit 30 Songs aus dem Musical veröffentlicht hat (rec. 11.8.2000, Seebühne Chiemsee).

www.beatles-musical.de

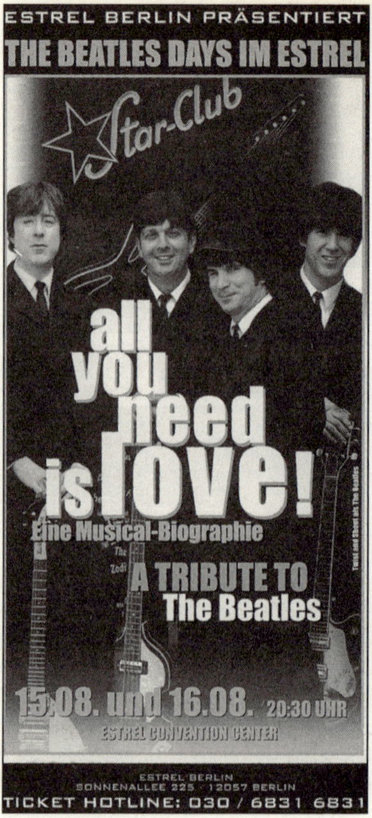

»All You Need Is Love!« – eine Musical-Biographie der Beatles

ALONE & TOGETHER

Im Mai 1990 bei Channel 5 erschienenes Video mit Promotion- und Dokumentaraufnahmen der Beatles – als Band und als Solisten. 1991 erschien eine neue Version des Videos, 2001 auch eine DVD (Passport Entertainment/MC Vision; 40 min).

ALPHA OMEGA

Nicht autorisiertes 4-LP-Set (→ *Bootleg*) mit Originalaufnahmen von Beatles-Songs, erschienen Anfang 1973 auf dem Label Audio Tape Inc. als Vol. 1 & 2 (plus zwei weiteren Versionen). Die → *EMI* entschied daraufhin, die DoLPs »The Beatles 1962–1966« und »The Beatles 1967–1970« zu veröffentlichen.

THE AMAZING BEATLES & OTHER GREAT ENGLISH GROUP SOUNDS

Am 17.10.1966 in den USA auf dem Label Clarion Records in Mono und Stereo erschienene LP mit den Songs »Ain't She Sweet«, »Take Out Some Insurance Baby«, »Nobody's Child« und »Sweet Georgia Brown« von → *Tony Sheridan* und den Beatles sowie sechs Cover-Versionen von The Swallows. Die LP entspricht der Atco-LP »Ain't She Sweet«, enthält jedoch zwei Cover-Versionen weniger.

AMIGA

Label des VEB Deutsche Schallplatten für »Tanz- und Unterhaltungsmusik«, hervorgegangen aus Ernst Buschs Schallplattengesellschaft mbH »Lied der Zeit«. Bis zum Fall der Mauer veröffentlichte Amiga über 2 200 LPs, darunter 4 LPs (2 Versionen »The Beatles« (rel. April 1965, eigene → *Kompilation*, 2. Auflage 1983, 1997 CD mit den Tracks der 2. Auflage), »The Beatles – A Collection Of Beatles-Oldies (But Goldies)« (auch als MC), »The Beatles 1967–1970« (eigene Kompilation, mit zwei verschiedenen Covergestaltungen) und 3 Singles der Beatles (»Ain't She Sweet«/»Cry For A Shadow«, »Why«/»Sweet Georgia Brown«, »I Won't Be Long«/»Devil In Her Heart«), »Double Fantasy« von John Lennon & → *Yoko Ono*, »Shaved Fish« von der Lennon Plastic Ono Band, eine EP Elton John feat. John Lennon And The Muscle Shoals Horns Band, eine LP mit Songs von Paul McCartney & Wings und eine Single mit The Wings. Als unverkäufliche Musterplatte kursiert auch eine Pressung von Paul McCartneys »Tug Of War«. Als Rarität gilt inzwischen die »Klingende Monatsschau«, deren Ausgaben 2/1965, 3/1965 und 4/1965 Ankündigungen von Beatles-Platten enthalten (1998 als → *Bootleg* komplett auf einer DoCD). Birgit und Michael Rauhut in ihrem Buch »Amiga – die Diskographie aller Rock- und Pop-Produktionen 1964–1990« (Berlin 1999): »Die Lizenzausgaben der ersten Beatles-Platten ... waren im Windschatten einer jugendlichen Liberalisierungswelle möglich geworden, die im Herbst 1965 abrupt endete.« Die für 1965 ursprünglich geplanten drei weiteren Singles »She Loves You«/»Misery«, »I Want To Hold Your Hand«/»Little Child« und »A Hard Day's Night«/»Please Mr. Postman« durften aufgrund »neuer« kulturpolitischer Richtlinien bereits nicht mehr erscheinen, davon existieren lediglich so genannte »Weißmuster«.

AMM

Britische Gruppe für improvisierte Musik und Free Jazz, gegründet 1965 (AMM, AMM II und AMM III), geleitet von dem John-Cage-Schüler und ehemaligen Assistenten Karlheinz Stockhausens Cornelius Cardew – Pianist, Cellist, Komponist und Professor für Komposition am Royal College of Music

Amiga: The Beatles (1965)

(RCM) in London. Weitere Mitglieder waren Eddie Prévost (dr, xyl, perc), Keith Rowe (el-g, prep-p, transistor-radio), Lou Gare (ts) und Lawrence Sheaff (double-b, cello, acc, cl, transistor-radio). Paul McCartney und → *Barry Miles* besuchten Anfang 1966 in London eine der wöchentlichen AMM-Sessions: »Etwa 20 Leute hockten auf dem Boden und hörten AMM dabei zu, wie sie mit Saxophonen, Violinen, diversen Percussion- und Blasinstrumenten Geräusche erzeugten. Zwischen den Instrumenten standen Transistorradios, einige davon waren eingeschaltet und lieferten den Musikern weitere, dichte Klangschichten. Atmosphärische Interferenzen und verzerrte Musik weit entfernter Sender wurden bevorzugt eingesetzt.« (*musikexpress The Beatles Special Limited Edition*, Vol. 1, 2002)

AMSTERDAM

»Song« von John Lennon/Yoko Ono, aufgenommen von John Lennon und → *Yoko Ono* beim → *Bed-In* in Amsterdam vom 25. bis 31.3.1969 und erstmals erschienen als B-Seite der LP »Wedding Album« von John Ono Lennon und Yoko Ono Lennon am 20.10.1969 (USA) bzw. 7.11.1969 (GB). Er enthält allerdings auch Teile von Interviews in London nach ihrer Rückkehr aus Amsterdam.

AND I LOVE HER

Song von John Lennon/Paul McCartney, aufgenommen am 27.2.1964, erstmals erschienen am 10.7.1964 auf der LP »A Hard Day's Night« und am 6.11.1964 auf der EP »Extracts From The Film A Hard Day's Night«. Der Song ist eine Liebeserklärung Paul McCartneys an seine damalige Freundin → *Jane Asher*. Es gibt verschiedene Versionen des Songs, die sich in der Anzahl der Gitarrenriffs am Schluss unterscheiden. Eine weitere Version erschien im Mai 1991 auf der Paul-McCartney-CD »Unplugged – The Unofficial Bootleg«. Zahlreiche → *Cover-Versionen*, u.a. von Count Basie, Diana Krall, John Pizzarelli, Welsh National Orchestra, Mark Wynter, Royal Philharmonic Orchestra, Sarah Vaughan, Rundfunk-Tanzorchester Berlin, The George Martin Orchestra, Victor Silvester, The Mohawks, Lena Horne (»And I Love Him«), Esther Phillips (»And I Love Him«), Frankie Goes To Liverpool, Mary Wells (»And I Love Him«), Smokey Robinson & The Miracles, José Alberto »El Canario« (»Mi Gran Amor Le Di«), Mary Roos (»Für uns beide«), Bornagen, Electric Sound Orchestra (d.i. Martial Martinay), The Hill/Wiltschinsky Guitar Duo, Johnny Baum, Twist And Shout, Munich Symphonic Sound Orchestra (MSSO), The Hollyridge Strings, Los Rolin, John Egniz Connection (Wolfgang Zinke), Beatles Forever, The Mike Sceptre Singers With The London Starlight Orchestra, The Royal Symphonic Rock Orchestra Vienna, Peter Breiner and His Chamber Orchestra, Los de la Rumba, The Detroit Emeralds, The Mohawks, Bob Marley & The Wailers, Bernd Frank, Kremlin Graceful Balalaika Band, Hard Day's Night, The RRSO Symphony Orchestra, Kevin Hays, The Detroit Emeralds, The Mersey Sound Orchestra, David Michael Cass, King Curtis, The King's Singers, Chantal, Gino Marinello, Peter Lipa, Kevin Hays und Göran Söllscher.

AND NOW: THE BEATLES

1965/1966 im Buchclub (Deutschland, Label SR International) erschienene → *Kompilation* mit Hits der Beatles.

AND YOUR BIRD CAN SING

Song von John Lennon/Paul McCartney, aufgenommen am 26.4.1966, erstmals erschienen am 20.6.1066 auf der LP »Yesterday ... And Today« und am 5.8.1966 auf der LP

»Revolver«. Für John Lennon »ein weiterer Horror« voller pseudo-philosophischer Ergüsse, gehört das Stück musikalisch zu den Höhepunkten der LP »Revolver«. Zahlreiche → *Cover-Versionen*, u.a. von Bon Scott, R. Steve Moore, Ann Dyer & No Good Time Fairies, The Punkles, Electric Sound Orchestra (d.i. Martial Martinay), The Beattells, Wretched Pinhead Puppets, Hard Day's Night und BTJ.

ANDREWS, EAMONN

Mitte der 1960er Jahre ein bekannter britischer Showmaster. Anfangs noch bei → *BBC* Television, wechselte er bald zu den kommerziellen Sendern. Am 11.4.1965 traten die Beatles in »The Eamonn Andrews Show« auf. Sie sangen einige Songs und wurden ausführlich interviewt – wobei Andrews ständig Ringo Starr und George Harrison verwechselte. Am 1.4.1969 traten John Lennon und → *Yoko Ono* in seiner Show »Today« auf und diskutierten über → *Bagism*, am 3.4.1969 waren sie auch in der Eamonn Andrews Show.

L'ANGELO MISTERIOSO

Unter diesem Pseudonym spielte → *Eric Clapton* am 6.9.1968 Gitarre für George Harrisons »While My Guitar Gently Weeps« (LP »Weißes Album«). George Harrison benutzte das Pseudonym 1968 für seine Mitarbeit an der Aufnahme »Badge« von → *The Cream* (LP »Goodbye«, 1969) und 1969 für seine Mitarbeit (g) an der Aufnahme »Never Tell Your Mother She's Out Of Tune« von Jack Bruce (1969, LP »Songs For A Tailor«). Auf der LP »Keep Me Comin'« von Jesse Ed Davis (1973) nennt er sich »El Mysterioso«.

THE ANIMALS

1962 gegründete britische Band in der Besetzung Eric Burdon (voc), Hilton Valentine (g), Chas Chandler (b), Alan Price (keyb) und John Steel (dr). Ihr erster Hit: »House Of The Rising Sun« (1964). Ihre Songs »bildeten den rauhen Kontrapunkt zum eher gepflegten Mersey Beat und dem harmonischen Poprock der Beatles« (Christian Graf: Rockmusik Lexikon, Hamburg 1986). Am 8.8.1965 besuchten John Lennon und George Harrison mit ihren Frauen auf Einladung Eric Burdons einen Auftritt der Animals beim Jazz Festival in Richmond. Als die Fans sie erkannten, mussten sie jedoch flüchten.

Lit.: *Burdon, Eric: Don't Let Me Be Misunderstood (mit J. Marshall Craig, New York 2001, 2002, Rowville/Australien 2003; dt.: My Secret Life – Die Autobiografie, Heidelberg 2004)*

ANNA (GO TO HIM)

Song, komponiert und gesungen (1962) von Arthur Alexander, aufgenommen am 11.2.1963, erstmals erschienen am 22.3.1963 auf der LP »Please Please Me« und am 1.11.1963 auf der EP »The Beatles (No 1)«.

ANNUAL SHOW BUSINESS AWARDS

Seit Anfang der 1950er Jahre zeichnet der Variety Club Of Great Britain jährlich verdiente Show-Stars aus. Am 19.3.1964 übergab der damalige Premierminister und Oppositionsführer → *Harold Wilson* im Dorchester Hotel in London beim 12. Jahresessen des Clubs den Beatles den Preis als »Show Business Personalities of 1963«. Natürlich nutzte Wilson die Gelegenheit, sich mit den Beatles fotografieren zu lassen – das Bild erschien am nächsten Tag in zahlreichen Zeitungen. Am 20.3.1964 wurde die Preisverleihung unter dem Titel »The Variety Club Of Great Britain Awards For 1963« im britischen Fernsehen gezeigt.

ANOTHER BEATLES' CHRISTMAS SHOW

Zweite Weihnachts-Show der Beatles vom 24.12.1964 bis zum 15.1.1965 im Hammersmith Odeon Theatre in London (die erste fand im Dezember 1963/Januar 1964) statt. Die 132 240 Tickets für die 38 Vorstellungen waren bereits Anfang September 1964 ausverkauft. Produzent war wieder Peter Yolland, DJ Jimmy Savile moderierte die Show. Zu den Mitwirkenden gehörten neben den Beatles The Mike Cotton Sound, Michael Haslam, The Yardbirds, Ray Fell, Freddie And The Dreamers, Elkie Brooks, → *Sounds Incorporated*. Die Beatles traten u.a. als Antarktis-Forscher auf der Suche nach einem grässlichen Schneemenschen auf. Bei der dritten Christmas-Show waren The Beatles nicht mehr dabei.

ANOTHER GIRL

Song von John Lennon/Paul McCartney, aufgenommen am 15. und 16.2.1965, erstmals erschienen am 6.8.1965 auf der LP »Help!«. Paul spielt hier auch die Lead-Gitarre. Zahlreiche → *Cover-Versionen*, u.a. von The Ray Hamilton Orchestra, Beatles Forever, The George Martin Orchestra und The Punkles.

ANTHOLOGY

1. → *The Beatles Anthology*.
2. Box mit 4 CDs, vorwiegend mit bis dahin unveröffentlichten John-Lennon-Aufnahmen, erschienen 1998.
3. Box-Set mit allen acht Solo-CDs von John Lennon. Die Sets sind nummeriert von 1 bis 89 000; Nummer 0 gehört → *Yoko Ono*, Nummer 1 wurde am 6.11.2000 versteigert, der Erlös ging an Shelter, Yoko Onos Wohltätigkeits-Stiftung.

ANTHOLOGY OF THE BEATLES

Unter diesem Titel tourte 1999 eine Show der John-Lennon- und Paul-McCartney-Doubles Gary Gibson und Lawrence Gilmour durch Großbritannien. Die beiden sangen, begleitet von einer Band, Songs der Beatles.

ANTHONY, LES

Chauffeur und Bodyguard John Lennons ab Juli 1964, zuvor Wachmann. Zu diesem Zeitpunkt hatten weder John noch → *Cynthia Lennon* einen Führerschein. Anthony war auch dabei, als John am 9.11.1966 in der → *Indica Books & Gallery* → *Yoko Ono* kennen lernte. John schickte Anthony auch zu Tante Mimi, um seinen → *MBE* zu holen, damit er ihn zurückgeben konnte, und er fuhr John und Yoko 1969 auch nach Southampton, als sie ein Schiff suchten, auf dem sie heiraten konnten. Anthonys Erinnerungen erschienen im Mai 1972 in *News of the World*.

ANTI-APARTHEID

Die Beatles weigerten sich aufgrund der in Südafrika praktizierten Apartheid konsequent, dort aufzutreten. Nichtsdestotrotz waren ihre Songs auch dort Hits – bis zum 8.8.1966, als die South African Broadcasting Corporation (SABC) Beatles-Songs aufgrund von John Lennons Äußerungen zum Christentum verbot. Erst am 3.3.1971 wurde dieses Verbot aufgehoben. Am 11.2.1970 bezahlte John Lennon als Zeichen der Unterstützung der Anti-Apartheid-Bewegung eine Strafe von 1 344 £ (damals ca. 16 000 DM), die gegen ihn und weitere Personen verhängt worden war, die gegen ein südafrikanisches Rugby-Team, bestehend ausschließlich aus weißen Spielern, protestiert hatten, das im Dezember 1969 in Schottland gespielt hatte. Trotzdem erschienen natürlich auch in Südafrika Platten der Beatles (vor allem auf dem speziellen Label EMI Brigadiers), auch einige → *8-Track Cartridges* sind bekannt. Als John Lennon vom 23. bis 27.5.1980 nach Kapstadt/Südafrika reiste und im dortigen Mount Nelson Hotel wohnte, benutzte er schamhaft das Pseudonym John Green (der Name seines Astrologen). Bis in die 1990er Jahre hinein tauchten immer wieder obskure

Demos aus den »Get Back«-Sessions mit rassistischen Texten auf. So berichtet z.B. Geoffrey Giuliano in »Two Of Us« (Harmondsworth 1999) von dem Song »Don't Dig No Pakistanis«, das allerdings als Satire auf rassistische und nationalistische Ansichten gedacht war. Paul McCartney dazu: »Wenn es eine Band in der Welt gab, die antirassistisch war, dann wir. Unsere besten Freunde waren schwarz.«

ANTI-BEATLES

Als »the Anti-Beatle« bezeichnete Edward Shaw im Untertitel seines 1994 erschienenen Taschenbuches »Black Monk Time« die Punk-Legende The Monks, »vielleicht die erste Punkband auf europäischem Boden« (Christian Graf im »Punk-Lexikon«, Berlin 2000), die 1965 in Frankfurt/M. von fünf ehemaligen GIs gegründet worden war. Ihr Kennzeichen: Mönchskutten und Tonsuren. Viel mehr noch als die → *Rolling Stones* galten sie – insbesondere in Deutschland – in den 1960er Jahren als »Anti-Beatles«. 1999 gab es eine Reunion der Band, dokumentiert auf dem Album »Let's Start A Beat – Live From Cavestomp«. Aber irgendwie könnten auch → *The Monkees* und → *The Rutles* als »Anti-Beatles« durchgehen ...

Discogr.: Black Monk Time (1966)

Lit.: Shaw, Edward: Black Monk Time – Coming of the Anti-Beatle (1994)

ANY TIME AT ALL

Song von John Lennon/Paul McCartney, aufgenommen vom 1. bis 3.6.1964, erstmals erschienen am 10.7.1964 auf der LP »A Hard Day's Night«. Zahlreiche → *Cover-Versionen*, u.a. von Nils Lofgren, Los Protones und Dweezil Zappa.

APOLLO C.

Pseudonym Paul McCartneys, unter dem er 1968 die Single »I'm The Urban Spaceman« für die → *Bonzo Dog Doo-Dah Band* produzierte, die damit ihren einzigen Top-5-Hit in Großbritannien hatte.

The Monks – Mitte der 60er Jahre die »Anti-Beatles«

APOTHEOSIS

Filmprojekt von John Lennon und → *Yoko Ono* mit Aufnahmen aus einem Hubschrauber, begonnen Anfang September 1969. Die Aufnahmen wurden später mit den im Oktober/November 1969 aufgenommenen Sequenzen, gedreht von Bord eines sinkenden Heliumballons, verbunden. Nick Knowland hatte John & Yoko in einem abhebenden Freiballon in der Abenddämmerung, beleuchtet von einem Feuerwerk, gefilmt. Mit einem »natürlichen« Soundtrack versehen, bietet der 16-min-Film eine »konzeptionelle Schöpfung, die seinen Herstellungsprozess völlig rechtfertigt – obwohl der Ballon und die Kamera über lange Strecken in einer dunklen Wolke hängen« (John Robertson). Am 5.12.1969 ließen John Lennon und Yoko Ono in Lavenham noch einmal die Filmkulisse aufbauen, um »Apotheosis 2« zu drehen. Am 15.5.1971 wurde der Film beim Filmfestival in Cannes aufgeführt.

APPLE BOUTIQUE

Am 7.12.1967 eröffnete → *Apple Corps Limited* eine Boutique in London (94 Baker Street; Ecke Paddington Street). Das Ziel lt. Paul McCartney: »Ein schöner Ort, wo man schöne Dinge kaufen kann.« Modedesigner aus den Niederlanden (→ *The Fool*) wurden eingestellt, → *Pete Shotton* sollte den Laden managen, zu seinen Assistentinnen gehörte → *Jenny Boyd*. Die Bemalung der Fassade von The Fool musste allerdings wenige Wochen nach der Eröffnung auf Betreiben von The Westminster Borough Council wieder entfernt werden, weil sie »das Bild der Baker Street verschandelte« und andere Farben als Weiß, Grau oder Schwarz für Fassaden verboten waren. Anwohner hatten sich schriftlich bei der zuständigen Westminster City Hall beschwert. Acht Monate später, am 30.7.1968, wurde die Boutique aufgrund hoher wirtschaftlicher Verluste bereits wieder geschlossen. Die Bestände im Wert von ca. 10 000 £ verschenkten die Beatles an Freunde und Passanten. Bis → *Apple Corps Limited* eigene Geschäftsräume bezog, nutzte sie das dritte (oberste) Geschoss des Gebäudes als Büroräume.

APPLE CORPS LIMITED

Am 12.1.1968 mit einem Stammkapital von 25 Mill. DM (ca. 12,5 Mill. €) als Holding, also eine Dachorganisation für alle Aktivitäten der Beatles, gegründetes Unternehmen (Anschrift: 95, Wigmore Street, dann 3, Savile Row, später 27 Ovington Square, London SW3 1LJ), hervorgegangen aus dem am 17.11.1967 gegründeten Unternehmen → *Apple Music Limited* (zuvor: → *The Beatles & Co. Limited*). Daneben existierten Apple Corps SA in der Schweiz und Apple Corps Inc. in den USA. Letztere wurde später eine 100%ige Filiale von Apple Corps Ltd. Weitere Apple Corps-Unternehmen gab es in Australien, Kanada, Frankreich, Italien, Deutschland und den Niederlanden. Alle vier Beatles fungierten in den ersten Jahren als Präsidenten von Apple Corps Ltd und waren auch mit je 25 % beteiligt. Die Anteile gingen nach dem Tod von John Lennon und George Harrison auf deren Rechtsnachfolger über. → *Neil Aspinall* war Managing Director, → *Alistair Taylor* General Manager und *Peter Brown* und Harry Pinsker Geschäftsführer. Mit diesem Unternehmen sollten die Beatles einen Exklusivvertrag abschließen. Alle Einnahmen, auch aus ihren solistischen Aktivitäten, sollten geteilt werden – mit Ausnahme der Verdienste aus dem Songwriting. Zur Holding gehörten sechs Unternehmen: Apple Corps Inc., Apple Records Inc. (California), Apple Records Inc. (New York), Apple Music Publishing Co. Inc., Apple Films Inc. und → *Python Music Limited*. Das Logo des Unternehmens, entworfen von Gene Mahon, war ein grüner Apfel der Sorte »Granny Smith«, 1924 in der Baumschule des Ehepaares Smith in Ryde bei Sydney/Australien) gezüchtet. Als Vorlage diente das Bild »La chambre d'écoute« (»Das Zimmer des Lauschens«) von René Magritte (1958). Nach einer Idee von → *Brian Epstein* sollte Apple Corps Limited eine Ladenkette »im Konzept so ähnlich wie Woolworth« (→ *Cynthia Lennon*) werden – ursprünglich mit den Geschäftsfeldern → *Apple Films Limited* (Leitung: → *Denis O'Dell*), Apple Electronics (Leitung: → *Magic Alex*), → *Apple Publishing Limited*, → *Apple Records* (Leitung: Ron Kass), Apple Wholesail, Apple Television, Merchandising Division, Music Division (Leitung: Terry Doran), Apple Retail (Leitung: Pete Shotton, dann John Lydon) und Artist & Repertoire Division (Leitung: → *Peter Asher*). Später kam noch die Apple Foundation for the Arts hinzu. Brian Epstein brauchte das wohl als Ventil für seine Energie, und auch, um die Beatles weiterhin an sich zu binden. Nach seinem Tode sahen die Beatles Apple als eine Chance sich zu emanzipieren und eine neue Kombination von Kunst und Kommerz zu versuchen. Paul McCartney auf einer Pressekonferenz am 8.5.1968: »Wir versuchen Geschäfte und Spaß miteinander zu verbinden. Die Gewinne werden nicht in unsere Tasche fließen. Wir wollen damit Leute unterstützen. Das hat aber nichts mit Wohltätigkeit zu tun.« Und John Lennon ergänzte: »Wir wollen eine Sache aufziehen, die nichts kostet, wo Leute einfach hingehen können, drauflosarbeiten, Aufnahmen machen und nicht zu fragen brauchen ›Kriegen wir noch ein Mikro ins Studio, auch wenn wir noch keinen Hit hatten?‹.« Das erste »richtige« Apple-Büro wurde am 22.1.1968 in der 95 Wigmore Street in London eröffnet, am 3.4.1968 nahm Apple offiziell die Geschäfte auf, am 19.4.1968 schaltete das Unternehmen im → *New Musical Express* eine Anzeige und versprach, junge Talente, die ihre Demo-Bänder einschicken, zu Millionären zu machen. Auch David Bowie bewarb sich übrigens, erhielt jedoch eine Absage. Am 22.6.1968 wurde für 500 000 £ (damals ca. 3 Mill. €) das Gebäude in 3 Savile Row (in das Apple Corps Limited am 15.7.1968 einzog) gekauft. Die Apple Boutique in 94 Baker Street (London) wurde am 30.7.1968 bereits wieder geschlossen. Als zweiter Apple Shop öffnete am 22./23.5.1968 Civil and Theatrical Apple Tailoring in 161 New King's Road. Er wurde bereits am 31.7.1968 an den Verkaufsstellenleiter John Crittle übereignet. Sanierung und Ausstattung des Apple-Gebäudes kosteten Unsummen. Das Studio wurde bald zum Mekka für Drop-outs und arbeitslose Musiker. Nur: Es funktionierte nicht. Erst ab 22.1.1969, nachdem → *George Martin* Material und Fachleute geschickt hatte, waren überhaupt Aufnahmen möglich. John später: »Die Leute haben uns ausgeraubt und auf unsere Kosten gelebt – jede Woche machte Apple 18 000 oder 20 000 £ Verlust, und niemand hat etwas dagegen unternommen.« Am 18.1.1969 äußerte er seine Sorgen zum ersten Mal öffentlich. Vom 22.3. bis 19.6.1970

René Magritte: La chambre d'écoute (Das Zimmer des Lauschens, 1958) – Vorbild für das Apple-Logo

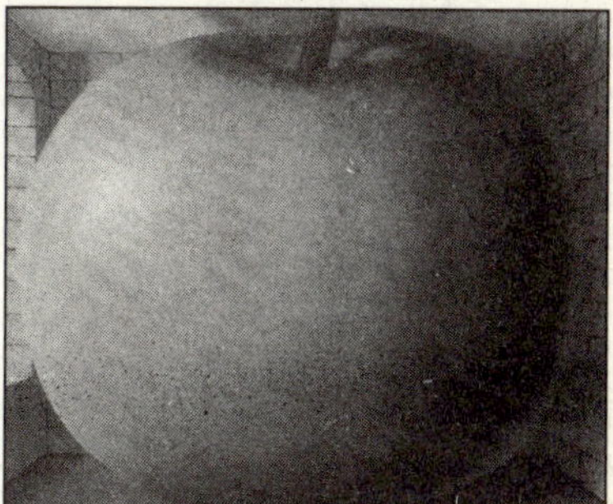

übernahm Mavis Smith die Leitung des Unternehmens. Interessante Einblicke liefert »Haus-Hippie« Richard DiLello in seinem Buch »The Longest Cocktail Party – An Insider's Diary Of The Beatles« (Ann Arbor/Mich. 1972 – Rock & Roll Remembrances Series Vol. 2; Neuaufl. London 1973, 2000, 2001 unter dem Titel »The Longest Cocktail Party – An Insider's Diary Of The Beatles' Apple-Empire And Its Wild Rise And Confusion«). Auf dem Dach des Gebäudes traten die Beatles am 30.1.1969 zum letzten Mal live vor einem Publikum auf. 1972 zog Apple in die 54 James Street, später schräg gegenüber in die Nr. 29. Seit der High Court mit Wirkung vom 31.12.1974 die Partnerschaft der Beatles offiziell für beendet erklärte, erhält Apple Corps 80 % aller Gewinne aus den Aufnahmen der Beatles als Gruppe, die vier Beatles bzw. deren Erben je 5 %. Mitte der 1980er Jahre hatte Apple Corps Ltd allerdings ein akkumuliertes Defizit von über 2 Mill. $.

Heute befinden sich die Büros der Apple Corps Limited in 5 Wendell Road und 27 Ovington Square. Das Unternehmen wird heute geleitet von den Geschäftsführern John Linder Eastman (Repräsentant Paul McCartneys), Hilary Lester Gerrard (Repräsentant Ringo Starrs), Dennis James O'Brien (Repräsentant der Erben George Harrisons) und → *Yoko Ono*, und vertritt die Interessen der ehemaligen Beatles in Bezug auf Merchandising, Reissues und Fernsehprodukte. In den »Anthology«-Jahren 1995/1996 verdienten die Beatles so gut wie nie zuvor seit ihrer Trennung. Auch der Schutz des Firmennamens Apple bringt immer wieder Geld in die Kassen. So bezahlte z.B. Steve Jobs' Computerfirma Apple bei zwei Rechtsstreiten 1980 und 1990 »einen Betrag in deutlich zweistelligem Millionen-Dollar-Bereich« (*FAZ* 15.9.2003), exakt 80 000 $ und 26 Mill. $, um ihren Namen behalten zu dürfen, musste sich allerdings 1991 verpflichten, keine Musik auf Datenträgern zu veröffentlichen. Dabei hatte Jobs seinem Unternehmen bei der Gründung im Jahre 1977 angeblich als Hommage an die Beatles den Namen Apple gegeben (und aus dem Apfel ein Stück herausgebissen). 2003 zog Apple Corps Ltd erneut vor Gericht, weil sie durch den Apple-Online-Musikshop iTunes diese Vereinbarung verletzt sah. Der Online-Katalog umfasst ca. 3,7 Mill. Musiktitel. Mit dem Online-Shop hat Apple Computer inzwischen mehr als 1 Mrd. Songs verkauft. Im März 2006 reichten Paul McCartney, Ringo Starr und die Erben von John Lennon und George Harrison eine Schadensersatzklage beim Londoner High Court Of Justice ein. Richter Martin Mann wies jedoch die Klage am 8.5.2006 zurück. Apple darf weiter das Apfel-Logo verwenden. Apple legte den Beatles sofort eine Rechnung für die Prozesskosten in Höhe von ca. 2,2 Mill. € vor. Die Gesamtkosten könnten sogar doppelt so hoch werden. Geoffrey Vos, Vertreter der Beatles, kündigte an, dass die Beatles in Berufung gehen werden.

Lit.: McCabe, Peter; Schonfeld, Robert: Apple To The Core. The Unmaking Of The Beatles (London 1972); DiLello, Richard: The Longest Cocktail Party Party – An Insider's Diary Of The Beatles (Ann Arbor/Mich. 1972 – Rock & Roll Remembrances Series Vol. 2; Neuaufl. London 1973, 2000, 2001 unter dem Titel »The Longest Cocktail Party – An Insider's Diary Of The Beatles' Apple-Empire And Its Wild Rise And Confusion«); Levy, Jeffery: AppleLog Companion (Vol. 1–3, Ottawa/Kanada 1990–1992); O'Dell, Denis; Neaverson, Bob: At The Apple's Core – The Beatles From The Inside (London 2002); Granados, Stefan: Those Where The Days – An Unofficial History Of The Beatles Apple Organization 1967–2002 (London 2003)

APPLE ELECTRONICS LIMITED

Eine Abteilung von → *Apple Corps Limited* unter der Leitung von → *Magic Alex*, einzig geschaffen, um dessen »Erfindungen« zu realisieren und zu vermarkten. Von seinen etwa hundert Patentanmeldungen wurde allerdings keine anerkannt, und auch das den Beatles versprochene 72-Track-Studio ließ auf sich warten. Geschäftsführer waren/sind Dennis O'Brien, Hilary Lester Gerrard, → *Yoko Ono* und → *John Eastman*. Das Unternehmen war auch in New York registriert.

APPLE FILMS LIMITED

Filmgesellschaft der Beatles, zu → *Apple Corps Limited* gehörend und am 12.1.1968 hervorgegangen aus → *The Beatles Film Productions Limited*. In den USA bestand die Apple Films Inc. Sie produzierte als erstes »Werk« im Februar 1968 den Promo-Clip zu »Hey Bulldog«. Sie zeichnete verantwortlich für »Magical Mystery Tour« und »Wonderwall« und stellte am 17.7.1968 im London Pavilion am Piccadilly Circus den Film »Yellow Submarine« vor, eine King Features Syndicate-Produktion. Auch »Let It Be« wurde von Apple Films lediglich »präsentiert«, die Arbeit erledigten andere. Weitere angekündigte Projekte (»Walkabout«, »Gorgeous Accident« und »The Jam«) wurden nicht realisiert. Geschäftsführer des Unternehmens waren → *Denis O'Dell* (sein Stellvertreter: → *Tony Bramwell*), die Beatles und → *Neil Aspinall*. Letztes Projekt vor der Schließung 1974 war der Film »Little Malcolm & His Struggle Against The Eunuchs«, nach einer Vorlage von David Halliwell. Leider konnte für den Film kein Vertrieb gefunden werden. Geschäftsführer waren/sind Dennis O'Brien, Hilary Lester Gerrard, → *Yoko Ono* und → *John Eastman*. Das Unternehmen war auch in New York registriert.

APPLE MANAGEMENT LIMITED

Am 16.5.1968 gegründetes Unternehmen der Beatles. Geschäftsführer waren/sind Dennis O'Brien, Hilary Lester Gerrard, → *Yoko Ono* und → *John Eastman*.

APPLE MUSIC LIMITED

Dachfirma der unterschiedlichen Beatles-Unternehmungen, hervorgegangen am 17.11.1967 aus dem am 19.4.1967 offiziell in das englische Handelsregister eingetragenen Unternehmen → *The Beatles & Co. Limited*. Das Unternehmen war auch in New York und in Kalifornien registriert. Es wurde am 12.1.1968 in → *Apple Corps Limited* umbenannt.

APPLE PEEL

Titel einer Kinder-Fernsehserie mit den Puppen Punch und Judy, gedreht im Juli 1967 am Strand von Brighton. Der Schauspieler David Peel hatte Paul McCartney dafür um finanzielle Unterstützung gebeten; die Beatles sollen dann die gesamte Serie finanziert haben.

APPLE PRODUCTIONS LIMITED

Unternehmen der Beatles (5 Wendel Road, London W12 9RT).

APPLE PUBLICITY LIMITED

Am 16.4.1968 gegründetes Unternehmen der Beatles, Geschäftsführer waren/sind → *Denis O'Dell*, → *John Eastman*, Hilary Lester Gerrard, → *Yoko Ono* und Dennis James O'Brien.

APPLE PUBLISHERS LIMITED

Am 27.9.1967 gegründeter Musikverlag der Beatles, wichtigster Mitarbeiter war → *Terry Doran*. Als Filialen in den USA fungierten Apple Music Publishing Co. Inc. und Apple Music Inc. Geschäftsführer waren/sind Dennis O'Brien, Hilary Lester Gerrard, → *Yoko Ono* und → *John Eastman*.

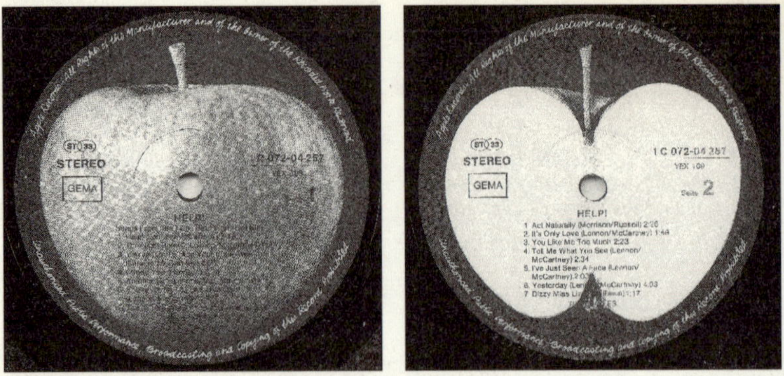

Apple Records: echt nur mit dem Apfel

APPLE RECORDS
Von den Beatles gegründetes Label der → *Apple Corps Limited*, auf dem am 26.8.1968 (USA, GB 30.8.1968) als erste Single »Those Were The Days«/»Turn, Turn, Turn« von → *Mary Hopkin* als Apple 02 erschien. Eigentlich sollte am 30.8.1968 »Hey Jude«/»Revolution« von den Beatles Apple 01 werden, aber die → *EMI* bestand darauf, dass diese Beatles-Single noch die EMI-Katalognummer Apple R 5722 (von → *Parlophone Records*) erhielt. Sie verkaufte sich in den ersten sechs Monaten 5 Mill. Mal, später kamen noch etwa 3 Mill. dazu; »Those Were The Days« verkaufte sich bisher insgesamt 5 Mill. Mal. Als erste LP erschien am 1.11.1968 George Harrisons »Wonderwall Music«. Es folgten fünf weitere Singles und vier LPs der Beatles. Paul McCartney hatte auf der → *Capitol Records* Sales Conference in Los Angeles am 21.6.1968 angekündigt, dass künftig alle Platten der Beatles auf dem Apple-Label erscheinen. Da die Beatles weiterhin bei EMI unter Vertrag standen, trugen ihre Platten allerdings Parlophone-Nummern. Managing Director war Ron Kass, für A&R war → *Peter Asher* verantwortlich, als Assistent fungierte → *Tony Bramwell*. In den USA gab es die Apple Records Inc. (California) und die Apple Records Inc. (New York), beides Tochtergesellschaften von Apple Corps Inc. Erster USA-Manager von Apple Records war Ken Mansfield. Die Beatles führten das Label am 11.8.1968 mit einer »National Apple Week« ein. Die Presse erhielt ein spezielles Set mit vier Singles unter dem Titel »Our First Four«: »Hey Jude« von den Beatles, »Sour Milk Sea« von → *Jackie Lomax*, »Thingumybob« von → *The Black Dyke Mills Band* und »Those Were The Days« von Mary Hopkin. In den folgenden Jahren erschienen u.a. LPs mit → *James Taylor*, dem Modern Jazz Quartet, Mary Hopkin, Jackie Lomax, The Iveys, → *Billy Preston*, → *Badfinger* und → *Doris Troy*. Viele Projekte blieben allerdings unvollendet. Die Falsett-Stimme des jamaikanischen Sängers Pat Kelly z.B. begeisterte die Betreiber des Apple-Labels so, dass sie Kelly 25 000 £ für einen Vertrag boten. Kelly war jedoch anderweitig vertraglich gebunden und kehrte nach Jamaika zurück. 1969 veröffentlichte Apple Records das »Beatles Press Book« und das Buch »The Beatles Get Back« von Jonathan Cott und David Dalton. In Großbritannien wurde Apple von Parlophone Records vertrieben, in den

USA von Capitol Records. Die originalen Apple-Veröffentlichungen erschienen später als Lizenz bei EMI. Als Unternehmen bestand Apple Records bis 1976. 1991 erschienen die ersten Apple-CDs, und am 1.4.1995 erschien mit »The Best Of Badfinger« die erste Apple-Neuerscheinung seit 20 Jahren. 1999 startete Apple Records eine groß angelegte Remix-Serie, beginnend mit »Yellow Submarine« und »Imagine« (John Lennon). Die 10-CD-Box »Compact Disc UK Singles Collection« (2001 als Bootleg erschienen, mit 64-seitigem Booklet) dokumentiert die Apple-Geschichte von August 1968 bis 1975 und enthält, chronologisch geordnet, alle Apple-Single-Aufnahmen, ergänzt (CD 10) durch nicht realisierte Veröffentlichungen, unveröffentlichte Versionen, Songs von in anderen Ländern veröffentlichten Apple-Singles und einige Interviews. – Eine detaillierte Apple-Diskographie (bis 1975) enthält u.a. »The Beatles Encyclopedia« von → *Bill Harry* (London 1992, 2000; Seite 37–63).

Lit.: *Levy, Jeffery: Applelog: The Apple Records Collector's Reference Series (Ottawa/Kanada 1990); Cott, Jonathan; Dalton, David: The Beatles Get Back (London 1969); Aylward, John: Beatles Apple Singles File (1993); Sulpy, Doug; Schweighardt, Ray: Drugs, Divorce And A Slipping Image – The Unauthorized Story of The Beatles' »Get Back« Sessions (Princeton Junction/NJ 1994; Neuausgabe unter dem Titel »Get Back – The Unauthorised Chronicle of the Beatles ›Let It Be‹ Deseaster«; New York 1997, London 1998); Spizer, Bruce: The Beatles On Apple Records (New Orleans 2003); Watzek, Uwe: Beatles For Sale – British Beatles Parlophone & Apple Records In The Sixties (Halle/S. 2004); Spizer, Bruce: The Beatles Solo On Apple (New Orleans 2005)*

APPLE ROOFTOP CONCERT

Auf dem Dach des Apple-Gebäudes in der Londoner Savile Row Nr. 3 traten die Beatles am 30.1.1969 zum letzten Mal live vor einem Publikum auf – zum Abschluss der Aufnahmen zu »Let It Be«. Ursprünglich sollte das Konzert in einem alten Amphitheater stattfinden. Die Beatles spielten: »Get Back«, »Don't Let Me Down«, »I've Got A Feeling«, »The One After 909«, »Dig A Pony« und – während ein Toningenieur die Bänder wechselte – die britische Nationalhymne »God Save The Queen«. Dann erschien die Polizei und beendete das Konzert. John Lennons Bemerkung »I hope we passed the audition« (Ich hoffe, wir haben das Vorspiel bestanden) am Schluss des Konzertes ist auch am Schluss der LP »Let It Be« zu hören. Das Konzert ist u.a. auf den → *Bootlegs* »The Complete Rooftop Concert« (2 CD) und »The Last Blast« (Beeb Transcription Records/Quarter Apple) dokumentiert.

APPLE SCHOOL

Die Idee einer Schule hatte wohl John Lennon, am 9.5.1968 traf er sich mit Ringo Starr, → *Ivan Vaughan*, → *Magic Alex* und → *Derek Taylor*, um die Idee auf den Weg zu bringen. In der Schule sollten die Kinder der Apple-Mitarbeiter und von Freunden wie → *Bob Dylan* unterrichtet werden – insgesamt 15–20 Kinder – als Alternative zum konservativen englischen Schulsystem. Leiter sollte Ivan Vaughan werden. → *Pete Shotton* und → *Neil Aspinall* überzeugten die Initiatoren, dass das Projekt zu teuer und zu ehrgeizig sei. Es wurde schließlich (wie so viele andere Apple-Projekte) auf Eis gelegt.

APPLE SCRUFFS

Name einer Gruppe überwiegend weiblicher britischer und amerikanischer Hardcore-Beatles-Fans, die Ende der 1960er Jahre einen großen Teil ihrer Zeit damit verbrachten, einen Blick auf die Beatles zu erhaschen. Zu ihnen gehörten lt. → *Bill Harry* Nancy Allen, Margo Stevens (Leiterin der Gruppe), Wendy Sutcliffe, Jill Pritchard, Sue-John, Chris, Di, Kathy, Virginia, Dani, Lucy, Tommy und Jimmy. 1970 gaben sie ein eigenes Fanzine *The*

Apple Scruffs Monthly Book heraus. Margo wurde dann sogar bei → *Apple Corps Limited* als Teemädchen eingestellt, Jill wurde Rezeptionistin in den → *Abbey Road Studios*. Als eine Gruppe von Fans in das Haus Paul McCartneys in der Cavendish Avenue eindrang und Kleidung und Fotos stahl, veranlasste Margo Stevens auf Bitten Paul McCartneys, dass zumindest die Fotos zurückgegeben wurden. Paul McCartney schrieb dazu den Song »She Came In Through The Bathroom Window«. George Harrison widmete ihnen den Song »Apple Scruffs« auf seiner LP »All Things Must Pass« (1970; eine → *Cover-Version* sangen Carlitos Ordax & Roman Gil).

Lit.: Bedford, Carol: Waiting For The Beatles – An Apple Scruff's Story (Poole 1984)

APRICOT INVESTMENTS LIMITED
Eine der sieben am 19.12.1967 von den Beatles in London gegründeten Investmentgesellschaften.

ARDMORE AND BEECHWOOD LIMITED
Musikverlag der → *EMI*, eine 100-prozentige Tochtergesellschaft (Charing Cross Road, London WC2), der auf Drängen von → *Brian Epstein* die Beatles-Songs »Love Me Do« und »P.S. I Love You« verlegte. Er tat allerdings herzlich wenig, um die beiden Songs zu promoten. Geschäftsführer war Syd Coleman. Später erlangte Paul McCartney die Rechte zurück, heute gehören sie seiner Fa. → *MPL Communications Limited.*

ARIAS, OLIVIA TRINIDAD
→ *Harrison, Olivia.*

ARNOLD GROVE
In dieser kleinen Straße in Liverpool, in der Nähe von Picton Clock, wurde im Haus Nr. 12 am 24.2.1943 (nicht am 25.2.1943!) George Harrison geboren. Er lebte hier bis 1950, als die Familie nach 25 Upton Green im Stadtteil Speke zog, nur wenige Straßen vom Haus der Familie McCartney entfernt.

AROUND THE BEATLES
Titel eines einstündigen TV-Specials von Jack Good mit den Beatles, gesendet am 6.5.1964 bei Associated Rediffusion (USA: 15.11.1964) mit acht Songs der Beatles, einem Medley aus drei Songs und einer Szene, in der Paul den Pyramus, John den Thisbe, George den Moonshine und Ringo The Lion aus dem 4. Akt von Shakespeares »Ein Sommernachts-traum« spielen. Die Proben und Aufnahmen erfolgten am 18./19.4.1964 in der Hall of Remembrance in der Flood Street in Chelsea und den IBC Studios, Portland Place, London, am 25.4.1964 erneut in der Hall of Remembrance (Proben), in den Studios des Senders in Wembley am 26.4.1964

12, Arnold Grove, Liverpool – hier wurde am 24.2.1943 George Harrison geboren

(Ankleideprobe) und am 27. und 28.4.1964 (an diesem Tag nahmen sie den Shakespeare-Sketch auf). Außer den Beatles traten → *Cilla Black*, → *Sounds Incorporated*, Long John Baldry, P. J. Proby, The Vernon Girls, Millie und die amerikanische Tanzgruppe The Jets auf. Ein Teil der Show wurde am 15.11.1964 auch in den USA in ABC TV gezeigt. Im April 1985 erschien unter dem Titel »The Beatles Live!« ein Video mit Aufnahmen aus der Sendung, der Shakespeare-Sketch ist auch auf dem Video »Fun With The Fab Four« (1987) enthalten. 1989 erschien ein Mitschnitt unter dem Titel »The Beatles Live! – Ready, Steady, Go! Special Edition« auf Laserdisc.

THE ART OF THE BEATLES EXHIBITION
Große Kunstausstellung mit Beatles-bezogenen Kunstwerken, die vom 4.5. bis 30.9.1984 auf Initiative von Ron Jones in der Walker Art Gallery in Liverpool (William Brown Street) stattfand – organisiert von Mike Evans und präsentiert vom Merseyside County Council. Gezeigt wurden Bilder, Skulpturen, Fotos, Zeichnungen, Plattencover, Poster und andere mit den Beatles im Zusammenhang stehende Kunstwerke. Zu den ausstellenden Künstlern gehörten u.a. Gerald Scarfe (Cartoons), → *Stuart Sutcliffe*, → *Astrid Kirchherr*, Adrian Henri, → *Peter Blake*, → *Alan Aldridge*, Andy Warhol, → *Richard Avedon*, → *Robert Freeman*, → *Linda McCartney*, → *Cynthia Lennon*, → *Dezo Hoffman*, → *Peter Kaye*, John Bratby, David Oxtoby, Graham Spencer und → *Michael McCartney*. Über 50 000 Besucher sahen die Ausstellung, die dann auch in Japan (1984–1987) und in Köln (1988) gezeigt wurde. In London erschien 1984 ein Katalog zur Ausstellung.

ASHER, JANE
Film- und Fernsehschauspielerin und Langzeit-Verlobte Paul McCartneys, *5.4.1946 in London. Ihre Mutter war Musiklehrerin an der renommierten Guildhall School of Music and Drama, wo sie Flöte, Oboe und andere Instrumente unterrichtete. Einer ihrer Schüler war übrigens → *George Martin*. Ihr Vater, Sir Richard Asher, war ein bekannter Arzt. Sie besuchte das Queen's College, eine Privatschule für Mädchen, in London und spielte bereits als Kind erste Rollen. Ihr Debüt hatte sie mit fünf Jahren in »Mandy«, mit zwölf stand sie zum ersten Mal auf der Bühne – als Alice in »Alice In Wonderland«. Am 18.4.1963 war sie im Konzert »Swingin' Sound '63« in der Londoner → *Royal Albert Hall*, in dem auch die Beatles auftraten. Als kreischender Teenager war sie dann am 2.5.1963 auf dem Titelbild der *Radio Times* zu sehen. Nach dem Konzert traf sie die Beatles im Royal Court Hotel, danach waren sie noch auf einer Party bei Chris Hutchens. Paul McCartney brachte sie brav nach Hause und verabredete sich mit ihr. Die Ashers wohnten damals in der 57 Wimpole Street in London W1, im Oktober/November 1963 zog auch Paul McCartney dort ein, bis Paul und Jane in ihr eigenes Haus in der Cavendish Avenue 7 im Londoner Stadtteil St. John's Wood zogen, das Paul am 13./14.4.1965 für 40 000 £ gekauft hatte. Bekannt wurde Jane Asher 1964 als engelsgleiche Francesca in Roger Cormans Poe-Adaption »The Masque Of The Red Death« (dt.: »Satanas – das Schloß der blutigen Bestie«) – und als Freundin Paul McCartneys, der ihr im gleichen Jahr das Liebeslied »And I Love Her« auf der LP »A Hard Day's Night« widmete. Auch andere Songs Paul McCartneys sind von Jane Asher inspiriert. 1964 spielte sie u.a. in dem Fernsehspiel »A Spanner In The Grassroots«, in Canterbury in dem Stück »The Jew Of Malta« und in der Show »The Celebrity Game«. 1965 hatte sie ein Engagement im Palace Theatre in Watford – Paul McCartney besuchte sie dort am 14. Juli – und war dann

Schauspielerin am Old Vic Theatre in Bristol. 1966 spielte sie in dem Film »Alfie« von Lewis Gilbert (dt.: »Der Verführer läßt schön grüßen«), zur Premiere am 24.3.1966 im Plaza Cinema in Haymarket, London, kamen u.a. Paul McCartney und George Harrison. Sie war »sehr intelligent und schön« und »ein großer Preis« für Paul (→ *Cynthia Lennon*). Zum 20. Geburtstag schenkte ihr Paul McCartney 20 Kleider. Im April/Mai 1967 war sie mit der Bristol Old Vic Repertory Company auf Gastspielreise in den USA – Paul McCartney flog extra nach Denver, um ihr zum Geburtstag zu gratulieren. Am 25.12.1967 gaben sie und Paul McCartney ihre Verlobung bekannt, am 1.1.1968 stellte Paul sie seinen Eltern vor. Aber die Probleme eskalierten trotz der Ankündigung, dass sie bald heiraten wollten: Jane Asher wollte ihre Karriere forcieren, Paul McCartney wollte sie lediglich als Hausfrau und Begleiterin in allen Lebenslagen. Am 20.7.1968 erklärte sie in der Fernsehshow »Dee Time« ihre Trennung von Paul McCartney. Ihr Kommentar am 12.10.1968 in einem Interview mit dem London Evening Standard: »Wir sind noch immer sehr gute Freunde. Wir sehen uns und wir lieben uns, aber es hat eben nicht geklappt.« Paul hatte zu dieser Zeit eine kurzzeitige Affäre mit → *Francie Schwartz* und zudem bereits seine spätere Frau Linda kennen gelernt. Ihren Durchbruch als Bühnenschauspielerin schaffte Jane Asher dann mit John Osbornes »Look Back In Anger« (dt.: »Blick zurück im Zorn«). Am 26.4.1969 wurde ihr Vater Dr. Richard Asher tot in seiner Wohnung in der Wimpole Street aufgefunden. Jane Asher heiratete den Cartoonisten Gerald Scarfe. Nach einigen wenigen größeren Rollen Anfang der 1970er Jahre (u.a. als erotische Wasserleiche Susan in der deutsch-amerikanischen Koproduktion »Deep End« und als Jane Seymour in »Henry VIII and His Six Wives«) geriet sie als Schauspielerin bald in Vergessenheit. Lediglich das britische Fernsehen hatte noch einige Rollen für sie, u.a. als Ehefrau Anna in »Closing Numbers« (1993). Trotzdem waren die 1990er Jahre sehr erfolgreich für sie: Sie hatte eine eigene TV-Show, eine Kolumne in der Zeitung und diverse von ihr kreierte Backprodukte in den Supermärkten. 1994 traf sie Paul noch einmal – nach zwanzig Jahren. Sie verfasste auch einige Ratgeber- und Kochbücher (u.a. »Jane Asher's Eats For Treats«, London 1990), 1995 erschien die erste Ausgabe ihrer Zeitschrift *Jane Asher's Magazine* und 1998 The Best Of Good Living. In San Diego/USA erschien sogar lange Zeit ein Fanzine namens *My Sweet Lady Jane*. Jane Asher präsentierte in den letzten Jahren auch Fernsehprogramme (auf BBC 1 z.B. das »Good Living Magazine«) und engagierte sich für diverse karitative Organisationen (u.a. Children In Need und National Autistic Society).

ASHER, PETER

*22.6.1944 in London/GB, spielte er in einer Skiffleband Gitarre. Ab 1962 trat er mit seinem Schulfreund Gordon Waller als Duo Gordon and Peter (später: → *Peter and Gordon*) in diversen Folkclubs auf. Am 21.1.1964 nahmen sie den Song »A World Without Love« von John Lennon/Paul McCartney auf, der schnell eine Nummer 1 in Großbritannien und den USA wurde. Die Verbindung kam zustande, weil Paul McCartney in Peters Schwester → *Jane Asher* verliebt war. Peter Asher hatte zu der Zeit eine kurzzeitige Beziehung zu der Sängerin Millie Small. Peter Ashers Mutter war Musiklehrerin an der renommierten Guildhall School of Music, sein Vater, Sir Richard Asher, ein bekannter Arzt. Peter Asher war damals auch Mitglied von British Mensa, einer Gesellschaft für Menschen mit einem IQ über 130 und eine Art Verbindungsglied zwischen den Künstlerkreisen und der Welt des Rock'n'Roll. Nach einigen weiteren Hits (u.a. »Lady Godiva«, 1967) trennten sich Peter and Gordon 1968. Waller versuchte erfolglos eine Solokarriere, Peter Asher war Ende der 1960er Jahre bei → *Apple Corps Limited* für A&R verantwortlich und betätigte sich als Produzent und Manager, u.a. für → *James Taylor* (LP »James Taylor«, 1968 Apple Records) und als Co-Produzent für → *Mary Hopkins* erste Single »Those Were The Days«/»Turn! Turn! Turn! (To Everything There Is A Season)«, erschienen am 26.8.1968 auf dem Apple-Label. Asher war (mit → *Barry Miles* und → *John Dunbar*, einem alten Schulfreund) auch an dem Unternehmen Miles Asher and Dunbar Limited (M.A.D. Ltd) beteiligt, das u.a. → *Indica Books and Gallery* betrieb. Im Juni 1969 trat er als A&R zurück, weil die ursprüngliche Apple-Idee »einen großen Teil seines ursprünglichen Feelings« verloren hatte. Er arbeitete dann in der A&R-Abteilung bei MGM Records und wurde Manager von → *James Taylor*, der sich ebenfalls von Apple verabschiedet hatte, sowie später von Linda Ronstadt. Heute betreibt er eine Nachwuchsagentur und arbeitet erfolgreich als Plattenproduzent in Kalifornien. So produzierte er 1992 »Golden Blunders« für Ringo Starrs Album »Time Takes Time«. Seit 1982 ist er mit Wende Worth verheiratet.

ASHTON, PETER

1990 behauptete Peter Ashton in einem Interview mit Radio City in Liverpool, er wäre Schlagzeuger der → *Quarrymen* gewesen. Des Weiteren behauptete er, die Band hätte anfangs Union City Skiffle Group geheißen, und dass ihr Song auf einer Feier in einer Kirche »Mama Don't Allow« gewesen wäre. → *Rod Davis* hält es für möglich, dass er vielleicht bei ein bis zwei Gigs dabei war, → *Colin Hanton* bestreitet es vehement.

ASK ME WHY

Song von John Lennon/Paul McCartney, aufgenommen am 26.11.1962, erstmals erschienen am 11.1.1963 auf Single, am 22.3.1963 auf der LP »Please Please Me« und am 7.2.1964 auf der EP »All My Loving«. Auch als die Beatles am 6.6.1962 in den → *Abbey Road Studios* der → *EMI* vorspielten, war dieser Titel dabei. »Ask Me Why« war am 15.6.1962 der erste Lennon/McCartney-Song, der im Radio gespielt wurde. Zahlreiche → *Cover-Versionen*, u.a. von Les Lionceaux (»Je suis fou«) und Kremlin Graceful Balalaika Band.

ASPINALL, NEIL

* 13.12.1942 in Prestatyn/North Wales. Seine Mutter hatte dort vor den deutschen Bombardements Schutz gefunden, sein Vater war Soldat. 1942 kehrte die Familie nach Liverpool zurück. Er war ein Freund von → *Pete Best* und lebte zeitweise im Haus von Bests Eltern. Neil besuchte die West Derby School bis zum Abschluss der Klasse 11 Plus und das Gymnasium → *Liverpool Institute And School Of Art*, wo er wie Paul McCartney die Fächer Kunst und Englisch belegte und auch George Harrison kennen lernte. Nach dem Abschluss im Juli 1959 studierte er dann, um Steuerberater zu werden, und fand auch Arbeit als zugelassener Steuerberater. Als Pete Best in Hamburg war, half er im → *Casbah Coffee Club*. Er war der Geliebte von → *Mona Best*, → *Roag Best* ist ihr gemeinsamer Sohn. Für den ersten Auftritt der Beatles unter dem Namen The Beatles in Großbritannien am 17.12.1960 malte er die Plakate, zehn Tage später lernte er auch John Lennon persönlich kennen. Ab 1961 arbeitete er als Fahrer und Roadie und ab Juli 1962 als persönlicher Assistent mit Road Manager → *Mal Evans* für die Beatles – als Fulltime-Job. Im November 1961 kaufte er für 40 £ (damals ca. 250 €) einen kleinen

Transporter, mit dem er die Beatles und deren Equipment zu den Auftritten fuhr. Aspinall und Evans wohnten damals in 16 Montague Mews im Westen von London. Von den beiden stammen auch sehr viele der Beatles-Autogramme aus der Mitte der 1960er Jahre. 1966 war er dann John Lennons persönlicher Betreuer bei den Dreharbeiten zu »How I Won The War«, er selbst spielt in dem Film einen toten Soldaten. Er war ab Januar 1968 Managing Director von → *Apple Corps Limited* und einer der Geschäftsführer von → *Apple Films Limited* und fungierte in dieser Eigenschaft 1970 auch als Produzent des Films »Let It Be«. Auch auf Platte ist Aspinall zu hören: In »Within You Without You« (LP »Sgt. Pepper's Lonely Hearts Club«, 1967) spielt er → *Tamburâ*, in »Yellow Submarine« singt er im Background, und in »Strawberry Fields Forever« spielt er Güiro, ein Rhythmusinstrument aus Holz. Mit Keith Moon von The Who schrieb er den Soundtrack zu dem Musikfilm »That'll Be The Day« (Regie: Claude Whatham, 1973). Am 30.8.1968 heiratete er im Chelsea Register Office in London Susan »Suzy« Ornstein, sie haben inzwischen fünf Kinder. Paul McCartney, Ringo und → *Maureen Starkey* waren bei der Hochzeit dabei, → *Magic Alex* mimte den Trauzeugen. Von den Beatles erhielt er ein Haus als Hochzeitsgeschenk. 1991 wirkte er als Herstellungsleiter (executive producer) an dem Dokumentarfilm »The Beatles: The First U.S. Visit« von → *Albert und David Maysles* mit. → *George Martin* in seinem Buch »Summer Of Love – The Making Of Sgt. Pepper« (London 1994): »Wenn irgendjemand den unmöglichen Titel ›Fünfter Beatle‹ verdient hat, dann ist das Neil Aspinall. Ohne jemals im Rampenlicht gestanden zu haben, war er ihnen vom ersten Tag an treu ergeben, indem er ihnen half, sich in ihrem komplizierten Leben zurechtzufinden.« Aspinall ist (mit seiner Frau) Geschäftsführer von Standby Films Limited, die als Sekretariat von Apple Corps Ltd fungiert. Diese Aufgabe nimmt er von seinem Haus in 49, Waldergrave Park im Londoner Stadtteil Twickenham wahr. Für das Buch »The Beatles Anthology« fungierte er als Herstellungsleiter. Er ist Produzent der gleichnamigen TV-Serie (1995), seine Tochter Gayla Aspinall unterstützte ihn dabei. Auch für das Video »Hendrix: Band of Gypsys« (1999) fungierte er als Produzent.

ASTEROID

Kleiner planetenartiger Himmelskörper (deshalb auch: Planetoiden) des Sonnensystems mit einem Durchmesser von 0,1 bis 1 000 km. Insgesamt gibt es etwa 100 000 davon, ihre Gesamtmasse beträgt allerdings nur ca. 1/1 000 der Erdmasse. Die Asteroiden 4 147 bis 4 150, 1983 und 1984 von Brian A. Skiff und Dr. Edward Bowell vom Lowell Observatory in Flagstaff/AZ/USA entdeckt, tragen die Namen Lennon, McCartney, Harrison und Starr. Die Namensgebung wurde vom Zentrum für kleine Planeten der International Astronomical Union (IAU) in Cambridge/MA/USA bestätigt. Der Asteroid Lennon z.B. ist ein Basalt-Fragment des Planetoiden Vesta, abgespalten nach einem Zusammenstoß mit einem anderen Asteroiden. Inzwischen wurde auch ein kleiner Planet (Nr. 8749), am 3.4.1998 entdeckt von dem australischen Astronomen John Broughton vom Reedy Creek Observatorium in Maryland/USA, nach den Beatles benannt – korrekte Bezeichnung: No. 8749 Beatles 1998 GJ10 1998 04 03 Reedy Creek 43042.

AT ABBEY ROAD

Titel eines Medleys von Beatles-Titeln, arrangiert von Winfried Koch unter Mitarbeit von Alexander Erbrich für die 2000 erschienene

CD »Bach Meet Beatles« des Ensemble Classique (Brass Sextett). Zum Medley gehören »She Loves You«, »Hey Jude«, »Help!«, »When I'm Sixty Four«, »Yesterday«, »All You Need Is Love« und »Can't Buy Me Love«.

AT THE BEEB
→ *The Beatles At The Beeb*.

ATLANTA WHISKEY FLAT
Dieser imaginäre Auftrittsort der Beatles ist auf diversen → *Bootlegs* mit Aufnahmen vom 2.9.1964 angegeben. An diesem Tag spielten die Beatles nachweislich in der Convention Hall in Philadelphia. In Atlanta/Georgia spielten sie am 18.8.1965 (Atlanta Fulton County Stadium).

AUDIOKASSETTE
→ *Musikkasette*.

AUFLÖSUNG
→ *Trennung*.

AUNT MIMI
→ *Smith, Mary Elizabeth*.

AUTOS
Natürlich hatten die Beatles nichts dagegen, ihren gesellschaftlichen Status auch in Form teurer Autos zu demonstrieren. Bis Mitte der 1960er Jahre, als sie noch zumeist als Gruppe unterwegs waren, fuhr sie → *Bill Corbett* in einer blauen Austin Princess Limousine. Beide waren sogar Anfang 1964 in Paris dabei. Dass der geschäftstüchtige → *Brian Epstein* am 12.10.1964 sogar ein Unternehmen namens → *Brian Epstein Automobiles Limited* (natürlich mit ihm als Direktor) gründete, sei hier nur am Rande erwähnt.

Das Verhältnis der vier Beatles zu Autos ist unterschiedlich: George Harrison fuhr einen Maserati, einen Ford Zephyr, einen Jaguar E (gekauft im Februar 1964), ein Mercedes Coupé EPE 448 und lange Zeit einen schwarzen Mini Cooper und begeisterte sich später für Rennautos. Am 12.7.1964 hatte er einen Autounfall, und am 28.6.1967 musste er wegen zu schnellen Fahrens Strafe zahlen. Sein Aston Martin DB5 Coupé wurde am 29.8.1985 in London versteigert, das Mercedes Coupé im November 1991 in Barcelona (für 20 000 $), der Jaguar 1998. Ringo kaufte sich zwei Minis, einen Land Rover und einen Facel Vega.

Paul und Ringo ließen sich in den ersten Beatles-Jahren zumeist chauffieren. Am 26.8.1963 verlor Paul McCartney wegen zu schnellen Fahrens für ein Jahr seinen Führerschein. Im Oktober 1964 kaufte er sich dann für 40 000 £ einen Aston Martin DB6 – den gleichen Typ, den auch James Bond gefahren hatte. Außerdem besaß er 1965–1970 einen Radford Mini Cooper S. 1972 verkaufte er den Wagen, 2001 wurde er erneut verkauft. Am 9.11.1966 hatte Paul McCartney einen Verkehrsunfall. 1973 setzte Paul McCartney mit dem Song »Helen Wheels« (oft als »Hell On Wheels« bezeichnet) seinem Landrover ein Denkmal. Im Dezember 1986 ging ein Wagen der McCartneys in Flammen auf, Linda und Paul McCartney blieben zum Glück unverletzt. Im Mai 2005 wurde sein roter Lamborghini Espada bei ebay versteigert – immerhin noch für fast 10 000 $.

Nachdem John Lennon am 15.2.1965 mit Müh und Not die Fahrprüfung bestanden hatte, kaufte er sich einen grün-metallic-schwarzen Ferrari (den er bald wieder verkaufte), einen Mini-Cooper mit getönten Scheiben (als Engländer wohl ein Muss), einen Marcos Manti und einen schwarzen Rolls Royce Phantom V, Baujahr 1965, mit verspiegelten Scheiben und einem Mikrophon, mit dem er über ein PA-System andere Verkehrsteilnehmer z.B. auffordern konnte, die Straße frei zu machen. Am 25.1.1967 versuchten Diebe, das Auto zu stehlen. Im April 1967 ließ er den Rolls Royce vom Binder, Edwards & Vaughan-Team → *psychedelisch* bemalen, verkaufte ihn allerdings im Juli 1968 wieder. Im September 1993 wurde der Rolls Royce für 110 000 $ (ca. 92 500 €) versteigert – einige Jahre zuvor hatte er noch 250 000 $ (ca. 210 000 €) gekostet, 1985 sogar 2,3 Mill. $. Am 14.1.1967 waren John Lennon und → *Cynthia Lennon* in einen Verkehrsunfall verwickelt. Am 1.7.1969 hatten John Lennon und → *Yoko Ono* und ihre beiden Kinder einen schweren Unfall in der Nähe von Golspie/Schottland. Das Auto ließen sie zu einem Würfel pressen und im Garten in Tittenhurst Park aufstellen. Den 1970 extra für John Lennon angefertigten weißen Mercedes 600 Pullmann, den John Lennon vor seinem Umzug nach New York an George Harrison verkauft hatte, kaufte 1989 für 234 000 $ ein finnischer Geschäftsmann von Mary Wilson (The Supremes), der ihn für noch einmal ca. 250 000 € in den Originalzustand versetzen ließ. 1992 stand der Wagen wieder zum Verkauf – für 550 000 £ (ca. 750 000 €); 2001 sollte er auf einer Auktion bereits 750 000 $ bringen. Im Juni 2001 wurde er dann bei ebay versteigert. In den USA fuhr John Lennon dann einen 72er Chrysler Kombi – er brachte bei einer Sotheby's-Auktion 1996 umgerechnet ca. 15 500 €. Zum 11. Hochzeitstag am 20.3.1980 schenkte Yoko Ono John Lennon ein Rolls-Royce-Sondermodell. Traurige Berühmtheit erlangte später der weiße 1968er VW Beetle 1500c mit der Zulassungsnummer LMW 28 IF auf dem Cover von »Abbey Road«, gekauft 1967, mit dem Paul McCartney angeblich bei einem Verkehrsunfall ums Leben gekommen sein soll. Das Auto wurde nach dem Tode John Lennons, der es mehrere Male (als »Gag«) gefahren haben soll, versteigert (Texas, Italien, Deutschland).

Traurige Berühmtheit erlangte der weiße VW Beetle 1500 c auf dem Cover von »Abbey Road« – diese beiden ahnen noch nichts davon

Ringo Starr machte seinen Führerschein erst am 8.10.1964, im dritten Anlauf, nachdem er zwei Jahre lang »schwarz« gefahren war. Danach kaufte er sich einen Sportwagen Facel Vega. Am 19.5.1980 hatten Ringo Starr und → *Barbara Bach* einen Unfall. Sein Mini-Cooper, eine Spezialanfertigung, sollte 1998 versteigert werden, fand aber keinen Käufer. Sein grauer Mercedes Benz 190 SL wurde 1997 in den USA für 45 080 $ versteigert, sein schwarzer Mercedes Benz AMG 190 E 2.3, den er bis 1989 besaß, am 31.7.2004 für 8550 £. Beatles-Chauffeur → *Alf Bicknell* über die Fahrkünste der Beatles: »Ringo war ein großartiger Fahrer. Aber wenn John am Steuer saß, schloss ich jedes Mal die Augen.« (*Die Welt* 13.3.2004)

AVEDON, RICHARD

Amerikanischer Fotograf, * 15.5.1923 in New York City/USA. Ab 1945 arbeitete er u.a. als Modefotograf für die Zeitschriften *Harper's Bazaar* und *Vogue*. 1958 wurde er vom Magazin *Popular Photography* zu einem der zehn besten Fotografen der Welt gewählt. Er kann auf zahlreiche Preise, Veröffentlichungen und Ausstellungen verweisen. Sein Leben war Thema des Filmmusicals »Funny Face« (1957, mit Fred Astaire und Audrey Hepburn). Sein Sujet war dann die Counterculture der USA in den Jahren 1960 bis 1973, »Bilder von den Sonnen- und Schattenseiten des Lebens machten Richard Avedon zum Inbegriff des amerikanischen Traums« (*Berliner Zeitung* 15.5.2003). Er fotografierte am 11.8.1967 die Beatles in seinem Studio im Londoner Thompson House. Bekannt wurde er mit vier psychedelischen, 67,4 cm x 49,5 cm großen Postern, die zuerst im Januar 1968 in *Look* (John Lennon als Titelbild) und am 23.2.1968 im Londoner *Daily Express* erschienen, die Motive lagen 2000 auch der CD »1« bei. Avedon hatte die vier Porträtfotos chemisch verfremdet: John wurde zum surrealistischen Beatle, Paul zum Romantiker, George zum Mystiker und Ringo zum unkomplizierten Jungen von nebenan. Das John-Lennon-Porträt zierte auch das Cover des → *Rolling Stone* Nr. 585 vom 23.8.1990 – eine Spezialausgabe zu den sechziger Jahren. Bereits in den 1970er Jahren hatte der *Rolling Stone* Porträts des Fotografen veröffentlicht – eine Spezialausgabe (Nr. 224/1976) erhielt dafür den National Magazine Award. In Deutschland veröffentlichte *stern* die Fotos am 22.4.1968 unter der Überschrift »Die Beatles, wie sie noch keiner sah«. 1978 erschien der Katalog »Photographs 1947–1977«, 1993 »An Autobiography«, 1994 »Evidence 1944–1994«, 1999 der Ausstellungskatalog »The Sixties« (mit Doon Arbus, München) und 2002 »Portraits«. 2000 erhielt er den Berlin Photography Prize. »Meine Fotos«, sagt Avedon, »lesen nur ab, was auf der Oberfläche zu sehen ist. Ich habe großes Vertrauen in die Aussagekraft der Oberfläche.« (*Der Spiegel*) 2005 wurden die vier Fotos bei Christie's in New York für 464 000 $ versteigert. † 1.10.2004 in San Antonio/Texas.

www.richardavedon.com

B

BABY IT'S YOU

Song von Hal David/Burt Bacharach/Barney Williams, 1961/1962 von → *The Shirelles* gesungen, aufgenommen am 11. und 20.2.1963, erstmals erschienen am 22.3.1963 auf der LP »Please Please Me«. Eine weitere Version erschien am 28.10.1994 auf der DoCD »Live At The BBC«, aufgenommen am 1.6.1963 im BBC Paris Theatre, London, für die → *BBC*-Sendung → *Pop Go The Beatles* (Produzent: Terry Henebery, gesendet am 11.6.1963). Diese Version des Songs erschien am 20.3.1995 auch auf einer Single und erreichte Platz 7 der britischen Charts.

BABY, YOU'RE A RICH MAN

Song von John Lennon/Paul McCartney, aufgenommen am 11.5.1967, erstmals erschienen am 7.7.1967 auf Single. Das Sopransaxophon soll Brian Jones von den → *Rolling Stones* einen Tag später in den Olympic Studios dazugespielt haben, was aber höchstwahrscheinlich in den Bereich der Legende gehört. Die trompetenartigen Klänge stammen von einer Claviolina, einem Vorfahren des Synthesizers. Bei der Aufnahmesession war auch Mick Jagger dabei. Ursprünglich war der Song für den »Yellow Submarine«-Soundtrack bestimmt und hieß »One Of The Beautiful People«. Der Satz »How does it feel to be one of the beautiful people?« schaffte es sogar in das Zitatenlexikon »Bartlett's Familiar Quotations«. Zahlreiche → *Cover-Versionen*, u.a. von Martin Newell.

BABY'S HEARTBEAT

»Song« von John Lennon/Yoko Ono mit originalen Herztönen ihres noch ungeborenen Babys, aufgenommen am 17.11.1968 im Londoner Queen Charlotte's Hospital, erstmals erschienen 1969 auf Seite 2 der LP »Unfinished Music No. 2 – Life With The Lions«. Nach dieser dokumentarischen Tonbandaufnahme originaler Herztöne folgen »Two Minutes Silence« – eine verlängerte Schweigeminute für das Kind, das → *Yoko Ono* aufgrund einer komplizierten Schwangerschaft bei der Geburt verlor. Bereits in ihrem »Beat Piece«, das 1965 in New York als Performance aufgeführt worden war, hatte Yoko Ono aufgefordert: »Listen to a heartbeat«.

BABY'S IN BLACK

Song von John Lennon/Paul McCartney, aufgenommen am 11.8.1964, erstmals erschienen am 4.12.1964 auf der LP »Beatles For Sale« und am 4.6.1965 auf der EP »Beatles For Sale (No 2)«. Ein Remix (→ *Geoff Emerick*) des Songs, rec. live am 29./30.8.1965 in der → *Hollywood Bowl*, erschien 1996 auf der Rückseite der Single »Real Love«. Zahlreiche → *Cover-Versionen*, u.a. von The Hi-Fi's, Rundfunk-Tanzorchester Berlin, The Applejacks, The Beattells, Chelsea Drugstore und The Rubber Band.

BACH, BARBARA

Zweite Ehefrau von Ringo Starr, * 27.8.1947 in New York City als Barbara Goldbach. Sie wuchs im New Yorker Stadtteil Queens auf und besuchte eine Mädchenschule. Mit 16 riss sie von der Schule aus. Sie wurde Model, heiratete den italienischen Unternehmer Augusto Gregorini und zog mit ihm nach Rom. Sie spielte einige Rollen im Film (u.a. 1977 in dem James-Bond-Film »The Spy Who Loved Me«, dt.: »James Bond – Der Spion, der mich liebte«, und »Tote Killer morden nicht«); 1969 wurde ihre Tochter Francesca geboren, 1974 ihr Sohn Gianni. Sie ließ sich für den *Playboy* ablichten und von ihrem Mann scheiden. Ringo Starr traf sie zum ersten Mal 1980 bei den Dreharbeiten zu »Caveman«. Da hieß Ringo Starrs Freundin noch Nancy Andrews. Barbara Bach und Ringo Starr heirateten am 27.4.1981 im Marylebone Registry Office and Magistrates' Court in der Marylebone Road in London. George und Olivia Harrison und Paul und Linda McCartney waren bei der Hochzeits-Party dabei, was Gerüchten über eine Re-Union wieder neuen Auftrieb gab. Barbara Bach arbeitet weiter gelegentlich als Schauspielerin. Wie Ringo Starr hatte sie ernsthafte Alkoholprobleme, unterzog sich jedoch im Oktober 1988 erfolgreich einer Behandlung. In den 1990er Jahren engagierte sie sich mit Pattie Boyd (→ *Pattie Harrison*) für Drogen- und Alkoholabhängige. Sie war im April 1990 (mit → *Olivia Harrison*, → *Yoko Ono*, → *Linda McCartney* und Elton John) Mitgründerin der Stiftung »Romanian Angel Appeal« für rumänische Waisenkinder.

BACK IN THE U.S.S.R.

Song von John Lennon/Paul McCartney, aufgenommen am 22. und 23.8.1968, erstmals erschienen am 22.11.1968 auf der LP »The Beatles« (»Weißes Album«). Im Juli 1976 erschien der Song mit »Twist And Shout« auf einer Single (→ *Parlophone Records*). Der Song, der ursprünglich »I'm Backing The UK« hieß, beginnt mit dem Geräusch eines aufheulenden Düsenflugzeugs. Aufgrund des falsettartigen Satzgesanges wird der Song oft als Parodie auf die → *Beach Boys* interpretiert. Tatsächlich half Mike Love von den Beach Boys Paul McCartney in → *Rishikesh* beim Schreiben des Refrains. Der Song ist so mehr eine Parodie auf Chuck Berrys »Back In The U.S.A.«, ein Hit aus dem Jahre 1959. Die Aufnahme brachte den Beatles von Ultrakonservativen den Vorwurf der Kommunismus-Verherrlichung ein. Bei den Aufnahmen kam es wiederholt zu Streitigkeiten, so verließ Ringo Starr am 22.8. das Studio mit der Bemerkung, die Band zu verlassen. Der Song wurde deshalb ohne Ringo aufgenommen, Schlagzeug spielt Paul, unterstützt von John und George. George spielt zum ersten Mal Bassgitarre, Paul McCartney Lead-Gitarre. Eine weitere Version erschien im November 1990 auf Paul McCartneys CD »Tripping The Live Fantastic«. Eine 2002 erschienene DoCD Paul McCartneys heißt »Back in the U.S.«. Zahlreiche → *Cover-Versionen*, u.a. von John Schroeder Orchestra, Pan Pipers, Jive Bunny & The Mastermixers, The CT Beatles, Bornagen, The Leningrad Cowboys, The Hill/Wiltschinsky Guitar Duo, The Bugs, Billy Joel, Cliff Bennett & the Rebel Rousers/ The Cliff Bennett Band, The Beatles Revival Band, Jimmy Powell, Leslie Mandoki, Chubby Checker, Billy Idol, The Rubber Band, Houdini Band, The Brights, Hard Day's Night, The King's Singers, The Hardways und The Inmates.

Back In The U.S.S.R./Don't Pass Me By (1968)

BACK TO THE LEGEND

Französische Video-Musical-Show mit Beatles-Musik, Untertitel: »Une hommage aux Beatles«, live gespielt von der Band Get Back. Im Dezember 2003 erschienen 2 CDs mit der Musik zur Show. Im Januar 2005 gastierte die Show im Casino de Paris. 2006 arbeitete die Band Get Back an einer neuen CD, »Acoustic Memories«.

www.backtothelegend.com

BACKBEAT

Film (Scala Productions, Großbritannien, 1994; Buch und Regie: Iain Softley, Produzent: Stephen Woolley), der insbesondere die Beziehung zwischen John Lennon und → *Stuart Sutcliffe* Anfang der 1960er Jahre illustriert. Lennon spielt der Liverpooler Schauspieler Ian Hart, Paul McCartney Gary Bakewell, Sutcliffe der amerikanische Schauspieler Stephen Dorff, → *Astrid Kirchherr* Sheryl Lee, die zuvor als Laura Palmer in »Twin Peaks« Erfolg hatte. Astrid Kirchherr fungierte auch als Beraterin. Der Film wurde in Liverpool, London und Hamburg gedreht, Weltpremiere war am 29.3.1994 im Odeon Cinema in Liverpool (USA 12.4.1994, Deutschland 14.4.1994). Ian Hart erhielt für seine Rolle im Januar 1995 den Filmpreis für die »vielversprechendste Neuentdeckung« des *Evening Standard*. Der Soundtrack wurde komplett neu aufgenommen, von einer Superband, bestehend aus den amerikanischen Musikern Dave Pirner (Soul Asylum, voc), Dave Grohl (Nirvana, dr), Mike Mills (R.E.M., g), Thurston Moore (Sonic Youth, g, voc), Don Fleming (u.a. Gumball, g, voc) und Greg Dulli (Afghan Wings, g, voc). Don Was hatte die musikalische Oberaufsicht; die Band nahm die Promo-Single »Money« und ein Soundtrack-Album (»Backbeat – Music from the Original Motion Picture«, Virgin) auf. Klaus Walter in *Prinz* 4/1994: »The Great Grunge & Roll Swindle, Teil 47. Der Film des Jahres? Der überflüssigste Soundtrack des Jahres.« Der Film erschien inzwischen auch als Video (Columbia Tristar) und DVD (Universal Studios).

»Backbeat« (1994) – filmisches Denkmal für Stu Sutcliffe

Lit.: Clayson, Alan; Sutcliffe, Pauline: Backbeat. Die Stuart Sutcliffe Story (Bergisch Gladbach 1994) (Bastei-Lübbe-Taschenbuch. Bd. 12164)

THE BACKWARDS

Beatles-Cover-Band aus Kosice/Slowakei, gegründet 1996. 1998 waren sie die Sieger des »Battle of the Bands« beim International Beatlefest in New York City – immerhin nahmen 36 Bands daran teil! → *Louise Harrison* gratulierte ihnen zu ihrem Sieg. Die Band kleidet sich wie die Beatles und benutzt auch das gleiche Instrumentarium – → *Vox*, → *Rickenbacker*, → *Gretsch*, → *Höfner* und → *Ludwig*.

www.thebackwards.com

The Backwards

BAD BOY

Song, komponiert und gesungen (1959) von Larry Williams, aufgenommen von den Beatles am 10.5.1965, erstmals erschienen am 14.6.1965 in den USA auf der LP »Beatles VI«, am 9.12.1966 auf der LP »A Collection Of Beatles Oldies (But Goldies)«. Auch in Deutschland erschien er bereits 1965 – auf der EP »Beatles Forever« (Odeon) – über ein Jahr früher als in Großbritannien! Zahlreiche → *Cover-Versionen*, u.a. von The Punkles, → *Billy J. Kramer with The Dakotas*.

BAD TO ME

Song von John Lennon/Paul McCartney, erstmals aufgenommen am 27.6.1963 von → *Billy J. Kramer with The Dakotas* in den → *Abbey Road Studios* (in Anwesenheit Paul McCartneys, rel. 26.7.1963). Zahlreiche → *Cover-Versionen*, u.a. von The Beatnix, Pierson Parker Janovitz Project, Bonnies (»Wenn du von mir gehst«) und The Saltbee.

BADFINGER

Britische Band, hervorgegangen aus den Iveys, der Backing-Band von Sänger David Garrick, deren erste LP »Maybe Tomorrow« am 4.7.1969 auf dem Apple-Label erschien. Der Name der Band stammt von »Badfinger Boogie« – so hieß der Song »With A Little Help From My Friends« ursprünglich. Als Entdecker der Band gilt → *Mal Evans*. Besetzung: Pete Ham (ld-voc, g, p, * 27.4.1947 in Swansea/Wales, † 23.4.1975 London), Tom Evans (b, voc, † 1983), Mike Gibbins (dr) und Joey Molland (voc, g). 1966 spielte die Band u.a. im Liverpooler → *Cavern*.

Als Paul McCartney ein Demo-Band der Gruppe hörte, nahm er sie im Juli 1968 für → *Apple Records* unter Vertrag (erste Single: »Maybe Tomorrow«). Erst nach der Umbenennung in Badfinger und mit der Aufnahme der McCartney-Komposition »Come And Get It« (aus dem Soundtrack zum Film → *The Magic Christian*, rec. 2.8.1969, prod. Paul McCartney) wurde die Band bekannt. Am 9.1.1970 erschien auf Apple Records ihre LP »Magic Christian Music«. Weitere Erfolgstitel: »No Matter What« (Komposition/Text: Pete Ham) und »Day After Day« (1971, von der LP »Straight Up«, produziert von George Harrison). 1971 war sie an dem Album »All Things Must Pass« von George Harrison beteiligt. Badfinger war am 1.8.1971 auch beim legendären → *Concert for Bangla Desh* im New Yorker → *Madison Square Garden* dabei. Nachdem die Band 1973 die Plattenfirma gewechselt hatte, geriet sie schnell in Vergessenheit. 1974 verließ Sänger Joey Molland die Band. Der Auflösung 1975 folgte drei Jahre später eine Reunion, betrieben von Molland und Evans, 1983 dann die endgültige Trennung. Molland war dann an den Aufnahmen zu »My Sweet Lord« (George Harrison) und »Imagine« (John Lennon) beteiligt. Gelegentlich touren Joey Molland und Mike Gibbins noch mit Gastmusikern unter dem alten Bandnamen. So trat Joey Molland am 22.10.2002 mit den Magpies im Music Box Theatre in Minneapolis/Minnesota in einer autobiografischen Show auf.

Discogr.: *Magic Christian Music (1970), No Dice (1970), Straight Up (1971), Ass (1973), Wish You Were Here (1974), Badfinger (1974), Airwaves (1979), Say*

No More (1980), Best Of Badfinger, Vol. 2 (1990), Day After Day – Live In Cleveland 74 (1990), Straight Up (mit 6 Bonus-Tracks, 1993/1996), The Best Of Badfinger (1994), Better Days (1995), BBC In Concert 1972–1973 (Reissue 1999), Head First (DoCD, 2000), The Very Best Of Badfinger (2000), Director's Cut (DVD, 2001) • ***Lit.**: Matovina, Dan: Without You – The Tragic Story Of Badfinger (San Mateo/Calif. 1997)*

BADGE

Song von George Harrison/Eric Clapton, erstmals aufgenommen im Dezember 1968 für die letzte LP der Gruppe → *Cream*, »Goodbye«, erschienen am 5.2.1969 (am 3.4.1969 auch als Single erschienen, Reissue der Single am 21.9.1969); George Harrison spielt als → *L'Angelo Misterioso* Rhythmusgitarre. Ringo Starr hat am Text mitgewirkt. 1971 spielten George Harrison und Eric Clapton den Song gemeinsam bei einem Konzert im Londoner Rainbow Theatre (wofür es aber keine Belege gibt). Am 26.1.1990 erschien eine weitere Live-Version, aufgenommen während einer GB-Tournee Eric Claptons im NEC Birmingham.

THE BAETLES

Deutsche → *Cover-Band* aus Hamburg, gegründet 1994. Besetzung: Stephan Linke (bg), Frank Karolewicz (g), Hein-Jürgen Lüddecke (g) und Jan Hauschild (dr). Die vier Musiker benutzen in ihrer Show z.T. Original-Instrumente wie eine 12-String-Rickenbacker, Ludwig Drums und Vox-Verstärker.

BAEZ, JOAN

Amerikanische Folksängerin, in den 1960er Jahren die »Muse des Folksongs«, *9.1.1941 in New York, 1959 beim Newport Folk Festival entdeckt. Mit Songs wie »We Shall Overcome« stellte sie sich an die Spitze des gewaltlosen Widerstandes gegen den Krieg in Vietnam. Sie entdeckte Bob Dylan, nahm 1969 am Festival in → *Woodstock* teil und engagierte sich 1976 in Nordirland gegen den blutigen Bürgerkrieg. Auf ihren zahlreichen Alben finden sich auch → *Cover-Versionen* von Beatles-Songs, so »Eleanor Rigby« und »Let It Be«. Als die Beatles am 29.8.1966 im Candlestick Park in San Francisco ihr letztes öffentliches Konzert gaben, saß Joan Baez im Publikum. Am 8.6.1968 besuchten George Harrison und Ringo Starr ein Konzert der Sängerin in Carmel/Calif.

baez.woz.org; www.joan-baez.com

BAG MUSIC LIMITED

Von John Lennon und → *Yoko Ono* in London gegründetes Unternehmen (→ *Bagism*) für die Verwertung ihrer gemeinsamen musikalischen Aktivitäten, ein Tochterunternehmen von → *Apple Corps Limited*.

BAG ONE

1969 in 45 Exemplaren erschienene Serie von 15 Originallithographien John Lennons in einer weißen Kunstledertasche, handsigniert und nummeriert von HC I bis HC VL, plus 300 Exemplare handsigniert und nummeriert von 1 bis 300 (John Robertson schreibt sogar von 3 000 Exemplaren). Die Signierung nahm John Lennon bei einem Aufenthalt auf der Farm des kanadischen Sängers Ronnie Hawkins (18.–20.12.1969) vor. Hawkins war Gründer von The Hawks (später: The Band). Die Mappe enthält auch John Lennons Gedicht »This Is My Story Both Humble And True«, geschrieben im Februar 1969. Der Kunsthändler Steve McDowell aus Seattle kaufte für 300 000 $ vier Sets und schickte sie als Wanderausstellung durch einige hundert Städte der USA. Vom 15. bis 28.1.1970 sollten die Blätter der Mappe in der London Arts Gallery, 22 New Bond Street, erstmals ausgestellt und für 550 £ (damals ca. 3250 €) zum Kauf angeboten werden. Am 16.1.1970 konfiszierte Scotland

Yard jedoch die acht Blätter mit erotischen Motiven. Der Besitzer der Galerie wurde vor Gericht zitiert, erst am 27.4.1970 erhielt er die Blätter zurück. Ab 22.1.1970 wurden die Lithographien in der London Arts Gallery in Detroit/Michigan gezeigt, im Februar 1970 in der Lee Nordness Gallery in New York und in der Galerie Denise René in Paris, im März 1970 in Amsterdam und in der Merrill Chase Gallery in Oak Brook in der Nähe von Chicago/Illinois (wo die Polizei erneut fünf Lithographien beschlagnahmte), ab 14.3.1970 in der Düsseldorfer Galerie denise rené hans mayer und im September/November 1970 im Museum of Arts and Sciences von Daytona Beach/USA. 1970 veröffentlichte Cinnamon Press in New York die Blätter; auch die Ausstellungskataloge »John Lennon – Zeichnungen, Performance, Film« (Stuttgart 1995) und »John Lennon – Bag One« (Daytona Beach, Museum of Arts and Sciences, 1981) enthalten die Blätter. »Bag Two« sollte das chinesische I Ching, das Buch der Wandlungen, zum Thema haben, wurde aber nie realisiert. Zeichnungen John Lennons befinden sich heute u.a. im New Yorker Museum of Modern Art (MOMA).

BAG ONE ARTS INC.

Mitte der 1980er Jahre von → *Yoko Ono* gegründetes Verlagsunternehmen, das sich auf Editionen aus dem Nachlass John Lennons spezialisiert hat. 1995 erschienen zwei auf 1000 Exemplare begrenzte Ausgaben von Zeichnungen zu John Lennons Gedichten unter den Titeln »John Lennon – The Beatle Years« und »John Lennon – The Solo Years«. Präsidentin ist Yoko Ono, Vizepräsident ist ihr Lebensgefährte Sam Havadtoy. Das Unternehmen betreibt auch die Bag One Gallery in der West 79th Street in Manhattan, New York. Eine komplette Ausstellung aller 180 Arbeiten John Lennons fand ab 4.5.2004 in der Galerie in der Londoner Cork Street statt.

BAG PRODUCTIONS LIMITED

Von John Lennon und → *Yoko Ono* am 21.4.1969 in London gegründetes Unternehmen (→ *Bagism*) für ihre Public Relations, die Finanzierung und Koordinierung ihrer gemeinsamen Aktivitäten, ein Tochterunternehmen von → *Apple Corps Limited*. Am 20.9.1969 wurde → *Allen Klein* als Geschäftsführer der Gesellschaft eingesetzt. Yoko Ono gründete nach dem Tod John Lennons in New York das Unternehmen → *Bag One Arts Inc.*

BAGISM

Die »Bag Performances« sind eine gemeinsame künstlerische Aktivität von John Lennon und → *Yoko Ono*, »erfunden« allerdings allein von Yoko Ono. Zum ersten Mal stiegen sie am 18.12.1968 beim → *Alchemical Wedding*, der Weihnachtsfeier der Londoner Underground Art Movement in der → *Royal Albert Hall*, für 25 Minuten in einen Sack. Bereits 1962 waren Yoko Ono und ihr damaliger Ehemann → *Anthony Cox* in einen schwarzen Sack gestiegen, in dem sie sich aus- und wieder anzogen, um dann wieder aus dem Sack zu steigen. Das Publikum konnte nur erraten, was sie im Sack taten. Am 31.3.1969 beantworten John und Yoko, in einen weißen Sack bzw. Leinentücher gehüllt, im Wiener Hotel Sacher Fragen der Journalisten. Die Belegschaft diskutierte danach noch lange, ob sie darunter wenigstens »a Hoserl« anhatten oder nicht. Auch als John Lennon und Yoko Ono am 1.4.1969 in der englischen TV-Sendung »Today« auftraten, hockten sie zunächst in einem weißen Sack mit der Aufschrift »Bagism« (»Sackismus«), während TV-Moderator → *Eamonn Andrews* im Bett, darüber ein Schild »Eamonn

Peace«, auf sie wartete. Als am 10.9.1969 im New Cinema Club im Londoner Institute of Contemporary Arts Filme von John Lennon und Yoko Ono gezeigt wurden, hockten wiederum zwei Personen in einem weißen Sack auf der Bühne. Das Publikum vermutete, dass es John und Yoko waren, was aber wohl nicht der Fall war. 1969 veröffentlichte John Lennon dann unter dem Titel → *Bag One* eine Serie von Lithographien. »Bag Two« sollte das chinesische I Ching, das Buch der Wandlungen, zum Thema haben, wurde aber nie realisiert. Als die Plastic Ono Supergroup am 15.12.1969 im Lyceum Theatre in London ein Konzert zugunsten von UNICEF gab, saß Yoko Ono in einem weißen Sack zu Füßen John Lennons auf der Bühne. Auch im Film »Imagine« (1972) wimmelt es nur so von Personen in Säcken ... John Lennon definierte »Bagism« als »totale Kommunikation ohne Vorurteile«, weil ein Zuhörer so alles Gesagte vorurteilsfrei aufnehmen könne, unbeeinflusst von der äußeren Erscheinung des/der im Sack Verborgenen. John Lennon bei einem Auftritt in der David-Frost-Show: »Was Bagism ist? Es ist eine Art Etikett für alles, was wir tun. Wir stecken alle in einem Sack, wissen Sie.« Im Oktober kroch Yoko Ono noch einmal in einen Sack – beim Art Walk Event für die Coalition for the Homeless in New York.

BAIRD, JULIA

Halbschwester John Lennons, *5.3.1947 in Liverpool als Julia Dykins. Ihre Mutter → *Julia Lennon* lernte nach Kriegsende, als sie als Serviererin in einem Café in der Penny Lane arbeitete, → *John Albert Dykins* kennen und zog zu ihm, obwohl sie offiziell noch mit → *Alfred Lennon* (John Lennons Vater) verheiratet war. John war für Julia immer ein »echter Bruder«: »Mitten in diesem engverbundenen Familienclan waren wir alle vollkommen glücklich.« Nach dem Tod ihrer Mutter wuchs sie mit ihrer Schwester → *Jacqui Gertrude Dykins* bei ihrer Tante → *Harriet »Harrie« Stanley* und ihrem Onkel Norman auf. 1965 lernte sie den Iren Allen Baird kennen. Sie studierte am Chester College Französisch und Linguistik. Im Februar 1966 starb ihr Vater bei einem Autounfall. Nach ihrer Ausbildung arbeitete sie als Französischlehrerin an einer Mittelschule in Belfast, wo sie nach der Hochzeit mit Allen Baird lebte. 1968 kaufte ihnen John Lennon ein Haus in Woolton. 1970, nach der Geburt ihres ersten Sohnes Nicholas (»Nicky«), zogen sie wieder nach Liverpool. Ihr zweites Kind hieß Sara, das dritte David. 1975 unterrichtete sie wieder (in der Caldy-Volksschule). Im Sommer 1975 suchte John

Julia Baird: Die kleine Halbschwester John Lennons packt aus.

Lennon wieder den Kontakt zu ihr, in den kommenden Jahren telefonierten sie regelmäßig, um sich dann doch wieder aus den Augen zu verlieren. 1980 zogen die Bairds nach Cheshire. Bis zu John Lennons Tod unterhielt sie brieflichen und telefonischen Kontakt zu ihrem Halbbruder. In den letzten Jahren tritt sie auf Beatles-Conventions auf und erzählt aus seinem Leben, sie verkauft auch private Fotos ihres Bruders (mit ihrem Autogramm!).

***Lit.:** Baird, Julia: In His Own Youth – In My Own Words (1986); Baird, Julia; Giuliano, Geoffrey: John Lennon: My Brother (New York 1988; dt.: Mein Bruder John Lennon, Bergisch Gladbach 1989)*

Balkanton: The Beatles »Love Songs«

BAKER, BARBARA

John Lennons erste feste Freundin. John Lennon und → *Len Garry* hatten sie und ihre Freundin Miranda im Reynolds Park in der Nähe von → *St. Peter's Parish Church* in Woolton getroffen. Barbara, damals 14, besuchte die Calder High School und traf sich erst mit Len Garry und wechselte dann zu John. Die beiden waren ca. ein Jahr zusammen. Heute ist sie verheiratet und lebt im Liverpooler Stadtteil Wirral.

BAKER, GEOFF

Pressechef bei Apple und Pressesprecher von Paul McCartney, verantwortlich auch für die weltweite Promotion für »The Beatles Anthology«. Am 12.9.2004 berichtete die *Mail on Sunday* allerdings, Paul McCartney habe ihn gefeuert. Sein Verhalten habe »nicht den professionellen Standards entsprochen, die ich von ihm erwartet habe«, kommentierte Paul McCartney seine Entscheidung drei Tage später. Ein Grund war wohl auch der Drogenkonsum Bakers. Sein geplantes Buch wurde mehrmals verschoben.

BALKANTON

Staatliche bulgarische Schallplattengesellschaft, veröffentlichte in Lizenz auch einige Beatles-LPs und SPs, u.a. »The Beatles« (= »The Beatles' First«), »The Beatles: In The Beginning«, »Love Songs«, »Come Together«/»Something« und »Golden Slumbers«/»Carry That Weight«. Auf diversen Samplern sind weitere Beatles-Songs enthalten. Später erschienen auch Solo-Platten der Beatles, u.a. »Cloud Nine« (George Harrison), »Imagine« (John Lennon) und »Wings Greatest«.

THE BALLAD OF JOHN AND YOKO

1. Song von John Lennon (Paul McCartney ist als Mitautor genannt, war aber definitiv nicht daran beteiligt), aufgenommen am 14.4.1969, erstmals erschienen am 30.5.1969 auf Single. Aufnahme und Mixing dauerten gerade mal neun Stunden. Paul McCartney spielte für das Grundband Schlagzeug, dann nahmen die beiden Beatles zwei Lead-Gitarren (John), Piano und Bass (Paul), Perkussion (John und Paul) und schließlich ihren Gesang auf. George Harrison war zu dieser Zeit im Ausland, Ringo Starr war mit den Dreharbeiten für »The Magic Christian« beschäftigt. Hauptthema des Songs ist die Hochzeit von John Lennon und → *Yoko Ono* am 20.3.1969 in Gibraltar. Aufgrund einiger sexueller Anspielungen und des Bezuges auf Jesus Christus weigerten sich zahlreiche Rundfunkstationen, insbesondere in den USA, den Song zu spielen. In Australien wurde der Song wegen »Blasphemie« regelrecht verboten. 1977/1978 planten John Lennon und Yoko Ono unter dem Titel »The Ballad Of John And Yoko« ein Broadway-Musical über ihr gemeinsames Leben, das jedoch nicht zustande kam. Der Text findet sich in John Lennons 1986 erschienenem Buch »Skywriting By Word Of Mouth«. Das Musical-Projekt könnte allerdings auch eine Taktik von Yoko Ono gewesen sein, um John Lennon zu beschäftigen, während sie ihre eigenen Interessen verfolgte ... Der Text, eine unfertige Zusammenstellung von Notizen und Tagebucheintragungen, könnte auch erst nach John Lennons Tod zusammengefügt worden sein. 1997 fand in der Immaculate Conceptions Gallery in Amsterdam unter diesem Titel eine Ausstellung mit Zeichnungen John Lennons aus der Zeit ab Ende der siebziger Jahre statt, u.a. mit den Zeichnungen aus → *Bag One*. 1982 erschien unter dem Titel »All His Own Work – The Ballad Of John And Yoko« ein Buch mit Material über die Lennons aus dem Archiv des → *Rolling Stone* sowie einigen neuen Artikeln von Autoren des Magazins. Zahlreiche → *Cover-Versionen*, u.a. von The Day Trippers, Dave Edmunds, Gérard Saint-Paul (»La ballade de John et Yoko«), The Persuasions, Teenage Fanclub und Unlimited Beat.

2. Am 5.9.1971 wurde im Alexandra Palace im Londoner Stadtteil Wood Green bei einem Filmabend des London Art Spectrum ein kurzer Film mit gleichem Titel gezeigt, der bereits im April 1969 im Auftrag von John Lennon und Yoko gedreht worden war – sozusagen ein Videoclip zum Song. Der Film besteht aus diversen Filmschnipseln, die sich bis auf eine kurze Beatles-Sequenz bereits ausschließlich mit John & Yoko befassen.

3. Titel eines Programms der Gruppe Wolken & Brücken (Freistaat Sachsen), mit dem diese 2000 auf Tournee ging, Untertitel. »Ein Rocksical mit lauteren Mitteln«. Kerstin Wenzel-Brückner las Auszüge aus autobiografischen Texten John Lennons aus dem Jahre 1978, Benno Thiemer und Wolfgang Brückner spielten und sangen Songs aus dem Repertoire der Beatles und John Lennons.

Kontakt: *Tel. (0371) 405 96 43 und (0175) 804 94 43.*

BALLADS

(auch: The Beatles Ballads) Von EMI 1980 veröffentlichte Zusammenstellung von Beatles-Songs, die vor allem Balladen enthält. Ein Großteil der Songs war 1977 bereits auf der DoLP »Love Songs« erschienen.

BAMBI

Filmkunsttheater im Hamburger Stadtteil St. Pauli (Paul-Roosen-Straße 33) in den 1960er Jahren, das → *Bruno Koschmider* gehörte. Zwei fensterlose Räume hinter der Leinwand, neben der Herrentoilette, dienten den Beatles als Unterkunft bei ihrem ersten Hamburg-Gastspiel im Sommer 1960. Der Hinterausgang des Kinos führte auf die »Große Freiheit«, wo sich das → *Indra* und der → *Kaiserkeller* befanden. In den Kino-Toiletten konnten sie sich waschen, essen gingen sie in den Club der British Sailors' Society. Als sie es sich endlich leisten konnten, aus dem Bambi auszuziehen, zündeten sie ein Kondom an, woraufhin sie Koschmider der Brandstiftung bezichtigte. Die Beatles mussten nachts mehrere Stunden auf der

Davidwache verbringen und wurden dann ausgewiesen. Später wurde das Kino zum Club, in dem auch die Beatles auftraten.

BANGOR

Stadt in North Wales; am dortigen Normal University College hielt → *Maharishi Mahesh Yogi* seine zweite Vorlesung, organisiert von der Spiritual Regeneration League. Die Beatles, die den Maharishi am 24.8.1967 im London Hilton erlebt hatten, belegten einen Wochenend-Kurs in → *Transzendentaler Meditation* (ohne Ringo Starr). Sie fuhren mit → *Jane Asher*, Pattie Harrisons Schwester → *Jenny Boyd*, Mick Jagger und → *Marianne Faithfull* am 25.8.1967 von London mit dem »mystischen Sonderzug« nach Bangor, → *Cynthia Lennon* kam wenig später nach. Mit etwa 300 Schülern des Gurus verbrachten sie einige Zeit am College, bis sie am 27. August vom Tod → *Brian Epsteins* erfuhren. Am 28.8.1967 traten sie trotz der Beschwörungen des Maharishis, ruhig zu bleiben und »glücklich zu sein«, die Rückfahrt an. Am 23.8.2002 wurde ein Film über den Aufenthalt der Beatles in Bangor uraufgeführt.

BANKS, JEREMY

Von Anfang 1968 bis Dezember 1969 »Foto-Koordinator« der Beatles und in dieser Eigenschaft für die Koordination aller professionellen Beatles-Fotos verantwortlich.

BARBER, CHRIS

*17.4.1930 in Welwyn Garden City/Hertfordshire; als Posaunist und Bandleader einer der wichtigsten Musiker des traditionellen Jazz in Großbritannien, er erhielt 2002 den Jazz Heritage Award der → *BBC*. Am 20.7.1967 nahm er in den Chappell Recording Studios in der Londoner Maddoy Street »Catcall« auf, eine Komposition Paul McCartneys, die Barber bereits im Londoner

Chris Barber

Marquee Club gespielt hatte. Das Stück hieß ursprünglich »Catswalk«. Chris Barber spielte Posaune, Paul McCartney Piano, Brian Auger E-Orgel, → *Jane Asher* sang, Paul McCartney ist auch im Chorus am Ende des Stückes vokal zu hören. Vier Musiker kümmerten sich um die Produktion: Chris Barber, Paul McCartney, Giorgio Gormelsky und Reggie King. Die Single erschien am 20.10.1967, später erschien der Titel auch auf der LP »Battersea Rain Dance« (1968/1970) und der → *Kompilation* »The Songs Lennon & McCartney Gave Away« (1979). Da Barber an diesem Tag auch die Titel »People Get Ready« und »Star Of The County Down« aufnahm, ist es möglich, dass Paul McCartney auch bei diesen Sessions dabei war. Chris Barber, von *Beatlemania* (4/1999) befragt, wie es zu dem Kontakt mit Paul McCartney kam: »Ich kannte die beiden (John Lennon und Paul McCartney – R.B.) fast von Anfang an. Und 1967 hat der Paul von einem Freund von mir ein Haus gekauft ... Ich hab ihn dann einfach in seinem Haus besucht ... Ich fragte ihn: ›Du hast Millionen von Melodien, hast du nicht etwas für uns?‹ Und er sagte: ›Ja, ich habe ein Instrumental, ein Lied, eigentlich nur eine Produktionsidee für eine Platte.‹ ... Aber eigentlich war das Ganze für uns nur ein Seitensprung ...« Die originale Beatles-Version, aufgenommen Anfang/Mitte 1962, ist auf frühen Demobändern der Beatles enthalten, veröffentlicht u.a. auf dem → *Bootleg* »Various Demo Tapes«.

www.chrisbarber.net

BARKING BEATLES

Phantomband, die am 17.7.1995 die CD »The Beatles – Live From The Pound – The Lost Tapes – Parody« veröffentlichte – mit → *Cover-Versionen* von Beatles-Songs, interpretiert als Hundegebell. Paul McCartney, George Harrison, Ringo Starr und → *Yoko Ono* schickten sofort ihre Rechtsanwälte gegen Dove Audio Inc. in Beverly Hills/Calif. vor – erfolglos. Das Argument der Verleger: Die CD sei eine Satire, und im Übrigen sei jeder bei Dove Audio ein glühender Beatles-Fan.

THE BAROQUE BEATLES BOOK

Von Jac Holzman, Chef des Labels Elektra, initiierte LP (Elektra) mit Beatles-Kompositionen im Barock-Stil, gespielt vom Baroque Ensemble of the Merseyside Kammermusikgesellschaft, Dirigent: Joshua Rifkin, produziert von Mark Abramson mit Unterstützung von Paul Rothchild, erschienen 1965/1966.

The Baroque Beatles Book mit der Trio-Sonate »Das Käferlein« (1965/1966)

Die Songs sind Bestandteile solch »barocker« Werke wie: »The Royale Beatleworks Musicke« (MBE 1963), »Epstein Variations« (MBE 69A), »Last Night I Said«, »Cantata for the Third Saturday after Shea Stadium« (MBE 58,000) und »Trio Sonata: Das Käferlein« (MBE 004¼). Rifkin spielte Kazoo und Piano in der Even Dozen Jug Band, war Arrangeur für Judy Collins und »Wunderkind«-Musikologe (Jac Holzman und Gavan Daws in »Follow The Music«, Santa Monica 1998) bei Nonesuch Records. Jac Holzman persönlich holte sich in London bei → *Dick James* und den Beatles das Okay für die Produktion.

Der New Yorker Sender WMCA soll die LP 28 Mal hintereinander gespielt haben! Elektra sponserte dann ein »Baroque Beatles Book«-Konzert im Lincoln Center, das jedoch äußerst schlecht besucht war. Die LP dagegen verkaufte sich sehr gut; 1966 nahm The New Renaissance Society eine LP »Baroque n' Stones« auf ...

BARRETT, BRYAN

Chauffeur und Leibwächter von → *Brian Epstein*. 2000 versuchte Christie's, aus seinem Besitz 13 private Tagebücher aus der Zeit von 1949 bis 1963 und Briefe Brian Epsteins zu versteigern. Der Mindestpreis wurde jedoch nicht erreicht.

BARRETT, JOHN

Toningenieur-Assistent der → *EMI* in den → *Abbey Road Studios*, † 1984. Er mischte für die Beatles allerdings lediglich am 27.1.1970 den Song »The Inner Light« neu ab (für die Bonus-EP zur EP-Box). Nachdem er Anfang der 1980er Jahre an Krebs erkrankt war, beauftragte ihn Studiomanager → *Ken Townsend* mit der Katalogisierung aller Session-Aufnahmebänder der Beatles von »Besame Mucho« (1962) bis zur Jubiläumsausgabe von »Love Me Do« (20.9.1982). Barrett katalogisierte auch einige unveröffentlichte Aufnahmen. John Barrett war damit der Erste, der systematisch alle Bänder im EMI-Archiv durchhörte und auflistete. Auch über Nachbearbeitungen von Beatles-Songs in den 1970er Jahren geben seine Aufzeichnungen Auskunft. Geplant war auch die Zusammenstellung einer offiziellen LP mit → *Outtakes* unter dem Titel »Sessions« (Ende der 1980er Jahre als → *Bootleg* erschienen). Nachdem er zahlreiche Aufnahmen für die Multimedia-Show → *The Beatles At Abbey Road* (1983) kopiert (und mit nach Hause genommen) hatte, fanden diese nach seinem Tod ihren Weg auf diverse Bootlegs, u.a. »Mythology« (1999, Vol. 1–3, 11 CDs mit beigelegten Nachdrucken von Barretts Notizen – in 3 Booklets), »Reel To Real Sessions« (1999), »Turn Me On, Dead Man – The John Barrett Tapes« (1999, DoCD), »The John Barrett Tapes – Turn Me On, Dead Man ... Plus« (2000, DoCD) und »Abbey Road Video Show« (Strawberry Records).

BARROW, TONY

Am 27.1.1962 veröffentlichte das *Liverpool Echo* Tony Barrows Bericht über das Vorspiel der Beatles bei Decca am 1.1.1962 (da war er noch bei Decca angestellt und schrieb unter dem Pseudonym »Disker«). Er organisierte dann die Londoner Filiale von → *Brian Epsteins* Unternehmen → *NEMS Enterprises Limited*, die am 1.5.1963 in 13 Monmouth Street eröffnet wurde, und managte drei Jahre lang »die Publicity der Beatles« bzw. war deren Pressemanager (→ *George Martin*) oder »press officer« (Pressesprecher). Er hatte auch die Idee zu den → *Christmas Records* und schrieb regelmäßig für → *The Beatles Monthly Book*. Nachdem er die Pressearbeit von → *Cilla Black*, → *The Fourmost*, → *Gerry & the Pacemakers* und → *Billy J. Kramer* with The Dakotas übernommen hatte, wurde → *Brian Sommerville* ab 29.12.1963 Pressemanager der Beatles. Der in Liverpool geborene Barrow begleitete trotzdem die Beatles auf ihren Tourneen in die USA und den Fernen Osten, war beim Treffen mit → *Elvis Presley* dabei und nahm am 29.8.1966 auf Bitten Paul McCartneys das letzte Konzert der Beatles im → *Candlestick Park* in San Francisco auf Band auf. Anfang der 1960er Jahre schrieb er diverse Broschüren, so u.a. »Meet The Beatles« und »On The Scene At The Cavern« (unter dem Pseudonym Alistair Griffin). Am 6.3.1968 gab er die Gründung seiner Firma Tony Barrow International bekannt, die ab 1.4.1968 die Pressearbeit für die Beatles, → *The Grapefruit* und Cilla Black übernahm. 1979 schrieb er die Cover Notes für die LP »The Songs Lennon & McCartney Gave Away«. Ende der 1970er Jahre musste er aus gesundheitlichen Gründen in Pension gehen. Ab 1980 schrieb er wieder regelmäßig für diverse Zeitschriften, 1987 schrieb er mit → *Vic Lewis* dessen Autobiographie »Music & Maiden Overs«. 2001 erschien seine CD »John, Paul, George, Ringo ... & Me« (bis zum 31.1.2001 signierte er alle bestellten Exemplare). Mit dem McCartney-Freund und Filmemacher Robin Bextor schrieb er das Buch »Paul McCartney – Now & Then« (Milwaukee/WI 2004, dt.: Paul McCartney – Now & Then, Schlüchtern 2005).

Lit.: P.S. We Love You – The Beatles Story 1962/3 (London 1982); The Making Of The Beatles' Magical Mystery Tour (London 1988); John, Paul, George, Ringo & Me – The Real Beatles Story (London 2005)

BBC (BRITISH BROADCASTING CORPORATION)

Der britische Rundfunk spielt eine wichtige Rolle als musikvermittelnde Institution, nachdem er 1945 sein Programm in drei Sparten gesplittet hatte: Light Programme,

Home Service und Third Programme. Am 12.2.1962 hatten die Beatles auf Betreiben von → *Brian Epstein* ein erstes Vorspiel bei Produzent Peter Pilbeam in Manchester, der Radioprogramme für Jugendliche in Nordengland produzierte. Er buchte sie dann für »Teenager's Turn – Here We Go« am 7.3.1962, wo sie im Playhouse Theatre in Manchester spielten (Sendung am 8.3.1962). John Lennon sang »Memphis, Tennessee« und »Please Mr. Postman«, Paul McCartney versuchte sich an Roy Orbisons »Dream Baby (How Long Must I Dream)«. Pilbeam vermerkte im Protokoll hinter dem Namen John Lennon ein »yes«, hinter Paul McCartney ein »no«. Leider existieren von diesen Auditions keine Aufnahmen. Vom 7.3.1962 bis zum 7.6.1965 traten dann die Beatles in zahlreichen Rundfunksendungen der BBC (»The Beeb«) auf – exakt 275 mal in 53 Programmen, mit 88 Songs, darunter 36 Songs, die bis zur Trennung der Beatles nie auf Platte erschienen waren (mit Ausnahme von »I'll Be On My Way« alles → *Cover-Versionen*). 288 unterschiedliche Aufnahmen sind es insgesamt. Dazu kamen 124 Interviews. Von Juni bis September 1963 nahmen die Beatles in den Paris Theatre Studios in der Lower Regent Street 15 eigene Programme mit dem Titel → *Pop Go The Beatles* auf. 1965 nahmen die Beatles zum letzten Mal (sieben) Songs speziell für eine BBC-Sendung auf – für »The Beatles Invite You To Take A Ticket To Ride«, gesendet am 7.6.1965. Am 1.8.1966 nahm Paul McCartney an der BBC-Radioshow »David Frost At The Phonograph« teil (gesendet am 6.8.1966). Am 20.5.1967 interviewte → *Kenny Everett* die Beatles für ein »Sgt. Pepper«-Special bei Radio One. Bis 1970 traten sie auch weiterhin gelegentlich in BBC-Sendungen auf, insbesondere in solchen mit ihren alten Freunden → *Brian Matthew* und Alan Freeman. Das für Rundfunk- und Fernsehsendungen (→ *Top Gear*, → *Saturday Club*, → *Top Of The Pops*, »John Peel Sessions«) live aufgenommene Material wird seit den 1960er Jahren für den Versand in andere Filialen des BBC World Service auf Schallplatten gepresst (»BBC Transcription Discs«). Eine der ersten BBC-Radio-Shows der Beatles vom Sommer 1962 ist mit 14 Songs auf den → *Bootlegs* »Yellow Matter Custard« (1971) und »As Sweet As You Are« (Contra Band Music) dokumentiert – eigentlich die ersten LPs der Beatles! Einen umfassenden Überblick bietet mit 247 Aufnahmen die 9-CD-Box »The Beatles – The Complete BBC Sessions« (1993, Great Dane Records/Italien, auch als CD-ROM). Von den Radio Transcription Discs erschien das Bootleg »The BBC 1962–1966«, weitere Aufnahmen aus den Jahren 1963/1966 befinden sich auf den Bootlegs »More ›Live At The BBC‹« (Wonder Minnow Records), »Live At The BBC-Television 1963/64« (Invasion Unlimited), »The Beatles Broadcasts« (Circuit Records), »Live At The BBC 1962–1965« (RSR/International), »Live On British Radio Vol. 1 (7 March 1962–18 April 1963) – Beatles Broadcasts Vol. 1«, »BBC Classic Tracks The Beatles« (Westwood One, 1997), »Live On British Radio Vol. 2 (21 May 1963–1 June 1963) – Beatles Broadcasts Vol. 2«, »Live On British Radio Vol. 3« (17 June 1963–3 July 1963) – Beatles Broadcasts Vol. 3«, »Live On British Radio Vol. 4« (10 July 1963–16 July 1963) – Beatles Broadcasts Vol. 4« und »Live On British Radio Vol. 4« (1963–1964) (alle: »Odeon«, 1996), »More Live At The BBC« (Wonder Minnow, 1995), »Radio Sessions 1962–65« (Masterdisc), »Attack Of The Filler Beebs!« (CD-ROM, Episode 1–3, Silent Sea Productions, 1998; Secret, 2000), »The Beatles Broadcast Collection Trailer 1 & 2« (Yellow Dog, 2000), »The BBC Beatles Tapes – The Original Masters« (Dynamite Studio), »Pop Goes The Radio – Mega Rare

Radio Tracks 1963–1964« (Teddy Bear Records), »Pop Goes The Radio – Mega Rare Radio Tracks Vol. 2 1962–'63–'64–'65« (Teddy Bear Records), The Complete Catalogue Of BBC Beatle Recordings« (9 CDs, Panda Records, 1992), »Complete BBC« (9-CD-Box, daraus: 3-CD-Sampler »Best Of BBC«), »Radioactive« (9 CDs, Pyramid, 1989) und »Last Beetle Record« (WRMB-Logo, aber keine WRMB-LP) und auf dem Video »The Beatles Live At The BBC Featuring Ringo Starr« (USA, 1995). Einen sehr guten Überblick bietet auch die Serie »The Beatles At The Beeb«, Vol. 1–13 (Pyramid, 1989). Unter diesem Titel brachte die BBC Radio 1 1982 auch eine Rundfunksendung, produziert von Kevin Howlett, der 1988 auch die vierzehnteilige Serie »The Beeb's Lost Beatles Tapes« produzierte. Am 30.11.1994 erschien die offizielle Doppel-CD → *The Beatles »Live At The BBC«* mit 56 Songs, darunter zahlreichen Raritäten wie »I'll Be On My Way«, 1963 von John Lennon/Paul McCartney für Billy J. Kramer geschrieben, Paul McCartney mit »That's All Right Mama« und »My Soul«, dazu zahlreiche frühe Aufnahmen. Da die BBC Berichten zufolge lediglich zwei Shows der Beatles, und nur eine davon komplett, in ihrem Archiv hat, sind wohl auch für diese Veröffentlichung die Transcription Discs oder sogar Bootlegs herangezogen worden.

Im Januar 1995 wurde das Paris Theatre Studio geschlossen. Paul McCartney arbeitete später weiter für die BBC; so präsentierte er im BBC World Service1999 eine fünfteilige Serie »Paul Cartney's Routes Of Rock«. Am 29.4.2000 sendete BBC1 anlässlich des 40. Jahrestages der Gründung der Band die TV-Show »Stars Sing The Beatles«, aufgezeichnet in den → *Abbey Road Studios*, u.a. mit Engelbert Humperdinck und Sid Owen. Heute ist die BBC ein profitables internationales Unternehmen (BBC America, BBC World, BBC Prime). Greg Dyke, der im Februar 2000 John Birts als Generaldirektor ablöste, wird die Modernisierung der »alten Tante BBC« weiterführen. Insgesamt will der Sender, der Anfang 2000 noch 20 000 Menschen beschäftigte, bis 2007 Einsparungen von ca. 1,95 Mrd. € erzielen. Dann soll aus der BBC wieder ein Medienkonzern mit Weltgeltung werden.

Das alte Gebäude der BBC in London

Lit.: Howlett, Kevin: The Beatles At The Beeb – The Story Of Their Radio Career 1962–1965 (London 1982 – Rock & Roll Remembrances Setries Vol. 5, Neuaufl. u.d.T. »The Beatles at the BBC – The Radio Years 1962–70«, London 1996); Fujieda and Nakada: The Beatles BBC Sessions (1996); The Beatles – From The Archives (London 2001); Moltmaker, Azing: The Beatles At The Beeb (Almaar 2006) • www.bbc.co.uk

THE BEACH BOYS

Kalifornische Band, die Anfang der 1960er Jahre die Surfmusik weltweit bekannt machte. Besetzung: Al Jardine (voc, g), Bruce Johnston (voc, g), Mike Love (voc), Carl Wilson (voc, g) und Brian Wilson (b, comp, prod). Letzterer konstatierte selbstbewusst, dass die Gruppe »in Amerika die gleiche Funktion wie die Beatles in England« erfülle. Buddy Adler bezeichnete sie im *Music Man* (9/1989) als »einzige Sixties-Band, die den Ansturm der Beatles auf Amerika kontern konnte« (Überschrift: »Der Kampf der Giganten«), und auch → *Barry Miles* sieht Brian Wilson, Songwriter und Mastermind der Band, als »echten Rivalen« insbesondere für Paul McCartney. Seine Meinung: »Brian Wilson beobachtete die Beatles mit Adleraugen. Wilson wollte die Beatles auf künstlerischem Gebiet schlagen.« Wilson selbst und Mike Love sahen die Beatles als echte Bedrohung an. Wilson: »Ich hatte Angst davor, dass wir plötzlich abgemeldet sein könnten ... Wirklich großartiges Material von anderen Bands zu hören, ließ mich zu einem Stück Fliegendreck zusammenschrumpfen.« Erst später bekannte er: »Ich kann gar nicht sagen, wie oft ich am Klavier saß und Beatles-Songs spielte, die meine Traurigkeit vertrieben.« (*musikexpress The Beatles Special Unlimited Edition*, Vol. 1, 2002) Am 22.8.1965 besuchten Mike Love und Carl Wilson die Beatles in der Garderobe des Memorial Coliseum in Portland/Oregon. Auf der LP »Beach Boys Party«, erschienen am 18.2.1966, coverten sie gleich drei Beatles-Songs: »Tell Me Why«, »I Should Have Known Better« und »You've Got To Hide Your Love Away«. Aber auch die Beatles zeigten sich beeindruckt. Paul McCartney 1980: »Der größte Einfluss auf ›Sgt. Pepper‹ war ›Pet Sounds‹ von den Beach Boys.« → *George Martin* geht noch weiter: »Ohne Pet Sounds hätte es Sgt. Pepper's nicht gegeben.« Am 28.8.1966, auf der letzten Pressekonferenz als Tourband, nannte Paul McCartney die Byrds als eine seiner Lieblingsbands in den USA. Laut Brian Wilson war »God Only Knows« für Paul McCartney, seinen »Lieblingsbeatle«, sogar »der beste Song aller Zeiten«. Und das Buch »Pet Sounds« von Kingsley Abbot trägt selbstbewusst den Untertitel »The Greatest Album Of The Twentieth Century«. »Rubber Soul« wiederum spornte Brian Wilson an, ein ähnlich homogenes und virtuos arrangiertes Album wie die Beatles zu schaffen – eben »Pet Sounds«. Am 21.5.1966 stellte Bruce Johnston George Harrison und Paul McCartney »Pet Sounds« vor. Auch »Paperback Writer« (1966) zeigt deutlich den Einfluss der Beach Boys. In einer Umfrage des *Rolling Stone* wurde »Sgt. Pepper« im Dezember 2003 zur besten Platte aller Zeiten gekürt, gefolgt von »Pet Sounds«. 1966 engagierten die Beach Boys sogar → *Derek Taylor* für ihre PR-Arbeit. Am 27.8.1966 trafen sich die Beatles mit Brian und Carl Wilson in Beverly Hills/Calif., am 6.11.1966 besuchte → *Brian Epstein* ein Konzert der Beach Boys in London. Als Paul McCartney im April 1967 in Los Angeles war, besuchte er auch Brian Wilson, der zu dieser Zeit gerade mit den Aufnahmen zu dem Beach-Boys-Song »Vegetables« beschäftigt war, erschienen am 18.9.1967 auf deren LP »Smiley Smile« bzw. auf »Pet Sounds«. Paul McCartney werden die »munching sounds« (Mampfgeräusche) in »Vegetables« zugeschrieben. Ob er allerdings, wie oft kolportiert, am 10.4.1967 als Produzent und/oder am Bass mitmischte bzw. Bassgitarre mit den Beach Boys bei einer Session zu »On Top Of Old Smokey« (der Song ist bis heute offiziell unveröffentlicht) spielte, ist nicht belegt. Brian Wilson erwähnt in seiner Autobiographie »Wouldn't It Be Nice. My Own Story« (New York 1991) davon zumindest nichts. Am Abend des 10. April 1967 nahm Paul McCartney Brian Wilson und dessen (damalige) Frau Marilyn mit zu John und Michelle Phillips von → *The Mamas and the Papas*. Die Session dauerte bis in die frühen Morgenstunden, dann fuhren sie alle zu Derek Taylor zum Frühstück, der damals in Los Angeles lebte. Mike Love und Bruce Johnston waren Ende 1967 auch bei der Party zum Erscheinen des Films »Magical Mystery Tour« dabei. 1967 nahmen sie auch den Song »With A Little Help From My Friends« auf. Als die Beatles im Februar/März 1968 in → *Rishikesh* waren, nahmen sie für Mike Love, der am 15.3. Geburtstag hatte, »Happy Birthday« und »Thank You Guru Dev« (aka »Spiritual Regeneration«, »Transcendental Meditation«, »Indian Rope Trick«) als Medley auf, die Songs wurden allerdings offiziell nie veröffentlicht (erschienen auf den → *Bootlegs* »Indian Rope Trick« und »Strawberry Fields Forever«). Ende Februar 1968 kam es in Rishikesh lt. Allen J. Wiener (»The Beatles – The Ultimate Recording Guide«, New York/Oxford 1992) zu einer Jam Session mit Mike Love, den Beatles, Donovan und anderen. Die Session wurde gefilmt und später im italienischen Fernsehen gezeigt – 10 min lang. Sie ist auf dem Bootleg »Nothing But Aging« dokumentiert, mit den Songs »When The Saints Go Marching In«, »You Are My Sunshine«, »Jingle Bells«, »She'll Be Coming Around The Mountain«, »Blowing In The Wind«, »Hare Krishna Mantra« und »Catch The Wind« (gesungen von Donovan). Mike Love soll in Rishikesh Paul McCartney beim Schreiben des Songs »Back In The U.S.S.R.« geholfen haben, der Song wird allerdings aufgrund des falsettartigen Satzgesanges oft auch als Parodie auf die Beach Boys interpretiert. Ende März 1968 kündigten die Beach Boys an, dass sie unter dem Motto »World Peace I« eine Welttournee mit dem → *Maharishi Mahesh Yogi* unternehmen würden, an der auch Musiker der Beatles teilnehmen würden. Die Tournee fand allerdings nicht statt. Tatsache ist dagegen, dass die Beach Boys »With A Little Help From My Friends« aufnahmen – zu hören auf ihrer LP »Rarities«. Die Beatles blieben auch nach der Trennung Beach-Boys-Fans; 1976 besuchten Paul und Linda McCartney ein Konzert der Beach Boys in Anaheim/Calif., und am 4.7.1984 z.B. zog sich Ringo Starr gleich zwei Shows der BB rein – nachmittags in Washington, D.C. und abends in Miami/FL. 1992 produzierte Brian Wilson einen Titel für Ringo Starrs Album »Time Takes Time«. Als Brian Wilson am 15.6.2000 in New York in die Songwriter's Hall of Fame aufgenommen wurde, hielt Paul McCartney die Rede. Anfang 2001 tauchte auf einem Flohmarkt ein Band vom 11.3.1964 auf, auf dem die Beatles, Brian Wilson und Dick Dale von → *Capitol Records* interviewt werden. Im September 2002 sangen Paul McCartney und Brian Wilson in Los Angeles »God Only Knows« und »Let It Be« im Duett. Paul McCartney: »Brian ist ein phänomenales Talent: Seine Musik ist die einzige, die mich zum Weinen bringen kann.« 2004 schrieb Brian Wilson ein Vorwort für den Band »The Beatles – 10 Years That Shook The World« (Edition Olms, Zürich, in Zusammenarbeit mit dem Magazin *Mojo*, Herausgeber: Paul Trynka).

THE BEAGLES

Unter diesem Namen erschien 1964 in den USA eine Platte mit einem gebellten »Can't Buy Me Love«.

BEAT

engl. wörtl. »Schlag«, »Pulsschlag«. Im Jazz und anderen afroamerikanisch geprägten Musizierformen bezeichnet der Beat den Grundschlag, das metrische »Pulsieren« des Rhythmus. Peter Wicke und Wieland Ziegenrücker im »Handbuch der populären Musik« (Leipzig 1985): »Im Gegensatz zum europäischen Takt mit seinen charakteristischen Betonungsverhältnissen (Metrum) läuft der Beat in gleichmäßig akzentuierten Zählzeiten ab. Die Notierung der auf dem Beat basierenden Musik erfolgt zwar im (4/4-)Takt, da es eine andere notenschriftliche Alternative nicht gibt, jedoch darf dies über das unterschiedliche Wesen von Takt und Beat nicht hinwegtäuschen. Das Tempo regelt die zeitlichen Abstände der einzelnen Schläge (Beats). Selbst wenn die Rhythmusgruppe innerhalb eines Titels kurzzeitig pausiert (Stop Time), läuft der Beat unhörbar, aber von den Musikern gefühlt, weiter. Meist wird er auch durch körperliche Bewegungen (Fußtreten, Körperfedern, Mitschwingen usw.) verdeutlicht.« In Abwandlung des eigentlichen Begriffs bezeichnet Beat auch die Schlagfolge, d.h. eine prägnante, sich wiederholende Rhythmusfigur (Pattern). Anfang der 1960er Jahre wurde auch die englische Popmusik als Beat(musik) bezeichnet, später setzte sich dafür der Begriff »Rock(musik)« durch. Baacke definiert den Beat mit vier Merkmalen: 1. eine motorische Metrik, deren Unentrinnbarkeit das Faszinosum des Beat ausmacht, 2. freie rhythmische Gestaltung, ohne Bindung an Notenwerte, 3. die Dominanz der Harmonik vor der Melodik und 4. die Möglichkeit für den Vocal-Solisten, die Expression seines Vortrags je nach der Stimmung des Augenblicks zu variieren. Die charakteristische Besetzung der frühen Beat Groups: Lead-Gitarre, Rhythmus-Gitarre, Bass und Schlagzeug. Für zahlreiche Autoren ist Beat jedoch weit mehr als Musik – »ein neuartiger, jedenfalls ungewohnter und darum oft nicht registrierter Ausdruck einer besonderen Art von Opposition, die sich im Gegensatz zum Widerspruch der politisch engagierten und handelnden Jugend fast ausschließlich sprachlos manifestiere, die zumindest in ihrer Sprache nicht ohne weiteres zugänglich sei bzw. sich in neuen Zeichen und Symbolen ausdrücke, die zu entschlüsseln sind« (Baacke). Eine gute musikalische Übersicht bietet die siebenteilige CD-Serie »British Beat Before The Beatles 1955–1962« der → *EMI*.

Lit.: Baacke, Dieter: Beat – die sprachlose Opposition (München 1968), Klitsch, Hans-Jürgen: Shakin' All Over – Die Beatmusik in der Bundesrepublik Deutschland 1963–67 (Düsseldorf 2000); Seuss, Juergen, Dommermuth, Gerold, Maier, Hans: Beat in Liverpool (Frankfurt/M. 1965); Plaumann, Klaus: The BeatAge – Die frühen Tage des Rock in Deutschland und Großbritannien (Frankfurt/M. 1978); McAleer, Dave: Beatboom! Pop Goes The Sixties (London 1994); Dietz, Heinz; Buck, Mathias: Die deutschen Beatbands (2. Aufl., Frankfurt/M. 2002); Rawlings, Terry: Then, Now And Rare: British Beat 1960–69 (London 2002)

BEAT ARCHIV

Gegründet am 2.10.1992 noch unter dem Namen Beatlesmuseum, 1999 umbenannt in Beat Archiv, kann in Glauchau/Sachsen samstags und sonntags von 14.00 Uhr bis 17.00 Uhr besichtigt werden (tel. Anmeldung erwünscht). Es werden vorwiegend Tonträger, die von Beatmusikern signiert sind, ausgestellt. Bereits zu DDR-Zeiten ging Edmund Thielow, der Betreiber des Archivs, mit Vorträgen über die Beatles im Rahmen der »Urania« an die Öffentlichkeit. Er gründete in dieser Zeit die Interessengruppe (IG) »The Beatles-Fans« im Kulturbund der DDR und veröffentlichte ab 30.1.1990 sein → *Fanzine Sgt. Peppers Lonely Heart Club* (20 Ausgaben). Seit September 1991 erscheinen die *Club News*. Im Sommer 1992 gründete

er den gemeinnützigen sächsischen Beatles-Fanclub »Sgt. Pepper's Club e.V.«, der sich 2006 auflöste. → *Pete Best*, → *Tony Sheridan*, → *Rod Davis*, → *Roy Young*, → *Horst Fascher* u.a. waren seine Gäste. Jährlich findet eine Internationale Beatles Fan Convention statt. Edmund Thielow hat u.a. Biographien von Tony Sheridan, Pete Best, The Lords, → *Klaus Voormann* und The Rattles herausgegeben. Am 29.11.1997 stiftete er eine Gedenktafel aus Anlass der Produktion der Schallplatte »My Bonnie« von den Beatles und Tony Sheridan an ihrem Aufnahmeort in der Aula des Friedrich-Ebert-Gymnasiums in Hamburg-Harburg. 2006 ließ sich Edmund Thielow in Österreich eigene Briefmarken drucken – mit Abbildungen seiner Publikationen und der von ihm initiierten CDE und Vinyl-Single.

Anschrift: *Dipl.-Ing. (FH) Edmund Thielow, August-Bebel-Straße 6, 08371 Glauchau, Tel. (03763) 78 85 85, beatarchivgc@t-online.de, www.beatarchiv.de*

THE BEAT BROTHERS

Als → *Tony Sheridan* and The Beat Brothers nahmen die Beatles (ohne → *Stu Sutcliffe*) im Juni 1961 in Hamburg die ersten Songs auf, produziert von → *Bert Kaempfert* – »My Bonnie (Lies Over the Ocean)« und »The Saints (When The Saints Go Marching In)«. Die Single erschien im Juni 1961 bei → *Polydor*, am 23.4.1962 auch in den USA (ohne Wissen der Beatles). In der Folgezeit wechselten die Musiker Tony Sheridans wohl fast täglich, bis Mai 1962 gehörte Ringo Starr definitiv zu den Beat Brothers. Allein 1961/1962 erfolgten 27 Aufnahmen bei acht Sessions mit jeweils unterschiedlichen Musikern.

Die Band bestand bis Ende der 1960er Jahre, wer allerdings wann dazugehörte, lässt sich kaum noch nachvollziehen. Selbst Bernd Matheja, Autor des Buches »1000 Nadelstiche« (Hambergen 2000), kommt deshalb zu dem Schluss: »Eine der undurchschaubarsten Formationen der Beat-Ära auf deutschem Boden. Eindeutig ist nur, dass es sich um die Begleitband von Tony Sheridan handelt.« Aber der nannte seine Begleitbands zeitweise auch Sheridan Quartet, Star Combo oder Roy & Tony's Star Incorporated und ließ sich bei den Beat Brothers zeitweise auch durch Colin Milander vertreten ... 1995 reformierte Tony Sheridan die Beat Brothers mit Howie Casey und → *Roy Young* (org). Anfang 1996 erschien in GB das Video »Legend – The History Of The Beat Brothers« (Baker Street Film).

BEAT-CLUB

Monatliche TV-Beat-Sendung von Radio Bremen vom 25.9.1965 bis 1972 (84 Sendungen) von Michael Leckebusch († 3.3.2000) produziert, moderiert von Gerd Augustin (ab der 8. Sendung von Dave Lee Travis) und Uschi Nerke »mit dem gebügelten Charme einer Boutiquenverkäuferin« (Klaus Modick in »Die Beatles und ich«). Erkennungsmelodie war »A Touch Of Velvet, A Sting Of Brass« von Mark Wirtz. Für die 600 DM (ca. 300 €) Einheitsgage – der Etat der Sendung betrug anfangs ganze 3 000 DM (ca. 1 500 €) – waren zu dieser Zeit die Beatles (und auch die Rolling Stones) nicht mehr für einen Live-Auftritt zu haben, → *Promo-Clips* taten's auch. So waren am 12.2.1966 erstmalig die Beatles zu sehen, mit den Clips zu »We Can Work It Out«, »Day Tripper« und »Ticket To Ride«, am 26.3.1966 folgten »I Feel Fine« und »Help!«. Nach der Trennung der Beatles lief als letzter Clip am 28.3.1970 »Let It Be«. Auch wenn sie nie live dabei waren – wer die »roaring sixties« und die Bedeutung der Beatles verstehen will, kommt am Beat Club nicht vorbei, er war »mit das Beste, was der deutsche TV-Markt zu bieten hatte« (Hans-Jürgen Klitsch in »Shakin' All Over – Die Beatmusik in der

Bundesrepublik Deutschland 1963–67«, Düsseldorf 2000). Aber es gab auch Proteste: Im *Spiegel* wurde in Leserbriefen bedauert, »dass wir keinen Hitler mehr haben«. Viele meinen heute, Leckebusch hätte damals bereits MTV gemacht. Der auf den Beat-Club folgende »Musikladen« dokumentierte dann bereits den Niedergang des Beat. Die besten Aufnahmen aus den Jahren 1965 bis 1973 sind inzwischen auch auf zehn Video-DVDs erhältlich (ARD Radio & TV), neben dem Original Mono-Sound wahlweise auch mit neu überarbeitetem Dolby Digital 5.1-Sound (»Beat Club – The Best Of '65–'73«). Auf dem Label Radio Nora erschien eine CD »Uschi Nerke präsentiert Beat-Club«. 2002 erschien eine DVD »Beat-Club – On The Road Again«. Aber auch wenn die Beatles nie live im Beat-Club waren: Am 24.11.1967 lief zumindest der Promofilm zu ihrem Song »Hello Goodbye«.

Lit.: Schmidt, Thorsten: Beat-Club – Alle Sendungen – alle Stars – alle Songs (Bremen 2005)

BEATALLICA
Heavy-Metal-Band aus Milwaukee/Wisconsin, die Beatles-Songs à la Metallica spielt. Ihr erstes Werk veröffentlichten Jaymz Lennfield, Kliff McBurtney, Krk Hammettson und Ringo Larz unter dem Titel »A Garage Dayz Nite« über das Internet. Mit über 100 000 Website-Hits und zahlreichen Downloads waren sie musikalisch omnipräsent. Selbst Metallica sollen sich wohlwollend zum Konzept der Band ausgesprochen haben. 2005 spielten sie mit → The Punkles u.a. bei »The Beatles Trash Night« im Berliner »frannz«. Auch 2006 waren sie u.a. in Deutschland, Großbritannien und den Niederlanden wieder auf »The Beatles Trash Night Tour«.

www.beatallica.org

Beatallica: Beatles à la Heavy Metal

THE BEATALS

Anfang 1960 von → *Stuart Sutcliffe* vorgeschlagener neuer Name für die → *The Quarrymen*. John entschied sich dann jedoch für → *The Silver Beatles* (auf Plakaten auch: The Silver Beetles, The Silver Beets) und später für The Beatles. Ob John, Paul, George & Stu sich im April 1960 noch The Beatals nannten, als sie im Haus von Pauls Eltern in der → *Forthlin Road* einige Titel auf Band aufnahmen, ist nicht verbürgt, 1961 gab Paul seinem Freund »Icke« Braun ein Tape, Stu gab → *Astrid Kirchherr* ein anderes. Nachdem bereits 1988 ein → *Bootleg* mit den Aufnahmen erschienen war, erschien 2002 eine DoCD unter dem Titel »The Beatals – The Braun-Kirchherr Tapes« auf dem deutschen Bootleg-Label BATZ.

BEATCOMBER

Unter diesem Pseudonym schrieb John Lennon ab 14.9.1961 gelegentlich für die Liverpooler Zeitung → *Mersey Beat* eine Kolumne mit dem Titel »Around and About«. Einige dieser Geschichten erschienen später in seinen Büchern. An dem Text »On safari with whide Hunter«, erschienen am 6.9.1962, soll nach Aussage von John Lennon ausnahmsweise auch Paul McCartney beteiligt gewesen sein.

BEATEN PATH

Kontinuierliches Studioprojekt der beiden kanadischen Musiker Tom Heyfron (Ex-Troggs, Ex-Studiomusiker von Rod Stewart, Toningenieur, Co-Arrangeur, Keyboarder und Sänger) und David Goyette (früher Direktor des Royal Conservatory of Music – Songwriter, Gitarrist, Co-Arrangeur und Art Director von Beaten Path), dessen erklärtes Ziel darin besteht, Originalmusik »zu Ehren des musikalischen Vermächtnisses der Beatles« zu schaffen. Zahlreiche Titel klingen tatsächlich so, als hätten sich die Beatles nicht 1970 getrennt und würden heute noch gemeinsam Musik machen. Weitere Musiker des Projektes sind: Ted Croft (voc), Mike Wainwright (voc), Sandy Vine (voc), Victoria Pearce (voc), Jean Le Gendre (g), Adam Goddard (keyb, harm), Alex McGinnis (harm) und Amanda Reeve (fl). Das Projekt aus Toronto besteht seit Mitte der 1960er Jahre; 1998 strengte → *Yoko Ono* sogar einen Prozess gegen Beaten Path an.

Discogr.: Beaten Path (1998), Songs For John (2001)

BEATLE BARKERS

Sie veröffentlichten auf den (bisher) drei CDs der Serie → *The Exotic Beatles* einige Beatles-Songs in »Hundesprache«, sprich bellend: »We Can't Work It Out«, »Love Me Do« und »A Hard Day's Night«.

BEATLE BOP

Bei Bear Family Records erschienene CD-Box mit Buch im Album-Format, die alle Varianten der → *Tony Sheridan*/Beatles-Aufnahmen von → *Polydor* enthält.

THE BEATLE CRACKER SUITE

Einer der ersten Versuche, Beatles-Songs in einen klassischen Kontext zu packen. Inspiriert wohl von Tschaikowskis Ballettmusik »Der Nussknacker«, spielten Arthur Wilkinson and his Orchestra ein Medley »klassischer« Beatles-Songs. Die EP erschien am 29.10.1965 und enthielt die Songs »It's For You«, »Help!«, »She Loves You«, »From Me To You«, »Ticket To Ride« und »All My Loving«.

BEATLE STREETS

Nach langen Querelen, verursacht insbesondere durch den Liverpooler Fan Club der Beatles, beschloss der Merseyside County Council 1982, dass im Stadtteil Kensington vier Straßen nach den Beatles benannt werden: John Lennon Drive, Paul McCartney Way, George Harrison Close und Ringo Starr Drive. Hinzu kamen Cavern Court, Apple Court und Epstein Mews. Die offizielle Einweihung erfolgte durch Michael Heseltine, damals Minister for Merseyside in Liverpool.

BEATLE TALK

1. Allen J. Wiener berichtet in seinem Buch »The Beatles – The Ultimate Recording Guide« (New York/Oxford 1992) von einem spoken-word-Band mit dem Titel »Beatle Talk«, das → *George Martin* aus dem Studio verbringen ließ.

2. LP mit ca. 20 min Beatles-Interviews, erschienen am 15.11.1978 in den USA bei Great Northwest Music Co. Die Interviews führte Red Robinson auf Pressekonferenzen am 22.8.1964 in Vancouver und am 25.8.1966 in Seattle. Am 25.6.1982 erschien die LP mit neuem Cover und Titel (»The Beatles Interviews«) auch in Groß-britannien auf Everest Records, ergänzt mit Äußerungen John Lennons, die Beatles seien »größer als Jesus«.

BEATLE WEEK

→ *International Beatle Week*.

THE BEATLEBABIES

1964 in Göttingen gegründete Schülerband, aus der später The Anyhow hervorging. Kurzzeitig nannte sich die Band auch Original Beatfans – als Reverenz an ihre Idole, die Göttinger Original Blue Moons. Die Band war lediglich lokal bekannt und löste sich 1968 auf.

BEATLEFAN

6 x jährlich erscheinendes Beatles-Fanzine aus den USA, gegründet 1978.

Anschrift: *P.O.B. 33515, Decatur, GA 30033, USA, goodypress@mindspring.com, Tel. 770-492-0444, Fax 404-321-3109 • www.beatlefan.com*

BEATLEMANIA

1. Als die Beatles am 13.10.1963 in der TV-Show »Sunday Night At The London Palladium« auftraten, sahen ca. 15 Mill. Briten zu. Das Datum (bzw. der 14.10.1963, als die Presse in großer Aufmachung über den Massenauflauf berichtete) gilt als Zeitpunkt für den Ausbruch der Beatlemania. Andere nennen den 27.12.1960, als die Beatles »direct from Hamburg« in der → *Litherland Town Hall* auftraten und kreischende Mädchen das Auto der Beatles auf dem Parkplatz mit Lippenstift beschmierten. Am 17.8.1961 erschienen die ersten Fan-Briefe in der Zeitung → *Mersey Beat*. Was damals noch als harmlose Hysterie daherkam, ist heute Methode: Die Beatles gehören zu den meistverfügbaren Menschen dieses Planeten. Jeder ihrer Schritte ist penibel dokumentiert, jede Äußerung der zwei Rest-Beatles geht sofort um die Welt. → *Cynthia Lennon* bezeichnet in ihrer Autobiographie »A Twist of Lennon« die Beatlemanie als »tödliche Falle«: »Wir begannen, wie in einem Kokon zu leben, was sehr unterhaltsam, aber auch sehr einschränkend war.« Der *Daily Telegraph* am 2.11.1963: »Diese Massenhysterie befällt lediglich leere

Beatlemania: Graffiti in Prag

Köpfe, wie es schon bei Hitler der Fall war.« Überhaupt hatte die Presse großen Anteil an der Herausbildung dieser Massenhysterie. »The mania was Fleet Street's«, schreibt Philip Norman. Allein in der Woche nach der Royal Variety Performance am 4.11.1963 brachte z.B. der *Daily Express* fünf Titelstorys über die Beatles. Charles Kaiser später in »In America« (1968): »Die jugendliche Angst nach John Kennedys Ermordung machte die Jugend Amerikas besonders anfällig für Beatlemania ... Für viele junge Leute bedeutete Beatlemania, dass die Gefühle von Hoffnung und schierer Unmittelbarkeit wiederhergestellt waren, die viele für immer tot geglaubt hatten, als Kennedy starb.« Auch ein Ausdruck der Beatlemania: Als die Beatles am 7.2.1964 in New York eintrafen, lagen im Hotel Plaza bereits ca. 100 000 Fan-Briefe für sie. »Ich möchte das nie wieder haben«, schreibt George Harrison in seiner Autobiographie »I Me Mine«. »Es war wirklich schrecklich, aber manchmal war's auch trotz allem gut.« The Clash zitieren das Phänomen in ihrem Song »London Calling«: »phony Beatlemania has bitten the dust«.

2. Musical von Jules Fisher, produziert von Jules Leber und David Krens, Premiere am 31.5.1977 im New Yorker Winter Gardens Theatre, 1978 auch auf einer DoLP erschienen – mit dem Hinweis »Not the Beatles. An Incredible Simulation«. Die Darsteller: Joe Pecorrino (John Lennon), Mitch Weissman (Paul McCartney), Leslie Fradkin (George Harrison) und Justin McNeal (Ringo Starr). Die Songs sang Randy Clark. Beatles-ähnliche Klänge, eine »psychedelische« Lightshow und vier Akteure, die ein bisschen wie die Beatles aussahen, sollten die Fans ins Theater locken. Für die Musik war Mitch Weissman verantwortlich. Nach ca. einem Jahr am Broadway ging das Musical auf Tournee durch die USA, es lief u.a. erfolgreich zwei Jahre lang in Los Angeles und vom 18.10.1979 bis 16.2.1980 im Londoner Astoria Theatre – avisiert als »A Multi-Media Musical Experience«. Den John Lennon spielte 1978–1979 der Gitarrist, Singer/Songwriter, Musikhistoriker, Journalist und Schauspieler Michael Crenshaw, der auch eine LP mit dem Titel »Marshall Crenshaw« herausbrachte (mit »Soldier Of Love«). Bis zum Januar 1980 spielten die amerikanischen Darsteller Michael Palaikis (John Lennon), Tony Kiskman (Paul McCartney), Jimmy Poe (George Harrison) und Louis Colucci (Ringo Starr), dann wurden sie durch englische Kollegen ersetzt: Neil Harrison (J. L.), David Birch (P. M.), Andre Barreau (G. H.) und Jack Lee Elgod (R. S.). Auch in Japan und in Südamerika war die Show zu sehen. Die Beatles waren nicht allzu begeistert und drohten anfangs gerichtliche Schritte an. Am 30.4.1992 hatte das Musical

Erscheint seit Sommer 1982
in Erfurt: Fanzine »Beatlemania«

in der Wiener Stadthalle seine Premiere auf dem europäischen Kontinent (in der New Yorker Originalbesetzung).

3. Film (95 min, in einer zweiten Version 86 min, American Cinema) von Regisseur Joseph »Joe« Manduke über die Beatles aus dem Jahre 1981 auf der Grundlage des gleichnamigen Musicals. Produzenten: Ely & Edie Landau, Steve Leber und David Krens. In dem Film, der auf dem gleichnamigen Musical basiert, sind 30 Beatles-Songs zu hören. Die Darsteller: David Leon (John), Mitch Weissman (Paul), Tom Teeley (George) und Ralph Castelli (Ringo). Urteil: »Unbekannte Darsteller präsentieren mit beachtlicher Glaubwürdigkeit eine Unzahl von Beatles-Hits.« (Mike Clifford in »The Beatles«, München 1992)

4. Show, die 2005/2006 durch die Bundesrepublik tourte, organisiert vom Musik-, Werbe- und Showbüro Werner Forster GmbH & Co. KG. Lt. Eigenwerbung »die beste Beatles-Show seit den Beatles« und »eine musikalische Biographie der erfolgreichsten Band der Welt«.

5. Seit Sommer 1982 in Erfurt erscheinendes Fanzine, herausgegeben von Evelyn und Hartmut Schwarz (BM Publications, PF 101115, 99011 Erfurt, editor@beatlemania.de). Das Fanzine, in der DDR geduldet, erhielt am 19.6.1990 vom Ministerium für Medienpolitik der DDR eine Registrier-Nummer und erscheint seitdem offiziell. Die Entstehungsgeschichte ist ausführlich dokumentiert in dem 2001 erschienenen »Ost-Special« des Fanzines. Seit 1987 wurden auch sechs Tonträger veröffentlicht. Die Herausgeber veranstalten seit 1987 alle zwei Jahre in Erfurt ein Fan-Treffen, die berühmt-berüchtigte Gartenparty – mit Bratwürsten, Bier, Quiz, Live-Musik und vor allem ausführlichen Gesprächen. 1989 kamen ca. 100 Beatles-Fans nach Erfurt! Das Fanzine erscheint sechs Mal im Jahr mit 60 Seiten und ist mit Abstand das interessanteste und kompetenteste deutschsprachige Fanzine.
www.beatlemania.de

BEATLEMANIA IN THE USA
1964 auf dem amerikanischen Label Wyncote erschienene LP der Liverpools, u.a. mit → *Cover-Versionen* der Lennon/McCartney-Songs »I Want To Hold Your Hand«, »She Loves You«, »I Saw Her Standing There« und »Please Please Me«.

BEATLEMANIA!
THE MAGICAL MYSTERY SHOW
Eine »Musik- und Tanzshow rund um die Hits der Beatles«, aufgeführt u.a. vom 3. bis 16.8.2000 bei einem Open-Air-Festival in Zell am See (Österreich) auf der Seebühne am Nordufer – ein Gastspiel der Vereinigten Bühnen Wien (Intendanz: Rudi Klausnitzer). Solisten: Monika Ballwein, Brigitte Oelke, Dave Moskin und Nigel Casey. Klausnitzer: »Viele von uns haben die Erinnerung an John, George, Paul und Ringo noch total präsent und jeder Versuch einer Imitation würde einfach Plagiat werden. Wir haben uns daher dafür entschieden, die wunderbare Musik der Beatles in eigenen, neuen, auf unsere Band abgestimmten Arrangements und einer sehr persönlichen Interpretation zu bringen. Wir können und wollen die Beatles nicht imitieren, aber wir wollen auf diese Weise unseren Dank und unsere Bewunderung für die einzigartige Musik, die sie uns geschenkt haben, zum Ausdruck bringen.«

BEATLEMANIA WITH THE BEATLES
Titel der LP »With The Beatles« in Kanada, erschienen am 25.11.1963.

BEATLEPHOBIA

Das Gegenteil von → *Beatlemania* – die Angst vor den Beatles. Im Sommer 1966 wurden in Birmingham/Atlanta öffentlich Beatles-Platten und → *Memorabilia* verbrannt, die South African Broadcasting Corporation (SABC) verbannte alle Beatles-Songs aus ihren Sendungen – bis zum 3.3.1971! In Israel wurde die Auslieferung von Beatles-Platten blockiert, in Indonesien trugen die Polizisten Scheren mit sich, um Beatles-Frisuren zu kürzen, auch in der DDR wurden Jugendliche mit zu langen Haaren zum Frisör geschickt und aus Restaurants verwiesen. Im australischen New South Wales belegten so genannte »Haarinspektoren« Arbeiter sogar mit Strafen, wenn sie zu lange Haare trugen. Eine der Ursachen: John Lennon wurde am 29.7.1966 in der amerikanischen Zeitschrift *Datebook* mit der Bemerkung zitiert, die Beatles seien jetzt populärer als Jesus, und er wisse nicht, wer zuerst verschwinden werde – Rock'n'Roll oder das Christentum. Dabei war diese Äußerung bereits am 4.3.1966 im Londoner *Evening Standard* in einem Interview von Maureen Cleave erschienen. Eine weitere Ursache: die Angst des Establishments vor einer Jugend, die ganz einfach anders sein wollte.

DIE BEATLES

Ballettabend mit Musik der Beatles, Uraufführung am Theater Krefeld-Mönchengladbach 1991, weitere Aufführungen am Rostocker Volkstheater Ende 1991 und ab 15.1.1993 im Theater am Jerichower Platz in Magdeburg (Choreographie: Irene Schneider, seit 1992 Ballettdirektorin am Theater der Landeshauptstadt Magdeburg, Ausstattung: Eberhard Matthies). Die Akteure tanzten 31 Songs der Beatles. Die Beatles wurden in Magdeburg dargestellt von Jonathan Slaughter (John Lennon), Victor Belinski (Paul McCartney), Frank Richter (George Harrison) und Carey Davis (Ringo Starr). Am 17.8.1995 hatte ihre Version des Who-Stückes »Quadrophenia« Premiere.

THE BEATLES

1. Zehnte (offizielle) (Doppel-)LP der Beatles, erstmals erschienen am 22.11.1968 (USA: 25.11.1968), wegen des weißen Covers auch als »White Album« (Weißes Album) bezeichnet (speziell für den Export ließ → *EMI* 1000 Alben aus weißem Vinyl herstellen). »Das weiße Album der Beatles ist ihr freiestes Werk. Sie hatten nichts mehr zu beweisen, keine Maskerade mehr, nur der Songschreiber und der Song. Jeder machte das, was er wollte, und wenn einer gar nichts konnte, half man ihm ... Das Doppelalbum öffnete den Blick in die Chemie der Band: John, der reflektierende R&B-Rebell, Paul, das rockende Muttersöhnchen, George, der sensible Erleuchtete, und Ringo, der kurzzeitige Frauenschwarm Disney-geprägter Amerikanerinnen. In all den kombinatorischen Synergie-Effekten einer gut eingespielten Session-Band mit dem Händchen für zeitlose Songs.« (Uh-Young Kim in *Spex* 12/1999). Paul McCartney weist auf die Spannungen hin, unter denen diese LP entstand, und Lester Bangs charakterisiert die LP treffend als »das erste Album der Beatles oder in der Geschichte der Rockmusik von vier Solo-Künstlern in einer Band«. Und John Lennon ergänzt: »Nehmen Sie irgendeinen Track – es war ich und eine Begleitband, Paul und eine Begleitband – es hat mir Spaß gemacht, aber wir sind danach auseinander gegangen ... Für mich war das nur noch ein Job.« Der Grund: Private Animositäten wuchsen sich bei den Aufnahmen zu »offenem Hauen und Stechen« aus. (*Rolling Stone* 3/2003) Auch John Robertson hat Recht, der die LP als eine »handliche Geschichte der populären

Musik seit 1920« bezeichnet – schließlich sind Rock'n'Roll, Reggae, Soul, Blues, Folk, Country, Pop und Avantgarde zu hören. Schließlich war die Platte, mitten in der 68er Revolte erschienen, auch ein Gesamtkunstwerk, das den Geist der Zeit widerspiegelte. Zum letzten Mal wurden unterschiedliche Mono- und Stereo-Fassungen des Albums produziert, fast jeder Song unterscheidet sich von seinem Gegenpart. Einer der Arbeitstitel des Albums war »A Doll's House«. → *George Martin* wollte das Album als einfache LP herausbringen, aber die Beatles wollten ihre Verpflichtungen gegenüber der EMI erfüllen. Nach dem »Weißen Album« gingen die Beatles getrennte Wege, auch wenn sie sich gelegentlich noch im Studio trafen. Alle Alben waren auf der Vorderseite des Covers nummeriert, Ringo Starr erhielt (als ältester der Beatles) die Nr. 0000001, John Lennon die Nr. 0000002, Paul McCartney die Nr. 0000003 und George Harrison die Nr. 0000004. Da jedoch das Zählverfahren durcheinander geriet, wurden in mehreren Ländern Alben mit der Nr. 0000001 versehen. Am 28.9.2005 wurde ein LP-Cover des »Weißen Albums« mit der Nr. 0000008 bei Christie's in London für 9000 £ (ca. 13 235 €) versteigert. 1991 erschien als → *Bootleg* die DoCD »White Album Sessions« (Label: Chapter One; Vol. 2: 1993), 1993 »White Album Outtakes Vol. 1 & 2«, »Peter Sellers Tape« (Rohversionen der Monomixe) und »White Gold Box«, 1994 (und 2002) »The Beatles White Album« (BEAT), 1997 als limitierte Picture-LP »The Acoustic White Album Session«, ca. 2000 die Bootleg-CD »20 Alternate ›White Album‹ Mixes«, ca. 2000 »A Doll's House – 25 More Alternate ›White Album‹ Mixes« (beide auf »Odeon Records«), 2002 »The Alternate White Album« (ebenfalls mit den akustischen Aufnahmen) und Ende 2003 auf dem Label Pear die CD »The Alternate White Album«. Am 26.12.1991 wurde die LP in den USA für 7 Mill. verkaufte Exemplare mit Multi-Platin ausgezeichnet, bisher wurden ca. 18 Mill. Exemplare verkauft, sie ist damit das (Stand: Anfang 2000) bestverkaufte Album der Beatles. 1998 erschien als »The White Album – 30th Anniversary Edition« eine offizielle Jubiläumsausgabe als limitierte und nummerierte Doppel-CD in Miniatur-LP-Sleeve mit Original-Artwork. In einer Umfrage des *Rolling Stone* wurde die LP im Dezember 2003 zur besten Platte aller Zeiten gekürt. Auf der CD »The Blues White Album« coverten im Jahr 2002 Bluesgrößen wie Lucky Peterson, Charlie Musselwhite und Jimmy Thackery die Songs des »Weißen Albums«. 2004 veröffentlichte der DJ und Produzent Danger Mouse ein »Kunst-Projekt/Experiment« namens »The Grey Album« mit einem Mix aus Vokalspuren vom »Blackalbum« (Jay-Z) und Samples vom »White Album« der Beatles.

2. Titel einer am 1.11.1963 erschienenen EP der Beatles mit den Songs »I Saw Her Standing There«, »Misery«, »Anna (Go To Him)« und »Chains«.

3. Name einer Band, die 1965 eine Single mit dem Titel »That Kind Of Girl« (nach anderen Quellen: »The Girl I Love«) herausbrachte, mit den Beatles aber überhaupt nichts zu tun hatte – auch wenn ihr Leadsänger den Namen Lemon trug. In Wirklichkeit soll es sich dabei um → *The Five Shits* gehandelt haben.

4. Titel einer Komposition auf der CD »Real Life Hits« (ECM, rec. November 1984) des Gary Burton Quartet (Gary Burton – vibes, marimba; Makoto Ozone – p; Steve Swallow – bg; Mike Hyman – dr).

Lit.: Quantick, David: Revolution – The Making Of The Beatles' White Album (London 2002); Moltmaker, Azing: The Beatles – The White Album (The Album Collection Vol. 10, Alkmaar 2004).

BEATLES VI

LP der Beatles, erstmals erschienen am 14.6.1965 in den USA auf → *Capitol Records* – eine → *Kompilation* bereits auf anderen Platten erschienener Titel. In Großbritannien erschien die LP erst 1966.

BEATLES '65

LP der Beatles, erstmals erschienen in den USA am 15.12.1964 auf → *Capitol Records*. Sie enthält allerdings logischerweise keinen Titel aus dem Jahre 1965. Anfang Mai 1965 erschien sie auch in Deutschland (EMI/Odeon). Am 26.12.1991 wurde die LP in den USA für über 3 Mill. verkaufte Exemplare mit Multi-Platin ausgezeichnet. Die LP enthält 8 Tracks der LP »Beatles For Sale«, plus »I'll Be Back«, »I Feel Fine« und »She's A Woman«.

THE BEATLES 1962–1966

Am 2.4.1973 erstmals auf → *Apple Records* erschienene → *Kompilation* von Beatles-Aufnahmen (DoLP), auch als »Red Album« (Rotes Album) bezeichnet, im Juli 1991 auch als DoCD erschienen (Reissue September 1993 auf Apple-Parlophone). Die in den USA erschienenen LPs – die Auswahl besorgte → *Allen Klein* – enthalten andere Abmischungen und zusätzlich das »James Bond Theme«, gespielt von George Martin & Orchestra. Für das Cover wurde das Foto auf der ersten Beatles-LP »Please Please Me« auf der Treppe des Londoner → *EMI*-Gebäudes nachgestellt – Fotograf war wiederum Angus McBean († 9.6.1990 im Alter von 86 Jahren). Im September 1978 erschien eine Ausgabe auf rotem Vinyl (Reissue Februar

The Beatles 1962–1966 / The Beatles 1967–1970 (Rotes und Blaues Album – heute auch als CD)

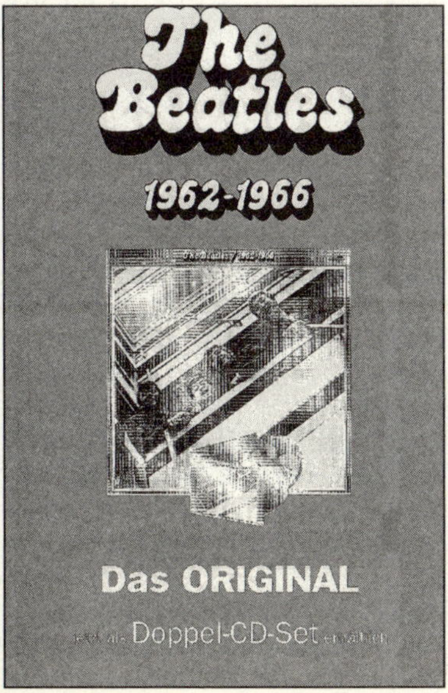

1994). Am 26.12.1991 wurde die LP in den USA für 5 Mill. verkaufte Exemplare mit Multi-Platin ausgezeichnet, bisher wurden ca. 15 Mill. Exemplare verkauft. Am 20.9.1993 (USA: 5.10.1993) erschien das Album auch als CD.

THE BEATLES 1962–1970
DoDVD mit einer chronologisch geordneten Dokumentation mit seltenen Aufnahmen und Fotos und einem 50-seitigen Booklet. 120 min Dolby Digital, DTS Digital Surround Sound.

THE BEATLES 1967–1970
Am 19.4.1973 erstmals auf → *Apple Records* erschienene → *Kompilation* von Beatles-Aufnahmen (DoLP), auch als »Blue Album« (Blaues Album) bezeichnet, im Juli 1991 auch als DoCD erschienen (Reissue September 1993). Die in den USA erschienenen LPs – die Auswahl besorgte → *Allen Klein* – enthalten andere Abmischungen. Im September 1978 erschien eine Ausgabe auf blauem Vinyl (Reissue Februar 1994). Am 26.12.1991 wurde die LP in den USA für 5 Mill. verkaufte Exemplare mit Multi-Platin ausgezeichnet, bisher wurden ca. 14 Mill. Exemplare verkauft. Am 20.9.1993 (USA: 5.10.1993) erschien das Album auch als CD.

THE BEATLES ABROAD
45-minütige Radiosendung der → *BBC* über die USA-Tournee der Beatles im August 1965 (mit Interviews), gesendet am 30.8.1965. → *Brian Matthew* begleitete die Beatles auf ihrer Tour und zeichnete einige Konzerte für die Sendung auf, die auch Interviews mit den Beatles enthält. Produzent war Jimmy Grant. »Das Programm war extrem innovativ für seine Zeit«, urteilt Kevin Howlett in seinem Buch »The Beatles At The BBC« (London 1996).

THE BEATLES AGAIN
Am 26.2.1970 in Deutschland und in den USA auf dem Apple-Label erschienene → *Kompilation* mit bereits anderweitig veröffentlichten Songs. Die Beatles erhoben jedoch Einspruch gegen diesen Titel, etwa ab Mitte März 1970 stand dann auf den Plattenetiketten → *Hey Jude*.

THE BEATLES ANTHOLOGY
1. Mehrteilige, insgesamt sechsstündige Fernsehserie, ausgestrahlt von ABC-TV am 19., 22. und 23.11.1995 (ohne Werbung: ca. 5 Stunden) – »das Jahrhundertwerk der Pop-Geschichtsschreibung« (*Rolling Stone* 5/2003). Regie: Geoff Wonfor, Produktion: Chips Chipperfield/Apple Productions Limited. Der Sender soll → *Apple Corps Limited* dafür 20 Mill. $ gezahlt haben, 30 Mill. $ gab der Sender noch einmal für die Promotion der Serie aus. Im Gegenzug verlangte ABC-TV von Unternehmen 300 000 $ für einen halbminütigen Anzeigenspot. In der Sendung hatten die »neuen« Beatles-Songs »Free As A Bird« und »Real Love« Weltpremiere. Bereits Mitte Juli 1995, also lange vor Fertigstellung der Serie, hatten 110 TV-Stationen die Serie eingekauft. Im ZDF lief »The Beatles Anthology« am 22., 25. und 28.12.1995 (wiederholt am 26., 28. und 30.11.1996). 1996 erhielten die Beatles für die Serie einen → *Grammy* in der Kategorie »best music video, long form«. Ca. 400 Mill. Menschen weltweit sollen die Dokumentation im Fernsehen gesehen haben.
2. Achtteilige Video-Serie zur Geschichte der Beatles mit unveröffentlichten Filmaufnahmen (»The Beatles Anthology Video«), Teil 1 (79 min): Von den Anfängen bis 1963, Teil 2 (72 min): März 1963 bis Februar 1964, Teil 3 (73 min): Februar 1964 bis Juli 1964, Teil 4 (71 min): August 1964 bis August 1965, Teil 5: August 1965 bis Juli 1966, Teil 6: Juli 1966

bis Juni 1967, Teil 7: Juni 1967 bis Juli 1968, Teil 8: Juli 1968 bis 1970. Die Serie erschien am 23.9./7.10.1996 als Video-Box-Set (Spieldauer: über 10 Stunden, später erschien die englische Originalfassung auch mit deutschen Untertiteln). Franz Schöler in *Stereo* 12/1996: »Wohl das ausführlichste Bandportrait der Rockgeschichte«. In Deutschland erschienen die Videos nicht nur als 8 VHS-Box, sondern auch als Einzelvideos. Inzwischen auch als → *Laserdisc* erschienen.

3. Drei DoCD mit bisher unveröffentlichten Beatles-Songs (Studio-Outtakes, alternative Tracks, Demos, Live-Aufnahmen, Work in progress, Interviews usw.): The Beatles Anthology 1 – rel. 20./21.11.1995 (1958–1964, auch als 3 LP, DoMC); The Beatles Anthology 2 – rel. 18.3.1996 (1965–1968); The Beatles Anthology 3 – rel. 28.10.1996 (1968–1970). Das Cover entwarf → *Klaus Voormann*. Die ersten beiden Teile verkauften sich innerhalb eines halben Jahres je über 13 Mill. Mal. Vol. 2 kam sowohl in Großbritannien als auch in den USA an die Spitze der Charts. In den USA hatten die Beatles mit dem 2. Teil ihr 17. und mit dem 3. Teil ihr 18. Nr.-1-Album. Immerhin: 41 % der Käufer sollen Teenager gewesen sein. Teil 1 und 2 der »Beatles Anthology« wurden von Single-Auskopplungen (»Free As A Bird«, »Real Love«) begleitet. Auch für Teil 3 gab es Pläne für einen »neuen« Song (»Grow Old With Me«), die aber aufgrund des geringen Erfolgs der anderen beiden Titel nicht verwirklicht wurden. Allein in den USA wurde »The Beatles Anthology 1« 3 Mill. Mal verkauft. Verständlich, dass die Bootlegger auf den Zug aufsprangen: 1997 erschien eine DoCD »The Beatles Anthology Plus«.

4. Quasi-autobiographisches Werk der Beatles in Buchform, die »wohl endgültige Beatles-Chronik« (*musikexpress* 10/2000), montiert aus Interviews mit Paul McCartney, George Harrison und Ringo Starr sowie älteren Zitaten von John Lennon und Äußerungen wichtiger Zeitzeugen, erschienen 2000 bei → *Apple Corps Limited*, in San Francisco (für den US-Markt) und in deutscher Sprache am 5.10.2000 im Econ Ullstein List Verlag (367 Seiten mit 1300 Abbildungen). »Apple«-Chef → *Neil Aspinall*: »Sie bringen uns nicht ins Buchgeschäft, wir bringen sie ins Beatles-Geschäft.« Aus dem Klappentext: »Weil ›The Beatles Anthology‹ mit voller Unterstützung der Beatles entstanden ist, stellt es in der Tat die Autobiographie der Beatles dar. Wie ihre Musik, die für so viele von uns Teil des eigenen Lebens wurde, ist diese Autobiographie warmherzig, offen, komisch, ergreifend und unerschrocken. Hier ist sie endlich: die eigene Geschichte der Beatles.« Ab 11.9.2000 hatten die deutschen Medien die Möglichkeiten kostenloser Vorabdrucke; ca. 28 Tageszeitungen und Magazine nutzten sie – von *Bild*, *Spiegel*, *Focus*, *Playboy* über die *Münchner Abendzeitung* bis zu *Die*

The Beatles Anthology (2000)

Welt. Auch britische Medien druckten vorab – vom *Independent* über *Mail on Sunday* bis zu *Express* und *Sunday Telegraph*. Der *Rolling Stone* 11/2000 kritisierte, dass das Werk »letztlich kaum mehr als ein Abfallprodukt der zehnteiligen TV- und Videodokumentation von 1996« sei. *musikexpress* 12/2000: »Irgendwann will man eben selbst seinen Senf dazugeben. Schließlich war man ja auch dabei ... Der Nährwert der ›Anthology‹ liegt naturgemäß im Detail, nicht im großen Ganzen.« Im Internet-Bookshop www.buecher.de stand »The Beatles Anthology« im Herbst 2000 immerhin an erster Stelle der TOP 5! Am 21.11.2001 wurde das Buch mit dem internationalen Buchpreis »Corine« des Verbandes Bayerischer Verlage und Buchhandlungen ausgezeichnet – als »Illustriertes Sachbuch«. 2002 erschien auch eine Paperback-Ausgabe.

5. 4 DVD (Spieldauer: 1760 min) + 81-minütige Bonus-DVD mit »Special Features«, erschienen am 31.3.2003. Der reine Bildinhalt der 8 VHS-Kassetten der »Beatles Anthology« befindet sich 1:1 auf den DVDs, der Sound ist allerdings hier in Dolby 5.1. Auf der Bonus-CD befinden sich Interviews und gemeinsame Sessions aus den Jahren 1994 und 1995 und der → *The Threetles*-Session vom 23.6.1994. Die Entstehung der Audio-Anthology wird ebenso dokumentiert wie die des Songs »Free As A Bird«. George, Paul und Ringo diskutieren mit → *George Martin* über die Produktion diverser Songs. »Immerhin spiegelt das Beatles-Epos ein Kapitel Zeitgeschichte wider, das all die Blaupausen der Popkultur liefert: hysterische Teenies, nach Selbstverwirklichung strebende Künstler, ein irritiertes Establishment und eifrige Geschäftemacher. Ein modernes Märchen, wenn man so will, oder die Geschichte eines Phänomens, das in seiner Größe und Relevanz schlichtweg nicht wiederholbar ist.« (*musikexpress* 5/2003) Der *Rolling Stone* 2/2004 wählte die DVD »The Beatles Anthology« in der Kategorie »Dokumentationen & Anthologien« als beste DVD. Als → *Bootleg* erschienen Ende 2003 »The Anthology DVD Songtrack – The 2002 Re-Mixes« Vol. 1 1962–1966, Vol. 2 1967–1970 und Vol. 3 The Live Album. Im Dezember 2004 erschien auf 10 DVDs bei Picture Perfect eine »Director's Cut«-Version.

THE BEATLES AT THE BEEB

1. Zweistündige Rundfunksendung von → *BBC* Radio 1, gesendet am 7.3.1982, produziert von Kevin Howlett, mit Aufnahmen der Beatles aus diversen Sendungen. Das Material wurde in den USA als 3-LP-Set verkauft, auch auf → *Bootlegs* erschienen diverse Mitschnitte, so u.a. in dem 5-LP-Set »So Much Younger Then«.

2. Titel einer 13-teiligen Serie von Bootleg-CDs mit Aufnahmen der Beatles bei der BBC (Pyramid Records) und einer 10-teiligen Serie (Beeb). Des Weiteren existiert u.a. eine dreiteilige Bootleg-Serie mit Aufnahmen der Beatles aus dem Jahr 1963, aufgenommen für Sendungen der BBC (→ *Saturday Club*, → *Side By Side*, »Steppin' Out«, → *Pop Go The Beatles*).

THE BEATLES AT THE HOLLYWOOD BOWL

Am 6.5.1977 bei → *EMI* (USA: 4.5.1977) erschienene einzige offizielle LP mit Live-Aufnahmen, rec. 23.8.1964 (»Things We Said Today«/»Roll Over Beethoven«/»Boys«/»All My Loving«/»She Loves You« und »Long Tall Sally«) und am 30.8.1965 (»Twist And Shout«/»She's A Woman«/»Dizzy Miss Lizzy«/»Ticket To Ride«/»Can't Buy Me Love«/»A Hard Day's Night« und »Help!«), aufgenommen von Hugh Davies (1964) und Pete Abbott (1965) bei den Konzerten der Beatles in der → *Hollywood Bowl*, produziert von Voyle Gilmore, 1977 neu abgemischt von → *George Martin* und → *Geoff Emerick* in den Air London Studios. Die LP erreichte 1977 immerhin Platz 1 der britischen und Platz 2 der amerikanischen Charts. Am 12.8.1977 erhielt sie in den USA Platin für 1 Mill. verkaufter Platten. 1978 erschien auch eine Ausgabe der LP/MC im Deutschen Bücherbund. Am 3.9.1984 erschien eine Neuauflage mit neuem Cover.

BEATLES' AUTUMN TOUR

Die erste Tour, auf der die Beatles die Headliner waren. Sie begann am 1.11.1963 im Odeon Cinema in Cheltenham/Gloucs. und endete am 13.12.1963 nach 33 Konzerten im Gaumont Cinema in Southampton/Hants. Mit dabei: Peter Jay & the Jaywalkers, The Brook Brothers, The Vernon Girls u.a.

THE BEATLES BALLADS

Eine der zahllosen LP-Veröffentlichungen nach der Auflösung der Beatles, am 13.10.1980 auf → *Parlophone Records* erschienen, mit 20 Songs wie »Yesterday«, »Norwegian Wood«, »And I Love Her« usw. Das Cover stammt von John Patrick Byrne und war bereits in dem Buch »The Beatles Illustrated Lyrics« erschienen: die Beatles in einem Garten, umgeben von Tieren, im Stile des französischen Malers Henri Rousseau. 1996 erschien eine → *Bootleg*-CD unter dem gleichen Titel.

THE BEATLES BEAT

1964 in Deutschland (→ *Odeon*) erschienene Mono-LP mit Songs der Beatles, u.a. »She Loves You«, »I Want To Hold Your Hand«, »Roll Over Beethoven« und »Please Mr. Postman«. Parallel wurde auch für eine Stereo-Version der LP geworben, die jedoch nicht erschienen ist. Eine zweite LP mit gleichem Titel erschien als Club-Ausgabe auf dem Label Impression. Neuausgaben erschienen 1969/1970. 1997 erschien unter dem gleichen Titel auf dem amerikanischen Label Cool Daddy Productions/BEAT eine → *Bootleg*-CD mit den gleichen Titeln plus einigen Bonus-Tracks. 1999 erschien »The Beatles Beat« (mit »The Beatles Sessions«) als Bootleg-CD.

THE BEATLES BEAT BAND

Cover-Band aus Lüneburg in der klassischen Vierer-Besetzung – auch sie bemüht sich, in Kleidung, Frisuren, Gesang und Habitus den Beatles möglichst nahe zu kommen. Nur: Der Bassist ist leider Rechtshänder ... Die Band spielte bei der ersten deutschen Beatles Convention am 24.10.1978 in Köln. Bandchef Ole Seelenmeyer brachte mit Musikerkollegen unter dem Namen The Beatles Orchestra bei Unit Art Music (Lüneburg) die LP »Sgt. Pepper's Lonely Hearts Club Band« heraus. Inhalt: zwölf Beatles-Songs, deren Arrangement weitgehend mit den Originalen übereinstimmt.

***Anschrift:** Ole Seelenmeyer, Am Markt 4, 21335 Lüneburg.*

BEATLES BIG BEAT BOX

Auf dem Label Waterfall 2002 erschienene DVD + CD. Die DVD dokumentiert die Karriere der Beatles von den Tagen in Liverpool und Hamburg bis zu ihrem Megaerfolg. Neben Dokumentaraufnahmen enthält die DVD Ausschnitte aus diversen Interviews (50 min). Die CD enthält 13 Tracks der Band The Overtures, u.a. »In Spite Of All The Danger«, »Roll Over Beethoven«, »With A Little Help From My Friends«, »She's Leaving Home«, »I Am The Walrus« und »Sgt. Pepper's Lonely Hearts Club Band«.

THE BEATLES BOOK

1. → *The Beatles (Monthly) Book.*

2. Ab September 1970 gab Gerhard Weidmann aus Offenbach ein deutschsprachiges Fanzine *The Beatles Book* heraus, das es bis zum Oktober 1971 auf 14 Ausgaben brachte. Das Ende des Fanzines markiert auch das Ende des Official Beatles Fan Club, Secretary for Germany.

BEATLES BOP – HAMBURG DAYS

Unter diesem Titel (Untertitel: once upon a time in germany) veröffentlichte Bear Family Records 2001 das Gesamtwerk der Kooperation von → *Tony Sheridan* mit den Beatles bzw. den Beat Brothers auf 2CDs. Das Set enthält 38 Versionen aus den »Polydor Years«: Stereo- und Mono-Versionen, nachträglich von US-Studiomusikern veränderte bzw. ergänzte Fassungen, abweichende Aufnahmen mit neuem Text und geschnittene Medley-Ausgaben. Die Idee zu dem »definitiven Beatles-Hammer« (jpc-Werbung) hatte der Hamburger Journalist und Buchautor Bernd Matheja, produziert wurde in Zusammenarbeit mit dem Beatles-Spezialisten Hans Olof Gottfridsson, der auch den Text zum 100-seitigen Booklet schrieb. Zusätzlich angeboten wurden Kopien von vier handgeschriebenen Lebensläufen von → *Pete Best*, George Harrison, John Lennon und Paul McCartney im DIN A 2-Posterformat plus ein Poster mit allen vier Lebensläufen.

The Beatles Christmas Show im Astoria Cinema im Londoner Stadtteil Fins Park, 24.12.1963–11.1.1964

THE BEATLES BOX

Am 3.11.1980 auf dem Label World Records, der Mailorder-Abteilung der → *EMI*, erschienenes 8-LP-Set mit nicht besonders spektakulären Beatles-»Raritäten«. In Japan vertrieb Toshiba EMI die Box. Jedes Album hatte allerdings ein neues Design von Frank Watkin. Simon Sinclair hatte die 124 Songs chronologisch zusammengestellt, Hugh Marshall die Cover Notes geschrieben. Ein separates Booklet enthält die Songtexte.

THE BEATLES CHRISTMAS SHOW

Am 24.12.1963 gaben die Beatles im Astoria Cinema im Londoner Stadtteil Finsbury Park, dem heutigen Rainbow Theatre (232-6 Seven Sisters Road), ihr erstes Weihnachtskonzert, organisiert von → *Brian Epstein*. Produzent war Peter Yolland. Die Show mit Sketchen und Musik lief bis zum 11.1.1964, fast 100 000 Menschen sahen die 30 Shows. Zu den Mitwirkenden gehörten → *Billy J. Kramer with the Dakotas*, Rolf Harris, → *The Fourmost*, Tommy Quickly, → *Cilla Black* und The Barron Knights feat. Duke d'Mond. → *Another Beatles' Christmas Show* fand dann vom 24.12.1964 bis 16.1.1965 im Hammersmith Odeon Theatre in London statt, der dritte Jahrgang musste dann bereits ohne die Beatles auskommen.

BEATLES CLUB WUPPERTAL

1976 gründeten Harry Bent und Charly Rademacher das Beatles Hauptquartier Wuppertal, das seit dem 1.11.1992 Beatles Club Wuppertal (BCW) heißt. Anschrift: Paulussenstraße 7, 42349 Wuppertal, Claus-Dieter

Meyer, Tel. (0202) 47 06 26 und (0202) 42 21 71, Fax (0202) 42 21 71, webmaster@beatles-club.de, www.beatles-club.de. Der Club gibt alle drei Monate das Fanzine *A Ticket To Write* heraus und veranstaltet jährlich Ausstellungen. Seit 2001 verleiht er gemeinsam mit dem Beatles Museum in Halle/S. den Beatlesfan Award, erster Preisträger war → *Klaus Voormann*.

THE BEATLES & CO. LIMITED

Dachfirma der unterschiedlichen Beatles-Unternehmungen. Unter dieser Bezeichnung wurden die Beatles am 19.4.1967 offiziell in das englische Handelsregister eingetragen – für zehn Jahre. Das Unternehmen wurde am 17.11.1967 umbenannt in → *Apple Music Limited*. Am 31.12.1970 klagte Paul McCartney gegen die damit begründete Partnerschaft, am 9.1.1975 wurde diese vom London High Court für beendet erklärt.

THE BEATLES COLLECTION

1. Am 2.12.1978 in GB (USA: 1.12.1978, nur 3 000 nummerierte Exemplare) erschienene Box mit 13 LPs der Beatles – neben den zwölf »offiziellen« LPs (ohne die → *Kompilationen*; also: Please Please Me/With The Beatles/A Hard Day's Night/Beatles For Sale/Help!/Rubber Soul/Revolver/Sgt. Pepper's Lonely Hearts Club Band/The Beatles (»White Album«)/Yellow Submarine/Abbey Road/Let It Be) enthält sie eine Bonus-LP mit dem Titel »Rarities«, die allerdings als wirkliche Rarität lediglich die »Across The Universe«-Version von der Benefiz-LP »No One's Gonna Change Our World« enthält – der Rest sind bekannte Single-Aufnahmen. Auch wenn die → *EMI* verkündete, dass es die »Rarities« nicht einzeln zu kaufen gebe – am 12.10.1979 erschienen sie auf EMI und am 24.3.1980 in den USA auf → *Capitol Records* (hier: »The Beatles Rarities«, mit anderen Aufnahmen als in Großbritannien).

2. 1997 erschienen in Russland neun → *Bootleg*-CDs unter diesem Titel (unter dem Label »Parlophone«): Vol. 1 »Please Please Me«/»With The Beatles«, Vol. 2 »A Hard Day's Night«/»Beatles For Sale«, Vol. 3 »Help!«/»Rubber Soul«, Vol. 4 »Revolver«/»Let It Be«, Vol. 5 »Sgt. Pepper's Lonely Hearts Club Band«, Vol. 6 »Magical Mystery Tour«, Vol. 7 »The Beatles (White Album)«, Vol. 8 »Yellow Submarine« und Vol. 9 »Abbey Road«.

THE BEATLES COME TO TOWN

8-minütiger Farbfilm von Pathé News, gezeigt vom 22. bis 28.12.1963 als Vorfilm in britischen Filmtheatern. Die Beatles spielten live im Apollo Theatre (auch bekannt als ABC Cinema) in Stockport Road/Ardwick Green im Stadtteil Ardwick in Manchester/Lancashire (rec. 20.11.1963) »Twist And Shout« und »She Loves You«, weitere Aufnahmen sind mit »From Me To You« (von der Schallplatte) unterlegt. Weitere an diesem Tag gemachte Aufnahmen wurden 1965 in dem britischen Film → *Pop Gear* verwendet.

BEATLES CONVENTION

Treffen der Beatles-Fans. Nationale und internationale Beatles Conventions bzw. Festivals fanden/finden mehr oder weniger regelmäßig in zahlreichen Ländern statt, u.a. in den Niederlanden (Utrecht), der Schweiz (Bellinzona), Belgien (Mons, Namur), Ungarn (Budapest), Kuba (La Habana), Australien (Sydney) und den USA (Miami, New York, London, Chicago, Los Angeles, Boston). In den USA organisierte Joe Pope, Herausgeber des Fanzines Strawberry Fields Forever, am 26.7.1974 ein erstes großes Fantreffen, Ende 1974 folgte Mark Lapidos mit einem »Beatlefest« in New York. In Großbritannien veranstaltete Dave Chissoll die ersten Beatles Conventions in Norwich und London (Dezember 1976), 1977 fand die

Zu Beatles Conventions wie der International Beatle Week in Liverpool treffen sich Fans aus aller Welt

erste Beatles Convention in Liverpool statt, veranstaltet von → *Allan Williams* und → *Bob Wooler*. Am 28./29.8.1982 veranstaltete Cavern Mecca die Second Great Mersey Beat Extravaganza, Beatles Conventions finden seitdem jährlich im August in Liverpool statt, als International Mersey Beatle Festival bzw. → *International Beatle Week* – 1996 und 1997 z.B. mit über 120 Bands aus aller Welt! In Liverpool findet außerdem eine John Lennon Convention statt. Vom 1. bis 9.4.2000 fand in Obertauern/Österreich (ja, da, wo die Beatles mit ihren Doubles die wintersportlichen »Help!«-Szenen drehten) die 1. Internationale Beatles-Revival-Woche statt. Vom 8. bis 14.10.2001 fand in Buenos Aires/Argentinien die erste »Semana Beatle de Latinoamerica« (Lateinamerikanische Beatles-Woche) statt. Die erste deutsche Beatles Convention stand unter dem Motto »Roll Over Beatles« – am 24.10.1978 in Köln, veranstaltet vom Beatles Information Center (→ *Beatles Museum*). Weitere Conventions gab/gibt es u.a. in Köln, München, Hamburg (seit 2004), Halle/S. und Glauchau. Seit 2002 findet in Berlin das Estrel Beatles Festival statt – inzwischen die größte Veranstaltung dieser Art in Europa (www.estrel-beatles-festival.de). Im Oktober 2002 veranstaltete das Bremer Medienzentrum eine große Beatles Forever Woche. 2004 fand in Essen das erste von → *Ulf Krüger* organisierte Ruhr Beatles Festival statt. Seit mehreren Jahren bereits gibt es die »Leipziger Beatles-Party«.

THE BEATLES DOUBLE GROUP

→ *Cover-Band* aus Graz/Österreich, gegründet im Dezember 1990. Besetzung: Christian Höller, Gerald Holzapfel, Werner Radl und Gerry Landschbauer. Die Band spielt Songs der Beatles, aber auch Solotitel der Ex-Beatles. Bereits 1992 wurde sie in Österreich als beste Oldie-Band des Jahres nominiert. Die Band tourt seitdem durch Europa (ca. 120 Auftritte/Jahr) und trat auch in den USA auf (David Letterman Show). Original-Instrumente und Garderobe im Stil der Sechziger sorgen für Authentizität.

Discogr.: *The Beatles Double Group Live (1993); The Beatles Double Group Obladi Oblada (1993)*

THE BEATLES EARLY YEARS

Am 17.7.1981 erschienene Neuausgabe der DoLP »The Beatles Live! At The Star Club In Hamburg, Germany; 1962« (erschienen 1997) auf zwei einzelnen Platten (Vol. 1 & 2) auf dem Label Phoenix. 1982 erschien eine korrigierte Neuauflage der beiden LPs mit neuen Covers auf dem gleichen Label.

BEATLES ELECTRONIQUES

16-mm-Film von Nam June Paik und Jud Yalkut (Schwarzweiß und Farbe), 3 min, aus den Jahren 1966–1969. Paik und Yalkut manipulierten und dekonstruierten Fernsehaufzeichnungen und formulierten damit eine Kritik an den Massenmedien aus kultureller und politischer Sicht, insbesondere am Fernsehen als Lieferant von »popular imagery«.

THE BEATLES EP COLLECTION

Am 7.12.1981 bei → *EMI* erschienene Box mit EPs der Beatles – 12 Mono-EPs, die 2 EPs »Magical Mystery Tour« und eine zusätzliche EP mit den Titeln »The Inner Light« (Stereo-Abmischung vom 27.1.1970), »Baby You're A Rich Man«, »She's A Woman« und »This Boy«. Am 15.6.1992 erschien eine ähnliche Ausgabe unter dem Titel »Compact Disc EP Collection«, bestehend aus 15 CDs, jedoch mit einer Mono-Version der EP »Magical Mystery Tour«.

THE BEATLES FILM PRODUCTIONS LIMITED

Filmgesellschaft der Beatles, am 12.1.1968 umbenannt in → *Apple Film Limited*.

THE BEATLES FIRST

LP, erschienen am 19.6.1964 auf → *Polydor*, mit alten Aufnahmen wie »Ain't She Sweet«, »Cry For A Shadow« und »Sweet Georgia Brown«, produziert von → *Bert Kaempfert*, u.a. mit → *Tony Sheridan*. Die Songs wurden bis in die 1990er Jahre in immer wieder neuen Zusammenstellungen »neu« veröffentlicht. Die LP erschien am 18.6.1971 auf dem Label Contour unter dem Titel »The Early Years. Beatles Featuring Tony Sheridan«, am 4.6.1976 (ebenfalls auf Contour) unter dem Titel »The Beatles Featuring Tony Sheridan« und im Mai 1993 als »The First Album« auf Spectrum.

The Beatles First (Polydor)

THE BEATLES: THE FIRST U.S. VISIT

→ *Maysles, Albert und David*.

BEATLES FOR SALE

1. Vierte (offizielle) LP der Beatles, aufgenommen von August bis Oktober 1964 in den wenigen freien Tagen zwischen den damals sehr zahlreichen Konzerten, erstmals erschienen am 4.12.1964 (in Deutschland bereits Ende November?). Die Anmerkung »It isn't a pot-boiling quick-sale any-old-thing-will-do-for-Christmas mixture« lässt sich etwa übersetzen mit: »Das ist keine rein kommerziell ausgerichtete, schnell verkäufliche Alles-ist-grade-recht-für-Weihnachten-

Mischung.« 2002 erschien in Frankreich als → *Bootleg* »The Alternate Beatles For Sale« – als CD 4 der 5-CD-Box »Quelque chose de nouveau«.

2. EP der Beatles, erstmals erschienen am 6.4.1965, mit den Titeln »No Reply«, »I'm A Loser«, »Rock And Roll Music« und »Eight Days A Week«. Am 4.6.1965 erschien unter dem gleichen Titel eine zweite EP, ebenfalls mit Auskopplungen aus der gleichnamigen LP: »I'll Follow The Sun«, »Baby's In Black«, »Words Of Love« und »I Don't Want To Spoil The Party«.

***Lit.**: Moltmaker, Azing: The Album Collection Vol. 4 – Beatles For Sale (Alkmaar 1999)*

THE BEATLES FOUR EVER SHOW

Deutsche → *Cover-Band*, gegründet Mitte der 1980er Jahre. Besetzung: »John« Claus Bayer (voc, g, keyb, p), »Paul« Olaf Serdent (b, p), »George« Axel Weimann (g, sitar) und »Ringo« Erik Sveningsson (voc, dr). Werbung: »In einer über 120-minütigen Zeitreise durch fünf Epochen Beatleskarriere wird das Publikum laufend mit neuen originalgetreuen Kostümen, filigranen Sounds – natürlich durch das legendäre originale Beatles-Equipment (VOX-Amps, Ludwig-Drums, Rickenbacker-, Epiphone- und Gretsch-Gitarren, Höfner Bass u. Sitar) – und stilsicherer Lichtchoreographie überrascht.«

***Anschrift**: Claus Bayer, Gaesdoncker Straße 196, 47574 Goch, info@beatles4ever.de • www.beatles-4ever.com/beatles4ever*

BEATLES FOREVER

1. Wolfgang Brückner singt die erfolgreichsten Songs der Beatles, von »Love me do« bis »Let it be«, »musikalisch ganz nah am Original« (Werbung), und seine Partnerin Kerstin Wenzel-Brückner bietet Storys und Lyrik, die »den Charme der besten Rockband aller Zeiten spürbar werden lassen« (Werbung). Anschrift: Wolfgang Brückner, PF 230135, 09054 Chemnitz, Tel. (0371) 405 96 43, mobil 0175 804 94 43, Fax (0371) 405 95 51, webmaster@wolken-und-bruecken.de.

2. Deutsche → *Cover-Band*, nach eigener Aussage »das kleinste Quartett der Welt« (weil es sich um ein Trio handelt).

***Anschrift**: Manfred Hansen, Boener Straße 55, 53879 Euskirchen, Tel. (02251) 23 29, ManfredHansen@gmx.net_ • **Discogr.**: Perfect Time (2003), Carneby's Live World (2004), Ready, Steady, Beat! (2004), The Very Very White Album (2006)*

THE BEATLES & FRANK IFIELD ON STAGE

→ *Jolly What! England's Greatest Recording Stars The Beatles & Frank Ifield On Stage.*

THE BEATLES »GET BACK« BAND

Deutsche → *Cover-Band*

***Anschrift**: Stephan Rädler, Hochgratweg 7, 86830 Schwabmünchen, Tel./Fax (08232) 61 80.*

THE BEATLES' GOLDEN DISCS

Für 1964 geplante EP der Beatles auf → *Parlophone Records* mit den Songs (A) »I Want To Hold Your Hand«/»This Boy« und (B) »She Loves You«/»I'll Get You«. Die Songs erschienen dann auf zwei Singles. → *Brian Epstein* besaß eine Testpressung der EP, angefertigt am 10./11.12.1963.

BEATLES' GREATEST

Am 18.6.1965 auf → *Odeon* in Deutschland erschienene → *Kompilation* mit 17 Hits der Beatles. Die LP wurde in den Niederlanden auf EMI/Parlophone Odeon mehrere Male wiederveröffentlicht, die erste Ausgabe wurde dort sogar im deutschen Cover verkauft. 1997 erschien unter dem gleichen Titel auf dem amerikanischen Label Cool Daddy Productions/ BEAT eine → *Bootleg*-CD mit den gleichen Titeln plus einigen Bonus-Tracks.

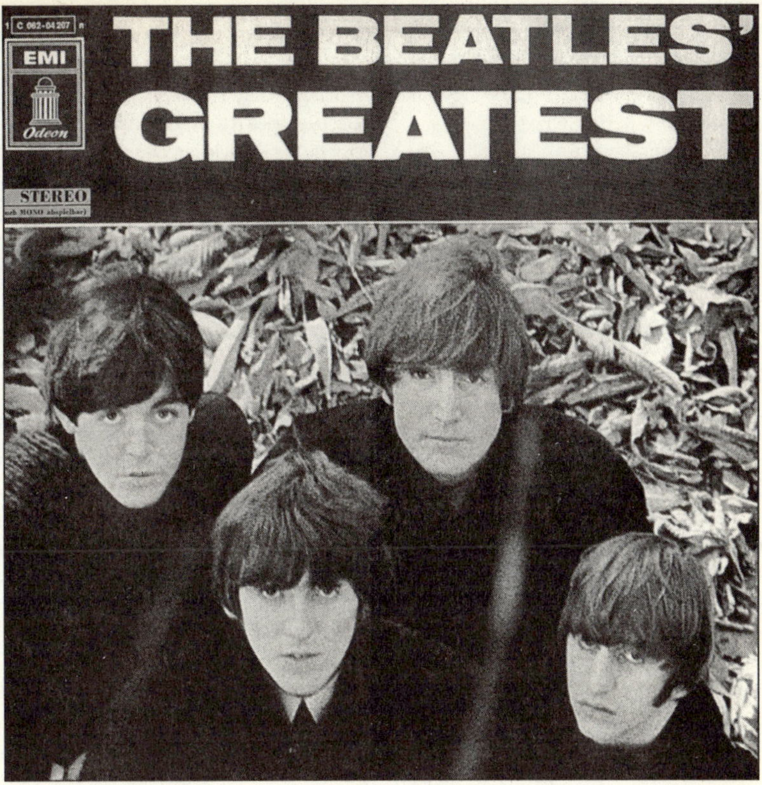

The Beatles' Greatest (1965)

BEATLES GREATEST HITS
Eine der zahllosen LP-Veröffentlichungen nach der Auflösung der Beatles, 1982 auf → *Parlophone Records* erschienen, mit Songs wie »Love Me Do«, »From Me To You«, »She Loves You« und »Eleanor Rigby«.

THE BEATLES HISTORIC SESSIONS
Im September 1981 auf dem Label Audio Fidelity erschienene DoLP mit historischen Aufnahmen der Beatles aus ihrer Hamburger Zeit. Im November 1988 erschien das Material noch einmal unter dem Titel »1962 Live Recordings« als DoLP und CD auf dem Label Baktabak. Zugleich erschienen die darauf enthaltenen Songs auf Baktabak als Set mit 15 Singles und als 15 einzelne Singles.

THE BEATLES' HITS
Die zweite EP der Beatles, erschienen am 6.9.1963 in GB, Titel: »From Me To You«, »Thank You Girl«, »Please Please Me« und »Love Me Do«. Das Coverfoto stammt von Angus McBean, die Liner Notes sind von → *Tony Barrow*.

THE BEATLES' HOTTEST HITS

1965 in Dänemark auf → *Parlophone Records* erschienene LP mit Hits der Beatles. 1997 erschien eine → *Bootleg*-Picture-LP des Albums.

BEATLES IM SCHAUFENSTER

6-teilige Inszenierung von »das aktuelle theaterstudio« in einem Schaufenster des Kaufhofs am Alexanderplatz in Berlin, Autorin: Katharina Schmidt, Regie: Jochen Henke, aufgeführt vom 19.9.2003 bis 2.10.2003 und am 4.10.2003. Die jungen Schauspieler spielten Szenen aus dem Leben der Fab Four als eine Art Soap Opera und sangen auch jeweils einen Song live. Das Ambiente war im 1960er-Jahre-Stil gestaltet. Ihre Meinung: »Die Beatles hatten immer 'nen WG-Touch.« (*Die Welt* 22.7.2003) »John ist der Schillernde, Paul der Vernünftige mit den ›traurigen Augen‹, George der Sensible und Ringo der Gutmütige. Das Klischee lässt grüßen, aber immerhin bringt es Unterhaltung, wo sonst nicht viel los ist. Noch witziger wäre es vielleicht gewesen, hätte man das Ganze nicht in dem vierzig Jahre alten A-Hard-Days-Night-Stil aufgezogen, sondern weitergedreht: die Beatles in der heutigen Medienwelt, gestrandet im endgültigen Irrsinn.« (*Berliner Zeitung*, 22.9.2003)

BEATLES IN REHEARSAL, LIVERPOOL 1962

16-mm-Film mit Aufnahmen der Beatles, erinnert an »das avantgardistische Kino eines Kenneth Anger: verfremdete, ins Negativ gekippte Realaufnahmen verschmelzen ins Surreale« (*Berliner Zeitung*, 22.2.2001).

THE BEATLES (INVITE YOU TO TAKE A TICKET TO RIDE)

Die letzte Live-Radio-Session der Beatles, gesendet am 7.6.1965 von → *BBC* Radio.

LOS BEATLES LATINOS

Beatles-Coverband aus Puerto Rico, ca. 1962 von William González gegründet, der zu Beatles-Songs spanischsprachige Textversionen schrieb (u.a. »Quiero aguantar tus amos«, »Por favor, díme que sí«). Schallplatten der Band erschienen auf dem Label Mago Records.

THE BEATLES LIMITED

Erstes eigenes Unternehmen der Beatles, gegründet am 20.6.1963, wie John Lennon → *Bob Wooler* in einem Telegramm mitteilte. Das Unternehmen wurde am 17.11.1967 (nach anderen Quellen erst im Januar 1968) in → *Apple Corps Limited* integriert. Geschäftsführer waren/sind Dennis O'Brien, Hilary Lester Gerrard, → *Yoko Ono* und → *John Eastman*.

THE BEATLES LIVE!

Im April 1985 erschienenes Video mit Fragmenten aus dem TV-Special → *Around The Beatles*.

THE BEATLES LIVE AT THE BBC

Am 30.11.1994 auf Apple (»by arrangement with BBC Enterprises Ltd«) erschienene DoCD/DoLP/DoMC mit raren Live-Mitschnitten (Songs, Interviews und Jingles) für die → *BBC* aus den Jahren 1962–1965, digital remastered und zusammengestellt von → *George Martin*. Bereits am 14.11.1994 erschien bei → *Capitol Records* in den USA eine Doppel-MC. Das Cover der DoCD ist ein Bild von → *Dezo Hoffman* und zeigt die Beatles am Paris Theatre Studio der BBC in der Lower Regent Street in London, aufgenommen am 4.4.1963 (Das Studio wurde im Januar 1995 endgültig geschlossen). Das 48-seitige Booklet mit detaillierten Informationen über die BBC-Sessions sowie seltenen Fotos, entstanden während der Rundfunk-

The Beatles Live At The BBC – rare Live-Mitschnitte aus den Archiven

aufnahmen, schrieben → *Derek Taylor* und Kevin Howlett. Die DoCD enthält 56 Songs, darunter 30, die die Beatles nie im Studio bzw. für eine Platte aufgenommen haben, und die Single »Baby It's You«. Ein Teil der Songs ist bereits auf → *Bootlegs* erschienen. Sie enthält auch einige Dialoge der Beatles mit den BBC-Discjockeys → *Brian Matthew* und Alan Freeman. Die DoCD erreichte im Dezember 1994 Platz 1 der Charts in Großbritannien, Kanada und Frankreich, in den USA kam sie auf Platz 3. Am 3.2.1995 erhielt sie in den USA Multi-Platin für 4 Mill. verkaufte Exemplare, inzwischen wurden über 7 Mill. Exemplare weltweit verkauft.

THE BEATLES LIVE! AT THE STAR CLUB IN HAMBURG, GERMANY; 1962

Im April 1977 auf dem deutschen Label Bellaphon und am 25.5.1977 auf dem Label Lingasong erschienene DoLP mit Aufnahmen der Beatles vom 31.12.1962 im Hamburger → *Star-Club*. John Lennon und Paul McCartney versuchten gerichtlich einen Verkaufsstopp, hatten damit aber keinen Erfolg. Bellaphon gab an, dass die Aufnahmen vor der Bindung der Beatles an das Label → *Parlophone Records* entstanden seien, sie stammen jedoch aus der Zeit zwischen September und Dezember 1962. Am 24.7.1977 erschien auf dem gleichen Label eine Single-Auskopplung mit den Songs »Twist And Shout« und »Falling In Love Again«. Am 13.6.1977 erschien die DoLP auch in den USA (bei WEA), allerdings mit vier anderen Songs als bei Bellaphon und Lingasong, u.a. den zwei Lennon-Songs »Where Have You Been All My Life« und »I'm Gonna Sit Right Down And Cry«. Am 17.7.1981 erschienen die beiden LPs einzeln auf dem Label Phoenix unter dem Titel »The Beatles Early Years« Vol. 1 & 2, 1982 erschien auf dem gleichen Label eine korrigierte Neuauflage mit neuen Covers. Im Juni 1985 erschien auf dem Label Showcase eine weitere Version der DoLP. Am 3.8.1987 erschien das Material auf → *Polydor* als CD »The Beatles: The Early Years«.

THE BEATLES' MILLION SELLERS

EP der Beatles, erstmals erschienen am 6.12.1965 in GB (auch unter der Bezeichnung »Beatles' Golden Discs« bekannt), mit den Titeln »She Loves You«, »I Want To Hold Your Hand«, »Can't Buy Me Love« und »I Feel Fine«.

THE BEATLES MONO COLLECTION

Im Dezember 1982 bei → *EMI* erschienenes Box-Set mit allen LPs der Beatles in den Mono-Versionen.

THE BEATLES (MONTHLY) BOOK

Das »Original Official Monthly Magazine« erscheint seit dem 1.8.1963. Herausgeber: Johnny Dean (ein Pseudonym für Sean O'Mahoney), Verleger: Sean O'Mahoney. Verlag: Parker Mead Ltd für Beat Publications Ltd. Preis: 2,80 £. Anschrift: 45 Mary's Road, Ealing, London W5 5RQ, Tel. (0044) (181) 579 10 82 / 579 10 86, Fax (0044) (181) 579 20 24. Ab 1.9.1964 erschien das Magazin auch in den USA. Zu Hoch-Zeiten der Beatlemania verkaufte sich das Magazin 350 000 Mal – im Monat! Zu den Autoren gehörten → *Tony Barrow* (auch unter dem Pseudonym Frederick James), Mark Lewisohn, → *Bill Harry*, Peter Jones (unter dem Pseudonym Billy Shepherd), → *Neil Aspinall* und → *Mal Evans*, zu den Fotografen Leslie Bryce, Norman Parkinson und → *Tony Bramwell*. Nach der Nummer 77, erschienen am 1.12.1969, gab es eine Pause, erst im Mai 1976 wurde das Magazin wiederbelebt – mit einer Sammlung der besten Bilder aus den ersten sechs Ausgaben unter dem Titel »Special Repeat!«. Im Oktober 1982 beschloss O'Mahoney, aufgrund des zunehmenden Interesses an den Beatles eine neue Serie zu starten unter dem Titel *The Beatles Monthly Book*. Die alten 77 Ausgaben erschienen mit zusätzlichen Seiten noch einmal, ab Januar 1978 (Ausgabe 78) erschienen dann gänzlich neue Hefte, die allerdings im Januar 2003 mit Ausgabe 321

The Beatles Monthly Book (London)

wieder eingestellt wurden. Die Auflage betrug noch ca. 10 000 Exemplare. Im Verlag Beat Publications Ltd von Sean O'Mahoney erscheinen auch die Zeitschriften *Record Collector* und *Book Collector*. Ende 2002 wurde *Beatles Monthly* eingestellt.

Lit.: Dean, Johnny: The Best Of The Beatles Book – 40 Years Of The Best Photos, Features And Letters From The Official Beatles Magazine (London 2005)

THE BEATLES' MOVIE MEDLEY

Am 15.3.1982 in den USA auf → *Capitol Records* erschienene Single mit einem Medley von Songs aus den Beatles-Filmen, Rückseite: »I'm Happy Just To Dance With You«. Die SP kam in Großbritannien (rel. 24.5.1982) auf Platz 10 (USA: Platz 12) der Charts, musste aber auf Grund urheberrechtlicher Probleme zurückgezogen werden. Es gibt auch zwei Promos der Single – eine 12" und eine 7". Trotzdem: »die dümmste US-Beatles-Single aller Zeiten« (John Robertson).

BEATLES MUSEUM

»Weltweit die älteste und größte öffentliche Einrichtung zum Thema Beatles« (Eigenwerbung). 1964 begann Rainer Moers mit dem Sammeln von Beatles-Memorabilia, die Ergebnisse wurden 1975 bis 1984 in ca. 25 Städten der Bundesrepublik, in Österreich, Ungarn und den Niederlanden unter dem Motto »Das Phänomen Beatles« gezeigt. Das Beatles Information Center gab ab November 1977 das Fanzine *Things We Tell Today* (später: → *Things*) heraus. Am 24.10.1978 veranstaltete das Beatles Information Center die erste Beatles-Convention. Am 18.6.1989 eröffnete das Beatles Museum in Köln, am 12.6.1995 wurde es als »e.V.« eingetragen. Am 15.9.1995 wurde es nach über einjährigen Umbauarbeiten wiedereröffnet. Das Beatles Museum am neuen Standort in Halle/S. (Vertragsunterzeichnung 7.9.1998), am 8.4.2000

Swinging Sixties: »Beatles-Zimmer« im Beatles Museum Halle/S.

in einem sanierten denkmalgeschützten Gebäude eröffnet, wurde von Matthias Bühring (18.4.1964–24.10.2000) gegründet und eingerichtet, Rainer Moers führt das Museum in seinem Sinne weiter. Kontakt: Alter Markt 12, 06108 Halle (Saale), Tel. (0345) 290 39 00, Fax (0345) 290 39 08, BeatlesMuseum@t-online.de, www.beatlesmuseum.net, geöffnet Mi – So jeweils 10.00–20.00 Uhr. Zur Eröffnung erschien die CD »Beatles for Saale« mit 26 Bands aus Halle, Leipzig und Umgebung. Zu sehen sind im Museum u.a. Fotos, Autogramme, rare Schallplatten, Briefmarken, Souvenirs, Comic-Zeichnungen, Zeitungsberichte und die Nachbildung eines Fanzimmers. Nach vorheriger Anmeldung werden Beatles-Filme gezeigt, der Beatles-Shop bietet Schallplatten, CDs, Bücher, Fanzines usw., für Schulklassen und Gruppen werden Vorträge gehalten. Alle zwei Monate erscheint das Fanzine *Things*. Zur Eröffnung erschien die CD »Beatles For Saale«, inzwischen liegt auch ein Video (25 min) über das Museum vor. Das Museum ist Mitglied im Halle Tourist e.V. und wird u.a. unterstützt von der EMI Electrola GmbH (Köln), Media Markt (Halle/S.), Frankonia Halle und dem Rundfunksender oldie.fm. Rainer Moers und Matthias Bühring sind Mitautoren des Buches »Die Beatles – Geschichte und Chronologie« (Hamburg 2000) und Autoren zahlreicher weiterer Veröffentlichungen zum Thema Beatles. Seit 2001 verleiht das Museum gemeinsam mit dem Beatles Club Wuppertal den Beatlesfan Award, erster Preisträger war → *Klaus Voormann*. Insgesamt sind im Museum rund 2500 Ausstellungsstücke wie Plakate, Goldene Schallplatten, Perücken und Bücher zu sehen. Das ist lt. Rainer Moers jedoch nur ein Drittel oder Viertel der gesamten Sammlung. Das Museum veranstaltet The Beatles Pfingst Convention, das Beatles-Sommerfest und andere Events.

Weitere deutsche Beatles-Museen befinden sich in Neuss (Beatles Museum Neuss; Michaelstraße 64, 41460 Neuss, Tel. (02131) 176 99 70; eröffnet 2002, www.beatles-limited-edition.de) und Glauchau (→ *Beat Archiv*). Auch die Beatles-Sammlung von Marianne Grünler und Bernd Böhme in 08451 Crimmitschau/Sachsen, Zwickauer Straße 63, Tel. (03762) 427 20 kann nach Anmeldung besichtigt werden. 1999 eröffnete in Gemmerich das Museum → *Remember The Beatles* (www.Rhein-Lahn-Kreis.de/Beatles-Museum/yeah-7.htm). Das kleinste Beatles-Museum (lt. → *Guinness Book of Records* 2000) betreibt Harold Krämer in Siegen (www.thebeatles.de). Er initiierte auch den Siegener

Beatles Museum, Halle/S.

Beatles-Stammtisch (www.siegener-beatles-stammtisch.de) und schrieb einen eigenen Museumsführer: »Bitte eintreten! Das kleinste Beatles-Museum der Welt. Dort, wo sich die »Pilzköpfe« wohlfühlen!« (Siegen 2005). Auch Hamburg plant seit Jahren ein Beatles-Museum. 2002 fand im Börde-Museum Burg Ummendorf in Sachsen-Anhalt eine Ausstellung »Die Beatles & ihre Fans« statt, 2005 im Städtischen Museum Engen + Galerie eine Sonderausstellung »Die Beatles kommen!« und 2006 im Geraer Stadtmuseum die Ausstellung »Die Beatles – eine Legende ohne Ende« (Konzeption: Michael-Andreas Wahle aus Hattersheim b. Frankfurt/M.). Auch das am 21.7.2004 eröffnete rock'n'popmuseum in Gronau zeigt einige Beatles-Exponate, u.a. die Haschischdose von John Lennon. International gibt es in St. Petersburg/Russland eine ständige Beatles-Ausstellung, die vom St. Pauli Museum Hamburg und dem Circus Roncalli gesponsert wurde. Weitere Beatles-Museen befinden sich in Liverpool (→ *The Beatles Story [Limited])* und Alkmaar/NL (Het Beatles Museum, Kanaalkade 21A, 1811 LP Alkmaar, Tel. 06-38305895, www.beatles-museum.nl). In Tokio wurde am 3.10.2000 das weltweit erste John Lennon Museum eröffnet.

The Beatles Revival Band: Beatles Songs in Deutsch (1977)

THE BEATLES RARITIES

→ *Rarities.*

BEATLES REVIVAL BAND

1976 in Frankfurt/M. gegründete und von zahlreichen Fans als beste anerkannte deutsche → *Cover-Band*, Besetzung: Klaus Larisch (g, voc; später: Claus »George« Fischer), Richard E. Kersten (g, voc; ab 1980 Gregor »John« Ziegler), Hans Robert »Robby« »Paul« Matthes (b, voc), Christian »Ringo« Engel (dr, voc, p). Nach einem ersten Auftritt im »Sinkkasten« Frankfurt/M. am 1.3.1976 trat die Band noch 1976 in der Berliner Philharmonie und danach mit → *Tony Sheridan* auf, ein Jahr später u.a. beim Bundeskanzlerfest. 1976 erschien ihre erste LP – »Beatles Songs in Deutsch« – im »Original Liverpool Sound«, aufgenommen im Winter 1976/1977 in Frankfurt/M. 1978 folgte ein Auftritt beim MIDEM in Cannes, 1979 trat The Beatles Revival Band in Italien und Norwegen auf. Die Band hat über 120 Songs im Repertoire. Großen Erfolg hatte die Band 1982 auch in der DDR und später in Polen, Bulgarien, Rumänien, Ungarn und der Tschechoslowakei, wo sie in einer Show mit → *Karel Gott* auftrat. 1986 gastierte die Band in der Berliner Philharmonie mit 120 Chorsängern und Streichorchester (»Beatles – Classic – Concert«); das 10-jährige Bandjubiläum wurde am 16.3.1986 im Mozart-Saal der Alten Oper in Frankfurt/M. begangen. 1989 trat die Band vor 50 000 Fans beim »Music Summit« im Moskauer Olympiazentrum auf, ein Jahr später beim Festival »Goldener Orpheus« in Burgas/Bulgarien. 1994 und 1995 zog die Band mit einer »Unplugged Tour« durch die Lande, 1996 folgte die Jubilee-Tour »20 Jahre Beatles Revival Band«. Am 3.4.1999 trat sie sogar im Berliner Hotel »Adlon« auf. Am 1. und 2.3.2001 feierte die Band ihr 25-jähriges Bestehen. Die Band, immer mal wieder als »Mimikry-Gruppe« (Barry Graves, Siegfried Schmidt-Joos und Bernward Halbscheffel in »das neue rock-lexikon«, vollständig überarb. u. erw. Neuausgabe, Reinbek bei Hamburg 1998) bezeichnet, zeigt in ihren Shows jedoch auch durchaus eigenständige Qualitäten. Seit 2004 tritt die Band mit dem Symphonic Sound Orchestra und dem Programm »Beatles Meets Classic« auf. Inzwischen gibt es auch eine Beatles Revival Band Prague (www.thebeatles.cz).

Discogr.: *Beatles Songs in Deutsch (1977), Live! (1977), Ein Flug in die DDR (1978), Taking My Time (1980), Nightblind (1981), Day After Day (1984), The Beatles Revival Band (1990), With A Little Help From My Friends (1992), John, Paul, George & Ringo (1993), A Tribute To John Lennon (1993), Beatles Songs Unplugged (1994), Hey Jude (1994), Remember (1994), Die Hits der Beatles (2001), Scrambled Eggs (2003)* • *www.beatlesrevivalband.de*

THE BEATLES REVOLUTION

Fernsehsendung, USA 2000, Regie: Rudy Bednar, in der Persönlichkeiten erzählen, wie die Musik der Beatles ihr Leben beeinflusste. Von den Beatles selbst wurden nur einige Archivaufnahmen gezeigt. Die befragten Persönlichkeiten: Meredith Vieira, Tim Allen, Bono (→ *U2*), David Bowie (Archivaufnahme), Garth Brooks, Dick Clark (Archivaufnahme), Bill Clinton, Phil Collins, Cameron Crowe, → *Marianne Faithfull*, Milos Forman, Peter Gabriel, Al Green, Matt Groening, George Harrison (Archivaufnahme), Kate Hudson, Tom Hayden, Eric Idle, Peter Jennings (Archivaufnahme), Stanley Jordan, Michael Kamen, Chris Kirkpatrick, John Lasseter, John Lennon, Mike Love (→ *Beach Boys*), → *George Martin*, Paul McCartney (Archivaufnahme), Mike Myers, Bonnie Raitt, J. K. Rowling, Salman Rushdie, Martin Scorsese, Anoushka Shankar (Tochter von → *Ravi Shankar*), Bruce Springsteen, Ringo Starr, Sting, Justin Timberlake, Pete Townshend (→ *The Who*), Christy Turlington, Wendy Wasserstein, Jann Wenner, Brian Wilson (Beach Boys), → *Albert Maysles*, Alice Cooper, Chuck D., Oscar De La Hoya, Tommy Hilfiger, Jeremy Irons, Robert F. Kennedy (Archivaufnahme), Ken Kesey, Lenny Kravitz, → *Yoko Ono*, Keith Richards (→ *The Rolling Stones*), Smokey Robinson, → *Twiggy*, → *Joe Cocker* (Archivaufnahme), Brian Jones (The Rolling Stones, Archivaufnahme), Nelson Mandela (Archivaufnahme), Charlie Watts (The Rolling Stones, Archivaufnahme), Bill Wyman (The Rolling Stones, Archivaufnahme). Die Sendung gewann 2001 einen C.A.S. Award der für einen »Outstanding Achievement in Sound Mixing for a Television Variety or Music Series or Special« und war im gleichen Jahr für einen Emmy in der Kategorie »Outstanding Sound Mixing for a Non-Fiction Program« nominiert.

THE BEATLES' SECOND ALBUM

Vierte in den USA erschienene LP der Beatles, erstmals erschienen am 10.4.1964 auf → *Capitol Records*, mit älteren Songs und den neuen Titeln »Long Tall Sally« und »I Call Your Name«. Im März 1964 war die LP bereits in Großbritannien und Deutschland erschienen.

THE BEATLES SESSIONS

1985 von → *Apple Records* geplante LP/MC mit Session-Aufnahmen der Beatles. Das

LP-Cover war bereits gedruckt, einige Promotion-Exemplare (»Not for sale«) bereits gepresst. Dann sprach sich insbesondere Ringo Starr gegen eine Veröffentlichung aus – aus rechtlichen Gründen. Inzwischen sind einige Bootlegs mit den Aufnahmen erschienen, u.a. Anfang 2003 eine CD auf »Apple Records« – mit dem Cover, das angeblich 1985 geplant war, auf der Rückseite. Die CD enthält als Bonustracks Aufnahmen von dem Konzert, das die Beatles am 24.10.1963 im Stockholmer Karlaplans Studio für das Schwedische Fernsehen gegeben haben.

THE BEATLES SING FOR SHELL
Ein filmischer Live-Mitschnitt des Eröffnungskonzertes der Beatles in der Festival Hall Melbourne/Australien am 15.6.1964. Der Auftritt wurde von Nine Television aufgezeichnet und landesweit ausgestrahlt.

THE BEATLES' SONGS
Anfang September 1964 in Deutschland auf → *Odeon* erschienene EP der Beatles mit den Titeln »A Hard Day's Night«, »I Should Have Known Better«, »If I Fell« und »Can't Buy Me Love«. Auf den Etiketten heißt die EP grammatikalisch falsch »The Beatle's Song«.

THE BEATLES SOUL
Im Februar 1966 in Deutschland erschienene EP mit den Beatles-Songs »Michelle«, »Run For Your Life«, »Drive My Car« und »Girl«.

THE BEATLES – SOUVENIR OF THEIR VISIT TO AMERICA
Am 23.3.1964 bei → *Vee Jay Records* erschienene EP mit den Titeln »Misery«, »A Taste Of Honey«, »Ask Me Why« und »Anna«.

The Beatles Story, Liverpool

THE BEATLES STORY
Titel eines 13-teiligen Rundfunk-Features zur Geschichte der Beatles, zusammengestellt von → *Brian Matthew*, ausgestrahlt von → *BBC* Radio 1 ab 21.5.1972. Die Serie erschien im November 1980 auch auf 13 Picture Discs (von »The Birth of the Liverpool Sound« bis zu »John, Paul, George and Ringo Today«) in Form eines Buches mit dem kompletten 28-seitigen Script des Moderators – angeblich weltweit lediglich in 150 Exemplaren. Von der BBC soll es auch eine »offizielle« Pressung geben. Die → *Bootleg*-EP »Interviews From Their Forthcoming Film ›The Beatles Story‹« (NEMS Records, auf 500 Ex. limitiert) enthält Interviews mit John Lennon, Paul McCartney, George Harrison und Ringo Starr aus dem Jahre 1963.

THE BEATLES STORY – THE LIFETIME BIOGRAPHY
Nicht lizenzierte 60-minütige DVD (Dolby Digital/Stereo) zur Karriere der Beatles (in englischer Sprache), 1996 erschienen, Regie/Produzent: Nigel Turner.

THE BEATLES' STORY
DoLP der Beatles, erstmals erschienen am 23./24.11.1964 in den USA auf → *Capitol Records* – mit Interviews der Beatles und ihren Fans und einer Live-Aufnahme aus der → *Hollywood Bowl* vom 23.8.1964 (»Twist And Shout«, 48 sec in dem Stück »The Beatles Look At Life«), Untertitel: »A narrative and musical biography of Beatlemania on 2 Long-Play Records«. Als Background-Musik dienen Aufnahmen der Mitte 1964 erschienenen LP »The Beatles Song Book« von The Hollyridge Strings. Die Platte enthält kein neues Material. 2003 erschien die DoLP auch als CD. Unter dem gleichen Titel erschien 2003 eine → *Bootleg*-CD als Extended Version, hergestellt vom Label Stamp Out The Beatles.

THE BEATLES STORY (LIMITED)
Offizielle Bezeichnung des Beatles-Museums in Liverpool, Britannia Vaults, Albert Dock, Liverpool L3 4AA, eröffnet am 9.4.1984 als The Beatle City Exhibition Centre. Öffnungszeit: täglich 10.00–18.00 Uhr (bzw. November bis Februar bis 17.00 Uhr), Tel. (0151) 709 19 63, Fax (0151) 708 00 39. Die britische Regierung soll umgerechnet ca. 750 000 € in das Projekt investiert haben. Als Vorgänger gilt die Dauerausstellung »Beatle City«, die 1985 aufgrund geringer Resonanz schließen musste. In dem Museum sind u.a. eine Nachbildung des Büros von → *Bill Harry*, Herausgeber der Szene-Zeitung → *Mersey Beat*, der weiße Flügel, an dem John Lennon u.a. »Imagine« komponierte, zahlreiche Original-Kostüme, Nachbauten der → *Abbey Road Studios* und eine »Submarine Play Area« zu sehen. Die Replik des → *Cavern* kann auch für Partys gemietet werden. Dem Eingang gegenüber (King's Dock Arena) spielte Paul McCartney am 28.6.1990 vor ca. 100 000 Besuchern.
www.beatlesstory.com

THE BEATLES STORY – UNCUT
Video zur Geschichte der Band von ihren ersten Tagen in Liverpool bis zu ihrer besten Zeit. Teile des Filmmaterials erschienen in dieser Form erstmalig; enthalten sind auch zahlreiche Interviews. Die beiliegende CD enthält 7 Beatles-Songs in der Interpretation der → *Cover-Band* → *Bandit Beatles* sowie Interviews.

THE BEATLES TAPES
Am 30.7.1976 auf → *Polydor* erschienene DoLP mit Beatles-Interviews, die David Wigg für das Programm → *Scene and Heard* von → *BBC* Radio1 in den Jahren 1969–1973 führte. Enthalten sind auch Instrumentalversionen einiger Beatles-Songs. So interviewte Wigg am 21.1.1969 Ringo Starr (gesendet am 25.1.1969), am 4.3.1969 George Harrison (gesendet in zwei Teilen – am 8.3.1969 und 12.4.1969), am 8.5.1969 John Lennon und → *Yoko Ono* (gesendet in zwei Teilen – am 11. und 18.5.1969) und am 19.9.1969 Paul McCartney (gesendet in zwei Teilen – am 21.9.1969 und 28.9.1969). Ein zweites Interview mit George Harrison folgte am 8.10.1969 (gesendet in zwei Teilen – am 12.10.1969 und am 19.10.1969), mit John Lennon am 21.10.1969 (gesendet am 26.10.1969) und mit John Lennon und Yoko Ono am 25.10.1971. Die Beatles versuchten erfolglos, die Veröffentlichung der DoLP zu verhindern. 1984 erschien eine Neuauflage, 1991 auch eine DoCD-Ausgabe (Neuauflage 1996).

THE BEATLES TODAY
Ca. einstündige Sendung der → *BBC* am 30.3.1970. George Harrison wurde von Johnny Moran, dem Moderator von → *Scene and Heard*, für diese Sendung am 11.3.1970 interviewt, er äußerte sich über die Künstler, die er produziert (→ *Jackie Lomax*, → *Billy Preston*, → *Doris Troy* und → *Radha Krsna Temple*), über das neue Album »Let It Be« und über die solistischen Aktivitäten der anderen Beatles. Der Film enthält Musik aus den »Get Back«-Sessions.

THE BEATLES – THE ULTIMATE BOX SET
Im Oktober 1988 erschienene Sammlung aller offiziellen Studio-Alben, plus »Past Masters« und einem exklusiven Booklet, hergestellt nach den digitalen Master-Tapes, als LPs und CDs in einer schwarzen Holz-Box. Die Boxen waren auch leer erhältlich, nur mit dem Booklet.

Beatles Unlimited Magazine – seit 1963 erscheinendes Fanzine aus den Niederlanden

THE BEATLES: THEIR GREATEST HITS
1984/1985 auf dem Label St Michael erschienene Musikkassette mit Beatles-Hits, eine erweiterte Fassung der LP »A Collection Of Beatles Oldies (But Goldies)«.

BEATLES UNLIMITED MAGAZINE (BU)
Seit dem 10.4.1975 erscheinendes → *Fanzine* des Nederlandse Beatles Fan Club »Beatles Unlimited«. Der Club wurde am 10.11.1963 in AP Nieuwegein/Niederlande von Har van Fulpen als niederländische Filiale des Official Beatles Fan Club mit der Erlaubnis von → *Brian Epstein* gegründet und ist damit der älteste Fanclub weltweit. Das Magazin ist mit einer Auflage von 3 000 Ex. Europas größtes Beatles-Fanzine – oder (Eigenwerbung) »world's biggest in Beatles«. Es erscheint in englischer Sprache, auf Wunsch werden (gegen einen geringen Aufpreis) auch deutsche und niederländische Übersetzungen versandt. Korrespondenten berichten aus über 20 Ländern. Das Blatt erscheint zweimonatlich mit einem Umfang von ca. 60 Seiten und verfügt über Korrespondenten in 18 Ländern; → *Bill Harry* schreibt eine eigene Kolumne. Jährlich zu Ostern lädt BU nach Utrecht zur internationalen → *Beatles Convention* – 2006 bereits zum 27. Mal! Zu den von BU herausgegebenen Büchern gehört »The Beatles Concert-ed Efforts« von Jan van de Bunt (1979).

Anschrift: *P.O.B. 602, 3430 AP Nieuwegein/Niederlande, Tel. (0031) (30) 606 36 78, Fax (0031) (30) 244 52 92, beatlunl@knoware.nl • www.beatles-unlimited.com*

THE BEATLES UNLIMITED (REVIVAL BAND)
→ *Cover-Band* aus Graz/Österreich, die seit 1990 mit einer Beatles-Show unterwegs ist, gegründet Anfang der 1980er Jahre. Bandleader ist Gerry Landschbauer. Im Dezember 2000

tourte die Band durch Asien. Vor der Beatles-Revival-Woche in den österreichischen Obertauern im April 2001 nahm → *Tony Sheridan* mit The Beatles Unlimited in Graz vom 27.1. bis 2.2.2001 einige Songs auf, u.a. »Tell Me If You Can« und »My Bonnie«. Die Aufnahmen wurden bisher allerdings nicht veröffentlicht.

BEATLES USA LIMITED

Amerikanische Firma von → *Brian Epstein*, sie besaß aus nicht mehr nachvollziehbaren Gründen das Copyright an dem Film »Magical Mystery Tour«. Vielleicht deshalb, weil Brian Epstein beträchtliche Ausgaben für die Realisierung des Films befürchtete?

THE BEATLES' VOICE

Im Oktober 1964 in Deutschland erschienene EP der Beatles mit den Titeln »I'm Happy Just To Dance With You«, »And I Love Her«, »Tell Me Why« und »Any Time At All«.

THE BEATLES VS. THE FOUR SEASONS

Am 1.10.1964 auf dem Label → *Vee-Jay Records* erschienene DoLP mit The Beatles und The Four Seasons, Untertitel: »The International Battle Of The Century«. Am 12.10.1964 erschien der Beatles-Teil der DoLP unter dem Titel »Songs, Pictures And Stories Of The Fabulous Beatles« beim gleichen Label als LP. Die Idee wurde bald auf zahlreichen → *Bootlegs* weitergesponnen: Elvis vs. The Beatles, Beatles vs. Chuck Berry, Beatles vs. Don Ho, Beatles vs. Buddy Holly And The Isley Brothers, Beatles vs. Carl Perkins, Beatles vs. Little Richard And Larry Williams, The Beatles vs. The Stones, The Beatles vs. The Third Reich ...

THE BEATLES VS. THE THIRD REICH

Als Parodie auf die LP → *The Beatles vs. The Four Seasons* auf Richard Records erschienene → *Bootleg*-LP mit Aufnahmen der Beatles aus dem → *Star-Club* Hamburg aus dem Jahre 1962 und »a bunch of drunken krauts yelling and belching during the show«. Auf dem Cover wird → *Allan Williams* zitiert.

BEATLES YELLOW SUBMARINE ADVENTURE

In Berlin eröffnete am 20. Januar 2000 die Music Box als »Klangerlebniswelt« und Bestandteil des Urban Entertainment Centers (UEC) im Sony Center am Potsdamer Platz. Beim Beatles Yellow Submarine Adventure erlebten die Besucher an Bord des nachempfundenen U-Boots eine 10-minütige imaginäre Reise nach Pepperland (Werbung: »die verrückteste Spritztour, die Sie sich vorstellen können«). *Die Welt* bezeichnete die Music Box als »begehbare Spieldose«, »Vielen Dank, Maestro« titelte die *Berliner Zeitung*. Allerdings: Am 21.2.2001 schloss das Unternehmen bereits wieder. Grund: »Das Geschäft hat sich einfach nicht gerechnet«, so die Pressesprecherin von Sony.

BEATLES-PLATZ

Im August 2005 berichtete die Presse erstmalig von Plänen Hamburgs, einen Platz im Stadtteil St. Pauli, auf der Reeperbahn am Eingang zur großen Freiheit, zu Ehren der Beatles zu schaffen. Bereits seit 2001 hatte sich Stephan Heller, Programmchef und Geschäftsführer des Senders Oldie 95, dafür eingesetzt. Das Projekt wurde auch von Otto Waalkes, Marius Müller-Westernhagen und den HSV Handball-Profis unterstützt. Die Finanzierung des ca. 100 000 € teuren Projektes erfolgt privat, Interessierte konnten sich mit einem Spenden-Zertifikat im Wert von 10 € beteiligen. Zu den Großsponsoren zählten die Itzehoer Versicherungen. In der Mitte des schwarzen Platzes in Form einer Schallplatte erinnern gläserne Skulpturen der Beatles an ihre Auftritte in der Stadt

Beatles-Platz

Anfang der 1960er Jahre. Der Beatles-Platz wurde von den Architekten Dohse und Stich entworfen, die sich in einem Wettbewerb gegen ihre Mitbewerber durchgesetzt hatten. Der Platz wurde im Mai 2006 eingeweiht. Er soll das Tor zur Beatles-Welt »Beat City Hamburg« werden, die in den nächsten Jahren auf Initiative der IG Beat-City entstehen und an die Zeit der Beatles in Hamburg erinnern soll. Geplant sind u.a. Gedenktafeln und ein Museum. Förderer der Aktion »Beat City Hamburg« sind die Kulturbehörde der Stadt Hamburg, das Museum für Hamburgische Geschichte und das Bezirksamt Hamburg-Mitte.

BEATLES-REZEPTION IN DER DDR

Die offizielle Rezeption der Beatles in der DDR kann nur gesehen und verstanden werden im Spannungsfeld zwischen starren ideologischen Normen, politischem Führungsanspruch und zaghaften kulturpolitischen Öffnungsversuchen. In den Programmen von DT 64 bildeten Beatles-Songs ab 1964 das Gros der Beat-Titel aus der »westlichen Hemisphäre«, 1965 veröffentlichte Amiga eine erste Beatles-LP, am 24.3.1965 legte Moderator Dieter Mann in der Fernsehsendung »Bazar« die Amiga-Single mit »Ain't She Sweet« auf, der Musikverlag Lied der Zeit edierte 1965 Noten und Texte einiger Beatles-Songs. Die Beatles wurden auch in der DDR zu Idolen. Gregor Gysi: »Meine erste LP bekam ich Anfang der 1960er Jahre geschenkt, und zwar von meiner in Paris lebenden Großmutter. Es handelte sich um eine Beatles-LP. Den Titel weiß ich leider nicht mehr genau. Aber ich weiß, dass ich dadurch ungeheuer an Bedeutung in meiner Schule gewann, weil ich der einzige war, der eine solche LP besaß. Und ich war stolz, dieses Stück westliche Welt mein eigen nennen zu können.« (Holger Jenrich: Meine erste Platte, Frankfurt/M. 2000) Thomas Natschinski von der Gruppe Team 4, die damals zahlreiche Beatles-Titel spielte: »Die Beatles waren unser großes Vorbild, und so gut wie sie wollten wir sein. Dabei kam es uns nicht darauf an, sie unbedingt exakt nachzuahmen, vielmehr haben wir versucht, in diese Richtung zu denken, uns von den Beatles inspirieren zu lassen.« (in: Michael Rauhut: Beat in der Grauzone, Berlin 1993) Aber die Liberalisierung währte nicht lange: Im Spätsommer 1965 begann der Antibeatkurs als »Indikator und Vehikel innenpolitischer Regression« (Rauhut). Die *Leipziger Volkszeitung* titelte am 5.11.1965 »Beatles, Lederjacken, Aggression« und präsentierte ein Foto, das die Beatles in Uniform zeigt, mit Maschinenpistolen in der Hand. Auf der 11. Tagung des ZK der SED wetterte dann Walter Ulbricht: »Ich bin der Meinung, Genossen, mit der Monotonie des Jay, Jeh, yeh (so im Protokoll vermerkt – Anm. R. B.), und wie das alles heißt, sollte man doch Schluß machen.« Die Beatles wurden nicht mehr im Rundfunk gespielt, Songs wie »Yesterday« und »All My Loving« zählten als »verbotene Einfuhr«. Bereits am 21.7.1964 hatte der erste Stellvertreter des Abteilungsleiters Zollfahndung eine Weisung erlassen, die die »Einfuhr von

›Beatles‹-Propagandamaterial (inkl. Schallplatten)« in Postsendungen reglementierte. In einem »Bericht über die Maßnahmen der Zollverwaltung der DDR zur Bekämpfung der Jugendkriminalität« vom 18.3.1966 (Bundesarchiv, DC 4/978) wurden allein für 1965 119 263 Rücksendungen, 92 752 Entnahmen einzelner Stücke und 142 210 Komplettbeschlagnahmungen von Postsendungen konstatiert, darunter zahlreiche Fanartikel mit Beatles-Motiven. Mit zwei sog. »Pilzkopf«-Studien untersuchte das Zentralinstitut für Jugendforschung in Leipzig 1968 das Freizeitverhalten Jugendlicher in der DDR. Erst mit der Aktion »Rhythmus 71« manifestierte sich eine Lockerung. Aber da gab es die Beatles bereits nicht mehr ... Trotzdem existierten auch in der DDR zahlreiche inoffizielle Beatles-Fanclubs, -Fanzines und -Fantreffen. 1986 gab es bei »Rock für den Frieden« im Palast der Republik in Berlin eine thematische Show »Beatles für alle«. Eine interessante Lektüre zum Thema bieten das 2001 erschienene »Ost-Spezial« des Fanzines → *Beatlemania* – mit einem »kurzen (und hoffentlich unterhaltsamen) Abriß zur Geschichte der Ost-Beatlemania« der Herausgeber Evelyn & Hartmut Schwarz und »Beatlemania Made in Deutsche Demokratische Republik« von Edmund Thielow. Ein Resümee: »Heute ist klar: Die Beatles waren eine Projektion. Diese hatte nichts mit der Realität zu tun. Doch wenn es diese Projektion schon im Westen gab, wie sehr da erst hinter dem Vorhang, in der DDR! Die Beatles funktionierten vor allem aus der Ferne, als sphärische, gerade überirdische Synthese von vier Figuren, die einen eigenen Stil bildeten, ein Lebensgefühl, in das man sich flüchten konnte – eine bunte Spaß-Blase im ernsten, reglementierten Alltag.« (Torsten Harmsen in *Berliner Zeitung* 8.12.2005)

BEATLESFEST
Veranstalter nationaler → *Beatles Conventions* in New York, Los Angeles und Chicago (P.O.B. 436, Westwood, NJ 07675, USA).

BEATLESPASSION
Arrangement für Solisten und Männerchor aus dem Jahre 1967 auf der CD »Capricer med OD« (Teil 1: 1964–1969) auf dem schwedischen Label BIS (BIS-NL-CD-5010), interpretiert von Christer Solén, Dorothy Irving, Bengt Rundgren und dem Männerchor OD, Dirigent Eric Ericsson, arr. Frisk. Robert von Bahr von BIS: »Der Männerchor OD führt jährlich so genannte Caprice-Konzerte durch, wo der Schwerpunkt auf Humor mit ungenannten Gästen liegt.«

THE BEATLESS
Band, bestehend aus Alex Attias und Paul Martin, die 2001 ihre erste DoLP unter dem Titel »Life Mirrors« auf dem Label Ubiquity veröffentlichte – mit Gueststars wie Quasimoto, Mark De Clive-Lowe und Jessica Lauren. »Herrlicher 21.-Jahrhundert-Soul im West-London-Style«, wie ein Mailorder-Katalog schwärmt – nur mit den Beatles hat die Band rein gar nichts zu tun. Allerdings ist unter diesem Namen auch eine britische → *Cover-Band* unterwegs, die 2002 ihre erste CD »The Beatless« vorlegte – mit → *Cover-Versionen* von Beatles-Songs.

THE BEATLESS SAXOPHONES
Quintett der Berliner Musiker Chiyoko Szlavnics (as), Werner Durand (ts), Ulrich Krieger (s), Reimar Volker (bars) und Ute Wassermann (voc) – das natürlich absolut gar nichts mit den Beatles zu tun hat.

BEATLETOONS
→ *Cartoons*.

BEATLETTES
Bezeichnung John Lennons für die weiblichen Fans der Beatles, die bereits ab 1960 seine bzw. Tante Mimis Wohnung belagerten. Irgendwann in den 1960er Jahren gab es auch eine Band mit diesem Namen, die den Beatles versicherte: »Yes, You Can Hold My Hand«.

BEATLOLOGY MAGAZINE
Seit 1999 in Kanada zweimonatlich erscheinendes »Magazin für Sammler von Beatles-Memorabilia« (Untertitel), herausgegeben von Andrew Croft (Senior Editor) und Peter Miniaci (Publisher), ISSN 1488-1381.
Anschrift: *P.O.B. 90, 260 Adelaide Street East, Toronto, Ontario M5A 1N1/Kanada, Tel. (416) 360 89 02, Fax (416) 360 05 88, publisher@beatlology.com, editor@beatlology.com • www.beatlology.com*

THE BEATMAKERS
Am 19.10.1961 kamen in der → *Litherland Town Hall* nach den Auftritten von Karl Terry & The Cruisers, → *Gerry & The Pacemakers* und The Beatles alle beteiligten Musiker als The Beatmakers zu einer großen Jam-Session auf die Bühne (in alphabetischer Reihenfolge): → *Pete Best* (dr), Les Chadwick (bg), George Harrison (g), John Lennon (voc, g), Les Maguire (s), Freddy Marsden (dr), Gerry Marsden (voc), Paul McCartney (voc, bg), Karl Terry (back-voc).

THE BEATNIX
Beatles-Cover-Band aus Sydney/Australien.
Discogr.: *It's For You – Lennon & McCartney Songs (1995)*

THE BEATSTALKERS
Anfang der 1960er Jahre in Glasgow gegründete Band, die als »die schottischen Beatles« galt. Besetzung: Davis Lennox (voc), Ronnie Smith (g, voc), Alan Mair (b), Eddie Campbell (org), »Tudge« Williamson (dr). Die Band ging 1965 nach London und nahm einige Singles auf, bevor sie sich 1969 trennte.

THE BEATTELLS
Beatles-Cover-Band aus Hamburg. Vom Phänomen Beatles beflügelt, gründeten »ein namhafter Studiogitarrist und Sänger, ein arrivierter Musiker aus der Oldie-Szene, ein musikalisch hochbegabter Newcomer sowie ein Urgestein der Hamburger Musik-Szene, welches selbst schon in jungen Jahren auf der Star-Club-Bühne gestanden hat, eine Beatles-Revival-Band«. (Promotion) Im Januar wurde die Marke der Band, am 21.3.2000 angemeldet, jedoch vom Deutschen Patent- und Markenamt (DPMA) nach Abschluss des Widerspruchverfahrens vollständig aus dem Markenregister gelöscht. Begründung: »Die Europäische Gemeinschaftsmarke (Registernummer: 219014) der Apple Corps Limited aus Großbritannien, die auch diverse Beatles-Wortmarken besitzt. Die Priorität dieser Marke datiert von 1996.«
Anschrift: *Holger Tempel, Woldsenweg 11, 20249 Hamburg, Tel. (040) 428 47 25 52/Tel. (040) 46 09 23 45, Fax (040) 428 47 25 46, info@the-beattells.com*
Discogr.: *The Beattells 1st (2003) • www.the-beattells.com*

THE BEATTLES
Druckfehler auf der ersten Beatles-Single in den USA, erschienen am 25.2.1963 auf → *Vee-Jay Records* (»Please Please Me«/»Ask Me Why«).

BEAUTIFUL GIRL
Song von George Harrison, er begann ihn 1969 zu schreiben. Stephen Stills hatte ihm für einen Abend seine 12-String-Gitarre geliehen. 1976 erinnerte er sich an den Song und widmete ihn seiner Frau Olivia. Der

Song erschien 1976 auf der LP »33 1/3«. John Lennon schrieb später einen Song mit dem Titel »Beautiful Boy«.

BECAUSE

Song von John Lennon/Paul McCartney, aufgenommen am 1., 4. und 5.8.1969, erstmals erschienen am 26.9.1969 auf der LP »Abbey Road«. John Lennon schrieb den Song nach eigener Aussage um ein Piano-Riff, das er entdeckte, als → *Yoko Ono* auf seine Bitte hin Beethovens »Mondschein-Sonate« (die Klaviersonate Nr. 14 cis-Moll, op. 27, Nr. 2) rückwärts spielte. Ringo Starr ist an dem Stück nicht beteiligt. Den charakteristischen Sound erhielt das Stück durch ein Spinett. Der Song ist (neben »This Boy« und »Yes It Is«) eines der wenigen Beispiele einer Dreier-Harmonie; → *George Martin* machte daraus sogar neun Stimmen. Paul McCartney und John Lennon haben das Stück später als ihr Lieblingsstück auf »Abbey Road« bezeichnet, ein Fragment des Songs erschien 1969 auf dem »Wedding Album«. Das Originalmanuskript des Songs von John Lennon aus dem Nachlass von → *Mal Evans* wurde 1992 für 7500 £ (ca. 9750 €) versteigert. Im Dezember 2002 stand das Manuskript bei Sotheby's in London erneut zur Versteigerung an, Wert: 25 000–30 000 £. Zahlreiche → *Cover-Versionen*, u.a. von London Pops Orchestra, Elliot Smith, Booker T. and the MG's, Mike Westbrook Band, Electric Sound Orchestra (d.i. Martial Martinay), Vanessa Mae, The Supremes, Mystiquintet, Erich Kunzel Cincinnati Pops Orchestra feat. King's Singers, John Egniz Connection (Wolfgang Zinke), The Hill/Wiltschinsky Guitar Duo, Shirley Scott, Les Boréades, Devil's Rubato Band, Kremlin Graceful Balalaika Band, Heinrich von Kalnein, Arthur Robilliard, The Beatless und The Lenny Pane.

BED-IN

Performance von John Lennon und → *Yoko Ono* nach ihrer Hochzeit vom 26. bis 31. März 1969 in der Präsidenten-Suite 902 im 7. Stock des Amsterdamer Hotels Hilton (138 Apollolaan), dokumentiert (inkl. Frühstück und Roomservice) auf einer Seite der LP »Wedding Album« (1969). Sieben Tage lang blieben sie im Bett – mit Ausnahme des zweiten Tages, wo das Zimmermädchen die Bettwäsche wechselte – (Bed Peace), ließen sich die Haare wachsen (Hair Peace) und diskutierten mit der Presse über ihr Thema, den Frieden. Ihr Motiv: Wenn alle Politiker eine Woche im Bett blieben, gäbe es weniger Gewalt in der Welt. Sie gestalteten das Schlafzimmer um, das Bett wurde zur Bühne. Gleich am ersten Tag empfingen sie über 50 Journalisten. Auch wenn die Performance vor allem Yokos Idee war – die Hauptperson der Interviews war John. Von der Stadt Amsterdam erhielten sie als Hochzeitsgeschenk ein Fahrrad. Das Hotel war übrigens damals noch preiswert: Ihre Suite kostete gerade mal 25 £. Die Bettdecke, auf der sie lagen, wurde später vom Auktionshaus Cooper Owen versteigert – sie brachte (zusammen mit einer Brille John Lennons) 1,75 Mill. $. Das Bed-In sollte in den USA wiederholt werden, aber John Lennon wurde das Einreisevisum verweigert. Den Plan, im Sheraton Oceanus Hotel auf den Bahamas ein weiteres siebentägiges Bed-In zu veranstalten, gaben sie auf, weil es ganz einfach zu heiß war. So fand das zweite Bed-In dann vom 26.5. bis 2.6.1969 in der Suite 1742 des Hotels Queen Elizabeth/Reine Elizabeth in Montreal/Kanada statt. Hier gaben sie über 60 Interviews und trafen u.a. auch mit dem kanadischen Premierminister → *Pierre Elliott Trudeau* zusammen. Ein Telefoninterview von Tom Campbell und Bill Holley vom Sender KYA aus San Francisco wurde von dem Sender auf der 7"-Platte »The KYA 1969 Peace Talk« veröffentlicht. Ein Mitschnitt eines Interviews mit John Lennon und Yoko Ono des Journalisten Ken Seymour am 26.5.1969 wurde am 28.9.2005 bei Christie's für 18000 $ (ca. 13235 €) versteigert. Am 31.5./1.6.1969 wurde im Hotelzimmer mit einem 8-Spur-Nagra-Tonbandgerät der Song »Give Peace A Chance« aufgenommen, den Lennon in Montreal komponiert hatte. Im Chor sangen 40–50 Leute, die um das Bett der beiden herumstanden, u.a. Petula Clark, Tommy Smothers von der Comedy-Truppe The Smothers, → *Timothy Leary*, → *Allen Ginsberg*, → *Phil Spector*, ein Priester, der New Yorker Rabbi Abraham L. Feinberg und eine kanadische Gruppe des Radha Krsna Temple. John Lennon 1980: »Der Sinn des Bed-In bestand in aller Kürze darin, für den Frieden zu werben anstatt für den Krieg, der ja damals Tag für Tag in den Nachrichten und in den Zeitungen breitgetreten wurde.« Der *Rolling Stone* sah die Bed-Ins später als »trotzige Geste des Hippie-Pazifismus in einem Jahr, in dem durch den Wahnsinn von Altamont, die Manson-Morde und den Tod von Brian Jones ein nachhaltiger Schatten auf die Rockmusik gefallen war.« (*Rolling Stone* 2/2003) → *Honeymoon* ist eine filmische Dokumentation des Bed-Ins, das auch in dem Film »Imagine« dokumentiert ist. Am 14.3.1986 sendete ein amerikanischer Fernsehsender eine Reportage über das Bed-In in Montreal. Paul McGrath drehte 1999 für das kanadische TV CBC die Dokumentation »John And Yoko's Year Of Peace«. Am 3.12.1990 erschien in GB unter dem Titel »John And Yoko: The Bed-In: All We Are Saying Is Give Peace A Chance« John Lennons und Yoko Onos eigene Filmversion des Bed-Ins auf Video und Laserdisc. Der britische Rockkritiker Robin Denselow in seinem 1989 erschienenen Buch »When The Music's Over« (dt.: »The Beat Goes On«, Reinbek b. Hamburg 1991): »Die Linke fand Lennon dämlich, Establishment und Presse taten ihn als haltlosen Spinner ab, und selbst seinen Anhängern fiel es schwer einzusehen, wie diese elitäre Demonstration in einem eleganten Hotel die Leiden in Vietnam beenden sollte.« Lennon selbst: »Es war eine Mordsgaudi. Wir haben auf den Titelseiten der Zeitungen Werbung für den Frieden statt für den Krieg gemacht.« Für umgerechnet ca. 1275 €/Nacht sind heute Buchungen für die »Bed-In«-Suite im Amsterdamer »Hilton« möglich, das Hotel darf auch Trauungen vornehmen. Vom 27.3. bis 5.4.1999 fand im Hotel eine Ausstellung von Zeichnungen John Lennons statt. 1998 warb dann ein britischer Handy-Anbieter mit Szenen vom Amsterdamer Bed-In. Yoko Ono verkaufte die Rechte. Was John Lennon wohl dazu sagen würde? Im Februar 2003 griffen Andrew und Christine Gale aus West Yorkshire die Idee auf, um mit ihrem Bed-In gegen den Irak-Krieg zu protestieren. Yoko Ono sendete ihnen eine Grußbotschaft. Am 21.8.2004 inszenierten Carla Riveiros und DJ Starlight-Steve das Bed-In im Metropolis-Kino Hamburg neu.

THE BEE GEES

Die Gruppe um die Brüder Barry, Maurice und Robin Gibb beweist seit Anfang der 1960er Jahre, dass in der Rockmusik auch eingängige Schnulzenmuster ihre Daseinsberechtigung haben. Die einen schmähten sie als »australische Ersatz-Beatles« *(Sounds)* und ihre Songs als »Zuckertörtchen mit künstlichen Farb- und Aromastoffen (Wolfgang Roebeling in *Rolling Stone* 4/2001), die anderen feierten sie als »beste neue Gruppe« *(New Musical Express)* und »die auffälligsten Talente seit den Beatles« (Polydor). Als sie im April 1967 ihre Single »New York Mining Diseaster 1941« veröffentlichten, wurde sie massiv im Radio gespielt, weil viele DJs annahmen, sie stamme von den Beatles unter einem Pseudonym. Paul McCartney und → *Jane Asher* waren am 19.11.1967 in einem Konzert der Bee Gees im Londoner → *Saville Theatre*. Maurice Gibb arrangierte einen Titel auf Ringo Starrs erster Solo-LP, »Sentimental Journey« (1970). Die → *Bootleg*-CD »The Loner« (Ladybird, 1996) enthält eine Aufnahme des Titels »Modulating Maurice« mit Maurice Gibb und Ringo Starr, aufgenommen wahrscheinlich 1972. Die beiden wollten damals ein gemeinsames Album mit einem Monophonic Synthesizer (Moog) und Drums aufnehmen. Immer wieder gab es auch Gerüchte, dass der Song »Have You Heard The Word« (rec. von The Futz 1970 auf einer Single auf dem britischen Label Beacon) von John Lennon und den Bee Gees stamme. → *Mal Evans* verneinte das, aber → *Yoko Ono* ließ noch am 20.9.1985 das Copyright des Songs auf John Lennon eintragen (Man weiß ja nie ...) Er stammt allerdings von Steve Kipner (Tin Tin) und Steve Groves. Robin Gibb im März 2001 auf die Frage eines Reporters der Zeitung *Die Welt*, ob die Bee Gees die erste Boyband waren, etwas unbescheiden: »Ich denke, dass wir eher in dem Bereich der Beatles anzusiedeln sind.« Und Maurice Gibb auf die Frage, ob er sich als Legende sähe: »Ich bin einfach nur einer von drei Brüdern, die größer als die Beatles sein wollen.« → *Polydor* veröffentlichte 1976 eine LP »The Beatles Versus The Bee Gees«. 1978 spielten die Brüder Gibb die Hendersons in einer Verfilmung von »Sgt. Pepper's Lonely Hearts Club Band«, die dazugehörige Musik erschien auf einer DoLP. Im Sommer 2001 gab es Gerüchte, dass die Bee Gees für neue Aufnahmen Instrumente spielen wollen, die ihnen die Beatles geschenkt hätten, als diese beschlossen hatten, nicht mehr live aufzutreten. Im gleichen Jahr erschien die Bootleg-CD »First Album Demos – The Bee Gees Sing The Beatles« mit diversen → *Cover-Versionen* von Beatles-Songs und einem Interview zum Thema »Sgt. Pepper's Lonely Hearts Club Band«. Nach dem Tod von Maurice Gibb am 12.1.2003 kündigten Barry und Robin Gibb an, nicht mehr unter dem Namen Bee Gees auftreten zu wollen. Robin Gibb erhielt am 29.7.2005 von Paul McCartney ein »Rock'n'Roll-Diplom«, das ungefähr dem Ehrendoktor entspricht, des Liverpool Institute For Performing Arts (LIPA).

www.fortheloveofthebeegees.com

BEEB

→ *BBC*.

THE BEEB'S LOST BEATLES TAPES

Vom 1.10. bis 31.12.1988 gesendete vierzehnteilige Rundfunksendung von → *BBC* Radio 1, produziert von Kevin Howlett und Mark Lewisohn. Moderator Richard Skinner präsentierte jeweils am Sonnabendmorgen wiedergefundene Aufnahmen der Beatles aus den Jahren 1963–1965. Die Serie erhielt

The Bee Gees u.a.: Sgt. Pepper's Lonely Hearts Club Band (1978)

den Sony National Radio Award for 1988 als bestes Rock & Pop-Programm im britischen Rundfunk. Ein Teil der Aufnahmen erschien 1994 auf der DoCD »The Beatles Live At The BBC«.

THE BEETLES

Die Beatlemanie in den 1960er Jahren produzierte natürlich zahlreiche → *Fakes* und Trittbrettfahrer. So versuchte eine Band mit dem Namen The Beetles mit einem Album »The Beetle Beat«, dessen Cover auch noch stark an das der Beatles-LP »Meet The Beatles« erinnerte, an das Geld der Teenager heranzukommen.

BEHIND THE BEAT

Video-Dokumentation (63 min, 1993, Merlin Home Entertainment Ltd; Wiederveröffentlichung 1995 Castle Communications und – auf Video-CD – Master Tone, 47:28 min), in der weniger die Musik der Beatles im Vordergrund steht, sondern das Geschehen hinter den Kulissen – mit Ausschnitten aus Interviews, die anlässlich von Fernsehauftritten, Preisverleihungen u.a. Ereignissen 1963 bis 1970 in GB und den USA geführt wurden. Originalmusik ist aufgrund rechtlicher Probleme nicht enthalten.

BEHIND THE BEAT – HISTORICAL BEATLES

54-minütige Video-Dokumentation (Australien) mit raren Backstage-Aufnahmen der Beatles.

BEING FOR THE BENEFIT OF MR. KITE!

Song von John Lennon/Paul McCartney, aufgenommen am 17. und 20.2. und am 28., 29. und 31.3.1967, erstmals erschienen am 1.6.1967 auf der LP »Sgt. Pepper's Lonely Hearts Club Band«. Zu dem Text ließ sich John Lennon von einem Plakat inspirieren, das ein Gastspiel von Pablo Fanque's Circus Royal auf den Town Meadows in Rochdale im Jahre 1843 ankündigt. Er hatte es am 31.1.1967 in einem Antiquitätengeschäft in Seven Oaks, Kent, gekauft und in seinem Haus → *Kenwood* in Weybridge aufgehängt. In den Song wurden dann auch Sequenzen von dampfbetriebenen Jahrmarktsorgeln eingebaut. Paul McCartney und George Martin sollen wochenlang über die Rummelplätze Nordenglands gezogen sein, um Kirmesorgeln aufzunehmen. Schnipsel entsprechender Bandaufnahmen wurden in die Luft geworfen und dann wahllos zusammengesetzt, um den chaotischen Sound zu produzieren. Das Songmanuskript wurde 1996 bei Sotheby's für umgerechnet ca. 37 500 € versteigert. Zahlreiche → *Cover-Versionen*, u.a. von Frank Sidebottom, Les Miserables Brass Band, The Royal Academy Of Music Symphony Orchestra, Billy Connolly, Branimir Krstic, Frank Sidebottom (Medley mit »Twist & Shout« und »Inner Groove«), BCC und Leutnant Pfeffer.

BENNETT, CLIFF

*4.6.1940 in Slough/England, britischer Rhythm'n'Blues-Sänger. Anfang 1961 gründete er seine Band The Rebel Rousers, später nahm sie → *Brian Epstein* unter Vertrag. Mitte Juli 1966 produzierte Paul McCartney für Cliff Bennett and the Rebel Rousers eine Single mit dem John Lennon/Paul McCartney-Song »Got To Get You Into My Life«; der Titel kam bis auf Platz 6 der britischen Hitparade und gab auch einer am 27.1.1967 erschienenen LP der Band (»Got To Get You Into Our Life«) den Namen. Mitte 1969 löste Bennett seine Band auf und arbeitete als Solist weiter.

Discogr.: *Cliff Bennett And The Rebel Rousers (1965), Drivin' You Wild (1966), Got To Get You Into Our Lives (1967), Cliff Bennett Branches Out (1968), Loud And Clear (2002)*

BENO DORN

Schneider in Birkenhead/Cheshire (Grange Road West); die Beatles trugen am 7.3.1962 im Playhouse Theatre in Hulme/Manchester bei ihrer ersten → *BBC*-Session vor einem Live-Publikum und am 5.4.1962 bei einem Auftritt im → *Cavern* zum ersten Mal ihre neuen Beno Dorn-Anzüge. John Lennon später: »An jenem Abend begann der Ausverkauf der Beatles.«

BENSON, HARRY

Britischer Fotograf; im Januar 1964 begleitete er die Beatles nach Paris und im Februar 1964 auf ihrer ersten USA-Tournee.

BERIO, LUCIANO

* 24.10.1925 in Oneglia/Italien. Avantgarde-Komponist, gründete nach dem Studium 1954 beim Mailänder Rundfunk ein Studio für musikalische Phonologie, das er bis 1959 leitete. 1956–1960 gab er die Zeitschrift *Incontri musicali* heraus. Er arbeitete auch als Dozent bei Festspielen und Sommerkursen, so 1965–1972 an der renommierten Juilliard School of Music in New Jersey/New York. Am 23./24.2.1966 hielt er einen Vortrag mit Musikbeispielen vom Band im Italienischen Institut in London. Paul McCartney besuchte diesen Vortrag gemeinsam mit → *Barry Miles* und sprach in der Pause kurz mit dem Komponisten. Insbesondere in den Jahren nach 1970 zeigte sich Paul McCartney von Berio beeinflusst. Berios Frau, die Mezzosopranistin Cathy Berberian, veröffentlichte 1967 eine LP mit »Beatles-Arias For Special Friends«. Berio komponierte auch einige Gesangssätze aus Beatles-Material, die später von Les Swingle Singers gesungen wurden. † 27.5.2003 in Rom/Italien.

BERLINER BEATLES BAND

Gegründet 1965 als Schülerband im Berliner Stadtbezirk Hohenschönhausen, trennten sich die vier Musiker fünf Jahre später wieder, um mit der Band Renft und der Sängerin Veronika Fischer DDR-Rockgeschichte zu schreiben. 1990 kam die Band um Bassist Bobby Görke wieder zusammen, einziger Neuzugang war Eugen Braumann (b). Inzwischen haben sie mehrere Male in Liverpool, u.a. im Cavern, und im Hotel New Victoria in New Brighton (Mai 1993) und in einer Session mit → *Tony Sheridan* gespielt. Mit einem Streichquartett nahmen sie Beatles-Songs wie »Yesterday« in neuen Arrangements auf. Anfang 1996 löste sich die Band auf, drei der Gründungsmitglieder machten als → *Frankie Goes To Liverpoo*l weiter. Drummer Detta Herm formierte die Berliner Beatles Band neu.

BERNSTEIN, SID

New Yorker Konzertveranstalter. Seine Sid Bernstein Organization vermittelte in der Zeit der → *British Invasion* in den 1960er Jahren die meisten Auftritte britischer Bands in den USA, u.a. die Beatles, die → *Rolling Stones*, → *The Animals* und die Dave Clark Five. Von den Beatles hatte Bernstein zum ersten Mal als Abendstudent der New School im New Yorker Village gehört. Da arbeitete er noch als Agent für die General Artists Corporation (GAC) von Buddy Hall, die auch eine Agentur in London hatte. In seiner Agentur konnte er niemand für die Beatles begeistern. Im Februar 1963 telefonierte er zum ersten Mal mit → *Brian Epstein*. Die beiden Beatles-Konzerte in der New Yorker → *Carnegie Hall* am 12.2.1964 waren dann seine erste selbstständige Produktion. Immerhin: Die Betreiber hatten bis dato sogar Offerten der Manager von → *Elvis Presley* und Carl Perkins abgelehnt. Brian Epstein erhielt 6 500 $ als Garantiesumme, Bernstein verdiente ca. 10 000 $ mit den beiden Shows. Im Februar 1964 bot er Brian Epstein 25 000 $ plus eine Spende in Höhe von 5 000 $ für die Krebshilfe, wenn die Beatles im → *Madison Square Garden* auftreten. Aber Epstein lehnte ab. Ein Jahr später zahlte er Epstein 100 000 $ für einen Auftritt der Beatles am 15.8.1965 im New Yorker → *Shea Stadium*. Am 23.8.1966 holte er die Beatles noch einmal ins Shea Stadium – es kamen allerdings »nur« 44 500 Fans, 11 000 Karten konnten nicht verkauft werden und wurden schließlich verschenkt. Trotzdem: Ein Konzertplakat von damals wurde im Dezember 2005 für 132 000 $ versteigert. Am 7.10.1967 erneuerte er sein Angebot, diesmal bot er den Beatles bzw. Brian Epstein 1 Mill. $ für ein Konzert. Aber die Beatles lehnten ab. Im April 1967 hatte ihm Epstein eine Partnerschaft mit → *Nat Weiss* und ihm vorgeschlagen, um die Beatles wollte sich Epstein allerdings weiter allein kümmern. Im September 1976 warb Bernstein in ganzseitigen Zeitungsanzeigen »Lasst die Welt einen Tag lächeln« und bot den Beatles 230 Mill. $ aus den Eintritts-, Platten-, Film- und Fernseherlösen eines einzigen gemeinsamen Wohltätigkeitskonzerts an einem Ort ihrer Wahl. Im Oktober 1979 wollte er die Beatles für ein Benefiz-Konzert zugunsten der vietnamesischen Boat People zusammenbringen – nur John Lennon sagte zu, ließ dann aber auch nichts mehr von sich hören. 1981 kooperierte er mit → *Clive Epstein*, um die Liverpooler Band Motion Pictures zu managen. 1990 versuchte er, mit → *Cynthia Lennon* eine John-Lennon-Gedenkfeier am Brandenburger Tor zu veranstalten, was jedoch von → *Yoko Ono* verhindert wurde. »Beatles-Konzert am Brandenburger Tor geplant« hatte bereits eine Tageszeitung verkündet. Am 23.8.1996 wollte er die Beatles noch einmal ins Shea Stadium holen – für 500 Mill. $ für einen 20-minütigen Auftritt. Mit den Erlösen wollte er eine Wohltätigkeitsorganisation gründen. Der Dokumentarfilm »Sid Bernstein Presents ...« (Regie/Produktion: Jason Ressler und Evan Strome) enthält auch Sequenzen mit den Beatles.

Lit.: »It's Sid Bernstein Calling ...« (New York 2001) • *www.sidbernstein.com*

Chuck Berry

BERRY, CHUCK

* 18.10.1931 in St. Louis/Missouri – von vielen Musikern als »Übervater des Rock'n'Roll« bezeichnet und auch ein Idol für die Beatles, die am 1.1.1962 seinen Hit »Memphis« beim → *Decca*-Vorspiel aufnahmen, am 1.6.1963 »I Got To Find My Baby« (DoCD »Live At The BBC«), am 2.7.1963 »Carol« für die → *BBC*-Sendung → *Pop Go The Beatles* (DoCD »Live At The BBC«), am 10.7.1963 »Memphis, Tennessee« und »Sweet Little

Sixteen« für »Pop Go The Beatles« (DoCD »Live At The BBC«), am 30.7.1963 seinen Hit von 1956 »Roll Over Beethoven« (LP »With The Beatles«), am 3.9.1963 »Too Much Monkey Business« für die Sendung »Pop Go The Beatles« (DoCD »Live At The BBC«), am 7.1.1964 »Johnny B Goode« für die BBC-Sendung → *Saturday Club* (DoCD »Live At The BBC«) und am 18.10.1964 »Rock And Roll Music« (LP »Beatles For Sale«). Am 19.2.1967 erlebten John Lennon und Ringo Starr Chuck Berry live in → *Brian Epsteins* → *Saville Theatre*. Da John Lennon bei seinem Song »Come Together« (1969, LP »Abbey Road«) allzu sehr bei Chuck Berrys »You Can't Catch Me« »geborgt« hatte, kam es 1975 zu einer gerichtlichen Kontroverse zwischen beiden, die sich bis 1977 hinzog (John Lennon zahlte schließlich 6 795 $). Am 16.2.1972 traten John Lennon und Chuck Berry in der »Mike Douglas Show« im American TV auf, beide sangen zusammen »Johnny B. Goode« und »Memphis, Tennessee«. Auch später kehrten insbesondere John Lennon und Paul McCartney immer wieder zu ihren Rock'n'Roll-Wurzeln zurück, so sang Paul McCartney z.B. auf seiner CD »Run Devil Run« (1999) Chuck Berrys »Brown Eyed Handsome Man«. McCartney, im Januar 1982 gefragt, welche Platte er auf eine einsame Insel mitnehmen würde, nannte u.a. »Sweet Little Sixteen«. Am 12.2.1988 sendete ITV ein Interview mit Paul McCartney zu Chuck Berry. Im Februar 1972 jammte John Lennon mit Chuck Berry bei den Aufnahmen zur »Mike Douglas Show«.

www.chuckberry.de; www.chuckberry.com

BESAME MUCHO

Song von Consuelo Velazquez/Sunny Skylar, 1943 ein Hit für Jimmy Dorsey and his Orchestra, aber eigentlich stammt der Song aus der Oper »Goyescas« des spanischen Komponisten Enrique Granados aus dem Jahre 1914. Die Beatles nahmen das Stück am 1.1.1962 in London beim → *Decca*-Vorspiel auf. Sie orientierten sich dabei vor allem an einer Aufnahme der Coasters aus dem Jahre 1960. Der Titel erschien auf mehreren → *Bootlegs* (→ *Decca Tapes*). Auch als die Beatles am 6.6.1962 in den → *Abbey Road Studios* der → *EMI* vorspielten, war dieser Titel dabei. Diese Version wurde, nachdem sie auf diversen Bootlegs erschienen war, auch offiziell auf der am 20.11.1995 erschienenen DoCD »The Beatles Anthology 1« veröffentlicht.

BEST!

Theaterstück von Fred Lawless, aufgeführt 1995 am Liverpooler Everyman Theatre, Regie: Paul Codman. Pete Best wurde gespielt von Tony O'Keeffe. Die Story: »Love Me Do« von den Beatles schafft gerade mal Platz 17 in den Charts, und ihre zweite Single floppt, während Pete Best auf Platz 1 steht. Linda McCartney arbeitet im Stanley-Schlachthaus, Cynthia Lennon brennt mit einem japanischen Geschäftsmann durch. 1963 regiert Bestmania die Welt, die »one hit wonders« The Beatles beschließen etwas dagegen zu tun ...

BEST, JOHNNY

Vater von → *Peter Best* und Anfang der 1960er Jahre Liverpools wichtigster Box-Promoter. Er war Besitzer des → *Casbah Coffee Club* in West Derby, einem Vorort von Liverpool, in dem Anfang der 1960er Jahre auch des Öfteren die Beatles auftraten.

BEST, MONA »MO«

Mutter von → *Pete Best*, → *Roag Best* und → *Rory Best* und ab 29.8.1959 Betreiberin des → *Casbah Coffee Club* in West Derby, einem Vorort von Liverpool (8 Hayman's Green). Sie wurde in Indien geboren und kehrte 1945 mit ihrem Mann → *Johnny Best*,

Offizier der englischen Armee, und ihren Söhnen Pete und Rory nach Liverpool zurück. Sie vermittelte mit ihrer Fa. Casbah Promotions 1961 den Beatles einige Auftritte u.a. in der St. John's Hall, im → *Grosvenor Ballroom* und im Tower Ballroom, New Brighton, Wallasey (Premiere von »Operation Big Beat« am 10.11.1961) und wäre wohl gern die offizielle Managerin der Beatles geworden. Sie vermittelte den Beatles Frank Garner als ersten Road Manager und → *Neil Aspinall* (damals ihr Geliebter und Vater von Roag Best) als ersten Roadie. Mona Best in einem Interview mit → *Hunter Davies*: »Ich war weit mehr an ihnen [den Beatles] interessiert als ihre eigenen Eltern.« »Mo« Best starb am 9.11.1988 nach langer Krankheit an Herzschlag.

Lit.: Best, Roag; Best, Pete; Best, Rory: The Beatles – The True Beginnings (New York 2002)

BEST, (RANDOLPH) PETER »PETE«

1960–1962 Schlagzeuger der Beatles, * 24.11.1941 in Madras/Indien. 1945 kam er mit seinen Eltern aus Indien nach Liverpool. Er studierte am Liverpool Collegiate in der Shaw Street. Seine erste Band waren The Blackjacks, gegründet ca. im September 1959. Natürlich trat die Band im → *Casbah Coffee Club* auf. Wahrscheinlich im August 1959 lernte Pete Best John Lennon kennen, am 29.7.1960 war er Schlagzeuger der Silver Beatles. → *Allan Williams* soll ihn vermittelt haben, was jedoch nicht verbürgt ist. Wahrscheinlicher ist, dass Paul McCartney ihn in die Band geholt hat. Am 12.8.1960 trat er zum ersten Mal mit den Beatles auf – als Probe für das Engagement in Hamburg, wo Pete Best bis zum 5.12.1960 dabei war. Bis zum 15.8.1962, dem letzten gemeinsamen Auftritt im → *Cavern*, war er dann Schlagzeuger der Beatles. Im »Pinwheel Twist« hatte er auch ein Gesangssolo. Er wurde dann durch Ringo Starr ersetzt, nachdem dieser bereits am 5.2.1962 im → *Cavern* und im Kingsway Club ausgeholfen hatte, als er krank war. Über die Gründe gibt es die verschiedensten Theorien – von der, Pete Best hätte die Annäherungsversuche von → *Brian Epstein* zurückgewiesen, bis zu Unpünktlichkeit und Eifersucht. Paul McCartney ist der Meinung, dass seine Persönlichkeit nicht in das Quartett gepasst habe. Vielleicht waren die »Frontmänner« auch eifersüchtig auf den gut aussehenden und in Liverpool äußerst populären Schlagzeuger? Immerhin nannten viele Fans die Gruppe »Pete Best and the Beatles«. Best 1999 in einem Interview: »Die wahren Gründe kennen nur zwei Personen.« John Lennon soll zu → *Hunter Davies* gesagt haben: »Wir waren feige, als wir das zuließen.« Die oft zu lesende Behauptung, er wäre als Schlagzeuger nicht gut genug für die Beatles gewesen, trifft mit Sicherheit als »Entlassungsgrund« nicht zu – man vergleiche hierzu die 33 Aufnahmen der Beatles, von denen es jeweils Einspielungen mit Pete Best und Ringo Starr gibt (Liste in dem Buch Spencer Leigh: Drummed Out! The Sacking Of Pete Best, Bordon 1998, Seite 105–110). Leigh setzt sich auch detailliert mit zwölf möglichen Gründen der »Entlassung« auseinander. Sein Resümee: »Jeder wollte Pete Best aus den Beatles weghaben, aber aus unterschiedlichen Gründen.« Und: »Die treibende Kraft war Paul McCartney.« Am 15.8.1962 spielte Pete Best noch mit den Beatles im → *Cavern*, am nächsten Tag bestellte ihn Brian Epstein in sein Büro und unterrichtete ihn über den Rausschmiss. Bests Fans waren so empört, dass es am 19.8.1962 vor dem Cavern zu tätlichen Übergriffen kam – George holte sich ein blaues Auge. Den Beatles begegnete Pete Best am 19.2.1963 im Cavern zum letzten Mal, als seine Band und The Beatles beim gleichen Gig spielten. Danach hatte er nie wieder Kontakt zu ihnen. Des Öfteren wird er seitdem etwas mitleidig als der »unglücklichste Mensch der Popgeschichte« bezeichnet. Nach den Beatles hatte er ein Angebot von → *Rory Storm and The Hurricanes*, Brian Epstein wollte mit ihm als Schlagzeuger The Merseybeats zu den »zweiten Beatles« aufbauen. Er spielte dann 1962/1963 bei Lee Curtis and the All Stars (erster Auftritt am 10.9.1962 im Majestic Ballroom in Birkenhead/Cheshire), in den 1960er Jahren erschienen dann zahlreiche Singles, anfangs als The Pete Best Four, dann als Pete Best & The All Stars, u.a. »I'm Gonna Knock On Your Door« (erschienen am 3.7.1964), »Kansas City« und »I Can't Do Without You Now« (am 20.9.1965 in den USA). Die erste LP »Best Of The Beatles«, 1965 auf Decca erschienen, gilt allerdings als Peinlichkeit. Am 15.8.1963 berichtete er im → *Mersey Beat* über seine Zeit mit den Beatles. Im gleichen Monat heiratete er seine Freundin Kathy. Im Februar 1964 erhielt er mit seiner Band Pete Best Four einen Plattenvertrag bei → *Decca*. Im gleichen Jahr erschienen drei Singles in den USA mit dem »Original Beatles Drummer« (Promotion). Er war mit seiner Combo im amerikanischen Fernsehen und tourte als support act mit → *Roy Orbison* durch Kanada. Im November 1965 ersuchte er das Manhattan Supreme Court in New York um Rechtsprechung aufgrund einer Verleumdung seiner Person seitens der Beatles und des Magazins → *Playboy*, Streitwert: 8 Mill. $. John Lennon und Ringo Starr hatten in einem Interview mit dem Magazin behauptet, Pete Best wäre drogenabhängig. Es kam zu einem außergerichtlichen Vergleich. 1965

Pete Best

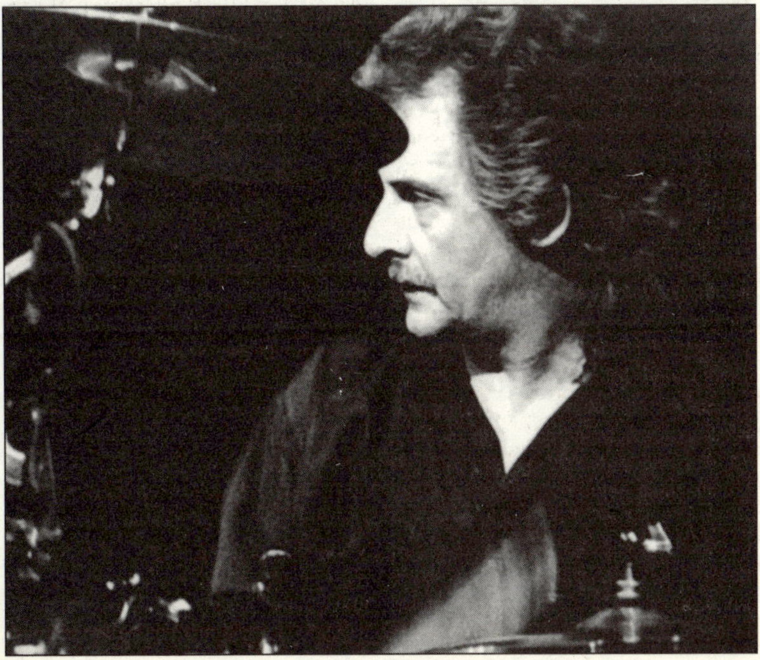

unternahm Best einen Selbstmordversuch. Im Juli 1966 spielte er mit seiner Band zur Wiedereröffnung des Cavern. Am 27.8.1967 berichtete der *Sunday Express*, dass Best als Bäckergehilfe arbeitete – für 72 € im Monat. 1979 fungierte er als Berater für den Film → *Birth Of The Beatles*. Anfang der 1990er Jahre formierte er eine neue Band, mit der er 1991 bei einer → *Beatles Convention* in Liverpool eine CD aufnahm. Sein jüngerer Halbbruder Roag spielte Schlagzeug, z.T. mit ihm zusammen. Auf der DoCD »The Beatles Anthology 1« befinden sich zehn Songs, in denen Pete Best mitspielt. 1993 ging er vorzeitig in Ruhestand und trat noch gelegentlich mit der Pete Best Band auf. Er gründete ein eigenes Label: Pebe Splash. 1995 spielte das Liverpooler Everyman Theatre das Stück »Best!« von Fred Lawless. Die Story: 1963 regiert Bestmania die Welt, die »one hit wonders« The Beatles beschließen etwas dagegen zu tun ... 1999 war er mit Band auf »Magical History Lecture Tour«, 2001 kam er auf »The Beatles Days Tour« nach Deutschland, auch 2005 (zum Estrel Beatles-Festival in Berlin). 2005 erschien die DVD »Best Of The Beatles« (WEA Corporation, 120 min). Der Film wurde im Juni 2005 auch von der → *BBC* gesendet. 2005 gründete Pete Best die Film- und Fernsehproduktionsgesellschaft Best Wishes Productions. Immer wieder gibt es auch Gerüchte über eine Zusammenarbeit Pete Best/Paul McCartney. Aber wie sollte die aussehen? Pete Best lebt noch immer im Liverpooler Stadtteil West Derby, 8 Hyman's Green, Liverpool 12. 1999 gründete Dominique Daumann einen Pete Best Friend's Club.

Anschrift: *Zum Münsterblick 14, 77694 Kehl-Querbach, Tel. (07853) 175 40, Fax (07853) 175 53.* • ***Discogr.:*** *Best Of The Beatles (1965), The Beatle That Time Forgot (1980), Rebirth (1980), My Three Years As A Beatle (1980), The Beatle That Time Forgot (1982), The Pete Best Story (Bootleg), Pete Best: Live At The Adelphi (1992), Back To The Beat (1995), The Pete Best Combo – Beyond The Beatles 1964-66 (1996), Live At The Adelphi Liverpool 1988 (1996), ... Once A Beatle, Always ... (1996), Best (1998), The Pete Best Band: Casbah Coffee Club – 40th Anniversary Limited Edition CD (1999), Best Of The Beatles (DVD, 2005).* • ***Lit.:*** *Best, Pete; Doncaster, Patrick: Beatle! The Pete Best Story (London 1985, 1994); Best, Pete; Harry, Bill: The Best Years of the Beatles (London 1996); Leigh, Spencer: Drummed Out! – The Sacking of Pete Best (Bordon 1998); Best, Roag; Best, Pete; Best, Rory: The Beatles – The True Beginnings (New York 2002); Best, Pete; Best, Roag; Best, Rory: Mrs. Best And The Casbah Coffee Club (London 2001)* • *www.petebest.com*

BEST, ROAG

Halbbruder von → *Pete Best*, * 1962 (sein Vater ist → *Neil Aspinall*). Er spielt ebenfalls Schlagzeug, zu hören z.B. auf Aufnahmen der Pete Best Band aus dem Jahre 1990, wo sie zumeist zusammen spielen. Er betrieb die Künstleragentur Splash und trommelte auch für andere Bands. In den letzten Jahren kümmerte er sich um die geschäftlichen Belange von Pete Best.

Lit.: *Best, Roag; Best, Pete; Best, Rory: The Beatles – The True Beginnings (New York 2002)*

BEST, RORY

Bruder von → *Pete Best*, * 1944.

lit. Best, Roag, Perte & Rory: The Beatles – The True Beginnings (New York 2003)

BEYER, KLAUS

* 8.7.1952 in Berlin. Amateursänger aus Berlin, berühmt-berüchtigt für seine deutschsprachigen seltsam-schrägen → *Cover-Versionen* von Beatles-Songs – der »geniale Dilettant« (*Junge Welt* 27.6.2003) ist »der größte Beatles-Fan auf der Welt« (behauptet zumindest sein Platten-Label). »Der Mann hat Mut. So was wagt sonst keiner«, formuliert *Soundhouse*. »Seine Fans nennen ihn liebevoll den Van Gogh des Heimkinos«, sagt

sein Verleger Martin Schmitz. *Musikexpress/ Sounds* wird noch deutlicher: »Herr Beyer hat einen totalen Sockenschuss und ein gewaltiges Problem. Er braucht Hilfe.« Immerhin: Über 100 Songs der Beatles hat er inzwischen neu übersetzt, interpretiert und auf Film gebannt. Sein Ziel: sämtliche Songs der Beatles ins Deutsche zu übersetzen und zu verfilmen. Er ist dabei Kameramann, Hauptdarsteller und Regisseur in Personalunion. 1985 trat der ehemalige Kerzenzieher zum ersten Mal live auf – im Kreuzberger »Trash«. Sogar auf der 8. documenta 1986 in Kassel liefen einige seiner Filme. Klaus Beyer: »Die Beatles-Songs kenne ich in- und auswendig, so dass ich sie auf Deutsch schrieb. Aus den Texten heraus stellte ich mir vor, wie es aussehen würde, und so machte ich die Filme davon.« Am 3.12.1994 präsentierten Georg Maas und Frank Behnke ihren Dokumentarfilm »Das andere Universum des Klaus Beyer«. Sogar der → *Rolling Stone* widmete ihm im Mai 1996 zwei Seiten, Überschrift: »King of the Schmalfilm«. 1996 veröffentlichte Amsel Records/Ur-Kult-Releases die CD »Klaus Beyer«, 1998 folgte die Vinyl-EP »Klaus Beyer Sings The Beatles« (Swamp Room Rec.). Bei MTV hatte er 1999 einen Hit mit »Die Glatze«, auf der gleichnamigen CD-Single, die u.a. Versionen der Beatles-Songs »Yellow Submarine« (»Das gelbe Unterwasserboot«) und »I've Got A Feeling« (»Ich hab Gefühle«) enthält, wird er u.a. von Musikern der Band Mutter begleitet. Die »Fanclubplatte« und die CDs der englischen Serie »The Exotic Beatles« enthalten weitere Beatles-Cover-Versionen, u.a. »Give Peace A Chance« und »The Continuing Story Of Bungalow Bill«. 2002 erschien seine CD-ROM »Hauptmann Pfeffers einsamer Herzensklub« (Amsel Records). Zwei Videos (»Das gelbe Unterwasserboot« und »Die Videocassette«) enthalten auch Informationen über den »Künstler«, der

Auch Klaus Beyer (links) singt The Beatles. Guckt Paul deshalb so skeptisch?

seit fast 30 Jahren in seiner Mietwohnung am Kottbusser Tor in Berlin-Kreuzberg lebt. Der Musiker Frank Behnke von der Gruppe Mutter managt ihn und leitet den Klaus Beyer Fanklub, er schreibt im »Großen Klaus Beyer Beatles-Buch«: »Hier ist es unmöglich geworden den Menschen von dem, was er schafft, den Künstler vom Werk zu trennen: Beides ist verbindlich miteinander verwoben. Das *eine* ohne das *andere* wäre nicht nur wirkungslos, wie vielleicht bei anderen modernen Künstlern, sondern sogar sinnlos! ... Hier ist kein Stümper am Werk, der nach oben will, keine gescheiterte Existenz, die sich öffentlich beweisen muß, kein verborgenes Genie, das auf die Entdeckung wartet. Hier sieht man einen Menschen, der das tut, was er tut.« Oder, um es kürzer zu sagen: Klaus Beyer ist Kult. Zu seinen Fans gehören u.a. Jörg Buttgereit, Detlef Kuhlbrodt und Christoph Schlingensief. Frank Behnke dokumentiert mit Video- und Tonbeispielen seit Jahren die Versuche der Medien, Beyer zu vereinnahmen, sein Programm »Mein Weg mit Klaus Beyer« war u.a. in Elektronik Engels Botschaft in Berlin-Kreuzberg zu sehen. Seit 2000 bringt Beyer jährlich eine deutsche

Beatles-CD-ROM heraus. 2002 hatte sein Film »Die Ballade von Struppi« Premiere. 2002 ehrte ihn die »Brotfabrik« in Berlin-Weißensee mit einem Party-Marathon. Seit Januar 2003 versucht sich Klaus Beyer gelegentlich auch als DJ. 2003 hatte er seine erste Ausstellung in der Galerie Engler & Piper in Berlin – mit Zeichnungen, Fotokopien, Schattenbildern und Fotos, im »Bastard« in Berlin fand am 24.5.2003 eine Buchpremiere, Show und Party zum Buch »Das System Klaus Beyer« statt. 2003 war er auch an Schlingensiefs TV-Projekt »U-3000« beteiligt. Nachdem er seine Arbeit als Kerzenmacher verloren hatte – seinem Chef war er immer unsympathisch, weil er Unruhe verbreitete –, erfüllte er sich einen Traum und reiste nach San Francisco. Testcard # 13: »Klaus Beyer verschlingt sich und die Welt weiterhin in einem in der öffentlichen Wahrnehmung in erster Linie beatles-zentrischen Lebenswerk.«

Alf Bicknell: Auch der Chauffeur der Beatles weiß etwas

Lit.: Behnke, Frank (Hrsg.): Das große Klaus Beyer Beatles-Buch – Der Narr auf den Höhen (Kassel, Berlin 1996); Behnke, Frank: Das System Klaus Beyer (Kassel, Berlin 2003) • www.klaus-beyer.de

BICKNELL, ALF

* 28.10.1928 in Haslemere/Surrey; er arbeitete zunächst als Fleischerlehrling und Zirkusclown, bevor er in den 1950er Jahren Chauffeur wurde. vom 1.10.1964 bis August 1966 persönlicher Chauffeur, Berater und »Mädchen-für-alles« der Beatles. Er fuhr die Beatles zunächst im legendären Austin Princess, später in John Lennons Rolls-Royce Phantom V – anfangs noch in seiner Dienstuniform, d. h. blauem Anzug und gestärktem Hemd. Nachdem John Lennon seine Chauffeursmütze aus dem Fenster geworfen hatte, sagte er: »Das brauchst du nicht mehr, du bist jetzt einer von uns.« Er begleitete die Beatles dann auch auf ihren Tourneen in die USA, nach Deutschland, Japan und auf die Philippinen und war auch dabei, als sie am 27.8.1965 → *Elvis Presley* trafen. »Drive My Car« wurde durch die Freundschaft der Beatles zu ihm inspiriert. Er ist auch in einem Beatles-Song zu hören: In »Yellow Submarine« schlägt er mit Ketten gegen eine Badewanne und singt im Background. Bicknell gehörte bald zum »inneren Kreis« des Beatles-Clans und war mit allen vier Beatles gleichermaßen eng befreundet. An seinem 37. Geburtstag lud ihn John Lennon z.B. zu einer Party ins Savoy ein. Bicknell lebte nach der Trennung der Beatles in Ruthin, North Wales. Bis 1980 arbeitete er noch als Chauffeur. 1989 bot er auf einer Auktion fünf Bänder mit Aufnahmen der Beatles an, von denen damals allerdings nur zwei verkauft wurden (für insgesamt 12 000 £). Das Material erschien mittlerweile auf diversen → *Bootlegs*, u.a. »Garage Tapes – For Sale By Auction« (Kremo Music Production, 1992) und »Maybe

You Can Drive My Car« (YD-Orange, 1995). In dem Video »Alf Bicknell's Personal Beatles Diary« (Jack Edwards Productions 1995, IMC Limited 1997) stellt Bicknell »beatlige« Orte in Liverpool und London vor – mit Beatles-Clips. Immer wieder war er auch auf Fan-Treffen vertreten. 2003 erschien auf DVD die Dokumentation »Alf Bicknell's Personal Beatles Diary« (Delta Entertainment, 59 min). † 9.3.2004 in Deddington/Oxford an Herzversagen. Paul McCartney schickte zum Begräbnis ein Blumengebinde.

Lit.: Bicknell, Alf; Marsh, Gary: Baby You Can Drive My Car (London 1989); Bicknell, Alf: Alf Bicknell's Diary (The Work) (GB 1995); Bicknell, Alf; Ferguson, Alasdair: Ticket To Ride – The Ultimate Beatles Tour Diary! (London 1999)

BIERKELLER BEATLES

Die Kölner Band besang beim Kölner Karneval 1964 die Beatles: »Kommste aus England und heißte Johnny, kauf dir 'ne ›Guitar‹, schneid dir 'nen Pony, dann wissen selbst die kleinsten Ströpp, dat sind die Beatles mit de Moppeköpp!«

DIE BIETELS

Am 23.11.1990 »mehr zufällig als gewollt« in Schleswig gegründete → *Cover-Band*, die ausschließlich Beatles-Songs spielt; Besetzung: York Lange (voc), Bernd Röh (g), Peter Scheepstra (b), Kai Engelhardt (dr) und Bernd Mielow (keyb, g). Die Band versteht sich als reine Live-Band und »echte Party-Band«, Spielfreude ist wichtiger als originalgetreuer Klang. Inzwischen »wohnt« auf der Homepage allerdings das Restaurant »Zur alten Schlachterei« ...

www.diebietels.de

BIG BEAT BOX

DVD/Video (1995, Merlin Entertainment; 2001 auf Waterfall Home Entertainment, als Video-CD auf Master Tone), Spielzeit: 55 min, mit nicht lizenzierten Interview-Clips, Dokumentaraufnahmen und Pressekonferenz-Ausschnitten aus den Jahren 1964–1966, insbesondere zur Australien-Tournee 1964, den Auftritten in Paris und der ersten USA-Tournee 1964. Die beigefügte CD enthält Interview-Mitschnitte.

THE BILLBOARD MAGAZINE CENTURY AWARD

Seit 1992 jährlich vergebener Preis des amerikanischen Musikmagazins Billboard. Erster Preisträger war George Harrison. Aus der Begründung, verlesen von Phil Collins: »Wir wissen alle, was heutzutage in Somalia los ist. Unter diesem Gesichtspunkt ist es nur angemessen, dass der erste Preisträger dieses Ehrenpreises ein Mann ist, der das musikalische Bewusstsein der Welt aufweckte und auf den Boden der Tatsachen stellte ...« George Harrison dankte in seiner Rede John, Paul und Ringo, → *Eric Clapton* und → *Ravi Shankar* und den »Brothers Wilbury«.

BILLY J. KRAMER WITH THE DAKOTAS

Nachdem Billy J. Kramer (eigentl. William Ashton) Platz 3 im → *Mersey Beat*-Poll belegt hatte, brachte ihn → *Brian Epstein* im Januar 1963 mit der Gruppe The Dakotas aus Manchester zusammen und nahm die Gruppe für → *NEMS Enterprises Limited* unter Vertrag. Produziert von → *George Martin*, nahm sie Anfang der 1960er Jahre zahlreiche Beatles-Songs auf Platte auf, u.a. »Do You Want To Know A Secret«/»I'll Be On My Way« (rec. 21.3.1963, rel. 26.4.1963), »Bad To Me«/»I Call Your Name« (rec. 27.6.1963, rel. 26.7.1963), »I'll Keep You Satisfied« (rec. 22.7./14.10.1963, rel. Nov. 1963) und »From A Window« (rec. 29.5.1964 in Anwesenheit von Paul McCartney, rel. 17.7.1964). Ihr größter Hit war »Little Children«. Paul Mc-

Cartney bot ihnen auch »Yesterday« an, aber Billy lehnte ab ... Billy J. Kramer with The Dakotas traten sehr oft zusammen mit den Beatles auf. Das »J« fügte Kramer übrigens auf Vorschlag John Lennons in seinen Namen ein (vielleicht als Reverenz an Lennons Sohn Julian), um ihm mehr Bedeutung zu geben. Am 30.9.1963 wurde das Unternehmen Billy J. Kramer Ltd – natürlich mit Brian Epstein als Direktor – zur weltweiten Vermarktung der Gruppe gegründet. Im Dezember 1965 trat Billy J. Kramer in der Fernsehsendung »The Music Of Lennon And McCartney« auf, in den 1990er Jahren des Öfteren bei den Beatles-Conventions in Liverpool. Er lebt heute im Staat New York und ist gelegentlich noch immer mit den Dakotas, aber auch als Solist, auf Oldie-Konzerten und -Festivals zu hören. Die CD + CD-ROM »The Story« enthält die wichtigsten Songs der Band, Informationen über die Band, einen Bildschirmschoner und Links zu relevanten Websites.

Discogr.: *Listen ... (1963), Little Children (1964), I'll Keep You Satisfied (1964), Billy J. Kramer At Abbey Road (1989), The EP Collection (1995), The Best Of Billy J. Kramer & The Dakotas (1994), Sensational 60's (1997)* • *http://billyjkramer.com*

BIRCH, HARRIET »HARRIE«

→ *Stanley, Harriet »Harrie«.*

THE BIRTH OF THE BEATLES

1979 erschienener, 104 min langer Film von Richard Marquand (Wales), Produzent Tony Bishop, produziert von Dick Clark Productions, Drehbuch John Kurland und Jacob E. Shendar, nach einer Story von John Hurland. Als Autor des Films wird auch Willy Russell genannt. Der Film, produziert für das Fernsehen, zeigt die Geschichte der Beatles von ihren Anfängen bis zu ihrem Auftritt in der → *Ed Sullivan Show*. Die Beatles gingen erfolglos gerichtlich gegen den Film vor. Die Beatles werden dargestellt von Stephen McKenna (John Lennon), Rod Culbertson (Paul McCartney), John Altman (George Harrison), Ray Ashcroft (Ringo Starr), Ryan Michael (Pete Best) und David Wilkinson (Stuart Sutcliffe); Brian Jameson spielte → *Brian Epstein*. → *Pete Best* fungierte als Berater. Der Soundtrack (außer den Beatles-Songs natürlich) stammt von Carl Davis, die Songs werden interpretiert von der Gruppe Rain (mit Randy Clark als ld-voc); ein Soundtrack-Album existiert nicht. Warum auch? Fans bemängelten, dass nicht alle historischen Details stimmen. So gewinnen die Beatles einen Band-Wettbewerb im Star-Club – in Wirklichkeit gewannen → *Rory Storm and The Hurricanes*.

BIRTHDAY

Song von John Lennon/Paul McCartney, aufgenommen am 18.9.1968, erstmals erschienen am 22.11.1968 auf der LP »The Beatles« (»Weißes Album«). Den Bass spielte in diesem Song ausnahmsweise George Harrison. → *Pattie Harrison* und → *Yoko Ono* sangen die backing vocals. Eine weitere Version erschien im November 1990 auf Paul McCartneys CD »Tripping The Live Fantastic«. Zahlreiche → *Cover-Versionen*, u.a. von Hair Rave Up, Underground Sunshine, Beatchpest, The Beatless, Living In The Pain, The Inmates und Balkanton-Orchester (Ltg. D. Ganew).

BLACK, CILLA

* 27.5.1943 als Priscilla Maria Veronica White in Liverpool. Nachdem sie eine Zeit lang als Garderobenteilzeitkraft im → *Cavern* gearbeitet hatte, traf sie → *George Martin* am 9.12.1962 im Cavern und trat ab 1963 als Gastsängerin mit diversen Bands auf – am 25.1.1963 zum ersten Mal im Cavern. Nachdem → *Bill Harry* vom → *Mersey Beat* sie interviewt hatte, vergaß er ihren Nachnamen, und so tauchte sie in der Ausgabe vom

6.7.1961 als Cilla Black auf – der Name gefiel ihr, und sie behielt ihn bei (andere Quellen schreiben die Namensänderung → *Brian Epstein* zu). Brian Epsteins Firma → *NEMS Enterprises Limited* managte sie dann ab 6.9.1963 auf Empfehlung John Lennons, ihre erste (nicht sehr erfolgreiche) Single war »Love Of The Loved« (rec. 28.8.1963, rel. 27.9.1963), von John Lennon/Paul McCartney geschrieben und von George Martin produziert. Die Beatles hatten den Song bereits zuvor im Cavern und anderswo gespielt. Erst mit anderen Songs, die Brian Epstein für sie aussuchte, hatte sie Erfolg – u.a. mit »Anyone Who Had A Heart«. George Harrison schrieb und produzierte für sie den Song »I'll Still Love You«, erstmals erschienen auf der 3-CD-Box »The Best Of 1963–78« (2003). Ringo Starr nahm den Song 1976 für seine CD »Ringo's Rotogravure« auf. An der Party zu ihrem 21. Geburtstag (1964), die Brian Epstein in seiner Wohnung organisiert hatte, nahmen auch John Lennon und George Harrison teil. Danach besuchten sie gemeinsam Cilla Blacks Show im → *London Palladium*. Am 2.6.1964 besuchten Paul McCartney und → *Jane Asher* ein Cilla-Black-Konzert im London Palladium, am nächsten Tag nahm Paul McCartney ein Demo seiner Komposition »It's For You« auf, das dann am 31.7.1964 als Cilla Blacks vierte Single erschien. An der Aufnahme ist Paul als Pianist (und John Lennon als Zuschauer) beteiligt. Am 12.9.1965 trat sie in der → *Ed Sullivan Show* auf – auch die Beatles waren in der Show. Im Dezember 1965 trat sie mit ihrer Version von »It's For You« in der Fernsehsendung »The Music Of Lennon And McCartney« auf. Am 18.10.1967 feierten die Beatles in der Wohnung von Cilla Black in 9b Portland Place die Premierenparty zum Film »How I Won The War«, und auch Silvester 1967 sollen sie hier gefeiert haben. Ihre Version des John Lennon/Paul McCartney-Songs »Step Inside Love« (rec. 21.11.1967 – Paul McCartney sang im Background und spielte akustische Gitarre) kam auch in die Top Ten. Als am 30.1.1968 ihre Fernsehshow »Cilla« Premiere hatte, verwendete sie eine neue Version des Songs »Step Inside Love«, aufgenommen im Februar 1968 (ohne Paul McCartney), als Erkennungsmelodie. Am 6.2.1968 trat Ringo Starr in ihrer Show auf – mit »Act Naturally«, Sketchen, als Sänger (im Duett mit ihr: »Do You Like Me Just A Little Bit«, rec. 5.2.1968) und Step-Tänzer. Am 10.6.1968 besuchten Paul McCartney und Jane Asher ein Konzert Cilla Blacks im Londoner Savoy Theatre. Anfang 1969 heiratete sie ihren Road Manager Bobby Willis († 22.10.1999), sie haben drei Söhne. Anfang der 1990er Jahre moderierte sie im ITV die Sendung »Blind Date«. 1993 sendete Granada TV ihre Jubiläumsshow »Cilla – A Celebration« (mit Ringo-Starr-Interview und Paul-McCartney-Widmung und »Step Inside Love« als

Cilla Black: Glückwünsche zum Geburtstag im »Mersey Beat«

Titelmusik). 1997 wurde sie mit dem Orden des Britischen Empire (OBE) ausgezeichnet. Cilla Black ist noch heute eine hochdotierte Entertainerin. Die CD + CD-ROM »The Story« enthält ihre wichtigsten Songs, Informationen über die Sängerin, einen Bildschirmschoner und Links zu relevanten Websites, zu empfehlen auch die 3-CD-Box »Cilla 1963–1973 – The Abbey Road Decade« (1997), die CD »Cilla/Cilla Sings A Rainbow« (2002) und »Cilla Black: The 35th Anniversary Collection« (2003). Cilla Black lebt heute zurückgezogen in einem ihrer Häuser in Buckinghamshire/GB, Marbella/Spanien oder auf Barbados.

Lit.: Black, Cilla: Step Inside (1985); Thompson, Douglas: Bobby's Girl (London 1999); Black, Cilla: What's It All About? (London 2003) • www.cilla-black.com

THE BLACK ALBUM

→ *Bootleg* mit drei LPs mit diversen Studioaufnahmen (TWK 0169 A1YHO-10/L4344), die Aufnahmen stammen z.T. von den Bootleg-LPs »Sweet Apple Trax«. Auf dem schwarzen Klappcover ist »The Beatles« als Relief eingeprägt. Später erschien das Set auch in einer schwarzen Box.

BLACK DWARF

In den 1960er Jahren »die führende marxistische Underground-Zeitung der Londoner Neuen Linken« (Jon Wiener), herausgegeben von Tariq Ali. Am 27.10.1968 warf sie den Beatles in einem »Offenen Brief an John Lennon«, der eigentlich eine Kritik am Album »Revolution« war, verfasst von ihrem Musik- und Popkulturkritiker John Hoyland, vor, sie schützten »bewusst ihre kapitalistischen Investitionen«. Hoyland erläuterte John, dass die herrschende Klasse ihn hasse, weil er »witzige Aktionen mache, aus der Arbeiterklasse stamme (ursprünglich zumindest), undiszipliniert sei und überdies auch noch mit einer Ausländerin liiert sei«. Seine Aufforderung: »Come and join us.« John Lennon rief daraufhin bei Tariq Ali an, der ihn aufforderte, schriftlich auf die Vorwürfe zu antworten. Am 10.1.1969 veröffentlichte *Black Dwarf* dann John Lennons »sehr offenen Brief«, in dem er u.a. schrieb: »Es ist mir egal, was Sie, die Linke, die Mitte, die Rechte oder irgendwelche blöden Jungmännervereine denken. Ich bin nicht einer von diesen Bourgeois. Ich bin nicht nur gegen das Establishment, sondern auch gegen Sie.« Und er fuhr fort: »Nennen Sie mir eine erfolgreiche Revolution. Wer hat Kommunismus, das Christentum, den Kapitalismus, Buddhismus usw. kaputtgemacht? Kranke Köpfe, nichts anderes. Wir bauten Apple mit dem Geld auf, das wir als Arbeiter verdient haben, und um kontrollieren zu können, was wir produzieren ... Ihr macht kaputt – ich baue lieber etwas auf.« Die Antwort darauf war mit »John Hoyland« unterzeichnet, war aber wohl von der gesamten Redaktion verfasst. Tariq Ali interviewte 1971 John Lennon in → *Tittenhurst Park* als Erster intensiv zu dessen politischen Ansichten; das Interview erschien in *Red Mole* vom 8.3.1971 (Reprint in *Ramparts*, Juni 1971). Tariq Ali und John Lennon trafen sich danach noch einige Male.

THE BLACK DYKE MILLS BAND

Am 30.6.1968 nahm Paul McCartney mit dieser Band – »der besten Blaskapelle, die es damals in England gab« (→ *Barry Miles*) – in Saltaire in der Nähe von Bradford in Yorkshire seine Komposition »Thingumybob« auf, die er eigentlich als Titelmelodie für die gleichnamige Wochenend-TV-Serie geschrieben hatte. Leiter der bereits in den 1940er Jahren von John Foster & Sons Limited gegründeten Band war Geoffrey Brand. Auf der B-Seite der am 6.9.1968 (USA: 26.8.1968) erschienenen Apple-Single befindet sich »Yellow Submarine«. 1979 begleitete die Band Paul McCartney auf seinem Album »Back To The Egg« bei den Songs »Winter Rose« und »Love Awake«. Die John Foster & Sons Limited Black Dyke Mills Band tritt noch immer auf.

www.blackdykeband.co.uk

THE BLACK JACKS

1. So nannte John Lennon im März 1957 seine erste Skiffle-Group – kurz nachdem ihm seine Tante Mimi eine Gitarre gekauft hatte. Eines der Gründungsmitglieder war → *Pete Shotton* (wbd). Die Band hieß ca. eine Woche so, dann benannte sie sich in → *The Quarrymen* um.

2. Liverpooler Skiffle-Gruppe, gegründet ca. im September 1959 von → *Kenneth »Ken« Brown* (rhythm-g), → *Charles Newby* (ld-g), Bill Barlow (b-g) und → *Pete Best* (dr). Sie spielte vor allem im → *Casbah Coffee Club*. Am 6.8.1960 besuchten die → *Silver Beatles* den Club – besonders beeindruckt waren sie von Bests neuem Schlagzeug. Paul McCartney rief Best kurz darauf an und bot ihm an, mit ihnen als Drummer nach Hamburg zu gehen. Da die Black Jacks kurz vor der Trennung standen – Brown wollte nach London ziehen und Newby studierte immer noch Chemie –, willigte er ein. Newby trat dann im Dezember 1960 noch einige Male mit den Beatles auf, u.a. in der → *Litherland Town Hall* am 27.12.1960.

BLACKBERRY INVESTMENTS LIMITED

Eine der sieben am 19.12.1967 von den Beatles in London gegründeten Investmentgesellschaften.

BLACKBIRD

Song von John Lennon/Paul McCartney, aufgenommen am 11.6.1968, erstmals erschienen am 22.11.1968 auf der LP »The Beatles« (»Weißes Album«). Eine Solo-Nummer Paul McCartneys, nur ergänzt durch Vogelstimmen aus dem Klangarchiv der → *EMI*. Der Song lässt verschiedene Interpretationen zu: ein Natur-Song, eine Liebesballade, ein Song zur Unterstützung der Black Power-Bewegung. John Robertson: »Paul schrieb nie einen einfacheren oder wirkungsvolleren Song.« Weitere Versionen des Songs erschienen im Dezember 1976 auf der Live-Triple-LP »Wings Over America« und im Mai 1991 auf der Paul-McCartney-CD »Unplugged – The Unofficial Bootleg«. Zahlreiche → *Cover-Versionen*, u.a. von Arturo Sandoval, The Canadian Brass, Arnold Fritzsch, Justin Hayward with Mike Batt & The Philharmonic Orchestra, Sarah Vaughan, Electric Sound Orchestra (d.i. Martial Martinay), The Beatles Revival Band (»Schwarzer Vogel«), Rosalyn Sweat & The Paragons (»Blackbird Singing«), The Royal Philharmonic Orchestra, Sean Harkness, Twist And Shout, Julian Lennon, Harpers Bizarre, Les Boréades, Sarah McLachlan, Micky Dolenz, Chantal, Klaus Beyer (»Amsel«), Tony Williams, The Sugar Plum Fairies, Clin Linden, BeatleJazz, Beachfront Property, Heinrich von Kalnein, Tony Williams, Sarah McLachlan, John Egniz Connection (Wolfgang Zinke), Adrian Belew, Eros, Andreas Geffrath und BTJ.

BLACKPOOL NIGHT OUT

Konzert der Beatles am 1.8.1965 in ABC TV, ein Mitschnitt befindet sich auf dem → *Bootleg* »The Beatles: Mythology« Vol. 1 (Strawberry Records). In der Show spielte ein Beatle zum ersten Mal ohne die anderen – Paul McCartney: »Yesterday« – diese verließen inzwischen die Bühne.

BLAKE, PETER

*25.6.1932 in Dartford, Kent. Der britische Grafiker, einer der Begründer der Pop-Art-Bewegung, malt seit 1957 und schuf u.a. einige

Porträts der Beatles (»The Beatles [1963–68]«, »Beatles [1963–67]«) und die Collage »A Souvenir For John (Lennon)« (1973). Er und seine erste Frau, die amerikanische Malerin und Bildhauerin Jann Haworth, sind die Begründer der »Ruralists«. Jann Haworth hatte bereits 1963 in der Ausstellung »Young Contemporaries« im Londoner Institute of Contemporary Arts (ICA) ihre »Tableaux« ausgestellt. 1963 machte der Fotograf → *Robert »Bob« Freeman*, der bereits mehrmals mit den Beatles gearbeitet hatte, Peter Blake in London mit den Beatles bekannt. Paul McCartney bestellte über → *Robert Fraser* 1965/1966 bei ihm das Auftragswerk »Monarch of the Glen« (Der Herrscher des Tales), eine Replik des Originals von Sir Edwin Landseer, des Lieblingsmalers von Queen Victoria, die dann in seinem Haus in der → *Cavendish Avenue* 7 über dem Kamin hing (nein, nicht die Queen – die Replik). Im Februar 1967 war er mehrmals mit den Beatles essen, um sie kennen zu lernen, nachdem Robert Fraser – bald darauf »inoffizieller Art Director des Projekts« (→ *Barry Miles*) – den Beatles vorgeschlagen hatte, das Cover von »Sgt. Pepper's Lonely Hearts Club Band« von ihm gestalten zu lassen. Das Cover (fotografiert von → *Michael Cooper*) entstand dann innerhalb von zwei Wochen in Coopers Studio in der Flood Street im Londoner Stadtteil Chelsea. Allerdings erhielt Blake dafür gerade mal 200 £. Im Oktober 1998 versuchte er erfolglos, Rechte an der Verwendung seines Werkes für CD, DVD oder andere Formen geltend zu machen. Das Cover zu »Sgt. Pepper's Lonely Hearts Club Band« ist seitdem immer wieder kopiert worden, u.a. von Udo Lindenberg für seine CD »Hut ab!« (1994). In den letzten Jahren bemüht sich Blake bei der Design And Artists Copyright Society um eine Sicherung seiner Rechte an dem Cover – bisher erhielt er für Nachauflagen oder Kopien keinen

Peter Blake (2000)

Penny. Blake malte auch ein Gruppenporträt aus Einzelporträts der vier Beatles – und machte »so den Abstand zwischen Fan-Fotos und Kunst sichtbar«. (Gerhard Charles Rump in *Die Welt* 25.6.2002) Blake arbeitete auch später immer wieder für Musiker, so schuf er u.a. das »Live Aid«-Poster, das Cover für »Band Aid« sowie Schallplattencover für Paul Weller und Robin Williams. 1996/1997 hatte er eine große Ausstellung unter dem Motto »Now We're 64« in der National Gallery in London. Blake, 2002, zu seinem 70. Geburtstag, geadelt, ist noch immer in Kontakt mit Paul, George und Ringo.

In seiner Ausstellung »About Collage« in der Galerie The Tate in Liverpool (April 2000–März 2001) waren auch Werke von John Lennon und Paul McCartney zu sehen. Blake: »Wenn wir noch George und Ringo in die Ausstellung bekämen, könnte ich den Anspruch erheben, alle Beatles in der Kunst wieder vereint zu haben.« Anlässlich der Ausstellung veröffentlichte Paul McCartney die CD »Liverpool Sound Collage«. Blake hatte bereits 1983 eine Retrospektive in »The Tate«, die auch in Deutschland zu sehen war (Kestner-Gesellschaft, Hannover). 2000 widmete ihm Paul McCartney das Stück »Peter Blake 2000« im Rahmen seiner »Liverpool Sound Collage«. 2002 wurde er zum Ritter geschlagen. Vom 4.8. bis 11.9.2003 stellte er unter dem Titel »Peter Blake RA – Commercial Art 1960 – 2003« in der Londoner Institute

Gallery aus. Am 3.3.2004 übergab er sein Gemälde »The Beatles 1962« dem National Art Collections Fund (NACF) der British Library. Am 10.2.2005 wurde in der Musikschule der Universität Leeds eine ständige Sir Peter Blake Music Art Gallery eröffnet.

BLASMUSIK

Ja, auch in das Repertoire der Blaskapellen hat die Musik der Beatles inzwischen Einzug gehalten. So nahm das Quintett The Canadian Brass 1997 13 Beatles-Klassiker für die CD »All You Need Is Love« auf. P. Steder in *Audio* 11/1998: »Die unglaubliche Virtuosität und der Spielwitz dieses Bläserquintetts lassen jeden der 13 Beatles-Klassiker in gleichem Hochglanz erstrahlen wie das frisch gewienerte Blech.« Die New Yorker Les Miserables Brass Band nahm für die → *Kompilation* »Downtown Does The Beatles – Live At The Knitting Factory« 1992 die Songs »Being For The Benefit Of Mr. Kite« und »Eleanor Rigby« auf. Von den Beatles hatte insbesondere Paul McCartney ein engeres Verhältnis zur Blasmusik – schließlich spielte sein Großvater in der Werksblaskapelle von Cope. Sein Vater nahm ihn oft mit zu Blaskonzerten im Park. 1966 engagierte Paul McCartney für den Soundtrack des Films »The Family Way« von den Boulting Brothers eine Blaskapelle. 1968, als Paul McCartney mit der → *Black Dyke Mills Band* arbeitete, nahm er diese Einflüsse wieder auf.

Auch Songs wie »When I'm Sixty-Four« und »Yellow Submarine« atmen Blasmusik-Feeling. Zu Ringos Part »And the band begins to play« im Song »Yellow Submarine« spielte sogar eine echte Militärblaskapelle – 5 sec lang.

BLAUES ALBUM

→ *The Beatles 1967–1970.*

BLUE ALBUM

→ *The Beatles 1967–1970.*

BLUE JAY WAY

Song von George Harrison, aufgenommen am 6. und 7.9. und 6.10.1967, erstmals erschienen am 8.12.1967 auf der EP »Magical Mystery Tour«. Der Song entstand, als George Harrison in seinem Haus am Blue Jay Way in der Nähe des Sunset Strip in Los Angeles auf seinen Freund → *Derek Taylor*, damals Pressesprecher von → *Apple Corps Limited*, und dessen Frau Joan wartete, die sich zum Mittagessen verspätet hatten. Das Haus hatten die Harrisons am 1.8.1967 bezogen. Im Studio wurde aus dem Song eine exotisch-mystische Reise. Harrisons Stimme wurde so verfremdet, dass sie klingt, als käme sie aus dem Jenseits. Rückwärts abgespielte Tonbänder, Orgelklänge und ein Cello sorgten für eine fernöstliche Atmosphäre – indische Instrumente waren diesmal nicht dabei. Für Statistiker: Die Zeile »don't be long« wiederholt Harrison exakt 29 Mal. Zahlreiche → *Cover-Versionen*, u.a. von Buddha Pest, El Niño Gusano, BeatleJazz, The Beatless und Lord Sitar.

BLUE MEANIES

Bezeichnung der »Blauen Gemeinen«, die im Film »Yellow Submarine« einen Angriff auf das musikfreundliche »Pepperland« starten.

BLUE SUEDE SHOES

Song von Carl Perkins aus dem Jahr 1956, aufgenommen am 13.9.1969 von der → *Plastic Ono Band* im Varsity Stadium in Toronto/Kanada für die LP »The Plastic Ono Band – Live Peace In Toronto 1969«, erschienen am 12.12.1969. Die Beatles nahmen diesen Rock'n'Roll-Klassiker in einem Medley mit »Rip It Up« und »Shake, Rattle & Roll« bei den Sessions für »Let It Be« auf. Das Medley wurde am 28.10.1996 auf der DoCD »The Beatles Anthology 3« veröffentlicht.

BLUE TURNING GREY OVER YOU

Song von Andy Razof/Thomas »Fats« Waller, aufgenommen von Louis Armstrong (1930), arrangiert von Oliver Nelson, aufgenommen am 28.11.1969, 4.12.1969 und 24.2.1970 von Ringo Starr, erschienen auf dessen erster Solo-LP »Sentimental Journey« am 27.3.1970.

BLUES

Beatles und Blues? Natürlich haben weder John Lee Hooker noch Muddy Waters Beatles-Songs geträllert. Trotzdem: Einige heute bekannte Bluesinterpreten haben mit Beatles-Songs begonnen, so Big Maybelle, und The Inmates nahmen 1988 eine LP mit Blues- und R&B-Versionen von Beatles-Songs auf: »Meet The Beatles – Live In Paris«. Aber auch die Beatles coverten einige Blues-Klassiker, so z.B. »Mr. Moonlight«, einen Song von Roy Lee Johnson, gesungen 1962 von Dr. Feelgood and The Interns. Allerdings trägt nur der »Yer Blues« (1968) das Wort »Blues« im Titel. Musikalischer Aufbau, Text und klangliche Realisation weisen ihn auch als Blues aus. John Lennon sah den Song als Parodie auf das britische »Blues Revival« der späten 1960er Jahre. Allerdings traten die Beatles am 3.2.1963 sogar in einem »Blues Marathon« im Cavern auf. Musikwissenschaftlich untersucht Thomas Röder das Verhältnis »Beatles und Blues« in einem gleichnamigen Beitrag in der Broschüre »Rock, Pop, Jazz – musikimmanent durchleuchtet«, 1989 vom Hamburger Arbeitskreis Studium populärer Musik in der Schriftenreihe »Beiträge zur Popularmusikforschung« als Band 7/8 herausgegeben. Ab 1968 konstatiert er eine »Rückwendung der Beatles zu blues-orientierten Formen«. Auf Richard Middleton (Pop Music And The Blues, London 1972) Bezug nehmend, stellt er auch in »Can't Buy Me Love«, »A Hard Day's Night«, »Love Me Do«, »Taxman« und »Paperback Writer« Blues-Elemente fest. Auch »Michelle« und »Matchbox« orientieren sich an Blues-Schemata. Mit »For You Blue« huldigte George Harrison Elmore James. Unter dem Titel »12-Bar Original« erschien im März 1996 auf der DoCD »The Beatles Anthology 2« der Mitschnitt einer langen Blues-Jam der Beatles. 1964 veröffentlichten die Scramblers sogar einen Song mit dem Titel »The Beatles Blues«. Paul McCartney war Mitte der 1960er Jahre des Öfteren bei John Mayall zu Gast, um Bluesplatten zu hören. Sein Urteil in seiner Biographie »Many Years From Now«: »Es war großartiges Zeug ... Es waren eindrucksvolle Lehrstunden.« Und John Lennon bekannte später: »Wir hörten alle Sleepy John Estes in der Kunsthochschule.« → *George Martin*: »Alles in allem nutzten die Beatles die Ausdrucksform des Blues – die Poesie dieser Musik, deren Seele – und machten sie sich zu eigen.« Im Dezember 1968 nahm John Lennon ein Demo des Songs »A Case Of The Blues« auf, das ebenso (offiziell) unveröffentlicht blieb wie der am 23.1.1969 bei den »Get Back«- bzw. »Let It Be«-Sessions von den Beatles aufgenommene Song mit dem Titel »Blues« (Quelle: »The Commercially Unreleased Songs«, in: Geoffrey Giuliano: Two Of Us, Harmondsworth 1999). Zahlreiche weitere bei diesen Sessions aufgenommene Takes weisen Blues-Einflüsse auf. Nach der Trennung der Beatles blieb zumindest John Lennon dem Blues treu. So enthält »Episode 5« der Serie → *The Lost Lennon Tapes* ein Blues-Instrumental (ohne Titel), eine → *Bootleg*-LP heißt »The Lost Sleepy Blind Lemon Lennon Album«. George Harrison jammte im Februar 1987 mit Taj Mahal (Bootleg »Live! The Silver Wilburys«). 2001 packte die Frankfurt City Blues Band sogar Blues-Versionen von »Lucy In The Sky With Diamonds« und »Revolution # 9« auf ihre CD »One, Two, Go-Go«. 2002 veröffentlichte Peter Lipa die CD »Beatles In Blue(s)«. 2002 erschien sogar das »White Album« in einer Blues-Version («The Blues White Album«), mit Bluesgrößen wie Lucky Peterson, Charlie Musselwhite und Jimmy Thackery. Allerdings: »Wenn man jedoch diese Versionen mit den Originalen vergleicht, dann muss man in über der Hälfte der Fälle feststellen, dass die Beatles wesentlich bluesiger klangen als ihre vermeintlichen Blues-Interpretatoren.« Das schreibt *blues news* (29/2002) – und die müssen's wissen.

THE BONZO DOG DOO-DAH BAND

Gegründet 1965 als Bonzo Dog Dada Band, spielte zuerst traditionellen Jazz, ab 1966 dann Pop. Die Band trat mit »Death Cab For Cutie« im Beatles-Film »Magical Mystery Tour« auf. Die Szene wurde am 18.9.1967 in dem Striptease-Club »Raymond's Revue Bar« (Walker Court, Soho) gedreht. Die Beatles bestanden darauf, dass über den Brüsten der Tänzerin Jan Carson das Wort »Censored« erschien, damit die Szene nicht herausgeschnitten wurde. Die Band spielte auch auf der »Magical Mystery Tour«-Party im Royal Lancaster Hotel in London am 21.12.1967. Bei ihrem Auftritt sangen auch → *Alfred Lennon* und Musiker der → *Beach Boys* mit. Im März und Juli 1968 produzierte Paul McCartney (als Apollo C. Vermouth) ihren Titel »I'm The Urban Spaceman«, der am 11.8.1968 auf einer Single erschien und in die britischen Top 5 kam. Man wollte sicher gehen, dass die Platte wegen der Band und nicht wegen Paul McCartney gekauft wird. Die Gruppe ging 1970 auseinander; Songwriter Neil Innes (*9.12.1944, voc, p, g, keyb) arbeitete später mit → *The Rutles* und im Monty Python-Team und war mehrmals Gast auf diversen → *Beatles Conventions*. »Legs« Larry Smith (dr) wurde ein guter Freund George Harrisons, er designte das Cover seiner LP »Gone Troppo« (1982), auf seiner LP »Extra Texture – Read All About« (1975) widmete er ihm den Song »Ladies And Gentlemen His Name Is Legs«. Eine gute Übersicht zur Musik der Band bietet die 3-CD-Box »Cornology« (EMI 1992).

BOOTLEG

In der Regel illegal von Fans und Sammlern mitgeschnittene Live- oder Demo-Aufnahmen (auch Interviews), veröffentlicht auf LP oder CD, die offiziell nicht erhältlich sind. Das Wort entstand Ende des 19. Jahrhunderts, als es üblich war, eine Flasche Whiskey im Stiefelschaft (bootleg) bei sich zu haben. Besonders zu Zeiten der Prohibition in den USA (1920–1933) war diese Methode aktuell. Später wurde sie auf die Musikindustrie übertragen. Bereits ca. 1929 schrieb das amerikanische Fachblatt *Variety* von einem »riesigen Markt« für »bootleg disk records«. Dabei handelte es sich allerdings mehr um → *Counterfeits*, d.h. illegale Nachpressungen, als um illegal mitgeschnittene Aufnahmen. Und in neueren Zeiten sollen bisweilen auch Kassettenrecorder im Stiefelschaft in den Konzertsaal geschmuggelt worden sein. Als erstes Beatles-Bootleg gilt → *Kum Back* (1969). Verlässliche Angaben über die Zahl der kursierenden Beatles-Bootlegs sind kaum möglich. Jim Berkenstadt und Belmo (d.i. Scott F. Belmer) verzeichnen z.B. 1 600 Titel (ihr Buch enthält auch Interviews mit Bootleggern sowie Übersichten der Bootleg-Label und -Logos), Thomas Alberts ca. 1 300, die »Bibel der Beatles Bootlegs« von Belmo (»Not For Sale«) immer noch 1 000. Vermutlich sind die Beatles die Band mit den meisten Bootlegs. 80 % davon dürften LPs sein, 18 % CDs, der Rest MCs. → *EMI* und → *Apple Records* sollen nach eigenen Angaben durch Beatles-Bootlegs allein in den vergangenen zehn Jahren Verluste in Höhe von mehreren Mill. £ entstanden sein. Experten schätzen jedoch, dass ca. 80 % der Bootlegs von passionierten Sammlern gekauft werden – die Kaufkraftabschöpfung dürfte also wesentlich geringer sein. »Die Haltung der Beatles zum Bootlegging war immer ambivalent«, stellt Clinton Heylin fest. Lennon sammelte alle Beatles-Bootlegs, die er bekommen konnte, Paul McCartney ist dagegen, ist allerdings in »Help!« mit einem Bootleg in der Hand zu sehen, und Ringo Starr hasst Bootlegs und bezeichnete die Bootlegger in einem Interview als »negative Menschen«, weil sie auf Kosten anderer Geld machen. Ringo: »Ich möchte Beatles-Bootlegs durch The Beatles herausbringen. Anstatt sie jemand anders herausbringt, sollten wir das tun. Denn auf dem Markt sind sie sowieso.« Die wichtigsten Informationsquellen aller Bootleg-Sammler sind nach wie vor der jährlich erscheinende Katalog Hot Wacks, die Zeitschrift *Hot Wacks Quarterly* (Ontario/Kanada) und »Voigts New Collector's Price Guide For Bootlegs« (Hamburg). Allerdings: Nicht immer sind, wenn »The Beatles« auf dem Cover steht, auch wirklich die Beatles drin. So fanden auch Songs der obskuren Duos → *John and Paul* und Dudley Moore/Peter Cooke ihren Weg auf Beatles-Bootlegs, obwohl sie überhaupt nichts mit den Beatles zu tun haben. Für Beatles-Sammler wichtige Bootleg-Labels sind Yellow Dog und Vigoton – beide inzwischen enttarnt und nicht mehr aktiv. No Tapo Records veröffentlichten die Serie »Unbootlegged« – mit über 23 CD-ROMs. Quellen für Beatles-Bootlegs sind nach wie vor Mitschnitte von Rundfunk- und Fernsehauftritten, Konzerten, Interviews, Film-Soundtracks und Studio-Outtakes. Allerdings fällte der Europäische Gerichtshof in Brüssel am 20.10.1993 ein Urteil, das die Veröffentlichung nicht autorisierter Live-Mitschnitte von EG-Künstlern verbietet. Inzwischen haben auch die Plattenfirmen erkannt, dass sich mit offiziell veröffentlichten Bootlegs Geld verdienen lässt. Nach dem Fund der jahrelang verschwundenen »Get Back«-Bänder ist es wohl nur eine Frage der Zeit, bis diese Mitschnitte auch offiziell auf CD erscheinen. → *Yoko Ono*: »Wenn sie schon als Bootlegs auf dem Markt kursieren, sollte man vielleicht in Zukunft etwas Richtiges daraus machen.« (*Rolling Stone* 3/2003)

Lit.: Heylin, Clinton: The Great White Wonders – A History Of Rock Bootlegs (London 1995); Heylin, Clinton: The Secret History of the Other Recording Industry (New York 1994); Schwartz, David: Listening To The Beatles – An Audiophile's Guide To The Sound Of The Fab Four. Vol. 1 Bootlegs & Singles (Ann Arbor/Mich. 1990); Berkenstadt, Jim; Belmo (d.i. Scott F. Belmer): Black Market Beatles – The Story Behind The Lost Recordings (Burlington/Kanada 1995); Belmo (d.i. Scott F. Belmer): Not For Sale – The Beatles' Musical Legacy As Archived On Unauthorized Recordings (Burlington/Kanada 1997); Reinhart, Charles: You Can't Do That! Beatles Bootlegs & Novelty Records 1963–1980 (Ann Arbor/Mich. 1981); Janssen, Koos, Bakker, Erik M.: Dig It – The Beatles Bootleg Book Vol. 1 1967–1974 (Hilversum 1974); Mr. Kite (d.i. Walter M. Huber): Cancelled! – The Beatles Unreleased Recordings (Niederhassli/CH 1995); Sulpy, Doug; Madinger, Chip: The 910's Guide To The Solo Beatles' Outtakes (Jackson/NJ 1996), Sulpy, Doug: The 910's Guide To The Beatles' Outtakes (4. Ausgabe; Jackson/N.J. 2001); Sulpy, Doug: The 910's Guide To The Beatles' Outtakes – Part Two: The Complete ›Get Back‹ Sessions (Jackson/NJ 2001); King, LRE.: Fixing A Hole – A Second Look At The Beatles' Unauthorized Recordings (Tucson/Arizona 1989); King, LRE.: Do You Want To Know A Secret? (Tucson/Arizona 1988); Todd, Michael: The Beatles Music Index 1958–1990 (USA 1992); Moltmaker, Azing: The Beatles Bootleg Collection Vol. 1 – Get Back Sessions Part 1 (Alkmaar 2002); Moltmaker, Azing: The Beatles Bootleg Collection Vol. 2 – Yellow Dog (Alkmaar 2002); Heylin, Colin: Bootleg – The Rise & Fall Of The Secret Recording Industry (London 2003); Belmo (d.i. Scott F. Belmer): The Beatles Artifacts (Ft. Mitchell/KY 2004)

BOOTLEG BEATLES

Britische → *Cover-Band*, Besetzung: Andre Barreau (voc), Paul Cooper (voc) und Neil Harrison (voc). Bei einem Konzert der Band im Sommer 1996 tauchte ganz unerwartet George Harrison auf. Er brachte dem »George Harrison« der Band sogar die Akkorde von »Free As A Bird« bei. George Harrison soll auf die Frage, was er von der Band halte, geantwortet haben, sie sei vermutlich sogar besser als die echten Beatles, weil sie das Material so oft spiele (alle Zitate ohne Gewähr). Im September 1997 spielte die Band in Amsterdam bei der → *Beatles Convention* »Beatlesmani Festatie« und am 29.1.1999 auf dem Dach des ehemaligen Apple-Gebäudes in der Savile Row 3 – 30 Jahre nach dem legendären → *Rooftop Concert*. 2001 produzierten der dänische Rundfunk und das dänische Fernsehen vier Shows mit der Band.

BOTTOMS

Film No. 4 im Œuvre von → *Yoko Ono* aus dem Jahre 1967, der in 7 min 365 Hinterteile von Londoner Frauen und Männern zeigt. Ein Hintern gehört Corbett Woodall (später Nachrichtensprecher bei der → *BBC*), wie James Woodall in seinem Buch »John Lennon und Yoko Ono« (Reinbek b. Hamburg 1998) enthüllt. Auch → *Hunter Davies*, Mario Amaya und → *Robert Fraser* sind dabei. Yoko Ono hatte 1965 in New York bereits einen Film mit zwölf nackten Hintern gedreht. Der 80-minütige Film wurde im August 1967 in Jacey Tatlers Kino im Westen von London uraufgeführt. Im gleichen Jahr lief der Film bei einem Avantgarde-Film-Festival in Knokke-Le Zoute in Belgien. Woodall: »Wenn in jedem Fernsehinterview Gesichter gezeigt wurden, so war der Underground es sich schuldig, die andere Seite zu zeigen: die Hintern. Und selbst wenn der Film schrecklich langweilig war, so hat er doch gezeigt, dass auch von hinten jeder anders aussieht.« Das British Board of Film Censors (BBFC) gab den Film nicht frei, als Protest standen Yoko Ono und einige Freunde am 10.3.1967 als »Streikposten« vor dem Gebäude des BBFC am Soho Square. Aber The Greater London Council erteilte ihm schließlich die Lizenz zur Aufführung. John nannte den Film einmal »Many Happy Endings«. Für Yoko Ono war es eine Petition gegen den Vietnamkrieg, »unterzeichnet mit Ärschen«. Eine Fortsetzung des Films ist »Up Your Legs Forever« (Film No. 12), entstanden im Dezember 1970, der 367 Bein-Paare zeigt, deren »Besitzer« den Soundtrack des 80-minütigen Films sprechen. Unter den Beinen sind u.a. die von → *Allen Ginsberg*, Regisseur DA Pennebaker, Filmstar George Segal, Rocksänger Larry Rivers, Musiker John Cage, Maler Robert Rauschenberg, Maler Jasper Johns, Pop-Art-Künstler Andy Warhol, → *Rolling Stone*-Herausgeber Jann Wenner, Shirley Clarke und Regisseur Jonas Mekas. 1996 entwarf Yoko Ono, im → *Merchandising* nicht unerfahren, eine Swatch mit einem Po auf dem Zifferblatt, zwölf weitere befinden sich auf dem Armband. Wem die Allerwertesten gehören, wollte sie allerdings nicht verraten. Im Oktober 2002 wurde »Bottoms« bei der Viennale in Wien gezeigt.

BOURNEMOUTH CONCERT

Fand am 16.11.1963 in den »Winter Gardens« in Bournemouth/Hampshire statt und wurde von Teams dreier US-amerikanischer TV-Stationen (NBC, CBS und ABC) aufgezeichnet. Kurze Sequenzen liefen in der folgenden Woche über die drei Sender, ein längerer Bericht war am 3.1.1964 in der »Jack Paar Show« der NBC zu sehen.

BOYD, JENNY

Eine der beiden jüngeren Schwestern von George Harrisons Frau Pattie (die andere heißt Paula). Sie arbeitete als Model und dann kurzzeitig als Assistentin von → *Pete Shotton* in der → *Apple Boutique*. Sie lebte eine Zeit lang mit → *Magic Alex* in London zusammen und wohnte im Sommer 1967 in Haight Ashbury/San Francisco, wo George und Pattie Harrison sie bei ihrem Kalifornien-Aufenthalt besuchten. 1968 war sie mit dem Beatles-Tross in → *Rishikesh*, wo → *Donovan* für sie »Jennifer, Juniper« komponierte. Nach der Schließung der Apple Boutique eröffneten Pattie und Jenny ein Antiquitätengeschäft am Chelsea Market in London, das aber Anfang 1969 wieder schloss. Sie heiratete später Mick Fleetwood, den Drummer von Fleetwood Mac, wurde geschieden, sie versöhnten sich wieder und gingen erneut auseinander. 1992 interviewte sie 75 Musiker, darunter George Harrison und Ringo Starr, für ihr Buch »Musicians In Time«.

BOYD, PATRICIA ANNE »PATTIE«
→ *Harrison, Pattie.*

BOYD, PAULA
Eine der beiden jüngeren Schwestern von George Harrisons Frau Pattie (die andere heißt Jenny). 1969 lebte sie zwei Monate mit → *Eric Clapton* in Hurtwood Edge zusammen. Clapton: »Ich fing an, mit Patties jüngerer Schwester Paula zusammenzuleben, aufgrund ihrer Ähnlichkeit in Bezug auf Charakter und Aussehen. Es war so 'ne Art Seitenweg zu Pattie, so dachte ich damals.« Als sie von seinen wahren Gefühlen für Pattie erfuhr, verließ sie Clapton auf der Stelle.

BOYGROUP
Die Definition einer Boygroup als eines der Jugendphänomene der 1990er Jahre ist schwierig. John Hauk zitiert in seinem Buch »Boygroups!« (Berlin 1999) eine 18-jährige Sylvia: »Im Prinzip sind es immer ein paar süße Jungs, die singen und tanzen können.« Sind also auch die Beatles eine Boygroup, auch wenn dieser Begriff erst erfunden wurde, als es die Beatles längst nicht mehr gab? »Die Beatles waren die erste Boygroup«, überschrieb der → *Rolling Stone* 12/2000 einen Beitrag über die Backstreet Boys und zitierte A. J. McLean: »Die Beatles haben das Ganze eingeläutet. Sie waren eigentlich die erste boygroup, und wir haben diese Tradition in einem anderen Umfeld fortgesetzt.« Allerdings: »Im Gegensatz zu anderen Bands, die über Demotapes oder Talentscouts zu einem Vertrag kommen, werden Boygroups meist per Annonce von einem Manager zusammengestellt.« (John Hauk, a.a.O.) Obwohl dieses Kriterium nicht zutrifft, widmet John Hauk den Beatles sieben freundliche Seiten. Auch Joe Strummer von The Clash bestätigt: »Die Beatles und die Stones waren unsere Take That und Backstreet Boys oder was auch immer.« Apropos: In dem Video »Everything Changes« tritt Take That mit einem Medley als Beatles-Coverband auf, und Worlds Apart coverten 1997 »She Loves You« bzw. »Sie liebt dich«; der Videoclip dazu ist »A Hard Day's Night« nachempfunden. Nikola Vatterodt stellt in ihrer Analyse »Boygroups und ihre Fans« (Karben 2000; FORUM Jazz Rock Pop 5) die These auf, dass die Fans »das Produkt Boygroup nicht nur ›konsumieren‹, sondern teilweise kreativ weiterentwickeln und eigene Kunstprodukte daraus erschaffen«. Wer denkt da nicht auch an die Beatles?

BOYS
Song von Luther Dixon/Wes Farrell, aufgenommen von den Beatles am 11.2.1963, erstmals erschienen am 22.3.1963 auf der LP »Please Please Me«. Der Song war 1960 ein Hit der → *Shirelles*. Ringo, der hier zum ersten Mal lead vocals singt, »erbte« den

Gesangspart von seinem Vorgänger → *Pete Best*. Als der Song im Oktober 1965 in den USA auf Single erschien (b/w »Kansas City«), ließ → *Brian Epstein* sie wieder vom Markt nehmen, weil sie »nicht repräsentativ war für aktuelle Trends in der Musik der Beatles«. Immerhin: Wenige Wochen später erschien ihr Album »Rubber Soul«.

BPI JUBILEE AWARDS

1977 vergab die British Phonographic Industry einige spezielle Preise für den Zeitraum der vergangenen 25 Jahre (1952–1977). The Beatles erhielten den Preis als »Beste britische Pop-Gruppe«, »Sgt. Pepper's Lonely Hearts Club Band« wurde »Bestes britisches Pop-Album« und → *George Martin* »Bester britischer Schallplattenproduzent«.

BRAMBELL, WILFRED

Britischer Film-, Theater- und TV-Schauspieler, * 22.3.1912 in Dublin, bekannt durch seine Rolle des Albert Steptoe in der → *BBC*-TV-Serie »Steptoe And Son« (1962–1965, 1970, 1972, 1974). Weitere Filme: »The Three Lives Of Thomasina« (1963), »Lionheart« (1968), »Die Abenteuer des Herrn Picasso« (1978) und »The Island Of Adventure« (1981). Am Phoenix Theatre spielte er u.a. in »Canterbury Tales«. In »A Hard Day's Night« spielte er 1964 John McCartney, Pauls exzentrischen Großvater, der mit ihnen von Liverpool nach London fährt und überall für Turbulenzen sorgt. † 18.1.1985 in London an Krebs.

BRAMLETT, BONNIE

→ *Delaney & Bonnie*.

BRAMLETT, DELANEY

→ *Delaney & Bonnie*.

BRAMWELL, TONY

Freund von George Harrison, Botenjunge bei → *NEMS Enterprises Limited* in Liverpool. Er kennt die Beatles seit ihren Liverpooler Tagen und begleitete sie bis zum Schluss. Er war mit den Beatles in den USA und berichtete darüber u.a. im → *Beatles Monthly*. → *Brian Epstein* machte ihn zum Bühnenmanager im → *Saville Theatre*, er verpflichtete u.a. auch die Musiker für die → *Our World*-Show. Nach Epsteins Tod kam er zur → *Apple Corps Limited,* wo er in der Schallplattenproduktion und bei → *Subafilms* arbeitete. Er wurde dann Stellvertreter von → *Denis O'Dell* bei → *Apple Films Limited*, der Filmgesellschaft der Beatles, am 12.1.1968 hervorgegangen aus → *The Beatles Film Productions Limited*. 1968 war er u.a. Regisseur des Promo-Clips zu »Lady Madonna« (der allerdings die Beatles bei den Aufnahmen zu »Hey Bulldog« zeigte) und eines Promo-Clips mit Paul McCartney und → *Mary Hopkin*. Paul McCartney: »Wenn Sie irgendetwas über die Beatles wissen wollen, fragen Sie Tony Bramwell. Er weiß mehr als ich.« Anfang der 1970er Jahre leitete er das Büro von Apple in Los Angeles. Als unabhängiger PR-Berater arbeitete er nach dem Split der Beatles weiter für Paul McCartney. Später ging er zu → *Polydor*.

Lit.: Bramwell, Tony; Kingsland, Rosemary: Magical Mystery Tour – My Life With The Beatles (New York 2004, London 2005)

BRANDY BEATLES COMPLETE

Deutsche → *Cover-Band* aus Darmstadt, gegründet 1978 und inzwischen fester Bestandteil der Darmstädter Musikszene. Zur Band gehören neben Leadsänger Peter Gebauer Peter Hoffmann – rhythm-g, voc, Thomas Kolmar – ld-g, sitar, fl, Claudia Gronbach – keyb, g, voc (als »Paul McCartney«!), Rolf Hartmann – b und Erich Trautmann – dr.

Sie tritt auch als The Beatles Classic Orchestra sowie mit Streichern, Bläsern und Chor (Beatles Classic Voices) auf. Zum Repertoire gehören über 100 Songs aus allen Epochen der Beatles, nicht selten dauern die Shows vier Stunden. Großer Wert wird auf mehrstimmigen Gesang und die Originaltonart der Songs gelegt. Das »originalgetreue optische 4-Mann-Erscheinungsbild der Beatles« will Brandy nach eigener Aussage zwar nicht kopieren, trotzdem tritt die Band im Beatles-Outfit auf. Am 20. und 21.6.1997 spielte die Band am halbNeun-Theater Darmstadt die Songs der Alben »Please Please Me« bis »Let It Be« unter dem Motto »Beatles History«. Am 25.10.1998 fand im gleichen Theater ein Konzert zum 20-jährigen Bestehen der Band statt. Des Öfteren kooperiert Brandy mit den Odenwald Pipes & Drums – insbesondere natürlich bei Songs wie »Mull Of Kintyre«.

Kontakt: *Peter Gebauer, Tel. (06159) 37 26 13, Fax (06151) 37 36 20, kinopeter@t-online.de; Peter Hoffmann, Tel. (06159) 12 30, Fax (06159) 91 36 99, hoffmann-peter@t-online.de* • ***Discogr.:*** *Remember John (2005)* • *www.brandy-beatles-complete.de*

BRAUN, HANS-WALTER »ICKE«

Freund der Beatles aus ihrer Zeit in Hamburg. Er war mit den Beatles im → *Top Ten Club* und im → *Star-Club* zusammen, sie waren damals bei ihm zu Hause und trafen sich auch später noch gelegentlich mit ihm. Braun tritt heute bei → *Beatles-Conventions* auf, so 2002 beim Estrel Beatles Festival in Berlin.

BRAUTIGAN, RICHARD

(*30.1.1935 in Tacoma/Washington, † September 1984 in Bolinas/Calif.) US-amerikanischer Schriftsteller – einer der Hauptvertreter des amerikanischen Westküsten-Underground der 1960er und 1970er Jahre. Als John Lennon im November 1968 eine Liste möglicher Kandidaten für Veröffentlichungen auf → *Zapple Records* aufstellte, war neben → *Allen Ginsberg* (mit Songs von William Blake), Michael McClure, Lawrence Ferlinghetti, Kenneth Patchen, Charles Bukowski, William S. Burroughs, Charles Olson, Simon Vinkenoog, Ed Sanders, Anaïs Nin, Aram Saroyan und Anne Waldman auch Richard Brautigan dabei. Nach John Lennons und Yoko Onos »Unfinished Music No. 2 – Life With The Lions« und George Harrisons »Electronic Sound« sollte als Nr. 3 am 23.5.1969 die LP »Listening to Richard Brautigan« folgen, die allerdings nicht veröffentlicht wurde (die LP erschien am 21.9.1970 auf dem Label Harvest). Brautigan schrieb 1975 das Vorwort zum Buch »The Beatles Lyrics Illustrated«.

Lit.: *Brautigan, Ianthe: You Can't Catch Death – A Daughter's Memoir (New York 2000, Edinburgh 2000)* • *www.brautigan.de*

BRAVO

Am 26.8.1956 erstmalig erschienenes Jugendmagazin (Startauflage: 30 000 Exemplare), erscheint heute wöchentlich in der Heinrich Bauer Zeitschriften Verlag KG in München (vormals im Kindler & Schiermeyer Verlag München) als Sprachrohr der (jeweiligen) Kiddie-Generation. Natürlich waren die Beatles in den 1960er Jahren auch in der *Bravo* das dominierende Thema, mehrmals (u.a. 1966) gewannen sie die jährliche Otto-Wahl. In der Nr. 6/1964 waren sie zum ersten Mal in der »Bravo-Musicbox« – mit »Twist And Shout« und »I Want To Hold Your Hand« (Platz 11), in der Nummer 21/1964 (Woche vom 22. bis 31.5.1964) dann zum ersten Mal auf dem Bravo-Titel – wie auch in der darauffolgenden Woche. Bei den »Schlagern des Jahres 1964« belegten sie hinter Cliff Richard (»Sag No zu ihm«) gleich mit fünf Songs Platz 2. Am 21.3.1966 lag der *Bravo* eine Flexi-Disc »OTTO-Sieger sagen

Danke!« bei, auch George Harrison sagte einige Worte – in Deutsch! Seine »Rede« findet sich auch auf den Bootlegs »Beatles 4 Ever«, »Live At The Circus Crone« und »The Live Beatles ... June 24, 1966«. Im Juni 1966 veranstaltete die Redaktion eine Bravo-Beatles-Blitz-Tournee (Produktion: Karl Buchmann) mit je zwei Konzerten in München (Circus Krone-Bau, 24.6.1966), Essen (Grugahalle, 25.6.1966) und Hamburg (Ernst-Merck-Halle, 26.6.1966) – nachdem im September 1965 eine Blitz-Tournee mit den → *Rolling Stones* stattgefunden hatte. Anfangs war auch Berlin als Auftrittsort im Gespräch, aber die Krawalle beim Konzert der Rolling Stones in der Waldbühne schreckten wohl die Veranstalter ab. Ziel der Tournee war offensichtlich eine Stärkung der Leser-Blatt-Bindung. Zum Beatles-Quiz und der Verlosung von 100 Eintrittskarten incl. Anreise im Sonderzug erhielt die Redaktion über 200 000 Zuschriften! Insgesamt 34 200 junge Leute besuchten die Konzerte. Die Karten kosteten 15 DM (ca. 7,50 €), die Beatles erhielten pro

»Bravo«: 1968 waren die Beatles Band des Jahres

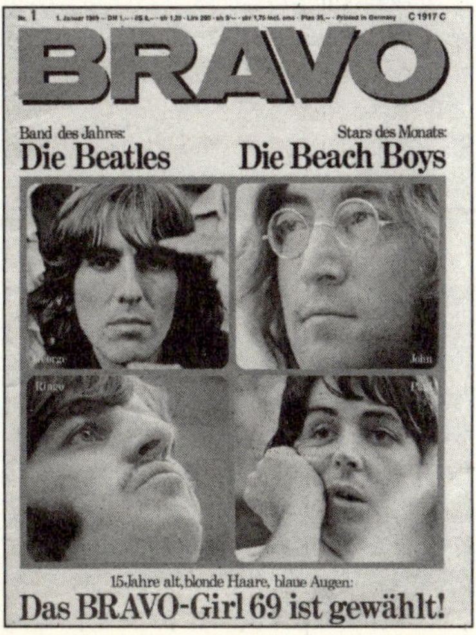

Konzert 300 000 bis 500 000 DM (ca. 150 000 bis 250 000 €). In Nr. 29/1966 brachte *Bravo* einen großen Sonderbericht von der Beatles-Tournee. Pressefotograf war Peter Brückmann, als Vorgruppen spielten Cliff Bennett and the Rebel Rousers, The Rattles und → *Peter and Gordon*. Von dem Konzert im Circus Krone-Bau existieren zahlreiche → *Bootleg*-LPs: »Live At The Circus Crone«, »Live In Germany«, »The Live Beatles ... June 24, 1966«, »Look What We Found«, »London Melbourne Munich« und »Live At The Circus Crone June 1966«, auch vom Konzert in Essen gibt es Mitschnitte (Bootlegs »Live In Essen 1966« und »What You're Doing«). Sechs Titel vom Hamburger Konzert befinden sich auf den Bootlegs »Live In Europe & US TV Casts« und »Munich At Least – Seventh Amendment« (Seite 2). Eine gute Übersicht

Die Beatles, in den 60er Jahren jede Woche in der »Bravo«

1966 sprach George Harrison auch zu den »Bravo«-Lesern

bieten die Bootleg-CDs »Die Beatles in Deutschland 1966!«, 1996 auf dem Label Invasion Unlimited erschienen, und die DoCD »Bravo Blitz Tournee« (MBE, 2001). 2003 erschien die DVD »The Beatles In Germany 24–26 June 1966« – mit allen TV-Berichten zur Tournee. Begehrte Sammelobjekte sind heute die in den 1960er Jahren in der Zeitschrift erschienenen Beatles-Starschnitte. Mit Erscheinen des Buches »The Beatles Anthology« und der CD »1« wurden auch die Beatles wieder zum *Bravo*-Thema, Heft 2/2001 enthielt sogar ein A3-Poster der Beatles. Im April 2001 ging der Bauer-Verlag mit dem Portal www.bravo.de ins Internet. Inzwischen gestaltet *Bravo* auch eigene Fernsehsendungen (»Bravo TV«). Die Auflage der Zeitschrift ist in den letzten Jahren allerdings von einst 1,5 Mill. auf 590 000 im IV. Quartal 2005 gesunken. Chefredakteur war bis August 2003 Uli Weissbrod, sein Nachfolger (kommissarisch) Alex Gernandt, heute ist Tom Junkersdorf Chefredakteur.

Lit.: Herrwerth, Thommi: Partys, Pop und Petting. Die Sixties im Spiegel der »Bravo« (Marburg 1997); Archiv der Jugendkulturen e. V. (Hrsg.): 50 Jahre BRAVO (Berlin 2005)

BRIAN EPSTEIN AUTOMOBILES LIMITED

Ein weiteres Unternehmen des Epstein-Imperiums, gegründet am 12.10.1964, Direktor: (natürlich) → *Brian Epstein*.

BRIAN EPSTEIN LIMITED

Ein weiteres Unternehmen des Epstein-Imperiums, gegründet am 10.6.1964, Direktor: (natürlich) → *Brian Epstein*.

BRICKEY BUILDING COMPANY LIMITED

(auch: Bricky Builders) Von Ringo Starr im November 1964 (nach anderen Quellen am 24.9.1965 oder 18.9.1966) gegründete Bau- und Innenausstattungs-Firma, die speziell seine baulichen Vorstellungen und die der übrigen Beatles realisieren sollte. Die Fa. übernahm u.a. die Renovierung seines Hauses.

BRIEFMARKEN

Zahlreiche Länder gaben in den vergangenen Jahrzehnten Sondermarken zu den Beatles bzw. den vier Musikern heraus, darunter die Malediven (John Lennon, 1986), Antigua & Barbuda (John Lennon, 1987), Deutschland (John Lennon, 1988), Australien/Großbritannien (John Lennon, 1988), Grenada (Paul McCartney, 1989), St. Vincent (John Lennon, 1991 und 1995), Gibraltar (4 Marken mit dem Porträt John Lennons, 1991; 2 Blöcke zur Hochzeit von John Lennon & → *Yoko Ono*, 1999), Burundi (Beatles/John Lennon, 1994), São Tomé & Principe (John Lennon, 1994), Madagaskar (John Lennon, 1994), Tansania (John Lennon, 1995), Abchasien (John Lennon, 1995), Tschad (John Lennon, 1996), Burkina Faso (The Beatles, 1998), Mali (The Beatles/John Lennon, 1999), Belgien (The Beatles, 1999/2000) und die USA (Yellow Submarine, 1999). Noch im Mai 1966 hatte es die US-Post abgelehnt, Briefmarken mit Beatles-Motiven herauszugeben. Am 8.2.1995 erschien in acht Ländern mit Erlaubnis von Yoko Ono eine Briefmarkenserie aus Anlass des 15. Jahrestages der Ermordung John Lennons als »John Lennon World Postal Salute« unter dem Motto »Rock & Roll Legends«: in Ghana, Guyana, Mali, Nicaragua, Palau, Antigua und Barbuda, Malediven (Block mit 6 Marken) und der ehemaligen Sowjetrepublik Aserbaidshan. Im New Yorker Hard Rock Café fand dazu eine Feier statt. Aber auch auf Briefmarken hat → *Apple Corps Limited* ein Auge: 1996 verklagte sie die International Collectors Society, weil diese Marken aus Madagaskar und Abchasien mit Beatles-Porträts ohne ihre Erlaubnis verkaufte. Am 1.7.2002 gab die Postverwaltung der Isle of Man sechs Briefmarken heraus, die von Paul McCartney entworfen worden waren. Insbesondere neue Staaten (bzw. »Staaten«) auf dem Gebiet der ehemaligen Sowjetunion wie Kirgistan, Tadschikistan, Karakalpakien, Sacha-Jakutien, Komi, Karjala, Udmurtien, Tatarstan, Kalmykien, Turkmenistan, Touva, Sachalin, Kurilen, Moldawien und Karelien veröffentlichten in den letzten Jahren eine Vielzahl von Beatles-Briefmarken, aber auch in Tschad, der Demokratischen Republik Kongo, Benin, Burkina Faso, Madagaskar, Tansania, Ghana, der Elfenbeinküste, Kongo (Zentralafrika), Laos, Mauritius, Somalia, São Tomé e Príncipe, Nikaragua, Uruguay, Guyana, Antigua und Barbuda, St. Vincent und den Malediven. 2006 ließ sich Edmund Thielow vom → *Beat-Archiv* in Glauchau in Österreich eigene Briefmarken drucken – mit Abbildungen seiner Publikationen und der von ihm initiierten CDE und Vinyl-Single. Übrigens sammelte auch John Lennon in (sehr) jungen Jahren Briefmarken. Sein

Briefmarken: John & Yoko in Gibraltar

Album von ca. 1950 mit 565 Marken und seinem Namenszug wurde am 13.5.2005 von einem Unbekannten für 29 950 $ (ca. 41 200 €) ersteigert und später vom National Postal Museum der Smithsonian Institution in Washington DC gekauft, wo es auch ausgestellt wurde.

THE BRIGHTS

Deutsche Beatles-Coverband aus Ruppertsberg/Rheinland-Pfalz, Besetzung: Stefan Kahne (g, voc), Achim Hoock (g, voc), Tobias Löcher (b, voc), Tim Ester (dr, voc) und Mario Eckfelder (keyb, voc). Sie belegte 2003 beim Estrel Beatles Festival Berlin den 1. Platz im Bandwettbewerb »Wir suchen die deutschen Beatles«. 2005 erschien die erste CD, u.a. mit »I Saw Her Standing There«, »Come Together« und »Back In The U.S.S.R.« sowie einigen Eigenkompositionen.

***Discogr.:** The Brights (2005)* • *www.the-brights.de*

BRIT AWARD

Seit 1982 jährlich verliehener Preis der britischen Schallplattenindustrie (zuvor: British Record Industry Award bzw. BPI Award). Die jährlich stattfindende Veranstaltung dient wohltätigen Zwecken, alle Gewinne fließen in eine Stiftung. Am 8.2.1983 wurden die Beatles im Londoner Grosvenor House Hotel für ihren »außerordentlichen Beitrag zur britischen Musik« mit einem BRIT Award geehrt. 2000 erhielt Paul McCartney bei einem Festakt in der → *Royal Albert Hall* den First Classical BRIT Award für das Album »Paul McCartney's Working Classical«. Einen »BRIT Award for outstanding contribution« lehnte Paul McCartney allerdings 2000, 2002 und 2006 ab – für eine Ehrung seines Lebenswerks war es ihm noch zu früh.

www.brits.co.uk

BRITISH BOX

Im Mai 1969 von der amerikanischen Zeitschrift *Aspen* (Roaring Fork Press Inc., New York; Issue 7) veröffentlichte Box mit 2 Flexi-Mono-Singles 33 1/3 UpM, mit »Song For John«, »Snow Is Falling All The Time«, »Let's Go On Flying«, »Mum's Only Looking For Her Hand In The Snow«, »No Bed For Beatle John« (John Lennon und Yoko Ono) und »Radio Play« (John Lennon). Die Aufnahmen unterscheiden sich geringfügig von den Aufnahmen der LP »Unfinished Music No. 2 – Life With The Lions«, erschienen am 9.5.1969 (GB; USA: 26.5.1969) auf dem Apple-Sub-Label → *Zapple Records*). Die zweite Flexi-Disc enthält Aufnahmen von → *John Taverner*. Die Box enthält des Weiteren ein kleines Tagebuch John Lennons (The John Lennon Diary 1969). Die Songs, aufgenommen wahrscheinlich zwischen dem 4. und 25.11.1968 im Queen Charlotte Hospital in London, erschienen u.a. auf den Bootlegs »Life With The Lennon's«, »This Is Not Here« und »Life With The Lions – Unfinished Music No. 2«. Die Zeitschrift erschien bis 1971, die Ausgaben sind unter www.ubu.com/aspen dokumentiert.

BRITISH BROADCASTING COMPANY

→ *BBC*.

BRITISH INVASION

Vor allem in der Fachpresse verwendeter Begriff für das Vordringen britischer Bands auf den US-amerikanischen Markt, initiiert von den Beatles. Keith Richards von den → *Rolling Stones*: »Die Beatles traten die Tür ein, und wir haben uns hinter ihnen hineingedrängelt.« Als Startschuss für die British Invasion gilt die Veröffentlichung der Single »I Want To Hold Your Hand« (b/w »I Saw Her Standing There«) in den USA am 26.12.1963 (nach anderen Quellen am 13.1.1964) auf → *Capitol Records*. Die Vorstellung, dass eine britische Band einen Hit in den USA haben könnte, war damals absurd. Aber: »Die Beatlemania eroberte Amerika – und nichts war mehr so, wie es mal war.« (Anthony DeCurtis in *Rolling Stone* 3/2001) Im Januar 1965 belegten britische Solisten und Gruppen 27 Positionen in den Top 100 der USA – dieser Prozentsatz blieb dann für den Rest der Sixties in etwa konstant. Erst ab 1967 hielten Bands wie The Doors und Buffalo Springfield dagegen. 2004 erschien eine 3-CD-Box »The British Invasion: 1963–1967«.

Lit.: McAleer, Dave: Beat Boom! Pop Goes The Sixties (London 1994); Schaffner, Nicholas: The British Invasion – From The First Wave To The New Wave (New York 1982); 26 Days That Rocked The World (Los Angeles 1978); Leach, Sam: The Beatles On Broadway (Manchester 1964); Kelly, Michael Bryan: The Beatle Myth – The British Invasion Of American Pop Music 1956–1969 (Jefferson 1991); Kendall, Brian: Our Hearts Went Boom: The Beatles' Invasion Of Canada (Toronto 1997), Harry, Bill: British Invasion – How The Beatles And Other UK Bands Conquered America (London 2004)

BRITISH ROCK: THE FIRST WAVE

Ein seit Februar 1986 auch auf Video erhältlicher britischer TV-Dokumentarfilm mit folgenden Beatles-Beiträgen: Ausschnitten aus den Pathé-Farbfilmen, aufgenommen bei einem Konzert in Manchester im November 1963, der Auftritt der Beatles im schwedischen Fernsehen im Oktober 1963, »Can't Buy Me Love« aus dem Poll Winner's-Konzert des → *New Musical Express* am 26.4.1964, »She's A Woman« aus dem Poll Winner's-Konzert am 11.4.1965, einem Song aus dem Konzert in Washington, D.C. am 11.2.1964, einem Ausschnitt aus Johns Pressekonferenz am 11.8.1966 in Chicago und Berichten von der Eröffnung der → *Apple Boutique* im Dezember 1967 und der Premiere des Films »Yellow Submarine« am 17.7.1968 im London Pavilion am Piccadilly Circus.

BRITISH ROCK SYMPHONY

Sinfonisches Werk von Roger Daltrey (Ex-The Who), 1999 auf CD (später auch auf DVD, 90 min) erschienen. Thelma Houston, Roger Daltrey, Ann Wilson, Paul Rodgers, Eric Burdon, Alice Cooper, Tommy Shaw und Nigel Kennedy singen und spielen Songs von den → *Rolling Stones*, Led Zeppelin, → *Pink Floyd*, The Who und The Beatles, u.a. eine »Peace Suite« (mit »Give Peace A Chance«, »Imagine«, »Penny Lane«, »Blackbird«, »Come Together«), eine »Celebration Suite« (u.a. mit »A Hard Day's Night«), »While My Guitar Gently Weeps«, »Let It Be«, »With A Little Help From My Friends« und »Norwegian Wood«.

BRODSKI, VADIM

Polnischer Geigenvirtuose, der mit der Polska Filharmonia Kamerata unter Bohdan Jarmolowicz 1995 im Schloss Łancut einen Beatles-Abend gab, mit z.T. eigenen Arrangements von »Klassikern« wie »Michelle«, »Yesterday«, »Eleanor Rigby« und »Honey Pie«, aber auch Songs wie »And I Love Her«, »When I'm Sixty-Four«, »Martha My Dear«, »Here, There And Everywhere«, »She's Leaving Home« und »Across The Universe«. Eine Aufzeichnung des Konzertes wurde später mehrmals von TV Polonia gesendet.

BROOKFIELD HOUSE

Im November 1968 kaufte Ringo Starr dieses Haus in der Cot Mill Lane in Elstead bei Guildford in Surrey für 70 000 £ von → *Peter Sellers*, Mitte November zog er mit Maureen und den Kindern dort ein. Im Dezember 1969 verkaufte Ringo Starr das Haus an den Rockmusiker Stephen Stills. 1998 wurde das Haus für 1,7 Mill. £ erneut zum Verkauf ausgeschrieben.

BROWN, KENNETH »KEN«

Liverpooler Gitarrist und Sänger, der 1959, als → *The Quarrymen* gerade eine Pause einlegten, in → *The Les Stewart Quartet* spielte. Die Band trat vorwiegend im Lowlands Club in West Derby auf. Dann re-formierte er mit George Harrison, John Lennon und Paul McCartney The Quarrymen und spielte mit diesen im → *Casbah Coffee Club* – bis zu einem Abend, wo er aufgrund von Schmerzen im Bein nicht auftreten konnte. Mona Best bezahlte ihn an diesem Abend als Einlasser und Kassierer, was die anderen Quarrymen nicht akzeptieren wollten. Er gründete dann mit → *Pete Best* → *The Black Jacks*. Am 28.8.1999 trat Brown noch einmal mit Pete Best und → *Chas Newby* im Casbah Coffee Club aus Anlass seines 40-jährigen Bestehens auf.

BROWN, PETER

Freund von → *Brian Epstein*, * in Bebington in the Wirral, gleich neben Liverpool. In den 1950er Jahren war er Leiter der Schallplattenabteilung von Lewis's, des größten Schallplattengeschäftes Liverpools, dann Manager der NEMS-Verkaufsstelle in der Great Charlotte Street. 1965, nach Wendy Hansons Weggang, holte ihn Brian Epstein als seinen persönlichen Assistenten nach London. Nach dem Tode Epsteins arbeitete er als General Manager für → *The Beatles & Co. Limited* und dann bei → *Apple Corps Limited*; Trauzeuge bei der Hochzeit von John Lennon und → *Yoko Ono* am 20.3.1969 in Gibraltar und Pressesprecher des Paares. Auch er sollte 1968 nackt auf dem Cover der LP »Two Virgins – Unfinished Music No. 1« erscheinen, wurde aber wegretuschiert. Immerhin: John Lennon erwähnte ihn namentlich in dem Song »The Ballad Of John And Yoko«: »Peter Brown called to say, ›You can make it OK, you can get married in Gibraltar near Spain‹.« 1970 verließ er Apple und arbeitete für die Robert Stigwood Organisation in New York. 1979 überredete ihn der Journalist Steven Gaines, seine Memoiren zu Papier zu bringen.

Lit.: Brown, Peter; Gaines, Steven: The Love You Make: An Insider's Story of the Beatles (New York 1983, New York 1984, London 1984, frz. u.d.T. »Yesterday – Les Beatles: Voyage intime dans une legende«, Paris 1984; London 2002)

BRYCE, HANMER AND ISHERWOOD LIMITED

Liverpooler Finanzberatungsunternehmen mit einer Filiale in London (Albemarle Street), verantwortlich für die finanziellen Aktionen der Beatles bzw. von → *Apple Corps Limited*, geleitet von Harold »Harry« Pinsker, der auch im Aufsichtsrat von Apple Corps Limited saß. Nach Erscheinen der LP »Unfinished Music

No. 1 – Two Virgins« am 11.11.1968 legte er sein Amt nieder. Die finanziellen Angelegenheiten wurden fortan von Stephen Maltz geregelt, einem Juniorpartner des Unternehmens, der seit Gründung der Firma bei Apple gearbeitet hatte. Auch er warf jedoch im November 1968 das Handtuch, nachdem er die Beatles eindringlich schriftlich auf ihre prekäre finanzielle Situation hingewiesen hatte. Sein Resümee: »Ihre persönlichen Finanzen sind ein Chaos. Apple ist ein Chaos.« Zu den Mitarbeitern gehörte auch der Steuerberater Dr. Walter Strach (»Uncle Walter«), einer der Finanzberater der Beatles. Er wohnte in Weybridge (»Elmleigh«) und empfahl den Beatles dorthin zu ziehen. George Harrison war sauer auf ihn, als er am 25.2.1964 eine Geburtstagsparty für ihn organisierte und dazu, ohne ihn zu informieren, die Presse einlud. Er beriet die Beatles auch persönlich, wo sie ihr Geld investieren sollten. Auf Bitten der Beatles zog er für ein Jahr auf die Bahamas. Er schlug den Beatles dann vor, Teile des Filmes »Help!« im British Commonwealth of Nations, d.h. auf den Bahamas, zu drehen und ihre Gewinne aus dem Film in Cavalcade Productions zu investieren, ein auf den Bahamas registriertes Unternehmen, gegründet von den Beatles und → *Walter Shenson* und von Strach verwaltet.

Als das englische Pfund 1967 abgewertet wurde, machten sie allerdings Verlust. James Trevor Isherwood gründete am 12.5.1964 den Musikverlag → *LenMac Limited*, um die Zahlungen der Performing Rights Society an John Lennon und Paul McCartney, d.h. die Tantiemen ihrer Songs, zu verwalten. Geschäftsführer waren John Lennon und Paul McCartney. Isherwood hatte zuvor in → *Brian Epsteins* Möbelgeschäft in Liverpool gearbeitet, später war er Bilanzbuchhalter, er brachte auch → *Northern Songs Limited* an die Börse.

BUDOKAN HALL

Kaum ein namhafter Künstler, der nicht in der renommierten Nippon Budokan in Tokyo, erbaut für die Judo-Wettbewerbe zu den Olympischen Spielen 1964, auftrat – → *Bob Dylan*, → *Eric Clapton*, Sheryl Crow, Bryan Adams, Ian Gillan, Ozzy Osbourne, Asia – und natürlich auch die Beatles (30.6.–2.7.1966, fünf Auftritte). Der Beweis: die → *Bootleg*-LP »Live Beatles – Nippon Budokan Hall, Tokyo«, 1987 auf dem italienischen Label Bulldog erschienen, die in Japan (Black Disc Inc.) erschienene Doppel-LP »In Budokan 1966.6.30/7.1« und weitere Bootlegs wie »Live In Tokyo«, »The Beatles On Stage In Japan – The 1966 Tour«, »Live At The Judo Arena« (Image Disc) und »Tokyo '66«. Inzwischen liegen auch diverse Bootleg-DVDs mit Mitschnitten vor. Die Beatles waren die ersten Musiker, die in der bis dahin nahezu »heiligen« und dem Kampfsport vorbehaltenen kaiserlichen Arena auftraten. Über 35 000 Sicherheitskräfte wurden aufgeboten, um die Beatles an diesen vier Tagen in Tokyo zu beschützen, bei den Konzerten saßen weitere 3 000 Sicherheitskräfte im Publikum. Das erste Popkonzert in der Halle hatte landesweite Proteste ausgelöst. Damit das Publikum nicht die Bühne stürmen konnte, wurde sie auf 2,50 Meter erhöht. Bereits das erste Konzert besuchten ca. 10 000 Fans. Das Konzert am 30.6.1966 wurde vom japanischen Fernsehen NTV aufgezeichnet und am nächsten Tag gesendet. In den 1970er Jahren wurde ein kompletter Konzertmitschnitt als Super 8-Film verkauft, später auch als Video. Am 7.10.2005 trat → *Yoko Ono* aus Anlass des 25. Jahrestages der Ermordung von John Lennon in der Halle auf – mit Beatles-Songs! Ein Teil der Einnahmen ging an Waisenkinder in Afrika und Asien.

BUILT AROUND
Gemeinsames Kunstevent von John Lennon und → *Yoko Ono* im Mai 1968 in der Galerie Arts Laboratory in der Drury Lane in London, ein Teil davon war Yoko Onos Happening »Objects To Be Taken Apart Or Added To«. »Built Around« war der Titel einer Skulptur von John Lennon, die der *Observer* in einer Kritik als »eine lange, niedrige weiße Platte mit zwei Holzleisten drauf und verziert mit weißen, zerbrochenen Kunststoffbechern und zwei Türgriffen aus Porzellan« beschrieb.

THE BUMBLERS
Im Juli 1964 berichtete der → *New Musical Express*, dass eine Gruppe mit diesem Namen eine Beatles-Parodie aufnehmen würde. Die Gruppe bestünde aus Frank Sinatra, Sammy Davis jr., Dean Martin und Bing Crosby. Wahrscheinlich handelte es sich dabei um ein Gerücht, zumindest verschweigen alle Frank-Sinatra-Biographen diese Eskapade.

BUTCHER-COVER
Bezeichnung für das Original-Cover der LP »Yesterday ... And Today«, erstmals erschienen am 14.6.1966 in den USA auf → *Capitol Records*. Das Cover zeigte die Beatles in Fleischerhemden inmitten von rohen Fleischstücken und zerteilten Baby-Puppen, fotografiert am 23./25.3.1966 von → *Bob Whitaker* in seinem Studio in 1 The Vale, off the King's Road im Londoner Stadtteil Chelsea, und wurde nach Protesten der Öffentlichkeit am 16.6.1966 schnell wieder zurückgezogen – es waren immerhin ca. 60 000 Exemplare der LP an Radiosender, die Presse und Capitol-Filialen verteilt worden. Nach Aussage von → *Brian Epstein* sollte das Cover die Meinung der Beatles zum Krieg symbolisieren. Für John Lennon, der wohl auch die Idee dazu hatte, war es »so relevant wie Vietnam«. Alan W. Livingston von Capitol Records hatte als Test 500 Vorabexemplare der LP mit dem Butcher-Cover an die Vertreter verschickt, nachdem die Beatles auf dem Cover bestanden hatten. Erst dann erhielt er von Brian Epstein das neue Cover. Das Cover wurde mit einem neutralen, zum Image der Beatles als nette Jungen passenden Foto überklebt. Capitol-Mitarbeiter mussten dafür am Wochenende arbeiten. Am 20.6.1966 erschien die LP mit neuem, neutralem Cover. Neugestaltung und Austausch der Cover kosteten Capitol immerhin ca. 200 000 $. Zum ersten Mal war das Foto in → *Disc and Music Echo* als Anzeige bzw. zur Promotion der Single »Paperback Writer«/»Rain« im Mai/Juni 1966 erschienen. Das Cover wurde auch für → *Bootlegs* wie »Casualties« auf Richard Records und »Capitol«, »Yesterday And Today« (Konzert in der → *Hollywood Bowl* am 23.8.1964, SHEA 1, erschienen anlässlich der 4th Annual Beatle Convention 1980 in Chicago), »Yesterday, Today & Forever« (mit Aufnahmen aus Sendungen der → *BBC* 1963–1966) und »Last Live Show« (SHEA 1/2) verwendet. Offiziell erschien es dann auf dem Innencover der amerikanischen »Rarities«-CD. Sammler zahlen mittlerweile ca. 4 000 € für eine Platte mit dem Butcher-Cover, überklebte Cover kosten noch ca. 250 €. Eine noch eingeschweißte Stereo-Version der LP »Yesterday ... And Today« mit dem Butcher-Cover wurde Ende 1992 in den USA sogar für 37 000 $ verkauft!
www.eskimo.com/~bpentium/butcher.html

BYE BYE BLACKBIRD
Song von Mort Dixon/Ray Henderson aus dem Jahre 1926, Mitte 1929 ein Vaudeville-Song von Georg Price, später ein Hit für Eddie Cantor, arrangiert von Maurice Gibb von → *The Bee Gees*, aufgenommen am 5.3.1970 von Ringo Starr und einem 36-köpfigen Orchester und erschienen auf dessen

erster Solo-LP »Sentimental Journey« am 27.3.1970.

THE BYRDS

»Die Zeitgenossen der ›Beatles‹ galten als die amerikanische Antwort auf die vier Liverpooler«, konstatiert Christian Graf im »Rockmusik Lexikon« (Hamburg 1989) – und sie waren gute Freunde der Beatles, wie Paul McCartney in einem Interview bestätigte. George Harrison soll sie sogar als »amerikanische Beatles« bezeichnet haben. Im Sommer 1965 hatten Roger McGuinn (g, voc), David Crosby (g, voc), Gene Clark (voc, perc), Mike Clarke (dr), von Bob Dylan gefördert, mit »Mr. Tambourine Man« und »All I Really Want To Do« ihre ersten Hits, denen bald weitere folgten. Am 2.9.1964 verbrachten Paul McCartney und → *Jane Asher* in Philadelphia einen Abend mit der Band, am 2.8.1965 waren sie mit den Byrds im Londoner Club Scotch Of St James, drei Tage später besuchten John Lennon und George Harrison ein Konzert der Byrds in Blaises, London, am 6.8. erlebt sie auch Paul McCartney – im Londoner Flamingo Club. Als Roger McGuinn 1964 George Harrison im Film »A Hard Day's Night« eine 12-saitige → *Rickenbacker* spielen sah, stieg er auch auf diese Gitarre um. Am 24./25.8.1965, auf ihrer USA-Tournee, trafen die Beatles Roger McGuinn und David Crosby noch einmal auf einer Party in dem von ihnen gemieteten Haus in Benedict Canyon in Beverly Hills/Calif., nachdem sie eine Aufnahmesession zu »The Times They Are A-Changin'« besucht hatten. Am 1.9.1965, bevor sie zurück nach London flogen, trafen sie sich noch einmal. 1965 arbeitete auch → *Derek Taylor* für die Byrds, er kam mit ihnen nach Großbritannien und schickte den Beatles Exemplare ihres Debütalbums »Mr. Tambourine Man«. Dave Crosby soll George Harrison auch → *Ravi Shankar* empfohlen haben. Anfang 1966 begann eine Fluktuation, die schließlich zur Auflösung der Band führte. Am 28.8.1966, auf der letzten Pressekonferenz der Beatles als Tourband, nannte John Lennon die Byrds als eine seiner Lieblingsbands in den USA.

Lit.: Rogan, Johnny: The Byrds – Timeless Flight Revisited (London 1998, London 2001)

BYRNE, NICHOLAS »NICK«

Londoner Unternehmer, der im Januar 1964 von → *Brian Epstein* die Erlaubnis erhielt, Fan-Artikel mit den Bildern der Beatles herzustellen und zu vertreiben. Gegen 15 % Umsatzbeteiligung vergab sein Unternehmen STRAMSACT weltweit Lizenzen zur Vermarktung der Beatles. Die amerikanische Filiale seines Unternehmens war → *Seltaeb*. Er zahlte → *NEMS Enterprises Limited* 10 % seiner Einnahmen aus der Vermarktung der Beatles. Später soll zumindest Seltaeb knapp 50 % an NEMS gezahlt haben. Der Rechtsanwalt → *David Jacobs* war von Epstein beauftragt worden, die Verträge mit Byrne auszuhandeln. Epstein verklagte dann Seltaeb über → *Geoffrey Ellis*, da sie nicht korrekt zahlten. Seltaeb strengte eine Gegenklage an. Den Beatles entgingen durch diese Geschäfte geschätzte 100 Mill. $ Einnahmen.

C

CAGE, JOHN

Amerikan. Avantgarde-Komponist, * 5.9.1912 in Los Angeles/Calif. Er wurde in seiner künstlerischen Entwicklung vor allem von Henry Cowell und Arnold Schönberg beeinflusst. Ab 1951 experimentierte er mit Musik für Tonband. Eine Komposition für präparierte Klaviere, 1954 bei den Donaueschinger Musiktagen aufgeführt, machte ihn auch in Europa bekannt. Er schuf zahlreiche audiovisuelle Werke. Er gilt als Pionier der elektronischen bzw. Computermusik, sein Werk umfasst etwa 250 Kompositionen. Seine Ideen sind in dem Sammelband »Silence« (Middletown/Conn. 1961; dt. von Ernst Jandl, edition suhrkamp 1477, Neue Folge 477, Frankfurt/M. 1987) und der Beispielsammlung »Notations« (New York 1969, mit Alison Knowles) dargelegt. Paul McCartney hörte Musik von John Cage zum ersten Mal Mitte der sechziger Jahre bei → *Barry Miles*, insbesondere die Komposition »Indeterminacy«, bei der elektronische Klänge und ein Piano Cages einminütige von ihm gesprochene Geschichten untermalen. »Paul war von Cages Ideen ganz angetan: dass man alles spielen und der Klang eines zerknüllten Stücks Papier für eine Partitur herhalten könne, dass jedem Geräusch musikalisches Potenzial innewohnt«, schrieb Miles später. (*musikexpress The Beatles Special Limited Edition*, Vol. 1, 2002) John Cages Einfluss zeigt sich z.B. bei »A Day In The Life«. Paul McCartney: »Es war nur eine Zeitspanne, eine willkürliche Anzahl von Takten, stark inspiriert von John Cage.« † 12.8.1992 in New York.

Lit.: Revill, David: Tosende Stille. Eine John Cage-Biographie (München 1995) • www.johncage.de; www.johncage.info

CALDWELL, IRIS

Die Schwester des Liverpooler Musikers Rory Storm (→ *Rory Storm and The Hurricanes*) war im zarten Alter von zwölf Jahren die erste Freundin von George Harrison, damals gerade 14. Ihre Mutter erinnert sich: »George kam drei Mal in der Woche zum Fernsehen. Er und Iris saßen und hielten Händchen.« Die »Beziehung« hielt einige Jahre, aber mit 17 war sie plötzlich die Freundin Paul McCartneys. Sie behauptete sogar, »Love Me Do« hätte dieser nur für sie geschrieben. Ein Jahr waren sie zusammen, Paul schrieb ihr aus Hamburg noch immer glühende Liebesbriefe. Als → *Jane Asher* auf die Bildfläche trat, hatte sie keine Chance mehr. 1964 heiratete sie den Sänger Shane Fenton, der sich später Alvin Stardust nannte. Sie hatten zwei Kinder, ließen sich aber einige Jahre später scheiden. 1983 heiratete Iris Caldwell erneut.

CALDWELL-HARRISON, LOUISE

→ *Harrison, Louise*.

CALEB

Neben → *Magic Alex* eine weitere schillernde Figur im Apple-Imperium der 1960er Jahre. Der langhaarige Kartenleser wurde lange Zeit ernsthaft befragt, wenn es um wichtige Verträge, eventuelle Charts-Positionen von Apple-Platten o.ä. ging. Er vertrat sogar John Lydon kurzzeitig in der → *Apple Boutique*. Er stellte auch tägliche Horoskope für die Apple-Mitarbeiter aus. Irgendwann wurde die Apple-Crew seiner überdrüssig. Er endete in einem Asyl.

CAMBRIDGE

26:30 Minuten lange Suite von John Lennon/ Yoko Ono als typische Yoko-Ono-Improvisation mit John Lennon an der Feedback-Gitarre, erschienen auf Seite 1 der LP »Unfinished Music No. 2 – Life With The Lions«, aufgenommen am 2.3.1969 in der Lady Mitchell Hall in Cambridge/GB und erschienen am 9.3.1969.

CAN YOU TAKE ME BACK

Kein richtiger Song, sondern ein lediglich 27 sec langer Soundschnipsel am Ende des »Weißen Albums«, zwischen »Cry Baby Cry« und »Revolution 9«, aufgenommen von Paul McCartney am 16.9.1968 (bei den Aufnahmen zu »I Will«). Auf dem Cover ist der »Song« nicht genannt. Der »Text« besteht aus ebendieser Frage und fünf weiteren Worten. Ursprünglich war der Titel 2:21 min lang. Wer genau hinhört, kann Anklänge an die Musik der nordamerikanischen Indianer erkennen.

CAN'T BUY ME LOVE

1. Song von John Lennon/Paul McCartney, aufgenommen am 29.1.1964 (Instrumente) in den Studios von Pathé Marconi in Paris und am 25.2.1964 (Gesang) in den → *Abbey Road Studios* in London, erstmals erschienen am 20.3.1964 auf Single, am 10.7.1964 auf der LP »A Hard Day's Night«, am 6.12.1965 auf der EP »The Beatles' Million Sellers«, am 9.12.1966 auf der LP »A Collection Of Beatles Oldies (But Goldies)« und am 28.10.1994 auf der DoCD »Live At The BBC«. Eine weitere Version erschien im November 1990 auf Paul McCartneys CD »Tripping The Live Fantastic«. Die Single, die einige Monate vor dem Film »A Hard Day's Night« erschien, kam in das → *Guinness Book Of Records*, weil bei Erscheinen bereits 3 Mill. Vorbestellungen vorlagen. John, Paul (beide Gitarre) und Ringo (Perkussion) sollen später eine Alternativ-Version aufgenommen haben (George ist nur zu hören, als er die Toilettenspülung betätigt), aber → *George Martin* war gegen eine Veröffentlichung. Zahlreiche → *Cover-Versionen*, u.a. von Count Basie, Ella Fitzgerald, John Pizzarelli, Tom Jones, Bornagen, Ena Baga, Billy Lee Riley (harm), The Hobos, The Beattells, Gonzo Salvage Company, Rundfunk-Tanzorchester Berlin, Didi & His ABC-Boys (»Nicht eine Mark«), The George Martin Orchestra, The Chipmunks, Brenda Lee, Louis Armstrong, B-Four, Jive Bunny & The Mastermixers, Dick James, Mary Wells, Shenandoah, The Hill/Wiltschinsky Guitar Duo, Guianko (»No Puedes Comprarme«), The Day Trippers, Blacksweet, Jensen Singers, The Bugs, The Why, B-Four, Pinky & Perky, The Hollyridge Strings, Les Lionceaux (»Je ne peux l'âcheter«), The Royal Symphonic Rock Orchestra Vienna, Hard Day's Night, Welsh National Orchestra, Austria Pop Symphony Orchestra, Laurence Juber, The Punkles, Bernd Frank, Cathy Berberian, Eva Pilarová, Orchester Bert Kaempfert, Carbara Casini Quartet, James Last, Electric Sound Orchestra (d.i. Martial Martinay), Stanley Turrentine, The Ray Hamilton Orchestra, Friend 'n Fellow, B-Four, The Silhouettes und Orchester Henry Mancini.

2. Filmkomödie des amerikanischen Regisseurs Steve Rash aus dem Jahre 1987 u.a. mit Patrick Dempsey, Amanda Peterson, Courtney Gains und Tina Caspary. Außer dass der Beatles-Song als Titel- und als Schlussmelodie herhalten musste, hat der Film nichts mit den Beatles zu tun. Am 18.8.1996 lief er auch im deutschen Fernsehen (RTL).

CANDLESTICK PARK

In diesem Football- und Baseball-Stadion in San Francisco/Calif. (Jamestown and Harney Way) fand am 29.8.1966 vor 25 000 Fans das letzte Konzert der vierten USA-Tour und das letzte öffentliche Konzert der Beatles überhaupt statt (abgesehen von ihrem → *Rooftop Concert* auf dem Londoner Apple-Gebäude am 30.1.1969). Bereits am 21.8.1966, bei ihrem Konzert im Busch Stadium in St. Louis/Missouri, kamen die Beatles zu dem Entschluss, nicht mehr öffentlich aufzutreten. Als Vorgruppen traten The Cyrkle, The Ronettes und Bobby Hebb and the Remains auf; im Publikum saßen u.a. die Sängerinnen → *Joan Baez* und Mimi Fariña. → *Neil Aspinall* und → *Tony Barrow* schnitten mit einem Recorder das Konzert mit, das Band wurde 1988 versteigert, der Mitschnitt ist inzwischen auf diversen → *Bootlegs* (»Live At San Francisco Candlestick Park«, »Candlestick Park«, »Candlestick Park San Francisco«, »Live In Paris 1964 And In San Francisco 1966«, »Shea!/Candlestick Park«, »Beatles '66 Munich–San Francisco«, »Big Events Of '66«) erhältlich, jedoch aufgrund der schlechten Qualität von »rein historischem Interesse«. Zudem war offenbar das Band früher als die Show zu Ende. Die Beatles spielten und sangen in ihrem letzten Konzert »Rock'n'Roll Music«, »She's A Woman«, »If I Needed Someone«, »Day Tripper«, »Baby's In Black«, »I Feel Fine«, »Yesterday«, »I Wanna Be Your Man«, »Nowhere Man«, »Paperback Writer« und »Long Tall Sally«. Sie begannen noch ein paar Takte von »In My Life«, brachen jedoch plötzlich ab und verließen die Bühne. → *George Martin* später: »In San Francisco wurden zwar die Beatles als Live-Band zu Grabe getragen, aber dort wurde auch Sgt. Pepper geboren.« Hätte allerdings jemand geahnt, dass es das letzte öffentliche Konzert der Beatles ist, wären die ca. 20 000 freien Plätze sicher besetzt gewesen ... Der Eintritt kostete übrigens damals gerade mal 6,50 $. Eine unbeschädigte Eintrittskarte des Konzerts ist inzwischen ca. 300 € wert. Zwei Tage später flogen die Beatles nach London zurück.

Lit.: Lefcowitz, Eric: Tomorrow Never Knows – The Beatles' Last Concert (1987)

CANDY

Italienisch-amerikanischer Film aus dem Jahre 1968 (115 min, Cinema Releasing), Regie: Christian Marquand (15.3.1927–22.11.2000), u.a. mit Marlon Brando, Walter Matthau und Charles Aznavour, in dem Ringo Starr einen mexikanischen Gärtner namens Emmanuel spielt, der der jungen Blondine Candy (Ewa Aulin, Ex-Miss Teen Sweden) nachstellt. Ringo ließ sich für diese Rolle die Haare schwarz färben und lernte, mit mexikanischem Akzent zu sprechen. Gedreht im November/Dezember 1967, u.a. in Rom, Drehbuch Buck Henry, nach einem Buch von Terry Southern und Mason Hoffenberg. Premiere am 30.12.1968 in New York, britische Erstaufführung am 20.2.1969 im Odeon Cinema im Londoner Stadtteil Kensington. Der Soundtrack, komponiert und dirigiert von Dave Grusin, u.a. mit → *The Byrds* und Steppenwolf, ist am 30.12.1968 auf ABC Records (USA) und am 14.3.1969 auf Stateside (GB) erschienen. Der Film ist inzwischen auch auf DVD erhältlich.

CANNABIS

→ *Marihuana.*

CAPITOL RECORDS

Schallplatten-Label des Unternehmens Capitol Records, Inc. in den USA, am 9.4.1942 in Los Angeles von den Songwritern Johnny Mercer und Glenn Wallichs und dem Schallplattenhändler Buddy De Sylva gegründet, um die Musiker der West Coast zu fördern. Das Label hieß anfangs Liberty Records, hatte aber bald mit der Schellack-Knappheit der Kriegsjahre zu kämpfen. 1955 erwarb → *EMI* für 8,5 Mill. $ (3 Mill. £) eine Mehrheit, um auf dem amerikanischen Markt Fuß zu fassen. »Capitol Records gingen den Bach hinunter, als Johnny Mercer und die anderen das Label an eine Bande talentloser Buchhalter verkauften«, schrieb Donald Clarke rückblickend im März 1988 im *Jazzletter*. Seit Ende 1963 (»I Want To Hold Your Hand«/»I Saw Her Standing There«) erschienen auf diesem Label die Beatles-Singles und -LPs in Lizenz für den amerikanischen Markt, nachdem die Label-Chefs Dave Dexter Jr. und Alan W. Livingston (1962–1968 Präsident von Capitol Records) die ersten Singles als »ungeeignet für den amerikanischen Markt« abgelehnt hatten. Capitol Records »streckte« allerdings die in Großbritannien erschienenen Alben – aus acht wurden elf LPs mit einer Spieldauer von jeweils lediglich ca. 30 min. So wurde z.B. die LP »Beatles For Sale« in den USA zu »Beatles '65« und »Beatles VI«. Dave Dexter Jr. ersetzte auf den ersten beiden Capitol-Beatles-LPs kurzerhand den Namen → *George Martin* durch seinen eigenen. Am 10.2.1964 überreichte Alan W. Livingston den Beatles in New York zwei → *Goldene Schallplatten* für 1 Mill. verkaufte Exemplare von »I Want To Hold Your Hand« und 1 Mill. $ Verkaufserlöse für die LP »Meet The Beatles«. In Kanada erschienen auf dem dortigen orangegelben Capitol-Label z.T. abweichende Veröffentlichungen, darunter 1963 auch die Single »From Me To You«. Am 11.10.1965 erschienen sechs Singles der Beatles als »Capitol Starline«, am 30.11.1981 17 weitere. Im Sommer 1966, nachdem ein Magazin John Lennons Behauptung, die Beatles seien populärer als Jesus, kolportiert hatte, verloren die Capitol-Aktien beträchtlich an Wert. Die Beatles hatten einen Vertrag mit EMI/Capitol bis 1976, konnten aber im September 1969 mit Hilfe von → *Allen Klein* bessere Bedingungen aushandeln – ihre Tantiemen stiegen von 17,5 % auf 25 %. Andrew Slater, später Capitol-Chef: »In den sechziger Jahren war es gängige Praxis, dass amerikanische Plattenfirmen spezielle, für die Bedürfnisse des US-Marktes konzipierte Editionen britischer Veröffentlichungen herausbrachten. So fanden sich in den USA die Singles immer auf den aktuellen Alben, in England favorisierte man hingegen getrennte Veröffentlichungen. Höhere Kosten für die Musikverlage machten es bei uns überdies praktisch unmöglich, eine vergleichbar große Zahl von Songs wie in anderen Ländern auf die Alben zu packen.« (*Rolling Stone* 12/2004) Im November 1971 erschienen alle Capitol-LPs und -Singles der Beatles mit dem Apple-Logo (aber der Original-Capitol-Katalognummer). Nicht zuletzt dank der Beatles war Capitol Records Mitte der 1970er Jahre das viertgrößte Schallplattenunternehmen der USA. Zum Künstlerstamm gehör(t)en u.a. Dean Martin, Frank Sinatra, Diana Ross, The Band, Tina Turner, → *The Beach Boys*, Nat King Cole und Stan Kenton. Alan W. Livingston plaudert in dem Buch »The Beatles' Story on Capitol Records« ausführlich über die Beziehungen

Capitol Records: Rubber Soul (1965)

zu den Beatles. 1979 wurde Capitol Teil der EMI Music Worldwide. In den 1980er Jahren erschienen auf Capitol u.a. auch Solo-Alben von Paul McCartney. Capitol kann heute mit über 50 Nr.-1-Singles und mehr als 40 Nr.-1-Alben auf eine beeindruckende Bilanz verweisen. 1993 erschien eine → *Bootleg*-CD »Capitol Rare Masters«, 1997 »The Capitol Versions«. Eine sehr gute Konkordanzliste, mit Kreuzverweisen aller zwischen Oktober 1962 und August 1966 erschienenen 118 Beatles-Songs von den britischen auf die amerikanischen Alben ist im Anhang 3 von Judson Knights Buch »Abbey Road To Zapple Records« (Dallas/Texas 1999) enthalten. Die sieben CDs der → *Bootleg*-Serie »The Capitol Versions« enthalten die amerikanischen Versionen der Beatles LPs von »Early Beatles« bis »Magical Mystery Tour«. 2002, zum 60. Geburtstag des Labels, erschien eine 6-CD-Box mit 96 Titeln aus der Geschichte des Labels: »Capitol Records 1942–2002« (als Limited Edition und Limited Deluxe Edition – mit Buch) – natürlich auch mit einer Aufnahme der Beatles. 2004 erschien die 4-CD-Box »The Beatles – The Capitol Albums Vol. 1« mit den Alben »Meet The Beatles«, »Second Album«, »Something New« und »Beatles '65« in Mini-Sleeves-Versionen der originalen Album-Cover, 2006 die 4-CD-Box »The Beatles – The Capitol Albums Vol. 2« mit »The Early Beatles«, »Beatles VI«, »Help! – Original Soundtrack Album« und »Rubber Soul«.

Die 46 remasterten Tracks sind zweimal vertreten: in der Mono-Fassung und in Stereo- bzw. Duophonic Sound. Ende 2005 warfen Paul McCartney, Ringo Starr und die Erben von John Lennon und George Harrison Capitol Records und EMI vor, ihrer Pflicht, »transparent und fair abzurechnen«, nicht nachgekommen zu sein. Streitwert: 44 Mill. €

Lit.: Spizer, Bruce: The Beatles' Story on Capitol Records, Part One: Beatlemania & The Singles (New Orleans 2000, London 2000), Part Two: The Albums (New Orleans 2001) • www.capitol-music.de

CARL ALAN AWARD FOR MUSICAL ACHIEVEMENT

Am 23.3.1964 zeichnete der Duke of Edinburgh (Prince Philip) die Beatles im Empire Ballroom in Leicester Square, London, mit diesem Preis aus – als »Beste Gruppe« und für die »Beste Single« (»She Loves You«). Die Auszeichnung wurde von der → *BBC* live im Fernsehen übertragen.

CARNEGIE HALL

Große Konzerthalle in New York City, 7th Avenue and West 57th Street. Hier hatten die Beatles am 12.2.1964 um 19.45 Uhr und 23.15 Uhr zwei jeweils 34-minütige Auftritte, organisiert von → *Sid Bernstein*, die eigentlich auf einem Live-Album bei → *Capitol Records* dokumentiert werden sollten, was aber nie realisiert wurde (Oder doch?

The Beatles At Carnegie Hall (12.2.1964)

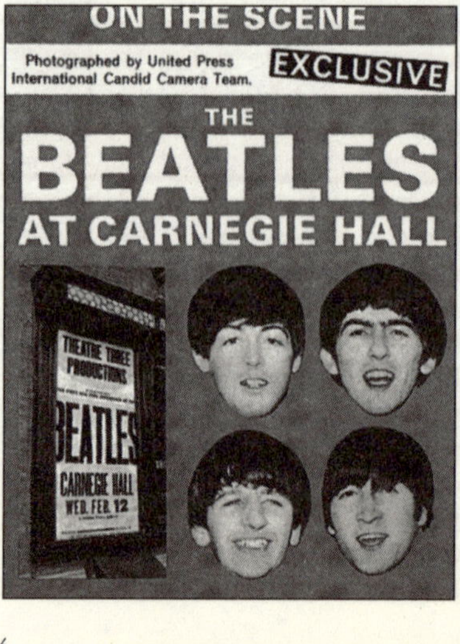

Die Aufnahmen sind zumindest noch nicht aufgetaucht). Wahrscheinlich hatte die Musikergewerkschaft American Federation of Musicians Einspruch erhoben. Die Tickets waren innerhalb eines Tages restlos vergriffen. Immerhin: Die Betreiber hatten bis dato sogar Offerten der Manager von → *Elvis Presley* und → *Carl Perkins* abgelehnt. Wie Judson Knight in seinem Buch »Abbey Road To Zapple Records« (Dallas/Texas 1999) berichtet, pries Bernstein den Verantwortlichen in der Carnegie Hall die Beatles als Beitrag zur »Förderung der internationalen Verständigung« und als ein »Phänomen« an, was diese wohl als eine Art Streichquartett angesehen haben müssen. So waren die Beatles zumindest die erste Rock'n'Roll-Band, die in der altehrwürdigen Carnegie Hall auftrat. Sowohl Bernstein als auch → *Murray the »K«* ermahnten deshalb das Publikum zur Besonnenheit. Egal: Die Beatles verdienten mit den beiden Auftritten exakt 9 335,78 $.

Lit.: Cosham, Ralph: The Beatles At Carnegie Hall (London 1964) • www.carnegiehall.org

CARNIVAL OF LIGHT

Psychedelisches Event im Londoner Roundhouse am 4.2.1967 (also fast die »Mutter aller Raves«). Die Beatles nahmen dafür mit → *George Martin* am 5.1.1967, bei den »Sgt. Pepper«-Sessions, 13 min 48 sec diverse Geräusche auf, darunter eine Kirchenorgel und eine gurgelnde Person. John Lennon und Paul McCartney schrien wild »Are You Alright?« und »Barcelona!«. Paul McCartney übergab das Band den Organisatoren des Events. Es wurde ohne Nennung der Interpreten auch gespielt und liegt in den Tresoren der → *Abbey Road Studios*, evtl. als »untitled«. Paul McCartney hätte das Stück gern auf eine der »Anthology«-CDs gepackt, aber die anderen Beatles waren dagegen. Die Aufnahmen könnten auch als Vorbild für »Revolution # 9« gedient haben. Im Sommer 1996 kündigte Paul McCartney an, einen Kurzfilm über das Event zu drehen – nach dem Vorbild seines Kurzfilms über The Grateful Dead aus dem Jahre 1995 (1996 als Vorfilm vor »Train Spotting« in US-Kinos). Im Mai 2001 und Ende 2002 berichtete die Presse erneut, dass Paul McCartney daran arbeitet. Ringo Starr auf eine entsprechende Frage: »Sie fragen mich über etwas, wovon ich noch nie etwas gehört habe.«

CAROL

Song von Chuck Berry, ein Hit aus dem Jahre 1958. Die → *Rolling Stones* nahmen »Carol« im Juni 1964 für ihre erste LP auf. Am 2.7.1963 nahmen die Beatles den Song in den Maida Vale Studios, London, für die → *BBC*-Sendung → *Pop Go The Beatles* auf (gesendet am 16.7.1963). Erschienen am 28.10.1994 auf der DoCD »Live At The BBC«.

CARROLL, LEWIS

Britischer Lehrer, Mathematiker und Schriftsteller, * 1831 in Cheshire bei Liverpool als Charles Lutwidge Dodgson, † 1898. Er schrieb u.a. die Werke »Alice's Adventures In Wonderland« (1865, dt. »Alice im Wunderland«) und »Through The Looking Glass« (1872, dt. »Alice im Spiegelreich«). Insbesondere John zeigte sich von ihm beeinflusst. In einem alten Schulheft, das 2006 in London für ca. 182 000 € versteigert wurde, illustrierte er »The Walrus And The Carpenter« von Lewis Carroll – der Song »I'm The Walrus« bezieht sich darauf, wie auch »Lucy In The Sky With Diamonds« sich auf eine Figur aus »Alice im Spiegelreich« bezieht. Als letzter Song von John Lennons »Lewis-Carroll-Phase« (Judson Knight in »Abbey Road To Zapple Records«, Dallas/Texas 1999) gilt »Cry Baby Cry«. Und natürlich musste Lewis Carroll auch auf dem Cover von »Sgt. Pepper's Lonely Hearts Club Band« erscheinen.

CARRY THAT WEIGHT

Song von John Lennon/Paul McCartney, aufgenommen am 2., 3., 4., 30. und 31.7. und 15.8.1969, erstmals erschienen am 26.9.1969 auf der LP »Abbey Road«. John Lennon war bei den Aufnahmen nicht dabei, er lag nach einem Autounfall in einem Krankenhaus in Schottland. Der Song ist Teil des Medleys auf der zweiten Seite der LP, die letzte Note ist zugleich die erste von »The End«. Eine weitere Version erschien im November 1990 auf Paul McCartneys CD »Tripping The Live Fantastic« (in einem Medley mit »Golden Slumbers« und »The End«). Am 15.9.1997 sang Paul McCartney den Song (mit »The End«) bei dem Benefiz-Konzert »Music for Montserrat«, diese Version erschien als Video mit Maxi-CD. Zahlreiche → *Cover-Versionen*, u.a. von Dobby Dobson (mit »More Weight«), Booker T. and the MG's, Mike Westbrook Band, Trash, Phil Collins, Karel Gott (»Das trägst du lange mit dir«), Chumbawamba, The Bee Gees, Peter Breiner and His Chamber Orchestra, Devil's Rubato Band und The Lenny Pane.

CARTOON

Vom 25.9.1965 bis zum April 1969 lief im amerikanischen Fernsehsender ABC-TV zunächst zweimal pro Woche und später in zahlreichen Wiederholungen eine Cartoon-Serie »The Beatles«, die in den Jahren 1986/1987 von MTV und in den 1990er Jahren von Disney Channel wiederholt wurde. 1965 wurden in den USA 17 Episoden gezeigt, 1966 folgten 13, 1967 weitere neun. Die letzte Folge wurde am 20.4.1969 gezeigt. Jede Episode war nach einem Beatles-Song benannt. Al Brodax von King Features Syndicate hatte 1964 mit → *Brian Epstein* einen entsprechenden Vertrag abgeschlossen. Die Beatles und Brian Epstein erhielten danach 50 % der Einnahmen. Im September 1965 verhandelte Brian Epstein mit ihm über eine Ausstrahlung der Cartoons in Großbritannien. Brodax war Autor und Produzent der Serien, unterstützt von George Dunning. Peter Sanders entwarf die Figuren, Lance Percival lieh Paul und Ringo seine Stimme, Paul Frees synchronisierte John, George und zahlreiche andere Figuren. 1986 wurden die Cartons auf MAZ-Bänder umgeschnitten. Zu den Cartoons gab es zahlreiche offizielle Fan-Artikel. In den 1990er Jahren erwarb dann → *Apple Corps Limited* die Rechte an den Cartoons. 2003 erschienen die Cartoons illegal auf zwölf Video-CD-ROMs. 2004 erschienen in Brasilien vier DVDs mit »The Beatles Cartoons«.1967 begannen die Arbeiten an dem Zeichentrickfilm »Yellow Submarine« nach einer Idee von Lee Minoff, Al Brodax (Produzent), Jack Mendelsohn und Erich Segal, Regie: George Dunning, Kamera: John Williams, Animation: Jack Stokes und Bob Baiser, optische Umsetzung: → *Heinz Edelmann*, John Cramen und Gordon Harrison. »Beatles contra Micky Maus«, titelte *Film* 2/1969. Die Zeichentrickserie »The Powerpuff Girls«, die in Kanada und den USA auf Cartoon Network läuft, bot insbesondere in der Folge »Meet The Beat Alls« (Januar/Februar 2001) reichlich Beatles-Stoff. Auch Paul McCartney blieb dem Genre treu: Beim Filmfestival in Venedig im August 2001 hatte der von ihm produzierte Zeichentrickfilm »Tuesday« Premiere – er leiht darin auch einer Figur seine Stimme.

Lit.: Axelrod, Mitchell: Beatletoons – The Real Story Behind The Cartoon Beatles (Pickens/SC/USA 1999); Reiter, Roland: Screening The Beatles Myth – Movies, Documentaries, Spoofs & Cartoons (Boca Raton/FL 2006)

CASBAH COFFEE CLUB

Cafeteria für junge Leute (»Members Only«) in West Derby, einem Stadtteil von Liverpool. Besitzer war → *Johnny Best*, Betreiberin → *Mona Best*, die Mutter von → *Pete Best*, die über dem Keller in einem viktorianischen Haus wohnten. John Lennon und → *Stuart Sutcliffe* hatten die Wände des neuen Clubs bemalt, und am 29.8.1959 spielten → *The Quarrymen* zur Eröffnung. Das *Liverpool Echo* berichtete über die Eröffnung und listete die Namen der Musiker auf – John Lennon stand an erster Stelle. In den nächsten sechs Wochen spielten sie jeden Sonnabend im »Casbah«. Mehr noch als der → *Cavern* kann deshalb das »Casbah« als die eigentliche Geburtsstätte der Beatles gelten. Später, nach ihrer Rückkehr aus Hamburg, traten sie des Öfteren – für 15 Shilling pro Kopf & Abend – in dem kleinen Club auf, »wo nichts Sündigeres getrunken wurde als Pepsi Cola, wo niemand etwas anderes einwarf als Erdnüsse« (Philip Norman). Am 17.12.1960 traten sie hier zum ersten Mal in Großbritannien unter dem Namen The Beatles auf – mit → *Chas Newby*, denn Stuart Sutcliffe war noch in Hamburg. Ihr letztes Gastspiel gaben sie hier am 24.6.1962. Wenige Tage später wurde der Club aufgrund eines Todesfalls in der Familie Best geschlossen, um erst im August 1986 nach einer sorgfältigen Sanierung wiedereröffnet zu werden. Nach einer erneuten Schließung gab es 1998 eine erneute Wiedereröffnung. In dem Gebäude residiert auch Splash Management, die Agentur von Pete Best. Am 28.8.1999 gab es anlässlich der International Beatle Week eine große Garden Party zum 40. Casbah-Geburtstag, mit Pete Best und → *Kenneth »Ken« Brown* als Gastgeber. Dann wurde der Club allerdings wieder geschlossen ... → *Roag Best*, der Bruder von Pete Best, arbeitet an einem Film der Best Wishes Production, der zeigen soll, dass der Casbah Coffee Club die eigentliche Geburtsstätte der Beatles war. Eine exakte Chronologie der Beatles-Auftritte im Casbah enthält der Beitrag »Pete Best und die Beatles« von Rainer Moers (*Things* 95/2002, S. 6–10). 2005 erschien eine DVD zur Geschichte des Clubs: »Best Of The Beatles« (WEA Corporation, 120 min). Der Film wurde im Juni 2005 auch von der → *BBC* gesendet.

Anschrift: *8 Haymans Green, Liverpool L12 7JG, Tel. (0151) 291 97 64, Fax (0151) 280 35 19, casbah1@netlineuk.net, casbah1@supanet.com* • ***Lit.:*** *Best, Pete; Best, Roag; Best, Rory: Mrs. Best And The Casbah Coffee Club (London 2001)* • *www.casbahcoffeeclub.com*

A CASE OF THE BLUES

Einer der zahlreichen unveröffentlichten John-Lennon-Songs, geschrieben und zu Hause auf Band aufgenommen im Dezember 1968. Der Song war in der 30. Sendung der Reihe → *The Lost Lennon Tapes* zu hören. John schrieb den Song, als er den Kopf voller Probleme und Sorgen hatte: die Fehlgeburt von → *Yoko Ono*, Drogen und die Häme der Presse in Bezug auf seine Beziehung zu Yoko Ono.

CASSETTE SINGLES COLLECTION

Am 5.8.1991 bei → *EMI* erschienene Box aus 22 MCs mit allen Singles der Jahre 1963–1969.

CASTLE MUSIC LIMITED

→ *NEMS Enterprises Limited*.

CASUALTIES

→ *Bootleg*-LP auf Richard Records mit alternativen Mixen aus obskuren, aber legalen Quellen. Als Cover verwendete Richard das mittlerweile legendäre → *Butcher-Cover* der LP »Yesterday ... And Tomorrow«, wie bei → *Collector's Item* fehlt auch hier das (falsche) Logo von → *Capitol Records* nicht.

»Casualties« und »Collector's Item« gibt es auch als DoLP (Japan).

CATCALL

Komposition von Paul McCartney, das Instrumentalstück (ursprünglich »Catswalk«) gehörte zum festen Repertoire der Beatles bei ihren Auftritten im → *Cavern*; erstmals aufgenommen am 20.7.1967 von → *Chris Barber* in den Chappell Recording Studios in der Londoner Maddoy Street. Chris Barber spielte Posaune, Paul McCartney Piano, Brian Auger E-Orgel, → *Jane Asher* sang, Paul McCartney ist auch im Chorus am Ende des Stückes vokal zu hören. Vier Musiker kümmerten sich um die Produktion: Chris Barber, Paul McCartney, Giorgio Gormelsky und Reggie King. Die Single erschien am 20.10.1967, später erschien der Titel auch auf der LP »Battersea Rain Dance« (1968/1970) und der → *Kompilation* »The Songs Lennon & McCartney Gave Away« (1979). In der originalen Beatles-Version, aufgenommen Anfang/Mitte 1962, ist das Stück auf frühen Demobändern der Beatles enthalten, veröffentlicht u.a. auf dem → *Bootleg* »Various Demo Tapes«.

CATSWALK

→ *Catcall.*

CAVENDISH AVENUE

In dieser Londoner Straße, in der Nr. 7, einem dreistöckigen Regency-Haus im Londoner Stadtteil St. John's Wood, kauften sich Paul McCartney und → *Jane Asher* am 13./14.4.1965 ein Haus – für 40 000 £. Besitzer war bis dahin der Arzt Desmond O'Neill. Die Architekten John und Marina Adams planten die Renovierung, die noch einmal 20 000 £ kostete. Paul und Jane zogen Ende März 1966 ein. Hier wohnte anfangs auch ihre Haushälterin Mrs. Kelly mit ihrem Mann. Sie wurde jedoch entlassen, als sie einer australischen Zeitung eine Story verkaufte. Im Obergeschoss hatte Paul McCartney sein Musikzimmer, wo u.a. John Lennon und Mick Jagger oft zu Gast waren. Paul McCartney komponierte hier u.a. »Penny Lane«, »Getting Better« und »Hey Jude«. Im Garten hinter dem Haus ließ er sich eine Meditationskapelle bauen. Das Haus könnte Geschichten erzählen: Hier erwischte Jane Asher ihren Paul mit seiner Freundin → *Francie Schwartz* im Sommer 1968 im Bett – Grund genug für sie, sich scheiden zu lassen. Am 31.10.1968, nachdem sich Paul und Jane Asher getrennt hatten, zog → *Linda Eastman* mit ihrer Tochter Heather von New York nach London in dieses Haus. Seit Ende 1969 arbeitete Paul McCartney hier an seiner ersten Solo-LP, aufgenommen auf einem Studer-Vierspurgerät. Da das Gerät nicht richtig funktionierte, setzte er die Aufnahmen im Februar 1970 in den Morgan Studios fort. Paul McCartney lebte hier bis 1970, es soll noch immer ihm gehören.

CAVERN BEATLES

→ *Gibson, Gary.*

CAVERN CITY TOURS LIMITED

Ansprechpartner für alle Beatles-bezogenen Aktivitäten in Liverpool, Veranstalter z.B. der International Beatle Week und der zweistündigen Beatles Magical Mystery Tour sowie Betreiber des → *Cavern*. Seit 1993 wird das Unternehmen immer wieder zum »Merseyside Tour Operator Of The Year« gewählt.

Anschrift: *The Cavern Club, 10 Mathew Street, Liverpool L2 6RE, Tel. (0151) 236 90 91 oder (0871) 222 19 63, -67, Fax (0151) 236 80 81, cavern@fsbdial.co.uk, beatlestour@hotmail.com • www.cavern-liverpool.co.uk*

THE CAVERN

Club in Liverpool (8–10 Mathew Street) im Keller eines Lagerhauses, eröffnet am 16.1.1957 (zunächst als Jazz-Club; → *Barry Miles* nennt sogar den Februar 1953 als Eröffnungstermin) von Alan Sytner († 11.1.2006 in Frankreich). Sytner, der oft in Paris war, wollte die Atmosphäre der Pariser Jazzclubs nach Liverpool importieren und mietete deshalb für 50 Shilling pro Woche den Keller (bis zum Oktober 1959). U.a. traten hier Big Bill Broonzy und Sonny Terry & Brownie McGhee auf. Am 3.10.1959 kaufte Ray McFall den Club für 2 750 £, weil Sytner mit seiner Frau nach Köln zog. Manager ist heute Bill Heckle. Am 7.8.1957 traten hier zum ersten Mal → *The Quarrymen* auf – an einem Mittwoch, wo im Cavern eigentlich nichts los war. John Lennon erhielt dafür 5 Shilling (Paul McCartney war gerade im Scout-Lager). Am 25.5.1960 trat hier zum ersten Mal eine Beat-Group auf – → *Rory Storm and The Hurricanes* mit Ringo Starr am Schlagzeug. Vom 21.3.1961 (erster Abend-Gig als Gäste der Bluegenes, der späteren Swinging Blue Genes) bis zum 3. August 1963 spielten die Beatles hier 292 Mal (oder 294 oder 275 oder 274 Mal? – so genau hat's wohl niemand gezählt), hier hat sie auch → *Brian Epstein* am 9.11.1961 zum ersten Mal gehört. → *Alistair Taylor* später: »Es war ein schrecklicher Club. Kondenswasser lief die Wände runter. Es roch, weil der Club früher ein Lagerhaus für Obst und Gemüse war. Wenn es heiß war, wurde es noch schlimmer.« Vom Auftritt am 5.9.1962 gibt es eine Acetate (Testpressung; »Some Other Guy«/»Kansas City«), die 1993 von → *Apple Corps Limited* in London für 25 000 £ (ca. 21 000 €) ersteigert wurde. Granada Television filmte am 22.8.1962 einen Auftritt der Beatles, der am 17.10.1962 in »People And Places« gesendet wurde. John singt darin Richie Barretts »Some Other Guy«. George Harrison in einem Interview: »Wahrscheinlich war uns das Cavern am allerliebsten. Wir waren immer eins mit dem Publikum. Wir haben nie irgendwas geprobt, im Gegensatz zu den anderen Gruppen, die ständig The Shadows kopierten.« Warnung: → *Bootlegs* wie »Cavern Club« (CBM) und »Cavern Days – Super Studio Series 5« enthalten natürlich keine Aufnahmen aus dem Cavern. (Und auch deutsche Bands dieser Jahre wie Cavern Boys, Cavern Cats, Cavernbeats und Caverns waren nie im »echten« Cavern.) Authentische Tondokumente sind dagegen die Anfang 1964 in den USA und Deutschland (Decca) erschienene LP »Recorded Live At The Cavern« (u.a. mit The Marauders, The Fortunes, Beryl Marsden, Dave Berry & The Cruisers, The Big Three, Lee Curtis & The All Stars, Bern Elliott & The Fenmen) und die 1965 erschienene LP »Liverpool Today – Live At The Cavern« (Label: Ember). 1963 wurde

Cavern City Tours show you the way: Discover Beatles' Liverpool

der Club erweitert; am 15.10.1964 wurde das Aufnahmestudio Cavern Sound eröffnet. 1963 übertrug → *Radio Luxemburg* jeden Sonntag eine halbstündige Radioshow »Sunday Night At The Cavern« aus dem Club, mit den neuesten Platten und einer Live-Band. Aber Ray McFall hatte sich finanziell übernommen – am 28.2.1966 musste er Bankrott anmelden, der Club schloss kurzzeitig (mit Schulden von 10 000 £), wurde trotz einer Petition mit 5000 Unterschriften an Premierminister → *Harold Wilson* am 18.4.1966 an den Café-Betreiber Joe Davey verkauft und öffnete am 23.7.1966 wieder (die Beatles sandten ein Glückwunschtelegramm). Der Club wechselte noch einmal den Besitzer (Roy Adams) und wurde am 27.3.1973 endgültig geschlossen, das darüber befindliche Gebäude wurde bald darauf abgerissen und der Keller zugefüllt. Schräg gegenüber eröffnete der New Cavern Club. 1982 wurde der Club wieder »ausgegraben« und komplett neu aufgebaut, so dass heute nur noch 50 % originale Bausubstanz sind. 1984 erschien eine LP »Tribute To The Cavern« – mit acht Beatles-Songs und weiteren Bands aus Liverpool. Die → *Abbey Road Studios* produzierten 1984 den Film »Cavern Beat« – mit einigen Beatles-Songs im Soundtrack. Im gleichen Jahr wurde im Liverpool Playhouse das Stück »Cavern Of Dreams« aufgeführt. Der Club wird heute von → *Cavern City Tours Limited* betrieben, fast täglich finden nachmittags und abends Konzerte statt. Am 14.12.1999 (12953 Tage nach seinem letzten Auftritt im Cavern) spielte Paul McCartney

Cavern Club: Eröffnung des eigenen Studios (Oktober 1964)

The Cavern Club, Liverpool (2000)

hier (im neuen Cloakroom, einem Nebenraum) noch einmal vor 300 Leuten – wie in alten Zeiten. Das Repertoire: Rock'n'Roll-Titel aus seinem Album »Run Devil Run« und »I Saw Her Standing There« (als einziger Beatles-Song); die Musiker: Dave Gilmour (g, → *Pink Floyd*), Mick Green (g, Johnny Kidd & The Pirates, → *Billy J. Kramer with The Dakotas*), Pete Wingfield (p, Keef Hartley) und Ian Paice (dr, Deep Purple). Das Konzert wurde live auf eine Leinwand im nahen Chavasse Park und im Internet übertragen, wo ca. 3 Mill. Menschen das Ereignis verfolgten. Das Konzert erschien inzwischen auf DVD und als VHS-Video (»Paul McCartney Live At The Cavern Club!«, 85 min) sowie auf diversen → *Bootlegs* (»The Cavern Club Concert«, »Live At The Cavern & Later With Jools Holland«).

The Cavern Club, Liverpool
(nein, das sind nicht die Beatles)

Im Dezember 2001 wurde der Club als Bestandteil von → *Cavern Walks* für 11 Mill. £ an Warner Estate Holdings verkauft. Manager ist heute Alex McKechnie. Seit 2003 wurden weltweit Replicas des Clubs eröffnet, u.a. in Fuengirola/Spanien und Rio de Janeiro.

Lit.: Griffin, Alistair: On The Scene At The Cavern (London 1964); Leigh, Spencer: Let's Go Down The Cavern (London 1983); Thompson, Phil: The Best Of Cellars. The Story Of The World Famous Cavern Club (Liverpool 1994) • www.cavern-liverpool.co.uk

CAVERN PUB

Im August 1994 von → *Cavern City Tours Limited* eröffneter Pub in der → *Mathew Street*, Liverpool, schräg gegenüber dem → *Cavern*. Auf den Ziegeln an der Fassade, der → *Cavern Wall Of Fame*, sind die Namen von 1801 Musikern und Bands verewigt, die im Cavern aufgetreten sind. In den Schaukästen im Pub sind Memorabilien der Stars ausgestellt, u.a. Instrumente der Beatles – eine Rickenbacker-Gitarre (John), ein Hofner-Bass (Paul), ein Ludwig-Schlagzeug (Ringo) und eine Gretsch-Gitarre (George) plus ein Vox-Verstärker. So ganz nebenbei gibt's ein gutes Bier oder Drinks wie »Black in the USSR« und »Maxwell's Silver Slammer«.

CAVERN WALKS

Vom britischen Versicherungskonzern Royal Life Insurance in der Liverpooler → *Mathew Street* an der Stelle des alten → *Cavern* mit einem Investitionsvolumen von 9 Mill. £ errichtetes Unterhaltungs-, Einkaufs- und Bürozentrum – mit einem Pub namens »Abbey Road« und einer Beatles-Skulpturengruppe von John Doubleday in der Lobby, enthüllt im April 1984. Schade nur: Sie hat kaum Ähnlichkeit mit den Beatles. Ein Fries an der Fassade zeigt Tauben und Rosen und stammt von → *Cynthia Lennon* – zum Gedenken an John Lennon. Im Dezember 2001 wurde der gesamte Komplex (mit sechs anderen Top-

The Cavern Pub in Liverpool

Immobilien in anderen britischen Städten) für 11 Mill. £ an Warner Estate Holdings verkauft.

CAVERN WALL OF FAME

Ein Stück Fassade in der Liverpooler → *Mathew Street*, schräg gegenüber dem → *Cavern*, auf der auf 1801 Ziegeln die Namen der Musiker und Bands verewigt sind, die zwischen 1957 und 1973 im Cavern aufgetreten sind. Die »Ruhmeswand« wurde am 16.1.1997 von Gerry Marsden (→ *Gerry and the Pacemakers*) enthüllt.

CAYENNE

Komposition von Paul McCartney. Die Beatles, d.h. John Lennon, Paul McCartney, George Harrison und → *Stu Sutcliffe*, nahmen diesen Instrumentaltitel im März 1960 mit einem normalen Heim-Tonbandgerät auf, wahrscheinlich im Haus der McCartneys (20 Forthlin Road, Allerton, Liverpool). Nachdem der Titel bereits auf einigen → *Bootlegs* erhältlich war, erschien er am 20.11.1995 auf der DoCD »The Beatles Anthology 1«, wurde jedoch höchstwahrscheinlich von einem Bootleg übernommen. Paul McCartney bezeichnete den Titel in einem Interview später als »Cayenne Pepper«.

CD

Abk. für Compact Disc – plattenförmiges digitales Speichermedium mit einem Durchmesser von 12 cm, das mit einem Laserstrahl abgetastet wird. Die CD, seit 1982 auf dem Markt, hat inzwischen die »klassische« LP aus Vinyl weitgehend ersetzt. Auch als CD-Single (Durchmesser 8 cm, seit 1987 auf dem Markt) und Maxi-CD (Durchmesser 12 cm, Repertoire und Spieldauer einer → *Maxi-Single*). Die CD-I ist eine interaktive CD, die sowohl auditive als auch visuelle Daten (z.B. Bilder, Videos) speichert. → *George Martin* hat 1987 alle Masterbänder für CD-Veröffentlichungen klanglich überarbeitet. Ab Februar 1987 erschienen alle Beatles-Alben auf CD – die ersten vier in Mono und remastered im AAD-Verfahren (analogue recording/analogue mixing/digital mastering), um die Authentizität der Aufnahmen zu erhalten. Im März 1987 erschienen die ersten vier Beatles-CDs zudem als Box, gefolgt im April 1987 von einer weiteren Box mit 3 CDs. Ab »Help!« erschienen die CDs der Beatles im ADD-Verfahren (analogue recording/digital mixing/digital mastering). 1988 erschienen die CDs »Past Masters« Vol. 1 und 2. Auch das »Rote Album« und das »Blaue Album« erschienen im Oktober 1993 als CD. Die beiden LPs des »Roten Albums« hätten mit ihren 62:46 min Spielzeit auch auf einer CD Platz gehabt, aber die Beatles bestanden auf 2 CDs (und dem doppelten Preis). Am 22.6.1988 erschienen die 15 offiziellen Beatles-CDs in der HMV-Box »The Beatles' Complete Compact Disc Collection«. Und auch »historische« → *Bootlegs* gibt es mittlerweile als Reissues auf CD. 2002 brachten Philips und Sony die Super Audio CD (SACD) auf den Markt – mit einem Frequenzbereich von 5–100 Hz und damit der CD weit überlegen. Aber vielleicht haben sowieso die Propheten Recht, die der CD ein baldiges Ende prophezeien. Dann wird vielleicht die Festplatte des Computers die Beatles-Songs speichern.

Lit.: Ewing, John: The Beatles CD Guide (1994); Robertson, John: The Complete Guide To The Music Of The Beatles (London, New York, Sydney 1994; dt.: The Beatles – Story und Songs kompakt, Köln 2001); Humphries, Patrick: The Complete Guide To The Music Of The Beatles (Vol. 2) (London, New York, Sydney 1998)

CD-ROM

(Compact Disc – Read Only Memory) Eine CD mit festgespeicherten, unveränderbaren Daten. Bei einer Größe von 12 cm Durchmesser kann sie eine Informationsmenge speichern, die ca. 280 000 Seiten Text (DIN A 4) entspricht. Im November 1992 veröffentlichte das Multimedia-Unternehmen Voyager in den USA die interaktive CD-ROM »A Hard Day's Night«. 1993 erschien der Film »The Compleat Beatles« als CD-ROM (Compton's New Media) – mit Film, Buchtext und einer dialogfähigen Beatles-Datenbank. 1994 veröffentlichte der → *Playboy* unter dem Titel »The Playboy Interview/Three Decades« eine CD-ROM (IBM Multimedia Publishing Studio) mit 352 Interviews, 1995 folgte die CD-ROM »The Beatles 1962–1970« (Stationen, tewiCD) mit ca. 2 000 Bildschirmseiten Text, 400 Bildern, 50 min Filmdokumenten, 10 min Tondokumenten und kompletter Diskographie und Filmographie. No Artificial Flavor Entertainment (USA) legte bereits 1996 einen Kalender auf CD-ROM vor – mit 366 Beatles-Fotos. Die → *Bootleg*-CD-ROM »The Complete BBC Sessions« (1997) enthält die neun CDs der gleichnamigen Box von Great Dane Records – mit den Covern und den Songtexten. Die Bootleg-CD-ROM »Rocklegends # 1 – The Beatles«, in Russland hergestellt (IBM CD-ROM 1), enthält 24 Beatles-Alben – mit den Covern und den Songtexten (inzwischen mit mehreren Covern erschienen). Ebenfalls in Russland erschienen: die CD-ROMs »John Lennon – Rock Archive Vol. 9« »Paul McCartney – Rock Archive Vol. 10« und »George Har-

Die Cavern Wall of Fame – hier sind auf 1801 Ziegeln die Namen der Musiker verewigt, die zwischen 1957 und 1973 im Cavern Club auftraten

rison – Multimedia Overview« (1997). Die »Interactive Beatles CD-ROM« (Deutschland, 1996) bietet Fotos, Videoclips und eine virtuelle Kunstgalerie. In GB erschien 1997 die CD-ROM »Songbook Beatles-Music Maker« – mit Hilfe dieses Programms kann man 8 Songs der Beatles interaktiv hören oder mitspielen – und sich dazu Videos und Fotos ansehen. 2000 erschien in GB die CD-ROM »The Beatles« – nach dem Versprechen auf dem Cover zwar »The Definitive Information Source For Beatles Recordings«, aber schwer zu handeln. Historisches Tonmaterial und Fotos von den jährlichen → *Grammy*-Verleihungen enthält die CD-ROM »The Grammy Awards – A 34 Year Perspective«. 1998 erschien auf Vigotone eine CD-ROM »The Ultimate Beatles Christmas Collection«. In den USA verkaufte No Artifactual Flavour Entertainment Mitte der 1990er Jahre eine nichtlizenzierte CD-ROM »The Beatles«. »The Beatles Complete«, produziert von Rainer Caspari, bietet alle offiziell von 1962 bis 1970 erschienenen SPs, EPs und LPs – chronologisch sortiert, inkl. Cover-Fotos und einiger Specials. 2004 erschien die erste CD-ROM einer auf fünf CD-ROMs konzipierten Datenbank »50 Years of Beatles Music«, zusammengestellt von Kurt Erlemann und veröffentlicht im Eigenverlag in Sprockhövel.

Überhaupt: Die technischen Möglichkeiten erlauben es, dass sich heute jeder seine ganz persönliche Beatles-CD-ROM zusammenbasteln kann.

CELEBRATION

1999 auf DVD erschienener Film von Mark Devito und Geoffrey Giuliano (USA, 62 min, Autumn Productions, Silver Spring/MD) mit Aufnahmen der Beatles. Der Film zeigt die »spirituelle« Seite der Beatles, gezeigt werden seltene Aufnahmen und Interviews.

THE CENTURY TURNERS BEATLES (THE CT BEATLES)

1990 in Mainz gegründete → *Cover-Band*. Besetzung: Ian Millkid (rhythm-g, voc = John), Crispus Longus (b-g, voc = Paul), George Henderson (ld-g, voc = George) und Gary Guess (dr, voc = Ringo). Die Band hatte am 17.3.1991 ihren ersten öffentlichen Auftritt und wurde 1992 in Ludwigshafen »Best Beatles Imitation Band« – obwohl die vier Musiker ihren Vorbildern überhaupt nicht ähnlich sehen (wollen). Die Band war auch des Öfteren im Fernsehen, so am 16.5.1998 in »Explosiv«. Hans-Ulrich Behner, Referendar für Musik und Latein in Saarbrücken, übersetzte 30 Beatles-Songs in die lateinische Sprache, die unter dem Titel »Carmina Scarabaensia« 2001 als Buch erschienen. Die Band gestaltete daraus ein 90-minütiges Konzertprogramm, das 2002 sogar in → *The Guinness Book Of Records* kam.

Anschrift: *Hans-Ulrich Behner, Backhaushohl 43, 55128 Mainz, PF 1503, 55005 Mainz, Tel./Fax (06131) 356 32, info@ctbeatles.de* • ***Discogr.:*** *Fab Tracks (1993), Live And Kicking (1996)* • *www.ctbeatles.de*

CHAINS

Song von Gerry Goffin/Carole King, aufgenommen am 11.2.1963, erstmals erschienen am 22.3.1963 auf der LP »Please Please Me« und am 1.11.1963 auf der EP »The Beatles (No 1)«. Der Song war 1962 ein Hit der Cookies, einer New Yorker Girl-Gruppe.

CHANTAL

Instrumental-Gruppe aus Alzey/Rheinland-Pfalz, gegründet 1970 von Michael Hofmann, die im Rahmen ihrer »musikalischen Impressionen aus Jahrhunderten« auch zwei Beatles-Programme bietet: »Beatles Strictly Instrumental« und »Chantal Meets Tony Sheridan«. Das erste Programm bringt Beatles-Hits im spezifischen Gruppensound von Chantal

– einer »Mischung aus Country-Groove, Barock'n'Roll, ruppig-zärtlichen Balladen, Jazz-infizierter Ballroom-Atmosphäre, Walzer-Preziosen, Folk, Barock, Klassik und ›Sophistication‹« (PR). → *Tony Sheridan* erzählt im zweiten Programm aus seiner Zeit mit den Beatles. Besetzung: Michael Hofmann (g, mandoloncello, mand, perc, ld), Dr. Gabriele von der Weiden (harp, g, Quartrinchen, Streichpsalter), Norma Lukoschek (Blockflöte, tin-whistle, cornamuse), Petra Erdtmann-Weigand (Querflöte, mallets), Tobias Helmer (oboe, English horn, s, Indische Querflöte), Jeanine Krause (oboe, English horn, Barock-Oboe, Krumhorn), Jane Parsons (cello), Jan Mischlich (cello), Lilly Palm (violine), Rolf Gauck (acc-b), Klaus-Peter Gerten (cembalo, concert-p, perc), Peter Götzmann (dr, perc) und Willi Kunkler (Sound Engineer). 2001 erhielt Chantal den »Zounds Special Award« in Gold. Am 2.11.2002 trat Chantal mit »special guests« in der Phoenix Halle in Mainz in der »Beatles Night« zum ersten Mal mit ihrem Beatles-Programm auf (mit Gästen wie Rüdiger Oppermann – harp, Ede Janson – el-g und Jens Bunge – harm), am 22.2.2003 im → *Cavern* (als erste deutsche Band) mit dem Programm »Beatles Strictly Instrumental«. Im Sommer 2003 nahmen sie in den Londoner → *Abbey Road Studios* die CD »At Abbey Road« auf – u.a. auch mit »historischen« Beatles-Instrumenten –, danach traten sie mit Wings-Drummer Denny Seiwell beim »World Greatest Beatles Festival« in Liverpool auf. Die Fa. → *Höfner* stellte Michael Hoffmann als Leihgabe bis 2004 den Rechtshänderbass zur Verfügung, den sie 1963 an Paul McCartney in der Linkshänderversion geliefert hatte. Am 21.12.2003 wurde in Mainz der Paul McCartney/Tony Sheridan-Song »Tell Me If You Can« aus dem Jahre 1962 uraufgeführt – mit → *Tony Sheridan* und Chantal. Auf der gleichnamigen SP »Tell Me If You Can« (2004) befinden sich vier Studio-Versionen des Songs – mit Tony Sheridan, Geff Harrison und strictly instru-

Chantal: Instrumental-Gruppe aus Alzey/Rheinland-Pfalz mit zwei Beatles-Programmen

mental, aufgenommen vom 9. bis 12.4.2004 in den Abbey Road Studios. Ende 2004 erhielten Michael Hofmann und Gabriele von der Weiden den Landesverdienstorden von Rheinland-Pfalz. Am 16.4.2005 hatte das Programm »Beatles Strictly Instrumental – A Tribute To George Harrison« Premiere. Am 10.6.2005 spielten sie beim Jubliläumskonzert »40 Jahre Star-Club« in Hamburg. 2006 erschien eine CD mit den 27 Nummer-eins-Hits der Beatles.

***Discogr.**: Beatles Strictly Instrumental (2002), Live At The Cavern (2003), Chantal Meets Tony Sheridan (CD/DVD, 2004), At Abbey Road (2005) • www.chantal.de*

CHAPMAN, NORMAN

Er rahmte in einer kleinen Werkstatt in Liverpool, gegenüber dem → *Jacaranda*, Bilder, bevor ihn → *Allan Williams* beim Trommeln »erwischte« und im Sommer 1960 kurzzeitig als Drummer für → *The Silver Beatles* und Nachfolger von → *Tommy Moore* verpflichtete. Er spielte mit ihnen drei Gigs im → *Grosvenor Ballroom* (9., 16. und 23.7.1960; nach anderen Quellen am 18.6., 25.6. und 2.7.); als er zur Armee einberufen wurde (er diente zwei Jahre in Kenia und Kuwait), musste er die Beatles verlassen. Nach seiner Entlassung wurde er Lehrer im Süden Englands und verblüffte seine Schüler mit Storys über seine Zeit mit den Beatles. Er spielte weiterhin gelegentlich Schlagzeug. † 1995.

CHARTS

Wöchentlich, vierzehntäglich oder monatlich von einer Zeitschrift/Zeitung zusammengestellte Listen der in dem betreffenden Zeitraum meistverkauften Schallplatten. Sie werden ermittelt durch telefonische Umfragen in ausgewählten Plattenläden und sind zwar ein Indiz für den kommerziellen Erfolg eines Titels/eines Interpreten, spiegeln aber die tatsächliche Popularität nur bedingt wider. Die ersten Charts erschienen 1940 in Billboard (USA). Das Pendant der Charts in Rundfunk und Fernsehen ist die Hitparade. Der → *New Musical Express (NME)* führte am 14.11.1952 die erste Single-Hitparade in GB ein. Am 24.10.1962 waren darin zum ersten Mal die Beatles vertreten – mit »Love Me Do« auf Platz 49. Am 19.2.1963 standen die Beatles dann mit »Please Please Me« zum ersten Mal auf Platz 1 der *NME*-Charts, am 30.3.1963 war auch die erste LP der Beatles (»Please Please Me«) vertreten (auf Platz 9), am 11.5.1962 hatte sie die Spitze erreicht (wo sie bis zum 23.11.1963 stand), es folgte »With The Beatles« auf Platz 1 der Album-Charts (30.11.1963–18.4.1964), und am 20.12.1963 wurden die Beatles bei einer Umfrage des *NME* beliebteste Gesangsgruppe der Welt und beliebteste britische Gesangsgruppe. Auch *Record Retailer* (später: *Music Week*) und → *Melody Maker* veröffentlichen Charts, und auch → *Mersey Beat* hatte seine Top Twenty: Am 18.10.1962 standen hier die Beatles mit »Love Me Do« bereits auf Platz 1. Am 31.3.1964 belegten die Beatles in den USA die ersten 5 Plätze der Top Hundred Singles (Billboard): »Twist And Shout«, »Can't Buy Me Love«, »She Loves You«, »I Want To Hold Your Hand« und »Please Please Me«. Ähnlich sah es bei den anderen beiden amerikanischen Musikzeitschriften, *Cash Box* und *Record World*, aus. In Australien belegten die Beatles am 27.3.1964 die Plätze 1–6 der Top Twenty. In Deutschland kamen »I Want To Hold Your Hand« als erste Beatles-Single und »Beatles For Sale« auf erste Plätze in der Zeitschrift *Musikmarkt*. In anderen Ländern war es ähnlich – die Beatles beherrschten in den 1960er Jahren weltweit die Charts.

***Lit.**: Bronson, Fred: The Billboard Book Of Number One Hits (New York); Rosen, Craig: The Billboard Book Of Number One Albums (New York); Whit-*

burn, Joel: The Billboard Book Of Top 40 Albums (New York); Whitburn, Joel: The Billboard Book Of Top 40 Hits (New York); Whitburn, Joel: Billboard Hot 100 Charts – The Sixties (New York); Whitburn, Joel: Billboard Hot 100 Charts – The Seventies (New York); Whitburn, Joel: Top Pop Albums 1955–1985 (New York); Whitburn, Joel: Top Pop Singles 1955–1986 (New York); Whitburn, Joel: Billboard's Top 10 Charts (New York); Whitburn, Joel: Pop Singles Annual 1955–1986 (New York); Whitburn, Joel: Bubbling Under The Hot 100 1959–1981 (New York); Whitburn, Joel: Daily Number 1 Hits (New York); The Complete NME Album Charts (London 1995); The Illustrated Book Of Rock Records – A Book Of Lists (London 1982); Hit Bilanz – Deutsche Chart Singles 1956–1980 (Hamburg); Hit Bilanz – Deutsche Chart Singles 1981–1990 (Hamburg); Hit Bilanz – Deutsche Chart Singles 1991–1995 (Hamburg); Hit Bilanz – Deutsche Chart Singles Top 10 1956–1980 (D; Hamburg); Hit Bilanz – Deutsche Chart Singles Top 10 1981–2000 (Hamburg); Hit Bilanz – Deutsche Chart LP's 1962–1986 (Hamburg); Hit Records – British Chart Singles 1950–1965 (Hamburg); Hit Records – British Chart Singles 1966–1984 (Hamburg); Hit Records – British Chart LP's 1962–1986 (Hamburg); Hit Guide – US Chart Singles 1964–1970 (Hamburg); Hit Guide – US Chart Singles 1971–1980 (Hamburg); Hit Guide – US Chart Singles 1981–1986 (Hamburg); Hit Guide – US Chart LP's 1964–1982 (Hamburg); Hit Bilanz – Singles (D/GB/USA – 5 Bde, Hamburg); Hit Bilanz – Singles Top 10 (D/GB/USA – 2 Bde, Hamburg); Hit Bilanz – LP (D/GB/USA – 3 Bde, Hamburg). Inzwischen gibt es die LP-Charts aus D, GB und den USA von 1962 bis 2000 und Hit Records – British Chart Singles 1950–2000 auch auf CD-ROM.

CHRISTENTUM

Insbesondere John Lennon hatte ein sonderbares Verhältnis zum Christentum. »Ein Teil von mir glaubt, dass ich ein Verlierer bin, und ein anderer Teil glaubt, dass ich der allmächtige Gott bin«, äußerte er 1980 in einem Interview mit dem Magazin → *Playboy*. Als er am 29.7.1966 in der amerikanischen Zeitschrift *Datebook* mit der Bemerkung zitiert wurde, die Beatles seien jetzt populärer als Jesus, und er wisse nicht, wer zuerst verschwinden werde – Rock'n'Roll oder das Christentum, löste das einen Sturm der Empörung aus. In Birmingham/Atlanta wurden sogar öffentlich Beatles-Platten und Beatles-Memorabilia verbrannt, die South African Broadcasting Corporation (SABC) verbannte alle Beatles-Songs aus ihren Sendungen – bis zum 3.3.1971! Dabei war diese Äußerung bereits am 4.3.1966 im Londoner *Evening Standard* in einem Interview von Maureen Cleave erschienen. John Lennon weiter zu der Reporterin: »Das Christentum wird verschwinden, es wird an Bedeutung verlieren und zurückgehen. Darüber brauche ich nicht zu diskutieren, ich habe einfach Recht, und ich werde Recht behalten.« Am 6.8.1966 flog → *Brian Epstein* eigens nach New York, um die Wogen zu glätten. Trotzdem: John Lennon kam nicht umhin, sich für die »blasphemische« Äußerung selbst zu entschuldigen, dokumentiert u.a. auf der LP »I Apologize«, ein Mitschnitt der Pressekonferenz in Chicago am 11.8.1966, im Herbst 1966 von einer Zeitung in Chicago verkauft. Die Pressekonferenz fand kurz vor Beginn ihrer vierten USA-Tournee statt. Eine weitere Aktion: Am 18.5.1968 rief Lennon die Beatles und einige Apple-Mitarbeiter zusammen um sie zu informieren, dass er die Reinkarnation von Jesus Christus sei. Am 14.8.1966 akzeptierte die Vatikan-Zeitung *L'Osservatore Romano* die Entschuldigung John Lennons. In einem Interview mit Ray Coleman erklärte er: »Ich würde gern wie Christus sein. Ich bin ein christlicher Kommunist im wahrsten Sinne. Wenn ich das tun könnte, was Christus getan hat, so sein könnte, wie Christus war, würde ich mich als wahrer Christ fühlen. Ich versuche so zu leben, wie Christus gelebt hat. Das ist schwer, glaub mir.« Und beim → *Bed-In* in Amsterdam predigte er: »Wir sind alle Christus und Hitler. Wir wollen, dass Christus gewinnt.« (*Rolling Stone* 2/2003) Aber auch die Kirche verhielt sich nicht immer fair gegenüber den Beatles. Der amerikanische Reverend David A. Noebel verfasste diverse Traktate gegen die »roten Beatles«, die Teil eines »kommunistischen Master-Musik-Plans« seien, »um unsere Kinder geistig krank zu machen«. Aber das gehört wohl nicht so sehr unter »C« wie »Christentum«, sondern unter »A« wie »Antikommunismus«. 1994 wurde in Manchester das Stück »Christ! Lennon« von John Napier aufgeführt, das Parallelen zwischen John Lennon und Jesus Christus zieht; offizielle Premiere war am 28.8.1994 bei der → *Beatles Convention* in Liverpool.

CHRISTMAS RECORD

(eigtl. The Beatles' Christmas Record) Vom → *Official Beatles Fan Club* (London) auf dem Label → *Lyngasong* herausgegebene Schallplatten (Flexi-Discs), die die Mitglieder seit 1963 kostenlos erhielten. Die Idee hatte → *Tony Barrow*, die erste erschien am 6.12.1963 (rec. 20.10.1963, »The Beatles' Christmas Record«, Auflage 30 000 Exemplare), die zweite am 18.12.1964 (rec. 26.–28.10.1964, »Another Christmas Record«), die dritte am 17.12.1965 (rec. 8.11.1965, »The Beatles' Third Christmas Record«), die vierte am 16.12.1966 (rec. 25.11.1966, »The Beatles' Fourth Christmas Record – Pantomime: Everywhere Is Christmas«), die fünfte am 15.12.1967 (rec. 28.11.1967, »The Beatles' Fifth Christmas Record – Christmas Time Is Here Again!«, das Cover gestalteten John Lennon und Ringo Starr), die sechste am 20.12.1968 (rec. Herbst 1968, »The Beatles' 1968 Christmas Record«) und die siebente am 19.12.1969 (rec. Herbst 1969, »The Beatles' Seventh Christmas Record«). Ab 1968 sind die Beatles mit solistischen Beiträgen vertreten; so las John Lennon für die 68er Ausgabe die Storys »Jock And Yono« und »Once Upon A Pool Table«. Am 18.12.1970 erschien auf → *Apple Records* eine → *Kompilation* unter dem Titel »From Then To You« (in den USA: »The Beatles' Christmas Album«) für die Mitglieder des Beatles Official Fan Club. Am 1.12.1986 veröffentlichte → *EMI* die beiden CDs »The Christmas Compact Disc« und »Now: The Christmas Album«. Ein Titel – »Christmas Time (Is Here Again)« – erschien am 20.11.1995 auf der DoCD »The Beatles Anthology 1«. Ringo Starr nahm 1999 den Song »Christmas Time (Is Here Again)« aus dem Jahre 1967 für sein Album »I Wanna Be Santa Claus« erneut auf. Kompilationen sind auch die → *Bootlegs* und »Happy Michaelmas« (The Adirondack Group A.G., rel. Dez. 1982), »From Then To You« (1995), »Complete Christmas Collection« (MB Records, rel. März 1997), »Christmas Reflections« (Desert Vibrations Heritage Series, rel. Dez. 1982), »The Ultimate Beatles Christmas Collection« (CD-ROM, Vigotone, 1998), »The Real Ultimate Christmas Album«/»The Ultimate Christmas Album« (Walrus, rel. November 1999), »The Beatles' Christmas Album – All Christmas Fan Club Flexi-Singles 1963–1969 Plus Outtakes« (Odino, 2000, 2003) und »Complete Christmas Collection 1963–1969«, ergänzt durch »The Seven Years Of Christmas – New Outtakes« (beide Yellow Dog, 2002). Zu Weihnachten 1965 überraschte Paul McCartney die drei anderen Beatles mit »Paul's Christmas Album«, einer Sonderpressung, hergestellt in vier Exemplaren, wo Paul als DJ fungierte und einige seiner Lieblingssongs spielte, aufgenommen Anfang Dezember 1965. Auf Odeon erschien im Herbst 2002 die CD »The Beatles' Christmas Album – The Official Beatles And Solo Christmas Rarities«. Eine komplette Übersicht der Weihnachtsplatten bietet *Things* 119/2005.

CHURCH STREET BEARTLES

Straßenmusiker-Band aus Liverpool. Zu ihrem Repertoire gehören alle Nr.-1-Hits der Beatles sowie die Songs von »Sgt. Pepper's Lonely Hearts Club Band«. Besetzung: Teddy, Tina und Grandpa. 2002 traten sie beim Estrel Beatles Festival in Berlin auf.

CIRCUS KRONE

Veranstaltungsstätte in München (Marsstraße 43, seit 1967 Zirkus-Krone-Straße 1–6), eröffnet am 23.12.1962, in der am 24.6.1966 (nachdem 1965 auch die → *Rolling Stones* dort aufgetreten waren) The Beatles im Rahmen ihrer Bravo Blitz Tournee zwei Konzerte für je 3 200 Fans gaben – um 17.15 Uhr und um 21.00 Uhr (auf den Tickets: Krone-Bau-München). In dem Zirkusbau (damals »dem modernsten Europas und dem einzigen im deutschsprachigen Raum« – Eigenwerbung) trat im Winter der Zirkus auf, im Sommer, wenn er auf Tournee war, stand das Gebäude für andere Veranstaltungen zur Verfügung. Seit Anfang der 1960er Jahre wurde hier auch die Wohltätigkeitsgala »Stars in der Manege« aufgezeichnet. Die Beatles kamen am 23.6.1966 auf dem Flughafen München-Riem an und wohnten im Hotel »Bayerischer Hof« am Promenadenplatz. Hier veranstaltete Bravo-Chefreporter Thomas G. Beyl am Vorabend des Konzertes auch eine Pressekonferenz, eine zweite fand am 24. nachmittags im Circus Krone statt. Das zweite Konzert wurde vom ZDF mitgeschnitten und in Ausschnitten am 5.7.1966 unter dem Titel »The Beatles« (45 min) gesendet (Wiederholung am 31.8.1983 bei 3sat). Als Vorbands traten Cliff Bennett & The Rebel Rousers, The Rattles und → *Peter and Gordon* auf. Von dem Auftritt gibt es ein Video und einige → *Bootlegs* (»Live At The Circus Crone«, »Live In Germany«, »The Live Beatles ... June 24, 1966«, »Look What We Found«, »London Melbourne Munich«, »Atlanta–Munich–Seattle«, »Beatles '66 Munich–San Francisco« und »Live At The Circus Crone June 1966«).

Wolfgang Doebeling erinnert sich in dem Buch »The Boys Are Back In Town« (Berlin 2000): »Die Beatles, immerhin. Und tausend kreischende, kleine Mädchen. Fesch sahen sie aus, die Pilzköpfe, in ihren adretten Anzügen. Was sie indes spielten, ging im Geschrei der Girlies unter. Im Zug zurück waren wir uneins, ob ›Can't Buy Me Love‹ zur Aufführung gekommen war, und welchen Song Ringo beigesteuert hatte, ›Boys‹ oder ›Act Naturally‹. Egal, war eh Kindergarten.« Am 25.6.1966 fuhren die Beatles mit einem Sonderzug zu den nächsten Konzerten nach Essen. Am 18.7.1972 traten im Circus Krone die Wings auf. Noch heute wird das Gebäude für Konzerte (Tina Turner, Emmylou Harris u.a.) genutzt. Am 11.2.2001 zeigte das ZDF in der Sendung »History« einen kurzen Bericht über den Auftritt der Beatles; danach gibt es auch hier – ähnlich wie in Hamburg – einen Polizeifilm (Länge: 25 min). 2003 traten noch einmal The Rolling Stones im Circus Krone auf.

www.circus-krone.de

CLAPTON, ERIC

Der britische Gitarrist (* 30.3.1945 in Ripley, Surrey) war seit den 1960er Jahren ein enger Freund George Harrisons. Nach den Yardbirds spielte er bei John Mayall's Bluesbreakers, bevor er im Juli 1966 mit → *Cream* die erste Supergroup der Rock-Geschichte formierte. Nach deren Abschlusskonzert am 26.11.1968 in der Londoner → *Royal Albert Hall* arbeitete er vorwiegend als Solist. Clapton war 1967 bei den Aufnahmen zu »All You Need Is Love« dabei, am 6.9.1968 spielte er unter dem Pseudonym → *L'Angelo Misterioso* das Gitarren-Solo für George Harrisons

Eric Clapton: on the cover of the »Melody Maker« (20.4.1974)

»While My Guitar Gently Weeps« (erschienen auf dem »Weißen Album«) ein. George Harrison revanchierte sich und spielte im Oktober 1968 Rhythmus-Gitarre in dem Song → *Badge*, komponiert von George Harrison/Eric Clapton und erschienen im Februar 1969 auf dem Cream-Album »Goodbye«. Am 16.6.1968 trafen sich Ringo und → *Maureen Starkey* mit Eric Clapton. Zu dem Song »Savoy Truffle«, erschienen am 22.11.1968 auf der LP »The Beatles« (»Weißes Album«), ließ sich George Harrison von der Lieblings-Konfektmarke Claptons inspirieren. Am 10./11.12.1968 unterstützte Clapton John Lennon im → *Rolling Stones Rock and Roll Circus* bei den Aufnahmen zum »Yer Blues«. 1969 war Clapton kurzzeitig Mitglied in John Lennons/→ *Yoko Onos* → *Plastic Ono Band* (mit der er am 13.9.1969 bei einem Rock'n'Roll Revival-Konzert in Toronto auftrat und am 25.9.1969 »Cold Turkey« und am 3./4./6.10.1969 »Don't Worry Kyoko« aufnahm). Im Dezember 1969 tourte er mit → *Delaney & Bonnie* und George Harrison, auch beim UNICEF-Wohltätigkeitskonzert »Peace for Christmas« von John Lennons und Yoko Onos → *Plastic Ono Supergroup* am 15.12.1969 im Londoner Lyceum Ballroom in Covent Garden war er dabei (natürlich mit George Harrison, dokumentiert auf der LP »Sometimes in New York City«, rel. Febr. 1972). Auch an George Harrisons Album »All Things Must Pass« ist Clapton beteiligt. Am 1.8.1971 trat er beim → *Concert For Bangla Desh* im New Yorker → *Madison Square Garden* auf und brillierte u.a. mit »While My Guitar Gently Weeps«. Am 7.12.1978 traten George Harrison und Eric Clapton in der Guildford Civic Hall auf, am 5. und 6.6.1987 bei der Prince's Trust Rock Gala (auch Ringo Starr war dabei). Am 27.3.1979 heiratete er George Harrisons Ex-Frau → *Pattie Boyd* in Temple Bethel, Tucson/Arizona, zu der er bereits seit längerer Zeit eine Beziehung hatte (wohl auch der Grund seiner Alkoholsucht). 1994 erschien sogar eine → *Bootleg*-CD von George Harrison und Eric Clapton mit dem Titel »Songs For Patti«, 1999 folgten »More Songs For Patti«. Am 5.5.1979 gaben sie eine Party in ihrem Haus in Ewhurst in Surrey, wo George Harrison, Paul McCartney und Ringo Starr spontan einige Songs spielten. Mit dabei: Mick Jagger, David Bowie, Elton John und → *Lonnie Donegan*. 1986 ließen sich Clapton und Pattie scheiden. Als Eric Clapton am 7.6.1988 im Londoner Savoy Hotel sein 25-jähriges Bühnenjubiläum feierte, hielt George Harrison die After-Dinner-Rede. Am 1.5.1990 trat George Harrison unangekündigt in einem Clapton-Konzert in Los Angeles auf. Auch als am 28.3.1991 Claptons tödlich verunglückter Sohn Conor beerdigt wurde, war George Harrison dabei. Im Dezember 1991 begleitete Clapton Harrison auf einer 18-tägigen Japan-Tournee, 1992 begleitete dann Harrison Clapton auf einer Tournee. 2007 veröffentlicht Eric Clapton seine Memoiren.

Lit.: Roberty, Marc: Eric Clapton – The Complete Recording Sessions, 1963–1992 (New York 1993); Coleman, Ray: Clapton – The Authorised Biography (London 1994), Roberty, Marc: Eric Clapton – The Complete Guide To His Music (London 2005) • www.eric-clapton.co.uk

CLARABELLA

Song von Pigatore, aufgenommen 1956 von The Jodimars, einer Band, die aus ehemaligen Musikern von → *Bill Haley's* Comets bestand. Die Beatles spielten den Song seit 1960; am 2.7.1963 nahmen sie ihn in den Maida Vale Studios, London, für die → *BBC*-Sendung → *Pop Go The Beatles* auf (gesendet am 16.7.1963). Erschienen am 28.10.1994 auf der DoCD »Live At The BBC«.

THE CLASSIC BEATLES

Beatles-Cover-Band aus Dublin/Irland, gegründet im Herbst 1990. Besetzung: Scott (John), Fran (Paul), Rob (George) und Binzer (Ringo). Ihr Motto: »A Classic Tribute To The Greatest Band Ever«. Ihre Show beinhaltet drei Kostümwechsel: von schwarzen Polo-Hemden (ca. 1963) oder schwarzen Anzügen, weißen Hemden und schwarzen Krawatten (ca. 1964) über die Sgt.-Pepper-Anzüge (ca. 1967) bis zu der Zeit des »Weißen Albums«, von »Abbey Road« und »Let It Be«. Ihren ersten großen Auftritt hatten sie 1993, wo sie vor über 60 000 Menschen im Dubliner Phoenix Park anlässlich der Rückkehr der irischen World Cup Soccer-Helden spielten.

Bei einer Show im Olympia Theatre in Dublin standen The Classic Beatles mit The Classic Quartet auf der Bühne, um z.B. Songs wie »Eleanor Rigby«, »Strawberry Fields Forever« und »I Am The Walrus« zu interpretieren. Im August 1994 spielten sie mit Denny Laine, Steve Holly und Laurence Juber im Liverpooler → *Adelphi Hotel Theatre*. Sie sind wohl auch die einzige Tribut-Band, die mit → *George Martin* gearbeitet hat – im Oktober 1999 spielten sie drei Shows »A Night To Remember« in der National Concert Hall in Dublin, mit George Martins 70-köpfigem Orchester. 2001 lud George The Classic Beatles nach London zu einem MTV Lennon Tribute Special ein, wo sie u.a. mit Robbie McIntosh, Chris »Wix« Wickens, Gail Ann Dorsey und Zachary Alford spielten. Sie traten sehr oft im Rundfunk und im Fernsehen auf. 2004 spielten sie sogar vor der Queen – im Ritz Hotel in London.

CLAVES

Zwei Stäbe aus Hartholz mit ca. 2–3 cm Durchmesser und von 15–20 cm Länge, die rhythmisch gegeneinander geschlagen werden – besonders in der afrokubanischen und lateinamerikanischen Musik verwendet. Ringo Starr spielte Claves in dem Song »Don't Bother Me« (1963).

CLAVIOLINA

Einstimmiges elektronisches Tasteninstrument, dessen Ton durch elektrischen Strom erzeugt wird. Tonhöhe, Lautstärke und Tonfarbe entsprechen der Frequenz, Amplitude und dem harmonischen Spektrum der elektrischen Schwingung. Durch Einfügen eines elektroakustischen Wandlers wird sie zu einem hörbaren Klang. Es kann immer nur ein Ton gleichzeitig gespielt werden. John Lennon spielte dieses Instrument in »Baby You're A Rich Man«.

CLAY, CASSIUS

→ *Muhammad Ali*.

CLAYTON, EDDIE

→ *The Eddie Clayton Skiffle Group*.

CLUB SANDWICH

Offizielles → *Fanzine* von The Paul McCartney Fun Club, herausgegeben von Paul und Linda McCartney, das sich jedoch auch mit den anderen Beatles beschäftigte. So erschien z.B. nach John Lennons Tod ein Sonderheft mit John-Lennon-Fotos von → *Linda McCartney* und einer persönlichen Widmung Paul McCartneys: »Wir widmen diese Ausgabe John, Yoko und deren Angehörigen.« 1998, nach dem Tod Linda McCartneys, löste Paul McCartney den Club auf, das von ihr geförderte Magazin wurde eingestellt.

COCHRANE, ANITA

Ein (natürlich weiblicher) 17-jähriger Beatles-Fan, der 1964 behauptete, bei einer Party in der Wohnung von → *Stu Sutcliffe* in Gambier Terrace im Frühjahr 1963 von Paul McCartney geschwängert worden zu sein. Nachdem sie Paul nicht erreichen konnte, beauftragte sie einen Rechtsanwalt mit der Wahrnehmung ihrer Interessen. → *NEMS Enterprises Limited* soll ihr 5 £ Unterhalt pro Woche angeboten haben, → *Brian Epstein* soll für eine einmalige Zahlung von 5 000 £ plädiert haben oder (nach anderen Quellen) sogar 6 500 £ gezahlt haben. Als die Beatles am 10.7.1964 zur Nord-Premiere ihres Films »A Hard Day's Night« nach Liverpool kamen, ließ ihr Onkel 30 000 Flugblätter verteilen, in der die Affäre öffentlich gemacht wurde. Der »Junge« heißt Philip Paul Cochrane und arbeitet heute als Lichttechniker in London. Seine Mutter hat ihm angeblich nie gesagt, wer sein Vater ist. Er will mit Paul McCartney nichts zu tun haben: »Ich wollte nie Pauls Sohn sein.«

Im Mai 1997 raschelte die Affäre noch einmal durch den deutschen Blätterwald. Erst im Sommer 2001 wurde per DNA-Test eindeutig nachgewiesen, dass Paul McCartney nicht der Vater ist.

COCKER, JOE

Der am 20.04.1944 in Sheffield/South Yorkshire geborene Sänger – für viele noch immer »der beste weiße Bluessänger der Welt« – nahm am 28.7.1964 für → *Decca* eine Single mit einer → *Cover-Version* des Beatles-Songs »I'll Cry Instead« auf, begleitet von The Ivy League (veröffentlicht am 4.9.1964). Die Beatles hatte er zum ersten Mal im Februar 1963 in Sheffield im Azena Ballroom live erlebt. Später interpretierte er erfolgreich weitere Beatles-Songs: »With A Little Help From My Friends« (veröff. 2.10.1968), »She Came In Through The Bathroom Window« (1969), »You've Got To Hide Your Love Away« (1969) und »Something« (1969), später auch John Lennons »Give Peace A Chance« (1970). Eine LP aus dem Jahre 1969 trägt den Titel »With A Little Help From My Friends«, der Song war 1969 auch einer der Höhepunkte des Festivals in → *Woodstock*. Das markante Intro des Songs stammt übrigens von dem Keyboarder und Pianisten Tommy Eyre. In seiner gesamten Karriere gab Joe Cocker nur wenige Konzerte, in denen dieser Song fehlte. Als der Song im November 1968 die Spitze der britischen Charts erreicht hatte, schickten die Beatles ein Glückwunschtelegramm: »Thanks, you are far too much«. Die Beatles selbst lernte Cocker erst später kennen. Bei der »Night Of The Proms« 1996 sang er mit Andrea Bocelli, Tony Hadley, Paul Michiels, Dani Klein und Guo Yue den Song »Let It Be« (CD »Night Of The Proms, Vol. III«). Die von *HörZu* 2000 veröffentlichte CD-ROM »Climbing The Mountain« ist eine digitale Biographie des Sängers – mit über 40 Songclips, über 50 min Video-Aufnahmen und 10 exklusiven, unveröffentlichten Interviews.

Lit.: Laufenberg, Frank: Joe Cocker V.I.P. (Rastatt 1993); Zeitz, Petra: Joe Cocker – Eine lebende Rock-Legende (Bergisch Gladbach 1993); Bean, J. P.: Joe Cocker – »With a little help from my friends« – Durch die Hölle zum Erfolg (München 1991); Bean, J. P.: With A Little Help From My Friends – Joe Cocker (Wien 1991), Bean, J. B.: Joe Cocker – The Authorised Biography (London 2003) • *www.cocker.com*

COGAN, ALMA

*19.5.1932 in London. Die Sängerin nahm 1952 ihre erste Platte auf und hatte einen ersten Erfolg 1954 mit dem »Bell Bottom Blues« und in den folgenden Jahren 18 weitere Titel in den Charts. Das »Mädchen mit der Kicherstimme« (Barry Miles) war auch dafür bekannt, dass sie ihre Glitzerkleidchen bis zu elf Mal pro Show wechselte. Ab 1963 gehörte sie zum Beatles-Clan. So waren die Beatles z.B. am 12.1.1964 nach ihrem Auftritt im → *London Palladium* in ihrer Wohnung in 44 Stafford Court, Kensington High Street, und am 23.2.1964 zu einer großen Party. Am 27.5.1964 waren John Lennon und George Harrison Gäste der Party aus Anlass ihres 21. Geburtstages in London. Auf ihrer Single »I Knew Right Away« (B-Seite von »It's You«, rec. 2.10.1964, veröffentlicht am 30.10.1964) spielte Paul McCartney Tamburin, sie revanchierte sich mit → *Cover-Versionen* von »Yesterday« und »Eight Days A Week«. Als sie am 4.10.1965 »Eight Days A Week« aufnahm, waren Paul McCartney und John Lennon dabei. Die Rückseite der am 25.11.1965 erschienenen Single bildete ihre Version von »Help!«. Paul McCartney bezeichnet sie in seiner Biographie »Many Years From Now« allerdings etwas undankbar als »Ladenhüter«. John Lennon schwärmte für sie, weil sie ihn an seine Mutter erinnerte. Gerüchte besagen, dass er evtl. mit ihr eine Affäre hatte. Alma Cogan war auch eng mit → *Brian Epstein* befreundet. † 26.10.1966 an Krebs. 1986 veröffentlichte → *EMI* die DoLP »Alma Cogan – A Celebration«, das Cover zeigt Alma Cogan mit den Beatles, Paul McCartney schrieb einige Sätze als Cover Notes.

Lit.: Caron, Sandra: Alma Cogan – A Memoir (London 1991)

COLD TURKEY

1. Song von John Lennon, erstmals aufgenommen am 25.9.1969 von → *The Plastic Ono Band*, am 28./29.9.1969 von John Lennon neu abgemischt, erschienen auf einer Apple-Single am 20.10.1969 in den USA (GB: 24.10.1969; b/w »Don't Worry Kyoko«) – der erste Song, der allein John Lennon als Texter/Komponist ausweist. Eigentlich sollte es ja ein Beatles-Song werden, die Band lehnte den Song jedoch ab. Besetzung: John Lennon (g, voc), → *Eric Clapton* (g), → *Klaus Voormann* (b), Ringo Starr (dr). Bereits am 13.9.1969 hatte die Plastic Ono Band (mit → *Alan White* – dr) im Varsity Stadium in Toronto/Kanada beim Rock'n'Roll Revival Festival den Song zum ersten Mal öffentlich gebracht und für die LP »The Plastic Ono Band – Live Peace In Toronto 1969« aufgenommen, erschienen am 12.12.1969. An der Version auf der DoLP »Some Time in New York City« (1972) ist auch George Harrison als Gitarrist beteiligt. Der Song berichtet von der Heroin-Abhängigkeit John Lennons und Yoko Onos. Deren »gnadenloses, ohrenzerfetzendes Gitarren-Riff« machte »die Qualen des Heroinentzugs hör- und fühlbar«. (*Rolling Stone* 2/2003) Das Cover zeigt eine gemeinsame Röntgenaufnahme der beiden Schädel des Paares. Das Abgleiten der Single in den britischen Charts veranlasste John Lennon (neben den Kriegen in Biafra und Vietnam) zur Rückgabe seines → *MBE*-Ordens. Zahlreiche → *Cover-Versionen*, u.a. von Ich-Funktion, Cheap Trick, Lenny Kravitz, Handsome Hank & His Lonesome Boys, Mothers Little Helpers, Icicle Works und Collage.

2. Film von → *Yoko Ono*, der John Lennon bei der Arbeit im Studio zeigt. »Wenig Handlung, dafür eine collagenhafte, farbige Arbeit mit illustrierten Songs«, urteilt Peter Leukefeld in seinem Buch »John Lennon In Memoriam« (München 1980). Der Film wurde am 5.9.1971 im Alexandra Palace im Londoner Stadtteil Wood Green bei einem Filmabend des London Art Spectrum gezeigt.

COLEMAN, ORNETTE
Amerikanischer Avantgarde-Jazzmusiker (as, ts, tp, v) und -komponist, * 19.3.1930 in Fort Worth/Texas. Sein Album »Free Jazz« (rec. 21.12.1960) gab einer ganzen Musikrichtung den Namen. Coleman gilt auch als »Vater des neuen Punk-Jazz«. Am 29.2.1968 trat → *Yoko Ono* in der Londoner → *Royal Albert Hall* mit ihm auf. Sowohl das Konzert als auch die Proben wurden aufgezeichnet; John Lennon mischte die Aufnahmen später ab. Ein Auszug von Yoko Onos »Aos«, aufgenommen bei den nachmittäglichen Proben, erschien 1970 auf der LP »Yoko Ono/Plastic Ono Band« sowie später auf dem → *Bootleg* »Life With The Lions« (Goblin Records).

COLISEUM
Stadion in Washington, D.C. (Third and M Street North East), wo die Beatles am 11.2.1964 ihr erstes öffentliches Konzert in den USA gaben. Veranstalter war Norman Weiss von General Artists Corporation, Promoter Harry Lynn. Weil gerade ein Schneesturm tobte, reisten die Beatles mit einem Privatzug von New York nach Washington, D.C. Am Vormittag gaben sie ein Interview für den Rundfunksender WWDC. Sie traten auf einer Drehbühne auf, konnten aber aufgrund des Lärms der Fans sich selbst nicht hören. Im Vorprogramm traten The Caravelles, → *Tommy Roe* und The Chiffons auf. Die Show wurde von CBS aufgezeichnet und in geschlossenen Veranstaltungen am 14. und 15.3.1964 gezeigt (Titel des Films: »Live At The Washington Coliseum«). Der Film endete ziemlich abrupt mitten in »Twist And Shout«, weil die Filmrolle des Kameramanns zu Ende war ... Die ersten 10 Songs finden sich auf den → *Bootlegs* »Beatles: Vancouver '64/Washington '64«, »First U.S. Concert« und »First U.S. Performance«.

A COLLECTION OF BEATLES OLDIES (BUT GOLDIES)
Achte (offizielle) LP der Beatles, erstmals erschienen am 9./10.12.1966 in Großbritannien (in Deutschland erst 1971) – eine Zusammenstellung von Beatles-Singles, bestimmt für das Weihnachtsgeschäft. Die LP erreichte lediglich Platz 6 der britischen Charts – zum ersten Mal kam eine Beatles-Platte nicht auf Platz 1. Auf dem Cover befindet sich ein Bild von David Christian, auf der Rückseite ein Foto der Beatles von → *Bob Whitaker*. Am 31.10.1983 erschien in GB eine Neuauflage auf dem Label Fame.

COLLECTOR'S ITEM
1979 auf dem Label »Capitol« erschienene → *Bootleg*-LP mit raren, aber offiziellen Tracks, z.B. der Stereo-Version von »Penny Lane« mit dem Trompeten-Part am Ende und einer Version von »I Am The Walrus«. Richard zu seiner Arbeit: »Ich nahm alle Versionen zusammen und rekonstituierte daraus möglichst komplette Versionen.« Als SPRO 9463 erschien im gleichen Monat eine LP mit dem Song »Paperback Writer« statt »I'm Down«. Who knows why? Auf dem Cover ist sogar das Logo von → *Capitol Records* ... »Collector's Item« gibt es zusammen mit → *Casualties* auch als DoLP (Japan).

COME AND GET IT
Song von Paul McCartney, erstmals aufgenommen am 2.8.1969 von → *Badfinger* (arrangiert und produziert von Paul McCart-

ney) und erschienen auf einer Single am 5.12.1969 in GB bzw. am 12.1.1970 in den USA (b/w »Rock Of All Ages«). Paul McCartney hatte am 24.7.1969 diesen Song auf einer 8-Spur-Maschine allein eingespielt und daraus einen Stereo-Remix als Demoband für Badfinger gefertigt. Der Song wurde 1969 zum Titelsong des Films → *The Magic Christian*. 1985 war Paul McCartneys Demo für die LP »Sessions« vorgesehen. Zahlreiche → *Cover-Versionen*, u.a. von Magic Christians, Pierson Parker Janovitz Project, The Saltbee und Lizardman.

COME TOGETHER

Song von John Lennon/Paul McCartney, aufgenommen am 21., 22., 23., 25., 29. und 30.7.1969, erstmals erschienen am 26.9.1969 auf der LP »Abbey Road«, am 31.10.1969 auf Single (b/w »Something«). Im Mai 1969 besuchte LSD-Guru → *Timothy Leary* John Lennon und → *Yoko Ono* bei ihrem → *Bed-In* in Montreal und bat sie, einen Song zur Unterstützung seiner Wahl in den Kongress oder den Senat zu schreiben. Er trat damals in Kalifornien gegen Ronald Reagan an. Als »Come Together« dann fertig war, saß Leary wieder einmal im Gefängnis. Da John Lennon bei diesem Song allzu sehr bei Chuck Berrys Song »You Can't Catch Me« aus dem Jahre 1956 »geborgt« hatte, kam es 1975 zu einer gerichtlichen Kontroverse zwischen beiden. Lennon versprach, auf seinem Album »Rock'n'Roll« (1975) zwei Songs von Chuck Berry aufzunehmen – »You Can't Catch Me« und »Sweet Little Sixteen«. Übrigens bevorzugte John Lennon immer die Live-Aufnahme des Songs vom 30.8.1972 vom Konzert der Plastic Ono Elephant's Memory Band im New Yorker → *Madison Square Garden*. Die → *BBC* verbannte den Song wegen Schleichwerbung (»... he shoot Coca-Cola«) aus ihrem Programm. Unter dem Motto »Come Together« versammelten sich am 2.10.2001 Künstler wie Stone Temple Pilots, Cyndie Lauper, Alanis Morissette und Moby in New York zu »A Night For John Lennon's Words & Music« zugunsten der Terroropfer vom 11.9.2001. Ein Mitschnitt erschien auf CD. Zahlreiche → *Cover-Versionen*, u.a. von Shinehead, Desmond Dekker and The Israelites, The Canadian Brass, Boom-Boom, AG Geige, Sarah Vaughan, Michael Jackson, Aerosmith, Defunkt, Booker T. and the MG's, Mike Westbrook Band, The Real Group, Chairman of the Board, Robin Williams & Bobby McFerrin, The Smokin' Mojo Filters (das sind Paul McCartney, Paul Weller, Noel Gallagher, Beautiful South, Black Grape und Dodgy; rec. 4.9.1995 für die CD »Help!« zugunsten kriegsgeschädigter Kinder), Delbert McClinton, Ben E. King, The Supremes, Ike & Tina Turner, The ReBeatles, The Bugs, The Henry McCullough Band, Gustav Peter Wöhler Band, The Brights, Reamon, Gotthard, Karen Jones, Howie J & Co, Trouble, Hothouse Flowers, Andrea Braido & Giorgio Cordoni, Azade Abi & Holmes Ives, Devil's Rubato Band, Frank, The Walrus, The Lenny Pane, Dianne Reeves und Cassandra Wilson with Bob Belden, Roman Wojciechowski, Les Boréades, The Mersey Sound Orchestra, Sketches Of The Famous, BeatleJazz, Spiralmouth, The Hardways, The Day Trippers, Craig David, The Persuasions, Dianne Reeves & Cassandra Wilson, The Meters, Sugababes, The Beatless und Count Basie.

COMICS

Kein Genre der bildenden Kunst, in dem sich Künstler nicht mit dem Thema Beatles beschäftigt hätten. Bereits 1964 treten in dem Comic »Die große Fix und Foxy Show« die Beatles auf. Im März 1964 veröffentlichte American Dell Comics Ausgabe 130 der *Strange Tales* mit der Geschichte »Human

Torch And The Thing Meet The Beatles«. Im Herbst 1964 brachte der Verlag in der Serie *Dell Giant* einen Comic mit dem Titel »The Beatles«. Im September 1964 erschien bei DC Comics als Nr. 79 der Jimmy-Olsen-Comics »Redheaded Beatle Of 1000 BC«. Auch in *Batman* Nr. 222 sind die Beatles präsent, des Weiteren auf den Covern von *Girls Romance* Nr. 109, *Heart Throbs* Nr. 101, *My Little Margie* Nr. 54, *Summer Love* Nr. 46 bis 48 und *Mad* Nr. 121. »Yellow Submarine« in gedruckter Comic-Form erschien 1968 bei Gold Key Comics. In den 1960er Jahren produzierte die CBS ca. 40 TV-Zeichentrickfilme, die jeweils eine kleine Geschichte um einen Beatles-Song erzählen. 1970 zeichnete Volker Ernsting den Comic »Die Wahrheit über Siegfrieds Tod« – mit Paul McCartney als Siegfried! In dem Band »Asterix bei den Briten« (1971) treffen Asterix und Obelix bei ihrer Ankunft auf vier langhaarige Musiker. Auch in »Hamster Jovial« (dt.: »Hamster Fidel und seine Wölfchen«) werden die Beatles zitiert. George Perez und Klaus Jenson verewigten die Beatles 1978 für eine »Super Special«-Ausgabe von »Marvel« unter dem Titel »The Beatles Story«. 1979 erschien in der Reihe »Illustrated Biography« von Pendulum ein Heft, das den Karrieren von → *Elvis Presley* und den Beatles gewidmet war. Noch einmal »The Beatles Story«: Unter diesem Titel veröffentlichte die britische Teeny-Postille *Look In* 1982 eine Comic-Serie von Arthur Ranson (Text: Angus P. Allan), die im April 1982 auch als »TV Times/Look In Special« erschien (dt.: »The Beatles – Die Bildbiographie einer Legende«, Stuttgart 1996). 1981 erschien in Frankreich der 100-seitige Comic »Hommage à John Lennon« mit Zeichnungen zahlreicher Künstler. Im März 1991 startete der Verlag Rock'n'Roll Comics/Revolutionary Comics in San Diego/Calif. einen achtteiligen, alle zwei Monate erscheinenden Comic »The Beatles Experience«. »Personality Comics Presents The Beatles« stellte im November 1991 in vier Teilen die vier Beatles vor (Verlag: Personality Comics, New York). Celebrity Comics veröffentlichten »The Beatles In Pictures«. 1995 erschien in Belgien der Comic »A Day In The Life Of Rudy Dasseville« von Erwin de Bie. Selbst Otto zeichnete die Beatles (»Biehtölz«) – schließlich hat er in den 1960er Jahren in der Band The Bustlers selbst Beatles-Songs gespielt. Nicht unerwähnt bleiben dürfen hier natürlich die Zeichnungen John Lennons. Am 25.7.1995 sendete der deutsch-französische Sender arte eine einstündige Dokumentation »John Lennon the Cartoonist«, mit Interviews mit Rod Murray und → *Yoko Ono*. 1999 fand in der Leipziger Moritzbastei eine Ausstellung »Comic Beatles« statt.

COMPACT DISC
→ *CD.*

THE COMPLEAT BEATLES
Im Oktober 1982 auf MGM/UA erschienenes unautorisiertes Video (115 min, auch als Laser Disc) zur Geschichte der Beatles, Produktion/Regie: Stephanie Bennett und Patricia Montgomery, mit Interviews bzw. Statements mit/von → *George Martin*, Gerry Marsden (→ *Gerry and the Pacemakers*), → *Bill Harry*, → *Billy J. Kramer*, → *Tony Sheridan* u.a. Im Oktober 1986 erschien eine Neuauflage. Die Schreibweise ist übrigens keine Modifikation von »complete« analog zu beetles/Beatles, sondern eine altertümliche Schreibweise des Wortes. So erschien z.B. 1653 ein Buch von Izaak Walton unter dem Titel »The Compleat Angler«. 1993 erschien der Film auch als CD-ROM (Compton's New Media) – mit Film, Buchtext und einer dialogfähigen Beatles-Datenbank.

THE COMPLETE SILVER BEATLES
Am 10.9.1982 bei Audiofidelity (GB) bzw. am 27.9.1982 bei Audio Rarities (USA) erschienene LP mit Aufnahmen der Beatles vom 1.1.1962, rec. in den → *Decca* Studios. Zuvor hatten die Beatles versucht, die Veröffentlichung zu stoppen – die LP erschien dann ohne die drei John Lennon/Paul McCartney-Songs, um einem Rechtsstreit aus dem Wege zu gehen. Am 29.10.1982 erschien auf dem gleichen Label eine Single-Auskopplung mit den Songs »Searching«, »Money« und »Till There Was You«.

CONCERT FOR BANGLA DESH
Benefizkonzert für die Hungernden in Bangladesch, am 1.8.1971 organisiert von George Harrison, → *Ravi Shankar* und → *Allen Klein* im New Yorker → *Madison Square Garden*. Teilnehmer: → *Bob Dylan*, → *Eric Clapton*, → *Leon Russell*, Ringo Starr, Ravi Shankar, → *Badfinger*, → *Billy Preston* u.a. Auch John Lennon flog auf Bitten Harrisons nach New York, als er aber merkte, dass Harrison → *Yoko Ono* nicht dabeihaben wollte und diese das mitbekam, flogen sie zurück nach London. 40 000 Fans kamen, der Erlös – 243 418 $ – kam über die UNICEF zwar den Hungernden in aller Welt zugute, an dem 3-LP-Set (Cover: → *Klaus Voormann*), dem Mitschnitt des Abendkonzertes, der 1972 auf dem Apple-Label erschien und über 3 Mill. Mal verkauft wurde, verdiente jedoch vor allem die Musikindustrie. Sechs 16-mm-Kameras nahmen insgesamt 40 Stunden Film auf, die von Saul Swimmer 1972 zu einem 100-minütigen Dokumentarfilm montiert wurden. Der Film, uraufgeführt in New York am 23.3.1972 (London: 27.7.1972), enthält u.a. Ausschnitte der Pressekonferenz und der Proben von Bob Dylan und George Harrison. Am 5.6.1972 erhielten Ravi Shankar und George Harrison für ihr Engagement den »Child Is Father To The Man«-Preis der UNICEF, am 3.3.1973 erhielt das Album einen → *Grammy* als »Album Of The Year«. Weitere Aufnahmen des Konzerts finden sich auf den → *Bootlegs* »Concert For Bangla Desh«, »The Greatest Show On Earth«, »George Harrison – Bob Dylan – Leon Russell – Eric Clapton«, »Bangla Desh« (3 Bootlegs unter diesem Titel), »Bangla Desh Evening« und »Madison Square Garden – August 1st 1971«. Als Warner Home Video erschien ein ca. 95-minütiger Mitschnitt, 2005 erschienen eine DoDVD und eine DoCD (45 min). Auch die Erlöse des Films, der DoDVD und der DoCD wurden an UNICEF weitergegeben.

www.concertforbangladesh.com; www.theconcertforbangladesh.com

CONCERT OF MUSIC IN THE MIND
Titel einer Performance von → *Yoko Ono* am 7.3.1967 in den Bluecoat Chambers in Liverpool. Yoko Ono am nächsten Tag vor Studenten der Liverpooler Kunstakademie: »Es gibt nie irgendwelche Klänge in meinen Konzerten, denn die wirkliche Musik entsteht erst in den Köpfen der Menschen.«

CONDON, RICHARD
Britischer Stückeschreiber, er schlug 1965 → *Brian Epstein* sein Stück »A Talent For Loving« als Vorlage für den nächsten (dritten) Beatles-Film vor. Condon hatte 1962 bereits »The Manchurian Candidate« geschrieben. »A Talent For Loving« ist ein Western und spielt im Jahre 1871, Thema ist ein Pferderennen über eine sehr lange Distanz. Epstein kaufte die Rechte, der Film sollte bei seiner Fa. → *Pickfair Films Limited* realisiert werden, die er am 21.12.1964 mit George »Bud« Ornstein gegründet hatte. Der Film wurde im Februar 1965 in der Presse für das Jahr 1966 angekündigt, im Juni war dann von

einer Terminverschiebung die Rede. Aber John Lennon, Paul McCartney und George Harrison lehnten die Vorlage nach einer Diskussion am 3.10.1965 in einer Beratung mit Epstein am 13.12.1965 schließlich endgültig ab, weil sie sich ihrer schauspielerischen Qualitäten nicht sicher waren – oder weil die Dreharbeiten nicht in ihren ohnehin engen Terminplan passten, wie es offiziell hieß. Und vielleicht waren sie auch von dem Drehbuch nicht so ganz begeistert. Sie luden Condon nach London ein und legten ihm ihre Gründe persönlich dar. Der Film wurde 1968 ohne die Beatles in den USA realisiert (mit Richard Widmark, Geneviève Page, Cesar Romero und Topol), und die Beatles verdienten sogar noch daran, weil sie ja noch die Rechte besaßen. 1985 erschien von Condon »The Prizzi's Honour« (dt. »Die Ehre der Prizzis«).

THE CONTINUING STORY OF BUNGALOW BILL

Song von John Lennon/Paul McCartney, aufgenommen am 8.10.1968, erstmals erschienen am 22.11.1968 auf der LP »The Beatles« (»Weißes Album«). Der Song entstand in → *Rishikesh*, als die Beatles den → *Maharishi Mahesh Yogi* besuchten. Der Song basiert auf einer wahren Geschichte: Als sie in Rishikesh weilten, kam tatsächlich ein amerikanischer Jäger in das Camp. Das Intro, gespielt von einer spanischen Gitarre, stammt von einem Band mit Soundeffekten, einige Gesangsparts stammen von → *Yoko Ono* und Ringos Frau → *Maureen Starkey*, das → *Mellotron* spielt Chris Thomas, Assistent von → *George Martin*. Zahlreiche → *Cover-Versionen*, u.a. von Young Blood, Klaus Beyer, Hard Day's Night und The Beatles Revival Band.

COOPER, MICHAEL

Britischer Designer und Fotograf; er betrieb in den 1960er Jahren die Fa. M C Productions, arbeitete vor allem für die Zeitschrift *Vogue*, hatte ein Atelier in 4 Chelsea Manor Studios in der Londoner Flood Street, in Höhe der King's Road, und fotografierte am 30.3.1967 das Cover der LP »Sgt. Pepper's Lonely Hearts Club Band« (Design: → *Peter Blake* und Jann Haworth) und später das Cover der LP »Their Satanic Majesties Request« (→ *Rolling Stones*, 1967). Er fotografierte die Rolling Stones und die Beatles auch bei Konzerten und machte zahlreiche Aufnahmen von John Lennon und → *Yoko Ono* bei einer Ausstellung in der Galerie von → *Robert Fraser*, mit dem er eng befreundet war. Er beging 1972 Selbstmord und hinterließ ca. 17 000 Fotos, die sein Sohn Adam (mit Unterstützung von Perry Richardson und Bill Wyman) für das Buch »Blinds & Shutters« sichtete. 1993 verloren Paul McCartney, George Harrison und Ringo Starr einen Rechtsstreit gegen Adam Cooper, der die 239 Fotos, die 1967 nicht für das Cover von »Sgt. Pepper's Lonely Hearts Club Band« verwendet wurden, vermarkten wollte. Das Gericht sprach die Rechte an den Bildern dem Fotografen bzw. seinem Erben zu.

Lit.: Cooper, Michael: Blinds & Shutters (Guildford 1990, London 1997); Cooper, Michael: … You Are Here … The London Sixties (New York 1998, München 1999)

CORBETT, »BIG« BILL

Chauffeur der Beatles ab 1964. Er fuhr u.a. den blauen Austin Princess der Beatles und den Rolls Royce von John Lennon. Er arbeitete zuvor bei einer Mietwagenfirma, die ihn beauftragt hatte, die Beatles in einem blauen Aston Martin zu chauffieren. Er war auch mit dem Austin Princess der Beatles im Januar/Februar 1964 in Paris.

CORNFLOWER INVESTMENTS LIMITED
Eine der sieben am 19.12.1967 von den Beatles in London gegründeten Investmentgesellschaften.

COUNTERFEIT
(auch: pirate) Illegale Nachpressung einer offiziell erschienenen (und meist nicht mehr erhältlichen) Platte mit allen Merkmalen der Originalpressung (Cover, Etikett, Beilagen usw.), zu erkennen z.B. an geringfügig vergrößerten Coverabbildungen, am Verzicht auf besondere Farben und unscharfer Schrift – meist nur im Vergleich mit dem Original. Aber die moderne Kopiertechnik macht auch hier inzwischen fast alles möglich. Bei CDs handelt es sich oft um Alben, die offiziell nur als Analog-LPs erschienen sind – meist mit zusätzlichen Bonustiteln. Plattenfirma, Künstler und Autor erhalten bei diesen illegalen Veröffentlichungen kein Geld. Counterfeits kommen z.T. aus Osteuropa (insbesondere Russland) und Asien auf den Markt. Häufig werden Counterfeits ahnungslosen Käufern auch als angebliche Originale teuer verkauft. Gerade von den Beatles gibt es eine Unmenge von Counterfeits, zu den bekanntesten gehört die LP »Yesterday ... And Today« (1966) von → *Capitol Records* mit dem → *Butcher-Cover*.

»With The Beatles« – Counterfeit aus Polen

COUNTRY & WESTERN
Besonders zeigte sich Ringo Starr von dieser Musik beeinflusst, auf sein Drängen hin beschäftigten sich auch die anderen drei Beatles mit der Musik von Buck Owens, George Jones und anderen Stars aus Nashville. Allerdings hatten sie bereits bei den → *Decca* Auditions am 1.1.1962 einen Country Song im Repertoire: »Sure To Fall (In Love With You)« von Carl Perkins/Quinton Claunch/William »Bill« Cantrell. Nie waren sie den Country-Harmonien näher als in diesem Titel. Ein weiteres frühes Beispiel für Country & Western-Einflüsse auf John Lennons und Paul McCartneys Songwriting ist »I'll Cry Instead« von der LP »A Hard Day's Night«, aufgenommen am 1.6.1964. Auch auf der LP »Beatles For Sale« (1964) finden sich Country-Einflüsse (»I Don't Want To Spoil The Party«, »Baby's In Black«). John Lennon: »Die Nummern auf dieser LP unterscheiden sich von allem, was wir bisher gemacht haben, man kann unsere neue Platte eine ›Beatles Country and Western LP‹ nennen.« Später wandte sich insbesondere Ringo Starr auf seinen Solo-Platten der Country-Musik zu. Immer mal wieder hörte er sich seine Idole auch live an, so am 3.8.1969 Hank Snow. Auch Country-Stars coverten immer wieder Songs der Beatles, so u.a. Chet Atkins (»Chet Atkins Picks On The Beatles«, 1966) und Joe Val (eigentl. Joseph Valiante), die Charles River Valley Boys (»Beatle Country«, 1966), Tammy Wynette (»Yesterday«) und Ray Price (»In My Life«, 2000). Am 9.5.1988 nahm Paul McCartney mit Country-Übervater Johnny Cash den Song »New Moon Over Jamaica« auf, und am 24.6.1989 lag Rosanne Cashs Version von »I Don't Want To Spoil The Par-

ty« sogar auf Platz 1 der US-amerikanischen Country-Charts. 1995 erschien in den USA die CD »Come Together: America Salutes The Beatles« mit Beatles-→ *Cover-Versionen*, gesungen von Country-Stars wie Willie Nelson, Tanya Tucker, Randy Travis und Chet Atkins.

COVER

Grafisch gestaltete Außenhülle einer Schallplatte oder Vorderseite des → *Inlays* einer CD. Die unterschiedlichen Versionen von Plattenhüllen der Beatles dokumentiert Dave Henderson in seinem Buch »The Beatles Uncovered« (Pewsey/GB 2000). Auch Azing Moltmakers Buchreihe »The Album Collection (Vol. 0–8, 1999–2001) und das Buch »Across The Universe – Beatles Sleeves From Around The World, Vol. 1 (1958–1966), 2002 in den Niederlanden erschienen, dokumentieren detailliert in Texten und Abbildungen die Cover der unterschiedlichen Editionen. Matsu Takumi präsentiert in seinem Buch »In Search Of The Lost Record« (Tokyo 2002) »british album cover art of 50's to 80's«, mit 840 Farbabbildungen, darunter auch zahlreiche Beatles-Platten.

COVER-BAND

Band, die sich (fast) ausschließlich auf das Nachspielen von Songs einer bekannten Band/einer Musik- bzw. Stilrichtung konzentriert und sich auch im Auftreten und im Aussehen an ihrem Vorbild orientiert. »Es liegt auf der Hand, dass, wer covert, nur selten ein wirklich eigenständiges Profil gewinnt«, konstatiert der *Musikexpress* 2/2001. Und: »Diejenigen, die richtig gut im Geschäft sind, eint der gemeinsame Wunsch, eines Tages mit eigenem Material landen zu können. Meist jedoch enden die Freischwimm-Versuche von Coverbands mit mittelschweren Bauchlandungen.« Trotzdem: Noch nie war die Beatles-Cover-Band-Szene so vielfältig wie heute. Allein bei der → *Beatles Convention* in Liverpool 2000 traten 72 Beatles-Cover-Bands aus aller Welt auf. Nahezu jedes Land hat heute seine Beatles-Cover-Bands: Deutschland die → *Heartles* (Berlin), Twist And Shout, Two Riders, Berliner Beatles Band (Berlin), → *The Mini Beats* (vormals The Mini-Beatles, Kirchheim-Teck), → *The ReBeatles* (Ginsheim), Lonely Hearts Club Band (Rhein-Neckar-Gebiet), → *Beatles Beat Band* (Lüneburg), → *Brandy (The Beatles Complete)* (Darmstadt), → *The Beatles Four Ever Show* (Köln), → *The Beatles Revival Band* (Frankfurt/M.), → *The Beatles »Get Back« Band* (Schwabmünchen), → *Hard Day's Night* (Köln), → *The Fabulous Four*, → *The Centuries Turners Beatles* (The CT Beatles, Mainz), → *Frankie Goes To Liverpool – The Beatles Experience* (Berlin), die Beatles 2000, → *Meet The Beatles* (Mülheim), → *The Silver Beatles* (Osnabrück), → *Die Bietels* (Schleswig), Österreich → *The Beatles Double Group* und *The Beatless*, Puerto Rico → *Los Beatles Latinos*, Tschechien die Beatles Beat Group, die Niederlande → *Sgt. Pepper*, Schweden → *Lenny Pane*, Brasilien die Sgt. Pepper Band und die Clube Big Beatles, Australien *The Beatnix*, Norwegen Det Betales, Österreich The Beatles Unlimited (Revival Band) und die USA Abbey Rhode (South New Jersey). Und natürlich versteht es sich von selbst, dass es in Großbritannien die meisten Cover-Bands gibt: The Backbeat Beetles, → *The Bootleg Beatles*, The Beatles UK, The Cheat Beatles, The Fab Beatles, The Bandit Beatles, Bogus Beatles, Anthology of the Beatles, The Beatless, The Cavern Beatles, The Cheatles, The Counterfeit Beatles, The Fab Four, The Tribute Show, The Paperback Beatles, The Upbeat Beatles, The Ludwig Beatles, The Beatels, The Day Trippers, The Beatles Magic, The Other Beatles, The Phoney Beatles, The Prefab Beatles, The Silver Beatles, The Fab ... Eine Road-Movie-artige

Story aus dem Leben einer Beatles-Cover-Band enthält das Buch »Being John Lennon« von Martin Dimery, Untertitel: »Days In The Life Of Sgt. Pepper's Only Dartboard Band« (London 2002).

COVER-VERSION

Neuaufnahme eines erfolgreichen Hits mit einem anderen als dem Originalinterpreten. Arrangement, Inhalt, Rhythmus und weitere Merkmale können dabei erheblich vom Original abweichen. Der Begriff entstand evtl. 1955 in den USA, als die weiße Band The Crew Cuts einen Song nachspielte und veröffentlichte, der von der schwarzen Band The Chords geschrieben und auch gerade gespielt wurde. Da aber weiße Musiker damals ungleich bessere Chancen im Radio hatten, überdeckte (»coverte«) die weiße Band mit ihrer Version alle Erfolgschancen der schwarzen Band. Besonders in ihrer Anfangszeit coverten sich die Beatles kreuz und quer durch die Rock- und Pop-Geschichte. Interessant die CDs »Under The Influence – The Original Versions of the Songs the Beatles Covered (24 Songs, Sequel Records) und »Love 'em Do! – 24 Hits That Inspired The Beatles« (Charly Records/Instant CD). Auch die CD »pre fab!« versammelt Songs in den Originalfassungen, die die Beatles in ihrer Frühphase inspiriert haben. Cover-Versionen von Beatles-Songs gibt es inzwischen in allen Genres der populären Musik – von → *Reggae* über → *Jazz*, → *Blasmusik* und → *Country & Western* bis zu → *New Age* und → *klassischer Musik*. Die erste Cover-Version eines Beatles-Songs wurde von Kenny Lynch am 22.3.1963 aufgenommen – »Misery«. Bereits im Juni 1965 gab es 1 337 Cover-Versionen von Beatles-Songs, im April 1966 waren es bereits 2 921, und Ende August sollen es bereits 10 000 gewesen sein. Aber wer zählt die Namen? Die Beatles selbst äußerten sich kaum über Cover-Versionen ihrer Songs. 1993 verklagten die Beatles und → *Yoko Ono* allerdings Les Bidochons aus Frankreich, die unter dem Namen Les Beadochons »Hey Jude« und »Let It Be« recht zweideutig parodiert hatten. »Das war ein harter Tag – Beatles Lieder auf Deutsch« (1995), »Sie liebt dich – Weitere Beatles Songs auf Deutsch« (1997) und »Eleanor Rigby – noch mehr Beatles-Songs auf Deutsch« (2002, alle Bear Family Records) enthalten deutschsprachige Cover-Versionen. → *EMI* veröffentlichte 1979 eine LP mit »The Songs Lennon & McCartney Gave Away« – 20 Songs, die John Lennon und Paul McCartney anderen Interpreten überließen (später als → *Bootleg* auf dem Label Chapter One). The Beatnix aus Australien coverten diese Cover-Versionen: »It's For You – 19 Lennon & McCartney Songs The Beatles Gave Away« (1994). Der Soundtrack von Sean Penns Film »I Am Sam« (2001) besteht komplett aus Beatles-Cover-Versionen (2002 auf CD erschienen). Die Beatles verhielten sich meist tolerant ihren Bewunderern und Epigonen gegenüber – schließlich ist jede Presse eine gute Presse und jede Cover-Version befördert die Beatlemania und damit den Kontostand der Songautoren. Unter www.coversproject.com und www.coverinfo.de kann man einen Song in die Suchmaske eingeben und erhält dann eine Liste der Cover-Versionen.

***Discogr.:** Beatles Instrumental (3-CD-Box), Instrumentally Yours: Beatles Classics, Karaoke Lennon & McCartney, Lennon McCartney Songbook Vol. 1 & 2, Tom Jones: The Beatles And Me, The Royal Symphonic Rock Orchestra Vienna: Classic Beatles, Reunion – Ten Years Are Gone (italien. Cover-Versionen), Los de la Rumba: The Beatles Gipsy Mix, Tomorrow Never Knows (Cover-Versionen von Gruppen aus Bournemouth/USA), Our Friends Are All On Board, Harrisongs (span. Versionen von George-Harrison-Songs), Campos de Fresas (Spanien), The London Jazz Four Take A New Look At The Beatles, Beatles Magic Made By Apple Jam, Billy Lee Riley – Harmonica: Beatlemania, Latin Beatles, »The Manchesters« Play A Tribute*

To The Beatles, Tommy Scott And The Boys: Sing Along With Beatles' Songs, The Hollyridge Strings: The Beatles Songbook-2, Frank Pourcel Meets The Beatles, Louis Van Dyke Plays Lennon-McCartney, Pinky And Perky's Beat Party, Beatles Hits In The Glenn Miller Sound, Les Lionceaux: 4 garçons dans le vent, Meet The Covers, Lennon And McCartney Styled By Alan Haven, François Glorieux Plays The Beatles, Mr. Acker Bilk Plays Lennon & McCartney, The Hollyridge Strings: The New Beatles Songbook, The Soul Of Lennon & McCartney, The Mike Sceptre Singers With The London Starlight Orchestra: The Beatles SongBook, Arthur Wilkinson and his Orchestra: The Beatle Concerto, Kremlin Graceful Balalaika Band: The Beatles On The Russian Fields, Memorable Beatles Melodies, Paul Mauriat Salutes The Beatles, Easy Listening Beatles, Sounds Like The Beatles Sung By The Hobos, Yesterday – 16 Fab Beatle Reggae Classics, The Beatles Songbook In Reggae, The Black Album – Yesterday Part 2, Yesterday Part 3, A Reggae Tribute To The Beatles, Vol. 1–2, Symphony Orchestra Hamburg Plays The Beatles Songs, Beatlemania – Silke Plays Beatles (2 MC), Erich Kunzel Cincinnati Pops Orchestra feat. King's Singers Perform Music Of The Beatles, The Chipmunks Sing The Beatles Hits (1964), Dick James: Sing A Song Of Beatles (1964), The Hollyridge Strings: The Beatles Songbook (1964), Keely Smith: Songs Of The Lennon & McCartney Songbook (1964/1965), Mary Wells Sings Love Songs To The Beatles (1965), Joshui Rifkin: The Baroque Beatles Book (1965), The Koppycats: The Beatles Best (das sind Ian & The Zodiacs, 1965), The Koppycats: More Beatles Best (das sind Ian & The Zodiacs, 1966), Count Basie & His Orchestra: Basie's Beatle Bag (1966), Chet Atkins Picks On The Beatles (1966), Cathy Berberian: Beatles-Arias For Special Friends (1967), Vic Lewis: Beatles My Way (1969), Booker T. And The MG's: McLemore Avenue (1970), Percy Faith: The Beatles Album (1970), Count Basie: Basie On The Beatles (1970), James Last: Bach To Beatles (1973), George Benson: The Other Side Of Abbey Road (1976), All This And World War II (1976), The Carnabees: The Story Of The Beatles (1977), Lucie-Marie Krause: Eigene Variationen und Improvisationen über einen Beatles-Hit (1978), Sarah Vaughan: Songs Of The Beatles (1980), Beatlesongs (1982; Rhino Records musste die LP allerdings wieder vom Markt nehmen, weil sich auf dem Cover eine Karikatur des John-Lennon-Mörders Mark Chapman befand), The Royal Philharmonic Orchestra Plays The Beatles 20th Anniversary Concert (1983), James Last spielt ... The Beatles (1983), Gerry and the Pacemakers: Lennon/McCartney Songbook (1985), Kresten Korsbæk: Beatles For Classical Guitar (1985), Motown Sings The Beatles (1985), The Lennon And McCartney Songbook – With A Little Help From Their Friends (1985, u.a. mit Roxy Music, Elton John, Michael Jackson), Richie Havens Sings Beatles And Dylan (1987), George Martin & His Orchestra: Beatles To Bond And Bach (1987), Sgt. Pepper Knew My Father (1988), The Inmates: Meet The Beatles – Live In Paris (1987), The King's Singers: The Beatles Connection (1988), Rundfunk-Tanzorchester Berlin (Ltg.: Martin Hoffmann): 40 Beatles-Hits (1990), John Walker & The Digital Orchestra Plays My Favourite Lennon & McCartney (1991), Downtown Does The Beatles – Live At The Knitting Factory (1992), Laibach: Let It Be (1992), Los Rolin: Por Rumbas (1992), Klaus Wunderlich: A Tribute To John Lennon & Paul McCartney (1993), Dr. Fink & The Mystery Band Hooked On A Beatles Tribute (1993), Martan Mann and Mannkind: Beatle Jazz (1993), The Exotic Beatles Vol. 1–3 (1993, 1994, 1999), Come Together – A Guitar Tribute To The Beatles (prod. By Mike Mainieri, mit John Abercrombie, Terje Rypdal, Michael Hedges, Robben Ford, Ralph Towner, David Gilmore u.a.),The Royal Academy of Music Symphony Orchestra: Orchestral Sgt. Pepper's (1994), Trio Rococo Plays The Beatles – Classical Mystery Tour (1994), Shared Vision: The Songs Of The Beatles (1994), James Last: Yesterday und andere Beatles-Songs (1994), Stars On Classic: Die schönsten Hits der Beatles im Klassik-Sound (1994), The Synthesizer Rock Orchestra Plays The Beatles Classic Tracks (1994), The Hill/Wiltschinsky Guitar Duo: The Music Of Lennon & McCartney (1994), The Hill/Wiltschinsky Guitar Duo: The Music Of Lennon & McCartney Vol. 3 (1994), Music Of The Beatles (4 CDs, 1994), The Saltbee: That Means A Lot (1994), Beatles Classic Hits (DoCD, 1994), Peter Breiner and His Chamber Orchestra: Beatles Go Baroque (1994), The Fabulous Four: Beatles Songs Unplugged (1994), Garganta Canta Beatles – Ao Vivo (1994), Beatles Forever (Beatles-Songs in Russisch, 1994), Jan Philippe Colagne: Pianobar – Les Plus Belle Chansons Des Beatles (1994), Come Together: America Salutes The Beatles (1995), Here, There And Everywhere – Göran Söllscher Plays The Beatles (1995), Devil's Rubato Band featuring Gustav Peter Wöhler Plays Abbey Road (1995), Die 12 Cellisten der Berliner Philharmoniker: The Beatles In Classic (1995), John Pizzarelli Meets

Hilfe! 43 Cover-Versionen von Beatles-Songs!

All you need is covers – Without The Beatles

The Beatles, (I Got No Kick Against) Modern Jazz – A GRP Artists' Celebration of the Songs of The Beatles (1995), Words & Music By John Lennon & Paul McCartney (1995), The Fabulous Four: Beatles Unplugged (1995), A Tribute To The Beatles (1995), Andrea Braido & Giorgio Cordoni Playing The Beatles (1995), AGRP Artist's Celebration Of The Songs Of The Beatles (1995), Volkers lustiger Musikverein: The Beatles für Kinder (d.i. Volker Rosin, 1995), Tropical Tribute To The Beatles (1996), All Together Now – Beatles-Songs By Superstars (1996), Without The Beatles (1996), Our Friends Are All On Board – A Scare Tribute To The Beatles (1996), The Hill/Wiltschinsky Guitar Duo: Classic Beatles (DoCD, 1996), The Hill/Wiltschinsky Guitar Duo: Songs By Lennon & McCartney (1996), Relaxin' With The Beatles (1996), Sax Plays Beatles (1996), The Rubber Band: All You Need Is Love (1996), Houdini Band: Rhythm'n'Beatles (1996), Belmo's Beatleg News Presents The Tribute CD (1996), The Hollyridge Strings: The Best Of The Beatles Songbook (1996), Steelin' The Beatles (Joe Goldmark, 1997), The Larry Page Orchestra: John, Paul, George, Ringo (1997), Los Escarabajas: By The Beatles (1997), Beatlemania (1997), Bob Helden Presents Strawberry Fields (1997), Golden Throats 4: Celebrities Butcher Songs Of The Beatles (1997), The Beatles Disco Dance (1997), The Canadian Brass: All You Need Is Love (1998), Lenny Pane: Abbey Road Live (1998), David Michael Cass: The Beatles Naturally (1998), Das Spieluhren-Orchester: Beatles für Babys (1998), Unlimited Beat: Beatles Medley (1998), The Punkles (1998; 2003 neu erschienen als »Beat The Punkles«), Reloader (1998), All You Need Is Covers – 50 Fab Beatle Tunes (DoCD, 1999), Stefano Cerri: Fab Four Strings (1999), The Beatles Symphonic Orchestra: Beatles Symphonic Collection (1999, 3-CD-Set: Love Songs, Greatest Hits & Movie Hits), Here, There And Everywhere – The Songs Of The Beatles (1999), Type O'Negative: Medley mit Beatles-Songs auf der CD »World Coming Down« (1999), The Mini Beatles: Get Back (1999), The Mersey Sound Orchestra MSO Plays The Music Of The Beatles (1999), Pickin' On The Beatles – A Tribute, Vol. 2 (1999), From Yesterday To Penny Lane – Göran Söllscher Plays The Beatles (1999), The Greatest Hits Of Beatles Performed By J & P, Vol. 2 (1999), The RRSO Symphony Orchestra: Beatles For Strings (1999), Austria Pop Symphony Orchestra Plays The Best Of The Beatles-Songs (1999), The Bugs: Let It Be – The Best Of Beatles Cover Versions (2000), BeatleJazz: A Bite Of The Apple (2000), Another Mystery Tour – A Tribute To The Beatles (2000), Ian & The Zodiacs Rarities: The Koppycats Recording (2000), Laurence Juber Plays The Beatles (2000), Ulf Lindenberg Sings The Beatles/Lennon & More (2000), BTJ Perform The Beatles – The Ultimate Tribute (2000), Fab 4 Hits (2000), Beatles dlja malyšej (2000), Tribute To The Beatles Reggae Style (2001, 3-CD-Box), Songs Of The Beatles Vol. 1 (2001), Ann Dyer & No Good Time Fairies: Revolver – A New Spin (2001), BeatleJazz: Another Bite Of The Apple (2001), Shirley Kent: The Beatles Go Gay In Acappella (2001), The Music Of The Beatles Performed By The Copycats

(2001), Mellow Dubmarine – A Reggae Tribute To The Beatles (2001), With A Little Help From My Friends – 33 Titel der Beatles (DoCD, 2001), Help! The Songs Of The Beatles – Vol. 2 (DoCD, 2001), B-Four: Can't Buy Me Love (2001), Les Boréades: Beatles Baroque (2001), Les Boréades: Beatles Baroque II (2001), The Beatles Revival Band · Didi & His ABC-Boys & Udo Lindenberg präsentieren: Die Hits der Beatles in deutschen Originalaufnahmen (2001), Why Don't We Do It In The Road? (2001), Erich Kunzel Cincinnati Pops Orchestra Feat. King's Singers Perform Music Of The Beatles (2001), The Day Trippers: A Tribute To The Beatles (2001), Musik für kleine Ohren – Beatles (2001), Relax With The Beatles (2001), Tribute To The Beatles (DoCD, 2001), Greatest Hits Go Classic: The Beatles Performed By Classic Dream Orchestra (2001), i am sam (2001), The Persuasions Sing The Beatles (2001/2002), The Blues White Album (2002), Dolphin Aid – With A Little Help From My Friends (2002), Peter Lipa: Beatles In Blue(s) (2002), Joe Sachse/Ernst Bier: Helter Skelter – Beatles Forever (2002), Come Together – An A Cappella Tribute To The Beatles (2002), He Was Fab – A Loving Tribute To George Harrison (2002), James Last: Beatles-Songs & Internationale Superhits (2002), Chantal: Beatles – Strictly Instrumental (2002), Jason Falkner: Bedtime With The Beatles – Instrumental Versions Of Classic Beatles Songs (2002), The Beatless (2002), Heinrich von Kalnein: Blackbird – The Lennon/McCartney Songbook (2002), Glass Onion – Songs Of The Beatles (2003), From A Window – Lost Songs Of Lennon & McCartney (2003), Pierson, Parker, Janovitz Project: Lost Songs Of Lennon & McCartney (2003), Take It Easy – Fab Four Go Loungecore (2003), Michael Lucarelli Plays The Beatles (2003), Come Together – A Night For John Lennon's Words And Music (DVD, 2004), Beatles Forever: Ready, Steady, Beat! (2004), A Hard Day's Night Revisited (Bootleg, 2004), Help! Revisited (Bootleg, 2004), Revolver Revisited (Bootleg, 2004), Songs From The Material World – A Tribute To George Harrison (2003), Come Together – A Night For John Lennon's Words & Music (DVD, 2003), Blue Note Plays The Beatles (2004), Guitar Tribute To 40 Years Of The Beatles (2004), Branimir Krstic: Sgt. Pepper For Classical Guitar (2004), Beatlemania Volume 1 & 2 (2004), Daytrippers – Songs Of The Beatles (2005), It's Ringo Ska (2005), Beatles Songbook (3 CD, 2005), BeatleJazz: With A Little Help From My Friends (2005), beatlesregrooved (2005), This Bird Has Flown – A 40th Anniversary Tribute To The Beatles' Rubber Soul (2005), The Exotic Beatles 3 (2005), beatlesregrooved (2005), We Can Work It Out – Covers & Cookies Of Lennon, McCartney & The Beatles (DoCD, 2005), Give 'm A Chance – A Tribute To John Lennon (2006), Madooo (Madhukar Chandra Dhas): To The »Fab Four« From Liverpool ... A Tribute From India (2005), Electric Sound Orchestra Meets The Beatles (2005), The Beatles DisCovered – The Tribute CD (2005), Lain fabular – ils beatles per rumantsch (2005), Les Beatles Un regard français (2005), The Fabulous Four Play The Beatles (2005), With A Little Help From My Fans – The Beatles Revisites 1969–2005 (2005), Beatles Forever: The Very Very White Album (2006), Frankie Goes To Liverpool: Unplugged (2006).

Lit.: *Henderson, Dave: The Beatles Uncovered – Fab Four's Legacy By The Strange, Weird And Wonderful (Pewsey/GB 2001); Sweeting, Adam: Cover Versions (London 2004); Belmo (d.i. Scott F. Belmer): The Beatles DisCovered (Ft. Mitchell/KY 2005)*

COWBOY MUSEUM

Song von George Harrison, erstmals erschienen am 1.11.1968 auf der LP »Wonderwall Music«.

COX, ANTHONY »TONY«

Amerikanischer Jazzmusiker und Avantgarde-Filmer, * 1937, seit November 1964 Ehemann von → *Yoko Ono*; → *Kyoko Cox* ist ihr gemeinsames Kind. Er lernte Yoko Ono Anfang der 1960er Jahre in Tokyo kennen. Er hatte Malerei studiert, Saxophon gespielt und gehörte zum Freundeskreis des Komponisten La Monte Young. Seit März 1968 lebten sie getrennt, am 2.2.1969 wurde er offiziell von Yoko Ono geschieden. Cox war clever genug, sich vertraglich 50 % von allem zu sichern, was Yoko Ono von John Lennon bekommen würde. Yoko Ono erhielt das Sorgerecht für Kyoko, obwohl diese mit ihrem Vater aufgewachsen war. Die Scheidung wurde auf den Virgin Islands (Jungferninseln) ausgesprochen, weil Cox dort eine Aufenthaltsgenehmigung beantragt hatte und dort dann auch lebte. John Lennon übernahm die Kosten der Scheidung und beglich außerdem die Schulden der beiden in Höhe von ca. 100 000 $. Am 29.12.1969 flogen John Lennon und Yoko Ono nach Ålborg/Dänemark, um Silvester mit ihm und Kyoko zu verbringen. Auf einer Pressekonferenz am 29.12.1969 sangen John und Yoko »Kristelighed«, ein dänisches Volkslied, und verkündeten, künftig ihre Plattentantiemen der Friedensbewegung spenden zu wollen (was sie bald wieder vergaßen). Sie blieben drei Wochen, ein gewisser Don Hamrick sollte ihnen helfen, von Zigaretten und Drogen loszukommen. Cox dokumentierte vier Tage dieser Begegnung (vom 8. bis 11.2.1970) auf Schwarzweißfilm, u.a. die Begegnung von John Lennon und Yoko Ono mit dem britischen Black-Power-Aktivisten → *Michael X* im Londoner »Black House« am 4.2.1970. Die insgesamt 10 Stunden Film wurden 2005 restauriert und zu einem 90-minütigen Film »3 Days In The Life« wiederaufbereitet (World Wide Video LLC). Cox heiratete 1969 eine gewisse Melinda, konvertierte zur »ChristWegKirche« und benannte Kyoko Ende 1971 in Rosemary um. Immer wieder gab es Probleme mit dem Umgangsrecht in Bezug auf Kyoko. Nachdem Yoko Ono das Sorgerecht zugesprochen worden war, erhielt er von einem Gericht in Houston, Texas, wo er in den 1970er Jahren lebte, das vorübergehende Sorgerecht, das Gericht sprach den Lennons jedoch ein Besuchsrecht zu. Am 22.12.1971 wurde er verhaftet, weil er die Gerichtskosten noch nicht bezahlt hatte. Über Weihnachten wurde er auf Kaution entlassen und tauchte unter.

COX, KYOKO CHAN

*8.8.1963 in Tokyo, Tochter → *Yoko Onos* aus der Ehe mit → *Anthony Cox*. Yoko Ono kümmerte sich wenig um sie, sie wuchs praktisch bei Freunden des Vaters von Anthony Cox auf, bis Letzterer sie zu sich nahm. In der ersten Hälfte der 1970er Jahre führten John Lennon und Yoko Ono einen jahrelangen Rechtsstreit um das Sorgerecht für Kyoko. Im April 1971 entführten sie Kyoko sogar von einem Spielplatz in Mallorca, wurden aber gerichtlich zur Herausgabe der kleinen Kyoko gezwungen. Die Probleme mit dem Sorgerecht hielten an: Nachdem Yoko Ono von einem Gericht auf den Virgin Islands (Jungferninseln) das Sorgerecht zugesprochen worden war, erhielt Cox von einem Gericht in Houston, Texas, wo dieser in den 1970er Jahren lebte, das vorübergehende Sorgerecht. Aber immer, wenn John Lennon und Yoko Ono nach Houston kamen, verschwand Cox mit dem Kind. Ende 1971 änderte Cox, der inzwischen zur »ChristWegKirche« konvertiert war, sogar ihren Namen in Rosemary um. Als John Lennon und Yoko Ono im März 1972 die USA verlassen sollten, war Kyoko ein gutes Argument zum Bleiben: Die beiden hätten sonst das Sorgerecht verloren. Ab 1977 studierte Kyoko an der Walter Reed Junior High School in North Hollywood unter dem Namen Ruth Holman. Nach Abschluss der Schule arbeitete sie als Lehrerin. Erst seit Mitte der 1990er Jahre hat sie wieder regelmäßig Kontakt zu ihrer Mutter. Sie ist inzwischen verheiratet und hat eine Tochter namens Emi.

COX, MAUREEN »MO«

→ *Starkey, Maureen »Mo«.*

THE CRAFT

Film, USA 1996 (100 min, dt.: Der Hexenclub), Regie: Andrew Fleming, Buch: Peter Filardi, Andrew Fleming, Kamera: Alexander Gruszynski. Zu den Darstellern gehören u.a. Robin Tunney (Sarah), Fairuza Balk (Nancy), Neve Campbell (Bonnie) und Rachel True (Rochelle). Die Story: Vier katholische College-Girls gründen einen magischen Zirkel, um mit magischen Kräften ihre zahlreichen

Probleme zu lösen. Sie terrorisieren die konkurrierenden Mädchen, bis sich ihre Hexerei letztendlich gegen sie selbst richtet. Insgesamt eine recht banale Horrorkomödie. Als Filmmusik erklingen neben Songs von Graeme Revell, Sponge, Jewel und Tripping Daisy auch einige Titel von John Lennon und Paul Mcartney.

THE CREAM

Eine der einflussreichsten britischen Bands Mitte der 1960er Jahre. Im Juli 1966 holte Ginger Baker (dr, voc) Jack Bruce (b, voc, harm), → *Eric Clapton* (g, voc) und Pete Brown, der mit Jack Bruce die Songs schrieb, in die erste Supergroup der Rockgeschichte. Am 5.2.1967 besuchten die Beatles einen Auftritt der Band im → *Saville Theatre*. Auf ihrer letzten LP »Goodbye«, aufgenommen im Oktober 1968, befindet sich der Song → *Badge* von George Harrison/Eric Clapton, auf dem Harrison unter dem Pseudonym → *L'Angelo Misterioso* auch Gitarre spielt (am 3.4.1969 auch als Single erschienen). Unter dem gleichen Pseudonym spielte George Harrison dann am 11.5.1969 auf der Aufnahme »Never Tell Your Mother She's Out Of Time« von Ex-Cream Jack Bruce (LP »Songs For A Tailor«, rel. September 1969) Gitarre. Auch dem Cream-Nachfolger Blind Faith diente George Harrison als Gitarrist: Am 7.10.1969 nahm er mit der Band in den Londoner Morgan Studios »Exchange And Mart« und »Spending All My Days« auf. Als sich The Cream 2005 für einige Konzerte wiedervereinigte, saßen bei einem Konzert in der Londoner → *Royal Albert Hall* auch Paul und Heather McCartney sowie Ringo und Barbara Starkey im Publikum.

www.jackbruce.com/cream

CRONLEY, ROBERT

Der damals 61-jährige Brite verklagte 1991 die Beatles auf umgerechnet ca. 15 Mill. €. Er behauptete, die Songs »Hey Jude«, »Let It Be« und »Strawberry Fields Forever« komponiert zu haben. Die Sache verlief schnell irgendwo im Sande (der Justiz).

CRY BABY CRY

Song von John Lennon/Paul McCartney, aufgenommen am 16. und 18.7.1968, erstmals erschienen am 22.11.1968 auf der LP »The Beatles« (»Weißes Album«). Zahlreiche → *Cover-Versionen*, u.a. von Fool's Garden und Los Imposibles.

CRY FOR A SHADOW

Instrumental-Titel von John Lennon/George Harrison, aufgenommen wahrscheinlich am 22.6.1961 von → *Tony Sheridan* and The Beat Brothers (den späteren Beatles), produziert von → *Bert Kaempfert*, erstmals erschienen auf der ersten EP von Tony Sheridan and The Beat Brothers (= The Beatles) am 12.7.1963. Der Titel – das erste Instrumental und die einzige Gemeinschaftsarbeit von George Harrison und John Lennon – parodiert ein bisschen die damals sehr populäre britische Instrumentalgruppe The Shadows, die meist mit dem Sänger Cliff Richard auftrat, war aber gleichzeitig auch ein Tribut an die Band. Der Titel klang so sehr nach den Shadows, dass Rory Storm (→ *Rory Storm and The Hurricanes*) lange Zeit glaubte, die Beatles spielten eine → *Cover-Version* der Shadows. Am Anfang erinnert »Cry For A Shadow« tatsächlich an »Man Of Mystery« der Shadows, geht dann jedoch eher in Richtung »Rodeo« von John Barry. Ursprünglich hieß der Titel »The Beatle Bop«. Die Urheberrechte verblieben nach der Vertragsauflösung zwischen Kaempfert und den Beatles beim Hamburger Musikverlag Oktave von Alfred »Al« K. Schacht, der später auch als deutscher Verleger von Abba fungierte. Zahlreiche → *Cover-Versionen* u.a. von Susan & The Surftones.

CRYING

Song von George Harrison, erstmals erschienen am 1.11.1968 auf der LP »Wonderwall Music« (als Medley mit »Love Scene«).

CRYING WAITING HOPING

Song von → *Buddy Holly*, aufgenommen kurz vor seinem Tod im Februar 1959. Von den Beatles am 1.1.1962 in London beim → *Decca*-Vorspiel gespielt. Der Titel erschien auf mehreren → *Bootlegs* (→ *Decca Tapes*). George Harrison sang den Titel, mit vokaler Unterstützung von John Lennon und Paul McCartney. Am 16.7.1963 nahmen die Beatles den Song im BBC Paris Theatre, London, für die → *BBC*-Sendung → *Pop Go The Beatles* (Produzent: Terry Henebery, gesendet am 6.8.1963) auf. Erschienen am 28.10.1994 auf der DoCD »Live At The BBC«.

THE CT BEATLES

→ *The Century Turners Beatles*.

CUT PIECE

Performance von → *Yoko Ono*, uraufgeführt bei »Yoko Ono's Farewell Performance« bei Sogetsu 1964 in Japan und in der Carnegie Recital Hall in New York im März 1965. Yoko Ono saß dabei auf der Bühne auf einem Stuhl und bat das Publikum, auf die Bühne zu kommen und sich Stücke von ihrer Kleidung abzuschneiden. Manchmal soll sie am Schluss nahezu nackt auf der Bühne gesessen haben. Am 15.9.2003 wurde das Stück im Pariser Théâtre du Ranelagh aufgeführt – mit Yoko Ono, vor ca. 200 Zuschauern, als Demonstration für den Frieden. Die abgeschnittenen Stoffteile sollten die Besucher an Personen schicken, die sie lieben. Das erste Loch in den Ärmel des Kleides schnitt → *Sean Lennon*, der das Stück »sehr bewegend und sehr intensiv«, aber auch »nervenaufreibend« fand.

Lit.: Christopher, Kevin: Yoko Ono's »Cut Piece« (1964): A Reconsideration (digitale Dissertation, www.umi.com, 1998)

D

DAFFODIL INVESTMENTS LIMITED
Eine der sieben am 19.12.1967 von den Beatles in London gegründeten Investmentgesellschaften.

THE DAILY HOWL
Titel einer Sammlung von Gedichten, Geschichten und Karikaturen, die John Lennon ab 1957 mit schwarzer Tinte in ein Übungsheft schrieb. Lt. seiner Halbschwester → *Julia Baird* ergänzte er diese Sammlung täglich in der Art eines Tagebuches. John Lennon widmete sie offiziell → *Pete Shotton*. Er bezeichnete diese Sammlung später sogar als »Zeitung«. Ähnlichkeiten mit Allen Ginsbergs »Howl« sind natürlich rein zufällig. Bei einer Auktion bei Sotheby's in London wurden 1988 drei Seiten aus »Daily Howl«, wahrscheinlich aus dem Besitz von Johns Freund Rod Murray, für 12 000 £ versteigert.

DALÍ, SALVADOR
(eigentl. Salvador Dalí y Domenech), * 11.5. 1904 in Figueras/Spanien; bedeutendster surrealistischer Künstler. 1925 hatte er seine erste Einzelausstellung. Sein Credo: »Ich musste es zu Ruhm bringen, um mich für die Kränkung zu rächen, die der Tod meiner Mutter, die ich so hingebungsvoll verehrte, für mich bedeutete.« 1938 nahm er an der Internationalen Surrealisten-Ausstellung in Paris teil, ein Jahr später brach er endgültig mit den Surrealisten. Am 24.3.1969 trafen sich John Lennon und → *Yoko Ono* mit Dalí in Paris zum Mittagessen. Nun müssen Lennons u.a. in dem Song »Mother« geäußerte Muttergefühle nicht unbedingt von Dalí beeinflusst sein ... Mehr als John Lennon interessierte sich allerdings Paul McCartney für die Surrealisten – neben Dalí insbesondere für Giorgio de Chirico, Paul Delvaux, René Magritte und Alfred Jarry. Linda schenkte ihm 1967 eine Staffelei aus Magrittes Nachlass. Auch das Apple-Logo ist einem Bild Magrittes entlehnt. Dalí starb am 23.1.1989 in Torre Galatea/Spanien.

DAVID FROST SHOW
→ *Frost, David*.

DAVIES, HUNTER
* 1936 in Renfrew/Schottland als Sohn eines höheren Beamten, aufgewachsen in Carlisle, Studium an der Durham University, wo er sich für Journalismus zu interessieren begann. Seit 1958 schrieb er für Zeitungen und Zeitschriften, u.a. für die Londoner *Sunday Times*. Am 17.9.1966 interviewte er Paul McCartney für die *Sunday Times*. Davies war auch bei der Live-Sendung »All You Need Is Love« am 25.6.1967 dabei. Am 27.1.1967 schloss er einen Exklusivvertrag mit → *Brian Epstein* bzw. den Beatles und arbeitete 1967/68 18 Monate mit ihnen gemeinsam an ihrer ersten autorisierten Biographie, die – am 30.9.1968 bei William Heinemann Ltd (später auch bei McGraw-Hill, Mayflower und Dell und Granada Publishing) unter dem Titel »The Beatles: The Authorised Biography« erschienen und seitdem in viele Sprachen übersetzt (deutsche Erstausgabe: »Alles was du brauchst ist Liebe – Die Story der Beatles«, München/Zürich 1968, erweiterte Taschenbuchausgabe München/Zürich 1978; russische Ausgaben 1990, 1991 und 1993 im Verlag Raduga, Moskva) und in immer wieder überarbeiteten Auflagen – weltweit zum Bestseller wurde. Die Idee stammte von Davies, als Gegenleistung erhielten die Beatles

einen Teil der Einnahmen. → *Mary Elizabeth Smith* (»Aunt Mimi«) und → *Queenie Epstein* redigierten das Buch gründlich. Hunter Davies: »Als es erschien, hielten es die meisten Kritiker für eine Offenbarung: Ich benutzte Kraftausdrücke, erwähnte Drogen, Diebstahl und Brian Epsteins Schwulsein – damals noch ein Codewort. Verglichen mit späteren Büchern war es natürlich harmlos.« (*musikexpress The Beatles Special Edition*, Vol. 1, 2002) Die Biographie erschien vorab auszugsweise am 2.6.1968 im amerikanischen Magazin → *Life*. Davies' 1985 erschienene Neuauflage der Biographie berücksichtigt auch die Solo-Karrieren der Beatles und enthält zahlreiche unveröffentlichte Originaldokumente, aber auch »eine langatmige und ziemlich prahlerische Einleitung über die Entstehung des Buches« (James Woodall). *Musikexpress/Sounds* zu einer noch neueren Neuauflage: »Essenziell für alle Beatles-Fans!« 2000 erschien in der Hannibal Verlag GmbH Höfen/Österreich eine aktualisierte deutschsprachige Neuausgabe unter dem Titel »die beatles« mit dem Untertitel »die einzige offizielle Biographie«. Mitte der 1980er Jahre übergab Davies einige Manuskripte von John Lennon und Paul McCartney der British Library in London. 1996 erschien die 2., überarb. Aufl. seines Buches »The Beatles: The Classic«. 1998 besuchte Davies die → *Beatles Convention* in Havanna/Kuba, am 12.3.2000 trat er beim London Beatles Day auf, im gleichen Jahr schrieb er das Vorwort zu »The Beatles – Off The Record« von Keith Badman (London: Omnibus Press), 2001 erschien sein Buch »The Quarrymen« (aber warum schreibt er sich da »Hunter Davis«?) Die Neuauflage des Klassikers – das »Update 2002«, erschienen bei Cassell Illustrated – enthält u.a. eine aktualisierte Discografie, zusätzliche Fotos und ein neues, zusätzliches Einleitungskapitel (dt.: Die Beatles – Update

Hunter Davies: Die Geschichte der Beatles – seit 1968 ein Standardwerk

2002, Hannibal-Verlag, 2002). 2004 erschien in London eine neue Paperback-Ausgabe des Buches. Also: Einmal Beatle, immer Beatle? Immerhin: Über 30 Bücher hat Hunter Davies bisher geschrieben. Er ist verheiratet mit Margaret Forster, hat drei Kinder und lebt heute als freischaffender Autor in London.

DAVIS, ROD

Ein Musiker der → *Quarrymen*, *7.11.1941 in Liverpool. Er lernte John Lennon an der St. Peter's Sunday School im Liverpooler Stadtteil Woolton kennen, als er fünf war. Er war dann an der → *Quarry Bank High School* im Liverpooler Stadtteil Allerton in der gleichen Klasse wie → *Pete Shotton*, → *Nigel Whalley* und → *Ivan Vaughan*. Bei den Quarrymen spielte er Banjo, das er sich

Rod Davies (The Quarrymen)

für 5 £ eilends kaufte. Ob sie bei ihrem ersten Auftritt noch → *The Black Jacks* oder schon The Quarrymen hießen, weiß er nicht mehr so genau. Davis wollte allerdings mehr Skiffle und traditionellen Jazz spielen: »Ich mochte ganz einfach Rock'n'Roll nicht so sehr.« Im September 1957 verließ er die Band und spielte Gitarre in einer Jazz-Band mit Namen The Elastic Band. 1960 ging er an die Cambridge University und wurde Mitglied (und nach drei Jahren sogar Präsident) der St. Lawrence Folk Music Society. Er spielte dann Mandoline, Fiddle und Concertina und Gitarre in Bluegrass-Bands. 1961 nahm er eine Platte mit den Trad Grads auf. Nach dem Studium lebte er einige Jahre im Ausland. Nach seiner Rückkehr arbeitete er als Stadtführer in London und dann als Lehrer an einem Polytechnikum in Uxbridge, wo er mit seiner ersten Frau und den zwei Kindern lebte. Nach dem → *Bootleg* »The Quarrymen At Home« erschien 1994 (nach 37 Jahren!) die erste CD der Quarrymen: »Open For Engagements« (Kewbank Records), mit 15 Titeln, davon sieben → *Cover-Versionen* und acht eigene Titel – »gewidmet dem Andenken John Winston Lennons, ohne dessen Inspiration es die Band nie gegeben hätte«. Von den Ur-Quarrymen waren allerdings nur Rod Davis und → *John Charles »Duff« Lowe* dabei. Inzwischen ist er Pensionär und lebt mit einer neuen Lebenspartnerin zusammen.

Discogr.: *Historical Moments - Rod Davis and Tony Sheridan (Doku-CD, 2001), Jazz Guitar - Numero Uno (mit Doug Turner, 2002)*

DAVIS, SPENCER

Britischer Musiker (g, voc, harm), * 17.7.1941 in Swansea, der 1963 aus Muff's Mojo Men (Muff Winwood – b, voc, Steve Winwood – voc, keyb, g und Pete York – dr) die Spencer Davis Group formierte, die im Frühjahr 1965 einen ersten Hit mit »Keep On Running« hatte. Am 13.9.1967 traf er sich in Cornwall, wo die Beatles gerade auf ihrer »Magical Mystery Tour« Station machten, nach einem Anruf bei → *Mal Evans* mit den Beatles. Am nächsten Tag lud er sie nach Perranporth ein, wo er mit seiner Familie Urlaub machte. Ringo Starr, Paul McCartney, → *Neil Aspinall* und einige Passagiere des Busses kamen. Paul McCartney setzte sich an das Piano des Pubs und spielte bis in die frühen Morgenstunden. Spencer Davis ging später in die USA.

A DAY IN THE LIFE

Song von John Lennon/Paul McCartney, aufgenommen am 19. und 20./21.1., 3., 10. und 22.2. und 21.4.1967, erstmals erschienen am 1.6.1967 auf der LP »Sgt. Pepper's Lonely Hearts Club Band« – »der mit Abstand herausragende und wichtigste Song von ›Sgt. Pepper‹« (Olaf Benzinger in »Sgt. Pepper's Lonely Hearts Club Band«, München/Zürich 2000). »In diesem Geniestreich kommt alles zusammen, was die Beatles zu dem in ihrer

Zeit so überragenden musikalischen Phänomen gemacht hat: ein geradezu unglaubliches Gespür für musikalische Stimmungen, eine perfekte Darbietung und eine überschäumende Experimentierfreude, die vor keiner klanglichen Konvention haltmacht.« (Benzinger) John Lennon ließ sich zu dem Song u.a. von einem tödlichen Verkehrsunfall seines Freundes, des Guinness-Erben Tara Browne am 18.12.1966, über den die *Daily Mail* berichtet hatte, und einem Bericht in der gleichen Zeitung am 17.1.1967 über den Zustand der Straßen in Blackburn, Lancashire, inspirieren. Die Zeile »I'd love to turn you on« brachte dem Song ein Sendeverbot bei der → *BBC* ein: Als der DJ → *Kenny Everett* am 20.5.1967 in seiner Show »Where It's At« die LP vorstellte, durfte er den Song nicht spielen. Erst Anfang der 1970er Jahre war der Song in der BBC zu hören (eine solche »Ehre« wurde nur noch dem Song »We Love The Pirate Stations« zuteil). Ein Drogensong also? Paul behauptet, dass es in dem Song lediglich darum geht, den Bus zur Schule zu erwischen. Auch für John Lennon war der Song ein »Höhepunkt in der Karriere der Beatles, einer Zeit, in der Paul und ich tatsächlich zusammenarbeiteten«. *Newsweek* verglich den Song immerhin mit TS Eliots im Oktober 1922 erschienenem Poem »The Waste Land«. Das Crescendo des Orchesters wurde am 10.2.1967 mit 40 Musikern, überwiegend Mitgliedern der New Philharmonia, aufgenommen: Erich Gruenberg (ld, v), Granville Jones, Bill Monro, Jurgen Hess, Hans Geiger, D. Bradley, Lionel Bentley, David McCallum, Donald Weekes, Henry Datyner, Sidney Sax, Ernest Scott (v), John Underwood, Gwynne Edwards, Bernard Davis, John Meek (va), Francisco Gabarro, Dennis Vigay, Alan Dalziel, Alex Nifosi (vc), Cyril McArthur, Gordon Pearce (Kontrabässe), John Marston (Harfe), Basil Tschaikov, Jack Brymer (cl), Roger Lord (Oboe), N. Fawcett, Alfred Waters (Fagott), Clifford Seville, David Sandeman (fl), Alan Civil, Neil Sanders (Hörner), David Mason, Monty Montgomery, Harold Jackson (tp), Raymond Brown, Raymond Premru, T. Moore (tb), Michael Barnes (tu) und Tristan Fry (Pauke perc). Paul McCartney hatte zuvor ein komplettes Sinfonieorchester gefordert. Anweisung von → *George Martin*: »Was immer ihr tut, hört nicht darauf, was euer Nachbar macht, denn ich will nicht, dass ihr alle das Gleiche tut.« Die letzte Note auf dem Piano spielt übrigens George Harrison. Auf britischen Pressungen der LP »Sgt. Pepper's Lonely Hearts Club Band« schließt der Song mit einem 8 sec langen Ton von 20 000 Hz, der nur für Hunde hörbar ist (Der Mensch hört max. 16 000 Hz). Vielleicht ein Liebesgruß Paul McCartneys an seinen Englischen Schäferhund Martha? Der David-Bowie-Song »Young Americans« (1975) enthält eine Zeile aus dem Beatles-Song, 1984 nannte Captain Sensible eine LP »A Day In The Life«, ohne allerdings auf die Beatles Bezug zu nehmen. Das Manuskript des Songs aus dem Nachlass von → *Mal Evans* wurde 1992 für 48 400 £ (ca. 62 500 €) bei Sotheby's in London an einen unbekannten Sammler versteigert. 2006 wurde der Songtext erneut von Bonhams versteigert. Als die Redaktion des britischen Musikmagazins *Q* ihre Leser im September 2005 nach dem besten britischen Song befragte, kam »A Day In The Life« auf Platz 1. 2006 standen bei Bonhams in New York erneut die beiden Handschriften Lennons, die sich nur in der Lesbarkeit unterscheiden, zur Versteigerung an. Bis zum 7. März 2006 konnte schriftlich geboten werden. Zahlreiche → *Cover-Versionen*, u.a. von Lee Ritenour, Jeff Beck, Sonny Bono, Eugen Chadbourne, The Royal Academy Of Music Symphony Orchestra, Wes Montgomery, Lighthouse, Eric Burdon and War, Sting, Shirley Bassey, Electric Light Orchestra, Extrabreit, The Bugs, The Fall, The Mike Sceptre Singers With The London Starlight Orchestra, Branimir Krstic, Wooden Music, Les Boréades, Grant Green, Guitar Orchestra, Chocolate Snow, Guru Brian und Blues Five.

DAY TRIPPER

Song von John Lennon/Paul McCartney, aufgenommen am 16.10.1965, erstmals erschienen am 3.12.1965 auf einer Single mit zwei A-Seiten, am 9.12.1966 auf der LP »A Collection Of Beatles Oldies (But Goldies)«. »Das war tatsächlich ein Drogensong«, bekannte John Lennon 1970 in einem → *Rolling Stone*-Interview. »Day Tripper« bedeutet in dem Song aber auch so viel wie »Wochenend-Hippie«. Die Beatles sahen sich dagegen lt. Paul McCartney als »full-time-trippers«. Im Gegensatz zu dem Song nannte sich Dr. John »The Night Tripper«. Das charakteristische Riff stammt evtl. aus dem Song »Watch Your Step« von Bobby Parker (1961). Am 24.12.1967 sendete → *BBC* Radio 1 in der Sendung → *Top Gear* eine Version, aufgenommen am 15.12.1967 von John Lennon und Jimi Hendrix. 2006 wurde bei Bonhams John Lennons Textentwurf versteigert. Zahlreiche → *Cover-Versionen*, u.a. von Mae West, Ramsey Lewis, Otis Redding, The Beatles Revival Band, Nancy Sinatra, The Cleaners From Venus, José Feliciano, Jimi Hendrix, Jive Bunny & The Mastermixers, Shockabilly, Julian Lennon, The ReBeatles, Dominico Quinones, Steve Gibbons, Bornagen, The Bugs, Martin Schenkel, Leo Löhr's Original Oldie Quartett, Electric Sound Orchestra (d.i. Martial Martinay), The Hollyridge Strings, Brinsley Schwarz, Hard Day's Night, The Day Trippers, ELO, Herbie Mann & Tamiko Jones, Dork, Type O'Negative, The Inmates, The Punkles, Peter Lipa und The Koppycats (Ian & The Zodiacs).

DEAR JOHN

Song aus der Frühphase der Beatles, aufgenommen von John Lennon im November 1980 – mit akustischer Gitarre, Gesang und Drum Machine. Er und → *Yoko Ono* wollten den Song ursprünglich für ein gemeinsames Album verwenden. Der Song – eine von John Lennons letzten Aufnahmen – lief in der Serie → *The Lost Lennon Tapes* und wurde 1998 in Schweden auf einer Bonus-CD als Beilage zu einer Ausgabe des Buches »A Spaniard In The Works« veröffentlicht.

DEAR PRUDENCE

Song von John Lennon/Paul McCartney, aufgenommen am 28., 29. und 30.8.1968, erstmals erschienen am 22.11.1968 auf der LP »The Beatles« (»Weißes Album«). Der Song entstand im Februar/März 1968 in → *Rishikesh*, als die Beatles den → *Maharishi Mahesh Yogi* besuchten, und ist Prudence Farrow gewidmet, der Schwester der Schauspielerin Mia Farrow, die mit den Beatles in Indien war. Sie hatte sich drei Wochen eingesperrt um zu meditieren und hätte dabei fast den Verstand verloren. Wie »Back In The U.S.S.R.« wurde auch dieser Song ohne Ringo aufgenommen, der sich kurzzeitig von der Band getrennt hatte. Zahlreiche → *Cover-Versionen*, u.a. von Siouxsie & The Banshees, Samm Bennett and Chunk, John A Roberts, Atlantic Bridge, Fury In The Slaughterhouse, Young («Ti Prusa«), Les Boréades, Sean Ono Lennon, Steve Benson, The Five Stairsteps, Charlie Musselwhite/Colin Linden, Alanis Morissette und Brad Mehldau.

DECCA

Britisches Label, gegründet 1929 von Sir Edward Lewis als The Decca Record Company – neben der → *EMI* jahrzehntelang die führende Schallplattengesellschaft Großbritanniens. 1934 gründete Jack Kapp eine Filiale in den USA. 1944 führte Decca als Erste die High Fidelity-Technik ein (ffrr – full frequency range recording), 1950 gab es die ersten Decca-LPs. Auf dem Sub-Label London erschienen zahlreiche Rock'n'Roll-Aufnahmen. Aufgrund dieser Erfolge mit amerikanischen Aufnahmen konnte es sich Decca leisten, die Beatles abzulehnen, nachdem sie am 1.1.1962 in den Studios in 165 Broadhurst Gardens im Londoner Stadtteil West Hampstead 15 Titel vorgespielt hatten. Trotzdem presste Decca einige wenige Schallplatten mit »Like Dreamers Do« und »Hello Little Girl« mit den Beatles. Die Beatles sangen damals u.a. einige Evergreens (»The Sheik Of Araby«, »Red Sails In The Sunset«, »Besame Mucho«), drei Lennon/McCartney-Songs (»Like Dreamers Do«, »Hello Little Girl« und »Love Of The Loved«) sowie sechs Songs der 1950er Jahre (»Till There Was You«, »Please Mr. Postman«, »Money«, »To Know Her Is To Love Her«, »Memphis« und »Three Cool Cats«). Zuvor, am 13.12.1961, hatte Mike Smith, Produzent bei Decca, die Beatles im → *Cavern* gehört. Dick Rowe, Chef der A&R-Abteilung von Decca, teilte → *Brian Epstein* mit, dass Gitarrenbands sowieso bald aus der Mode kämen. Er solle sich darauf beschränken, in Liverpool Platten zu verkaufen. Er lehnte die Beatles auf Anraten von A&R-Manager Mike Smith ab und entschied sich für Brian Poole & The Tremeloes, die am gleichen Tag vorgespielt hatten – vielleicht auch, weil die aus Dagenham kamen und deshalb nicht so einen langen Weg ins Studio hatten wie die Beatles. Spencer Leigh nennt in seinem Buch »Drummed Out! The Sacking Of Pete Best« (Bordon 1998) sieben gute Gründe, die die Qualität der Aufnahmen negativ beeinflussten:

- Sie waren zehn Stunden mit dem Auto nachts unterwegs und gerieten dabei noch in einen Schneesturm.
- Sie hatten den gleichen Weg zurück vor sich.
- Sie waren sauer, dass Brian Epstein mit dem Zug fahren konnte und bereits die Nacht zuvor in London bei Bekannten war.
- Sie konnten nicht Silvester feiern.
- Mike Smith kam zu spät, weil er noch bei einer Party war.
- Es waren Testaufnahmen, nicht für die Öffentlichkeit bestimmt.
- Sie nahmen die 15 Songs in einer Stunde auf.

Mit der Verpflichtung der → *Rolling Stones* versuchte Decca später, diesen Fehler wieder gutzumachen. Mike Smith holte auch Pete Best & The All Stars (The Pete Best Four) zu Decca ... Nach Auskünften von Managing Director Bill Townsley hat Decca die EMI in der ersten Hälfte der 1960er Jahre sogar beim Pressen von Beatles-Singles unterstützt – business is business. Eine gute Übersicht über die Beat-Jahre des Labels vermittelt die CD »The Beat Scene«. Nach dem Tode von Lewis erwarb 1980 Polygram die Rechte am Decca-Label. 1994 wurde das Label reaktiviert. 1999 fusionierte Decca mit Philips zur Decca Music Group, die wiederum zu Universal Music gehört ...

Lit.: Ruppli, M.: The Decca Labels – A Discography (Westport, Conn./London 1996) • www.decca.co.uk

DECCA TAPES

Die 15 Aufnahmen der Beatles für → *Decca* vom 1.1.1962, aufgenommen in den Decca-Studios in 165 Broadhurst Gardens im Londoner Stadtteil West Hampstead, wurden 1977/1978 von zwei New Yorkern für 5 000 $ gekauft und 1979 in den USA als → *Bootleg* veröffentlicht, zuerst als Serie von Singles mit je zwei Titeln auf dem Label Deccagone (»For promotional use only – not for sale«), später auch als LP »The Deccagone Sessions«.

The Decca Tapes (rec. 1.1.1962)

Decca Tapes (1962, auf der Rückseite Get Back Acetate – 1969)

Der Name des Fantasy-Labels ist Programm: Die Aufnahmen sind der *Decca* entgangen *(gone)*. 1982 versuchte Audiofidelity eine offizielle Veröffentlichung, wurde aber von den Beatles gestoppt. Das Label brachte dann unter dem Titel »The Complete Silver Beatles« am 10.9.1982 (GB) bzw. am 27.9.1982 (USA, Audio Rarities) zwölf der Songs heraus (ohne die drei John Lennon/Paul McCartney-Songs, um einem Rechtsstreit aus dem Wege zu gehen). Im gleichen Jahr veröffentlichte das US-amerikanische Label Backstage Records mit Unterstützung von → *Pete Best* zehn der Aufnahmen auf einer »offiziellen« LP. Weitere Bootlegs sind »The Decca Tapes« (Circuit Records), »The Decca Sessions (1/1/1962)« (1987, Topline Records), »First n' Last – The Beatles Original Decca Tapes 1962« (ATLCD, 1993), »Dawn Of The Silver Beatles« (PAC Records, 1981), »Lightning Strikes Twice« (PAC Records, 1981), »Like Dreamers Do« (Backstage, 1982), »The Silver Beatles Vol. 1 & 2« (Phoenix, 1982), »The Silver Beatles« (Audio Rarities, 1982), »The Audition Tapes« (Breakaway Records, 1983), »The Beatles Historic Sessions« (3 LPs, 1984), »Decca Sessions (1/1/62)« (Topline Records, 1987) »The Silver Beatles« (Teichiku Records, 1988), »Raw Energy« (Romance Records, 1988) und »The Decca Tapes« (Mecca 1995/2002). Aber Vorsicht: Nicht überall, wo Decca draufsteht, ist wirklich Decca drin. Das Bootleg »Decca Audition Tapes« (Berkeley B-102) enthält z.B. keine Decca-Aufnahmen, sondern Aufnahmen der → *BBC* aus dem Jahre 1963! Am 22.6.1988 verhinderten die Beatles und → *Yoko Ono* bzw. die Anwälte von → *Apple Corps Limited* das weltweite Erscheinen eines Albums mit dem Titel »The Beatles: The Decca Sessions 1.1.62« (Charly/Topline, 1988, mit allen Titeln). Niemand weiß heute genau, wem die Rechte an den 15 Songs eigentlich gehören. Brian Epstein verwendete dann Teile der Bänder, um sie anderen Schallplattenfirmen vorzuspielen.

***Lit.**: Moltmaker, Azing: The Album Collection Vol. 0 – Liverpool, Hamburg And The Decca Tapes (Alkmaar 1999)*

THE DEFEAT OF THE DOG

Avantgarde-Film von Paul McCartney aus dem Jahre 1966, hergestellt für den Journalisten Patrick Skene Catling. Natürlich spielte Pauls Schäferhund Martha eine Hauptrolle. Auch der Filmemacher Michelangelo Antonioni (»Blow Up«) zeigte sich beeindruckt.

Der Film gilt heute als verschollen, wahrscheinlich wurde er aus seinem Haus in der → *Cavendish Avenue* gestohlen. Einziger Beleg für die Existenz des Films ist eine Beschreibung Catlings in der Zeitschrift *Punch* vom 23.11.1966.

DEHRA DUN

Song von George Harrison, den er im »Beatles Anthology«-Video singt. Er begleitet sich dabei selbst auf der Ukulele. Der Song entstand im Frühjahr 1968 während des Indien-Trips der Beatles und bezieht sich auf eine kleine Stadt in der Nähe von → *Rishikesh*. Er wurde wahrscheinlich 1969 aufgenommen, in einer Lang- und einer Kurzfassung. Die Aufnahme erschien auch 1999 auf dem → *Bootleg* »George Harrison: A True Legend«.

DELANEY & BONNIE (BRAMLETT)

Das US-amerikanische Duo galt 1969 mit seinem »überzeugenden weißen Gospel-Sound« (Mick Jagger) als »beste Pop-Band der Welt« (→ *Eric Clapton*). Delaney (* 1.7.1939 in Randolph/Mississippi) und Bonnie Lynn O'Farell (* 8.11.1944 in Granite City/Illinois) heirateten 1967. Ihre erste LP »Accept No Substitute« sollte eigentlich im Mai/Juni 1969 auf Apple veröffentlicht werden, erschien dann aber auf Elektra Records. Im November 1969 holte Eric Clapton das Duo, das zuvor seine Band Blind Faith auf einer USA-Tournee begleitet hatte, nach Europa. Am 1.12.1969 besuchten George Harrison und Ringo Starr mit ihren Frauen das Auftaktkonzert der Tournee von Delaney & Bonnie & Friends in der → *Royal Albert Hall*. George Harrison gefiel die Band so, dass er auf der Tour an einigen Abenden im hinteren Teil der Bühne Gitarre spielte – am 2.12. in der Colston Hall in Bristol, am 3.12. in der Town Hall in Birmingham, am 4.12. in der City Hall in Sheffield (ob er an diesen drei Tagen dabei war, ist allerdings nicht verbürgt), am 5.12. in der City Hall in Newcastle-Upon-Tyne, am 6.12. im → *Empire Theatre* in Liverpool, am 7.12. in der Fairfield Hall in Croydon und am 10.12. im Falkoner Centre in Kopenhagen/Dänemark. Die Tour wurde am 13.12. im Stockholms Konserthus und am 14.12. im Rondo Göteborg fortgesetzt. An allen Orten mit Ausnahme von Bristol fanden zwei Konzerte statt. Bei den Auftritten in Skandinavien war auch → *Billy Preston* dabei. Die Tour ist dokumentiert auf der am 7.4.1970 in den USA erschienenen LP »Delaney & Bonnie On Tour With Eric Clapton« und auf den → *Bootlegs* »Falconer« und »On Stage – Delaney & Bonnie & Friends with E. Clapton & G. Harrison«. Ein Mitschnitt des Konzertes lief im dänischen Fernsehen. Auch beim Wohltätigkeitskonzert »Peace for Christmas« der UNICEF von John Lennons und → *Yoko Onos* → *Plastic Ono Supergroup* am 15.12.1969 im Londoner Lyceum Ballroom in Covent Garden waren Delaney & Bonnie (mit George Harrison) dabei. Die beiden dabei aufgenommenen Titel »Cold Turkey« und »Don't Worry Kyoko« erschienen 1972 auf der LP »Some Time In New York City«. Delaney & Bonnie ließen sich 1972 scheiden.

DESERT ISLAND DISCS

Populäre Rundfunksendung der → *BBC*, initiiert 1941 von Roy Plomley († 1985). Die Idee ist simpel: Ein Gast wählt acht Platten, ein Buch und einen Gegenstand aus, die er auf eine einsame Insel mitnehmen würde. Plomley wollte auch die Beatles in der Sendung haben, aber → *Brian Epstein* lehnte ab. Erst am 30.1.1982 saß Paul McCartney in der Sendung (als 1 629. Gast). Trotzdem wurden natürlich von den Gästen immer wieder Beatles-Platten nominiert – zum ersten Mal am 25.5.1964 »She Loves You« von DJ David Jacobs. Am meisten wurden in der Folgezeit

»Yesterday« und »Penny Lane« genannt (je 7 Mal). Am 24.8.1964 war → *Cilla Black* in der Sendung, am 30.11.1964 Brian Epstein, er wählte u.a. »All My Loving«, gespielt vom George Martin Orchestra, und »She's A Woman« von den Beatles. Am 30.9.1969 war → *Richard Lester* zu Gast, am 31.7.1982 → *George Martin* (er wählte u.a. »Here, There And Everywhere« von den Beatles).

DEUTSCHE BEATLES

Als »deutsche Beatles« wurden in den sechziger Jahren die Rattles aus Hamburg, vor allem aber die Lords aus Berlin bezeichnet. Die Lords, 1959 von Ulli Günther als Skiffle-Band gegründet, gewannen am 6.9.1964 einen Wettbewerb im Hamburger → *Star-Club* unter dem Motto »Wir suchen die deutschen Beatles«. Den Wettbewerb hatte United Artists ausgeschrieben, um den gerade angelaufenen Beatles-Film »A Hard Day's Night« zu promoten. Die Leser der Zeitschrift *Musikparade* wählten 1964 allerdings die Rattles zu Deutschlands Beat-Band Nr. 1. Musikalisch konnten und wollten sich die Lords zu keinem Zeitpunkt dem Einfluss der Beatles entziehen, Lord Ulli war so etwas wie ihr John Lennon und Paul McCartney in Personalunion. 1976 coverte Bernd Zamulo, der 1965 Knut Kuntze ersetzt hatte, für eine Single »A Hard Day's Night«. Bei einem Auftritt zum 40-jährigen Jubiläum der Band stürzte Leadsänger Ulli Günther, sein Tod am 13.10.1999 bedeutete auch das Ende der Lords. – Die Rattles, 1960 gegründet, spielten 1962 im Star-Club und gewannen einen Preis als beste Beatband. Nach Auftritten in Großbritannien im Herbst 1963 feierte sie der *Melody Maker* als deutsches Äquivalent zu den Beatles – auch wenn sie sich selbst den → *Rolling Stones* wesentlich näher fühlten: »Den größten Erfolg seit den Beatles hatte in Liverpools Cavern das deutsche Äquivalent The Rattles. Diese sensationelle Gruppe kommt vom Star-Club Hamburg und ist die einzige deutsche Band, die in England einen Fanclub hat.« Im Juni 1966 spielten sie immerhin als Vorgruppe der Beatles auf deren Bravo-Blitz-Tournee. Danach verließ Leadsänger Achim Reichel die Band, um eine Solo-Karriere zu beginnen; bis heute gab es zahllose Umbesetzungen in der Band. Beim Estrel Beatles Festival Berlin fin-

The Rattles wetteiferten in den 60er Jahren mit den Lords um den Titel »Deutsche Beatles«

det jährlich ein Bandwettbewerb »Wir suchen die deutschen Beatles« statt.

Lit.: Bergholz, Hubertus; Thielow, Edmund: The Rattles – 30 Years Of Rockin' The World (Glauchau 1994); Thielow, Edmund: The Lords – 38 Jahre Beatmusik (Glauchau 1997), Ulli Günther: Ansichten eines Lords (Bremen 1999)

DEVIL IN HER HEART

→ *(There's A) Devil In Her Heart.*

DEVIL'S RUBATO BAND PLAYS »ABBEY ROAD«

Die 1992 gegründete Band rekrutierte sich aus Mitgliedern des Black Rider Orchestra, das ab 1990 am Thalia-Theater Hamburg die Musik zu dem Musical »The Black Rider« von Robert Wilson/Tom Waits/William S. Burroughs spielte. Besetzung: Volker Hemken (cl), Christoph Moinian (horns), Henning Stoll (fagott, viola, marimba), Dieter Fischer (tb, tuba, bho, acc), Frank Wulff (strings, reeds), Jörn Brandenburg (keyb), Stefan Schäfer (b), Jo Bauer (dr). Mit dem Musical trat die Band in Paris, Wien, Genua, Sevilla, Amsterdam, New York und Hongkong auf. 1993 spielte die Band mit Gustav-Peter Wöhler am Deutschen Schauspielhaus Hamburg die Songs der LP »Abbey Road« live (1995 auch als CD erschienen). 2000 gastierte die Band beim Winnipeg Fringe Festival, mit Josef Bierbichler nahm sie die CD »Der Struwwelpeter« auf und produzierte das Hörspiel »Wachtmeister Studer«. Schade, Pläne, auch die Songs anderer Beatles-LPs live zu spielen, wurden nicht verwirklicht.

DEVOČKI BITLOV

(Die Mädchen der Beatles) Theaterstück von Aleksandr Marin, uraufgeführt Ende Januar 2001 am Moskauer Tschechow-Theater MchAT. Die Hauptfiguren tragen Namen aus Beatles-Songs, also Rita, Lucy, Sexy Sadie und Michelle. Diese vier Mädchen nehmen an einer Fernseh-Show teil, für die sie sich Geschichten über ihre persönlichen Beziehungen zu den vier Beatles ausdenken müssen. Den Showmaster spielt Igor Ugolnikov. Irgendwann werden aus John, Paul, George und Ringo Lenin, Marx, Majakowski und Einstein, und noch später singen alle Beteiligten ein Beatles-Medley. Die russische Presse rea-

Devil's Rubato Band (1993)

gierte unterschiedlich. Die → *BBC* zeichnete das Stück auf.

DIAMOND AWARD

Preis der Recording Industry Association of America (R.I.A.A.) für jeweils mindestens 10 Mill. verkaufte Alben in den USA – nicht zu verwechseln mit dem Diamond Award der Canadian Recording Industry Association (C.R.I.A.), den es bereits für je 1 Mill. verkaufter Alben gibt (Double Diamond für 2 Mill. Ex.). So erhielten die Beatles in Kanada im März 1995 gleich drei Diamond Awards – für »Abbey Road«, »The Beatles 1962–1966« und »The Beatles 1967–1970«, 2001 dann für »1«. In den USA erhielten sie Diamond Awards für »The Beatles« (19 Mill.), »The Beatles 1967–1970« (13 Mill.), »The Beatles 1962–1966« (15 Mill.), »Abbey Road« (12 Mill.), »Sgt. Pepper's Lonely Hearts Club Band« (11 Mill.) und »1« (10 Mill.). Insgesamt beliefen sich die Plattenverkäufe der Beatles in den USA Mitte 2005 auf 168 Mill. Alben. Die einzige andere Gruppe, die in dieser Beziehung an die Beatles heranreicht, ist Led Zeppelin mit fünf Diamond Awards.

DICK JAMES MUSIC LIMITED

→ *James, Dick.*

DIETRICH, MARLENE

* 27.12.1901 in Berlin, † 6.5.1992 in Paris. Deutsche Filmschauspielerin und Sängerin. Am 4.11.1963 trat sie in der → *Royal Variety Performance* im Londoner Prince of Wales Theatre in der 31 Coventry Street auf – mit den Beatles. Am 10.11.1963 wurde die Show im Fernsehen übertragen. Ihre Meinung zu den Beatles: »Ich finde sie ganz wunderbar, wer nicht!« Leslie Frewin in ihrer Biographie »Marlene Dietrich – Ihre Filme – Ihr Leben« (München 1984): »Sie war erfahren genug, um zu fühlen, dass die Mehrzahl der Leute, die die riesige Abendkasse von 50 000 £ für die Künstleraltershilfe zusammengebracht hatten, hauptsächlich die Langhaarigen aus Liverpool zu sehen wünschten. Sie ließ sich mit ihnen bei den Proben fotografieren und fand es ganz richtig, dass die Beatles mit ihrem speziellen Humor jedem die Show stahlen.« Allerdings: Während des Beatles-Auftritts sahen 2 394 000 das Programm, bei Marlene Dietrich 2 525 000! Leslie Frewin: »Marlene Dietrich hatte den Beatles das Wasser abgegraben.« Andere Augenzeugen berichten allerdings, dass die Diva auch ein wenig sauer war: Sie hatte die Fotografen gebeten, in einer Stunde wiederzukommen, wenn sie neu geschminkt wäre. Aber die hatten inzwischen die Beatles fotografiert und interessierten sich nicht mehr für die Dietrich. Am letzten Abend ihres Auftritts im Hamburger → *Star-Club* sang Paul McCartney ihren Hit »Falling In Love Again (Can't Help It) (Ich bin von Kopf bis Fuß auf Lie-

Marlene Dietrich (Zeichnung von Peter Halfar, München)

be eingestellt)«, dokumentiert auf diversen → *Bootlegs*. Die Beatles erwiesen ihr 1967 auch auf dem Cover ihrer LP »Sergeant Pepper's Lonely Hearts Club Band« ihre Reverenz – ihr Porträt steht neben denen anderer Berühmtheiten.

www.marlene.com

DIG A PONY

Song von John Lennon/Paul McCartney, aufgenommen am 30.1.1969, erstmals erschienen am 8.5.1970 auf der LP »Let It Be«. Der Song hieß ursprünglich »All I Want Is You«. Der Grund, warum Ringo Starr zu Beginn kurz aussetzt: Er musste sich die Nase putzen. Sagt man. Auf der amerikanischen Version der LP »Let It Be« ist der Song als »I Dig A Pony« verzeichnet. Zahlreiche → *Cover-Versionen*, u.a. von Monti Beton und Laibach.

DIG IT

Song von John Lennon/Paul McCartney/Richard Starkey/George Harrison, aufgenommen am 26.1.1969, erstmals erschienen am 8.5.1970 auf der LP »Let It Be« – neben »Flying« die einzige EMI-Aufnahme, die alle vier Beatles als Autoren ausweist. Der Song, 51 Sekunden lang, ist ein Extrakt aus einer ursprünglich über 12-minütigen Jam Session. John Lennon thematisiert u.a. die enge Verbindung von CIA, → *FBI* und → *BBC*. Paul McCartney mochte das Stück nicht – es fehlt deshalb auch auf der CD »Let It Be ... Naked«, die 2003 erschien und Originalaufnahmen ohne die Bearbeitungen von → *Phil Spector* enthält. Zahlreiche → *Cover-Versionen*, u.a. von Monti Beton und Laibach.

DILELLO, RICHARD

*28.9.1945 in New York. Er lernte in San Francisco → *Derek Taylor* kennen und kam im November 1967 nach London. Nach einem viermonatigen Nordafrika-Trip kehrte er nach London zurück und bat Taylor um einen Job. Anfangs war er Mädchen für alles bei → *Apple Records*, später Public Relations Director, Chief Press Officer (und was der Posten mehr waren) für das Label. Als »house hippie« dokumentierte er in Bild und Text das Leben in 3, Savile Row, London. Seine Erinnerungen an diese Zeit hat er in dem Buch »The Longest Cocktail Party – An Insider's Diary Of The Beatles, Their Million-Dollar Apple Empire And Its Wild Rise And Fall« (Ann Arbor/Mich. 1972 – Rock & Roll Remembrances Series Vol. 2; Neuaufl. London 1973, 2000, 2001 unter dem Titel »The Longest Cocktail Party – An Insider's Diary Of The Beatles' Apple-Empire And Its Wild Rise And Confusion«; Neuauflage Edinburgh 2005 unter dem Titel »The Longest Cocktail Party – An Insider's Diary Of The Beatles, Their Million-Dollar Apple Empire And Its Wild Rise & Fall«) aufgeschrieben. → *Allen Klein* entließ ihn, heute lebt er als TV- und Filmautor in Los Angeles/Calif.

DILRUBA

Ein geigen- bzw. lautenähnliches indisches Streichinstrument, das unverwechselbare schleifend-jaulende Klänge produziert. Für die Aufnahmen zu »Within You Without You« (1967, LP »Sgt. Pepper's Lonely Hearts Club Band«) engagierten George Harrison und → *George Martin* einen Dilruba-Spieler vom Asian Music Circle in London.

DINGLE

Bezeichnung der Liverpooler für den Stadtteil, in dem z.B. Ringo Starr lebte und zur Schule ging – ungefähr zu lokalisieren zwischen Ullet Road und Upper Warwick Street.

THE DIRTY MAC

So kündigten John Lennon und Mick Jagger die Band an, die am 10./11.12.1968 im → *Rolling Stones Rock and Roll Circus* den → *Yer Blues* aufnahm. Die Besetzung: John Lennon (g), → *Eric Clapton* (g), Keith Richards (b) und Mitch Mitchell (dr). → *Yoko Ono* und der Geiger Ivry Gitlis interpretierten, begleitet von The Dirty Mac, »Whole Lotta Yoko«. Die Aufnahmen wurden jedoch erst 1996 auf der CD »The Rolling Stones Rock and Roll Circus« veröffentlicht.

DISC AND MUSIC ECHO

Seit 1966 in London erscheinende Zeitung für populäre Musik, ursprünglich als *Disc* erschienen und Mitte der 1960er Jahre mit → *Brian Epsteins Music Echo* (dem Nachfolger von → *Mersey Beat*) verschmolzen. Brian Epstein gehörten 50 Prozent der Anteile. Im April 1966 verteilte die Zeitung eine kostenlose Flexi-Disc mit dem Titel »Sound Of The Stars« – mit einem Interview, das der DJ Tom Lodge am 25.3.1966 mit den Beatles bei den Fotosessions im Studio von → *Bob Whitaker* geführt hatte. Die Zeitung veröffentlichte im Mai/Juni 1966 zum ersten Mal ein Foto der Beatles in weißen Kitteln mit diversen Puppen- und Fleischteilen (als Anzeige bzw. zur Promotion der Single »Paperback Writer«/»Rain«); als → *Butcher-Cover* für die amerikanische Beatles-LP »Yesterday ... And Tomorrow« sorgte es kurze Zeit später für Proteste. Herausgeber war Ray Coleman, der später auch einige Bücher über die Beatles schrieb, so u.a. Biographien von John Lennon, Paul McCartney, Brian Epstein und → *Eric Clapton*. In einem Interview mit Coleman († 10.9.1996), erschienen am 16.1.1969, berichtet John Lennon erstmals, dass Apple wöchentlich Verluste einfährt – »Wenn es so weitergeht, sind wir innerhalb der nächsten sechs Monate alle pleite.« → *Allen Klein* las die Geschichte mit Interesse ...

DISCO

Anfang der 1960er Jahre ersetzten französische Nachtlokal-Betreiber aus Kostengründen Live-Bands durch Musik »aus der Konserve«, d.h. von Schallplatten. Mitte der 1960er Jahre hatte sich der Trend weltweit durchgesetzt. Nach einer Flaute meldete Ende 1973 das Magazin *New York* die »Rückkehr der New York Disco« als modisches Massenvergnügen. Viele Platten wurden eigens für den Einsatz in der Diskothek produziert. Der Disco Sound sorgt mit künstlicher Betonung der Bässe sowie hallfreier, »trockener« Aufnahme des Schlagzeugs für eine vordergründige Präsenz des Disco-Beat im 4/4-Metrum. Auch die Musik der Beatles wurde des Öfteren vergewaltigt, um sie (zumindest als Medley) discotauglich zu machen. Markanteste Beispiele sind der Instrumental »Beatles Discomania« von der deutschen Gruppe D.B.M. (1977), die Medleys von → *Stars On 45*, das → *Original Beatles Medley*, produziert 1977 von Ray Lenahan, und das Medley → *From Us To You* auf der LP »The Mixes« (1986). 1995 erschien auf dem Label Chelsea Records in Luxemburg eine CD »Sgt. Pepper's Lonely Hearts

Club Band – The Trance Remixes«, 1996 auf Deep Records die CD »The Magic Sound Of Deep Presents The Beatles Megamix« mit einem Megamix (58:45 min) der Beatles und einem Stars On 45-Medley (14:22 min), »The Beatles – The Mixes« (1996) und 1996 auf far out productions »Magical Mystery Tour Remixed – Day Tripping«. 1997 erschien eine CD »The Beatles Disco Dance«, 1998 auf dem Label Walrus »The Alternate Beat Mix«.

DISKOGRAPHIE
Verzeichnis aller Schallplatten eines Interpreten, eines Labels oder einer Musikrichtung. Von den Beatles gibt es zahlreiche Diskographien: Castleman, Harry; Podrazik, Walter J.: All Together Now – The First Complete Beatles Discography 1961–1975 (Ann Arbor/Mich. 1975/1976 – Rock & Roll Reference Series Vol. 1; Ergänzungen: »The Beatles Again? – Rock & Roll Reference Series Vol. 2«, Ann Arbor/Mich. 1977 und »The End Of The Beatles? – Rock & Roll Reference Series Vol. 10«, Ann Arbor/Mich. 1985; eine weitere Ausgabe erschien 1976 in New York und Toronto); Nesseth, Hans Peter: A Complete Discography of Norwegian Beatles Records (1998); Mills, Don: The Beatles For The Record (1982); Robertson, John: The Complete Guide To The Music Of The Beatles (London, New York, Sydney 1994; dt.: The Beatles – Story und Songs kompakt, Köln 2001); Humphries, Patrick: The Complete Guide To The Music Of The Beatles (Vol. 2) (London, New York, Sydney 1998); Anjoorian, Jason: The Beatles Japanese Record Guide (Shrewsbury/MA 1994); Ewing, John: The Beatles CD Guide (1994); Lesueur, Daniel: Les Beatles – La Discographie Définitive (Paris 1997); Tarazona, Javer: Olé Beatles! Discografía española de vinilos de 45 r.p.m. (Zaragoza 1999); Wiener, Allen J.: The Beatles – The Ultimate Recording Guide (London 1986, New York/Oxford 1992; 3., überarb. Aufl. USA 1994); Uller, Knut; Stormo, Roger: The Beatles I Norge (Borgheim/Norwegen 1994); Nenseth, Hans Petter: A Complete Discography Of Norwegian Beatles Records (Skien/Norwegen 1997); Ral, Johan; Bijnens, Jos: The Beatles Made In Belgium (Genk Waterschei/Belgien 1996); McCoy, William; Shinzaki, Kent O.: Can You Dig It? – The Discography Of The Beatles' »Get Back« Sessions Behind The Veil (Japan 1996); McGeary, Mitchell: Every Little Thing – The Definitive Guide To Beatles Recording Variations, Rare Mixes & Other Musical Oddities, 1958–1986 (Ann Arbor /Mich. 1990); Gottfridsson, Hans Olof: The Beatles From Cavern To Star-Club – The Illustrated Chronicle, Discography & Price Guide 1957–1962 (Stockholm 1997); Buskin, Richard: The Complete Idiot's Guide To The Beatles (New York 1998); Rogan, Johnny: John Lennon – Complete Guide To The Music; Schwartz, David: Listening To The Beatles – An Audiophile's Guide To The Sound Of The Fab Four. Vol. 1 Bootlegs & Singles (Ann Arbor/Mich. 1990); Scharoff, Mitch: Collecting The Original U.K. Pressings, 1962–70 (Enfield/CT 1992, 1996); Wlaschek, Mathias; Pelz, Wilfried: The Beatles Here, There (And Everywhere) (Köln 1983); Giuliano, Geoffrey: Tomorrow Never Knows – Thirty Years Of Beatle Music And Memorabilia (London 1991); Sulpy, Doug: The 910's Guide To The Beatles' Outtakes (Jackson/N.J.); Lewisohn, Mark: The Complete Beatles Recording Sessions – The Official Story Of The Abbey Road Years 1962–1970 (New York, London 1988, 1994, 2005); Valic, Miljenko: Jugoton: First Complete Catalogue Of Licenced Singles (Zagreb 1995); Moltmaker, Azing: The Beatles In The Netherlands (Alkmaar 1999); Guzek, Arno: Beatles Discography (Hvidovre/Dänemark 1976); Beatles Discographie, presented by Simon's Laden (Hamburg

1976); Guzek, Arno, Mattoon, C.: Recordings Of John, Paul, George & Ringo (Portland/Oregon 1977); The Beatles American Discography And Price Guide (Phoenix/AZ 1977); McGeary, Mitchell: The Beatles Discography (Olympia/Washington 1975); Russell, Jeff: The Beatles: Album File And Complete Discography (Poole, Dorset 1982, 1983, 1989; überarb. u. akt. Aufl. London 2005); Russell, Jeff P.: The Beatles On Record (New York 1982); Stannard, Neville: The Long And Winding Road – A History Of Beatles On Record, Vol. 1 (revised & updated ed., London 1982); Stannard, Neville: Working Class Hero. A History Of Beatles' Solo Recordings, Vol. 2 (London 1983); Wallgren, Mart: The Beatles On Record: The Beatles As A Group And As Solo Artists – From 1962 To The Present (New York/London 1982); The Beatles For The Record (Knutsford, Cheshire 1981); Hamlin, Bruce: The Beatles Records in Australia (1983); Rabe, Evelyn; Schwarz, Hartmut: The Beatles In East Europe (Erfurt 1988); Zając, Wojciech: The Beatles 1962–1992 dyskografia (Kraków 1992); Dieckmann, Ed: The Beatles Made In Holland – The Dutch Beatles Discography (Leiden 1996); Dieckmann, Ed: The Beatles Made In Holland Too – Part 2: Solo Records And Apple Label (Leiden 1997); Erlemann, Kurt: 30 Years Of Beatles Music, Vol. I 1957–1969, Vol. II 1970– 1987 (Heidelberg 1987); Madinger, Chip; Easter, Mark: Eight Arms To Hold You – The Solo Beatles Compendium (USA 2000); Bergholtz, Artillo; Olander, Staffan: The Beatles In Sweden – A Fully Illustrated Discography & Price Guide (Stockholm 1998); Los Beatles – A, B, C, D, Paul, John, George y Ringo (Argentinien); Watzek, Uwe; Heft, Uwe: The Beatles Made In Germany – Discografie der Beatles-Schallplatten aus Deutschland, Österreich und der Schweiz (Halle/S., Eigenverlag, 2000); Madinger, Chip: Eight Arms To Hold You – The Solo Beatles Compendium (Chesterfield/VA 2000); Leenheer, Franck; Dieckmann, Ed: The International Dark Horse & Ring O'Records Discography (Leiden 2002); Winn, John C.: Way Beyond Compare – The Beatles' Recorded Legacy Volume One: 1957–1965 (New York 2003); Maus, Christoph: Beatles Worldwide – An Anthology Of Original LP-Releases (Hamburg 2004); Winn, John C.: That Magic Feeling – The Beatles' Recorded Legacy Volume Two: 1966–1970 (New York 2004); Cross, Craig: The Beatles Day-by-Day, Song-by-Song, Record-by-Record (London 2004); Watzek, Uwe: The Beatles Seven Inches 1 – Singles & EPs From Argentina To Jamaica (Halle/S. 2004); Watzek, Uwe: The Beatles Seven Inches 2 – Singles & EPs From Japan To Yugoslavia (Halle/S. 2004); Moltmaker, Azing; Coomans, Samuel: Beatles Singles And Sleeves From Europe – Illustrated Dis-

Eine der ersten Beatles-Diskographien (1975)

cography Vol. 1 – 1961–1971, Vol. 2 – 1962–1970 (Alkmaar 2004); Watzek, Uwe: Beatles For Sale – British Beatles Parlophone & Apple Records In The Sixties (Halle/S. 2004); Moltmaker, Azing; Coomans, Samuel: Beatles EP's And Sleeves From Europe – Illustrated Discography Vol. 3 – 1962–1970 (Alkmaar 2005); Maus, Christoph: Beatles Worldwide II – An Anthology Of Original Singles & EP-Releases (Hamburg 2005); Winn, John C.: Lifting Latches – The Beatles' Recorded Legacy Volume Three: Inside The Beatles V Hocquet, Jean-Claude; Krasker, Eric: La France et les Beatles Vol. 1 – La Discographie Originale – 1962–1970 (Biarritz/Paris 2005); Russell, Jeff: The Beatles – Album File & Complete Discography (London 2005); Belmo (d.i. Scott F. Belmer): The Beatles DisCovered (Ft. Mitchell/KY 2005). Aktuelle diskographische Informationen liefern die → *Fanzines*; auch die britische Zeitschrift *Record Collector* widmet sich immer wieder speziellen Aspekten der Beatles-Diskographie (www.recordcollectormag.com, www.recordcollectormag.co.uk). 2001 kürte die Zeitschrift die Beatles zum »Sammlermarktführer«. John Lennon kam auf Platz 16, Paul McCartney auf Platz 22. Unter www.mccartney-discography.com entsteht zur Zeit eine weltweite Paul-McCartney-Diskographie.

THE DISSENTERS
Von → *Bill Harry* erfundener Name für eine lose Gruppierung junger Leute am → *Liverpool College Of Art*, zu der neben ihm selbst John Lennon, → *Stuart Sutcliffe* und Rod Murray gehörten. Vorbild war zwar die amerikanische Beat Generation, aber die Gruppe war bestrebt, ihre eigenen Ansichten über ihre Umgebung zum Ausdruck zu bringen. Diskutiert wurde im Pub Ye Cracke in der Rice Street und in Studentenwohnungen. Die Gruppe bestand nicht lange, jeder konzentrierte sich bald auf seine eigenen Aktivitäten.

DIZZY MISS LIZZY
Song, komponiert und aufgenommen (1958) von Larry Williams, von den Beatles aufgenommen am 10.5.1965, erstmals erschienen am 14.6.1965 auf der LP »Beatles VI«, am 6.8.1965 auf der LP »Help!«. Den Song hatten die Beatles bereits in Hamburg gespielt. Zugleich war er die letzte → *Cover-Version*, die die Beatles aufnahmen. Am 13.9.1969 nahm die → *Plastic Ono Band* im Varsity Stadium in Toronto/Kanada für die LP »The Plastic Ono Band – Live Peace In Toronto 1969«, erschienen am 12.12.1969, den Song auf.

DMM (DIRECT METAL MASTERING)
Von der Teldec entwickeltes Schallplattenschneideverfahren, bei dem unter Einsatz von Ultraschall direkt in die Kupfermatrize (Kupfer-Master) geschnitten wird (ohne Lackfolie). Das Verfahren wird seit 1980 (inzwischen auch von anderen Labels) angewendet. Das Ergebnis: ein erweitertes Frequenzspektrum und eine deutliche Differenzierung im Bereich der Höhen und Tiefen. »Durch die neuen Möglichkeiten der DMM-Überspielungen wurden in den 1980er Jahren erhebliche klangliche Veränderungen vorgenommen (besonders auffällig bei ›Please Please Me‹, ›With The Beatles‹ und ›A Hard Day's Night‹)«, stellen Holger Schoeler und Thorsten Schmidt in ihrem Buch »The Beatles Mixes« (2. Aufl. Bremen 2000) fest. Vinyl-Enthusiasten bezeichnen die deutschen DMM-Ausgaben der Beatles-LPs als die klanglich besten Pressungen überhaupt.

DO YOU WANT TO KNOW A SECRET?
Song von John Lennon/Paul McCartney, aufgenommen am 11.2.1963, erstmals erschienen am 22.3.1963 auf der LP »Please Please

Me« und am 12.7.1963 auf der EP »Twist And Shout«. John Lennon ließ sich dabei von der Melodie »Wishing Well« aus dem Walt-Disney-Film »Snow White And The Seven Dwarfs« (1935–1937, dt.: »Schneewittchen und die sieben Zwerge«) inspirieren, das seine Mutter ihm früher vorgesungen hatte. Zahlreiche → *Cover-Versionen*, u.a. von Count Basie, Billy J. Kramer with The Dakotas, Didi & His ABC-Boys (»Daraus mach ich kein Geheimnis«), The Hollyridge Strings, The Chipmunks, Mary Wells, The Hill/Wiltschinsky Guitar Duo, The Mike Sceptre Singers With The London Starlight Orchestra, The Fabulous Four, Beatles Forever, Klaus Beyer (»Willst du ein Geheimnis wissen«), Peter Lipa und David Michael Cass.

DOCTOR ROBERT

Song von John Lennon/Paul McCartney, aufgenommen am 17. und 19.4.1966, erstmals erschienen am 20.6.1066 auf der LP »Yesterday ... And Today« und am 5.8.1966 auf der LP »Revolver«. »Doctor Robert« steht für den New Yorker Arzt Dr. Robert Freymann, der die Reichen der Stadt in seiner Klinik in der East 78th Street mit allen Arten von Drogen versorgte – direkt oder über Freunde wohl auch John Lennon. Zahlreiche → *Cover-Versionen*, u.a. von Jackinvox.

DOMINO, FATS

* 26.2.1928 in New Orleans; amerikanischer Sänger, Pianist und Songwriter, einer der Urväter des Rock'n'Roll. »Sein Repertoire überbrückte spielerisch die Kluft zwischen engagierten Gospels, wuchtigem Boogie Woogie, schmalzigen Balladen und heißem R & B« (Christian Graf: Rockmusik Lexikon Amerika, Band 1, Hamburg 1989). Zu seinen Hits gehören »Blueberry Hill«, »I'm Walkin'« und »Jambalaya«. George Harrison berichtet in seiner Autobiographie »I Me Mine« über eine persönliche Begegnung mit dem Sänger. Am 27.3.2006 war Paul McCartney in einem Fats-Domino-Konzert im Londoner → *Saville Theatre*. 1968 coverte Fats Domino »Lady Madonna« und »Lovely Rita« (LP »Fats Is Back«). Als John Lennon mit seiner Geliebten May Pang in Los Angeles war, ließ er sich nach Las Vegas fahren, um sich einen seiner Auftritte anzusehen. 1995 erhielt Fats Domino von der Rhythm & Blues Foundation deren Lifetime Achievement Award.

DON'T BOTHER ME

Erster von George Harrison (1963 in einem Hotel in Bournemouth/GB) geschriebener Song, aufgenommen am 12.9.1963, erstmals erschienen am 22.11.1963 auf der LP »With The Beatles«. »Der erste Song, den ich geschrieben habe, als Versuch, um zu sehen, ob ich auch einen Song schreiben kann«, erinnert sich George Harrison in seiner Autobiographie »I Me Mine«. Und: »Ich glaube nicht, dass es ein besonders guter Song ist. Er verschaffte mir jedoch eine Beschäftigung.« Es war zugleich der erste Song, in dem die Beatles das klassische Rockinstrumentarium erweiterten – mit Claves und Bongos. Zahlreiche → *Cover-Versionen*, u.a. von Gregory Phillips, The George Martin Orchestra, Abbey Road, Eytan Mirsky und Les Lionceaux (»Mais ne viens plus«).

DON'T EVER CHANGE

Song von Gerry Goffin/Carole King. Die Beatles nahmen den Song am 1.8.1963 im Playhouse Theatre, Manchester, für die → *BBC*-Sendung → *Pop Go The Beatles* (Produzent: Terry Henebery, gesendet am 27.8.1963) auf. Erschienen am 28.10.1994 auf der DoCD »Live At The BBC«. Nicht zu verwechseln mit dem Song »Don't Ever Change (Too Many Cooks)« von Bond/Dunbar/Wayne.

DON'T LET ME DOWN

Song von John Lennon/Paul McCartney, aufgenommen am 28.1.1969, erstmals erschienen am 11.4.1969 als B-Seite der Single »Get Back« (in den USA auch auf der LP »Hey Jude«). John Lennon schrieb auch diesen Song für → *Yoko Ono*. Die DoCD »Making Of Don't Let Me Down« (1998) versammelt alle Versionen des Titels aus den »Get Back«-Sessions bzw. -Demos. Paul McCartney nahm den Song auch auf die CD »Let It Be ... Naked«, die 2003 erschien und Originalaufnahmen ohne die Bearbeitungen von → *Phil Spector* enthält. Zahlreiche → *Cover-Versionen*, u.a. von Harry J Allstars, Marcia Griffiths, Airto Lindsay, Mark Ribot/Syd Straw/Joey Baron/Greg Cohn, Ben E. King, Annie Lennox, The ReBeatles, Dillard & Clarck, The CT Beatles, Claudine Longet, The Stereophonics, Hall & Oates, Hard Day's Night, The RRSO Symphony Orchestra, The Persuasions, Stereophonics, Claudine Longet, Gene und BTJ.

DON'T PASS ME BY

Song von Richard Starkey, aufgenommen am 5. und 6.6. und 12. und 22.7.1968, erstmals erschienen am 22.11.1968 auf der LP »The Beatles« (»Weißes Album«) – die erste Komposition, für die Ringo Starr allein verantwortlich zeichnet. Der Arbeitstitel hieß anfangs »This Is Some Friendly«, Ringo schrieb ihn bereits 1963. Die Fiddle spielt Jack Fallon, den die Beatles sechs Jahre zuvor kennen gelernt hatten, als er ein Konzert in Stroud promotete. Die Mono- und Stereo-Versionen des Songs haben unterschiedliche Geschwindigkeiten und Instrumenten-Overdubs. Der Song erschien in Skandinavien als B-Seite auf der Single »Back In The U.S.S.R.« und soll sogar auf Platz 1 der Charts gekommen sein. Zahlreiche → *Cover-Versionen*, u.a. von T-Bone Walker.

DON'T TELL THE TREES

→ *Whispering Grass*.

DON'T WORRY KYOKO

Song von → *Yoko Ono*, aufgenommen am 13.9.1969 von der → *Plastic Ono Band* im Varsity Stadium in Toronto/Kanada und erschienen am 12.12.1969 auf der LP »The Plastic Ono Band – Live Peace In Toronto 1969«. Die am 3./4./6.10.1969 in den Londoner Lansdowne Studios von John Lennon und Yoko Ono (mit Ringo Starr, → *Klaus Voormann* und → *Eric Clapton*) als Plastic Ono Band aufgenommene Version erschien am 20.10.1969 (USA; GB: 24.10.1969) als Rückseite von »Cold Turkey« auf einer Single, hier allerdings mit dem Untertitel »Mummy's Only Looking For A Hand In The Snow«. Yokos gesprochenes Wehklagen wird von einem Gitarrenriff untermalt, das sich John Lennon von seinem unvollendeten Song »Watching Rainbow« auslieh. Der Song ist lt. Lennon »the greatest fucking rock'n'roll record of all time«.

DONEGAN, LONNIE

*29.4.1931 in Glasgow. Er spielte bei Ken Colyer und → *Chris Barber* Jazz, bevor er 1954 mit »Rock Island Line« den ersten → *Skiffle*-Hit hatte. Neben → *Elvis Presley* und → *Buddy Holly* der wichtigste musikalische Einfluss auf Paul McCartney, George Harrison und John Lennon, der im Alter von 16 Jahren über → *Radio Luxemburg* Skiffle hörte und eine 78-er Platte mit »Rock Island Line« kaufte, die er später an seinen Schulfreund → *Rod Davis* weiterverkaufte. George Harrison später: »Lonnie Donegan war der erste Musikstar, der mich beeindruckte. Donegan und Skiffle schienen wie für mich gemacht zu sein.« Paul McCartney besuchte z.B. am 11.11.1956 ein Konzert Donegans im Liverpooler → *Empire Theatre*. Ende der

1970er Jahre schlug Paul McCartney vor, Donegan möge einige seiner Skiffle-Hits neu aufnehmen. Im Januar 1978 erschien dann die LP »Puttin' On The Style«; Ringo Starr begleitete ihn bei den Songs »Have A Drink On Me« und »Ham'n'Eggs«. Lonnie Donegan lebte später mit seiner Familie einen Großteil des Jahres an der Costa del Sol in Spanien und gab nur noch gelegentlich Konzerte. 2002 war er wieder mit eigener Band auf Tournee, zu der auch sein Sohn Peter, ein Multiinstrumentalist, Sänger und Tänzer, gehörte. † 3.11.2002 in Peterborough, Cambridgeshire.

Lit.: Radcliffe, Dave: The Lonnie Donegan Discography 1953–1982 (High Crompton 1989); Humphries, Patrick: The Lonnie Donegan Story 1931–2002 – Putting On The Style (London 2003)

DONOVAN

Singer/Songwriter, in den frühen 1960er Jahren das britische Pendant zu Bob Dylan, * 10.5.1946 in Maryhill bei Glasgow als Donovan Phillip Leitch. Donovan und die Beatles trafen sich 1965 bei einem Konzert von → *Bob Dylan*. Im Januar 1966 wollte er eine Tribut-Single »For John And Paul« veröffentlichen, diese wurde jedoch im letzten Moment zurückgezogen. Am 26.1.1966 übernahm → *Brian Epstein* sein Management. George Harrison spielte Gitarre auf »Sunshine Superman« (rel. Juli 1966 auf Single). Im Oktober 1966 war er eine Woche zu Gast in George Harrisons Haus, wo er am 3.11.1966 auch → *Ravi Shankar* traf. In Donovans Hit »Mellow Yellow«, im Oktober 1966 auf Single erschienen, singt Paul McCartney im Background mit. Die Beatles besuchten des Öfteren seine Konzerte. So waren Paul McCartney und George Harrison am 15.1.1967 in der Londoner → *Royal Albert Hall*, am 24.4.1967 besuchten alle vier Beatles Donovans Auftaktkonzert seines einwöchigen Engagements am → *Saville Theatre*. Donovan brachte John Lennon den »Fingerpicking«-Gitarrenstil bei, den er dann für Songs wie »Julia« (1968, LP »The Beatles« = »Weißes Album«), »Sun King« (1969, LP »Abbey Road«) und → *Yoko Onos* »Remember Love« (1969 auf Single erschienen) einsetzte. In dem Buch »Memories Of John Lennon« (New York 2005, dt.: »Erinnerungen an John Lennon«, Berlin 2005) bezeichnet er John Lennon als »seinen Freund«. Ab dem 21.1.1967 unterrichtete George Harrison Donovan auf der → *Sitar*. Im Februar/März 1968 war er mit den Beatles in → *Rishikesh*. Ende Februar 1968 kam es dort lt. Allen J. Wiener (»The Beatles – The Ultimate Recording Guide«, New York/Oxford 1992) zu einer Jam Session der → *Beach Boys* mit den Beatles, Donovan und anderen. Die Session wurde gefilmt und später im italienischen Fernsehen gezeigt – 10 min lang. Sie ist auf dem → *Bootleg* »Nothing But Aging« dokumentiert, mit den Songs »When The Saints Go Marching In«, »You Are My Sunshine«, »Jingle Bells«, »She'll Be Coming Around The Mountain«, »Blowing In The Wind«, »Hare Krishna Mantra« und »Catch The Wind« (gesungen von Donovan). Im November 1968 spielte Paul McCartney bei den Aufnahmen zu Donovans Hit »Atlantis« Tamburin und sang auch einige backing vocals (rel. 22.11.1968 auf einer Single, b/w »I Love My Shirt«), was Donovan allerdings bestreitet. 1968 fand auch eine 15-minütige Session Donovans und Paul McCartneys statt, dokumentiert auf dem Bootleg »No. 3 Abbey Road, NW8«. Am 13.2.1969 nahm Donovan an einer Record-Release-Party für → *Mary Hopkins* erste LP »Post Card« (produziert von Paul McCartney) teil. Er soll auch am Text von »Yellow Submarine« beteiligt sein; nach eigener Aussage stammt die Zeile »sky of blue and sea of green« von ihm. Donovan heiratete 1970 Linda Lawrence, er tritt noch immer gelegentlich auf.

Lit.: Leitch, Donovan: The Autobiography Of Donovan – The Hurdy Gurdy Man (New York 2005, London 2005) • *www.donovan.ie*

DOOLEY, ARTHUR
Britischer Künstler und seit ihren Liverpooler Tagen ein Freund der Beatles. 1974 schuf er die Beatles-Statue in der Liverpooler → *Mathew Street*, bestehend aus einem Straßenschild »Beatle Street, Liverpool Four«, einer Madonnenfigur, den Buchstaben J, P, g und r und der Aufschrift »Four Lads Who Shook The World«. Die kleine Bronze-Puppe mit der Plakette »Lennon Lives« wurde später, nach John Lennons Tod, hinzugefügt. Der DJ Peter Prince hatte 500 £ dafür gesammelt. 1995 ließ → *Cavern City Tours Limited* das Denkmal, das heute von einer Video-Kamera bewacht wird, renovieren. † 7.1.1994.

DORAN, TERRY
Besitzer eines Autogeschäftes in Liverpool, ein Freund und Partner von → *Brian Epstein* und später, in London, Chauffeur der Beatles. Brian Epstein und die Beatles kauften bei ihm ihre Autos. Seine bevorzugte Redensart »Getting Better« (»Wird schon werden«) inspirierte Paul McCartney zu dem gleichnamigen Song auf der LP »Sgt. Pepper's Lonely Hearts Club Band« (1967). Allerdings soll auch → *Jimmy Nicol* diesen Ausspruch häufig gebraucht haben. Auch der »Man from the motor trade« in dem Song »She's Leaving Home« könnte Doran sein. Er ist auch auf Schallplatte zu hören: In »Strawberry Fields Forever« spielt er Maracas. Doran war dann Chef von → *Apple Publishing Limited* und ab September 1967 Managing Director von → *Apple Music Limited* und Manager der Gruppe → *Grapefruit*, später persönlicher Assistent von George Harrison und in dieser Eigenschaft auch Estate Manager (Verwalter) von Harrisons Wohnsitz in Oxfordshire. Ende der 1970er Jahre kehrte er in den Autohandel zurück.

DORINISH
Ca. 36000 Quadratmeter große, unbewohnte Insel vor der Westküste von Irland in der Clew Bay (vor dem County Mayo, in manchen Quellen auch als Dorish, Dornish oder Doramish), die John Lennon am 17.3.1967 für 1550 £ (nach anderen Quellen für 1700 £; damals ca. 9300 €) aufgrund eines Zeitungsinserats ersteigerte bzw. kaufte. Auf der Insel gab es weder Wasser noch Elektrizität. John Lennon besuchte sie lediglich einmal, auf einem einwöchigen Acid-Trip am 30.4.1967. Im November 1969 bot er sie einer Gruppe von Hippies um Sid Rawle, die eine Kommune aufbauen wollten, zur freien Nutzung an. Im Winter war es jedoch unmöglich, auf der Insel zu leben.

»Four Lads Who Shook The World«: Beatles-Monument von Arthur Dooley in der Mathew Street, Liverpool

Die Insel wurde nach John Lennons Tod im November 1985 von → *Yoko Ono* an eine Familie Gavin in Murrisk verkauft, die sie als Weideland nutzen wollte. Das Geld spendete Yoko Ono einem irischen Waisenhaus. Tom und Siobhan King organisieren gelegentlich Fährfahrten zu der Insel.

DOVEDALE ROAD PRIMARY SCHOOL
Name der Grundschule in der Dovedale Road in Liverpool, die John Lennon von 1948 bis zum Juli 1951 besuchte, nachdem er die → *Mosspits County Primary School* verlassen musste. Sein Betragen war hier offensichtlich besser, obwohl er seine eigene kleine Gang hatte, die ab und zu kleine Ladendiebstähle beging und auch mal den Mädchen die Schlüpfer runterzog. Im September 1948 wurde George Harrison in dieser Schule eingeschult, die er bis 1950 besuchte. Bewusst begegnet sind sich die beiden an dieser Schule allerdings nicht.

DOWNTOWN DOES THE BEATLES – LIVE AT THE KNITTING FACTORY
1992 erschienene → *Kompilation* mit → *Cover-Versionen* von Beatles-Songs, gespielt von New Yorker Jazz- und Independent-Bands wie Defunkt, Lydia Lunch, Alex Chilton und Eugene Chadbourne. Herstellungsleiter der Aufnahmen war Michael Dorf.

DREAM
Song von Johnny Mercer, ursprünglich 1945 das Thema für dessen CBS-Radio-Show, 1945 dann ein Hit für The Pied Pipers, arrangiert von → *George Martin*, aufgenommen am 14.11.1969 und 10.2.1970 (mit einem 15-köpfigen Orchester) von Ringo Starr, erschienen auf dessen erster Solo-LP »Sentimental Journey« am 27.3.1970.

DREAM SCENE
Song von George Harrison, erstmals erschienen am 1.11.1968 auf der LP »Wonderwall Music« (als Medley mit »Ski-ing And Get Kirwani« und »Greasy Legs«).

DRILLING A HOME
Song von George Harrison, erstmals erschienen am 1.11.1968 auf der LP »Wonderwall Music« (als Medley mit »Guru Vandana«).

DRIVE MY CAR
Song von John Lennon/Paul McCartney, aufgenommen am 13.10.1965, erstmals erschienen am 3.12.1965 auf der LP »Rubber Soul« und am 8.7.1965 auf der EP »Nowhere Man«. → *Capitol Records* ersetzte den Song auf der amerikanischen »Rubber Soul«-LP durch »I've Just Seen A Face«. Er wurde inspiriert durch die Freundschaft der Beatles mit ihrem Chauffeur → *Alf Bicknell*. 1994 wurde der Song von Paul McCartney, Ringo Starr und anderen Künstlern für die Aktion »Recording Artists Against Drunk Driving« (RAADD) neu aufgenommen. Zahlreiche → *Cover-Versionen*, u.a. von Buddy + The Huddle, Tausend Tonnen Obst, Hard Day's Night, Bobby McFerrin, Gary Toms Empire, The ReBeatles, Jive Bunny & The Mastermixers, The CT Beatles, The Punkles, The King, Die Jürgen, The Persuasions, Cadence, The Donnas, Black Heat und Houdini Band.

DROGEN
Sammelbegriff für alle legalen und illegalen psychoaktiven Stoffe, die eine berauschende Wirkung haben. Ursprünglich wurden als Drogen pflanzliche oder tierische Bestandteile zur Gewinnung von Heilmitteln bezeichnet. Als ein mögliches unter vielen Hilfsmitteln können Drogen dem Menschen Türen zu tieferen Schichten des Bewusstseins öffnen. Oft dienen sie dabei lediglich

als »Durchgangsstation« oder Impulsgeber und machen sich bald selbst überflüssig. Die gängigen Argumente gegen den Gebrauch von Drogen richten sich in der Regel gegen Bewusstseinsveränderungen an sich. Autoren wie Andrew Weil konstatieren, dass es ein Drogenproblem so lange geben wird, solange der Staat gegen Drogen kämpft. Weil: »Sobald wir Drogen als Realität akzeptieren und unsere Aufmerksamkeit der Erweiterung unseres Bewusstseins schenken, werden wir die Drogen in ungefährliche, ja sogar nützliche Kräfte verwandeln.« 1967 bekannten Paul McCartney und → *Brian Epstein*, Drogen zu nehmen. Ein Jahr später wurde John Lennon wegen Drogenbesitzes verurteilt – das machte ihn später in den USA zur »persona non grata«. Die Beatles probierten so ziemlich alles: von → *Preludin* in ihrer Hamburger Zeit über → *Marihuana* bis zu → *LSD*, → *Heroin* und → *Kokain*. Paul McCartney 1991 in einem *Spiegel*-Interview: »Seit Rubber Soul 1965 ist jedes Beatles-Album unter Drogeneinfluss entstanden, vor allem Marihuana und LSD. Alles, was in den 60ern gemacht wurde, war von Drogen inspiriert – Musik, Literatur, Kino. Der Vietnamkrieg wurde auch unter Drogen geführt.« »Alkohol und Drogen waren überall, wo wir auftauchten«, bestätigt auch Ringo Starr. (*Bild am Sonntag*, 7.8.2005) Aber auch für die Beatles gilt: Je mehr die Sänger zu Ruhm und Reichtum kamen, desto schwächer wird die Drogenspur in ihren Lebenslinien. Und vielleicht hat auch Connie Palmen Recht, die in ihrem Roman »Die Freundschaft« Süchte als »Versuche, die Sehnsucht nach Freundschaft aus eigener Kraft zu stillen« definiert – Sucht als Abhängigkeit von einem Stoff, der immer greifbar ist, als Versuch, in Gesellschaft mit diesem Stoff der Gefahr des Verlusts und also dem Leben zu entgehen.

Lit.: Shapiro, Harry: Drugs & Rock'n'Roll (Wien 1989); Geschwinde, Thomas: Rauschdrogen (3. Aufl., Berlin/Heidelberg/New York 1996); Weil, Andrew: Drogen und höheres Bewußtsein (Aarau/Schweiz 2000); Pellerin, Cheryl: Trips – Wie Halluzinogene wirken (Aarau/Schweiz 2000); Treeck, Bernhard van: Drogen- und Sucht-Lexikon (Berlin 1999; überarb. u. erw. Neuausgabe Berlin 2004); Treeck, Bernhard van: Das große Cannabis-Lexikon (Berlin 2000); Shapiro, Harry: Sky High – Droge und Musik im 20. Jahrhundert (St. Andrä-Wördern 1995, 2. Aufl. 1998); Schmidt-Semisch, Henning, Nolte, F.: Drogen (Hamburg 2000); Siegel, Ronald K.: Rauschdrogen – Sehnsucht nach dem künstlichen Paradies (Hamburg 2000); Kemper, Wolf-Reinhard: Kokain in der Musik (Münster, Hamburg, London 2001); Treeck, Bernhard van: Drogen (Berlin 2002; 2. Aufl. 2003)

DROP IN

Titel einer schwedischen Fernsehshow, aufgenommen am 30.10.1963. Die Aufnahmen erfolgten im Narrenteatern im Stockholmer Vergnügungspark Grona Lund. Die Beatles spielten »She Loves You« und »Twist And Shout« und als Zugaben (auf Drängen des Moderators Klas Burling) »I Saw Her Standing There« und »Long Tall Sally«. Die Show wurde am 3.11.1963 um 19.00 Uhr gesendet.

DRUTSOWN LIMITED

Unternehmen zur Verwertung der Rechte an John Lennons Werken, gegründet am 1.11. 1965, mit John Lennon als Direktor. Am 2.12.1965 änderte das Unternehmen seinen Namen in → *Lennon Books Limited*.

DUNBAR, JOHN

Eine der wichtigsten Persönlichkeiten der Londoner Avantgarde-Szene in den 1960er Jahren und ein guter Freund von Paul McCartney, * in Mexico, seine Mutter Tatjana war Russin, sein Vater Robert Schotte. Robert Dunbar gründete die London School of Film Technique in Covent Garden. John Dunbar studierte am Churchill College in

Cambridge Naturwissenschaften. Für die Zeitung *Scotsman* schrieb er eine Kunstkritikkolumne. In Cambridge lernte er 1963 → *Marianne Faithfull* kennen, die 1964 mit dem Rolling-Stones-Song »As Tears Go By« einen ersten Hit als Sängerin hatte. Sie heirateten am 6.5.1965 in Cambridge. Am 10.11.1965 wurde ihr Sohn Nicholas geboren. Ihre Wohnung in Lennox Gardens 29, wo Dunbar auch mit → *LSD* experimentierte, wurde bald zum Treffpunkt der Londoner Boheme, auch Paul McCartney war sehr oft dort. Durch Paul McCartney hatte er 1963/1964 auch John Lennon kennen gelernt. Dunbar war mit → *Barry Miles* und → *Peter Asher*, einem alten Schulfreund, an dem Unternehmen Miles Asher and Dunbar Limited (M.A.D. Ltd) beteiligt, das u.a. ab 1965 → *Indica Books and Gallery* betrieb. Er stellte John Lennon auch Alexis Mardas (→ *Magic Alex*) vor. Marianne Faithfull nahm schließlich auch eine → *Cover-Version* von »Yesterday« auf, erschienen am 22.10.1965. Bei den Aufnahmen war Paul dabei. Anfang November 1966 schickte Dunbar John Lennon eine Einladung zur Vernissage von → *Yoko Onos* Ausstellung »Unfinished Paintings and Objects« in der Indica Gallery. Dunbar: »Ich wusste, dass Yoko ihm gefallen würde, einfach weil sie so verrückt war.« Im Januar 1966/1967 verließ Marianne Faithfull Dunbar und wurde die Geliebte von Mick Jagger, Dunbar zog vorübergehend aufs Land. Im Sommer 1970 ließen sie sich scheiden, im Frühjahr 1972 erhielt Dunbar das Sorgerecht für seinen Sohn Nicholas, der dann bei ihm und seiner damaligen Freundin Jean Shrimpton lebte. Jonathan Green interviewte ihn für sein Buch »Days In The Life: Voices From The English Underground 1981–1971« (London 1988). In den 1990er Jahren lebte Dunbar im Norden Londons inmitten seiner Kunstschätze.

DVD

(Digital Versatile Disc/Digital Video Disc) Digitale Technologie für die Speicherung von Film- und Video-Informationen; genutzt für den audiovisuellen Bereich bis hin zu DVD-ROM für Computeranwendungen. Die Speicherkapazität beträgt 4,7 Gigabyte bzw. bis zu vier Stunden Videomitschnitt. Die DVD lässt sich bis zu 100 000 Mal löschen und wieder beschreiben. Es wird unterschieden zwischen der DVD(-Video) (Medium in der Größe einer herkömmlichen CD mit bis zu acht Stunden Spielzeit für Bild und Ton), DVD-Audio (bietet zusätzlich die Möglichkeit, Musik im Surround-Sound, also über sechs Kanäle, abzuspielen) und DVDplus (vereinigt CD und DVD auf einer beidseitig abspielbaren Disc, ist also für CD- und DVD-Player geeignet). Drei Systeme werden angeboten: DVD-RAM, die DVD+RW und DVD-RW. Der Vorteil: digitaler Sound, beste Bildqualität, schneller Zugriff auf beliebige Szenen. Die DVD etablierte sich schneller als jedes Medium vor ihr. Seit 1998 gibt es auch diverses Beatles-Material auf DVD, u.a. »The Beatles Story – The Lifetime Biography« (60 min), »On The Road & Down Under – Live« (Aufnahmen von den Tourneen in den USA, in Australien und Neuseeland), »Big Beat Box« (55 min, Berichte über die Tourneen der Beatles, mit Interviews etc.), »A Hard Day's Night« (85 min, tontechnisch generalüberholt, mit dem Originaltrailer, einem Interview mit → *Richard Lester*, Zitaten, Biographien, einer Fotogalerie und Produktionsnotizen; in den USA erschien auch eine DoDVD mit zusätzlichem Material), »Help!« (111 min), »You Can't Do That« (63 min), »Magical Mystery Tour«, »Yellow Submarine«, »The Beatles Anthology«, den Paul-McCartney-Film »Get Back« von → *Richard Lester*, George Harrisons Film »Wonderwall«, Ringo Starrs »Candy« und John Lennons »How I

Won The War«. Auf der DVD »Yellow Submarine« wurde z.B. Musik der Beatles erstmalig im digitalen Mehrkanalton (Dolby Digital 5.1) veröffentlicht, die Musik kann mit der entsprechenden Abspieltechnik digital auf sechs Kanälen abgespielt werden. Eine Zusammenstellung einschlägiger TV-Auftritte der Beatles bietet die DVD »The Beatles On TV-Show« (Columbia, Japan, 2000). Weiter im Angebot: »The Beatles First U.S. Visit«, »Beatles Big Beat Box« (DVD + CD), »Magical Mystery Tour« (mit dt. Untertiteln), »The Beatles Unauthorized – Fun With The Fab Four« (112 min, USA 2002), »Era 60's« (70 min, Synergie, mit Interviews etc., Mitarbeit von → *Tony Sheridan*) und »The Beatles – The First U.S. Visit« (132 min, 2004, dt. Untertitel). Das 4-CD-Set »A Long And Winding Road« (»Their complete history in an exclusive DVD-Set«) von BMG (3 x 100 min + 150 min Bonus-DVD) enthält ca. 20–25 % Musik, der »Rest« sind Dokumentation und Interviews. Am 31.3.2003 erschien → *The Beatles Anthology* als erste offizielle Beatles-DVD (auch als Video Box – 8VHS – erhältlich), parallel dazu erschienen 3 DoCDs mit den »Soundtracks« zur Dokumentation. Aus der Werbung: »Die spannende Karriere der größten Band der Musikgeschichte erzählen die Beatles selbst! Interviews, Musik, Hintergründe! Die einzige Musik-Dokumentation, die alles von den Beatles zeigt! Über 600 Minuten auf 4 DVDs + 81-minütige Bonus-CD mit bisher unveröffentlichten Aufnahmen!« Inzwischen gibt es auch zahlreiche Bootleg-DVDs, so eine 10-teilige Serie »The Beatles On DVD« (Beat).

Lit.: Group of Pictures; Potthast, Martin; Benecke, Alexander: DVD – Technikstandards und Troubleshooting (Köln 2002)

DYKINS, JACQUI GERTRUDE

Halbschwester John Lennons, * 26.10.1949 in Liverpool – ihre Mutter ist → *Julia Lennon*, ihr Vater → *John Albert »Bobby« Dykins*. Sie wuchs nach dem Tod ihrer Mutter mit ihrer Schwester Julia (→ *Julia Baird*) bei ihrer Tante → *Harriet »Harrie« Stanley* und ihrem Onkel Norman auf. Nach der Schule (Gateacre Comprehensive) lernte sie Friseurin und arbeitete in Salons in Liverpool und London. Ihren Sohn nannte sie John. 1975 begann sie mit dem Konsum von Heroin, ließ sich von → *Yoko Ono* finanziell helfen und zog schließlich nach London, wo sie als Verkäuferin arbeitete. Sie kam von den Drogen los und kehrte 1995 nach Liverpool zurück.

DYKINS, JOHN ALBERT »BOBBY«

Freund von John Lennons Mutter → *Julia Lennon*, den diese während des Krieges, als sie als Serviererin in einem Café in der Penny Lane arbeitete, kennen lernte, * 1916 (nach anderen Quellen 1918). Dykins arbeitete dort als Barkeeper. Die beiden zogen 1949 in den Liverpooler Stadtteil Gateacre in eine kleine Ein-Zimmer-Wohnung in der 1 Blomfield Road, obwohl Julia Lennon offiziell noch mit → *Alfred Lennon* verheiratet war. John, der Dykins manchmal »Twitchy« nannte, lebte bei Tante Mimi. Dykins ist der Vater von → *Julia Baird* (* 5.3.1947) und → *Jacqui Gertrude Dykins* (* 26.10.1949). Als John Lennon 15 war, besuchte er seine Mutter und »Twitchy« oft in der Blomfield Road. Bald nach dem Tod von Julia Lennon am 15.8.1958 zog Dykins aus der Wohnung aus. 1963 wurde er Restaurant-Manager des Odd Spot Club in der Liverpooler Bold Street, wo im Jahr zuvor auch die Beatles aufgetreten waren. Die Töchter besuchten ihn regelmäßig. Eine Zeit lang hatte er einen Job in einem Hotel auf der Isle of Man. Er heiratete später die Serviererin Rhona. † 1966.

DYKINS, JULIA
→ *Baird, Julia.*

DYLAN, BOB
*24.5.1941 in Duluth/Minnesota als Robert Allen Zimmermann – »der einflussreichste Popmusiker Amerikas in den 60er Jahren« (*Rolling Stone*). Die Beatles verfolgten ab Ende 1963 sehr aufmerksam, was Dylan zu sagen und zu singen hatte. Persönlich trafen sie Bob Dylan zum ersten Mal am 28./29.8.1964 im New Yorker Delmonico Hotel, ein zweites Mal am 20.9.1964 backstage bei ihrem Wohltätigkeitskonzert nach ihrer USA-Tournee im Paramount Theatre in New York. Wie Mick Jagger war Dylan in den 1960er Jahren insbesondere für John Lennon sowohl ein Rivale als auch ein Freund. Bei der ersten Begegnung im New Yorker Delmonico Hotel machte Bob Dylan die Beatles mit → *Marihuana* bekannt. John Lennon: »Anstatt mich selbst in eine Situation zu projizieren, versuchte ich auszudrücken, was ich selbst fühle. Ich glaube, es war Dylan, der mir half, das mitzukriegen.« Ergebnisse waren Songs wie »I'm A Loser« von der LP »Beatles For Sale« (1964) und »You've Got To Hide Your Love Away« von der LP »Help!« (1965). Den Beatles gelang es als Ersten, Dylans freie Wortspiele in dreiminütige Popsongs zu packen. Umgekehrt hatten die Beatles 1964/65 auch großen Einfluss auf Bob Dylan. »Sie machten Sachen, die sonst keiner machte«, erzählte Dylan später seinem Biographen Anthony Scaduto. »Ich wusste, sie zeigten die Richtung an, in die die Musik gehen musste.« Am 9.5.1965 besuchten die Beatles das erste der beiden Dylan-Konzerte in der Londoner → *Royal Albert Hall*. Am 15.8.1965 trafen sie Dylan nach ihrem Konzert im → *Shea Stadium* im New Yorker Warwick Hotel. Am 2.5.1966 traf Paul McCartney Bob Dylan im Londoner Mayfair Hotel, als er zum ersten Mal mit seiner »elektrifizierten« Band nach London kam. Am 27.5.1966 besuchten John Lennon und George Harrison sein Konzert in der Royal Albert Hall. Im gleichen Jahr trat John Lennon kurz in Dylans Tournee-Film »Eat The Document« (Regie: DA Pennebaker, Premiere: 8.2.1967, allgemeine Veröffentlichung aber erst 1972) auf, in einem Gespräch mit Bob Dylan, aufgenommen am 27.5.1966 bei einer Autofahrt von John Lennons Haus in Weybridge (→ *Kenwood*), wo Dylan auch kurzzeitig wohnte, ins Londoner Mayfair Hotel. Bereits zwei Tage zuvor hatte Pennebaker beide bei einer Autofahrt um den Hyde Park gefilmt. Zum Konzert am 27.5.1966 kamen auch Paul McCartney und George Harrison in die Royal Albert Hall. Im gleichen Jahr beschuldigten sich die Beatles und Bob Dylan aber auch gegenseitig des Ideenklaus – »Norwegian Wood« und »4th Time Around« von Dylans LP »Blonde On Blonde« wiesen allzu offensichtliche Parallelen auf. Bob Dylan ist auch auf dem Cover von »Sgt. Pepper's Lonely Hearts Club Band« vertreten. Im November 1968 besuchte George Harrison Bob Dylan und The Band in → *Woodstock*, wo sie gemeinsam den Song »I'd Have You Anytime« für Harrisons Album »All Things Must Pass« (1970) schrieben, das auch eine → *Cover-Version* von Dylans »If Not For You« enthält. Als Bob Dylan am 31.8.1969 beim Festival auf der Isle of Wight auftrat, waren auch George Harrison, Ringo Starr, John Lennon und → *Yoko Ono* im Publikum. Dylan verbrachte anschließend einige Tage bei den Lennons in → *Tittenhurst Park*. John Lennon gelang es allerdings nicht, Bob Dylan zu einer gemeinsamen Aufnahmesession zu überreden. Auch nach dem Split der Beatles blieben George Harrison und Bob Dylan Freunde. Am 1.5.1970 machten beide in Nashville einige Aufnahmen für Dylans Album »New Morning«, die Session ist dokumentiert auf

den → *Bootlegs* »Harrison and Dylan Meet J. Cash«, »Bob Dylan Meets George Harrison and Johnny Cash« und »Classified Document Volume Three«. Am 1.8.1971 nahm Dylan am von George Harrison organisierten → *Concert for Bangla Desh* im New Yorker → *Madison Square Garden* teil, beide standen auch gemeinsam auf der Bühne. 1971 trug er mit einem eigenen Objekt (einem Exemplar seiner LP »Nashville Skyline« in einem Aquarium) zu Yoko Onos Ausstellung »This Is Not Here« in Syracuse/USA bei. 1974 arrangierte John Lennon Dylans »Subterranean Homesick Blues« für → *Harry Nilssons* LP »Pussy Cats«. 1980 nahm er eine Demo-Version von »Serve Yourself« auf, eine Parodie auf Dylans »Gotta Serve Somebody«. Als Bob Dylan am 1.7.1981 im Londoner Earls Court auftrat, coverte Dylan sogar »Here Comes The Sun«, das dann nahtlos in »Girl Of The North Country« überging. Am 17.10.1987 unterstützte George Harrison Bob Dylan bei »Rainy Day Woman # 12 & 35« auf der Bühne der Wembley Arena, mit George Harrison, → *Roy Orbison*, Tom Petty und Jeff Lynne gehörte Dylan auch zu den Traveling Wilburys. Am 7.6.1989 besuchte George Harrison Bob Dylans Konzert in Birmingham (später auch das in der Royal Albert Hall in London). Am 13.6.1989 begleitete Ringo Starr »His Bobness« bei einem Konzert in Les Arenes in Frejus/Frankreich. Dass sich zwischen John Lennon und Bob Dylan keine solche freundschaftliche Beziehung entwickelte, mag daran gelegen haben, dass sie sich in vielen Din-

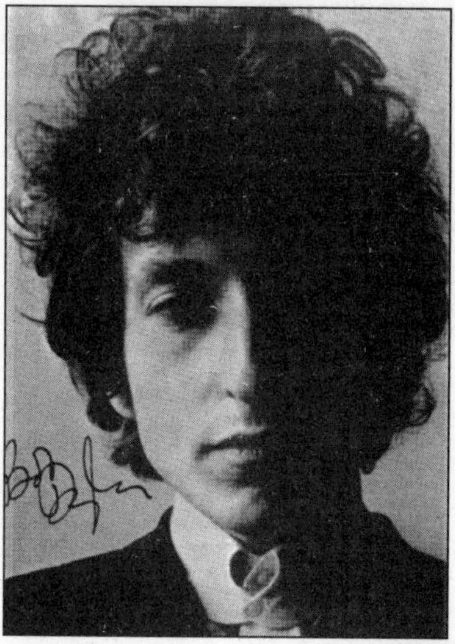

Bob Dylan

gen allzu ähnlich waren. So nannte Lennon in dem Song »God« (1970, LP »Plastic Ono Band«) neben den Beatles und → *Elvis Presley* auch Bob Dylan zu den Ikonen, an die er nicht länger glaube. Am 16.10.1992 nahm George Harrison an einem Konzert zum 30-jährigen Bühnenjubiläum Bob Dylans im New Yorker → *Madison Square Garden* teil. 2003 erschien eine → *Bootleg*-CD »The Beatles Play (With) Bob Dylan – Volume One: The Sixties (1964–69)«, 2004 Vol. 2 und Vol. 3 – mit Songs und Interviews.

Lit.: Markworth, Tino: Bob Dylan And The Beatles (1987) • www.bobdylan.com

E

EARLY 1970

Song von Ringo Starr, aufgenommen von ihm am 8.3.1970 von Ringo Starr, erschienen am 9.4.1971 auf einer Single, b/w »It Don't Come Easy«. Der Titel gilt als Ringos persönlicher Abgesang auf die Beatles. George Harrison spielte ld-g, → *Klaus Voormann* b und Ringo Starr alle anderen Instrumente (g, dr, p). Es ist moglich, dass am 8.3.1970 nur der Instrumentalteil aufgenommen wurde, der Text dazu könnte erst später entstanden und aufgenommen worden sein. Produzent war George Harrison.

THE EARLY BEATLES

1. LP der Beatles, erstmals erschienen am 22.3.1965 in den USA auf → *Capitol Records*. Die Songs waren z.T. bereits auf der LP »Introducing ... The Beatles« erschienen. Am 18.6.1971 erschien auf dem Label Contour eine LP (identisch mit der Polydor-LP »The Beatles' First«), im Juli 1981 auf dem Label Phoenix Vol. 1 & 2 einer → *Kompilation*, im September 1988 in Kanada eine weitere Kompilation mit frühen Songs der Beatles – immer als »Early Beatles«.

2. Britische Fernsehdokumentation über die frühen Jahre der Beatles, gesendet 1982.

EASTMAN, JOHN

Bruder von → *Linda McCartney*, Absolvent der Stanford University und der New York University Law School. Er betrieb mit seinem Vater → *Lee V. Eastman* in New York die Kanzlei Eastman & Eastman. Mit seinem Vater wurde er am 4.2.1969 von den Beatles als General Council, d.h. als Rechtsanwalt, eingesetzt – u.a. auch, um die Aktivitäten von → *Allen Klein* zu kontrollieren. Seit Mitte der 1990er Jahre ist er einer der Geschäftsführer der → *Apple Corps Limited*, außerdem war/ist er Geschäftsführer von → *Apple Electronics Limited*, → *Apple Films Limited*, → *Apple Management Limited*, → *Apple Publishers Limited*, → *Apple Publicity Limited*, → *The Beatles Limited*, → *Subafilms Limited*, → *Python Music Limited*, → *Maclen (Music) Limited*, → *MPL Communications Limited*, MPL Music Limited, MPL Pictures Limited, McCartney Music Limited, McCartney Pictures Limited, McCartney Productions Limited, McCartney Publishing Limited, Kidney Punch Limited und Wings Music Limited.

EASTMAN, LEE V.

Vater von → *Linda McCartney*. Er hieß eigentlich Lee V. Epstein (weder verwandt noch verschwägert mit → *Brian Epstein*), wollte jedoch nicht gleich am Namen als Jude erkennbar sein und änderte diesen deshalb in Eastman um; verheiratet mit Louise Linder. Die Familie besaß eine Villa in Scarsdale im Staat New York, einen Zweitwohnsitz in South Hampton auf Long Island und ein Luxusappartement in Manhattan. Paul McCartney wollte Anfang 1969 den Rechtsanwalt, der mit seinem Sohn → *John Eastman* in New York die Kanzlei Eastman & Eastman betrieb, engagieren, um die maroden Geschäfte von → *Apple Corps Limited* zu sanieren. Er setzte ihn und seinen Sohn John Eastman am 4.2.1969 als General Council, d.h. als Rechtsanwalt, ein – die übrigen Beatles entschieden sich letztendlich jedoch für → *Allen Klein*. In einem Brief vom 18.4.1969 teilten ihm John Lennon, George Harrison und Ringo Starr mit, dass er nicht berechtigt sei, im Namen der Beatles aufzutreten. Mit

Paul McCartney gründeten Eastman & Eastman am 12.2.1969 Adagrose Limited, die am 21.8.1969 in McCartney Productions Limited umbenannt wurde (heute: → *MPL Communications Limited*). † 30.7.1991 an einem Schlaganfall.

EASTMAN, LINDA

→ *McCartney, Linda*.

EASTMAN, LOUISE

Mutter von → *Linda McCartney*. Sie stammte aus einer reichen Kaufhausbesitzerfamilie in Cleveland. Als Linda 18 Jahre alt war, starb ihre Mutter bei einem Flugzeugabsturz.

EASY BEAT

Rundfunkprogramm der → *BBC* am Sonntag von 10.30 bis 11.30 Uhr. Die Beatles traten 1963 in vier »Easy Beat«-Sendungen auf: am 7.4.1963 mit »Please Please Me« und »From Me To You«, am 23.6.1963 mit »Some Other Guy«, »A Taste Of Honey«, »Thank You Girl« und »From Me To You«, am 21.7.1963 mit »There's A Place«, »A Shot Of Rhythm And Blues« und »I Saw Her Standing There« und am 20.10.1963 mit »I Saw Her Standing There«, »Please Please Me«, »From Me To You«, »She Loves You« und »Love Me Do«.

ECHOES OF THE MERSEY SIDE

Aufnahme der Beatles vom 6. und/oder 8.10.1964, offiziell unveröffentlicht (Quelle: »The Commercially Unreleased Songs«, in: Geoffrey Giuliano: Two Of Us, Harmondsworth 1999). Allen J. Wiener verweist in seinem Buch »The Beatles – The Ultimate Recording Guide« (New York/Oxford 1992) allerdings darauf, dass es sich hierbei lediglich um einen 5-Sekunden-Clip John Lennons auf der LP »Echoes Of The Merseyside« handelt, die die Zeitung *Liverpool Echo* 1971 veröffentlichte.

ED SULLIVAN SHOW

In den 1960er Jahren die bekannteste Musik-Show des US-amerikanischen TV-Senders CBS, aufgezeichnet im CBS Studio 50 Broadway and West 53rd Street in New York City (früher: Maxine Elliott Theatre), Produzent: Bob Precht (der Schwiegersohn von Sullivan). Jede Woche von 1948 bis zum 6.6.1971 (bis 1954 hieß die Show »Toast Of The Town«) präsentierte hier → *Ed Sullivan* nationale und internationale Stars. Zumindest in den ersten Jahren war die Show ein gelungener Mix aus Live-Komik, Oper, Zauberei, Artistik, Slapstick, Pop-Musik und Film; später dominierte die Musik. Millionen Amerikaner sahen jeden Sonntag pünktlich um 20.00 Uhr die Show. 1956 trat auch → *Elvis Presley* auf, mit »Hound Dog«; er war allerdings nur von der Hüfte an aufwärts zu sehen. Ende 1963 schloss → *Brian Epstein* mit Bob Precht einen Vertrag, dass die Beatles zweimal live und einmal in einer Aufzeichnung in der Ed Sullivan Show zu sehen sind – für insgesamt 10 000 $. Am 9.2.1964, nach zweitägigen Proben, traten die Beatles dort zum ersten Mal live auf und sangen »All My Loving«, »'Till There Was You« und »She Loves You« zum Anfang und »I Saw Her Standing There« und »I Want To Hold Your Hand« am Schluss der Sendung (wiederholt am 10.7.1964 bei CBS-TV). Ca. 73 Mill. Amerikaner (ca. 60 % aller Fernsehzuschauer) sahen dabei die Beatles zum ersten Mal live. Elvis Presley schickte ihnen vorab ein Glückwunschtelegramm. Kritiker bezeichneten die Show als das Schlüsselereignis der amerikanischen Nachkriegskultur, noch 1999 nominierte das US-Magazin *Entertainment Weekly* diese Show zur Nr. 1 der »100 größten Momente im Rock'n'Roll«. Immerhin: Die Kriminalität sank in dieser Nacht auf den niedrigsten Wert seit fünfzig Jahren. Ein zweiter Auftritt folgte am 16.2.1964 (live aus dem Deauville Hotel in Miami Beach/Florida, wiederholt am 20.9.1964), mit den sechs Songs »She Loves You«, »This Boy«, »All My Loving«, »I Saw Her Standing There«, »From Me To You« und »I Want To Hold Your Hand«. Der dritte Auftritt am 23.2.1964 mit »Twist And Shout«, »Please Please Me« und »I Want To Hold Your Hand« war bereits am 9.2.1964 aufgezeichnet worden (wiederholt am 23.8.1964). Das Studio bot allerdings nur 728 Zuschauern Platz, über 60 000 bewarben sich um Tickets! Am 24.5.1964 waren die Beatles ein weiteres Mal in der Show zu sehen – bei den Dreharbeiten für »A Hard Day's Night« in London. Für die Show vom 12.9.1965 nahmen die Beatles am 14.8.1965 sechs Songs mit Publikum auf (»I Feel Fine«, »I'm Down«, »Ticket To Ride«, »Yesterday«, »Act Naturally« und »Help!«). Sie sind dokumentiert auf den → *Bootlegs* »The Beatles Conquer America« und »Live In USA 1964–1965«. Bereits 1965 wurde die Show dann in Farbe ausgestrahlt. Am 26.10.1964 waren auch → *The Rolling Stones* in der Show. Ed Sullivan danach: »Die werden nie wieder in unserer Show zu sehen sein.« Das galt nicht für die Beatles: In der Show vom 5.6.1966 wurden die Film-Clips zur Single »Paperback Writer«/»Rain« gezeigt, am 12.2.1967 der Clip zu »Strawberry Fields Forever« und »Penny Lane«, am 26.11.1967 der Clip zu »Hello Goodbye«, gedreht im Londoner → *Saville Theatre*, und am 15.2.1970 der Clip »Two Of Us«. Mitschnitte sind auf zahlreichen → *Bootlegs* erschienen, z.B. »Complete Ed Sullivan Shows« (CBM), »The 1964 & 1965 Ed Sullivan Shows«, »Looking For Changes« (Yellow Cat), »The Complete Ed Sullivan Shows – 9 February 1964–14 August 1965« (Neon), »Ed's Really Big Beatles Blast« (beide Melvin Records), »The Beatles Conquer America«, »The Ed Sullivan Shows«, »The Ultimate Collection – Box 1 Disc 2: TV Appearances – Ed Sullivan Shows« und »Ed Sullivan Show CBS TV Studio«. Eine Gesamtübersicht zur Geschichte der Show bietet eine auf 25 CDs angelegte Bootleg-Serie von TVP Records (New York), die auch die Auftritte von Louis Armstrong u.a. dokumentiert. Eine gute Übersicht über die Aktivitäten der Beatles in den Shows bietet »Die Analyse: The Ed Sullivan Shows On Record« von Evelyn Schwarz in *Beatlemania* 2/1989 (Nr. 31). Die 1992 in den USA (Buena Vista Home Video) erschienenen Videos »The Very Best Of The Ed Sullivan Show: Unforgettable Performances« und »The Very Best Of The Ed Sullivan Show: The Great Entertainers« dokumentieren auch einige Beatles-Auftritte. Die DVD »Ed Sullivan Presents: Lennon & McCartney Songbook/Move To The Music« enthält u.a. »Ticket To Ride« und »Twist And Shout«. Die DoDVD »The Four Complete Historic Ed Sullivan Shows Featuring The Beatles« (2003, EagleVision, Spielzeit: 240 min; auch als 4-Video-Set) beinhaltet die vier Shows, bei denen die Beatles auftraten. Auch die 9-DVD-Box »Ed Sullivan's Rock'n'Roll Classics« versammelt zahlreiche Höhepunkte der Shows – einschließlich einiger Beatles-Auftritte.

THE EDDIE CLAYTON SKIFFLE GROUP

Im Frühjahr 1957 gründete Ringo Starr mit seinen Freunden Eddie Clayton (der eigentlich Eddie »Ed« Miles hieß; g, voc), John Dougherty (washboard), Frank Walsh (g) und Roy Trafford (Teekistenbass) The Eddie Clayton Skiffle Group, die im Labour Club in der Peel Street ihren ersten Auftritt hatte. Sie bestand bis 1958 und spielte u.a. auch im → *Cavern* im Florence Institute und bei verschiedenen Talentwettbewerben, u.a. in der St. Luke's Hall. Als Eddie Miles heiratete, löste sich die Band auf.

EDELMANN, HEINZ

Grafiker, *1934 in der Tschechoslowakei. Später zog die Familie nach Jena, 1945 dann nach Bayern und schließlich über Stuttgart nach Düsseldorf. Nach seinem Studium an der Kunstakademie Düsseldorf arbeitet Heinz Edelmann seit 1958 freischaffend. Bekannt wurde er 1968 als Zeichner des Cartoon-Films »Yellow Submarine« der Beatles, engagiert von Regisseur George Dunning. Ursprünglich lediglich für zwei Monate verpflichtet, arbeitete er dann elf Monate lang an dem Film. Zwischendurch kündigte er mehrere Male. Auch sein Plakat für den Film wurde nicht genommen. In einem Interview Anfang 1999 bezeichnete er den Film allerdings auch als das »Ende seiner Jugend«. Seine Darstellung von John Lennon und Paul McCartney als Comic-Figuren schaffte es sogar auf das Cover des → *Rolling Stone* (Nr. 9 vom 27.4.1968). 1969 illustrierte er die ersten beiden Bände von J. R. R. Tolkiens »Der Herr der Ringe«. 1982 wurde er Ehrenmitglied des Art Directors Club für Deutschland (ADC) e.V. Er entwarf auch zahlreiche Poster, Platten- und Buch-Cover (u.a. für eine Schallfolie der Offenbacher Band The Cheats, die allerdings lediglich der Werbung für eine neue Olivetti-Schreibmaschine diente), Comic Strips, den animierten Titelvorspann für die ZDF-Spielfilmreihe »Der phantastische Film« und Werbemittel. »Das Buch der Bücher«, 1997 in Stuttgart erschienen, enthält eine Auswahl von über 200 Buchumschlägen und -illustrationen. Edelmann lehrt an der Akademie der Bildenden Künste Stuttgart und lebt heute in Stuttgart (Augustenstraße 20, 70178 Stuttgart).

Heinz Edelmann

EDELWEISS INVESTMENTS LIMITED
Eine der sieben am 19.12.1967 von den Beatles in London gegründeten Investmentgesellschaften.

EDISON AWARD
Die Beatles erhielten diesen seit 1960 verliehenen begehrten Preis, das niederländische Äquivalent zum → *Grammy* (nicht zu verwechseln mit gleichnamigen Preisen der American Marketing Association oder des Edison Electric Institute), auf der Grand Gala du Disque, organisiert von Piet Beishuizen, am 2.10.1965 im Congresscentrum Amsterdam für ihr Album »Beatles For Sale« in der Kategorie »Internationale teenage«. → *Brian Epstein* nahm ihn entgegen. Seine Dankesrede: »Thank you very much.« Die Preisverleihung wird seit 1995 unter dem Titel »Edison Music Award« übertragen.
www.edisonaward.nl

EICHEL-PFLANZ-PERFORMANCE
→ *Acorns For Peace.*

EIGHT ARMS TO HOLD YOU
Arbeitstitel des zweiten Beatles-Films, der dann unter dem Titel »Help!« am 29.7.1965

in London Premiere hatte. → *Capitol Records* veröffentlichte eine Version von »Ticket To Ride«, die den Song als aus dem Film »Eight Arms To Hold You« stammend ankündigte.

EIGHT DAYS A WEEK

Song von John Lennon/Paul McCartney, aufgenommen am 6. und 18.10.1964, erstmals erschienen am 4.12.1964 auf der LP »Beatles For Sale« und am 6.4.1965 auf der EP »Beatles For Sale«. Der Song, ursprünglich als Titelsong für den Film »Eight Arms To Hold You«, der dann später »Help!« hieß, gedacht, beschreibt die scheinbar unmenschlichen Arbeitsbedingungen in der Gruppe in dieser Zeit. In den USA wurde der Song auf Single veröffentlicht und erreichte Platz 1 der Charts. Nachdem sie einige Monate zuvor das Fade-Out für sich entdeckt hatten, verwenden sie bei diesem Song erstmals ein Fade-In, also eine Aufblende, ein lauter werdendes Intro, zu Beginn des Songs. Zahlreiche → *Cover-Versionen*, u.a. von The Mirza Men, Procol Harum, Runaways, The Beatles Revival Band (»Acht Tage lang«), Alma Cogan, Mary Wells, The Bugs, Lou Gramm, Jive Bunny & The Mastermixers, The Royal Symphonic Rock Orchestra Vienna, Bornagen, Peter Breiner and His Chamber Orchestra, Piet Lancaster (»Zehnmal am Tag«), John Egniz Connection (Wolfgang Zinke), Schall und Rauch (»Acht Tage die Woche«), Hard Day's Night, Daddy's Act, The Koppycats (Ian & The Zodiacs), The Punkles, SIAT (»In di cun tai«), The Day Trippers, The Persuasions, The Silhouettes, m-pact und Billy Preston.

EIGHT-TRACK CARTRIDGE

→ *8-Track Cartridge*.

EINE KLEINE BEATLEMUSIC

Einer der ersten Versuche, Beatles-Songs in einen klassischen Kontext zu packen. Der Liverpooler Dirigent Fritz Spiegl (Idee) und Harry Wild (Arrangements) veröffentlichten am 1.10.1965 eine EP mit sechs Beatles-Kompositionen im »klassischen Gewand« à la Mozarts »Kleine Nachtmusik«, gespielt vom Barock And Roll Ensemble: »She Loves You«, »I'll Get You«, »A Hard Day's Night«, »I Want To Hold Your Hand«, »Please Please Me« und »All My Loving«. Im gleichen Jahr spielte Fritz Spiegl mit sechs Musikern des Royal Liverpool Philharmonic Orchestra unter dem Namen Fritz Spiegl's Barock And Roll Ensemble in der Granada-TV-Show »The Music Of Lennon & McCartney« »She Loves You« und ein Beatles-Medley.

ELEANOR RIGBY

Song von John Lennon/Paul McCartney, aufgenommen am 28. und 29.4. und 6.6.1966, erstmals erschienen am 5.8.1966 auf Single, am 5.8.1966 auf der LP »Revolver«, am 9.12.1966 auf der LP »A Collection Of Beatles Oldies«. Die Beatles lieferten nur den Gesangspart. Die von → *George Martin* arrangierte Musik wurde von zwei Streichquartetten eingespielt. Eleanor Rigby gab es wirklich: Sie starb 1939, ihr Grab befindet sich auf dem Friedhof der → *St. Peter's Parish Church* im Liverpooler Stadtteil Woolton, wo John und Paul sich am 6.7.1957 erstmals begegneten. Allerdings könnte der Titel auch mit Paul McCartneys Faszination für die Schauspielerin Eleanor Bron zu tun haben, die in »Help!« mitgewirkt hatte ... Und »Rigby« stand über einem alten Laden für Weine und Spirituosen in Bristol, den Paul entdeckte, als er wegen → *Jane Ashers* Engagement am Old Vic in der Stadt war. 1982 gestaltete Rocksänger Tommy Steele im Auftrag des Liverpool City Council eine Bronzestatue, die Eleanor Rigby zeigt und heute in der Liverpooler Stanley Street zu sehen ist. Auf den Namen »Father McKenzie« stießen die Beatles beim Blättern im Telefonbuch, in einer früheren Version des Songs hieß er noch »Father McCartney«. Am 5.1.1990, bei einem Konzert von Paul McCartney & Wings im National Exhibition Centre in Birmingham, stellte sich ihm ein Mann als Father McKenzie vor. Paul McCartney: »Wo sind Mr. Kite und Billy Shears? Sind die auch hier?« Allerdings gab es auch einen Ansager mit Namen Tom McKenzie, der die Beatles 1962/1963 in mehreren Konzerten ansagte. 1966 erhielt Paul McCartney einen → *Grammy* für seinen Gesangspart in »Eleanor Rigby« (»best contemporary (R&B) solo vocal performance, male or female«). Weitere Versionen des Songs erschienen im Oktober 1984 auf Paul McCartneys LP »Give My Regards To Broad Street« (gekoppelt mit dem Song »Eleanor's Dream«) und im November 1990 auf seiner CD »Tripping The Live Fantastic«. Der Song gilt als Paul McCartneys Meisterwerk: »Formal wie inhaltlich brillant« (*musikexpress* 12/2000). Joni Mitchell, 2001 vom → *Rolling Stone* befragt, welche Musik sie auf eine Reise zum Neptun mitnehmen würde, nannte u.a. »Eleanor Rigby«. Inzwischen ist der Song auch Gegenstand einer wissenschaftlichen Untersuchung: 1988 veröffentlichte Peter A. De Vries das Buch »A Comparative Study Of Three Cover Versions Of The Beatles' Song ›Eleanor Rigby‹«. 1994 veröffentlichte die italienische Schriftstellerin Margherita Giacobino ihr Buch »Eine Amerikanerin in Paris« unter dem Pseudonym Elinor Rigby. Die Zeitung *La Repubblica* behauptete allerdings, das Pseudonym gehöre der amerikanisch-kreolischen Schriftstellerin Sarah Blumenfeld (1899–1988). 2004 erschien in London der Roman »Eleanor Rigby« von Douglas Copland. Zahlreiche → *Cover-Versionen*, u.a. von Chick Corea, Don »Sugarcane« Harris, Doodles Weavers, Peggy March, The Canadian Brass, John

Eleanor Rigby, in der Stanley Street, Liverpool (und wo ist Father McKenzie?)

Pizzarelli, Joan Baez, Aretha Franklin, Third Wave, Blonde On Blonde, Derek Enright M.P., Ogar Grafe, Wes Montgomery, Shirley Bassey, Richie Havens, Velvet Opera, Royal Philharmonic Orchestra, Else's Housebänt, Sarah Vaughan, Bossa Rio, Junior Reid, Les Miserables Brass Band, James Last, The Singers Unlimited, Paul Bevoir, Ray Charles, The Beatles Revival Band, London Pops Orchestra, B. B. Seaton, Frank Diez/Colin Hodgkinson/Ken Taylor/Paul Vincent/Martin Stephan (CD »Rockin Bach«), Donald Dark, Gordon Haskell, P. P. Arnold, Denzal Sinclaire (in einem Medley mit Ornette Colemans »Lonely Woman«!), Rick Wakeman, Erich Kunzel Cincinnati Pops Orchestra feat. King's Singers, Ann Dyer & No Good Time Fairies, The Four Tops, John Egniz Connection (Wolfgang Zinke), Chris de Burgh, Kansas, Steve Cropper (Booker T. & The MGs), Reinhard Fißler, Wayne Johnson, Ils Fränzlis da Tschlin & Stephan Eicher (»Elena Ratti«), The Hill/Wiltschinsky Guitar Duo, The Bugs, Gino Marinello, Mittermeier & Friends feat. Somersault, Electric Sound Orchestra (d.i. Martial Martinay), Pavel Sedláček & Rudolf Rokl Orchestra, Mystiquintet, Les Boréades, Dave Shaw & Paul Simpson, Nursery Crimes, The Mike Sceptre Singers With The London Starlight Orchestra, The Royal Symphonic Rock Orchestra Vienna, Eleminators, Cavern, Stanley Jordan, Houdini Band, Unlimited Beat, Elena Duran/Stephane Grappelli/Laurie Holloway, The Mersey Sound Orchestra, Harry Nilsson, Joshua Redman Quartet, Klaus Weiss Orchestra, Matthias Petzold Septett, The Day Trippers, Trudy Pitts & Pat Martino, Oscar Peterson Trio, Count Basie, Cathy Berberian, Orchester Bert Kaempfert, Stanley Jordan, Benda Arnau, The King's Singers, BeatleJazz, Göran Söllscher, Leo Brouwer/Ichiro Suzuki, Kathi Raschke, Godhead, Till Brönner, Count Basie und Orchester Paul Mauriat.

ELECTRONIC SOUND

Zweite Solo-LP George Harrisons, aufgenommen im Februar 1969 (Seite 1: »Under The Mersey Wall«) und im November 1968 (Seite 2: »No Time Or Space«), produziert von George Harrison und erschienen am 9.5.1969 (USA: 26.5.1969) als zweite LP auf dem Apple-Sub Label → *Zapple Records*. Cover und Sleeve Notes stammen von George Harrison selbst (unter dem Pseudonym Arthur Wax). 1996 erschien »Electronic Sound« auch als CD.

ELEKTROGITARRE

→ *Gitarren*.

ELLIS, GEOFFREY

Einer der engsten Freunde → *Brian Epsteins*, * in Liverpool. Er hatte an der Oxford University Jura studiert und arbeitete bei der Royal Life Insurance Company in New York und dann bei Walter Hofer, einem Rechtsanwalt, der in New York für Brian Epstein arbeitete, als dieser ihn im November 1963 zum ersten Mal besuchte. Seit Oktober 1964 arbeitete er als Senior Executive bei → *NEMS Enterprises Limited* in London, ab 1965 als Direktor (CEO), Chief Administrator von → *Nemperor Holding Co. Limited* – und was der Posten mehr waren im Königreich des Brian Epstein. Als dessen rechte Hand unterschrieb er z.B. am 19.2.1966 die Verträge für die von der Zeitschrift → *Bravo* organisierte Blitz-Tournee. Später übernahm er das Management von Elton John. Ellis arbeitete nach Epsteins Tod für die Dick James Organisation und für John Reid Enterprises. Er lebt heute als Pensionär in einem Haus am Londoner Eaton Square und einem Haus in Südfrankreich.

ELLIS, ROYSTON

Britischer (homosexueller) Beat-Poet, * 10.2. 1941 in Pinner/GB. Mit 18 Jahren veröffent-

lichte er seinen ersten Gedichtband: »Jiving To Gyp: A Sequence Of Poems« (London 1959). Die Beatles lernte er 1960 bei einer Lesung in der Liverpool University kennen. John Lennon und → *Stuart Sutcliffe* buchten ihn daraufhin für eine »poetry to beat«-Session im → *Jacaranda*. Nach der Lesung besuchte er John Lennon und Stuart Sutcliffe in deren Wohnung in Gambiers Terrace und machte sie mit Drogen bekannt (Benzedrin). Im Juli 1960 berichtete *The Record Mirror*, Royston wolle die Beatles als Begleitband für eine Lesung in London einladen – daraus wurde allerdings nichts. Mit 20 Jahren reiste er nach Moskau, wo er u.a. den Schriftsteller Jewgenij Jewtuschenko traf. 1963 stellte Ellis John Lennon auf Guernsey eine Freundin vor, die ganz in Polyäthylen gekleidet war – für John die Anregung zum Song »Polythene Pam«. Auch der »Paperback Writer« könnte Royston Ellis sein. 1966 ging Ellis als Schriftsteller (Pseudonym: Richard Tressilian) nach Dominica, in die Karibik, später nach Sri Lanka als Reiseschriftsteller. Sein wichtigstes Buch ist »The Big Beat Scene«.
www.roystonellis.com

EMERICK, GEOFF

Langjähriger Tontechniker der Beatles. Er kam 1965 in das Team von → *George Martin*, als → *Norman Smith* das Handtuch geworfen hatte: »Der Studioboss hat mich in sein Büro zitiert und gefragt, ob ich die Tontechnik für die Beatles machen wolle. Darüber war ich ziemlich überrascht! Ehrlich gesagt, eigentlich zu Tode erschrocken.« Seine erste Session als »Tape Operator« bzw. »leitender Balance Engineer« hatte er am 6.4.1966 (LP »Revolver«). Auch auf Platte ist er zu hören: In »Yellow Submarine« singt er im Background. Bei den von zahllosen Streitigkeiten begleiteten Aufnahmen für das Doppelalbum »The Beatles« (»The White Album«) kündigte er am 16.7.1968 die Zusammenarbeit auf – insbesondere auf Grund von John Lennons rauem Ton. Trotzdem: Eigentlich wollten die Beatles ihr Album »Abbey Road« »Everest« nennen – nach der Lieblings-Zigarettenmarke von Emerick. Das Cover-Foto wäre dann wohl etwas aufwändiger geworden – für »Abbey Road« brauchten sie schließlich nur vor die Tür des Studios zu gehen. George Martin hielt immer große Stücke auf Emerick: »Geoff leistete großartige Arbeit für uns; er hat dafür gesorgt, dass die in unzähligen Nachtsitzungen aufgenommenen Bänder alle technisch einwandfrei waren ... Die Beatles selbst haben jedoch nie so ganz begriffen, wie wichtig Geoff war. Ganz sicher haben sie nicht kapiert, dass er ein ungeheuer wichtiges Teammitglied war.« Für seine Arbeit an »Sgt. Pepper's Lonely Hearts Club Band« erhielt einen → *Grammy* (einen zweiten später für »Band On The Run«). Er arbeitete auch für Paul McCartneys Alben »Venus And Mars« (1975) und »London Town« (1978). Im Januar 1989 fungierte Paul McCartney in East Sussex als Trauzeuge bei Geoff Emericks Hochzeit mit Nicole Graham. 1995/1996 war Emerick (mit Jon Jacobs) Toningenieur für die neue Beatles-Single »Real Love«/»Baby's In Black«, mit George Martin ist er auch für die drei »The Beatles Anthology«-DoCDs verantwortlich.

EMI LIMITED

1897 als The Gramophone Company gegründetes britisches Traditionsunternehmen mit Sitz in London, das 1901 die ersten Tonträger veröffentlichte – Markenzeichen: der den Klängen eines Grammophons lauschende Foxterrier »Nipper«. In Deutschland benannte die Gramophone Company ihre Berliner Tochter 1925 Electrola – sie wurde 1931 Partner der Carl Lindström AG. 1931 fusionierten die Muttergesellschaften der

Foxterrier Nipper – das Markenzeichen der EMI

beiden Firmen – die Gramophone Company und die Columbia Gramophone Company – zur Electric and Musical Industries Ltd (EMI). In den 1950er Jahren vermarktete EMI in GB vier britische Label – His Master's Voice, Columbia, Regal Zonophone und → *Parlophone Records*. Columbia vermarktete den CBS-Katalog, HMV die USA-Importe von RCA Victor. Mit Aufkommen des Rock'n'Roll, der Single und der LP erfuhr EMI in den 1950er Jahren einen großen Aufschwung. 1954 wurde Sir Joseph Lockwood Chairman (bis 1974; † 6.3.1991). 1955 kaufte EMI für 3 Mill. £ → *Capitol Records*. Am 6.6.1962 spielten die Beatles in den → *Abbey Road Studios* der EMI vor, Ende Juli 1962 schloss → *Brian Epstein* für die Beatles den Vertrag mit Parlophone Records ab, der rückwirkend ab 4.6.1962 galt. Er sah drei erneuerbare Einjahres-Optionen sowie eine äußerst ungünstige Verkaufsbeteiligung von einem Penny pro Single vor. 1963 verhandelte er den Vertrag neu – sein eigener Vertrag mit den Beatles lief 1967 aus. Am 6.2.1967 unterzeichneten die Beatles und Brian Epstein einen neuen weltweiten Schallplattenvertrag mit der EMI – gültig bis zum 26.1.1976. Von Capitol Records kam eine Bonuszahlung von 2 Mill. $, die Beatles sicherten sich eine Verkaufsbeteiligung von 9 %. Am 13.2.1969 unterzeichneten die Beatles auf Initiative von → *Allen Klein* einen neuen (und noch besseren) Vertrag über weitere fünf Jahre – ihre Tantiemen stiegen von 17,5 % auf 25 %. In den 1970er und 1980er Jahren versuchte die EMI immer wieder, die »cash cow« Beatles erneut zu melken – mit immer neuen → *Kompilationen* mit bekanntem Material (»Ballads«, »Love Songs«, »20 Greatest Hits« usw.), Neuveröffentlichungen der Singles und CD-Neuauflagen. 1998 betrug der Marktanteil der EMI 14 %, sie stand damit international an dritter Stelle (nach Universal und Sony Music). Als Label gibt es EMI allerdings erst seit 1972 (erste Single: »Metal Guru« von T. Rex). Nach einer 1980 vollzogenen Fusion mit dem britischen Unternehmen Thorn Electrical Industries zu Thorn EMI Ltd kaufte der Konzern Virgin Records sowie 1994 die deutsche Firma Intercord Tonträger. Im August 1996 wurde der in über 40 Ländern vertretene Großkonzern in die beiden unabhängig voneinander operierenden Unternehmen Thorn und EMI Group PLC aufgeteilt und an der Börse notiert. Eine für 2000 geplante Fusion der EMI mit Time Warner Music zum weltweit größten Unterhaltungsmusikkonzern Warner EMI Music mit einem Börsenwert von rund 20 Mrd. $, einem Umsatz von 8,3 Mrd. $ und einem Weltmarktanteil (auf Basis der 1998er Erlöse) von 27 % kam aufgrund von kartellrechtlichen Bedenken der EU-Kommission (Time Warner fusionierte mit AOL) ebenso wenig zustande wie die für 2001 geplante Fusion mit der deutschen Bertelsmann Music Group (BMG). Die 2003 und 2006 von der EMI unterbreiteten Übernahmeangebote für Warner Music wurden abgelehnt. Die EMI betreibt heute unter dem Namen HMV eigene Schallplattenläden sowie einen Musikverlag (EMI Music Publishing), zu den EMI-Labels gehörten Parlophone Records, Harvest, Chrysalis, Capitol Records, Angel, EMI Classics, HMV, Blue Note, United Artists, Liberty und Virgin. Seit Anfang 2002 stützt sich die EMI allerdings nur noch auf die Labels Capitol und Virgin. Der Name EMI wird nur noch für die Londoner Holding verwendet. Ende 2005 warfen Paul McCartney, Ringo Starr und die Erben von John Lennon und George Harrison Capitol Records und EMI vor, ihrer Pflicht, »transparent und fair abzurechnen«, nicht nachgekommen zu sein. Streitwert: 45 Mill. €. EMI sprach dagegen von »typischen Meinungsverschiedenheiten eines komplizierten Vertrags«. Zum deutschen Tochterunternehmen EMI Music Germany GmbH & Co. KG mit Sitz im Kölner Mediapark gehören heute die Labels Capitol Music, Virgin Music, Labels, Mute, EMI Classics und Bluenote.

Lit.: Martland, Peter: Since Records Began. EMI – The First One Hundred Years (London 1997); Edge, Ruth; Petts, Leonard: The Collectors Guide To »His Masters Voice Nipper Souvenirs« (London 1997); Pandit, S. A.: From Making To Music – The History Of Thorn EMI (London); Jobey, Liz (Hrsg.): EMI – The End Of Innocence (Zürich 1999) • www.emimusic.de; www.emigroup.com

EMPEROR'S GATE

In dieser Straße (Nr. 13, 5. Stock) in der Nähe der Cromwell Road im Londoner Stadtteil West Kensington hatten John und Cynthia Lennon mit ihrem Sohn Julian 1964 ihre erste eigene Wohnung. → *Robert Freeman*, der im gleichen Haus wohnte, empfahl ihnen die Maisonette-Wohnung. Das Haus war dann ständig von Fans belagert, und Cynthia musste Julian die sechs Treppen tragen, da es keinen Fahrstuhl gab.

EMPIRE THEATRE

Das größte Theater Liverpools, in der Lime Street. Hier traten in den 1950er Jahren → *Lonnie Donegan* und zahlreiche Jazzmusiker auf, hier bewarben sich am 9.6.1957 → *The Quarrymen* für einen Auftritt in Caroll Levis's TV-Show – leider erfolglos. Im Oktober 1959 traten sie dann als → *Johnny and The Moondogs* erneut hier auf und kamen eine Runde weiter – nach Manchester. Dort fehlte ihnen leider das Geld für eine Übernachtung, so dass sie noch vor ihrem Auftritt zurück nach Liverpool fahren mussten. Im März 1960 hörten → *Stuart Sutcliffe* und John Lennon hier u.a. → *Tony Sheridan*. Am 28.10.1962, 24.3.1963 (mit → *Chris Montez*/→ *Tommy Roe*), 26.5.1963 (mit → *Roy Orbison*), 7.12.1963, 22.12.1963 (auf dem → *Bootleg* »Youngbloods« dokumentiert), 8.11.1964 und 5.12.1965 (ihrem letzten Live-Auftritt in Liverpool) traten die Beatles im Empire Theatre auf. »It's The Beatles« ist ein 30-minütiger Mitschnitt von BBC1 TV ihres Auftritts am 5.12.1963, gesendet am selben Abend. Für das letzte Konzert gab es 40 000 Kartenwünsche! Paul (15.9.1975 mit den Wings), George und Ringo gaben hier später Solo-Konzerte, es gab Gerüchte, dass auch John 1981 hier auftreten wollte.

THE END

Song von John Lennon/Paul McCartney, aufgenommen am 23.7. und 5., 7., 8., 15. und 18.8.1969, erstmals erschienen am 26.9.1969 auf der LP »Abbey Road« – »traurig und wunderbar« (Michael Kerkmann in *Spex* 12/1999). Natürlich nicht zu verwechseln mit dem berühmten Song der Doors. Es war tatsächlich das letzte Stück, das die Beatles gemeinsam im Studio einspielten. Ringo spielt noch einmal eins seiner raren Schlagzeugsoli (16 sec!), dann spielen Paul McCartney, George Harrison und John Lennon ihre Abschieds-Soli. Zwei Tage später, am 20.8.1969, waren die Beatles zum letzten Mal gemeinsam in den → *Abbey Road Studios*, um die LP »Abbey Road« abzumischen. 30 Sekunden lang spielt in »The End« ein 30-köpfiges Orchester. Die Beatles singen exakt 24 Mal »Love You«. Eine weitere Version erschien im November 1990 auf Paul McCartneys CD »Tripping The Live Fantastic« (in einem Medley mit »Golden Slumbers« und »Carry That Weight«). Zahlreiche → *Cover-Versionen*, u.a. von Booker T. and the MG's, Mike Westbrook Band, Phil Collins, Devil's Rubato Band und The Lenny Pane.

EP

Extended Play – ursprüngliche Bezeichnung für eine Platte mit vier Titeln im legendären → 7"-Format (Single, 45 U/min) – zu Zeiten der Beatles noch ein durchaus gängiges Format. 1960 führte die Zeitschrift *Record Retailer* sogar gesonderte EP-Charts ein. Die am 7.12.1981 erschienene Box »The Beatles' EP Collection« enthält alle zwölf Mono-EPs, die zwei EPs »Magical Mystery Tour«und eine zusätzliche EP mit den Titeln »The Inner Light« (Stereo-Abmischung vom 27.1.1970), »Baby You're A Rich Man«, »She's A Woman« und »This Boy«. Im Juni 1992 erschien diese Sammlung bei → *EMI* als »Compact Disc EP Collection« mit 15 CDs, ergänzt durch eine Mono-Version der EP »Magical Mystery Tour«. Auch in Deutschland erschienen Anfang der 1960er Jahre auf → *Odeon* zahlreiche Beatles-EPs – oft auch mit Titeln wie »Beatles Forever«, »The Beatles' Hits«, »The Beatles' Sound«, »The Beatles' Songs«, »The Beatles' Soul«, »The Beatles' Music« und »The Beatles' Voice«. Im März 1995 veröffentlichte → *Apple Records* eine »neue« CD-EP mit den Titeln »Baby It's You«/»I'll Follow The Sun«/»Devil In Her Heart« und »Boys«. Weitere Beatles-EPs sind »My Bonnie« (1963, → *Polydor*) und »The Beatles – Souvenir Of Their Visit To America« (1964, → *Vee Jay Records*). Am 15.6.1992 erschien auf → *EMI* »The Compact Disc EP Collection«, bestehend aus 15 Maxi-CDs im Schuber. Sie enthält alle EP-Singles von 1962 bis 1967 und eine Mono-Version der EP »Magical Mystery Tour«.

EP: The Beatles Vol. 4 (Odeon)

Lit.: White, George R.: 35 Years Of British Hit EPs (London 2001); Moltmaker, Azing; Coomans, Samuel: Beatles EP's And Sleeves From Europe – Illustrated Discography Vol. 3 1962–1970 (Alkmaar 2005); Watzek, Uwe: The Beatles Seven Inches 1 – Singles & EPs From Argentina To Jamaica (Halle/S. 2004); Watzek, Uwe: The Beatles Seven Inches 2 – Singles & EPs From Japan To Yugoslavia (Halle/S. 2004); Maus, Christoph: Beatles Worldwide II – An Anthology Of Original Singles And EP-Releases 1961–1972 (Hamburg 2005)

EPPY

Spitzname von → *Brian Epstein*.

EPSTEIN, BRIAN

Manager der Beatles, oder, wie der *Daily Express* am 21.6.1963 titelte: »The Brain Behind The Beatles«, * 19.9.1934 in der Anfield Road in Liverpool (das Haus ist heute ein B & B Hotel) als Sohn von → *Harry Epstein* und → *Queenie Epstein* (zweiter Vorname: Samuel). Brian Epstein besuchte neun Schulen und sollte natürlich in die Fußstapfen seines Vaters treten, der in Liverpool mehrere gut gehende Möbel- und Elektrowarengeschäfte besaß, zeigte aber wenig Interesse an geschäftlichen Dingen. Er wollte Modedesigner oder Schauspieler werden. Nach der Schulzeit, am 10.9.1950, trat er in das Geschäft seines Vaters ein, interessierte sich jedoch mehr für die Schaufenstergestaltung und die Innenausstattung der Läden. Seinen Wehrdienst wollte er eigentlich in der Royal Air Force ableisten, er kam jedoch (am 9.12.1952) in das Royal Army Service Corps (RASC). Nachdem er vier Psychiatern vorgestellt wurde, wurde er entlassen und kehrte im März 1954 in das Geschäft seines Vaters zurück. In dieser Zeit wurde er sich auch seiner Homosexualität bewusst, was ihn in Konflikt mit seinen Eltern brachte. Dass er homosexuell war, verheimlichte er die meiste Zeit seines Lebens – bis 1967 war Homosexualität in Großbritannien zudem illegal. Er begab sich zeitweilig sogar in psychiatrische Behandlung. Ab 2.2.1955 leitete er die Schallplattenabteilung von NEMS (North End Musical Store) in Liverpool, eines Elektrowaren-Ladens, der seinen Eltern gehörte. Am 19.3.1955 übernahm er zusätzlich die Leitung des Möbelgeschäftes S. E. Gadd Limited, das ebenfalls seinen Eltern gehörte, und am 31.8.1955 auch die Leitung des zweiten Möbelgeschäftes seiner Eltern, der I. Epstein & Sons Limited. Aber das genügte ihm nicht, er wollte mehr. Im August 1956 bewarb er sich an der Royal Academy Of Dramatic Art (RADA) in London, am 19.9.1956 bestand er die Aufnahmeprüfung bei Direktor John Fernald. Er spielte dort sieben Rollen, bis er am 3.10.1957 schriftlich mitteilte, dass er nicht länger eine Laufbahn als Schauspieler vorhabe. Zurück in Liverpool, arbeitete er weiter im Geschäft seiner Eltern. 1959 eröffnete er eine weitere NEMS-Filiale in 12–14 Whitechapel, Liverpool, sein Assistent wurde → *Alistair Taylor*. Zu NEMS gehörten bald neun Plattenläden in Liverpool, NEMS war damit der größte Schallplatteneinzelhändler im Nordwesten Englands. Brian Epsteins Ehrgeiz war es, jede lieferbare Schallplatte zu beschaffen – und wenn es ein Jahr dauerte. Am 3.8.1961 begann Epstein im → *Mersey Beat* eine Kolumne mit Schallplattenrezensionen unter der Überschrift »Stop the World – And Listen to Everything In It«. Nachdem am 28.10.1961 Raymond Jones und zwei Tage später zwei Mädchen in seinem Schallplattengeschäft nach der Single »My Bonnie« gefragt hatten (sein Assistent Alistair Taylor sagte später, er selbst hätte die Eintragung unter dem fiktiven Namen Raymond Jones im Bestellbuch vorgenommen), bestellte er 25 Exemplare der Single in Deutschland. Innerhalb von nur einer Stunde waren sie verkauft. Weitere Posten verkauften sich ebenso gut. Nachdem Epstein ein Plakat am → *Cavern* gesehen hatte, das die Beatles ankündigte, hörte er sich am 9.11.1961 nachmittags die Beatles im Cavern zum ersten Mal an und bot ihnen am 3. und 6.12. bei Gesprächen in seinem Büro an, ihr Manager zu werden. Am 8.12.1961 schrieb er an die → *EMI* und bot die Beatles an. Am 13.12.1961 unterschrieben die Beatles (und Alistair Taylor) einen Management-Vertrag, den Epstein selbst allerdings nicht unterzeichnete, weil er sein Versprechen, den Beatles zu einem Schallplattenvertrag zu verhelfen, noch nicht erfüllt hatte. Am 24.1.1962 beauftragten die Beatles Brian Epstein noch einmal vertraglich mit ihrem Management und sicherten ihm 25 % ihrer Gewinne zu. Auch diesmal unterschrieb Epstein nicht. Nach einem erfolglosen Vorspiel bei → *Decca* am 1.1.1962 (nachdem sie Mike Smith in Liverpool gehört hatte) vermittelte er ihnen ein halbes Jahr später einen Schallplattenvertrag mit der EMI, nachdem er sich am 9.5.1962 in London mit → *George Martin* von → *Parlophone Records* getroffen hatte. Am 1.10.1962 wurde ein dritter Management-Vertrag abgeschlossen, der Epstein wiederum 25 % der Einnahmen sicherte und fünf Jahre galt. Bei einer Auktion bei Christie's am 5.5.2004 erzielte das Original des Vertrages ca. 184 000 €. In den Folgejahren formte Brian Epstein ihr Image, handelte immer bessere Verträge für sie aus und wurde ihr Freund und Berater. → *Derek Taylor*: »Die Beatles vertrauten Brian hundertprozentig.« Paul McCartney: »Wenn irgendjemand der fünfte Beatle war, so war es Brian.« Er arbeitete auch für → *Cilla Black*, → *Billy J. Kramer, The Big Three*, → *Gerry & The Pacemakers*, The Paramounts (später: → *Procol Harum*), The Moody Blues, → *Donovan*, Matt Monro u.a. als Manager. Sein Büro befand sich über »The Wizard's Den«, einem Laden für Zauberbedarf in Moorfields, Liverpool, seine erste Sekretärin war Beryl Adams. Keine der Liverpooler Gruppen und Solisten hatte bis dahin einen Manager, Presse- und Öffentlichkeitsarbeit war für sie ein Fremdwort. Gerry Marsden: »Brian war der erste große Manager der Merseyside.« George Martin: »Brian wollte auch selbst gern ein Star sein. Das war das Entscheidende an Brian. Als Schauspieler hatte es nicht geklappt, und jetzt hatte er eine Chance als Manipulator, als Puppenspieler, wenn man will. Er liebte seine Rolle als Mann hinter den Kulissen.« Im September 1964 bot ihm ein amerikanischer Geschäftsmann 3,5 Mill. £ für das Management der Beatles. In London bewohnte er ab Ende 1964 das Whaddon House in Williams Mews im vornehmen Londoner Stadtteil Belgravia (24 Chapel Street), das er am 20.12.1964 für 60 000 £ (damals ca. 360 000 €) gekauft hatte und das er Ken Partridge aufwändig umbauen ließ. Die Londoner NEMS-Büros befanden sich anfangs in der Monmouth Street, dann im Sutherland House, 5–6 Argyll Street, Epstein hatte außerdem ein Privatbüro im Hille House in der Albemarle Street in Green Park. Seine persönliche Assistentin war bis 1965 Wendy Hanson († 27.1.1991 im Alter von 56 Jahren), dann wurde → *Peter Brown* sein Sekretär. 1964 wurde er Direktor einer großen Zahl neu gegründeter Unternehmen, u.a. auch der W. A. Wilson & Ferquharson, einer Investment-Gesellschaft (am 30.7.1964 umbenannt in Harenn Limited). Am 14.7.1964 trat er als Direktor von F. Epstein & Son (Liverpool) Limited zurück, am 29.7.1964 als Direktor von → *NEMS Enterprises Limited*. Gerüchte Anfang September 1964, dass er auch das Management der → *Rolling Stones* übernehmen wolle, entbehrten wohl jeder Grundlage. Nachdem seine Memoiren, geschrieben mit Hilfe von Derek Taylor, unter dem Titel »A Cellarful Of Noise« am 2.10.1964 in Großbritannien (Souvenir Press) und den USA erschienen waren, plante er, in den USA Teile davon in einer eigenen Lesung auf einer LP zu veröffentlichen. Erste Aufnahmen erschienen 1995 auf der DoCD »The Beatles Anthology 1«. Am 12.10.1964 gründete er sogar ein Unternehmen namens → *Brian Epstein Automobiles Limited* (natürlich mit sich selbst als Direktor). Epstein galt in dieser Zeit allerdings auch als leidenschaftlicher Spieler. Am 21.9.1965 fand in der Londoner Royal Festival Hall anlässlich des Commonwealth Art Festival eine Show unter dem Titel »Brian Epstein's Evening Of Popular Music« und dem Motto »Pop From Britain« statt, u.a. mit The Moody Blues. Im Januar 1966 übernahm er die Vic Lewis Organisation und das Management des Stierkämpfers Henry Higgins, der hoffte, der erste englische Matador in Spanien zu werden (Epstein hatte sich schon immer für den Stierkampf begeistert). Als sich die Beatles Mitte der 1960er Jahre immer mehr von ihm entfernten, kaufte er das → *Saville Theatre* in London, um dort Rock-Konzerte zu veranstalten. 1967 traten dort u.a. → *Jimi Hendrix*, The Who, → *Chuck Berry*, → *Del Shannon* und Donovan auf. Am 6.6.1966 gründete er mit → *Nathan Weiss* in New York Nemperor Artist, Inc. und versuchte sich auch als Manager amerikanischer Künstler, so holte er im Januar 1967 → *The Four Tops* nach London (Konzert am 28.1.1967 in der → *Royal Albert Hall*). Er verfiel jedoch immer mehr dem Alkohol, nahm LSD, Heroin und andere Drogen und hatte auch in seinen homosexuellen Partnerschaften kein Glück. Lediglich in dem Kalifornier Diz Gillespie glaubte er, seine große Liebe gefunden zu haben. Aber der war bisexuell und bestahl ihn und Nathan Weiss sogar später. In ihrem Buch »There's A Beatle In The Closet« behauptete später seine Assistentin Joanne Peterson, er habe auch zu Mitgliedern der Beatles eine homosexuelle Beziehung gehabt. 1966 unternahm er einen ersten Selbstmordversuch; seine Depressionen nahmen durch Gelbsucht, Drüsenfieber und den Tod seines Vaters im Juli 1967 weiter zu. Ab Ende 1966 arbeitete er fast ausschließlich von seinem Haus in der Chapel Street aus. Ab 1967 lebte er in East Sussex, wo er am 26.2.1967 für 35 000 € das Anwesen Rushlake Green Mansion gekauft hatte. Zusätzlich erwarb er im Mai 1967 das Landhaus Kingsley Hill bei Heathfield in Surrey. Am 27.8.1967 starb Epstein an einer Überdosis Bromide und Phenobarbitone in seinem Haus in der Chapel Street in London. Der Coroner attestierte eine »unbewusst selbst verabreichte Überdosis« des Schlafmittels Carbrital und einen »Unglücksfall«, manches deutete jedoch auf einen Selbstmord hin. Auch Mord-Gerüchte kursierten lange Zeit. Eine am nächsten Tag durchgeführte Obduktion ergab jedoch keine Anhaltspunkte für eine andere Todesursache – auch wenn seine Sekretärin → *Joanne Petersen* im Nachlass zwei (allerdings sieben, acht Wochen alte) Abschiedsbriefe an seinen Bruder Clive und für Queenie fand. → *Cynthia Lennon* in »A Twist of Lennon«: »Er liebte die Beatles aufrichtig. Sie waren seine Kinder, seine Familie, sein ganzes Leben. Was immer er tat, er tat es für sie.« Seine Rolle hatte sich jedoch in den letzten Jahren verändert, die Beatles tourten nicht mehr, im Studio hatte → *George Martin* das Sagen. Laut → *Derek Taylor* war er zufrieden, die Beatles an die Spitze gebracht zu haben. In seinen letzten Monaten wollte er sich anderen Interessen widmen – sein Landhaus führen, mit seinen Partnern → *Nat Weiss* und → *Robert Stigwood* eine internationale Gruppe von Unternehmen managen und bei den Beatles weiterhin auf einige Details achten, die ihm wichtig waren. »Sein Tod kam plötzlich und höchstwahrscheinlich zufällig«, konstatiert Derek Taylor, er nennt als Todesursache eine Kombination von Alkohol und Drogen – nicht Selbstmord. Auch Beatles-Kenner Judson Knight plädiert in seinem Buch »Abbey Road To Zapple Records« (Dallas/Texas 1999) für einen »zufälligen Tod«. George später: »Manchmal blättern sie die letzte Seite eines Abschnitts um, um dir zu zeigen, dass er zu Ende ist, bevor es mit dem nächsten weitergeht. So war es auch mit Brians Tod, er war das Ende eines Kapitels.« Die Beisetzung erfolgte am 30.8.1967 – im engsten Familienkreis, ohne die Beatles. Die nahmen dann am 17.10.1967 an einem Gedenkgottesdienst in der New London Synagogue in der → *Abbey Road* teil. → *Andrew Loog Oldham* in seinem Buch »2Stoned«« (London 2002): »Brians Tod hat mich völlig kalt gelassen. Es war der erste Tod, den ich als zwecklos empfand, und die erste Beerdigung, der ich fernblieb. All das unzüchtige Getue darum fand ich pathetisch und falsch.« Epstein hinterließ ein Vermögen von fast 500 000 £, das von seiner Mutter verwaltet wurde. Teile von

Epsteins Tagebüchern wurden erstmals von Debbie Geller in deren Epstein-Biographie veröffentlicht; hier dürfen Fans noch auf Entdeckungen hoffen. Am 25./26.12.1998 sendete die BBC-TV eine zweiteilige Dokumentation (150 min) über Epstein, die im April 1999 mit dem BASFTA Award, dem »britischen Emmy«, ausgezeichnet wurde. In den USA lief die Dokumentation in einer verkürzten Fassung (48 min) am 17.9.1999. Beim Film Festival in Cannes 1999 verkündete der britische Schauspieler Jude Law, er und Ewan McGregor planten seit vier Jahren einen Film über das Leben Brian Epsteins, nach einem Drehbuch von Philip Norman (Autor des Buches »Shout! The Beatles In Their Generation«). Inzwischen ist auch Todd Graff als Drehbuchautor im Gespräch, Produzenten könnten neben Law Tom Sternberg, Simon Halfron und Vivek Tiwary sein. Unterstützung haben auch die Familie Epsteins und Joanne Peterson, die ehemalige Assistentin Epsteins, zugesagt. Der Film soll 2008 in Liverpool Premiere haben. Der britische Humorist → *Martin Lewis* engagiert sich dafür, dass Epstein (wie auch → *George*

Brian Epstein: den »Mersey Beat« geschluckt (1964)

Page 10 MERSEY BEAT September 17, 1964

AN ANNOUNCEMENT OF GREAT IMPORTANCE TO ALL "MERSEY BEAT" READERS

BRIAN EPSTEIN & MERSEY BEAT

Last Sunday, the following announcement regarding MERSEY BEAT was given to the Press:

"BRIAN EPSTEIN of Nems Enterprises Ltd. has acquired controlling interest in the paper and intends that he and his organisation will take an active part in its promotion and future expansion on a National scale.

MR. RAY McFALL, owner of the Cavern Club, has agreed to maintain his interest and directorship of the paper."

This news is of the greatest importance to Mersey Beat readers for it will mean that the publication has an even brighter future ahead of it. Brian Epstein will be cabling an article from America for our next issue and THE BEATLES will also be cabling a personal message to all our readers.

STONES' FILM

KEITH RICHARD told us that he still hasn't received any further news regarding THE ROLLING STONES' film. "The main difficulty seems to be finding the right scriptwriter," he said.

DERRY'S TAPES

Before leaving for Hamburg, DERRY WILKIE told us that several tapes of his had been sent to an American recording company.

"Playing with my group on the tapes were my old drummer AINSLEY DUNBAR and saxophonist HOWIE CASEY."

BEAT PARADE

Last Saturday, 18 Liverpool groups paraded through Liverpool city centre on waggons, in a "Caverncade" held in aid of Oxfam and the "Freedom From Hunger" Campaign.

The groups decorated their floats and a winning design was to be picked by the Lord Mayor and members of the cast of "Coronation Street."

THE CLAYTON SQUARES were chosen for an idea which linked their name – and Oxfam.

The boys had tea chests on their waggon which they painted black and white and called "Square Meals."

Following the parade the group were invited by the Lord Mayor to have afternoon tea with him in the Town Hall.

Later that evening, groups competed at The Cavern for the Liverpool heats of the "Oxfam" Beat Contest.

The winning group were THE CONNOISSEURS and CHRIS & THE AUTOCRATS were a close second.

The Connoisseurs will be off to London on September 27 for the finals of the contest which are being held at the Prince of Wales Theatre.

EMERGENCY GROUP SERVICE

Martin) in die → *Rock and Roll Hall of Fame* aufgenommen wird. Er hat bereits über 15 000 Unterschriften gesammelt.

Lit.: Epstein, Brian; Taylor, Derek: A Cellarful Of Noise (London 1964, 1981, 1984; Garden City/NY 1964; USA 1998); Coleman, Ray: Brian Epstein – The Man Who Made The Beatles (London/New York 1989); Geller, Debbie (Hrsg. Anthony Wall): In My Life – The Brian Epstein Story (London 1999; New York 2000); Peterson, Joanne: There's A Beatle In My Closet (New York); Baxter, Lew: My Beatles Hell – The Tragical History Tour Of Beryl Adams (Wirral 2004); Ellis, Geoffrey: Ein Leben im Popmanagement. The Beatles, Brian Epstein & Elton Ohn (Hamburg 2005)

197, Queens Drive, Liverpool: Hier lebte die Familie Epstein

EPSTEIN, CLIVE

Jüngerer Bruder von → *Brian Epstein*, er studierte am Wrekin College und diente in der Armee, wo er es bis zum Sergeant im Royal Army Education Corps brachte. Er leitete in der NEMS-Filiale der Familie in der Liverpooler Charlotte Street die Abteilungen für Elektro- und Haushaltwaren und war wie Brian Epstein mit 50 % an der am 26.6.1962 gegründeten → *NEMS Enterprises Limited* beteiligt und soll als »provinzieller Möbelverkäufer« (Paul McCartney) immer wieder Geld von Paul McCartney verlangt haben. Als er am 14.9.1963 in der Greenbank Drive Synagogue in Liverpool Barbara Mattison heiratete, fungierte Brian Epstein als Trauzeuge, auch → *Billy J. Kramer* und Gerry Marsden von → *Gerry & The Pacemakers* waren dabei. Das Ehepaar hatte zwei Kinder – Henry und Joanna. Clive Epstein leitete nach dem Tod seines Bruders, ab 1.9.1967, dessen Firma NEMS Enterprises Limited und wurde dann – nach dem Weggang von → *Robert Stigwood* und der Umwandlung von NEMS in eine Holding – Chairman der → *NEMS Holding Co. Limited*. 1981 kooperierte er noch einmal kurzzeitig mit → *Sid Bernstein*, um die Liverpooler Band Motion Pictures zu managen. † 2.2.1988 im Skiurlaub an Herzschlag.

EPSTEIN, HARRY

Vater von → *Brian Epstein* und → *Clive Epstein*. Am 6.9.1933 heiratete er in Sheffield Malka Hyman, bekannt als »Queenie«. Sie wohnten dann am Queens Drive 197 in Liverpool. Er war ein sehr geachtetes Mitglied der Jüdischen Gemeinde Liverpools, betete regelmäßig in der Greenbank Drive Synagogue und war einer der Gründer (und Schatzmeister) des Old Age Home in Liverpool. Mit seinem Vater Isaac, der aus Litauen eingewandert war, betrieb er in Liverpool die Möbelgeschäfte S. E. Gadd Limited und I. Epstein & Sons Limited und die Elektrowarenladenkette NEMS (North End Music Store). Am 19.9.1934 wurde ihr Sohn Brian Epstein geboren, 22 Monate später Clive Epstein. Während des Krieges wurde die Familie nach Wales und Nordengland evakuiert, 1944 kehrte sie nach Liverpool zurück. 1957 eröffnete er in der 50 Charlotte Street in Liverpool eine weitere NEMS-Filiale, in der dann sein Sohn Brian arbeitete. 1967 zogen sie nach Bournemouth. † 17.7.1967 im Alter von 63 Jahren.

EPSTEIN, MALKA »QUEENIE«

Mutter von → *Brian Epstein* und → *Clive Epstein*, geb. in Sheffield als Tochter eines reichen Geschäftsmannes. Mit 18 Jahren lernte sie → *Harry Epstein* im Urlaub kennen, am 6.9.1933 heirateten sie in Sheffield. Am 19.9.1934 wurde ihr Sohn Brian Epstein geboren, 22 Monate später Clive Epstein. 1968 redigierte sie mit → *Mary Elizabeth Smith* (»Aunt Mimi«) das Buch »The Beatles: The Authorized Biography« von → *Hunter Davies*. † 14.12.1996 im Lourdes Private Hospital in Mossley Hill, Liverpool im Alter von 82 Jahren.

ERA 60'S

2003 erschienene Beatles-DVD (Hawk Music) ohne die Musik der Beatles. *musikexpress* 10/2003: »Eigentlich keine schlechte Idee: Man nimmt abgenudeltes Archivmaterial, das billig zu haben ist, lässt einen arglosen Sprecher ein paar Allgemeinplätze verkünden ..., gräbt, um dem Ganzen mit ein paar O-Tönen ein bisschen Leben einzuhauchen, einen alten Bekannten wie Tony Sheridan aus, der gerade garantiert nichts Besseres zu tun [hat], und fertig ist die Laube.« → *Tony Sheridan*, The Fab Two, Wofu und The Dream Machine spielen Beatles-ähnliche Songs.

ERNST-MERCK-HALLE

Konzerthalle in Hamburg in der St. Petersburger Straße (vormals Bei den Kirchhöfen); hier traten am 26.6.1966 zwei Mal die Beatles im Rahmen der Bravo-Blitz-Tournee auf – von 15.00 bis 16.45 Uhr und von 19.00 bis 20.45 Uhr –, dokumentiert auf den → *Bootlegs* »Live In Europe & US TV Casts« und »Munich At Least – Seventh Amendment« (Seite 2). Die örtliche Durchführung lag bei der Konzertdirektion Kurt Collien GmbH, die Tickets kosteten 10–20 DM (ca. 5–10 €). Die Beatles waren um 5.30 Uhr per Sonderzug (mit dem ein Jahr zuvor Queen Elizabeth durch Deutschland gereist war) aus Essen auf dem Bahnhof Ahrensburg angekommen und fuhren zuerst (aus Sicherheitsgründen) ins Schlosshotel in Tremsbüttel bei Bargteheide, ca. 30 km von Hamburg entfernt. Am frühen Nachmittag zeigten sie sich auf dem Balkon ihren wartenden Fans. → *Bert Kaempfert*, Bettina Derlien, die Barfrau vom → *Star-Club*, und → *Astrid Kirchherr* besuchten die Beatles in der Garderobe, Letztere übergab ihnen mehrere Briefe von → *Stuart Sutcliffe*. Im Vorprogramm traten Cliff Bennett and the Rebel Rousers, → *Peter and Gordon* und The Rattles aus Hamburg auf. Zwischen den Shows (sie spielten jeweils vor ca. 7 000 Fans) gaben die Beatles backstage eine Pressekonferenz, die Paul McCartney jedoch aufgrund der unqualifizierten Fragen der Journalisten bereits nach ca. einer Viertelstunde wieder abbrach – dokumentiert auf der CD »Beatles-Blitztournee« (Collectors Friend, 2000). Der Musikkritiker Klaus Humann in dem von ihm herausgegebenen »Rowohlt Lesebuch der Rockmusik« (Reinbek b. Hamburg, 1984): »Die Halle, Vielzweckbeton, war wie verzuckert. Schreien, Kreischen, Beatlemania auf hamburgisch. Obschon ein braver, angepasster Junge, stand ich schon beim zweiten Song, wie die meisten, auf meinem Klappstuhl, hatte längst meinen dunkelroten Wollpulli mehr ausgerissen als ausgezogen, schwenkte ihn wie ein Wahnsinniger über meinem Kopf hin und her – wohin sonst mit der Energie? – und war eine Mischung aus voll da und ganz weit weg. Bis zur letzten Zugabe, Zucker wurde wieder zu Beton, und meine Mutter, die mit war, zerrte mich zum Parkplatz. Dabei war ich doch gerade sechzehn geworden.« Vor der Halle kam es zu Tumulten, die Polizei setzte u.a. Wasserwerfer ein. Nach dem Konzert fuhren die Beatles in den Star-Club, quasi »illegal«, »nachts um zwei vom Hotel in Tremsbüttel mit dem Taxi« (nach Angaben von → *Manfred Weißleder*), denn die Polizei hatte es ihnen verboten, weil sie nicht für ihre Sicherheit garantieren konnte. Astrid Kirchherr dagegen berichtet, sie hätten bis zum Morgengrauen im Schlosshotel zusammengesessen. Am 27.6.1966 verließen sie um 16.05 Uhr Hamburg auf dem Flughafen Fuhlsbüttel Richtung Tokyo via London. Vom Aufenthalt der Beatles in Hamburg gibt es eine Video-Dokumentation aus dem Filmarchiv der Polizei Hamburg (»The Beatles am 26. Juni 1964 in der Ernst-Merck-Halle Hamburg«, 34 min, sw, mono, erhältlich über das → *Beatles Museum*, inzwischen auch als DVD) und die Videoedition »Damals in Hamburg« von Thomas Struck (Kultur Buch Bremen, 1996, 28 min). Resümee der Zeitung *Hamburger Abendecho* (27.6.1964) unter der Überschrift »Groß-Alarm! Beat-Aufstand in Hamburg!«: »Was sich am Sonntag in der Hamburger Innenstadt während und nach dem Beatles-Konzert abspielte, stellte die Revolte bei den ›Rolling Stones‹ weit in den Schatten.« 50 »Rädelsführer« kamen vor den Schnellrichter, der Sachschaden im Umfeld des Beatles-Gastspiels wurde offiziell auf 6631,25 DM (ca. 3316 €) beziffert. Das Gastspiel wäre übrigens fast gescheitert, denn gegen die Beatles lief zu dieser Zeit noch ein Verfahren wegen »Kirchenschändung« – sie sollten bei einem ihrer Hamburg-Gastspiele von der Kanzel der St.-Joseph-Kirche (Große Freiheit, zwischen Nr. 41 und 43) gepisst haben. Manfred Weißleder will am 22.1.1965 diesbezüglich an den Oberstaatsanwalt geschrieben haben (der Brief ist leider verloren gegangen); Jugendstaatsanwalt Rösch verfügte schließlich eine »vorläufige Einstellung des Verfahrens wegen Abwesenheit der Beschuldigten«. – Heute befinden sich auf dem Gelände die modernen Messehallen.

THE ESCORTS

Britische Beat-Gruppe, 1962 in Liverpool gegründet. Musiker: Terry Sylvester (voc, g), John Kinrade (ld-g) und Mike Gregory (voc, b). Ursprünglich war auch John Foster (dr) dabei, ein Cousin von Ringo Starr, der unter dem Künstlernamen Johnny Sticks auftrat, jedoch 1963 durch Pete Clark ersetzt wurde. Ringo Starr sorgte dafür, dass sie im Blue Angel Club in Liverpool auftreten konnten. The Escorts traten auch mehrere Male mit den Beatles im → *Cavern* auf, so u.a. bei deren letztem Auftritt am 3.8.1963. Ihre erste Plattenaufnahme war im April 1964 »Dizzie Miss Lizzie«. Paul McCartney produzierte die am 18.11.1966 erschienene Single »From Head To Toe«/»Night Time« der Escorts und spielte wohl auch das Tamburin. Die Band trennte sich kurz darauf, Terry Sylvester ging später zu The Hollies.

Discogr.: *3 Down 4 To Go (1973), From The Blue Angel (1982)*

ETCETERA

Komposition von Paul McCartney, aufgenommen am 20.8.1968 bei den Sessions zum »Weißen Album«. → *Marianne Faithfull* sollte das Stück als Demo aufnehmen, lehnte das dann aber ab. Paul McCartney bezeichnete den Titel später selbst als »miserabel«: »Nur gut, dass er in irgendeiner Bandschachtel verreckt ist.«

EVANS, MALCOLM »BIG MAL«

Ein Freund der Beatles aus dem → *Cavern*, wo ihn → *Neil Aspinall* am 20.1.1963 kennen lernte. Evans war damals Fernmeldeingenieur bei der Post ganz in der Nähe des Cavern und arbeitete in seiner Freizeit als Einlasser. Am nächsten Tag chauffierte er die Beatles nach London (Rückfahrt am 23.1.) und war ab 11.8.1963 vollzeitbeschäftigter Roadie/Bodyguard/Tourmanager/persönlicher Assistent der Beatles. Ende der 1960er Jahre avancierte er zum Assistant Managing Director bei → *Apple Corps Limited.* Im Film »Help!« ist er kurz als Langstreckenschwimmer zu sehen, auch in »Magical Mystery Tour« und »Let It Be« ist er zu sehen. Er ist sogar in einigen Songs der Beatles zu hören: In »A Day In The Life« zählt er im Hintergrund die Takte, auch der Wecker, der das Ende der 24 »leeren Takte« markiert, ist sein »Werk«, in »Yellow Submarine« singt er im Background und spielt die Basstrommel, in »Strawberry Fields Forever« Tamburin, in »Helter Skelter« Trompete, in »Being For The Benefit Of Mr. Kite« Bassharmonika und in »You Won't See Me« → *Hammond-Orgel*, in »You Know My Name (Look Up The Number)« singt er backing vocals. Er entdeckte die Gruppe The Iveys für → *Apple Records* und co-produzierte für → *Jackie Lomax* den Titel »New Day« (mit Ringo Starr als Schlagzeuger). Er wohnte damals mit → *Neil Aspinall* in 16 Montague Mews im Westen von London. Von den beiden stammen auch sehr viele der Beatles-Autogramme aus der Mitte der 1960er Jahre. 1966/1967 begleitete er Paul McCartney auf seinen Urlaubstrips nach Los Angeles, Colorado, Portugal und Afrika und produzierte davon Super-8-Farbfilme (ohne Ton). Sie wurden 1992 bei Sotheby's für 9500 £ versteigert und erschienen 1993 auf dem VHS-Video »Magical Mystery Trip« (Vexfilms, ca. 50 min) und 2005 auf der 4-DVD-Box »The Beatles – Mal Evans' Complete Uncut Silent Film Footage As It Was Filmed In 1966« (MPC Inc.). Am 11.2.1970 mimte er als Tamburin-Spieler mit der → *Plastic Ono Band* einen Live-Auftritt in der Sendung → *Top Of The Pops* mit »Instant Karma!«. Auch ein Teil der Fotos zu dem Begleitbuch zur LP »Let It Be« (1970) sind von ihm. Die Trennung der Beatles warf auch ihn aus der Bahn. Er trennte sich von seiner Frau Lil, zog nach Los Angeles, fand dort in Fran Hughes eine Freundin und versuchte, mit Hilfe von John Hoernle seine Geschichte in einem Buch mit dem Titel »Living The Beatles Legend« aufzuschreiben. Am 4./5.1.1976 wurde er in Los Angeles bei einem Amoklauf im Zusammenhang mit seiner durch Alkohol und Drogen bewirkten Depressionen von der Polizei erschossen. Dabei war er Honorary Sheriff of Los Angeles County! Im Keller eines New Yorker Bürogebäudes wurde später eine Schachtel mit seinen persönlichen Sachen entdeckt und 1988 an seine Familie zurückgegeben. Seine Frau Lily versuchte 1997, das Manuskript von »With A Little Help From My Friends« bei Sotheby's versteigern zu lassen. Paul McCartney klagte dagegen. Ein Notizbuch aus Evans' Nachlass, das dieser 1967–1968 benutzte und in dem auch die Beatles mit Notizen, Kritzeleien und Karikaturen verewigt sind, wurde am 17.9.1998 bei Sotheby's in London für 111 500 £ (ca. 161 500 €) versteigert. Es enthält u.a. auch Entwürfe der Songs »Hey Jude«, »Sgt. Pepper's Lonely Hearts Club Band« und »All You Need Is Love«. Ebenfalls aus dem Evans-Nachlass will → *Apple Corps Limited* 1992 zwei private Home Videos ersteigert haben: eins über den Aufenthalt der Beatles 1968 in → *Rishikesh* (35 min) und eins vom Urlaub der Beatles im Juli 1967 in Griechenland (30 min). Ende Juli 1998 einigte sich Paul McCartney mit Evans' Witwe – er kaufte ihr für umgerechnet ca. 150 000 € die in ihrem Besitz befindlichen Originalmanuskripte der Beatles ab, darunter auch die von »Yesterday« und »With A Little Help From My Friends«. 2004 kaufte ein englischer Tourist auf einem Flohmarkt in Melbourne einen Koffer mit Fotos und unveröffentlichten Aufnahmen aus dem Nachlass von Evans – für 20 £! Am 20.3.2005 veröffentlichte die Zeitung *The Times* eine Titelstory mit Zitaten aus den Tagebüchern von Evans, die sich im Besitz seiner Witwe Lily befinden. In den Aufzeichnungen behauptet Evans mehrmals, er habe einige Beatles-Songs mitverfasst, dafür jedoch nie Anerkennung oder Tantiemen bekommen.

EVANS, MIKE »MICK«
* in Wales, studierte Soziologie in London. Nachdem er das Examen nicht bestanden hatte, fuhr er mit einem Mädchen nach Liverpool. Anfang der 1960er Jahre war er Altsaxophonist, Sänger und Songschreiber der Liverpooler Gruppe Clayton Squares, ein engagierter Sozialist und Atomwaffengegner. Eine Zeit lang schrieb er Kolumnen für eine Studentenzeitung in Liverpool. Mit Ron Jones veröffentlichte er 1981 den Stadtführer »In The Footsteps Of The Beatles«, herausgegeben vom Merseyside County Council. 1984 bearbeitete er für die Walker Art Gallery in Liverpool den Katalog der Ausstellung »The Art Of The Beatles«.

EVANS, SHIRLEY
Britische Akkordeonistin, sie nahm am 12.10.1967 in den Londoner → *Abbey Road Studios* mit den Beatles und → *Reg Wale* (perc) den Titel »Shirley's Wild Accordion« auf, eine Komposition von John Lennon und Paul McCartney, die ursprünglich Teil des Soundtracks der »Magical Mystery Tour« werden sollte, aber nicht verwendet wurde.

AN EVENING WITH JOHN AND YOKO
Kunstaktion von John Lennon und → *Yoko Ono* im New Cinema Club des neu eröffneten Institute of Contemporary Arts (ICA) in Pall Mall, London, am 10.9.1969. Als Weltpremiere wurde der Film »Self Portrait« gezeigt, des Weiteren u.a. eine fünfzehnminütige Version von »Two Virgins«, »Honeymoon«, »Smile« und »Folding«. John und Yoko narrten die Presse, indem sie ein in einen großen weißen Sack gehülltes Paar, das in Johns weißem Rolls Royce vorfuhr, auf die Bühne tragen ließen, das dort während der gesamten Show »Hare Krishna« sang (→ *Bagism*). Niemand wusste, ob es John Lennon oder Yoko Ono waren oder nicht. Eine versteckte Infrarot-Kamera filmte die Reaktionen des Publikums.

EVERETT, KENNY
Britischer DJ und Fernsehmoderator und ein enger Freund der Beatles, * 24./25.12.1944 in Liverpool als Maurice James Christopher Cole. Er arbeitete in einem Büro und einer Bäckerei, bevor er zu → *Radio Luxemburg* und dann zu → *Radio London* ging. Er begleitete die Beatles auf ihrer letzten Tournee im August 1966. 1967 ging er zu → *BBC* Radio 1. Am 20.5.1967 wurde in der BBC-Show »Where It's At« ein vorproduziertes Feature von Everett zum Erscheinen der LP »Sgt. Pepper's Lonely Hearts Club« gesendet, mit Interviews mit John Lennon, Paul McCartney und Ringo Starr, aufgezeichnet in → *Brian Epsteins* Wohnung in Belgravia. In der gleichen Sendung erschien am 1.7.1967 ein Interview, das Kenny Everett mit Paul McCartney zu »All You Need Is Love« geführt hatte. Es folgte ein Interview mit John Lennon am 25.11.1967 (Ausschnitte erschienen später auf dem → *Bootleg* »Tragical History Tour/Dr. Pepper«). Everett gab auch 1967 die fünfte und 1969 (als Maurice Cole) die siebente (letzte) Christmas Record der Beatles heraus. In seiner eigenen »Kenny Everett Show« bei Radio 1 sendete er am 4.2.1968 ein Interview mit John Lennon und am 9.6.1968 (rec. 5./6.6.1968) ein Interview mit allen vier Beatles aus den → *Abbey Road Studios*. Das Interview vom 5./6.6.1968 erschien in Italien auf der Apple-Promo-EP »Una Sensazionale Intervista Con I Beatles«, im Juli 1985 auf der LP »The Golden Beatles« (Label: Silhouette) und im Januar 1987 auf der LP »The Beatles: Interviews II«. John Lennon singt darin eine kurze Version von »Cottonfields«. In der Sendung »Everett Is Here« brachte er am 20. und 27.9.1969 ein zweiteiliges Interview mit John Lennon, ebenfalls von den Aufnahme-

Sessions in den Abbey Road Studios. 1982 erschien seine Autobiographie »The Custard Stops At Hatfield«. † 11.4.1995 (nach anderen Quellen bereits am 4.2.1994 oder am 4.4.1995) an Aids.

EVERLY BROTHERS

Don (* 1.2.1937) und Phil (* 19.1.1939) Everly gelten noch immer als das erfolgreichste Brüderpaar der Rockgeschichte. Ab 1957 hatten sie Hits wie »Bye Bye Love«, »Wake Up Little Suzie« und »The Price Of Love«. 1974 nahm George Harrison für seine LP »Dark Horse« den Hit »Bye Bye Love« auf. Als die Everly Brothers am 22.9.1983 in der Londoner → *Royal Albert Hall* auftraten, saßen auch Paul McCartney und Ringo Starr unter den Zuhörern. 1984 nahmen die Everly Brothers Paul McCartneys Song »On The Wings Of A Nightingale« auf, Paul spielte dabei auch Gitarre. 1988 erschien eine → *Bootleg*-Single »On The Wings Of A Nightingale« mit dem Demo von und mit Paul McCartney, der dafür auch sämtliche Instrumente im Playback-Verfahren einspielte. Der Titel befindet sich auch auf der Bootleg-CD »All The Rest«.

EVERY LITTLE THING

Song von John Lennon/Paul McCartney, aufgenommen am 30.9.1964, erstmals erschienen am 4.12.1964 auf der LP »Beatles For Sale«. Zahlreiche → *Cover-Versionen*, u.a. von Yes, Peter Lipa und The Royal Symphonic Rock Orchestra Vienna.

EVERY NIGHT (BLUES)

Song von Paul McCartney, fertiggestellt 1969 im Urlaub in Griechenland, aufgenommen November 1969–März 1970, erschienen am 17.4.1970 auf Paul McCartneys erster Solo-LP (»McCartney«). Paul McCartney spielte auf dieser LP sämtliche Instrumente selbst. Am 29.12.1979 nahm Paul McCartney mit den Wings den Song für die LP »Concert For The People Of Kampuchea« (1980) auf, eine weitere Version erschien im Mai 1991 auf seiner CD »Unplugged – The Unofficial Bootleg«. Zahlreiche → *Cover-Versionen*, u.a. von Phoebe Snow.

EVERYBODY'S GOT SOMETHING TO HIDE EXCEPT ME AND MY MONKEY

Song von John Lennon/Paul McCartney, aufgenommen am 26. und 27.6. und 1. und 23.7.1968, erstmals erschienen am 22.11.1968 auf der LP »The Beatles« (»Weißes Album«) – mit 47 Buchstaben definitiv der Beatles-Song mit dem längsten Titel. Ursprünglich hieß er ganz einfach »Come On, Come On«. Zahlreiche → *Cover-Versionen*, u.a. von Kristin Hersh und Fats Domino.

EVERYBODY'S TRYING TO BE MY BABY

Song von Carl Perkins, von den Beatles aufgenommen am 18.10.1964, erstmals erschienen am 4.12.1964 auf der LP »Beatles For Sale«.

THE EXOTIC BEATLES

Serie von (bisher) 3 CDs mit exotischen → *Cover-Versionen* von Beatles-Songs, zusammengestellt von Jim Phelan und erschienen auf Exotica Records, z.B. »Yellow Submarine« in japanischer Sprache, gesungen von Akiko Kanazawa, und auf Lateinisch, gesungen von Derek Enright M.P., und »When I'm Sixty-Four« von einem britischen Polizeichor. 1993/1994 erschienen die ersten beiden CDs, sie wurden 2000 neu aufgelegt und mit Vol. 3 ergänzt. *ME/Sounds*: »Abenteuerlichster Beatles-Nachspiel-Trash aus allen Teilen der Welt.« Als Zusatz gibt's zwischen den Songs diverse Sprechschnipsel von den Beatles, aber auch von Noel Gallagher (Oasis), Bono (U2), dem Schauspieler Lee Marvin u.a. In den Archiven des Labels befinden sich weitere ca. 1000 Cover-Versionen von Beat-

The Exotic Beatles, Part Two (1994)

les-Songs; mit weiteren Teilen der Serie ist also zu rechnen.

EXOTICA
Insbesondere in Großbritannien übliche Bezeichnung für Schallplattenaufnahmen außerhalb klar definierter Genres – in den USA als »incredible strange music« bezeichnet. Zu dieser Kategorie gehören Schallplatten mit (mehr oder weniger gut) singenden Schauspielern, Tieren (z.B. Hunden), aber auch Soundtracks für spezielle Anlässe (Warenhäuser, Waschsalons, Striptease). In Großbritannien widmet sich insbesondere das Label Exotica Records in London u.a. »ungeheuer seltsamen« → *Cover-Versionen* von Beatles-Songs.

EXTRACTS FROM THE ALBUM »A HARD DAY'S NIGHT«
Titel einer EP der Beatles, erstmals erschienen am 6.11.1964 in Großbritannien, mit Songs aus der LP »A Hard Day's Night«: »Anytime At All«, »I'll Cry Instead«, »Things We Said Today« und »When I Get Home«. Das Cover stammt von → *Bob Freeman*, ist aber nicht identisch mit dem Album-Cover.

EXTRACTS FROM THE FILM »A HARD DAY'S NIGHT«
Titel einer EP der Beatles, erstmals erschienen am 4.11.1964 in Großbritannien, mit Songs aus dem Film »A Hard Day's Night«: »I Should Have Known Better«, »If I Fell«, »Tell Me Why« und »And I Love Her«. Das Cover stammt von → *Bob Freeman* und ist identisch mit dem Album-Cover.

F

FAB FOUR

Abk. für The Fabulous Four = Die berühmten Vier und eine der am häufigsten verwendeten Bezeichnungen für die Beatles. »Erfinder« dieser Bezeichnung könnte → *Tony Barrow* sein, der in den Sleeve Notes zur LP »With The Beatles« (1963) von »the fabulous foursome« schreibt. In dem Song »When We Was Fab« auf der LP »Cloud Nine« (1987/1988) erwies George Harrison den »Fab Four« noch einmal seine Reverenz (in dem dazugehörigen Video trat auch Ringo Starr auf). Das Berner Jazzquartett Fab 4 hat natürlich mit den Beatles nichts gemein; der Name stammt vielmehr vom Schlagzeuger der Band, der Fabian »Fab« Kurati heißt. Auch warum sich Markus Zimmer (g, voc) von The Bates »The Fab Four Zimbl« nennt, konnte nicht in Erfahrung gebracht werden.

THE FABULOUS FOUR

Deutsche → *Cover-Band*, Kontakt: Tel. (0641) 80 40.

Discogr.: *Beatles Unplugged (1995)*

FAITHFULL, MARIANNE

Britische Sängerin (* 29.12.1946 in Hamstead/London). Der Produzent → *Andrew Loog Oldham* machte sie mit The Rolling Stones bekannt. Deren Song »As Tears Go By« war dann 1964 ihre erste Single. Sie nahm am 11.10.1965 im Beisein von Paul McCartney auch eine → *Cover-Version* von »Yesterday« auf, erschienen am 22.10.1965 bei → *Decca*. Sie sang den Song auch in der Fernsehsendung »The Music Of Lennon And McCartney« von Granada Television bzw. ITV, aufgenommen am 1./2. 11.1965, gesendet am 17.12.1965. Am 6.5.1965 heiratete sie in Cambridge → *John Dunbar*, am 10.11.1965 wurde ihr Sohn Nicholas geboren. Ihre Wohnung in Lennox Gardens 29, wo zumindest Dunbar auch mit → *LSD* experimentierte, wurde bald zum Treffpunkt der Londoner Boheme, auch Paul McCartney war sehr oft dort. Hier traf er u.a. → *Robert Fraser*. Ihre musikalische Lehrzeit verbrachte Marianne Faithful dann nach eigener Aussage »bei den Sessions zu ›Lovely Rita‹, ›A Day In The Life‹ und vielen anderen Songs. Trotz des Konkurrenzkampfes zwischen den Bands besuchten sie immer meine Sessions, und ich besuchte ihre.« (*musikexpress The Beatles Special Limited Edition*, Vol. 1, 2002) Ab 1966 war sie für vier Jahre mit Mick Jagger liiert. Trotzdem: »Am faszinierendsten waren die Sessions der Beatles ... Besonders war ich mit Paul befreundet. Ich schaffte es sogar, mit John einigermaßen auszukommen ...«, bekannte sie später. (ebenda) Am 25.6.1967 war sie bei den Aufnahmen zu »All You Need Is Love« dabei, bei »Yellow Submarine« sang sie im Hintergrund und machte Geräusche. Am 25.8.1967 fuhr sie mit Mick Jagger und den Beatles von London mit dem »mystischen Sonderzug« nach Bangor zum → *Maharishi Mahesh Yogi*. Und vielleicht ist sie sogar auf dem Cover von »Sgt. Pepper's Lonely Hearts Club Band« zu sehen. 1968 sollte sie »Etcetera«, eine Komposition von Paul McCartney, als Demo aufnehmen, lehnte das aber ab. Am 10./11.12.1968 wirkte sie in dem von → *Michael Lindsay-Hogg* gedrehten 58-minütigen TV-Dokumentarfilm für das → *BBC* TV-Special → *The Rolling Stones Rock and Roll Circus* mit.

Lit.: *Faithfull, Marianne: An Autobiography (Boston 1994; dt.: Faithfull – Eine Autobiographie. Frankfurt/M. 1995)* • *www.mariannefaithfull.org.uk*

FAKES

Die Geschichte der Beatles ist auch eine Geschichte von beabsichtigten und unbeabsichtigten Falschmeldungen und Fälschungen (»Enten« od. Fakes). Am bekanntesten ist das Gerücht von Paul McCartneys Tod (→ *Paul Is Dead*). Am 18.10.1969 erschien im → *Rolling Stone* ein »Interview« mit einer Gruppe namens Masked Marauders, geführt von einem gewissen T. M. Christian anlässlich des Erscheinens des ersten Albums der Gruppe. Die Besetzung: John Lennon, Paul McCartney, Mick Jagger und Bob Dylan. Warner Brothers veröffentlichte auf seinem Label Diety bald darauf ein Album der »Gruppe« – die es gar nicht gab. In den 1970er Jahren gab es dann immer wieder Gerüchte, dass die Beatles unter anderem Namen wieder gemeinsam Platten aufnehmen und veröffentlichen würden. Nach → *Simon Dupree and the Big Sound* waren das z.B. The Futz, die 1969/1970 die Single »Have You Heard The Word«/»Futting Around« veröffentlichten. Gerüchte besagten, das wären die letzten Aufnahmen der Beatles, oder John Lennon mit → *The Bee Gees*, oder die Beatles und die Bee Gees. Der Song stammt von Steve Kipner (Tin Tin) und Maurice Gibb (The Bee Gees) und hat mit den Beatles absolut nichts zu tun – bis auf die Tatsache, dass → *Yoko Ono* noch 1985 für den Song das Copyright beantragte ... Aber das hat wohl mehr mit Geschäftstüchtigkeit als mit den Beatles zu tun. Wie viele andere Fakes erschien auch dieser Song immer wieder auf diversen → *Bootlegs*. Auch die am 8.10.1965 in GB und den USA auf Single erschienenen Songs »People Say« und »I'm Walking« von einem Duo namens John & Paul werden immer wieder den Beatles zugeschrieben, auch sie finden sich auf zahlreichen Beatles-Bootlegs. Die wahre Identität der Interpreten ist bis heute nicht geklärt. Der Song »Peace Of Mind«, auf einigen Bootlegs den Beatles bzw. John Lennon zugeschrieben, ist ebenso ein Fake wie »Oh, I Want You«, enthalten auf der Bootleg-CD »The Other Way Of Crossing Abbey Road«. Auch die im Februar 1971 erschienene Single »Neanderthal Man«/»You Didn't Like It Because You Didn't Think Of It« der Hotlegs klang tatsächlich wie die Beatles, war aber das Produkt einiger Musiker, die später zu der Band 10cc gingen. 1971 veröffentlichte die Band noch zwei LPs (»Thinks School Stinks« und »Song«), 1976 erschien die LP »You Didn't Like It Because You Didn't Think Of It«. Ähnlich verhielt es sich mit → *Klaatu* – tatsächlich eine Gruppe kanadischer Session-Musiker. Immer wieder manipulieren Bootlegger auch Studioaufnahmen der Beatles, um »neue, unbekannte« Mixe zu produzieren.

FAME, GEORGIE

Britischer Rhythm & Blues-Sänger, * 26.6. 1943, debütierte als Pianist in einer Aufnahme von → *Gene Vincent* (»Pistol Packin' Mama«). Ab 1961 spielte er mit den Blue Flames, 1963 erschien ihre erste LP, »Rhythm And Blues At The Flamingo«, einen ersten Hit hatten sie 1964 mit »Yeh Yeh«. Fame gilt bis heute als »Urgestein des britischen Rhythm & Blues«. Am 14.11.1964 besuchten John Lennon und Ringo Starr ein Konzert Fames im Flamingo Club im Londoner Stadtteil Soho. 1966 waren die »Blue Flames« Eddie Thornton (tp) und Peter Coe (ts) an den Aufnahmen zu »Got To Get You Into My Life« beteiligt. Am 8.1.1967 waren John Lennon und Paul McCartney bei einer Party Georgie Fames im Cromwelling Club in London. Am 15.5.1967 lernte Paul McCartney seine spätere Frau Linda kennen, im Bag O'Nails Club, nach einem Konzert Georgie Fames.

THE FAMILY WAY

Britischer Film mit der Musik von Paul McCartney, arrangiert von → *George Martin*, Länge 115 min, Drehbuch Bill Naughton (nach seinem Bühnenstück »All In Good Time«, aufgeführt u.a. im Oktober 1963 im Arts Theatre in Ipswich, Suffolk), Produktion und Regie: John und Roy Boulting (Boulting Brothers), Kamera: Harry Waxman, mit Hayley Mills (Jenny), John Mills (Ezra), Hywel Bennett (Arthur), Marjorie Rhodes (Lucy) u.a. Der Arbeitstitel lautete zuerst »Wedlocked Or All In Good Time«. Zur Premiere im Londoner Warner Theatre am 18.12.1966 kamen auch Paul McCartney und → *Jane Asher*. Der Soundtrack des Films (d.h. die Paul McCartney-Komposition »Love In The Open Air«), am 10.12.1966 aufgenommen von The George Martin Orchestra, erschien in Großbritannien erstmals am 23.12.1966 auf LP. Seite 1 enthält die Cuts 1 bis 6 von »Love In The Open Air«, Seite 2 die Cuts 1 bis 7. Am 21.12.1966 war bereits eine Single mit The George Martin Orchestra (»Love In The Open Air«/»Theme From The Family Way«) erschienen, am 23.12.1966 folgten bereits zwei → *Cover-Versionen* von The Tudor Minstrels (»Love In The Open Air« und »Young Love Theme From ›The Family Way‹«). Der deutsche Verleihtitel: »Honigmond 67«. 1995 erschien bei Sony/Kanada (1996 bei Philips) die CD »Paul McCartney – The Family Way – Variations Concertantes Opus 1« als Neuaufnahme von Paul McCartneys erstem klassischen Werk. Der Film ist seit 1994 auch als Video (110 min) erhältlich.

»The Family Way« (dt.: »Honigmond 67«) – ein Film mit der Musik von Paul McCartney (1966)

FAN CLUB

Der erste Beatles Fan Club wurde im September 1961 in Liverpool von Bernard Boyle, Jennifer Dawes und Maureen O'Shea gegründet, er veranstaltete auch Konzerte mit den Beatles, u.a. im → *Cavern*. Im Mai 1962 gründete Roberta »Bobby« Brown in Liverpool → *The Official Beatles Fan Club*, der bis zum 8.2.1972 existierte. Der British Beatles Fan Club (BBFC Publishing, P.O.B. 756, Bradford BD2 3WY, Yorkshire, www.britishbeatlesfanclub.co.uk) bietet heute u.a. Touren zu Londoner Beatles-Stätten an (→ *London Beatles Walks*). In Stafford wurde 1978 The Beatles Appreciation Fan Club gegründet, in Bellingdon nr. Cheshan ein John Lennon Fan Club. Die Beatles Appreciation Society (beatlessoc@hotmail.com) versteht sich nicht als Fan Club, sondern als lose Plattform für Gleichgesinnte. 1995 versuchte man, in Liverpool einen »Official City Of Liverpool Beatles Fan Club« zu gründen. Parallel besteht Liverpool Beatle Scene (www.liverpoolbeatlescene.com). The Paul McCartney Fun Club in Westcliff/Essex löste Paul McCartney 1998 aus Trauer um seine Frau auf.

Beide hatten den Club 20 Jahre lang geleitet. Er hatte zuletzt 30 000 Mitglieder.

Im Januar 1964 lagen dem New Yorker DJ Scott Muni 12 000 Anmeldungen für einen Beatles Fan Club vor, der Beatles Fan Club des Senders WABC erhielt täglich 2 000 bis 3 000 Briefe. Weltweit gab/gibt es zahlreiche weitere Beatles Fan Clubs, so u.a. The Write Thing (»an international Beatles Club«, St. Paul, Minn./USA), den Pepperland Fan Club (Italien, seit 1993), The Apple Corp-Argentina Beatles Fan Club, Avda. Roca y Mariano Acosta, Edificio 66 – 10 Piso – Dto »N«, CP: 1437 Capital Federal – Buenos Aires/Argentinien (Fanzine *Alma De Goma*), den Beatles Cavern Club in Brasilien (Rua Nova Barão 30, Centro, São Paulo, SP, www.cavernclub.hpg.ig.com.br), den Dutch Beatles Fan Club »Beatles Unlimited« (NL, AP Nieuwegein, gegründet am 10.11.1963 von Har van Fulpen als niederländische Filiale des Official Beatles Fan Club), The Beatles Fan Records Club (Krommenie/Niederlande), den Beatles-Fanclub-Österreich »Yesterday« (Wien, gegründet 1980 von Peter Leopold, nach dessen Tod von Gerald Zechmeister weitergeführt, Enekel Straße 23/8, A-1160 Wien), den Paul McCartney Fan Club (Postbus 481, 4200 AL Gorichem/NL), den McCartney Fanclub Milano (c/o Luca Perasi, via Caroncini 6, 20137 Milano/Italien), den Beatles Fan Club »Fab Four« (gegründet 1992, Leitung Paul von Kaenel, c/o »2nd Hand Music«, PF 541, CH 3000 Bern 17, Tel. (0041 31) 46 44 04), den Beatles Fan-Club »Yesterday And Today« (c/o Alain Audergon, Ch. Des Bancels 5, CH-1004 Lausanne/Schweiz), The Cuban Beatles Fan Club (Kuba; veranstaltet in Havanna seit 1996 jährlich eine International → *Beatles Convention*, an der 1998 auch → *Hunter Davies* und fünf Musiker der → *Quarrymen* teilnahmen), The Beatles Information Center (Stockholm/Schweden, gegründet 1973), Across The Universe, P.O.B. 422, Concord West NSW, Australia 2138 (Fanzine *Across The Universe*), Fab Four (CH, Bern), den Beatles Fan Club Of Norway (Roger Stormo, Sandbekkfaret 20 B, N-2006 Loevenstad), Beatlesiani d'Italia Associati (c/o Rolando Giambelli, Via Biseo 18, 25124 Brescia, Italien), Sgt. Beatles Fan Club (P.O.Box 7.250, 50080 Zaragoza/Spanien), Daytrippin' International Beatles Fan Club (23A Beverly Place, Edgewater/NJ 07020, USA), The Harrison Alliance (USA, Bristol), Tokyo Beatles Fan Club (4-6-304 Toyotama-Kita, Nerima-Ku, Tokyo #176, Japan), Club des 4 de Liverpool (43 bis Boulevard Henri IV, 75004 Paris/Frankreich), Club Penny Lane (2 Rue Emile Trouvé, 28200 Chateaudun/Frankreich), Club du Sergent Pepper (10 Cité Delpad, 78000 Versailles/Frankreich), The Official George Harrison Fan Club (USA, gegründet 1964, Präsidentin: Pat Kinzer Mancuso) und Paul McCartney International Fan Club, gegründet 1997, www.paulmccartney.fm, fanclub@paulmmcartney.fm; Italien, Fanzine »paulmccartney.fm«).

Der in den USA residierende Dachverband für Fan Clubs (NAFC) überprüft weltweit Fan Clubs auf ihre Seriosität. Seit 1974 finden immer wieder Treffen der Fans (→ *Beatles Conventions*) statt.

Moers/Meier/Bühring/Budéus beleuchten in ihrem verdienstvollen Buch »Die Beatles – Geschichte und Chronologie« (Hamburg 2000) auch ausführlich die deutsche Fan Club-Szene. 1975 bis 1989 bestand in Köln das Beatles Information Center, ein Vorläufer des heutigen → *Beatles Museums* in Halle/S. Bis Oktober 1971 bestand der von Gerhard Weidmann aus Offenbach betriebene Official Beatles Fan Club, Secretary for Germany. 1973 gründete Michael Krieger in Bochum den Beatles Fan Club (später (Official) Beatles Fan Club International), er bestand bis

1975. 1976 gründeten Harry Bent und Charly Rademacher das Beatles Hauptquartier Wuppertal, das seit dem 1.11.1992 → *Beatles Club Wuppertal* (BCW) heißt. 1976 wurde von zwei Schülerinnen der Beatles Club »Beatles 4-ever« gegründet, der ein gleichnamiges Fanzine herausgab, 1977 der Hemsbacher Beatles-Fanclub. Im März 1986 gründeten Franziska Mosthaf und Wolfgang Opel in Stuttgart bzw. Oberasbach den Paul McCartney Fan Club, der alle zwei Monate ein Fanzine herausgab, aber nur bis Ende 1987/Anfang 1988 bestand. 1988 wurde der Beatles Fan Club von 1989 e.V. in Gießen gegründet, der sich am 15.10.1994 mit Yellow Submarine e.V., Würzburg, zusammenschloss und jetzt Beatles Club Center Deutschland e.V. heißt (Frank Schäfer, Nahrungsberg 2, 35390 Gießen, www.beatlescenter.de); weitere Clubs sind der Get Back Beatles Fan Club (Göttingen, gegründet im Sommer 1996 von Nora Mansmann, Ltg. Nadja Tampfel; www.beepworld.de/members16/getback), The Beatles Fan-Club München, gegründet im Juli 1997 (Helmut Schraufstetter, Blücherstraße 4, 80634 München, Tel. (089) 13 14 45, Fax (089) 76 73 67 10), der Beatles-Fan-Club »Imagine Hamburg 90«, der Beatles Fan-Club Niederrhein (Rainer Giesen, Klever Straße 332, 47574 Goch, Tel. (02823) 13 83 88) und »Beatles In Beat« (Günther Lilienthal, Herthweg 62, 64285 Darmstadt, Tel. (0171) 252 78 81). Cologne Connection in Köln versteht sich als Interessengemeinschaft von John-Lennon- und Beatles-Fans (Kontakt: Tel. (0221) 240 25 25 und (0221) 23 27 55, Fax (0221) 42 17 88). Im badischen Fürstenberg gibt es eine Beatles Connection (Kontakt: Tel. (0771) 637 28).

Da in der DDR Fan Clubs jeglicher Art offiziell nicht erlaubt waren, trafen sich die Fans ab 3.6.1984 z.B. in Cossebaude bei Dresden zu jährlichen »Beatles Musikfestspielen«. Auch in Erfurt gab es bereits zu DDR-Zeiten (ab 1984) jährliche Beatles-Fan-Treffen, organisiert von Evelyn und Hartmut Schwarz, den Herausgebern des Fanzines → *Beatlemania*, als Gardenparty. 1978/1979 bestand der Club BMA (Beatles Memory Agency) mit Sitz in Stralsund (Leiter: Dietmar Micheel). Ab 1985 gab es in Barby/Elbe den »Beatles-Fanclub 68«. Edmund Thielow aus Glauchau gründete in der Endphase der DDR, im Januar 1989, die IG »The Beatles« im Kulturbund der DDR, gab ab 30.1.1990 das Fanzine *Sgt. Pepper's Lonely Heart Club* (20 Ausgaben) heraus und eröffnete im Herbst 1992 ein Beat(les) Museum, das 1999 in → *Beat Archiv* umbenannt wurde. Im Sommer 1992 wurde in Glauchau der »Sgt. Pepper's Club e.V.« gegründet, der sich 2006 auflöste. In Großräschen und Senftenberg in Brandenburg wurde 1990 der Beatles Fan Club Revolver gegründet.

FANTASY SEQUINS

Song von George Harrison, erstmals erschienen am 1.11.1968 auf der LP »Wonderwall Music« (als Medley mit »Glass Box«).

FANZINE

Regelmäßig erscheinendes Informationsblatt von Fans für Fans über einzelne Gruppen oder eine Musikrichtung, in der Punk-Ära ursprünglich billig kopiert, inzwischen auch gedruckt. Fanzines betreiben die Macher meist als Hobby, ehemalige Fanzine-Mitarbeiter wurden jedoch später auch als professionelle Musikjournalisten, Veranstalter, Club-Manager und Plattenproduzenten gesichtet. Erstes Beatles-Fanzine war das *National Newsletter Magazine* von → *The Official Beatles Fan Club* mit einer Auflage von zeitweilig 50 000 Exemplaren (1973–1975 Beatles News/Beatles News Book). Inzwischen erschienen und erscheinen weltweit zahlreiche Fanzines, u.a.

→ *The Beatles (Monthly) Book* (GB), → *Beatles Unlimited Magazine (BU)* (NL), *The Beatles Fan Records* Club (Krommenie/NL), *Beatlefan* (The Goody Press, P.O.B. 33515, Decatur/GA 30033, USA, seit Dez. 1978, Hrsg. Bill & Leslie King), *Beatles Now* (Hrsg. Roger Akehurst, Walthampton Street, P.O.B. 307, London E17 4L6), *Across The Universe* (Australien), *Revolver* (Audio-Magazin/MC, USA, erscheint seit Frühjahr 1989), *The Fab Four Publication* (Le Club des 4 de Liverpool, 43 bis Boulevard Henri IV, 75004 Paris), *Good Day Sunshine* (6 x jährl., USA, Liverpool Productions, New Haven/CT, Hrsg. Rosita Rodriguez, jetzt Charles F. Rosenay, 397 Edgewood Avenue, New Haven/Ct 06511, USA; vereinigt mit *Here, There And Everywhere*), → *The 910 Newsletter* (herausgegeben und verlegt von Doug Sulpy seit Januar 1991; Nachfolger des 1986 gegründeten Fanzines *Illegal Beatles*; Anschrift: P.O.B. 161, Jackson, N. J. 08527, USA), *Instant Karma!* (gegr. Dez. 1981 von Marsha Ewing, insbes. John Lennon & Co. gewidmet, www.instantkarma.com), *Paper McCartney* (McCartney Fanclub Milano, c/o Luca Perasi, via Caroncini 6, 20137 Milano/Italien), *Club Sandwich* (The Paul McCartney Fun Club, Westcliff/Essex, bis 1998), *The Beatles' Garden* (Sgt. Beatles Fan Club, Zaragoza/Spanien), *Alma De Goma* (The Apple Corp-Beatles Fan Club, Avda. Roca y Mariano Acosta, Edificio 66 – 10 Piso – Dto »N«, CP: 1437 Capital Federal – Buenos Aires/Argentinien), den Beatles Cavern *Across The Universe* (Liverpool Beatle Scene, c/o Bill Logan, Cavern Walks, Matthew Street, Liverpool L2 6RE), *Pisces Fish* (George-Harrison-Fanzine, GB), *Off The Beatle Track* (→ *London Beatles Fan Club*), *McCartney Observer* (GB), *Yesterday* (Österreich), *Strawberry Fields Forever* (Boston/Mass., USA, seit 1972, Hrsg. Joe Pope – † 20.4.1999; Cindy Noe-Pope, P.O.B. 880–981, San Diego/Calif. 92168, hyacinth58@aol.com; www.joepope.com), der Newsletter der Harrison Alliance (USA), *Daytrippin' Magazine* (23A Beverly Place, Edgewater/NJ 07020, USA), *Beatles-Nytt* (Schweden), *Tokyo Beatles Fan Club Magazine* (in englischer Sprache, 4 x jährlich, 4-6-304 Toyotama-Kita, Nerima-Ku, Tokyo #176, Japan), paulmccartney.fm (Italien, www.paulmccartney.fm).

Moers/Meier/Bühring/Budéus beleuchten in ihrem verdienstvollen Buch »Die Beatles – Geschichte und Chronologie« (Hamburg 2000) auch ausführlich die deutsche Fanzine-Szene. Danach erschien im September 1970 die erste Ausgabe von *The Beatles Book* in deutscher Sprache, herausgegeben von Gerhard Weidmann für → *The Official Beatles Fan Club* – Sekretariat für Deutschland (Bochum, bis Nummer 14, Oktober 1971). Der Apple-Star-Club als Nachfolger veröffentlichte einige Ausgaben eines eigenen Fanzines. Von März 1973 bis Juli 1974 erschienen in Bochum, herausgegeben von Michael Krieger, 15 Ausgaben von *The Beatles News*, von August 1974 bis September 1975 weitere acht Ausgaben von *The Beatles News Book*. 1975 wurde der Mersey-Verlag gegründet, der einige Beatles-Sonderhefte herausgab. Ab April 1976 erschien in Huven die Tonband»zeitschrift« *Beatles Report*, herausgegeben vom Beatles Information Center, dem späteren Beatles-Museum, das ab November 1977 auch für das Fanzine *Things We Tell Today* (später: → *Things*) verantwortlich zeichnet. Seit 1977 gab Michael Behrend in Bochum *Micha's Info's* heraus, in Köln erschien seit 1977 *Beatles 4-ever*. Peter Schuster gab von Juli 1978 bis 1981 in Bad Hersfeld 16 Ausgaben von *From Me To You* heraus. Das Beatles Museum »Little Cavern« in Hattersheim bringt *Cavern-News* heraus. Der → *Beatles Club Wuppertal* gibt seit September 1986 *A Ticket To Write* heraus. Weitere

Fanzines

Fanzines sind: *Beatles Beat* (Bergheim, 45 Hefte 1986–1993), *Yellow Submarine Courier* (11 Hefte 1992–1995), *Eleanor Rigby* (20 Hefte 1988–1993, herausgegeben vom Beatles Fan Club von 1989 e.V., Gießen), *Get Back* (November 1996 – August 2000), *Paul McCartney Magazine* (Andrea Witthohn, Bielefeld), *Magical Mystery Tour* (seit Januar 1998; Michael Kombächer, Brückenweg 2, 35096 Niederweimar) und *Beatles File Collection* (Bedburg, 1989–1996 erschienen 35 Ausgaben). Auch in der DDR gab es Beatles-Fanzines. In Erfurt erscheint seit 1982 das Fanzine → *Beatlemania*, herausgegeben von Evelyn und Hartmut Schwarz. Im September 1986 erschien die erste Ausgabe von *Teas*. Edmund Thielow gründete in Glauchau 1989, in der Endphase der DDR, die IG »The Beatles« und gab ab 30.1.1990 das Fanzine *Sgt. Pepper's Lonely Heart Club* heraus (heute: *Club News*).

Lit.: Neumann, Jens (Hrsg.): Fanzines – Wissenschaftliche Betrachtungen zum Thema (Mainz 1997); Neumann, Jens; Husslein, Uwe (Hrsg.): Fanzines 2 – Noch wissenschaftlichere Betrachtungen zum Medium der Subkulturen (Mainz 1999); Husslein, Uwe: Zines! Fandom Research 2001 (Mainz 2001); Barrely, Liz u.a. (ed.): Zines (London 2001); Beatlefan – The Authoritative Publication Of Record For Fans Of The Beatles, Vol. 1 & 2 (1978/79–1980), Vol. 3 & 4 (1981–1982) (Ann Arbor/Mich. – Rock & Roll Reference Series Vol. 18); Vale, V.: Zines! Vol. I & II (San Francisco 1996/1997)

FASCHER, HORST

*5.2.1936 in Hamburg. Nach einer Lehre als Schiffszimmerer Anfang der 1960er Jahre Kellner in Hamburg (St. Pauli, u.a. im → *Kaiserkeller*), Mitglied im Boxclub und Hamburger Meister im Welter- bzw. Fliegengewicht. Nachdem er im Streit einen Matrosen erschlagen hatte, saß er im Gefängnis. In der Bewährungszeit betreute er US-Truppen in Vietnam. In den 1960er Jahren war er Geschäftsführer bzw. Manager und Ansager des → *Star-Club*, des → *Top Ten Club* und von Studio X und Manager von → *Tony Sheridan*. Nach Meinungsverschiedenheiten mit Peter Eckhorn arbeitete er ab 1961 im »Lachenden Vagabund« (Große Freiheit Nr. 50).

Er wohnte damals mit seiner Frau Alison Faron und seinem Sohn Rory im 3. Stock des Hauses Thielbek 1 in der Nähe des Großneumarktes – die Beatles sollen ihn hier des Öfteren besucht haben. Getroffen hat er sie zum ersten Mal gleich nach ihrem ersten Auftritt im → *Indra*. Am 21.1.1962 flog er im Auftrag von → *Manfred Weißleder* mit → *Roy Young* als Dolmetscher nach Liverpool, um bei → *Brian Epstein* die Beatles für die Eröffnung des Star-Club »einzukaufen«. Weißleders Order: »Ich will die Beatles haben. Biete Epstein, was er will.« Für 500 DM (ca. 250 €) pro Mann und Woche, freie Flüge hin und zurück und ein »Taschengeld«

extra für Brian Epstein bekam er sie – und wurde vielleicht sogar »Lennons Herbergsvater« (*Die Welt* 13.5.2006). Am 31.12.1962 hatten die Beatles ihren letzten Auftritt im Star-Club, zur »Feier des Tages« sang sogar Horst Fascher einen Titel, mit den Beatles als Begleitgruppe: »Hallelujah, I Love Her So«, enthalten auf der LP »The Beatles Live! At The Star Club In Hamburg, Germany: 1962« (voc: »Horst Obber«). Sein Bruder Fred sang »Be-Bop-A-Lula«. 1969 soll Horst Fascher an der Gründung der Les Humphries Singers beteiligt gewesen sein. Nachdem der Star-Club am 31.12.1969 schließen musste, eröffnete er 1978 in der Hamburger Neustadt, am Großneumarkt, einen neuen Star-Club. Zur Eröffnung spielte Tony Sheridan, Ringo Starr und George Harrison kamen als Gäste. Zu Ringo Starr, George Harrison und Paul McCartney unterhielt Horst Fascher auch danach freundschaftliche Beziehungen. Mitte der 1980er Jahre betrieb er die Promotion-Agentur Snake. Am 18.9.1991 war er dabei, als der Film »Get Back« der »McCartney World Tour 1989/90« (Regie: Richard Lester) im Hamburger Passage Kino Europa-Premiere hatte. Fascher: »Paul ist heute immer noch mein Freund.« Im Januar 1994 stellte Paul McCartney Geld zur Verfügung, damit Faschers Tochter Marie-Sophie wegen eines Herzklappenfehlers operiert werden konnte. Das Kind wurde Mitte Mai in einer Klinik in London operiert, starb jedoch wenig später. 1994 versuchte Horst Fascher auch noch einmal eine Wiederbelebung des Star-Club (»Star-Club in der Fischauktionshalle«).

Er lebt heute in 20459 Hamburg, Martin-Luther-Straße 16a, Tel. (040) 36 75 93, Mobil (0171) 362 52 33. Seine Erlebnisse mit den Beatles schilderte er ausführlich in dem Fanzine *Things We Tell Today* Nr. 23. 1990 gewann sein Sohn David die DJ-Weltmeisterschaft in GB, auch 1991 wurde er Technics

Horst Fascher

World Mixing Champion. 1992 erschien seine erste CD, »Incredible 92«. Im Sommer 2004 gelang es Horst Fascher, Ringo Starr für die International Beatles Convention nach Hamburg zu holen. Weil Ringo aber der Medien- und Fanrummel zu groß wurde, reiste er entnervt wieder ab. Fascher: »Ringo Starr wurde durch die Stadt gejagt, wir haben Hotels und Autos gewechselt, nichts hat genützt.« (*Berliner Zeitung* 17.6.2004) Noch im Mai hatte er die Teilnahme von Starr oder McCartney bestritten: »Gott geht ja auch nicht in die Kirche.« (*Berliner Zeitung* 28.5.2004)

Auf seiner Homepage feiert sich Horst Fascher als »Der Pionier und Selfmademann – Der Star-Club-Erfinder – Der Beatles-Wegbereiter – Der Talent-Scout und Manager – Der Musikpromoter – Der Buchautor«. »Faschers Leben gleicht einer klassischen Hard-Boiled-Story: Es sind Geschichten vom vielfachen Scheitern, in denen Fascher immer wieder versucht, einem pragmatischen Ehrenkodex

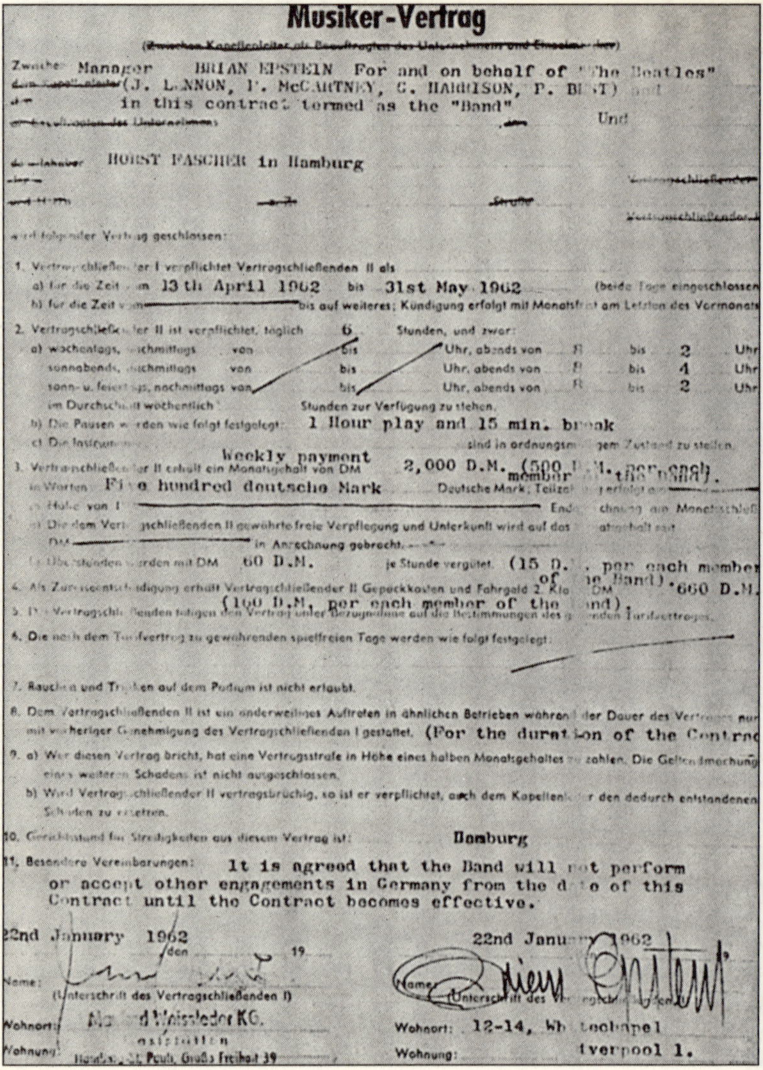

Musiker-Vertrag

Zwischen Manager BRIAN EPSTEIN For and on behalf of "The Beatles" (J. LENNON, P. McCARTNEY, G. HARRISON, P. BEST) in this contract termed as the "Band"

und

HORST FASCHER in Hamburg

wird folgender Vertrag geschlossen:

1. Vertragschließender I verpflichtet Vertragschließenden II als
   a) für die Zeit vom 13th April 1962 bis 31st May 1962 (beide Tage eingeschlossen)
   b) für die Zeit vom — bis auf weiteres; Kündigung erfolgt mit Monatsfrist am Letzten des Vormonats
2. Vertragschließender II ist verpflichtet, täglich 6 Stunden, und zwar:
   a) wochentags, nachmittags von — bis — Uhr, abends von 8 bis 2 Uhr
   sonnabends, nachmittags von — bis — Uhr, abends von 8 bis 4 Uhr
   sonn- u. feiertags, nachmittags von — bis — Uhr, abends von 8 bis 2 Uhr
   im Durchschnitt wöchentlich Stunden zur Verfügung zu stehen.
   b) Die Pausen werden wie folgt festgelegt: 1 Hour play and 15 min. break
   c) Die Instrumente … sind in ordnungsmäßigem Zustand zu stellen.
3. Vertragschließender II erhält ein Monatsgehalt von DM Weekly payment 2,000 D.M. (500 D.M. per each member of the Band).
   in Worten: Five hundred deutsche Mark Deutsche Mark; Teilzahlung erfolgt …
   in Höhe von — Endzahlung am Monatsschluß
   d) Die dem Vertragschließenden II gewährte freie Verpflegung und Unterkunft wird auf das Monatsgehalt mit DM — in Anrechnung gebracht.
   e) Überstunden werden mit DM 60 D.M. je Stunde vergütet. (15 D.M. per each member of the Band).
4. Als Zureiseentschädigung erhält Vertragschließender II Gepäckkosten und Fahrgeld 2. Klasse DM 660 D.M. (160 D.M. per each member of the Band).
5. Die Vertragschließenden tätigen den Vertrag unter Bezugnahme auf die Bestimmungen des geltenden Tarifvertrages.
6. Die nach dem Tarifvertrag zu gewährenden spielfreien Tage werden wie folgt festgelegt: —
7. Rauchen und Trinken auf dem Podium ist nicht erlaubt.
8. Dem Vertragschließenden II ist ein anderweitiges Auftreten in ähnlichen Betrieben während der Dauer des Vertrages nur mit vorheriger Genehmigung des Vertragschließenden I gestattet. (For the duration of the Contract)
9. a) Wer diesen Vertrag bricht, hat eine Vertragsstrafe in Höhe eines halben Monatsgehaltes zu zahlen. Die Geltendmachung eines weiteren Schadens ist nicht ausgeschlossen.
   b) Wird Vertragschließender II vertragsbrüchig, so ist er verpflichtet, auch dem Kapellenleiter den dadurch entstandenen Schaden zu ersetzen.
10. Gerichtsstand für Streitigkeiten aus diesem Vertrag ist: Hamburg
11. Besondere Vereinbarungen: It is agreed that the Band will not perform or accept other engagements in Germany from the date of this Contract until the Contract becomes effective.

22nd January 1962 den 19 — 22nd January 1962

Name: (Unterschrift des Vertragschließenden I) — Name: Brian Epstein (Unterschrift des Vertragschließenden II)

Wohnort: Manfred Weissleder KG. Gaststätten — Wohnort: 12-14, Whitechapel

Wohnung: Hamburg, St. Pauli, Große Freiheit 39 — Wohnung: Liverpool 1.

»Musiker-Vertrag« zwischen Manager Brian Epstein und Horst Fascher: 500 DM pro Woche und Musiker

zu folgen, um seine persönliche Integrität zu wahren.« (*Die Welt* 13.5.2006)

Lit.: Fascher, Horst; Flesch, Oliver: Let The Good Times Roll! – Der Star-Club-Gründer erzählt (Frankfurt/M. 2006) • www.horstfascher.de

THE FAT BUDGIE

Cartoon von John Lennon auf Seite 16 seines Buches »A Spaniard In The Works« (London 1965) – ein gelbes Tier namens Jeffrey, das Rührei auf Toast isst. John Lennon überließ das Bild Oxfam, die davon am 19.9.1964 eine halbe Million Postkarten druckte und verkaufte. Der Erlös kam wohltätigen Zwecken zugute. Oxfam (eigtl. Oxford Committee for Famine Relief – Oxforder Komitee zur Linderung der Hungersnot, gegr. 1942) ist heute eine internationale nichtstaatliche Hilfsorganisation (NGO) mit Büros in 11 Ländern, u.a. auch in Deutschland (www.oxfam.de).

FAWCETT, ANTHONY

Britischer Journalist und Buchautor, * 1948 in Hillingdon Heath/England. Nach dem Besuch der Abingdon School in Berkshire studierte er Kunst an der Ruskin School of Drawing and Fine Arts der Oxford University. Er schrieb für das Universitätsmagazin *Isis* und war kurzzeitig für die Öffentlichkeitsarbeit des Museum of Modern Art in Oxford zuständig. Als Kunstkritiker schrieb er für die Magazine *Art & Artist*, *Sculpture International*, *Studio International*, *Vogue* und *Opus International*. 1968 wurde er in die Association Internationale des Critiques d'Art (AICA) aufgenommen. Im Mai 1968 traf er John Lennon im Arts Laboratory in der Londoner Drury Lane. → *Yoko Ono* kannte er bereits länger. Er organisierte dann im Organisationskomitee der National Sculpture Exhibition in Coventry → *Acorns For Peace*, die erste gemeinsame Performance von John Lennon und Yoko Ono am 15.6.1968 auf einer Wiese vor der neuen Kathedrale von Coventry. Fawcett war von April 1968 bis Mai 1970 ihr persönlicher Assistent in Kunstfragen und wurde dann Direktor von APT Enterprises (Art and Pop on Television) in London. Dann ging er zwei Jahre nach Kalifornien und lebte später mit der Fotografin Christina Birrer und seiner Tochter Kristen-Eve in New York.

Lit.: Fawcett, Anthony: John Lennon – One Day At A Time (New York 1976; London 1977; revised edition New York/London 1980; dt.: John Lennon – Beatle, Künstler, Provokateur, Bergisch Gladbach 1979, 1993)

FBI

(Federal Bureau of Investigation) – Bundeskriminalamt der USA mit Sitz in Washington, gegründet 1908, untersteht dem Justizministerium. Das FBI befasste sich lange Jahre allerdings weniger mit der Verfolgung von Verbrechen als mit den Aufgaben einer Geheimpolizei. Ab 1964 wurde das FBI auch in Sachen Beatles tätig – aufgrund von Attentatsdrohungen von Unbekannten und des Ku Klux Klan. Die Beatles stellten außerdem ein großes Sicherheitsrisiko dar: Auf ihrer ersten USA-Tournee 1964 wurden sie rund um die Uhr von den lokalen Polizeibehörden und dem FBI überwacht. Die FBI-Filiale in San Francisco schickte z.B. am 20.8.1964 einen Bericht über den Auftritt der Beatles in der Stadt nach Washington. Immer wieder finden sich in den Akten Hinweise auf vermutete Rassenunruhen im Zusammenhang mit Beatles-Konzerten. Weitere Akten liegen aus dem Jahr 1966 vor. Eine Drohung des Ku Klux Klan, beim Konzert der Beatles in Washington am 15.8.1966 vor dem Stadion zu demonstrieren, bewirkte, dass auch Secret Service und Military Intelligence Agency eingeschaltet wurden. → *MI5*, eine Abteilung des britischen Geheimdienstes, leistete später Amtshilfe und spielte dem FBI Dokumente zu, die belegen, dass John Lennon »marxistische Organisationen« und die IRA unterstützte. In dem Song »Dig It« thematisiert John Lennon u.a. die enge Verbindung von CIA, FBI und → *BBC*; zwischen »The Long and Winding Road« und »For You Blue« ist John Lennon mit der Bemerkung zu hören: »The Queen says no to pot-smoking FBI members.« 1967 wurde eine Akte zu John Lennon auch im CIA geführt. Nach seiner Übersiedlung nach New York im September 1971 wurde John Lennon intensiv vom FBI überwacht. Lautete seine Einstufung anfangs noch »Security Matter-Neue Linke«, stieg sie später sogar auf »Security Matter-Revolutionäre Aktivitäten« – u.a. auch deshalb, weil John Lennon 1972 einer Gruppe, die den Parteitag der Republikaner stören wollte, 75 000 $ spendete. Ab Mitte 1972 wurde das Telefon der Lennons in ihrer Wohnung in der Bank Street abgehört. John Lennon machte daraufhin eine entsprechende Bemerkung in der Dick Cavett Show. Das FBI sah John Lennon als »politischen Feind« Richard Nixons an und überwachte und schikanierte ihn vier Jahre lang. Seine Akte ist ca. 300 Seiten dick. Nach dem Freedom of Information Act wurden die Akten im Allgemeinen zugänglich. Am 22.6.1992 gewann Jon(athan) Wiener, Geschichtsprofessor an der University of California in Irvine, einen Prozess zur Öffnung der verbliebenen 69 geheimen Lennon-Akten. Er erhielt zudem 204 000 $ für seine Gerichts- und Prozesskosten. Das FBI legte Berufung ein, um den Ausweisungs-Konflikt nicht noch nach John Lennons Tod fortzusetzen. Trotzdem: Am 11.9.1992 musste ein Großteil der geheimen Akten zugänglich gemacht werden. Dabei stellte sich heraus, dass das FBI seine illegalen Bespitzelungen noch in den 1970er Jahren fortgesetzt hatte. 1997 wurden Wiener 248 Seiten der Geheimakte zugänglich gemacht. Für seine Veröffentlichungen nutzte er insgesamt fast 12 kg Akten des FBI und des Immigration and Na-turalization Service (INS) aus der Zentrale in Washington, D.C., sowie Büros in New York, Detroit, Los Angeles und Dallas. Die Akten enthielten auch Dokumente des CIA und des State Department. Am 28.9.2004 ordnete U. S. District-Richter Robert Takasugi an, dass auch die letzten zehn Seiten Geheimdokumente zugänglich gemacht werden. Mark St. Germain schrieb sogar ein Theaterstück über die Bespitzelung John Lennons durch das FBI – »Ears On A Beatle« hatte am 2.7.2003 in Massachusetts/USA Premiere, aufgeführt durch die Barrington Stage Company. Inzwischen stehen alle Seiten der FBI-Akte im Internet: http://foia.fbi.gov/lennon/lennon3.pdf, http://foia.fbi.gov/foiaindex/lennon.htm, www.thesmokinggun.com

Lit.: Wiener, Jon: Come Together: John Lennon In His Time (New York 1984; Toronto 1984; London 1985, 1995, 2001); Wiener, Jon: Gimme Some Truth – The John Lennon FBI Files (Los Angeles 2000); Coates, Tim: John Lennon – The FBI Files (2004)

FEEDBACK

Ein vom Musiker bewusst erzeugter Effekt oder eine unbeabsichtigte Rückkopplung bei Live-Auftritten, hervorgerufen durch das Auftreffen von Schallwellen aus einer Lautsprecherbox auf ein Mikrofon oder auf das Pick-up einer Gitarre. Sie gelangen so über die Verstärker wieder in die Lautsprecher und erzeugen noch intensivere, sich weiter aufschaukelnde Schallwellen. Die Beatles setzten als eine der ersten Bands diesen Effekt bewusst ein, z.B. 1964 im Intro zu »I Feel Fine«. Das wenige Sekunden anhaltende Summen vor dem Eröffnungsriff war damals wirklich revolutionär. Pete Townshend (The Who) und → *Jimi Hendrix* verwendeten das Feedback dann bewusst als stilbildendes Mittel.

Lit.: Bacon, Tony (Ed.): Fuzz & Feedback – Classic Guitar Music Of The '60s (2000)

FENDER, (CLARENCE) LEO

* 10.8.1909 Anaheim, Calif./USA, † 21.3. 1991 Fullerton, Calif./USA. Amerikanischer Instrumenten- und Verstärkerbauer und -erfinder – wahrscheinlich beeinflusste niemand den Klang der E-Gitarre so wie er. Seine Gitarren sind inzwischen Legende. 1945 produzierte Fender mit seinem Partner Doc Kauffman in seinem Laden in der Spadra Road in Fullerton die ersten E-Gitarren. 1946 gründete er die Fender Electric Instruments Company, 1948 entwickelte er die erste Solid-body-E-Gitarre in Massenproduktion, die Fender Broadcaster (1950 in Telecaster umbenannt), 1951 kam der Fender Precision Bass auf den Markt, die erste elektrische Bass-Gitarre der Welt, 1954 die berühmte Fender Stratocaster – mit drei elektrischen Pick-ups und einem Tremolo-Arm für Vibrato-Effekte. 1965 musste Fender sein Unternehmen aufgrund gesundheitlicher Probleme an die CBS Corporation verkaufen. Als es ihm dann wieder besser ging, arbeitete er noch bis in die 1980er Jahre als Berater für das Unternehmen. Von den Beatles spielte George Harrison eine rote Fender Telecaster, Marke »Leo Fender Rosenholz«, später eine Stratocaster. Sie sollte 1999 bei Bonham's versteigert werden (Mindestgebot 400 000 £), es fand sich jedoch kein Käufer. In den 1980er Jahren kaufte das Management die Fa. von CBS. Ca. 700 000 E-Gitarren und -Bässe fertigt Fender pro Jahr im Stammwerk Corona, in Ensenada/Mexiko und in Fernost (Lohnfertigung). 2004 stand die Fender Musical Instruments Corp. erneut zum Verkauf.

Lit.: Smith, Richard R.: Fender: The Sound Heard 'Round The World (dt.: Fender – ein Sound schreibt Geschichte, Frankfurt/M. 2000, 2005); Bacon, Tony: 50 Years Of Fender – Half A Century Of The Greatest Electric Guitars (London 2000); Bacon, Tony; Day, Paul: The Fender Book – A Complete History Of Fender Electric Guitars (San Francisco 1999); Smith, Richard R.: Fender Custom Shop Guitar Gallery (Milwaukee 1996); Perna, Alan Di: Fender Classic Moments (Milwaukee 1996); White, Forrest: Fender – The Inside Story (London 1995); Duchossoir, A. R.: The Fender Stratocaster (New York 1994); Minhinnett, Ray; Young, Bob: The Story Of The Fender Stratocaster (San Francisco 1995, New York 1999; dt.: Die Fender Stratocaster, Wien 1995); Morrish, John: The Fender Amp Book (London 1995); Roberts, Jim: How Fender Bass Changed The World (New York 2001); Wheeler, Tom: The Stratocaster Chronicles (New York 2004; dt.: Die große Stratocaster-Chronik, München 2004); Bacon, Tony: Six Decades Of The Fender Telecaster – The Story Of The First Solidbody Electric Guitar (San Francisco 2005) • www.fender.com

FERNSEHEN

Paradoxerweise trug das Fernsehen wesentlich mehr zur Popularität der Beatles bei als das Radio. Der Grund: Die Fernsehstationen waren beweglicher und aktueller als die Rundfunksender, musikorientierte Radiosender gab es erst ab Mitte der 1960er Jahre. So traten die Beatles zwischen Oktober 1962 und April 1970 in weit über 100 britischen und ausländischen Fernsehsendungen auf. Zum ersten Mal wurde ein Auftritt der Beatles am Nachmittag des 22.8.1962 im → *Cavern* aufgezeichnet, die Aufnahmen waren jedoch so schlecht, dass sie nicht verwendet werden konnten. Sie wurden erst im November 1963 in »Scene At 6.30« gezeigt. (Diese Aufnahmen könnten jedoch auch vom 5.9.1962 stammen.) Am 17.10.1962 waren die Beatles zum ersten Mal im Fernsehen – mit »Some Other Guy« und »Love Me Do«, aufgenommen von Granada TV, Manchester, in der Sendung → *People And Places*. Am 2.11.1962 lief auf Granada TV ein zweiter Spot, live aufgenommen im Studio. Es folgten weitere Aufnahmen für lokale TV-Stationen, so für »Discs-A-Go-Go« (Television Wales & West, Bristol) und »Round-Up« (Scottish Television, Glasgow). Im November 1962 absolvierten sie einen zehnminütigen Test für das Light Entertainment Department der → *BBC*, der jedoch nicht gesendet wurde. Am 19.1.1963 waren sie dann zum ersten Mal landesweit in → *Thank Your Lucky Stars* (Independent Television ITV) zu sehen. Am 2.3.1963 interviewte David »Diddy« Hamilton die Beatles und → *Brian Epstein* im Studio Disbury/Manchester von ABC Television für »ABC At Large«. Am 14.10.1963 waren die Beatles live in »Sunday Night At The London Palladium« zu sehen, und am 10.11.1963 wurde dann die → *Royal Variety Performance* vom 4.11.1963 im Fernsehen übertragen. Diese beiden Sendungen trugen entscheidend zur Popularität der Beatles bei. Am 16.6.1966 traten die Beatles zum ersten Mal live bei → *Top Of The Pops* auf – es war zugleich ihre letzte Live-Fernsehsendung mit Musik (»Paperback Writer«/»Rain«). Am 26.12.1967 hatte in → *BBC*1 TV der dritte Beatles-Film → *Magical Mystery Tour* Premiere. 1980 veröffentlichte *The Beatles Book Appreciation Society Magazine* in der Ausgabe 5 (49) unter dem Titel »A Complete Catalogue Of The Beatles' U.K. TV Appearances« eine Übersicht aller Fernsehsendungen, zusammengestellt von Mark Lewisohn. Auch sein Buch »The Complete Beatles Chronicle« (London 1992, 2000) enthält eine derartige Übersicht. Eine Zusammenstellung einschlägiger TV-Auftritte der Beatles bietet die DVD »The Beatles On TV-Show« (Columbia, Japan, 2000). Am 15.6.1993 wurde zum ersten Mal ein Paul-McCartney-Konzert live im Fernsehen übertragen – »Paul McCartney Live In The New World« (Fox-TV, aus dem Blockbuster Pavilion, Charlotte/NC/USA).

Lit.: Fujieda, Shu; Nakada, Masotoshi: The Beatles TV Performances (1998); Pieper, Jörg; Path, Volker: The Beatles: Film & TV Chronicle 1961–1970 (Stockholm 2005)

FERRY 'CROSS THE MERSEY

Film aus dem Jahre 1964 (United Artists) von → *Brian Epstein* als Herstellungsleiter, benannt nach einem Hit der Gruppe → *Gerry and the Pacemakers* aus dem Jahre 1965. Erzählt wird die Geschichte der Band Gerry and The Pacemakers, die sich bemüht, einen Big Beat-Wettbewerb zu gewinnen, um zu Weltruhm zu gelangen. In dem Film treten auch → *Cilla Black*, → *The Fourmost* und das → *George Martin* Orchestra auf – also ausnahmslos von Brian Epstein gemanagte Stars – und → *Top of the Pops*-Moderator Jimmy Savile. Sicher hätte Epstein gern auch die Beatles dabeigehabt, aber auch ohne sie entstand so ein Stück Geschichte der Liverpooler Szene. Obwohl: Es gibt Gerüchte, dass es einen Song mit dem Titel »Echoes Of The Mersey Side« gibt, aufgenommen am 6. und/oder 8.10.1964 von den Beatles und bestimmt für diesen Film. Aber niemand hat ihn je gehört. Im Dezember 1964 erschien eine LP mit der Filmmusik unter dem Titel »Ferry 'Cross The Mersey«, die 1994 erschienene CD enthält zusätzlich den Song »Hello Little Girl« von Gerry & The Pacemakers, rec. 17.7.1963. Im April 1989 nahmen Paul McCartney, Gerry Marsden, Holly Johnson und The Christians den Song neu auf zugunsten des Hillsborough Disaster Fund bzw. der Opfer des Stadionunglücks in Sheffield am 15.4.1989 (auf Single am 2.5.1989 erschienen). Am 20.5.1989 wurde der Song Nr. 1 in Großbritannien.

FESTIVAL FOR LIFE

Großveranstaltung am 29.3.1970 im Victoria Park in Bethnal Green im Osten von London, organisiert von der Campaign for Nuclear Disarmament. Über 5 000 Besucher hörten Gedichte, Musik, Stücke und Reden. John Lennon sprach telefonisch zu den Besuchern und kündigte u.a. die Geburt seines Kindes an (→ *Yoko Ono* hatte dann allerdings eine Fehlgeburt).

FILM

Die Beatles spielten in fünf Filmen: »A Hard Day's Night« (1964), »Help!« (1965), »Magical Mystery Tour« (1967), »Yellow Submarine« (1968) und »Let It Be« (1970). Trotzdem: Große Schauspieler waren sie nicht und wollten sie auch nicht sein. Paul McCartney äußerte einmal, das Filmen sei »keine schlechte Art, einen Nachmittag totzuschlagen«. 1965 planten die Beatles einen Film mit dem Titel → *A Talent for Loving*. In dieser Zeit hatte Paul McCartney auch die Idee zu einem Film über Liverpool in der Zeit der großen Depression. 1966 erwogen die Beatles auch, in den »Drei Musketieren« mitzuspielen. 1967 gab es Pläne für einen Film mit dem Titel »Shades Of A Personality« (Drehbuch: Owen Holder, Regisseur: Michelangelo Antonioni) und 1968 für eine Verfilmung von J. R. R. Tolkiens »The Lord Of The Rings« (dt.: »Der Herr der Ringe«), mit Stanley Kubrick als Regisseur. Paul McCartney sollte den Hobbit Frodo spielen, John Lennon Gollum, George Harrison Gandalf, Ringo Starr den Hobbit Sam. Kubrick traf sich mit John Lennon und Paul McCartney zum Lunch in den MGM-Studios, lehnte das Projekt aber schließlich doch als nicht verfilmbar ab. Im Gespräch waren 1967 auch ein Film mit dem → *Maharishi Mahesh Yogi* und ein Nachfolger der → *Magical Mystery Tour*. Die → *Bootleg*-LP »Moviemania!« (Cicadelic Records, USA, 1987) enthält Interviews mit und Kommentare von den Beatles zu den Filmen »A Hard Day's Night« und »Help!«. Die ersten Filmaufnahmen (leider ohne Ton) der Beatles wurden erst 1996 entdeckt, sie zeigen die Beatles 1961 bei einem Auftritt im Club »Casanova«. → *Apple Corps Limited* verlangt mittlerweile stolze 150 $ pro Sekunde Film, wenn jemand Beatles-Material verwenden will. Gelegentlich finden Festivals statt, die dem Thema Beatles-Filme gewidmet sind, so das Beatles Film Festival (Wien, 25.–27.4.1980), auf dem 6. Filmkunstfest Schwerin vom 1. bis 5.5.1996 wurden der Film »Yellow Submarine« und eine Fotoausstellung → *Astrid Kirchherrs* gezeigt. Adolf Heinzlmeier, Jürgen Menningen und Berndt Schulz in dem Buch »Kultfilme« (Hamburg 1983, Seite 135): »Ihre (der Beatles) Filme waren Kultfilme, weil sie, saufrech und verspielt, aus Erdenschwere bunte Seifenblasen formten und der Jugend Mut machten, der eigenen Phantasie zu trauen. Sie sind es heute, weil sie die Gruppe zusammen zeigen. Sie nähren den Wunsch, die Zeit könnte zurückgedreht werden und die Beatles seien wieder vereint.« Das Video »Beatles At The Movies« (UFOP Music, 1998, 39 min) zeigt zahlreiche unveröffentlichte Filmaufnahmen der Beatles (u.a. Outtakes, Film-Clips und Amateuraufnahmen). Die → *Bootleg*-DVD »The Beatles Filmography« zeigt auf 3 doppelseitigen DVD die Filme »A Hard Day's Night«, »You Can't Do That – The Making Of A Hard Day's Night«, »Help!« und »Let It Be«.

Lit.: Matahira, Toru: Beatles Movie Catalog (1979); Harry, Bill: Beatlemania – The History Of The Beatles On Film (London 1984 – The Beatles, Vol. 4); Gross, Edward: Fab Films Of The Beatles (Las Vegas/Nevada 1991); Iranzo de Riguier, Alejandro; Crussels Valeta, Magi: The Beatles: Una Filmografia Musical (1995); Carr, Roy: The Beatles At The Movies (London 1996); Neaverson, Bob: The Beatles' Movies (London 1997); Donnelly, Kevin J.: Pop Music In British Cinema – A Chronicle (London 2002); Pieper, Jörg; Path, Volker: The Beatles: Film & TV Chronicle 1961–1970 (Stockholm 2005); Reiter, Roland: Screening The Beatles Myth – Movies, Documentaries, Spoofs & Cartoons (Boca Raton/FL 2006)

FILM NO. 4

→ *Bottoms*.

FILM NO. 5
→ *Smile.*

FILM NO. 6
→ *Rape.*

FILM NO. 14
→ *One.*

THE FINAL YEARS
Im Mai 1988 in Japan auf EMI erschienene CD-Box mit den in Großbritannien erschienenen Alben »Abbey Road«, »Magical Mystery Tour« und »Let It Be«, ergänzt durch das Buch »The Beatles – A Celebration« und eine exklusive »Abbey Road«-Emaille-Plakette.

FINLEY, CHARLES O.
US-amerikanischer Geschäftsmann, er bot den Beatles 1964 150 000 $, damit sie an ihrem freien Tag in Kansas City, Missouri auftreten.

FIVE SHITS
Eine britische Band, die ca. 1965 unter dem Namen The Beatles den Song »The Girl I Love« von einem gewissen »Mr. Lemon« aufnahm, verlegt von → *Maclen Music Limited.*

FIXING A HOLE
Song von John Lennon/Paul McCartney, aufgenommen am 9. und 21.2.1967, erstmals erschienen am 1.6.1967 auf der LP »Sgt. Pepper's Lonely Hearts Club Band«. Da das EMI-Studio in der Abbey Road völlig ausgebucht war, mussten die Beatles diesen Song in den → *Regent Sound Studios* in Londons West End aufnehmen, die endgültige Fertigstellung erfolgte allerdings in der Abbey Road. Um das Heroin-Fixen geht es in dem Song allerdings nicht, sondern ums Marihuana-Rauchen. Kommentar Paul McCartneys: »Eine weitere Hymne aufs Kiffen.« Zahlreiche → *Cover-Versionen*, u.a. von Rundfunk-Tanzorchester Berlin, The Royal Academy Of Music Symphony Orchestra, Hue & Cry, Branimir Krstic, The Mike Sceptre Singers With The London Starlight Orchestra und Men At Work.

FLOWER POWER
1966 steckten sich die → *Hippies* in San Francisco Blumen ins Haar, bei den Unruhen in Berkeley schoben die Studenten den Soldaten der Nationalgarde Rosen in die Gewehrläufe. Love, Peace & Happiness und Flower Power wurden zum Synonym der Hippie-Bewegung. Eine der Hymnen der Hippies war »All You Need Is Love« von den Beatles (1967). Eine gute musikalische Übersicht bietet die 2-CD-Box »Flower Power and the Woodstock Generation«. Bereits 1968 wandelte sich Flower Power zum wütenden Protest gegen das Establishment.

FLÜGELHORN
Blechblasinstrument aus der Familie der Bügelhörner in Diskantlage, in Trompeten- und ovaler Form, weit mensuriert, mit drei Ventilen und Blechmundstück, verwendet zumeist als führendes Instrument im Blasorchester. Paul McCartney spielt ein Flügelhorn z.B. in »Dear Prudence«.

FLUXFILM
1966 drehte → *Yoko Ono* fünf Filme, die als Fluxfilme Nr. 9, 14, 15, 16 und 22 gelegentlich aufgeführt werden. Einige Details: Nr. 9 »Eyeblink« (30 sec, s/w) zeigt Aufnahmen eines Lidschlags; in Nr. 14 »One« (5 min, s/w) wird ein Streichholz entzündet; Nr. 15 »Eye Blink« (1 min) ist quasi eine Fortsetzung von Nr. 9; Nr. 16 »Four« galt lange Zeit als verschollen und wurde im Rahmen der Retrospektive »Jonas Mekas – Anthology des unnützen Films« am 16.11.1995 in München

aufgeführt; Nr. 22 »Shout« (Kamera: Jeff Perkins, 2 min) zeigt zwei Gesichter, die sich anschreien.

FLY ON THE WALL

Titel der Beatles, aufgenommen bei den »Get Back«-Sessions. Die Vinyl-LP (Klapp-Cover mit 20-seitigem Begleitheft in LP-Größe) »Let It Be ... Naked« enthält den Song als 7"-Single.

FLYING

Komposition von John Lennon, Paul McCartney, George Harrison und Richard »Ringo« Starkey, aufgenommen am 8. und 28.9.1967, erstmals erschienen am 8.12.1967 auf der EP »Magical Mystery Tour«. Das einzige Instrumental, das die Beatles auf → *EMI* herausbrachten, und die erste Komposition, für die alle vier Beatles verantwortlich zeichneten (Der zweite Song ist »Dig It« auf der LP »Let It Be«). Leider wurde aus dem ursprünglich 10-minütigen Stück (Arbeitstitel: »Aerial Tour Instrumental«) eine nur gut zweiminütige Version zusammengeschnitten, als EP-Füller. Ursprünglich war das Stück bestimmt für eine Szene im Film »Magical Mystery Tour«, in der ihr Bus fliegen sollte. Das Stück findet sich u.a. auf den → *Bootlegs* »The Lost Lennon Tapes«, Vol. 3 & Vol. 9, »Black Track«, »Magical Mystery Demos« und »Unsurpassed Masters«, Vol. 3. Ein Acetate (Testpressung) des Stückes »Aerial Tour« aus dem Nachlass von → *Mal Evans* wurde am 27.8.1992 bei Sotheby's versteigert. Zahlreiche → *Cover-Versionen*, u.a. von Joe Goldmark, The Beatless und Frank Sidebottom.

FOLLOW THE BEATLES

33-minütiger Dokumentarfilm der → *BBC* über die Dreharbeiten zum Film »A Hard Day's Night«, mit Szenen von Aufnahmesessions in den → *Abbey Road Studios*, gesendet am 3.8.1964.

THE FOOL

Niederländisch-britische Gruppe von Modedesignern Mitte der 1960er Jahre, gegründet von Simon Posthuma (* 1939) und Marijke Koger (* 1943 in Amsterdam) – später kam noch Josje Leeger (* 1943 in Amsterdam, † Juli 1991) hinzu –, die am 9.7.1966 von Amsterdam, wo sie kurzzeitig (bis zum selbstverschuldeten Konkurs) den Laden »The Trend« betrieben und im Januar 1965 das Happening »Stoned In The Streets« organisiert hatten, über Griechenland, Spanien und Marokko nach London gekommen waren. Barry Finch (* 1943), der für → *Brian Epsteins* → *Saville Theatre* bzw. für dessen PR-Firma Mayfair Public Relations arbeitete, machte sie mit der Londoner Musikszene bekannt. Anfang 1967 kamen John Lennon und Paul McCartney in das bunt bemalte Apartment von Simon Posthuma und Marijke Koger in Saint Stephen's Gardens. »Hier möchte ich wohnen«, soll John Lennon gesagt haben. Simon und Marijke entwarfen dann das Cover von »5000 Spirits or the Layers of the Onion« der Incredible String Band, erschienen am 1.1.1967. Im Sommer 1967 kreierten sie die Kostüme, die die Beatles bei »All You Need Is Love« in der Sendung »Our World« trugen, und bemalten den Kamin in George Harrisons Haus in Esher/Surrey und John Lennons Flügel. The Fool betrieben in der New Cavendish Street einen Schmuck-, Kleider-, Bücher- und Posterladen. Für die Innenseite des aufklappbaren Covers der LP »Sgt. Pepper's Lonely Hearts Club« malten The Fool eine psychedelische Traumlandschaft, die dann allerdings – besonders auf Drängen von → *Robert Fraser* – doch nicht verwendet wurde. → *Barry Miles* erinnert sich: »Es war eine Traumlandschaft mit angedeuteten Bergspitzen und phantastischen Vögeln, die wie ein unter LSD entstandener Entwurf für ein chinesisches Weidenmotiv wirkte. Den Himmel überspannten zwei regenbogenförmige, für eine spätere Beschriftung vorgesehene Streifen, von denen einer mit Sternen und Kometen übersät war. Ein weiterer leer gelassener Abschnitt hatte einen Rahmen aus Blumen und Blüten, auf dem ein Pfau mit ausgebreitetem Schwanz thronte. Winzige Figuren der Beatles lugten unter dem Blattwerk hervor. Der Stil war europsychedelisch. Unglücklicherweise hatten sich die beiden bei der Perspektive vertan, und selbst nach Hinzufügen einer Umrandung wirkte ihr Werk irgendwie amateurhaft.« Auf das Innencover kamen dann Porträts der Beatles in den Sgt.-Pepper-Anzügen. 1968 arbeiteten The Fool auch am Film → *Wonderwall*. The Fool bemalten 1967 auch die Fassade und das Innere der → *Apple Boutique* – bis sie die Beatles (lt. Paul McCartney) um ca. 100 000 £ oder (lt. → *Pete Shotton*) sogar um 200 000 £ erleichtert hatten. The Fool gingen dann nach New York und kassierten einen hohen Vorschuss von Mercury Records für ihr Album »The Fool«, produziert von Graham Nash, das allerdings floppte. Sie arbeiteten an verschiedenen Theatern in den USA und gründeten in Los Angeles das Designbüro The Chariot, das im Sommer 1969 das Bühnenbild für eine Aufführung des Musicals »Hair« gestaltete und auch die Fassade des Aquarius Theatre bemalte. Danach löste sich The Fool auf. Simon and Marijke bemalten die Fassaden von drei weiteren Theatern, wo »Hair« gezeigt wurde: The Geary in San Francisco, The Shubert in Chicago und das Vestpocket in Seattle, und nahmen 1972 als »Seemon and Marijke« in den USA gemeinsam einige Singles auf, produziert von Graham Nash. 1975 trennten sie sich, Simon kehrte Mitte der 1980er Jahre in die Niederlande zurück. Josje Leeger und Barry Finch heirateten im Juli 1969 und kehrten später nach Amsterdam zurück, Josje starb im Juli 1991, sie hinterließ sechs Kinder. Marijke Koger-Dunham (www.maryke.com) lebt heute in Los Angeles, Barry Finch in Amsterdam.

www.simonposthuma.com

THE FOOL ON THE HILL

Song von John Lennon/Paul McCartney, aufgenommen am 25., 26. und 27.9. und am 20. und 25.10.1967, erstmals erschienen am 8.12.1967 auf der EP »Magical Mystery Tour«. Die Mono- und Stereo-Version sind unterschiedlich, insbesondere in der Platzierung der Flöten-Zwischenspiele. Eine weitere Version erschien im November 1990 auf Paul McCartneys CD »Tripping The Live Fantastic«. 1993 wurde Paul McCartneys Originalmanuskript des Songs bei Sotheby's in London für 16 000 £ (ca. 22 000 €) versteigert, 2001 brachte es bei Christie's bereits 19 975 £ – Käufer war → *Julian Lennon*. Zahlreiche → *Cover-Versionen*, u.a. von Sergio Mendes and Brazil '66, Tom Scott, Edmundo Ros und Caterina Valente (»El dondo sur la collina«), Pascal von Wroblewsky, Maggie Bell And Stone The Crows, Alan Moorhouse, Denis Lopez Liquid Latin Sound, Barney Wilen and his Amazing Rock Group, 12 Cellisten der Berliner Philharmoniker, Sarah Vaughan, Horst Jankowski, The Singers Unlimited, Mr. Acker Bilk, Petula Clark, The Royal Philharmonic Orchestra, The Four Tops, Ray Sepulveda, Castafiore, The Hill/Wiltschinsky Guitar Duo, Twist And Shout, Christian Wunderlich, Les Boréades, Standards of Rumantsch cun Bettina Tuor (»Il balurd en la b'rigl«), Munich Symphonic Sound Orchestra (MSSO), Micky Dolenz, Orchestra Golden Nightingale, The Mike Sceptre Singers With The London Starlight Orchestra, The Royal Symphonic Rock Orchestra Vienna, Uschi Brüning, Peter Breiner and His Chamber Orchestra, Guitar Orchestra, Corry Brokken (»Der Mann den ich will«), Dennis Lopez, The Temptations, The Impressions, David Michael Cass, Denzal Sinclaire, Count Basie, Leo Brouwer/Ichiro Suzuki, Heinrich von Kalnein, Peter Lipa und The Novi Singers.

FOR NO ONE

Song von John Lennon/Paul McCartney, aufgenommen am 9., 16. und 19.5.1966, erstmals erschienen am 5.8.1966 auf der LP »Revolver«. Von den Beatles sind lediglich Ringo Starr (perc) und Paul McCartney (voc, keyb, b) dabei, French Horn spielt Alan Civil († 19.3.1989) von der Londoner Philharmonie (aufgenommen am 19.5.1966), nachdem der ursprünglich verpflichtete Dennis Brain kurz zuvor bei einem Autounfall ums Leben gekommen war.

Eine weitere Version des Songs erschien im Oktober 1984 auf Paul McCartneys LP »Give My Regards To Broad Street«. Zahlreiche → *Cover-Versionen*, u.a. von John Pizzarelli, Bobby Eaglesham, Ann Dyer & No Good Time Fairies, Les Boréades, The Hill/Wiltschinsky Guitar Duo, Laurence Juber, Ricky Lee Jones, Beatles Forever, Gregorian Masters Of Chant und Anne Sofie von Otter & Elvis Costello.

FOR YOU BLUE

Song von George Harrison, aufgenommen am 25.1.1969, produziert von → *Glyn Johns*, erstmals erschienen am 8.5.1970 auf der LP »Let It Be«, am 11.5.1970 in den USA als Single (b/w »The Long And Winding Road«). Der legendäre Blues-Gitarrist, dem George Harrison lachend seine Reverenz erweist, ist Elmore James (1918–1963). Das Stück hieß ursprünglich »George's Blues«. Das Slide-Gitarren-Solo spielt John Lennon. Zahlreiche → *Cover-Versionen*, u.a. von Paul McCartney & Band, The Green Apples, Laibach und Monti Beton.

FORTHLIN ROAD

In dieser Straße im Liverpooler Stadtteil Allerton, in der Nr. 20, einem kleinen, zweistöckigen gemauerten Terrassenhaus, das der Gemeinde gehörte, mitten in einer Siedlung aus den 1950er Jahren, wohnte ab September 1955 die Familie McCartney. Neben dem Wohnzimmer gab es eine winzige Diele, ein Esszimmer und eine Küche. Nachdem Pauls und Michaels Mutter → *Mary McCartney* an Brustkrebs gestorben war, blieb Vater → *James »Jim« McCartney* zu Hause, um die Söhne zu erziehen. Hier trafen sich auch John und Paul, um zu üben und zu komponieren. Im Mai 1960 entstanden einige Aufnahmen, zu hören auf der → *Bootleg*-CD »Liverpool, May 1960 – John, Paul, George And Stu«. 1964 zog James McCartney in ein größeres Haus in Heswall, an der Südseite des Mersey. Das Haus in der 20 Forthlin Road kaufte 1995/1996 für 55 000 £ (ca. 65 000 €) der National Trust, nach aufwendigen Restaurierungsarbeiten (Kosten: 47 000 £) wurde es am 29.7.1998 als Gedenkstätte eröffnet. Besichtigungen sind nach telefonischer Voranmeldung unter (0151) 708 85 74 oder direkt mit dem Bus ab Albert Dock Tourist Information Centre möglich. Der National Trust gab eine 18-seitige Broschüre zu dem Objekt heraus – Vorwort: Paul McCartney; 2000 erhielt

20, Forthlin Road, Liverpool – hier wohnte ab September 1955 die Familie McCartney

das Haus einen Merseyside Tourist Award als »Visitor Attraction Of The Year«.

FOUR BY THE BEATLES
Am 11.5.1964 in den USA auf dem Label → *Capitol Records* erschienene EP der Beatles mit den Titeln »Roll Over Beethoven«, »All My Loving«, »This Boy« und »Please Mr. Postman« – von den LPs »Meet The Beatles« und »The Beatles Second Album«.

FOUR IN HAND
→ *Oh! Calcutta!*

THE FOUR TOPS
Amerikanisches Soul-Gesangsquartett aus Detroit/Michigan, Besetzung: Renaldo »Obie« Benson, Abdul »Duke« Fakir, Lawrence Payton und Levi Stubbs, seit 1964 unter diesem Namen aktiv. Hits: »Baby I Need Your Loving« (1964), »I Can't Help Myself« (1965), »It's The Same Old Song« (1965), »Reach Out I'll Be There« (1966) u.a. Die Beatles waren große Fans des Quartetts. Für einen Auftritt der Four Tops am 13.11.1966 im Londoner → *Saville Theatre*, das u.a. John Lennon und George Harrison besuchten, soll Paul McCartney sogar die Kulissen entworfen haben. Zur Zeit des Konzertes war er allerdings im Urlaub in Kenia. Ringo Starr und → *Brian Epstein* hatten die Four Tops am 7.11.1966 vom Flughafen Heathrow abgeholt. Nach ihrem Konzert gab Brian Epstein eine Party in seinem Haus in der 24 Chapel Street, zu der außer den Four Tops John Lennon, George Harrison, Mick Jagger, Keith Richards, Charlie Watts, Hilton Valentine (Gitarrist der → *Animals*), → *Donovan*, Chris Curtis (Drummer der Searchers), → *Georgie Fame* und Eric Burdon kamen. Manager Epstein holte dann im Januar 1967 The Four Tops noch einmal nach London, Paul McCartney und George Harrison besuchten das Konzert am 28.1.1967 in der Londoner → *Royal Albert Hall*.

THE FOURMOST
Band aus Liverpool. Gegründet als Four Jays, spielten sie anfangs auch Jazz. Genau zwanzig Tage vor den Beatles traten The Four Jays im Juli 1957 zum ersten Mal im → *Cavern* auf. Ab 1962, nach einem Besetzungswechsel, nannten sie sich The Fourmost. Sänger und Gitarrist war Brian »Owie« O'Hara (* 12.3.1942 in Liverpool, † 17.6.1999 in Liverpool), begleitet von Billy Hatton (b, * 9.6.1941 in Liverpool), Mike Millward (rhythm g, voc, * 9.5.1942 in Bromborough/Cheshire) und Dave Lovelady (dr, * 16.10.1942 in Liverpool). 1963 nahm → *Brian Epstein* die Band unter Vertrag, im August 1963 veröffentlichte sie ihre erste Single »Hello Little Girl«, eine Komposition von John Lennon/Paul McCartney, die im September 1963 zum ersten Top-10-Hit der Gruppe avancierte, gefolgt von »I'm In Love«, ebenfalls von Lennon/McCartney. Ihr größter Hit war im April 1964 »A Little Loving«. Die Band trat bei vielen Gelegenheiten mit den Beatles auf, u.a. im Dezember 1963 bei The Beatles Christmas Show in London, und wurde gemanagt von Brian Epsteins → *NEMS Enterprises Limited*. Am 25.6.1964 gründete Brian Epstein die Fourmost Production Limited – ein weiterer Direktorposten für ihn. 1969 produzierte Paul McCartney mit ihnen »Rosetta«, erschienen am 21.2.1969 auf einer Single (b/w »Just Like Before«). Auf der dänischen EP »The Liverpool Sound« singen The Fourmost »Hello Little Girl« und »Just In Case«, die Beatles »She Loves You« und »I'll Get You«. Die Band ging 1978 auseinander, der Name The Fourmost wurde an eine andere Band verkauft.

FOWLEY, KIM

*21.7.1942 in Manila/Philippinen; amerikanischer Sänger, Komponist, Produzent, Tänzer, Musiker und Literat, gilt als »größter Lügner im Rockgeschäft« und »schlimmster Exzentriker der gesamten Westküste« (Christian Graf). Fungierte als Ankündiger der Band auf der LP »The Plastic Ono Band – Live Peace in Toronto 1969«, aufgenommen am 13.9.1969 im Varsity Stadium in Toronto/Kanada.

FOXGLOVE INVESTMENTS LIMITED

Eine der sieben am 19.12.1967 von den Beatles in London gegründeten Investmentgesellschaften.

FRANKIE GOES TO LIVERPOOL

Deutsche → *Cover-Band*, gegründet Anfang 1996 in Berlin nach dem Split der → *Berliner Beatles Band*. Besetzung: Axel Stammberger (ld-g, voc), Lutz R. Forstbauer (rhythm g, voc, ex-CC 68), Frank »Bobby« Görke (bg, voc) und Mico Berendt (dr). Im Unplugged-Programm haben sie eher die »leisen« Stücke, ihr Markenzeichen ist der markante Satzgesang »hart am Original«. Sie traten u.a. im → *Cavern* in Liverpool auf.

***Anschrift:** Lutz R. Forstbauer, Graunstraße 17, 13355 Berlin, Tel. (030) 46 79 03 75/559 89 20, Mobil (0172) 702 47 91, Fax (030) 54 91 20 90.* • ***Discogr.:** Unplugged (2006)*

FRASER, ROBERT (HUGH)

Londoner Kunsthändler und Galerist, *im August 1937 in London, Absolvent von Eton. Er arbeitete zuerst für ein Auktionshaus, dann für die Wildenstein Gallery in New York. Im April 1962 kehrte er nach London zurück, wo er am 15.8.1962 in der Duke Street 69 seine Galerie eröffnete. In seiner Wohnung in der Mount Street 20 richtete er einen Salon ein, in dem dann u.a. auch Paul McCartney verkehrte, der ihn zum ersten Mal im Frühjahr 1966 in der Wohnung von → *John Dunbar* und → *Marianne Faithfull* in Lennox Gardens getroffen hatte. Fraser und Paul McCartney wurden bald gute Freunde. Fraser – er war heroinsüchtig, homosexuell und wohl kein guter Geschäftsmann – machte Paul McCartney mit Andy Warhol, Claes Oldenburg, David Hockney, Jim Dine, → *Peter Blake* und Michelangelo Antonioni bekannt. Paul McCartney in seiner Biographie »Many Years From Now«: »Robert Fraser hat mich entscheidend beeinflusst.« Im Oktober 1966 eröffnete er eine Ausstellung mit Multiples von → *Richard Hamilton* aus dem Guggenheim Museum in New York, 1967 schlug er den Beatles vor, das Cover von »Sgt. Pepper's Lonely Hearts Club Band« von Peter Blake und Jann Haworth gestalten zu lassen; auch der Vorschlag, das Plattencover zum Doppelalbum »The Beatles«, dem »Weißen Album« (1968), von Hamilton gestalten zu lassen, stammt von ihm. Fraser war auch mit John Lennon bekannt und stellte einige seiner Werke in seiner Galerie aus. 1967 musste er wegen Drogenbesitzes in Wormwood Scrubs eine sechsmonatige Haftstrafe absitzen. Am 1.7.1968 wurde in der Galerie die erste eigene Ausstellung John Lennons → *you are here.* eröffnet. Ab 1978 trafen sich die beiden wieder häufiger. Robert Fraser starb im Januar 1986 an aidsbedingter Lungenentzündung und Meningitis.

***Lit.:** Vyner, Harriet: Groovy Bob – The Life And Times Of Robert Fraser (London 1999)*

FREE AS A BIRD

Original-Komposition von John Lennon, entstanden im November/Dezember 1977, erstmalig gesendet in der Serie → *The Lost Lennon Tapes* in der 78. Sendung Ende 1980. Die »neue« Beatles-Version von John Lennon, Paul McCartney, George Harrison und Ringo Starr wurde aufgenommen im Februar und Juni 1994 in Pauls Studio The Mill in Sussex, produziert von → *George Martin* und Jeff Lynne, erstmals offiziell erschienen am 20.11.1995 als erster Song auf der DoCD »The Beatles Anthology 1« – »die erste ›neue‹ Beatles-Single seit 1970« (Werbung). → *Yoko Ono* hatte den Song Paul McCartney am 19.1.1994 in New York bei der Aufnahme John Lennons in die → *Rock and Roll Hall of Fame* geschenkt. Der »neue« Song wurde erstmals am 19.11.1995 in einer ATV-Sendung vorgestellt. Der Song war ursprünglich für einen Film über die Lennons mit dem Titel »The Ballad Of John And Yoko« bestimmt und war inspiriert von John Lennons Sieg über die US-Administration, die ihm lange Zeit die offizielle Aufenthaltsgenehmigung verweigert hatte. Von den Medien z.T. überschwänglich als »Comeback der Beatles« gefeiert, hatte der Song doch einen faden Beigeschmack – schließlich war John Lennon zu diesem Zeitpunkt bereits 15 Jahre tot. John Lennons Lead-Gesang stammt von Demo-Bändern, aufgenommen 1977 während seiner »Hausmann«-Zeit im Dakota Building, wurde digital remastert und mit Originalklängen der übrigen drei Beatles gemixt. Am Ende des Songs sind Gesprächsfetzen von John Lennon zu hören – sie ergeben (vorwärts) »Made For John Lennon« (Für John Lennon) bzw. (rückwärts) »Turned out nice again ... didn't it?« (Wieder einmal gut geworden ... nicht wahr?). Paul McCartney: »Es ist echt irre. Wenn du an eine neue Beatles-Platte denkst, ist es eigentlich unmöglich, weil John nicht mehr da ist. Aber wir haben es geschafft, einen unveröffentlichten Song von John zu bekommen und stellen uns einfach vor, er wäre in Urlaub gefahren und hätte vorher gesagt: ›Macht das mal fertig, ich vertraue euch.‹ Das gab uns dieses nette Gefühl, frei zu sein und machen zu können, was wir wollen. Also haben wir daran weitergearbeitet, so wie es die Beatles mit jedem alten Stück gemacht haben, und jetzt bin ich verdammt stolz darauf.« Das dazugehörige Video (Regie: Joe Pytka, Produzent: Vincent Jolier) überzeugte mehr als der Song – schließlich hatte das Team bereits für Nike, Pepsi-Cola, Madonna und → *Michael Jackson* gearbeitet. Ein 150(!)-köpfiges Team drehte tagelang an den Originalschauplätzen früher Beatles-Tage in Liverpool und London. Das Video enthält zahlreiche Anspielungen auf frühere Beatles-Songs. Für das Video und den Song erhielten die Beatles 1996 je einen → *Grammy* in den Kategorien »best music video – short form« und »best music video – long form«. Jeff Lynne, ein früheres Mitglied des Electric Light Orchestra (ELO) und der Traveling Wilburys, überwachte die Studioarbeiten. Natürlich initiierte der Song auch eine Reihe von → *Bootlegs*: »Alternates Of Free As A Bird And 14 Other Songs« (FAAB, 1996), »Free As A Bird« (FAB, Japan, 1996), »free as a bird – the dakota beatle demos« (Pegboy Records, Australien, 1996; »Odeon« 1996). John Lennons Original ist u.a. zu finden auf den Bootlegs »Watching The Wheels«, »The Lost Sleepy Blind Lemon Lennon Album«, »Studio Tracks Vol. 4« und »Artifacts III«. Die Bootleg-CD »Meet The Threetels« (2003) enthält eine Dokumentation »The Evolution of FREE AS A BIRD from the Dakota, New York City, 1977 to The Mill Studio, Sussex, England – February 11th 1994«. Der gleichnamige Song der band ohne namen, 2002 auf einer Single erschienen, hat nichts mit dem John-Lennon-Song zu tun. Inzwischen gibt es auch einige → *Cover-Versionen*, u.a. von Yukio Yung, The ReBeatles, Glow, Symphony Orchestra Hamburg und The Mersey Sound Orchestra.

Lit.: Coren, Giles: The Beatles – Free As A Bird (London 1995)

FREEMAN, ROBERT »BOB«

1936 in Australien geborener und später in Großbritannien lebender Fotograf, eins seiner Beatles-Porträts kam 1963 auf das Cover der LP »With The Beatles«. Das Schwarz-Weiß-Foto entstand am 22.7.1963 (nach anderen Quellen im August 1963) in Bornemouth im Palace Court Hotel. Freeman später: »Das endgültige Cover der Platte sah in der englischen Version wie vier weiße Gesichter in einem Kohlenkeller aus.« Er machte 1963 in London auch → *Peter Blake*, der später das Cover für »Sgt. Pepper's Lonely Hearts Club Band« schuf, mit den Beatles bekannt. Er lieferte auch Fotos für andere Beatles-Platten, u.a. für »A Hard Day's Night«, die EP »Long Tall Sally« und »Beatles For Sale«. Auf ihrer ersten USA-Tour begleitete er die Beatles als »Special Beatles Photographer«, auch in Stockholm im Oktober 1963, in Paris im Januar 1964, in Österreich und auf den Bahamas war er dabei. Anfang 1965 nahm Freeman weitere Fotos der Beatles auf, die später auf der Rückseite von »Beatles VI« erschienen. Von Freeman stammt auch das Cover-Foto der LP »Rubber Soul«, aufgenommen in John Lennons Garten in Weybridge. »Ich fotografierte aus einem anderen Winkel und wollte gedeckte Töne – Grün, Braun und Schwarz, beinahe monochrom«, schreibt Freeman in seinem Buch »The Beatles – A Private View«. Die verzerrte Perspektive kam allerdings rein zufällig zustande. »Ich mochte es, wie unsere Gesichter auf dem Cover ein wenig länger erschienen«, sagt George Harrison in → *The Beatles Anthology*. Solo-Porträts von Freeman erschienen auf der Rückseite von »Help!«, »Rubber Soul« und »Revolver«. Auch das Official Fan Club Photo von 1966 stammt von Freeman. Er gestaltete auch John Lennons Bücher »In His Own Write« und »A Spaniard In The Works« und den Titel des Films »A Hard Day's Night«. 1968 führte er Regie in dem Musikfilm »The Touchables«. Paul McCartney später: »Ich mochte seine Fotografie sehr. Ich meine, er hat auf diese Art einige der besten Bilder der Beatles gemacht.« Vom 7.12.1995 bis 7.1.1996 zeigte die Deichtorhalle in Hamburg unter dem Titel »The Beatles – A Private View« 110 Fotos Freemans aus den Jahren 1963 bis 1967. Freeman lebt heute in der Nähe von Madrid/Spanien.

Lit.: Freeman, Robert: Beatles Ltd (1964); Freeman, Robert: Yesterday – Photographs Of The Beatles (mit einer Einleitung von Paul McCartney, London 1983, 1996); Freeman, Robert; Hogg, Brian: The Revolver Sessions (London 1991); Freeman, Robert: The Beatles – A Private View (London 1990; New York 2003)

FRENCH, LOUISE

→ *Harrison, Louise*.

FRIAR PARK

120-Zimmer-Schloss im viktorianischen Stil mit über 162 000 Quadratmeter großem Park in der Paradise Road in Henley-on-Thames in der englischen Grafschaft Oxfordshire, von George und Pattie Harrison Ende 1969/Anfang 1970 für 140 000 £ (damals ca. 535 000 €, → *Bill Harry* schreibt sogar von 350 000 £) gekauft. Am 12.3.1970 gaben sie → *Kinfauns* auf und zogen hier ein, am 17.3.1970 gab Pattie hier bereits ihre Geburtstagsparty, zu der auch Ringo und → *Maureen Starkey* kamen. Das Anwesen war früher ein Kloster, das Schloss wurde 1889 für den Londoner Anwalt (Solicitor) Sir Frank Crisp erbaut. George Harrison ließ u.a. ein Aufnahmestudio und ein kleines Kino einbauen. Dem ehemaligen Eigentümer zollte er 1970 mit »The Ballad Of Sir Francis Crisp« auf »All Things Must Pass« Tribut. George Harrison beschäftigte sich hier auch intensiv mit Gartenbau. Eine Holztafel am Eingang bat freundlich: »Get your ass out'a here«. Das Anwesen verfügt über ein weitverzweigtes Kanal- und Bewässerungssystem und eine Miniaturnachbildung des Mont Blanc im Garten. Am 23.6.1994 trafen sich Paul McCartney, George Harrison und Ringo Starr in den Friar Park Studios noch einmal zu einer Session (→ *The Threetles*). Der Wert des Anwesens betrug 2001 ca. 15 Mill. £ (ca. 23 Mill. €). Die Harrisons hatten über 1 Mill. £ in Sicherheitssysteme investiert, Wächter der Vanguard Location Security patrouillierten rund um die Uhr. → *Tony Barrow*: »Das war sein Heiligtum, sein ›Englisches Schloss‹.« Trotzdem stach am 30.12.1999 ein Einbrecher, den er im Haus überraschte, George Harrison nieder. Nach dem Tod Harrisons verkaufte seine Frau das Anwesen.

FRISUR

→ *Pilzkopffrisur*.

FROM HAMBURG TO HERE

CD mit historischen Aufnahmen der Beatles aus der Hamburger Zeit (mit → *Tony Sheridan*: »My Bonnie«, »Money«, »Mess Around«, »Skinny Minnie«, »Johnny B. Goode«), ergänzt durch Aufnahmen von Denny Laine mit Paul & Linda McCartney bzw. mit den Wings und ein Interview von → *Kenny Everett* mit John Lennon, Paul McCartney und Ringo Starr.

FROM ME TO YOU

1. Song von John Lennon/Paul McCartney, aufgenommen am 5.3.1963, erstmals erschienen am 11./12.4.1963 auf Single (b/w »Thank You Girl«), am 6.9.1963 auf der EP »The Beatles' Hits« und am 9.12.1966 auf der LP »A Collection Of Beatles Oldies (But Goldies)«. John Lennon und Paul McCartney haben den Song am 28.2.1963 auf der Busfahrt zwischen York und Shrewsbury geschrieben, als sie mit Helen Shapiro auf Tournee waren. Die komplette Aufnahmesession für die dritte Single der Beatles dokumentiert die → *Bootleg*-CD »March 5, 1963 – The Complete Session Tape For The Third Single« (Vigotone, Australien). Zahlreiche → *Cover-Versionen*, u.a. von Del Shannon, Margarita Pracatan, Emi Bonilla, Arthur Wilkinson and his Orchestra, Bobby Vee, The Hollyridge Strings, Jive Bunny & The Mastermixers, The George Martin Orchestra, The Chipmunks, Pottrock, The Swallows, Dick James, The Hill/Wiltschinsky Guitar Duo, The Bugs, Twist And Shout, The Fabulous Four, The Crickets, Gina Dobra (»Ich komm nicht mehr los von dir«), Karel Gott, Bornagen, The Punkles, Beatles Forever, The Persuasions, The Day Trippers, Lonnie Mack, Heinrich von Kalnein und Orchester Bert Kaempfert.

2. Titel eines → *Fanzines*, das ab Juli 1978 in Bad Hersfeld erschien. Bis 1981 erschienen 16 Ausgaben.

FROM THEM TO US

Titel einer in Großbritannien und den USA auf dem Apple-Label am 18.12.1970 erschienenen → *Kompilation* der bis dahin erschienenen → *Christmas Records* des → *Beatles Official Fan Club*, bestimmt für die Mitglieder. In den USA hieß die LP »The Beatles Christmas Album«, auf → *Bootlegs* auch »From Then To You«.

FROM US TO YOU

Titel einer Leserbrief-Spalte im → *New Musical Express* und von vier → *BBC*-Radio-Shows (»The Beatles Say From Us To You«, 1963/1964). Als die Beatles am 26.12.1963 zum ersten Mal in der Show auftraten (rec. 18.12.1963), änderten sie ihren Song »From Me To You« in »From Us To You« als Erkennungsmelodie (erschienen 1994 auf der DoCD »The Beatles Live At The BBC«). Es folgten drei weitere Sendungen zu Ostern (30.3.1964, rec. 28.2.1964), Pfingsten

(18.5.1964, rec. 1.5.1964) und am 3.8.1964 (rec. 17.7.1964). Mitschnitte erschienen auf »The Beatles At The Beeb« Vol. 8, 9, 10 & 11 und »Radio Active« Vol. 8 & 9 und einer → *Bootleg*-LP mit dem Titel »From Us To You – A Parlophone Reherseal Session«. 2001 erschien unter diesem Titel eine Box mit zehn CDs, einem 76-seitigen Booklet + T-Shirt (Dressed To Kill Records). Die CDs enthalten Interviews mit den Beatles als Gruppe, aber auch mit John Lennon und → *Yoko Ono*, des Weiteren seltene Aufnahmen von Denny Laine, Paul & Linda McCartney und → *Tony Sheridan*. Auf der LP »The Mixes«, erschienen am 3.2.1986 in GB, befindet sich das Disco-Medley »From Us To You« (5:24 min) – ein Mix aus »From Me To You«, »Day Tripper«, »I Want To Hold Your Hand«, »Please Please Me«, »She Loves You«, »A Hard Day's Night«, »Back In The U.S.S.R.«, »Eight Days A Week« und »Help!«.

FROM A WINDOW

Song von John Lennon/Paul McCartney, erstmals aufgenommen am 29.5.1964 von → *Billy J. Kramer with The Dakotas* und auf Single veröffentlicht am 12.8.1964. Zahlreiche → *Cover-Versionen*, u.a. von Pierson Parker Janovitz Project, Kresten Korsbæk, The Beatnix und The Saltbee.

FROM YESTERDAY TO PENNY LANE

Suite des am 1.3.1939 in Havanna/Kuba geborenen Gitarristen, Arrangeurs, Dirigenten und Komponisten Leo Brouwer, die sieben Beatles-Songs enthält, veröffentlicht auf der LP »La Obra Guitarristica«. Die Suite wurde in mehreren Aufnahmen veröffentlicht, u.a. von Victor Pellegrini & Elisa String Quartet (»Folksongs«, Frame 1996). Leo Brouwer veröffentlichte auch eine LP »De Bach A Los Beatles«, u.a. mit einer Cover-Version von »Eleanore Rigby«.

FROST, DAVID

Einer der bekanntesten britischen Rundfunk- und Fernsehmoderatoren der 1960er Jahre – mit eigenen Shows in den USA. Am 1.8.1966 nahm er ein Interview mit Paul McCartney für seine Rundfunksendung »David Frost At The Phonograph« auf (gesendet am 6.8.1966). Am 29.9.1967 ließen sich John Lennon und George Harrison für die TV-Show »The Frost Programme« interviewen. Ein Thema war u.a. ihr Verhältnis zur → *Transzendentalen Meditation*. David Frost lud sie daraufhin spontan in seine Sendung am 4.10.1967 ein. Am 27.12.1967 interviewte Frost Paul McCartney zum Film »Magical Mystery Tour«. Am 24.8.1968 waren John Lennon und → *Yoko Ono* zu Gast bei »Frost On Saturday«. Am 4.9.1968 besuchte Frost die Beatles in den → *Twickenham Film Studios*, wo einer ihrer mittlerweile raren Live-Auftritte (»Hey Jude«) aufgezeichnet wurde (gesendet am 8.9.1968 in »Frost On Sunday«). Am 23.2.1969 waren Paul McCartney und → *Mary Hopkin* seine Gäste in einer Show in den USA, aufgenommen bereits am 16.6.1968 im Stonebridge Park Studio in Wembley. Am 10.7.1969 redeten John Lennon und Yoko Ono bei Frost über Konzeptkunst. Diese Sendung war allerdings bereits am 14.6.1969 in den Stonebridge Park Studios in Wembley aufgenommen worden. Am 29.3.1970 sang Ringo Starr in der Show »Sentimental Journey«, im gleichen Jahr war er noch einmal mit → *Peter Sellers* aus Anlass seines Filmes »The Magic Christian« zu Gast. George war am 3.12.1971 bei Frost (mit David Bromberg, zu Gast war auch Ravi Shankar), John Lennon und Yoko Ono am 13.1.1972 (aufgenommen Mitte Dezember 1971). Am 21.5.1975 gestaltete David Frost bei ABC-TV unter dem Titel »Salute To The Beatles« eine Tribut-Sendung für die Beatles, eine ähnliche Show fand 1977 statt. David Frost schrieb auch für diverse Journale, u.a. für *Spectator* (z.B. »John's Gospel«, 12.8.1966).

FÜNFTER BEATLE

Bezeichnung für → *George Martin*, aber auch für → *Brian Epstein*, → *Neil Aspinall*, → *Stuart Sutcliffe*, → *Jimmy Nicol*, den Fotografen Leslie Bryce, den Fußballer George Best (»der erste Popstar des Fußballs«), → *Klaus Voormann* (der sich dagegen stets verwahrte) und → *Billy Preston* – laut George Martin ein »unmöglicher Titel« (im wahrsten Sinne des Wortes). Der New Yorker DJ Murray the K. bezeichnete sich – leicht größenwahnsinnig – zeitweilig selbst als »fünften Beatle«, bis ihm Brian Epstein das untersagte. Der amerikanische Journalist → *Ed Rudy* behauptet in den Sleeve Notes der Interview-LP »The Beatles American Tour With Ed Rudy« frech, die Beatles hätten ihn als »fünften Beatle« bezeichnet. Auch → *Klaus Beyer* wird immer mal wieder (ironisch) als »fünfter Beatle« tituliert. Der *Eulenspiegel* (4/2003) erfand anlässlich »40 Jahre Pilzköpfe« (?) einen fünften Beatle – Wolfgang »Ringo Lennon« Habermehl, der 1965 (!) von den Beatles in Hamburg entdeckt und in die Band aufgenommen worden sein soll. Selbst Brian Jones wäre wohl 1967 gern der »fünfte Beatle« geworden ...

FUN WITH THE FAB FOUR

Video (USA 1990, 54 min), 2000 auch als DVD erschienen.

THE FUTZ

→ *Fakes*.

G

GALLOTONE CHAMPION
Seine erste Gitarre, die er auch im Juli auf dem Sommerfest in Woolton spielte, hatte John Lennon für 10 £ bei einem Versandhaus bestellt. Sie wurde im September 1999 von Sotheby's versteigert. Ein nicht namentlich genannter Bieter, ein New Yorker Investmentfonds-Manager, ersteigerte sie telefonisch für 155 500 £. Die Echtheit wurde von Johns Tante Mimi und dem früheren Quarryman → *Rod Davis* bestätigt. Nach John Lennons Tod hatte Tante Mimi die heute berühmte rot-schwarze Gitarre einem Jungen mit Lernproblemen gegeben, der sie später an ein Mädchen weitergab.

GAMBIER TERRACE
Unweit vom → *Liverpool College of Art*, in der Nr. 3, mietete der Student Rod Murray, ein guter Freund John Lennons, 1960 eine Wohnung. Da sie ziemlich teuer war, zogen auch → *Stuart Sutcliffe* und John Lennon mit ein. Zeitweilig (insbesondere nachts) waren auch Johns Freundin Cynthia und Murrays Freundin Margaret Dizley in der Wohnung. → *Royston Ellis* übernachtete hier, und auch → *Bill Harry* und seine Freundin Virginia waren häufige Besucher. Als 1960 ein Reporter der Zeitung *Sunday People* eine »Musterwohnung« englischer Beatniks suchte, empfahl ihm → *Allan Williams* 3, Gambier Terrace. Unter dem Titel »The Beatnik Horror« erschien dann ein »Bericht« in der Ausgabe vom 24.7.1960. Als John Lennon und Stuart Sutcliffe gingen, musste Rod Murray die Wohnung aufgeben. Einige Notizbücher, die John zurückgelassen hatte, konnte Murray 1984 bei Sotheby's für 16 000 £ versteigern.

GARNER, FRANK
Der erste Road Manager der Beatles, nebenbei arbeitete er als Rausschmeißer im → *Casbah Coffee Club*. Sein erster Job war der Auftritt in der → *Litherland Town Hall* am 20.12.1960. Er bekam das gleiche »Gehalt« wie die Musiker – 1 £. Im Herbst 1961 übernahm dann auf Bitten von → *Pete Best* → *Neil Aspinall* den Job.

GARRY, LEN
Spielte von Juni 1957 bis Januar oder Mitte 1958 den Teekisten-Bass bei → *The Quarrymen*. * 6.1.1942 in Liverpool, besuchte er am Liverpool Institute die gleiche Klasse wie → *Ivan Vaughan*. Aufgrund einer Krankheit (tuberkulöse Meningitis) musste er die Gruppe verlassen. Er wurde Architekt und heiratete 1965 Susan. 1971 zogen sie mit ihren zwei Söhnen in den Süden Englands, wo ihre

Len Garry (The Quarrymen)

zwei Töchter Ruth und Jane geboren wurden. 1987 wanderten sie nach Neuseeland aus, kamen aber 1988 zurück nach Liverpool. Len Garry arbeitete hier als Lehrer. 1992 kamen Len Garry, → *John »Duff« Lowe* und → *Rod Davis* für einige Plattenaufnahmen zusammen. Für weitere Auftritte, u.a. bei diversen → *Beatles Conventions*, kamen auch → *Pete Shotton*, → *Colin Hanton* und → *Eric Griffiths* hinzu.

Lit.: Garry, Len: John, Paul & Me: Before The Beatles – The True Story Of The Very Early Days (London 1997)

GAUMONT CINEMA

Filmtheater in Bournemouth, Hampshire, Westover Road. Die Beatles traten hier vom 19. bis 24.8.1963 auf – mit → *Billy J. Kramer with the Dakotas* und Tommy Quickly, in jeweils zwei Shows pro Tag. Am 19.8.1963 gaben die Beatles eine Party zu Billy J. Kramers 20. Geburtstag in ihrer Garderobe. Granada TV zeigte in der Sendung »Scene« die Beatles mit »She Loves You«. Die Beatles wohnten in diesen Tagen im Palace Court Hotel, wo → *Robert Freeman* wahrscheinlich auch das Foto schoss, das dann auf das Cover der LP »With The Beatles« kam. Ihr damaliger Studiotechniker Draper nahm in diesen Tagen zehn Songs der Beatles auf Band auf (ca. 25 min), die 1998 bei Christie's für umgerechnet ca. 35 000 € versteigert wurden. Die Beatles traten dann noch am 2.8.1964 und am 30.10.1964 im Gaumont Cinema auf.

GENESIS PUBLICATIONS LIMITED

1974 in Guildford, Surrey/GB von Brian Roylance († 27./28.9.2005) gegründeter Verlag, der exquisite Editionen auf dem Gebiet der Rockmusik herausgibt (»fine limited edition books«), darunter zahlreiche Bücher zum Thema »Beatles«. Hier erschienen u.a. 1980 in einer signierten, auf 2000 Exemplare limitierten und von Hand in Leder gebundenen Ausgabe George Harrisons Autobiographie »I Me Mine«, 1984 → *Derek Taylors* Autobiographie »Fifty Years Adrift (In An Open-Necked Shirt)«, 1987 »Songs By George Harrison, Vol. 1 – Piggies« (George Harrison/Keith West), 1990 »Blinds & Shutters« von → *Michael Cooper*, »Songs By George Harrison Vol. 2 – Here Comes The Sun« (George Harrison/ Keith West), 1994 »Liverpool Days« (Max Scheler/→ *Astrid Kirchherr*) und »George Harrison – Live In Japan«, 1995 »Sometime In New York City« (Fotos von John Lennon und → *Yoko Ono* des New Yorker Fotografen Bob Gruen; 3 500 Exemplare, die ersten 2500 signiert von Ono und Gruen, Preis 325 £) und »Ravi« (Autor: Oliver Craske, Herausgeber & Vorwort: George Harrison, auf 2500 Ex. limitiert), 1996 »Golden Dreams« (Max Scheler, u.a. mit Fotos von Astrid Kirchherr) und »Stuart – The Life And Art Of Stuart Sutcliffe« (Pauline Sutcliffe und Kay Williams), 1997 Jürgen Vollmers Deluxe-Edition »From Hamburg To Hollywood« (1750 Exemplare), »Big – Beatles in Germany« (Astrid Kirchherr, → *Günther Zint*, → *Tony Sheridan*, Peter Brüchmann u.a.) und Ravi Shankars Autobiographie »Raga Mala«, 1999 »Hamburg Days, Vol. 1 & 2« von → *Klaus Voormann* und Astrid Kirchherr (Preis: 498 €) und »George Harrison Live In Japan – The Story Of The Tour«, 2001 Curt und Stephen Gunthers »Mania Days – The Unrivalled Story Of The Beatles' '64 US-Tour«. Dieses Werk kostet z.B. in der limitierten und nummerierten Ausgabe im Schuber 399 Euro. Die ersten 160 Exemplare waren Deluxe-Editionen, je 40 Exemplare waren einem der vier Beatles gewidmet und speziell layoutet – Preis: 1398 DM (ca. 700 €)! Der Verlag hatte auch die redaktionelle Leitung des Buches »The Beatles Anthology«. 2002 erschien »Playback – An Illustrated Memoir«, die Autobiographie von

George Martin (mit CD, Autogramm und lfd. nummeriert, im Schuber, mit einem Vorwort von Paul McCartney und Ringo Starr, Preis: 498 €; auch als Luxusausgabe von 250 Ex. Mit von Martin signiertem 6-CD-Box-Set, Preis: 1098 €), 2002 »Ringo Starr: Postcards From The Boys« (in Aluminium-Box, mit Autogramm, Preis: 470 €; dt.: »Postcards From The Boys«, Berlin 2005) und »When We Was Fab« von Astrid Kirchherr (750 Ex. Mit Ledereinband, Preis: 698 €), 2005 »Concert For George« (mit Seideneinband, Autogramm von Olivia Harrison, Preis: 545 €) und 2006 »Now These Days Are Gone« von Michael Peto u. a. mit Fotos von den Dreharbeiten zu »Help« (Preis: 475 €). Zum 30. Jahrestag der Gründung des Verlages fand in London eine große Ausstellung statt. In Deutschland sind die Bücher u.a. über die Gingko Press Verlag GmbH in Hamburg zu beziehen (www.gingkopress.com).

www.genesis-publications.com

GENTLE, JOHNNY

Vom 20. bis 28. Mai 1960 fungierten → *The Silver Beatles* neun Tage lang als Backing-Band für Johnny Gentle (*8.12.1936 in Liverpool als John Askew) auf dessen Schottland-Tour – unter Pseudonymen: → *Carl Harrison* (nach → *Carl Perkins*), → *Paul Ramon*, Johnny Silver und → *Stuart de Staël* (nach dem Maler Nicholas de Staël) und plus → *Tommy Moore* (dr). Vor dem ersten Auftritt in der Town Hall in Marshill, Alloa/Clackmannanshire/Schottland probten sie gerade mal 30 Minuten mit Johnny Gentle. Die Tournee wurde ein Erfolg, für die Beatles folgten Auftritte in Liverpool und Umgebung. An dem Song »I've Just Fallen For Someone«, den Gentle 1960 für → *Parlophone Records* unter dem Pseudonym Darren Young aufnahm, ist John Lennon als Songwriter beteiligt. Als er am 2.7.1960 in Liverpool war, stieg er bei den Silver Beatles ein, die gerade im → *Grosvenor Ballroom* spielten. 1963 lief sein Schallplattenvertrag aus. Er nannte sich Darren Young, schloss sich den Viscounts an und verschwand Mitte der 1960er Jahre in der Versenkung. Anfang der 1970er Jahre hatte er eine Tischlerei. Er hatte damit mehr Erfolg als mit dem Singen, heiratete und hatte zwei Kinder (Gavin und Donna). Mit Erscheinen der »The Beatles Anthology« interessierten sich die Medien wieder für ihn, er wirkte u.a. in einer Sendung »The Beatles In Scotland« mit.

Lit.: Johnny Gentle, Ian Forsyth: Johnny Gentle & The Beatles – First Ever Tour, Scotland 1960 (Liverpool 1998)

THE GERMAN BEATLES

Deutsche Amateurband aus Bottrop, 1963–1965 aktiv.

GERRY AND THE PACEMAKERS

Band aus Liverpool, »vor Ort« wohl die größte Konkurrenz für die Beatles, gegründet Ende der 1950er Jahre als Gerry Marsden Skiffle Group – der einzige Act aus dem »Stall« von → *Brian Epstein*, der seine Platten nicht bei → *Parlophone Records*, sondern bei Columbia veröffentlichte. Die Band trat Anfang der 1960er Jahre oft im → *Cavern* auf; am 19.10.1961 kam es in der → *Litherland Town Hall* zu einer »Supergroup«: Die Beatles traten zusammen mit Gerry Marsden (ld-g, voc), Freddy Marsden (dr), Les Maguire (sax), Les Chadwick (b) und Karl Terry (voc) als → *The Beatmakers* auf; gespielt wurden u.a. »Whole Lotta Shakin' Goin' On«, »Hit The Road Jack«, »What'd I Say« und »Red Sails In The Sunset«. Die Band wurde gemanagt von Brian Epsteins → *NEMS Enterprises Limited*. Als → *George Martin* am 9.12.1962 in Liverpool war, um die Beatles live zu hören, erlebte er im Majestic Ballroom auch Gerry

Gerry and the Pacemakers (Gerry Marsden)

and the Pacemakers. Er buchte sie sofort und verschaffte ihnen mit »How Do You Do It?« (ein Song, den die Beatles abgelehnt hatten) einen Hit. Brian Epstein versuchte sie analog zu den Beatles aufzubauen – mit Fotos von → *Dezo Hoffman*, einem Christmas-Special, Anzügen von → *Dougie Millings* usw. Am 13.1.1964 wurde das Unternehmen Gerry Marsden Pacemusic Ltd – natürlich mit Brian Epstein als Direktor – zur weltweiten Vermarktung der Gruppe gegründet. Ab 7.3.1964 erschien auch ein eigenes Fanzine, herausgegeben von Sean O'Mahoney (das ist Johnny Dean, Herausgeber von → *The Beatles Monthly [Book]*). Im Mai 1967 trennte sich die Gruppe. Gerry Marsden (*24.9.1942) spielte 1967 eine Hauptrolle in dem Musical »Charles«, am 28.4.1968 besuchten John Lennon und Ringo Starr eine Vorstellung in London. Danach trat er in dem Musical → *Ferry 'Cross The Mersey* auf, das die Geschichte seiner Band zum Thema hat. Am 18.12.1985 sendete das britische Fernsehen unter dem Titel »This Is Your Life« einen Beitrag über Gerry Marsden, in dem auch Paul McCartney auftrat. 1985 veröffentlichte Gerry Marsden mit dem Album »Lennon/McCartney Songbook« seinen ganz persönlichen Tribut an die Beatles (mit Sleeve Notes von Paul McCartney). Die Band trat (in neuer Besetzung, aber mit Gerry Marsden) in den 1990er Jahren wiederholt bei den → *Beatles Conventions* in Liverpool auf. Marsden lebt noch immer in Liverpool.

***Discogr.:** How Do You Like It (1964), Ferry Cross The Mersey (1965), Gerry & The Pacemakers At Abbey Road N.W.8 1963–1966 (1998), The Story (2000, mit Bonus-CD-ROM mit Biographie, Diskographie und Fotos)* • ***Lit.:** Marsden, Gerry; Ray Coleman: I'll Never Walk Alone (London 1993)*

GET BACK

1. Song von John Lennon/Paul McCartney, aufgenommen am 27./28.1.1969, erstmals erschienen am 11.4.1969 auf Single, am 8.5.1970 in einer zweiten Version (rec. 27.1.1969) auf der LP »Let It Be«. Die längere Single-Version wurde von → *Glyn Johns* aus zwei Aufnahmen vom 27. und 28.1.1969 zusammengeschnitten. → *Phil Spector* mixte den Song für die LP am 26.3.1970, er fügte auch die Gesprächsfetzen am Anfang und Johns Bemerkung vom → *Rooftop Concert* am Ende hinzu. Der Song beschließt sowohl den Film »Let It Be« (hier interpretiert auf dem Dach des Apple-Gebäudes) als auch die Platte, beide Male lässt es sich John Lennon nicht nehmen, am Schluss ein »Ich hoffe, wir haben das Vorspiel bestanden« einzuwerfen. Eigentlich sollte der Song »I Don't Dig No Pakistanis« heißen und eine Satire auf rassistische und nationalistische Ansichten sein – das Originaltape tauchte erst Ende der 1980er Jahre auf. Lead-Gitarre spielt übrigens John Lennon. Im Juni 1986 spielte Paul McCartney den Song bei »The Prince's Trust Birthday Party« (auch auf LP/Video, erschienen 1987). Eine weitere Version erschien im November 1990 auf Paul McCartneys CD »Tripping The Live Fantastic«. Die DoCD »Making Of Get Back« (1998) versammelt alle Versionen des Titels aus den »Get Back«-Sessions bzw. -Demos. Zahlreiche → *Cover-Versionen*, u.a. von Jive Bunny & The Mastermixers, Amen Corner, Doris Troy, John Pizzarelli, Frank Schöbel, Shirley Scott & The Soul Saxes, Ike & Tina Turner, The Punkles, The Day Trippers, Sarah Vaughan, Status Quo, The Beatles Revival Band, Rod Stewart, The Four Seasons, Anonymously Yours, Steve Wariner, Nitty Gritty Dirt Band, The Hill/Wiltschinsky Guitar Duo, Anonamously Yours, Bornagen, The Mini Beatles, The Bugs, Monti Beton, Pete Drake, Al Green, Andy Garden, Unlimited Beat, The Mersey Sound Orchestra, Elvis Presley, James Last, Laibach, The Inmates, Heinrich von Kalnein, Chantal, Deidre Wilson Tabac und Count Basie.

2. Für den Sommer 1969 geplante LP der Beatles, die jedoch nie erschienen ist – auch wenn einige Rundfunkstationen bereits Vorab-Exemplare bekommen hatten. Nach den Vorstellungen von Paul McCartney sollte es ein Live-Album werden, aufzunehmen vorzugsweise in einem römischen Amphitheater in Tunesien. Aber es kam anders. Ein Teil des Materials wurde für die LP »Let It Be« »recycelt«.

3. Vierteljährlich erscheinendes deutschsprachiges Beatles-Fanzine (seit November 1996), herausgegeben vom Get Back Beatles Fan Club in Göttingen:

www.beepworld.de/members16/getback.

GET BACK: THE MOVIE

95-minütige Filmdokumentation der »McCartney World Tour 1989/90«, Regie: → *Richard Lester*, Produktion: Henry Thomas, Philip Knatchbull, Produzent: Jake Eberts, Co-Produzent: Dusty Symonds; inzwischen auch auf Video (88 min) und DVD erhältlich, sie enthält auch Szenen aus den Beatle-Jahren Paul McCartneys; von den 21 Songs sind immerhin 17 Beatles-Songs. Europa-Premiere war am 18.9.1991 im Hamburger Passage Kino in Anwesenheit von Paul McCartney, → *Linda McCartney* und → *Horst Fascher*, erst am nächsten Tag wurde der Film im Liverpooler »Showcase« und drei weiteren britischen Städten gezeigt (nach einer Pressevorführung am 10.9.1991 im Londoner Richmond Film House).

GET YOU IN THE END

Arbeitstitel von → *I'll Get You*.

GETTING BETTER

Song von John Lennon/Paul McCartney, aufgenommen am 9., 10., 21. und 23.3.1967, erstmals erschienen am 1.6.1967 auf der LP »Sgt. Pepper's Lonely Hearts Club Band«. »Getting Better« (»Wird schon werden«) war die bevorzugte Redensart des Beatles-Chauffeurs → *Terry Doran* (oder des Ersatz-Schlagzeugers → *Jimmy Nicol*?). Der handgeschriebene Songtext Paul McCartneys wurde am 14.9.1995 für 161 000 £ (ca. 185 000 €) bei Sotheby's in London versteigert. Zahlreiche → *Cover-Versionen*, u.a. von R. Steve Moore, The Royal Academy Of Music Symphony Orchestra, Twist And Shout, Branimir Krstic, The Wedding Present und Dave Shaw & Paul Simpson.

GIBB, RUSS

Discjockey bei der Radiostation WKNR-FM in Detroit/USA, der als Erster die Story über den angeblichen Tod Paul McCartneys am 9.11.1966 verbreitete (→ *Paul Is Dead*). Gibb, auch als »Uncle Russ« bekannt, war Miteigentümer des Grande Ballroom, einer der größten Konzerthallen der Stadt. Nach der Bekanntgabe seiner Informationen suchten auch zahlreiche andere Fans nach versteckten Botschaften in Beatles-Songs.

GIBSON

Hersteller der berühmten »Les Paul«-Gitarre. 1935 entwickelte Gibson mit der EH-150 die erste E-Gitarre, ein Jahr später folgte die konventionelle »spanische« ES-150. Die ersten Aufnahmen mit der neuen E-Gitarre waren Andy Kirks »Floyd's Blues« (mit Floyd Smith) und Jimmie Luncefords »Hittin' The Bottle« mit Eddie Durham. 1948 kam Ted McCarty in das Unternehmen, zwei Jahre später wurde er Präsident. Er kannte das Potenzial, das in der Entwicklung der Solidbody-Gitarre steckte. 1948 – bis → *Fender* kam – stellte die Gibson ES-350 den Stand der Technik dar. Die ES-175 war eine preisgünstigere Version. 1952 stellte Gibson das Gold-Top-Modell der »Les Paul« vor. Nachdem die Produktion dieser Gitarre 1960 eingestellt wurde, prägte die ES-335 als Semi-solid-Gitarre die Produktionslinie des Unternehmens. 1958 wurde die berühmte »Flying V« vorgestellt. John Lennon nahm »Love Me Do« mit einer halbakustischen Gibson-Gitarre mit einem Tonabnehmer auf. George Harrison besaß eine Gibson SG, er spielte sie u.a. auf der LP »Revolver«. John Lennon nutzte das Instrument später bei den Sessions zum »Weißen Album«. Das Instrument wurde am 17.12.2004 in New York bei Christie's für 294 000 £ versteigert. Die Fa. produzierte 1998 in einer limitierten Edition eine Replik dieses Instruments mit dem Namen »Fab Four«. Weitere Sonderanfertigungen sind »Magical Mystery Tour« und → *Bed-In*. Jeweils 46 Exemplare dieser Gitarren wurden hergestellt, Preis: je 50 000 £. Die Fa. vergibt jährlich den Orville H. Gibson Award für den »besten akustischen Gitarristen«. Bei einem Konzert aus Anlass des 90. Geburtstages von Les Paul in der New Yorker Carnegie Hall trat 2005 auch Paul McCartney auf. Les Paul über seine Gitarre: »In meinen kühnsten Träumen glaubte ich nie, dass so viele Leute sie benutzen würden. Ich verdanke das den Rock'n'Roll-Spielern, besonders den Jeff Becks, den Paul McCartneys und Jimi Hendrix. Jeder von ihnen spielte eine Les-Paul-Gitarre.«

Historische Gibson-Gitarren

Lit.: Carter, Walter: Gibson Guitars – 100 Years of an American Icon (Los Angeles 1994); Van Hoose, Thomas A.: The Gibson Super 400 (London 1995); Whitford, Eldon; Vinopal, David u.a.: Gibson's Fabulous Flat-Top Guitars (San Francisco 1994); Duchossoir, A. R.: Gibson Electrics – The Classic Years (London 1994); Perrius, Christopher (Ed.): The Gibson (London 1997); Ingram, Adrian: The Gibson L 5 (Milwaukee 1997); Bacon, Tony; Day, Paul: The Gibson Les Paul Book (New York 1994); Shaughnessy, Mary Alice: Les Paul – An American Original (New York 1993); Bacon, Tony: 50 Years Of The Gibson Les Paul (San Francisco 2002) • www.gibson.com

GIBSON, GARY

Der britische Sänger tritt als John-Lennon-Darsteller solo und mit seiner Band »The John Lennon Experience« John Bronsan – g, Phil Mann – b, Mat Belcher – keyb, Dave Stark – dr) in diversen Oldie-Shows auf, u.a. in »Die Oldie Nacht des Jahres 2004 – Das Original« am 19.6.2004 in der Berliner Waldbühne. Zu seinem Programm gehören sowohl Lennons Solo-Material aus den Zeiten der → *Plastic Ono Band* bis zu »Double Fantasy«, aber auch späte Beatles-Klassiker wie »Come Together«, »Revolution« und »Don't Let Me Down«. Gibson war 1980 Gründungsmitglied der Band The Cavern Beatles - mit Graham Pollcok, John Ward und Andrew Swarbrick. Ab 1981 trat die Band auch in London auf – im The Rock Garden, Dingwalls, Golden Lion, Dublin Castle, Half Moon und dem Hippodrome. Die Band trat auch regelmäßig in Fernsehsendungen wie »Stars In Their Eyes«, »Pebble Mill« und »The Late Late Show« auf, u.a. mit Gay Burns, der die Beatles in den 1960er Jahren bei Granada Television angesagt hatte. Die Band trat auch sechs Wochen im norwegischen Fernsehen auf. In der letzten »Pebble Mill«-Show traten die Cavern Beatles mit → *George Martin* und → *Victor Spinnetti* auf, die über die Entstehung des Films »A Hard Day's Night« sprachen. Bei einer Veranstaltung bat ihn Elton John auf die Bühne, gemeinsam sangen sie »I Saw Her Standing There«. Elton John: »Nicht zu fassen. Du siehst wie John aus – du musst mit ihm verwandt sein.« Nicht zu verwechseln mit dem gleichnamigen Steel Drummer und Perkussionisten aus Seattle/USA.

GIMME SOME TRUTH

Song von John Lennon, geschrieben in → *Rishikesh*, aufgenommen von den Beatles bei den »Let It Be«-Sessions im Januar 1969, offiziell unveröffentlicht. Der Song ist zu hören auf dem → *Bootleg*-Album → *Sweet Apple Trax* Vol. 3, wo John allerdings »no freaked-out yellow-bellied son of Gary Cooper« anstatt »Richard Nixon« singt (Gary Cooper war ein amerikanischer Filmschauspieler, 1901–1961). Im Juli 1971 nahm John Lennon den Song dann für seine LP »Imagine« (1971) auf. → *Cover-Versionen* stammen von Generation X und ASH. Unter diesem Titel stellten → *Yoko Ono* und Andrew Solt einen Dokumentarfilm über die Arbeit an dem Album zusammen, der am 5.10.1999 beim Filmfestival in Cannes Premiere hatte. Jon Wiener veröffentlichte 2000 ein Buch mit diesem Titel über die Bespitzelung John Lennons durch das → *FBI*.

GINSBERG, ALLEN

*3.6.1926 in Newark/New Jersey. Amerikanischer Schriftsteller, der neben Walt Whitman die amerikanische Literatur des 20. Jahrhunderts dominierte. Ginsberg ist der wichtigste Schriftsteller der Beat Generation der 1950er Jahre, beeinflusste jedoch auch die Hippies, die Antikriegs-Demonstrationen der 1960er und die Wiederentdeckung des Buddhismus in den 1970er Jahren. Er gilt auch als Vaterfigur und literarisches Vorbild für → *Bob Dylan* und andere Singer/Songwriter. Als einer der Ersten bekannte er sich offen zu seiner Homosexualität, er experimentierte mit Drogen, begeisterte sich für fernöstliche Religionen und konvertierte schließlich zum Zen-Buddhismus. Immer wieder arbeitete Ginsberg auch mit Musikern zusammen. John Lennon und George Harrison (mit ihren Frauen) trafen Ginsberg zum ersten Mal am 3.6.1965 in London nach einem Konzert Dylans in der → *Royal Albert Hall* auf Ginsbergs Geburtstagsparty. Am 18.5.1967 besuchte Ginsberg die → *Rolling Stones* bei den Aufnahmen zu »We Love You«. An den Aufnahmen waren auch

John Lennon und Paul McCartney beteiligt. Ginsbergs Kommentar zur Zusammenarbeit von Mick Jagger und John Lennon: »Zwei junge Prinzen in vollem Ornat.« 1968 wollte Paul McCartney bei Apple eine Reihe von Wortplatten herausbringen; über → *Barry Miles* setzte er sich diesbezüglich auch mit Ginsberg in Verbindung. Ginsberg hatte hierfür drei Ideen: eine Platte mit Mantras, ein Mitschnitt einer Lesung und Aufnahmen von William Blakes »Songs of Innocence« und »Songs of Experience«. Das Album mit Blakes Songs kam schließlich 1970 auf den Markt. Am 1.6.1969 war Ginsberg bei den Aufnahmen zu »Give Peace A Chance« in Toronto dabei. Auch später hatte Ginsberg noch Kontakte zu den Beatles, so kam es bei John Lennons 31. Geburtstag am 9.10.1971 in dessen Hotelsuite zu einer spontanen Session, an der neben Ginsberg auch John Lennon, Ringo Starr, → *Phil Spector* und → *Klaus Voormann* teilnahmen. Zum Repertoire gehörten u.a. »Give Peace A Chance« und »Yellow Submarine«. Am 10.12.1971 traten Ginsberg, John Lennon und → *Yoko Ono* auf einer Kundgebung in der Crisler Arena der University of Michigan in Ann Arbor für die Freilassung des White-Panther-Führers John Sinclair auf. Der Ginsberg-Biograph Michael Schumacher konstatiert eine Freundschaft zwischen Lennon und Ginsberg. Am 16.10.1995 kam Paul McCartney spontan auf die Bühne der Royal Albert Hall, um Ginsberg bei »The Ballad Of The Skeletons« am Bass zu begleiten. 1996 erschien seine Single »The Ballad Of The Skeletons«/»Amazing Graze«, auf der Paul McCartney dann selbst Drums, Gitarre, Orgel und Percussion spielt. Auf dem Label mouth almighty erschien dazu eine → *Bootleg*-Picture-CD mit diversen alternativen Takes usw. Auf der CD »The Exotic Beatles: Part Three« spricht Ginsberg über die Inspirationen, die John Lennon zu »Eleanor Rigby« veranlassten. In »Portland Colosseum« singt er von den Beatles: »Apparition, four brown English jacket christhair boys / Goofed Ringo battling bright white drums / Silent George hair patient soul horse / Short black-skulled Paul with thin guitar / Lennon the Captain, his mouth a triangular smile / all jump together to end some tearful memory song ancient two years.« Ginsberg in einem Interview: »Die Beatles waren pure Dichter. Lennons ›A Day In The Life‹ ist ein großes Gedicht, so gut wie Apollinaire.« Das Buch »In My Life – Encounters With The Beatles« (hrsg. von Robert Cording, S. Jankowski-Smith u.a., New York 2000) enthält auch einen Text von Allen Ginsberg zu den Beatles. † 5.4.1997 in New York.

GIRL

Song von John Lennon/Paul McCartney, aufgenommen am 11.11.1965, erstmals erschienen am 3.12.1965 auf der LP »Rubber Soul«. John Lennon 1970: »Der Song handelt von dem Mädchen, das dann letztendlich Yoko wurde, das Mädchen, nach dem viele von uns suchen.« Zahlreiche → *Cover-Versionen*, u.a. von The Truth, Rundfunk-Tanzorchester Berlin, The Beatles Revival Band (»Bleib«), Doyle Dykes, The Hill/Wiltschinsky Guitar Duo, The Hollyridge Strings, The Sundance Kid-Jamaica Connection, St. Louis Union, Peter Breiner and His Chamber Orchestra, Electric Sound Orchestra (d.i. Martial Martinay), Knut Kiesewetter (»Geh«), EOS Quartet & Corin Curschellas (»Matta«), Tiny Tim With Brave Combo, Les Boréades, Beatles Forever, John Egniz Connection (Wolfgang Zinke), Cathy Berberian, Rhett Miller, Richard Romance Orchestra und BTJ.

GITARREN

Die Beatles spielten in ihrer Karriere eine Vielzahl von akustischen und elektrisch verstärkten Gitarrentypen. John Lennon bekam die erste Gitarre von seiner Mutter – für 10 £, das waren damals ca. 120 DM (heute ca. 60 €). Die zweite, eine → *Gallatone Champion*, die ihm seine Tante Mimi kaufte, kostete bereits 17 £. Bei einer Auktion bei Sotheby's erzielte sie allerdings stolze 140 000 £. → *Stuart Sutcliffe* spielte z.B. in Hamburg einen → *Höfner* President-Bass, George Harrison hatte anfangs eine Egmond-Akustikgitarre, 1963 eine Maton Mastersound, dann eine Futurama III (später stieg er auf → *Gretsch* um), und John spielte seine erste → *Rickenbacker*. Paul McCartney lernte seine ersten Griffe auf einer Zenith-Gitarre, 1961, als sie im → *Top Ten Club* auftraten, besaß er eine rote Rosetti Solid 7, bevor er sich in Hamburg einen Höfner Violin-Bass kaufte. 1988 erhielt er von Les Paul eine speziell für ihn angefertigte Linkshändergitarre. John kaufte sich dann eine Club 40.

***Lit.**: Babiuk, Andy: Beatles Gear – All The Fab Four's Instruments, from Stage to Studio (New York 2001; überarb. u. akt. Aufl., London 2002); Bacon, Tony: Gitarren – alle Modelle und Hersteller (Wien 1992); Gruhn, George, Carter, Walter: Electric Guitars And Basses (San Francisco 1998; dt.: Elektrische Gitarren & Bässe, Frankfurt/M. 1999); Chapman, Richard: Guitar. Music – History – Players (New York 2000); Bacon, Tony (Hrsg.): Fuzz & Feedback – Classic Guitar Music Of The 60's (London 2000); Bacon, Tony: Electric Guitars – The Illustrated Enyclopedia (New York 2000); Bacon, Tony: The Ultimate Guitar Book (London 2001); Leonard, Hal: The Beatles Guitar (Milwaukee/WI 2001); Burrows, Tony (Ed.): Complete Encyclopedia Of The Guitar (New York 1999); Tolinski, Brad (Ed.): Guitars That Shook The World (Milwaukee 1996); Wright, Michael: Guitar Stories (Milwaukee 1995); Burrows, Tony (Ed.): The Complete Book Of The Guitar (London 1998); Chinery Collection: 150 Years Of American Guitars (New York 1996); Bacon, Tony: Classic Guitars Of The Sixties (London 1997); Shaw, Robert: Great Guitars (London 1997); Meinel, Eberhard: Elektrogitarren (Berlin 1987); Schmitz, Alexander: Das Gitarrenbuch (Frankfurt/M. 1982); Wheeler, Tom: American Guitars. An Illustrated History (New York 1982); Wheeler, Tom: The Guitar Book. A Handbook For Electric And Acoustic Guitarists (rev. and enlarged ed., New York 1978); Goudy, Bob: Electric Guitars (Atglen/Philadelphia 1999); Bonds, Ray; Feeth, Alexander: The Illustrated Directory Of Acoustic And Electric Guitars (London 2001); Moseley, Willie G.: Vintage Electric Guitars – In Praise Of Frettel Americana (Atglen/Philadelphia 2001); Bacon, Tony: The History Of An American Guitar – From 1833 To The Present Day (London 2001); Bennett, Andy; Dawe, Kevin: Guitar Cultures (New York 2001); Bonds, Ray (ed.): The Illustrated Directory Of Guitars (2001); Trynka, Paul: The Electric Guitar (London 2002); Burrows, Terry: Guitar (London 2003); Matt, Gerald; Mießgang, Thomas; Kos, Wolfgang (Hrsg.): Go Johnny Go – Die E-Gitarre – Kunst und Mythos (Göttingen 2003); Millard, Andre: The Electric Guitar (New York 2004); Electric Guitar Handbook (London 2005)*

GITARRENSCHULE

Der ultimative (deutschsprachige) Gitarrenlehrer für alle Möchtegern-Beatles ist Peter Bursch (* 14.4.1949), in den 1960er und 1970er Jahren Gitarrist der Band Bröselmaschine, der 1978 mit dieser Band eine LP mit dem Titel »I Feel Fine« aufnahm. Das von ihm verfasste Lehrbuch »Beatles für Gitarre«, von dem nach einer zweiteiligen Ausgabe beim Voggenreiter Verlag 1988 im Jahre 2000 zwei Bände einer neuen Ausgabe erschienen (Bosworth Music GmbH, Berlin; BOE4493 und BOE7016, mit CD), zeigt, wie's geht: 25 Songs für die akustische Gitarre für Anfänger und Fortgeschrittene, von Evergreens wie »Get Back« und »Hey Jude« bis zu weniger bekannten Songs wie »I'm Looking Through You« und »I'm So Tired«. Auf den beigefügten CDs demonstriert der Meister auch akustisch, worauf's ankommt. »Mit Beatles für Gitarre können Sie schon bei der nächsten Gartenparty einen veritablen Troubadour abgeben«, befand *Musikexpress/Sounds* 8/2000. Text- und Notenausgaben mit Tabulaturen für Gitarre gibt es auch zu den LPs »Abbey Road«, »Revolver«, »Rubber

Soul« und »Sgt. Pepper's Lonely Hearts Club Band«. Weitere Gitarren-Ausgaben: »Guitar Book« (enthält 17 Beatles-Songs), »Jam With The Beatles« und »Jam With The Beatles Vol. 2« (jeweils mit Begleit-CD). »The Beatles Complete Scores« enthält auf 1 129 Seiten alle Songs der Beatles mit den kompletten Noten und Tabulaturen für Gesang, Piano, Gitarre, Bass und Schlagzeug. »The Beatles – From The Archives« (London 2001) enthält 58 Songs der Beatles, arrangiert nach den »Live At The BBC«-Sessions und den Alben »The Beatles Anthology« 1 und 2. »The Beatles für klassische Gitarre« Bosworth Music GmbH, Berlin; BOE7196) enthält eine umfangreiche Auswahl von Beatles-Hits, mit Griffbildern für Rechts- und Linkshänder, Performance-Hinweisen und Tipps.

GIVE PEACE A CHANCE

Song von John Lennon (auch wenn Paul McCartney ebenfalls angegeben ist), in Montreal komponiert, aufgenommen von der → *Plastic Ono Band* am 1.6.1969 in Montreal als Abschluss des → *Bed-Ins* im Queen Elizabeth Hotel (Zimmer 1742) und als Apple-Single erschienen am 4.7.1969 – die erste Solo-Single eines Beatles (b/w »Remember Love«). Eine Probeaufnahme erfolgte am 25.5.1969 im King Edward Hotel in Toronto, erschienen als Track 96 der Serie → *The Lost Lennon Tapes*. Im Chor sangen am 1.6. u.a. → *Timothy Leary*, → *Allen Ginsberg*, der New Yorker Rabbi Abraham L. Feinberg, ein Priester, Tommy Smothers von den Smothers Brothers (in den 1960er Jahren in GB ein populärer Comedy Act), der Schauspieler Dick Gregory, die Pop-Sängerin Petula Clark (ihr größter Hit: »Downtown«), → *Murray the »K«*, → *Derek Taylor*, DJ Roger Scott und eine kanadische Gruppe des → *Radha Krsna Temple*. Für die Single wurde mit dem Slogan »You Are All the Plastic Ono Band« geworben – der Bandname für die nächsten Aufnahmen war gefunden. Am 13.9.1969 nahm die Plastic Ono Band im Varsity Stadium in Toronto/Kanada für die LP »The Plastic Ono Band – Live Peace In Toronto 1969«, erschienen am 12.12.1969, den Song noch einmal auf. Am 15.10.1969, dem »Vietnam Moratorium Day«, sangen ca. eine halbe Million Menschen den Song, der zu einer Hymne der Friedensbewegung in den 1970er Jahren wurde. Am 5.9.1971 wurde im Alexandra Palace im Londoner Stadtteil Wood Green bei einem Filmabend des London Art Spectrum ein 61-minütiger Film mit diesem Titel gezeigt, gedreht von John Lennon und → *Yoko Ono*. Auch bei einer großen Demonstration gegen den Vietnamkrieg am 13.5.1972 wurde der Song gesungen – dirigiert von John Lennon. Als am 30.8.1972 John Lennon und Yoko Ono mit der »Plastic Ono Elephant's Memory Band« im New Yorker → *Madison Square Garden* ihr »One To One Concert« zugunsten der Willowbrook School for Children gaben, stiegen in das »Give Peace A Chance«-Finale auch → *Stevie Wonder* und Roberta Flack mit ein, und bei der alljährlichen Benefiz-Fernsehshow des Komödianten Jerry Lewis am 6.9.1972 spielten sie sogar eine Reggae-Version des Songs. Im Januar 1991 initiierten → *Sean Ono Lennon*, Yoko Ono und Lenny Kravitz unter dem Namen Peace Choir eine neue Aufnahme des Songs als Antwort auf den Golfkrieg – der Song wurde von der → *BBC* nicht gesendet. Mehr als 20 Stars nahmen daran teil, die Aufnahme wurde am 15.1.1991 veröffentlicht. 2002 veröffentlichte das Label Crippled Dick Hot Wax den Sampler »Give Peas A Chance«, der natürlich nichts mit dem Lennon-Song gemein hatte. Kurz bevor das Manuskript des Songtextes, von John Lennon im Mai 1969 auf einen Briefumschlag gekritzelt, Ende 2005 im Auktionshaus Bonhams versteigert werden sollte, wurde der Text für ca. 366 000 € verkauft – vielleicht sogar an Yoko Ono? Zahlreiche → *Cover-Versionen*, u.a. von Toots and The Maytals, Yoko Ono, Johnny Harris, Joe Cocker, Klaus Beyer, Brian Sewell, The Pestalozzi Children's Village Choir, Hot Chocolate, Louis Armstrong, Lenny Kravitz, Mitch Miller & His Gang, Madooo (Madhukar Chandra Dhas), The Punkles (»Give Punk A Chance«), muSix, The Peace Gang, Joy Fleming und Collage.

GLAD ALL OVER

Song von Bennett/Tepper/Schroeder, bekannt in der Interpretation von → *Carl Perkins* aus dem Jahr 1957 – nicht zu verwechseln mit dem Hit der Dave Clark Five. Die Beatles nahmen den Song am 16.7.1963 im BBC Paris Theatre, London, für die → *BBC*-Sendung → *Pop Go The Beatles* (Produzent: Terry Henebery, gesendet am 20.8.1963) auf. Erschienen am 28.10.1994 auf der DoCD »Live At The BBC«.

GLASS BOX

Song von George Harrison, erstmals erschienen am 1.11.1968 auf der LP »Wonderwall Music« (als Medley mit »Fantasy Sequins«).

GLASS ONION

Song von John Lennon/Paul McCartney, aufgenommen am 11., 12., 13. und 16.9. und 10.10.68, erstmals erschienen am 22.11.1968 auf der LP »The Beatles« (»Weißes Album«). In dem Song werden andere Beatles-Songs zitiert: »Strawberry Fields Forever«, »I Am The Walrus« (hier bestreitet John Lennon andeutungsweise, das Walross gewesen zu sein: »the walrus was Paul«) »Lady Madonna«, »The Fool On The Hill« und »Fixing A Hole«. Die ursprüngliche Version des Songs, veröffentlicht am 28.10.1996 auf der DoCD »The Beatles Anthology 3«, enthält noch diverse Sound-Effekte, wie das Klappern von Geschirr und den Schrei »It's a goal« des Fernsehfußballkommentators Kenneth Wolstenhome. Zahlreiche → *Cover-Versionen*, u.a. von Arif Mardin und Heinrich von Kalnein.

GLASSES

Song von Paul McCartney, aufgenommen November 1969–März 1970, erschienen am 17.4.1970 auf Paul McCartneys erster Solo-LP (»McCartney«) (in einem Medley mit »Hot As Sun« und »Suicide«). Paul McCartney spielte auf dieser LP sämtliche Instrumente selbst.

GLEAVE, ELSIE

→ *Starkey, Elsie*.

GLÜCKLICH WIE NOCH NIE

Deutschsprachige Version des Beatles-Hits »I'll Get You«. Die deutsche EMI Electrola wollte diesen Titel ursprünglich auf der Rückseite von »Sie liebt dich« (»She Loves You«) haben, aufgrund des großen Erfolgs von »I Want To Hold Your Hand« wurde dann jedoch eine deutschsprachige Version dieses Titels für die deutschsprachige Single der Beatles ausgewählt. »Glücklich wie noch nie« überließen die Beatles deshalb der Liverpooler Gruppe The Flamingos.

GO GO MANIA

→ *The Beatles Come To Town*.

GOING DOWN TO GOLDERS GREEN

Song von George Harrison, der erst 1999 »wiederentdeckt« wurde. Der Titel bezieht sich auf Golders Green, einen Stadtteil im Norden Londons, in dem die Musiker von → *Badfinger* lebten. Der Song im Rockabilly-Stil, gesungen von George Harrison, wurde wahrscheinlich 1969 aufgenommen. Die Aufnahme erschien 1999 auf dem → *Bootleg* »George Harrison: A True Legend«.

GOLDEN DISCS

Unveröffentlichte EP der Beatles mit den Titeln »I Want To Hold Your Hand«, »This Boy«, »She Loves You« und »I'll Get You«, datiert auf den 10./11.12.1963. Die Testpressungen stammen aus dem Nachlass von *Brian Epstein*. → *John Barrett* katalogisierte eine EP mit den gleichen Titeln und der gleichen Matrixnummer unter dem Titel »The Fabulous Beatles« – sie wurde am 7.2.1964 zusammengestellt und ebenfalls nicht veröffentlicht.

GOLDEN SLUMBERS

Song von John Lennon/Paul McCartney, aufgenommen am 2., 3., 4., 30. und 31.7. und 15.8.1969, erstmals erschienen am 26.9.1969 auf der LP »Abbey Road«. Die Melodie basiert auf einem Schlaflied aus dem 17. Jahrhundert, komponiert und getextet von dem englischen Dramatiker und Pamphletschreiber Thomas Dekker (1570/1572–1632) und zum ersten Mal erschienen 1603 in dessen Buch »The Pleasant Comedy of Fortunatus«. Paul McCartney hatte eine Notenausgabe bei seinem Vater gesehen. Der Song ist Teil des Medleys auf der zweiten Seite der LP, einige plötzliche Schlagzeugtakte leiten zu »Carry That Weight« über. Eine weitere Version erschien im November 1990 auf Paul McCartneys CD »Tripping The Live Fantastic« (in einem Medley mit »Carry That Weight« und »The End«). Zahlreiche → *Cover-Versionen*, u.a. von Booker T. and the MG's, George Benson, Mike Westbrook Band, Trash, Phil Collins, Chumbawamba, The Bee Gees, Ben Folds, Devil's Rubato Band, Houdini Band, Nia Vardalos, James Galway und The Lenny Pane.

GOLDENE SCHALLPLATTE

Die Recording Industry Association Of America (R.I.A.A.) vergibt in den USA seit 1958 Goldene Schallplatten für 1 Mill. in den USA verkaufte Singles (ab Januar 1989: für 500 000 Ex.). Für eine LP gab es bis 1974 Gold, wenn diese dem Hersteller 1 Mill. $, bezogen auf den Großhandelspreis, eingespielt hatte (1975 kam als Bedingung hinzu, dass sie sich mindestens 500 000 Mal verkauft haben musste). In Großbritannien wurden von der British Phonographic Industry (BPI) erst 1976 verbindliche Regelungen eingeführt: Für 500 000 (ab 1.1.1989 400 000) verkaufte Singles und für 100 000 verkaufte LPs gibt's dort Gold. Am 11.10.1963 erhielten die Beatles ihre erste Goldene Schallplatte für 1 Mill. verkaufte Exemplare der Single »She Loves You«, am 3.2.1964 folgte von der R.I.A.A. eine Goldene Schallplatte für die LP »Meet The Beatles« und für »I Want To Hold Your Hand«. Im März 1964 gab's in Großbritannien Gold für 1 Mill. Vorbestellungen für die Single »Can't Buy Me Love«/»You Can't Do That«, auch in den USA wurde die Single vergoldet. Das nächste Gold gab's im April 1964 in den USA für die LP »The Beatles' Second Album«, im August 1964 (ebenfalls in den USA) für die LP »Something New« und die Single »A Hard Day's Night« sowie im Dezember 1964 für die Single »I Feel Fine« und die LP »The Beatles' Story« (insgesamt sieben »Goldene« sind es allein 1964 in den USA). In den folgenden Jahren erreichte nahezu jede Beatles-Platte Gold-Status. Am 28.8.1966 verlieh ihnen die R.I.A.A. in Los Angeles gleich vier Goldene Schallplatten. Als im April 1967 die Single »Penny Lane« vergoldet wurde, war das ihre 22. Goldene Schallplatte – das bedeutete einen neuen Weltrekord. Die letzten »Goldenen« zu »Lebzeiten« der Beatles als Gruppe erhielten sie am 6.3.1970 in den USA für die LP »Hey Jude« und am 17.3.1970 für die Single »Let It Be«/»You Know My Name (Look Up The Number)«. Die vier Musiker erhielten später noch zahlreiche Goldene Schallplatten für diverse Soloprojekte. Paul

McCartney ist wohl der aktuelle Weltrekord-Inhaber – bereits 1997 hatte er 81 »Goldene« gehortet. 2005 erhielten die Beatles für 1 Mill. verkaufte Exemplare der CD »Let It Be ... Naked« einen Platin Award.

www.beatlesawards.com

GOLDMANN, PETER

Regisseur der Film-Clips zu den Beatles-Songs »Strawberry Fields Forever« und »Penny Lane«, aufgenommen am 30./31.1. und 7.2.1967 im Knole Park Estate, Sevenoaks in Kent. Weitere Aufnahmen am 5.2.1967 in Angel Lane in Stratford im Osten von London. Die Beatles wurden durch Filmclips für die Troggs und für → *Donovan* auf den schwedischen Regisseur aufmerksam. Die beiden Clips wurden zuerst in → *Top Of The Pops* gezeigt, jedoch nur in Schwarzweiß. Die farbigen Clips erlebten ihre Premiere in der → *Ed Sullivan Show* im Februar 1967.

GOOD DAY SUNSHINE

1. Song von John Lennon/Paul McCartney, aufgenommen am 8. und 9.6.1966, erstmals erschienen am 5.8.1966 auf der LP »Revolver« – der ideale Sommerhit, laut Paul McCartney inspiriert von dem Song »Daydream« der Loving Spoonful. An dem Song ist auch → *George Martin* (p) direkt beteiligt. Eine weitere Version des Songs erschien im Oktober 1984 auf Paul McCartneys LP »Give My Regards To Broad Street«. Am 12.11.2005 sang Paul McCartney den Song als erster Musiker live für ein Publikum im All – für die Astronauten der Internationalen Raumstation ISS. Zahlreiche → *Cover-Versionen*, u.a. von The Tremeloes, Eddy Murphy, Jimmy James, Rundfunk-Tanzorchester Berlin, Ann Dyer & No Good Time Fairies, Volkers lustiger Musikverein (»Hallo Sonne«), Ray Redmond, Twist And Shout, Les Boréades, Jimmy James und Munich Symphonic Sound Orchestra (MSSO).

2. In den USA erscheinendes Fanzine, gegründet 1981 von Charles F. Rosenay. Herausgeber: Matt Hurwitz (Autor der Booklet-Texte für die Ringo-Starr-CD-Reissues »Stop And Smell The Roses« und »Old Wave«).

Anschrift: *P.O.B. 661008, Mar Vista, CA 90066-9608, USA, Tel. (310) 391-0778, Fax (310) 390 7475, GDS1964@aol.com*

GOOD MORNING, GOOD MORNING

Song von John Lennon/Paul McCartney, aufgenommen am 8. und 16.2. und 13., 28. und 29.3.1967, erstmals erschienen am 1.6.1967 auf der LP »Sgt. Pepper's Lonely Hearts Club Band«. In den Song wurden u.a. integriert: ein Werbe-Jingle für Kellogg's Cornflakes, eine Melodie aus der populären → *BBC*-TV-Comedy-Serie »Meet The Wife«, ein hoch verdichteter Bläser-Sound, produziert von Musikern von → *Sounds Incorporated* (Saxophone: Barrie Cameron, David Glyde, Alan Holmes; Posaune: John Lee; dazu kamen eine zweite Posaune und ein Horn) und diverse Tierstimmen aus dem EMI-Tonarchiv. Ursprünglich wollte John Lennon das Stück mit den Geräuschen einer Tierparade beenden, in einer Reihenfolge, in der jedes Tier das vorhergehende fressen kann. Allerdings beenden Schafe die Prozession, die ja bekanntlich kein anderes Tier fressen. Die Katze vom Anfang der Parade verwandelt sich in einen Hund, das Hühnergegacker in die Klänge einer elektrischen Gitarre. »Dieser Song gehört zum rhythmisch Unregelmäßigsten und Kompliziertesten, was die Beatles je eingespielt haben.« (Olaf Benzinger in »Sgt. Pepper's Lonely Hearts Club Band«, München/Zürich 2000). Auf der Schlussaufnahme steht allerdings diese Unregelmäßigkeit nicht mehr so sehr im Vordergrund. Zahlreiche → *Cover-Versionen*, u.a. von Branimir Krstic, The Triffids.

GOOD NIGHT

Song von John Lennon/Paul McCartney, aufgenommen am 28.6. und 2. und 22.7.1968, erstmals erschienen am 22.11.1968 auf der LP »The Beatles« (»Weißes Album«). Ringo Starr singt den Song, eigentlich ein Schlaflied John Lennons für seinen damals fünf Jahre alten Sohn → *Julian Lennon*, begleitet von einem Orchester; die anderen drei Beatles sind nicht beteiligt, Ringo wird unterstützt von einem Chor und einem dreißigköpfigen Orchester. Die Briten nennen solche Songs »schmaltzy«. Zahlreiche → *Cover-Versionen*, u.a. von Cyril Stapleton & His Orchestra, The Moog Beatles, Rundfunk-Tanzorchester Berlin, The Beatles Revival Band, Thomas Fritsch, Las Vouschs dalla Gelgia (»Buna notg«), Teri Hatcher, Mandy Markus und Peter Breiner and His Chamber Orchestra.

GOODBYE

Song von John Lennon/Paul McCartney, erstmals aufgenommen vom 1. bis 2.3.1969 von Mary Hopkin, produziert von Paul McCartney und veröffentlicht auf einer Single am 28.3.1969 bei Apple. Im Oktober 2002 wurde eine Seite mit Paul McCartneys handgeschriebenen Lyrics bei Christie's in London versteigert. Zahlreiche → *Cover-Versionen*, u.a. von Pierson Parker Janovitz Project, The Beatnix und Claudia Gorden.

GOPALA KRSNA

Song von George Harrison, der erst 1999 »wiederentdeckt« wurde. Er ähnelt dem traditionellen Hare-Krishna-Song »Govinda«, wurde aber mit westlichen Instrumenten aufgenommen. Der Instrumentaltitel wurde wahrscheinlich 1969 aufgenommen. Die Aufnahme erschien 1999 auf dem → *Bootleg* »George Harrison: A True Legend«.

GOT TO GET YOU INTO MY LIFE

Song von John Lennon/Paul McCartney, aufgenommen am 8. und 11.4., 18.5. und 17.6.1966, erstmals erschienen am 5.8.1966 auf der LP »Revolver«. An den Aufnahmen waren die Trompeter Eddie Thornton, Ian Hamer und Les Condon sowie die Tenorsaxophonisten Peter Coe und Alan Branscombe beteiligt. In den 1970er Jahren veröffentlichte → *Capitol Records* den Song als Single, sie kam sogar in den USA in die Top Ten. Am 29.12.1979 nahm Paul McCartney mit den Wings den Song für die LP »Concert For The People Of Kampuchea« (1980) auf, im November 1990 erschien eine weitere Version auf seiner CD »Tripping The Live Fantastic«. Zahlreiche → *Cover-Versionen*, u.a. von Cliff Bennett and the Rebel Rousers (die 1967 auch eine LP unter diesem Titel herausbrachten), Earth, Wind & Fire, Third Wave, Tom Jones, Jackie Trent, Hard Day's Night, The Beatles Revival Band, Little Joe Pesci, Madooo (Madhukar Chandra Dhas), The Hill/Wiltschinsky Guitar Duo, Pavel Sedláek & Rudolf Rokl Orchestra, The Royal Symphonic Rock Orchestra Vienna, Electric Sound Orchestra (d.i. Martial Martinay), The Rubber Band, Unlimited Beat, Blood, Sweat & Tears, Göran Söllscher, Les Brouwer/Ichiro Suzuki, The Four Tops, The Beattells, Peter Lipa und Ella Fitzgerald.

GOTT, KAREL

Tschechischer Schlagersänger, Komponist und Entertainer, bekannt als »Die goldene Stimme aus Prag«, * 14.7.1939 in Plzeň. Er gründete 1964 ein eigenes Theater in Prag und war 1968 zum ersten Mal auf Deutschland-Tournee. Nachdem → *The Rolling Stones* am 13.4.1967 in Warschau aufgetreten waren, wollte er die Beatles nach Prag holen. Im Januar/Februar 1970 gelang ihm (und seinem deutschen Manager Jürgen Otterstein) tatsächlich eine »Audienz« bei John Lennon und → *Yoko Ono* in London. John Lennon hatte wohl nichts gegen die Idee, im Osten aufzutreten, aber Karel Gott war mit den organisatorischen Details, die John Lennon ansprach, schlicht überfordert. Von Karel Gott gibt es auf seinen über 100 Alben natürlich auch einige → *Cover-Versionen* von Beatles-Songs, u.a. von »Carry That Weight« (»Das trägst du lange mit dir«).

GRADE, SIR LEW

(Lord Grade of Elstree) Britischer Fernsehpionier, * 15.12.1906 in Tokmak/Ukraine. Die Familie ging nach Großbritannien, als er fünf war. Anfang der 1930er Jahre gründete er mit Joe Collins die Agentur Collins & Grade. Seit 1955 Chef der Associated Broadcasting Company, entstanden aus der Verschmelzung der Associated Broadcasting Development Company und der Independent Television Company (ITC), die dann ab 6.10.1955 Associated TeleVision (ATV) hieß. 1961 erwarb die ATV die Studios in Elstree, die dann lange Jahre die modernsten Studios Englands waren. Mit der ATV Music Publishing Company (bzw. ATV Music Limited) gründete ATV auch bald einen eigenen Musikverlag. Heute gehört die Sony/ATV Music Publishing LLC zu den größten Musikverlagen der Welt. 1963 wurde Grade aufgrund seines Einflusses auf die Gestaltung der britischen Fernseh- und Filmindustrie zum Knight ernannt. 1964 wollte Grade → *Brian Epstein* die Beatles abkaufen, der ging jedoch auf keinen Handel ein. Am 25.11.1964 trafen sie sich. Am 27.12.1964 berichteten amerikanische Zeitungen erneut über Kaufangebote, aber Brian Epstein lehnte erneut ab. Im September 1969 gehörten dann ATV 50 % aller Aktien von → *Northern Songs Limited*, ATV besaß somit die endgültige Kontrolle über alle dort verlegten Beatles-Songs. → *Dick James* hatte Northern Songs Ltd verkauft, ohne die Beatles zu informieren. Am 16.4.1973 und am 7.6.1973 sendete ATV das Special »James Paul McCartney«. Am 18.4.1975 wirkte John Lennon, unterstützt von der Band BOMF (Brothers Of Mother Fuckers), an »A Salute To Sir Lew – The Master Showman« im New Yorker Hilton Hotel mit (sein letzter Fernsehauftritt). Ein Mitschnitt mit den Songs »Slippin' And Sliding«, »Stand By Me« und »Imagine« ist inzwischen auch auf CD erhältlich (3 CD-Set »John Lennon – Rock'n'Roll-Sessions«); Allan Tannenbaum fotografierte das Event. Im August 1985 geriet ATV erneut in die Schlagzeilen, als → *Michael Jackson* für 47,5 Mill. $ den Verlag und damit auch die Rechte an den Beatles-Songs kaufte. Er überbot dabei Paul McCartney, was diesen zum Bruch der Freundschaft veranlasste. Paul McCartney hatte Michael Jackson zuvor drei Mal geschrieben, ohne eine Antwort zu erhalten. Seit 1998 veranstalten die Radio Times und die British Academy of Film and Television Arts (BAFTA) eine Leserumfrage; das populärste Programm erhält den Lew Grade Award. † 13.12.1998.

GRAHAM, BILLY

Amerikanischer Prediger, das »Maschinengewehr Gottes«, * 7.11.1918 in Charlotte/North Carolina/USA. Graham arbeitet seit 1943 als Prediger und ist seit Ende der 1940er Jahre eine nationale Figur der USA. 1950 gründete er die Billy Graham Evangelical Association, die seitdem versucht, die Welt zu missionieren. 1953 erschien sein erstes Buch, »Peace With God«, 1956 gründete er das Magazin *Christianity Today*, 1957 unternahm er seinen ersten »Kreuzzug« (in New York), dem später auch solche u.a. in Ungarn und Russland folgten. Ab 1990 erreicht er über den Satellit »Mission World« mit seinen ekstatischen Predigten 100 Mill. Menschen, mit seiner »Global Mission« wendet er sich an 1 Mrd. Menschen. Seine Meinung zu den Beatles, 1964 in einem Interview anlässlich ihrer Auftritte in der → *Ed Sullivan Show* geäußert: »Die Beatles sind nur eine vorübergehende Phase für unsere Jugend. Sie verschwinden bald wieder. Sie sind nur Symptome für die Unsicherheit unserer Zeit und die Verwirrung unter uns!« Wie man sich doch irren kann. Aber Achtung: Bitte nicht verwechseln mit Bill Graham, dem erfolgreichsten amerikanischen Rock-Impresario (1931–1991)!

GRAMMY (ACADEMY AWARD)
US-amerikanischer Schallplattenpreis in Form eines Grammofons, den die National Academy of Recording Arts and Sciences (NARAS), mit rund 10 000 Mitgliedern die weltgrößte Vereinigung von Musikern, Produzenten und Studiotechnikern, seit 1958 jährlich in mittlerweile 100 Kategorien für herausragende künstlerische und kommerzielle musikalische Erfolge vergibt. In jeder Kategorie werden fünf Kandidaten für einen Grammy nominiert. Neben dem American Music Award ist er die wichtigste Auszeichnung der US-Musikindustrie. Ermittelt wird er durch eine (häufig kritisierte) Fragebogenaktion bei den Mitgliedern der NARAS, Kriterien sind nicht so sehr Qualität, sondern Popularität und Verkaufszahlen. Seit 2000 verleiht die Latin Academy Of Recording Arts And Sciences auch einen Larin Grammy Award. Die Beatles erhielten zahlreiche Grammy Awards: 1964 als »best performance by a vocal group« (für »A Hard Day's Night«) und »best new artist of 1964« (überreicht am 28.4.1965 von Peter Sellers in London; NBC-TV zeigte am 18.5.1965 ein zuvor aufgenommenes Interview Peter Sellers' mit den Beatles in seiner Grammy Awards Show »The Best On Record«), am 13.2.1966 wurden sie für zehn Grammys nominiert, gewannen aber keinen, am 15.2.1967 wurden sie für acht Grammys nominiert, sie erhielten dann für 1966 am 2.3.1967 zwei Grammys für den »song of the year« (»Michelle«) und »best contemporary (R&B) solo vocal performance, male or female« (Paul McCartney für »Eleanor Rigby«), 1967/1968 allein vier für »best album of the year«, »best engineered record«, »best album cover« und »best contemporary album« (alle für »Sgt. Pepper's Lonely Hearts Club Band«), 1969 für »best engineered recording« (»Abbey Road«) und 1970 für den »best original score written for a motion picture« (»Let It Be«; am 16.3.1971 nahmen Paul und Linda McCartney den Preis in New York entgegen). Am 14.3.1972, bei der 14. Grammy Awards-Verleihung, wurden die Beatles für »ihr außergewöhnliches Talent, ihre Originalität und musikalische Kreativität, die so viel dazu beigetragen haben, die Stimmung und das Tempo unserer Zeit zum Ausdruck zu bringen und die kulturelle Lücke zwischen unterschiedlichen Generationen zu überbrücken«, mit dem Trustees Award geehrt (der inzwischen nicht mehr an Interpreten verliehen wird). Am 1.3.1975 fungierte John Lennon als Gastmoderator, am 19.2.1977 Ringo Starr. 1972 hatte Paul McCartney einen Grammy für »Uncle Albert«/»Admiral Halsey« (Kategorie »best arrangement accompanying a vocalist«) erhalten, 1973 George Harrison einen für das Album → *The Concert For Bangla Desh* (als »album of the year«), 1975 The Wings für »Band On The Run« (Kategorie »best pop vocal performance by a duo, group or chorus«), 1981 John Lennon (postum) und → *Yoko Ono* für die LP »Double Fantasy« als »album of the year«, im gleichen Jahr Wings mit »Rockestra Theme« als »best rock instrumental performance«, und am 21.2.1990 erhielt Paul McCartney einen Lifetime Achievement Award, überreicht von Meryl Streep, weil

er »als Mitglied der Beatles einen Einfluss nicht nur auf den Rock'n'Roll, sondern auch auf die westliche Kultur hatte und sich drei Jahrzehnte lang als Solokünstler und Songwriter weiterentwickelte und weiter wuchs«. George Harrison erhielt 1990 einen Grammy als Mitglied der Traveling Wilburys (»top rock group«).

Am 20.2.1991 erhielt auch John Lennon postum einen Lifetime Achievement Award, → *Yoko Ono* nahm den Preis entgegen. 1996 erhielt → *George Martin* einen Trustees Award für sein Lebenswerk. 1996 gewannen die Beatles gleich drei Grammys: »pop performance by a duo our group with vocal«, »best music video – short form« und »best music video – long form« (beide für »Free As A Bird«). 2001 erhielt das Video »Gimme Some Truth – The Making Of John Lennon's Imagine« einen Grammy als »best long form music video«. Der Song »Hey Jude« (1968) und das Album »Meet The Beatles« (1964) wurden am 12.2.2001 in die Grammy Hall Of Fame aufgenommen, 2002 folgte der Song »Eleanor Rigby«. Die CD-ROM »The Grammy Awards – A 34 Year Perspective« enthält historisches Tonmaterial und Fotos von den jährlichen Grammy-Verleihungen, die 4-CD-Box »The Ultimate Grammy Box« versammelt 73 Aufnahmen, die die begehrte Trophäe erhielten. Am 8.2.2004 erhielten die Beatles bei der 46. Grammy-Verleihung in San Francisco den National Academy of Recording Arts and Sciences Presidents' Award – Ringo Starr nahm ihn entgegen. Am 8.2.2006 trat Paul McCartney erstmalig bei der Grammy-Verleihung auf. Einen Grammy erhielt er allerdings nicht – obwohl er drei Mal nominiert war. Eine vollständige Übersicht aller Grammys und Nominierungen veröffentlichte das → *Fanzine* → *Magical Mystery Tour* in den Ausgaben 14/2001 und 15/2001.

Lit.: Schipper, Henry: Broken Record: The Inside Story Of The Grammy Awards (New York 1992) • www.grammy.com

GRAMMY HALL OF FAME

Zusätzlich zum jährlich verliehenen → *Grammy* nimmt die National Academy of Recording Arts and Sciences (NARAS) seit 1973 mindestens 25 Jahre alte Aufnahmen von »dauernder, qualitativer oder historischer Bedeutung« in ihre Grammy Hall Of Fame auf. Die Gewinner werden jährlich von einem speziellen Komitee mit Mitgliedern aus allen Branchen der Tonaufnahmekunst ermittelt. Seit 2001 gibt es auch (parallel zum Latin Grammy) eine Latin Grammy Hall Of Fame. Von den Beatles wurden die Alben »Sgt. Pepper's Lonely Hearts Club Band« (1993), »Abbey Road« (1995), »Revolver« (1999), »Rubber Soul« (2000), »White Album« (2000), »A Hard Day's Night« (2000) und »Meet The Beatles!« (2001) sowie die Songs »Yesterday« (1997), »I Want To Hold Your Hand« (1998), »Strawberry Fields Forever« (1999), »Hey Jude« (1999) und »Eleanor Rigby« (2002) aufgenommen.

www.grammy.com/awards/hall_fame/

GRAPEFRUIT

1. Titel eines Buches von → *Yoko Ono*, erschienen 1964 mit dem Untertitel »Ein Buch mit Anweisungen und Zeichnungen von Yoko Ono« in 500 Exemplaren in Japan. Die Idee geht zurück auf das Multimedia-Event »A Grapefruit In The World Of Park«, das 1961 als fünfstündige Konzertcollage in der New Yorker Carnegie Recital Hall uraufgeführt wurde. 1967 schickte Yoko Ono John Lennon eine Ausgabe des Buches nach → *Weybridge*. Im März 1970 sprachen John Lennon und Yoko Ono Textpassagen daraus als Werbespots auf Band, die später auch des Öfteren im Rundfunk zu hören waren.

Im April 1970 erschien dieses »konzeptuelle Kunstwerk« (James Woodall) in einer neuen Auflage mit einem kurzen Vorwort von John Lennon (London 1970; New York 1970; dt. Ausgabe mit dem Untertitel »Ein Buch voller wichtiger Dinge«, Frankfurt/M. 1970). 1981 erschien in London eine Taschenbuchausgabe, 2000 in den USA eine Neuauflage mit einer neuen Einleitung von Yoko Ono.

2. Britische Band, gegründet 1967, gesignt im November/Dezember 1967 von → *Apple Publishing Limited* (→ *Apple Records* gab es noch nicht), Manager wurde → *Terry Doran*. Besetzung: John Perry (ld-g, voc), Pete Sweetenham (rhythm g, voc), Geoff Sweetenham (dr) und Songwriter George Alexander (b, voc). Den Namen soll John Lennon ausgewählt haben, wahrscheinlich inspiriert vom gleichnamigen Buch Yoko Onos, zuvor hieß die Gruppe Tony Rivers & The Castaways. Am 24.11.1967 besuchten John Lennon und Paul McCartney die Band bei Aufnahmen im IBC Recording Studio am Portland Place und unterstützten sie auch bei der Arbeit. Die erste Single »Dear Delilah« erschien am 19.1.1968 – allerdings auf RCA Records – und kam in Großbritannien in die Top 30. Am 17.1.1968 hatten John Lennon, Paul McCartney und Ringo Starr an einer Pressekonferenz zum Erscheinen der Single teilgenommen (George Harrison war in Indien mit → *Wonderwall* beschäftigt). Für den 27.3.1968 verschaffte John Lennon der Band sogar einen Auftritt in der Londoner → *Royal Albert Hall* – einem Beatle war damals eben (fast) alles möglich. Im März/April 1968 nahmen Grapefruit drei Songs auf, an denen John Lennon und Paul McCartney beteiligt waren: »C'mon Marianne« (John Lennon – horn arr.) und »Yes« (Paul McCartney – prod.) erschienen 1968 auf Singles, »Lullaby« (John Lennon und Paul McCartney – prod.) 1969. Im August 1993 erschienen alle drei Titel auf der CD »Around Grapefruit«. Am 26.5.1968 drehte Paul McCartney einen Promo-Film für die Grapefruit-Single »Elevator« am Albert Memorial im Londoner Hyde Park. Am 24.11.1968 verkündete ihr Manager Terry Doran, dass Grapefruit Apple verlässt. Nach einigen Besetzungswechseln löste sich die Gruppe dann Anfang der 1970er Jahre endgültig auf.

GRAVES, ELSIE
→ *Starkey, Elsie*.

GRAVES, HARRY
Stiefvater von Ringo Starr, * in Romford/GB. → *Elsie Starkey*, die damals mit Ringo in 10 Admiral Grove im Liverpooler Stadtteil Dingle wohnte, heiratete ihn am 17.4.1953. Graves war Maler und Dekorateur, arbeitete aber bei der Liverpool Corporation. Ringo hatte immer ein sehr gutes Verhältnis zu ihm. Er kaufte Ringo auch sein erstes Schlagzeug (zum Preis von 10 £) bei einem Besuch in Romford. Er veranlasste auch, dass Ringo 1957 im H. H. Hunt & Sons Sports Equipment Store im Stadtteil Speke arbeiten konnte. Ringo kaufte ihnen später ein neues Haus im Gateacre Park in Liverpool. † 27.8.1994 im Alter von 87 Jahren an Lungenentzündung.

GREASY LEGS
Song von George Harrison, erstmals erschienen am 1.11.1968 auf der LP »Wonderwall Music« (als Medley mit »Ski-ing And Get Kirwani« und »Dream Scene«).

THE GREAT AMERICAN TOUR – 1965 LIVE BEATLEMANIA CONCERT
1965 bei Lloyds E.R.M.C. Ltd. Records erschienene LP, zusammengestellt von → *Ed Rudy*. Die LP enthält Mitschnitte eines Konzertes der Beatles 1964 in den USA, darüber wurde der Gesang der Liverpool Lads gelegt.

Rudy selbst bezeichnete diese LP als »Tribut-Platte«.

GREAT HITS

Titel einer 1967 im Fono-Ring des Christophorus-Verlages erschienenen → *Kompilation* mit Beatles-Hits, u.a. »Yellow Submarine«, »Michelle«, »All My Loving«, »A Hard Day's Night«, »Eight Days A Week«, »Eleanor Rigby« und »I Should Have Known Better«. Vom Cover existieren zwei Versionen.

GREENGAGE INVESTMENTS LIMITED

Eine der sieben am 19.12.1967 von den Beatles in London gegründeten Investmentgesellschaften.

GRETSCH

Der amerikanische Musikinstrumentenhersteller hat seinen Sitz in Savannah/Georgia. Gegründet wurde das Unternehmen 1883 in einem kleinen Shop in Brooklyn von Friedrich Gretsch, einem deutschen Immigranten aus Mannheim. 1953/1954 stellte Gretsch die Les-Paul-inspirierte Duo-Jet vor. George Harrison spielte u.a. seit 1962 eine schwarze Duo-Jet, die er 1961 für 70 £ von Ivan Hayward gekauft hatte – mit einem Schuldschein über 20 £, da der Händler 90 £ verlangte. Auf seinem Soloalbum »Cloud Nine« erklärte er später die Geschichte dieser Gitarre. Gelegentlich spielte er auch eine Chet Atkins Country Gentleman – ein Exemplar ist im → *Cavern Pub* in der Liverpooler → *Mathew Street* ausgestellt. Mitte der 1960er Jahre musste man ca. ein Jahr auf eine Gretsch warten. Stellte das Unternehmen anfangs lediglich ca. 50 Gitarren pro Woche her, waren es bald ca. 75 pro Tag.

Lit.: *Scott, Jay: Gretsch – The Guitars Of The Fred Gretsch Company (San Francisco 1992); Bacon, Tony; Day, Paul: Gretsch Book (London 1996)* • *www.gretsch.com*

THE GREY ALBUM

Der in Los Angeles lebende HipHop-Produzent Brian Burton a.k.a. Danger Mouse, Teil des Underground HipHop-Duos DM & Jemini, das im Juli 2003 ihr Debütalbum »Ghetto Pop Life« und Ende November die »26 Inch EP« veröffentlichte und Stücke für die Rap-Veteranen Prince Po und Pharcyde produzierte, mixte 2004 Stücke des Rappers Jay-Z aus dessen »Black Album« und dem »Weißen Album« der Beatles. Zumeist nutzte er Gitarren- oder Vocal-Samples aus einem Beatles-Stück, die Beats stammten jedoch aus mehreren Stücken. »Change Clothes« z.B. verwendet die Gitarre aus »Piggies« und den Bass aus »Dear Prudence«. Das Ergebnis: »The Grey Album« (Cover: Justin Hampton). → *EMI* sah darin allerdings eine Verletzung des Copyrights und schickte dem Produzenten eine Abmahnung und drohte mit dem Gang vor Gericht. Da waren allerdings bereits 3000 Promo-Exemplare verschickt. Die Internet-Aktivisten von »Downhill battle«, eine Anti-Musikindustrie-Initiative (www.downhillbattle.org), riefen daraufhin zum Protest auf. Mehrere hundert Webseiten beteiligten sich, schließlich stellten 180 Websites am 24.2.2004, dem »Grauen Dienstag«, das Album für 24 Stunden zum illegalen MP3-Download ins Netz. Innerhalb

The Grey Album von Danger Mouse: Mix aus Rap und Beatles-Songs

kurzer Zeit gab es über 100 000 Downloads! Der »Grey Day« wurde daraufhin zum »Tag des koordinierten, zivilen Ungehorsams«. Grund für die Aktion war lt. Downhill Battle die Liebe zur musikalischen Freiheit: »Spezielle Interessengruppen wie die großen Plattenfirmen haben das Urhebergesetz in eine Waffe verwandelt«, so DB-Gründer Holmes Wilson. Die Aktionen der EMI »blieben nicht mehr als eine juristisch verständliche, aber kunstferne und hilflose Drohgebärde«. (*Die Welt* 1.3.2004) In der Kategorie Musik der Zeitschrift *Entertainment Weekly* wurde das Album zum »Best of 2004« gekürt. Im Herbst 2004 erschien ein experimentelles Video zu dem Album-Song »Encore« (»The Grey Video«), in dem digital »gealterte« Aufnahmen der Beatles mit Live-Aufnahmen von Jay-Z kombiniert waren. So ist z.B. John Lennon mit einem Break Dance zur Musik zu sehen. Im November 2004 verwendete er Samples aus »Glass Onion« für einen Remix von »Jay-Z's Encore«. Das dazugehörige Video enthält Szenen aus »A Hard Day's Night«.

www.greytuesday.org; www.dangermousesite.com

GRIFFITHS, ERIC

*31.10.1940 in Denbigh, North Wales. Lead-Gitarrist der → *Quarrymen*. Griffiths zog, als er zehn Jahre alt war, mit seinen Eltern nach Liverpool und war ein Nachbar und Freund John Lennons in Woolton. Er besaß eine neue Gitarre und kannte → *Colin Hanton*, der ein neues Schlagzeug hatte – genug Gründe also für eine Mitgliedschaft in der → *Skiffle* Group. Als George Harrison in die Gruppe kam, boten sie ihm die Rolle des Bassgitarristen an, aber Griffiths lehnte ab. Er war von März 1957 bis Mitte 1958 bei The Quarrymen. Er soll John Lennon auch überredet haben, Paul McCartney in der Band zu belassen – John war bereits nach kurzer Zeit so von der »Besserwisserei« Pauls genervt, dass er ihn aus der Band werfen wollte. Griffiths arbeitete dann als Ingenieuranwärter und ging später zur Handelsmarine. 1972 ging er mit seiner Frau und den drei Kindern nach Schottland. Er arbeitete im Strafvollzug und eröffnete später in Edinburgh eine Wäscherei-Kette. 1997 trat er mit The Quarrymen aus Anlass des 40. Jahrestages der Eröffnung des → *Cavern* auf, seitdem gab es immer wieder Reunions der Band mit seiner Mitwirkung. † 29.1.2005 in Edinburgh.

GROSVENOR BALLROOM

Tanzsaal in der Grosvenor Street, Liscard, Wallasey/Cheshire, wo die Beatles (damals noch als → *The Silver Beatles*, mit Drummer → *Tommy Moore*) ab 4.6.1960 bis 15.9.1961 insgesamt 14 Mal auftraten. Les Dodd (Paramount Enterprises) veranstaltete hier am Samstag »Big Beat«-Abende. Ende Juli 1960 verboten die Behörden von Wallasey Council, dem der Club gehörte, vorübergehend die Beat-Konzerte, weil sich Anwohner über die Lärmbelästigung beschwert hatten. Am 4.6.2000 gab es eine große Party anlässlich des 40. Jahrestages des ersten Auftritts der

Beatles in dem Saal. Heute erinnert eine Gedenktafel an diese Auftritte.

GROUPIE

Musen, Betthäschen und euphorische Fans der Rock-Stars – auch die Beatles waren ihnen verfallen. Jenny Zilka in *Tip* 9/2001: »Der Begriff ›Groupie‹ kommt aus den 60ern, das Phänomen ist schon viel älter, längst bekannt und hat eigentlich weder mit Musik noch mit Frauen zu tun. Sondern einfach mit Öffentlichkeit, mit Popularität und dem Bedürfnis nach Anerkennung und Liebe: Menschen, die sich mit berühmten, erfolgreichen Leuten zeigen, hoffen auf einen Teil des Erfolges, der Liebe, dieses angeblichen Glanzes.« Für Spex (9/2004) sind die Groupies ein »mal mächtiges, mal ohnmächtiges Phänomen der Affektindustrie«. Der Duden definiert: »Groupie [gru:pi; engl.] das; a) weiblicher Fan, der immer wieder versucht, in möglichst engen Kontakt mit der von ihm bewunderten Person zu kommen; b) zu einer Gruppe, Organisation außerhalb der etablierten Gesellschaft gehörendes Mädchen.« Filme zum Thema sind »Groupies« von Ron Dorfman und Peter Nevard (1970), »Ich, ein Groupie« von Erwin Dietrich und Jack Hill (1970), »Groupie Girl« von Derek Ford (1970), »Almost Famous« von Cameron Crowe (2000) und »The Banger Sisters – Groupies Forever« von Bob Dolman (2002) mit u.a. Susan Sarandon, Goldie Hawn und Geoffrey Rush. In diesem Film findet auch ein »Rock Cock«-Bilderrätselspiel statt: Auf Polaroids mit den edelsten männlichen Körperteilen erkennen die Damen deren Träger. Annett Busch bringt's auf den Punkt: »Groupies beleben die Distanz, machen das Unerreichbare, das Abstrakte, ein Image, einen Traum real – backstage. Was sie verzückt, ist weniger ein besonders originelles Gitarrenriff, sondern eher ein Grinsen, irgendwelche Locken, ein nackter Oberkörper. Süß ist ein Wort, das dann nicht fehlen darf. Das kann eine Menge Energien freisetzen, den Blick für alle möglichen Details schärfen – und den Ehrgeiz, mit dem Star auf dem Hotelzimmer zu landen. Die Grenzen zwischen aktiv und passiv sind dabei ziemlich unscharf. Wer nährt sich von wem? Der Popstar braucht sein Publikum und das Publikum ihn.« (*Spex* 9/2004) Zu Zeiten der Beatles verstand man unter Groupies noch »eine enthemmt kreischende Mädchenmeute, die eben dort aktiv wird, wo man den Bands und Popkönigen der Stunde am nächsten kommt: in der ersten Reihe randvoller Konzerthallen, vor Tourbussen, Absperrungen, in Backstage-Katakomben, Hotellobbys, unter einer Decke mit dem Star«. (*Frankfurter Allgemeine Zeitung* 17.1.2005) Tröstlich: »Viele der von Männern wie Frauen generierten Bilder dieser ›verzückten‹ Mädchen – die in den meisten Fällen Frauen sind – können nur Zerrbilder sein und mit etwas Genauigkeit und Emphase auch wieder anders aussehen.« (ebenda)

www.groupiecentral.com

GROW OLD WITH ME

Nachdem 1995/1996 die beiden ersten Folgen der »The Beatles Anthology«-Trilogie jeweils von der Edition eines »neuen« Beatles-Songs begleitet worden waren, gab es auch für Vol. 3 diesbezügliche Pläne. »Grow Old With Me« sollte der Song heißen. → *Yoko Ono* hatte den Song Paul McCartney am 19.1.1994 in New York bei der Aufnahme John Lennons in die → *Rock and Roll Hall of Fame* übergeben. Aufgrund des geringen Erfolgs von »Free As A Bird« und »Real Love« wurde das Vorhaben jedoch nicht realisiert. Auf der CD »Working Class Hero – A Tribute To John Lennon« befindet sich eine → *Cover-Version* von Mary Chapin Carpenter.

GRUGA HALLE

Veranstaltungshalle in Essen, »eine besonders vielseitig bzw. flexibel nutzbare Mehrzweckhalle mit herausragender Erfolgstradition« (Eigenwerbung). Hier traten am 25.6.1966 zwei Mal die Beatles auf – um 17.00 und um 21.00 Uhr – dokumentiert auf den → *Bootlegs* »Live In Essen 1966« und »What You're Doping«. Sie trafen am 25.6.1966 um 16.30 Uhr mit dem Sonderzug, mit dem ein Jahr zuvor Queen Elizabeth durch Deutschland gereist war, aus München in Essen ein. Mit einem weißen Mercedes und Polizeieskorte fuhren sie zur Gruga Halle. Vor den Shows gaben sie eine Pressekonferenz, aufgenommen vom WDR. 1992 erschien auf der Picture-CD »Die Beatles in Essen« (Checkpoint Records), herausgegeben anlässlich der Beatles-Convention in Köln-Brühl, eine Dokumentation der Pressekonferenz und der anschließenden Kurz-Interviews mit Fans und dem WDR-Bericht vom 26.6.1966. Nach den Konzerten fuhren sie um 0.30 Uhr mit ihrem Sonderzug weiter nach Hamburg. 2005 erschien eine CD-ROM mit dem »Beatles Interview Essen 1966 by Camie McKay for Radio CAE« (Eroc's Mastering Ranch). Radio CAE war ein kanadischer Soldatensender, das Beatles-Interview dauert ca. 8 min.

www.grugahalle.de

THE GUINNESS BOOK OF RECORDS

Superlative faszinierten die Menschen schon immer, das seit 1955 jährlich erscheinende »Guinness Buch der Rekorde« findet seit Jahrzehnten begeisterte Leser. Bereits 1964 widmete es den Beatles eine ganze Seite. 1979 wurde Paul McCartney als erfolgreichster Komponist aller Zeiten aufgenommen. Von 1962 bis 1978 hatte er 43 Songs geschrieben (bzw. als Co-Autor mitgeschrieben), die sich jeweils über 1 Mill. Mal verkauft hatten. Bis dahin hatte er insgesamt über 100 Mill. Singles und 100 Mill. Alben verkauft. Er erwies sich dankbar: Am 23.9.1982 erschien er mit Bruder Michael höchstpersönlich zur Vorstellung des »Guinness Book of 500 No. 1 Hits« in den Londoner → *Abbey Road Studios*. Am 26.5.1986 wurde Paul McCartney in die »Guinness Hall of Fame« aufgenommen, 1990 kam er in das Buch für das Konzert mit den meisten zahlenden Besuchern (184 000 im Maracana-Stadion in Rio de Janeiro/Brasilien). Zuvor hatte Frank Sinatra den Rekord gehalten, am 26.1.1980 kamen 175 000 Besucher in sein Konzert am gleichen Ort. Noch immer sind die Beatles mit zahlreichen Einträgen vertreten. So sind sie seit 1996 mit über 1 Mrd. verkauften Platten/CD/Kassetten (geschätzt von der Broadcast Music Incorporated BMI) als Gruppe mit den meistverkauften Tonträgern verzeichnet. Allein in den USA haben sie 106 Mill. Alben verkauft! Weitere Einträge sind u.a. die meisten Nr.-1-Singles in GB (20!), die meisten aufeinander folgenden Nr.-1-Hits in GB (11! – von 1963 bis 1966) und die meisten Nr.-1-Alben einer Gruppe in den US-Charts (19!). Sie waren auch lange Zeit die meisten Wochen in den britischen Album-Charts – bis 2005, da standen Queen mit 322 Wochen auf Platz 1 (Beatles: 293 Wochen). Mit 20 Nr.-1-Singles hatten die Beatles die meisten Nr.-1-Hits in den USA. Die erfolgreichsten Songschreiber, gemessen an Nr.-1-Singles, sind John Lennon und Paul McCartney. Letzterer ist bei 32 Nr.-1-Hits in den USA als Songschreiber genannt, John Lennon bei 26. John Lennon hat die meisten Pseudonyme eines Popstars (15!), Paul McCartney ist mit dem »größten Internet-Popkonzert« (14.12.1999 → *Cavern*) verzeichnet. Lange Zeit stand er mit mehr als 100 Mill. verkauften Singles und über 60 → *Goldenen Schallplatten* als erfolgreichster Komponist und Interpret der Popmusik im Guinnessbuch der Rekorde, hierfür erhielt er eine Rhodium-Schallplatte (Rhodium soll doppelt so wertvoll sein wie Platin). »Sgt. Pepper's Lonely Hearts Club Band« ist das in GB meistverkaufte Album aller Zeiten – mit 4,5 Mill. Exemplaren. 2000 kam sogar ein deutscher Beatles-Fan ins Guinnessbuch: Harold Krämer aus Siegen mit dem kleinsten Beatles-Museum der Welt. 2002 kam auch die CD »1« ins Guinness Book Of Records: Das Album verkaufte sich allein am ersten Tag 3,6 Mill. Mal, im ersten Monat weltweit 13,5 Mill. Mal. In GB wurde es das erfolgreichste Album des Jahres. In 35 Ländern erreichte es Platz 1 der Charts. Auch ein Beatles-Sammler schaffte es ins Buch der Rekorde: Der Argentinier Rodolfo Vazquez besitzt 5 612 Beatles-Sammlerstücke. Die Herausgeber stellen auch jährlich eine »All Time Top 100«-Liste auf. 2001 und 2002 lagen die Beatles z.B. auf Platz 9. Guinness World Records, inzwischen zu HIT Entertainment gehörend, veröffentlicht auch das »Guinness Book Of British Hit Singles And Hit Albums« (Autoren: Paul Gambaccini, Tim Rice und Jonathan Rice). Die 2005 erschienene Sonderausgabe zum 50. Jubiläum der Guinness World Records enthält ein Interview mit Paul McCartney. Inzwischen stellt das Buch selbst einen Weltrekord dar – mit über 100 Mill. verkauften Exemplaren in 100 Ländern und in 37 Sprachen. Auf einer Liste der erfolgreichsten Künstler, die die längste Zeit Titel in den UK-Charts hatten (»Most successful acts of all time«), lagen die Beatles 2005 hinter → *Elvis Presley* und Cliff Richard auf Platz 3 – sie hatten insgesamt 1749 Wochen einen Titel in den britischen Charts. Bei den ewigen Top Ten der Album-Charts lagen sie hinter Queen auf dem 2. Platz. In Deutschland erscheinen die »Guinness World Records« im Mannheimer Brockhaus-Verlag.

www.guinnessrecords.com; www.guinness-verlag.de; www.guinnessworldrecords.com/popstars

GURU VANDANA

Song von George Harrison, erstmals erschienen am 1.11.1968 auf der LP »Wonderwall Music« (als Medley mit »Drilling A Home«).

GUSTAVSON, JOHNNY

Ab 1961 Bassgitarrist und Sänger der Liverpooler Gruppe The Big Three, einer Ausgründung von Cass And The Cassanovas, gemanagt seit Januar 1963 von → *Brian Epstein* – »einer der lautesten, aggressivsten und visuell ansprechendsten Acts der Szene« (Colin Larkin in »The Guinness Who's Who of Sixties Music«). Bei einem Auftritt der Beatles in der St. John's Hall in der Snaufell Avenue im Liverpooler Stadtbezirk Tuebrook am 17.8.1961 spielte er Bassgitarre, während Paul McCartney ohne Instrument als Leadsänger auftrat. Nachdem sich The Big Three 1964 aufgelöst hatten, ging Gustavson zu The Merseybeats, gründete die Bands John And Johnny und Quatermass und spielte in den 1970er Jahren Bass bei Roxy Music.

H

HAGEL, MARION

Im August 1998 behauptete die 32-jährige Kunststudentin Kristina Hagel aus Hamburg, eine Tochter John Lennons zu sein. Sie legte der Presse eine Geburtsurkunde vor, in der dieser tatsächlich als Vater ausgewiesen ist. Kristina Hagel: »Ich bin das Produkt einer einzigen Liebesnacht meiner Mutter mit John. Es war in den österreichischen Alpen, als die Beatles dort für den Film ›Help!‹ drehten.« Da war John Lennon noch mit → *Cynthia Lennon* verheiratet. Ihre Mutter Marion Hagel, damals mit einem Chemiearbeiter namens Karl Egon verheiratet (✝ 1990), wollte sich nicht definitiv äußern: »Ich werde dazu nichts sagen, alles kann sein oder auch nicht sein.« John Lennon soll sie auch später des Öfteren besucht haben. Kristina Hagel studierte 1998 in Liverpool. Sie will John Lennon auch in New York getroffen haben, als sie dort eine Schule besuchte. Die Geburtsurkunde weist allerdings einige Fehler auf, die die Vermutung nahe legen, dass sie gefälscht ist. So wurde eine Postleitzahl angegeben, was sonst nicht üblich ist, außerdem trägt sie keine fortlaufende Nummer. → *Julian Lennon* erklärte sich daraufhin zu einer DNA-Probe bereit, Kristina Hagel war jedoch selbst für *Bild* nicht zu erreichen ...

Kristina Hagel – »Lennons deutsche Tochter«

Lennons deutsche Tochter – alles nur gefälscht?

Das war wohl nichts! Hat Kristina Hagel (32) aus Hamburg, die angebliche Tochter des Beatles John Lennon (BILD berichtete), die Geburtsurkunde gefälscht?

Es sieht ganz so aus. BILD fragte Ute Prumbaum (43), Abteilungsleiterin Aufgebot und Eheschließung im zuständigen Standesamt Hamburg-Harburg. Sie sagte: **„Diese Urkunde ist meiner Ansicht nach eine Fälschung.** Jede Urkunde ist durchnumeriert – diese nicht. Bei der Adressenangabe steht eine Postleitzahl – das machen wir nie. Auch die Unterschrift des Standesbeamten scheint mir gefälscht zu sein."

Warum lügt die angebliche Lennon-Tochter? Für eine Stellungnahme war die in Liverpool lebende Hamburgerin gestern nicht zu erreichen.

Kristina Hagel (32): Mit ihrer Geburtsurkunde stimmt was nicht.
Foto: MERCURY PRESS/PETER BYRNE

HAGUE, JONATHAN

Schulfreund John Lennons, der später Künstler wurde. Im Dezember 1967 fand in der Royal Institute Gallery (heute British Academy Of Film And Television Arts, BAFTA) in Mayfair, London, eine Ausstellung seiner Werke unter dem Motto »large and colourful works« statt. John Lennon besuchte die Ausstellung am 4.12.1967, er und Paul McCartney waren auch Sponsoren der Ausstellung.

HALEY, BILL

*6.7.1925 (1927) in Highland Park, einem Vorort von Detroit, ✝ 9.2.1981 in Harlingen/Texas. Haley kombinierte Anfang der 1950er Jahre Country & Western, Rockabilly, Dixieland und Rhythm & Blues zum Rock'n'Roll. Sein erster Hit war 1954 »Rock Around The Clock«. John Lennon: »Seine Platten machten bei mir keinen besonderen Eindruck.« Als er den Film »Rock Around The Clock« sah, war er überrascht: »Kein Mensch kreischte, keiner tanzte in den Zwischengängen, so, wie ich es vorher darüber gelesen hatte. Das musste alles passiert sein, ehe ich mir den Film ansah. Ich war bereit, die Sitze zu zertrümmern, aber keiner machte mit. Nein, es war definitiv Elvis, der in mir die Begeisterung für die Beat-Musik erweckte.«

HALF-A-WIND

Ausstellung (»Show«) → *Yoko Onos* in der Lisson Gallery in 68 Bell Street im Londoner Stadtteil Marylebone, eröffnet am 11.10.1967, Untertitel: »Yoko Plus Me« (Das »Me« war John Lennon). Das Thema: »halbe weiße Sachen« – ein halbes Bett, ein halber Stuhl, eine halbe Zahnbürste, ein halbes Zimmer, halbe Haushaltsgegenstände, alles in Weiß (deshalb auch der Titel: »Half-A-Wind«) – eine surreale Parodie auf das Alltagsleben. Eine leere Flasche (Preis: 200 £) trug den Titel »Flötenlied für John«. John Lennon sponserte die Ausstellung mit 5 000 £, wollte aber nicht genannt werden. Yoko Ono erwähnte seinen Namen trotzdem im Programmheft: »Als das ›Hammer A Nail‹-Gemälde in der Indica Gallery gezeigt wurde, kam ein Mann und fragte, ob es in Ordnung wäre, dass er einen Nagel in das Objekt haut. Ich sagte, dass es in Ordnung geht, sofern er 5 Schilling dafür bezahlt. Statt die 5 Schilling zu bezahlen, fragte er, ob es in Ordnung wäre, einen imaginären Nagel reinzuhauen. Das war John Lennon. Ich dachte, da habe ich doch glatt einen Burschen getroffen, der das gleiche Spiel wie ich spielt.« Die Ausstellung lief bis zum 14.11.1967. John Lennon bezeichnete sie später als seinen »ersten öffentlichen Auftritt« mit Yoko Ono. Danach besuchte er sie des Öfteren in ihrer Wohnung in Regent's Park.

HALLELUJAH, I LOVE HER SO

Song von Ray Charles (den Paul McCartney 1962 als seinen Lieblingssänger bezeichnete), von diesem 1956 zum ersten Mal aufgenommen (später auch von Eddie Cochran). Die Beatles, d.h. John Lennon, Paul McCartney, George Harrison und → *Stu Sutcliffe*, nahmen den Titel im März 1960 mit einem normalen Heim-Tonbandgerät auf, wahrscheinlich im Haus der McCartneys (20 Forthlin Road, Allerton, Liverpool). Nachdem der Titel bereits auf einigen → *Bootlegs* erhältlich war, erschien er am 20.11.1995 auf der DoCD »The Beatles Anthology 1«, wurde jedoch höchstwahrscheinlich von einem Bootleg übernommen. Der Song befindet sich auch auf der 1977 erschienenen LP »Live im Star-Club«, aufgenommen 1962.

HAMBURG

Die deutsche Hafenstadt mit ca. 1,7 Mill. Einwohnern hat einiges mit Liverpool gemeinsam – beide Städte waren im Krieg stark zerstört worden, in beiden wohnt ein Menschenschlag, der sich nicht die Butter vom Brot nehmen lässt und immer seinen Humor behält. Auch Hamburg war (und ist) ein Tor zur Welt und immer offen für neue Ideen. Am 17.8.1960 kamen die Beatles – das waren zu diesem Zeitpunkt John Lennon, Paul McCartney, George Harrison, → *Stuart Sutcliffe* und → *Pete Best* – zum ersten Mal nach Hamburg. Es folgten über 150 zumeist sechs- oder sogar achtstündige Konzerte im → *Indra* und im → *Kaiserkeller* – für 30 DM (ca. 15 €) pro Person und Gig sowie im → *Top Ten Club*. Am 15.10.1960 nahmen Lennon, McCartney, Harrison, evtl. Sutcliffe und zwei Mitglieder von → *Rory Storm and the Hurricanes* (Ringo Starr – dr und Lou »Wally« Walters – b, voc) im Akustik-Studio in der Kirchenallee 57 hinter dem Hauptbahnhof eine Version von George Gershwins »Summertime« auf. Auf die Rückseite der Single kam eine Werbung für Lederwaren. Von den damals produzierten neun 78er Schallplatten (→ *Allan Williams* spricht von vier) blieb leider nur eine erhalten. Im Top Ten Club waren die Beatles des Öfteren, um → *Tony Sheridan* zu sehen. Am 20.11.1960 musste George Harrison zurück nach Liverpool, am 5.12.1960 wurden Paul McCartney und Pete Best nach einer Nacht im Gefängnis (wegen Brandstiftung) ausgewiesen, und am 10.12.1960 kehrte auch John Lennon nach Liverpool zurück. Am 27.3.1961 kehrten die Beatles nach Hamburg zurück. Ihre neue Aufenthaltsgenehmigung war auf ein Jahr beschränkt. Für ihre Auftritte im Top Ten Club an der Reeperbahn bekamen sie bereits 40 DM (ca. 20 €). Am 2.7.1961 kehrten die Beatles nach Liverpool zurück, Stuart Sutcliffe bieb in Hamburg bei → *Astrid Kirchherr*. Am 13.4.1962 spielten die Beatles zur Eröffnung des → *Star-Clubs*, bis zum 31. Mai gaben sie 48 Konzerte. Ab 18.12.1962 waren sie wieder in Hamburg und gaben 13 Konzerte im Star-Club – drei Stunden pro Abend, für 100 DM (ca. 50 €) pro Person und Tag, plus Spesen für Anreise und Hotel. Tony Sheridan: »Zu einer Zeit waren bestimmt zweihundert Gruppen in Hamburg, davon spielten vielleicht zehn Prozent. Sie wurden ausgebeutet von komischen Managertypen und blieben meist nicht lange.« »In Hamburg tobten sich die Beatles aus, bevor sie in Liverpool zur Legende wurden«, resümiert die *Rhein Main Presse* (22.3.2003). In der Davidswache gab es eine Strafakte, die allerdings später vernichtet wurde. Auf der Wache gibt es heute nur noch einen Fan-Ordner mit alten Zeitungsartikeln über die Musiker. »Für John Lennon war die Zeit in Hamburg nicht nur in musikalischer Hinsicht von prägender Bedeutung, sondern auch im persönlich kulturellen Bereich«, weiß Astrid Kirchherr. In der Tat – die Zeit in Hamburg hat den Lifestyle der Beatles geprägt, musikalisch holten sie sich in den Clubs der Stadt den letzten Schliff. Das Szeneviertel St. Pauli gab's allerdings schon länger. Im Café Keese wurde hier vor Urzeiten die Damenwahl erfunden, und auch nach den Beatles wurde hier weiter Musik gemacht – in den 80ern z.B. im Mojo Club. »Vielleicht deshalb ist hier wirklich noch nie ein großer Trend gemacht worden, sie haben alle bloß hier stattgefunden«, resümiert Stefan Krulle in seinem Essay »St. Pauli hat nicht nur die Beatles kommen sehen« (*Die Welt* 9.8.2001). Am 26.6.1966 traten die Beatles zwei Mal im Rahmen der Bravo-Blitz-Tournee in der Hamburger Ernst-Merck-Halle auf. Ein authentisches aktuelles Bild des Szeneviertels um die Reeperbahn zeichnet der Fotograf Wolfgang Kampz in seinem Buch »Sex World« (2001). Natürlich stehen die Beatles im Wachsfigurenkabinett »Panoptikum« am Spielbudenplatz in St. Pauli. Die Hamburger Bildhauerin Saskia Ruth hat die Figuren geschaffen. 2002 kaufte Kultursenatorin Dana Horáková eine Sammlung von Beatles-Devotionalien an, darunter einen Getränkebon für »2 Cola (frei)« und eine Benzinquittung. Am 21.5.2003 trat Paul McCartney in der AOL-Arena auf – für einen Eintrag ins Goldene Buch der Stadt reichte seine Zeit allerdings nicht. Im Sommer 2003 stellte die SPD-Bürgerschaftsfraktion der Stadt den Antrag, einen Platz in der Stadt nach den Beatles zu benennen, Hinweisschilder an den Stätten ihres Wirkens anzubringen und »St. Pauli als Wiege der Popmusik« zu vermarkten. Im Mai 2006 wurde endlich der → *Beatles-Platz* eingeweiht. Er soll das Tor zur Beatles-Welt »Beat City Hamburg« werden, die in den nächsten Jahren auf Initiative der IG Beat-City entstehen und an die Zeit der Beatles in Hamburg erinnern soll. Geplant sind u.a. Gedenktafeln und ein Museum. Förderer der Aktion »Beat City Hamburg« sind die Kulturbehörde der Stadt Hamburg, das Museum für Hamburgische Geschichte und das Bezirksamt Hamburg-Mitte. Vom 3. Juni bis 5. November 2006 fand im Museum für Hamburgische Geschichte die Ausstellung »The Hamburg Sound – Beatles, Beat & Große Freiheit« statt. Zur Ausstellung erschienen ein illustriertes Begleitbuch, ein Film sowie eine CD mit den bekanntesten Musikstücken des »Hamburg Sound«.

*Lit.: Zint, Günter: Große Freiheit 39 – Vom Beat zum Bums, vom »Star-Club« zum »Salambo« (München 1987); Voormann, Klaus; Kirchherr, Astrid: Hamburg Days, Vol. 1 & 2 (Guildford 1999); Beckmann, Dieter; Martens, Dieter: Star-Club (Reinbek b. Hamburg 1980); Clayson, Alan: Hamburg – The Cradle Of British Rock (London 1997); Krüger, Ulf: Beatles Guide Hamburg (Hamburg/Wien 2001); Articus, Rüdiger; Beier, Gerhard; Krüger, Lothar; Krüger, Ulf; Schulze-Schlichtegroll, Klaus-Christian: Die Beatles in Harburg (Hamburg 1996); Rehwagen, Thomas; Thorsten Schmidt: »Mach Schau!« – Die Beatles in Hamburg (Braunschweig 1992); Vollmer, Jürgen: The Beatles in Hamburg (München 2004); Kurverwaltung St. Pauli (Hrsg.): St. Pauli – Streifzüge auf dem Kiez (Hamburg 2006) • **Discogr.**: The Hamburg Sound – A Phonographic Documentary (20 CD/LP-Set, 1991), Damals in Hamburg (1999), Die Hamburger Szene (DoCD, 2002), The Beatles Era 60's (DVD, 2003), Damals in Hamburg (DVD, Autor: Thomas Struck, 2005)*

HAMILTON, RICHARD

Britischer Maler und Grafiker, * 24.4.1922 in London, studierte er an der Royal Academy and Slade School. Nach Experimenten mit kubistischen, futuristischen und abstrakten Kunstformen wurde Hamilton zum Begründer und wichtigsten Vertreter der britischen Pop-Art. Er kombinierte vorhandene Bildelemente der Werbung und des Massenkonsums zu Collagen und gab ihnen eine neue Dimension. 1950 hatte er seine erste Einzelausstellung. 1956 wurde sein Werk »Just What Is It That Makes Today's Homes So Different, So Appealing?« in der Ausstellung »This Is Tomorrow« in der Londoner Whitechapel Gallery gezeigt – nach Ansicht mancher Kunstkritiker der Beginn der Pop-Art. Im Oktober 1966 kaufte Paul McCartney eins seiner Multiples in einer Londoner Galerie. Nachdem → *Peter Blake* 1967 das Cover der LP »Sgt. Pepper's Lonely Hearts Club Band« gestaltet hatte, schlug der mit Paul McCartney befreundete Galerist → *Robert Fraser* vor, das nächste Album von Hamilton gestalten zu lassen. Paul McCartney und Hamilton trafen sich daraufhin bei Apple in der Savile Row. Das Ergebnis: das Plattencover zum Doppelalbum »The Beatles«, das »Weiße Album«; auch die Fotocollage auf der Rückseite der Textbeilage ist von ihm. Nach der bildlichen Opulenz von »Sgt. Pepper« war das monochrom weiße Cover ein Angriff auf das »Marketingmuster der Popmusik«, eine »fundamentale Kritik an der Warenästhetik im Sinne Adornos« (Walter Grasskamp in dem Buch »Das Cover von Sgt. Pepper – Eine Momentaufnahme der Popkultur«, Berlin 2004). »Und dennoch: So sehr Hamiltons Anti-Entwurf auch die bunte Popästhetik ironisch kommentierte, war er doch selbst zugleich ein genialer Marketing-Schachzug. Wo alle Plattencover auf bunte Farbe setzen und ein Plattenladen vor optischer Information und ›Kauf mich‹-Reizen überquillt, springt nichts so sehr ins Auge wie ein total weißes Cover. Die Porträtfotos stammen von John Kelly. Später setzte Hamilton den 1960er Jahren mit der Druckserie »Swinging London« ein Denkmal. Im Kölner Museum Ludwig fand 2003 eine große Ausstellung »Introspektive« statt.

HAMMERSMITH ODEON

Diese Konzerthalle in der Londoner Queen Caroline Street war lange Jahre der Höhepunkt jeder England-Tournee nationaler oder internationaler Stars. Die Beatles gaben hier vom 24.12.1964 bis 16.1.1965 die zweite Folge ihrer Weihnachtskonzerte (»Another Beatles' Christmas Show«) – und am 10.12.1965 ihr letztes Konzert in London (abgesehen vom → *Rooftop Concert*). Vom 26. bis 29.12.1979 fanden hier die Concerts for the People of Kampuchea statt, an der u.a. Wings und die All-Star Abend Applejacks (mit Paul und Linda McCartney) teilnahmen.

HAMMOND-ORGEL

1933/1934 von den amerikanischen Ingenieuren Laurens Hammond (1895–1973) und John M. Hanert (* 1909) entwickeltes elektromechanisches mehrmanualiges Tasteninstrument. Die Schwingungserzeugung erfolgt mittels 91 rotierenden Profilscheiben aus Metall, die an elektromagnetischen Tonabnehmern vorbeilaufen und in deren Spulen Sinusschwingungen hervorrufen. Hinzugeschaltet werden können Tremolo, Vibrato, Echo und andere Effekte. Arthur Brown, Atomic Rooster, Aum, → *Billy Preston* u.a. Bands und Solisten setzten die Hammond-Orgel in der Rockmusik ein, im Jazz gelten Fats Waller, Jimmy Smith und Larry Young als Meister auf diesem Instrument. Bei den Beatles spielten z.B. Ringo Starr – in »I'm Looking Through« (1965) – und John Lennon – in »Being For The Benefit Of Mr. Kite« (1967) – Hammond-Orgel, und auch die ersten Töne von »Lucy In The Sky With Diamonds« (1967) stammen nicht von einem Cembalo, sondern von einer Hammond-Orgel. In »With A Little Help From My Friends« spielt → *George Martin* Hammond-Orgel, in »You Won't See Me« → *Mal Evans*.

***Lit.**: Veil, Mark: The Hammond Organ – Beauty In The B (San Francisco 2002)*

HANRATTY, JAMES

Der Brite wurde im April 1963 gehängt, obwohl er stets seine Unschuld beteuert hatte und auch von vielen für unschuldig gehalten wurde. Die Anklage: Er soll am 22.8.1961 Michael John Gregson erschossen und Valerie Storie ausgeraubt und schwer verletzt haben. Später bekannte sich Peter Alphon zu dem Mord. Die Eltern Hanrattys baten am 16.12.1969 bei einem Besuch bei → *Apple Corps Limited* John Lennon und → *Yoko Ono*, sich für seine nachträgliche Rehabilitierung zu engagieren. Am 9.12.1969 kündigten John Lennon und Yoko Ono an, einen Film über sein Schicksal drehen zu wollen. Als die beiden am 10.12.1969 die Premiere des Films »The Magic Christian« besuchten, trugen sie ein Banner mit der Aufschrift »Britain Murdered Hanratty«. Am 14.12.1969 forderte Hanrattys Vater an der Speaker's Corner am Hyde Park zum wiederholten Male eine öffentliche Ermittlung. Später gab er ein entsprechendes Gesuch in der Downing Street No. 10 ab. Zur Speaker's Corner wurde an diesem Tag ein weißer Sack (→ *Bagism*) mit der Aufschrift »Ein stummer Protest für James Hanratty« gebracht. In dem Sack befanden sich zwei Personen (John & Yoko?). Am nächsten Tag, beim Konzert der Plastic Ono Supergroup zugunsten der UNICEF im Lyceum Theatre in London, saß Yoko Ono in einem weißen Sack auf der Bühne und begann ihren Song »Don't Worry Kyoko« mit den Worten »Britain, you killed Hanratty!«. Im Dezember 1969 wurde dann in der Krypta der Kirche St. Martin in the Fields am Londoner Trafalgar Square ein 40-minütiger Film mit dem Titel »Hanratty« mit finanzieller Unterstützung von John & Yoko gedreht, der allerdings erst am 17.2.1972 im Kanal 4 gezeigt wurde.

***Lit.**: Foot, Paul: Who Killed Hanratty? (London 1971)*

HANTON, COLIN

Von 1957 bis 1958 Schlagzeuger der → *Quarrymen*. Nach dem Besuch der Schule St. Mary's im Liverpooler Stadtteil Garston arbeitete er als Polsterer, interessierte sich aber intensiv für Rock'n'Roll und Jazz. Die Quarrymen wollten ihn, weil er sich für 34 £ gerade ein neues »Broadway«-Schlagzeug geleast hatte. Die Gruppe probte bei ihm

Colin Hanton (The Quarrymen)

des Öfteren am Sonnabendnachmittag. Nach einem Auftritt in der Wilson Hall in Garston am 1.1.1959 hatte er auf der Heimfahrt einen Streit mit den anderen Quarrymen. Er stieg (mit seinem Schlagzeug) aus dem Bus und ward nicht mehr gesehen. Er eröffnete dann in Runcorn sein eigenes Möbel- und Polsterwarengeschäft, heiratete und hatte zwei Töchter. Erst 1997, zu einem Konzert aus Anlass des 40-jährigen Bestehens des → *Cavern*, fanden sie wieder zusammen. Seitdem steht auch Hanton immer mal wieder mit The Quarrymen auf der Bühne, so u.a. bei der Party aus Anlass des 40. Jahrestages des Festes in der → *St. Peter's Parish Church*, wo sich John Lennon und Paul McCartney zum ersten Mal getroffen hatten.

HAPPINESS IS A WARM GUN

Song von John Lennon/Paul McCartney, aufgenommen am 24. und 25.9.1968, erstmals erschienen am 22.11.1968 auf der LP »The Beatles« (»Weißes Album«). Der Song, inspiriert von den lockeren US-amerikanischen Waffengesetzen, über die eine amerikanische Waffenzeitschrift berichtete, ist auch ein Zeugnis für Lennons pazifistische Haltung, und (nach John Lennon) auch »eine Art Geschichte des Rock'n'Roll« und ein Symbol seiner sexuellen Beziehung zu → *Yoko Ono*. James Woodall: »Der Schluss von ›Happiness ...‹ mit Lennons orgiastischem Gebrüll ›When I hold you in my arms/And I feel my finger on your trigger‹ scheint mir die eindeutigste Anspielung auf das Stimulieren der Klitoris zu sein, die je gesungen wurde.« Auch die Anrede »Mother Superior« lässt auf Yoko Ono schließen. Folgerichtig wurde auch dieser Song von der → *BBC* verboten. Für Alice Cooper ist der Song »eines der größten Gesangsstücke aller Zeiten«. Die DoCD »The Beatles Anthology 3« enthält eine frühere Version des Songs, in die John Lennon spielerisch Yoko Onos Namen einfließen lässt. 2002 drehte Thomas Imbach unter diesem Titel einen Dokumentarfilm über das Grünen-Paar Petra Kelly und Gerd Bastian. Zahlreiche → *Cover-Versionen*, u.a. von Tori Amos, U2, Jennifer Walshe, Vermont, Score!, Anders Osborne, Gilby Clarke, Tori Amos und The Breeders.

THE HARBINGERS

Sekte in den 1960er und 1970er Jahren mit Sitz in Harbinger Springs bei San Francisco/Calif. Als John und → *Yoko Ono* Ende Dezember 1969 in Aalborg/Dänemark waren, besuchten auf Anregung von Melinda Cox, der zweiten Frau von → *Anthony Cox*, die Mitglied dieser Sekte war, Dr. Don Hamrick und Leonard Hollahan das Paar. Hamrick hypnotisierte sie, um ihnen das Rauchen abzugewöhnen und ihnen einen Blick in ihr früheres Leben zu ermöglichen. Des Weiteren versprachen sie John Lennon und Yoko Ono, sie im Sommer 1970 in einem »kosmischen Raumschiff«, das keinen Treibstoff benötige und nur mit »psychischen Kräften« angetrieben werde, zum Toronto Peace Festival zu fliegen (das dann sowieso ausfiel). Sie glaubten auch, dass sie über die Beatles Kontakt zu Außerirdischen aufnehmen könnten.

A HARD DAY'S NIGHT

1. Dritte (offizielle) LP der Beatles, erstmals erschienen am 10.7.1964. Am 26.6.1994 war in den USA bereits eine LP mit dem gleichen Titel als »Original Soundtrack Album« erschienen – mit der instrumentalen Filmmusik von → *George Martin*. Die in den USA und Kanada auf United Artists erschienenen LPs enthalten nicht nur die Beatles-Songs, sondern auch Instrumentalmusik aus dem Film. Innerhalb von neun Tagen verkaufte sich die LP 1,5 Mill. Mal und war damit die am schnellsten verkaufte LP in der britischen Musikgeschichte. 2002 erschien in Frankreich als → *Bootleg* »The Alternate A Hard Day's Night« – als CD 3 der 5-CD-Box »Quelque chose de nouveau«.

2. Song von John Lennon/Paul McCartney, aufgenommen am 16.4.1964, erstmals erschienen am 10.7.1964 auf Single und als Titelsong der gleichnamigen LP, am 9.12.1966 auf der LP »A Collection Of Beatles Oldies (But Goldies)« und am 28.10.1994 auf der DoCD »Live At The BBC«. Der Song beginnt mit einem der mittlerweile bekanntesten Akkorde der Rockmusik und beschreibt die

A Hard Day's Night (1964, Melodija)

scheinbar unmenschlichen Arbeitsbedingungen in der Gruppe in dieser Zeit. »Der Eröffnungsakkord dieser Nummer war wie ein Weckruf«, bekannte Joey Ramone von der Punk-Band The Ramones später. George Martin setzte einige aufnahmetechnische Tricks ein, so singt John Lennon zeitweise mit sich selbst im Duett. 1964 erhielten die Beatles für »A Hard Day's Night« einen → *Grammy* als »best performance by a vocal group«. Viele sehen in dem Song »einen eigenen Film, ja eine kompakte Dokumentation des kometenhaften Aufstiegs der Beatles« (David Fricke in *Rolling Stone* 3/2001). Zahlreiche → *Cover-Versionen*, u.a. von Peter Sellers, Count Basie, Ramsey Lewis, The Beatles Revival Band (»Ein harter Tag«), Didi und die ABC-Boys (»Das war ein harter Tag«), Chet Atkins, Jimmy Nail, Max Bygraves, The Beatle Barkers, Chiwaki, Billy Lee Riley (harm), The Hobos, 12 Cellisten der Berliner Philharmoniker, Diana Ross & The Supremes, The Kelly Family, Rundfunk-Tanzorchester Berlin, Barock And Roll Ensemble, The Chipmunks, The George Martin Orchestra, Baronets (»Laisse-moi me reposer«), Woof, The Hollyridge Strings, Ella Fitzgerald, Goldie Hawn, Quincy Jones, Jive Bunny & The Mastermixers, Peggy Lee, The Royal Philharmonic Orchestra, The Hill/Wiltschinsky Guitar Duo, Take That (Medley mit »I Want To Hold Your Hand« und »She Loves You«), The ReBeatles, The CT Beatles, Johnny Rivera, Billy Joel, The Silhouettes, George Maharis, Eddie Cano & Nino Tempo, The Mini Beatles (The Mini Beats), Fabulant (»In di da nar«), The Bugs, Elena Duran/Stephane Grappelli/Laurie Holloway, Badesalz, Munich Symphonic Sound Orchestra (MSSO), James Last, Leo Löhr's Original Oldie Quartett, Les Lionceaux (»Quatre garçons dans le vent«), Chantal, The Swinging Blue Jeans, Electric Sound Orchestra (d.i. Martial Martinay), The

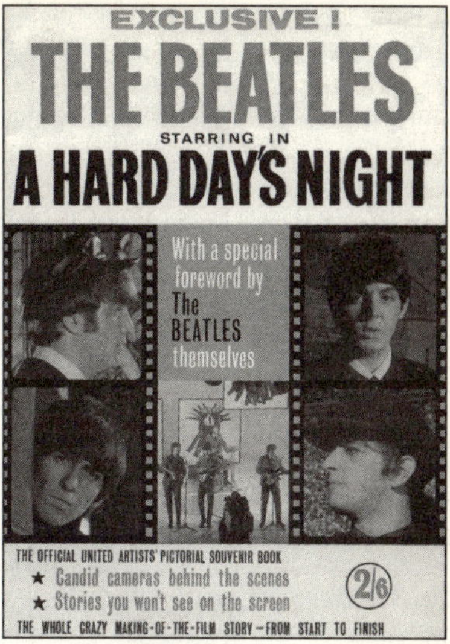

A Hard Day's Night – der erste Film der Beatles (1964)

Royal Symphonic Rock Orchestra Vienna, Bornagen, Peter Breiner and His Chamber Orchestra, The Fabulous Four, Dionne Warwick, The Day Trippers, Andrea Braido & Giorgio Cordoni, Billy Idol, Billy Joel, Sugar Minott (»All Day Night«), Hard Day's Night, The Koppycats (Ian & The Zodiacs), The Punkles, Cathy Berberian, Emil Gorowez (»Tjažely noč'«), Art Farmer Sextet, Paper Parrot, James Last, Die Beat-Oma (»Ich bin die Beat-Oma«), Lisa Bassenge Trio und Ute Kannenberg Quartet.

3. Film der United Artists, Drehbuch: Alun Owen, Regie: → *Richard Lester*, Produktion: → *Walter Shenson*, musikalische Leitung: → *George Martin*, Kamera/Beleuchtung: Gilbert Taylor (* 21.4.1914), künstlerische Leitung: Ray Simm, 85 min, mit The Beatles, → *Wilfred Brambell* (Paul McCartneys Großvater John), Norman Rossington († 21.5.1999, Fernsehproduzent »Norm«),

Deryck Guyler († Okt. 1999, Polizeisergeant), → *Victor Spinetti* (Fernsehdirektor) u.a. Der Film wurde in Schwarzweiß gedreht, weil die Produktionsfirma fürchtete, dass die Kosten einer Farbproduktion nicht wieder eingespielt werden könnten. Die Handlung ist simpel: Die Beatles wollen zu einer Fernsehshow nach London, aber ihr Opa bereitet ihnen dabei einige Probleme. Die Beatles karikieren sich selbst – ihren Alltag unterwegs auf Tournee, im Konzert und bei den Aufnahmen für eine Fernseh-Show. John Lennon 1970: »Wir waren etwas wütend über seine Oberflächlichkeit und die beschissenen Dialoge.« Die Dreharbeiten begannen am 2.3.1964 in Paddington Station, London, und dauerten bis zum 24.4.1964. Das Budget von »A Hard Day's Night« betrug lediglich 250 000 £. Zurück von ihrer ersten USA-Tournee, mussten die Beatles innerhalb von zwei Wochen sieben neue Songs schreiben und aufnehmen. Ursprünglich sollte der Film »Beatlemania« heißen, auch andere Titel (»Moving On«, »Travelling On«, »Let's Go«, »Who Was That Little Old Man?«) waren im Gespräch, aber Ringo Starr hatte schließlich die Idee, ihn »A Hard Day's Night zu nennen« – nach einem Wortspiel, das John Lennon einmal benutzt hatte. »Royal World Premiere« des Films war am 6.7.1964 im London Pavilion, die »Nord-Premiere« fand am 10.7.1964 im Liverpooler Odeon Cinema statt. Die Beatles begründeten damit das Genre des Musikfilms – »›A Hard Day's Night‹ war einer der ersten abendfüllenden Video-Clips, lange vor der Erfindung des Musik-Videos«. (*Berliner Zeitung*, 13.5.2002) Als die Beatles an diesem Tag in ihre Heimatstadt kamen, säumten ca. 150 000 Menschen die Straßen. In den USA startete der Film am 13.7.1964. Der Film – »ein Feel-Good-Movie allererster Güte« (*Zitty* 14/2000) – wurde zwei Mal für einen Academy Award nominiert und kam in weltweit 15 000 Exemplaren in die Kinos. Schon bald hatte er 13,5 Mill. $ eingespielt. In Deutschland lief der Film synchronisiert ab 23.7.1964 unter dem Titel »Yeah, Yeah, Yeah«, bei der Wiederveröffentlichung 1984 wurde der Originaltitel als Untertitel hinzugefügt, später lief auch die deutschsprachige Version als »A Hard Day's Night«. Die Songs aus dem Film erschienen auf der LP »Original Motion Picture Sound Track A Hard Day's Night« (rel. 26.6.1964 in den USA) und zwei EPs mit dem Titel »Extracts From The Film ›A Hard Day's Night‹« und »Extracts From The Album ›A Hard Day's Night‹« (rel. 4. und 6.11.1964). Teile des Soundtracks erschienen auch auf diversen Bootlegs. Der Musikpublizist Colin Larkin: »Ein Meilenstein des britischen Films und Pops.« Für John Lennon war der Film »zu viel Disneyland«. Am 7.9.1984 kam der Film – jetzt in Dolby-Stereo – erneut in die deutschen Filmtheater. Inzwischen erschien der Film auch als Video und DVD (85 min, tontechnisch generalüberholt, mit Interviews, Zitaten, Biographien, einer Fotogalerie und Produktionsnotizen). Im März 1999 kam der Film wieder in die Filmtheater – digital remastered und um weiteres Material ergänzt, die nächste »Neuauflage« (eine »restaurierte« Version, in digitalem Sound – 1:1,66 Dolby SDR-Format) folgte 2001 (ab 5.7. in Deutschland, inzwischen auch als DVD von ArtHaus – »Erstmals in brillanter Bildqualität und digitalem Sound«) in einer untertitelten Fassung und mit dem Originaltitel. Im November 1995 erschien unter dem Titel »You Can't Do That« (»The Making Of A Hard Day's Night«) eine 63-minütige Dokumentation über die Dreharbeiten zu »A Hard Day's Night« (als Video und DVD), Regie: Walter Shenson. Der Film wird moderiert von Phil Collins, der als Dreizehnjähriger im Film zu sehen ist. Er zeigt u.a. Interviews mit den Schauspielern Victor Spinetti und Norman Rossington. Hö-

hepunkt ist ein Auftritt der Beatles im Scala Theatre, London, bei dem sie »You Can't Do That« spielen. Diese Sequenz wurde im Kinofilm nicht verwendet. Die Dokumentation wurde in Los Angeles/Calif. uraufgeführt und danach in den USA landesweit im TV-Kanal PSB ausgestrahlt. Auch die 30-minütige TV-Sendung »Follow The Beatles«, gesendet am 3.8.1964 von → *BBC*1, war den Dreharbeiten gewidmet. Im November 1992 veröffentlichte das Multimedia-Unternehmen Voyager in den USA eine interaktive CD-ROM zum Film.
4. Theaterstück, uraufgeführt im Juni 1994 im Hull Truck Theatre in Hull/GB. Inhalt: Als am 22.11.1963 The Beatles in Hull auftreten, stehen zwei Fans bereits am Abend zuvor für Eintrittskarten an.
5. Name eines seit Jahren geplanten Hotels in Liverpool im Cavern Quarter in den Central Buildings, in dem jedes der 120 (anfangs sogar 158) Zimmer einer Episode im Schaffen der Beatles – einer LP z.B. – gewidmet sein soll. Die ursprünglich für den 1.10.2000 vorgesehene Eröffnung wurde immer wieder verschoben. Die EU förderte den Bau mit 3 Mill. £. Inzwischen wurde die Internet-Adresse www.hard-days-night-hotel.com von Pool.com erworben – ohne einen Hinweis auf das geplante Hotel. Die never-ending story war → *BBC* 2 am 25.1.2005 sogar ein TV-Special wert.

Lit.: *The Beatles Starring In »A Hard Day's Night« (Manchester 1964); Burke, John: The Beatles In A Hard Day's Night (New York 1964, London 1964, Malta 1977); Carr, Roy: The Beatles At The Movies Movies (London 1996); Neaverson, Bob: The Beatles' Movies (London 1997); Moltmaker, Azing: The Album Collection Vol. 3 – A Hard Day's Night (Alkmaar 1999) • www.aharddaysnight.de*

HARD DAY'S NIGHT
Kölner → *Cover-Band*, gegründet 1987; Besetzung: Dieter Kirchbauer (voc, g), Thomas Wunsch, Tom Drehkopf und Claus Müller. Die Gruppe bezeichnet sich selbst als »Deutschlands beste Beatles-Coverband« und als »Wild Beatles«. 1990/1991 unternahm sie mit 13 Gastmusikern eine Tournee unter dem Motto »The Beatles Rare Classic Show« (Thema: späte Beatles-Songs in Originalinstrumentierung). Kontakt: Kirchbauer's Klang Konzept, Roonstraße 69a, 50674 Köln, Tel. (0221) 923 38 70, Fax (0221) 923 38 71.

Discogr.: *yesterday never comes ... (Maxi-CD, 1991), We Love You! (1993), A Hard Day's Night – Live (1997)*

HARE KRSNA (HARE KRISHNA)
Sekte, gegründet von dem Inder Abhay Charan De (1896–17.11.1977), bekannt als Swami AC Bhaktivedanta (Srila Prabhupada). Sie beruft sich auf die hinduistische Bhakti-Tradition, Grundlage ist die Bhagavadgita. Das Mahamantra »Hare Krsna, Hare Krsna, Krsna, Krsna, Hare Hare ...« wurde zur Hymne der Bewegung. 1966 gründete Prabhupada die Internationale Gesellschaft für Krishna-Bewusstsein und den ersten Tempel in New York. Seine Anhänger leben in streng geordneten religiösen Wohngemeinschaften, den sog. Ashrams. Das Welthauptquartier befindet sich heute in Mayapur (Bengalen), als heilige Stadt gilt Vrindaban in Indien. Das Zentrum der Bewegung in London, der Radha Krsna Temple, befindet sich in der 11 Soho Street. George Harrison kam über Swami AC Bhaktivedanta und Dhananjaya in Kontakt mit der Sekte. Bhaktivedanta hatte im Dezember 1966 in New York die LP »Krishna Consciousness« aufgenommen, von der die Beatles 100 Exemplare bestellten. Im Juli 1969 produzierte er eine Single mit dem Londoner Radha Krsna Temple (»Hare Krishna Mantra«/»Prayer To The Spiritual Masters«), 1973 finanzierte er ein Hare-Krishna-Anwesen in Pickett's Manor, Hertfordshire, zu seiner Firma Harrisongs gehört als Ableger Harekrishna SA Panama. Ein

Gag am Rande: In »I Am The Walrus« singt ein Pinguin »Hare Krishna« ... George Harrison blieb bis zu seinem Tod ein Anhänger der Hare-Krishna-Bewegung.

Lit.: *Helmut Obst: Neureligionen, Jugendreligionen, destruktive Kulte (Berlin 1984); Rüdiger Hauth: Jugendsekten und Psychogruppen von A–Z (Gütersloh 1981); Ludger Zinke (Hrsg.): Religionen am Rande der Gesellschaft. Jugend im Sog neuer Heilsversprechungen (2. Aufl., München 1978); Friedrich-Wilhelm Haack: Jugendreligionen. Ursachen, Trends, Reaktionen (München 1979); Eberhard Fuchs: Jugendsekten (München 1979)*

HARMONIUM

Tasteninstrument mit durchschlagenden Metallzungen und Trittbalg im Druck- oder Saugwindsystem. Das Harmonium hat ein bis zwei Manuale und nach dem Vorbild der Orgel mehrere Registerzüge und Koppeln. Der Tonumfang beträgt fünf Oktaven. Nachdem das Instrument vor allem in der Unterhaltungsmusik des 19. Jahrhunderts, z.B. in den Pariser Salonorchestern, eingesetzt wurde, entdeckten es die Beatles für die Rockmusik. Zu hören ist es z.B. in »We Can Work It Out« (rec. 20. und 29.10.1965). »Dieser wunderbare Klang des Harmoniums gibt dem Song beinahe schon etwas Religiöses«, fand Ray Davies von den Kinks später (*Rolling Stone* 3/2001). Auch in »Penny Lane« (rec. 29.12.1966–17.1.1967) spielt Paul McCartney Harmonium.

THE HARRISON ALLIANCE

Die weltweite Organisation der George-Harrison-Fans wurde 1972 gegründet und gibt einen Newsletter heraus.

Anschrift: *Patti Murawski (Director), 67 Cypress Street, Bristol, CT 06010/USA.*

HARRISON, CARL

Pseudonym George Harrisons auf der ersten Tournee der Beatles als Vorgruppe für → *Johnny Gentle* im Mai 1960 durch Schottland (nach → *Carl Perkins*).

HARRISON, DHANI

Sohn von Olivia und George Harrison, * 1.8.1978 im Princess Christian Nursing Home im Royal Borough of Windsor, Berks. Der etwas ungewöhnliche Vorname ist eine Kombination aus »dha« und »ni« – zwei Noten der indischen Musik. »Dhani« bedeutet in Sanskrit aber auch »reich« bzw. »wohlhabend« oder »wertvoll«. Erzogen wurde Dhani in der Dolphin School, einer Montessori-Schule in der Nähe von Twyford, und am Shiplake College, einer Privatschule. Auf der Bühne stand er zum ersten Mal 1992, als sein Vater in der Londoner → *Royal Albert Hall* zur Unterstützung der Partei des → *Maharishi Mahesh Yogi* spielte. Musiker wollte er damals allerdings noch nicht werden. Von 1997 bis 2001 studierte er an der Brown University in Providence/Richmond in den USA Design. Nach dem Tode seines Vaters verkündete er, in dessen Fußstapfen zu treten. Er spielte bereits auf »Ride Rajbun« (1992) und »Horse To The Water« (Komposition: George und Dhani Harrison, 2001, erschienen auf der CD »Small World Big Band« von Jools Holland), mit. Am 29.11.2002 trat er beim »Concert For George« in der Royal Albert Hall auf. Er ist auch Koproduzent des 2002 postum erschienenen Albums »Brainwashed« seines Vaters. Seit dessen Tod lebt er in Los Angeles. Die Londoner *Sunday Times* schätzte am 3.4.2005 sein Vermögen auf 140 Mill. £.

HARRISON, GEORGE

* 24.2.1943 um 23.42 Uhr in 12 Arnold Grove im Stadtteil Wavertree in Liverpool als George Harold Harrison und jüngstes (viertes) Kind von Harry und Louise Harrison. Viele Biographien, darunter auch seine Autobiographie

»I Me Mine«, verzeichnen irrtümlich die Morgenstunden des 25.2.1943 als Geburtstag. Harrison klärte den Irrtum erst Ende 1992 in einem Interview auf. Sein Vater war Busfahrer bei der Liverpool Corporation. Seine Eltern wohnten in einem typischen Arbeiterhaus in 12 Arnold Grove im Liverpooler Stadtbezirk Wavertree (die Familie zog später mehrmals um). Im September 1948 wurde George in der → *Dovedale Road Primary School* eingeschult. John Lennon war an der gleichen Schule, aber drei Jahre weiter. »Ich mochte die Schule nicht. Ich glaube, sie war schrecklich; die schlimmste Zeit meines Lebens«, bekennt George Harrison in seiner Autobiographie »I Me Mine«. Seine Lehrer waren entweder Kriegsveteranen oder sie kamen frisch vom College. Besonders hasste er Mathematik. Mit 16 fiel er durch die Prüfungen für das General Certificate of Education (GCE), nur in Kunst bestand er. Ab September 1954 besuchte er das → *Liverpool Institute And School Of Art*, das damals beste Gymnasium der Stadt. Die Familie wohnte da bereits in 25 Upton Green im Stadtteil Speke. Das bedeutete für George Harrison morgens und abends je eine Stunde Schulweg mit dem Bus. Im Bus traf er eines Tages Paul McCartney, der bereits ein Jahr länger am Liverpool Institute war. Im Sommer 1956 trat er im British Legion Club in Speke mit → *The Rebels* auf, zu denen sein Bruder Peter und ein Freund, Arthur Kelly, gehörten. 1957 kaufte ihm seine Mutter für 3 £ eine gebrauchte Gitarre, später dann eine bessere für 30 £. Ende 1957 hörte er zum ersten Mal → *The Quarrymen*. Am 6.2.1958 lernte George Harrison in der Wolson Hall in Garston, Liverpool, John Lennon und The Quarrymen kennen, ab dem 29.8.1958 gehörte er offiziell dazu. Kurzzeitig spielte er 1958 auch im → *Les Stewart Quartet*. Am 29.8.1959 spielte er mit den Quarrymen zur Eröffnung des → *Casbah Coffee Club*. Nachdem George am 19.6.1959 die Schule verlassen hatte, bewarb er sich erfolglos bei der Liverpool Corporation. Bei Blacklers, einem bekannten Geschäft, erhielt er schließlich einen Job als Elektriker (bzw. Lampenputzer). Nachts spielte er Musik. Als erste musikalische Einflüsse nannte er später u.a. Hoagy Carmichael, Jimmy Rogers, Hank Williams, Slim Whitman, Teresa Brewer, Django Reinhardt und Stephane Grappelli. Später kam dann die indische Musik dazu. Familie Harrison zog dann nach 174 Mackett's Lane im Stadtteil Woolton. Von hier aus ging George Harrison zum ersten Mal auf Tournee. Vor der Schottland-Tournee mit → *Johnny Gentle* kündigte er seinen Job. Vom 17.8. bis 20.11.1960 war er mit den Beatles zum ersten Mal in Hamburg, 1961 folgten weitere Gastspiele. In London teilte er sich zuerst eine Wohnung mit Ringo Starr, in der Green Street, Mayfair, im Februar 1965 zog er mit seiner Freundin Pattie Boyd, die er nach einem Heiratsantrag am 25.12.1965 am 21.1.1966 im Standesamt Leatherhead and Esher Register Office in Surrey ehelichte (Trauzeugen waren Paul McCartney und → *Brian Epstein*), nach Esher (→ *Kinfauns*, 16 Claremont Drive), etwas außerhalb der Stadt, wo sie bis 1970 lebten, und dann nach → *Friar Park* in Oxfordshire. »Meine Inspirationsquelle ist genau hier, wo die Stimmung aufgrund des Friedens so anders als irgendwo sonst ist.« In seiner Zeit mit den Beatles galt die goldene Regel, dass auf jedem Album mindestens ein Song von ihm sein sollte. Insgesamt kamen so 18 Songs zusammen. Nach eigenem Bekunden fühlte er sich meist als »Sessionmann für Paul«. Erst mit seinem starken Interesse für indische Musik konnte er sich bei seinen Mit-Beatles als Trendsetter profilieren.

Den ersten Kontakt zu indischen Religionen hatte George Harrison im Februar 1965,

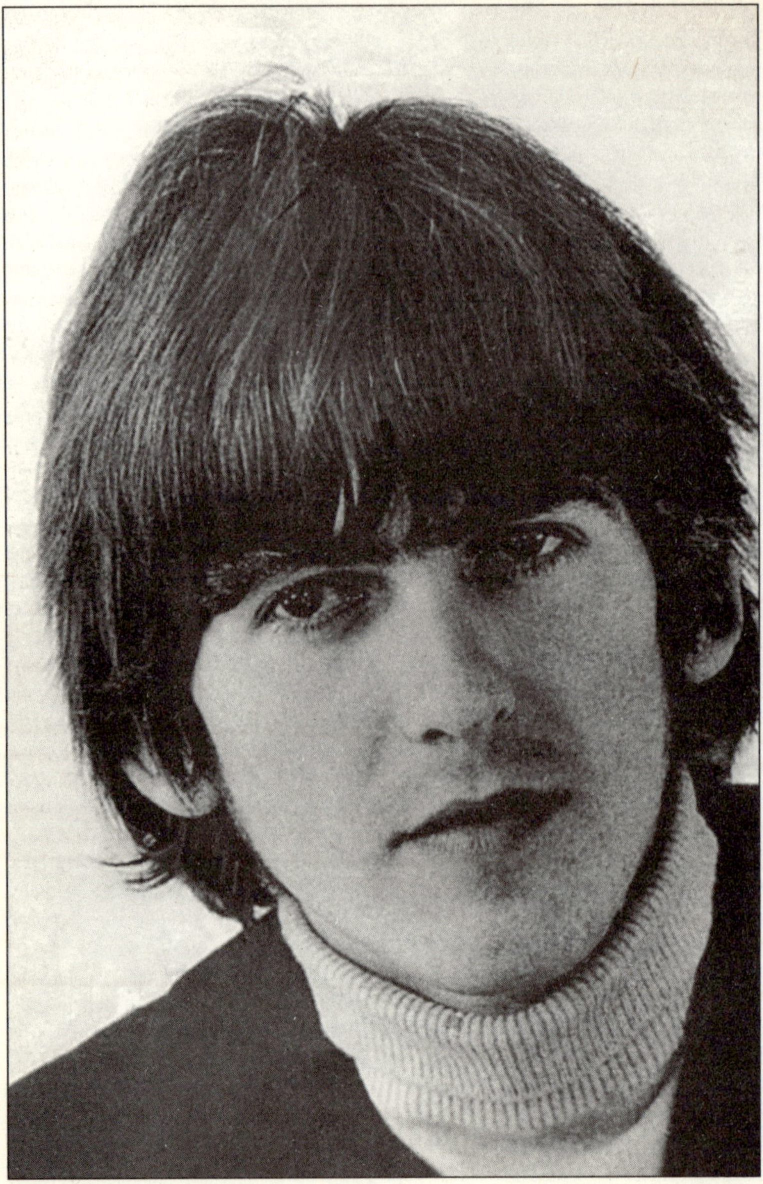

George Harrison

als er in Nassau (Bahamas) bei den Dreharbeiten zu »Help!« Swami Vishnu Devananda traf. Am 22./23.6.1966 eröffnete in 9 Swallow Street in London → *Sibylla's Club*, gesponsert u.a. von George Harrison, der sich dafür extra zum Direktor der Kevin MacDonald Associated Ltd, der Betreibergesellschaft, machen ließ. Vom 14.9. bis 22.10.1966 flog George Harrison mit Pattie nach Bombay, um sein Sitar-Spiel zu vervollkommnen und Yoga zu lernen. Allerdings: »Harrisons Orientalismus ist zweifellos aufrichtig, klingt aber genauso unecht wie der übertriebene Pentatonismus von Country Joe and the Fish«, konstatierte der Komponist Ned Rorem. Am 1.8.1967 bezogen die Harrisons ein gemietetes Haus am Blue Jay Way in der Nähe des Sunset Strip in Los Angeles. 1968 erschien seine erste Solo-LP »Wonderwall Music«, gefolgt von »Electronic Sound« (1969). Am Freitag, den 10.1.1969, bei den Aufnahmen für die geplante LP »Get Back« in den Londoner Twickenham Film Studios, verließ Harrison die Beatles. John Lennon: »Wenn er bis Dienstag nicht wieder da ist, holen wir Clapton.« Am Mittwoch, den 15.1.1969 meldete sich George Harrison wieder zurück. Die Aufnahmen gingen weiter. 1969 trat er mit → *Delaney & Bonnie* auf.

Nach der Auflösung der Beatles veröffentlichte George Harrison zahlreiche weitere Soloplatten, hatte 1970 mit »My Sweet Lord« einen ersten Hit und organisierte am 1.8.1971 mit → *Ravi Shankar* und → *Allen Klein* im New Yorker → *Madison Square Garden* das → *Concert for Bangla Desh* als Benefizkonzert für die Hungernden in Bangladesch. Am 5.6.1972 erhielten er und Ravi Shankar dafür den »Child Is Father To The Man«-Preis der UNICEF, 1973 bekam er einen → *Grammy* für das Dreifachalbum. 1971 trug er mit einem eigenen Objekt (einer Milchflasche) zu → *Yoko Onos* Ausstellung »This Is Not Here« in Syracuse/USA bei. Am 26.4.1973 gründete er seine Stiftung Material World Charitable Foundation. Im November 1974 ging er zum ersten Mal auf Solo-Tournee. Harrison spielte/produzierte auch immer wieder für andere, so u.a. für Rick Grech (mit → *Eric Clapton*, 1969), Ashton, Gardner & Dyke (1971), → *The Radha Krsna Temple* (1971), John Lennon (LP »Imagine«, 1971), Gary Wright (1971), Ravi Shankar (1971, 1972, 1974), → *Billy Preston* (1971, 1975 als Hari Georgeson), → *Badfinger* (1971), Ringo Starr (1971), Lon & Derrek Van Eaton (1972), Eric Clapton (1972), Bobby Keys (1972), Harry Nilsson (1972, als George Harrysong), Jack Bruce (1972), Nicky Hopkins (1973, als George O'Hara), Cheech and Chong (1973), Dave Mason (1973, als Son of Harry), Splinter (1975, als P. Roducer), Peter Skellern (1975), Monthy Python (als George »Onothimagen« Harrison), Tom Scott (1975), Duane Eddy (1986), Tom Petty (1989), John Lennon (1989), Jeff Healey (1990), Jim Horn (1990), Jimmy Nail (1992), Alvin Lee (1992) und Jim Capaldi (CD »Living On The Outside«, 2001).

Am 23.5.1974 gründete er als erster Beatle sein eigenes Label, Dark Horse, auf dem bis 1992 neben eigenen LPs (obwohl er »rein technisch« noch bei der → *EMI* unter Vertrag stand) u.a. Platten von Splinter (»Costafine Town«, 1974), Ravi Shankar, Jiva, Henry McCullough, Stairsteps und Attitudes erschienen. Eine komplette Übersicht der auf dem Label erschienenen Platten bietet »The International Dark Horse & Ring O'Records Discography« von Franck Leenheer und Ed Dieckmann (Leiden 2002). Nachdem er die EMI verlassen hatte, unterzeichnete er einen Vertrag mit Warner Bros Records. 1999 kaufte er die Rechte an seinen auf dem Label Dark Horse erschienenen Solo-Platten zurück. 1974 hatte bei den Berliner Filmfestspielen sein Film »Little Malcolm And His Struggle Against The Eunuchs« Premiere. Im November 1976 war er Exklusiv-Gast von Paul Simon in der Show »Saturday Night Live« des amerikanischen TV-Senders NBC. 1978 stieg er bei den Filmfirmen Handmade Films (Productions) Limited und Handmade Films (Distributors) Limited des Investment-Bankers Dennis O'Brien ein, die 1979 mit »Monthy Python's The Life Of Brian« (»Das Leben des Brian«) groß herauskam und bis 1990 noch 22 mehr oder weniger gelungene Filme vorlegte (1979 »The Long Good Friday«, 1981 »Time Bandits«, 1985 »Water«, 1986 »Mona Lisa«, 1986 »Shanghai Surprise«, mit Madonna, auch Harrison selbst ist kurz zu sehen), bevor sie 1993 bankrott ging. Die beiden Handmade Films-Firmen wurden im Mai 1994 für 8,5 Mill. $ an die Paragon Entertainment Corp. in Toronto/Kanada verkauft. George Harrison wurde 2002 postum für seine Verdienste um den britischen Film mit dem Independent Film Award geehrt. Die Handmade-Filme erschienen inzwischen bei der Sunfilm Entertainment Handels- und Vertriebs-GmbH in München (www.sunfilm.de) auf DVD – in deutscher und englischer Originalfassung. Am 9.6.1977 wurde George Harrison von seiner Frau Pattie geschieden. Am 2.9.1978 heiratete er Olivia Trinidad Arias im Henley-on-Thames Register Office, nachdem am 1.8.1978 ihr Sohn Dhani geboren worden war. Als am 5.5.1979 Pattie Boyd und Eric Clapton anlässlich ihrer Hochzeit eine Party in ihrem Haus in Ewhurst in Surrey gaben, spielte er mit Paul McCartney und Ringo Starr spontan einige Songs. 1994 erschien sogar eine → *Bootleg*-CD von George Harrison und Eric Clapton mit dem Titel »Songs For Patti«, 1999 folgten »More Songs For Patti«. Am 22.8.1979 erschien seine Autobiographie → *I Me Mine*. 1981 zollte er mit dem Song »All Those Years Ago« (LP »Somewhere In England«) dem toten John Lennon Tribut. Am 14.12.1984 trat er mit Deep Purple in einem Konzert in Sydney/Australien auf. 1986 war er als Gast-Gitarrist an der LP »The Hunting Of The Snark« von Mike Batt beteiligt. 1987 hatte er mit »Cloud Nine« einen Hit. Mit Jeff Lynne (ELO), → *Bob Dylan*, → *Roy Orbison* und Tom Petty gründete er (als Nelson Wilbury) 1988 die Travelling Wilburys, die zwei CDs herausbrachten (Vol. 1 – 1988, Vol. 3 – 1989; Vol. 2 & 4 sind → *Bootlegs*). 1988 arbeitete er mit dem Song »When We Was Fab« (LP »Cloud Nine«) Beatles-Geschichte auf (in dem dazugehörigen Video war auch Ringo Starr zu sehen). 1991 unternahm er eine ausgedehnte Japan-Tournee, unterstützt u.a. von Eric Clapton, Andy Fairweather-Low und Nathan East. 1992 begleitete er im Gegenzug Eric Clapton auf einer Tournee und beteiligte sich am 16.10.1992 an einem Konzert zum 30-jährigen Bühnenjubiläum von Bob Dylan im New Yorker Madison Square Garden. Im gleichen Jahr unterstützte er den Wahlkampf einer neuen ökologischen Partei, der Natural Law Party des → *Maharishi Mahesh Yogi*. An dem Benefizkonzert nahm auch Ringo Starr teil. Am 9.12.1992 erhielt er von der amerikanischen Zeitschrift *Billboard* den ersten Century Award, der für außergewöhnliche künstlerische Leistungen verliehen wird. Harrison finanzierte ein Hare-Krishna-Anwesen in Hertfordshire. Seine Firma Harrisongs, zu der auch Harekrishna SA Panama gehört, erzielte z.B. 1997 einen Gewinn von ca. 6,5 Mill. €. Des Öfteren war George Harrison bei Autorennen zu sehen. Interesse für Auto- und Motorradrennen hatte er bereits als Kind, auch in den 1960er Jahren wusste George Harrison immer, wer gerade Weltmeister in der Formel 1 war. Ab 1977 gehörte er zum »Formel 1-Zirkus«. Was ihn daran faszinierte? »Die Piloten müssen sich derart konzentrieren, und die Hand voll von

NOW OVER 250,000 READERS EVERY ISSUE — PRICE 6d.

MERSEY BEAT

FRANK HESSY LIMITED
For all Musical Instruments and Amplification Equipment
OUR 'EASY TERMS' ARE 'EASIER'
62, STANLEY STREET, LIVERPOOL
(Corner of Whitechapel)
Phone: CENtral 1418/9

Vol. 3 No. 88 AUGUST 13, 1964 BRITAIN'S LEADING BEAT PAPER

Quiet Beatle: George Harrison

BIG 3 MOJOS UNDERTAKERS BILLY J

George Harrison, der »ruhige Beatle«

ihnen, die die Besten sind, haben gewissermaßen ihr Bewusstsein erweitert.« George Harrison nannte auch eine bemerkenswerte Sammlung historischer Rennwagen sein Eigen. Der Song »Faster«, 1979 auf einer Single erschienen, erzählt von seiner Begeisterung für den Autorennsport. Aus dem Popgeschäft zog sich George Harrison weitgehend zurück: »Diese Sache ist schrecklich. Ich fühle mich, als wäre das wirklich aus meinem Leben verschwunden. Ich möchte nie wieder etwas von diesen Dingen sehen. Es ist so ein schlechter Abschnitt in meinem Leben. Lieber würde ich die Kopfjäger am Amazonas besuchen oder Monty Python gucken.« George Harrison in »I Me Mine«: »Ich bin wirklich ganz einfach. Ich möchte nicht die ganze Zeit über im Geschäft stecken, weil ich Gärtner bin. Ich pflanze Bäume und beobachte, wie sie wachsen. Ich gehe nicht in Clubs oder auf Partys. Ich bleibe zu Hause und sehe zu, wie der Fluss fließt.« Wohl auch deshalb kaufte er sich ein 25 ha großes Grundstück auf Hawaii. Am 30.12.1999 überraschte er in Friar Park einen Einbrecher, der ihn mit einem Messerstich schwer verletzte. Am 19.2.2001 erschien sein Album »All Things Must Pass« als 3er LP und DoCD, digital remastered, mit einer Überarbeitung seines Welthits »My Sweet Lord«, mit fünf Bonustracks und neuen Cover Notes. 2001 war er (mit Ringo Starr) auch auf dem Album »Zoom« des Electric Light Orchestra zu hören. Im Oktober 2001 kehrte er mit dem Song »Horse To The Water« ins Musikgeschäft zurück, komponiert von ihm und seinem Sohn Dhani (erschienen auf der CD »Small World Big Band« von Jools Holland), seine neue Solo-CD sollte evtl. »Portrait Of A Legs End« heißen.

Aber seine Krankheit war stärker. 1997 wurde bei ihm Kehlkopf-Krebs diagnostiziert, später wurde ein Knoten aus seiner Lunge entfernt. Im Juni 2000 unterzog er sich in der Schweiz einer Strahlentherapie (Lungenkrebs und Gehirntumor), nachdem sich der Tumor als inoperabel erwiesen hatte, unterzog er sich ab Herbst 2001 im Staten Island University Hospital New York und dem UCLA Medical Centre Los Angeles weiteren Behandlungen. Dass Ringo Starr und Paul McCartney ihn im November 2001 in New York besucht haben sollen, ist ein weitverbreitetes Gerücht. Am 29.11.2001 um 13.20 Uhr Ortszeit starb George Harrison im Alter von 58 Jahren in einem Haus in Beverly Hills/Los Angeles, das einmal der Sängerin Courtney Love gehört hatte. Außer Olivia und Dhani Harrison waren Ravi Shankar und zwei Hare-Krishna-Anhänger aus London und Neuseeland bei ihm. Seine Asche wurde nach seinem Willen über dem indischen Fluss Jamuna verstreut. Er hinterließ über 99 Mill. £, sein Vermögen ließ Harrison vier Monate vor seinem Tod in eine Stiftung einfließen. Im Magazin *Forbes* stand er 2004 auf Platz 7 der toten Spitzenverdiener – mit 3,8 Mill. £. Sein Song »My Sweet Lord« kam noch einmal auf Platz 1 der britischen Charts. Am 4.12.2001 gab es weltweit eine Gedenkminute für George Harrison. Im Februar 2002 fand in Liverpool ein George Harrison Tribute Concert statt. Im November 2002 erschien postum die CD »Brainwashed«, produziert von George Harrison, Dhani Harrison und Jeff Lynne. Am 29.11.2002 versammelten sich viele Weggefährten des ein Jahr zuvor verstorbenen George Harrison, eingeladen von Eric Clapton, in der Londoner → *Royal Albert Hall*, um einem der größten Popmusiker des 20. Jahrhunderts ein bewegendes musikalisches Denkmal zu setzen. Mit dabei: Paul McCartney, Ringo Starr, Anoushka Shankar, Tom Petty, Jeff Lynne, Bill Preston, Dhani Harrison, Leon Russell, Joe Brown, Sam Brown, Monty Python, Sir George Martin u.a. »The Concert for George« wurde auf Film, DoCD, DoDVD (Warner Music Vision) und als Buch (2003) dokumentiert (www.concertforgeorge.com). Gewinne kamen der Material World Charitable Foundation zugute. Am 3.11.2003 lief in Deutschland der gleichnamige Film an. 2003 erschien die Tribut-CD »Songs From The Material World«, u.a. mit Bill Wyman, Wayne Kramer und They Might Be Giants.

Discogr.: *Wonderwall Music (1968), Electronic Sound (1969), All Things Must Pass (1970), The Concert For Bangla Desh (1971), Living In The Material World (1973), Dark Horse (1974), Extra Texture – Read All About It (1975), Thirty-Three And A Third (1976), The Best Of George Harrison (1976), Crackerjack Palace (1977), George Harrison (1979), Somewhere In England (1981), Gone Troppo (1982), Thirty-Three And A Third/George Harrison (DoCD, 1982), Cloud Nine (1987), Best Of Dark Horse 1976–1989 (1989), Live In Japan (1992, with Eric Clapton & Band), All Things Must Pass (2000 als Neuauflage – DoCD, Vinyl-Box mit 3 LPs – digital remastered, mit 5 Bonus-Tracks), The Quiet One – The Essential Harrison Collection (DVD »The Guitar Gently Weeps« + CD »In His Own Words« + 23-Seiten-Booklet »Harrison Live & His Message Of Peace And Love«), Chant And Be Happy (2002), Brainwashed (2002), From Beatles To Self-Realization (CD »Chant & Be Happy« + DVD »All Things Must Pass«, 2003), The Dark Horse Years 1976–1992 (6 CD + 2 SACD + 1 DVD, 2004)*

Lit.: *Belmo (d.i. Scott F. Belmer): George Harrison – His Words, Wit & Wisdom (Ft. Mitchell/KY 2002); Clayson, Alan: George Harrison (London 2001 – neue, überarb. Aufl. von »The Quiet One«; 2004 in London neu als Teil der Box »The Little Box Of Beatles«); Clayson, Alan: The Quiet One – A Life Of George Harrison (London 1991); Concert For George – A Celebration Of The Life Of George Harrison (Guildford 2004); Džordž Charrison – Russkij vzgljad (Moskau 2002); George Harrison – Live In Japan (mit 2 CD, Guildford 1994); Giuliano, Geoffrey: George Harrison – A Tribute (2002); Giuliano, Geoffrey: Dark Horse – The Life And Art Of George Harrison (New York 1990, updated edition 1997); Giuliano, Geoffrey: Dark Horse – The Secret Life Of George Harrison (London 1989); Giuliano, Geoffrey: The Illustrated George Harrison (London 1993, Secaucus/NJ 1993); Greene, Joshua: Here Comes The Sun – The Spiritual And Musical Journey Of George Harrison (New York 2005); Harrison (By the authors of Rolling Stone) (New York 2002; dt.: Zürich 2002); Harrison, George: I Me Mine (Guildford 1980; New York 1982; London 1982; Neuauflage San Francisco 2002; London 2002; Paperback London 2004); Harrison, George; West, Keith: Songs By George Harrison, Vol. 1 – Piggies (1986; mit SP oder CD); Harrison, George; West, Keith: Songs By George Harrison, Vol. 2 – Here Comes The Sun (Guildford 1992); Harry, Bill: The George Harrison Enyclopedia (London 2004); Huntley, Elliott J.: Mystical One: George Harrison – After The Break-up Of The Beatles (Toronto/Canada 2004); Huntley, Elliot T.: Behind That Locked Door (2001, e-Book, über: www.midi-ebooks.com, gedruckte Version Australien 2002); Kinzer Mancuso, Pat: Do You Want To Know A Secret? The Story Of The Official George Harrison Fan Club (West Conshohocken/PA 2005); Kirkpatrick, Jim: Before He Was Fab – George Harrison's First American Visit (Vienna/USA 2000); Landa, Michal; Nemecek, Zdenek: George Harrison (Praha 1990; editio supraphon Milníky 3; Sborník Supraphonu 153, 1990); Leng, Simon: While My Guitar Gently Weeps – The Music Of George Harrison (London 2002); Massot, Joe: Wonderwall – The Book (GB 2000); Maximum George Harrison – The Unauthorised Biography Of George Harrison (CD, London 2002); Michaels, R.: George Harrison Yesterday & Today (New York/London 1977); Schreiner, Philipp: Concert For George (Guildford 2005); Shapiro, Marc: All Things Must Pass – The Life Of George Harrison (London 2002); Szabolcs, Benedek: George Harrison 1943–2001 – A Beatles-Gitáros Emlékére (Budapest 2002); Taylor, Derek: As Time Goes By. Living In The Sixties (London/San Francisco 1973, London 1984, 1997); Volcouve, Jacques: George Harrison – Anthologie 1943–2001 (Paris 2002) • www.georgeharrison.com; www.allthingsmustpass.com*

HARRISON, HAROLD »HARRY« HARGREAVES

Vater von George Harrison. *28.5.1909 in Liverpool, seine Eltern waren Jane und Henry Harrison. Er verließ mit 14 die Schule und fuhr ab 1926 zehn Jahre lang mit der Liverpooler White Star Line als Steward zur See. 1929 lernte er seine künftige Frau Louise French kennen, die damals in Liverpool als Verkäuferin in einer Obst- und Gemüsehandlung arbeitete. Sie schrieben sich regelmäßig und heirateten am 20.5.1930. Er arbeitete ab 1937 als Busfahrer bei der Liverpool Corporation und gehörte zur »upper-working class« (→ *Derek Taylor*). Er wohnte in einem typischen Arbeiterhaus in 12 Arnold Grove im Liverpooler Stadtbezirk Wavertree: Von der Straße kam man in den Vorraum, dann in das Wohnzimmer, das gleichzeitig als Küche diente. Eine Treppe führte in die beiden Schlafzimmer. Heizbar waren lediglich Wohnzimmer/Küche, die Toilette befand sich auf dem kleinen Hof. »Sein Vater und seine Mutter waren sehr tolerante, sensible und liebenswerte Menschen«, erinnert sich Irene Harrison, die Frau seines Bruders Harry, an Harold und Louise. Beide sorgten sich noch um George, als dieser längst erwachsen und berühmt war. Nachdem sie endlich »dran« waren auf der endlos langen Liste der Wohnungssuchenden, zogen sie 1949/1950 nach 25 Upton Green im Liverpooler Ortsteil Speke (Hunts Cross), später nach 174 Mackett's Lane in Woolton. Dort lebten sie, bis ihnen George 1966 ein Häuschen bei Warrington in Cheshire kaufte, zwischen Liverpool und Manchester. Als Vorsitzender des Picton Lane Busmen's Social Club in Wavertree verpflichtete er am 1.1.1959 → *The Quarrymen* für einen Auftritt in der Wilson Hall in Garston. † Mai 1978.

HARRISON, HAROLD »HARRY« JR.

Ältester Bruder von George Harrison, * 1934. Er beendete eine Lehre als Mechaniker, in seiner Armeezeit war er u.a. auf Christmas Island stationiert. In dieser Zeit begleitete seine Freundin Irene George Harrison des Öfteren zu Konzerten. Sie sah ihn immer als »kleinen Bruder« und »unser Kind«. Am 20.12.1958 heiratete Harold Irene McCann. Bei der Hochzeit spielten → *The Quarrymen* mit George, Paul und John. Sie hatten dann eine Wohnung in Liverpool, wo sie George Harrison und Paul McCartney des Öfteren besuchten. Als George Harrison 1969 das Anwesen → *Friar Park* kaufte, setzte er Harold als Verwalter ein.

HARRISON, HENRY

George Harrisons Großvater väterlicherseits, er starb im Ersten Weltkrieg.

HARRISON, JANE

George Harrisons Großmutter väterlicherseits.

HARRISON, LOUISE

1. Mutter von George Harrison, geb. French. 1929 lernte sie → *Harold »Harry« Hargreaves Harrison* kennen, der damals noch als Steward bei der Liverpooler White Star Line arbeitete. Sie arbeitete damals in Liverpool als Verkäuferin in einer Obst- und Gemüsehandlung. Sie schrieben sich regelmäßig und heirateten am 20.5.1930 in Liverpool. Am 24.2.1943 wurde ihr Sohn George Harrison geboren. Sie kaufte ihm 1957 für 3 £ eine gebrauchte Gitarre, später dann eine bessere für 30 £. Louise war bei den Fans sehr beliebt, weil sie die reichlich eingehende Fanpost persönlich beantwortete – immerhin ca. 200 Briefe pro Woche. Zu George Harrisons 21. Geburtstag (1964) kamen sogar ca. 30 000 Karten und Briefe. Im Juli 1969 erkrankte sie an einem Gehirntumor und verstarb am 7.7.1970. Im September 1970 gründeten Fans den Louise F. Harrison Memorial Cancer Fund.

2. Ältere Schwester von George Harrison, * 16.8.1931 in Wavertree/Liverpool. Sie besuchte die Grammar School La Sagesse, absolvierte alle Prüfungen einschließlich des Higher School Certificate und studierte am College St. Mary's in Fenham, Newcastle-upon-Tyne Pädagogik (Englisch, Geographie, Sport). Sie ging nach ihrer Hochzeit mit dem Amerikaner Gordon Caldwell 1954 in die USA. Sie haben zwei Kinder (Gordon, * 1957, und Leslie, * 1959) und zogen 1963, nach Aufenthalten in Peru und Gagnon, Kanada, nach Benton, Illinois (113, McCann Street). Vom 16.9. bis 3.10.1963 besuchten George und Peter Harrison ihre Schwester in Benton. George Harrison trat am 28.9.1963 zusammen mit den Four Vests auf. Am 7.2.1964 traf sie die Beatles nach ihrer Ankunft in New York im Hotel Plaza. Am 17.6.1965 veröffentlichte Louise Caldwell-Harrison in den USA auf dem Label Recar Records die LP »All About The Beatles«. Sie enthält eine »Fragestunde für Fans«, speziell für diese LP veranstaltet. Für eine Rundfunkstation in St. Louis erarbeitete sie tägliche »Beatle Reports«, beim Mardi Gras 1965 in New Orleans erhielt sie den Stadtschlüssel, und mit der »Dick Clark Caravan Of Stars« intonierte sie auf einer Tournee durch den mittleren Westen eine gesprochene Ballade, musikalisch begleitet. Für eine Rundfunkstation in Illinois moderierte sie bis in die 1970er Jahre die Sendung »Sound Off«. Sie informierte George Harrison telefonisch über die Ermordung John Lennons. 1982 wurde sie geschieden, George Harrison lud sie ein, in → *Friar Park* zu wohnen, sie blieb jedoch mit den Kindern in New York, wo sie eine Zeit lang die »Dick Cavett Show« co-moderierte. Sie heiratete Walter J. Kane und wurde Vizepräsidentin in dessen Marketing-Unternehmen. Ab 1983 lebte sie getrennt von ihm in Sarasota, Florida, später in Benton/Illinois (113 McCann St.). Im September 1963 hat auch George Harrison einmal hier übernachtet, als er mit seinem Bruder Peter seine Schwester besuchte. Es gibt einen Dokumentarfilm »George Harrison: A Beatle In Benton, Illinois« (DVD, Bergamont Films, 2005). 1996 wurde das Haus in Benton zum »Hard Day's Nite Bed & Breakfast« umfunktioniert – gegen den Protest George Harrisons. 2005 bot die neue Besitzerin Dorothy Schultz das Haus zum Verkauf an. Seit 1992 besucht Louise Harrison des Öfteren → *Beatles Conventions*, so u.a. im August 2002 das Mersey Beatle Festival in Liverpool. Sie gründete 1992 die Wohltätigkeitsorganisation We Care Global Family Inc., die sich für eine umweltbewusste Erziehung engagiert; vierteljährlich gibt sie den Newsletter Newsplash heraus. Louise Harrison managt heute auch die → *Cover-Band* The Liverpool Legends.

Anschrift: *c/o We Care Global Family Inc., P.O.B. 1338, Tallevast, FL 34270, USA.* • ***Lit.:*** *Kirkpatrick, Jim: Before He Was Fab – George Harrison's First American Visit (Vienna/USA 2000)*

HARRISON, OLIVIA

* 18.5.1948 als Olivia Trinidad Arias in Mexico. Zweite Frau von George Harrison, der ihr u.a. den Song »Beautiful Girl« (LP »Thirty-Three And A Third«, 1976) widmete. Sie wuchs in den USA auf und besuchte die Hawthorne High School in Kalifornien und war Assistentin in der Marketing-Abteilung beim Label A&M, bevor sie Sekretärin bei George Harrisons Label Dark Horse wurde. 1974 lernte sie George Harrison kennen. Sie empfahl ihm eine Akupunktur-Behandlung, er zeigte ihr Liverpool. Sie lebten dann zusammen in Los Angeles, in George Harrisons Haus in Beverly Hills, bevor sie nach → *Friar Park* zogen. Am 1.8.1978 wurde ihr Sohn Dhani im Royal Borough of Windsor geboren. Am 2.9.1978 heirateten sie im Henley-on-Thames Register Office, die Flitterwochen verbrachten sie in Tunesien. Sie war im April 1990 (mit → *Barbara Bach*, → *Yoko Ono*, → *Linda McCartney* und Elton John) Mitgründerin der Stiftung »Romanian Angel Appeal« für rumänische Waisenkinder (www.raa.ro). Im Januar 2002 klagte sie gegen Carl Roles, den früheren Ehemann ihrer Schwester Linda Arias, der Beatles-Andenken gestohlen hatte und diese bereits einen Tag nach dem Tod von John Lennon zum Verkauf angeboten hatte. Die zehn Kisten mit Platten, Fotos, Kleidungsstücken und anderen persönlichen Gegenständen der Beatles soll er an sich genommen haben, als er Ende der 1970er Jahre eines der Harrison-Häuser in Los Angeles verwaltete. Der Streit wur-

de 2003 außergerichtlich beigelegt. 2002 schrieb sie das Vorwort für das Buch »Harrison« (New York 2002). Seit dem Tod ihres Mannes lebt sie zurückgezogen in Los Angeles. Ihr Vermögen wurde bereits 2002 von der Sunday Times auf 140 Mill. £ geschätzt.

HARRISON, PATRICIA ANNE »PATTIE«

Erste Frau George Harrisons, * 17.3.1945 (Mutter: Diana Jones). Sie kam 1962 nach London, um Model zu werden und trat in einem TV-Werbeclip auf, produziert von → *Richard Lester*. Der buchte sie dann für »A Hard Day's Night« für die Rolle der Jean, einer Schülerin, die die Beatles in einem Zug von Liverpool nach London trifft. George Harrison lernte sie im Frühjahr 1964 bei den Dreharbeiten kennen. Sie heirateten am 21.1.1966 im Standesamt Leatherhead and Esher Register Office in Surrey. Trauzeugen waren Paul McCartney und → *Brian Epstein*. Die Flitterwochen verbrachten sie auf Barbados. → *Cynthia Lennon* in »A Twist of John Lennon«: »Sie war ein freundlicher und temperamentvoller Typ, ein großes Mädchen voller Spaß und grenzenlosem Enthusiasmus, sehr kindlich, aber überhaupt nicht unreif. Sie erinnerte mich immer an einen sehr zarten Schmetterling.« Auch auf Platte ist sie zu hören: In »Yellow Submarine« singt sie im Background. Am 24.8.1967 besuchte sie einen Vortrag des → *Maharishi Mahesh Yogi* im Londoner Hilton Hotel in der Park Lane und war so begeistert, dass sie die Beatles überredete, nach → *Bangor* zum nächsten Vortrag zu fahren. Am 7.7.1968 eröffnete sie am Chelsea Market in London ihr Antiquitätengeschäft »Jupiter«. In dem Song »Birthday«, aufgenommen am 18.9.1968, sang sie (mit → *Yoko Ono*) die backing vocals. 1972 ließ sich → *Eric Clapton* von ihr zu dem Song »Layla« inspirieren. In dem Haus in → *Friar Park* fühlte sie sich allerdings oft einsam, sie wollte ein Kind adoptieren, was George ablehnte. Gegen den Willen von George arbeitete sie wieder an ihrer Model-Karriere. Ende 1973 soll sie eine Affäre mit Ronnie Wood von den Faces gehabt haben. Auch Eric Clapton interessierte sich für sie. Sie hatten sich am 2.7.1967 auf einer Party bei Brian Epstein kennen gelernt. Die Ehe wurde am 9.6.1977 geschieden. George Harrison beschreibt diese Zeit in dem Song »So Sad« (LP »Dark Horse«, 1974). Auf der LP »Dark Horse« (1974) singt George Harrison »Bye Bye Love« von den Everly Brothers, Clapton spielt Gitarre und Pattie singt die backing vocals ... Pattie ist in dem Song »our lady«, Clapton »old clapper«. Auch Claptons Song »Wonderful Tonight« ist ihr gewidmet. Clapton schrieb über die Beziehung den Song »Golden Ring« (LP »Backless, 1978). Am 27.3.1979 heiratete sie Eric Clapton in Temple Bethel, Tucson/Arizona. George und Olivia Harrison gehörten zu den Gästen der Hochzeits-Party in Ewhurst, Surrey. 1994 erschien sogar eine → *Bootleg*-CD von George Harrison und Eric Clapton mit dem Titel »Songs For Patti«, 1999 folgten »More Songs For Patti«. 1986 ließen sich Pattie und Eric Clapton allerdings scheiden. Pattie Boyd arbeitete in London als Photographin, Anfang der 1990er Jahre investierte sie in eine Model-Agentur für ältere Damen (»Déjà Vu«) und engagierte sich mit → *Barbara Bach* für Drogen- und Alkoholabhängige. Im Februar/März 2005 zeigte die Galerie San Francisco Art Exchange eine erste Ausstellung ihrer Fotos.

HARRISON, PETER

Älterer Bruder von George Harrison, * 1940. Er beendete eine Lehre als Autospengler und -schweißer. Im Sommer 1956 trat er mit seinem Bruder George und seinem Schulfreund Arthur Kelly als → *The Rebels* im British Legion Club in Speke auf. Er begleitete

George 1963 bei der ersten Beatles-Tournee in den USA. Als er am 27.1.1965 im Liverpooler Stadtteil Maghull heiratete, war George Trauzeuge. Auch später trafen sich die Brüder des Öfteren. Als George Harrison 1969 das Anwesen → *Friar Park* kaufte, machte er Peter für die gärtnerischen Belange verantwortlich. Er lebte mit seiner Familie im »Pförtnerhaus« des Anwesens.

HARRISONGS LIMITED

Von George Harrison am 10.9.1964 gegründeter Musikverlag, in dem ab 1968 seine Songs verlegt wurden. Am 20.4.1965 wurde → *Brian Epstein* Direktor des Verlages. Als Filiale in den USA fungierte Harrisongs Music Inc. 1969 übertrug George Harrison alle Rechte an seinen Songs an → *ABKCO Industries, Inc.*

HARROLD

Kleines Dorf in der britischen Grafschaft Bedfordshire. Als Paul McCartney und sein Team am 30.6.1968 von Aufnahmen mit → *The Black Dyke Mills Band* von Saltaire nach London zurückfuhren, waren sie so gut drauf, dass sie in Harrold anhielten und in den örtlichen Pub gingen. Paul setzte sich später ans Piano und spielte. Ja, auch das gab's – allerdings viel zu selten. Und leider hatte keiner seine Kamera dabei.

HARRY, BILL

Britischer Autor und Beatles-Archivar. Harry spielte eine wichtige Rolle im Leben von John Lennon: Nachdem er als Werbegrafik-Student des → *Liverpool College of Art* → *Stuart Sutcliffe* und John Lennon kennen gelernt hatte, machte er die beiden miteinander bekannt. In John Lennon erkannte er bereits damals den »Rebell und Außenseiter«. Am College sorgten er und Sutcliffe, die beide im Student's Union Committee waren, dafür, dass dort eine ordentliche PA gekauft wurde, die dann auch John Lennon nutzte. Anfang 1959 war Harry Herausgeber und Chefredakteur einiger kurzlebiger Magazine, u.a. eines College-Jazz-Magazins. Für die Liverpool University gab er das jährlich erscheinende Magazin *Pantosphinx* heraus, für die Monatszeitschrift *Sphinx* lieferte er Titelbilder und Gedichte. Für das Musikgeschäft Frank Hessy's arbeitete er an einem Musikmagazin mit. Mit Stuart Sutcliffe (Illustrationen) und John Lennon (Gedichte) wollte er dann ein Buch über Liverpool herausbringen. Unter dem Pseudonym »Kim« schickte er Cartoons an *Time and Tide* und das *Liverpool Echo*. In seinem Büro in 81A Renshaw Street, Liverpool (eine Nachbildung ist in der Liverpooler Ausstellung → *The Beatles Story* zu sehen) redigierte Harry ab Juli 1961 die Wochenzeitung → *Mersey Beat*. Seine Frau Virginia (geb. Sowry) war dabei wie er in die Szene involviert. Clever: Er besaß und besitzt auch die Rechte an der Wortkombination »Mersey Beat«. In einem seiner zahlreichen Bücher vermerkt er nicht ohne Stolz, dass ihn Szenegröße → *Bob Wooler* als »The Boswell Of Beat« bezeichnete, und gern definiert er sich und seine Frau auch als »Mr & Mrs Mersey Beat«. Ob John Schroeder wirklich ein Musical über die beiden schreiben wollte, sei dahingestellt. Harry soll John Lennon auch zum Schreiben von Lyrik und Prosa animiert haben – zumindest schrieb er einige Beiträge für *Mersey Beat*. Nach seinem Umzug nach London schrieb er für *Record Mirror*, *Record Retailer*, *Music Now*, *Weekend*, *Valentine* und *Marilyn* und wurde Pressesprecher der Kinks und der Hollies und im Lauf der Jahre fast 40 weiterer Acts. 1980 gründete er das LP-Magazin *Tracks and Idols: 20th Century Legends*.

Lit.: (alles eigene Veröffentlichungen): Mersey Beat. The Beginnings Of The Beatles (ed., London 1977);

The Beatles Who's Who (Liverpool 1982); The Book Of Beatles Lists (London 1982, 1985); It Was 20 Years Ago Today (London 1982); Beatlemania – The History Of The Beatles On Film (London 1984 – The Beatles, Vol. 4); Paperback Writers – The History Of The Beatles In Print (London 1984 – The Beatles, Vol. 3); The Book Of Lennon (London 1984, New York 1984); The Beatles (1984); Ask Me Why – The Beatles Quizbook (1985); Beatles For Sale: The Beatles Merchandising Guide (1985); The McCartney File (London 1986); Sgt. Pepper's Lonely Hearts Club Band (1986); The Ultimate Beatles Encyclopedia (London 1992, Zürich 1993; rev. and updated als »The Beatles Encyclopedia«, London 2000); The Best Years Of The Beatles (mit → Pete Best, London 1996); The Encyclopedia Of Beatles People (London 1997); Whatever Happened To ...? The Ultomate Rock & Pop »Where Are They Now?« (London 1999); The John Lennon Encyclopedia (London 2001); The Paul McCartney Encyclopedia (London 2003); The Ringo Starr Encyclopedia (London 2004); The George Harrison Enyclopedia (London 2004)

HASCHISCH

Das getrocknete Harz aus den Drüsenhaaren der Hanfpflanze kommt als Droge in gepresster Form auf den Markt und ist ca. fünfmal wirksamer als → *Marihuana*. Haschisch und Marihuana werden entweder mit Tabak vermischt als Joint oder in der Wasserpfeife geraucht oder zusammen mit anderen Nahrungsmitteln (Tee, Kakao, Gebäck) konsumiert. Vor dem Konsum wird Haschisch über einer Flamme erwärmt und dann zerkleinert. Im Oktober 1968 wurden John Lennon und → *Yoko Ono* in Ringo Starrs Londoner Wohnung in 34 Montagu Square wegen Haschisch-Besitzes verhaftet. Am 19.10.1968 standen beide vor Gericht (Marylebone Registry Office and Magistrates' Court in der Marylebone Road in London), bei einer zweiten Anhörung wurde John zur Zahlung von 150 £ verurteilt, Yoko wurde freigesprochen.

Lit.: Benjamin Walter: Über Haschisch (Frankfurt/M. 1972); Bernhard van Treeck: Das große Cannabis-Lexikon (Berlin 2000)

HAVE I TOLD YOU LATELY THAT I LOVE YOU?

Song von Scott Wiseman, gesungen 1945 von Lulu Belle und Scotty Wiseman, erste Schallplattenaufnahme 1946 durch Foy Willing and The Riders of The Purple Sage, arrangiert von Elmer Bernstein, aufgenommen am 9. und 18.2.1970 von Ringo Starr, erschienen auf dessen erster Solo-LP »Sentimental Journey« am 27.3.1970.

HEAR THE BEATLES TELL ALL

Titel einer am 14.9.1964 auf dem Label → *Vee-Jay Records* erschienenen Promotion-LP für Radio-DJs mit zwei Interviews, geführt von Jim Steck (John Lennon) und Dave Hull (The Beatles) am 24./25.8.1964 während der USA-Tournee der Beatles (Reissue am 12.12.1979). Die Hintergrund-Musik stammt von Lou Adler. Die LP erschien am 23.1.1981 auch in GB (auf Charly Records). Am 1.8.1987 erschien auf Vee-Jay Records eine Reissue als Picture Disc, 1994 auf Charly Records die CD.

HEARTLES

Beatles-Cover-Band aus Berlin, bekannt »für ihren Satzgesang und ihre einfühlsame Gitarrenarbeit« (Knut Tempelhof in *Berliner Morgenpost* 8.12.1999).

HELLO, GOODBYE

Song von John Lennon/Paul McCartney, aufgenommen am 2., 19., 20. und 25.10. und 1. und 2.11.1967, erstmals erschienen am 24.11.1967 auf Single. Der dazugehörige Werbefilm mit den Beatles in Sgt. Pepper-Uniformen (heute würde man Video-Clip sagen) wurde am 10.11.1967 im → *Saville Theatre* in der Shaftesbury Avenue aufgenommen, unter der Leitung von Paul McCartney. ITV sendete den Film wegen vermuteter Drogenbezüge nicht, → *Top of the Pops* zeigte den

Song mit Szenen aus »A Hard Day's Night«, weil Playback-Aufnahmen im Fernsehen aufgrund des »miming ban« damals verboten waren. Die Musikergewerkschaft Musicians Union wollte mit dieser Regelung Arbeitsplätze sichern. Am 2.12.1991 wurde der Song ausgezeichnet, weil er 1 Mill. Mal im Rundfunk gesendet wurde. Der Film war Bestandteil des TV-Specials »The Beatles Anthology« (1995). Zahlreiche → *Cover-Versionen*, u.a. von James Moody, Bud Shank/Chet Baker, Volkers lustiger Musikverein (»Das Lied vom Unterschied«), The Bugs, Jive Bunny & The Mastermixers, Milton Nascimento, The Day Trippers, Koz Mick, Bud Shank/Chet Baker, Les Boréades und The RRSO Symphony Orchestra.

HELLO GOODBYE

Beatles-Coverband aus dem Süden Floridas. Besetzung: John Tillman (ld-g, voc), Bryan Hinton (g, keyb, voc), Billy Tillman (b, voc) und Blair King (dr, perc, voc). Zu ihrem Repertoire gehören ca. 100 Songs aus dem Repertoire der Beatles.

http://hellogoodbyetheband.homestead.com/hg.html

HELLO LITTLE GIRL

Song von John Lennon/Paul McCartney, zum ersten Mal am 3.7.1963 aufgenommen von → *The Fourmost* und am 30.8.1963 auf Single erschienen (b/w »Just In Case«) – von den Beatles beim → *Decca*-Vorspiel am 1.1.1962 gespielt. Nachdem der Titel auf einer Decca-Testpressung und mehreren → *Bootlegs* veröffentlicht worden war (→ *Decca Tapes*), erschien er zum ersten Mal am 20.11.1995 offiziell auf der DoCD »The Beatles Anthology 1« der Beatles. John Lennon bezeichnete den Song später als seinen ersten Song – geschrieben mit 18 Jahren auf der Toilette. Zahlreiche → *Cover-Versionen*, u.a. von Gerry & The Pacemakers, Pierson Parker Janovitz Project, The Fourmost, The Beatles Revival Band und The Beatnix.

HELP!

1. Fünfte (offizielle) LP der Beatles, erstmals erschienen am 6.8.1965. Auf dem Cover bilden die Beatles mit Hilfe der Signalsprache ein Wort, jedoch nicht »Help!«, sondern »NUJV« – was immer das bedeuten mag. Die → *Capitol Records*-Version für die USA, die am 13.8.1965 erschien, enthielt weniger Songs, dafür aber einige Teile aus der Filmmusik von → *Ken Thorne*. Auch die Signalsprache der Beatles ist auf dem Cover der Capitol-Version eine andere: Die Beatles signalisieren »H-P-E-L«. Das Foto auf dem Cover wurde nicht in Österreich, wo Aufnahmen für den Film stattfanden, aufgenommen, sondern im Londoner Stadtteil Twickenham. → *George Martin* veröffentlichte am 19.11.1965 unter dem gleichen Titel eine LP mit Orchesteraufnahmen. Als → *Bootleg* erschienen 1996 auf dem japanischen Label B 4 Records die »Help Sessions«, 1998 auf Master Fraction (Japan) »Help! Original Mix«. 2002 erschien in Frankreich als Bootleg »The Alternate Help!« – als CD 5 der 5-CD-Box »Quelque chose de nouveau«.

2. Song von John Lennon/Paul McCartney, aufgenommen am 13.4.1965, erstmals erschienen am 19.7.1965 auf Single, am 6.8.1965 auf der gleichnamigen LP, am 9.12.1966 auf der LP »A Collection Of Beatles Oldies (But Goldies)«. Die Single- und LP-Versionen unterscheiden sich geringfügig in Bezug auf John Lennons Gesang. John Lennon bezeichnete »Help!« 1970 als den einzig wahren Song, den er zu Beatles-Zeiten geschrieben habe (außer »Strawberry Fields Forever«). Zahlreiche → *Cover-Versionen*, u.a. von Peter Sellers, Beathoven, Rick Wakeman, The Charles River Valley Boys, Claire Martin, Count Basie & His

Orchestra, Tina Turner, Bornagen, Thurston Lava Tube, The King's Singers, Isaac Scott, The Hobos, The Fate, The Day Trippers, 12 Cellisten der Berliner Philharmoniker, London Symphony Orchestra, Bananarama, The Beatles Revival Band (»Hilf«), Rundfunk-Tanzorchester Berlin, José Feliciano, Jive Bunny & The Mastermixers, The George Martin Orchestra, Alma Cogan, Cathy Berberian, Twice As Much, Die Ulkigen Pulkigen (das sind Farin Urlaub und Bela B. von den Ärzten), R. Stevie Moore, Mary Wells, Little Texas, Volkers lustiger Musikverein (»Komm!«), Katy Karrenbauer, Howie Day, Mario Paccioli & Astrid Alexandre (»Agid!«), Munich Symphonic Sound Orchestra (MSSO), U2, The Ray Hamilton Orchestra, Kylie Minogue, Roy Orbison, The Hollyridge Strings, Los Rolin, Waltari, Billy Preston, Probe Nation, Deep Purple, Peter Breiner and His Chamber Orchestra, The Fabulous Four, Los de la Rumba, Yellow, Extreme, Pussy Slut And The Evil Dicks, The King's Singers, Hard Day's Night, Chantal, Peter Sellers, The Koppycats (Ian & The Zodiacs), The Damned, Army Of Half Wits, The Punkles und The Copycats.

Help! (1965)

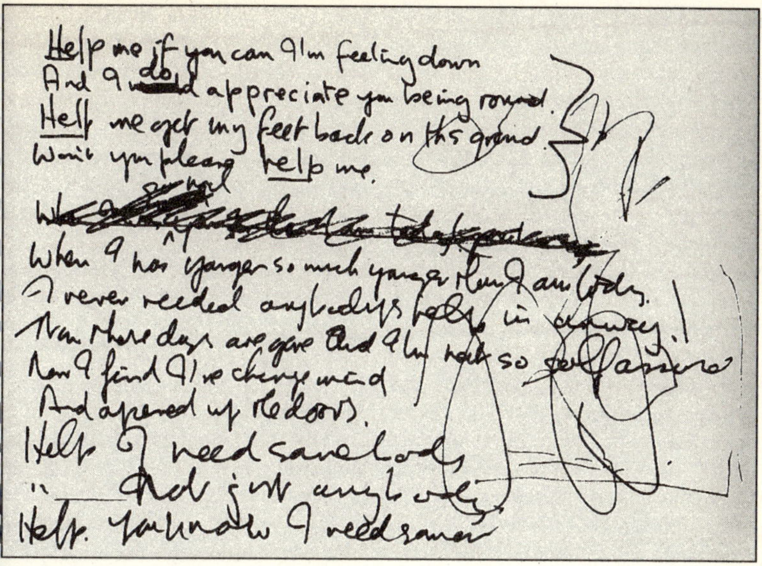
Help me if you can I'm feeling down
And I do appreciate you being round.
Help me get my feet back on the ground
Won't you please help me.
When I was younger so much younger than I am today.
I never needed anybody's help in anyway!
Now these days are gone and I'm not so self assured
Now I find I've changed my mind
And opened up the doors.
Help I need somebody
" Not just anybody
Help. You know I need someone

Der Song »Help!«, geschrieben von John Lennon

3. Zweiter Film der Beatles, Regie: → *Richard Lester*, Drehbuch: Marc Behm und Charles Wood, Kamera: David Watkin (* 23.3.1925), Produktion: → *Walter Shenson*, Musik: Ken Thorne, Bauten: Ray Simm, Spezialeffekte: Cliff Richardson, Kostümentwürfe: Julie Harris und Dinah Greet, Frisuren: Betty Glasgow, Schnitt: John Victor Smith, Ton: Dickie Bird, 92 min, 1965, mit den Beatles, Leo McKern (Clang), Eleanor Bron (Ahme), Victor Spinetti (Professor Foot), Roy Kinnear (Algernon), John Bluthal (Bhuta), Patrick Cargill (Inspektor), gedreht vom 22. Februar bis Mai 1965 auf den Bahamas (u.a. New Providence, Paradise Island), in Obertauern/Österreich (Passhöhe zwischen Radstadt und dem Lungau), den Londoner → *Twickenham Film Studios*, der Londoner Ailsa Avenue und der New Bond Street, in Chiswick, auf dem Armeegelände Salisbury Plain, im Cliveden House bei Maidenhead in Berkshire – eine Produktion von Walter Shenson und → *Subafilms* im Verleih der United Artists. Deutscher Verleihtitel: »Hi-Hi-Hilfe!« Der Arbeitstitel war »Eight Arms To Hold You«, in den USA erschienen im April 1965 sogar einige (heute sehr gesuchte) Singles mit »Ticket To Ride«/»Yes It Is« mit der Ankündigung »From The United Artists Release ›Eight Arms to Hold You‹«. »Royal World Premiere« war am 29.7.1965 im London Pavilion am Piccadilly Circus in London im Beisein aller vier Beatles (in den USA am 11.8.1965 in New York). Der Film ist »hochachtungsvoll dem Andenken an Mr. Elias Howe gewidmet, der 1846 die Nähmaschine erfunden hat«. Die Handlung: Zwei Wissenschaftler und die Göttin Kaili verfolgen die Beatles vom Buck House über Salisbury Plain bis in die Alpen und an den Strand der Bahamas, um einen heiligen Ring von Ringos Finger zu bekommen. Dieser soll angeblich über magische Kräfte verfügen. Der Film ist voller turbulenter Szenen. Am Schluss verlieren sowohl die Wissenschaftler als auch die orientalische Sekte das Rennen. »Ein enorm höheres Budget, Farbe, exotische Drehorte und eine verschwenderische Pressekampagne – der zweite Spielfilm der Beatles hatte alles außer der einzigen Eigenschaft, die seinen Vorgänger so erfolgreich gemacht hatte: Realismus«, urteilt Beatles-Kenner John Robertson, und Hans Langsteiner konstatiert in »Andromeda«, dass »die filmische Ästhetik des Streifens ... sogar unter den übrigen Filmen Richard Lesters ihresgleichen« sucht. Am 26.9.1965 gewann der Film beim Filmfestival in Rio de Janeiro den »Großen Preis«. Der Stil des Films animierte 1967 The Monkees zu ihrer TV-Show bzw. zu ihrer Etablierung als Gruppe. John Lennon qualifizierte den Film später allerdings als »bullshit« ab. Teile des Soundtracks sind auf diversen → *Bootlegs* erschienen. Das Video »The Making of ›Help!‹« (Vexfilms, März 1989) erzählt die Geschichte des Films (ohne Musik). Im Februar 1987 erschien »Help!« als Video, im März 1990 noch einmal als Video in Hi-Fi Stereo (Video Collection), 1995 digital remastered im Hi-Fi-Sound. *4.* 2002 in Österreich aufgeführtes Musical, das sich am gleichnamigen Film orientiert. Ringo (Klaus Horst) erzählt im Rückblick von seiner Zeit mit den Beatles. Die ca. 30 Sänger und Sängerinnen interpretieren auch zahlreiche Songs der Beatles, neben »Help!« u.a. »Yesterday« und »You're Gonna Lose That Girl«.

Lit.: Carr, Roy: The Beatles At The Movies (London 1996); Neaverson, Bob: The Beatles' Movies (London 1997); Hine, Al: Help! (1965); Moltmaker, Azing: The Album Collection Vol. 5 – Help! (Alkmaar 1999)

HELTER SKELTER

Song von John Lennon/Paul McCartney, aufgenommen am 9. und 10.9.1968, erstmals erschienen am 22.11.1968 auf der LP »The Beatles« (»Weißes Album«). Das Saxophon spielt John Lennon, die Trompete → *Mal Evans*. Paul McCartney ließ sich zu dem Song von einer Notiz im → *Melody Maker* inspirieren, in der behauptet wurde, The Who hätten den lautesten, rauesten, dreckigsten Song ihrer Karriere eingespielt. In dem Song

Der zweite Film der Beatles: Help! (deutscher Titel: »Hi-Hi-Hilfe!«)

»geht's um eine Achterbahnfahrt als Metapher für Aufstieg und Fall der Zivilisation«, so Paul McCartney später. »Mit Mord oder Weltuntergang hatte das überhaupt nichts zu tun.« (*Rolling Stone* 8/2004) Eine frühe Aufnahme des Songs vom 18.7.1968 soll 27:11 Minuten gedauert haben – die längste Studioaufnahme der Beatles. Das Wortspiel heißt so viel wie »holterdiepolter, Hals über Kopf«, bezeichnet in England aber auch eine Spielplatzrutsche. Charles Manson, Kopf der Sekte The Family und Mörder von Sharon Tate, behauptete 1970, der Song habe ihn zu seinen Morden veranlasst. Seine Anhänger hatten mit Blut die Worte »Helter Skelter« an eine Wand von Sharon Tates Wohnung in Hollywood geschrieben. John Lennon sollte später als Zeuge vor Gericht erscheinen, weigerte sich aber. 1968 erschien in Großbritannien ein Kinderbuch mit dem Titel »Helter Skelter« – reiner Zufall allerdings. Etwas geschmacklos: Eine amerikanische Gruppe namens Manson Family nannte 2000 eine CD »Heltah Skeltah«. Die Chemical Brothers weigerten sich Anfang 2000, eine → *Cover-Version* von Oasis zu remixen, weil der Song ein »schlechtes Karma« habe. Zahlreiche Cover-Versionen, u.a. von Mötley Crue, U2, Oasis, Todd Dillingham, The Bates, Fantasy Factory, The Beatles Revival Band, Pat Benatar, Urban Dance Squad und Siouxsie & The Banshees.

Lit.: Bugliosi, Vincent; Gentry, Curt: Helter Skelter (New York 1975)

HENDRIX, JIMI

*27.11.1942 in Seattle, Washington; † 18.9. 1970 in London – der unumstritten größte Gitarrist der Rockmusik. Als die Jimi Hendrix Experience am 25.11.1966 im Club Bag O'Nails in der Londoner Kingly Street 8 ein Konzert für Pressevertreter gab, waren auch John Lennon und Paul McCartney vor Ort. Er trat dann 1967 mehrmals in → *Brian Epsteins* → *Saville Theatre* in London auf, so u.a. am 29.1., 7.5. und 4.6.1967. Paul McCartney und Ringo Starr erlebten die Jimi Hendrix Experience zum ersten Mal im Konzert am 13.1.1967 im Bag O'Nails. Hendrix lebte in dieser Zeit in Ringo Starrs ehemaliger Wohnung am Montagu Square 34. Am 29./30.1.1967 waren dann John Lennon und Paul McCartney im Konzert im Saville Theatre, und Ringo sah die Band am 7.5.1967, ebenfalls im Saville Theatre, und am 4.6.1967 waren Paul McCartney und → *Jane Asher* sowie George und → *Pattie Harrison* im Saville Theatre. Jimi Hendrix eröffnete sein Set an diesem Abend mit seiner Version von »Sgt. Pepper's Lonely Hearts Club Band« – die LP war am 1.6.1967 erschienen. Paul McCartney, in dessen Haus nach dem Konzert eine After-Show-Party stattfand, bezeichnete das als eine der größten Ehrungen, die ihm im Leben zuteil wurden. Auf Platte ist der Song u.a. zu hören auf »Hendrix In The West« (November 1971) und auf der DoCD »Blue Wild Angel – Live At The Isle Of Wight« in einem Live-Mitschnitt vom Festival Isle of Wight, rec. 30.8.1970, und auf der 4-CD-Box »The Jimi Hendrix Experience« (rel. 2000), rec. Stockholm 1967. Am 22.12.1967 spielte er den Song im Olympia in London. Auch beim → *Monterey Pop Festival* am 18.6.1967, wo Hendrix auftrat, soll McCartney gesichtet worden sein. In den USA hatte Hendrix bereits Ende 1965 eine Version von »Day Tripper« gespielt, am 24.12.1967 sendete → *BBC*1 in der Sendung → *Top Gear* eine Version, aufgenommen am 15.12.1967. Am 16.6.1968 trafen sich Ringo und → *Maureen Starkey* mit Jimi Hendrix. Am 13.2.1969 nahm Hendrix an einer Record-Release-Party für → *Mary Hopkins* erste LP »Post Card« (produziert von Paul McCartney) teil. Eine von einigen Hendrix-Biographen konstatierte Session von Jimi Hendrix und Paul McCartney am 25.3.1969 gehört allerdings wohl ins Reich der Legende – auch wenn Paul an diesem Tag in New York war ... Corinne Ullrich in ihrer 2000 im Deutschen Taschenbuch Verlag (München) erschienenen Jimi-Hendrix-Biographie: »Die Beatles waren von Hendrix mindestens ebenso stark beeindruckt wie er von ihnen.« Am 4.11.1990 sendete MTV in der Sendung »Prime« ein Paul-McCartney-Interview innerhalb eines Jimi-Hendrix-Specials.

www.jimi-hendrix.com

HER MAJESTY

Song von John Lennon/Paul McCartney, aufgenommen am 2.7.1969, erstmals erschienen am 26.9.1969 auf der LP »Abbey Road« – der letzte Song auf der LP, obwohl er zuerst aufgenommen wurde. Offensichtlich wurde er erst in letzter Minute auf die LP gepackt, um sie zu füllen. Ursprünglich hatte Paul McCartney den Studiotechniker John Kurlander beauftragt, das Stück zu löschen, das in einem Medley zwischen »Mean Mr. Mustard« und »Polythene Pam« zu hören sein sollte. Kurlander klebte es jedoch an das Ende des Bandes, auf dem sich der Rest des Medleys befand. Der letzte Ton des Stückes ging dabei verloren. Der ursprüngliche Remix mit dem kompletten Schlussakkord ist auf der → *Bootleg*-CD No. 3 »Abbey Road N.W.8« zu hören, das ursprüngliche Medley auf der Bootleg-Box »Mythology« Vol. 3, Disc 4 (dabei kann es sich allerdings auch um ein → *Fake* handeln). Ringo Starr ist an dem Stück nicht beteiligt. Zahlreiche → *Cover-Versionen*, u.a. von Brian Sewell, Devil's Rubato Band und The Lenny Pane.

HERE COMES THE SUN

Song von George Harrison, aufgenommen am 7., 8. und 16.7. und 6., 11., 15. und 19.8.1969, erstmals erschienen am 26.9.1969 auf der LP »Abbey Road«. George Harrison schrieb diesen Song im Garten von → *Eric Clapton*, als er sich vom Stress des Apple-Rummels erholte. Der Präsidentschaftskandidat der Demokraten, George McGovern, zitierte den Song 1972 in seiner Wahlkampagne. Am 23.10.1994 wurde George Harrison für 3 Mill. erfolgte Sendungen des Songs geehrt. Zahlreiche → *Cover-Versionen*, u.a. von Richie Havens, Udo Tegeder, John Pizzarelli, Dawn Penn, Prelude, Booker T. and the MG's, George Benson, Mike Westbrook Band, Nina Simone, John Williams, Allison Moore, Harry Octopus, Tracy Scott Silverman, Jörg Trümper, Natural Born Hippies, Berti Laski, Steve Harley's Cockney Rebel, Chantal, Grant Lee Phillips, The Mike Sceptre Singers With The London Starlight Orchestra, Peter Breiner and His Chamber Orchestra, Two Of Each, Andrea Braido & Giorgio Cordoni, Charles Wright, Devil's Rubato Band, The Lenny Pane, Unlimited Beat, Hard Day's Night, The RRSO Symphony Orchestra, Bob Dylan, James Last, Bornagen, Boxing Day Disaster, John Entwistle, Silvana & Penelope (»Here Comes The Moon«), Phil Angotti & The Idea, Travis, Marco Zappa (»I dat sulegl«), Joe Brown & Band, Andreas Geffrath und BTJ.

HERE, THERE AND EVERYWHERE

Song von John Lennon/Paul McCartney, aufgenommen am 14., 16. und 17.6.1966, erstmals erschienen am 5.8.1966 auf der LP »Revolver«. Eine weitere Version erschien im Mai 1991 auf der Paul-McCartney-CD »Unplugged – The Unofficial Bootleg«. Zahlreiche → *Cover-Versionen*, u.a. von David Benoit, Reinhard Fißler, Mathilde Santing, Episode Six, 12 Cellisten der Berliner Philharmoniker, Emmylou Harris, Sarah Vaughan, Cathy Berberian, Anita Harris,

Céline Dion, Erich Kunzel Cincinnati Pops Orchestra feat. King's Singers, R. Stevie Moore, The Royal Philharmonic Orchestra (feat. Elena Duran), Anna Ford, La Buena Vida, Liz Story, The Hill/Wiltschinsky Guitar Duo, The Bugs, Andreas Hermeyer, Munich Symphonic Sound Orchestra (MSSO), The Fourmost, Frankie Goes To Liverpool, The Royal Symphonic Rock Orchestra Vienna, Mr. Acker Bilk, Kremlin Graceful Balalaika Band, David Michael Cass, Carmen McRae, Beatles Forever, Count Basie, Elena Duran/Stephane Grappelli/Laurie Holloway, Cyril Stapleton, John Egniz Connection (Wolfgang Zinke), Bernd Frank, BeatleJazz, The Beattells, Electric Sound Orchestra (d.i. Martial Martinay), Lina Nyberg, Leo Brouwer/Ichiro Suzuki und Göran Söllscher.

HERE TODAY (SONG FOR JOHN)

Song von Paul McCartney, erschienen auf seiner LP »Tug Of War« (1982). Der Text erschien auch in seinem Buch »Blackbird Singing – Poems and Lyrics 1965–1999« (New York 2001, New York 2002). Paul McCartney bezeichnete den Song als »imaginäre Konversation zwischen mir und John« (*Der Spiegel* 16/2003). Im Song heißt es u.a.: »Ich erinnere mich noch, wie es früher war, und halte die Tränen nicht mehr zurück, ich liebe dich«. Er sang den Song auch auf seiner großen Europa-Tournee 2003.

HERE WE GO

Radio-Show der BBC in den 1960er Jahren, produziert von Peter Pilbeam in Manchester. Moderator war Ray Peters. Die Beatles hatten am 12.2.1962 in Manchester ein Vorspiel mit »Hello Little Girl«, »Like Dreamers Do«, »Memphis, Tennessee« und »Till There Was You«. Pilbeams Meinung: »Eine ungewöhnliche Gruppe, nicht so rockig wie die meisten anderen, mehr C & W, mit einer Tendenz, Musik zu spielen.« Am 7.3.1962 traten sie dann live auf – mit »Memphis, Tennessee«, »Please Please Me« und »Dream Baby«, gesendet wurde am 8.3.1962. Am 15.6.1962 traten sie noch einmal in der Show auf, mit »Ask Me Why«, »Besame Mucho« und »A Picture Of You« (rec. 11.6.1962). Beim nächsten Auftritt am 26.10.1962 (rec. 25.10.1962) konnten sie bereits ihre erste Platte promoten: »Love Me Do«/»P.S. I Love You«, zusätzlich spielten sie »A Taste Of Honey«. Hatten sie für die ersten beiden Auftritte noch 26,90 £ plus die Fahrkarten nach Manchester bekommen, so waren es jetzt bereits 37,90 £ plus Auslagen. Es folgten Auftritte in den Sendungen am 25.1.1963 (rec. 16.1.1963) mit »Chains«, »Please Please Me« und »Ask Me Why« und am 12.3.1963 (rec. 6.3.1963) mit »Misery«, »Do You Want To Know A Secret« und »Please Please Me«. Am 16.1.1963 wurde auch eine Version von »Three Cool Cats« aufgenommen, aber nicht gesendet.

HEROIN

Handelsname des halbsynthetischen Opiats Diacetylmorphin, einer Droge mit hohem psychischen und körperlichen Abhängigkeitspotenzial. Sie wird entweder geraucht, mit der Nase aufgesogen oder intravenös gespritzt. John Lennon und → *Yoko Ono* bekannten 1969, Heroin genommen zu haben, der Song »Cold Turkey« berichtet davon. Paul McCartney bekannte in einem Interview, einmal Heroin genommen zu haben. (*Rolling Stone* 8/2004) »Ich habe es einmal genommen. Heroin hat nicht toll auf mich gewirkt. Da habe ich Glück gehabt, denn ich wäre ungerne auf diesen abschüssigen Weg geraten.« (*Die Welt* 3.6.2004) 1976 unterstützte George Harrison mit → *Eric Clapton*, Pete Townshend und anderen Musikern die Einrichtung einer Klinik für Heroinabhängige in Broadhurst Manor in Sussex. Paul McCartney nahm 1986 den Song »Simple As That« für die LP »Anti Heroin Project« auf.

HEY BULLDOG

Song von John Lennon/Paul McCartney, aufgenommen am 11.2.1967, erstmals erschienen am 17.1.1969 auf der LP »Yellow Submarine«, obwohl der Song nie für den Film gedacht war. Aber manchmal braucht man halt 'nen Füller ... Aus dem Film wurde der Song herausgeschnitten, lediglich einige der ersten Kinokopien haben diese Sequenz noch. Von der Aufnahmesession existiert ein Mitschnitt, der 1999 erstmalig im Fernsehen gesendet wurde. Zuvor war er 1968 als Promo-Clip für »Lady Madonna« verwendet worden (Regie: → *Tony Bramwell*). Für die Wiederveröffentlichung des Films 1999 wurde die »Hey Bulldog«-Sequenz wieder eingefügt. Zahlreiche → *Cover-Versionen*, u.a. von Bill Feal & The Rondells, Kimono, The Sugar Plum Fairies und B-Movie Experience.

HEY-HEY-HEY-HEY!

Song von Richard Penniman (d.i. → *Little Richard*), aufgenommen 1958, von den Beatles aufgenommen am 18.10.1964, erstmals erschienen am 4.12.1964 auf der LP »Beatles For Sale« (als Medley mit »Kansas City« von Jerry Leiber/Mike Stoller).

HEY JUDE

1. Song von John Lennon/Paul McCartney, aufgenommen vom 29.7. bis 1.8.1968 in den Trident Studios von den Beatles und einem 36-köpfigen Orchester, erstmals erschienen am 26.8.1968 auf Single (und erste Apple-Veröffentlichung, b/w »Revolution«). Bei den Aufnahmen wurden die Beatles gefilmt, nach Erscheinen des Songs wurde der Film in der Sendung »Experiment in TV« gezeigt. Irgendwo im Song, bei ca. 3 min, ist weit im Hintergrund ein unanständiges Wort von John Lennon zu hören, eine improvisierte Gesangspassage von Paul erklingt gleich zweimal: Die Gesangsspur, die eigentlich erst nach 3:59 min beginnt, ist im Hintergrund bereits nach 3:35 min zu hören. Den Song komponierte Paul McCartney auf einer Fahrt zu → *Cynthia Lennon* nach deren Scheidung, er widmete ihn Julian, ursprünglich soll er »Hey Jules« geheißen haben. Er ist mit 7:11 min der bis dahin längste Song der Beatles auf einer Single. Die CD »The Making Of Hey Jude« versammelt alle Versionen des Titels aus den »Get Back«-Sessions bzw. -Demos. Die Single verkaufte sich inzwischen weit über 8 Mill. Mal (allein in den ersten sechs Monaten wurden 5 Mill. Exemplare verkauft) und ist damit die bestverkaufte Single der Beatles. Eine weitere Version erschien im November 1990 auf Paul McCartneys CD »Tripping The Live Fantastic«. Nach einer Umfrage des Forsa-Institutes im Jahre 1995 ist »Hey Jude« bei zwei Dritteln aller Deutschen der größte Hit der letzten 30 Jahre. Eine Jury des Rolling Stone wählte den Song als besten Beatles-Song auf Platz 8 der besten 500 Songs aller Zeiten. Ein Manuskript des Songs befindet sich im Besitz von → *Julian Lennon*, ein weiteres tauchte im April 2002 auf einer Auktion in London auf. Zahlreiche → *Cover-Versionen*, u.a. von John Holt, The Dynamites, James Last, Rico & The Rudies, Evangelos Boudounis & Maro Razi, The Templeton Twins With Terry Turner And His Bunsen Burners, Marty Gold, Ella Fitzgerald, Bernd Frank, 12 Cellisten der Berliner Philharmoniker, Wilson Pickett, Royal Philharmonic Orchestra, Thüringen Philharmonie/Vital, Sarah Vaughan, Acoustic Sound Orchestra, The Beatles Revival Band, Rundfunk-Tanzorchester Berlin, The Supremes, Lonnie Youngblood, Frank Schöbel, Blamu Jatz Orchestrion, Petula Clark, Wolfgang Wollschläger, The Spotnicks, Erich Kunzel

Cincinnati Pops Orchestra feat. King's Singers, The Temptations, The ReBeatles, Tony Vega, Chris de Burgh, Mark Sommer, New Creation, Volkers lustiger Musikverein (»Hey du«), The Bugs, Naima, Munich Symphonic Sound Orchestra (MSSO), Sonny & Cher, King Curtis, The Punkles, The Mike Sceptre Singers With The London Starlight Orchestra, The Royal Symphonic Rock Orchestra Vienna, Les Bidochons (als Beadochons: »Hey Jules«), Peter Breiner and His Chamber Orchestra, Dionne Warwick, Joe's All Stars, Chokocheeky, Tiny Tim With Brave Combo, Houdini Band, Pete Drake, Elena Duran/Stephane Grappelli/Laurie Holloway, Austria Pop Symphony Orchestra, Bornagen, The RRSO Symphony Orchestra, David Michael Cass, Count Basie, Göran Söllscher, The Bluebirds, The Overton Berry Trio, V. Stojkovic/V. Chamsic, Tony Christie, Clarence Wheeler & The Enforcers, Elvis Presley, Tony Hatch, The Bar-Kays, The Day Trippers, The Jesus Factory, The Inmates, James Last und The Copycats.

Hey Jude (1970)

2. LP der Beatles, erschienen am 26.2.1970 in den USA und in Deutschland auf dem Apple-Label (anfangs unter dem Titel »The Beatles Again«). Die LP enthält ausschließlich bereits auf Singles erschienenes Material: »Can't Buy Me Love«, »I Should Have Known Better«, »Paperback Writer«, »Rain«, »Lady Madonna«, »Revolution«, »Hey Jude«, »Old Brown Shoe«, »Don't Let Me Down« und »The Ballad Of John And Yoko«. Das Cover zeigt auf der Vorder- und Rückseite Aufnahmen von der letzten Foto-Session der Beatles am 22.8.1969 im Haus von John Lennon (→ *Tittenhurst Park*). Die LP sollte ursprünglich »The Beatles Again« heißen. In Großbritannien erschien diese LP nur als Export-Ausgabe, erst am 11.5.1979 erschien sie auf → *Parlophone Records* regulär für den britischen Markt. Am 26.12.1991 wurde die LP in den USA für 3 Mill. verkaufte Exemplare mit Multi-Platin ausgezeichnet. 1997 erschien auf dem Label Walrus die → *Bootleg*-CD »The Alternate Hey Jude Album«.

HEY MAN

Titel eines in den 1960er Jahren geplanten Bühnenmusicals über den Alltag im Apple Building. Die Idee stammt von Mike Connor, Chef des Apple-Büros in Los Angeles/Calif. George Harrison sollte die Musik schreiben, → *Derek Taylor* die Texte, für die Aufführung war das Shubert Theatre in New York im Gespräch. Taylor sah sich jedoch nicht in der Lage, die Texte zu schreiben, so wurde das Projekt auf Eis gelegt.

HI-HI-HILFE!

Deutscher Verleihtitel des Filmes »Help!« (1965). Die deutsche Fassung (1968) stammt von der Ultra, die Synchronsprecher waren Rainer Brandt (John Lennon), Wolfgang Draeger (Paul McCartney und George Harrison) und Horst Gentzen (Ringo Starr).

HIDE YOUR LOVE AWAY

Stück über die letzten Stunden im Leben des → *Brian Epstein*, uraufgeführt am 19.4.1994 im Actor's Playhouse in New York. Autor ist Kevin Scott, die Hauptrolle spielte Albert Macklin. Das Urteil der Times: »Miserabel!«

HIGGINS, JACKIE

→ *Victoria Elizabeth Lennon*.

HIGH PARK FARM

Refugium der Familie Paul McCartney in Machrihanish, in der Nähe von Campbeltown in Argyllshire/Schottland (Mull of Kintyre). Paul McCartney kaufte das 183 Acre große Anwesen im Juni 1966 auf Anraten von → *Jane Asher*. Ab Anfang November 1968 verlebte Paul McCartney hier einige Zeit mit Linda Eastman. Sie hatte auch die Idee, das heruntergekommene Anwesen, das Paul bereits vor Jahren erworben hatte, zu renovieren. Hier konnten beide ihre Tierliebe ausleben. Zeitweise weideten auf den Wiesen 200 Schafe. Paul und Linda McCartney bauten auch Gemüse an und hielten Pferde und Ponys. Linda kaufte Paul zu Weihnachten sogar einen Traktor.

HIPPIES

Im Januar 1967 fand in San Francisco ein großes Rock-Festival statt, das Golden Gate Be-In. Tausende von Menschen kamen zusammen, um Musik zu hören, sich zu lieben und Drogen, insbesondere → *LSD*, zu nehmen. Herb Caen vom *San Francisco Chronicle* taufte die jungen Leute, die den Traum von einer neuen, besseren Gesellschaft träumten, Hippies. Love & Peace & Happiness & Flower Power kennzeichnen den Mythos der Love-Generation, die von 1967 bis 1969 mit Love-Ins, Happenings und Demos das Establishment in Unruhe und Panik versetzte. Als jugendliche Gegenkultur bewahrte und erweiterte sie ihre Freiräume. Eine der Hymnen der Hippies war »All You Need Is Love« von den Beatles (1967), und das Album »Sgt. Pepper's Lonely Hearts Club Band« bezeichnete → *George Martin* als »die Hippie-Symphonie No. 1«. Bono von U2: »Ich glaube nicht, dass dies Gehabe mit den Blumen im Haar gut zu den Beatles gepasst hat. Sie waren doch vier harte Burschen aus Liverpool, und wenn die anfangen, an Liebe zu denken, dann ist es bestimmt eine der härteren Sorte.« (*Rolling Stone* 3/2001) Trotzdem: Auch John Lennon hatte in dieser Zeit eine Narzisse im Knopfloch, → *Maharishi Mahesh Yogi* wurde kurzzeitig ihr Philosoph, und → *Yoko Ono* machte John Lennon schließlich zum politisch bewussten Künstler. Und fast wären sie ja auch nach → *Woodstock* gekommen ...

Lit.: Symolka, Michael G.: Hippie-Lexikon. Psychedelic, Peace & freie Liebe – Das ABC der Flower-Power-Ära (Berlin 1999); Coulter, Adrian: Die Hippies – Revolution im Namen der Liebe: Analyse einer weltweiten Protestbewegung (München 1969); Miles, Barry: Hippies (New York 2003; dt.: München 2004/2005); McCleary, John Bassett: Hippie Dictionary (Berkeley/CA 2004)

THE HIPPY HIPPY SHAKE

Song von Chan Romero, von diesem aufgenommen 1959, im Januar 1964 ein Hit für The Swinging Blue Jeans. Die Beatles nahmen den Song am 10.7.1963 in den Aeolian Hall Studios, London, für die → *BBC*-Sendung → *Pop Go The Beatles* (Produzent: Terry Henebery, gesendet am 30.7.1963) auf. Erschienen am 28.10.1994 auf der DoCD »Live At The BBC«.

HISTORY OF THE BEATLES

1. 60-minütiges Video mit Mitschnitten aus TV-Sendungen und Konzerten der Beatles, Wochenschauen und einer Show der Beatles 1966 in Tokyo.

2. 1998 erschien unter diesem Titel als → *Bootleg* ein 6-CD-Set auf dem Label Birthday Records mit Mitschnitten aus der 9-teiligen Rundfunksendung »Sergeant Pepper's Lonely Hearts Club Band – A History Of The Beatle Years 1962–1970«, die im Herbst 1984 in GB und den USA ausgestrahlt wurde. Die Radiosendungen waren bereits 1987 auf einer 9-LP-Box erschienen, allerdings unbearbeitet, als reiner Mitschnitt (Label: Stemra).

HODGE, VICKY

Freundin von Ringo Starr, bevor dessen spätere Frau Maureen nach London zog.

HÖFNER

(im Englischen zumeist: Hofner) Bevorzugter Bass-Typ Paul McCartneys, hergestellt von der 1887 gegründeten Fa. Karl Höfner in Schönbach (heute Luby in Tschechien), nach dem Zweiten Weltkrieg in Bubenreuth bei Nürnberg. Seit Mitte der 1950er Jahre stellt die Fa. Halbresonanz-Bassgitarren mit elektrischer Verstärkung her. Diese Bassgitarre mit dem Produktnamen 500/1 wurde als »Beatles Bass« bekannt, nachdem Paul McCartney die bekanntesten Beatles-Songs auf dieser Bassgitarre von Höfner spielte. Dieses Instrument machte die Höfner GmbH zu einem der gefragtesten Hersteller von E-Bässen. Ein Exemplar ist im → *Cavern Pub* in der Liverpooler → *Mathew Street* ausgestellt. Erst um die Jahreswende 1965/1966 wechselte McCartney zu → *Rickenbacker*. Höfner spendierte Paul McCartney später eine extra angefertigte, vergoldete Bassgitarre. Sie hat eine abenteuerliche Geschichte: Irgendwann in den 1960er Jahren auf einer Tournee geklaut, tauchte sie Anfang der 1990er Jahre wieder auf. 1997 sollte sie auf einer Versteigerung bei Bonham's in Tokyo 180 000 $ (ca. 144 000 €) bringen. George Harrison kaufte sich eine Höfner President, die er mit einem Pickup »aufrüstete«, später wechselte er zur Höfner Club 40. Auch → *Stuart Sutcliffe* kaufte sich als Erstes für 65 £ (damals ca. 390 €) eine Höfner President. John Lennon spielte anfangs eine Höfner Compensator (sie wurde im November 1961 als Teil der »Lennon Collection« in Atlanta/GA versteigert). In den 1980er Jahren wurde der Bass noch hergestellt und als »Paul McCartney Bass« für ca. 300 € verkauft. Paul McCartneys berühmter Höfner Violin Bass ist heute mit 2 Mill. £ versichert und damit eines der wertvollsten Musikinstrumente der Welt. Die damals analog angefertigte Rechtshänderversion stellte das Unternehmen 2002–2004 der Gruppe → *Chantal* zur Verfügung, die damit u.a. die CD »Beatles Strictly Instrumental« (2002) aufnahm. 1994 wurde das Unternehmen in die Boosey & Hawkes Group eingegliedert, 2003, als sich Boosey & Hawkes von ihrer Musikinstrumentensparte trennten, von The Music Group. 2005 wurde die Karl Höfner GmbH & Co. KG – seit 1997 in Hagenau – im Zuge eines Management Buyouts wieder unabhängig. Sie stellt heute Gitarren, Bässe, Streichinstrumente und Bögen her. Im firmeneigenen Museum sind zahlreiche historische Instrumente zu besichtigen.

Lit.: Giltrap, Gordon; Marten, Neville: The Höfner Guitar – A History (New York 1994); Dunn, Joe: Höfner Violin »Beatle« Bass (Milwaukee 1997)
www.hofner.com

HÖRZU

Im Dezember 1946 zum ersten Mal erschienene wöchentliche Programmzeitschrift des Axel Springer Verlages, in den 1960er Jahren die größte deutsche Publikumszeitschrift. Sie vergibt seit den 1960er Jahren die »Goldene Kamera« für herausragende Leistungen in Film und Fernsehen und veröffentlichte eigene Schallplatten, u.a. → *Kompilationen* wie »Schlager des Jahres« und »Die Tanzplatte«. Jeden Monat erschienen drei LPs mit Schlagern, Folk, Chansons, Marsch- und Blasmusik und – ab 1964 – auch mit Beat- und Rockmusik. So erschienen in der »Black Label«-Reihe u.a. die LPs »Please Please Me« (6.2.1964), »Help!« (12.8.1965), »Revolver« (Juli 1966), »Sgt. Pepper's Lonely Hearts Club Band« (8.6.1967) und »Magical Mystery Tour« (September 1971). In die Original-Cover wurde dabei das *Hörzu*-Logo integriert. Die LP »Please Please Me« erhielt den Untertitel: »Please please me und andere Knüller – Die zentrale Tanzschaffe der weltberühmten Vier aus Liverpool« (1996 als → *Bootleg*-CD in Falt-Klapp-Hülle erschienen). Lob auch auf dem Covertext: »die temperamentvollen Einheizer aus Liverpool ... Die jungen Löwen mit den qualmenden Gitarren ... Eine Gitarrencombo mit Pfiff« usw. usf. Auf *Hörzu* erschienen später auch George Harrisons »Wonderwall Music« und (im September 1970) Ringo Starrs »Beaucoups Of Blues«. Inzwischen ist auch bei *Hörzu* die Vinyl-Ära zu Ende. Als CD erschien z.B. »Words & Music By John Lennon & Paul McCartney« (→ *Cover-Versionen* von Beatles-Songs). Noch heute ist *Hörzu* Marktführerin bei den wöchentlich erscheinenden Programmzeitschriften, hatte jedoch 2001 einen Auflagenrückgang von rund 90 000 zu verzeichnen. Chefredakteur Jörg Walberer veranlasste deshalb 2002 einen Relaunch des Blattes, dem auch das Logo zum Opfer fiel. Im Januar 2006 bot Springer das Magazin zum Verkauf an – als »Gegenleistung« für die Genehmigung einer Fusion mit ProSieben-Sat.1, was jedoch nicht zustande kam.

www.hoerzu.de

HOFFMAN, DEZO

(Dezsö Hoffmann) In den 1960ern der »persönliche Fotograf« der Beatles, seine

Aufnahmen der Beatles in den kragenlosen »Nehru«-Jackets aus dem Jahre 1962, verwendet u.a. für das Cover ihrer Single »Love Me Do«/»Please Please Me«, wurden weltbekannt. Hoffman wurde in Ungarn oder Tschechien geboren, studierte in Prag Journalismus und arbeitete dann für den Regisseur Otto Heller. Während des Spanischen Bürgerkrieges kämpfte er auf Seiten der Internationalen Brigaden, wo er auch Ernest Hemingway und den Regisseur Frank Capra traf. Er wurde schwer verwundet und nach Francos Sieg bis zum Beginn des Zweiten Weltkriegs interniert. In Großbritannien half er bei der Aufstellung des tschechischen Freiwilligen-Corps und arbeitete als Frontberichterstatter. Nach dem Krieg heiratete er, hatte zwei Kinder und zog von Leicester nach London, wo er ab 1955 für den *Record Mirror* arbeitete. Zum ersten Mal fotografierte er die Beatles im April 1962 in Liverpool, dann im Juni 1962 in den → *Abbey Road Studios*, eine weitere ganztägige Foto- und Film-Session fand am 25.3.1963 statt. Am 16.5., 17.6. und 2.7.1963 machte er weitere Fotos der Beatles, u.a. für die Serie »A Day In The Life With The Beatles« für die Zeitung *Liverpool Echo*. Bei einem Aufenthalt der Beatles in Weston-super-Mare (22.–27.7.1963) entstanden die berühmten Badeanzug-Fotos am Strand. Im Januar 1964 begleitete er die Beatles nach Paris und im Februar 1964 auf ihrer ersten USA-Tournee. Seine Bilder – insgesamt fotografierte er die Beatles wohl einige tausend Mal – erschienen in zahlreichen Büchern. Auch sein ehemaliger Assistent David Magnus (* 1944) fotografierte 1963 bis 1967 häufig die Beatles. Hoffman fotografierte auch → *The Rolling Stones*, → *Jimi Hendrix*, Cliff Richard und die Shadows und → *Pink Floyd*. † 26.3.1986. Die Rechte an seinen Beatles-Fotos kaufte → *Apple Corps Limited*.

Lit: Hoffman, Dezo: The Beatle Book (1964); Hoffman, Dezo: The Beatles (1975); Hoffman, Dezo: Collection Of Beatles Pictures (Tokyo 1976); Hoffman, Dezo: Dezo Hoffman's Photo Collection (Tokyo 1976); Hoffman, Dezo; Marchbank, Pearce: With The Beatles – The Historic Photographs of Dezo Hoffman (London 1982, London 1997); Hoffman, Dezo: The Beatles Conquer America (London 1984); Hoffman, Dezo: John Lennon (London 1985), Hofmann, Dezo: The Faces Of John Lennon (New York 1986)

HOGG, MICHAEL LINDSAY

Britischer Regisseur, u.a. der Pop-TV-Show → *Ready Steady Go*; er drehte auch den Film »Let It Be« (1970) und zahlreiche Promotion-Filme der Beatles und der → *Rolling Stones*, u.a. »Hey Jude«. Am 10./11.12.1968 drehte er einen 58-minütigen TV-Dokumentarfilm für ein → *BBC* TV-Special über den → *Rolling Stones Rock'n'Roll Circus*, der leider unvollendet blieb. 1996 erschienen die Aufnahmen als Video.

HOLD ME TIGHT

Song von John Lennon/Paul McCartney, aufgenommen am 12.9.1963, erstmals erschienen am 22.11.1963 auf der LP »With The Beatles« (in den USA auf »Meet The Beatles!«). Bereits bei den Aufnahmen zur LP »Please Please Me« am 11.2.1963 hatten die Beatles 13 (in Worten: dreizehn) Versuche unternommen, den Song aufzunehmen. Zahlreiche → *Cover-Versionen*, u.a. von Count Basie, The Treasures, The Hill/Wiltschinsky Guitar Duo, The Quarrymen (Österreich) und The Bluebirds.

HOLLY, BUDDY

* 7.9.1936 in Lubbock, Texas/USA, † 3.2.1959 bei einem Flugzeugabsturz. Amerikanischer Rock'n'Roll-Sänger und Songwriter. Seine ersten Aufnahmen datieren aus dem Jahre 1956; mit den Crickets nahm er u.a. »That'll Be The Day«, »Oh Boy« und »Peggy Sue« auf.

Im Sommer 1958, nachdem → *The Quarrymen* endgültig von → *Skiffle* auf Rock'n'Roll umgestiegen waren, nahmen sie in der Besetzung John Lennon, Paul McCartney, George Harrison, → *John »Duff« Lowe* (keyb, p) und → *Colin Hanton* (dr) in Percy F. Phillips' Heimstudio in Liverpool (53 Kensington) eine Schellackplatte u.a. mit »That'll Be The Day« auf, erschienen am 20.11.1995 auf der DoCD »The Beatles Anthology 1«. John Lennon in einem Interview: »Das erste Lied, das ich zu spielen lernte, war ›That'll Be The Day‹. Meine Mutter brachte es mir auf dem Banjo bei. Mit endloser Geduld saß sie neben mir, bis ich alle Griffe gelernt hatte.« Am 1.1.1962, beim → *Decca*-Vorspiel, nahmen die Beatles Buddy Hollys Hit »Crying Waiting Hoping« auf. Obwohl Buddy Holly für die Beatles bereits in ihren Anfängen eins ihrer großen Vorbilder war, nahmen sie von ihm später lediglich noch einen Song auf: »Words Of Love«, erschienen auf der LP »Beatles For Sale« (1964). Auf »The Beatles Anthology« Vol. 3 findet sich noch eine weitere → *Cover-Version* der Beatles: »Mailman, Bring Me No More Blues«. John Lennon: »Als ich das erste Mal Buddy Holly hörte, bin ich vor lauter Begeisterung fast vom Stuhl gefallen.« Auch der Name → *The Silver Beatles* resultiert evtl. aus der Bewunderung für Holly, dessen Band The Crickets (Die Grillen) hieß (Beetles = Käfer). Paul McCartney hatte Buddy Holly auf einer Tournee 1958 erlebt und sponsert (mit → *MPL Communications Limited*) seit 1976 jedes Jahr im September in London eine Buddy Holly Week. 1979 spielten dort die Wings mit den Crickets, Buddy Hollys ehemaliger Band, 1988 trat Paul McCartney dabei mit The Crickets auf. Paul McCartney kaufte im Juli 1976 den Musikverlag Edwin H. Morris Music und damit die Rechte an Buddy Hollys gesamten Songs – vielleicht, weil er es nicht verschmerzen konnte, dass ein Teil der Beatles-Songs an → *Michael Jackson* verkauft worden war. Am 12.9.1985 trat Paul McCartney im Special »Buddy Holly« der → *BBC* 2 auf, das später unter dem Titel »The Real Buddy Holly Story« auch als Video erschien. Als BBC Radio One am 4.2.1989 die Buddy-Holly-Dokumentation »Not Fade Away« sendete, wurde auch Paul McCartney interviewt. 1990 nahmen Paul McCartney und seine Frau Linda Eastman auch an der jährlichen Party zu Buddy Hollys Geburtstag im Lone Star Roadhouse in New York teil. Das Leben Hollys wurde unter dem Titel »The Buddy Holly Story« (Steve Rath, 1979) verfilmt, inzwischen gibt es auch ein erfolgreiches Musical (»Buddy«). Im September 1999 wurden zwölf Schellackplatten aus dem Besitz Lennons versteigert, u.a. »Peggy Sue« von Buddy Holly. Das Album »Holly Days« von Paul und Linda McCartney und Denny Laine versammelt Cover-Versionen von Buddy-Holly-Songs.

HOLLY, IDA

Eine von John Lennons Freundinnen 1963 – 17 Jahre, dunkle Haare und ein Name, der nach → *Buddy Holly* klingt. Was macht es da, dass er im Jahr zuvor → *Cynthia Lennon* geheiratet hatte? Die Hochzeit war ja auch weitgehend geheim gehalten worden, und vielleicht wusste die schöne Ida wirklich nichts davon? Ihr Vater soll's dann herausbekommen und John zur Rede gestellt haben. Ida Holly arbeitete später als Moderatorin bei Beat-Konzerten. Als sie nach London ging, nannte sie sich Stevie Holly und versuchte eine Karriere als Model.

HOLLYWOOD BOWL

Open-Air-Konzertforum in Hollywood/Calif. (2301 North Highland Avenue) mit 18 000 Plätzen, 1922 gebaut; hier gastierten die Beatles (als erste Rock'n'Roll-Band) am

Die Beatles in der Hollywood Bowl (23.8.1964)

23.8.1964 (21.30–22.05 Uhr, vor 18700 Fans, die Karten waren bereits im Mai ausverkauft) und am 29. und 30.8.1965. Von dem Konzert 1964 sollte ursprünglich eine Live-LP erscheinen. → *George Martin* und → *Brian Epstein* waren jedoch der Ansicht, dass zu viel Fan-Gekreische die Musik allzu sehr übertönte. Die Doppel-LP »The Beatles' Story« (rel. 23.11.1964 in den USA) enthält eine 48 sec lange Live-Sequenz aus »Twist And Shout«. Von dem Auftritt gibt es ein Video, eine offizielle LP (→ *EMI*) mit einigen Titeln live (»The Beatles At The Hollywood Bowl«, rel. 6.5.1977, Neuauflage 1984 mit neuem Cover) sowie diverse → *Bootlegs* (»Back In '64 At The Hollywood Bowl«, erschienen auf Lemon Records, Berkely Records und CBM/Instant Analysis, »Hollywood Bowl« auf Impossible Recordworks, »At The Hollywood Bowl 1964« auf TMOQ, »Live In Vancouver« auf CBM/Instant Analysis, »The Complete Hollywood Bowl Concerts 1964–1965« auf Midnight Beat, »The Hollywood Bowl Concerts 23rd August 1964 & 30th August 1965« auf MB Records). Die Bootleg-CD »Hollywood Complete«, 1993 erschienen, beinhaltet das Konzert vom 23.8.1964 und das Nachmittagskonzert vom 30.8.1965. Das Konzert am 29.8.1965 wurde von → *Capitol Records* mitgeschnitten, war aber von so schlechter Qualität, dass es bis heute noch nicht einmal als Bootleg zur Verfügung steht. Die offizielle LP »The Beatles At The Hollywood Bowl« enthält einen Teil der Songs vom 30.8.1965. Ein Handtuch, das die Beatles nach dem Konzert benutzt hatten, wurde in kleine Stücke geschnitten, auf Karten geklebt und als Souvenir verkauft. Die 1996 erschienene Single »Real Love« enthält einen Remix von »Baby's In Black«, rec. am 29./30.8.1965. Am 16.4.1993 kehrte Paul McCartney in die Hollywood Bowl zurück und gab hier ein »Earth Day«-Konzert, mit Steve Miller, den 10,000 Maniacs, Kenny Loggins, PM Dawn und k.d. lang. Die Einnahmen gingen an PETA (Menschen für den ethischen Umgang mit Tie-

The Beatles At The Hollywood Bowl (Odeon)

ren), Greenpeace und Friends of the Earth. Bei »Hey Jude« stieg sogar Ringo Starr mit ein. Peter Rosen stellt in seinem Film »Music Under The Stars« »The Best Of Hollywood Bowl« (Untertitel) vor.

HOLLYWOOD WALK OF FAME

Am 9.2.1960 erhielt die amerikanische Schauspielerin Joanne Woodward einen Stern auf dem Hollywod Boulevard, dem »Walk Of Fame«. Inzwischen wurde über 2000 Stars diese Ehre zuteil. Die Beatles erhielten ihren Stern zwar bereits 1994, aber er wurde auf Bitten von → *Capitol Records* nach wenigen Wochen wieder entfernt, weil bei der Einweihung wenigstens einer der Beatles anwesend sein sollte. Am 25.12.1998 weihte Hollywoods Ehrenbürgermeister Johnny Grant den Beatles-Stern trotzdem ein. Er befindet sich am 7051 Hollywood Boulevard, zwischen Orange Drive und La Brea Avenue. Am 30.9.1988 war bereits John Lennon mit einem Stern geehrt worden (1750 Vine Street).

www.seeing-stars.com

HONEY DON'T

Song von Carl Perkins, aufgenommen 1956, von den Beatles aufgenommen am 26.10. 1964, erstmals erschienen am 4.12.1964 auf der LP »Beatles For Sale«. Live sang meist John Lennon (dokumentiert auf der DoCD »Live At The BBC«, rec. 1.8.1963), auf der Platte jedoch singt Ringo Starr.

HONEY PIE

Song von John Lennon/Paul McCartney, aufgenommen am 1., 2. und 4.10.1964, erstmals erschienen am 22.11.1968 auf der LP »The Beatles« (»Weißes Album«). Der Song könnte aus dem Repertoire der Jazzband von Pauls Vater Jim McCartney stammen; in die ersten Takte des Songs wurde sogar das Kratzen einer alten Schellackplatte eingefügt. Zahlreiche → *Cover-Versionen*, u.a. von Nicky Scott, Rundfunk-Tanzorchester Berlin, Pasadena Roof Orchestra, Joaquin Pardinilla, Peter Breiner and His Chamber Orchestra, John Egniz Connection (Wolfgang Zinke), Göran Söllscher und Helena Vondračková.

HONEYMOON

Titel der 61-minütigen filmischen Dokumentation des → *Bed-In* von John Lennon und → *Yoko Ono* im Amsterdamer Hotel »Hilton« vom 25. bis 31.3.1969, aufgenommen von Assistenten mit Handkameras nach genauen Anweisungen von John Lennon und Yoko Ono. Britische Premiere war beim Edinburgh Film Festival im September 1969. Der Film firmierte z.T. auch unter dem Titel »Bed-in«. Am 19.11.1969 zeigte der niederländische Sender KRO die 40-minütige Dokumentation »John Lennon's Honeymoon«, die später auch in anderen Ländern gezeigt wurde – nicht zu verwechseln mit »Honeymoon«. Am 3.12.1990 erschien in GB unter dem Titel »John And Yoko: The Bed-In: All We Are Saying Is Give Peace A Chance« eine bearbeitete Version des Films auf Video und Laserdisc.

THE HONEYMOON SONG

Song von Mikis Theodorakis/Sansom, Titelsong des Films »Honeymoon« (1959). Eine erste Gesangsversion nahmen im Juni 1959 Marino Marini and his Quartet auf. Die Beatles nahmen den Song am 16.7.1963 im BBC Paris Theatre, London, für die → *BBC*-Sendung → *Pop Go The Beatles* (Produzent: Terry Henebery, gesendet am 6.8.1963) auf, erschienen am 28.10.1994 auf der DoCD »Live At The BBC«. Paul McCartney produzierte später eine Version mit der Sängerin → *Mary Hopkin*.

HOPKIN, MARY

*3.5.1950 in Pontardawe, Glamorgan/South Wales. Britische Sängerin, die bereits als Schülerin sang. Das Model → *Twiggy* empfahl sie, nachdem sie sie in der TV-Talent-Show »Opportunity Knocks« gesehen hatte, im Mai 1968 Paul McCartney. Er lud Mary Hopkin und ihre Mutter nach London ein und produzierte mit ihr Mitte Juli 1968 in den Trident Studios die Single »Those Were The Days«/ »Turn! Turn! Turn! (To Everything There Is A Season)«, erschienen am 26.8.1968 in den USA (GB: 30.8.1968) als erste Single auf dem Apple-Label (Apple 02). Co-Produzent war → *Peter Asher*. Der Song, eine Komposition von Gene Raskin, kam in GB auf Platz 1, in den USA auf Platz 2. Die Single verkaufte sich über 5 Mill. Mal. Paul McCartney: »Sie war ein sehr nettes Mädchen und unsere Zusammenarbeit hat mir viel Spaß gemacht.« Er nutzte seinen Einfluss und brachte die Sängerin in die → *Ed Sullivan Show* und die Show von → *David Frost*. George Harrison war von Mary Hopkin so begeistert, dass er ihr eine wertvolle Martinez-Gitarre kaufte. In Italien erschien am 25.10.1968 eine weitere von Paul McCartney produzierte Single: »Quelli erand giorni« / »Turn! Turn! Turn! (To Everything There Is A Season)«. Mitte November 1968 bis Mitte Januar 1969 produzierte Paul McCartney mit ihr die LP »Postcard«, die am 13.2.1969 erschien; das Cover Design ist von Paul McCartney, das Foto auf dem Cover von → *Linda McCartney*. Bei den Songs »Lord Of The Reedy River« und »Voyage Of the Moon« spielt er Gitarre. Mit der Single-Auskopplung »Goodbye«, einem John Lennon/Paul McCartney-Song, produziert von Paul McCartney, hatte sie einen zweiten Hit, konnte aber die Serie später nicht fortsetzen. Auch die Rückseite der Single, »Sparrow«, wurde von Paul McCartney produziert (erschienen am 28.3.1969). Mit der

Mary Hopkin

Single »Que Sera, Sera (Whatever Will Be, Will Be)«/ »Fields Of St. Etienne«, produziert von Paul McCartney Anfang August 1969 und erschienen am 19.9.1969 auf Apple in Frankreich, endete die Zusammenarbeit mit den Beatles. Sie blieben jedoch befreundet, so besuchten Paul McCartney und Ringo Starr mit ihren Frauen am 13.10.1969 die Premiere ihres Cabaret-Programms im Londoner Savoy Hotel. 1971 erschien auf Apple die LP »Earth Song – Ocean Song«, produziert von ihrem späteren Ehemann Tony Visconti (sie heirateten noch im gleichen Jahr), 1972 die → *Kompilation* »Those Were The Days«. Danach zog sich Mary Hopkin weitgehend aus der Popwelt zurück. Gelegentlich tauchte sie auf Platten anderer Künstler auf, so z.B. 1977 auf David Bowies LP »Low«. 1979 brachte sie unter dem Titel »The Welsh World Of Mary Hopkin« eine LP mit walisisch gesungenen Songs heraus (aufgenommen bereits 1968, 1997 auch als CD). Ihren Hit »Those Were The Days« nahm 1995 auch → *Cynthia*

Lennon auf. Trotzdem: Als kürzlich eine DoCD mit »One Hit Wonders« erschien, war Mary Hopkin dabei ...

HOT AS SUN

Instrumentalstück von Paul McCartney, aufgenommen November 1969 – März 1970, erschienen am 17.4.1970 auf Paul McCartneys erster Solo-LP »McCartney« (in einem Medley mit »Glasses« und »Suicide«). Paul McCartney spielte auf dieser LP sämtliche Instrumente selbst. Das Stück hatte er bereits 1958 oder 1959 geschrieben, vielleicht sogar noch früher. Es wurde erstmalig in den »Get Back«-Sessions eingespielt; ursprünglich soll es sogar als Titelsong der LP »Let It Be« im Gespräch gewesen sein. 1982 schrieb Tim Rice einen Text dazu, am 24.7.1982 veröffentlichte Elaine Page eine Vocal-Version als Single.

HOTLEGS

→ *Fakes*.

THE HOURS AND TIMES

60-minütiger Schwarz-Weiß-Film von Christopher Munch für Antarctic Pictures – ein fiktiver Report über einen gemeinsamen Urlaubstrip von John Lennon und → *Brian Epstein* nach Spanien im Jahre 1963. Beiden war immer wieder eine homosexuelle Beziehung nachgesagt worden. John Lennon wurde gespielt von Ian Hart, Brian Epstein von David Angus. Der Film wurde ausschließlich im Avenida Palace Hotel in Barcelona gedreht, ergänzt durch einige Aufnahmen in Liverpool. Die Musik: »Guardame Las Bacas« (ein katalanisches Volkslied), ein Flamenco-Stück und eine von Johann Sebastian Bachs Goldberg-Variationen. Premiere war am 13.6.1992 beim Southampton Film Festival, danach fand eine öffentliche Diskussion zu dem Film statt – mit den beiden Darstellern und → *Bill Harry*.

HOW DO YOU DO IT?

Song von Mitch Murray. Am 4.9.1962 nahmen ihn die Beatles bei Proben für Schallplattenaufnahmen in den → *Abbey Road Studios* auf. Ursprünglich hatte → *George Martin* den Song als A-Seite ihrer ersten Single ausgewählt, die Beatles, insbesondere John Lennon, lehnten jedoch eine Veröffentlichung ab. Anfang 1963 wurde der Song für → *Gerry and The Pacemakers* ein Nr.-1-Hit. Die Beatles-Version erschien am 20.11.1995 auf der DoCD »The Beatles Anthology 1«.

HOW I WON THE WAR

Eine filmische Satire auf den Zweiten Weltkrieg, Produktion und Regie von → *Richard Lester*, 110 min, gedreht September–Oktober 1966 in Almeria und Carbonaras/Spanien, Celle und Lüneburger Heide/Deutschland, Drehbuch: Charles Wood, nach einem Buch von Patrick Ryan (1963 erschienen), Musik: → *Ken Thorne*, Kamera: David Watkin (* 23.3.1925), Bauten: John Stoll und Philip Harrison, Produktionsleitung: Hubert Froelich und Roberto Roberts, Regieassistenz: Pepe Lopez Rodero. Weltpremiere am 18.10.1967 im London Pavilion am Piccadilly Circus, an der alle vier Beatles mit ihren Frauen/Freundinnen teilnahmen; USA-Premiere war dann am 8.11.1967. Zu den Schauspielern gehörten neben Michael Crawford (Lieutenant Goodbody), Roy Kinnear (Clapper), Karl-Michael Vogler (* 28.8.1928 in Remscheid, er spielte den Odlebog) und Lee Montague (Transom) auch Jack MacGowran, Michael Hordern, Jack Hedley, → *Neil Aspinall* (toter Soldat) und John Lennon, der den Private Gripweed spielte. Zum ersten Mal spielte ein Beatle allein in einem Film. Die Story: Eine Gruppe Soldaten soll während des Zweiten Weltkriegs hinter den feindlichen Linien ein Cricket-Spielfeld errichten. Ihrer Trotteligkeit verdankt die Kompanie allerlei »kriegerische« Überraschungen. Einige Szenen wurden in Deutschland gedreht (auf dem Truppenübungsplatz Bergen-Hohne bei Ostenholz und Verden). Die deutsche Fassung mit dem Titel »Wie ich den Krieg gewann« stellte 1967 die Ultra her, deutscher Synchronsprecher für John Lennon alias Gripweed war Werner Uschkurat. Einen Ausschnitt aus der Filmmusik von Ken Thorne mit Auszügen aus Filmdialogen enthält eine Single, die am 13.10.1967 erschien (rec. Sept./Okt. 1966, Interpreten: Musketeer Gripweed and The Third Troop). John Lennon ist darauf allerdings nur zwei Sekunden lang zu hören. Der Film ist in der Originalfassung und in Deutsch inzwischen auch als DVD erhältlich.

Lit.: Carr, Roy: The Beatles At The Movies Movies (London 1996); Neaverson, Bob: The Beatles' Movies (London 1997)

HOWARTH, ANITA

Kurzzeitige Freundin Paul McCartneys Anfang der 1960er Jahre aus Liverpool. Als sie 1963 schwanger wurde, behauptete sie, Paul sei der Vater. Unter der Bedingung, dass die Zahlung keine Anerkennung der Vaterschaft bedeute, soll Paul McCartney damals 3 000 £ gezahlt haben. Die Existenz des Jungen (Philip Howarth) wurde erst 1983 bekannt, die Familie lehnte auch dann jegliche finanzielle Unterstützung von Seiten Paul McCartneys ab.

HOWES, ARTHUR

Britischer Promoter, der 1964 bis 1966 zahlreiche Tourneen der Beatles veranstaltete. Er war der größte Veranstalter von → *Package Shows* in den 1960er Jahren. Im November 1962 nahm → *Brian Epstein* mit ihm Kontakt auf. Howes verpflichtete die Beatles für ein gemeinsames Konzert mit Frank Ifield im Embassy Cinema, Peterborough/Northamptonshire am 2.12.1962. Auch wenn der Auftritt nicht sehr erfolgreich war: Howes verpflichtete die Beatles als Vorgruppe für Tourneen mit → *Helen Shapiro* (2.2.–3.3.1963) und → *Tommye Roe* und → *Chris Montez* (9.–31.3.1963) – für 80 £/Woche. Auf seiner dritten Tour, die am 1.11.1963 begann, waren die Beatles bereits der Haupt-Act. Howes übernahm später das Management von → *Rory Storm and the Hurricanes*. † 12.2.1987 im Alter von 63 Jahren.

HÜBERS, BETTINA

*21.12.1962; die Dame, wohnhaft in Berlin, strengte im November 1980 eine Vaterschaftsklage gegen Paul McCartney an. Er soll bei seinen Auftritten in Hamburg 1961 ein Verhältnis mit ihrer Mutter Erika gehabt haben, die bereits 1966 Paul verklagt hatte. Ein Vaterschaftstest wurde damals allerdings nicht durchgeführt, evtl. ist es 1966 auch zu einer außergerichtlichen Einigung gekommen. Paul McCartney zahlte jedenfalls »Unterhalt« – für ihn damals der leichteste Weg, die Sache auf sich beruhen zu lassen. Am 22.2.1983 wurde der Fall am Bezirksgericht Berlin-Schöneberg verhandelt. Bettina Hübers forderte 1500 DM/Monat (ca. 750 €) und eine offizielle Erklärung Paul McCartneys, dass er der Vater sei. Im März 1983 verurteilte das Gericht Paul McCartney zu vorläufigen Zahlungen von 180 £ / Monat, im April 1983 zum vollen Unterhalt. Nach einem zweiten Vaterschaftstest, der ebenfalls negativ ausfiel, wurde Paul McCartney freigesprochen. Paul erklärte sich bereit, die Gerichtskosten in Höhe von 200 000 DM (ca. 100 000 €) zu übernehmen, da Bettina Hübers offensichtlich zahlungsunfähig war. Bettina Hübers damals zuversichtlich: »Die Zahlung beweist, dass er mein Vater ist. Ich klage weiter!«

HUSHABYE HUSHABYE

Komposition von John Lennon/Yoko Ono, als Teil von »Two Virgins« erschienen 1968 auf der LP »Unfinished Music No. 1 – Two Virgins«.

HUTCHINSON, JOHNNY »HUTCH«

Der Liverpooler Schlagzeuger (* auf Malta) sprang für → *Tommy Moore* bei → *The Silver Beatles* ein, als diese im Mai 1960 → *Larry Parnes* vorspielten. Hutchinson kam von Cass And The Cassanovas, hatte auch mit einer Jazzband gespielt und spielte später auch bei The Big Three, einer Gruppe aus dem Stall von → *Brian Epstein*, die sich 1964 auflöste. Am 16. und 17.8.1962 – nach dem Rauswurf von → *Pete Best* – sprang er noch einmal bei Konzerten der Beatles im Riverpark Ballroom in Chester, im Tower Ballroom, New Brighton, Wallasey und im Majestic Balroom, Birkenhead/Cheshire ein. Er hätte zu diesem Zeitpunkt vielleicht sogar eine Chance gehabt, fest bei den Beatles einzusteigen, aber er war wohl den Beatles allzu aggressiv und streitlustig.

I

I AM THE WALRUS

Song von John Lennon/Paul McCartney, aufgenommen am 5., 6., 27., 28. und 29.9.1967, erstmals erschienen am 24.11.1967 auf Single und am 8.12.1967 auf der EP »Magical Mystery Tour«. John Lennon 1970: »Ich war das Walross, was immer das auch bedeuten mag. Jeder nahm an, das müsse etwas bedeuten, gerade weil ich sagte, ich sei das Walross, es müsse bedeuten, ich wäre Gott oder irgend so etwas, aber es ist nur Dichtung ... Ich habe nie kapiert, worum es in dem Song geht.« Sowohl in »Glass Onion« (»the walrus was Paul«) als auch in seinem Solo-Song »God« bestritt er, das Walross zu sein. Später sagte er, damit habe er bewusst versucht, sowohl seine Kritiker als auch seine Fans zu verwirren. Vielleicht auch mit dem Untertitel, der da lautet »›No You're Not‹, Said Little Nicola«? »›I Am The Walrus‹ sollte beweisen, wie sinnlos es ist, Popmusik zu analysieren. Kein Song wurde eingehender untersucht ... ›I Am The Walrus‹ ist ein wegweisendes psychedelisches Meisterwerk, das die Popmusik ebenso nachhaltig beeinflusste wie ›Alice In Wonderland‹ die Fantasyliteratur.« (*musikexpress The Beatles Special Limited Edition*, Vol. 1, 2002) In einem Interview behauptete später auch George Harrison, das Walross zu sein. Alan Clayson und Spencer Leigh behaupten im Titel ihres 2003 in London erschienenen Buches gar »The Walrus Was Ringo«. Bereits in einem alten Schulheft von John Lennon, das 2006 bei einer Auktion in London für ca. 182 000 € versteigert wurde, fand sich eine Walross-Zeichnung – als Illustration zu »The Walrus And The Carpenter« des Schriftstellers Lewis Carroll. → *BBC* Television und BBC Radio sowie andere Sender spielten den Song aufgrund von Drogenbezügen bzw. »skandalöser Anspielungen auf Damenschlüpfer« (»naughty girl you let your knickers down«) nicht. Paul Scully drehte 1971 einen Kurzfilm zu dem Song. Zu den Aufnahmefinessen gehörten ein → *Mellotron*, eine zwölfköpfige Streichergruppe, 16 Mitglieder der → *Mike Sammes Singers*, und einige Zeilen aus Shakespeares »König Lear«, der beim Mixen gerade von der → *BBC* gesendet wurde. Zu dem Anfang ließ sich John Lennon durch die Sirene eines Polizeiautos in der Nähe seines Hauses inspirieren. 1993 wurde der handschriftliche Songtext John Lennons bei Sotheby's in London für 40 000 £ (ca. 56 000 €) versteigert, 1999 stand er bei Christie's erneut zum Verkauf. Zahlreiche → *Cover-Versionen*, u.a. von Lol Coxhill, The Canadian Brass, DEKA-dance, Linkssentimentale Transportarbeiterfreunde, John Otway, Die Toten Hosen, Royal Philharmonic Orchestra, Spooky Tooth, Oasis, Leo Sayer, Jim Carrey, Colin's Hermits, Ton Steine Scherben, Men Without Hats, Guitar Orchestra, Kurt Rieman, Oasis, The Sugar Plum Fairies, Arcwelder, BeatleJazz, Tufts Beelzebubs, Les Boréades, The Punkles, Kurt Riemann, The Overtures und Wolne Od Swiat.

»I Am The Walrus« – diese beiden leben auf dem Falkplatz in Berlin (Künstler: Stefan Horota)

I APOLOGISE

1966 in Chicago/USA auf dem Label Sterling Productions von Bill Bender und Barney Sterling erschienene einseitig bespielte 12"-Platte, heute ein rares Sammlerstück. Sie enthält Ausschnitte aus der Pressekonferenz im Astor Towers Hotel in Chicago am 11.8.1966, wo sich John Lennon für seine Äußerung, die Beatles seien jetzt populärer als Jesus, verantworten musste. Die Platte war nur über Mailorder erhältlich und enthielt in der Hülle ein Schwarz-Weiß-Foto der Beatles, aufgenommen bei der Pressekonferenz.

I CALL YOUR NAME

Song von John Lennon/Paul McCartney, aufgenommen am 1.3.1964, erstmals erschienen am 26.7.1963 in einer Version von → *Billy J. Kramer with The Dakotas* (rec. 27.6.1963 in den → *Abbey Road Studios* in Anwesenheit von Paul McCartney), am 10.4.1964 dann auf der Beatles-LP »The Beatles' Second Album« und am 11.5.1964 in Kanada auf der LP »Long Tall Sally«. Am 22.3.1990 nahm Ringo Starr den Song noch einmal für einen John-Lennon-Tribut auf (mit Jeff Lynne, Tom Petty, Joe Walsh und Jim Keltner), der am 5.5.1990 in Liverpool stattfand. Zahlreiche → *Cover-Versionen*, u.a. von The Mamas & The Papas, Billy J. Kramer with The Dakotas, The Bonnies (»Ich bin dein Fan«), Tony Victor (»Plus la même«), Beatles Forever und Ringo Starr.

I DIG A PONY

→ *Dig A Pony*.

I DON'T WANT TO SEE YOU AGAIN

Song von Paul McCartney, erstmals aufgenommen Anfang August 1964 von → *Peter and Gordon*, veröffentlicht am 11.9.1964 als Single. Zahlreiche → *Cover-Versionen*, u.a. von The Beatnix und The Saltbee.

I DON'T WANT TO SPOIL THE PARTY

Song von John Lennon/Paul McCartney, aufgenommen am 29.9.1964, erstmals erschienen am 4.12.1964 auf der LP »Beatles For Sale« und am 4.6.1965 auf der EP »Beatles For Sale (No 2)«. Zahlreiche → *Cover-Versionen*, u.a. von The Savoys, Rundfunk-Tanzorchester Berlin, The Beatles Revival Band (»Mir reicht's auf dieser Party«), Beatles Forever, Rosanne Cash und The Quarrymen (Österreich).

I FEEL FINE

Song von John Lennon/Paul McCartney, aufgenommen am 18.10.1964, erstmals erschienen am 23.11.1964 auf Single, am 6.12.1965 auf der EP »The Beatles' Million Sellers« und am 9.12.1966 auf der LP »A Collection Of Beatles Oldies (But Goldies)«. Das charakteristische Gitarrenriff basiert auf Bobby Parkers Song »Watch Your Step« und wurde bereits 1961 von der John Barry Seven zum ersten Mal gecovert. Die absichtlich erzeugte Gitarren-Rückkopplung (»Das Feedback-Intro gilt als Pioniertat« – *musikexpress* 12/2000) wurde später von → *Jimi Hendrix* u.a. zur Methode erhoben. Allerdings: Bereits ein Jahr zuvor hatten die → *Rolling Stones* in »Stoned« Ähnliches probiert. Apropos: Am 3.9.1965 sollen die Stones bei einem Konzert in Dublin auch »I Feel Fine« gespielt haben. Das Hundegebell am Schluss des Songs ist übrigens nicht echt, es wurde im Studio imitiert. Zahlreiche → *Cover-Versionen*, u.a. von Chet Atkins, Bernd Frank, The Beatles Revival Band (»Ich fühl mich wohl«), Gerry & His Comets (»Ich bin froh«), The Hollyridge Strings, The Day Trippers, Tommy Kinsman, The Hill/Wiltschinsky Guitar Duo, The ReBeatles, Die Toten Hosen, The Bugs, Wet Wet Wet, Houdini Band, The RRSO Symphony Orchestra, The Koppycats (Ian & The Zodiacs), Bornagen, Jive Bunny & The

Mastermixers, The Harvey Averne Dozen, Curtis Stigers, Harvey Averne, Ray Ellis und The Punkles.

I FORGOT TO REMEMBER TO FORGET

Song von Kesler/Feathers. Die Beatles nahmen den Song am 1.5.1964 im BBC Paris Theatre, London, für die → *BBC*-Sendung → *From Us To You* (Produzent: Terry Henebery, gesendet am 18.5.1964) auf. Erschienen am 28.10.1994 auf der DoCD »Live At The BBC«.

I GOT TO FIND MY BABY

Song von Chuck Berry. Die Beatles nahmen den Song am 1.6.1963 im BBC Paris Theatre, London, für die → *BBC*-Sendung → *Pop Go The Beatles* (Produzent Terry Henebery, gesendet am 11.6.1963) auf. Erschienen am 28.10.1994 auf der DoCD »Live At The BBC«.

I GOT A WOMAN

1955 ein Rhythm & Blues-Hit für Ray Charles, den Paul McCartney 1962 als seinen Lieblingssänger bezeichnete, auch Elvis Presley nahm den Song auf. Die Beatles nahmen den Song am 16.7.1963 im BBC Paris Theatre, London, für die → *BBC*-Sendung → *Pop Go The Beatles* (Produzent Terry Henebery, gesendet am 13.8.1963) auf. Erschienen am 28.10.1994 auf der DoCD »Live At The BBC«.

I JUST DON'T UNDERSTAND

Song von Wilkin/Ken Westberry. Die schwedische Sängerin Ann Margret (Olson) hatte damit im Sommer 1961 einen Hit. Die Beatles nahmen den Song am 16.7.1963 im BBC Paris Theatre, London, für die → *BBC*-Sendung → *Pop Go The Beatles* (Produzent: Terry Henebery, gesendet am 20.8.1963) auf. Erschienen am 28.10.1994 auf der DoCD »Live At The BBC«.

I LOST MY LITTLE GIRL

Wohl die erste Komposition Paul McCartneys, geschrieben Ende 1956, kurz nach dem Tod seiner Mutter. Sie wurde allerdings erst auf dem im Mai 1991 erschienenen Paul-McCartney-Solo-Album »Unplugged – The Official Bootleg« veröffentlicht.

I ME MINE

1. Song von George Harrison, aufgenommen am 3.1. (ohne John Lennon, der gerade in Dänemark in Urlaub war) und 1. und 2.4.1970 (mit Orchestermusikern, von den Beatles war lediglich Ringo Starr live dabei), erstmals erschienen am 8.5.1970 auf der LP »Let It Be« – der letzte Song, der von den Beatles aufgenommen wurde. Phil Spector verlängerte dic Spieldauer des ursprünglich nur 1:34 min »langen« Songs, indem er die letzte Strophe einfach wiederholte. Eine Schnittstelle befindet sich bei ca. 1:21 min. Es ist zugleich die einzige Aufnahme der Beatles, die mit ihrer Genehmigung nach dem 1.1.1970 im Studio bearbeitet wurde. Die Film- und die Platten-Version unterscheiden sich beträchtlich. Thema sind die Ich-Problematik und die Relativität aller sinnlichen Wahrnehmung. George Harrison ließ sich zu dem Song von einem Stück einer österreichischen Blasmusik-Kapelle inspirieren, die er nachts im Fernsehen gehört hatte. Die Originalversion erschien später auf der DoCD »The Beatles Anthology 3«. Zahlreiche → *Cover-Versionen*, u.a. von Ref, Laibach, Marc Ford & The Sinners und Monti Beton.

2. Titel der Autobiographie, die George Harrison mit Unterstützung von → *Derek Taylor* schrieb, gewidmet Sri Ganeshaya Namah. Sie erschien zuerst am 22.8.1979 in einer von George Harrison signierten, auf 2 000 Exemplare limierten und von Hand in Leder gebundenen Ausgabe bei → *Genesis Publications Limited* in Guildford, Surrey/GB, zum Preis von 148 $. Die Verlage Simon and Schuster (New York 1982) und WH Allen (London 1982) veröffentlichten später »normale« Ausgaben. George Harrison: »Ich habe mich gefragt, welches Recht ich habe, ein Buch, dieses Buch, zu schreiben ... Alles, was man schließlich tun kann, ist, das Beste für sich selbst daraus zu machen.« John Lennon hat ihm übrigens nie vergeben, dass er in dem Buch nur eine marginale Rolle spielt. Die Autobiographie verzeichnet übrigens noch den 25.2.1943 als Geburtstag Harrisons, erst Jahre später fand er heraus, dass er bereits am 24.2.1943 um 23.42 Uhr geboren wurde. 2002 erschien eine Neuauflage des Buches, mit einem Vorwort von Olivia Harrison und einem neuen Cover.

I NEED YOU

Song von George Harrison, aufgenommen am 15. und 16.2.1965, erstmals erschienen am 6.8.1965 auf der LP »Help!«. Neben dieser Aufnahme, die auch für den Film »A Hard Day's Night« verwendet wurde, soll es lt. Geoffrey Giuliano (»Two Of Us«, Harmondsworth 1999) noch eine zweite Version geben. Zahlreiche → *Cover-Versionen*, u.a. von McCaslin, Sunshine Company, The Beatles Revival Band, The George Martin Orchestra, Connie Corleone, Fine, Beatles Forever, Tom Petty & The Heartbreakers, The Lolas und The Bee Gees.

I SAW HER STANDING THERE

Song von John Lennon/Paul McCartney, aufgenommen am 11.2.1963, erstmals erschienen am 22.3.1963 auf der LP »Please Please Me« und am 1.11.1963 auf der EP »The Beatles (No 1)«. In den USA erschien der Song als Rückseite von »I Want To Hold Your Hand«. Der Arbeitstitel lautete ursprünglich »Seventeen«. Am 16.10.1963 nahmen die Beatles den Song im Playhouse Theatre, London, für ihren zweiten Auftritt in der → *BBC*-Sendung → *Easy Beat* (Produzent: Terry Henebery, gesendet am 20.10.1963) auf. Erschienen am 28.10.1994 auf der DoCD »Live At The BBC«. Im Juni 1986 spielte Paul McCartney den Song bei »The Prince's Trust Birthday Party« (1987 auf der Bonus-Single zur LP). Eine weitere Version erschien im November 1990 auf Paul McCartneys CD »Tripping The Live Fantastic«. Zahlreiche → *Cover-Versionen*, u.a. von Anthony »Tony« Newley (1963), Duffy Power with The Graham Bond Quartet, Elton John (rec. live 28.11.1974 im Madison Square Garden, New York, mit John Lennon – g, voc), Joah Valley, Billy Lee Riley (harm), Tiffany (»I Saw Him Standing There«), The Beatles Revival Band (»So schnell ging's bei keiner ander'n«), The Liverpools, The Hollyridge Strings, The Brights, The George Martin Orchestra, The Chipmunks, Jive Bunny & The Mastermixers, Cliff Richard, Mary Wells (»I Saw Him Standing There«), The CT Beatles, The Hill/Wiltschinsky Guitar Duo, Twist And Shout, The Fabulous Four, Jimmy Barnes, The Tremors, The Crickets, Pete Bronz, Welsh National Orchestra, Laurence Juber, The Koppycats (Ian & The Zodiacs), Madooo (Madhukar Chandra Dhas), Little Richard, The Beattells, The Inmates, Mario Pacchioli & Band («Madonna, sco'la steva lá«), Peter Lipa und The Punkles.

I SHOULD HAVE KNOWN BETTER

Song von John Lennon/Paul McCartney, aufgenommen am 26.2.1964, erstmals erschienen am 10.7.1964 auf der LP »A Hard Day's Night« und am 6.11.1964 auf der EP »Extracts From The Film A Hard Day's Night«. Zahlreiche → *Cover-Versionen*, u.a. von Dino e i Kings (»Circa di capire«), Billy Lee Riley (harm), The Beatles Revival Band (»Ich hätte es wissen sollen«), The Skatalites, The Yankees, Didi & His ABC-Boys (»Ja, das hätt' ich wissen müssen«), The Naturals, The Rattles, The George Martin Orchestra, Benny Quick (»Ja, das hätt' ich wissen müssen«), The Beach Boys, The Yankees, Mary Wells, Dick James, Theo Schumann Combo (»Sag nie mehr I Love You«), Danger Four, Det Betales, Los Rolin, Los de la Rumba, Unlimited Beat, Brinsley Schwarz, Hard Day's Night, The RRSO Symphony Orchestra, The Sand Rubies, Chantal, The Punkles, Moods Orchestra, Beatles Forever, The Beattells, Jim Diamond und Eva Pilarová.

I WANNA BE YOUR MAN

Song von John Lennon/Paul McCartney, aufgenommen am 18.7.1963, erstmals erschienen am 22.11.1963 auf der LP »With The Beatles« (und im Januar 1964 auf »Meet The Beatles!« in den USA). → *The Rolling Stones* sangen den Song auf ihrer zweiten Single, erschienen am 1.11.1963 (b/w »Stoned«); im März 1964 erschien der Song auf der Rückseite von »Not Fade Away«, der ersten USA-Single der Stones, und 1964 war er der Stones-Beitrag auf der Decca-Kompilation »Ready, Steady Go!«. John Lennon und Paul McCartney hatten am 10.9.1963 die Rolling Stones bei den Proben für ein Konzert im Ken Colyer Club in London besucht, ihnen den Song angeboten und ihn in einer Probenpause schnell fertiggeschrieben. Der Song kam immerhin Anfang 1964 auf Platz 12 der britischen Pop-Charts. Am 28.2.1964 nahmen die Beatles den Song im Piccadilly Theatre, London, für die → *BBC*-Sendung → *From Us To You* (Produzent: Bryant Marriott, gesendet am 30.3.1964) auf. Erschienen am 28.10.1994 auf der DoCD »Live At The BBC«. Ringo Starr singt den Song live auf seiner CD »Ringo Starr & His New All Star Band« (rec. 22.8.2002 Chicago). Zahlreiche weitere → *Cover-Versionen*, u.a. von Count Basie, Brian Sewell, Suzi Quatro, The Swallows, Adam Faith, The Rezillos, The Hill/Wiltschinsky Guitar Duo, Andrew Oldham Orchestra & Chorus, The Swallows, Les Lionceaux (»Je te veux à moi«), Men At Work, The Inmates, Baronets (»Oh je veux etre à toi«), Peter Lipa und Adam Faith.

I WANNA HOLD YOUR HAND

Debütfilm (104 min, Universal International) der Drehbuchautoren Robert Zemeckis (* 14.5.1951) und Bob Gale über → *Beatlemania* als gesellschaftliche Erscheinung, Herstellungsleitung: Steven Spielberg, u.a. mit Nancy Allen, Bobby Di Cicco, Marc McClure, Susan Kendall Newman, Will Jordan und → *Murray the »K«*. Premiere war im April 1978 in den USA. Der Film erzählt die Abenteuer von vier weiblichen Fans aus New Jersey, die nach New York fahren und mit allen Mitteln versuchen, die Beatles bei ihren ersten Auftritten in den USA zu sehen. Der Film enthält Mitschnitte der → *Ed Sullivan Show* und der Beatles-Konzerte der ersten USA-Tour und ist inzwischen auch als Laser Disc erhältlich. Zemeckis machte sich in den 1980er Jahren mit der Trilogie »Zurück in die Zukunft« einen Namen als Regisseur, er ist auch Regisseur von »Forrest Gump« (1993). Ein ähnlicher Film wurde in Australien unter dem Titel »One Crazy Night« gedreht.

I WANT TO HOLD YOUR HAND

Song von John Lennon/Paul McCartney, aufgenommen am 17.10.1963, erstmals erschienen am 29.11.1963 auf Single, am 6.12.1965 auf der EP »The Beatles' Million Sellers« und am 9.12.1966 auf der LP »A Collection Of Beatles Oldies (But Goldies)«. Bei den Aufnahmen zu diesem Song wurde zum ersten Mal ein 4-Spur-Gerät eingesetzt, er wurde dann zum ersten No.-1-Hit der Beatles in den USA. Von der Single (Rückseite: »I Saw Her Standing There«) wurden in den ersten

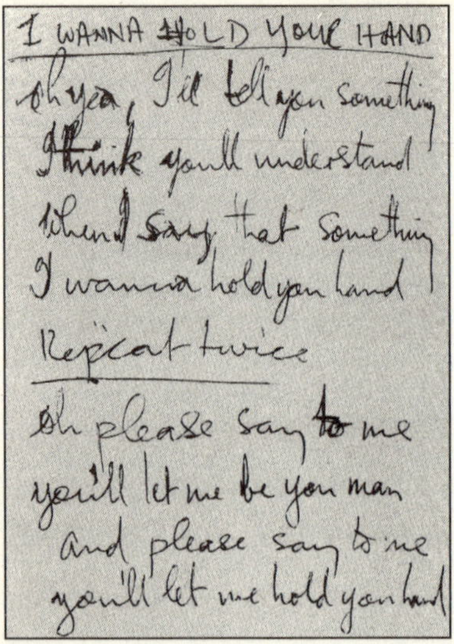

Johns Text zu »I Want To Hold Your Hand«

drei Tagen nach Erscheinen 250 000 Exemplare verkauft, in New York gingen damals 10 000 Ex. pro Stunde über die Ladentische. → *Capitol Records* musste Columbia und RCA um Unterstützung beim Nachpressen bitten. Am 3.2.1964 erhielten die Beatles dafür von der Record Industry Association of America (R.I.A.A.) ihre erste → *Goldene Schallplatte*. Die Single verkaufte sich in Großbritannien über 1,5 Mill. und weltweit über 15 Mill. Mal, zudem war der Song auf zahlreichen LPs vertreten, so dass er nach »Hey Jude« zu den meistverkauften Songs der Beatles zählt. Chrissie Hynde: »Dieser Song veränderte mein Leben für immer.« Perry Farrell (Ex-Jane's Addiction): »Es war für uns etwas völlig Neuartiges – ein Song, der die Leute bewegte, ein Song, der ihr Leben veränderte. Es war ein Gefühl von Glück und Befreiung, das damals geradezu greifbar in der Luft lag. Sogar die Hunde waren völlig aus dem Häuschen und hörten nicht auf zu kläffen.« (*Rolling Stone* 1/2002) Sofort nach Erscheinen setzte eine Welle von satirisch gemeinten Songs ein: Rupert Holmes und Homer & Jethro: »I Don't Want To Hold Your Hand«, The Bagels: »I Want To Hold Your Hair«, Gene Moss: »I Want To Bite Your Hand«, Lafawn Paul: »You Can Hold My Hand«, The Teen Bugs und The Beatlettes: »Yes, You Can Hold My Hand« und Paul Perryman: »Just Hold My Hand«. Zahlreiche → *Cover-Versionen*, u.a. von The Canadian Brass, Lakeside, Time Rose, Balsara And His Singing Sitars, Mrs. Yetta Bronstein, Rafi And Asha, The Hobos, Bornagen, Alex Chilton, Rundfunk-Tanzorchester Berlin, Barock And Roll Ensemble, Petula Clark, Homer & Jethro, The Liverpools, The Bootles (»I'll Let You Hold My Hand«), The Hollyridge Strings, The George Martin Orchestra, The Chipmunks, The Beattells, The Swallows, Lakeside, Jive Bunny & The Mastermixers, The Rocking Ghosts, The Boston Pops Orchestra, Dick James, Take That (Medley mit »A Hard Day's Night« und »She Loves You«), The CT Beatles, Manny Manuel (»Dame Tu Mano Ven«), The Mini Beatles, The Bugs, Acavoce (»Da'm a mai tes maun«), Andrew Oldham Orchestra & Chorus, The Day Trippers, The Beatles Revival Band, The Crickets, Eddie und die Atemlosen (»Komm gib mir deine Hand«), Dollar, Beatles Forever, Dick Diamond und El Toro (»Komm nimm meine Hand«), The Walrus, Hard Day's Night, The RRSO Symphony Orchestra, Al Green, Cathy Berberian, The King's Singers und Orchester Bert Kaempfert.

I WANT TO TELL YOU

Song von George Harrison, aufgenommen am 2. und 3.6.1966, erstmals erschienen am 5.8.1966 auf der LP »Revolver«. Arbeitstitel des Songs waren »I Don't Know« – Harrisons Antwort auf die Frage, wie er den Song nennen würde – und »Laxton's Superb«, da er damals seine Songs nach Apfelsorten benannte (der Vorschlag könnte aber auch von → *Geoff Emerick* stammen). Lt. Harrison ein Song »über die Flut von Gedanken, die man so schwer aufschreiben, ausdrücken oder übertragen kann«. Nach dem Split der Beatles eröffnete George Harrison seine Solo-Konzerte oft mit diesem Song, u.a. auf seiner Japan-Tournee im Dezember 1991. Zahlreiche → *Cover-Versionen*, u.a. von The Lambrettas, Ted Nugent, Jeff Lynne & Band, The Smithereens, Blue Cartoon und Ann Dyer & No Good Time Fairies.

I WANT YOU (SHE'S SO HEAVY)

Song von John Lennon/Paul McCartney, aufgenommen am 22. und 23.2., 18. und 20.4. und 8., 11. und 20.8.1969, erstmals erschienen am 26.9.1969 auf der LP »Abbey Road«, mit 7:49 min der längste (gesungene) Song der Beatles (nach dem Instrumental »Revolution 9«) – und ein Liebeslied John Lennons an → *Yoko Ono*, mit einigen Anleihen aus Mel Tormes Mittsechziger-Hit »Coming Home Baby«. Am Schluss des Songs ist der Moog-Synthesizer zu hören, die Orgel spielt → *Billy Preston*. Der 20. August 1969 war zugleich der letzte gemeinsame Aufenthalt aller vier Beatles im Aufnahmestudio. Im Dezember 1995 wurde ein 14-minütiger Mitschnitt der Proben zu dem Song bei Bonham's in London versteigert. Zahlreiche → *Cover-Versionen*, u.a. von Sarah Vaughan, Booker T. and the MG's, Jette Ives, Mike Westbrook Band, Alvin Lee (mit George Harrison), Devil's Rubato Band und The Lenny Pane.

I WILL

Song von John Lennon/Paul McCartney, aufgenommen am 16. und 17.9.1968, erstmals erschienen am 22.11.1968 auf der LP »The Beatles« (»Weißes Album«). Der Song entstand in → *Rishikesh*, als die Beatles den → *Maharishi Mahesh Yogi* besuchten. John Lennon, Paul McCartney und Ringo Starr nahmen 67 Versionen des Songs auf, eine der Versionen erschien in der → *Bootleg*-Box »Mythology« (Vol. 3, Disc 3, 1:13 min). Was sich wie eine Basslinie anhört, ist eine Vokalspur von Paul McCartney. Zahlreiche → *Cover-Versionen*, u.a. von John Holt, Real McCoy, Beatles Forever, Frankie Goes To Liverpool, Young Blood und Tuck & Patty.

I'D HAVE YOU ANYTIME

Song von George Harrison, entstanden Ende November 1968 bei einem Besuch bei → *Bob Dylan* und The Band in → *Woodstock*. Bob Dylan schrieb einen Teil des Textes. Veröffentlicht auf der LP »All Things Must Pass« (1970). Es gibt eine → *Cover-Version* von Champale.

I'LL BE BACK

Song von John Lennon/Paul McCartney, aufgenommen am 1.6.1964, erstmals erschienen am 10.7.1964 auf der LP »A Hard Day's Night«. Zahlreiche → *Cover-Versionen*, u.a. von The Quests (»Aku kembali lagi«), The Hollyridge Strings, Cliff Richard, Errol Dunkley (»You Never Know«), Beatles Forever, Electric Sound Orchestra (d.i. Martial Martinay), Frankie Goes To Liverpool, The Bee Gees und BTJ.

I'LL BE ON MY WAY

Song von John Lennon/Paul McCartney, erstmals aufgenommen am 21.3.1963 von → *Billy J. Kramer with The Dakotas* und am 12.8.1964 als B-Seite ihrer Debüt-Single erschienen. Die Beatles hatten den Song am 24.6.1963 in der → *BBC*-Radioshow → *Side By Side* (rec. BBC Paris Theatre, London, 4.4.1963, Produzent: Bryant Marriott) gesungen, in dieser Version ist er auch auf der Doppel-CD »Live At The BBC« (rel.

28.10.1994) enthalten. Zahlreiche → *Cover-Versionen*, u.a. von Pierson Parker Janovitz Project, The Beatnix und The Saltbee.

I'LL CRY INSTEAD

Song von John Lennon/Paul McCartney, aufgenommen am 1.6.1964, erstmals erschienen am 10.7.1964 auf der LP »A Hard Day's Night«. Zahlreiche → *Cover-Versionen*, u.a. von Billy Lee Riley (harm), Joe Cocker, Lee Rocker, The Hollyridge Strings, Chet Atkins und Billy Idol.

I'LL FOLLOW THE SUN

Song von John Lennon/Paul McCartney, aufgenommen am 18.10.1964, erstmals erschienen am 4.12.1964 auf der LP »Beatles For Sale« und am 4.6.1965 auf der EP »Beatles For Sale (No 2)«. Bereits als → *The Quarrymen* hatten die späteren Beatles 1960 diesen Song im Repertoire. Zahlreiche → *Cover-Versionen*, u.a. von The Hollyridge Strings, Glyn Johns, David Ball, The King's Singers, Frankie Goes To Liverpool, Beatles Forever, BeatleJazz und The Koppycats (Ian & The Zodiacs).

I'LL GET YOU

Song von John Lennon/Paul McCartney, aufgenommen am 1.7.1963, erstmals erschienen am 23.8.1963 auf Single, Arbeitstitel war ursprünglich »Get You In The End«. Eine deutschsprachige Version des Songs war ursprünglich als Rückseite der Single »Sie liebt dich« (»She Loves You«) vorgesehen, die Beatles überließen diese Version (»Glücklich wie noch nie«) dann der Liverpooler Gruppe The Flamingos. Zahlreiche → *Cover-Versionen*, u.a. von Barock And Roll Ensemble und The Inmates.

I'LL KEEP YOU SATISFIED

Song von John Lennon/Paul McCartney, erstmals aufgenommen am 22.7./14.10.1963 von → *Billy J. Kramer with The Dakotas* (rel. November 1963). Zahlreiche → *Cover-Versionen*, u.a. von The Swallows, The Beatnix, The Beatles Revival Band, Pierson Parker Janovitz Project und The Saltbee.

I'M DOWN

Song von John Lennon/Paul McCartney, aufgenommen am 14.6.1965, erstmals erschienen am 19.7.1965 auf Single (erst 1976 auf der LP »Rock'n'Roll Music«). Zahlreiche → *Cover-Versionen*, u.a. von The Wailers, Chris McEasy, Paul Revere and The Raiders, The Punkles, The Inmates und The Koppycats (Ian & The Zodiacs).

I'M A FOOL TO CARE

Song, komponiert und gesungen (1941) von Ted Daffan, 1954 ein Hit für Les Paul und Mary Ford, arrangiert von → *Klaus Voormann*, aufgenommen am 11.2.1970 von Ringo Starr, erschienen auf dessen erster Solo-LP »Sentimental Journey« am 27.3.1970. Klaus Voormann dirigierte auch das 15-köpfige Orchester bei den Aufnahmen in den → *Abbey Road Studios*.

I'M GONNA SIT RIGHT DOWN AND CRY (OVER YOU)

Song von Thomas/Biggs, bekannt geworden durch → *Elvis Presley*. Die Beatles nahmen den Song am 16.7.1963 im BBC Paris Theatre, London, für die → *BBC*-Sendung → *Pop Go The Beatles* (Produzent: Terry Henebery, gesendet am 6.8.1963) auf. Erschienen am 28.10.1994 auf der DoCD »Live At The BBC«. Eine weitere Version befindet sich auf der 1977 in den USA erschienenen LP »Live im Star-Club«.

I'M HAPPY JUST TO DANCE WITH YOU

Song von John Lennon/Paul McCartney, aufgenommen am 1.3.1964, erstmals erschienen am 10.7.1964 auf der LP »A Hard Day's Night«. Zahlreiche → *Cover-Versionen*, u.a. von Beathoven (»Boldog Vagyok Amikor Táncolok«), The Cyrkle und The Hollyridge Strings.

I'M IN LOVE

Song von John Lennon/Paul McCartney, erstmals aufgenommen am 21.10.1963 von → *The Fourmost*, Produzent: → *George Martin*, erschienen auf Single (b/w »Respectable«) am 15.11.1963. Zahlreiche → *Cover-Versionen*, u.a. von The Beatnix, Pierson Parker Janovitz Project und The Saltbee.

I'M LOOKING THROUGH YOU

Song von John Lennon/Paul McCartney, aufgenommen am 10. und 11.11.1965, erstmals erschienen am 3.12.1965 auf der LP »Rubber Soul«. Zum ersten Mal nutzt Paul McCartney einen Song, um eine Botschaft loszuwerden. Er hatte sich gerade von → *Jane Asher* getrennt, der Song war halb Entschuldigung, halb Anklage. Ringo Starr spielt in dem Song → *Hammond-Orgel*. Die britische und die in den USA veröffentlichte Version sind unterschiedlich: Erstere hat einen ganz normalen Start, die zweite zwei »Fehlstarts«. Zahlreiche → *Cover-Versionen*, u.a. von McCaslin, Hank, The Miall, The Wallflowers, Michael Moon, Beatles Forever, The Punkles, The Posies, Ted Leo, Chantal und The Koppycats (Ian & The Zodiacs).

I'M A LOSER

Song von John Lennon/Paul McCartney, aufgenommen am 14.8.1964, erstmals erschienen am 4.12.1964 auf der LP »Beatles For Sale« und am 6.4.1965 auf der EP »Beatles For Sale«. Zahlreiche → *Cover-Versionen*, u.a. von The Beatles Revival Band (»Ein Verlierer«), The Hollyridge Strings, Marianne Faithfull, The Punkles, Vince Guaraldi & Bola Sete, The CT Beatles, Michael Moon und The Koppycats (Ian & The Zodiacs).

I'M ONLY SLEEPING

Song von John Lennon/Paul McCartney, aufgenommen am 27. und 29.4. und 5./6.5.1966, erstmals erschienen am 20.6.1966 auf der LP »Yesterday ... And Today« und am 5.8.1966 auf der LP »Revolver«. Es existieren unterschiedliche Mixe des Songs. Der handgeschriebene Text, von John Lennon auf eine Telefonrechnung gekritzelt, sollte am 28.9.2005 bei Christie's in London versteigert werden – Mindestgebot: 200 000 £ (ca. 294 000 €). Allerdings fand sich kein Käufer. Zahlreiche → *Cover-Versionen*, u.a. von Ann Dyer & No Good Time Fairies, The Hill/Wiltschinsky Guitar Duo, The Vines, Suggs und BTJ.

John Lennons erster Entwurf für den Song »I'm Only Sleeping«

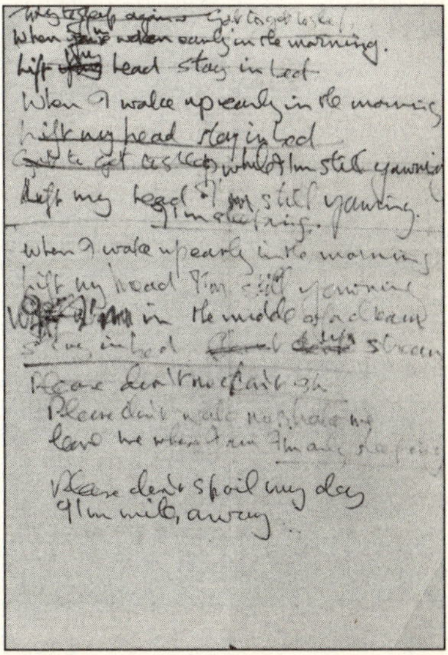

I'M SO TIRED

Song von John Lennon/Paul McCartney, aufgenommen am 8.10.1968, erstmals erschienen am 22.11.1968 auf der LP »The Beatles« (»Weißes Album«). Für John Lennon war »I'm So Tired«, wohl auch von → *Yoko Ono* inspiriert, einer der besten Songs auf dem Album. Die hohe Stimme am Schluss des Songs, kurz bevor Paul McCartney auf der Gitarre »Blackbird« anstimmt, könnte Yoko Ono gehören. Zahlreiche → *Cover-Versionen*, u.a. von Kashmir, Mariannenplatz, Chris Duarte und BTJ.

I'VE GOT A FEELING

Song von John Lennon/Paul McCartney, aufgenommen am 30.1.1969 während des Konzertes auf dem Dach des Apple-Gebäudes, erstmals erschienen am 8.5.1970 auf der LP »Let It Be«. Eine zweite Version des Songs ist im Film zu hören, die Aufnahme auf der DoCD »The Beatles Anthology 3« stammt vom 23.1.1969 (im Frühjahr 1969 von → *Glyn Johns* für die LP »Get Back« abgemischt). In das Stück floss John Lennons Ballade »Everybody Had A Hard Year« ein, aufgenommen 1968 mit akustischer Gitarre als Home-Demo. Und: der letzte Song des Songwriter-Teams John Lennon/Paul McCartney! Zahlreiche → *Cover-Versionen*, u.a. von Klaus Beyer (»Ich hab Gefühle«), Pearl Jam, Monti Beton, Mint (»Viva ils Pievels«), Laibach und Scott Daily & The Fabtones.

I'VE JUST SEEN A FACE

Song von John Lennon/Paul McCartney, aufgenommen am 14.6.1965, erstmals erschienen am 6.8.1965 auf der LP »Help!«. → *Capitol Records* in den USA brachte den Song als Opener auf die LP »Rubber Soul«, was die Gesamtstruktur der Platte veränderte – sie klang weit weniger rockig als die Originalversion. Der Song hieß ursprünglich »Auntie Gin's Theme«. Paul McCartney sang den Song auch Mitte der 1970er Jahre auf den Wings-Tourneen, Versionen des Songs erschienen im Dezember 1976 auf der Live-Triple-LP »Wings Over America« und im Mai 1991 auf der CD »Unplugged – The Unofficial Bootleg«. 2004 ließ Paul McCartney auf der Homepage von → *MPL Communications Limited* allerdings John Lennons Namen aus den Songwriting Credits streichen, er zeichnet dort jetzt für Text und Musik verantwortlich. Zahlreiche → *Cover-Versionen*, u.a. von John Pizzarelli, The George Martin Orchestra, Chantal, John Egniz Connection (Wolfgang Zinke), Peter Lipa, Beatles Forever, Holly Hays, Charles River Valley Boys, Terry Pospisil, The Runaways, Holly Cole und Houdini Band.

IACHIMORE, IAN

Unter diesem Pseudonym schrieb Paul McCartney im März 1966 als »polnischer New-Wave-Filmregisseur« in der Londoner Underground-Zeitschrift *Global Moon Edition Of The Long Hair Times*, einem Vorläufer der → *International Times*, einen Wettbewerb für ein Filmdrehbuch aus, dessen Anfang er selbst geschrieben hatte. Das Pseudonym resultiert aus dem Klang seines Namens, auf dem Tonbandgerät rückwärts abgespielt. Unter diesem Pseudonym war Paul McCartney dann auch im Impressum der *International Times* verzeichnet, die er finanziell unterstützte, und seine Freunde schickten ihm Briefe an diesen Namen, damit er sie von der üblichen Fanpost unterscheiden konnte. Das Originalmanuskript des Songs »Paperback Writer«, in Form eines Briefes geschrieben, endet mit diesem Pseudonym.

IF I FELL

Song von John Lennon/Paul McCartney, aufgenommen am 27.2.1964, erstmals erschienen am 10.7.1964 auf der LP »A Hard Day's Night«. Zahlreiche → *Cover-Versionen*, u.a. von Chet Atkins, Rundfunk-Tanzorchester Berlin, Didi & His ABC-Boys (»Wie du«), The Hollyridge Strings, Peter and Gordon, Keely Smith, Sammy Kershaw, Rita Lee (»Pra Voc Eu Digo Sim«), Reinhard Fißler, The Hill/Wiltschinsky Guitar Duo, The Bee Gees, BeatleJazz, Beatles Forever, Electric Sound Orchestra (d.i. Martial Martinay), Maconga (»M'amurass«), The Essentials und The Mersey Sound Orchestra.

IF I NEEDED SOMEONE

Song von George Harrison, aufgenommen am 16. und 18.10.1965, erstmals erschienen am 3.12.1965 auf der LP »Rubber Soul«. »Bei weitem der beste Song, den George Harrison bis dahin geschrieben hatte«, meint Beatles-Kenner John Robertson. Die Gitarrenparts erinnern an → *The Byrds*, die allerdings auch von den Beatles gelernt hatten. Zahlreiche → *Cover-Versionen*, u.a. von The Hollies, Carrots, Michael Hedges, Golden Carillo, Eric Clapton & Band, Madooo (Madhukar Chandra Dhas), The Beattells, Roger McGuinn, Nellie McKay, Electric Sound Orchestra (d.i. Martial Martinay), The Cryin' Shames, Ed James und BTJ.

IF YOU LOVE ME, BABY

Song von Charles Singleton/Waldenese Hall (auch Jesse Stone bzw. – dessen Synonym – Charles Calhoun zugeschrieben), das Original wurde im März 1959 von Jimmy Reed aufgenommen, → *Tony Sheridan* & The Beatles folgten wahrscheinlich am 23./24.6.1961, produziert von → *Bert Kaempfert*, erschienen auf einer Single am 29.5.1964, auch bekannt unter dem Titel »Take Out Some Insurance On Me, Baby«.

IF YOU'VE GOT TROUBLE

Song von John Lennon/Paul McCartney, aufgenommen am 18.2.1965 für die LP »Help!« bzw. die geplante »Sessions«-LP, mit Ringo Starr (voc). Letztendlich wurde der Song jedoch nicht auf die LP genommen. Die komplette Aufnahme wurde im März 1996 veröffentlicht auf der DoCD »The Beatles Anthology 2«. Der erste Stereo-Remix, von → *Norman Smith* am 23.2.1965 angefertigt, findet sich auf der → *Bootleg*-CD »Unsurpassed Masters« Vol. 2. Der von John Lennon handgeschriebene Text wurde im Juli 2003 in New York für 38 240 $ versteigert. Er war 1964 einem Mechaniker in einer Garage in der Nähe von Heathrow geschenkt worden, wo die Beatles des Öfteren ihren Tourbus charterten. Zahlreiche → *Cover-Versionen*, u.a. von The Beatnix.

ILLEGAL BEATLES

→ *The 910 Newsletter*.

IMAGE: JOHN LENNON

Dokumentarfilm über das Leben John Lennons, uraufgeführt am 4.10.1988 in New York. Am 25.10.1988 wurde der Film zum ersten Mal in GB gezeigt – in Anwesenheit von → *Yoko Ono* und → *Cynthia Lennon*. Regie: Andrew W. Solt. 2005 erschien der Film auch auf DVD.

IMAGINE – THE JOHN LENNON STORY

Ein Theaterstück mit 46 Songs zum Leben John Lennons und der Beatles, nach einer Idee von Bob Eaton, uraufgeführt am 16.7.1992 im Liverpool Playhouse in Liverpool. Mike McGann spielte John Lennon, Karl Lornie Paul McCartney, Peter Ferris George Harrison und Paul Case Ringo Starr. Bob Eaton produzierte 1981 auch das »musical play« → *Lennon*.

IMPRESSIONS ON THE BEATLES

Titel eines Medleys mit drei Beatles-Songs (»With A Little Help From My Friends«/ »Yesterday« und »A Hard Day's Night«), aufgenommen von den polnischen Jazzmusikern Krzysztof Sadowski (hamm-org) und Andrzej Dąbrowski (dr) im Januar 1970 in Warschau für das polnische Label Muza.

IN AMERICA – DEFINITIVE REVIEW

DVD (60 min Dolby Digital, DTS Surround Sound) mit der legendären → Ed-Sullivan-Show und einigen frühen Live-Auftritten, u.a. mit »All My Loving«, »I Saw Her Standing There«, »From Me To You«, »I Want To Hold Her Hand« und »She Loves You«.

IN HIS OWN WRITE

1. Erstes Buch von John Lennon, initiiert von → *Derek Taylor* und gestaltet von → *Robert*

John Lennon: In His Own Write (deutsche Ausgabe, 1964)

Freeman, am 23.3.1964 im Londoner Verlag Jonathan Cape erschienen (am 27.4.1964 auch in New York/USA bei Signet). Das Buch, das nach Lennons Vorschlag ursprünglich »In His Own Write And Draw« heißen sollte, enthält 23 Prosatexte, acht Gedichte und 26 Zeichnungen. Zur Buchpremiere veranstaltete Foyle's Book Shop im vornehmen Londoner Hotel Dorchester (in der Park Lane) am 23.4.1964 ein Essen (Foyle's Literary Luncheon). John als Ehrengast hatte sich offensichtlich nicht vorbereitet (er kam von den Filmarbeiten zu »A Hard Day's Night«) und äußerte lediglich: »Vielen Dank. Sie sehen glücklich aus.« Seine Begründung für sein Schweigen: Er habe nicht gewusst, dass das Publikum eine längere Rede von ihm erwarte. Das Buch wurde (trotzdem) sofort ein internationaler Bestseller: Die erste Auflage mit 50 000 (GB) bzw. 90 000 Exemplaren (USA) war nach kurzer Zeit vergriffen. In den ersten zehn Monaten wurden insgesamt 200 000 Exemplare verkauft. Der Verlag verhandelte zeitweise auch mit der → *EMI* über die Herausgabe eines spoken word-Albums mit Lesungen von John Lennon aus seinem Buch. Der Erfolg des Buches soll u.a. → *Bob Dylan* veranlasst haben, sein Buch »Tarantula« zu schreiben. Im britischen Unterhaus kritisierte am 19.6.1964 ein gewisser Charles Curran das Buch: John Lennon habe »Stücke von Tennyson, Browning und Robert Louis Stevenson zusammengeklaubt, während er gleichzeitig mit einem Ohr den Fußballergebnissen im Radio lauschte«. Das Buch deute auf die schlechte Ausbildung an Liverpools Schulen hin, John Lennons Stil käme »dem Analphabetentum nahe«. Etwa im Mai 1964 erschien die deutsche Ausgabe »In seiner eigenen Schreibe«, übersetzt von Helmut Kossodo und Wolf D. Rogosky, im Verlag Helmut Kossodo, Genf und Hamburg, 1981 folgte eine Taschenbuchausgabe bei Rowohlt (rororo 4832). Am 27.10.1966 folgte eine englischsprachige Paperback-Ausgabe bei Penguin (»The Penguin John Lennon«, mit »A Spaniard In The Works«), auch eine 1981 in New York als Reprint erschienene Taschenbuchausgabe enthält beide Bücher. 1974 nahm die → *BBC* das Gedicht »I Sat Belonely« aus »In His Own Write« in eine Lyrik-Anthologie für Schulen auf. 2000 erschien in New York eine neue Ausgabe des Buches mit einem (neuen) Vorwort von → *Yoko Ono*.

2. Im Dezember 1967 veranstaltete → *Victor Spinetti* eine Aufführung von »Scene Three, Act One«, einem Einakter, den er und Adrienne Kennedy aus John Lennons Buch »In His Own Write« extrahiert hatte, später trug das Stück den Titel des Buches. Am 18.6.1968 hatte es am Londoner Old Vic Theatre in der Waterloo Road als Produktion des National Theatre Premiere – es enthält Geschichten aus John Lennons Büchern »In His Own Write« und » A Spaniard In The Works«. Den »Me«, d.h. John Lennon, spielte Ronald Pickup. Bei der Premiere zeigten sich John Lennon und Yoko Ono zum ersten Mal gemeinsam in der Öffentlichkeit. Am 22.6.1968 diskutierten John Lennon und Victor Spinetti im Programm »Release« der BBC2 über das Stück (aufgenommen bereits am 6.6.1968). Im Juni 2001 kündigte die Londoner Autographenhandlung Frazer's an, dass John Lennons Manuskript des Stückes, auf ein Stück Karton gekritzelt, verkauft werden solle.

3. One-Man-Show von Gareth Williams, die kurzzeitig im Januar 1982 im Lyric Studio in Hammersmith, London lief. Er rezitierte aus John Lennons Büchern »In His Own Write« und »A Spaniard In The Works«, spielte einige diesbezügliche Sketche und sang einige John-Lennon-Songs.

***Lit.:** Kennedy, Adrienne; Spinetti, Victor; Lennon, John: In His Own Write: The Lennon Play (1968)*

IN MY LIFE

Song von John Lennon/Paul McCartney, aufgenommen am 18. und 22.10.1965, erstmals erschienen am 3.12.1965 auf der LP »Rubber Soul«. John zieht darin eine Bilanz seines bisherigen Lebens. Das Keyboard- bzw. Piano-Solo spielt → *George Martin*, das E-Piano klingt durch die Bandbeschleunigung wie ein Cembalo. 2000 wählte das britische Magazin *Mojo* »In My Life« zum »Greatest Song Of All Time«. Zahlreiche → *Cover-Versionen*, u.a. von Spyro Gyra, Sean Connery, Jackie Robinson, Joah Valley, Richie Havens, Judy Collins, José Feliciano, Susan Ashton & Gary Chapman, The Hill/Wiltschinsky Guitar Duo, Wolf Maahn, U2 (Bono – live), The Larry Page Orchestra, Brinsley Schwarz, David Michael Cass, Johnny Cash, Ray Price, Roddy Frame, The Hardways, Ben Lee, Keith Moon, Frankie Goes To Liverpool, Dave Matthews und Laurence Juber.

IN MY LIFE: LENNON REMEMBERED

Zehnteilige Serie bei → *BBC* Radio 1, produziert von Kevin Howlett und moderiert von Simon Mayo, vom 6.10. bis 8.12.1990. Die einzelnen Folgen haben einzelne Zeitabschnitte der Vita John Lennons zum Gegenstand, die meisten zeigen ihn dabei als Mitglied der Beatles. 1990 erschien bei BBC Books in London dazu das Buch »In My Life – John Lennon Remembered« von Kevin Howlett und Mark Lewisohn.

IN SPITE OF ALL THE DANGER

Song von Paul McCartney/George Harrison (der einzige von beiden gemeinsam geschriebene Song), von → *The Quarrymen* (Paul McCartney, John Lennon und George Harrison sowie → *Colin Hanton* (dr) und → *John »Duff« Lowe* (p)) auf eine Schellackplatte (b/w »That'll Be The Day«) aufgenommen im Sommer 1958 im Hinterzimmer von Percy F. Phil-

Indica Books & Gallery: Hier trafen sich am 9.11.1966 Yoko Ono und John Lennon (heute befindet sich hier eine andere Galerie)

lips' Liverpooler Elektrowarenladen, das als »Heimstudio« diente – eine der ganz frühen Aufnahmen, erschienen am 20.11.1995 auf der DoCD »The Beatles Anthology 1«. Auf der CD »Beatles Big Beat Box« (2002, mit DVD) singen The Overtures eine Cover-Version.

IN THE PARK
Song von George Harrison, erstmals erschienen am 1.11.1968 auf der LP »Wonderwall Music« (als Medley mit »Tabla And Pakavaj«).

INDICA BOOKS & GALLERY
Die Galerie und der Buchladen in 6 Mason's Yard, Duke Street, im Londoner Stadtteil St. James wurden im Februar/März 1966 eröffnet, mit finanzieller Unterstützung von Paul McCartney, der 5000 £ beisteuerte. Sie gehörte → *Barry Miles*, → *Peter Asher* (der 2000 £ beisteuerte) und → *John Dunbar* (Ehemann der Sängerin → *Marianne Faithfull*), die gemeinsam seit 1965 das Unternehmen Miles Asher and Dunbar Limited (M.A.D. Ltd) betrieben. Das Ladenlokal mieteten sie für 20 £ die Woche. Der Bestand wurde zuvor im Haus der Ashers in der 57 Wimpole Street gelagert, wo Paul McCartney bereits Bücher kaufte. Er und John Lennon kamen dann auch des Öfteren, um Bücher zu kaufen. An der Ausgestaltung der Galerie und des Ladens beteiligten sich u.a. Ian Sommerville, der ehemalige Geliebte von William S. Burroughs, der Lyriker Pete Brown, Paul McCartney und → *Jane Asher* (sie stiftete die Ladenkasse). Die erste Ausstellung in der Galerie, der Groupe de Recherche d'Art Visuel de Paris gewidmet, wurde am 4.6.1966 eröffnet. John Dunbar: »Unsere Ausstellungen waren alle sehr erfolgreich, was die Publicity angeht. Wir erhielten von Anfang an viel Beachtung, weil es eben nichts Vergleichbares gab in London.« Im Sommer 1966 zog dann der Buchladen in die Southampton Row 102, die Galerie übernahm nun auch das Erdgeschoss. Im ersten Stock wohnte Geneviève Morgan, die Künstlerische Leiterin der Galerie. Im Keller befand sich das Redaktionsbüro der → *International Times*. In der Galerie begegneten sich am 9.11.1966 anlässlich ihrer Ausstellung »Unfinished Paintings and Objects« → *Yoko Ono* und John Lennon zum ersten Mal. John Dunbar hatte John Lennon als möglichen Sponsor künftiger Ausstellungen eingeladen, Paul McCartney stellte ihm Yoko Ono vor. Yoko Ono im Programmheft ihrer Ausstellung → *Yoko And Me* (Oktober/November 1967): »Als das ›Hammer A Nail‹-Gemälde in der Indica Gallery gezeigt wurde, kam ein Mann und fragte, ob es in Ordnung wäre, dass er einen Nagel in das Objekt haut. Ich sagte, dass es in Ordnung geht, sofern er 5 Schilling dafür bezahlt. Statt die 5 Schilling

zu bezahlen, fragte er, ob es in Ordnung wäre, einen imaginären Nagel reinzuhauen. Das war John Lennon. Ich dachte, da habe ich doch glatt einen Burschen getroffen, der das gleiche Spiel wie ich spielt.« Der Titel der Ausstellung inspirierte John Lennon und Yoko Ono später zu ihrer LP → *Unfinished Music No. 1 – Two Virgins*. Die Galerie bestand bis Anfang 1968, sie schloss mit 500 £ Schulden. Heute befindet sich in dem Gebäude eine andere Galerie.

INDRA

Club auf der Reeperbahn in Hamburg (St. Pauli, Große Freiheit Nr. 64) in den 1960er Jahren (eröffnet am 11.9.1950 als Striptease-Lokal), in dem zur Eröffnung am 18.8.1960 die Beatles auftraten. In dem winzigen Lokal hatten gerade mal sechs Tische plus fünf Esstische und eine kleine Bühne Platz, etwa sechzig Leute passten hinein. Besitzer war → *Bruno Koschmider*, dem auch der → *Kaiserkeller* gehörte. Die Beatles erhielten 30–40 DM (ca. 15–20 €) pro Person und Tag und mussten an sieben Tagen in der Woche je vier einstündige Sets spielen. An Sonnabenden und Sonntagen waren es sogar fünf bzw. sechs Sets, der letzte Set dauerte sogar zwei Stunden. 48 Nächte standen die Beatles auf dieser Bühne, ob sie allerdings wirklich an jedem Tag gespielt haben, ist heute nicht mehr nachweisbar. Ihre Ambition war, keinen Song zu wiederholen, was sie auch meist schafften. Die harte Zeit in Hamburg prägte ihren Sound, zwangsläufig musste auch George als Sänger einspringen. Am 16./17.10.1960 musste Koschmider den Konzertbetrieb wegen Lärmbelästigung einstellen, der Club wurde wieder zum Striptease-Lokal. Die Beatles spielten dann im → »Kaiserkeller«. Nachdem das »Indra« lange Jahre als »Blockhütte« firmierte und fast vier Jahre leer stand, ist es seit 1998 unter dem historischen Namen wieder eine Musikkneipe. Direkt daneben, im »Grünspan«, finden die Hamburger Beatles Days statt, hier trat am 11.5.1998 auch → *Sean Ono Lennon* auf.

INLAY

Graphisch gestaltete Einlageblätter einer LP oder CD mit Hinweisen zu den Interpreten, Angabe der beteiligten Sänger/Musiker, einer Aufstellung der Titel usw.

THE INNER LIGHT

Song von George Harrison, aufgenommen am 12.1. und 6. und 8.2.1968 mit indischen Musikern im EMI-Studio in Bombay, wo George Harrison gerade die Musik zu seinem Film »Wonderwall« aufnahm; erstmals erschienen am 15.3.1968 auf Single – der erste George-Harrison-Song auf einer Single (b/w »Lady Madonna«). Auf LP erschien der Song erst 1979 – auf »Por Siempre Beatles« (Spanien). 1978 erschien der Song auf »Rarities«. Die Stereo-Abmischung vom 27.1.1970 erschien erst am 7.12.1981 als Bonus-Track der EP-Box »The Beatles EP Collection«. Der Song entstand auf Anregung von Juan Mascaró, Sanskrit-Lehrer an der Cambridge University, der Harrison das Buch »Lamps of Fire« geschickt hatte, in dem sich auch eine Übersetzung von Vers XLVII mit dem Titel »The Inner Light« des »Dau-dë-djing« (Tao Te Ching) von Lau-dsï (Lao-tse, Lao-zi, ca. 604–ca. 531 v.u.Z., nach anderen Angaben um 300 v.u.Z.) befand. Mascaró regte an, diesen Vers zu vertonen. Zahlreiche → *Cover-Versionen*, u.a. von Jeff Lynne & Anoushka Shankar, Les Boréades und Joaquin Pardinilla & Iñaki Fernández.

INSANE NO. 9

Titel eines John Lennon gewidmeten Programms des deutschen Sängers und Schauspielers Ben Becker und seiner Band, aufgeführt u.a. vom 18. bis 19.6.1999 in der Schaubühne Lindenfels in Leipzig und vom 30.4. bis 2.5.2001 in den Kammerspielen in Hamburg. Das Programm ist eine »Lese-Performance« aus Texten John Lennons und Songs der Beatles (z.B. »Help!«).

INSTANT KARMA! (WE ALL SHINE ON)
Song von John Lennon, erdacht, geschrieben und erstmals aufgenommen von John Ono Lennon with → *The Plastic Ono Band* am 27./28.1.1970, produziert von → *Phil Spector* in den → *Abbey Road Studios*, erschienen als dritte Apple-Single der Band am 6.2.1970 (b/w »Who Has Seen The Wind?«) – der erste Solo-Hit eines Beatles. Die Besetzung: John Lennon (g, voc), George Harrison (ld-g, p), → *Billy Preston* (keyb, el-p), → *Klaus Voormann* (b, el-p) und → *Alan White* (dr, p), → *Allen Klein* und Besucher des Londoner Clubs Hatchetts als Background-Chor. Phil Spector bearbeitete einige Tage später den Song neu und fügte beim Mastern der Single sein charakteristisches »Phil & Ronnie«-Motiv bei. Für John Robertson ist der Song »ein wahres Meisterwerk« und »der vielleicht schönste Augenblick seiner (Lennons – Anm. d. Verf.) ganzen Karriere«. Der Song zeigt auch Lennons »kriegerischen Pazifismus«, dessen Widersprüchlichkeit sich auch im Titel des Songs spiegelt. »All seine Stärken und Schwächen, illusionärer Optimismus, bissiger Humor, moralischer Mut, Nüchternheit und Wolke-Sieben-Idealismus, fließen in dieses kathartische Stück Rockmusik ein, das als Frontalangriff auf die erst im Entstehen begriffene 1970er-Jahre-Empfindsamkeit ebenso durchschlagende Wirkung entfaltete wie ein Ziegelstein mit der Aufschrift »PEACE«, der durch eine Fensterscheibe kracht.« (*Rolling Stone* 2/2003) Am 11.2.1970 mimten John Lennon und die Plastic Ono Band einen Live-Auftritt in der Sendung → *Top Of The Pops* mit zwei Versionen von »Instant Karma!«. Obwohl Klaus Voormann, Alan White, → *Mal Evans* (tamb) und → *Yoko Ono* anwesend waren, wurde nur Johns Gesang neu aufgezeichnet, die Musik der anderen wurde von der Single eingespielt. Die Clips wurden am 12. und 19.2.1970 gezeigt. Am 5.9.1971 wurde im Alexandra Palace im Londoner Stadtteil Wood Green bei einem Filmabend des London Art Spectrum ein kurzer Film von John & Yoko mit dem gleichen Titel gezeigt. 1992 gestattete Yoko Ono der Fa. Nike, auch diesen Song (nach »Revolution«, 1987) für ihre Werbung zu verwenden – zum Entsetzen der Fans. Die 800 000 $ überwies sie an The United Negro College Fund, der vor allem afroamerikanische Studenten fördert. Auf der CD »Working Class Hero – A Tribute To John Lennon« befindet sich eine → *Cover-Version* von Toad The Wet Sprocket, weitere Cover-Versionen nahmen The Larry Page Orchestra, Free Little Pigs, Paul Weller und Nelly Furtado & Dave Stewart auf.

INSTRUMENTAL
Rock-Instrumentaltitel der 1950er und frühen 1960er Jahre hatten in den 1960er Jahren einen großen Anteil am Repertoire der Beat-Gruppen. Auch einige der frühen Kompositionen John Lennons und Paul McCartneys waren Instrumentals, z.B. »Cayenne« (DoCD »The Beatles Anthology 1«). Auch in Hamburg spielten sie zahlreiche Instrumentals, so z.B. Duane Eddys »Ramrod« und »Moovin''n'Groovin'«. Auch »Cry For A Shadow«, eine Komposition von John Lennon und George Harrison, aufgenommen am 22.6.1961 von → *Tony Sheridan* and The Beat Brothers (den späteren Beatles) und produziert von → *Bert Kaempfert*, ein Tribut an The Shadows, war ein Instrumental. »Flying«, komponiert von John Lennon, Paul McCartney, George Harrison und Richard

»Ringo« Starkey, aufgenommen am 8. und 28.9.1967 für die EP »Magical Mystery Tour«, ist der zweite der beiden regulär aufgenommenen Instrumentaltitel der Beatles – vielleicht eine Reverenz an die damals populären Tornadoes (»Telstar«). Charles Reinhart listet in seiner Diskographie »You Can't Do That! Beatles Bootlegs & Novelty Records 1963–1980« (Ann Arbor/Mich. 1981) insgesamt 131 Instrumentals auf, die von den Beatles als Gruppe oder ihren Musikern gespielt oder komponiert wurden.

INTERNATIONAL BEATLE WEEK

Seit über zwanzig Jahren veranstaltet → *Cavern City Tours Limited* jährlich im August ein Treffen der Beatles-Fans aus aller Welt. In der Beatle Week finden die Liverpooler → *Beatles Convention*, Kunstausstellungen, Festivals, Konzerte, Flohmärkte, Gastkonzerte, Interviews, Autogrammstunden, Besichtigungen, eine Auktion usw. statt. Im August 2000 nahmen z.B. über 100 Bands teil, darunter The Original Quarrymen, Hare Georgeson, Banned on The Run, The Beats (Argentinien), Clube Big Beatles (Brasilien) und Gary Gibson.

INTERNATIONAL TIMES (IT)

Erste Londoner Underground-Zeitschrift in den 1960er Jahren, herausgegeben von → *Barry Miles*, John »Hoppy« Hopkins und Tom McGrath, ein Vorläufer war die *Global Moon Edition Of The Long Hair Times*. Das Redaktionsbüro befand sich im Keller von → *Indica Books and Gallery* in der Southampton Row 102. Hergestellt wurde sie auf einer handbetriebenen Offset-Litho-Maschine. Paul McCartney half beim Layout, und als sie in finanzielle Schwierigkeiten geriet, unterstützte er die Zeitung. Er wurde dafür im Impressum als »Ian Iachimoe« erwähnt. In der Ausgabe 16 erschien eine halbseitige Anzeige für Indica Books, gezeichnet von Paul McCartney. Bei der ersten großen Party der Zeitung am 15.10.1966, der »International Times First All-Night Wave«, spielten Pink Floyd und Soft Machine, im Publikum waren u.a. Paul McCartney, Mick Jagger und → *Marianne Faithfull*. Am 30.12.1966 fand bei Hopkins eine Hausdurchsuchung statt, bei der Rauschgift gefunden wurde. Am 9.3.1967 wurden bei einer Razzia der Polizei die Abonnentenkartei, unverkaufte Exemplare, nicht eingelöste Schecks und die Adressbücher der Mitarbeiter beschlagnahmt. Erst drei Monate später wurden sie wieder zurückgegeben. Am 29.4.1967 fand in der Great Hall des Alexandra Palace im Londoner Stadtteil Wood Green unter dem Titel → *14-Hour Technicolor Dream* ein Benefizkonzert zugunsten der *IT* statt. Eine der ca. 30 auftretenden Künstler und Künstlerinnen war → *Yoko Ono*, im Publikum war auch John Lennon. Am 17.5.1967 trat John Lennon kurz in einer TV-Dokumentation der Benefizparty mit dem Titel »Man Alive« auf, gesendet von BBC2. Hopkins wurde am 1.6.1967 zu neun Monaten Gefängnis verurteilt. Am nächsten Tag fand im Indica Bookshop eine »Notstandssitzung« von Freunden und Sympathisanten statt. Paul McCartney versprach seine weitere Unterstützung. Sein Vorschlag: eine ganzseitige Zeitungsanzeige pro Drogen, die dann auch am 24.7.1967 in der Londoner *Times* erschien.

INTERNET

Zu Beatles-Zeiten noch nicht einmal als Wort existent – heute eine wichtige Informationsquelle und eine internationale Kommunikationsplattform für alle Beatles-Fans. www.allmusic.com ist das größte Online-Rocklexikon im World Wide Web, weitere Hinweise findet der Fan über die Suchmaschinen Yahoo, Google, speedfind, suchen.com u.a.

Die Beatles im weltweiten Netz der Netze: www.beatles.ru

Auch im Internet sorgen die Beatles für Rekorde: Eine Suchanfrage bei einer der großen Suchmaschinen ergibt immerhin etwa 36,4 Mill. Einträge, das deutsche Internet-Magazin *Tomorrow* ermittelte ca. 636 000 den Beatles gewidmete Webseiten, und *Forbes* zählte im April 2001 immerhin 1,43 Mill. Hits (Titeltreffer) zum Thema Beatles. Als die Suchmaschine Google Ende 2001 die meistgesuchten Begriffe veröffentlichte, standen die Beatles auf Platz 1, bei Lycos standen sie auf Platz 5. Ende 2002 standen (zumindest bei den Deutschen) die Worte Lastminute, Ryanair und Aldi auf den ersten Plätzen … Bei den Popstars war es Shakira. Im Mai 1997 lud Paul McCartney seine Fans zum Live-Chat nach London ein – 400 000 meldeten sich, mit 3 Mill. Fragen –, aber nur 15 konnten teilnehmen. Am 14.12.1999 spielte Paul McCartney wie in alten Zeiten live im Liverpooler → *Cavern* vor 300 Leuten – und der weltweiten Internet-Gemeinde. Am 21.9.2000 bekam er dafür in San Francisco einen Wammy Award für »The Best Webcast Event«. Seit November 2000 haben die Fab Four eine eigene, offizielle Homepage: www.beatles.com bzw. www.thebeatles.com. Inzwischen stehen im www auch zahlreiche Beatles-Songs zum Download bereit.

__Lit.__: Wills, Dominic: The Virgin Internet Music Guide (London 2000); Underhill, Roy: Complete Idiot's Guide to Music on the Internet (with MP3) (London 1999); Eßer, Torsten: www.music.de – Musik im Internet (mit CD, Köln 2000), Internet für Musiker (Bonn 2000); Satou, Yoshihiro: The Beatles Internet Guide (Japan 1996); Web-Adress-Buch für Deutschland 2006 (9. akt. u. erw. Aufl., Frankfurt/M. 2005)

Hier eine Auswahl interessanter Adressen (mit der Bitte um Nachsicht, wenn einige der Adressen bei Erscheinen des Buches nicht mehr existieren – das Internet ist nun mal ein schnelles Medium):

http://gernhardt.com/beatles • *http://originalonefeather.tripod.com* • *http://ourworld.compuserve.com/homepages/mdcarey/timeline.htm* • *waitesweb-world.com/oldsite/waite17.htm* • *www.bagism.com* • *www.beatle.net* • *www.beatlelinks.net* • *www.beatlemania.de* • *www.beatles.net* • *www.beatles.onlinehome.de* • *www.beatles.ru* • *www.beatles-again.com* • *www.beatlesnews.com* • *www.erdbeerfelder.de* • *www.fabfour.de* • *www.pootle.demon.co.uk/wgo.htm* • *www.rooftopsessions.com* • *www.spanishbeatles.com* • *www.thebeatleshop.co.uk* • *www.tracks.co.uk* • *www.warr.org/beatles.html*

INTERVIEWS

Die Beatles gaben im Laufe ihrer Karriere zahllose Interviews, darunter allein 124 für die → *BBC*. Zahlreiche Interviews bzw. Pressekonferenzen (PK), die die vier Musiker als Band oder solo gaben, sind mittlerweile auf LPs und CDs erschienen. Das älteste Interview erschien auf der Flexi-Disc »The Beatles Live! The Beatles' First Radio Interview 27 October 1962« als Beilage zu Mark Lewisohns Buch »The Beatles Live!«, aufgenommen am 27.10.1962 und am nächsten Tag von einem Krankenhaussender gesendet. Hier eine weitere Auswahl: The Beatles Are Coming (Japan, Overseas, 1988), Seattle Press Conference (8/21/64) (7"-SP, Topaz, 1989), Beatles. Interview Picture CD (Baktabak, 1988), Beatles: Interview Picture Disc (Beatles II, Baktabak, 1988), The Beatles' Story (in Kanada erschienene Biographie der Beatlemania, Hits + Interviews mit den Beatles und ihren Fans, → *Capitol Records*, 1988), Remember, We Don't Like Them, We Love Them (SP mit Interviews, geführt von dem DJ und Reporter Tom Clay bei der Beatles-Tournee durch die USA, 1964), Introspective (Baktabak, 1991), Press Conferences/1964–1966 (CD/LP, Discussion, 1991), Beatles Shaped Vol. 1–3 (NAF/Sonotec, 1996), Beatles Tapes/Interviews with David Wigg (→ *Polydor*, DoLP 1976, 1984), Rare Interviews 1964/66–1968–79 (Scopus, 1997), The Beatle Interviews (Everest Records, 1982), The Beatles Talk Downunder (Interviews anlässlich ihrer Australien-Tournee 1964, Raven, 1987), The Ultimate Radio Bootleg Vol. III (Mercury, 1979), The Beatles Talk Downunder (and All Over) Volume 2 (Raven, 1984), The Golden Beatles (Silhouette, 1985, = The Beatles: Interviews II, Premier Records, 1987), Hear The Beatles Tell All (Interviews Los Angeles 1964, → *Vee-Jay Records* 1964; Charly Records 1981), Reflections And Poetry (Silhouette Music, 1984, Interview John Lennons mit RKO Radio am 8.12.1980), The Carroll James Interview With The Beatles (Privatpressung, 1984), Historic Interviews: The Beatles' First Day In America (Privatpressung, 1984), The British Are Coming (Silhouette, 1984), Interviews (Premier, 1984), East Coast Invasion! (Cicadelic, 1985), West Coast Invasion! (Cicadelic, 1985), 'Round The World! (Cicadelic, 1985), All Our Loving (Cicadelic, 1986), Things We Said Today (Cicadelic, 1987), Not A Second Time (Cicadelic, 1987), Here There And Everywhere (Cicadelic, 1987), Moviemania! (Cicadelic, 1987), From Britain … With Beat! (Cicadelic Records, 1987), Interviews

Beatles-Interview im Hilton-Hotel, London

Vol. 2 (Premier, 1987), Talk Downunder Vol. 1 – Vintage Interview Pic Disc (Spartan, 1984), The Beatles Talk Downunder – Vol. 1 & 2 (Baktabak, 1989/1990, auch als Picture Disc), Downunder Vol. 1 & 2 (Interviews anlässlich ihrer Australien-Tournee 1964, Raven, 1987), Timeless II 1/2: The Beatles Around The World (Silhouette Music, 1983; 1988 auch in Japan auf dem Label Overseas), Beatles Views (Tournee 1966), The Beatles Talk With Jerry G. (Interviews von DJ Jerry G. Bishop bei ihren USA-Tourneen 1964 und 1965, rel. Oktober 1982), The Beatles Talk With Jerry G. Vol. 2 (Interviews von DJ Jerry G. Bishop bei ihren USA-Tourneen 1965 und 1966, rel. März 1983), The Beatles: Adelaide Press Conference 64 (Was Records, 1990), Vancouver Press Conference/Interviews 64 (7" EP, FAB, 1990, dokumentiert aber eine PK am 11.8.1966 in Chicago und ein Interview von → *Murray The »K«* mit den Beatles 1964), A Trip To Miami (SP, Privatpressung),

Introducing ... The Beatles – Englands No. 1 Vocal Group (1963)

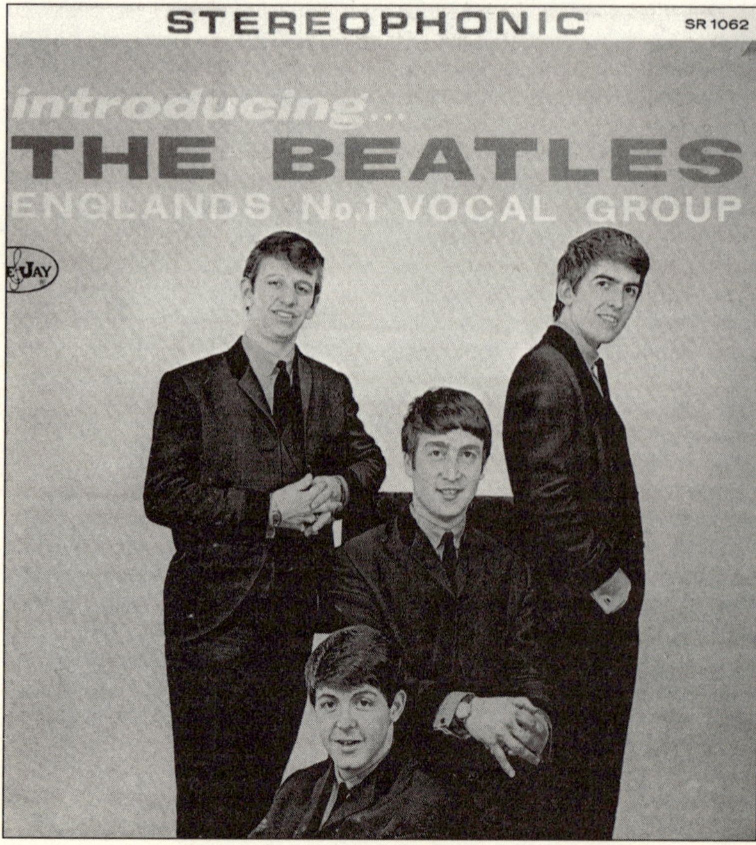

The Beatles Quote/Unquote (2 CD, TKO Magnum/Thunder Bolt, 1995, Interviews rec. in Australien, Neuseeland, Hongkong, Japan, Italien, GB, USA in den 1960er Jahren), Around The Beatles (Interviews von der Tournee 1966, Ken Douglas), Beatles Interview (1966, The Dave Clark Five sprechen über The Beatles), 1964 Ed Rudy Vol. 1 (WRMB), 1965 Talk Album Ed Rudy Vol. 2 (WRMB), The Beatles American Tour With Ed Rudy (1964, Reissue 1980), Ed Rudy With New U. S. Tour (The Beatles Great American Tour)/ American Tour With Ed Rudy No. 3 (1965), Fab Four – CD & Book Set – Limited Edition (mit 64-seitigem Booklet mit 33 Fotos und Berichten über den ersten Besuch der Beatles in den USA 1964), The Beatles & Murray The »K«: As It Happened (1964), Words And Music (DoLP, Cambra, 1985), Seattle Press Conference (Wax Records, 1990, PK Chicago 11.8.1966 und Seattle 25.8.1966), Tokyo Interviews (Wax Records, 1990, Interviews Juni–Juli 1966 in Tokyo), Dallas Press Conference 66 (Wax Gang, 1990, PK 18.9.1964 – nicht 1966!), A Rare Interview With The Beatles (Baktabak, 4 7"-Picture Discs, 1988), Beatles Volume II (LP/CD, Baktabak, 1988), The Gospel According To: The Beatles (Baktabak, 1988), The Beatles Conquer America (Baktabak, CD 1988, LP 1989), The Beatles: The Conversation Disc Series (1988), As It Happened – The Classic Interviews (Chrome Dreams, 4-CD-Set mit Booklet, 2000), In Their Own Words – A Rockumentary (5-CD-Box, Delta Music/Laserlight Digital, 1995; auch unter dem Titel »The Beatles Inside Interviews«), Talk Downunder: Australian Beatlemania (Laserlight, 1996), Talk Downunder: Sydney To Seattle (Laser Light, 1996), The Lost Beatles Interviews (Laserlight, 1995), Things We Said Today – Talking With The Beatles (Laserlight, 1995), Rare Photos & Interview CD – Vol. 1–3 (Master Tone Multimedia, 1995–1997), The Fab Four On Tour (The Wall/Dynamic Images, 1997), Beatles-Blitztournee (PK Hamburg 26.6.1966, 2000), Beatles Interview (Hilton-Hotel, London, 1964), Talkology – The Beatles Lost Press Conferences (Vol. 1: 1964–1965, Vol. 2: 1966, Vol. 3: Tokyo 1964–1966 (Talkology Limited, 2000, Internet: www.beatlestalkology.com), Rock Report (3 CDs, KRB, 2001), Here, There And Everywhere (Interview mit → *Derek Taylor*; Thunderbolt 2001) und The Beatles: From Us To You (10 CDs, 2001).

Aufschlussreich sind die Interviews, die Jann Wenner Ende 1970 mit John Lennon für den → *Rolling Stone* führte, sie erschienen unter dem Titel »Lennon Remembers« auch als Buch. Fragmente einer Pressekonferenz mit den Beatles erschienen im September 1988 auch als Video unter dem Titel »Music, Memories & Milestones – The 60s«. Die Beatles in O-Tönen der 1960er Jahre versammeln in geballter Form auf insgesamt fast 1 100 Seiten die beiden Bände des Buches »The Beatles – Off The Record/The Dream Is Over« von Keith Badman (London 2000, 2001, 2002) – in Mitschriften von Radio- und Fernsehinterviews und Pressekonferenzen, chronologisch geordnet. Auch Beatles-Spezialist Geoffrey Giuliano veröffentlichte drei Bücher mit Beatles-Interviews: »The Lost Beatles Interviews« (mit Brenda Giuliano, Dutton/USA 1994, London 1995), »Things We Said Today – Conversations With The Beatles« (1997) und »Glass Onion – The Beatles In Their Own Words. Exclusive Interviews With John, Paul, George Ringo« (1999). 1994 veröffentlichte der → *Playboy* unter dem Titel »The Playboy Interview/Three Decades« eine CD-ROM (IBM Multimedia Publishing Studio) mit 352 Interviews. 2001 wurde in den USA der Mitschnitt eines 6-minütigen Telefon-Interviews mit den Beatles aus dem Jahre 1964 für 10 400 $ (ca. 1 155 €) versteigert.

Auch nach dem Split der Beatles erschienen zahlreiche Interviewplatten mit den vier Beatles als Solisten, in denen sie z.T. auch über ihre Beatles-Zeit berichten. So veröffentlichte z.B. Polydor am 5.12.1983 unter dem Titel »Heart Play – Unfinished Dialogue« eine Platte mit Ausschnitten aus einem Interview, das John Lennon kurz vor seinem Tod David Sheff vom Playboy gewährte. Die CD »Testimony« (Magnum Music Group, Thunderbolt, 1990) enthält Teile (73:54 min) eines anderthalbstündigen Interviews, das John Lennon am 8.12.1980 dem New Yorker Sender RKO Radio im Büro von Geffen Records gab (auch auf: CD/LP »The Last Word«, Baktabak, 1988 – 55:13 min; LP »Reflections And Poetry«, Silhouette Music, 1984). »John and Yoko – The Interview« (DoCD, DoMC, BBC Radio Collection 1990) dokumentiert das Interview Andy Peebles' mit John Lennon am 6.12.1980. Die Picture-Shape-CD »John – Interviews 1964–66« erschien ca. 1996. Die LP »The McCartney Interview«, erschienen am 4.12.1980 in den USA (Columbia) und am 23.2.1981 in GB (Parlophone), enthält ein Interview, das Vic Garbarini im Mai 1980 für das Magazin *Musician* führte. Eine Picture Disc-LP mit dem gleichen Titel, erschienen im

CD mit Beatles-Interviews aus dem Jahre 1964

Januar 1987 auf dem Label Baktabak, enthält dagegen ein Interview, das Chris Salewicz 1986 für das Magazin *Q* führte (später auch im *Musician* erschienen), die LP erschien später als Reissue unter dem Titel »Chat With The Stars: Paul McCartney«. Auch zahlreiche Pressekonferenzen Paul McCartneys, u.a. in Rom (15.6.1989), London (27.7.1989), Madrid (2.11.1989), Los Angeles (27.11.1989), Rotterdam (November 1989), Detroit (Februar 1990), Tokyo (1.3.1990), Liverpool (28.6.1990) und Chicago (29.7.1990), sind auf LP/CD dokumentiert. Die LP/CD »George Harrison, Ringo Starr – 1980's Press Conferences« (Wax Records, 1990) enthält Mitschnitte eines George-Harrison-Interviews in Neuseeland 1985 und einer PK mit Ringo Starr am 28.11.1984 in Atlanta.

INTRODUCING ... THE BEATLES

Erste in den USA veröffentlichte LP der Beatles, erschienen am 27.1.1964 auf → *Vee-Jay Records* (Untertitel: »England's No. 1 Vocal Group«). Unter dem gleichen Titel erschien kurze Zeit später eine weitere LP mit etwas veränderter Titelzusammenstellung – mit »Please Please Me« und »Ask Me Why« und Plattenetiketten mit einem »Regenbogenrand«. Der Hintergrund: Vee-Jay hatte für »Love Me Do« und »P.S. I Love You« keine Tantiemen gezahlt und durfte diese Titel nicht mehr veröffentlichen, die zweite Ausgabe enthält deshalb stattdessen »Ask Me Why« und »Please Please Me«.

INTROSPECTIVE – THE BEATLES

1991 auf dem Label Baktabak erschienene CD, LP und MC mit den Songs »Twist And Shout«, »I Saw Her Standing There«, »Till There Was You«, »Roll Over Beethoven«, »Hippy Hippy Shake« und »A Taste Of Honey«, die dazugehörige Bonus-Platte enthält ein Interview mit den Beatles.

ISHERWOOD, JAMES TREVOR

→ *Bryce, Hanmer and Isherwood*.

IT DON'T COME EASY

Song von Richard Starkey, aufgenommen am 18./19.2., 8. und 11.3. und im Oktober 1970 von Ringo Starr, erstmals erschienen am 9.4.1971 auf der ersten Solo-Single Ringo Starrs (b/w »Early 1970«). Produzent war → *George Martin*, auch wenn auf manchen Pressungen Ringo Starr und George Harrison als solche benannt sind; Letzterer fungierte als musikalischer Leiter. Die Besetzung: George Harrison (acc-g), → *Klaus Voormann* (b), Ringo Starr (dr) und → *Stephen Stills* (p). In manchen Quellen werden auch → *Eric Clapton* (g), Gary Wright (p), → *Mal Evans* (tambourine), → *Doris Troy* (voc) und Ron Cattermole (sax, tp) als Mitwirkende genannt. Der Titel hieß ursprünglich »Gotta Pay Your Dues«. Am 8.3.1970 erfolgte in den Trident Studios im Londoner Stadtteil Soho ein weiteres Remake des Titels, George Harrison half dabei. Den Titel sang Ringo Starr dann auch am 1.8.1971 beim → *Concert for Bangla Desh* im New Yorker → *Madison Square Garden*. Später räumte Ringo Starr eine Co-Autorenschaft George Harrisons ein. Zahlreiche → *Cover-Versionen*, u.a. von The Larry Page Orchestra und Chantal.

IT WAS 20 YEARS AGO TODAY ...

1988 in Großbritannien speziell für den japanischen Markt hergestelltes CD-Box-Set in limitierter und nummerierter Auflage (2 000 Ex.) mit den Alben »Yellow Submarine«, »Sgt. Pepper's Lonely Hearts Club Band« und »White Album«, plus Buch »It Was 20 Years Ago Today ...«, Emaille-Plakette und signiertem und nummeriertem Apple-Logo.

IT WON'T BE LONG

Song von John Lennon/Paul McCartney, aufgenommen am 30.7.1963, erstmals erschienen am 22.11.1963 auf der LP »With The Beatles«. Fans wird nicht entgehen, dass der Titel auf dem LP-Cover und im Beiheft der späteren CD-Ausgabe mit »It Won't Be Long Now« falsch zitiert wird. Zahlreiche → *Cover-Versionen*, u.a. von The Beatles Revival Band, Didi & His ABC-Boys (»Hello Susann«), The Punkles, Les Lionceaux (»Le temp est long«), BeatleJazz und Unlimited Beat.

IT'S ALL TOO MUCH

Song von George Harrison, aufgenommen am 25., 26. und 31.5. und 2.6.1967 im De Lane Lea Studio am Kingsway in London, erstmals erschienen am 17.1.1969 auf der LP »Yellow Submarine«. Laut George Harrison unter dem Einfluss von → *LSD* entstanden, ist der Song ein Musterbeispiel der psychedelischen Beatles-Songs. Beim Fade-Out sind Schnipsel von Jeremiah Clarkes »Prince of Denmark's March« und eine Zeile des Mersey-Hits »Sorrow« (1966) zu hören. Zahlreiche → *Cover-Versionen*, u.a. von The Hunt, The Beatless, Sidonie, Wayne Kramer, Jeremy und Los Escarabajos.

IT'S THE BEATLES

1. 30-minütiger Mitschnitt von BBC1 TV eines Auftritts der Beatles im → *Empire Theatre*, Liverpool, am 5.12.1963 (ihr letzter Auftritt in Liverpool), gesendet am selben Abend (20.10–20.40 Uhr). Am Nachmittag wurde eine → *Juke Box Jury*-Sendung aufgezeichnet, am Abend traten sie vor 2500 Mitgliedern des Northern Area Fan Clubs auf. Danach hatten sie noch eine dritte Show im benachbarten Odeon Cinema. Sie spielten: »From Me To You«, »I Saw Her Standing There«, »All My Loving«, »Roll Over Beethoven«, »Boys«, »Till There Was You«, »She Loves You«, »This Boy«, »I Want To Hold Your Hand«, »Money«, »Twist And Shout« und »From Me To You«.

2. 15-teiliges wöchentliches 15-minütiges Special von → *Radio Luxemburg*, gesendet vom 23.12.1963 bis 30.4.1964.

IT'S FOR YOU

Song von John Lennon/Paul McCartney, erstmals aufgenommen am 2.7.1964 von → *Cilla Black* in den → *Abbey Road Studios* und am 31.7.1964 als Single erschienen (b/w »He Won't Ask Me«). Paul McCartney spielte Piano, auch John Lennon war bei der Session dabei. Die Single erschien am 31.7.1964. Paul McCartney nahm am 3.6.1964 eine eigene Demo-Version auf. Zahlreiche → *Cover-Versionen*, u.a. von Three Dog Night, Pierson Parker Janovitz Project, The Beatnix, The Saltbee und Salad.

IT'S ONLY LOVE

Song von John Lennon/Paul McCartney, aufgenommen am 15.6.1965, erstmals erschienen am 6.8.1965 auf der LP »Help!« und am 4.3.1966 auf der EP »Yesterday«. In den USA erschien er dagegen auf der LP »Rubber Soul«. Der Song hieß ursprünglich »That's A Nice Hat«. Zahlreiche → *Cover-Versionen*, u.a. von Bryan Ferry, Gary »US« Bonds, Beatles Forever, BeatleJazz und The George Martin Orchestra.

ITEM 1/ITEM 2

John Lennon und → *Yoko Ono* bastelten Anfang Dezember 1969 an ihrem vierten Album – unter Verwendung von Klangcollagen aus früheren Tagen, mit Flüstern und Gelächter. Die → *BBC* filmte sie dabei für eine Fernsehdokumentation. Die beiden Aufnahmen wurden jedoch nicht veröffentlicht.

IVOR NOVELLO AWARD

In Großbritannien jährlich von der British Academy of Composers and Songwriters (BACS) verliehener Preis für herausragende künstlerische Leistungen, benannt nach dem britischen Singer/Songwriter David Ivor Davies (15.1.1893–5.3.1951), bekannt als Ivor Novello. Für das Jahr 1963 erhielten die Beatles am 25.10.1964 fünf Ivor-Novello-Preise – je zwei für »She Loves You« (most broadcasted work of the year und highest certified British sales) und »I Want To Hold Your Hand« (special award for outstanding services to British music, mit → *George Martin* und → *Brian Epstein*) und einen für »All My Loving«. Am 13.7.1965 nahm Paul McCartney aus den Händen von → *David Frost* weitere fünf »Novellos« entgegen, z.T. auch für John Lennon, der eine Teilnahme an der Preisverleihung ablehnte – u.a. für das meistgespielte Werk und die meisten Verkäufe in Großbritannien. Zwei Tage später zeigte Rediffusion Television in der Sendung »Pick Of The Songs« Ausschnitte von der Preisverleihung. Für 1966 erhielten die Beatles den Preis für »We Can Work It Out« (bestverkaufte Single des Jahres 1965), »Yesterday« (außergewöhnlichster Song des Jahres) und »Help!« (am zweitbesten verkaufte Single des Jahres), er wurde ihnen am 11./12.7.1966 im Londoner Playhouse Theatre übergeben. Die Preisverleihung am 23.3.1967 (für das Jahr 1966) wollten John Lennon und Paul McCartney nicht besuchen, obwohl sie zwei Preise bekamen – für »Michelle« (meistgespieltes Werk 1966) und »Yellow Submarine« (bestverkaufte Single 1966). → *Brian Matthew* von der → *BBC* nahm deshalb am 20.3.1967 ihre Reden auf, um sie im BBC-Programm »The Ivor Novello Awards For 1966« zu senden (am 27.3.1967). Im März 1968 gab es Preise für »She's Leaving Home« und »Hello Goodbye«, außerdem für Paul McCartneys »Love In The Open Air«. Am 22.5.1969 gewann »Hey Jude« den Award als »bestverkaufter britischer Song«. Am 10.5.1970 erhielten sie zwei Awards für die bestverkaufte britische Single (»Get Back«) und den meistgewünschten Song im Rundfunk (»Ob-La-Di, Ob-La-Da«).

Nach der Trennung der Beatles erhielt Paul McCartney weitere Ivor Novello Awards, so u.a. am 12.5.1978 für »Mull Of Kintyre« als »bestverkaufte A-Seite«, am 8.5.1980 in London aus der Hand des Schauspielers Yul Brunner einen Special Award für »Internationale Verdienste«, am 5.5.1983 für »Ebony And Ivory« als »international hit of the year«, am 13.3.1985 für »We All Stand Together« als »best film theme or song« und am 4.4.1989 für »außerordentliche Verdienste um die britische Musik«.

George Harrison erhielt 1971 einen Ivor Novello Award für seinen Song »Something« in der Kategorie »best song musically and lyrically« und 1972 einen für »My Sweet Lord« als »most performed work of the year«. Am 19.5.1981 wurde John Lennon postum mit einem Award (im 26. Jahrgang) für seine »außerordentlichen Verdienste um die britische Musik« geehrt, 1982 erhielt sein Song »Woman« einen Award in der Kategorie »outstanding British lyric«. Am 25.5.2000 erhielt Paul McCartney die Ehrenmitgliedschaft der BACS.

J

JACARANDA
Club bzw. Café-Bar in 23 Slater Street/Ecke Bold Street, Liverpool, eröffnet im September 1957 von → *Allan Williams* (auch »The Jac« genannt). Im Keller spielten Liverpooler Bands zum Tanz. Am 30.5.1960 spielten hier zum ersten Mal → *The Silver Beatles*, in den folgenden zwölf Wochen dann immer montags – da hatte die Hausband, die Royal Caribbean Steel Band, frei. Dass »The Jac« allerdings »the place the fab four first played« war, wie eine Werbung am Club später behauptete, stimmt natürlich nicht. Der Club wechselte mehrmals den Besitzer, in den 1980er Jahren hieß er »Maxie San Suzie«. Im Keller des Clubs, der 1995 als »Jacaranda Club« wiedereröffnet wurde, sind mehrere Zeichnungen zu sehen, die von John Lennon und → *Stuart Sutcliffe* stammen sollen. 2006 war der Club für den Preis »Britain's Pubs In Time« nominiert.

JACKMAN, BILL
Britischer Jazz-Saxophonist (bars). Am 6.2.1968 war er mit den Saxophonisten → *Ronald »Ronnie« Scott*, → *Bill Povey* und → *Harold »Harry« Klein* an den Overdub-Aufnahmen zu »Lady Madonna« beteiligt, erstmals erschienen am 15.3.1968 auf Single.

JACKSON, MICHAEL
* 29.8.1958 in Gary/Indiana. Amerikanischer Pop-Sänger, sang zwei Duette mit Paul McCartney: »This Girl Is Mine« (LP »Thriller«, 1982) und »Say Say Say« (LP »Victory« – The Jacksons, 1984). Am 6.9.1985 erwarb er für 47,5 Mill. $ (damals ca. 55 Mill. €, John Robertson berichtet von 34 Mill. $, andere von 40 Mill. $) die ATV Music Publishing Company (→ *Lew Grade*) inklusive → *Northern Songs Limited* und damit auch die Rechte an 251 Beatles-Kompositionen. Er überbot dabei Paul McCartney, was diesen zum Bruch der Freundschaft veranlasste. Paul McCartney hatte Michael Jackson zuvor drei Mal geschrieben, ohne eine Antwort zu erhalten. Jacksons Vermögen wurde damals auf 70 Mill. $ geschätzt. Heute sind es einige Millionen mehr – auch dank der Beatles. ATV war bereits 1992 das Dreifache wert. Auch an jeder → *Cover-Version* eines Beatles-Songs verdient Michael Jackson. Ob er deshalb in seinem Film »Moonwalker« (1988) »Come Together« sang? Paul McCartney ist seit Jahren sauer auf Michael Jackson, weil er die Beatles-Songs auch zu Werbezwecken verhökert. So verkaufte Michael Jackson im Oktober 1989 die Rechte an »All You Need Is Love« für umgerechnet ca. 240 000 € an Panasonic, Dusty Springfield nahm dann den Song für die Werbung auf. Paul McCartney: »Ich bin nicht glücklich mit der Art, wie Michael Jackson die Sache geregelt hat. Er ist der Erste, der die Songs als Commercials benutzt. Wenn ich ›Let It Be‹ live spiele, halten die Fans Kerzen hoch. Ob sie das wohl auch noch tun, wenn der Song Teil einer Auto-Werbung ist?« Auch »Woman«, »Taxman« und »Come And Get It« dienten bereits als Werbe-Jingles (für Yves Rocher, H&R Block bzw. Toyota). Auch Ringo Starr ist strikt gegen eine derartige »Verwertung« der Beatles-Songs, und Tom Waits konstatiert: »Ich hasse es, all diese Beatles-Songs in der Werbung zu hören. Das macht sie fast nutzlos. Jedes Mal denke ich: Okay, da geht wieder einer hin.« Sony/ATV Songs LLC, verwaltet von

Sony/ATV Music Publishing, erwarb 1995 für 90 Mill. $ 50 % der Anteile und kontrolliert mittlerweile insgesamt über 12 000 Songs. Der Wert des Songrechte-Katalogs wird heute auf ca. 850 Mill. $ geschätzt. Im Oktober 2001 konstatierte Paul McCartney in einem Rundfunkinterview, zu Michael Jackson befragt: »Wir haben nicht die beste Beziehung.« Michael Jackson und → *Yoko Ono* seien für ihn nur »harte Geschäftsleute«. 2001 spülten die Beatles-Rechte immerhin je 9 Mill. $ in die Kassen von Michael Jackson und Sony. 2001, 2002 und 2006 gab es immer wieder Gerüchte, Michael Jackson könnte aufgrund finanzieller Probleme gezwungen sein, seinen Anteil an den Rechten der Beatles-Songs zu verkaufen – vielleicht an Paul? Im Frühjahr 2006 musste Jackson ein Refinanzierungsabkommen abschließen, um eine drohende Insolvenz abzuwenden. Im Rahmen einer Umschuldung müsste er seinem Joint-Venture-Partner Sony eine Kaufoption auf ca. 25 Prozent des Titelkataloges zum Festpreis einräumen. *Die Welt* (15.4.2006) brachte es auf den Punkt: »Verschuldeter Michael Jackson sichert seine Finanzen mit Rechten an Beatles-Hits ab.«

Lit.: Feige, Marcel: Das große Lexikon über Michael Jackson (Berlin 2002); Michael Jackson – King Of Pop (Egenhofen 2002) • www.mjackson.de; www.michaeljackson.de; www.michaeljackson.com

JACKY AND HIS STRANGERS

1953 von Jacky Spelter (*1.8.1927) in Berlin gegründete Rock'n'Roll-Band, die in den 1950er und 1960er Jahren mit Bill Haley, → *Fats Domino* und → *Little Richard* auftrat. 1959 soll sogar → *Elvis Presley* in einem Konzert der Band in Friedberg gewesen sein. Die Beatles hat Jacky Spelter nach eigenen Aussagen im Hamburger → *Kaiserkeller* kennen gelernt. (Spelter: »Die waren meine Vorgruppe damals.«) Bei einem Konzert der Strangers in Österreich 1965 – die Beatles nahmen in Obertauern gerade die Skiszenen für »Help!« auf – kam sogar John Lennon für drei Stücke mit auf die Bühne und spielte auf Jacky Spelters 1948er → *Fender*. Spelter besaß ein Foto davon. Spelter: »Der Wirt der Kneipe, in der wir spielten, kam damals wütend zu mir und sagte: Ich habe Sie gebucht und nicht die Beatles.« Der Auftritt ist auf der Single »Happy Rock'n'Roll« (STUFF Records) dokumentiert. Jack Spelter galt lange Jahre als Deutschlands dienstältester Rocker. † 12.5.2004 in Los Angeles. Von Mai 2006 bis April 2007 zeigte das Museum Neukölln in Berlin eine Ausstellung zu Jacky Spelter.

JACOBS, DAVID

Britischer Rechtsanwalt, maßgeblich an den Geschäften mit Beatles-Produkten beteiligt. → *Brian Epstein* hatte im Oktober 1963 über Lionel Bart zu ihm Kontakt aufgenommen. Den Beatles entgingen durch die Geschäfte von → *Nick Byrne* und → *Seltaeb* geschätzte 100 Mill. $ Einnahmen. Am 15.12.1968 erhängte sich Jacobs, im Alter von 56 Jahren. Kurz vor seinem Tod hatte er um Polizeischutz gebeten. Zwei Tage vor seinem Tod rief er bei seinem Privatdetektiv John Merry an: »Es steht nicht gut, John. Ich stecke in schrecklichen Problemen. Sie sind alle hinter mir her.« Als Merry fragte, wer »sie« seien, nannte er sechs Namen aus dem Show-Business. Rache? Ein Fall für Scotland Yard oder den Psychiater? Die Fragezeichen bleiben.

JAEP MUSIC LIMITED

Am 17.5.1963 von → *Dick James* und → *Brian Epstein* in London gegründeter Musikverlag. Der Verlag veröffentlichte u.a. seit März 1965 den Katalog des amerikanischen Verlegers Aaron Schroeder.

JAMES, DICK

Musikverleger der Beatles. * 1920 als Richard Leon Vapnick in London. Er verließ die Schule mit 14, begann als Sänger bei Al Berlin and his Band und Primo Scala's Accordion Band (als Isaac Vapnick und Lee Sheridan). 1945 änderte er seinen Namen in Dick James und hatte dann einigen Erfolg mit den Orchestern von Cyril Stapleton, Henry Hall und Stanley Black und den Stargazers. Er schrieb für Max Bygrave den Kinderhit »I'm A Pink Toothbrush, I'm A Blue Toothbrush«. 1955 nahm ihn → *George Martin* für → *Parlophone Records* unter Vertrag und produzierte seinen einzigen Hit »Robin Hood«, die Titelmelodie einer Fernsehserie. 1959 wandte er sich dem Verlagsgeschäft zu und gründete im September 1961 Dick James Publishing bzw. Dick James Music Limited (London, 132 Charing Cross Road, WC2 2 St Giles Covent Gardens Strand). Nachdem → *Ardmore and Beechwood Limited* als Verleger von »Love Me Do« und »P.S. I Love You« die Hoffnungen von → *Brian Epstein* auf schnelles und großes Geld enttäuscht hatten, empfahl → *George Martin* den Verleger Dick James. James schlug Brian Epstein nach einem ersten Treffen am 27.11.1962 vor → *Northern Songs Limited* zu gründen: Er selbst und sein Buchhalter Charles Silver hielten 55 % der Anteile, Brian Epstein, John Lennon und Paul McCartney die restlichen 45 % (die Anteile veränderten sich später). Er arrangierte auch den ersten Fernsehauftritt der Beatles in → *Thank Your Lucky Stars* (aufgenommen am 13.1.1963, gesendet am 19.1.1963, er kannte den Produzenten Philip Jones, für den er früher den Titelsong für »Robin Hood« gesungen hatte). »Please Please Me« und »Ask Me Why« waren die ersten Beatles-Songs, die James veröffentlichte – und der Anfang einer Geschäftsverbindung, die »Lennon und McCartney schließlich die Eigentumsrechte an ihren

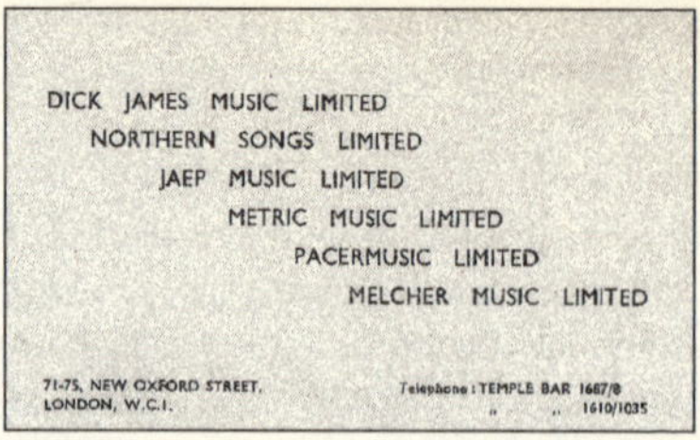

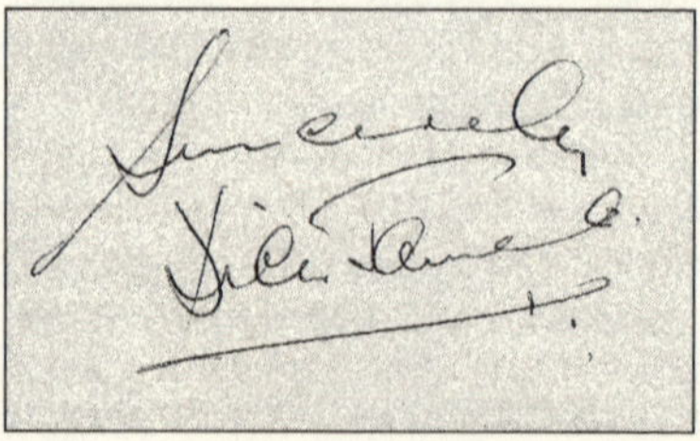

Dick James, der Musikverleger der Beatles, gründete Anfang 1963 Northern Songs Limited

eigenen Songs kostete« (→ *Barry Miles*). James hatte sogar ein eigenes Studio, in dem die Beatles z.B. im Mai 1963 »Bad To Me« aufnahmen. Am 4.5.1964 zog der Verlag in die 71/75 New Oxford Street. Am 1.1.1966 erschien auf Parlophone Records die Platte »Sing A Song Of Beatles«, auf der James selbst ein Medley aus sechs Beatles-Songs singt, begleitet von einem 100-stimmigen Chor. Mit der neuen Firma Northern Songs Limited wurde James zum Multimillionär. Im März 1969 verkaufte James seine Anteile an Northern Songs Ltd an Lew Grades ATV – ohne sie zuerst den Beatles anzubieten, was diese sehr verärgerte. John Lennon erfuhr erst aus der Zeitung von dem Deal. James verlegte später auch Songs anderer Stars, z.B. von Elton John. 1985 erwarb → *Michael Jackson* für 40 Mill. $ den Verlag und damit die Rechte an 251 Beatles-Kompositionen. † 1.2.1986. Im Frühjahr 1988 veröffentlichte Polygram eine Promo-CD »The Best Of Dick James« – mit den drei Beatles-Songs, an denen Dick James die Rechte behalten hatte: »Please Please Me«, »Ask Me Why« und »Don't Bother Me«.

JANOV, DR. ARTHUR

»Erfinder« der Urschrei-Therapie (Primärtherapie), die darin besteht, seelische Störungen und Süchte zu heilen, indem traumatische Kindheitserlebnisse noch einmal ins Bewusstsein gerufen werden, um sie so nachträglich zu verarbeiten. Kritiker bezeichnen heute Janovs Therapie auch als »Hippie-Kindergarten« und als Beispiel für die Gutgläubigkeit der damaligen Zeit. John Lennon: »Wir wachsen alle mit zu vielen Ängsten auf. Auch wenn wir sie unterdrücken, sind sie trotzdem immer da. Die schlimmste Angst ist, nicht geliebt zu werden ...« Die Schreimethode als psychologische Therapieform ist allerdings umstritten. Janov gründete 1968 sein Primal Institute in Los Angeles und 1989 das Primal Center in Venice/Calif. Er veröffentlichte über ein Dutzend Bücher, u.a. »The Primal Scream«, das 1970 in erw. Aufl. erschien, in 27 Sprachen übersetzt und bisher über 1 Mill. Mal verkauft wurde. John Lennon bekam das Buch von einem Freund. 1991 erschien »The New Primal Scream« und 2000 »Biology Of Love«. Janov gibt seit 1973 das *Journal of Primal Therapy* heraus und leitet die International Primal Association (IPA). John und Yoko schrieben ihm nach Los Angeles und baten ihn um eine Therapie. Er stimmte unter zwei Bedingungen zu: Beide sollten zuvor Alkohol, Drogen und Nikotin aufgeben und sich mit Isolation und vorübergehender Trennung einverstanden erklären. Mitte März 1970 kam Janov dann nach → *Tittenhurst Park*, um mit der sechsmonatigen Therapie zu beginnen. John Lennon und Yoko Ono sollten 24 Stunden getrennt voneinander und allein verbringen, da sie jedoch dauernd gestört wurden, verlegte Janov die Therapie in das Londoner Hotel »Inn On The Park«. Ende April 1970 kamen John Lennon und Yoko Ono nach Los Angeles in Janovs Institut und blieben dort bis Ende Juli. Die Behandlung erfolgte in einem schallisolierten und verdunkelten Raum. Dr. Janov hatte ursprünglich ca. 15 Monate veranschlagt, aber das Visum war abgelaufen. Ob John Lennon tatsächlich »geläutert« wurde, ist unklar – Janov meinte, der »emotionale Eingriff« sei zu früh beendet worden. John Lennon schrieb in dieser Zeit zahlreiche Songs, unter dem Eindruck der Therapie veröffentlichte er dann am 11.12.1970 die Solo-LP »John Lennon/Plastic Ono Band«, vielleicht das erste Punk-Album überhaupt, auch das »Urschrei-Album« genannt. »Janovs Theorie verhalf Lennon zu der Erkenntnis, dass ihm als Kind zweierlei verwehrt gewesen war: eine Mutter und ein positiver emotionaler Start ins Leben«, stellte James Woodall später fest. Zum Schluss der Therapie hatte Yoko Ono Janov in Verdacht, er wolle Lennons Ruhm als Eigenreklame nutzen – vielleicht nicht ganz unbegründet. Arthur Janov: »John wurde von der Urschrei-Therapie wahrhaft mitgerissen. Er wollte die Queen Elizabeth II mieten, mit uns um die Welt fahren und dabei die Urschrei-Therapie machen. Er wollte eine Insel kaufen und eine Ur-Gesellschaft gründen.« 1971 trat John Lennon in einer Dick Cavett Show mit einer Zigarette in der Hand auf und bemerkte: »Siehst du, Janov, es hat nicht funktioniert!« Bands wie Tears For Fears und Primal Scream beriefen sich später auf Janov, der auch Co-Autor des Musicals »Scream« ist, einen Songtext für Céline Dion schrieb und überhaupt »Pop« ist.

www.primaltherapy.com; www.primaertherapie.de

JARRETT, JEFF

Toningenieur bei zahlreichen Beatles-Aufnahmen, später Betreiber des Abbey Road Cafés in London.

JAZZ

Die Beatles und Jazz? Nun, nicht gerade eine innige Verbindung. Um John Lennon zu zitieren: »Wir waren immer gegen Jazz. Für mich war das eine Scheißmusik, blöder noch als Rock'n'Roll, etwas für Studenten in billigen Marks & Spencer-Pullovern.« Trotzdem: Die Beatles traten Anfang der 1960er Jahre in Konzerten immer wieder vor oder nach Jazzmusikern wie Kenny Ball, Mr. Acker Bilk u.a. auf. Am 8.8.1965 besuchten John Lennon und George Harrison das Abschlusskonzert des 5. National Jazz & Blues Festival in Richmond. Am 20.7.1967 nahm → *Chris Barber* in den Londoner Chappell Recording Studios »Catcall« auf, eine Komposition Paul McCartneys. Paul McCartney und → *Jane Asher* waren bei den Aufnahmesessions dabei, Paul und Brian Auger spielten Piano, und Paul McCartney ist auch im Chorus am Ende des Stückes vokal zu hören. Am 8.10.1963 besuchten die Beatles ein Konzert Roland Kirks in Ronnie Scott's Club in London. Auf Apple erschien am 6.12.1968 die LP »Under The Jasmine Tree« und am 24.9.1969 die LP »Space« des Modern Jazz Quartetts – → *Bill Harry* berichtet, dass die Beatles das Quartett seit langem bewunderten. Später coverten zahlreiche Jazzmusiker Beatles-Songs, u.a. Elena Duran (fl)/Stephane Grappelli (v)/Laurie Holloway (p) (»Bach To The Beatles«, 1991), Roger Webb (»John, Paul And All That Jazz« (1964), Martan Mann and Mannkind (»Beatle Jazz«, 1993), Count Basie & His Orchestra (»Basie's Beatle Bag«, 1966, »Basie On The Beatles«, 1970), der Gitarrist John Pizzarelli (»John Pizzarelli Meets The Beatles«, arr. & cond. by Don Sebesky), Sarah Vaughan and her Band (»Songs Of The Beatles«, 1980), The London Jazz Four (»Take A New Look At The Beatles«), »Come Together – A Guitar Tribute To The Beatles« (prod. von Mike Mainieri, mit John Abercrombie, Terje Rypdal,

Beatles jazzig: Downtown does The Beatles – Live At the Knitting Factory (1992)

Michael Hedges, Robben Ford, Ralph Towner, David Gilmore u.a.), »Mike Mainieri presents Come Together – guitar tribute to The Beatles Vol. 2« (mit Wayne Krantz, Philip de Gruy, Charlie Hunter, Adam Rogers & David Gilmore, David Tronzo, Robben Ford, David Fiuczynski, Michael Hedges, Terje Rypdal, Robert Quine & Jody Harris). Auch die CDs »(I Got No Kick Against) Modern Jazz – A GRP Artists' Celebration of the Songs of The Beatles« (1995), »BeatleJazz: A Bite Of The Apple« (2000), Ann Dyer & No Good Time Fairies: »Revolver – A New Spin« (2001), »Beatles Hits In The Glenn Miller Sound«, »McCartney, His Music And Me« mit der Big Band von Syd Lawrence, »Downtown Does The Beatles – Live At The Knitting Factory« (1992), »Blackbird – The Lennon/McCartney Songbook« von Heinrich von Kalnein (s, fl) und Band (2002), Joe Sachse/Ernst Bier: »Helter Skelter – Beatles Forever« (2002), »Big Band Beatles Bag« von Lee Castle versammeln jazzige Versionen. Am 31.8.1989 nahm die Mike Westbrook Band im Schweizer Willisau die LP »Off Abbey Road« auf, das Programm wurde auch live gespielt. Auch die »Dixieländer« bzw. Traditionalisten des Jazz können sich mit den Beatles anfreunden: Mr. Acker Bilk spielte eine CD mit Lennon/McCartney-Songs ein, Kenny Ball »Lady Madonna«. George Harrison bekannte nach dem Split der Beatles: »Am liebsten würde ich mit einer ordentlich treibenden Big Band wie dem alten Cab Calloway-Orchester spielen.« Der kanadische Sänger, Pianist und Komponist Denzal Sinclaire versuchte sich auf seiner CD »I Found Love« (2001) sogar an einem Medley aus »Eleanor Rigby« und Ornette Colemans »Lonely Woman«. Noch mehr Jazz: Ella Fitzgerald sang »Hey Jude«, Gerry Mulligan spielte »P.S. I Love You«, Wes Montgomery »Eleanor Rigby«, Benny Goodman und Oscar Peterson »Yesterday«, Herbie Hancock »Norwegian Wood« ... Und – kaum zu glauben: Am 21./22.12.1990 fand in Tokyo ein John Lennon Tribute Concert statt, bei dem Miles Davis »Strawberry Fields Forever« spielte. Wer jetzt immer noch glaubt, Beatles und Jazz passen nicht zusammen, sollte sich die CDs »BeatleJazz: Another Bite Of The Apple« (2001) und »BeatleJazz: With A Little Help From My Friends (2005) oder »Blue Note Plays The Beatles« (2004) auflegen.

JEFFERSON AIRPLANE

Im August 1965 in San Francisco gegründete Band, die zum Inbegriff der Musik der → *Hippies* wurde. Sie experimentierte mit → *psychedelischen* Farb-Projektionen und integrierte als eine der ersten Bands eine opulente Lightshow. Im Mittelpunkt der ständig wechselnden Besetzung stand die Sängerin Grace Slick, mit ihrer ersten LP wurde Jefferson Airplane zur führenden Underground-Band der Westküste. Als Paul McCartney im April 1967 mit → *Mal Evans* in San Francisco und Los Angeles war, ließ er es sich nicht nehmen, ihr Konzert im New Cheetah Club zu besuchen und mit Jefferson Airplane nach deren Proben im Fillmore Auditorium in ihrem Haus zu jammen. Er hatte als Linkshänder allerdings Probleme, auf Jack Casadys Bassgitarre zu spielen. Und natürlich rauchte er auch einige Joints mit ihnen. Die Droge DMT soll er allerdings abgelehnt haben.

Lit.: Gleason, Ralph J.: The Jefferson Airplane And The San Francisco Sound (New York 1969)

JESSIE'S DREAM

Am 12.10.1967 aufgenommene Klang-Collage von John Lennon für den Film-Soundtrack »Magical Mystery Tour«. Die Schauspielerin Jessie Robins spielte Ringos Tante Jessie in dem Film. »Seine schrägen Klavierakkorde und Echo-Gitarren weisen bereits auf die gespenstische Atmosphäre seiner ersten Zusammenarbeit mit Yoko Ono hin«, konstatiert John Robertson in seinem Buch »John Lennon 1940–1980«. Erschienen auf dem → *Bootleg* »Cinelogue 5«. → *Bill Harry* nennt als Autoren des Stückes McCartney/Starkey/Harrison/Lennon.

JIMI HENDRIX EXPERIENCE

→ *Hendrix, Jimi.*

JIVE BUNNY & THE MASTERMIXERS

Projekt des Londoner DJ Les Hemstock und der Mixer Ian Morgan, Andy Pickles und John Pickles, unterstützt durch die John Anderson Band à la → *Stars On 45*, gegründet am 1.1.1988. Ihr Konzept besteht darin, Originalhits aus den 1920er bis 1960er Jahren zu sampeln und Party-tauglich aufzubereiten. Oft wurde dabei zusammengekoppelt, was nicht zusammengehört. Die erste Platte (»Swing The Mood«) erschien 1989 – mit Kombinationen wie »Let's Twist Again«/»In The Mood« und »Tutti Frutti«/»Rock Around The Clock«. Einen guten Überblick bieten das 3-CD-Set »The Biggest Party On The Planet« (1999, mit dem Beatles-Song »I Want To Hold Your Hand«) und die CD »The Very

Best Of Jive Bunny And The Mastermixers« (1989, 2003 digital remastered). Die CD »Jive Bunny & The Mastermixers Play The Music Of The Beatles« (2001) versammelt 24 Hits der Beatles, u.a. »Twist And Shout«, »Please Please Me«, »She Loves You«, »Day Tripper«, »A Hard Day's Night«, »Can't Buy Me Love«, »I Want To Hold Your Hand« und »I Saw Her Standing There«. Auf dem Cover spazieren vier Comic-Figuren über einen Zebrastreifen à la → *Abbey Road*.

JOCK AND YONO

Die Christmas-Single der Beatles für 1968 enthält eine Geschichte John Lennons über zwei Ballons, die gegen übermächtige Barrieren und ihre eigenen Freunde ankämpfen müssen. Ihre Namen: Jock und Yoko. Interpreten: natürlich John Lennon und → *Yoko Ono*.

JOHN AND PAUL

Ein weiterer → *Fake* aus der Zeit der → *Beatlemania*: Unter diesem Namen veröffentlichte 1965 eine Band auf dem London-Label eine Single im Stil der Beatles mit den Titeln »People Say«/»I'm Walking«. Später waren die Songs sogar auf → *Bootlegs* mit Beatles-Material zu finden. Die wahre Identität des Duos ist bis heute ungeklärt.

JOHN AND YOKO

»Song« von John Lennon/Yoko Ono, aufgenommen am 22.4.1969 in London in den → *Abbey Road Studios*, abgemischt am 25.4.1969. Am 27.4.1969 nahmen John Lennon und → *Yoko Ono* eine zweite Version des Titels auf, die am 1.5.1969 gemixt wurde. Der Titel erschien dann erstmals als A-Seite der LP »Wedding Album« von John Ono Lennon und Yoko Ono Lennon am 20.10.1969 (USA) bzw. 7.11.1969 (GB). John und Yoko sprechen, rufen, schreien mit wechselnder Leidenschaft 20 Minuten lang abwechselnd den Namen des anderen, auf der Rhythmusspur wurden ihre Herzschläge aufgenommen.

JOHN AND YOKO: A LOVE STORY

Von Carson Productions für die NBC TV 1984/1985 gedrehter TV-Film über die Beziehung John Lennons zu → *Yoko Ono*, Drehbuch: Ed Hulme – der wurde jedoch gefeuert, weil Yoko Ono sein Skript nicht gut fand, das neue Drehbuch schrieb Sandor Stern. Der Film kostete schließlich 5 Mill. $! Den John Lennon spielte Mark McGann, die Yoko Ono Kim Miyori, Ringo Starr Ralph Walsh, George Harrison Peter Capaldi und Paul McCartney Kenneth Price. Der Film enthält ca. 30 Songs. Der »sentimentale, von allen Anstößigkeiten bereinigte, aber dennoch manchmal rührende TV-Film« (John Robertson) wurde am 2.12.1985 zum ersten Mal gesendet. Seit 1988 gibt es den Film auch auf Video, Titel: »John And Yoko: The Complete Story«. Positiver Nebeneffekt: Mark McGann und Kim Miyori heirateten später.

JOHN & YOKO'S YEAR OF PEACE

2002 erschienene DVD (52/57 min; auch als VHS Video) zu den Friedensaktivitäten von John Lennon und → *Yoko Ono* im Jahre 1969. Regie: Paul McGrath. Außer John Lennon und Yoko Ono sind zu sehen bzw. zu hören: Laurie Brown (Erzähler), John Brower (Rock-Promoter), Chuck Chandler (DJ aus Montreal, Sender CFOX), Paul Levitan (Studentenreporter), Allan Rock (Studentenführer), Mark Starowicz (von der Zeitung *Toronto Star*), Patrick Watson (CBC – Canadian Broadcasting Corporation), Ritchie Yorke (Rockjournalist). Die Titel: Love & Peace; Getting Into Canada; The Montreal Bed-In; Celebrity Visitors; Recording »Give Peace A Chance«; Hoodwinked Into Ottawa; The Toronto Rock'n'Roll Revival, 1969; War

Is Over! The Peace Festival! Selling Peace; Hangin' With Hawkins; Meeting With Trudeau; Money Problems; The Death Of John Lennon; Imagine; End Credits.

JOHN FOSTER & SONS LIMITED BLACK DYKE MILLS BAND
→ *Black Dyke Mills Band.*

JOHN, JOHN (LET'S HOPE FOR PEACE)
Song von → *Yoko Ono*, aufgenommen am 13.9.1969 von der → *Plastic Ono Band* im Varsity Stadium in Toronto/Kanada für die LP »The Plastic Ono Band – Live Peace In Toronto 1969«, erschienen am 12.12.1969.

THE JOHN LENNON JOURNALS
Aus insgesamt zehn CDs bestehende zweiteilige → *Bootleg*-Edition mit John-Lennon-Material aus den Jahren 1968–1974 (Part 1) und 1972– 1980 (Part 2) – »computer enhanced · digitally remastered«. Ein Großteil des Materials ist auch auf den → *Lost Lennon Tapes* zu finden. Kommentar der → *Beatlemania* 5/95: »no single new track at all!«

JOHN LENNON AND THE BLEECHERS
Unter diesem Namen erschien am 20.2.1970 eine Platte mit der Aufnahme »Ram You Hard« – das Pseudonym wurde noch nicht gelüftet, nur so viel steht fest: Mit dem (Noch-)Beatle hatte diese Aufnahme nichts zu tun.

JOHN LENNON: THE BEATLES AND BEYOUND
Laser Disc mit Ausschnitten aus »What's Happening: The Beatles In The U.S.A.«, »The Beatles Come To Town«, »The Beatles At Shea Stadium« und »Man Of The Decade«.

JOHN LENNON: A JOURNEY IN THE LIFE
TV-Film der → *BBC* über das Leben John Lennons mit Bernard Hill in der Hauptrolle, ausgestrahlt am 6.12.1985.

JOHN, PAUL, GEORGE, RINGO
Titel eines Theaterstückes über die Beatles, uraufgeführt am 13.9.1983 im Londoner Young Vic Theatre.

JOHN, PAUL, GEORGE, RINGO ... & BERT
Musical von Willy Russell, basierend auf der Geschichte der Beatles, das ab 1974 u.a. in Liverpool (Premiere im Everyman Theatre in der Hope Street bzw. im Royal Court Theatre), London (West End), Hull (New Theatre), New York, in Deutschland (deutsche Fassung von Astrid und Jürgen Fischer mit dem Titel »Bert«, Regie Joachim Preen, Premiere 15.5.1975 in Hamburg, dann in Bochum) und der Schweiz aufgeführt wurde. Bert ist ein Betrachter, der geschickt in die Handlung eingebaut ist. In der Londoner West End-Inszenierung spielte Arthur Kelly, ein Schulfreund von George Harrison, den Bert. Die schottische Sängerin Barbara Dickson interpretierte in dem Stück einige Beatles-Songs. Die gleichnamige LP enthält Songs der Beatles »by The Original London Cast Featuring Barbara Dickson«. Produzenten waren Cameron Mackintosh und George Bormick »by arrangement with« Michael Gordon und → *Robert Stigwood*. Das Musical wurde 1974 »Best Musical Of The Year« und erhielt den Evening Standard Drama Award und den Plays And Players Award. In der deutschen Fassung spielten Thomas Bauer (John Lennon), Mignon Benares (Paul McCartney), Peter Keglevic (George Harrison), Manfred-Paul Hänig (Ringo Starr), Herbert Grönemeyer (Bert), Robert Atzorn (Brian Epstein), Sibylle Nicolai (Yoko Ono) und Angelika Hartung (Linda McCartney).

JOHNNY AND THE MOONDOGS
Unter diesem Namen spielte John Lennons Band im August bis Oktober 1959 in diversen Liverpooler Clubs, evtl. sogar im → *Cavern*

(am 7.8.1959 – nicht verbürgt) und im Oktober 1959 bei der »Carroll Levis Discovery Show« im Liverpooler → *Empire Theatre*, wo sie einen achtbaren dritten Platz belegte. Beim Endausscheid im Hippodrome Theatre in Ardwick Green, Manchester (»TV Stars Search«) am 15.11.1959 – das erste »Auswärtsspiel« der Beatles – musste die Band leider vor der Endrunde wieder mit dem Zug nach Liverpool zurück. Was wäre gewesen, wenn ...? Im November 1959 jedenfalls lösten sich Johnny and The Moondogs wieder auf, um sich wenige Tage später neu zu formieren – als Long John & The Silver Beatles, aus dem kurz darauf → *The Silver Beatles* bzw. The Silver Beetles wurden. Es existiert ein in den USA erschienenes → *Bootleg* »Johnny And The Moondogs: Silver Days«. Dass sie unter diesem Namen sogar bis zum Januar 1960 auftraten, wie → *Bill Harry* vermutet, ist nicht belegt. Das Bootleg »Johnny And The Moondogs« ist ein Mitschnitt des Konzertes der Beatles am 24.10.1963 im Karlaplan Studio in Stockholm.

JOHNNY AND THE SILVER BEATLES
→ *The Silver Beatles*.

JOHNNY B. GOODE
Song von → *Chuck Berry* aus dem Jahre 1958. Die Beatles nahmen den Song am 7.1.1964 im Playhouse Theatre, London, für die → *BBC*-Sendung »Saturday Club« (Produzent: Bernie Andrews, gesendet am 15.2.1964) auf. Erschienen am 28.10.1994 auf der DoCD »Live At The BBC«. Am 16.2.1972 spielten John Lennon und Chuck Berry den Song gemeinsam in einer Nachmittags-Ausgabe der Mike Douglas Show im amerikanischen Fernsehen.

JOHNS, GLYN
Toningenieur und zeitweilig auch Produzent der Beatles, bei den Aufnahmen zu dem TV-Special → *Around The Beatles* am 19.4.1964 war er zweiter Toningenieur. Am 2.4.1965 erschien seine eigene Single »I'll Follow The Sun«. Er hatte dann u.a. 1969/1970 die Aufgabe, aus den Aufnahmen, die in vier Wochen in den → *Twickenham Film Studios* und den Apple Studios gemacht worden waren, das Album »Get Back« bzw. »Let It Be« zusammenzustellen. → *George Martin* schaute nur gelegentlich mal vorbei. Zum ersten Mal kümmerten sich die Beatles nicht selbst um ihr Produkt. Johns: »Ich hab in den letzten 40 Jahren mit vielen Bands zusammengearbeitet, und es gab immer Ärger. Das ist ganz normal. Es ist wie eine Ehe. Einmal sah es so aus, als ob sie sich mitten in einer Session auflösen würden. Ich saß da und drückte die Daumen, dass es hält, bis sie das Problem geklärt hatten.« (*Rolling Stone* 3/2003) Johns legt den Beatles am 10.3.1969 (nach anderen Quellen im Mai) eine erste Probepressung vor, die Beatles waren mit den Ergebnissen jedoch nicht zufrieden. Ein Exemplar der Probepressung landete versehentlich bei dem Bostoner Rundfunksender WBCN, der die Aufnahmen auch sendete. Teile der Probepressung erschienen auf diversen → *Bootlegs*. John Lennon war auch dagegen, dass Johns als Produzent genannt wurde, obwohl er die meiste Arbeit geleistet hatte. Am 5.1.1970 legte Johns eine neue Abmischung vor (2nd Mix). Im Februar 1970 lud John Lennon dann → *Phil Spector* ein, der schließlich im März die LP vollendete. Johns' Meinung zu Spectors Arbeit: »Es ist ein absoluter Haufen Müll.« Die Arbeit von Johns ist u.a. auf den Bootlegs »Get Back with Let It Be and 11 Other Songs«, »Get Back – The Glyn Johns Final Compilation«, »Posters, Incense, Strobe And Candles« und »The Beatles – Get Back 2nd Mix« dokumentiert. Seine Version von »Get Back« wurde als Single veröffentlicht. Johns ist auch Produzent der → *Rolling*

Stones-LPs »Get Yer Ya-Ya's Out!« (1970), »Sticky Fingers« (1971) und »Jamming With Edward« (1972), Toningenieur der LP »The London Howlin' Wolf Sessions« (1971) und Produzent von Paul McCartney & Wings »Red Rose Speedway« (1973).

JOLLY WHAT! ENGLAND'S GREATEST RECORDING STARS THE BEATLES & FRANK IFIELD ON STAGE

Am 26.2.1964 in den USA auf dem Label → *Vee-Jay Records* erschienene LP mit dem australischen Sänger Frank Ifield (*1937) und den Beatles, u.a. mit den Beatles-Titeln »Please Please Me«, »From Me To You«, »Ask Me Why« und »Thank You Girl«. Die Aufnahmen sind allerdings Studio-Aufnahmen. Die Platte erschien im Juni 1964 noch einmal unter dem Titel »The Beatles And Frank Ifield (On Stage)«.

JONES, DAVY

Amerikanischer Sänger, der bereits in der → *Ed Sullivan Show* und anderen amerikanischen TV-Shows aufgetreten war, bevor er 1960 nach Großbritannien kam. Am 3.5.1960 trat er zum ersten Mal in Liverpool auf. Als er am 24.11.1961 im Tower Ballroom in New Brighton/Wirral in Liverpool in der zweiten Folge der → *Operation Big Beat*, veranstaltet von → *Sam Leach*, auftrat, ließ er sich bei zwei Songs von den Beatles begleiten. Auch als er am Nachmittag des 8.12.1961 im Liverpooler → *Cavern* auftrat, engagierte er die Beatles als Backing Band. Am Abend begleiteten sie ihn noch einmal bei der Davy Jones Show im Tower Ballroom. Später trat er auch im Hamburger → *Star-Club* auf.

JONES, PAUL

*24.2.1944 in Portsmouth/England als Paul Pond, britischer Sänger, 1964–1966 Leadsänger bei Manfred Mann, dann u.a. als Schauspieler (»Privilege«) tätig. Paul McCartney spielte im Februar 1968 Schlagzeug bei seiner Aufnahme »And The Sun Will Shine« (veröffentlicht auf einer Single am 8.3.1968, b/w »The Dog Presidents«). In den 1970er Jahren war Paul Jones dann Sänger der Original Blues Band.

JUBILEE

→ *Junk*.

JUGOTON

Staatliche jugoslawische Schallplattengesellschaft, hier erschienen nahezu alle Beatles-LPs in Lizenz, so »Please Please Me«, »With The Beatles«, »A Hard Day's Night«, »Beatles For Sale«, »Help!«, »Rubber Soul«, »Revolver«, »Sgt. Pepper's Lonely Hearts Club Band«, »Magical Mystery Tour«, »White Album«, »The Beatles 1962–1966«, »The Beatles 1967–1970«, »Rock'n'Roll Music«, »Love Songs«, »At The Hollywood Bowl«, »20 Greatest Hits« und »In The Beginning – The Beatles And Tony Sheridan«. Hinzu kommen zahlreiche Singles. Später folgten auch zahlreiche Solo-LPs der Beatles.

Lit.: Valic, Miljenko: Jugoton: First Complete Catalogue Of Licenced Singles (Zagreb 1995)

JUKE BOX JURY

Populäre Fernsehsendung der → *BBC*1 vom 1.6.1959 bis 27.12.1967 (433 Sendungen!), Moderator: David Jacobs, in der neue Schallplatten vorgestellt wurden. John Lennon trat in der Sendung am 29.6.1963 (rel. 22.6.1963) auf, → *Brian Epstein* am 26.10.1963 und am 29.2.1964, George Harrison »live« am 25.7.1964 (gespielt wurde »I Should Have Known Better«), Ringo Starr am 1.8.1964 (rel. 25.7.1964). Am 7.12.1963 wurde im Liverpooler → *Empire Theatre* eine Show aufgezeichnet, die ausschließlich den Beatles gewidmet war. Sie wurde noch am gleichen Abend gesendet und von ca. 23 Mill.

Zuschauern gesehen. Die Beatles stellten in der Sendung Platten von The Chants, → *Elvis Presley*, The Swinging Bluejeans, Shirley Ellis, Paul Anka, Steve Lawrence/Eydie Gorme, Billy Fury, The Merseybeats und The Orchids vor. Am 25.7.1964 machten George Harrison und Ringo Starr Aufnahmen für die Show. In den 1970er und 1980er Jahren gab es Versuche, die Sendung wiederzubeleben, diese blieben jedoch erfolglos.

JULIA

Song von John Lennon/Paul McCartney, aufgenommen am 13.10.1968, erstmals erschienen am 22.11.1968 auf der LP »The Beatles« (»Weißes Album«). John nahm diesen Song für seine verstorbene Mutter und seine neue Liebe → *Yoko Ono* ganz allein auf. »Ocean Child«, das im Text vorkommt, ist die englische Übersetzung von Yoko Ono. Die ersten Worte des Songs entnahm John Lennon einem Buch des libanesischen Schriftstellers Khalil Gibran. Zahlreiche → *Cover-Versionen*, u.a. von Die Vision, Chocolate Genius, BeatleJazz, Les Boréades, Sean Lennon und Paul Grabowski.

JUNK

Song von Paul McCartney, geschrieben Anfang 1968 in → *Rishikesh*, ursprünglich (unter dem Titel »Jubilee«) für das »Weiße Album« bestimmt, aufgenommen November 1969 – März 1970 (nach Geoffrey Giuliano: »Two Of Us«, Harmondsworth 1999, bereits im März 1969), erschienen 1996 auf → *The Beatles Anthology 3*, am 17.4.1970 neu auf Paul McCartneys erster Solo-LP (»McCartney«). Die Version ohne Gesang heißt »Singalong Junk«. Paul McCartney spielte auf dieser LP sämtliche Instrumente selbst. Eine weitere Version erschien im Mai 1991 auf der Paul-McCartney-CD »Unplugged – The Unofficial Bootleg«. John Denver sang 1971 auf seiner LP »Poems, Prayers and Promises« eine → *Cover-Version*; Elvis Costello und die schwedische Mezzosopranistin Anne Sofie von Otter taten's auf ihrem Album »For The Stars« (2001).

Auf der CD »BeatleJazz: A Bite Of The Apple« covern Brian Melvin und seine Musiker den Song, auf »Listen To What The Man Said«, der ersten Paul-McCartney-Tribut-CD, singt Stephen Duffy den Song.

K

KAEMPFERT, BERT

(eigentl.: Berthold Kämpfert, Pseudonym: Ray Parker) * 16.10.1923 in Hamburg, † 21./22.6.1980 Arenal/Mallorca; dt. Orchesterleiter, Arrangeur, Komponist, Saxophonist und Produzent. Er hatte 1960 einen Hit mit »Wonderland By Night« (»Wunderland bei Nacht«) und komponierte den Frank-Sinatra-Hit »Strangers In The Night«. Der Sänger Tommy Kent machte ihn bei einem Besuch in Hamburg auf die Beatles aufmerksam. Am 12.5.1961 unterschrieben sie im Büro Kaempfert Production in Hamburg einen Vertrag als Begleitband für → *Tony Sheridan* bei den Aufnahmen zu vier Singles und nahmen am 22./23.6.1961 in der Hamburg-Harburger Friedrich-Ebert-Halle (Alter Postweg 36–38) die ersten vier Titel mit den Beatles bzw. den Beat Brothers oder Beat Boys als Begleiter Tony Sheridans auf – »My Bonnie«, »The Saints (When The Saints Go Marching In)«, »Why«, »Nobody's Child« und »If You Love Me, Baby (Take Out Some Insurance For Me Baby)« (Der Gesang von Tony Sheridan wurde am 24.6.1961 neu aufgenommen, die Musikbegleitung der Beatles blieb.); dazu kamen als eigene Titel (ohne Tony Sheridan) »Cry For A Shadow« (ein Instrumental-Titel von John Lennon/George Harrison) und »Ain't She Sweet« (mit John Lennon – voc). Die Single »My Bonnie«/»The Saints (When The Saints Go Marching In)« erschien im Juni 1961 bei → *Polydor*. Am 20.2.1962 ersuchte → *Brian Epstein* Bert Kaempfert, die Beatles aus dem Schallplattenvertrag zu entlassen, der noch bis zum 1.7.1963 lief. Der stimmte am 3.3.1962 zu, dass der Vertrag mit Wirkung vom 25.5.1962 aufgelöst wird, bat jedoch, dass die Beatles beim nächsten Gig in Hamburg im Frühjahr 1962 noch einmal für Polydor ins Studio gehen. Am 24.5.1962 nahmen sie dann im Studio Rahlstedt in Hamburg noch mit Tony Sheridan »Sweet Georgia Brown« und »Swanee River« (blieb unveröffentlicht und gilt als verschollen) auf. Jeder der Beatles erhielt 300 DM (ca. 150 €), Kaempfert machte die Aufnahmen als unabhängiger Produzent und verkaufte die Bänder dann an die Polydor. Als die Beatles am 26.6.1966 in Hamburg auftraten, gehörte Bert Kaempfert zu den Ehrengästen. Er gilt heute als Protagonist des »Easy Listening«, auf dem Label Taragon erschienen in den letzten Jahren 18 seiner LPs auf elf CDs. Auf einer LP interpretiert sein Orchester ausschließlich Beatles-Songs. Als Ergänzung zu empfehlen: »The Polydor Singles Collection 1958–1972« (DoCD, 2000) und »Die Bert Kaempfert Story« (DoCD, 2002). 1996 initiierte seine Tochter Marion ein neues Bert-Kaempfert-Orchester unter der Leitung von Tony Fisher. Seine Frau Doris stellt seit 2002 gelegentlich die Original-Lebensläufe der Beatles und Tony Sheridans aus dem Besitz ihres Mannes aus. Auf der CD zum »Stranger In The Night – Die Bert Kaempfert Story« befindet sich auch die Aufnahme »Ain't She Sweet«.

Lit.: Boettcher, Marc: Stranger In The Night – Die Bert Kaempfert Story (Berlin/Hamburg 2002)

KAISERKELLER

Der erste deutsche Rock'n'Roll-Club in Hamburg (St. Pauli, Ecke Große Freiheit 36/Schmuckstraße), auf Plakaten auch als »Tanzpalast der Jugend« annonciert, eröffnet am 14.10.1959 von → *Bruno Koschmider*. Nach Abenden mit Schallplatten aus der Music-Box, Gesangswettbewerben und gelegentlichen Live-Konzerten ließ Koschmider hier

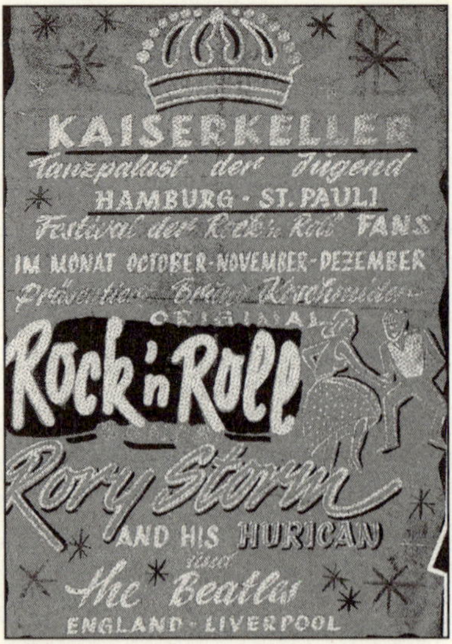

Kaiserkeller in Hamburg – im Oktober/November/ Dezember 1960 traten hier auch The Beatles auf

ab Juni 1960 regelmäßig britische Bands auftreten. Als eine der ersten Gruppen wurde → *Tony Sheridan* und seine Band gebucht. Am 1.10.1960 spielten hier → *Rory Storm and The Hurricanes* mit Ringo Starr (dr). Bei einem »Festival der Rock'n'Roll Fans« traten hier am 4.10.1960 auch die Beatles auf – im stündlichen Wechsel mit Rory Storm and The Hurricanes. Die Beatles spielten hier, nach der Schließung des → *Indra,* bis Ende November 1960. Da sie auch bei der »Konkurrenz« auftraten, z.B. im → *Top Ten Club*, sorgte Bruno Koschmider schließlich dafür, dass die Beatles zurück nach Großbritannien mussten. Am 1.11.1960 kündigte er ihren Vertrag zum 30.11.1960 mit der Begründung, George Harrison sei erst 17. In der Tat musste George Deutschland am 21. (oder 27.?) 11.1960 verlassen. Aufgrund fehlender Arbeitserlaubnisse und Aufenthaltsgenehmigungen wurden dann am 5.12.1960 auch Paul McCartney und → *Pete Best* ausgewiesen. John Lennon folgte wenige Tage später, → *Stu Sutcliffe* blieb bei → *Astrid Kirchherr*. Auf Dauer war der Kaiserkeller der Konkurrenz der »großen« Clubs allerdings nicht gewachsen, Koschmider machte ihn unter dem Namen »Colibri« wieder zum Cabaret- bzw. Strip-Lokal. Der darüber liegende Kaisersaal wurde 1978 in »Trinidad« umbenannt. Besitzer war zu diesem Zeitpunkt noch immer Bruno Koschmider. Am 3.10.1989 fand im ehem. Kaiserkeller die Pressekonferenz zum Auftakt der Konzerte der Paul McCartney World Tour 1989/90 in Deutschland statt. Der Kaiserkeller hieß in den 1990er Jahren dann Große Freiheit 36 und wurde weiter für Rockkonzerte genutzt. Am 12./13.11.2000 fand im Kaiserkeller eine Veranstaltung anlässlich des Erscheinens der »The Beatles Anthology« und des Albums → *1* der Beatles statt. Am 22.11.2001 wurde das Kaisercafé im Kaiserkeller wiedereröffnet.

KALENDER

1969 legten John Lennon und → *Yoko Ono* ihrer LP »The Plastic Ono Band – Live Peace In Toronto« einen »John & Yoko Calendar« bei. Natürlich haben auch die professionellen Kalendermacher längst die Beatles entdeckt. Der Londoner Verlag Danilo Promotions Limited veröffentlicht in jedem Jahr einen offiziellen Kalender, von → *Apple Corps Limited* lizenziert. Er hat zumeist ein Motto, so z.B. 1998 »In The Studio«, »Let It Be«, »Day Tripper« (was eigentlich kein Motto war), »A Hard Day's Night« und »Revolver«. Für 2000 und die Folgejahre erschienen auch »Yellow Submarine«-Kalender. Auch zu den vier Musikern erscheinen immer wieder spezielle Kalender. Für Fans wichtig sind die Kalender von Verlagen wie Zinc 7, Signature Networks, Dream, All Star, Blossom, Browntrout Publ., Star Calendars, Square, independent publication ... Interessanter sind allerdings die Kalender, die aus der Reihe fallen, wie z.B. »Echoes Of The Beatles«, herausgegeben von der Zeitung *Liverpool Echo*, oder Kalender mit den Abbildungen von Plattencovern. No Artificial Flavor Entertainment (USA) legte bereits 1996 einen Kalender auf CD-ROM vor – mit 366 Beatles-Fotos. Im teNeues Verlag in Kempen erschien der Kalender »Linda McCartney 2006: The Sixties«. Wohltuend heben sich von der Kalenderflut die von Künstlern gestalteten Beatles-Kalender ab. So gestaltete z. B. Rolf Esser aus Hagen für 2006 einen Kalender mit 13 Beatles-Grafiken.

KANSAS CITY

Song von Jerry Leiber/Mike Stoller, ursprünglich als »K.C. Loving« 1952 von Little Willie Littlefield aufgenommen, 1959 ein Hit für → *Little Richard* und Wilbur Harrison, bereits auf der Beatles-CD »1962 Live Recordings« enthalten, von den Beatles im Studio aufgenommen am 18.10.1964, erstmals erschienen am 4.12.1964 auf der LP »Beatles For Sale« (als Medley mit »Hey-Hey-Hey-Hey!« von Richard Penniman, d.i. Little Richard). Als der Song im Oktober 1965 in den USA auf Single erschien (b/w »Boys«), ließ → *Brian Epstein* sie wieder vom Markt nehmen, weil sie »nicht repräsentativ war für aktuelle Trends in der Musik der Beatles«. Immerhin: Wenige Wochen später erschien ihr Album »Rubber Soul«. Eine weitere Version erschien im Oktober 1988 auf Paul McCartneys LP »Snova v SSSR«.

KARAOKE

(japan.: leeres Orchester) In der ersten Hälfte der 1970er Jahre in Japan aufgekommene amateurhafte Gesangsdarbietung bekannter Songs zu einer vorgefertigten Begleitung, unterstützt durch ein Text-Display. »Global technology – local singing« bringt es Toru Mitsui auf den Punkt. In den USA und Japan ist inzwischen eine ganze Karaoke-Industrie entstanden – mit der notwendigen Hardware, Karaoke-CDs, Accessoires, Karaoke-Partys, -Clubs, -Road Shows, -Jukeboxes, -Supermärkten ... Dana Pannell bietet unter wsp3.wspice.com/~dpannell/beatles/-36k eine »collection of Beatle songs rendered in General Midi« an, alphabetisch geordnet von »A Day In The Life« bis »Your Mother Should Know«. 27 Karaoke-Beatles-Songs enthält die DoCD »Day Trippers – A Tribute To The Beatles«, die CD »Karaoke« aus Japan enthält Songs der Rolling Stones und der Beatles, »Beatles Karaoke« (1995) zwölf Beatles-Songs, eine weitere Karaoke-CD erschien 2000 in GB: »Karaoke – The Songs Of Lennon & McCartney« (Demon/Star Trax Karaoke). Auf DVD erhältlich: »Beatles Karaoke Vol. 1 & 2« (Pioneer, GB, 1999). PMI Karaoke Videos bietet bisher neun Videos mit Songs der Beatles und der Solo-Beatles.

Lit.: Drew, Rob: Karaoke Nights – An Ethnographic Rhapsody (London 2001); Mitsui, Toru, Hosokawa, Shuhei (ed.): Karaoke Around The World – Global Technology, Local Singing (London 1998; New York 2001)

KASSETTE

→ *Musikkassette*.

KAUFMAN, MURRAY

→ *Murray the »K«*.

KAYE, PETER

Liverpooler Fotograf, der in seinem Studio in der 83 Bold Street viele frühe Promotion-Fotos der Beatles aufnahm, zumeist vor dem Hintergrund bekannter Plätze der Stadt. Einige der Fotos waren in der sechsmonatigen Ausstellung »The Art of The Beatles« zu sehen, die 1984 in Liverpool stattfand. 1987 veröffentlichte Kaye ein Buch mit zahlreichen bis dahin unveröffentlichten Fotos der Beatles. Ein großer Teil der Fotos gehört heute → *Apple Corps Limited*.

KEEP YOUR HANDS OFF MY BABY
Song von Gerry Goffin/Carole King, 1962/1963 ein Hit für Little Eva, von den Beatles am 22.1.1963 im Londoner Playhouse Theatre für die → *BBC*-Sendung → *Saturday Club* aufgenommen (Produzent Bernie Andrews, gesendet am 26.1.1963). Erschienen am 28.10.1994 auf der DoCD »Live At The BBC«.

KELLY, BRIAN
Liverpooler Promoter, der den Beatles Anfang der 1960er Jahre einige Auftritte in Liverpool besorgte, u.a. im Aintree Institute. Er buchte → *The Silver Beatles* zum ersten Mal für ein Vorspiel am 14.5.1960 in der Liverpooler Lathom Hall. Ihr zweites Engagement am 21.5.1960 konnten sie nicht antreten, weil sie da bereits mit → *Johnny Gentle* in Schottland unterwegs waren. Auch ihr Auftritt am 27.12.1960 in der → *Litherland Town Hall* wurde von Kelly organisiert. 1961 folgten weitere Auftritte in der Lathom Hall, der Litherland Town Hall und im Aintree Institute. Als er ihnen für einen Auftritt ihre Gage von 15 £ in Kleingeld auszahlte, war die Zusammenarbeit beendet. † 1993.

KENWOOD
Am 15.7.1964 kaufte John Lennon für 20 000 £ für seine Familie ein großes Anwesen namens Kenwood im nachgemachten Tudor-Stil in der exklusiven Siedlung St. George's Hill (Cavendish Road) in Weybridge im Londoner Stadtteil Surrey – Kenwood, ein Haus mit 27 Zimmern, erbaut 1913 – auf Anraten von → *Brian Epstein*. Weybridge war damals das, was Beverly Hills heute für Los Angeles ist. Johns Halbschwester → *Julia Baird*: »Kenwood war bereits verschwenderisch ausgestattet, als John es erwarb. Aber trotzdem bestand er darauf, dass es völlig renoviert wurde. Er gab fast noch einmal das Doppelte des Kaufpreises aus, um die Zimmer umzubauen, Wände einzureißen und alles neu einzurichten.« U.a. wurden ein Swimming-Pool und ein Aufnahmestudio (das er 1966 mit Filmkameras und einem Schneideplatz ergänzte) eingerichtet. Aufnahmen aus diesem Studio versammelt die → *Bootleg*-CD »Lost In Weybridge« (Stamp Out The Beatles, 2003). Der Designer Ken Partridge, der auch Brian Epsteins Haus in der Chapel Street designt hatte, gestaltete monatelang das Innere des Hauses völlig um – gegen den Willen von → *Cynthia Lennon*. In den Räumen gab es jede Menge Musikinstrumente, viele Bücher, aber auch Spielautomaten, einen ausgestopften Gorilla, ein Aufnahmestudio, Autorennbahnen, Modelleisenbahnen und anderes Spielzeug. Einmal soll John Lennon in einem Spielwarengeschäft ein Exemplar jedes Spiels bestellt haben, das gerade vorrätig war. Haushälterin der Lennons war Dorothy Jarlett. Während Paul McCartney das Großstadtleben in vollen Zügen genoss, lebte John Lennon in Kenwood wie ein typischer Mittelständler in mittleren Jahren – ein Zustand, der ihn bald langweilte. → *George Martin* später: »Weybridge war nicht auf Johns Mist gewachsen, und er wusste wahrhaftig nicht mehr, welcher Teufel ihn geritten hatte, als er sich von Brian Epstein hier ein Haus hatte suchen lassen. Es war ein Ghetto für Reiche und ist es noch: sehr sicher, extrem gut bewacht und extrem unbehelligt.« Im Juli 1965 kaufte sich auch Ringo Starr ein Anwesen in Weybridge, in der South Road. Die Lennons lebten hier bis zu ihrer Scheidung Ende 1968. Am 10.12.1968 wurde das Haus zum Verkauf angeboten und wenig später verkauft. John Lennon und → *Yoko*

Ono zogen nach → *Tittenhurst Park*. 1994 wurde das Haus bereits für 950 000 £ (ca. 1,2 Mill. €) angeboten.

KINFAUNS

Luxuriöses Anwesen von George und → *Pattie Harrison* in Esher in der Grafschaft Surrey am Rand von London (16 Claremont Drive) – ein langes, niedriges Gebäude mit einem beheizbaren Swimming-Pool und einem »hauseigenen« Studio. Sie kauften es im Juni 1964. »Das Haus war sehr zeitgemäß eingerichtet, mit Möbeln aus Kiefernholz und, nach Art der Inder, riesigen, farbigen Kissen auf dem Boden anstatt Stühlen.« Immer wieder versuchten insbesondere weibliche Fans, in das Haus einzudringen. Sie stahlen Georges Schlafanzüge, hinterließen dreckige Bemerkungen für Pattie, und einmal versteckten sich sogar zwei Mädchen unter dem Bett. Im Mai 1968 nahmen die Beatles hier ein Demo-Band mit neuen Songs für ihre nächste LP auf (»The Beatles«, bekannt als »Weißes Album«). Die → *Bootleg*-CD »The Beatles – Unplugged« (2001) dokumentiert die gesamte Session in korrekter Lied-Reihenfolge. Auch die Aufnahmen auf dem Bootleg »The Beatles Acoustic Masterpieces – The Esher Demos« (Walrus, 1998) entstanden hier. 1969 wurde den Harrisons Kinfauns zu klein, am 12.3.1970 zogen sie nach → *Friar Park*.

KING, ALBERT

Amerikanischer Bluessänger, * 25.4.1923 in Indianola/Mississippi. Anfang der 1950er Jahre kam er nach Chicago und veröffentlichte 1962 seine erste LP »The Big Blues«. Zu seinen Hits gehören »Don't Throw Your Love On Me So Strong« und »Born Under A Bad Sign«. Am 22.6.1968 besuchte Paul ein Konzert Kings im Whisky-A-Go-Go in Los Angeles/Calif. † 21.12.1992 in Memphis/Tennessee.

KING, BEN E.

Amerikanischer Soul-Sänger, * 23. (oder 28.) 9.1938 in Henderson/North Carolina/USA. Als Lead-Sänger der Drifters (1959–1960) sang er u.a. den Hit »Save The Last Dance For Me«. Ab 1961 sang er als Solist, seine ersten Hits: »Spanish Harlem« (1961), »Stand By Me« (1961, 1986 noch einmal ein Hit). Am 15.9.1965 besuchte Paul McCartney einen Auftritt Ben E. Kings im Londoner Club Scotch Of St James. John und Cynthia Lennon und George Harrison und Pattie Boyd trafen erst kurz vor Ende der Show ein. Die Lennons erlebten ihn dann noch einmal am 11.10.1966 im gleichen Club. John Lennon coverte 1975 »Stand By Me« auf seiner LP »Rock'n'Roll«. Auch → *Julian Lennon* nahm den Song auf. Ben E. King nahm dafür »Come Together« und »Don't Let Me Down« auf.

KING, STEVEN

Solo-Gitarrist, * in New York, aufgewachsen in Los Angeles, lebt seit 1993 in Granite Falls/WA und wurde 1994 »National Fingerstyle Guitar Champion« der USA. Er ist einer der zehn Gitarristen, die weltweit die Instrumente der Taylor Guitar Co. präsentieren. Tourneen führten ihn durch die USA, Europa und Asien. King hat auf sechs CDs Songs der Beatles eingespielt: »Beatle-ing!«, »ReBeatle-ing!«, »3 Beatle-ing!«, »Beatle-ing 4«, »Beatle-ing 5 – It's Alive!!!« und »Beatle-ing 6 – Just For Kicks«. In seiner »Tab Collection« (Bd. 1–12) hat er zahlreiche Songs der Beatles transkribiert, auch zu den sechs CDs gibt es jeweils ein »Tab Book«. King ist Anhänger des Bahá'i-Glaubens. Steve Marinucci, We-Editor der »Abbey Rd. Beatles News«: »Wir haben schon viele Beatles-Covers gehört, aber ganz ehrlich, wir müssen sagen, dass Kings Gitarrenarbeit bei diesen Songs die beste ist, die wir je gehört haben. Kein Song wiederholt sich auf den sechs CDs.« Immerhin: Auf über 100 Beatles-Songs hat es King bereits gebracht.

www.kingofguitar.net

KIRCHHERR, ASTRID (SOPHIE LUISE)

Fotografin, * 20.5.1938 in Hamburg, studierte 1957 bis 1959 an der Meisterschule für Mode, Textil, Grafik und Werbung in Hamburg (heute: Fachhochschule) bei Reinhart Wolf Fotografie. Sie fotografierte Anfang der 1960er Jahre die Beatles in Hamburg, die sie zum ersten Mal im Oktober 1960 im → *Kaiserkeller* gehört hatte. Sie erinnert sich (in einem Interview mit dem Magazin *Mojo*): »Sie spielten bereits, als wir in den Kaiserkeller kamen. Es war furchtbar voll, die Decke war sehr niedrig, es war voller Rauch und dunkel. Als erstes sah ich Paul, weil er auf und nieder sprang. Dann sah ich George und dachte, besser kann es nicht werden. Dann John, und ich flippte fast aus. Und dann war da noch Stuart, der am besten von allen aussah. Er spielte mit dem Rücken zum Publikum und dann drehte er sich um, mit seiner Sonnenbrille, und er sah absolut phantastisch aus. Es lief mir kalt den Rücken runter! Da war so viel Freude in ihren Gesichtern, Energie in ihren Augen, ein Gefühl für Spaß, wissen Sie. Ich war begeistert von ihnen ... Es traf mich wie der Blitz, denn einer der ›Rocker‹ auf der Bühne sah besser aus als der andere, und ihre Musik haute einen schlicht um.« Sie wohnte damals mit ihrer Mutter in der Eimsbütteler Straße 45a im 3. Stock, die Beatles kamen dann gelegentlich zu ihr zum Duschen. Astrid Kirchherr und ihre Freunde, der Werbegrafiker → *Klaus Voormann* und der Fotograf → *Jürgen Vollmer*, erkannten als Erste das künstlerische Potenzial der Beatles. Astrid Kirchherr: »Als ›Tochter aus gutem Hause‹ habe ich mich damals fast ausschließlich in schicken ›Existenzialisten‹-Kneipen herumgetrieben, weshalb mir die Reeperbahn und der heruntergekommene Kaiserkeller überhaupt nicht geheuer waren. Doch als ich die Beatles auf der Bühne sah, waren meine Gedanken wie weggeblasen.« Sie trug damals schwarze Rollkragenpullover, Jeans und Lederjacke. »Der Gesamteindruck war ein Knock-out, total individualistisch, so wie ihr Charakter«, erinnert sich → *Cynthia Lennon* in »A Twist of John Lennon«. Die Beatles fotografierte sie zum ersten Mal im November 1960 auf dem Hamburger Heiligengeistfeld, wo gerade der Dom, das große Volksfest, stattfand. Die schweren Traktoren und Geräte der Schausteller passten hervorragend zum Rocker-Image der Beatles. Auch die → *Pilzkopffrisur* ist ihre »Erfindung«: Nachdem sich → *Stuart Sutcliffe* und George Harrison dafür entschieden hatten, mussten auch die anderen nachziehen. Astrid Kirchher verliebte sich in Stuart Sutcliffe, Mitte November 1960 verlobten sie sich. Im Februar 1961 besuchte sie ihn in Liverpool. Er wohnte von Dezember 1961 bis zu seinem Tode im ausgebauten Dachboden in der Eimsbütteler Straße 45a. Ihre Beziehung ist auch Gegenstand des Filmes → *Backbeat*; 1974 beriet sie die Schauspielerin Sheryl Lee, die in dem Film ihre Rolle übernommen hatte. Nach Sutcliffes Tod im April 1962 verliebte sie sich in Gibson Kemp, der 1962 Ringo Starr bei → *Rory Storm & The Hurricanes* abgelöst hatte und dann Drummer bei Kingsize Taylor and the Dominoes war. Sie heirateten, die Ehe wurde jedoch bald wieder geschieden. Im November 1962 fotografierte sie die Beatles im Fotostudio Reinhart Wolf (Hamburg, Kleiner Kielort 4), wo sie als Assistentin arbeitete. Seit 1964 arbeitet sie als freiberufliche Fotografin. 1964 fotografierte sie mit dem Fotojournalisten Max Scheler eine Reportage über die Beatles für den *Stern*, u.a. in Liverpool und am Set des Spielfilms »A Hard

Astrid Kirchherr beim Estrel Beatles Festival 2002

Day's Night«. Am 26.6.1966, als die Beatles in Hamburg auftraten, traf sie sich mit ihnen. Fotos von Astrid Kirchherr erschienen in zahlreichen Büchern und Zeitschriften, so in »Liverpool Days« (1994), »Golden Dreams« (beide mit Max Scheler, 1996), »Big Beatles in Germany« (mit → *Günther Zint*, → *Tony Sheridan*, Peter Bruchmann u.a.), sie ist mit Klaus Voormann auch Autorin des 1999 in Guildford erschienenen zweibändigen Werkes »Hamburg Days«. In dem Buch »John Lennon – Zeichnungen, Performance, Film« (Stuttgart 1995) schreibt sie über John Lennon. Am 18.9.1991 war sie dabei, als der Film »Get Back« der »McCartney World Tour 1989/90« (Regie: Richard Lester) im Hamburger Passage Kino Europa-Premiere hatte. Ausstellungen ihrer Fotos fanden u.a. in London, New York, Chicago, Washington, Bremen (»Original John Lennon«, 20.5.–13.8.1995), Schwerin (6. Filmkunstfest, 1.–5.5.1996), Itzehoe (»Lennon Faces«, Okt. 2000), Liverpool (12.7.–23.9.2001) und Tokyo statt. Astrid Kirchherr lebt in der Nähe von Hamburg. In Japan ist inzwischen eine Biographie der Künstlerin erschienen. Die Rechte an ihren Fotos verwaltet die Agentur Redfers. Ihr Manager ist → *Ulf Krüger*, mit ihr Besitzer der Fa. K&K Photos (Laufgraben 16, 20146 Hamburg). In ihre Fußstapfen tritt mittlerweile die Hamburgerin Nora Kryst, Verlobte von Travis-Chef Fran Healy. 2002 und 2003 nahm Astrid Kirchherr am Estrel Beatles Festival in Berlin teil. Sie wird u.a. vom Grauwert-Galerie-Archiv in Hamburg vertreten (www.grauwert.de).

Lit.: Kamatsu, Narumi: The Presence Of Astrid K (1996), Kirchherr, Astrid; Voormann, Klaus: Hamburg Days (Guildford 1999), Kirchherr, Astrid: When We Was Fab (Guildford 2003)

KLAATU

1973 gab es Gerüchte, die Beatles hätten sich unter dem Namen Klaatu wiedervereinigt. Als 1976 das Album »Hope« erschien, waren sich die Fans sicher: Das sind die Beatles! Als der DJ Charlie Parker von WDRC in Providence, Rhode Island/USA einen Song der LP spielte, sollen gleich hunderte von Hörern angerufen und gefragt haben, ob das die Beatles seien – behauptete Steve Smith in einem Artikel in einer örtlichen Zeitung. Selbsternannte »Fachleute« fanden dann über 150 »Beweise« für die Identität beider Bands. An der University of Miami wurden die Stimmen analysiert, in Australien fand man heraus, dass das Album eigentlich das vermisste Beatles-Album »Sun« wäre, und der Song »Sub Rosa Subway« soll, rückwärts gespielt, den Satz »It's us, the Beatles!« ergeben. In Australien erschien eine Broschüre von John Squires mit dem Titel »Under An Assumed Name: The Beatles Secret Re-Union«. Dem Plattenverkauf war das alles sehr dienlich – über 300 000 Exemplare gingen innerhalb von zwei Monaten über die Ladentische. Als Mitglieder der Band wurden später John Woloschuk (alias L. M. Carpenter alias Chip Dale), Terry Draper, David Long und Dino Tome identifiziert. Die Band veröffentlichte fünf Alben (1976 »Klaatu«, 1977 »Hope«, 1978 »Sir Army Suit«, 1980 »Endangered Species«, 1981 in Kanada »Magentalane«), bevor sie sich 1982 auflöste. Als die LP »Magentalane« 1995 in den USA erschien, war die Band auch auf dem Cover abgebildet, mit Nennung der Musiker – zum ersten Mal. Ironie der Geschichte: David Long wurde Chefprogrammierer in den AIR Studios von → *George Martin*. 1999 erschien eine CD »Around The Universe« mit 19 Klaatu-Cover-Versionen kanadischer Indie-Musiker. Mit dem Klaatu-Song »Calling Occupants« hatten The Carpenters in den 1970er Jahren einen Hit. Am 7.5.2005 traten Klaatu noch einmal in Toronto/Kanada auf – beim »Klaatu Kon 2005 – World Contact Day«.

www.klaatu.org

KLASSISCHE MUSIK

Die Musik der Beatles übt eine nicht nachlassende Faszination auf klassisch ausgebildete Musiker aus. The Hollyridge Strings nahmen bereits 1964 die LP »The Beatles Song Book« auf, 1965 folgte »The Beatles Song Book Vol. 2« – inzwischen sind es bereits fünf Alben mit Beatles-Songs, darunter sogar »The Best Of The Beatles Songbook« (1996). Fritz Spiegls Barock And Roll Ensemble (sechs Musiker des Royal Liverpool Philharmonic Orchestra) veröffentlichte 1965 die EP »eine kleine beatlesmusic« à la Wolfgang Amadeus Mozarts »Kleine Nachtmusik« und Arthur Wilkinson and his Orchestra »The Beatle Cracker Suite«. Das Royal Philharmonic Orchestra nahm unter der Leitung von Louis Clark »Symphonic Beatles« und »Play The Music Of Lennon & McCartney« auf, The Royal Symphonic Rock Orchestra Vienna spielte »Classic Beatles«, The Royal Academy of Music Symphony Orchestra »Orchestral Sgt. Pepper's«, das London Symphony Orchestra And London Pop Choir »Play The Best Of Beatles«, das Symphony Orchestra Hamburg Plays The Beatles Songs … Kresten Korsbæk transkribierte 1985 »Beatles For Classical Guitar«, auch von Göran Söllscher liegt inzwischen eine CD mit »klassischen« Beatles-Songs auf der Gitarre vor; die 12 Cellisten der Berliner Philharmoniker interpretierten »The Beatles In Classic« (arrangiert von Werner Müller und Rolf Kühn), die Mezzosopranistin Cathy Berberian »Beatles-Arias For Special Friends« (1967), der Gitarrist Leo Brouwer komponierte ein »Beatles Concerto«, bestehend aus sieben Beatles-Songs, für Gitarre und Streicher, auf einer CD interpretiert von Göran Söllscher (g), Per Arne Glorvigen (Bandoneon) und dem Sinfonieorchester Gothenburg, in einer anderen Version (»Penny Lane«/»The Fool On The Hill«/ »She's Leaving Home«) von ihm selbst und Ichiro Suzuki (g). Die CD »Beatles Go Baroque« (Peter Breiner and His Chamber Orchestra, 1994) enthält 20 Beatles-Kompositionen, gruppiert zu »Beatles Concerti Grossi«, im Stile der Concerti grossi von Händel, Vivaldi und Bach, das vierte Album der Reihe »Pop Goes Classic« des Munich Symphonic Sound Orchestra (MSSO) ist ausschließlich den Beatles gewidmet. Jac Holzman, Chef von Elektra, initiierte 1965 eine LP mit »barocken« Beatles-Songs: → *The Baroque Beatles Book*, gespielt vom »Baroque Ensemble of the Merseyside Kammermusikgesellschaft«. Auch Les Boréades aus Kanada spielen »Beatles Baroque« (2001, 2 CDs). Als das Royal Philharmonic Orchestra und die Royal Choral Society, dirigiert von Louis Clark, am 13.12.1982 in der Londoner → *Royal Albert Hall* Beatles-Songs intonierten, war sogar die Queen anwesend (und Paul McCartney).

Beatles klassisch: Orchestral Sgt. Pepper's

Das Resultat: die LP »The Royal Philharmonic Orchestra Plays The Beatles 20th Anniversary Concert«. Das Orchester gastierte mit dem Programm auch im Ausland, eine Eigenkomposition heißt »Pop Go The Beatles«. 1994 erschien in den USA eine 4-CD-Box mit »Music Of The Beatles« à la Klassik. 2000 nahmen Frank Diez, Colin Hodgkinson, Ken Taylor, Paul Vincent und Martin Stephan auf ihrer CD »Rockin Bach« (rec. Live in der Georgenkirche Eisenach) »Eleanor Rigby« à la Bach auf. Der kanadische Pianist und Dirigent Stewart Goodyear komponierte »Variationen on ›Eleanor Rigby‹«. Branimir Krstic nahm 2004 »Sgt. Pepper For Classical Guitar« auf. Die Beispiele lassen sich fortsetzen. Alibi, Äquivalent für die Strenge der klassischen Arrangements, Spielwiese für die der immer wiederkehrenden Interpretation »klassischer« Werke Überdrüssigen oder echte Begeisterung? Die Motive sind so unterschiedlich wie die Qualität der Beatles-Adaptionen à la Bach, Beethoven oder Barockmusik.

KLEIN, ALLEN

Amerikanischer Manager und Musikverleger, * 13. (oder 18.?)12.1931 in Newark/New Jersey/USA, der den Dave Clark Five, → *Donovan*, → *The Animals* und Herman's Hermits zu lukrativen Plattenverträgen verhalf. Zuvor hatte er in den USA u.a. Bobby Darin, Sam Cooke, Bobby Vinton und → *The Shirelles* gemanagt. Ab Mitte 1965 unterstützte Klein → *Andrew Loog Oldham* beim Management der → *Rolling Stones*, er kümmerte sich vor allem um die geschäftlichen und finanziellen Belange. Er besaß außerdem 45 000 Anteile an MGM, die ca. 650 000 $ wert waren, und hatte eine eigene Firma, die ABKCO Industries, Inc. (Allen and Betty Klein Corporation bzw. Company) mit Sitz in New York City, Broadway 1700, NY 10019. Im Juni 1966 kündigte Klein an, bis Ende des Jahres auch Manager der Beatles zu sein. Am 13.11.1966 berichtete die *Sunday Times*, zwei der Beatles hätten Klein gebeten, ihr Manager zu werden. Natürlich dementierte → *Brian Epstein* sofort. John Lennon hatte Ray Coleman vom → *Disc and Music Echo* von seinen finanziellen Problemen berichtet, Klein las den Artikel, und über Mick Jagger und → *Derek Taylor* kam ein Treffen mit John Lennon und → *Yoko Ono* zustande. John Lennon, George Harrison und Ringo Starr beauftragten ihn, ihre finanzielle Lage zu überprüfen. Paul McCartney votierte allerdings für → *Lee Eastman*, den Vater von Linda Eastman, oder ihren Bruder → *John Eastman*, beides Rechtsanwälte, wurde aber überstimmt. John Lennon engagierte Klein in dem Gespräch am 28.1.1969 zunächst als persönlichen Berater, am 3.2.1969 wurde er dann offiziell zum Business Manager der Beatles bestellt, am 10.2.1969 nahm er seine Arbeit auf. John Lennon später: »Klein war der Einzige, den Yoko mochte, und deshalb bekam er auch den Job.« Auch Mick Jagger warnte Paul McCartney vor Klein. Paul McCartney unterschrieb den Vertrag mit Klein nicht. Kleins Hauptaufgabe: dafür zu sorgen, dass → *NEMS Enterprises Limited* nicht weiterhin ein Viertel ihrer Einnahmen kassierte. Linda Eastmans Vater und Bruder wurden als General Council, d.h. als Rechtsanwälte, eingesetzt – auch, um Kleins Aktivitäten zu kontrollieren. Drei Jahre lang erhielt Klein 20 % aller Apple-Einnahmen – aus bereits bestehenden Schallplattenverträgen erhielt er die 20 % allerdings nur, wenn er mehr Geld aus den Verträgen herausholte. »In der Tat brachte Klein innerhalb von achtzehn Monaten den Beatles mehr Geld, als Epstein ihnen in den ganzen Jahren als Manager verschafft hatte«, konstatiert → *Bill Harry*, sieht in ihm aber auch »einen der Faktoren für das Auseinanderbrechen der Gruppe«. Am 20.9.1969 machten John Lennon und Yoko Ono ihn auch zum Geschäftsführer ihrer am 21.4.1969 in London gegründeten Produktionsgesellschaft → *Bag Productions Limited*. Am 31.12.1970 strengte Paul McCartney ein Verfahren gegen Klein an, das sechs Jahre später auch erfolgreich war. Am 29.1.1971 wurde Klein in New York wegen zehn Steuervergehen verurteilt. Am 10.3.1971 bestellte das Gericht J. D. Spooner zum Vermögensverwalter der Beatles, Klein durfte nicht länger im Namen der Beatles agieren – nur noch für John Lennon, George Harrison und Ringo Starr. 1971 zeichnete Klein u.a. verantwortlich für die Filmaufnahmen vom → *Concert For Bangla Desh* im New Yorker → *Madison Square Garden*, er gilt auch als Mitorganisator des legendären Konzerts. Allen Klein 1971 in einem → *Playboy*-Interview: »Das Musikbusiness besteht zu 99 Prozent aus talentlosen Verlierern, die keinen Gewinner in ihrer Mitte ertragen können. Ich bin ein Gewinner, und wenn die anderen mir meinen Erfolg madig machen wollen und mich beschimpfen, dann können sie das von mir aus tun. Das kümmert mich einen Dreck.« Im Mai 1972 setzte er sich dafür ein, dass John Lennon die Green Card bekam, um in den USA bleiben zu können. Als Allen Klein John Lennon am 28.6.1973 wegen angeblich nicht zurückgezahlter Darlehen von ABKCO in Höhe von 508 000 $ verklagte, kündigte dieser ihm allerdings die Freundschaft.

Am 2.11.1973 verklagten schließlich John Lennon, George Harrison und Ringo Starr Klein wegen Missmanagements. Klein reagierte mit einer Gegenklage wegen ihm vorenthaltener Zahlungen. 1977 verließ Klein schließlich mit einer außergerichtlich vereinbarten Abfindung von 5 Mill. $ (!) Apple – Yoko Ono hatte ihn wohl überredet. Apple erhielt im Gegenzug 800 000 $. 1979 wurde Klein zu einer zweimonatigen Haftstrafe verurteilt, weil er in seiner Steuererklärung die von 1970 bis 1972 aus dem Verkauf von Apple-Promoplatten erzielten Einnahmen nicht angegeben hatte.

Danach kaufte Klein für 587 000 $ die Rechte an George Harrisons Song »My Sweet Lord«, nur um einen Rechtsstreit gegen diesen führen zu können. Am 5.11.1990 entschied dann ein New Yorker Gericht, dass Klein die weltweiten Rechte an »My Sweet Lord« gehören (außer Großbritannien und den USA, wo sie weiterhin George Harrison gehören). Harrison kaufte später Klein für 270 020 $ diese Rechte ab. Dass eine im Dezember 1994 erschienene (und 1998 wiederveröffentlichte) → *Bootleg*-CD mit George-Harrison-Material (»All Things Must Pass«) allerdings »Beware Of ABKCO!« heißt, ist nicht George Harrison anzulasten. 1987 verklagten die Beatles und die John-Lennon-Erben Klein auf Herausgabe der Negative der Fotos, die für die LP »Let It Be« verwendet wurden. Im Juni 2001 musste er sich nach einem Herzinfarkt einer Herzoperation unterziehen. Auch Paul McCartney wünschte ihm eine baldige Genesung. Allen Klein lebt heute in New York.

Die Beatles in München – 1966

Fotografien von Rainer Schwanke

Im dritten Jahr meiner Tätigkeit als Photo Director bei der US Army in München, wo ich jungen Soldaten das Handwerk des Fotografierens lehrte, tauchte das Gerücht auf, die Beatles kämen in die Stadt. Die Soldaten waren begeistert und baten mich, dieses Ereignis für sie festzuhalten. Durch einen Anruf bei einem befreundeten BRAVO-Redakteur bekam ich einige Informationen über den Ablauf der *Blitz-Tournee.*

Was heute durch Security und Bodyguards unmöglich ist, gelang 1966 noch problemlos: Mit meinem alten VW Käfer fuhr ich zum Flughafen München-Riem und parkte auf einem der vielen Parkplätze. Ohne Kontrollen gelangte ich zum Flugfeld und – einer Gruppe von Menschen folgend – zur Gangway. Die Maschine landete und nach kurzer Zeit kamen die Beatles, umringt von anderen Passagieren und Flugpersonal, gutgelaunt die Treppe herunter, an deren Fuß sie von zahlreichen Reportern erwartet wurden. Anschließend fuhren sie in einer Mercedes-Limousine durch ein Spalier von begeisterten Fans in Richtung Innenstadt davon, begleitet von einem Polizei-Käfer und zwei Motorrädern. Ziel war das Hotel Bayerischer Hof, wo die BRAVO eine Pressekonferenz angesetzt hatte. Hier gab es ein großes Gedränge der Medienleute, aber die Beatles nahmen es gelassen und beantworteten freundlich ihre Fragen.

Die Kunde von der Ankunft in München sprach sich schnell herum und bald versammelte sich eine große Menge junger Leute vor dem Bayerischen Hof. Die Begeisterung erreichte ihren Höhepunkt, als sich die vier am oberen Fenster unterhalb des Daches zeigten.

Mit großer Spannung wurde das Konzert abends im Circus Krone erwartet. Hier gab es Absperrungen mit einem kleinen Polizeiaufgebot, und auch ein heftiger Platzregen konnte den wartenden Fans nichts anhaben. Mit Hilfe von Herrn Schulz, dem besonders liebenswürdigen Krone-Manager, konnte ich problemlos den Einzug der Beatles hinter der Bühne und später auch das Konzert fotografieren.

Die Begeisterung der Fans war grenzenlos. Am nächsten Tag stand ich früh im Labor und fieberte den Bildern entgegen. Die Freude »meiner« Soldaten-Schüler über die vielen Motive der »Beatles in München« war gewaltig und dauerte lange an.

Rainer Schwanke

Fans vor der Ankunft am Flughafen

BEA

Ankunft in München – 22.6.1966, 12:56

CUT HERE

Nikon

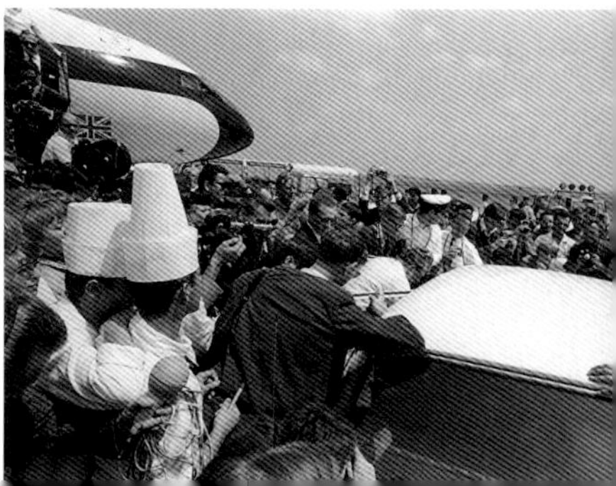

Fahrt vom Flughafen zum Hotel

M-TX 107

FLUGHAFEN MUNCH
Abflug
POLIZEI
M-WA 143
M - 7283

Autobus Oberbayern

PRESSEKONFERENZ
HOTEL»BAYRISCHER HOF«

BRAVO-BEATLES-BLITZTOUR

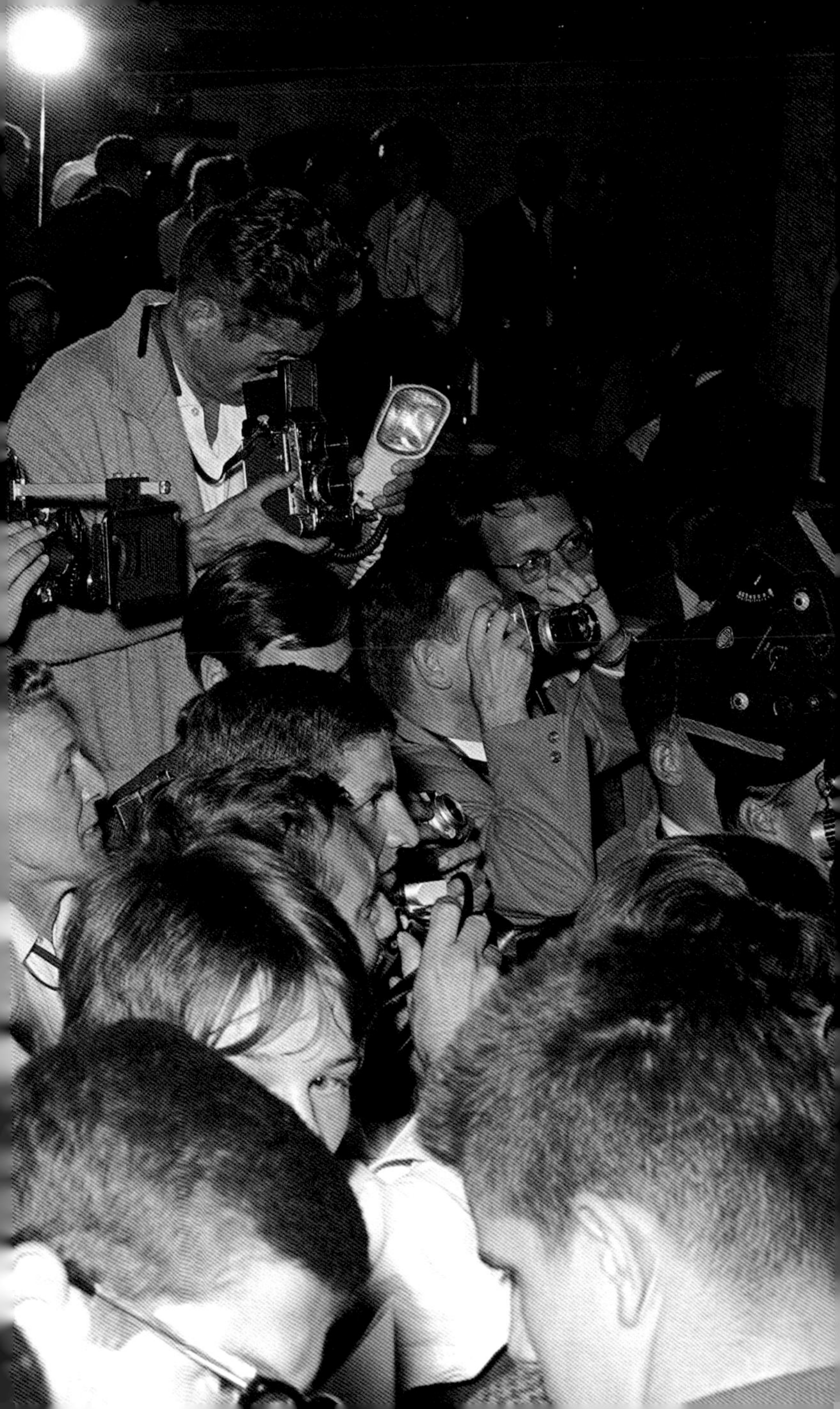

BRAVO-BEATLES-

BRAVO-BEATLES-B

Echolette

»Bayrischer Hof« – Fans vor dem Hotel

Platzregen vor dem Konzert

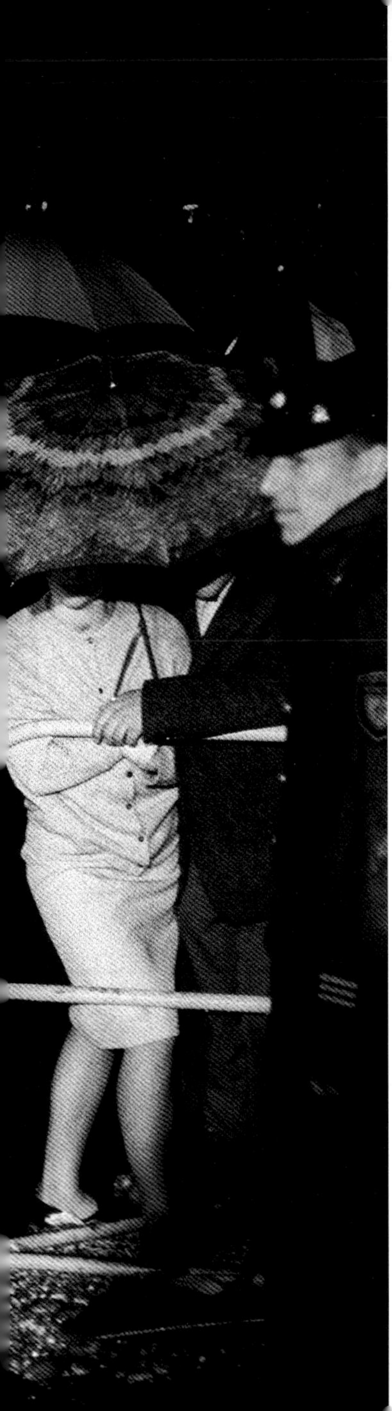

Backstage vor dem Konzert

CIRCUS K
VOX
VOX

NE-BAU
Echolette
VOX

THE BEATLES

Jede Woche

Beatlemania:
Ein Fan

KLEIN, HAROLD »HARRY«

Britischer Jazz-Saxophonist (bars), *25.12. 1928 in London. Er war seit 1945 als Musiker aktiv, 1957 wurde er vom *Melody Maker* zum besten britischen Baritonsaxophonisten gewählt. Er arbeitete als Solist, mit eigenen Bands und als Begleiter u.a. von Ella Fitzgerald, Tony Bennett und Sammy Davis jr. Am 3.2.1968 war er mit den Saxophonisten → *Ronald »Ronnie« Scott*, → *Bill Povey* und → *Bill Jackman* an den Aufnahmen zu »Lady Madonna« beteiligt, erstmals erschienen am 15.3.1968 auf Single. Auch an den Aufnahmen zu »Honey Pie« am 1.10.1968 und zu »Savoy Truffle« am 3.10.1968 war er beteiligt.

KLINGENDE POSTKARTEN

Zumeist rechteckige bzw. quadratische Schallplatten bzw. -folien aus einem Trägermaterial (Karton) und einer aufgeklebten Folie, in Polen auch gänzlich aus Kunststoff hergestellt, zumeist von klanglich schlechter Qualität. Klingende Postkarten mit Beatles-Songs sind mittlerweile begehrte Sammlerstücke.

KOKAIN

Keine Droge, die die Beatles nicht genommen hätten: Auch Kokain war dabei. Paul McCartney z.B. erhielt die Droge von → *Robert Fraser*, 1967, bei den Dreharbeiten zu »Sgt. Pepper's Lonely Hearts Club Band«. »So etwa ein Jahr lang« habe er Kokain genommen, bekannte er später. (*Die Welt* 3.6.2004)

Lit.: Rätsch, Christian; Ott, Johann: Coca und Kokain – Ethnobotanik, Kunst und Chemie (Aarau 2003)

KOMM, GIB MIR DEINE HAND

Song in deutscher Sprache von John Lennon/ Paul McCartney/Jean Nicolas (d.i. Camillo Felgen, Programmchef und Chefsprecher bei → *Radio Luxemburg*)/Heinz Hellmer (d.i. Monique Falk, Ehefrau von SWF-Programmgestalter Herbert Falk), erstmals aufgenommen von den Beatles am 29.1.1964 in den Pariser Pathé Marconi Studios, in der Rue de Sevres, Boulogne-sur-Seine, veröffentlicht auf Single am 5.3.1964. Elf Takes waren erforderlich, bis die Aufnahme »im Kasten« war. Neben Produzent → *George Martin* und Tontechniker → *Norman Smith* war der Kölner Produzent Otto Demler an den Aufnahmen beteiligt. In den USA erschien der Titel zuerst auf der LP »Something New« am 20.7.1964. Zahlreiche → *Cover-Versionen*, u.a. von Die Amigos (d.i. das Hemmann-Quintett), Die Mimmi's, Bläck Fööss, New Age, 2Raumwohnung, The Beatles Revival Band, Uwe Ochsenknecht und The Punkles.

KOMPILATION

Zusammenstellung von Titeln verschiedener Platten/CDs eines oder mehrerer Interpreten, z.T. unter einem Motto, oder als »Greatest Hits«-Abfolge, zumeist eine preiswerte Wiederveröffentlichung, eine Kopplung populärer Titel eines Künstlers, eines Labels oder einer Stilrichtung, »durch [unschöpfer.] Zusammentragen aus anderen Werken entstanden« (Fremdwörterbuch), auch als Sampler bezeichnet.

KONZEPT-ALBUM

LP, bei der die Musikstücke durch einen inhaltlichen oder formalen »roten Faden« miteinander verbunden sind. Als eines der ersten Konzeptalben gilt »Sgt. Pepper's Lonely Hearts Club Band«.

KOSCHMIDER, BRUNO

*1926. Hamburger Gastronom, Manager und Inhaber der Hamburger Clubs → *Indra* und → *Kaiserkeller*, in dem 1960 die Beatles auftraten – »ein verkrüppelter ehemaliger Zirkusclown und Feuerschlucker, dem einige Striplokale und Pornokinos in Hamburg-St. Pauli gehörten« (→ *Barry Miles*). Des Weiteren gehörten ihm die »Kaiserhütte« in Hamburg sowie das »Sanssouci« und der »Künstlerkeller« in Bremerhaven. Am 1.9.1950 eröffnete er das »Indra« auf der Großen Freiheit 64 – als Striptease-Lokal, und Ende 1959 kam als erster deutscher Rock'n'Roll-Club an der Ecke Große Freiheit 36/Schmuckstraße der »Kaiserkeller« dazu. Auch das Kino → *Bambi* in der Paul-Roosen-Straße 33, wo die Beatles zeitweise wohnten, gehörte ihm. Mit »Mach schau!« feuerte er die Beatles an, wenn sie mal müde waren – der Ruf ist inzwischen Legende. Am 1.11.1960 kündigte er ihren Vertrag zum 30.11.1960 mit der Begründung, George Harrison sei erst 17. Der wahre Grund war wohl, dass er befürchtete, die Beatles könnten zur Konkurrenz, zum → *Top Ten Club*, gehen. Er blieb im Clubgeschäft und managte eine Zeit lang den Club »Alodria«. † Oktober 2000 in Hamburg.

KRAMER, BILLY J.
→ *Billy J. Kramer with The Dakotas*.

KREEN-AKRORE
Song von Paul McCartney, aufgenommen November 1969–März 1970, erschienen am 17.4.1970 auf Paul McCartneys erster Solo-LP (»McCartney«). Paul McCartney spielte auf dieser LP sämtliche Instrumente selbst. Der Song entstand, nachdem Paul im Fernsehen einen Report über die Kreen-Akrore-Indianer im brasilianischen Urwald gesehen hatte. Mit diversen Effekten (Brechen von Holz, Tierstimmen, Atmen) sollte eine Jagd-Atmosphäre erzeugt werden.

KRÜGER, ULF
*3.9.1947 Uelzen/Niedersachsen. Er gründete 1960 die Skiffle Group The Owl City Washboardmen, drei Jahre später schloss er sich der lokalen Beat Band The Randalls als Schlagzeuger an. Die Band nannte sich später William Thornton & The Chicago Sect und belegte einen 2. Platz beim Star-Club-Band-Wettbewerb 1967. 1969, während seines Studiums an der Staatlichen Hochschule für bildende Künste in Hamburg, gründete er Leinemann. Später spielte er bei Rudolf Rock & die Schocker und wurde 1972 Schallplattenproduzent (u.a. King Rocko Schamoni), Texter und Komponist. 700 Songs aus seiner Feder wurden bis heute veröffentlicht, darunter eine Reihe von Hits. Er ist Produzent der 20-teiligen CD/LP-Serie »The Hamburg Sound. Eine phonographische Dokumentation« (1991, Reissue von → *Star-Club Records*) und Autor für den englischen Edel-Musikbuchverlag → *Genesis Publications Limited*, u.a. schrieb er das Vorwort für »big – beatles und Germany« (1997) und arbeitete auch an dem 1999 erschienenen Prachtband

Ulf Krüger

»Hamburg Days« mit. Er ist auch Autor der »phonographischen Dokumentation« »Beat Band Battle« (CD und Buch). 1991 war er einer der Initiatoren des ersten John Lennon Förderpreises der Itzehoer Versicherungen (www.john-lennon-talent-award.de). Als Berater wirkte er u.a. an dem Film → *Backbeat* mit und recherchierte für → *Apple Records* den Hamburg-Part von »The Beatles Anthology«. Krüger ist Mitglied im Verein St. Pauli Museum e.V., vertritt die Fotografin → *Astrid Kirchherr* und leitet den Musikverlag Edition Krüger und die K & K Ulf Krüger oHG (Laufgraben 16, 20146 Hamburg), die u.a. Beatles-Memorabilia und limitierte Kunstdrucke vertreibt und als Musik-Bildarchiv für Medien und Presse fungiert. 1999 schrieb er ein 92-seitiges Buch für die 4-CD-Box »Die Ariola Star Club Aufnahmen« (Bear Family Records). 2000 stellte er die Ausstellung »Lennon Faces« in Itzehoe zusammen und gab den Katalog »The Many Faces of John Lennon« heraus. 2001 erschien in dem deutschen Oldie-Magazin *Good Times* eine Artikelserie von ihm über die Geschichte des → *Star-Club*. 2002 erschien die 3-CD-Box »Star Club Hamburg – The most famous Beat Club in the world« (Universal) mit einem 120-seitigen Booklet von Krüger. Im Frühjahr 2002 produzierte er die CD »Vagabond« von → *Tony Sheridan*. Krüger ist seit 2002 auch Mitveranstalter des jährlich stattfindenden Estrel Beatles Festivals in Berlin.

Lit.: Krüger, Ulf: Beatles Guide Hamburg (Hamburg/Wien 2001); Krüger, Ulf (Hrsg.): The Many Faces of John Lennon (Ausstellungskatalog; Hamburg 2000); Articus, Rüdiger; Beier, Gerhard; Krüger, Lothar; Krüger, Ulf; Schulze-Schlichtegroll, Klaus-Christian: Die Beatles in Harburg (Hamburg 1996) • www.center-of-beat.com

KUM BACK

Die 1969 in San Francisco auf Lemon Records erschienene LP mit Aufnahmen aus den »Let It Be«-Sessions gilt als eines der ersten → *Bootlegs* der Beatles. Die von Michael O produzierte LP soll 100 000 Mal verkauft worden sein, berichtete *Entertainment World* im März 1970 – Zahlen wie diese sind allerdings mit Vorsicht zu genießen, denn zum Verkauf von Bootlegs gibt es aus verständlichen Gründen keinerlei verlässliche Statistiken.

L

LABEL

1. Etikett bzw. Aufdruck auf der Mitte einer Schallplatte.

2. Markenzeichen, unter dem eine Schallplatte/CD verkauft wird. Je spezieller das Profil eines Labels ist, desto unverwechselbarer ist seine Stellung in der Szene. Die Aufspaltung in mehrere Unter-Labels (sub-label) hat vor allem steuerliche Gründe, erleichtert jedoch auch die Übersicht über die Produkte.

Lit.: Kennedy, Rick, McNutt, Randy: Little Labels – Big Sounds (Indianapolis); Rust, Brian: The American Record Label Book (New Rochelle 1978); Southall, Brian: The A – Z Of Record Labels (London 2000)

THE LADDERS

1969, kurz vor der endgültigen Trennung der Beatles, hatten John Lennon, George Harrison und Ringo Starr, unterstützt durch → *Klaus Voormann*, kurzzeitig den Plan, eine neue Band zu gründen – The Ladders. Diese Besetzung spielte dann 1973 den Song »I'm The Greatest« für Ringo Starrs Album »Ringo« ein – unterstützt durch → *Billy Preston*.

LADY MADONNA

Song von John Lennon/Paul McCartney, aufgenommen am 3. und 6.2.1968, erstmals erschienen am 15.3.1968 auf Single (b/w »The Inner Light«). Das Piano-Intro wurde nahezu unverändert von Humphrey Lytteltons Jazzklassiker »Bad Penny Blues« aus dem Jahre 1955 übernommen. Die Bläser-Section imitieren Paul McCartney, John Lennon und George Harrison, indem sie in die hohlen Hände blasen – meinen einige Kenner.

Lady Madonna / The Inner Light (1968)

An den Aufnahmen waren jedoch auch die Saxophonisten → *Ronald »Ronnie« Scott*, → *Harold »Harry« Klein*, → *Bill Povey* und → *Bill Jackman* beteiligt. Der Promo-Clip aus dem Jahre 1968 (Regie: → *Tony Bramwell*) zeigt die Beatles allerdings bei den Aufnahmen zu »Hey Bulldog«. Eine weitere Version des Songs erschien im Dezember 1976 auf der Live-Triple-LP »Wings Over America«. Am 23.3.1995 spielte Paul McCartney, begleitet vom renommierten Brodsky Quartet, den Song bei einer Benefizgala zugunsten des Royal College of Music im Londoner St. James Palace. Und wer weiß: Vielleicht hat sogar Ms. Ciccone alias Madonna den Titel ihrer 2000er CD »Music« aus dem Lennon/McCartney-Song entlehnt (»Lady *Madonna*, laying on the bed/Listen to the *music* playing in your head«)? Zahlreiche → *Cover-Versionen*, u.a. von Tom Jones, Pindakaas Saxophon Quartet, Chet Atkins, Booker T & The MGs, James Last, Gary Puckett & The Union Gap, Wings, José Feliciano, Ratzenback/Theesink/Langer, Geesin's Mahogany Minstrels, Rundfunk-Tanzorchester Berlin, Fats Domino, The Day Trippers, The Beatles Revival Band, Kenny Ball, Blamu Jatz Orchestrion, Oscar d'Leon, Bornagen, Bulais cun Gigi

Moto, Volkers lustiger Musikverein (»Pummel der Pudel«), The Bugs, Les Boréades, Beatles Forever, The Punkles, Men At Work, Peter Breiner and His Chamber Orchestra, Andrea Braido & Giorgio Cordoni, Steve Cropper (Booker T. & The MGs), Hard Day's Night, The RRSO Symphony Orchestra, Lucie-Marie Krause, The Crystalites, Phoenix, Orchester André Kostelanetz, Electric Sound Orchestra (d.i. Martial Martinay), Elvis Presley, Heinrich von Kalnein und Emil Gorowez.

LANCASTER, BURT
Amerikanischer Filmschauspieler, * 2.11.1913 in New York City/USA; ab Mitte der 1940er Jahre einer der künstlerisch ambitioniertesten und vielseitigsten amerikanischen Schauspieler, u.a. in zahlreichen Action-, Western- und Abenteuerfilmen, u.a. in »Das Urteil von Nürnberg« (1961), »Der Leopard« (1962) und »1900« (1974). Am 25.8.1964 trafen sich die Beatles in Los Angeles mit Burt Lancaster. † 20.10.1994 in Century City/Calif.

LANGSPIELPLATTE
→ *Longplay(er).*

LASER DISC
Für alle Schallplatten und Bildplatten, die systembedingt mit einem Laser ausgelesen werden (also eigentlich auch → *CD*); im engeren Sinne die von Pioneer entwickelte Hard- und Software nach dem LaserVision-Bildplattensystem. Inzwischen gibt es auch diverses Beatles-Material auf Laser Disc, u.a. »The Beatles Anthology«, → *The Rolling Stones Rock and Roll Circus*, »The Beatles: The First U. S. Visit« (83 min, Apple, 1991, Regie: → *Albert Maysles*, Ausschnitte aus dem Konzert in Washington, D.C. und den → *Ed Sullivan Shows*), Robert Zemeckis' Film »I Want To Hold Your Hand« (1978), die Beatles-Filme »A Hard Day's Night«, »Help!«, »Magical Mystery Tour«, »Let It Be« und »Yellow Submarine«, Ringo Starrs »The Magic Christian«, George Harrisons »Wonderwall«, John Lennons »How I Won The War« und zahlreiche → *Bootlegs*, u.a. »I Wanna Hold Your Hand« (1978, Material der ersten USA-Auftritte), »The Beatles Live! – Ready, Steady, Go! Special Edition« (rel. 1989, TV-Special → *Around The Beatles*), »Ready, Steady, Go!« – The Beatles« (Japan), »Ready, Steady, Go!« (Vol. 1–3) und »The Beatles Concert At Budokan 1966« (Japan, VAP Video).

LAUGH
Experimentelles Stück der → *Plastic Ono Band*, bisher unveröffentlicht, auch bekannt als Item 1 + 2. Ein Acetate (Testpressung) des Songs aus dem Nachlass von → *Mal Evans* wurde am 27.8.1992 bei Sotheby's versteigert.

LEACH, SAM
In den 1960er Jahren der bedeutendste Musik-Promoter Liverpools, dann nach eigener Aussage »der Mann, den Liverpool vergessen hat«. Er besaß mehrere Clubs und Konzerthallen in der Stadt. John Lennon: »Sam Leach war der Puls des Mersey Beat. Was er tat, kopierten die anderen.« Paul McCartney bezeichnete in einem Interview für → *BBC* Radio Merseyside 1984 die frühen Jahre des Mersey Beat als »The Sam Leach Era«. Sam Leach buchte die Beatles zum ersten Mal am 11.2.1961 für seinen Cassanova Rock'n'Swing Club in der Fraser Street in Liverpool, den er am 9.2.1961 in den Räumen des ehemaligen Sampson & Barlow's New Ballroom eröffnet hatte. Am 6.3.1961 veranstaltete er die zwölfstündige Session »Rock Around The Clock« im Iron Door Club (»The Liverpool Jazz Society«). Er war es auch, der → *Brian Epstein* überredete, sich die Beatles im → *Cavern* anzuhören.

In seinem Buch »The Birth Of The Beatles« berichtet Leach auch über die Intrigen und Tricks, die das Geschäft damals (1960–1964) prägten. Zu den Höhepunkten des Buches gehören Leachs Version von der Vorgeschichte der Show »Rock Around The Clock« in Liverpool und von dem fehlgeschlagenen Versuch der Beatles, den Süden Englands zu erobern. Er managte z.B. → *Johnny and The Moondogs*. Am 10.11.1961 hatte seine Konzertreihe → *Operation Big Beat* im Tower Ballroom, New Brighton, Wallasey Premiere – und natürlich waren die Beatles dabei (»by kind permission of Mrs. Best«). Interessant: Zu einer »Big Beat Session« mit den Beatles, Ivor Jay & The Jaywalkers und zwei anderen Bands am 9.12.1961 im Palais Ballroom in Aldershot/Hampshire kamen lt. Leach gerade mal 18 Fans! Trotzdem spielten die Beatles ihr volles Programm. Den Beatles prophezeite Sam Leach damals: »One day, lads, you'll be bigger than Elvis.« Darauf John: »Another nutter, eh, Paul?« Von Leach soll auch das Gerücht stammen, die Beatles hätten bei ihrem Besuch im Buckingham Palace einen Joint geraucht. Am 28./29.8.1982 nahm er an der → *Beatles-Convention* »Mersey Beatle Extravaganza« in Liverpool teil, auch auf anderen Conventions ist er ein gern gesehener Gast.

***Lit.:** Leach, Sam: The Beatles On Broadway (Manchester 1964); Leach, Sam: Follow The Merseybeat Road (Liverpool 1983, Neuaufl. 1993); Leach, Sam: The Rocking City – The Explosive Birth Of The Beatles (London 1999)*

LEANDER, MIKE

Britischer Arrangeur; er arrangierte im März 1967 den Song »She's Leaving Home« für die LP »Sergeant Pepper's Lonely Hearts Club Band«, weil → *George Martin* gerade mit → *Cilla Black* arbeitete. Natürlich war George Martin verstimmt, dass die Beatles »fremdgingen«: »Ich war sehr überrascht und ziemlich verletzt, dass Paul gleich zum Telefon griff und einen Mann namens Mike Leander anrief«, erinnert er sich in dem Buch »Summer Of Love«. Trotzdem muss er bekennen: »Mike war ein guter Arrangeur.« Dieser erhielt allerdings gerade mal 18 £ für seine Arbeit. Er arrangierte auch den Titel »Shirley's Wild Accordion«, aufgenommen am 12.10.1967 in den Londoner → *Abbey Road Studios* als Teil des Soundtracks der »Magical Mystery Tour«, der aber nicht verwendet wurde.

LEARY, TIMOTHY

In den 1960er Jahren → *LSD*-Guru (»Lord of the Highs« – *Newsweek*) und Kultfigur der internationalen Jugendkultur. * 22.10.1920 in Springfield/Massachussetts. Leary lehrte als Psychologe und Philosoph, wie Harry Shapiro in seinem Buch »sky high« feststellt, »psychoaktive Substanzen nicht zu konsumieren, sondern überlegt und kreativ zu nutzen«. 1960, noch Psychologie-Assistent an der Harvard-Universität in Cambridge/USA, kam er zum ersten Mal mit → *Drogen* in Kontakt. Selbst sah er sich als »Chaos-Ingenieur«. Mit Jugendlichen formierte er sektenähnliche Gemeinschaften, die sich u.a. mit dem Dealen von Drogen finanzierten. So gründete er 1963 die International Federation for Internal Freedom (IFIF). Millbrook im Norden von New York, der Sitz der Castalia Foundation, wurde ab 1964 durch die von Leary durchgeführten »→ *psychedelischen* Seminare« zum Treffpunkt der New Yorker Boheme. In den 1960er Jahren gründete Michael Hollingshead, Beauftragter von Timothy Leary für England, in der Londoner King's Road nach dem Modell Millbrook das World Psychedelic Centre als Treffpunkt der Boheme, in dem u.a. die → *Rolling Stones*, → *Donovan*, → *Eric Clapton* und Paul McCartney verkehrten. 1964 erschien Timothy Learys Buch »The Psychedelic Experience

– A Manuel Based On The Tibetan Book Of The Dead« (mit Ralph Metzner und Richard Alpert), 1965 »From Politics To Ecstasy«, im gleichen Jahr konvertierte er zum Buddhismus und gründete die League for Spiritual Discovery. Mit Werner Pieper (Der Grüne Zweig/The Grüne Kraft/MedienXperimente) konzipierte er die Heftreihe »ReEducation«, in der zahlreiche seiner Veröffentlichungen erschienen. Mehrere Male hatte er langjährige Haftstrafen zu verbüßen. Von ihm stammt der Slogan »Turn On, Tune In, Drop Out«. Seine Meinung: »Ich praktiziere die Psychologie der persönlichen Freiheit. Drogen gehören zum Leben. Legalisiert sie und bringt den Leuten bei, bewusst damit umzugehen.« (*Prinz* 15/1990) Im März 1966 kaufte sich John Lennon Learys Buch »The Psychedelic Experience« – ob er's gelesen hat, ist nicht überliefert. Immerhin: Zeilen wie »turn off your mind, relax and flood downstream« aus dem Song »Tomorrow Never Knows« stammen aus Learys Buch. Am 1.6.1969 nahm Leary an der Aufnahmesession der → *Plastic Ono Band* zu »Give Peace A Chance« zum Abschluss des → *Bed-In* von John Lennon und → *Yoko Ono* im Queen Elizabeth Hotel in Montreal teil. Zuvor hatte Leary die beiden gebeten, einen Song zur Unterstützung seiner Wahl in den Kongress, den Senat oder zumindest als Gouverneur von Kalifornien zu schreiben. Sein Slogan war »Come Together, Join The Party«, und so hieß dann auch John Lennons Song. Seine Meinung über die Beatles: »Ich erkläre hiermit, dass John Lennon, George Harrison, Paul McCartney und Ringo Starr Mutanten sind – Prototypen einer neuen Sorte lachender Freigeister ... Die Beatles sind göttliche Botschaften – die klügsten, heiligsten und erfolgreichsten Agenten Gottes, die je von Menschen erzeugt wurden.« Der → *Rolling Stone* schrieb später: »Leary hat Pflöcke eingeschlagen, die für Orientierung sorgen ... Aberwitzig, aber witzig!« Mit dem Abflauen der → *Hippie*-Bewegung und mit zunehmender Integration der 68er Generation verlor Leary an Einfluss. 1971 trug er mit einem eigenen Objekt (einer Kapsel) zu Yoko Onos Ausstellung »This Is Not Here« in Syracuse/USA bei. 1972 nahm er mit der deutschen Gruppe Ash Ra Temple die LP »Seven Up« auf. Anfang der 1990er Jahre warb er für die »Cyberspace«-Animation einer US-Computerfirma. In seinen letzten Lebensjahren betrachtete er das Sterben als bewusst erlebenswertes, letztes irdisches Abenteuer. Das Buch »In My Life – Encounters With The Beatles« (hrsg. von Robert Cording, S. Jankowski-Smith u.a., New York 2000) enthält auch einen Text von Timothy Leary zu den Beatles. † 31.5.1996 an Prostatakrebs.

***Lit.**: Politik der Ekstase (Amsterdam–Kathmandu 1976); Exo Psychologie (Basel 1981); Leary, Timothy: Flashbacks – An Autobiography (Los Angeles 1983), Chaos & Cyber Culture (Berkeley/Calif. 1994; dt.: Chaos & Cyber-Kultur, Solothurn 1996); Design For Dying (mit R. U. Sirius, New York 1997; dt.: Timothy Learys Totenbuch, Berlin 1998); Leary, Timothy; Metzner, Ralph; Weil, G.: The Psychedelic Reader (New York 1997); Timothy Leary: The Delicious Grace Of Moving One's Hand (New York 1999); Neurologic (Der Grüne Zweig 39); Höhere Intelligenz und Kreativität (Der Grüne Zweig 80); Über die Kriminalisierung des Natürlichen (Der Grüne Zweig 138); Das Generationenspiel (Der Grüne Zweig 167)*

LEAVE MY KITTEN ALONE

Song aus dem Jahre 1959 von Little Willie John, Titus Turner und James McDougal. 1961 nahm → *Billy Preston* den Titel auf. Die Beatles spielten den Song des Öfteren u.a. im → *Cavern*, am 14.8.1964 nahmen sie ihn in den → *Abbey Road Studios* auf, er erschien jedoch erst am 20.11.1995 auf der DoCD »The Beatles Anthology 1«. Elvis Costello sang eine → *Cover-Version* auf seinem Album »Kojak Variety« (1995).

THE LEGEND CONTINUES
Video (30 min) zur Geschichte der Beatles, mit Interviews sowie den Film-Songs »Help!«, »A Hard Day's Night« und »Yellow Submarine«.

LEITCH, DONOVAN PHILLIP
→ *Donovan*.

LEND ME YOUR COMB
Song von Twomey/Wise/Weisman, B-Seite einer → *Carl Perkins*-Single aus dem Jahre 1956. Die Beatles nahmen den Song im Juli 1963 in den Maida Vale Studios der → *BBC*, London, für die Sendung → *Pop Go The Beatles* auf, ihre Version erschien zum ersten Mal offiziell auf der DoCD »The Beatles Anthology 1«. Eine weitere Version befindet sich auf der DoLP »Live im Star-Club«.

LENMAC ENTERPRISES LIMITED
Musikverlag, in London (Albemarle Street) von → *Brian Epstein gegründet*, um John Lennons und Paul McCartneys Zahlungen der Performing Rights Society, d.h. die Tantiemen ihrer Songs, zu verwalten. Geschäftsführer waren John Lennon und Paul McCartney. Nach der Gründung von → *Northern Songs Limited* Anfang 1963 verkauften ihr John Lennon und Paul McCartney für 284 000 £ Lenmac Enterprises Limited und damit auch die Rechte an ihren älteren Songs.

LENNIE
Spitzname Paul McCartneys für John Lennon.

LENNON
1. Titel eines biographischen Musicals (»musical play«) über Leben und Werk John Lennons, verfasst und inszeniert von Bob Eaton, uraufgeführt am 28.10.1981 im Everyman Theatre in Liverpool (es lief dort bis zum 12.12.1981). Den John Lennon spielte der Liverpooler Schauspieler und Musiker (»Mojo Filter«) Mark McGann. Das Stück, das biographische Notizen, Tagebuchaufzeichnungen, Interviewausschnitte und Songs der Beatles verwendet, tourte dann durch Großbritannien und wurde 1985 auch im Astoria Theatre in London aufgeführt. 1982 wurde das Stück neun Wochen lang auch im New Yorker off-Broadway Entermedia Theatre gespielt, produziert von Sid und Stanley Bernstein zusammen mit Abe Margolis und Dennis Paget. David Patrick Kelly spielte hier den jüngeren, Robert LuPone den älteren Lennon. Für die Musik war Mitch Weissman verantwortlich.
2. Titel eines von → *Yoko Ono* abgesegneten Musicals über John Lennon, Buch und Regie Don Scardino, produziert von Allan McKeown, Edgar Lansbury, Clear Channel Entertainment und Jeff Sine, Produktionskosten ca. 7 Mill. €. Premiere des Stückes für fünf Sänger und vier Sängerinnen verschiedener Ethnizität, die alle John Lennon verkörpern, sowie elf Musiker war am 7.7.2005 am New Yorker Broadhurst Theatre. Zuvor, vom 12.4. bis 14.5.2005, war es bereits am Orpheum Theatre in San Francisco gezeigt worden, wurde aber danach überarbeitet. Das Stück beginnt mit Lennons Kindertagen in Liverpool, behandelt die weltweiten Erfolge der Beatles, Drogen, Sex und Antikriegsproteste, die Verfolgung durch den FBI und schließlich seine Ermordung. 27 Songs sind zu hören, bisher unveröffentlicht sind »India, India« und »I Don't Want To Lose You«. Als letzter Song erklingt »Imagine«. »Mit Lennons Wunschtraum von einer Welt des friedlichen Miteinanders verlässt man das Theater. Doch schnell holt einen die Realität auf den Videowänden am Times Square wieder ein: Das Blutvergießen im Irak geht weiter«, schrieb die *Berliner Zeitung* (16.8.2005). Nach 49

Vorstellungen wurde das Musical allerdings bereits am 24.9.2005 aufgrund zu geringer Besucherzahlen wieder abgesetzt. Die Verluste beliefen sich auf ca. 7 Mill. $ (ca. 5,7 Mill. €). Paul McCartney wurde in dem Musical mit nur wenigen Takten abgespeist. »Das Broadway-Musical ›Lennon‹ schlingert zwischen Heiligenverehrung und Geschichtsklitterei«, kritisierte *Die Welt* (22.8.2005).

www.lennonthemusical.com

LENNON, ALFRED »ALF« »FRED(DIE)«
Vater John Lennons, *14.12.1912 in Liverpool. Da seine Mutter und sein Vater früh starben, kam er mit seinen beiden jüngeren Brüdern Charles und Sidney in die Obhut der Liverpooler Bluecoat School. Mit 15 Jahren verließ er das Waisenhaus und schlug sich mit Gelegenheitsarbeiten durch (u.a. als Bürohilfe und als Page im → *Adelphi Hotel*). Am 3.12.1938 heiratete er Julia Stanley im Mount Pleasant Registry Office in Liverpool – trotz heftigen Widerstands der Stanleys. Vier Tage später unterschrieb er einen Vertrag als Schiffssteward und segelte für drei Monate in die Karibik. In den folgenden Jahren tauchte er nur noch gelegentlich in Liverpool auf. Bei Kriegsausbruch war er in New York. Er war Oberkellner auf einem Liberty Boat, wurde jedoch zum Hilfssteward degradiert. Da er vorsätzlich sein Schiff verpasste, musste er eine dreimonatige Haftstrafe absitzen. Er konnte aus diesem Grund seiner Frau kein Geld mehr überweisen, was de facto das Ende der Ehe bedeutete. 2003 wollte der Lennon-Forscher Stanley Parkes herausgefunden haben, dass Alfred Lennon im Gefängnis saß, weil er mit einem Mordverdächtigen verwechselt worden war. Zudem sei das Schiff zu illegalen Geschäften benutzt worden. Sein Sohn John Winston Lennon, geb. am 9.10.1940, wuchs praktisch ohne Vater auf. Im Juli 1946 kehrte Alfred überraschend zurück und überredete Johns Tante Mimi, bei der John in dieser Zeit lebte, ihm seinen Sohn für eine Ferienreise nach Blackpool mitzugeben. Er wollte dann John überreden, mit ihm nach Neuseeland zu gehen und dort ein neues Leben anzufangen. Julia fand jedoch die beiden und brachte John nach Liverpool zurück. Julia, Johns Halbschwester: »John sprach niemals über seinen Vater. Alf war nur noch eine entfernte Erinnerung.« Und der *Rolling Stone* (2/2003) konstatierte: »Man muss kein Psychologe sein, um in Lennons Faszination für Gurus wie den Maharishi eine Suche nach Vaterfiguren zu sehen.« Am 1.4.1964 traf sich Alfred im Büro von → *NEMS Enterprises Limited* in London mit seinem Sohn John, ein Jahr später leitete er mit einer Pressekampagne sein »Comeback« ein. John traf sich daraufhin einige Male mit ihm, u.a. im Dezember 1965 – »vermutlich ergab sich dabei so eine Art von verwandtschaftlicher Beziehung« (John). Mit dem Produzenten Tony Cartwright nahm Alfred als Freddie Lennon sogar eine Single für das Pye-Label Piccadilly auf, erschienen am 31.12.1965 – »That's My Life (My Love And My Home)« (Freddie Lennon/Cartwright)/»The Next Time You Feel Important« (Lippman/ Dee). Begleitet wurde er von der Gruppe The Loving Kind, zu der immerhin Noel Redding (später in der Jimi Hendrix Experience) gehörte. John war das peinlich, die Platte verkaufte sich schlecht, wurde von der Kritik verrissen, schließlich sorgte wohl → *Brian Epstein* dafür, dass sie vom Markt verschwand. Inzwischen sind die beiden »Songs« auch auf → *The Lost Lennon Tapes* (Vol. 33) verewigt. Erst Anfang Januar 1968 nahm Alfred wieder Kontakt zu John Lennon auf – um ihm mitzuteilen, dass er vorhabe, die 19-jährige Pauline Jones zu heiraten, einen Beatles-Fan, damals Sekretärin bei Apple. Fünf Monate lang arbeitete sie

auf Drängen Alfreds für John und Cynthia Lennon als »Assistentin« bzw. Sekretärin. Am 5.1.1968 traf sich John Lennon erneut mit seinem Vater, der zu diesem Zeitpunkt als Tellerwäscher in einem Londoner Hotel arbeitete. Dem *Daily Mirror* sagte John, dass seine Fehde mit seinem Vater nun ein für alle Mal beendet sei. Alfred und Pauline heirateten gegen den Willen ihrer Mutter und John Lennon kaufte ihnen ein Haus in Brighton für 6 500 £ (nach anderen Quellen 15 000 £), wo auch ihre Söhne David Henry (* 26.2.1969) und Robin Francis Lennon (* 22.10.1973) zur Welt kamen. Apple zahlte ihm jede Woche 30 £. John Lennon und sein Vater telefonierten in den Folgejahren bisweilen miteinander, so auch kurz vor dem Tod des Vaters. Am 1.4.1976 starb Alfred Lennon im Brighton General Hospital an Krebs, am Begräbnis nahm John Lennon nicht teil.

Lit.: Lennon, Pauline: Daddy, Come Home: The True Story Of John Lennon And His Father (London 1991)

LENNON, CHARLES »CHARLIE«

John Lennons Onkel, der Bruder von → *Alfred »Alf« »Fred(die)« Lennon*, * 25.11.1926. Er spielte in jungen Jahren Klavier und Mundharmonika und sang mit seinem Bruder italienische Lieder, begleitet von → *Julia Lennon*, John Lennons Mutter, auf dem Banjo. Später arbeitete er mit Alfred Lennon im Barn Restaurant in Solihull. Er unterstützte seinen Bruder sowohl finanziell als auch »moralisch«, als dieser sein Verhältnis zu seinem Sohn John klären wollte. In den 1980er Jahren kehrte er nach Liverpool zurück. 1989 schrieb er einen Song »Ships Of The Mersey«, eine Aufnahme wurde sogar im Rundfunk gespielt. Am 28./29.8.1982 nahm er an der → *Beatles-Convention* »Mersey Beatle Extravaganza« in Liverpool teil. † 26.5.2002 in Liverpool.

Lit.: Wheeler, Scott: Charlie Lennon: Uncle To A Beatle (Parker/Colorado 2005)

LENNON, CHARLIE

Irischer Fiddler, Pianist und Komponist, * 24.7.1938 in Kiltyclogher, Co. Leitrim. Auch sein älterer Bruder ist Musiker – beide sind jedoch mit den Beatle-Lennons weder verwandt noch verschwägert.

LENNON, CYNTHIA »CYN«

* 10.9.1939 in Blackpool/Lancashire als Cynthia Powell und drittes Kind (Brüder Tony und Charles) – die Familie war dorthin evakuiert worden und kehrte nach dem Krieg nach Hoylake zurück. Sie besuchte in Liverpool die Secondary School, ihre Stärken waren Malen und Zeichnen, deshalb besuchte sie ab September 1957 die Junior Art School. Als sie 16 war, im Juni 1956, starb ihr Vater an Krebs. Im August 1957 begann sie ein Studium am → *Liverpool College Of Art*. Für das Zwischenexamen (nach zwei Jahren Studium) wählte sie Typographie, wo sie bei einer Schulweihnachtsfeier Ende 1958 auch John Lennon kennen lernte und ihn »total faszinierend« fand. Gleich in der ersten Nacht schliefen sie miteinander (weiß John Robertson). Cynthia auf die Frage, warum sie sich in John Lennon verliebte: »Mir imponierte, dass er ein richtiger Rebell war. Er war draufgängerisch, schien vor niemandem Angst zu haben, riss über alle Leute Witze. Ich war dagegen recht konservativ erzogen worden.« (*Die Welt* 25.11.2005) Nach dem Zwischenexamen studierte sie noch zwei Jahre Illustration. 1962 besuchte sie mit Pauls Freundin Dot die Beatles in Hamburg und wurde dort auch mit → *Astrid Kirchherr* bekannt. Nachdem ihre Mutter nach Kanada ausgewandert war, wohnte sie kurze Zeit bei Johns Tante → *Mary Elizabeth »Mimi« Smith*. Am 23.8.1962 heiratete sie auf dem Standesamt in 64 Mount Pleasant, Liverpool, John Lennon. »Das war mehr eine Beerdigung als eine Hochzeit«, schreibt Cynthia später in ih-

Cynthia Lennon: Fries für John Lennon (Liverpool, Mathew Street)

Cynthia Lennon: A Twist Of Lennon (1978)

rer Autobiographie »A Twist Of John Lennon«. George Harrison, Cynthias Bruder Tony und dessen Frau Marjorie und → *Brian Epstein* waren anwesend, Paul McCartney fungierte als Trauzeuge; Brian stellte ihnen seine Wohnung in der Faulkener Street zur Verfügung. Tante Mimi boykottierte die Hochzeit, die mit Rücksicht auf die weiblichen Fans lange Zeit geheim gehalten wurde. Mit John Lennon bzw. den Beatles machte Cynthia auch erste Drogenerfahrungen. Am 8.4.1963 wurde ihr Sohn → *Julian Lennon* geboren – für Cynthia »der allerschönste Moment«. In London lebte das Paar zuerst in 13 Emperors Gate, im Juli 1964 kaufte John Lennon für die Familie → *Kenwood*, ein großes Anwesen im nachgemachten Tudor-Stil im exklusiven Viertel St. George's Hill in Weybridge, Surrey. → *George Martin* später: »Als gebildete und künstlerisch ambitionierte Frau fand Cynthia das Leben im Weybridge-Ghetto zwar bequem, aber auch ausgesprochen beschränkt.« Am 10.2.1965 wurde sogar ein Cynthia Lennon Fan Club gegründet – mit einem eigenen Newsletter. → *Julia Baird*, John Lennons Halbschwester: »Abgesehen von ihren Vorzügen als Frau und Mutter, war sie ansonsten konservativ und wenig weltgewandt.« Cynthia selbstkritisch: »Meistens vermittelte ich nur den langweiligen, schwerfälligen Eindruck einer ganz durchschnittlichen Hausfrau, anstatt den der Gattin eines quirligen, extrovertierten Popstars.« John Lennon: »Meine Ehe mit Cyn war keineswegs unglücklich, aber sie bestand aus einem ehelichen Leerlauf, in dem nichts passierte, aber den wir ständig aufrechterhielten.« Nachdem John Lennon am 9.11.1966 → *Yoko Ono* ken-

Cynthia Lennon

nen gelernt, sich in sie verliebt hatte und Cynthia Lennon im Mai 1968 nach einem vierzehntägigen Urlaub in Griechenland die beiden, im Morgenrock am Frühstückstisch sitzend, vorgefunden hatte, soll sie noch am gleichen Abend mit → *Magic Alex*, der sie auch nach Griechenland begleitet hatte, ins Bett gegangen sein. Am 22.8.1968 reichte sie die Scheidung ein, John hatte ihr ein Scheidungsersuchen geschickt, in dem er sie des Ehebruchs mit Magic Alex bezichtigte. Am 22.8.1968 reichte sie eine Klage wegen Ehebruchs und auf Zahlung von 100 000 £ plus Unterhalt für Julian ein. Am 8.11.1968 wurde die Ehe offiziell geschieden, die o.g. Summe soll sie bekommen haben. Cynthia später: »Yoko hat mir John nicht weggenommen, weil er mir nie gehört hat.« Knapp zwei Jahre nach der Scheidung, am 31.7.1970, heiratete sie den italienischen Hotelier Roberto Bassanini, wurde jedoch nach kurzer Zeit wieder geschieden. Sie heiratete dann den Geschäftsmann John Twist, sie zogen nach Irland und dann nach Ruthin in North Wales. Nach einer erneuten Scheidung nannte sie sich wieder Cynthia Lennon. Als 1978 ihr Buch »A Twist Of Lennon« erschien, wollte John Lennon das verbieten lassen, kam aber mit seiner Klage nicht durch. Im Dezember 1988 (oder – nach anderen Quellen – im April 1989) eröffnete sie in der 13/14 Upper St. Martin's Lane in London »Lennon's Restaurant«, eine Rock'n'Roll Bar im Gedenken an John Lennon, der hier verkehrt hatte. Es gab ein »Sgt. Pepper Steak« und eine »Penny Lane Pate«, das Lokal wurde jedoch bald wieder geschlossen. 1990 versuchte sie, mit → *Sid Bernstein* eine John-Lennon-Gedenkfeier am Brandenburger Tor zu veranstalten, was jedoch von Yoko Ono verhindert wurde. 1991 ließ sie all ihre Erinnerungsstücke an John Lennon versteigern. Im Januar 1991 veröffentlichte sie eine limitierte Ausgabe von Reproduktionen von John Lennons Karikaturen, die dieser 1968 auf Apple-Briefpapier gekritzelt hatte. Anfang der 1990er Jahre kreierte sie sogar ein Aftershave »Mannin pour homme«. Ab April 1994 erschien ihre Lebensgeschichte in dem Magazin *Hello!*, am 22.2.1995 ihre Single – mit den Songs »Those Were The Days« von → *Mary Hopkin* und »Walking In The Rain«. Im Museum »Beatles Story« sind einige Originalzeichnungen Cynthia Lennons aus ihrem Buch »A Twist of Lennon« ausgestellt. Im Sommer 1999 fand in der KDK Gallery in der Londoner Portobello Road eine Ausstellung ihrer Zeichnungen statt (mit ihrer Schulfreundin Phyllis McKenzie). John Lennons Halbschwester Julia: »Cynthia Lennon ist eine sehr talentierte Künstlerin, die immer im Schatten ihres Mannes, John, dem Beatle, stand. Dann stand sie im Schatten ihres Sohnes Julian Lennon. Jetzt wird sie vielleicht als die Künstlerin anerkannt, die sie ist!« Im Juli 2005 nahm sie als Gast am Estrel-Beatles-Festival in Berlin teil. Die Anschrift ihrer Fa. Cynthia Lennon

Creations Limited: Tynwald Mills, St. John's, Isle of Man/GB. Ihre persönliche Anschrift: 43c Hawley Street, London NW1.

Lit.: Lennon, Cynthia: A Twist of Lennon (London 1978; New York 1978); Lennon, Cynthia: John (New York 2005; München 2005)

LENNON, DAVID HENRY

Ein Halbbruder John Lennons, Sohn seines Vaters → *Alfred Lennon* und dessen zweiter Frau Pauline, * 26.2.1969.

LENNON, DON

Singer/Songwriter aus Boston/Mass., der allerdings nicht mit John Lennon verwandt ist. Seine zweite CD, 2000 erschienen, ist irgendwo zwischen The Smiths und Morrissey angesiedelt. »Weitaus mehr als ein reines Mozzer-Plagiat«, urteilte der (deutsche) *Rolling Stone* 1/2001 wohlwollend. Auch die CD »Downtown« (2002) war nicht sehr erfolgreich.

LENNON, FRED(DIE)

→ *Lennon, Alfred »Alf«.*

LENNON, JACK

Großvater John Lennons väterlicherseits, * 26.10.1855 in Liverpool. Er wuchs in Liverpool auf, wohin seine Eltern (der Schiffskoch John Lennon und dessen Frau Elizabeth Morris) kurz nach seiner Geburt ausgewandert waren. Nach dem Tode seiner ersten Frau wanderte er mit seiner Braut Mary Maguire in die USA aus. Er arbeitete als Sänger, Tänzer und Banjospieler beim Varieté und war eines der Gründungsmitglieder der Kentucky Minstrels von Andrew Robertson, die lange Jahre durch die USA tourten. Im Alter kehrte er nach Liverpool zurück, wo 1912 sein Sohn → *Alfred Lennon*, der Vater John Lennons, geboren wurde. Jack Lennon trat auch in Liverpool in Pubs als Entertainer auf. Er heiratete dann Mary Maguire, genannt Polly, mit der er acht Kinder hatte, zwei starben allerdings bei der Geburt. † August 1917 (oder 1921?) an einem Leberleiden. Seine drei Söhne Alfred, Charles und Sidney kamen unter die Vormundschaft des Bluecoat-Waisenhauses in Liverpool.

LENNON, JOHN

Ein Sänger aus Jamaika, weder verwandt noch verschwägert mit the real John Lennon. Am 19.2.1970 erschien in England auf dem Label Punch Records eine Single (A-Seite: »Ram You Hard«) mit seiner Band John Lennon and The Bleechers, die sich nicht schlecht verkaufte – wohl allein wegen der Namensgleichheit.

LENNON, JOHN (WINSTON)

* 9.10.1940 um 18.30 Uhr in Liverpool im Maternity Hospital in der Oxford Street. Er wurde nach seinem Großvater John benannt und erhielt zu Ehren des britischen Premierministers Sir Winston Churchill den zweiten Vornamen Winston. Den Namen suchte seine Tante → *Mary Elizabeth »Mimi« Smith* aus. Sein Vater → *Alfred Lennon* war gerade wieder auf hoher See. Seine Mutter → *Julia Lennon* lebte mit seiner Tante Mimi und ihren Eltern in 9 Newcastle Road, Liverpool; John wuchs praktisch ohne Vater auf. 1942 gab die Mutter den kleinen John in die Obhut ihrer Schwester Mary Elizabeth »Mimi« Smith. Am 12.11.1945 wurde John in der Mosspits County Primary School in der Mosspits Lane im Stadtteil Wavertree eingeschult. Bereits am 5.4.1946 musste er die Schule wieder verlassen, er kam in die Dovedale Road Primary School. Seine Mutter brachte ihm zu Hause das Banjospielen bei. 1950 kaufte sie ihm die erste Gitarre – für 10 £, das waren damals ca. 60 €. Die zweite kaufte ihm seine Tante Mimi im März 1957.

John Lennon

Vom 17.8. bis 10.12.1960 war er mit den Beatles zum ersten Mal in Hamburg, 1961 folgten weitere Gastspiele. Am 23.8.1962 heiratete er auf dem Standesamt in 64 Mount Pleasant, Liverpool, → *Cynthia Lennon*. Am 8.4.1963 wurde ihr Sohn → *Julian Lennon* geboren. In London lebten sie zuerst in 13 Emperors Gate, im Juli 1964 kauften sie → *Kenwood*, ein großes Anwesen im exklusiven Viertel St. George's Hill in Weybridge, Surrey. 1964 erschien sein erstes Buch, »In His Own Write«, ein Jahr später folgte »A Spaniard In The Works«.

Als John Lennon am 9.11.1966 in der Londoner → *Indica Books & Gallery* die Vernissage der Ausstellung »Unfinished Paintings and Objects« besuchte, lernte er → *Yoko Ono* kennen. »Es war die fleischgewordene Begegnung zwischen der Popkultur und der Gegenkultur jener Zeit«, urteilte James Woodall später. Als Cynthia Lennon im Mai 1968 von einem vierzehntägigen Urlaub in Griechenland zurückkehrte, fand sie die beiden, im Morgenrock am Frühstückstisch sitzend. Am 8.11.1968 wurde die Ehe mit Cynthia Lennon offiziell geschieden. Er zahlte ihr 100 000 £ und Kindesunterhalt für Julian. Am 20.3.1969 heirateten John Lennon und Yoko Ono im Gebäude des Britischen Konsulats in Gibraltar (Standesbeamter: Cecil Wheeler), am 22.4.1969 änderte John Lennon seinen zweiten Vornamen Winston in Ono (also: John Ono Lennon). Am 28.11.1968 wurde er wegen Drogenbesitzes zu einer Geldstrafe von 150 £ verurteilt, deshalb verweigerten ihm die US-Einwanderungsbehörden bis zum 7.10.1975 eine dauerhafte Aufenthaltsgenehmigung. »John und Yoko gingen eine totale Verbindung ein, ähnlich jener, die 1963 zwischen den Beatles existiert hatte, und zwar so sehr, dass sie anfingen, sich ähnlich zu sehen: Mittelscheitel, kleine, schmale, unergründliche Augen – zwei Seelenverwandte, die scheinbar ein gemeinsames Gesicht besaßen«, schreibt James Woodall. Am 13.9.1969 trat dann John Lennon zum ersten Mal seit 1966 wieder live auf – bei der → *Toronto Rock'n'Roll Revival Show*, dokumentiert auf der LP »The Plastic Ono Band – Live Peace In Toronto 1969« (1969) sowie in den Filmen »Sweet Toronto« (1970) und »Keep On Rockin'« (1972). 1970/1971 unterzogen sich John Lennon und Yoko Ono bei dem kalifornischen Wissenschaftler → *Dr. Arthur Janov* einer Urschrei-Therapie, um von → *Drogen* loszukommen.

Künstlerischer Höhepunkt in Lennons Leben nach den Beatles war 1971 die LP »Imagine«. → *Phil Spector*, Produzent der LP: »Wenn man ihn beschreiben müsste: wofür er stand, was er fühlte, wie er dachte – dieses Album kann das perfekt.« Im gleichen Jahr stellten John Lennon und Yoko Ono beim 25. Internationalen Filmfestival in Cannes ihre Filme »Apotheosis« und »Fly« vor. Im August 1971 demonstrierten beide in London gegen das Internierungssystem und die Anwesenheit britischer Truppen in Ulster. Am 13.8.1971 flogen sie nach New York, wo sie dann lebten – zuerst im St. Regis Hotel, dann in einer Wohnung in der Bank Street und ab April 1973 im Dakota Building in der 72nd Street Ecke Central Park West. Ihre Wohnung wurde schnell zu einem Treffpunkt der Gegenkultur und Ausgangspunkt zahlreicher politischer Aktionen. Mit → *David Peel* und Jerry Rubin initiierten sie Anfang Dezember 1971 die Rock Liberation Front (RLF), die »den in Mode gekommenen kapitalistischen Ausverkauf der Gegenkultur und politisierende Rockmusik und Rock-Künstler aufdecken« wollte. Eines ihrer ersten Ziele war Paul McCartney. Am 23.12.1972 hatte der Film »Imagine« im amerikanischen Fernsehen Weltpremiere. Am 1.4.1973 gaben er und Yoko Ono die Gründung des fiktiven

John Lennon & Yoko Ono: Two Virgins (1968)

Staates Nutopia, eines Landes ohne Grenzen, bekannt. Immer wieder wurde John Lennon von den Behörden aufgefordert, die USA zu verlassen. Zahlreiche Künstler und Persönlichkeiten des öffentlichen Lebens, darunter auch John Lindsay, der Oberbürgermeister von New York, setzten sich dafür ein, dass er bleiben konnte. Es wurde sogar ein National Committee für John Lennon und Yoko Ono gegründet. Im April 1974 jammten John Lennon und Paul McCartney mit Harry Nilsson, → *Stevie Wonder*, Jesse Ed Davis, Danny Kortchmar, → *Linda McCartney* und May Pang in Los Angeles/Calif., dokumentiert auf dem → *Bootleg* »A Toot And A Snore In '74«. Nach einer vorübergehenden Trennung von Yoko Ono (der Grund: seine frühere persönliche Assistentin May Pang) und der Geburt ihres Sohnes → *Sean Ono Taro Lennon* am 9.10.1975 zog sich John Lennon für fünf Jahre als Hausmann vom Musikgeschäft zurück. Am 27.7.1976 wurde ihm endlich die Green Card, d.h. das unbegrenzte Aufenthaltsrecht, gewährt. Ende November 1979 kauften die Lennons Cannon Hill, ein Herrenhaus in Cold Spring Harbor, Long Island. Am 12.11.1979 unterzeichnete John Lennon sein Testament – Yoko Ono

John Lennon, Graffito in Berlin (2001)

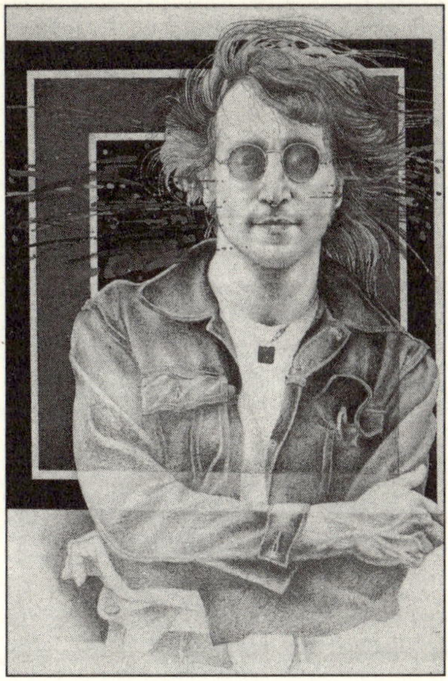

John Lennon (Zeichnung: Wjatscheslaw Lossew)

sollte sein gesamtes Vermögen erben und für die gemeinsamen Kinder aufkommen. Am 29.11.1980 erschien die gemeinsame Comeback-LP »Double Fantasy« (mit einem → *Grammy* ausgezeichnet).

Am 8.12.1980 um 23.07 Uhr wurde John Lennon vor dem Dakota House in New York, seinem Wohnsitz, von Mark David Chapman erschossenw. Yoko Ono kümmerte sich in der Folgezeit um seinen Nachlass. Ed Koch, Bürgermeister von New York, benannte per Dekret einen Teil des Central Parks in der Nähe des Dakota Buildings in »Strawberry Fields« um. Am 22.5.1981 wurde John Lennon postum mit dem »Handel-Medallion«, New Yorks höchster kultureller Auszeichnung, geehrt. 1981 proklamierte die Foundation For World Peace den 9. Oktober, Lennons Geburtstag, zum Internationalen Weltfriedenstag. Wer war John Lennon? Judson Knight fasst es in seinem Buch »Abbey Road To Zapple Records« (Dallas/Texas 1999) zusammen: »John Lennon war inspirierend, cholerisch, heftig, eklig, hinreißend, ein Mahner, ein Poet, ein Mystiker, ein Anarchist, ein Cartoonist der Gedanken, liebenswert, revoltierend, sexy, politisch, unpolitisch, ein Scheinheiliger, ein Genie, ein Vater, ein Liebender, ein Pin-up, ein Heranwachsender, ein Rebell, ein Anhänger, ruhelos, friedliebend, gewalttätig, ein Held, ein Opfer.« Und natürlich war er auch ein Workaholic und ein Faulpelz, ein Kumpel und ein A..., ein »nowhere man« und vielleicht sogar ein »working class hero«. Wahrscheinlich also ein Mann mit all seinen Fehlern und Schwächen, Tugenden und Untugenden.

Am 30.9.1988 wurde John Lennon mit einem Stern auf dem → *Hollywood Walk of Fame* auf dem Sunset Boulevard geehrt.

Daily Mail

MONEY MAIL TODAY

Mail Picture Exclusive - 6 hours before Lennon's murder

THE KILLER AUTOGRAPH

John Lennon, erschossen 8.12.1980

1989 erschien die Filmbiographie »Imagine John Lennon« von Andrew Solt und Sam Egan. Am 5.5.1990 fand in der Pier Head Arena in Liverpool ein großes »John Lennon Tribute Concert« statt, die Erlöse gingen an die von Yoko Ono gegründete Spirit Foundation. Am 9.10.1990, zu John Lennons 50. Geburtstag, wurde »Imagine« simultan in 130 Ländern gespielt. Am nächsten Tag verlieh → *George Martin* die ersten drei John Lennon Songwriting Awards an drei Studenten des Salford College of Technology. Am 21./22.12.1990 fanden zwei weitere John Lennon Tribute-Konzerte in Tokyo statt. Am 5.10.1992 wurde »The John Lennon Video Collection« veröffentlicht, eine Mischung aus Original-Promo-Clips und bis dahin unveröffentlichten Filmaufnahmen. 2004 erschien eine 9-teilige DVD-Serie »John Lennon From The Vaults« mit zahlreichen bis dahin unveröffentlichten Aufnahmen. Seit 1992 vergibt die University of Liverpool ein »John Lennon Memorial Scholarship« (John-Lennon-Gedenkstipendium). 1994 erschien auf Yoko Onos Label Ono Music das John-Lennon-Gedenkalbum »Every Man Has A Woman« mit diversen Künstlern (darunter Sean Ono Lennon, Harry Nilsson, Elvis Costello und Roberta Flack), die allerdings ausschließlich Yoko-Ono-Kompositionen interpretierten. 1995 nahmen die Red Rot Chili Peppers, Cheap Trick, Screaming Trees, Flaming Lips u.a. unter dem Titel »Working Class Hero« ein John Lennon Tribut-Album auf. Vom 21. Mai bis 13. August 1995 fand in der Kunsthalle Bremen eine Ausstellung »John Lennon – Zeichnungen, Performance, Film« (»Original John Lennon«) statt. Auf einer amerikanischen Webseite wurde die Legende John Lennon 1999 wieder zum Leben erweckt: Ein virtueller John Lennon beantwortet mit Originalstimme die Fragen der surfenden Fans. Die Antworten kommen allerdings aus einem recht beschränkten Pool von aufgezeichneten Interview-Zitaten. »Gimme Some Truth« heißt ein Dokumentarfilm über die »Imagine«-Session (56 min), uraufgeführt 2000 in der → *BBC*. Ken Howard drehte den Dokumentarfilm »John Lennon – Eine Reise in sein Leben«, Frederic Le Clair den Dokumentarfilm »Yoko & John«, 2003 tauchte auf einer Auktion in New York ein bis dahin unbekannter 40-minütiger Film auf – ein junger Filmemacher durfte John Lennon 1974 einen Tag lang begleiten. Die Auktion brachte 53 775 $. Das Lennon-Vermögen wird von → *Bill Harry* auf ca. 500 Mill. $ geschätzt. Im Magazin *Forbes* stand er 2004 auf Platz 4 der toten Spitzenverdiener – mit 11,4 Mill. £. Einen sehr guten Überblick über sein Œuvre bieten die CD-Serie → *The Lost Lennon Tapes*, Vol. 1–29 und die 1992 erschienene »The John Lennon Video Collection« (Picture Music International, 80 min). Am 9.10.2000 wurde in der Saitama Super Arena in Yono bei Tokyo ein John-Lennon-Museum eröffnet. In der Cité de la Musique in Paris fand 2006 die Ausstellung »John Lennon Unfinished Music« statt.

Discogr.: *Unfinished Music No. 1 – Two Virgins (mit Yoko Ono, 1968), Unfinished Music No. 2 – Life With The Lions (mit Yoko Ono, 1969), The Wedding Album (mit Yoko Ono Lennon, 1969), The Plastic Ono Band – Live Peace In Toronto 1969 (1969), John Lennon/Plastic Ono Band (1970), Yoko Ono/Plastic Ono Band (prod. John Lennon, 1970), Imagine (John Lennon Plastic Ono Band, 1971), Fly (Yoko Ono Plastic Ono Band, 1971), Sometime In New York City/Live Jam (John Lennon and Yoko Ono and the Plastic Ono Band with Elephant's Memory plus Invisible Strings, John Lennon and Yoko Ono with The Plastic Ono Supergroup, John Lennon and Yoko Ono Plastic Ono Band with Frank Zappa and The Mothers of Invention, 1972), Elephant's Memory (1972), Approximately Infinite Universe (Yoko Ono Plastic Ono Band with Elephant's Memory, The Endless Strings and Choir Boys, 1973), Feeling The Space (Yoko Ono Plastic Ono Band with Something Different, 1973), Mind Games (John Lennon and The Plastic U.F.Ono Band, 1973), Walls And Bridges (John Lennon with The Plastic Ono Nuclear Band, 1974), Rock'n'Roll (1975), Shaved Fish (Lennon Plastic Ono Band, 1975), Double Fantasy (mit Yoko Ono, 1980), The John Lennon Boxed Set (Box Set mit 7 LPs und 1 DoLP, 1981), The John Lennon Collection (1982), Reflections & Poetry (Label: Silhouette, 1984), Heart Play – Unfinished Dialogue (ein Interview David Sheffs mit John Lennon und Yoko Ono für den → Playboy, 1983), Milk And Honey (mit Yoko Ono, 1984), John Lennon: Live In New York City (1986), Menlove Ave. (1986), The Last Word (Label: Baktabak, 1988), Imagine – The Movie (Soundtrack, 1988), Imagine: John Lennon (DoLP, 1988), Lennon (4-CD-Box, 1990), Lennon Legend – The Very Best Of John Lennon (DVD, 1997), Anthology (4 CD, 1998), Wonsaponatime (DoLP, 1998), Gimme Some Truth (DVD, 2001), Milk And Honey (Reissue 2001 mit 3 Bonustracks), The Messenger – The Essential John Lennon Collection (DVD + CD, 32-Seiten-Booklet, 2002), Sweet Toronto (DVD, 2002), Lennon Legend – The Very Best Of (DVD, 2003), John Lennon, Acoustic (2005), Working Class Hero – The Definitive Lennon (DoCD, 2005)*

John Lennon (Graffito in Prag)

Lit.: *Achard, Maurice: Pour John Lennon (Paris 1981); Baird, Julia; Giuliano, Geoffrey: John Lennon: My Brother (1988; dt.: Mein Bruder John Lennon, Bergisch Gladbach 1989); Baird, Julia: In His Own Youth – In My Own Words (1986); Beckley, Timothy Green (ed.): Lennon: Up Close & Personal (New York 1980); Beckley, Timothy Green (ed.): Lennon: What Happened! (New York 1980); Behl, Joachim: John Lennon – Ich glaube nicht an die Beatles (Grevesmühlen 2000); Belanger, Lyn; Brecher, Michael; Kearns, Jo; Locke, Nicolas; Shatzkin, Mike (ed.): A Tribute To John Lennon 1940–1980 (1981); Benzien, Rudi: John Lennon Report (Berlin 1989); Blaney, John: John Lennon – Listen To This Book (King's Lynn/Norfolk 2005); Bokarev, Vladimir Valentinovič: Džon Lennon – mify i realnost' (Moskau 1992); Bokarev, Vladimir Valentinovič: Džon Lennon i dviženie protesta v zapadnom obšestve v 60-70-e gg. XX veka (Moskau 1991); Bourre, Jean-Paul: John Lennon – Le Beatle Assassine (Paris 1983); Breuer, Rainer; Alcot, Alan: Imagine John Lennon Band 1 (Trier 1981); Bradman, Tony: John Lennon (1985); Bresler, Fenton: Who Killed John Lennon? (New York 1989); Burrows, Terry: John Lennon – A Story In Photographs (San Diego/CA 2000); Buskin, Richard: John Lennon – His Life And Legend (London 1991); Carpozi Jr., George: John Lennon: Death Of A Dream (New York 1980, japan.*

u.d.T. »John Lennon No Reply«, Japan 1980); Castor, Harriet: Famous People – Famous Lives – John Lennon (London 2000; London 2002); Clayson, Alan: John Lennon (London 2003; 2004 in London neu als Teil der Box »The Little Box Of Beatles«); Clayton, Marie; Gareth, Thomas: John Lennon. Unseen Archives (Bath 2003); Coates, Tim: John Lennon – The FBI Files (2004); Coleman, Ray: John Winston Lennon, Vol. I: 1940–1966 (London 1984); John Ono Lennon, Vol. II: 1967–1980 (London 1984, Ausgabe in einem Band: London 1985; dt.: John W. Lennon – Eine Biographie, München 1985); Coleman, Ray: Lennon – The Definitive Biography (London 1984; rev. & updated version, 2000; dt.: John W. Lennon – Die Biografie, St. Andrä-Wördern 2000); Conord, Bruce W.: Pop Culture Legends: John Lennon (Broomall/PA 1993); Connolly, Ray: John Lennon: 1940–1980 (London 1981); Corbin, Carole Lynn: Lennon (New York 1982); Cott, Jonathan; Doudna, Christine (ed.): The Ballad Of John And Yoko (N.Y./San Francisco 1982); Dainiak, Angelika Alekseevna: Džon Lennon (Minsk 1998); Davilio, Tony; Vicario, Mary: The Lennon Sessions – An Introspective Chronicle From The Arranger On Double Fantasy (Victoria/BC/Kanada 2004); Dimery, Martin: Being John Lennon (London 2002); Doggett, Peter: The Art And Music Of John Lennon (London 2005); Domnitz, Linda Deer: John Lennon Conversations (1985); Doney, Malcolm: Lennon And McCartney (New York 1981); Dowswell, Paul: John Lennon – An Unau-thorized Profile (Chicago/IL 2001, London 2001); Driver, Lavinia Van: The 1975 John Lennon Interview (1982); Du Noyer, Paul: We All Shine One: The Stories Behind Every John Lennon Song, 1970–1980 (London 1997; New York 1999); (The) Editors of Rolling Stone: All His Own Work – The Ballad Of John And Yoko (London 1982); Elliott, Anthony: The Mourning Of John Lennon (Los Angeles 1999); Fawcett, Anthony: John Lennon – One Day At A Time (New York 1976; London 1977; revised edition New York/ London 1980; dt.: John Lennon – Beatle, Künstler, Provokateur, Bergisch Gladbach 1979, 1993); Fogo, Fred: I Read The News Today: The Social Drama Of John Lennon's Death (1994); Fulpen, Har van: John Lennon 1940–1980 (Paris 1980); Garbarini, Vic; Cullman, Brian; Graustark, Barbara: Strawberry Fields Forever: John Lennon Remembered (New York 1980); Giuliano, Geoffrey: The Illustrated John Lennon – A Photo Album (London 1993, Secaucus/NJ 1993); Giuliano, Geoffrey: Lennon in America – 1971–1980, Based In Part On The Lost Lennon Diaries (New York 1999; London 2000, überarb. u. akt. Aufl. London 2001); Giuliano, Geoffrey and Brenda: The Lost Lennon Interviews (Holbrook 1996; London 1997); Giuliano, Geoffrey: Two Of Us – John Lennon & Paul McCartney Behind The Myth (Harmondsworth 1999; New York 1999); Gogerly, Liz: Famous Lives: John Lennon – Voice Of A Generation (London 2002); Goldman, Albert: The Lives Of John Lennon (New York 1988; New York 2001; dt.: John Lennon – Ein Leben, Reinbek b. Hamburg 1989); Green, John (alias Charlie Swan): Dakota Days: The True Story Of John Lennon's Final Days (New York 1983, London 1984); Gruen, Bob; Mieses, Stanley: Listen To These Pictures. Photographs Of John Lennon (New York 1985); Gruen, Bob: Bob Gruen's Works – John Lennon (Tokyo 1991); Gruen, Bob: Sometime In New York City (Guildford 1995); Harry, Bill: The Book Of Lennon (London, New York 1984); Harry, Bill: The John Lennon Encyclopedia (London 2001); Healy, Douglas: John Lennon In Edinburgh (Liverpool 1995); Heatley, Michael: The Immortal John Lennon 1940–1980 (London 1992); Hendley, Nate: John Lennon – Music, Myth, And Madness (Canmore/Kanada 2005); Henke, James: Lennon Legend (San Francisco 2003; dt.: John Lennon – Die Legende (München 2003, 2005); Herzogenrath, Wulf; Hansen, Dorothee (Hrsg.): John Lennon – Zeichnungen, Performance, Film (Stuttgart 1995); Hoffman, Dezo: John Lennon (London 1985); Hoffman, Dezo: The Faces of John Lennon (New York 1986); Howlett, Kevin; Lewisohn, Mark: In My Life – John Lennon Remembered (London 1990); Hutchins, Chris; Thompson, Peter: Elvis & Lennon (London 1996); Huyette, Marica: John Lennon: A Real Life Fairytale (1975/1976); Imagine – A Celebration Of John Lennon (London 1995; New York 1996); Ishigamore, Satokuni: John Lennon – Lonely Heart (1996); Jackson, John Wyse: Goo Goo G'job – The Life Of John Lennon (London 2005); John Lennon. His Life – His Music – His People – His Legacy (Mojo Special Edition, London 2000); John Lennon: Summer Of 1980 (1983); Jones, Jack: Let Me Take You Down: Inside The Mind Of Mark David Chapman, The Man Who Killed John Lennon (London/New York 1992, New York 1994); Jovanovic, Rob: John Lennon – Imagine (New York 2003); Kane, Larry: Lennon Revealed (Philadelphia 2005, mit DVD/CD); Kane, Perry: Gimme Some Truth – The Story Of The John Lennon Deportation Case (New York 2000); Keen, Linda: Across The Universe With John Lennon (1999); Keen, Linda: John Lennon In Heaven – Crossing The Borderlines of

Being (1994); Kennedy, Adrienne; Spinetti, Victor; Lennon, John: In His Own Write: The Lennon Play (1968); King, LRE: Unfinished Music No. 1: An Unauthorized Companion To Year One Of The Lost Lennon Tapes (1990); Koltay, Gábor: John Lennon 1940–1980 (Budapest 1981); Krüger, Ulf (Hrsg.): The Many Faces of John Lennon (Ausstellungskatalog; Hamburg 2000); Kunze, Martin-G. (Hrsg.): Ich und John Lennon (Hannover 2005); Lawrence, Ken: John Lennon – In His Own Words (New York 2005); Leen, Jason: Peace At Last: The After Death Experiences Of John Lennon (USA 1989); Lelanger, Lyn; Breder, Michael; Kearns, Jo; Locke, Nicolas; Shatzhin, Mike (ed.): A Tribute To John Lennon 1940–1980 (1981); Lennon '69: Seach For Liberation (Los Angeles 1981); Lennon: A Liverpool Echo Tribute (Liverpool 1984); Lennon, Cynthia: A Twist Of Lennon (London 1978; New York 1978); Lennon, Cynthia: John (New York 2005/2006, auch als Audio-CD, MC; dt.: John, München 2005); Lennon, John (Hrsg. von Yoko Ono): Skywriting By Word Of Mouth (New York 1986, dt.: Zwei Jungfrauen oder Wahnsinnig in Dänemark, Bielefeld 1993); Lennon, John: A Spaniard In The Works (London 1965, New York 1965; dt.: Ein Spanier macht noch keinen Sommer (Genf, Hamburg 1965); Lennon, John: In His Own Write (London 1964; New York 1964, Neuausg. New York 2001, dt.: In seiner eigenen Schreibe, Genf, Hamburg 1964); Lennon, John: The Lyrics Of John Lennon (London 1997); Lennon, John: The Writings Of John Lennon (1980); Lennon, John; Ono, Yoko: Real Love – Drawings For Sean (London 1999; dt.: Real Love – Bilder für Sean, Reinbek b. Hamburg 2000); Lennon, John; Ono, Yoko; Gruen, Bob: Sometime In New York City (Guildford 1995); Lennon, Pauline: Daddy, Come Home: The True Story Of John Lennon And His Father (London 1991); Leukefeld, Peter: John Lennon In Memoriam (Heyne Taschenbuch 5850) (München 1981); Levinson, Robert S.: The John Lennon Affair – A Neil Gulliver And Stevie Marriner Novel (New York 2001); Life (Hrsg.): Remembering John Lennon – 25 Years Later (New York 2005); Lieck, Jutta; Wandley, Uwe (Hrsg.): Lennon über Lennon. Leben in Amerika. John Lennon und Yoko Ono im Gespräch mit Andy Peebles, übersetzt v. Wolfgang Döbeling (Reinbek b. Hamburg 1981); Lieck, Jutta; Wandley, Uwe (Hrsg.): Lennon über Lennon. Abschied von den Beatles (Reinbek b. Hamburg 1981); Lipack, Richard Warren: Epic Moments And Secrets: John Lennon And The Beatles (1997); Logo, Fred: I Read The News Today – The Social Drama Of John Lennon's Death (1994); Long, Jeff (ed.): Lennon '69: Search For Liberation (1981); Martin, Nancie S.: John Lennon/Julian Lennon (1986); Martinez, Miguel; Escudero, Vicente: John Lennon (Madrid 1994; Los Juglares, Bd. 80); Maximum Lennon – The Unauthorised Biography Of John Lennon (CD, London 2002); McCabe, Peter; Schonfeld, Robert D.: John Lennon: For The Record (London 1984); Merle, Pierre: L'assassinat de John Lennon (Paris 1993); Michalski, Dariusz: John Lennon (Polen 1991); Miles, Barry; Marchbank, Pearce (Hrsg.): John Lennon: In His Own Words (London 1980, New York 1981); Miles, Barry: Lennon O Sobie (Polen 1991); Molnár, Imre: Nepserübb Jézus Krisztusnál?! – John Lennon regénye (Populärer als Jesus Christus – Ein John-Lennon-Roman; Budapest 1990); Moltmaker, Azing: The Making Of ... Imagine (Alkmaar 2003); Moses, Brian: John Lennon (Gretna/Louisiana 2003); Moyer, Susan: John Lennon – Nothing's Gonna Change My World (Champaign/Ill. 2005); Nagano, Makoto (ed.): ai: Japan Through John Lennon's Eyes – A Personal Sketchbook (Tokyo 1990; San Francisco 1992); Naha, Ed: John Lennon & the Beatles Forever (1981); Naloev, A.: Oborvannaja pesnja Džon Lennona/Anatomija prestuplenij: CRU protiv molodeži (Moskau 1985); Noebel, David A.: The Legacy Of John Lennon: Charming Or Harming A Generation? (Nashville 1982); Norman, Philip: Days In The Life – John Lennon Remembered (London 1990); O'Donnell, Jim: The Day John Met Paul – An Hour-By-Hour Account Of How The Beatles Began (New York 1994); Ono, Yoko (ed.): Give Peace A Chance: Music And The Struggle For Peace (Katalog der gleichnamigen Ausstellung des Chicago Peace Museum); Ono, Yoko: John Lennon: Summer Of 1980 (New York 1983); Ono, Yoko: Ai – Japan Through John Lennon's Eyes (Tokyo 1990, San Francisco 1992); Ono, Yoko (Hrsg.): Memories Of John Lennon (New York 2005, dt: »Erinnerungen an John Lennon«, Berlin 2005); Pang, May; Edwards, Henry: John Lennon: The Lost Weekend (London 1992); Pang, May; Edwards, Henry: Loving John – The Untold Story (New York 1983); Partridge, Elizabeth: John Lennon – All I Want Is The Truth (London 2005); Peebles, Andy: The Lennon Tapes – John Lennon and Yoko Ono In Conversation With Andy Peebles, 6.12.1980 (London 1981; dt.: Lennon über Lennon: Leben in Amerika, Reinbek b. Hamburg 1981); Peglau, Andreas: Alles was du brauchst ist Liebe – John Lennon zwischen 1967 und 1980 (Profil-Extra. 1) (Leipzig 1987); The Penguin John Lennon

(Harmondsworth/Middlesex 1966; dt.: in seiner eigenen schreibe, Reinbek b. Hamburg 1981 rororo 4832); Philbin, Marianne: Give Peace A Chance – Music And The Struggle For Peace (Chicago 1983); Posener, Alan: John Lennon (Reinbek b. Hamburg 1987) (rororo rm 363; 8. Aufl. 2005); Preszler, June: John Lennon (Kentwood/LA 2004); Pryke, D. W. (Hrsg.): The Legacy Of John Lennon In The Words Of The Fans Who Love Him (London 2005); Pullen, Rob: Woorden van Wijsheid (Deventer 1991); Randolph, Michael: John Lennon And The Rock'n'Roll Circus (Chorley/Lancashire, 1993); Rappaport, Doreen: John's Secret Dreams – The Life Of John Lennon (New York 2004); Rehwagen, Thomas: Gimme Some Truth – Das komplette Songbuch (Bergisch Gladbach 1991) (Bastei Lübbe Taschenbücher Bd. 60315); Rehwagen, Thomas (Übers. u. Hrsg.): Gimme Some Truth – Das endgültige John Lennon Songbook (Bielefeld 1990); Robertson, John (d.i. Peter Doggett): The Art & Music Of John Lennon (London/New York/Sydney 1990; New Yoek 1993; dt.: Rocklegenden – John Lennon, Schindellegi/Schweiz 1992); Robertson, John (d.i. Peter Doggett): Lennon 1940–1980 – A Journey Through John Lennon's Life And Times In Words And Music (London 1995; New York 1995; dt.: Lennon 1940–1980. Eine Reise durch John Lennons Leben in Worten und Bildern, Zürich 1996); Rogan, Johnny: The Complete Guide To The Music Of John Lennon (London 1997); Rolling Stone (Hrsg.): The Ballad Of John And Yoko (New York 1982, London 1982, Paris 1982, Stockholm 1983); Rosen, Robert: Nowhere Man – The Final Days Of John Lennon (London 2000; dt.: Nowhere Man – Lennons letzte Tage in New York, St. Andrä-Wördern 2001); Ruhlmann, William: John Lennon (USA 1993); Russino, Riccardo: Le Canzoni di John Lennon (Rom 2000); Ryan, David Stuart: John Lennon's Secret (London 1982, 1990); Rybčev, Georgi; Filipova, Kalina: Džon Len'n – Poezija, prosa, intervjuta (Sofia 1984); Saimaru, Nishi F: The John Lennon Family Album (Tokyo 1983, New York 1990); Santrey, Laurencde: John Lennon: Young Rock Star (New Jersey 1990); Sauceda, James Manseau: The Literary Lennon: A Comedy Of Letters (Ann Arbor/Mich. 1983 – Rock & Roll Reference Series Vol. 9); Schaffner, Nicolas; Shotton, Pete: John Lennon: In My Life (London 1983); Schworck, Ernest E. (comp.): John Lennon: 1940–1980 (1981); Seaman, Frederic: John Lennon: Living On Borrowed Time (1991; dt.: John Lennon – Geborgte Zeit, Köln 1992); Seaman, Frederic: The Last Days Of John Lennon – A Personal Memory (New York 1991); Sheff, David: All We Are Saying – The Last Major Interview With John Lennon & Yoko Ono (London 2000, 2001; New York 2000; dt.: Die Ballade von John und Yoko – Das letzte große Interview, St. Andrä-Wördern 2001); Sheff, David; Golson, Barry (ed.): The Playboy Interviews With John Lennon And Yoko Ono (New York 1981; London 1981); Shevey, Sandra: The Other Side Of Lennon (London 1990); Shotton, Pete; Schaffner, Nicholas: The Beatles, Lennon, And Me (London 1983); Shotton, Pete; Schaffner, Nicholas: John Lennon – In My Life (London 1984, 1994); Sierra i Farra, Jordi: El joven Lennon (Madrid 1995; Gran Argular Bd. 79); Snell, Conrad: John Lennon 4Ever (New York 1981); Solt, Andrew; Egan, Sam: Imagine: John Lennon (London/New York 1988; London/New York 1998; dt.: Imagine John Lennon. Eine Bildbiographie, München 1989); Spencer, William F.: Das war John Lennon. Alles über ihn und die Beatles, München 1980 (Playboy Report); St. James, Jewelle: All You Need Is Love. The Incredible True Story Of One Woman's Search, Discovering Her Past Live With John Lennon (London 2004); Stockdale, Tom: They Died Too Young: John Lennon (1995); Sturua, M.: Žizn' i smert' Džon Lennona (Moskau 1988); Swenson, John: The John Lennon Story (1981); Synning, Ralph: Candles For Lennon – Philosophical Reflections On The Vision Of A Pop Icon (Montreal/Kanada 1992); Tabath, Warren: John Lennon: A Personal Pictorial Diary (New York 1981); Thielow, Edmund: John Lennons Quarrymen – Yesterday And Today (Glauchau 1998; 2., erw. Aufl. 2005); Thomson, Elizabeth; Gutman, David (Hrsg.): The Lennon Companion – Twenty-Five Years Of Comment (London/New York 1987); Thomson, Elizabeth; Gutman, David (ed.): The Lennon Companion – Four Decades Of Commentary (London 1987, 1999); Tremlett, George: The John Lennon Story (London 1976); Ullrich, Corinne: John Lennon (München 2000) (dtv 31036); Das war John Lennon. Alles über ihn und die Beatles (hrsg. v. Dietrich Lindau u. Dieter Kerschkamp, München 1980); Wenner, Jann: Lennon Remembers – The Rolling Stone Interviews (Harmondsworth/San Francisco 1971; New York 1972; London 1972, 1973 als Paperback; Reprint 1980; revised edition London 2000 (unzensierte Version!); dt.: Lennon über Lennon. Abschied von den Beatles, Hamburg 1981; John Lennon und die Beatles – Das legendäre Rolling Stone-Interview, St. Andrä-Wördern 2001); Wheeler, Scott: Charlie Lennon: Uncle To A Beatle (Parker/Colorado 2005); White, Michael: John Lennon (The World's Greatest Composers; Wat-

ford 1992); Wiener, Jon: Come Together – John Lennon In His Time (New York 1984; Toronto 1984; London 1985, London 1995, Boston 1995, London 2001); Wiener, Jon: Gimme Some Truth – The John Lennon FBI Files (Berkeley/Calif. 2000); Williams, Brian: The Life And World Of John Lennon (Chicago/Ill 2004); Woodall, James: John Lennon und Yoko Ono (Reinbek b. Hamburg 1998); Wooton, Richard: John Lennon: An Illustrated Biography (1983); Wright, David K.: John Lennon, The Beatles And Beyond (1999); Young, Paul: The Lennon Factor (1972) • www.lennonart.com/priclist.htm; www.liv.ac.uk/ipm/beatles; www.workingclasshero.com; www.lennonart.co.uk; www.johnlennonartwork.com; www.rareexception.com/Garden/Beatles/Number9.html; www.instant karma.com; www.kaapell.fi/aiu; www.triumphphpc. com/john-lennon; www.LennonTask.com; www. john-lennon.com; www.legend-johnlennon.com; www.lennon.net; www.johnlennon.com

LENNON, JULIA

Mutter John Lennons, * 12.3.1914 in Liverpool als Julia »Judy« Stanley. Ihre Eltern waren → *George »Pop« Stanley* und Annie (geb. Millward), ihre Schwestern Mary Elizabeth »Mimi« Stanley (→ *Mary Elizabeth »Mimi« Smith*), → *Elizabeth »Mater« Stanley*, → *Ann Georgina »Nanny« Stanley* und → *Harriet »Harrie« Stanley*. Ihre Tochter → *Julia Baird* über die fünf Schwestern: »Sie waren alle sehr eigenwillig und entwickelten sich zu einer Rarität in der damaligen Generation von Frauen.« Julia Lennon war »die ungewöhnlichste und am schwersten einschätzbare von allen«. Mit 14 Jahren lernte sie → *Alfred Lennon* kennen und heiratete ihn am 3.12.1938 im Mount Pleasant Registry Office in Liverpool. Bereits wenige Tage später segelte dieser allerdings als Schiffssteward in die Karibik. In den folgenden Jahren tauchte er nur noch gelegentlich in Liverpool auf. Am 9.10.1940 brachte Julia ihren Sohn John Winston Lennon im Oxford Street Maternity Hospital zur Welt. John wuchs praktisch ohne Vater auf, Mutter und Sohn lebten bei »Pop« in der Newcastle Road. Ihre Schwester Mimi besorgte ihr dann eine eigene Wohnung in 120A Allerton Road im Liverpooler Stadtteil Woolton, in einem Haus, das ihrem Mann gehörte. Endlich den wachsamen Augen ihrer Eltern entronnen und sicher, dass ihr Mann sowohl von der Marine als auch von ihr desertiert sei, vergnügte sie sich des Öfteren in der Stadt. Baby John blieb oft allein zu Haus. 1942 beugte sich Julia dem Druck ihrer Familie und stimmte zu, ihren Sohn John für einige Zeit zu ihrer Schwester Mimi zu geben. Am 19.6.1945 bekam sie eine Tochter (→ *Victoria Elizabeth Lennon*), der Vater wird in der Geburtsurkunde nicht genannt, war aber wohl ein junger Artillerieoffizier auf Heimaturlaub namens »Taffy« Williams. Das Kind wurde sofort nach der Geburt zur Adoption freigegeben und von Margaret Mary und Peder Pederson adoptiert. Nach Kriegsende, als sie als Serviererin in einem Café in der Penny Lane arbeitete, lernte sie → *John Albert »Bobby« Dykins* (* 1916) kennen und zog mit ihm im März 1946 zu ihrem Vater George »Pop« Stanley in die 9 Newcastle Road in Wavertree. Als dieser 1949 starb, zogen sie in eine kleine Wohnung in 1 Blomfield Road im Stadtteil Garston. Mit Dykins hatte sie dann zwei Töchter: Julia (* 5.3.1947) und → *Jacqui Gertrude Dykins* (* 26.10.1949). Ihre älteste Schwester Mary Elizabeth (»Mimi«) setzte es durch, dass John Lennon bei ihr blieb, da seine Mutter ihm kein eigenes Bett bieten konnte. John später: »Es gab fünf Frauen, die meine Familie waren. Fünf starke, intelligente Frauen. Eine davon war meine Mutter.« Als er älter wurde, besuchte er seine Mutter häufiger: »Sie wurde für mich eine Art junger Tante oder großer Schwester.« Nach seinen ersten Auftritten war sie »der größte Fan ihres Sohnes« (Johns Halbschwester Julia). Julia: »Er war einfach so oft da, dass seine Anwesenheit etwas ganz Normales und Alltägliches war.«

Am 15.7.1958 kam Julia Lennon bei einem Verkehrsunfall, verursacht durch den Polizisten Eric Clague, ums Leben, als sie in der Menlove Avenue auf den Bus wartete. John: »Ich hatte gerade angefangen, wieder eine enge Beziehung zu ihr zu bekommen, als sie ums Leben kam.« Und: »Es war das Schlimmste, das mir jemals widerfahren ist.« Mit den Songs »Julia« (1968, LP »The Beatles«), »Mother« und »My Mummy's Dead« (beide 1970, LP »John Lennon: Plastic Ono Band«) setzte John seiner Mutter ein musikalisches Denkmal. In einer auf Tonband aufgenommenen Tagebucheintragung erinnerte sich John Lennon später, wie er mit seiner Mutter im Bett lag und ihre Brust berührte. Sie tanzten zusammen durch die Wohnung, sie zeigte ihm Griffe auf der Gitarre und dem Banjo, und überhaupt war sie wohl eine Zeit lang mehr eine Freundin als eine Mutter für John Lennon.

LENNON, JULIAN

*8.4.1963 im Sefton General Hospital in Liverpool als John Charles Julian Lennon – Sohn von → *Cynthia Lennon* und John Lennon. Letzterer war gerade in London, war jedoch begeistert, als er telefonisch von der Geburt seines Sohnes erfuhr. → *Brian Epstein* bestand darauf, dass die Geburt möglichst geheim gehalten wurde, da ein verheirateter Beatle und noch dazu mit Sohn schlecht fürs Geschäft wäre. Am Tag nach der Geburt besuchte John Cynthia im Krankenhaus, am 28.4.1963 fuhr er allerdings erst einmal mit Brian Epstein in den Urlaub nach Spanien. Auch bei der Taufe im November 1963 in der Trinity Road Parish Church war John Lennon nicht dabei. Fotos des Babys gelangten erst am 5.5.1964 in die britische Presse. Zumindest zeitweise betrachtete John Lennon seinen Sohn wohl als Belastung: Er zwang ihn, Cynthia zu heiraten. Lange Zeit ignorierte er ihn. Am 10./11.12.1968 war er bei den Dreharbeiten zu → *The Rolling Stones Rock and Roll Circus* dabei. Im Juni 1969 unternahmen → *Yoko Ono* und ihre Tochter Kyoko, John Lennon und er eine Reise durch Schottland. In der Schule gründete er eine Rock'n'Roll-Band, und als er elf Jahre alt war, spielte er für seinen Vater Schlagzeug bei dem Titel »Ya Ya« (LP »Walls And Bridges«, 1974). Erst in den 1970er Jahren besuchten sie sich gelegentlich und es entstand so etwas wie eine Vater-Sohn-Beziehung. Fred Seaman, ab Februar 1979 persönlicher Assistent John Lennons: »Abends nach dem Essen setzten sich Vater und Sohn manchmal mit zwei Gitarren hin und John zeigte Julian neue Akkorde – als ob er einen Teil seines Vermächtnisses weitergeben wollte. Die meiste Zeit jedoch zeigte John keine Anstrengung, irgendwelchen bedeutungsvollen Kontakt mit Julian aufzubauen. Sie wirkten immer wie getrennte Menschen in getrennten Träumen.« In einem seiner letzten Interviews erklärte John, Julian sei »aus einer Flasche Whiskey in einer Samstagnacht heraus geboren worden«. Für Cynthia war Julian dagegen ein »love child«. Julian später über seinen Vater: »Ich bin der festen Überzeugung, dass John in vielerlei Hinsicht ein Heuchler war. Er sprach viel über Frieden und Liebe, aber im Privatleben hat er das nicht praktiziert. Ich habe Respekt vor ihm als Künstler, aber er hat mich gelehrt, wie man als Vater nicht sein soll.« Wohl nicht zuletzt deshalb wählte er 2000 in einer Umfrage der Zeitschrift *Mojo* »Isolation« als seinen beliebtesten Lennon-Song ... Nach dem Tode seines Vaters am 8.12.1980 flog er auf Einladung Yoko Onos nach New York. Von ihr erhielt er dann allerdings lediglich 150 £ pro Woche aus dem Nachlass seines Vaters. »Dad stand immer völlig unter ihrem Einfluss«, beklagte er sich im Dezember 1981. Nachdem

1984 seine erste LP »Valotte« erschienen war, plante Produzent Martin Lewis einen Dokumentarfilm über ihn, Sam Peckinpah sollte Regie führen. Letztendlich blieben jedoch nur zwei Video-Clips von dem Projekt übrig – »Too Late For Goodbyes« und »Valotte«. 1994 wollte er sie angeblich sogar verklagen, weil er nicht den ihm zustehenden Anteil an Lennons Vermögen bekommen hatte. Der war allerdings an die Bedingung geknüpft, dass er die nötige »Reife« aufweisen müsse. Sein aufwändiger Lebensstil als Playboy in London erforderte wohl auch etwas mehr Geld. Zu seinen Freundinnen in dieser Zeit zählten u.a. Stephanie LaMotta, Debbie Boyland, Kate Lotto, das Model Jordana ... 1996 erhielt er ca. 120 000 € im Jahr aus dem Erbe, in dem Jahr gewährte ihm Yoko Ono außerdem einen Vorschuss aufs Erbe in Höhe von ca. 24 Mill. €. Im September 1983 schickte er ein Band mit seinen Songs an Tony Stratton-Smith von Charisma Records. Im Oktober 1984 erschien seine erste LP, »Valotte«, produziert von Phil Ramone, mit dem Hit »Too Late For Goodbyes«, mit einem Mundharmonika-Solo von Toots Thielemans. Am 16.11.1984 präsentierte er mit Paul McCartney die NBC-TV-Show »Friday Night Videos«. Im März 1985 ging er zum ersten Mal auf Tournee. »Nach anfänglichem Publicity-Wirbel ließ das Interesse an dem mäßig begabten Sprössling schnell nach«, konstatieren Barry Graves, Siegfried Schmidt-Joos und Bernward Halbscheffel in »das neue rock-lexikon« (vollständig überarb. u. erw. Neuausgabe, Reinbek bei Hamburg 1998). Ende 1985 veröffentlichte MCA Home Video das Video »Stand By Me: A Portrait Of Julian Lennon« (59 min). Am 23.1.1986 führte er mit → *Sean Lennon* an Stelle seines Vaters → *Elvis Presley* in die → *Rock and Roll Hall of Fame* ein. 1988 huldigte er einem weiteren Vorbild seines Vaters: Bei → *Chuck Berrys* Geburtstagskonzert stand er mit dem Rock'n'Roll-Hero auf der Bühne. Als er im August 1989 im New Yorker Beacon Theatre auftrat, kam auch sein Halbbruder Sean Lennon auf die Bühne; gemeinsamen sangen/spielten sie »Stand By Me«. Seinen nächsten Hit hatte er erst wieder im Sommer 1991 mit »Saltwater«. Immer wieder gab es Gerüchte, dass er bei einer eventuellen Reunion der Beatles den Platz seines Vaters einnehmen sollte. Allerdings lag ihm mehr daran, sich von John Lennon und den Beatles zu emanzipieren – auch wenn er live gelegentlich »Day Tripper« von John Lennon/Paul McCartney spielte. Julian Lennons »Cole's Song« ist im Film »Mr. Holland's Opus« zu hören, er selbst spielte eine Nebenrolle in dem Film »Leaving Las Vegas«. »Julian Lennon hat die Beatles und das ›John's Sohn‹-Image über«, schrieb Daniela Baumeister am 25.3.1989 in der *Frankfurter Rundschau*, Überschrift: »Ein gefallener Engel mit neuen Flügeln«. Er selbst 1992 in einem Interview: »Ich habe heute keine Hemmungen mehr, meine Herkunft in meiner Musik zu verarbeiten. Früher hätte es mich wohl gestört, doch jetzt bekenne ich mich zu dieser Familienbindung.« (*FF* 16/1992) 1986 beteiligte er sich an dem Konzeptalbum »The Hunting Of The Snark« von Mike Batt, an dem auch George Harrison als Gast-Gitarrist mitwirkte. 1986 sang er auf der »original cast«-LP der Londoner Show »Time«. 1995 wurde er Teilhaber der Musik-Produktionsfirma Angel Moon Music in Los Angeles, in San Francisco besitzt er das Restaurant »The Revolution«, auf Mallorca den Club »Red Star«. 1998 gründete er sein eigenes Label Music From Another Room. Auch für seine CD »Photograph Smile« erntete er wenig positive Kritiken. »Sie klingt wie eine Sammlung von Liedern, die sein Vater lieber doch nicht aufgenommen hat«, schrieben z.B. die Stuttgarter Nachrichten am 5.5.1998.

2001 ersteigerte er bei Christie's für 19 975 £ das Originalmanuskript des Songs »The Fool On The Hill«. Im Mai 2002 eröffnete er einen Nachtclub auf Mallorca, im November 2002 startete er die Website www.lennon.net. Julian Lennon ist zu erreichen über eine Londoner Adresse: 43c Hawley Street, London NW1, lebt jedoch seit 1988 meist in Los Angeles.

***Discogr.:** Valotte (1984), The Secret Value Of Daydreaming (1986), Mr. Jordan (1989), Help Yourself (1991), Photograph Smile (1998), Behind The Music – The Julian Lennon Collection (2001)* • ***Lit.:** Flesch, Yolande: Julian Lennon (1985); Lulow, Kalia: Julian Lennon – A Biography (1986); Martin, Nancie S.: John Lennon/Julian Lennon (1986); Bego, Mark: Julian Lennon! (1986); Malberg, DL: Julian Lennon (1986); Sanfred, William; Green, Cecil: Center Stage: Julian Lennon (1986)*
www.julianlennon.com

LENNON, MARY

Großmutter von John Lennon mütterlicherseits, * in Liverpool als Mary Maguire. → *Jack Lennon* holte sie als Haushälterin, nachdem seine erste Frau verstorben war. Sie wanderte dann mit ihm in die USA aus. Nach ihrer Rückkehr nach Liverpool wurde dort 1912 ihr Sohn → *Alfred Lennon*, der Vater John Lennons, geboren. Ihre drei Söhne Alfred, Charles und Sidney kamen nach dem Tode ihres Mannes unter die Vormundschaft des Bluecoat-Waisenhauses in Liverpool. Insgesamt hatten sie acht Kinder, zwei Kinder starben allerdings bei der Geburt. Mary Lennon war Analphabetin, † 30.1.1949.

LENNON, PAULINE

Zweite Frau von → *Alfred »Alf« »Fred(die)« Lennon*, * als Pauline Jones. Bei einem Ferienjob im Toby Jug Hotel in Esher verliebte sie sich in den mehr als doppelt so alten Alfred. Er nannte sie Polly, in Erinnerung an seine Mutter. Nach den Ferien kehrte sie an die Exeter University zurück, fuhr aber in den Osterferien wieder nach Esher, um sich mit Alfred zu treffen. Sie lebten dann zusammen in London, Pauline arbeitete einige Monate in → *Kenwood* als Sekretärin für John und Cynthia Lennon. Sie heirateten gegen den Willen ihrer Mutter und John Lennon kaufte ihnen ein Haus in Brighton für 6500 £ (oder 15 000 £), wo auch ihre Söhne David Henry (* 26.2.1969) und Robin Francis Lennon (* 22.10.1973) zur Welt kamen. Apple überwies Johns Vater jede Woche 30 £. Nach dem Tode ihres Mannes am 1.4.1976 heiratete sie wieder und hieß dann Pauline Stone.

***Lit.:** Lennon, Pauline: Daddy, Come Home: The True Story Of John Lennon And His Father (London 1991)*

LENNON, ROBIN FRANCIS

Ein Halbbruder John Lennons, Sohn seines Vaters → *Alfred Lennon* und dessen zweiter Frau Pauline, * 22.10.1973.

LENNON, SEAN (ONO TARO)

* 9.10.1975 um 2.00 Uhr in New York (an John Lennons 35. Geburtstag!) nach mehreren Fehlgeburten → *Yoko Onos*. Elton John und sein Lebenspartner David Furnish übernahmen eine Patenschaft. John Lennon kümmerte sich bis 1980 als Hausmann um seinen Sohn und widmete ihm den Song »Beautiful Boy«. Für den Sommer 1976 kündigten seine Eltern ein Buch mit dem Titel »365 Days Of Sean« an, das Fotos ihres Sohnes von jedem Tag seines ersten Lebensjahres enthalten sollte – es ist jedoch nie erschienen. Im Juni 1978 reiste er mit John Lennon und Yoko Ono für fünf Monate nach Japan. Vom Tode seines Vaters am 8.12.1980 erfuhr er erst zwei Tage später. Anfang der 1980er Jahre hatte er sogar einen eigenen Leibwächter – Doug MacDougall. Mit Yoko Ono und Elton John sang er im August 1982 im New Yorker → *Madison Square Garden*

den Lennon-Tribut »Empty Garden«. Auf Yoko Onos LP »Every Man Has A Woman« gab er im September 1984 sein Platten-Debüt. Am 23.1.1986 führte er mit → *Julian Lennon* an Stelle seines Vaters → *Elvis Presley* in die → *Rock and Roll Hall of Fame* ein. Im Dezember 1988 gab er in → *Michael Jacksons* Fantasy-Film »Moonwalker« sein Debüt als Schauspieler in einer Nebenrolle (Gage: umgerechnet ca. 375 000 €). Er besuchte ein exklusives Internat in Genf/Schweiz und studierte an der Columbia University Anthropologie. 1989 war er bei den Aufnahmen zu David Bowies LP »Tin Machine« in New York dabei. Als sein Halbbruder Julian im August 1989 im New Yorker Beacon Theatre auftrat, kam auch Sean auf die Bühne; gemeinsam sangen/spielten sie »Stand By Me«. Am 21./22.12.1990, bei einem Tribute Concert zu Ehren seines Vaters in Tokyo, sang er »You've Got To Hide Your Love Away«. Am 11.3.1995 nahm Paul McCartney in seinem Heimstudio Yoko Onos Song »Hiroshima's Sky Is Always Blue« auf – in der Besetzung Yoko Ono (ld-voc), Paul McCartney (b), → *Linda McCartney* (celesta), Sean Lennon (g) und → *James McCartney* (g), auch McCartneys Töchter → *Mary McCartney*, → *Heather McCartney* und → *Stella McCartney* waren dabei. 1995 begleitete er mit seiner Band IMA (Timo Ellis – b, g; Sam Koppelman – dr) Yoko Ono auf der CD »Rising« und ging auch mit ihr auf USA-, Europa- und Japan-Tournee. Sein erstes Solo-Konzert hatte er am 12.8.1997 in der New Yorker Knitting Factory. Mitte der 1990er Jahre war er auch mit der Band Cibo Matto auf Tournee – Bandmitglied Yuka Honda ist seine Freundin. Im Frühjahr 1998 erschien auf dem Label Grand Royal Records der Beastie Boys seine erste CD »Into The Sun«, produziert von Yuka Honda: »Flirrende spacy leise Keyboardsounds, Heavy-Grunge-Passagen und leichtfüßiger sonniger Pop

Sean Lennon

(z.T. miteinander kombiniert), Post-Rock-Einflüsse, eine Spur Latin und Beach Boys, viel Akustikgitarre, ein längeres Jazz-Stück. Überwiegend relaxte Atmosphäre. Nix John!« (*Soundhouse*, Aug. 2000). *Musikexpress/Sounds* 6/1998: »Dem jüngeren Lennon junior ist mit ›Into The Sun‹ ein liebevolles LoFi-Post-Alternative-Rock-Album gelungen, das zum Grand-Royal-Stall paßt wie die Faust aufs Auge.« Barry Graves, Siegfried Schmidt-Joos und Bernward Halbscheffel bewerten die CD in »das neue rock-lexikon« (vollständig überarb. u. erw. Neuausgabe, Reinbek bei Hamburg 1998) etwas kritischer als »halbgare Mischung aus Country, Bossa Nova, Soul und Jazz«. Immerhin: Sie verkaufte sich 60 000 Mal. Sean zu seiner Beziehung zu den Beatles: »Ich weiß, dass es meiner Musik geholfen hat, erst einmal wahrgenommen zu werden, und dafür bin ich dankbar. Wenn ich wollte, könnte ich einfach auf dem Familiennamen dahinsegeln, aber das hat nichts mit dem zu tun, woran ich interessiert bin.« (*Parade*, 1999) Und: »Ich kenne niemanden unter 30, der die Beatles hört. Heute regiert Puff Daddy.« Am 13./14.6.1998 trat er im RFK Stadium in Washington, D.C. beim »Tibetan Freedom Concert« auf. 2000 schrieb er mit Max Cavelera (ex-Sepultura) den »Son Song« (CD »Primitive«, 2000). Als

Gast ist er auf dem Debüt-Album der New Yorker HipHopper Deltron 3030 zu hören. 2001 war er an der CD »Blueprint For A Sunrise« seiner Mutter beteiligt. Sean Lennon ist seit 2001 bei → *Capitol Records* unter Vertrag. Er besitzt eine viergeschossige Stadtvilla in Greenwich Village, New York. Im Mai 2004 berichtete die Presse, er sei mit Elizabeth, der 20-jährigen Tochter von Mick Jagger und Jerry Hall, liiert. Jerry Hall: »Sean ist hinreißend. Er hat solche Ähnlichkeit mit John, und er schreibt wunderbare Gedichte.« (*Berliner Zeitung* 3.5.2004) Die Londoner *Sunday Times* schätzte am 3.4.2005 sein Vermögen auf 20 Mill. £.

***Discogr.**: Into The Sun (1998), Half Horse Half Musician (1999)* • ***Lit.**: Lennon, John; Ono, Yoko: Real Love – The Drawings For Sean (London 1999; dt.: Real Love – Bilder für Sean, Reinbek b. Hamburg 2000) www.sean-lennon.com*

LENNON, SIDNEY

Einer von John Lennons Onkeln, er arbeitete bei einem Herrenausstatter in Liverpool. Er war Trauzeuge bei der Hochzeit von → *Alfred Lennon* und → *Julia Lennon*. 1967 wanderte er nach Ontario/Kanada aus.

LENNON, VICTORIA ELIZABETH

* 19.6.1945 in Liverpool, Halbschwester von John Lennon. Ihre Mutter ist → *Julia Lennon*, der Vater wird in der Geburtsurkunde nicht genannt, war aber wohl ein junger Artillerieoffizier namens »Taffy« Williams auf Heimaturlaub. Victoria wurde sofort nach der Geburt zur Adoption freigegeben. Julia hatte eine Freundin namens Margaret Mary Pederson, die mit dem norwegischen Seemann Peder Pederson verheiratet war. Sie waren kinderlos und adoptierten das Kind unter dem Namen Lilian Ingrid Maria Pederson. Erst 1964 erzählte John Lennons Tante → *Harriet »Harrie« Stanley* ihm von ihrer Existenz. Er suchte erfolglos nach ihr. Im August 1998, fünf Wochen nach dem Tod ihrer Adoptivmutter, machte seine Halbschwester ihr Geheimnis öffentlich. Sie arbeitete damals als Sekretärin in einer Entbindungsklinik in Chandlers Ford bei Eastleigh im Süden Englands. – Ende 1985 berichtete die Presse von einer weiteren (angeblichen) Halbschwester John Lennons namens Jackie Higgins, 35 Jahre alt, die in Liverpool lebt. Angeblich hatte ihr John Lennon geschrieben und sie gebeten, ihn in New York anzurufen.

THE LENNON AND McCARTNEY SONGBOOK

Einstündige Rundfunksendung der → *BBC* am 29.8.1966, produziert von Derek Chinnery und Keith Fordyce, mit einem Interview mit John Lennon und Paul McCartney (aufgenommen am 6.8.1966 in Pauls Haus in der → *Cavendish Avenue*) und 15 → *Cover-Versionen* von Beatles Songs: The Band Of The Irish Guards (»She Loves You«), Peggy Lee (»A Hard Day's Night«), Andy Williams (»Michelle«), Ella Fitzgerald (»Can't Buy Me Love«), Peter Sellers (»Help!«), Nancy Sinatra (»Day Tripper«), Matt Monro (»All My Loving«), The Boston Pops Orchestra (»I Want To Hold Your Hand«), Lena Horne (»And I Love Him«), Frankie Vaughan (»Wait«), Keely Smith (»If I Fell«), The Mamas And the Papas (»I Call Your Name«), Brenda Lee (»He Loves You«), Pat Boone (»Yesterday«) und The George Martin Orchestra (»This Boy). Von den Beatles selbst wurde nur »Good Day Sunshine« von der LP »Revolver« gespielt.

LENNON BOOKS LIMITED

Von John Lennon gegründeter Verlag. Am 10.1.1966 wurde → *Brian Epstein* auch in dieser GmbH Direktor. Der Name wurde am 27.1.1969 in Lennon Productions Limited geändert.

LENNONS

Deutsche Punkband, die 1981 die EP »Die Wahrheit über Claudia« und 1990 die EP »Blutorgien in der Leichengrube« veröffentlichte – mit Songs wie »Kristallnacht«, »Roland Kaiser« und »Ich schlag dich tot«. Am Erbe John Lennons verging sie sich (noch) nicht.

THE LENNY PANE

→ *Cover-Band* aus Schweden, die sich vor allem an schwierige Titel der Beatles heranwagt – wie an »Strawberry Fields Forever« und eine komplette eigene Version des Albums »Abbey Road«, aufgenommen mit dem Abbey Road Orchestra. Die Band wurde 1990 in Göteborg gegründet, Besetzung: Göran Ihrfelt – kayb, b, voc, g, Micke Isacson – keyb, harm, voc, g, Johan Strömberg – b, voc, g, Benny Karlson – dr, voc. Die Band trat u.a. 1994 bei der MerseyBeatle-Convention in Liverpool auf. 1995 hatte die Band ihr erstes »Abbey Road Live«-Konzert, 1996 trat sie beim Internationalen Beatles Festival in Liverpool auf. 1998 nahm sie vier Songs in den → *Abbey Road Studios* in London auf. 1998 folgte eine Tournee durch Frankreich, 1999 ein Auftritt in der Royal Philharmonic Hall in Liverpool und 2000 eine Japan-Tournee.

Discogr.: *Abbey Road Live (1998), With A Little Help From Their Friends, Why Don't We Do It In Abbey Road, Lenny Pane In Concert (Video, 2000)* • *www.lennypane.com*

LENONO MUSIC

Musikverlag/Plattenfirma von → *Yoko Ono* und John Lennon, im April 1981 von Yoko Ono in Ono Music umbenannt.

LES PAUL

→ *Gibson*.

THE LES STEWART QUARTET

Von Januar bis August 1959, als → *The Quarrymen* de facto nicht existierten, spielte George Harrison in diesem Quartett, das vor allem im Lowlands Club in West Derby auftrat. Die Besetzung: Les Stewart (g, voc), Geoff Skinner (g, voc), → *Kenneth »Ken« Brown* (g, voc) und George Harrison (g, voc). George Harrison und Ken Brown reformierten dann wieder die Quarrymen und zogen in den → *Casbah Coffee Club*.

LESLO

Insel der griechischen Inselgruppe Aegos, die aus fünf Inseln besteht. Leslo ist ca. 324 km^2 groß. 1967 wollten die Beatles diese Insel »komplett mit fünf leerstehenden Fischerhütten, Olivenbäumen und Stränden« kaufen – für 90 000 bis 120 000 £, als Rückzugsgebiet für Familien und Freunde, mit einem Studio natürlich. John Lennon hatte die Idee, für Paul McCartney war es ein »von Drogen befeuertes Vorhaben«. → *Alistair Taylor* flog deshalb mit → *Magic Alex* nach Griechenland, um eine Insel ausfindig zu machen. Am 20.7.1967 flogen George und Pattie Harrison, Ringo Starr und → *Neil Aspinall* nach Athen, zwei Tage später folgten Paul McCartney, → *Jane Asher*, John und → *Cynthia Lennon* mit Julian, Patties Schwester Paula und → *Mal Evans*. Alle zusammen kreuzten auf der Beatles-Yacht → *Vagrant* durch die Ägäis. Ringo war zurück zu seiner schwangeren Ehefrau nach London geflogen. Als sie auf Leslo ankamen, waren alle begeistert. Taylor flog zurück nach London, um die Formalitäten zu regeln. Die britischen Behörden verweigerten anfangs die Zustimmung zu dem Deal, und als die von den Beatles beauftragten Immobilienmakler Goodman, Derrick and Co. intervenierten, erhielten sie zwar vom Finanzministerium die Zustimmung, maximal 95 000 £ auszuführen, aber die Beatles hatten sich's derweil bereits anders überlegt. Taylor verkaufte die für die Transaktion notwendigen »Export-Dollars« (auf $ ausgestellte Devisengutscheine) wieder an den Staat – mit einem Gewinn von 11 400 £. George Harrison in → *The Beatles Anthology*: »Es war wohl das einzige Mal, dass die Beatles mit einem Geschäft Gewinn erzielten.«

LESTER, RICHARD »DICK«

Britischer Filmregisseur, drehte mit den Beatles 1964 »A Hard Day's Night«, 1965 »Help!« und 1966/1967 mit John Lennon »How I Won The War«. * 19.1.1932 in Philadelphia/USA, arbeitete er nach seinem Studium an der University of Pennsylvania als Sänger, Gitarrist und Pianist, Bühnenhelfer und Reporter und später als Regisseur beim amerikanischen und kanadischen Fernsehen, bevor er 1955 nach Großbritannien kam. Dort schrieb er das Musical »Curtains For Harry« und hatte kurzzeitig sogar eine eigene Show (»The Dick Lester Show«). Er war dann Regisseur der Fernseh-Show »Idiot's Weekly« und der Serien »A Show Called Fred« und »Son Of Fred«, mit → *Peter Sellers*, der auch in seinen preisgekrönten Kurzfilmen »The Running, Jumping And Standing Still Film« (1959) und »The Mouse On The Moon« mitwirkte. 1962 drehte er u.a. das Feature »It's Trad, Dad« über den Boom des britischen traditionellen Jazz (mit → *Helen Shapiro*) und die SF-Komödie »Auch die Kleinen wollen nach oben«. 1965 erhielt er auf dem Film Festival in Cannes für »The Knack ... And How To Get It« (1965, dt.: »Der gewisse Kniff«) den Gro-ßen Preis. Der Film gilt als gelungenes Porträt des flippigen Swinging London und seiner im Entstehen begriffenen Subkultur. Im gleichen Jahr drehte er »A Funny Thing Happened At The Way To The Forum« (dt.: »Toll trieben es die alten Römer«). In seinem Film »Petulia« (1967, mit Julie Christie, George C. Scott und Richard Chamberlain) traten u.a. Big Brother And The Holding Company und The Greatful Dead auf. Weitere Filme: »The Three Musketeers« (1974), »Juggernaut« (1974), »Royal Flash« (1975), »The Four Musketeers« (1975), »The Ritz« (1976), »Superman II« (1981) und »Superman III« (1983). Für »The McCartney World Tour 1989/90« drehte er einen 11-minütigen Film, der vor den Konzerten gezeigt wurde. 1991 erschien unter dem Titel »Get Back: The Movie« eine 95-minütige Filmdokumentation der Tournee, Regie: Richard Lester (inzwischen auch auf DVD erhältlich), die auch Szenen aus dem Beatle-Leben McCartneys enthält. »Es ist das große Verdienst Richard Lesters und seines Autors Alun Owen, die öffentliche Wahrnehmung der Beatles – sowohl als untrennbare Einheit wie auch als intelligente, kreative und ungemein witzige Individuen – mit ›A Hard Day's Night‹ nachhaltig geprägt zu haben.« (*Tip* 14/2001) Vom 5. bis 26.10.2001 fand im Berliner Filmkunsthaus Babylon eine Werkschau seiner Filme statt, Lester war auf Einladung der Britischen Botschaft und des British Council auch selbst in Berlin.

***Anschrift:** Twickenham Film Studios, St. Margaret's, Twickenham, Surrey, Middax TW1 2AW. Lester lebt mit seiner Frau in Petersham, Surrey.* • ***Lit.:** Sinyard, Neil: Beatles, Musketeers And Supermen: The Films Of Dick Lester (1984); Yule, Andrew: The Man Who »Framed« The Beatles – A Biography Of Richard Lester (New York 1994); Soderbergh, Steven: Getting Away With It (London 1999)*

LET IT BE

1. Song von John Lennon/Paul McCartney, aufgenommen am 31.1. und 30.4.1969 und 4.1.1970, erstmals erschienen am 6.3.1970 als letzte Single der Beatles (gemixt von → *George Martin*, b/w »You Know My Name (Look Up The Number)«) und am 8.5.1970 in

Let It Be (1970)

einer zweiten und längeren Version (gemixt von → *Phil Spector*) auf der gleichnamigen LP. Am 30.4.1969 wurde ein Gitarrensolo hinzugefügt, am 4.1.1970 ein weiteres. Bass spielt hier übrigens ausnahmsweise John Lennon. Die DoCD »Making Of Let It Be« versammelt alle Versionen des Titels aus den »Get Back«-Sessions bzw. -Demos. Am 29.12.1979 nahmen Paul McCartney & Wings den Song für die LP »Concert For The People Of Kampuchea« (1980) auf. Am 13.7.1985 spielte Paul McCartney den Song live am Piano bei »Live Aid« im Wembley Stadium, dem bis dahin größten Wohltätigkeitskonzert der Rockgeschichte. Auch für »Ferry Aid« (14.–16.3.1987) sangen über 50 Stars den Song (Paul McCartney saß am Piano, zwei Versionen erschienen am 23.3.1987 auf einer CBS-Single), und bei der »Night Of The Proms« 1996 wurde der Song von Andrea Bocelli, → *Joe Cocker*, Tony Hadley, Paul Michiels, Dani Klein und Guo Yue intoniert (CD »Night Of The Proms, Vol. III«). Eine weitere Version erschien im November 1990 auf Paul

McCartneys CD »Tripping The Live Fantastic«. Zahlreiche → *Cover-Versionen*, u.a. von Nelson Rangell, The Squirrels, Shang Shang Typhoon, The Soulettes, Wigwam, Savvas Savva (p) und Leonidas Tsitsaros (violine), Anne Murray, Tito Rodriguez, Joan Baez, Tom Jones, Ron Geesin (p, org), Powerillus (»Lato B«), Richie Havens, 12 Cellisten der Berliner Philharmoniker, Bornagen, Acoustic Sound Orchestra, The Beatles Revival Band, Electric Sound Orchestra (d.i. Martial Martinay), Rundfunk-Tanzorchester Berlin, James Last, London Pops Orchestra, Erich Kunzel Cincinnati Pops Orchestra feat. King's Singers, Gladys Knight & The Pips, Collin Raye, The Hill/Wiltschinsky Guitar Duo, Weulers Hausband, Nicky Thomas, Tito Nieves, Ernie Ford, The Mini Beatles (The Mini Beats), The Bugs, Band Ohne Namen, Dankner, Munich Symphonic Sound Orchestra (MSSO), Ray Charles, Dave Shaw & Paul Simpson, The Kelly Family, The Mike Sceptre Singers With The London Starlight Orchestra, Les Bidochons (als Beadochons: »Les p'tites bites«), Olivia Molina (»Aber wie«), Monti Beton, The Bandit Beatles, Houdini Band, Kremlin Graceful Balalaika Band, Hard Day's Night, The RRSO Symphony Orchestra, Davell Crawford, The Day Trippers, The Mersey Sound Orchestra, David Michael Cass, Terry Kitchen, Maryla Rodowicz, The Markeys, Orchester Hugo Strasser, The Copycats, The Mohawks, Aretha Franklin, Clarence Carter, Eros, Jolly Bonce, BeatleJazz, Laibach, The Nylons, Richard Clayderman, Chantal und Nick Cave.

2. Dreizehnte (offizielle) LP der Beatles, erstmals erschienen am 8.5.1970 in einer Box mit beigelegtem Fotoband (Fotos: Ethan A. Russell) (USA: 18.5.1970, mit beigelegten Fotos, aber ohne Booklet), produziert von → *George Martin*, → *Glyn Johns* und → *Phil Spector*. Am 6.11.1970 erschien die LP dann noch einmal in einer preiswerteren Version mit neuer Nummer ohne Box und Buch. Der Phil-Spector-Mix erschien mono in GB nur als Tape, 1994 auch auf einer → *Bootleg-CD* (»Let It Be: Original Monaural Recording«). Die Veröffentlichung sollte ursprünglich »Get Back« bzw. »Get Back With Let It Be And 11 Other Songs« heißen und wurde mehrmals verschoben, eine frühe Fassung wurde an Radiostationen verschickt, dann aber doch wieder zurückgezogen (heute als Bootleg unter diesem Titel erhältlich), u.a. auch auf »WBCN Get Back Reference Acetate« (Yellow Dog) und »Posters, Incense And Strobe Candles« (Vigotone). Noch einmal gelang es Paul McCartney, alle vier Beatles zusammen ins Studio zu holen. Ein oder zwei Konzerte sollten für ein TV-Special gefilmt werden, u.a. waren Aufnahmen in einem römischen Amphitheater in Tunesien geplant, daraus sollte ein Live-Album entstehen. Zuerst wurde die Londoner → *Royal Albert Hall* gebucht, für Dezember, dann das Roundhouse. Insbesondere George Harrison war dagegen, dass die Beatles bei der Arbeit gefilmt werden sollten. Am 2.1.1969 um 10.30 Uhr begannen dann die Aufnahmen in den → *Twickenham Film Studios*, die Ende des Monats ein Stockwerk tiefer, in den bandeigenen Apple Studios, fortgeführt wurden. »Let It Be« wurde schließlich ein »Live im Studio«-Album. Und auch wenn die Beatles auf dem Cover der LP versprachen: »Das ist ein Album aus einer neuen Phase der Beatles« – die Phase dauerte nicht lange; als die LP erschien, hatten die Beatles bereits ihre Auflösung verkündet. Die Sessions, aufgenommen mit einigen tragbaren Nagra-Zweispur-Recordern auf 507 Tonbändern, dauerten bis zum 31.1.1969. Insgesamt versuchte sich die Band an ca. 300 Songs – Jam-Sessions und Instrumentalstücke nicht mitgezählt. Die Sessions sind als Bootleg auf den 38 bis 2004 erschienenen DoCDs »The Complete ›Get Back‹ Sessions«

(Yellow Dog) minutiös dokumentiert. Wer dieses Monsterwerk im Regal zu stehen hat, kann auf alle anderen diesbezüglichen Bootlegs getrost verzichten. Deren Zahl ist mittlerweile unüberschaubar. Erste Aufnahmen erschienen bereits 1974 auf den beiden Doppel-LPs → *Sweet Apple Trax*. Für die Bootlegs wurden so genannte Referenzbänder verwendet, die ein Mitarbeiter von Michael Lindsay-Hogg mono und mit Raummikrofonen aufgenommen hatte. Des Weiteren gibt es 17 CDs der Serie »Thirty Days« (Vigotone), 36 (geplante) DoCDs der Serie »Beginning Of The End« (Perfect Crime Production), die 11-LP-Box »Sessions« (Richard Records, mit dem EMI-Logo), die 8-CD-Box »Get Back Sessions« (Vigotone), die 12-LP-Box »The Get Back Journals« (Vigotone, auch als 8 CDs und 8-CD-Box), die 5 CDs »The ›Let It Be‹ Rehearsals«, die 8-CD-Box »The Twickenham Sessions« (Yellow Dog), »Get Back ›Camera B‹ Rolls, Vol. 1–12« (Unicorn) und »The Complete Get Back Sessions – Camera B, Vol. 1–9« (DoCD, Strawberry Records). Weitere Bootlegs sind: »The Beatles – Get Back 2nd Mix«, »Let It Be Sessions«, »Get Back To Let It Be«, »Happiness«, »The Get Back Album Sessions«, »Complete Apple Trax Vol. 1–6«, »Hello Goodbye – One Day At The Abbey Road Studios«, »Revolution«, »So Tired – Another Day At The Abbey Road Studios«, »Studio 2 Sessions At The Abbey Road Vol. 1«, »A Drugs Divorce And A Sleeping Image«, »Love Me Do« (Yellow Dog), »Get Back To Let It Be« (Walrus), »Leaning On A Lamppost – Unreleased ›Let It Be‹ Rehearsals«, »Don't Get Back – Going To Another Party«, »Rockin' Movie Stars Vol. 1–8«, »Songs From The Past Vol. 1–5«, »The ›Let It Be‹ Rehearsals – Vol. 1–5«, »The Ultimate Collection Vol. 1–3 (The Let It Be Sessions 1st, 2nd & 3rd Recorded Hour)«, »Get Back Sessions – Anthology« (DoCD), »Let It Be Sessions – Anthology«

»Let It Be« – der letzte Film der Beatles (1970)

(DoCD), »Jamming With Heather«, »Another Fly On The Wall« (Audiofön) und »The Alternate Let It Be« (2003, Pear). Für die CD »Stereo A-Cam + B-Cam At Twickenham Jan. 3th, 1969« (Yellow Dog, 2002) wurden die Nagra-Monoaufnahmen einiger Tracks von Kamera A auf den linken Kanal gelegt, die parallel aufgenommenen Kamera-B-Aufnahmen auf den rechten, so dass sich eine Art Pseudo-Stereo ergibt. Eine gute Übersicht aller aufgenommenen Titel enthalten die Ausgaben 39 und 40 (1990) des Fanzines → *Things (We Tell Today)*. Am 10.1.2003 wurden bei einer Razzia der britischen und niederländischen Polizei in einem Lagerhaus bei Amsterdam Bänder mit Aufnahmen der Sessions gefunden – wahrscheinlich Kopien der Filmtonspuren. Vier Personen wurden in der Nähe von Amsterdam verhaftet, zwei weitere in London, und 2005 in London vor

Gericht gestellt. Da es immer wieder Spekulationen über die Echtheit der Bänder gab, wurden sie beim Hersteller BASF in Ludwigshafen geprüft – und für echt befunden. Die → *EMI* verhandelte daraufhin über eine Veröffentlichung ausgewählter Aufnahmen. → *Yoko Ono*: »Wenn sie schon als Bootlegs auf dem Markt kursieren, sollte man vielleicht in Zukunft etwas Richtiges daraus machen.« (*Rolling Stone* 3/2003) Nachdem Laibach 1988 die Songs der LP komplett gecovert hatten, veröffentlichte 2001 die österreichische Band Monti Beton unter dem Titel »Let It Be different« eine interessante Neu-Interpretation der auf der LP veröffentlichten Songs. 2003 brachte Paul McCartney die Aufnahmen unter dem Titel »Let It Be ... Naked« neu heraus, in der Urfassung (»The Band's Cut Edition«) – ohne die Bearbeitungen Phil Spectors, ohne die Titel »Dig It« und »Maggie Mae«. Die dazugehörige Bonus-CD enthält Ausschnitte von den Originalbändern der Beatles, das Booklet Fotos der Aufnahmesessions sowie Auszüge aus Dialogen der Band, die auf dem Original-Booklet der ersten Kopien des 1970er Albums abgedruckt waren. Die Bonus-CD enthält auch den Titel »Fly On The Wall«.

3. Dokumentarfilm von → *Michael Lindsay-Hogg* (Regie), Produzent → *Neil Aspinall*, 81 min, United Artists, Premiere 28.5.1970 in New York (der ursprüngliche Termin 13.5.1970 fiel aus), GB-Vorpremiere 18.5.1970 im London Pavilion, GB-Premiere 20.5.1970 in London (London Pavilion) und Liverpool (Gaumont) – alles ohne Teilnahme der Beatles. John Lennon und Yoko Ono sahen sich den Film erst im Juni 1970 in San Francisco an. In dem Film sind außer den Beatles auch Yoko Ono und → *Billy Preston* zu hören und zu sehen. Der Film, gedreht ab 2.1.1969 in den Twickenham Film Studios bei den Aufnahmen zu der LP »Let It Be« und aus insgesamt 96 Stunden Filmmaterial zusammengeschnitten, zeigt u.a. auch den definitiv letzten Live-Auftritt der Beatles auf dem Dach des Apple-Gebäudes am 30.1.1969, das so genannte → *Rooftop Concert*. 1970 erhielten John Lennon und Paul McCartney einen → *Grammy* für den »best original score written for a motion picture« und für das Jahr 1970 einen Oscar (Academy Award of Merit, 43. Jahrgang) für die beste Filmmusik (Original Song Score) für »Let It Be«. Der Oscar wurde am 5.10.1992 in New York versteigert. → *ABKCO Industries*, Inc., die Firma von → *Allen Klein*, veräußerte dann die Rechte an dem Film, ohne Paul McCartney zu informieren, an United Artists.

4. Titel eines Dokumentarfilms von Ina Herr, uraufgeführt am 15.6.2002 in Berlin. Der Film, ein Projekt der Jugendkunstschule »art for fun«, porträtiert eine Jugendclique, die u.a. regelmäßig Beatles-Musik hört.

Lit.: Sulpy, Doug; Schweighardt, Ray: Drugs, Divorce And A Slipping Image – The Unauthorized Story of The Beatles' »Get Back« Sessions (Princeton Junction/NJ 1994; Neuausgabe unter dem Titel »Get Back – The Unauthorised Chronicle of the Beatles ›Let It Be‹ Deseaster«; New York 1997, London 1998, London 2003); Cott, Jonathan; Dalton, David: The Beatles Get Back (London 1969); Doggett, Peter: Let It Be/Abbey Road/The Beatles – Classic Rock Albums (New York 1998); Sulpy, Doug: The 910's Guide To The Beatles' Outtakes – Part Two: The Complete ›Get Back‹ Sessions« (Jackson/N.J. 2001); Schoeler, Holger: Get Back Sessions. In: Beatlemania 3/95– 4/95; Shinzaki, Kent O.: Can You Dig It? – The Discography Of The Beatles' »Get Back« Sessions Behind The Veil (Japan 1996); Matteo, Steve: Let It Be 33 1/3 (London 2005)

LET IT BE ... NAKED

Von Paul McCartney zusammengestellte und am 17.11.2003 erschienene Version der LP »Let It Be« (LP/MC/CD) – ohne die Bearbeitungen von → *Phil Spector* und ohne die Titel »Dig It« und »Maggie Mae«, dafür mit »Don't Let Me Down«. Die CD beginnt mit

»Get Back« und endet mit »Let It Be«. »Entschlackt und poliert klingt das letzte Album der Beatles wieder etwas beatliger«, befand die *Berliner Zeitung* (22./23.11.2003) »Tatsächlich tritt die angesichts zerfallender Märkte unerreichbare und nun für alle Zeiten größte Band im Klang so klar hervor wie nie zuvor. Nie wirkte diese Band als Mythos ferner.« (*Die Welt* 20.11.2003) Die Vinyl-LP (Klapp-Cover mit 20-seitigem Begleitheft in LP-Größe) und die CD enthalten »Fly On The Wall« als 7"-Single bzw. CD.

LET IT BE DIFFERENT
→ *Monti Beton*.

LET IT BEATLES
CD des griechischen Gitarrenduos Evangelos Boudounis & Maro Razi, veröffentlicht 1995 von General Publishing S.A. (Lyra), Athen. Auf dieser ihrer zweiten CD spielt das 1988 gegründete Duo eine Suite, bestehend aus neuen Arrangements bekannter Beatles-Songs, u.a. »Hey Jude«.

LET THE REST OF THE WORLD GO BY
Song von J. Keirn Brennan/Ernest R. Ball, erstmals vorgestellt 1919 von George J. Trinkaus and Band, 1944 wieder ausgegraben für den Film »When Irish Eyes Are Smiling« (gesungen von Dick Haymes), arrangiert von Les Reed, aufgenommen am 11. und 18.2.1970 von Ringo Starr, einem 31-köpfigen Orchester und neun Sängern, erschienen auf dessen erster Solo-LP »Sentimental Journey« am 27.3.1970.

LET'S GO ON FLYING
»Song« von John Lennon, aufgenommen live am 2.3.1969 in der Lady Mitchell Hall in Cambridge, erschienen am 9.5.1969 auf der LP »Unfinished Music No. 2 – Life With The Lions«.

LEWIS, MARTIN
Britischer Humorist, der seit 1982 in Hollywood lebt. Laut seiner Homepage »one of the world's leading authorities on the Beatles«. Anfang der 1970er Jahre schrieb er für die Londoner Zeitung → *Disc and Music Echo* und berichtete 1971 über vier »verschollene« Beatles-Songs: »Colliding Circles« (John Lennon), »Pink Litmus Paper Shirt« (George Harrison), »Deck Chair« (Paul McCartney) und »Left Is Right (And Right Is Wrong)« (John Lennon). Die Songs gab es nie, sie geisterten jedoch jahrelang durch die Fachpresse. Selbst Stephen Peeples, Autor und Produzent der Serie → *The Lost Lennon Tapes*, bekannte, fünf Jahre nach Spuren von »Colliding Circles« geforscht zu haben. 1999 outete sich Lewis bei einem Musik-Forum in Los Angeles. Lewis: »Es haute mich um, als diese Lieder zum Musik-Mythos wurden. Neulich erzählte ich alles Producer George Martin – er fiel vor Lachen fast vom Sessel.« Neil Innes, der 1978 → *The Rutles* formierte, zitierte die von Martin Lewis erfundenen Songtitel später in dem Song »Unfinished Words« (1996, CD »Archaeology«). Andere Gralshüter des Beatles-Erbes sehen die Geschichte ernster: »Diejenigen, die sich bewusst einen Spaß daraus machen, haben ihren Ruf als Beatles-Kompetenz verspielt.« (*Things* 83/2001) In den USA produzierte Lewis Filme, Fernsehsendungen, Bühnen-Shows und Alben – u.a. »Monty Python«, Peter Cook, Billy Connolly und Rowan Atkinson. Im *Times Magazine* hatte er eine ständige Kolumne. Am 9.1.1999 hatte in Los Angeles/Calif. seine eigene One-Man-Show »Great Exploitations!« Premiere. Seit einigen Jahren engagiert sich Lewis dafür, dass → *Brian Epstein* in die → *Rock and Roll Hall of Fame* aufgenommen wird.
www.martinlewis.com

LEWIS, VIC

Britischer Jazzmusiker, Bandleader und Künstleragent, * 19.7.1919 in Brent, London/GB. Chef der Vic Lewis Organisation, die im Januar 1966 von → *Brian Epstein* übernommen wurde. Lewis wurde Direktor bei → *NEMS Enterprises Limited* und flog in dieser Eigenschaft am 29.6.1968 nach Moskau, um die Möglichkeiten eines Auftrittes der Beatles in der Sowjetunion zu erkunden. Die Verantwortlichen lehnten jedoch ab. Nach Brian Epsteins Tod wurde er Managing Director der NEMS. Am 23.10.1969 veröffentlichte er eine LP mit → *Cover-Versionen* der Beatles unter dem Titel »Beatles My Way« auf dem Label NEMS. Ca. 1977 verließ er das Unternehmen.

***Lit.**: Lewis, Vic; Barrow, Tony: Music & Maiden Overs My Showbusiness Life (London 1987)*

LIFE

US-amerikanisches Magazin. Ihr Fotograf Terence Spencer hatte die Beatles von November 1963 bis Januar 1964 begleitet. Die große Beatles-Story erschien schließlich am 31.1.1964. 1964 fotografierten dann Bill Eppridge und Bob Gomel die Beatles auf ihrer ersten USA-Tournee für *Life*. In der Ausgabe vom 16.6.1967 (mit den Beatles auf dem Cover) bekannte Paul McCartney in einem Interview mit dem Magazin, → *LSD* genommen zu haben. Das Geständnis fand ein gewaltiges Echo in der Öffentlichkeit. Im Mai 1969 fotografierte *Life*-Fotograf Gerry Deiter das → *Bed-In* in Montreal. Die Herausgeber des Magazins veröffentlichten 1996 das Buch »The Beatles – From Yesterday To Today« (New York, 128 Seiten, ca. 150 Abbildungen).

***Lit.**: Spencer, Terence: It Was Thirty Years Ago Today (London 1995); Editors of »Life« Magazine: The Beatles – From Yesterday To Today (New York 1996); Remembering John Lennon – 25 Years Later (New York 2005) • www.life.com*

LIKE DREAMERS DO

1. Song von John Lennon/Paul McCartney, erstmals aufgenommen 1964 von → *The Applejacks* (auf einer Single erschienen am 5.6.1964) – von den Beatles beim → *Decca*-Vorspiel am 1.1.1962 gespielt. Nachdem der Titel auf einer Decca-Testpressung und mehreren → *Bootlegs* veröffentlicht worden war (→ *Decca Tapes*), erschien er zum ersten Mal am 20.11.1995 offiziell auf der DoCD »The Beatles Anthology 1«. Zahlreiche → *Cover-Versionen*, u.a. von The Beatnix.

2. 3-LP-Set mit zwei Picture Discs und einer LP aus weißem Vinyl (mit einer der Picture Discs identisch), erschienen im Mai 1982 auf dem Label Backstage. Das Set enthält u.a. ein Interview mit → *Pete Best* aus dem Jahre 1982, Mitschnitte aus Pressekonferenzen der Beatles aus den Jahren 1964 und 1965 und 10 Songs des Vorspiels der Beatles bei Decca am 1.1.1962. Eine Reissue auf 2 LPs erfolgte im Oktober 1982.

LINDSAY-HOGG, MICHAEL

Der amerikanische Produzent und Regisseur der Promo-Clips für »Rain«, »Paperback Writer« (beide gedreht am 19./ 20.5.1966 in den → *Abbey Road Studios* und im Chiswick House), »Hey Jude« und »Revolution« (beide gedreht am 4.9.1968 in den → *Twickenham Film Studios*) und der Filmdokumentation »Let It Be« (United Artists) hatte bereits bei → *Ready Steady Go!* mit den Beatles gearbeitet. Er führte auch beim Clip für den → *Rolling Stones*-Song »Jumping Jack Flash«, 1968 beim → *Rolling Stones Rock'n'Roll Circus*, 1978 beim Clip »London Town« der Wings sowie bei Musikvideos von The Who und Neil Young Regie. Zu seinen Bühnen- und Fernsehproduktionen zählen »Brideshead Revisited« und »Agnes Of God«. 1999 führte er Regie in dem Film »Two Of Us«, der einen fiktiven Besuch Paul McCartneys im New

Yorker Dakota Building bei John Lennon im Jahre 1976 zum Thema hat, Drehbuch Mark Stanfield, mit Jarred Harris als John Lennon und Aidan Quinn als Paul McCartney, Premiere im US-Fernsehen am 1.2.2000.

LITERATUR

Über The Beatles gibt es weit mehr Bücher als über jede andere Pop-Ikone des 20. Jahrhunderts. Einige Tausend Bücher sind über ihr Leben, ihre Karriere und ihre Musik erschienen. Allein über John Lennon gibt es weltweit ca. 200 Bücher! Auch die deutschsprachige Beatles-Literatur wächst und wächst. Eine komplette Bibliographie würde den Umfang dieses Lexikons sprengen. Aufgeführt werden deshalb nur Biographien und einige Einzeldarstellungen bei den Stichwörtern. Der Anhang enhält eine Bibliographie der in deutscher Sprache erschienenen Titel. Ausführliche Bibliographien enthalten: Harry, Bill: Paperback Writers – The History Of The Beatles In Print (London 1984 – The Beatles, Vol. 3); Terry, Carol D.: Here, There & Everywhere: The First International Beatles Bibliography 1962–1982 (Ann Arbor/Mich. 1985). www.my-beatles-books.com von Klaus Martin aus Berlin verzeichnet über 2600 Bücher zum Thema »Beatles«.

LITHERLAND TOWN HALL

Als die Beatles hier, im Liverpooler Stadtteil Litherland (Hatton Hill Road), am 27.12.1960 zum ersten Mal auftraten, »direct from Hamburg« und vermittelt von → *Brian Kelly* und → *Bob Wooler*, beschmierten kreischende Mädchen das Auto der Beatles mit Lippenstift – die → *Beatlemania* begann. Für → *Stuart Sutcliffe*, der in Hamburg geblieben war, sprang für einige Tage → *Chas Newby* ein, der zuvor mit → *Pete Best* bei → *The Black Jacks* gespielt hatte. Weitere Auftritte der Beatles: am 5. und 26.1., 2., 14., 16., 21. und 28.2., 2.3., 24. und 31.7., 7.8., 7., 14., 21. und 28.9. und 19. und 31.10.1961. Am 9.11.1961 traten die Beatles zum letzten Mal in der Litherland Town Hall auf.

LITTLE CHILD

Song von John Lennon/Paul McCartney, aufgenommen am 12.9. und 3.10.1963, erstmals erschienen am 22.11.1963 auf der LP »With The Beatles«. Eigentlich sollte ihn Mike Hurst zuerst aufnehmen, die Single erschien jedoch nicht. Zahlreiche → *Cover-Versionen*, u.a. von Jackie Lynton, Billy Fonteyne, The George Martin Orchestra, The Inmates und The Koppycats (Ian & The Zodiacs).

LITTLE RICHARD

* 25.12.1932 als Richard Wayne Penniman in Macon, Georgia/USA, der »King of Rock«, wie er sich selbst nicht ganz unbescheiden nennt. Die Beatles traten am 28.10.1962 mit ihm in Liverpool auf, kurz vor ihrer Abreise nach Hamburg, wo sie dann vom 1. bis 14.11.1962 im → *Star-Club* mit ihm auftraten. Besonders Paul McCartney entwickelte eine enge Beziehung zu ihm, John lag dagegen nicht auf der Wellenlänge des Rock'n'Roll-Meisters. Auch George Harrison berichtet in seiner Autobiographie »I Me Mine« über eine persönliche Begegnung mit dem Sänger. »Als ich die Beatles zum ersten Mal gesehen hatte, dachte ich nicht, dass sie's schaffen würden«, erinnert sich Little Richard, nachdem er in Liverpool mit den Beatles aufgetreten war. → *Brian Epstein* wollte ihm einige Masters für amerikanische Schallplattengesellschaften mitgeben. Little Richard telefonierte dann u.a. mit → *Vee-Jay Records*. Die Beatles nahmen am 7.9.1963 seinen Song »Lucille« und am 1.8.1963 »Ooh! My Soul« fürs Radio auf, am 1.3.1964 »Long Tall Sally« und am 18.10.1964 »Hey-Hey-Hey-Hey!«. Paul McCartney, im Januar 1982 gefragt, welche Platte er auf eine

einsame Insel mitnehmen würde, nannte u.a. »Tutti Frutti« von Little Richard.

Lit.: White, Charles: The Life And Times Of Little Richard – The Authorised Biography (New York 1985, London 2003) • www.littlerichard.com

LIVE AT THE BBC

→ *The Beatles Live At The BBC*.

LIVE PEACE IN TORONTO 1969

LP der → *Plastic Ono Band*, aufgenommen am 13.9.1969 im Varsity Stadium der Universität von Toronto/Kanada beim Festival → *Toronto Rock'n'Roll Revival Show*, produziert von John Lennon und → *Yoko Ono* und in GB und den USA erschienen am 12.12.1969. Ursprünglich als → *Bootleg* erschienen (»wahrscheinlich das erste Nicht-Dylan-Rock-Bootleg« – Clinton Heylin). → *Apple Records* hatte mit der Taktik, Bootlegs vom Markt zu verdrängen, indem sie die Aufnahmen selbst veröffentlichten, auch später Erfolg. Das himmelblaue Cover enthält einen Friedenskalender für das Jahr 1970, das Jahr 1 A.P. (After Peace). Am 28.4.1989 wurde das Video »Sweet Toronto« veröffentlicht, damit war das Konzert erstmals in voller Länge erhältlich. Nicht zu überhören: Besonders Yoko wurde bei diesem Konzert kräftig und ausgiebig ausgebuht.

LIVE-AUFNAHMEN

Eine komplette Übersicht aller Live-Auftritte der Beatles enthalten Mark Lewisohns in London 1986 erschienenes Buch »The Beatles Live!« und Jan Van De Bunts »The Beatles Concert-ed Efforts« (Niederlande 1979); die Tourneen (GB und international) führt auch Bill Harry (»The Beatles Encyclopedia«, London 2000) auf. Frühe Live-Aufnahmen erfolgten z.B. im → *Star-Club*. Von zahlreichen Konzerten der Beatles gibt es offizielle und nichtoffizielle Mitschnitte auf LP und CD, u.a.: *13.10.1963 Sunday Night At The London Palladium 24.10.1963 Live In Malmö (aus der schwedischen TV-Show »Drop In« + weitere Aufnahmen aus der → Ed Sullivan Show und der → BBC); 24.10.1963 Stars Of '63 (Karlaplans Studio, Stockholm); 24.10.1963 Johnny And The Moondogs; 24.10.1963 Swedish Radio Show; 4.11.1963 Cavern Days – Super Studio Series 5 (Seite 1 rec. Royal Variety Performance, Prince of Wales Theatre; Seite 2 diverse Studio-Outtakes); 4.11.1963 The Royal Variety Performance 1963; 4.11.1963/23.8.1964 Cavern Club (Seite 1 rec. → Royal Variety Performance, Prince of Wales Theatre; Seite 2 = Last Live Show); 22.12.1963 Youngblood (Empire Theatre, Liverpool); 22.12.1963 Beatles Dec. 1963; 14./16.1.1964, 20.6.1965 Les Beatles à Paris; 11.2.1964 First U.S. Performance (Coliseum, Washington, D.C.); 11.2.1964 First U.S. Concert (= First U.S. Performance); 11.2.1964 Beatles: Vancouver '64/ Washington '64; 11.2.1964 In Case You Don't Know; 4.6.1964 John, Paul, George & Jimmy (Tivoli Gardens, Kopenhagen); 4.6.1964 Danmark And Nederland June 1964; 5.6.1964 John, Paul, George & Jimmy (Hillegom/NL); 5.6.1964 Danmark And Nederland June 1964; 9.6.1964 Hong Kong, Princess Theatre; 12.6.1964 Beatles 1964 (rec. in Adelaide/Australien + diverse Studio-Aufnahmen); 15.6.1964/29.8.1966 Candlestick Park (Festival Hall, Melbourne + San Francisco); 11.2.1964/15.6.1964 On Stage In Melbourne, Australia And Washington, D.C.; 12.6.1964 A Doll's House (Centennial Hall, Adelaide/Austr.); 12.6.1964 Hysterical Adelaide; 12.6.1964 300,000 Beatles Fans Can't Be Wrong; 12.6.1964 Australia 1964; 15.6.1964 All The Best From Australia: The Complete Festival Hall Melbourne Set I and II; 15.–17.6.1964/22.8.1964 Melbourne/Vancouver – Super Live Concert Series 4; 15.–17.6.1964 Australia 1964; 16.6.1964 Live In Melbourne 1964 And Paris 1965; 16.–17.6.1964 All The Best From Australia; 17.6.1964 Melbourne Complete; 17.6.1964 Live In Australia 1964; 17.6.1964 Jelly Beans Hailing In Dreamlike Noise; 17.6.1964 Live In Melbourne 17 June, 1964; 22.8.1964 Vancouver '64/Washington '64; 11.8.1964 Vancouver 1964; 21.8.1964 Atlanta – Munich – Seattle (Seattle Center Coliseum); 23.8.1964 Live In Italy (aber: Hollywood Bowl); 23.8.1964 Back In '64 At The Hollywood Bowl ; 23.8.1964 Hollywood Bowl; 23.8.1964 Hollywood Bowl '64 (= Back In '64 At The Hollywood Bowl); 23.8.1964 Beatles/Stones Live (Hollywood Bowl); 23.8.1964 Last Live Show (Dittolino Records, rec. Hollywood Bowl, Los Angeles –*

nicht die letzte Live-Show der Beatles); 23.8.1964 Live At Shea 1964 (2 EPs, jedoch rec. Hollywood Bowl!); 23.8.1964 Beatles Live At Shea Stadium (= Back In '64 At The Hollywood Bowl); 23.8.1964 Live At The Hollywood Bowl 1964; 23.8.1964 Live in Vancouver (rec. in der Hollywood Bowl); 23.8.1964 Shea, The Good Old Days (= Back In '64 At The Hollywood Bowl); 23.8.1964 Back In 1964 At The Hollywood Bowl; 23.8.1964 Get Yer Yeah Yeahs Out; 23.8.1964 The Hollywood Bowl Concerts 23rd August 1964 & 30th August 1965; 2.9.1964 Alive At Last In Atlanta (= The Beatles In Atlanta Whiskey Flat) – an diesem Tag spielten die Beatles allerdings in der Convention Hall in Philadelphia; 2.9.1964 The Beatles In Atlanta Whiskey Flat (rec. in Philadelphia); 2.9.1964 Live Concert Atlanta, Ga. (= The Beatles In Atlanta Whiskey Flat) (rec. in Philadelphia); 2.9.1964 Live Concert At Whiskey Flats (= The Beatles In Atlanta Whiskey Flat) (rec. in Philadelphia); 2.9.1964 Look What We Found; 2.9.1964 Perfect Beat ; 2.9.1964 Live In Any Town (rec. in Philadelphia und Budokan, Tokyo 2.7.1966); 2.9.1964 Live In Philadelphia & Indianapolis 2./3. September 1964; 3.9.1964 Live In Philadelphia & Indianapolis 2./3. September 1964 (Indianapolis State Fair); 20.6.1965 Live At The Paris Olympia (wahrscheinlich Aufnahmen aus dem Palais des Sports, Paris); 20.6.1965 Palais des Sports, Paris June 20, 1965; 20.6.1965 Paris Again (= Live At The Paris Olympia, + »I Feel Fine«); 20.6.1965 Paris Sports Palais; 20.6.1965 Paris Sports Palais 1965 (= Paris Sports Palais); 20.6.1965 Sports Palace France – Second Show (= Paris Sports Palais); 20.6.1965 The Paris Match; 20.6.1965 Paris '65; 20.6.1965 Live In Paris; 20.6.1965 The Original Beatles Live; 20.6.1965 Les Beatles à Paris; 20.6.1965 Somewhere In Paris; 20.6.1965 Live In Melbourne 1964 And Paris 1965; 24.6.1965 Live In Italy (EP, rel. 1983, rec. Velodromo Vigorelli, Mailand/Italien); 24.6.1965 Live Tracks – Previously E.P.; 24.6.1965 Beatles 4 Ever; 24.6.1965 The Beatles In Italy: 1965 ; 27.6.1965 The Beatles In Italy: 1965 (rec. Teatro Adriano, Rom); 27./28.6.1965 The Beatles At Teatro Adriano, Rome; 27./28.6.1965 Roma (= The Beatles At Teatro Adriano, Rome + Live In Any Town); 27./28.6.1965 Rome Italy 1965; 14.8.1965/16.8.1965 Beatles Live (Ed Sullivan Show/ Ed Sullivan Show); 14.8.1965 The Beatles Conquer America; 14.8.1965 Live In USA 1964–1965; 15.8.1965 Last Live Show (rec. Shea Stadium, New York – nicht die letzte Live-Show der Beatles!); 15.8.1965 Shea … At Last!; 15.8.1965 Shea Stadium; 15.8.1965/18.8.1965 Beatles Over Atlanta & Shea Stadium; 15.8.1965 The Beatles At Shea Stadium; 15.8.1965 Battle (Shea Stadium, New York); 15.8.1965 Shea!/Candlestick Park; 18.8.1965 Sweden '63 – Atlanta '65 (Atlanta Stadium, Atlanta/Georgia); 18.8.1965 Atlanta – Munich – Seattle ; 18.8.1965 Beatles Over Atlanta & Shea Stadium; 18.8.1965 Atlanta '65 – Pièce de Resistance; 19.8.1965 The Beatles Live In Houston; 19.8.1965 In Person Sam Houston Coliseum (Houston/Texas); 19.8.1965 Live From The Sam Houston Colloseum (DoLP/CD); 19.8.1965 Sam Houston Coliseum; 19.8.1965 Sam Houston Live ; 19.8.1965 The Beatles – Texas 66; 19.8.1965 The Unauthorized Live Vol. 1; 19.8.1965 Texan Troubadours (= Live From The Sam Houston Colosseum); 19.8.1965 At The Alamo (= Live From The Sam Houston Colloseum); 19.8.1965 The Playing Beatles Vol. 2; 19.8.1965 The Ultimate Live Collection Vol. 1; 21.8.1965 Visit To Minneapolis (EP); 30.8.1965 The Hollywood Bowl Concerts 23rd August 1964 & 30th August 1965; 24.6.1966 Live At The Circus Crone (München); 24.6.1966 Live At The Circus Crone June 1966; 24.6.1966 Live In Germany; 24.6.1966 The Live Beatles … June 24th, 1966; 24.6.1966 Look What We Found; 24.6.1966 London Melbourne München ; 24.6.1966 Atlanta – Munich – Seattle ; 24.6.1966 Beatles '66 Munich – San Francisco ; 25.6.1966 Live In Essen; 25.6.1966 What You're Doing ; 26.6.1966 Munich At Least – Seventh Amendment (rec. u.a. in Hamburg); 30.6.–2.7.1966 On Stage in Japan/The 1966 Tour (Budokan Hall, Tokyo); 30.6.–2.7.1966 Live On Stage In Japan; 30.6.1966 Live In Tokyo; 30.6.1966 The Live Beatles: Tokio July 2, 1966 (falsches Datum!); 30.6./1.7.1966 In Budokan 1966.6.30/7.1 (Tokyo, Japan); 30.6./1.7.1966 Live In Japan 1966 (Die Angabe rec. 2.7.1966 auf der LP stimmt nicht); 30.6./1.7.1966 Japan 1966; 1./2.7.1966 The Original Beatles Live; 1./2.7.1966 Five Nights In A Judo Arena; 2.7.1966 The Beatles On Stage in Japan: Five Nights In A Judo Arena (Tokyo); 2.7.1966 Live In Any Town (rec. in Philadelphia 2.9.1964 und Budokan, Tokyo); 2.7.1966 Live At The Judo Arena (= Five Nights In A Judo Arena); 2.7.1966 The Beatles On Stage In Japan – The 1966 Tour; 2.7.1966 Tokyo '66 (= Five Nights In A Judo Arena); 2.7.1966 Beatles '66 (= Five Nights In A Judo Arena, Doppel-EP + Bonus Interview, auch als LP); 19.8.1966 Memphis Coliseum, Memphis (Im Februar 2003 im Internet aufgetaucht, bei ebay versteigert); 25.8.1966 Seattle 66; 29.8.1966 Live At San Francisco Candlestick Park; 29.8.1966 Live In Paris 1964 And In San Francisco

1966; 29.8.1966 Candlestick Park; 29.8.1966 Shea!/ Candlestick Park; 29.8.1966 Candlestick Park San Francisco; 29.8.1966 Beatles '66 Munich – San Francisco; 29.8.1966 Big Events Of '66

LIVERPOOL

Die Hafenstadt im Nordwesten Englands, an der Mündung des Mersey in die Irische See und einst das Tor zum englischen Weltreich, ist heute mit ca. 510 000 Einwohnern zwar ein wichtiges Handels- und Industriezentrum, trotzdem aber noch immer eine der ärmsten Städte Europas. Am 28.8.1207 erklärte König John das Fischerdorf zur freien Stadt, im 17. Jahrhundert war Liverpool Haupthafen für den nordamerikanischen Kontinent, im 19. Jahrhundert dann wichtigster Ausreisehafen in die »Neue Welt« und Tor zum Britischen Empire. Mit der Weltwirtschaftskrise Ende der 1920er Jahre halbierte sich das Transportaufkommen, von diesem Schlag erholte sich Liverpool nie wieder. Anfang der 1960er Jahre wurde der Beat in Liverpool zur Massenbewegung, es gab ca. 350 Beat-Gruppen, über 330 Clubs und eine eigene Szene-Zeitung (→ *Mersey Beat*). Kenner schätzten den eigentlichen Kern der Beat-Bewegung in Merseyside damals auf 10 000 bis 20 000 junge Leute. Inzwischen ist Liverpool auch eine wichtige Kulturstadt – nicht nur dank der Beatles (und dank des Freudenmädchens Fanny Hill, die ebenfalls aus Liverpool stammt). Selbst wenn das Royal Liverpool Philharmonic Orchestra im Sommer zur Last Night of the Pops lädt – die Beatles sind immer dabei. So gehörten zu ihrem Programm am 22.7.2000 eine interessante Version von »All Together Now« und ein Beatles-Medley. Jährlich begeben sich ca. 5 Mill. Touristen aus aller Welt auf die Spuren der Beatles. Seit Jahren findet im August das International Beatles Week Festival statt – mit Konzerten, Auktion, Fankongress und Memorabilia-Verkauf. Aber auch außerhalb der Beatles-Traditionspflege verfügt die Stadt über eine aktive Musikszene. Paul McCartney wurde am 28.11.1984 Ehrenbürger der Stadt. 1991 hatte sein »Liverpool Oratorio« (mit Carl Davis) in der Kathedrale von Liverpool Premiere. 2001 wurde der Flughafen der Stadt in Liverpool John Lennon Airport umbenannt und im Beisein von → *Yoko Ono* eingeweiht. 2008 ist Liverpool europäische Kulturhauptstadt. Die Stadtverwaltung erhofft sich davon 14 000 neue Arbeitsplätze, ca. 2,8 Mrd. € Investitionen und ca. 1,7 Mill. Besucher. Eine gute Orientierung bieten der Stadtplan »Discover Beatle's Liverpool« und die Websites www.liverpool.com, www.liverpool-music-city.com, www.cavern-liverpool.co.uk, www.visitbeatlesliverpool.com, www.visitliverpool.com und www.liverpoolmuseums.org.uk. Weitere Informationen/Touren: Tourist Information, Tel. (0906) 680 68 86, (0151) 708 88 38; Merseyside Tourism & Conference Bureau, Tel. (0151) 237 39 25; → *Cavern City Tours Limited*; Beatles Magical Mystery Tour, Tel. (0151) 236 90 91/709 32 85; Beatles Car Tours c/o Sylvia McMurtry, Tel. (0151) 707 9313 oder Hilary Oxlade, Tel. (0151) 931 30 75; City Sightseeing Tour, Tel. (0151) 933 23 24; City Walks, Tel. (0151) 652 36 92; Sunday City Walks, Tel. (0151), live@pool tours, Tel. (0151) 330 08 44.

Liverpool – die Geburtsstadt der Beatles

Lit.: Cohen, Sara: Rock Culture In Liverpool – Popular Music In The Making (Oxford1991); Seuss, Juergen; Dommermuth, Gerold; Maier, Hans: Beat in Liverpool (Frankfurt/M. 1965); Evans, Mike; Jones, Ron: In The Footsteps Of The Beatles (Liverpool 1981); Evans, Mike; Jones, Ron: The Beatles Liverpool; Liverpool – The 60s (1983); Kaye, Peter: The Beatles In Liverpool (1987); Davies, Peter: Liverpool Seen – Post War Artists On Merseyside (Bristol 1992); Du Noyer, Paul: Liverpool – Wondrous Place – Music From Cavern To Cream (London 2002, London 2004); Leigh, Spencer: Twist And Shout! – Merseybeat, The Cavern, The Star-Club And The Beatles (Liverpool 2004); Macefield, M.W.: In Search Of The La's (2004);

LIVERPOOL COLLEGE OF ART

(auch: Liverpool Art School, Liverpool Art College) In dem Gebäude in der Hope Street (heute: Liverpool John Moores University Faculty of Art and Design) studierte John Lennon ab September 1957. Hier traf er auch → *Cynthia Powell*, seine spätere Frau, → *Bill Harry*, den Herausgeber des → *Mersey Beat*, → *Stuart Sutcliffe*, Rod Murray und zahlreiche andere später berühmte Musiker. Ein guter Student war er nicht, aber Arthur Ballard verteidigte John Lennon und engagierte sich gegen dessen Exmatrikulation. Im Juli 1960 verließ John Lennon dann endgültig das College. Wie Simon Frith und Howard Horne in »Welcome To Bohemia!« schrieben, waren Kunsthochschulen wie diese »die Lücke im britischen Erziehungssystem, ein Freiraum, wo Jugendliche aus der Arbeiterklasse wie aus der Mittelschicht die eigentliche Bedeutung von Vergangenheit und Zukunft leugnen und – wenn auch nur für eine kurze Zeit – einen Traum von kultureller Freiheit ausleben konnten«. Und Keith Richards von den → *Rolling Stones* ergänzt: »Also wenn man in England Glück hat, dann landet man auf der Art School. Da stecken sie einen hin, wenn sie einen nirgendwo sonst hinstecken können.« So brachten die britischen Kunsthochschulen sehr wenige gute Maler hervor, dafür umso mehr gute Rockmusiker. → *Barry Miles*: »Britischer Rock'n'Roll hatte einen ganz anderen Ursprung als sein amerikanisches Gegenstück, weil er die rauen Rhythm & Blues-Wurzeln mit einem Schuss Surrealismus und zeitgenössischer europäischer Kunsttheorie verfeinerte.« 1984 besuchten → *Yoko Ono* und → *Sean Lennon* das College und spendeten 10 000 £ und einige Zeichnungen von John Lennon. In den 1980er Jahren wurde der Gebäudekomplex zum Liverpool Polytechnic, Faculty of Art and Design, heute residiert hier die Faculty of Art and Design der Liverpool John Moores University. Im Oktober 2002 wurde bei Christie's in London John Lennons Schulzeugnis aus dem Jahr 1960 versteigert. 2005 gab es Pläne, das Gebäude abzureißen und Apartments zu errichten. Paul McCartney bot mit, er wollte mit dem Gebäude sein → *Liverpool Institute For Performing Arts* (LIPA) erweitern.

Lit.: Davies, Peter: Arthur Ballard (Abertillery, Gwent 1999); Frith, Simon; Horne, Howard: Doing The Art

Liverpool Institute and School of Art – hier lernten Paul McCartney und George Harrison

School Bop Oder: Ein kleiner Ausflug an die wahren Quellen (in: Rock Session 7, Reinbek b. Hamburg 1983, S. 279–296).

LIVERPOOL FANTASY

Theaterstück von Larry Kirwan, aufgeführt 1993 im New Yorker Manhattan Punch Line Theatre. Das Stück basiert auf der Fiktion, dass die Beatles sich 1962 getrennt hätten, bevor sie berühmt geworden sind. 1992 vereinigen sie sich wieder. Nach Kirwan ist John Lennon dann ein hämischer 52-jähriger Alkoholiker und arbeitslos in Liverpool, George Harrison ein Jesuiten-Priester, Ringo Starr, dessen Frau einen Schönheitssalon betreibt, trommelt in Liverpool für → *Gerry and the Pacemakers*, Paul McCartney ist ein Cabaret-Star und heißt 1992 Paul Montana. Die vier treffen sich bei einer seiner Shows in Las Vegas. Das Stück entstand nach der ersten Novelle Kirwans, weitere Stücke sind »Mad Angels«, »Days Of Rage«, »Mr. Parnell« und »Blood Night In The Garden«. »Liverpool Fantasy« erschien in dem Sammelband »Mad Angels – The Plays Of Larry Kirwan« (Forty Four Books), seit Januar 2002 ist es auch als Book on Demand über das Internet zu beziehen (www.twbookmark.com/books/77/0759597081). Kirwan ist Leiter, Sänger, Gitarrist und Songwriter der New Yorker irischen Band Black 47 (www.black47.com) und hat auch einige Solo-CDs (1997 »Keltic Kids«, 2001 »Kilroy Was Here«) veröffentlicht.

LIVERPOOL INSTITUTE (AND SCHOOL OF ART)

Das beste humanistische Gymnasium Liverpools, in der Mount Street im Stadtzentrum gelegen, gegründet 1825 als Mechanics Institute und offiziell als Schule eröffnet am 15.9.1837. 1844 lehrte hier der Schriftsteller Charles Dickens (1812–1870). 1944 wurde das Gymnasium vom Staat übernommen. Paul McCartney besuchte diese Schule ab September 1953, George Harrison ab September 1954, auch Paul McCartneys Bruder → *Michael McCartney*, → *Neil Aspinall*, → *Len Garry* und → *Ivan Vaughan* lernten hier. Als Dankeschön gab Paul McCartney mit den Wings am 23.11.1979 im Liverpooler Royal Court Theatre ein kostenloses Konzert für seine alten Klassenkameraden und Lehrer. Trotzdem: Die Schule – von einigen Schülern (wahrscheinlich nach Verlassen derselben) liebevoll »Inny« genannt – wurde am 19.7.1985 geschlossen und verfiel. Am 30.1.1996 wurde hier auf Initiative von Mark Featherstone-Witty und Paul McCartney The Liverpool Institute For Performing Arts (LIPA) eröffnet; die offizielle Eröffnung nahm dann am 7.6.1996 Ihre Majestät Queen Elizabeth II. vor. Paul McCartney und → *George Martin* arbeiten gelegentlich als Lektoren an dem Institut, Featherstone-Witty ist Direktor.

Anschrift: *Liverpool Institute For Performing Arts, Mount Street, Liverpool L1 9HF, Tel. +44 151 330 30 00; LIPA-Office, c/0 Merlin PR- und Eventmarketing GmbH, Saldorferstraße 6, 90429 Nürnberg. • www.lipa.ac.uk*

LIVERPOOL SOUND

→ *Mersey Beat*.

LIVERPUDLIAN

Einwohner Liverpools, insbesondere der besseren Viertel auf der anderen Seite des Mersey River. Sie unterscheiden sich sprachlich von den → *Scousers*.

LOMAX, JACKIE

* 10.5.1944 in Wallasey, Liverpool/GB. Sänger und Songwriter, ein alter Freund der Beatles, trat Anfang der 1960er Jahre mit der Band The Undertakers wie die Beatles in Hamburg auf, unterschrieb einen Management-Vertrag mit → *Brian Epstein* und machte erste Aufnahmen unter dem Namen Lomax Alliance.

Am 26.8.1968 erschien in den USA (GB: 6.9.1968) seine erste Single bei Apple: »Sour Milk Sea«/»The Eagle Laughs At You« (rec. 24.– 26.6.1968), produziert von George Harrison, der auch im Juli 1968 seinen Titel »Sunset« produzierte. Im Oktober/November 1968 war George Harrison sieben Wochen in Los Angeles, um mit Lomax im Sound Recorders Studio weitere Songs aufzunehmen. Dabei waren u.a. Hal Blaine (dr), Larry Knechtel (keyb) und Joe Osborn (b). Am 11.3.1969 produzierte Paul McCartney mit Jackie Lomax den Titel »Thumbin' A Ride« von Jerry Leiber/Mike Stoller, der am 2.6.1969 auf einer Single erschien. Paul spielte Drums, George Harrison Gitarre und → *Billy Preston* Keyboards. Sein erstes Album, erschienen am 21.3.1969 bei Apple, produziert von George Harrison, hieß »Is This What You Want?«, enthielt ebenfalls Harrisons »Sour Milk Sea« und verzeichnet auch Paul McCartney, Ringo Starr und → *Klaus Voormann* als Musiker. Der Song »Goin' Back To Liverpool«, im März 1969 coproduziert von George Harrison, ist nie auf Platte erschienen. Auf dem Titel »New Day« (rec. März 1969), am 9.5.1969 als Single erschienen, spielen Ringo Starr Schlagzeug und George Harrison Gitarre, am 18.7.1969 erschien auf einer Promo-EP der Song »Little Yellow Pills«, produziert von George Harrison. George Harrison produzierte Mitte November 1969 für Lomax den Song »How The Web Was Woven«, der mit »Thumbin' A Ride« (mit George Harrison und Billy Preston) am 9.3.1970 auf einer Single erschien. Als letzte Apple-Single erschien am 21.6.1971 in den USA »Sour Milk Sea«/»I Fall Inside Your Eyes«. Danach verließ Lomax Apple, heute lebt er in Los Angeles als Singer/Songwriter und Produzent.

www.jackielomax.com

LONDON BEATLES FAN CLUB

Der Fan Club (Event manager: Richard Porter) gab lange Jahre das Fanzine *Off The Beatle Track* heraus. Unter der Adresse www.beatlesnews.com betreibt der Fan Club »The Website of the Beatles London News and Information Service« (»Off The Beatle Track«).

Anschrift: *P.O.B. 2495, London W1A 5ZL; 4 Oaklands, Constance Road, Whitton, Twickenham, Middlesex TW2 7JQ, richardporter4@aol.com*

LONDON BEATLES WALKS

Porter, Präsident des → *London Beatles Fanclub*, bietet seit einigen Jahren zwei Mal in der Woche Touren zu Beatles-Stätten in London an: »Magical Mystery Tour« (Donnerstag und Sonntag 11.00 Uhr ab Tottenham Court Road) und »In My Life« (Dienstag und Sonnabend 11.00 Uhr ab U-Bahn-Station Baker Street, Ausgang Baker Street). Weitere Informationen: London Beatles Walks, 4 Oaklands, Constance Road, Whitton, Twickenham, Middlesex TW2 7JQ, Tel. (0044-181) 898 36 06. Gute Führer sind die Karte »Discover Beatles London«, herausgegeben von → *Cavern City Tours Limited*, und der 2000 erschienene Reiseführer »Guide To The Beatles' London« von Richard Porter, vertrieben über das Abbey Road Café bzw. über den Verlag Falkland Press Limited in Barnet/GB.

LONDON PALLADIUM (THEATRE)

Val Parnells »Sunday Night At The London Palladium« war in den 1960er Jahren die beliebteste Sonntagabend-Sendung des britischen Fernsehsenders ATV. Die Show, moderiert von Bruce Forsyth, wurde live aus dem Palladium in der 8 Argyll Street übertragen und galt als die Sendung mit dem größten Promotion-Faktor. Am 13.10.1963 traten die Beatles zum ersten Mal in der Show auf – und ca. 15 Mill. Briten sahen zu. Die Sendung ist z.T. auf → *Bootlegs* (»Sunday Night

At The London Palladium«, Label: Shalom; »ABC Manchester« und »London«) dokumentiert. Das Datum gilt als entscheidendes Moment für den Ausbruch der → *Beatlemania*. Am 12.1.1964 waren die Beatles erneut in der Show. Zum Vergleich: Für ihren ersten Auftritt erhielten sie 250 £ (damals ca. 1500 €), beim zweiten Mal (am 12.1.1964) bereits 1000 £ (damals ca. 6000 €). Am 23.7.1964 traten die Beatles hier auch in der Show »The Night Of A Hundred Stars« auf – zugunsten des Combined Theatrical Charities Appeals Council, mit Buddy Greco, Harry Secombe, Shirley Bassey, Max Bygraves, Tommy Steele, Sir Laurence Olivier, Judy Garland, Zsa Zsa Gabor, Edith Evans und Marlene Dietrich. Die Beatles spielten im ersten Teil der Show den Sketch »I'm Flying« und im zweiten Teil einige Songs.

THE LONDON RADHA KRISHNA TEMPLE
→ *Radha Krsna Temple.*

THE LONELY HEARTS CLUB BAND
Deutsche Beatles-Cover-Band, gegründet 1995/1996 als Magical History Tour in Darmstadt. Die Teilnahme am Deutschen Rockpreis 1998 und 2000 brachte ihnen jeweils den Titel »Beste Beatles-Coverband Deutschlands« ein. Im Gegensatz zu vielen anderen Cover-Bands wagt sich die Lonely Hearts Club Band auch an die komplizierteren Arrangements ihrer Vorbilder heran und überzeugt mit herausragender Virtuosität. Längst sind sie über das Rhein-Main-Gebiet deutschlandweit bekannt und beliebt. Beim Ruhr Beatles Festival 2004 in Essen landeten sie knapp hinter den Six Beetles auf dem zweiten Platz. 2005 traten sie u.a. beim Estrel Beatles Festival in Berlin auf. »Einerseits will die sechsköpfige Formation die Lieder ihrer Idole so authentisch wie möglich klingen lassen, andererseits sollen sie jedoch auch Spiegel der jetzigen musikalischen Zeit sein.« (*Centralstation*® 8–9/2004) Die Band tritt des Öfteren mit The Glitter Twins als »Beatles/Stones-Night« auf.

LONESOME TEARS IN MY EYES
Song von Johnny Burnette/Dorsey Burnette/Burlison/Mortimer, aufgenommen von Johnny Burnette and his Rock'n'Roll Trio im März 1957. Die Beatles nahmen den Song am 10.7.1963 in den Aeolian Hall Studios, London, für die → *BBC*-Sendung → *Pop Go The Beatles* (Produzent: Terry Henebery, gesendet am 23.7.1963) auf. Erschienen am 28.10.1994 auf der DoCD »Live At The BBC«.

A LONG AND WINDING ROAD
2002 in den USA (5 DVDs) und 2003 bei BMG für Europa erschienenes 4-DVD-Set (3 der DVDs sind auch einzeln erhältlich) mit »their complete history« (Untertitel). Spielzeit: 3 x 100 min + 150 min Bonus-DVD, 20–25 % sind Musik, der »Rest« Dokumentation und Interviews, u.a. mit → *Alf Bicknell* und → *Julia Baird*.

THE LONG AND WINDING ROAD
1. Song von John Lennon/Paul McCartney, aufgenommen am 26.1.1969, erstmals erschienen am 8.5.1970 auf der LP »Let It Be«, am 11.5.1970 in den USA als Single (b/w »For You Blue«). → *Phil Spector* fügte der Ballade, ursprünglich eine recht schwache Instrumentalaufnahme aus den »Get Back«-Sessions vom Januar 1969, 50 Musiker und Sänger hinzu (*Rolling Stone* 3/2003: »einen Rieseneimer orchestralen Schmalz«), ohne Paul McCartney darüber zu informieren. Er bezeichnete Spectors Arbeit nicht zuletzt deshalb später als »Metzgerarbeit«. Es wurde trotzdem die letzte Nummer 1 der Beatles in den USA. Bass spielt hier übrigens ausnahmsweise John Lennon. Die DoCD »The Making

Of The Long And Winding Road« versammelt alle Versionen des Titels aus den »Get Back«-Sessions bzw. -Demos. Weitere Versionen des Songs erschienen im Dezember 1976 auf der Live-Triple-LP »Wings Over America«, im Oktober 1984 auf Paul McCartneys LP »Give My Regards To Broad Street«, im März 1990 auf Paul McCartneys CD »Flowers In The Dirt« (japanische DoCD) und im November 1990 auf Paul McCartneys CD »Tripping The Live Fantastic«. »The Long And Winding Road« sollte Anfang der 1970er Jahre auch der Titel eines immer wieder angekündigten, aber nie fertig gestellten Filmes über die Beatles sein. Zahlreiche → *Cover-Versionen*, u.a. von George Benson, John Pizzarelli, Peter Hofmann, Nancy Wilson, Jimmy Nail, Tom Jones, Vic Lewis & The Royal Philharmonic Orchestra, The Day Trippers, Richie Havens, Sarah Vaughan, The Beatles Revival Band, Erich Kunzel Cincinnati Pops Orchestra feat. King's Singers, Diana Ross, John Berry, Cher, Liz Story, The Hill/Wiltschinsky Guitar Duo, Twist And Shout, Hard Day's Night, The Mike Sceptre Singers With The London Starlight Orchestra, Peter Breiner and His Chamber Orchestra, Melba Moore, DEKAdance, Andrea Braido & Giorgio Cordoni, Monti Beton, London Pops Orchestra, Cissy Houston, Kremlin Graceful Balalaika Band, Gino Marinello, Elena Duran/Stephane Grappelli/Laurie Holloway, Peter Frampton, Bernd Frank, The RRSO Symphony Orchestra, Henry Bennefield, Aretha Franklin, Laibach, Will Young & Gareth Gates und David Michael Cass.

2. Titel einer US-amerikanischen Radio-Show zur Geschichte der Beatles, moderiert von M. G. Kelly. 2003 erschien ein Mitschnitt auf 12 CDs.

LONG DISTANCE FILMS LIMITED

Ein weiteres Unternehmen des Brian-Epstein-Imperiums, gegründet am 20.5.1964 von → *Brian Epstein*, Tony Richards und Karel Reisz, Direktor: Brian Epstein.

LONG JOHN & THE SILVER BEATLES

Da in den 1950er Jahren alle Bands lange Namen bevorzugten, wählten die späteren Beatles auf Anregung ihres ersten Managers → *Allan Williams* im November 1959 diesen Bandnamen, der bald darauf zu → *The Silver Beatles* verkürzt wurde.

LONG, LONG, LONG

Song von George Harrison, aufgenommen am 7., 8. und 9.10.1968, erstmals erschienen am 22.11.1968 auf der LP »The Beatles« (»Weißes Album«). Der Song wurde wieder ohne John Lennon aufgenommen. Das »you« im Song meint Gott. Das leise Klirren im Hintergrund stammt übrigens von einer Flasche Wein »Blue Nun«, die versehentlich auf einem Verstärker stand. Zahlreiche → *Cover-Versionen*, u.a. von Fine und Los Ranko and his Social Skills.

LONG TALL SALLY

1. Song von Enotris Johnson/Richard Penniman (d.i. Little Richard)/Robert »Bumps« Blackwell, 1956 ein Hit für → *Little Richard*, von den Beatles aufgenommen am 1.3.1964, erstmals erschienen am 10.4.1964 auf der LP »The Beatles' Second Album«, danach am 11.5.1964 in Kanada auf der gleichnamigen LP (u.a. mit »I Call Your Name«). Sie hatte fast das gleiche Cover wie das in den USA erschienene Second Album. Das Cover-Foto der in Großbritannien am 19.6.1964 erschienenen EP stammte von → *Robert Freeman*. Das Piano spielt → *George Martin*. Am 16.7.1963 nahmen die Beatles den Song im BBC Paris Theatre, London, für die → *BBC*-Sendung → *Pop Go The Beatles* (Produzent: Ron Belchier, gesendet am 13.8.1963) auf, erschienen am 28.10.1994 auf der DoCD »Live At The BBC«. Am 29.8.1966 sangen die

Beatles diesen Song am Schluss ihres letzten öffentlichen Konzerts im → *Candlestick Park* in San Francisco (abgesehen von ihrem Auftritt auf dem Dach des Londoner Apple-Gebäudes am 30.1.1969, → *Rooftop Concert*). Im Juni 1986 spielte Paul McCartney den Song bei »The Prince's Trust Birthday Party« (1987, auf der Bonus-Single zur LP).

LONGPLAY(ER)

(Abk. LP) Bezeichnung für eine Schallplatte aus Vinyl mit einem Durchmesser von 12 Inches (1 Inch = 2,54 cm) – das klassische LP-Format, Abspielgeschwindigkeit 33 1/3 U/min. Als erste Langspielplatte der Beatles erschien am 22.3.1963 »Please Please Me«.

LOOKING THROUGH A GLASS ONION

Stück des australischen Autors und Musikers John Waters, mit dem er zwei Jahre durch Australien tourte, bevor er damit im Oktober 1993 an das Criterion Theatre, Piccadilly im Londoner West End kam. Produzent war Michael White (Hit-Musical »Crazy For You«), den John Lennon spielte der Autor, unterstützt von einer Live-Band. Waters sprach Texte von Lennon, reflektierte über John Lennons Leben und spielte Beatles-Songs. Von der Show gibt es eine CD mit dem Titel »Looking Through A Glass Onion – John Lennon In Word And Music«, 1993 bei → *Polydor* erschienen. Anfang 2003 lief das Stück am New Yorker Broadway – mit Genehmigung von → *Yoko Ono*. Waters musste allerdings die Zeile »Paul McCartney war musikalisch weiter entwickelt als John Lennon« streichen …

LOS PARANOIAS

Kurzes Nonsens-Stück von Lennon/McCartney/Harrison/Starr, veröffentlicht am 28.10. 1996 auf der DoCD »The Beatles Anthology 3«. Ursprünglich nannte John Lennon den Song »Sun King« (LP »Abbey Road«, 1969) so.

THE LOST LENNON TAPES

Sendereihe des amerikanischen Rundfunksenders Westwood One, Beginn am 18.1.1988 – mit zahlreichen bis dahin unveröffentlichten Songs von John Lennon aus den Jahren 1960 bis 1980. → *Yoko Ono* stellte das Material – Studio Outtakes, Home-Demos, Alternative Mixes und Live-Mitschnitte – zur Verfügung, Stephen Peeples war Autor und Produzent (später kam noch Lorre Crimi hinzu). Elliot Mintz hatte sich zuvor durch ca. 300 Stunden Bänder gehört und das Material ausgewählt. Die Serie, ursprünglich für ein Jahr konzipiert, lief schließlich bis zum Frühjahr 1992. In den letzten Monaten lief vor allem Beatles-Material: vier Sendungen zu → *Brian Epstein*, drei Sendungen zu Beatles-Filmen und Sendungen zu den Auftritten in Hamburg. Das Material erschien inzwischen bei Bag Records auf LP (bis Vol. 35), bei Bag Records, Living Legend Records, Walrus (als »The Complete Lost Lennon Tapes«) und Multi Coloured Music auch auf CD. 1997 veröffentlichte → *Capitol Records* eine 3-CD-Box »Lennon Tapes«.

Lit.: King, LRE: Unfinished Music No. 1: An Unauthorized Companion To Year One Of The Lost Lennon Tapes (1990); King, LRE: Unfinished Music No. 2: An Unauthorized Companion To Year Two Of The Lost Lennon Tapes (1992)

LOVE

1. 95-minütige Varieté-Show bzw. thematische Revue des kanadischen Cirque du Soleil – inzwischen ein globales Unternehmen mit ca. 3000 Mitarbeitern – zu Ehren der Beatles, Autor und Regisseur: Dominic Champagne. Die Ideen hatten George Harrison und Cirque du Soleil-Chef Guy Laliberté bei einem Treffen im Herbst 2000 in → *Friar*

Park. Bereits im November 2001 führte der Cirque du Soleil erste Verhandlungen mit → *Apple Corps Limited*, den »Yellow Submarine«-Stoff zu einem Musical zu verarbeiten. Auch → *George Martin* verfolgte lange Zeit ähnliche Musical-Pläne. Das Musical sollte die Show von Siegfried & Roy ablösen. 2004 wurde dann eine Zusammenarbeit zwischen dem Cirque du Soleil, Apple Corps Limited und The Mirage Hotel in Las Vegas/NV vereinbart. Zum ersten Mal wurde damit die Musik der Beatles für eine Bühnenshow freigegeben. → *Yoko Ono*: »Es wird die alten Fans erinnern und den jungen die Augen öffnen, wie wunderbar die Musik der Beatles war und ist.« (*Rolling Stone* 7/2006) Die Musik haben George Martin und sein Sohn Giles unter Verwendung der Mastertapes aus den → *Abbey Road Studios* zusammengestellt. Das eigens für 130 Mill. $ für die Show umgebaute Theater im Hotel Mirage bietet eine Bühne, die rundum von Sitzplätzen umgeben ist, Panorama-Video-Projektionen und Surround Sound aus 6305 Lautsprechern – u.a. ein Paar in jedem Sitz. Zum Ensemble gehören 60 Artisten aus aller Welt und fast 100 weitere Crew-Mitglieder. Am 2.6.2006 fand die erste Preview statt. Premiere war am 2.7.2006. Paul McCartney, Ringo Starr, → *Yoko Ono* und → *Olivia Harrison* erteilten ihre Zustimmung zu dem Projekt und waren – wie auch → *Cynthia Lennon* und → *Julian Lennon* – bei der Premiere anwesend. Paul McCartney verkündete auf der Bühne: »Das ist für John und George!« Ringo Starr: »Es hat mich schon berührt, denn zwei von uns waren nicht dabei. Das wird einem wieder so richtig bewusst, wenn man sich das ansieht.«

2. CD (78 min) und DVD (81 min) mit Remixen von Beatles-Songs und einem 28-seitigen Booklet, erschienen am 17.11.2006, gemixt von George Martin und seinem Sohn Giles, quasi der Soundtrack zur Varieté-Show des Cirque du Soleil. Die 5.1 Disc ist eine DVD-Audio/DVD-Video-Hybride. Die Tonspuren auf der DVD-Audio sind in hoch auflösendem 96/24 5.1 Surround Sound, der DVD-Video-Teil enthält den 5.1 Surrpound Sound in DTS und Dolby Digital sowie einen PCM Stereo Mix. Das DVD-Album ist für DVD-Player vorgesehen, enthält jedoch keinen visuellen Part. Das Album enthält 26 Songs, u.a. Remixe von »Because« (a-cappella, mit zwitschernden Vögeln), »Glass Onion« (mit einer Barock-Trompete), »Get Back« (beginnt mit dem offenen Akkord aus »A Hard Day's Night«), »Strawberry Fields Forever« (mit dem Rhythmus von »Give Peace A Chance«), »While My Guitar Gently Weeps« (mit einer neu eingespielten Streicherbegleitung) und »All You Need Is Love« (mit einem Medley aus diversen Beatles-Songs). Die »postmoderne Ausdeutung des Medley- oder Potpourri-Gedankens« stieß allerdings auf Kritik: »Am Computer hergestelltes Kunstgewerbe ... Kitsch ... Beatles-Bastard ... wobei die Lieder ... auf inzestuöse Weise um- und ineinander kreisen« (*Die Welt* 17.11.2006). Für George Martin war die alles entscheidende Frage: »Wie kann man den Katalog einer Band so adaptieren, dass sich die Besitzer sämtlicher Veröffentlichungen nicht übers Ohr gehauen fühlen und die Urheber den Wert ihrer geistigen Errungenschaften nicht geschmälert sehen?« (*Die Welt*, s.o.) Er befand: »Die Musik der Beatles ist gut genug, um der Bearbeitung standzuhalten, der wir sie ausgesetzt haben.« (*Berliner Zeitung* 16.11.2006) »Die Beatles, ganz neu aus dem Computer« titelte *Die Zeit* (16.11.2006), und die *Berliner Zeitung* (16.11.2006) verlangte »ein viertel gemischtes Schwein-Walross-Hack, bitte« und befand: »Bei den Beatles ist alles austauschbar geworden.« »Aus über 100 Songs, aus Instrumental- und Gesangsspuren, Probeaufnahmen und Fragmenten schufen die beiden Produzenten George und Giles Martin eine völlig neue und einzigartige Klanglandschaft, die das musikalische Genie und künstlerische Spektrum der Fab Four so komprimiert aufzeigt wie noch kein Album zuvor.« (*All My Music*, Dez. 2006/Jan. 2007), und für das *WOM Magazin* (12/2006-1/2007) geriet das Album sogar zur »bislang grandiosesten Songkatalog-Kollage der Popgeschichte«. Der *Rolling Stone* (1/2007) sah es anders: »Zwei Wochen nach dem großen Triumph [der Aufführung von Paul McCartneys Requiem »Ecce Cor Meum« in der Londoner Royal Albert Hall] erscheint eine Platte, auif der der taube treue Freund George Martin zusammen mit seinem Sohn Giles Pauls musikalisches Vermächtnis aufs Schlimmste schändet. Aus seinen genial ungekünstelten Songs, den Elementen der Popchemie, ertönt plötzlich im Dolby-Surround-Sound die Stimmes des Bombastes und der Prätention. Fast meint man, aus diesem Monster von Frankensteinscher Dimension, das nach Willen seiner Schöpfer im Zirkus tanzen soll wie ein durch jahrelange Käfighaltung psychotisches Wildtier, spreche ein gewisser Pink Floyd.« »Egal: »Paul McCartney und Ringo Starr sowie die Erbinnen Olivia Harrison und Yoko Ono gaben dem Projekt ihren Segen. Und: »Lennon hätte vermutlich geweint vor Glück.« (*Rolling Stone* 12/2006) Für andere ist das Album eher »eine Art Compilation für Leute mit Attention Deficit Syndrom« (*musikexpress* 1/2007). Die japanischen DJs Max & Moritz veröffentlichten auf ihrer Homepage www.thebeatleshate.com flugs das »Gegenalbum« HATE als kostenlosen Download.

www.cirquedusoleil.com

LOVE IN THE OPEN AIR

Komposition von Paul McCartney, erstmals aufgenommen am 10.12.1966 von The George Martin Orchestra. Die gesamte Komposition erschien am 6.1.1967 auf der LP »The Family Way«, ebenfalls aufgenommen von The George Martin Orchestra, bei → *Decca*. Am 23.12.1966 war bereits eine Single mit einer → *Cover-Version* der Tudor Minstrels erschienen. Am 24.4.1967 erschien der Titel in den USA auf einer Single, gespielt von The George Martin Orchestra (b/w »Bahama Sound«). Im März 1968 erhielt Paul McCartney dafür einen → *Ivor Novello Award*.

LOVE IS A MANY SPLENDOURED THING

Song von Paul Francis Webster/Sammy Fain, ursprünglich (1955) Thema des gleichnamigen Films, im gleichen Jahr ein Hit für The Four Aces; arrangiert von Quincy Jones, aufgenommen am 14.1. (Gesang), 3. und 5.2. und 19.2.1970 von Ringo Starr, → *Billy Preston* (org) und einem 16-köpfigen Orchester, erschienen auf Ringo Starrs erster Solo-LP »Sentimental Journey« am 27.3.1970.

LOVE ME DO

Song von John Lennon/Paul McCartney, geschrieben bereits 1958, erstmals erschienen am 5.10.1962 auf Single, anfangs mit der Aufnahme vom 4.9.1962 mit Ringo Starr, dann mit der Aufnahme vom 11.9.1962 mit → *Andy White* als Drummer, am 22.3.1963 auf der LP »Please Please Me« (mit Andy White) und am 6.9.1963 auf der EP »The Beatles' Hits« (mit Andy White). In Deutschland gab es in den 1960er Jahren auf Single und EP die Version mit Ringo Starr. Die Ringo-Version wurde dann erst wieder 1980 auf der USA-Ausgabe der »Rarities« veröffentlicht. Sie ist auch auf »Past Masters 1« erhältlich. Auch als die Beatles am 6.6.1962 in den → *Abbey Road Studios* der → *EMI* vorspielten, war dieser Titel dabei. Da saß allerdings noch → *Pete Best* am Schlagzeug. Diese Version wurde, nachdem sie auf diversen → *Bootlegs* erschienen war, auch offiziell auf der 1995 erschienenen DoCD »The Beatles Anthology 1« veröffentlicht. Man sagt, → *Brian Epstein* habe von der Single 10 000 Exemplare für seine NEMS-Läden gekauft, damit sie in die Top 20 käme. Zu den Mundharmonika-Parts wurde John Lennon von Bruce Channels Hit »Hey Baby« (1962) inspiriert. Sting: »Eine einfache Melodie, zwei Akkorde, Mundharmonika, aber es steckte ein so unglaubliches Feeling darin, so viel Energie.« (*musikexpress* 11/2000) Im Oktober 1982, 20 Jahre nach Erscheinen, kam der Song in Großbritannien noch einmal auf Platz 4 der Charts; zehn Jahre später, zum »30.«, noch auf Platz 53. Am 2.12.1991 wurde der Song ausgezeichnet, weil er 1 Mill. Mal im Rundfunk gesendet wurde. Zahlreiche → *Cover-Versionen*, u.a. von The Beatle Barkers, Billy Lee Riley (harm), Didi & His ABC-Boys (»Jung wie du«), The Hollyridge Strings, Bornagen, Jive Bunny & The Mastermixers, The Chipmunks, The Royal Symphonic Rock Orchestra Vienna, The Beatles Double Group, Chantal, Madooo (Madhukar Chandra Dhas), The Persuasions, The Day Trippers, Andrea Braido & Giorgio Cordoni, Bel Canto (»J'en suis fou«), Beât Lès (»Da'm da'm d'amur«), The Punkles und Sandie Shaw.

THE LOVE ME DO BOYS

Unter diesem Namen wurden The Beatles auf ihrer Tour durch Schottland im Januar 1963 (3.–6.1.) angekündigt. Die Tournee war allerdings ein Deaster, die Hallen waren nur zur Hälfte voll. Die Beatles erhielten pro Auftritt 40 £, der Eintritt kostete 5 £. Andi Lothian, der die Beatles damals buchte, berichtete in der Zeitung *Sunday Mirror* (30.3.2003), dass die Besucher frustriert waren, weil zu wenig Frauen im Saal waren: »Sie spielten drei Stunden lang und niemand interessierte sich wirklich für sie. Es gab Prügeleien in jeder Ecke des Saales.«

LOVE OF THE LOVED

Song von John Lennon/Paul McCartney, erstmals aufgenommen am 28.8.1963 von → *Cilla Black* (Produzent: → *George Martin*, am 27.9.1963 auf Single erschienen, b/w »Shy Of Love«) – von den Beatles beim → *Decca*-Vorspiel am 1.1.1962 gespielt. Der Titel, gespielt von den Beatles, erschien auf mehreren → *Bootlegs* (→ *Decca Tapes*). Zahlreiche → *Cover-Versionen*, u.a. von Pierson Parker Janovitz Project, The Beatnix und The Saltbee.

LOVE SCENE

Song von George Harrison, erstmals erschienen am 1.11.1968 auf der LP »Wonderwall Music« (als Medley mit »Crying«).

LOVE SONGS

(auch: The Beatles Love Songs) Am 19.11. 1977 erschienene »Best of«-→ *Kompilation*-DoLP der Beatles mit 25 Songs aus den Jahren 1962 (»P.S. I Love You«) bis 1970 (»The Long And Winding Road«). Die Ausgabe von → *Capitol Records* enthielt ein 28-seitiges Booklet mit den Songtexten. Für das Cover wurde ein Foto von → *Richard Avedon* verwendet, ähnlich dem Cover des Magazins *Look* aus dem Jahre 1967.

LOVE YOU TO

Song von George Harrison, aufgenommen am 11. und 13.4.1966, erstmals erschienen am 5.8.1966 auf der LP »Revolver«. Der Text resultiert aus George Harrisons Beschäftigung mit dem Buddhismus, für Lester Bangs ist es »die erste Injektion von östlicher Ersatz-Weisheit in die Rockmusik«. George Harrison setzte hier zum ersten Mal bewusst → *Sitar* und → *Tablâ* als Basistracks ein; Gitarre und Gesang kamen später hinzu. Erstmals war John Lennon nicht an den Aufnahmen beteiligt, diese »Tradition« setzte sich in der Folgezeit bei weiteren Harrison-Songs fort. Arbeitstitel des Songs war »Granny Smith«. Die Tablâ spielte der Inder Anil Bhagwat. Zahlreiche → *Cover-Versionen*, u.a. von Sidonie, Bongwater und Les Boréades.

(THE) LOVELY LINDA

Song von Paul McCartney, aufgenommen November 1969–März 1970, erschienen am 17.4.1970 auf Paul McCartneys erster Solo-LP (»McCartney«). Paul McCartney spielte auf dieser LP sämtliche Instrumente selbst, bei den Aufnahmen testete er die neue Studer-Vierspurmaschine, die gerade in seinem Haus installiert worden war. Für Paul war der Song lediglich »ein Trailer auf den kompletten Song, der irgendwann in der Zukunft aufgenommen werden wird«.

LOVELY RITA

Song von John Lennon/Paul McCartney, aufgenommen am 23. und 24.2. und am 7. und 21.3.1967, erstmals erschienen am 1.6.1967 auf der LP »Sgt. Pepper's Lonely Hearts Club Band«. Den Piano-Part dieser Hymne aller Parkuhren-Hostessen spielt → *George Martin*. Die Beatles arbeiteten auch bei diesem Song mit leicht variierenden Bandgeschwindigkeiten. Damit das Klavier wie ein altmodisches Honky-Tonk-Piano klingt, wurde bei der Aufnahme das Band von 50 Hz auf 41,25 Hz, also um eine kleine Terz, verlangsamt. Bei der letzten Session wurden für die letzten 30 sec des Stückes noch diverse Geräusche unterlegt, u.a. bliesen die Beatles auf Kämmen (mit EMI-Toilettenpapier). Einige Jahre nach Erscheinen der LP behauptete eine gewisse Meta Davies, Paul McCartney in der fraglichen Zeit einen Strafzettel verpasst zu haben. Der Film »Lovely Rita« der österreichischen Regisseurin Jessica Hausner (2002) hat allerdings nichts mit dem Song zu tun. Thema ist der Alltag einer 15-Jährigen, die mit ihren Eltern in einem Wiener Außenbezirk lebt. Zahlreiche → *Cover-Versionen*, u.a. von The Royal Academy Of Music Symphony Orchestra, Branimir Krstic, John Egniz Connection (Wolfgang Zinke), Fats Domino und Michelle Shocked.

THE LOVIN' SPOONFUL

1965 in New York City gegründete Band, Besetzung: John Sebastian (voc, g, harm), Zal Yanovsky (voc, g), Steve Boone (b) und Joe Butler (dr). Am 18.4.1966 besuchten John Lennon und George Harrison ein Konzert der Gruppe im Londoner Marquee Club, sie hatte in diesem Jahr Hits wie »Daydream« und »Summer In The City«. 1969 löste sich die Band auf, eine Reunion gab es 1980 für Paul Simons Film »One Trick Pony«.

LOVING SACRED LOVING

Song, der nach Angaben einiger »Spezialisten« eventuell von den Beatles und den Stones gemeinsam aufgenommen wurde. Die Aufnahme stammt jedoch von der Band The End, wurde von Bill Wyman produziert und klang lediglich so, als wenn die beiden Bands zusammenspielten. Der Song ist im März 1968 auf Single und 1969 auf LP erschienen.

LOWE, JOHN CHARLES »DUFF«

Ab Januar 1958 Pianist der → *Quarrymen*. *April 1942 in West Derby, Liverpool, hatte Lowe mit sechs Jahren die ersten Klavierstunden. Am → *Liverpool Institute* besuchte er die gleiche Klasse wie Paul McCartney. Er war 1958 bei den Aufnahmen zu »That'll Be The Day«/»In Spite Of All The Danger« dabei und besaß als Einziger ein Exemplar des Mitschnitts, den er 23 Jahre später Paul McCartney verkaufte. Nach einem Jahr, im

Januar 1959, verließ Lowe The Quarrymen wieder. Der Weg von West Derby zu den Proben und Auftritten war zu weit, seine Freundin hatte wenig Verständnis für sein Hobby, und die Schule verlangte auch etwas mehr Zeit. Später trat er gelegentlich mit der Country-and-Western-Band Hobo Rick and the City Slickers auf. 1975 zog er nach Ashton in der Nähe von Bristol und arbeitete in der Immobilienbranche. 1990/1991 gründete er mit Mike Wilsh, einem ehemaligen Mitglied der Four Pennies, The Pennies, die dann auch einige Male im → *Cavern* in Liverpool auftraten, u.a. bei → *Beatles Conventions*. Mit John Ozoroff (g), Charles Hart (ld-voc), Richie Gould (b) – alle von den Pennies – und → *Rod Davis* nahm er 1994 unter dem Namen The Quarrymen die CD »Open For Engagements« auf, erschienen bei Kewbank Records. Mit weiteren ehemaligen Mitgliedern der Quarrymen tritt er gelegentlich auf und nimmt Schallplatten auf. Als sich die Quarrymen allerdings am 5.7.1997 zu einem Konzert aus Anlass des 40. Jahrestages der Feier in der → *St. Peter's Parish Church* trafen, durfte er nicht mitspielen, Grund: Er sei erst später zu den Quarrymen gekommen. Auf der 2000 bei Kewbank Promotions in GB erschienenen CD »The Beatles Holy Grail« erzählt Lowe, wie es zur Aufnahmesession von »That'll Be The Day«/»In Spite Of All The Danger« kam. Zur CD gab's eine gerahmte Replik der Platte – mit einem Foto, das Lowe machte, bevor er sein Exemplar 1981 an Paul McCartney verkaufte.

LOWRY-ORGEL

Kleine und einfach zu spielende Orgel mit einer Reihe vorgegebener Register, die eine deutlich beschränktere Klangpalette bieten als z.B. die → *Hammond-Orgel*. Sie ähnelt mehr einem Synthesizer als einer konventionellen Orgel und entspricht in etwa dem in den 1930er Jahren populären Novachord. Auf ihr gespielte Töne kann man auch verhallen lassen. Paul McCartney spielte eine Lowry-Orgel u.a. in »Lucy In The Sky With Diamonds«, auch in »Being For The Benefit Of Mr. Kite« (beide: LP »Sgt. Pepper's Lonely Hearts Club Band«, 1967) ist eine solche zu hören.

LP

Abk. für → *Longplay(er)*.

L.S. BUMBLE BEE

Song von Peter Cook/Dudley Moore, veröffentlicht auf einer Single (b/w »Bee Side«) in GB am 27.1.1967 auf → *Decca*. Bis 1975 gab es immer wieder Gerüchte (insbesondere in den USA), es handle sich um einen offiziell unveröffentlichten Beatles-Song. Bei den Recherchen zu ihrem Buch »All Together Now« (Ann Arbor/Mich. 1975) nahmen Harry Castleman und Walter J. Podrazik mit den Autoren Kontakt auf, die jede Beteiligung der Beatles an dem Song dementierten.

LSD

Abk. für Lysergsäurediäthylamid, eine Stickstoffverbindung – Mitte der 1960er Jahre insbesondere von → *Timothy Leary* als → *psychedelische*, d.h. bewusstseinserweiternde, Droge, als »Liebes- und Friedensdroge«, propagiert. Die Droge wurde 1938 von dem Schweizer Chemiker Albert Hofmann (* 11.1.1906) entdeckt, 1943 beschrieb er die Wirkung in einem kontrollierten Selbstversuch. Danach interessierte sich auch die CIA für die »Wahrheitsdroge«. Nach Aussagen Hofmanns sind damit »Reisen ins eigene Gehirn« möglich, in der Wirklichkeit resultierten die LSD-Trips jedoch nicht nur in angenehmen Visionen, sondern nicht selten auch in realitätsverzerrenden Horrortrips. Wissenschaftler haben inzwischen eindeutig psychische und Erbschäden durch LSD-Einnahme nachgewiesen – auch wenn LSD kein Suchtmittel ist. Als Erste probierten Jazzmusiker die Droge. Die Beatles nahmen zum ersten Mal LSD bei den Dreharbeiten zu »Help!« (1965). Ein befreundeter Zahnarzt gab ihnen zu Ehren eine Dinnerparty und schüttete George und John ohne ihr Wissen LSD in den Kaffee – that's the way the story goes. John Lennon in einem Interview: »Wir rasteten alle aus. Es war Wahnsinn, auf LSD durch London zu ziehen.« Zum zweiten Mal probierten sie LSD im August 1965 in Beverly Hills/Calif. Paul McCartney allerdings probierte es zum ersten Mal 1966 mit seinem Freund Tara Browne. LSD wurde in den USA und England erst 1966 verboten. Insbesondere auf den LPs »Rubber Soul« (1965) und »Revolver« (1966) finden sich Songs, die offensichtlich unter LSD-Einfluss entstanden sind (»The Word«, »Nowhere Man«, »She Said, She Said«, »Tomorrow Never Knows«), auch »It's All Too Much« (1967, LP »Yellow Submarine«) gehört lt. George Harrison dazu. Am 21.3.1967 schluckte John Lennon bei den Gesangsaufnahmen zu »She's Leaving Home« versehentlich LSD. 1967 bekannte Paul McCartney in Interviews mit *Life, The Daily Mirror* und *Queen*, dass er LSD nimmt: »Es hat mir die Augen geöffnet. Es hat mich zu einem besseren, ehrlicheren und toleranteren Mitglied der Gesellschaft gemacht.« Und: »Wir benutzen nur ein Zehntel unseres Gehirns, stellt euch vor, was wir erreichen könnten, wenn wir diesen versteckten Teil aktivieren könnten. Es wäre eine völlig neue Welt, wenn auch Politiker LSD nehmen würden. Es gäbe keinen Krieg oder Armut oder Hunger mehr.« Auch John fand LSD »kreativ und stimulierend«, wie → *Cynthia Lennon* berichtet. John: »Mit LSD ging das über Jahre. Ich glaube, ich muss nahezu tausend Trips geschmissen haben. Ich habe es einfach immer geschluckt.« Auch → *Brian Epstein* bekannte im Mai 1967 in einem Interview mit dem → *Melody Maker*: »Ich glaube, LSD hat mir dabei geholfen, mich selbst besser kennen zu lernen und weniger launisch zu sein.« Im Januar 2006 veranstaltete die Basler Gaia-Media-Stiftung ein Symposium »LSD – Sorgenkind und Wunderdroge«. Hofmann auf dem Symposium vor den über 2000 Teilnehmern: »Ich hoffe, dass LSD den Platz in der Gesellschaft findet, den es verdient und dass aus dem Sorgenkind ein Wunderkind wird.« Trotzdem: Die Droge gilt heute als Auslaufmodell.

Lit.: Lashman, John: LSD. Die »Wunderdroge« (Frankfurt/M., Berlin 1967); Hofmann, Albert: LSD: My Problem Child (New York 1979; dt.: LSD – mein Sorgenkind); Lee, Martin A.; Shlain, Bruce: Acid Dreams – The Complete Social History Of LSD (London 1992); Davis, Andy; Pieper, Werner: Die psychedelischen Beatles (Löhrbach/Solothurn 1996); Stevens, Jay: Storming Heaven – LSD And The American Dream (1988), Broeckers, Mathias; Liggensdorfer, Roger: Albert Hofmann und die Entdeckung des LSD – Auf dem Weg nach Eleusis (Baden/CH 2006); Hofmann, Albert: Erinnerungen eines Psychonauten – Von der Entdeckung entheogener Drogen (Audio-CD, Köln 2003)

LUCILLE

Song von Collins/Richard Penniman (d.i. → *Little Richard*), 1957 ein Hit für Little Richard. Die Beatles nahmen den Song u.a. am 7.9.1963 im Playhouse Theatre, London, für die → *BBC*-Sendung »Saturday Club« (Produzent: Bernie Andrews, gesendet am 5.10.1963) auf. Erschienen am 28.10.1994 auf der DoCD »Live At The BBC«. Eine weitere Version erschien im Oktober 1988 auf Paul McCartneys LP »Snova v SSSR«.

LUCY IN THE SKY

Deutsche Beatles-Cover-Band, die die »Beatles Rock'n'Roll Music« spielt – gegründet 1993 von Peter Seel (rhythm-g, voc) in Betzdorf. Besetzung: Peter Seel (John Lennon),

Bernd Gudernatsch (Paul McCartney; zuvor: Gero Fussinger und Boris Hellinghausen), Dirk Lamm (George Harrison; zuvor: Tom Schütz) und Robin Achenbach (Ringo Starr). 1996 gab die Band bereits 70 Konzerte pro Jahr. 1997/1998 spielten sie wiederholt im »Star-Club« auf Mallorca. 2000 begleiteten sie bundesweit die Präsentation des Buches → *The Beatles Anthology* – Höhepunkt war die Beatles-Party für den Ullstein Verlag bei der Frankfurter Buchmesse – und siegten beim SWR Band-Contest »My Generation«. Im April 2002 fuhren sie nach Liverpool und spielten zwei Mal (am 25. und 27.4.) im → *Cavern*, wo sie auch ihre zweite Live-CD aufnahmen. 2002 und 2003 nahmen sie am Estrel Beatles Festival in Berlin teil. Im März 2004 vertrat Lucy In The Sky Deutschland beim Beatles-Festival in Wasquehal bei Lille/Frankreich. Im Juni 2004 wurde der erste Fanclub der Gruppe gegründet. In Mainz spielten sie auf dem Dach des Staatstheaters über dem Gutenberg-Platz – eine Hommage an den letzten Live-Auftritt der Beatles auf dem Dach des Apple-Gebäudes in der Savile Row am 30.1.1969.

Anschrift: *Peter Seel, Bodelschwinghstraße 3, 57518 Betzdorf, Tel. (0177) 477 77 67, lucy-in-the-sky@gmx.de* • ***Discogr.:*** *The Beatles Rock'n'Roll Music – LIVE! (1999), Lucy Live In Liverpool At The Cavern (2002)* • *www.lucy-in-the-sky.de*

LUCY IN THE SKY WITH DIAMONDS

Song von John Lennon/Paul McCartney, aufgenommen am 28./29.2., 1./2.3.1967, erstmals erschienen am 1.6.1967 auf der LP »Sgt. Pepper's Lonely Hearts Club Band«. Lt. John Lennon von einer Kinderzeichnung, die sein Sohn Julian aus dem Kindergarten mit nach Hause brachte, als Einladung für Lucy Richardson (oder Lucy O'Donnell?) zu einer Geburtstagsparty, inspiriert (der Lehrer hatte den von Julian genannten Titel der Zeichnung notiert: »Lucy In The Sky With Diamonds«), gilt der Song trotzdem als eine Hommage an → *LSD* – schließlich sind das auch die Anfangsbuchstaben der drei Substantive im Titel des Songs. John Lennon hat diese Assoziation stets bestritten, und auch Paul McCartney äußerte in einem Interview mit → *Barry Miles*: »Ich schwöre bei Gott, dass uns das damals nicht aufgefallen ist.« Peter Handke schrieb ein Stück mit dem Titel »Lucie im Wald mit dem Dingsda«, und auch das Hippie-Mädchen in Martin Suders Roman »Die dunkle Seite des Mondes« heißt wohl nicht zufällig Lucille, obwohl das Werk (nomen est omen) von Bezügen auf → *Pink Floyd* lebt. Als 1974 der amerikanische Paläoanthropologe Donald C. Johansen bei Ausgrabungen in Äthiopien das Skelett einer Frau fand, die vor 3,5 Mill. Jahren gelebt hatte, nannte er sie nach dem Beatles-Song »Lucy«. Ein Film aus der japanischen Splatterpunk-Reihe »Guinea Pig« heißt »Lucky Sky Diamond« … Zahlreiche → *Cover-Versionen*, u.a. von »Cpt. Kirk« William Shatner, Nova, Elton John (rec. August 1974, rel. 18.11.1974, John Lennon spielt dabei Gitarre und singt!; am 28.11.1974 folgte im New Yorker → *Madison Square Garden* noch ein gemeinsamer Live-Auftritt), Der Expander des Fortschritts, The Royal Academy Of Music Symphony Orchestra, John Schroeder Orchestra, Hugo Montenegro, Bornagen, The Hooters, Bela Fleck and The Flecktones, Branimir Krstic, Lisa Lynne, Frankfurt City Blues Band, John Fred & His Playboy Band, The Christians, Les Boréades, The Black Crowes, Munich Symphonic Sound Orchestra (MSSO), Joey Jaime, Gino Marinello, The Pasadenas, The Mike Sceptre Singers With The London Starlight Orchestra, Andrea Braido & Giorgio Cordoni, Kremlin Graceful Balalaika Band, The Blackbirds, Hard Day's Night, The RRSO Symphony Orchestra, Sisters, Marc Anthony und BTJ.

LUDWIG

Die Ludwig Drum Co. aus Chicago/Ill., gegründet 1909 von Bill Ludwig sr., lieferte auch Ringo Starr sein Lieblings-Schlagzeug, ein Downbeat, dann ein Black Oyster Pearl – ein Exemplar ist im → *Cavern Pub* in der Liverpooler → *Mathew Street* ausgestellt. Als das Unternehmen 1959 »50 Golden Years Of Drum Progress« feierte, war bereits Bill Ludwig jr. dabei. 1962 eröffnete Ivor Arbiter in der Londoner Shaftesbury Avenue sein Spezialgeschäft »Drum City«, das auch Drums der Fa. Ludwig importierte. Diese waren zwar doppelt so teuer wie z.B. Produkte von Premier, waren aber sehr begehrt. Ringo Starr soll seine Premier bei Arbiter für ein Ludwig-Drum-Kit in Zahlung gegeben haben. Am 31.5.1964 erhielt er dann ein neues Drum-Kit für 350 £. Die Basstrommel-Bespannung Ringo Starrs mit dem Schriftzug »The Beatles« wurde 1994 von Christie's für ca. 10 000 £ versteigert.

LYNCH, KENNY

Der britische Entertainer, * 18.3.1939 in Stepney/London, war der erste Fremdinterpret, der eine Lennon/McCartney-Komposition aufnahm – »Misery«, rec. 15.2.1963 in London und erschienen am 22.3.1963 auf Single (b/w »Shut The Door«). Den Song sollen John Lennon und Paul McCartney eigentlich für → *Helen Shapiro* geschrieben haben, deren Management hatte den Song jedoch abgelehnt. Die Beatles hatten den Song wenige Tage zuvor, am 11.2.1963, aufgenommen, erschienen am 22.3.1963 auf der LP »Please Please Me«. Kenny Lynch hatte seinen ersten Hit 1960 mit »Mountain Of Love«, gefolgt 1963 von »Up On The Roof« und »You Can Never Stop Me Loving You«. Mit den Beatles wurde er bei einem gemeinsamen Konzert im Liverpooler → *Empire Theatre* bekannt, 1963 traten beide auf der Helen Shapiro Tournee auf. Am 18.4.1963 war er mit den Beatles in der → *BBC*-Live-Rundfunksendung »Swinging Sound '63« aus der → *Royal Albert Hall* zu hören; gemeinsam spielten alle Teilnehmer zum Schluss »Mack The Knife«. Am 31.5.1964 trat er mit den Beatles bei »Pops Alive« im Londoner Prince of Wales Theatre auf. 1973 war er auf dem Cover von Paul McCartneys Album »Band On The Run« zu sehen. Er ist Träger des Titels Officer of the British Empire (OBE) und tauchte 1983 noch einmal in den britischen Charts auf mit »Half The Day's Gone And We Haven't Earned A Penny«.

Ludwig Drum Set

LYNGASONG

Label von Lyntone Records, auf dem seit 6.12.1963 die → *Christmas Records* der Beatles bzw. des → *Official Beatles Fan Club* (London) erschienen. Direktor des Unternehmens war Paul Lynton. Die letzte LP des Labels war 1970 eine Sammel-LP mit den Christmas Records der Jahre 1963–1969. Die letzte Christmas Record der Beatles erschien am 18.12.1970 bereits bei → *Apple Records*, trug aber die Nummer Apple LYN 2154.

M

MACCA
Spitzname Paul McCartneys.

MACHRIHANISH
Eine ca. 740 564 Quadratmeter große Milchfarm bei Campletown in Kintyre/Schottland, die Paul McCartney am 17.6.1966 erwarb. Am 14.1.1970 kaufte er noch die benachbarte Low Ranadran Farm dazu.

MACLEN (MUSIC) LIMITED
Am 4.2.1965 gegründetes Unternehmen mit John Lennon, Paul McCartney und → *Brian Epstein* als Geschäftsführer, das die Zahlungen der Performing Rights Society, d.h. die Tantiemen der Lennon/McCartney-Songs, verwaltete. Das Gründungskapital betrug gerade 100 £. Es wurden lediglich fünf Anteile ausgegeben – zwei besitzt Paul McCartney, zwei Yoko Ono, einen → *Apple Corps Limited*, mit Letzterer war Maclen (Music) Ltd. mit einem Managementvertrag verbunden. Am 11.2.1965 wurde ein Vertrag zwischen Maclen und → *Northern Songs Limited*, die die Songs vertrieb, unterzeichnet. Danach erhielt → *Dick James* 10 % der Einnahmen für das Management, 50 % der restlichen Gelder verblieben bei Maclen (Music) Ltd, 50 % Northern Songs Ltd. Von den Letzteren erhielten John Lennon und Paul McCartney je 15 %. Das Unternehmen war 1969 immerhin über 500 000 £ wert. Am 16.9.1969 leitete Maclen (Music) Ltd legale Schritte gegen Northern Songs Ltd mit dem Ziel einer Neufestsetzung der Tantiemen ein. Heute gehören 20 % von Maclen Music Ltd Apple, 40 % John Lennon bzw. dessen Erben und 40 % Paul McCartney. Maclen (Music) Ltd war verpflichtet, Northern Songs Ltd jährlich sechs Lennon/McCartney-Songs zu liefern. Die Exklusivrechte in den USA, Kanada, Mexiko und den Philippinen nahm Maclen Music Inc. wahr. Auch mit anderen Ländern wie Australien, Frankreich usw. bestanden Verträge. John Lennon und Paul McCartney verfügten mit dieser Regelung zwar über regelmäßige Einnahmen, verloren jedoch die Kontrolle über ihre Songs. Allerdings war auch nach dem Verkauf von Northern Songs Ltd an Lew Grades ATV die Zahlung ihrer Tantiemen gesichert. Paul McCartney versuchte 1974/1975, die Vereinbarung zwischen Maclen (Music) Ltd und Apple Corps Ltd zu modifizieren. Maclen zahlte daraufhin 1,6 Mill. £ an Apple für Verwaltungs-, Management- und sonstige Kosten. Auch → *Yoko Ono* gehört zu den Geschäftsführern.

MacMILLAN, IAIN
Britischer Fotograf; er fotografierte – nach einer Skizze von Paul McCartney – am 8.8.1969 das legendäre Cover zur LP »Abbey Road«. Er brauchte nur sechs Schnappschüsse, um das gewünschte Bild »im Kasten« zu haben. Später erinnerte er sich: »Ich bekam den Job durch John, aber es war Pauls Idee und mir standen zehn Minuten in der Mittagszeit zur Verfügung, um ihn zu erledigen.« Paul McCartney wählte das Foto aus, das dann aufs Cover kam. Jahre später fotografierte Macmillan den berühmtesten Zebrastreifen der Welt noch einmal – für das Album »Live At Abbey Road« von Hinge and Bracket, als Parodie auf das »Abbey Road«-Cover der Beatles. Und wie der Zufall es wollte: Als er seine Vorbereitungen traf, parkte an exakt derselben Stelle wieder ein weißer Volkswagen. Als er auf den Auslöser drückte, war er allerdings

Die Beatles als Wachsfiguren in Madame Tussaud's »Rock Circus« (London)

wieder weg. Macmillan fotografierte auf Anregung John Lennons 1970/1971 auch die Standbilder vom Bau des London International Hotel in Kensington, die dann 1971 zu dem Film »Erection« zusammengefügt wurden (das Hotel wurde später das London Swallow Hotel). † 8.5.2006

MADAME TUSSAUD'S

Londoner Wachsfigurenkabinett in der Marylebone Road/Allsop Place. Die am 1.12.1761 in Strasbourg/Frankreich geborene Marie Grosholtz kam mit ihrer Mutter nach Paris, wo 1770 das erste Wachsfigurenkabinett gegründet wurde. Mit 17 Jahren modellierte sie den 84-jährigen Voltaire – ihre erste Wachsfigur. 1802, nach einer unglücklichen Ehe mit François Tussaud, ging sie nach London, wo sie 1835 ein Wachsfigurenkabinett eröffnete. † 15.4.1850. Ihr Enkel Joseph Randal Tussaud errichtete ein neues Gebäude, dem inzwischen auch ein Planetarium und Laserium angeschlossen sind. Das Wachsfigurenkabinett, das heute über eine Niederlassung in Amsterdam verfügt, wird von einer Aktiengesellschaft betrieben. Die Beatles stehen seit dem 24.3. bzw. 28./29.4.1964 in Madame Tussaud's Londoner Wachsfigurenkabinett – als erste Rock'n'Roll-Stars. Die Anzüge schneiderte → *Dougie Millings*. Am 30.5.1964 wurden sie in der → *BBC*-Sendung → *Juke Box Jury* gezeigt, auch für das Cover der LP »Sgt. Pepper's Lonely Hearts Club Band« stellte Madame Tussaud's die Wachsfiguren-Beatles zur Verfügung. Am 27.10.2005 wurden diese Wachsfiguren der Beatles (der Kopf von Paul McCartney war allerdings verschwunden) aus Madame Tussaud's versteigert – für 95 000 £. Die Köpfe hatten lange Zeit als verschollen gegolten. Sie wurden mehrmals neu eingekleidet, so 1967, auch die Frisuren wurden

aktualisiert. Als neue Attraktion eröffnete die Tussaud Group am Londoner Piccadilly Circus, im London Pavilion, den »Rock Circus«. Auch hier sind die Beatles vertreten – als bewegliche Hightech-Figuren, die auf der Bühne des → *Cavern* singen. Wer davor steht, kann über infrarotgesteuerte Kopfhörer die Musik der Beatles hören. Auch in New York, wo am 18.10.2000 ein Wachsfigurenkabinett eröffnet wurde, sind die Beatles vertreten – ebenso in Louis Tussaud's Wachsfigurenkabinett in Kopenhagen. Weitere Standorte sind Amsterdam, Las Vegas und Hongkong. 2003 stand die gesamte Tussauds-Gruppe bzw. Tussauds Attrractions Limited, die seit 1998 zu Charterhouse Development Capital (CDC), einer Londoner Private-Equity-Gesellschaft, gehören, zum Verkauf. Die Gruppe sollte immerhin 900 Mill. £ wert sein, der Umsatz war binnen Jahresfrist von 137 auf 177 Mill. £ gestiegen.
www.tussauds.com

9, Madryn Street, Liverpool – hier wurde am 7.7.1940 Ringo Starr geboren

MADISON SQUARE GARDEN
Veranstaltungszentrum in New York zwischen 7th und 8th Avenue, 31st und 33rd Street, von den New Yorkern nur »The Garden« genannt. Das heutige Madison Square Garden Center (Architekten: Charles Luckman Assocs.), 1968 erbaut, ist bereits die vierte Auflage. Früher ein Eisenbahndepot, später ein Hippodrom, besteht das Center heute aus einem Stadion mit 20 000 Sitzplätzen, einer Halle mit 1000 Plätzen, einem Kino, Kegelbahnen, Ausstellungsräumen, Büros, Restaurants und Geschäften. Christine Metzger im ADAC-Reiseführer New York: »Es fehlt also an nichts, außer an Charme und Phantasie der Architekten.« Im Februar 1964 bot Veranstalter → *Sid Bernstein* → *Brian Epstein* 25 000 $ plus eine Spende in Höhe von 5000 $ für die Krebshilfe, wenn die Beatles im Madison Square Garden auftreten. Aber Epstein lehnte ab. Hier fand am 1.8.1971 auch das legendäre → *Concert for Bangla Desh* statt, organisiert von George Harrison, → *Ravi Shankar* und → *Allen Klein*. Am 30.8.1972 gaben John Lennon und → *Yoko Ono* mit der Plastic Ono Elephant's Memory Band zwei »One To One Benefit Concerts« zugunsten der Willowbrook School for Children, wo sie 250 000 $ für behinderte Kinder sammelten. Beim Finale (»Give Peace A Chance«) waren auch → *Stevie Wonder* und Roberta Flack dabei (auf Laser Disc: »John Lennon: Live In New York City«, → *Bootlegs*: »›One To One‹ Rehearsals« Vol. 1 & 2). Am 28.11.1974 gab Elton John hier ein Konzert, bei »Whatsever Gets You Through The Night«, »Lucy In The Sky With Diamonds« und »I Saw Her Standing There« stieg auch John Lennon mit ein – sein letzter öffentlicher Auftritt. An diesem Abend kam Yoko Ono in Lennons Garderobe –

nach einer mehrmonatigen Trennung. Am 20.12.1974 beendete George Harrison hier seine große »George Harrison And Friends«-Tour durch die USA. Am 24. und 25.5.1976 gastierte hier Paul McCartney mit den Wings, am 11., 12., 14. und 15.12.1989 gab er hier vier Konzerte seiner World Tour 1989/90. Die Einnahmen betrugen 1 759 290 $, Paul McCartney erhielt ein Gold Ticket, weil er vor über 100 000 Fans spielte. Späte Ehrung: Als Paul McCartney und seine Freundin Heather Mills Anfang 2001 im Madison Square Garden ein Basketball-Spiel der New York Nicks gegen die Minnesota Timberwolves verfolgten, spielten die Veranstalter auf dem Videoscreen das Gesicht Paul McCartneys ein – zu den Klängen von »Can't Buy Me Love«. Hier fand am 20.10.2001 auch das »Concert For New York« statt, organisiert von Paul McCartney für die heldenhaften Feuerwehrleute von New York (inzwischen auch auf einer DoCD und DVD erschienen).

MADRYN STREET

Eine kleine Seitenstraße zwischen Devonshire Road und High Park Street in Liverpool. Hier, in der Nr. 9, wurde am 7.7.1940 Ringo Starr geboren. Seine Eltern bezahlten damals 10 Shilling Miete pro Woche, später 14 Shilling 10 Pence. Nach der Scheidung zog die Mutter mit Ringo 1943 in die 10 Admiral Grove – ebenfalls im »Dingle«, wie die Liverpooler diesen Stadtteil nennen. Ringos Geburtshaus stand seit 1991 leer und wurde im März 1997 bei Bonham's in Tokyo für 21 140 £ (ca. 18 500 €) versteigert (Katalogpreis 5000–10 000 £), 2001 ging es bei Bonham's für nur noch 13 250 £ weg. 2004 sorgten Pläne, die Häuser der gesamten Straße abzureißen, bei den Fans für Empörung. Ringos Geburtshaus war zu diesem Zeitpunkt baufällig.

MAGGIE MAE

Traditioneller und etwas anzüglicher Folksong aus dem Jahre 1856, arrangiert von Lennon/McCartney/Starkey/Harrison, aufgenommen am 24.1.1969 bei den Aufnahmen zu dem Song »Two Of Us«, erstmals erschienen am 8.5.1970 auf der LP »Let It Be«. John Lennon stimmte den Liverpooler Folksong an, den er bereits am 6.7.1957 mit → *The Quarrymen* gespielt hatte – an dem Nachmittag in Woolton, als er Paul McCartney kennen lernte. Die Lime Street, die in dem Song erwähnt wird, war übrigens das Liverpooler Rotlichtviertel. Paul McCartney mochte das Stück nicht – es fehlt deshalb auch auf der CD »Let It Be ... Naked«, die 2003 erschien und Originalaufnahmen ohne die Bearbeitungen von → *Phil Spector* enthält.

MAGIC ALEX

Der Grieche, eigentl. John Alexis Mardas, kam als Student nach London und jobbte dann als Fernsehmechaniker bei Olympic Electronics (nach anderen Quellen als Telefonmechaniker bei Olympic Television). → *John Dunbar*, der Ehemann von → *Marianne Faithfull*, lernte ihn in der → *Indica Books & Gallery* kennen und besorgte ihm einen Job bei den → *Rolling Stones*: Für deren dreiwöchige Europa-Tournee im März/April entwarf er ein System von Scheinwerfern, die von Rhythmus, Tonhöhe und Klang der Musik gesteuert wurden bzw. gesteuert werden sollten. Dunbar stellte ihn dann John Lennon vor, der beeindruckt war und ihm den Spitznamen »Magic Alex« gab. Er installierte in den Aufnahmestudios im Keller des Apple-Gebäudes in der Savile Row zwar u.a. eine moderne 72-Spur-Technik, diese konnte aber nicht benutzt werden, weil der magische Alex nicht die geringste Ahnung von der Arbeitsweise in einem Studio hatte. Ende Januar/Anfang Februar 1969 wurde das

Studio demontiert. Im Sommer 1967, als die Beatles evtl. eine griechische Insel kaufen wollten (→ *Leslo*), besuchten sie seinen Vater in Athen. Er arrangierte dann einige Sightseeing-Touren für die Beatles. Als → *Cynthia Lennon* im Mai 1968 von einem vierzehntägigen Urlaub in Griechenland zurückkehrte, fand sie ihren Mann und → *Yoko Ono*, im Morgenrock am Frühstückstisch sitzend, vor. Noch am gleichen Abend soll sie mit Magic Alex, der sie auch nach Griechenland begleitet hatte, ins Bett gegangen sein – Grund genug für John, sie in seinem Scheidungsersuchen des Ehebruchs mit Magic Alex zu bezichtigen. Magic Alex begleitete im Oktober/November 1969 John Lennon und Yoko Ono auf einer Mittelmeer-Kreuzfahrt, wo sie »ihre Organe vom Heroin reinigen« wollten (John Robertson). Am 11.7.1968 heiratete er in der griechisch-orthodoxen Kirche in der Moscow Road im Londoner Stadtteil Ilchester Gardens Eufrosyne Doxiades. John Lennon, Yoko Ono, George und → *Pattie Harrison* waren dabei. George Harrison später: »Magic Alex informierte sich über die neuesten Erfindungen, erzählte uns dann davon, und wir glaubten, er hätte die Sachen erfunden! Wir waren damals schrecklich naiv ...« Als → *Allen Klein* auf der Bildfläche erschien, wurde seine Abteilung → *Apple Electronics* sofort geschlossen. Am 5.5.2004 wurden Teile seines Nachlasses versteigert.

THE MAGIC CHRISTIAN

Film von Joseph McGrath (Regie), Produzent: → *Denis O'Dell*, Drehbuch: Terry Southern, Joseph McGrath und → *Peter Sellers* nach einem Roman von Terry Southern, Kamera: Geoffrey Unsworth, Musik: → *Ken Thorne*, 1969, 95 min, Commonwealth United, gedreht Februar–Mai 1969 mit Peter Sellers (Sir Guy Grand), Ringo Starr (der junge Grand), Christopher Lee (Vampir), Spike Milligan (Warden), Laurence Harvey (Hamlet), Wilfrid Hyde-White (Klaus), Leonard Frey (Psychiater), Isabel Jeans (Tante Agnes), Richard Attenborough (Oxford-Trainer), Caroline Blakiston (Tante Esther), Racquel Welch (Sklaventreiberin), Dennis Price und Yul Brynner. Die Story: Ein exzentrischer Millionär adoptiert den Junior (Ringo Starr), um zu sehen, wie Geld korrumpieren kann. Auf der Luxusjacht »Magic Christian« gibt er ein Fest, das in ein surrealistisches Höllenspektakel mündet. »Ein bizarres, äußerst gemeines Pop-Märchen, das in überdrehter Form Fiktion und Wirklichkeit vermischt und mit nachgerade teuflischer Treffsicherheit all jene auf die Schippe nimmt, die nach außen hin die Macht des Mammons verachten, sich aber keine Gelegenheit entgehen lassen, an ihren Segnungen zu partizipieren – und sei es um den Preis der eigenen Menschenwürde.« (Ronald M. Hahn, Rolf Giesen: Das neue Lexikon des Fantasy-Films. Berlin 2000). Am 4.3.1969 besuchte sogar Princess Margaret die Dreharbeiten in den Londoner → *Twickenham Film Studios*. Premiere war am 10.12.1969 im Odeon Cinema im Londoner Stadtteil Kensington, unter Teilnahme von John Lennon, → *Yoko Ono*, Ringo und → *Maureen Starkey*; in den USA am 28./29.1.1970 in Hollywood, unter Teilnahme von Ringo und Maureen Starkey. Die deutsche Fassung trägt den Untertitel »Ein Beatle im Paradies«. Das Original Soundtrack Album »The Magic Christian« (u.a. mit → *Ken Thorne* & Orchestra und → *Badfinger*; Ringo Starr und Peter Sellers sind mit dem Dialog »Hunting Scene« zu hören) erschien am 11.2.1970 in den USA auf dem Label Commonwealth United, produziert von Paul McCartney, Ringo Starr und Peter Sellers, des Weiteren erschien am 9.1.1970 das Album → *Magic Christian Music*. In den USA erschien am 19.1.1970 eine Single mit einer Version von »Come And Get It«, gesungen von The Magic Christians.

MAGIC CHRISTIAN MUSIC

Album mit Songs aus dem Peter Sellers/Ringo Starr-Film → *The Magic Christian*, erschienen am 9.1.1970 (USA: 16.2.1970), gesungen von → *Badfinger*, produziert von Paul McCartney. Die Tracks: »Come And Get It«, »Crimson Ship«, »Dear Angie«, »Fisherman«, »Midnight Sun«, »Beautiful And Blue«, »Rock Of All Ages«, »Carry On 'Til Tomorrow«, »I'm In Love«, »All Out In The Rain«, »Angelique« (auf der USA-LP nicht enthalten), »Knocking Down Your Home«, »Give It A Try« (auf der USA-LP nicht enthalten) und »Maybe Tomorrow«.

MAGICAL MYSTERY TOUR

1. TV-Film der Beatles, gedreht September/Oktober 1967, Produktion und Regie The Beatles, 54 min, Apple Films, Premiere am 26.12.1967 in → *BBC* 1 TV (in Schwarzweiß), am 5.1.1968 wurde er in BBC 2 wiederholt – in Farbe. Kamera: Aubrey Dewar, Tony Busbridge, Daniel Lacamore, Mike Sarason. Schnitt: Roy Benson, technischer Regisseur: Peter Theobald. Darsteller sind neben den Beatles → *Victor Spinetti*, Jessica Robbins (Tante Jessie), Nat Jackley (Rubber Man), Jan Carson, George Claydon (Little George), Derek Royle (Jimmy Johnson), Maggie Wright (Maggie), Shirley Evans und Mandy West (Wendy Winters). Als Dankeschön luden die Beatles am 21. Dezember über 200 Leute, darunter alle Mitwirkenden, die Angestellten von → *NEMS Enterprises Limited* und → *Apple Corps Limited* und zahlreiche Freunde, zu einer »Fancy Dress«-Party in das Royal Lancaster Hotel in der Bayswater Road, London, ein. Der Film wurde am 31.12.1967 unter dem gleichen Titel in synchronisierter Fassung im Deutschen Fernsehen gezeigt.

Die Magical Mystery Tour führt heute durch Liverpool

Die Story: Offensichtlich inspiriert von den Touren von Ken Kesey und den Merry Pranksters, die 1964 in einem → *psychedelisch* bemalten Bus, gesteuert von dem Schriftsteller Neal Cassady, durch die USA fuhren, unternimmt eine ausgeflippte Gruppe eine Fahrt ins Blaue und erlebt dabei immer surrealer werdende Abenteuer. Die Idee zu dem Film hatte Paul McCartney im April 1967, die Dreharbeiten begannen am 11.9.1967 in Teignmouth, Devon. Die Dreharbeiten dauerten statt der geplanten zwei schließlich elf Wochen. In dem Film treten auch → *The Bonzo Dog Doo-Dah Band* (mit dem Song »Death Cab For Cutie«) und der schottische Sänger Ivor Cutler (als Buster Bloodvessel) auf. Der Film entstand buchstäblich aus dem Stegreif, es gab weder schriftlich fixierte Dialoge noch eine sonstige Planung. Der Versuch der Beatles endete allerdings in einem cineastischen Chaos: »Das Publikum runzelte ob der wirren Nicht-Handlung des Films – sofern nicht bis zur Halskrause verrauschgiftet – kollektiv die Stirn.« (*Musikexpress/Sounds* 9/1999) Auch bei den Kritikern fiel der Film durch. Paul McCartney später in einem Interview: »Magical Mystery Tour entsprach einem Drogentrip, und genau auf der Basis drehten wir den Film.« Für → *Barry Miles* ist

Magical Mystery Tour (1967)

der Film »ein typisches Produkt seiner Zeit, eine – wenn auch unverdaute – Würdigung der französischen Nouvelle Vague«. Paul später über das Fiasko: »Bei der Magical Mystery Tour war uns von Beginn an klar, dass wir einfach nur probten. Wir wussten, dass wir uns nicht genug Zeit nahmen und die Sache falsch anpackten. Aber wenn du lange genug an etwas arbeitest, dann denkst du irgendwann – selbst wenn es nicht gut genug ist –, dass es vielleicht doch gar nicht so schlecht ist, wie du glaubst. Ich bin froh über das miese Echo. Es wäre schlimm gewesen, wenn wir damit durchgekommen wären.« Auch → *Alistair Taylor* ist kritisch: »Der größte Star der Magical Mystery Tour ist die Musik.« Im Oktober 1999 wurden zwei bei den Dreharbeiten in Newquay gedrehte Farbfilmrollen bei Christie's in London für 9200 £ verkauft. Inzwischen liegt der Film auch als Video vor

– als englische Originalversion in HiFi Stereo (Apple, rel. 26.10.1988; Video Collection, rel. März 1990) und auch in einer Fassung mit deutschen Untertiteln (55 min, HiFi-Digital-Stereo sowie als DVD, von Ron Furmanek digital remastered, 50 min, Avenue One DVD). Der komplette Soundtrack des Films ist auf dem → *Bootleg* »Cinelogue 5 – Magical Mystery Tour« enthalten. Die Bootleg-CDs »Magical Mystery Demos«, »The Alternate Magical Submarine Tour«, »Magical Mystery Tour Sessions« und »The Capitol Versions – Sgt. Pepper's Lonely Hearts Club Band/Magical Mystery Tour« enthalten weitere Takes. Der Bus tourte im Herbst 2000 durch einige Städte der amerikanischen Ostküste – er wurde von über 1 Mill. Fans besucht.

2. Song von John Lennon/Paul McCartney, aufgenommen am 25., 26. und 27.4., am 3.5. und 7.11.1967 (die Gesangsparts wurden im November hinzugefügt), erstmals erschienen am 8.12.1967 auf der EP »Magical Mystery Tour«. Neben dem Film-Mix, der offiziell nicht auf Platte erschien, gibt es eine Mono- und eine Stereo-Version (auf CD erschien später die Stereo-Version). Zahlreiche → *Cover-Versionen*, u.a. von Cheap Trick, The Mini Beatles, The Punkles, Jive Bunny & The Mastermixers, BeatleJazz, The Bandit Beatles, Houdini Band und Transatlantic.

3. Doppel-EP der Beatles, aufgenommen im Sept./Okt. 1967, erschienen am 8.12.1967, mit einem 28-seitigen Comic-Buch als Booklet, das die Story des Films erzählt. Das Cover entstand bei einer Pause während der »I Am The Walrus«-Sequenz auf dem Flugplatz West Malling in Maidstone/Kent.

4. Nur in den USA am 27.11.1967 erschienene LP der Beatles, deren erste Seite Songs aus dem Film enthält, auf der zweiten Seite befinden sich einige 1967 auf Singles erschienene Songs. Später wurde diese LP auch nach Großbritannien importiert, wo sie im Rahmen der Wiederveröffentlichungen 1976 als LP und später auch als CD erschien, chronologisch zwischen »Sgt. Pepper's Lonely Hearts Club Band« und dem »Weißen Album« eingeordnet. Am 26.12.1991 wurde die LP in den USA für 5 Mill. verkaufte Exemplare mit Multi-Platin ausgezeichnet. Ende 2003 erschien auf dem Label Pear die CD »The Alternate Magical Mystery Tour«.

5. Bezeichnung für diverse Tourneen der Toten Hosen, so konnte man sie z.B. im Frühjahr 1986 für Auftritte im häuslichen Wohnzimmer oder Partykeller buchen. 1993 gab es eine Neuauflage.

6. Bezeichnung der zweistündigen Beatles-Sightseeing-Tour, die mehrmals täglich in Liverpool durchgeführt wird (Anmeldungen: Tel. 0151-709 32 85).

7. Deutschsprachiges Beatles-Fanzine, herausgegeben u.a. von Michael Kombächer und Frank Schäfer.

Anschrift: *Michael Kombächer, Brückenweg 2, 35096 Niederweimar.* • ***Lit.:*** *Moltmaker, Azing: Magical Mystery Tour – Album Collection Vol. 9 (Alkmaar 1999); Barrow, Tony: The Story Of The Magical Mystery Tour (Chorley 1998); Barrow, Tony: The Making Of The Beatles' Magical Mystery Tour (London 1999).*

MAGPIE

Titel eines Kinderprogramms der britischen Fernsehgesellschaft Thames Television, in dem am 10.9.1968 → *Mary Hopkin* und Paul McCartney auftraten, präsentiert von Pete Brady. Die Aufnahmen waren am 6.9.1968 im Apple Building in der 3 Savile Row in London gemacht worden.

THE MAHARISHI BLUES

Am 28.5.1968 von John Lennon und → *Yoko Ono* in John Lennons Heimstudio in → *Kenwood* aufgenommener Talking Blues. »Außer dem kichernden Guru bemerken Cynthia und die restlichen Beatles-Frauen vor allem den Stachel von Lennons schroffem Sarkasmus.« (John Robertson in seinem Buch »John Lennon 1940–1980«). Teile des Stückes fanden später Eingang in »Sexy Sadie«.

MAHARISHI MAHESH YOGI

* 12.1.1918 (oder 1911, oder 1917) in Jabalpur/Indien als Mahesh Prasad Varma. Geistiger Führer der → *Transzendentalen Meditation (TM),* die vom Bundesverwaltungsgericht 1989 als Sekte eingestuft wurde. 1955, nachdem er 13 Jahre bei seinem Meister Swami Brahmananda Saraswati in Shankaracharya Nagar am Ganges, am Fuße des Himalaya, gelernt hatte und an der Allahabad University ein Mathematik- und Physik-Studium abgeschlossen hatte, reiste er durch Indien, um sein System der Transzendentalen Meditation zu erproben. 1956 gründete er die ersten »geistigen Entwicklungszentren«, danach die International Meditation Society (I.M.S.) und die Students International Meditation Society (S.I.M.S.) und am 31.12.1957 die Spiritual Regeneration Movement Foundation. Weltzentrum seiner Bewegung ist die International Academy of Meditation in → *Rishikesh* im indischen Bundesstaat Uttar Pradesh. Im Januar 1958 brach er zu einer Weltreise auf, um die TM international publik zu machen. 1959 gründete er einen britischen Ableger seiner Internationalen Meditationsgesellschaft. Am 20.9.1966 lernte George Harrison den Maharishi in Bombay/Indien kennen. Die Initiation der Beatles durch Maharishi 1967 in Anwesenheit von etwa 800 Reportern brachte dann den weltweiten Durchbruch. Am 24.8.1967 nahmen John und → *Cynthia Lennon*, Paul McCartney und → *Jane Asher* und George und → *Pattie Harrison* an einem einleitenden TM-Seminar mit dem Maharishi im London Hilton in der Park Lane teil, am nächsten Tag brachen sie nach → *Bangor* auf, um an einem Wochenend-Kurs in TM teilzunehmen – eine

Maharishi Mahesh Yogi – der Begründer der transzendentalen Meditation

willkommene Promotion für den Maharishi. Er soll den Beatles in Bangor vorgeschlagen haben, einen Teil ihres Geldes auf seinem Schweizer Nummernkonto zu parken. Am 19.10.1967 flogen George Harrison und Ringo Starr für einen Tag nach Schweden, um den Maharishi, der sich bereits als »spiritueller Lehrer der Beatles« bezeichnete, in seiner TM Academy im Küstenort Falsterbo zu besuchen. Am 16.12.1967 flogen John Lennon und George Harrison nach Paris, um mit dem Maharishi an einer UNICEF-Gala teilzunehmen. Im Februar 1968 reisten die Beatles nach Rishikesh. »Ich glaube, der Maharishi brachte Frieden und Harmonie in unser Leben zurück«, erinnerte sich Cynthia Lennon später. Paul McCartney nach dem Ende des Trips: »Er ist ein netter Kerl, wir besuchen ihn nur nicht mehr.« Der Song »Sexy Sadie«, der ursprünglich »Maharishi« heißen sollte, ist eine verschlüsselte, aber nichtsdestoweniger kritische Auseinandersetzung mit dem Maharishi. John Lennon später: »Ich war ein wenig grob zu ihm.« Insbesondere »Lennon war zeit seines Lebens empfänglich für unpraktischen Idealismus und die Lehren windiger Gurus«, konstatierte der *Rolling Stone* später. Und: »Man muss kein Psychologe zu sein, um in Lennons Faszination für Gurus wie dem Maharishi eine Suche nach Vaterfiguren zu sehen.« (*Rolling Stone* 2/2003). Am 4.2.1969 traf sich George Harrison noch einmal mit dem Guru in London. Die Publicity durch den Kontakt zu den Beatles zahlte sich aus: Der Maharishi kaufte allein in England Mentmore Towers in Buckinghamshire, Roydon Hall in Maidstone, Swythamley Park im Peak District und ein georgianisches Pfarrhaus in Suffolk. 1972 stellte der Maharishi auf Mallorca einen »Weltplan« vor, der u.a. 3 600 lokale »Weltplan-Zentren« und 36 Koordinierungszentren vorsah. Drei Jahre später verkündete er die »Morgendämmerung des Zeitalters der Erleuchtung« und gründete eine »Weltregierung«. Dem Maharishi wird von Thomas Gandow, Sektenbeauftragter der Evangelischen Kirche in Berlin und Brandenburg, u.a. Hitler-Verehrung vorgeworfen, was seine Anhänger jedoch vehement bestreiten. Im April 1992 unterstützte George Harrison den Wahlkampf einer neuen ökologischen Partei, der Natural Law Party des Maharishi Mahesh Yogi. An dem Benefizkonzert nahm auch Ringo Starr teil. 1998 verkündete der Maharishi, er wolle im indischen Jabalpur eine 666 m hohe Pyramide bauen – als Hauptquartier der TM. Ende 1999 besuchte Paul McCartney mit seinen Kindern James und Stella den Maharishi in den Niederlanden. Maharishi Global Country of World Peace, eine Unterabteilung der Maharishi Global Administration through Natural Law (MGANL) – beide sind als gemeinnützig anerkannt – betreibt in den USA einen Stiftungsfonds für Weltfrieden, der Ende Oktober 2001 gemeinsam mit dem Vedischen Friedenskorps e.V. auch in der Bundesrepublik in ganzseitigen Zeitungsanzeigen für »dauerhaften Weltfrieden« (und Spenden) warb. Der Maharishi soll zeitweilig monatlich 6 Mill. £ eingenommen haben, die Zahl seiner Anhänger weltweit wird auf 2–6 Mill. geschätzt. Heute lebt er in den Niederlanden. Im Juli 2002 verkündete er, mit 1 Mrd. $ weltweit den Terror beenden zu können. Mit dem Geld wollte er 40 000 Mediatoren ausbilden, die dann genügend »good vibrations« erzeugen würden, um die Welt zu retten. Nach eigenen Angaben hatte er zu diesem Zeitpunkt bereits 85 Mill. $ gesammelt. In den letzten Jahren treten immer wieder »Yogische Flieger« auf, die hüpfend Patentlösungen gegen Arbeitslosigkeit und sonstige Leiden der Welt anbieten.

***Lit.**: Maharishi Mahesh Yogi: Die Wissenschaft vom Sein und die Kunst des Lebens (Stuttgart 1969); Mason, Paul: The Maharishi: The Biography Of The Man Who Gave Transcendental Meditation To The West (Rockport/Mass. 1994, Shaftesbury/Dorset 1994); Saltzman, Paul: The Beatles In Rishikesh (New York 2000) • **Discogr.**: Love/The Untaped Source Of Power That Lies Within (1967/1999)*

MAILMAN, BRING ME NO MORE BLUES

Song von Roberts/Katz/Clayton, bekannt geworden in einer Version von → *Buddy Holly*. Die Beatles nahmen diesen Song bei den Sessions für das »Let It Be«-Album auf, veröffentlicht am 28.10.1996 auf der DoCD »The Beatles Anthology 3«.

MAILORDER

Schallplatten-/CD-Vertrieb auf dem Postweg an den Endverbraucher über Schallplattenklubs oder Versandfirmen. Ein Tipp für Bestellungen übers Internet: www.sound.de ermittelt die günstigsten CD-Preise mehrerer Anbieter. Firmen (Auswahl): jpc (Georgsmarienhütte), Normal Mailorder (Bonn), TonArt

(Vechta), Zweitausendeins (Frankfurt/M.), Glitterhouse Mailorder (Beverungen), Poplife (Wendtorf), Open Door (Freudenstadt), Milestone (Hamburg). Vinyl + more (Mülheim/R.), Soundhouse Distribution (Brakel). Auf Platten der Beatles spezialisierte Mailorder: Thorsten Schmidt, Tonderner Straße 29, 28219 Bremen, Tel. (0421) 38 48 74; Franck Leenheer/Records, Postbus 11019, 2301 EA Leiden/NL, Tel. (0031-71) 513 13 23, Fax (0031-71) 513 12 20.

Mailorder im Internet: *www.allrecords.de; www.amazon.com; www.amazon.de; www.barnesandnoble.com; www.black-bird.com (spezialisiert auf Beatles); www.bol.de; www.cybercd.de; www.glitterhouse.com; www.jpc.de; www.lion.cc; www.milestone-mailorder.com; www.plattenladen.com; www.rec-order.de; www.rockaway.com; www.tendance.de; www.towerrecords.com; www.tunnelshop.de; www.wom.de; www.zweitausendundeins.de*

THE MAMAS AND THE PAPAS

US-Gesangsgruppe, die 1966 mit »California Dreamin'« und »Monday, Monday« großen Erfolg hatte – vielleicht »Amerikas Antwort auf die britische Rock-Invasion« (Lilian Roxon). Besetzung: Cass Elliot, Michelle Phillips (geb. Gilliam), John Phillips und Denny Doherty. Was die Beatles damit zu tun hatten? Am 28.8.1966, auf der letzten Pressekonferenz der Beatles als Tourband, nannte John Lennon The Mamas and the Papas als eine seiner Lieblingsbands in den USA. Am 2.4.1967 war das Beatles-Album »Sgt. Pepper's Lonely Hearts Club Band« fertig geworden. Als die Beatles im Morgengrauen das Studio verließen, fuhren sie zu Cass Elliott, die damals in der Londoner King's Road wohnte. Sie legten ihre Musterplatte auf den Plattenspieler, rissen die Fenster auf und spielten ihr neuestes Opus mit voller Lautstärke. → *Derek Taylor*: »Überall um uns herum öffneten sich die Fenster, Leute lehnten sich hinaus, wunderten sich. Es war klar, wessen Musik da zu hören war. Keiner beschwerte sich. Ein herrlicher Frühlingsmorgen, die Leute lächelten und gratulierten uns.« Am nächsten Tag flog Paul McCartney in die USA, um → *Jane Asher* an deren 21. Geburtstag einen Überraschungsbesuch abzustatten. Am 10.4.1967 besuchte er auch John und Michelle Phillips in Los Angeles. Am Abend war er bei den → *Beach Boys*, die gerade an »Pet Sounds« arbeiteten, und gegen Mitternacht brachte er Brian Wilson und dessen (damalige) Frau Marilyn mit zu den Phillips'. Sie sollen bis in die frühen Morgenstunden gejammt haben – Paul spielte Cello und Flügelhorn. Am nächsten Tag flog Paul McCartney zurück nach London. Und ab 1.6.1967 durfte auch der Rest der Welt »Sgt. Pepper« hören. Im Jahr zuvor hatten die Mamas & Papas eine → *Cover-Version* von »I Call Your Name« aufgenommen, enthalten u.a. auf der CD »Monday, Monday – Live« und zu hören in der Sendung → *The Lennon and McCartney Songbook* der → *BBC*. 2004 hatte → *Sean Lennon* eine Beziehung mit Bijou Phillips, der Tochter von John Phillips.

Lit.: Hall, Doug: The Mamas & The Papas – California Dreamin' (Kingston/Canada 1990); Fiegel, Eddi: Dream A Little Dream Of Me (New York 2005)

MAMMA – COME TOGETHER

Ein Musical, das – warum auch immer – »Abba und die Beatles vereint« (Promotion), aufgeführt u.a. im Dezember 2002 im ICC Berlin. Zu den Beatles-Titeln gehörten u.a. »Come Together«, »Help!«, »Let It Be«, »Penny Lane« und »Michelle«. Regie: Christian von Götz, Buch: James Griffiths, Choreographie: Birgit Schmidt. *Berliner Zeitung* (30.12.2002): »Ein Musical der neuen Art, das einfach nur unterhalten will.« 2003 tourte das Musical durch Deutschland.

MAN OF THE YEAR AWARD
In den 1960er Jahren von der Musikzeitschrift → *Rolling Stone* verliehener Preis; 1969 wurde John Lennon »Mann des Jahres«.

MAN WE WAS LONELY
Song von Paul McCartney, aufgenommen im November 1969–März 1970, erschienen am 17.4.1970 auf Paul McCartneys erster Solo-LP (»McCartney«). Paul McCartney spielte auf dieser LP sämtliche Instrumente selbst. → *Linda McCartney* singt die Harmonien – der Song ist also das erste Duett der McCartneys.

MANSFIELD, JAYNE
* 19.4.1932 in Bryn Mawr/Pennsylvania als Vera Jayne Palmer; US-amerikanische Schauspielerin und in den 1950er Jahren »Kurvenstar Nummer 1«. Sie versuchte, mit beispielloser Publicity auf ihre voluminösen Reize aufmerksam zu machen und galt bald als Marilyn-Monroe-Kopie. Als die Beatles im August auf ihrer zweiten USA-Tournee in Kalifornien Station machten, äußerte Paul McCartney den Wunsch, Jayne Mansfield kennen zu lernen. Am 25.8.1964 kam sie tatsächlich in das von den Beatles gemietete Haus in 356 St. Pierre Road, Brown Canyon, Bel-Air. John war allerdings allein im Haus und begrüßte sie, und sie berührte seine Haare und fragte: »Ist das echt?« John soll auf ihre Brüste geguckt und die gleiche Frage gestellt haben. Ihre Antwort: »Es gibt einen Weg, das herauszufinden.« John ging dann ins Whiskey A-Go-Go zu den anderen Beatles, und es dauerte nicht lange, da traf auch Jayne Mansfield ein. Als keiner hinsah, soll sie ihre Hand auf Johns Oberschenkel gelegt haben, was John geängstigt haben soll, weiß → *Barry Miles* (der allerdings nicht dabei war). Am 18.9.1968 trafen sich die Beatles mit → *Yoko Ono*, → *Pattie Harrison* und anderen nach Aufnahmesessions für das »Weiße Album« in Paul McCartneys Haus, um sich in → *BBC2* Jayne Mansfields Erfolgsfilm »The Girl Can't Help It« (1956, mit → *Little Richard*, → *Fats Domino*, Gene Vincent, The Platters und Eddie Cochran, dt.: »Schlagerpiraten«) anzusehen. † 29.6.1967 bei einem Autounfall in der Nähe von New Orleans. Inzwischen gibt es mindestens acht Dokumentar- und Kompilationsfilme über das aufregende Leben des Hollywood-Stars.

Jayne Mansfield

MANSFIELD, KEN
Amerika-Manager von → *Apple Records*.
***Lit.:** Mansfield, Ken: The Beatles, the Bible and Bodega Bay (New York 2000)*

MARCH OF THE MEANIES

Komposition von → *George Martin*, erschienen am 17.1.1969 auf der LP »Yellow Submarine«.

MARDAS, ALEXIS

→ *Magic Alex.*

MARIHUANA

Bezeichnung für die getrockneten und zerkleinerten Blätter, Blütenblätter und Stängel der aus Asien stammenden Hanf-Pflanze (lat. Cannabis sativa L.), die als Rauschmittel geraucht, gegessen oder getrunken werden. Marihuana gehört von Anbeginn an zur Rockmusik. Am 28.8.1964 machte → *Bob Dylan* die Beatles im New Yorker Delmonico Hotel mit Marihuana bekannt. Dylan baute einen Joint, gab ihn John Lennon, der aber wohl zu viel Angst hatte, deshalb gab er ihn an Ringo weiter. Die Episode endete damit, dass schließlich alle lachend auf dem Boden lagen. Nach einer anderen Version soll ein Freund Dylans »Jazz«-Zigaretten herumgereicht haben. Später bekannten sie, dass sie sogar in der Toilette des Buckingham Palace einen Joint rauchten, bevor die Queen ihnen den Orden → *Member of the British Empire (MBE)* an die Brust heftete. → *Cynthia Lennon* berichtet allerdings, dass zumindest John Lennon bereits im Frühjahr 1964 bei einer Party in → *Brian Epsteins* Wohnung in Knightsbridge Bekanntschaft mit Marihuana machte, und George Harrison datiert seine ersten Drogenerfahrungen auf den Januar/Februar 1962, als sie in Southport auftraten. Am 24.7.1967 erschien in der Londoner *The Times* eine ganzseitige Anzeige, die für die Legalisierung von Marihuana warb. Auch die Beatles und Brian Epstein unterzeichneten. Am 18.10.1968 wurden John Lennon und → *Yoko Ono* wegen Marihuana-Besitzes in Ringo Starrs Wohnung in London festgenommen und am nächsten Tag vor dem Marylebone Magistrates' Court gegen eine Kaution wieder freigelassen. Am 28.11.1968 bekannte sich John Lennon vor dem gleichen Gericht des unerlaubten Besitzes von Cannabis für schuldig. Er wurde zu einer Geldstrafe von 150 £ plus Prozesskosten verurteilt. Wegen dieser Vorstrafe verzögerte sich später die Einbürgerung John Lennons in die USA um vier Jahre. Anfang 1974 bat John Lennon die Queen um eine formelle Begnadigung angesichts seiner Probleme mit den amerikanischen Einwanderungsbehörden. Seine Haschisch-Dose befindet sich mittlerweile im Rock'n'Popmuseum Gronau. Am 31.3.1969 wurden George und → *Pattie Harrison* wegen Cannabis-Besitzes zu einer Geldstrafe von 250 £ verurteilt. Sie waren am 12.3.1969 festgenommen worden. 1972 und 1973 wurde Paul McCartney wegen Besitzes bzw. Anbaus von Marihuana verurteilt, am 16.1.1980 wurde er mit 219 g Cannabis im Gepäck bei der Einreise nach Japan auf dem Narita International Airport verhaftet, neun Tage inhaftiert und dann des Landes verwiesen. Später behauptete das → *FBI*, McCartney eine Falle gestellt zu haben, das Marihuana wäre bereits beim Abflug in den USA festgestellt worden, das FBI habe den japanischen Zoll informiert. »Paul McCartney ... rauchte regelmäßig, wenn auch nicht übermäßig, Marihuana, um zumindest etwas aus den rebellischen sechziger Jahren zu retten«, schreibt James Woodall. Im Januar 1984 fand die Polizei in Paul McCartneys Ferienwohnung auf Barbados Marihuana, auf der Rückreise nach London entdeckte die Zollkontrolle bei → *Linda McCartney* den Stoff. Als Paul McCartney Heather Mills heiratete, musste er allerdings hoch und heilig versprechen, nie wieder einen Joint zu rauchen. Cynthia Lennon über den Marihuana-Konsum der Beatles:

»Es erlaubte ihnen, aus den Zwängen und der Verantwortung ihrer Position auszubrechen, anstatt das Leben so zu sehen, wie es wirklich ist. Die Ansichten, die sie nach dem Rauchen eines Joints hatten, machten ihnen unheimlich Spaß.« Übrigens: Die »Marihuana«-Pflanzen auf dem Cover des Albums »Sgt. Pepper's Lonely Hearts Club Band« sind Peperomien (auch: Pfeffergesicht), eine in warmen Gebieten Amerikas heimische Gattung der Pfeffergewächse. Die immer wieder geäußerte Vermutung, zahlreiche Beatles-Songs seien unter Drogeneinflüssen entstanden, versuchte Paul McCartney im November 2001 in einem Interview zu entkräften: »Bei all den Beatles-Sachen, die ich mit John Lennon geschrieben habe, haben wir nie geraucht.«

***Lit.**: Bernhard van Treeck: Drogen- und Sucht-Lexikon (Berlin 1999; überarb. u. erw. Neuausg. Berlin 2004); Bernhard van Treeck: Das große Cannabis-Lexikon (Berlin 2000); Brownlee, Anck: This Is Cannabis (London 2002)*

THE MARMALADE

1961 als Dean Ford And The Gaylords in Glasgow gegründete Band, die sich nach dem Umzug nach London Marmalade nannte und für → *Decca* und CBS insgesamt 65 Songs aufnahm. Besetzung: Dean Ford (eigtl. Thomas McAleese, ld-voc), Graham Knight (voc, b), Pat Fairley (rhythm-g), Willie Junior Campbell (ld-voc) und Alan Whitehead (dr). Am 5.7.1967 sahen sich John Lennon und seine Frau Cynthia eine Show der Band im Londoner Club Speakeasy an. The Marmalade hatten einen ersten Erfolg im Mai 1968 mit »Lovin' Things«, gefolgt von dem Beatles-Cover »Ob-La-Di, Ob-La-Da« (rec. 18.11.1968) und 1969 von »Reflections Of My Life«. Am 5.7.1967 besuchten John und → *Cynthia Lennon* einen Auftritt der Band im Londoner Speakeasy Club.

MARSDEN, GERRY

→ *Gerry and the Pacemakers.*

MARTHA MY DEAR

Song von John Lennon/Paul McCartney, aufgenommen am 4. und 5.10.1968, erstmals erschienen am 22.11.1968 auf der LP »The Beatles« (»Weißes Album«). Der Song, benannt nach Paul McCartneys Englischem Schäferhund, seinem ersten Haustier in seinem Haus in der → *Cavendish Avenue* 7, beginnt mit einem McCartney-Solo (er begleitet sich am Piano) und endet mit einem großen Finale von 14 Bläsern und Streichern. Zahlreiche → *Cover-Versionen*, u.a. von Rundfunk-Tanzorchester Berlin, Fool's Garden, George Winson, Les Boréades und Laurence Juber.

MARTIN, BILLY

Unter diesem Pseudonym meldete sich Paul McCartney im Februar 1970 in den Londoner Morgan Sound Studios an, um seine Aufnahmen für seine erste Solo-LP »McCartney« fortzusetzen, nachdem das Vierspurgerät zu Hause in der Cavendish Avenue defekt war. Er benutzte das Pseudonym auch am 23.3.1970, um in den → *Abbey Road Studios* (Studio 3) die entsprechenden Masterbänder zu kopieren. Schließlich mischte im Studio 4 gerade → *Phil Spector* das Album »Let It Be« neu ab.

MARTIN, GEORGE

Produzent und Arrangeur der Beatles. * 3.1.1926 in London. Bereits in seiner Schulzeit in Bromfield/Kent leitete er eine Tanzkapelle, seine Vorbilder waren damals die Boogie-Pianisten Jimmy Yancey und Meade Lux Lewis. Er studierte dann drei Jahre an der renommierten Guildhall School of Music (u.a. Oboe – bei Mrs. Asher, der Mutter von → *Jane Asher*), war im Zweiten Weltkrieg Pi-

George Martin (Booklet zur CD »In My Life«, 1998)

lot der Royal Air Force und arbeitete als Sachbearbeiter in der → *BBC*-Musikbibliothek in London und im Sadler's Wells Orchestra, bevor er 1950 Assistent von Oscar Preuss in den EMI Studios in der → *Abbey Road* in London wurde. Anfangs beschäftigte er sich vor allem mit Barockmusik, produzierte jedoch bald Dance-, Jazz- und Swingformationen (Kenny Baker, Johnny Dankworth, Ron Goodwin) und Comedy-Stars (→ *Peter Sellers*, Peter Ustinov, Spike Milligan). Im April 1955 wurde er Label Manager des EMI-Labels → *Parlophone Records*, das er langsam als Konkurrenten zu HMV und Columbia, den anderen EMI-Labels, aufbaute. 1958 verhalf er Parlophone Records mit dem Song »You're Driving Me Crazy« von The Temperance Seven zum zweiten Nr.-1-Hit in der Geschichte des Labels. Seit Anfang der 1960er Jahre experimentierte er auch mit dem Einsatz von Geräuscheffekten; unter dem Pseudonym Ray Cathode veröffentlichte er 1962 eine Single mit dem Titel »Time Beat«, auf der einige Musiker zu einem im BBC Radiophonic Workshop produzierten elektronischen Rhythmustrack spielen. Am 9.5.1962 (oder doch schon früher?) traf er sich auf Vorschlag von Syd Coleman (→ *Ardmore & Bleechwood*, der Musikverlag der EMI) in London mit → *Brian Epstein*, Ende Juli 1962 schlossen Brian Epstein und er für die Beatles den Vertrag mit Parlophone Records ab, der rückwirkend ab 4.6.1962 galt, am 6.6.1962 spielten die Beatles in den → *Abbey Road Studios* der → *EMI* vor – vielleicht auch schon früher, wie George Martin vermutet, und am 11.9.1962 nahm er mit den Beatles »Love Me Do« und »P.S. I Love You« für deren erste Single auf. George Martin später zu seinen Motiven: »Ich brauchte etwas ganz Neues, so etwas wie meinen eigenen Cliff Richard.« Oft wurde und wird spekuliert, welchen Anteil George Martin als Produzent am Klangbild der Beatles hatte. Holger Schoeler und Thorsten Schmidt in ihrem Buch »The Beatles Mixes« (2. Aufl., Bremen 2000): »Unbestritten ist, dass Martin es meisterhaft verstand, aus den oft rohen Vorlagen der Hitfabrik Lennon/McCartney den Sound zu formen, der sich seit den 60er Jahren milliardenfach auf den Plattentellern drehte und der uns auf Lebzeiten nie mehr aus den Ohren gehen wird ... Er war es, der am Mischpult dem Sound der Aufnahmen den letzten Schliff gab.« »Als Produzent, der das Potenzial der Aufnahmetechnik voll auszuschöpfen wusste, gab Martin der populären Musik in den Sechzigern neue Impulse, deren Auswirkungen noch heute zu spüren sind.« (*Musikexpress* 9/2001). Apple Insider → *Derek Taylor*: »Wenn die Beatles [ihn] nicht gefunden hätten, dann hätten sie ihn erfinden müssen – irgendeinen armen Kerl, der nicht so gut hätte sein können – und ihn in die richtige Form trimmen müssen.« George Martin selbst: »Eine der wichtigsten Aufgaben in meinem Job mit den Beatles ... bestand darin, ihnen im Studio so viel Freiheit zu gewähren wie nur irgend möglich, und gleichzeitig zu gewährleisten, dass sie nicht entgleisten.« An zahlreichen Aufnahmen der Beatles war er später auch als Musiker beteiligt (Keyboards, Orgel, Piano). In den 1960er Jahren arbeitete er auch als Produzent für → *Billy J. Kramer with The Dakotas*, → *Cilla Black*, → *The Fourmost*, → *Gerry and the Pacemakers* u.a. Da die EMI sich weigerte, ihm Anteile an den von ihm produzierten Hit-Alben zu zahlen, kündigte er im August 1965 bei der EMI und gründete mit seinen Produzenten Ron Richards und John Burgess (und Peter Sullivan) sein eigenes Unternehmen Associated Independent Recording (AIR) in London (214 Oxford Street; 97 Jermyn Street, London SW1Y 6JE) und produzierte ab 1969 die Aufnahmen der Beatles als freier Produzent. 400 000 £ investierte er in die damals modernsten Aufnahmestudios Europas, mit 16-Spur-Maschinen, → *Moog* Synthesizern und zahlreichen elektronischen Effektgeräten. Sein Nachfolger bei Parlophone Records wurde → *Norman Smith*. 1973 verkaufte er Anteile an den Studios an die Chrysalis Group plc und die Pionbeer GB Limited, 1991 zogen die Studios in eine 1880 erbaute viktorianische Kirche im Londoner Stadtteil Hampstead (Lyndhurst Hall). Im Februar 2006 erwarb Richard Boote, Besitzer und Betreiber der Strongroom Recording Studios, die AIR Studios. 1966 heiratete George Martin in London Judy Lockhart-Smith, seine ehemalige Sekretärin bei der EMI, die seit 1949 in den Abbey Road Studios arbeitete. 1966 arrangierte und spielte er die Filmmusik zu »The Family Way«, komponiert von Paul McCartney. Sein wohl bedeutendstes Beatles-Werk ist »Sgt Pepper's Lonely Hearts Club Band« (1967). Am 20.6.1967 starb sein Vater, am 24.6.1967 zog er mit seiner Frau Judy in ein Haus in der Nähe vom Hyde Park Square, und am 9.8.1967 kam seine Tochter Lucie zur Welt. Am 24.12.1969 sendete die →

BBC einen Dokumentarfilm über sein Wirken, Titel: »A Little Help From My Friends«. 1974 produzierte er mit dem Mahavishnu Orchestra und dem London Symphony Orchestra die LP »Apocalypse«, später für Paul McCartney den Song »We All Stand Together« (1980) und die LPs »Tug Of War« (1982), »Pipes Of Peace« (1983) und »Give My Regards To Broad Street« (1984). Auch nach der Trennung der Beatles stellte er für Neuveröffentlichungen immer wieder neue Abmischungen der Beatles-Aufnahmen her, um den Veränderungen der Hörgewohnheiten und den Verbesserungen der Hi-Fi-Technik Rechnung zu tragen. So hat er für CD-Veröffentlichungen 1987 sämtliche Masterbänder der Beatles-Aufnahmen überarbeitet. Auch für die Serie »The Beatles Anthology« zeichnete er als Produzent verantwortlich. Seit den 1970er Jahren betrieb George Martin ein Studio auf der Karibik-Insel Montserrat, das 1995 durch einen Vulkanausbruch zerstört wurde. 1995 organisierte er in London ein Benefizkonzert für die Bewohner der Insel. 1988 wurde George Martin Ehrendoktor des Berklee College of Music in Boston, 1994 erhielt er einen → *Grammy* für das Album »Tommy« (Musical). Er arbeitete u.a. auch mit Tom Jones, John McLaughlin, Peter Gabriel, Sinéad O'Connor, Stan Getz, Jeff Beck, Sting, Neil Sedaka, Ella Fitzgerald, Ultravox, Celine Dion, America, → *Billy Preston*, Cheap Trick und José Carreras und produzierte »Tommy On Broadway« mit Roger Daltrey sowie 1994 das Album »The Glory Of Gershwin«. Er arbeitet auch als Dirigent, Regisseur, Autor und Filmkomponist. Sein Leben ist Thema des Films »The Love You Make« des Regisseurs Peter Medak (1991). Für den 1993 produzierten Fernsehfilm »The Making Of Sgt. Pepper« erhielt er zahlreiche internationale Auszeichnungen. Für seine Verdienste um die britische Musikszene wurde er 1996 zum »Knight Bachelor« ernannt, seitdem darf er sich »Sir« nennen. Am 28.2.1996 erhielt er von der National Academy of Recording Arts and Sciences (NARAS) einen Trustees Award für herausragende aufnahmetechnische Einzelleistungen, im September 1996 »für seinen Beitrag zur Musik des 20. Jahrhunderts« in den USA den Ascap Founders Award. 1997 produzierte er »In My Life«, eine Sammlung seiner Lieblings-Beatles-Songs »with heroes & friends«, erschienen 1998 auf dem Echo Label. Unter dem gleichen Titel gibt es einen Film über das Leben George Martins. Im Sommer 1999 dirigierte er in der Hollywood Bowl ein Orchesterkonzert mit Kompositionen der Beatles. Das Konzert wurde im Juni 1999 in Israel erfolgreich wiederholt. 1999 wurde er in die American Music Hall Of Fame aufgenommen. Aufgrund von Gehörproblemen hat er sich inzwischen aus dem aktiven Musikgeschäft weitgehend zurückgezogen. In den letzten Jahren sammelte er Geld, um auf Montserrat ein Kulturzentrum zu errichten. George Martin Music (London) versteht sich als unabhängiger Musikverlag. Im Oktober 1999 bestritt er mit einem 70-köpfigen Orchester drei Shows »A Night To Remember« in der National Concert Hall in Dublin. 2001 war er an einem MTV Lennon Tribute Special in London beteiligt. 2001 erschien unter dem Titel »Produced By George Martin – 50 Years In Recording« eine 6-CD-Box als umfassende Werkschau (mit vier Beatles-Songs!). 2001 nahm er mit dem Londoner Kammerorchester seine »Stringbag Serenade« auf. 2002 spielte er auf einer Tournee mit dem kubanischen Sinfonieorchester in Kuba Beatles-Songs und fungierte als Musical Director bei der »Party At The Palace« zum Goldenen Jubiläum der Queen, an der auch Paul McCartney teilnahm. Seit August 2005 befindet sich George Martin im Ruhestand. 2006 arbeitete er für die Beatles-Revue → *Love* des Cirque du Soleil – mit seinem Sohn Giles, der inzwischen auch in der Musikbranche ist. Er spielte Bass in der 1995 gegründeten Band Velvet Jones (CD »Colin«, 1998) und arbeitet auch als Songwriter und Produzent, u.a. ist er A & R Produzent für das Label Instant Karma und in dieser Eigenschaft Produzent der Girl Group Alice Bander. Er organisierte auch das Tribut-Konzert »Imagine 2« am 12.10.2001 in Manchester. Auch Giles' Halbbruder Greg (*3.1.1968) ist in der »Musikbranche«, allerdings mehr als Playboy, zumindest behauptet er, als 26-Jähriger kurz mit Madonna zusammen gewesen zu sein ...

***Discogr.:** All My Loving/I Saw Her Standing There (Single, rel. 8.5.1964), A Hard Day's Night (Original Soundtrack Album, 1964), Off The Beatle Track (1964), George Martin Scores Instrumental Versions Of The Hits (1965), ... Plays Help! (1965), Instrumentally Salutes »The Beatle Girls« (1966), And I Love Her (1966), The Family Way – Original Soundtrack (1967), Instrumental Salute To The Beatles (1967), British Maid (1968), Yellow Submarine (Original Soundtrack Album, 1969), Live And Let Die (Original Soundtrack Album, 1973), From The Beatles To Bond And Beach (1974), In My Life (1998), Produced By George Martin – 50 Years In Recording (6-CD-Box, 2001).*

***Lit.:** Martin, George: All You Need Is Ears (London/ New York 1979); Martin, George; Pearson, William: Summer Of Love – The Making Of Sgt. Pepper (London/Boston 1994, dt.: Summer Of Love – Wie Sgt. Pepper entstand, Berlin 1997); Martin, George: Playback – An Illustrated Memoir (Guildford 2002) • www.georgemartinmusic.com*

THE MASKED MARAUDERS

Als der → *Rolling Stone* 1969 eine imaginäre LP einer ultimativen Supergruppe, bestehend aus John Lennon, Paul McCartney, George Harrison, → *Bob Dylan* und Mick Jagger, »rezensierte«, erschien Ende November 1969 aufgrund der prompten Nachfrage der Fans eine LP unter dem Titel »The Masked Marauders« in ebendieser Besetzung – die steht zumindest auf dem Cover ... Aber obwohl dort eindeutig steht, dass es sich um einen Take-off, eine Nachahmung, handelt, gibt es noch immer Fans, die an die »richtige« Besetzung glauben.

MASTER RECORDING

Erstes Speichermedium im Tonaufnahme- und -bearbeitungsprozess, das alle fertig bearbeiteten Ton- oder Bilddaten enthält; lt. Frank Wonneberg (Das Vinyl-Lexikon, Berlin 2000) »unscharfer Begriff u.a. für alle freigegebenen Teilergebnisse innerhalb der Schallplattenherstellung: Urband, Lackfolie, Mutter usw.«. Bei der Schallplattenherstellung wird z.B. vom Masterband die Schallplatten-Schneidemaschine angesteuert, die die Tonaufnahme unmittelbar auf die Lack- oder Kupferfolie überträgt. In den 1980er Jahren gab es eine offizielle LP-Serie mit Master Recordings. Die Matrizen wurden mit halber Geschwindigkeit »geschrieben« (Übertragung der Schallwellen auf die Muttermatrize). Dadurch wurden die Schwingungen exakter in die Matrize eingearbeitet, als das bis dahin der Fall war. Ergebnis war eine wesentlich bessere und genauere Klangqualität beim Abspielen. Daraus CDs herzustellen, ist allerdings unsinnig, weil die digitale Datenübertragung sowieso wesentlich genauer ist als die analoge.

1997 erschien auf dem Label Beat (1998 auch auf »Parlophone«) eine → *Bootleg*-DoCD »Original Master Recordings« mit den Master Recordings der Stereo-LPs »Please Please Me«, »With The Beatles«, »A Hard Day's Night« und »Beatles For Sale«. Auf Mobile Fidelity Sound Lab erschien 2001 eine Serie mit »Original Mastering Recordings« von »Please Please Me«, »A Hard Day's Night«, »Rubber Soul«, »Sgt. Pepper's Lonely Hearts Club Band«, »The Beatles« (»White Album«) und »Abbey Road«. → *George Martin* überarbeitete 1987 die Masterbänder der Beatles-Aufnahmen für diverse Neuveröffentlichungen, insbesondere auf CD. Das Mastering übernahm Mike Jarrett.

MATCHBOX

Song, komponiert und gesungen (1957) von → *Carl Perkins*, aufgenommen von den Beatles am 1.6.964, erstmals erschienen am 19.6.1964 auf der EP »Long Tall Sally«.

MATHEW STREET

In den 1960er Jahren das Zentrum der Liverpooler Beat-Szene – mit zahlreichen Clubs, Schallplattenläden, Cafés und Pubs. Im Keller des Hauses Nr. 10 eröffnete am 16.1.1957 der → *Cavern*. Schräg gegenüber befand sich das »Grapes«, in dem die Beatles oft einen tranken. 1973 wurden die alten Warenhäuser für eine neue U-Bahn-Station abgerissen, die Keller blieben allerdings unversehrt. Nach Lennons Tod eröffnete in der Straße, in der Nr. 23, ein »John Lennon Worldwide Memorial Club«. Seit 1992 findet jährlich im August das Mathew Street Festival mit jeweils über 100 Bands statt, organisiert von → *Cavern City Tours Limited*. In manchen Jahren kommen über 100 000 Besucher zu dem Festival. Attraktionen der Straße sind heute der Cavern Club, der → *Cavern Pub*, die → *Cavern Wall of Fame* mit über 50 Bronze-Discs lokaler Künstler – darunter 17 von den Beatles –, der Beatles Shop mit der Beatles-Statue des Liverpooler Künstlers David Hughes (der größte Beatles-Souvenir-Laden der Welt!; www.thebeatleshop.co.uk), die John-Lennon-Statue (von David Webster, am 16.1.1997 von Billy J. Kramer enthüllt; am 12.12.1999 ersetzte der »Künstler« den vormals jugendlichen Kopf – siehe Plattencover der LP »Rock'n'Roll« – durch einen neuen mit Pilzkopffrisur), die Statue von Arthur Dooley und die Beatles-Skulpturen von John Doubleday in der Lobby des Einkaufs-

Mathew Street, Liverpool: John Lennon (Statue von David Webster) und der Cavern Pub

Galerie in der Mathew Street, Liverpool, spezialisiert auf die Kunst John Lennons

zentrums → *Cavern Walks*, und The Mathew Street Gallery, mit Zeichnungen und Bildern von John Lennon (www.lennonart.co.uk).

MATTHEW, BRIAN

Britischer Radiomoderator, der sehr viel mit den Beatles arbeitete; * 17.9.1928. Nach einer Schauspielausbildung an der Royal Academy Of Dramatic Art (RADA) in London ging er zur → *BBC*. Mit den Beatles arbeitete er vor allem als Moderator der Sendungen → *Saturday Club*, → *Pop Profile*, → *Top Gear*, → *Top Of The Pops* und → *Easy Beat*. Der erste »Saturday Club« mit den Beatles lief am 22.1.1963, die erste Sendung »Easy Beat« wurde am 3.4.1963 im Londoner Playhouse Theatre aufgenommen. Er interviewte die Beatles telephonisch bei ihrer Rückkehr aus den USA am 22.2.1964 auf dem Londoner Heathrow Airport, das Interview lief am gleichen Abend im »Saturday Club«. Für »Pop Profile« interviewte er John Lennon und George Harrison am 30.11.1965. Er begleitete die Beatles auch auf ihrer USA-Tournee 1965. Materialien aus seinen Interviews wurden für die Sendung → *The Beatles Abroad* verwendet. Mitte der 1960er Jahre wollte er mit → *Brian Epstein* in Farnborough, Kent, für 38 000 £ das Pilgrim Theatre für ein Festival neuer und klassischer Theaterstücke, aber auch für Musicals, Jazzkonzerte und Filme errichten, aber die lokalen Behörden versagten schließlich die Genehmigung. 1972 stellte Matthew für die BBC die 13-teilige Serie → *The Beatles Story* zusammen, die inzwischen auch auf diversen → *Bootlegs* vorliegt. Für die Serie interviewte er die Beatles und zahlreiche Personen aus ihrem Umfeld.

MAXIMUM ENTERPRISES

Merchandising-Unternehmen der Beatles, gegründet Ende der 1960er Jahre als Reaktion auf die schlechten Erfahrungen, die → *NEMS Enterprises Limited* und die Beatles mit → *Seltaeb* gemacht hatten. Das große Geschäft mit Beatles-Fan-Artikeln war da allerdings bereits vorbei.

MAXWELL'S SILVER HAMMER

Song von John Lennon/Paul McCartney, aufgenommen am 9.7., 10.7., 1.8. und 6.8.1969, erstmals erschienen am 26.9.1969 auf der LP »Abbey Road«, nachdem die Entstehung des Songs bereits in dem Film »Let It Be« dokumentiert worden war. Paul spielt in dem Song über einen Serienmörder einen → *Moog*-Synthesizer. Außerdem zu hören: ein Hammer, der auf Metall schlägt (nomen est omen). Zahlreiche → *Cover-Versionen*, u.a. von Rundfunk-Tanzorchester Berlin, Mike Westbrook Band, Les Boréades, Teddy Lee (»Maxwell's Silberhammer«), London Pops Orchestra, Volkers lustiger Musikverein (»Max der Rittersmann«), Devil's Rubato Band und The Lenny Pane.

MAYBE I'M AMAZED

Song von Paul McCartney, geschrieben in London, aufgenommen November 1969–März 1970, erschienen am 17.4.1970 auf Paul McCartneys erster Solo-LP (»McCartney«). Paul McCartney spielte auf dieser LP sämtliche Instrumente selbst, er und → *Linda McCartney* singen die background voices. 1976 erschien eine Live-Version des Songs auf dem 3-fach-Album »Wings Over America«, der Song kam sogar in den USA auf Platz 10 und in Großbritannien auf Platz 28 der Hitparaden. 2002 erschien eine Yellow Vinyl-Jukebox-Single mit dem Titel und einem Kommentar Paul McCartneys. Zahlreiche → *Cover-Versionen*, u.a. von Petula Clark, Joe Cocker, Rod Stewart und Carleen Anderson.

MAYSLES, ALBERT AND DAVID

Zwei der bekanntesten cinema direct-Dokumentarfilmer der USA, seit Anfang der 1960er Jahre spezialisiert auf Musikdokumentationen. Mit Handkameras und leichter Tonaufnahmetechnik bringen sie das Publikum dicht an das Geschehen auf der Bühne. Ihre Filme zeichnen sich durch Direktheit und Spontaneität aus. Zwei Stunden, bevor die Beatles am 7.2.1964 auf dem New Yorker Kennedy International Airport, der damals noch Idlewild Airport hieß, zu ihrer ersten USA-Tournee landeten, erhielten die Maysles einen Anruf des britischen Fernsehsenders Granada Television, der sie bat, die Ankunft zu filmen. Zum Zeitpunkt des Anrufs wussten sie noch nicht einmal, wer die Beatles waren ... Die Gebrüder Maysles hielten dann nahezu die gesamte Tournee mit der Kamera fest. Ihr Film »What's Happening! The Beatles In The U.S.A.« (in GB als »Yeah, Yeah, Yeah – The Beatles In New York«, gesendet am 12.2.1964 und auf Grund zahlloser Zuschauerwünsche am nächsten Tag wiederholt) war eine wichtige Inspiration für den Film »A Hard Day's Night« und enthält neben Szenen von der Ankunft in New York, der Bahnfahrt nach Washington, D.C. und dem Auftritt in der → *Ed Sullivan Show* einige nichtssagende Interviews, aber auch eine Improvisation namens »Guitar Blues«, die nur hier dokumentiert ist. Der Film (55 min, © → *Apple Corps Limited*) lief u.a. auch auf dem Double Take Documentary Film Festival 1998 in Durham/North Carolina, USA. Am 13.11.1964 sendete CBS-TV eine Langfassung der Dokumentation in der Show »The Entertainers« von CBS TV unter dem Titel »The Beatles In The USA«. 1991 erschien eine Neufassung unter dem Titel »The Beatles: The First U.S. Visit« (Susan Froemke, Albert und David Maysles, Kathy Dougherty, Herstellungsleitung: → *Neil Aspinall*, 82 min, © Apple Corps Ltd, EMI, 1991, auch auf Laser Disc und DVD erhältlich). Ende 1969 drehten die Gebrüder Maysles »Gimme Shelter«, eine Dokumentation über den Auftritt der → *Rolling Stones* in Altamont und im → *Madison Square Garden* (2002 in einer neuen unzensierten Fassung in Dolby Digital Sound wieder in den Kinos). David Maysles starb am 3.1.1987 im Alter von 54 Jahren. Die Maysles Film, Inc. in New York wird heute geleitet von Susan Froemke und Albert Maysles. 2001 begann Albert

Maysles mit einem Dokumentarfilm über Paul McCartneys »Concert For New York« am 20.10.2001 im New Yorker → *Madison Square Garden*.

www.mayslesfilm.com

MBE

Abk. für Member (of the Order of the) British Empire, die 120. Stufe von insgesamt 126 Titeln bzw. Ehrungen für Verdienste um Groß-britannien, begründet am 4.6.1917 von König George V. – der erste hohe britische Orden, der Männern und Frauen verliehen werden konnte.

Das System »Order of the British Empire« kennt fünf Klassen, mit Knights or Dames Grand Cross (GBE) als höchster und MBE als niedrigster Klasse. Als am 12.6.1965 angekündigt wurde, dass die Beatles auf Vorschlag von Premierminister → *Harold Wilson* mit diesem britischen Orden ausgezeichnet werden sollten, protestierten zahlreiche Ordensträger, u.a. Paul Pearson, Staffelkapitän der Royal Air Force, und Richard Pape aus Port Moresby/Neuguinea, ein Regierungsbeamter. Colonel Frederick Wragg gab zwölf Medaillen zurück. MBE-Träger Hector Dupuis, ein früheres Mitglied des kanadischen Parlaments: »Das britische Königshaus hat mich auf eine Stufe mit einer Bande vulgärer Dummköpfe gestellt.« Charles de Houghton sprach sich in einem Brief an *The Times* dafür aus – schließlich seien sie wichtige Devisenbeschaffer und hätten die britische Cordindustrie gerettet. Der Orden wurde den Beatles am 26.10.1965 im Buckingham Palace um 11.10 Uhr im Great Throne Room von der Queen verliehen – insgesamt wurden an diesem Tag 189 (oder 186?) Personen ausgezeichnet. Johns Kommentar: »Wir waren der Meinung, dass die Auszeichnung mit dem MBE wirklich so grotesk war, wie sie anderen Leuten vorkam. Warum? Wozu? Wir saßen zusammen und fanden es alle ziemlich verrückt. Es schien ebenso zu dem Spiel zu gehören, auf das wir uns eingelassen hatten, wie die Verleihung des Ivor Novello Awards. Wir spielten mit, weil wir damit noch mehr Leute ärgern wollten, als ohnehin schon erbost waren.« Auf dem Cover der LP »Sgt. Pepper's Lonely Hearts Club Band« (1967) tragen George Harrison und Paul McCartney an ihren Uniformen den Orden. John Lennon schickte am 25.11.1969 seinen Orden mit seinem Chauffeur aus Protest gegen die Einmischung seines Landes in den Nigeria-Biafra-Konflikt, gegen die Unterstützung der USA durch Großbritannien im Vietnamkrieg und gegen das Zurückfallen von »Cold Turkey« in den britischen Charts zurück. Der beigefügte Zettel endete mit »In Liebe, John Lennon«. John Lennon auf einer Pressekonferenz am 26.11.1969: »Mit dieser Aktion wollte ich nur Öffentlichkeit für die Friedensidee. Ich habe mich jedes Mal vor Lachen gekrümmt, wenn ich das MBE auf meinem Briefpapier gesehen habe.«

MCARTNEY, PAUL

Falsche Schreibweise auf den 250 Vorabexemplaren der ersten Beatles-Single »Love Me Do«/ »P.S. I Love You«, natürlich ist Paul McCartney gemeint. Die Platte erzielt auf Auktionen inzwischen Höchstpreise.

McCALLUM, DAVID

Britischer Schauspieler, * 19.9.1933 in Glasgow/GB. Nach einigen Filmrollen in GB Ende der 1950er Jahre ging er nach Hollywood. Bekannt wurde er als blonder russischer Geheimagent Ilja Kurjakin in der Fernsehserie »The Man From UNCLE« (1964–1968) und später in »The Invisible Man« (1975–1976). Er begann im Februar 1966 mit den Arbeiten an einer LP mit Gedichten John Lennons, die allerdings nie erschienen ist.

McCARTNEY

Titel der ersten Solo-LP von Paul McCartney, aufgenommen November 1969–März 1970, produziert von Paul McCartney, erschienen am 17.4.1970 (USA: 20.4.1970). Paul McCartney spielte sämtliche Instrumente selbst und beharrte darauf, sein Solo-Album vor dem Beatles-Album »Let It Be« zu veröffentlichen, das am 8.5.1970 erschien. Die LP erschien in einem Klappcover mit Fotos von → *Linda McCartney*. Die LP kam in Großbritannien auf Platz 2, in den USA auf Platz 1 der Charts.

McCARTNEY, ABBI FAITH

Paul McCartneys Nichte, * 2.12.1973.

McCARTNEY, BENNA

Paul McCartneys Nichte, * 22.12.1968.

McCARTNEY, FLORENCE »FLORRIE«

Pauls Großmutter väterlicherseits, * 2.6.1874 als Florence Clegg in Liverpool. Am 17.5.1896 heiratete sie in der Christ Church in Kensington, Liverpool, → *Joseph »Joe« McCartney*. Sie hatten sieben Kinder, von denen zwei früh verstarben; am 7.7.1902 wurde ihr Sohn → *James McCartney* geboren, der Vater Paul McCartneys. † 8.5.1944.

McCARTNEY, HEATHER

Tochter von Linda Eastman, der späteren Frau Paul McCartneys, und ihres ersten Mannes Mel See, * 31.12.1963 in Tucson/Arizona/USA. Die Ehe wurde allerdings bald nach Heathers Geburt wieder geschieden. Sie kam als Vierjährige Ende Oktober 1968 mit ihrer Mutter von New York nach London und besuchte dort eine Privatschule in Robinsfield im Stadtteil St. John's Wood. Nach der Hochzeit mit Linda am 12.3.1969 adoptierte Paul McCartney Heather. Nach Abschluss der Schule arbeitete sie in einem Pub, als Serviererin in einem Nachtclub und in einem Wildpark. Dann interessierte sie sich für Fotografie, arbeitete in einem Fotolabor und wurde 1981 Ilford's Young Printer of the Year – für ein Foto von Carol und Steve Gadd vor einem Wasserfall in Montserrat. Sie besuchte ein Art College, wo sie sich besonders für Keramik und Design interessierte. 1994 gründete sie die Fa. Heather McCartney Designs (ab 1999: Heather McCartney Pottery), die jedoch nur mit dem Geld von Vater Paul überlebte. Am 11.3.1995 nahm Paul McCartney in seinem Heimstudio → *Yoko Onos* Song »Hiroshima's Sky Is Always Blue« auf – in der Besetzung Yoko Ono (ld-voc), Paul McCartney (b), → *Linda McCartney* (celesta), → *Sean Ono Lennon* (g) und → *James McCartney* (g), auch seine Töchter → *Mary McCartney*, Heather McCartney und → *Stella McCartney* waren dabei. In Mexico lebte sie einige Monate bei den Stämmen der Huichol und Tarahumara und studierte deren Traditionen. Nach ihrer Rückkehr wohnte sie unweit der Farm der McCartneys in Rye, East Sussex. Ende 1989 musste Paul McCartney zugeben, dass sie unter seinem Ruhm leidet und sich offenbar in einer »Identitätskrise« befinde. Im Januar 1999 fand in Atlanta/Georgia ihre erste Ausstellung mit Stoffen, Keramik und Kunsthandwerk statt.

McCARTNEY, JAMES »JIM«

Vater von Paul McCartney, Leader von Jim Mac's Jazz Band. * 7.7.1902 in Liverpool als eines von neun Kindern der Eltern Joseph und Florence McCartney. 1916 begann er in einem Baumwollhandelskontor zu arbeiten, 1930 wurde er zum Baumwollverkäufer an der Börse »befördert«. Während des Krieges drehte er bei Napiers Granathülsen. 1940 lernte er in einem Keller während eines Bombenangriffs die Krankenschwester → *Mary Patricia Mohin* kennen, am 15.4.1941 heirateten sie in der Römisch-Katholischen Kirche St. Swithers in Liverpool. Sie zogen in eine möblierte Wohnung in der Sunbury Road im Stadtteil Anfield, wo am 18.6.1942 ihr Sohn James Paul geboren wurde. Da sein Job in der Flugzeugwerft Napiers als Militärdienst anerkannt wurde, konnten sie sich 1942 ein kleines Häuschen im Stadtteil Wallasey, 92 Broadway, leisten. Am 7.1.1944 wurde ihr zweiter Sohn Peter Michael geboren. Im Januar 1944 zog die Familie in ein Häuschen in der Roack Avenue im Liverpooler Stadtteil Knowsley Estate, am 4.8.1946 in eine Wohnung in Sir Thomas White Gardens im Zentrum von Liverpool, im gleichen Jahr in ein neues Haus in der 72 Western Avenue im Stadtteil Speke und dann, Anfang der 1950er Jahre, in die 12 Ardwick Road im gleichen Stadtteil. Nach dem Krieg arbeitete er als Baumwollhändler für A. Hannay & Co. Im September 1955 zog die Familie dann in die 20 Forthlin Road, wo sie bis 1964 wohnte. Für die musikalischen Ambitionen seiner Söhne hatte er großes Verständnis, so schenkte er Paul 1956, zum 14. Geburtstag, eine Trompete. Nachdem seine Frau am 31.10.1956 an Brustkrebs gestorben war, kümmerte sich Jim um die Erziehung seiner Söhne Paul und Mike, übte aber weiter seinen Full-Time-Job aus. Für Paul McCartney war sein Vater »das Original« und »ein überaus musikalischer Mensch«. Er soll allerdings versucht haben, John Lennon und Paul zu überreden, das »Yeah, Yeah, Yeah« in dem Song »She Loves You« durch »Yes, Yes, Yes« zu ersetzen. Gut, dass sie seinem Rat nicht folgten ... Im Juli 1964 überredete Paul seinen Vater in Rente zu gehen und kaufte ihm für 8 750 £ »Rembrandt«, ein Haus in der Baskervyle Road in Heswall/Cheshire, 15 Meilen außerhalb Liverpools, an der Mündung des Dee, in dem dieser dann mit der 35-jährigen Angela Williams lebte, die er am 24.11.1964 heiratete. Paul McCartney nahm an der Hochzeit teil. Für Modernisierungsarbeiten an dem Haus gab Paul noch einmal 8000 £ aus. Zu seinem 62. Geburtstag schenkte Paul ihm Drake's Drum, ein 1 200 £ teures Rennpferd. Immerhin: In seinem ersten Rennen wurde es Zweiter, am 26.3.1966 gewann es die Hylton-Plakette bei einem Rennen auf dem Aintree Racecourse in Liverpool. Als James McCartney im September 1968 im Krankenhaus lag, besuchte ihn Paul McCartney regelmäßig. 1974 schrieb James McCartney für die Country Hams (ein Pseudonym von Paul McCartneys Band Wings) den Song »Walking In The Park With Eloise«. Paul McCartney, im Januar 1982 gefragt, welche Platte er auf eine einsame Insel mitnehmen würde, nannte u.a. diese Aufnahme. Am 18.3.1976 starb James McCartney in seinem Haus in Wirral im Alter von 73 Jahren an einer Lungenentzündung. Auf seine Stiefmutter war Paul McCartney später sauer: 1995 verkaufte sie seine Geburtsurkunde, ohne ihm etwas davon zu sagen. Außerdem erzählte sie der Presse, der Verkauf sei nötig gewesen, damit sie sich einen Truthahn zu Weihnachten kaufen könne. Paul McCartney: »Für mich ist das Betrug an meinem Vater! Bei mir ist sie unten durch – und das ist auch die Meinung der restlichen Familie.« Aber vielleicht war das auch nur ein cleverer PR-Gag Angelas, denn es gibt auch Berichte, dass die Geburtsurkunde bereits Anfang der 1980er Jahre von Perry Cox aus Arizona für 460 $ gekauft worden sei. Egal: 1997 wurde sie in Tokyo für 83 000 $ (ca. 71 000 €) bei Sotheby's versteigert.

McCARTNEY, JAMES LOUIS

Sohn Paul und Linda McCartneys, * 12.9.1977 in der Avenue Clinic im Londoner Stadtteil St. John's Wood. Am 11.3.1995 nahm Paul

McCartney in seinem Heimstudio → *Yoko Onos* Song »Hiroshima's Sky Is Always Blue« auf – in der Besetzung Yoko Ono (ld-voc), Paul McCartney (b), → *Linda McCartney* (celesta), → *Sean Lennon* (g) und James McCartney (g), auch seine Töchter → *Mary McCartney*, → *Heather McCartney* und → *Stella McCartney* waren dabei. Gelegentlich arbeitete James im Musikverlag seines Vaters. Auf Paul McCartneys Album »Flaming Pie« (1997) steuert er einige Gitarrenriffs zum Titel »Heaven On A Sunday« bei, auf »Driving Rain« (2001) zeichnet er bei zwei Songs – »Spinning On An Axis« und »Back In The Sunshine Again« – sogar als Co-Autor und Gitarrist verantwortlich. Zeitweilig wurde auch kolportiert, er wolle Drummer werden. 1998 studierte er Architektur.

McCARTNEY, JOHN
Cousin von Paul McCartney, am 28.8.1968 war er bei den Aufnahmen zu »Dear Prudence« dabei, er sang im Background und klatschte gelegentlich in die Hände.

McCARTNEY, JOSEPH »JOE«
Großvater Paul McCartneys väterlicherseits, * 23.11.1866 in Everton. Er arbeitete als Tabakschneider und -trockner in Copes Tabakmagazin im Hafen von Liverpool und heiratete am 17.5.1896 in der Christ Church in Kensington, Liverpool, Florence »Florrie«, geb. Clegg († 8.5.1944). Seine Eltern waren der Klempner und Maler James und Elizabeth (* 1844 als Elizabeth Williams) McCartney. Die Eltern von Florence Clegg waren Paul Clegg (* 1817) und Jane Clague (* 1837). Joseph »Joe« McCartney spielte in zwei Liverpooler Bands Bass. Joseph »Joe« und Florence McCartney hatten sieben Kinder, von denen zwei früh verstarben; am 7.7.1902 wurde ihr Sohn → *James McCartney* geboren, der Vater Paul McCartneys.

Verfasserin vegetarischer Kochbücher, aber auch Musikerin: Linda McCartney

McCARTNEY, LINDA LOUISE
* 24.9.1941 in Scarsdale/New York, geb. Eastman; von 1969 bis zu ihrem Tod 1998 Ehefrau Paul McCartneys. Entgegen immer wieder geäußerten Behauptungen ist sie nicht mit der Familie Eastman des Filmherstellers Eastman-Kodak verwandt – auch wenn sie in New York als Fotografin arbeitete und sich so auch Zugang zur Pressekonferenz der Beatles im August 1966 verschaffte. Sie stammt vielmehr aus einer angesehenen New Yorker Rechtsanwaltsfamilie (→ *Lee V. Eastman*, → *John Lee Eastman*) und besuchte das renommierte Sarah Lawrence College in Bronxville/N.Y. – wie übrigens auch → *Yoko Ono*. Ihre Mutter kam bei einem Flugzeugabsturz ums Leben, als Linda 18 Jahre alt war. Sie zog dann nach Tucson/Arizona, wo sie an der University of Arizona Kunst und Geschichte studierte, und heiratete einen Geologiestudenten namens Joseph Melville See († 19.3.2000), von dem sie sich jedoch bald nach der Geburt ihrer Tochter Heather (31.12.1963) wieder trennte. Durch ihre Freundin Hazel Archer kam sie zur Fotografie. Im Februar 1964 sah

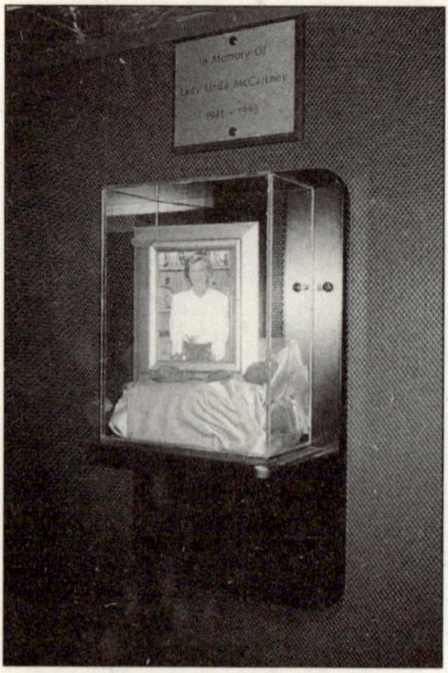

Linda McCartney-Schrein im Museum »The Beatles Story«, Liverpool

sie zum ersten Mal die Beatles – in der → *Ed Sullivan Show*. 1965 kehrte sie nach New York zurück, sie wohnte in der 140 East 83rd Street und arbeitete als Empfangsdame bei der Zeitschrift Town and Country. Die Beatles fotografierte sie zum ersten Mal 1965 in Österreich bei den Dreharbeiten zu »Help!« in Obertauern. »Offiziell« begegnete sie ihnen zum ersten Mal im August 1966 bei ihrem zweiten Konzert im New Yorker → *Shea Stadium*. Nachdem sie 1966 die → *Rolling Stones* anlässlich der USA-Premiere ihrer LP »Aftermath« fotografiert hatte, arbeitete sie als freischaffende Fotografin und spezialisierte sich auf die Rockmusik. Ihre Fotos von → *The Cream* erschienen 1967 in der ersten Ausgabe des → *Rolling Stone*. Am 15.5.1967 lernte sie in London Paul McCartney dann persönlich kennen, im Bag O'Nails Club in 8 Kingly Street. Nach dem Konzert → *Georgie Fames* stellte sich Paul vor: »Oops, sorry! Hi, I'm Paul McCartney. How're you doing?«, und lud sie in den Speakeasy Club in der Margaret Street ein. Paul McCartney soll sie dann mit zu sich nach Hause genommen haben. Linda später: »Ich war beeindruckt von seinen Magrittes.« Vier Tage später trafen sie sich erneut, diesmal auf → *Brian Epsteins* Release-Party für »Sgt. Pepper's Lonely Hearts Club Band«, zu der Linda als Fotografin akkreditiert war. Sie kehrte dann nach New York zurück, wo Paul sie gelegentlich anrief. Am 13.5.1968 trafen sie sich für eine Stunde in New York, als John und Paul auf einer Pressekonferenz ihr »Apple«-Projekt präsentierten. Im Juni lud sie Paul dann für drei Tage nach Los Angeles ins Beverly Hills Hotel ein, wo sie wohl ihre erste gemeinsame Nacht verbrachten. Am 31.10.1968, nachdem sich Paul und → *Jane Asher* getrennt hatten, zog sie mit ihrer Tochter Heather »offiziell« von New York nach London in Pauls Haus in der → *Cavendish Avenue*. Am 12.3.1969 heirateten Paul McCartney und Linda Eastman im Marylebone Registry Office and Magistrates' Court in der Marylebone Road in London – zur Hochzeit erschienen die drei anderen Beatles nicht, dafür aber das gesamte Team vom Bag O'Nails. Trauzeugen waren → *Mal Evans* und → *Michael McCartney*. Immer wieder gab es Kritik, dass Paul eine Frau jüdischen Glaubens und keine Katholikin geheiratet hatte. Die Familie zog dann auf die → *High Park Farm* in Campbeltown in Schottland. In den letzten Jahren der Beatles schoss Linda McCartney hunderte Fotos der Band, 1969 fotografierte sie u.a. das Cover der ersten LP von → *Mary Hopkin* (»Postcard«).

Nach der Trennung der Beatles wurde sie bald auch eine zentrale Figur im künstlerischen Schaffen Paul McCartneys, sie gehörte mit ihm, Denny Laine (g, voc) und Denny Seiwell (dr) zur ersten Wings-Besetzung und firmierte bei zahlreichen Songs als Mit-Autorin und Duett-Partnerin von Paul, so z.B. beim Titelsong für die TV-Serie »The Zoo Gang« (1975). Im August 1979 erschien unter dem Pseudonym »Suzy And The Red Stripes« ihre Single »Seaside Woman«/»B-Side To Seaside«, produziert von Paul McCartney. Die 1995 erschienene Wohltätigkeits-CD »Animal Magnetism« enthält den Song »White Coated Man« von Suzy & The Red Stripes. 1986 schenkte ihr Paul McCartney eine Single mit zwei Versionen des Songs »Linda« aus den 1940er Jahren – die Single gibt es nur in einem Exemplar. Linda McCartney veröffentlichte vier Kochbücher: »Home Cooking« (1989), »New Home Cooking« (1994), »Linda's Kitchen« (1995) und »Linda McCartney On Tour« (postum). 1998 erschien »Linda's Rezepte« im Verlag Bertelsmann Club in deutscher Sprache. Ihr zuliebe wurde Paul Vegetarier und engagierte sich mit ihr in der Organisation People for the Ethical Treatment of Animals (PETA, Menschen für den ethischen Umgang mit Tieren), die Linda 1991 mit einem Lifetime Achievement Award auszeichnete. Inzwischen verleiht PETA einen Linda McCartney Memorial Award für herausragendes Engagement für die Rechte der Tiere. Vegetarische Tiefkühlkost unter ihrem Namen soll in vier Jahren immerhin ca. 34 Mill. £ in die Kasse der McCartneys gespült haben. Sie war im April 1990 (mit → *Barbara Bach*, → *Yoko Ono*, → *Olivia Harrison* und Elton John) Mitgründerin der Stiftung »Romanian Angel Appeal« für rumänische Waisenkinder. Paul McCartney widmete ihr den Song »The Lovely Linda« (LP »McCartney«, 1970). Die Buchstaben L.I.L.Y. auf dem Cover der LP »Ram« werden als »Linda I Love You« interpretiert. Am 11.3.1995 nahm Paul McCartney in seinem Heimstudio Yoko Onos Song »Hiroshima, It's Always A Beautiful Blue Sky« auf – in der Besetzung Yoko Ono (ld-voc), Paul McCartney (b), Linda McCartney (celesta), → *Sean Lennon* (g) und → *James McCartney* (g), auch McCartneys Töchter → *Mary McCartney*, → *Heather McCartney* und → *Stella McCartney* waren dabei.

Im Dezember 1995 stellten die Ärzte bei Linda McCartney Brustkrebs fest, nach der Operation verkündete sie stolz: »Ich habe den Brustkrebs besiegt«, 1996 musste sie sich jedoch in Los Angeles einer Chemotherapie unterziehen, am 17.4.1998 starb sie auf der familieneigenen Ranch in Tucson/Arizona an Krebs. In ihren knapp 30 Ehejahren waren die McCartneys nur wenige Tage getrennt – als Paul McCartney in Japan wegen → *Marihuana*-Besitzes im Gefängnis saß. Am 26.10.1998 erschien ihre CD »Wide Prairie«. Am 10.4.1999 fand in der → *Royal Albert Hall* in London unter dem Motto »Here, There And Everywhere – A Concert For Linda« ein Tribut-Konzert statt, an dem u.a. Paul McCartney, Des'ree, Ladysmith Black Mambazo, Tom Jones, → *Marianne Faithfull*, Elvis Costello, Sinéad O'Connor und George Michael teilnahmen (als → *Bootleg* erhältlich). Am 8.11.1999 fand in der All Saints Church in London eine Gedenkfeier unter dem Motto »A Garland For Linda« statt, die gleichnamige CD erschien mit dem Untertitel »Zum Gedenken an das Leben Linda McCartneys« und u.a. der Komposition »Nova« von Paul McCartney. Ihr zu Ehren wurde die Stiftung The Garland Appeal gegründet, die die Krebsforschung und die »heilende Kraft der Musik« unterstützen soll (www.garlandappeal.com). 2 Mill. £ sollen für Breakthrough Breast Cancer und The Ark Facility am North Hampshire Hospital gesammelt werden, weitere 2 Mill. $ sollen der MRI Brustkrebsforschung zugute kommen. Die Stiftung The Linda McCartney Appeal fördert u.a. das Linda McCartney Centre an den Royal Liverpool Hospitals. Ihr gesamtes Vermögen (ca. 220

Mill. €) erbte Paul McCartney, ein Teil des Erbes ging an Tierschutzvereine. Im Internet (bei Yahoo!) gibt es einen Linda McCartney Wide Prairie Club, in dem sich Paul McCartney gelegentlich zum Chat stellt. CBS zeigte im US-TV am 21.5.2000 den Film »The Linda McCartney Story«. Inzwischen erschienen bereits diverse Bootlegs mit Songs von Linda McCartney, u.a. »Return To Lindiana«. Ihre Fotos wurden bisher in über 50 Galerien gezeigt, u.a. im Victoria and Albert Museum in London und in der Galerie der Royal Photographic Society in Bath. Auch ihre Fotoausstellungen »Roadworks« und »Linda McCartney's Sixties – Portrait Of An Era« wurden bereits in mehreren Ländern gezeigt (u.a. 2004 im Kurpfälzischen Museum, Heidelberg). 2002 fand in den Barlach-Museen in Wedel bei Hamburg und in Ratzeburg die Ausstellung »Linda McCartney – There was a lot of Hope in the air« statt – mit 180 Fotos, präsentiert von der Hamburger Ernst Barlach Gesellschaft. Am 1.11.2002 wurde in Campbeltown/Schottland in der Nähe von Mull of Kintyre ein Garten zu Ehren von Linda McCartney eröffnet – mit einer Bronzestatue, in Auftrag gegeben von Paul McCartney. In Berlin zeigte 2004 das Deutsche Technikmuseum »Stromgitarren featuring Linda McCartney – Bilder einer Ära« mit knapp 100 Fotos.

Lit.: McCartney, Linda: Linda's Pix For Seventy Six (1976); McCartney, Linda: Photographs (London 1982); Linda McCartney's England (London 1999); McCartney, Linda: Linda's Pictures (1976); Fields, Danny: Linda McCartney – The Biography (London 2001); McCartney, Linda: Sixties – Portraits Of An Era (London 1992, London 1993, New York 1997); Clarke, Brian; McCartney, Linda: Les Vitraux de la Fille-Dieu/Collaborations (Wabern, Berne 1997); McCartney, Linda and Paul: Sun Prints (London 1988, 2001; USA 2001); McCartney, Linda; McCartney, Paul: wide open (New York 1998); Clarke, Brian; McCartney, Linda: Les Vitraux de la Fille-Dieu/Collaborations (Wabern-Berne 1997); McCartney, Linda: Roadworks (London 1996, New York 1996); Fields, Danny: The Linda McCartney Biography/Linda McCartney – A Portrait (London 2000/New York 2000, 2001; dt.: Linda McCartney – Porträt einer unbekannten Frau, Planegg 2001); McCartney, Linda: Light From Within (London 2001); Linda McCartney 2006: The Sixties (Kalender; Kempen 2005). • ***Discogr.:*** *Wide Prairie (1998)* • *www.linda-mccartney-centre.org.uk*

McCARTNEY, MARY LOUISE

Erste Tochter von Paul und Linda McCartney, * 28.8.1969 in London, benannt nach Pauls und Lindas Müttern. Zu ihrem 25. Geburtstag organisierten ihre Eltern eine Party für ca. 1 000 Gäste, die Kosten wurden auf 90 000 £ geschätzt. Am 11.3.1995 nahm Paul McCartney in seinem Heimstudio Yoko Onos Song »Hiroshima, It's Always A Beautiful Blue Sky« auf – in der Besetzung → *Yoko Ono* (ld-voc), Paul McCartney (b), → *Linda McCartney* (celesta), → *Sean Lennon* (g) und → *James McCartney* (g), auch McCartneys Töchter Mary McCartney, → *Heather McCartney* und → *Stella McCartney* waren dabei. Sie arbeitete später im Musikverlag ihres Vaters und heiratete am 26.9.1998 den Film- und Fernsehproduzenten Alistair Donald in Rye, Sussex. Sie bekam am 3.4.1999 einen Sohn, Arthur, Anfang August 2002 einen zweiten Sohn. Im April 2005 wurde die Ehe geschieden. In den letzten Jahren machte sie sich einen Namen als Fotografin. So durfte sie als Erste das Baby Leo der Blairs fotografieren. 2001 fand ihre erste Fotoausstellung im Londoner Hempel Hotel statt. 2004 stellte das Royal Opera House in London ihre Bilder unter dem Motto »Off-Pointe – A Photographic Study Of The Royal Ballet After Hours« aus. Sie engagiert sich u.a. für »Breakthrough«, eine Brustkrebs-Hilfsorganisation, und für die Organisation People for the Ethical Treatment of Animals (PETA, Menschen für den ethischen Umgang mit Tieren).

McCARTNEY, MARY PATRICIA

Mutter Paul McCartneys, geb. Mohin, * 9.9.1909 als viertes Kind von Owen und Mary Theresa Mohin, geb. Dahner, in Liverpool. 1922 verließ sie ihr Elternhaus aufgrund von Problemen mit ihrer Stiefmutter, ein Jahr später begann sie eine Ausbildung im Walton Hospital in Liverpool. Sie arbeitete als Krankenschwester und Hebamme, während des Krieges war sie Gesundheitsbeauftragte des Stadtbezirks und kümmerte sich um bedürftige Familien.1940 lernte sie in einem Keller während eines Bombenangriffs → *James »Jim« McCartney* kennen. Am 15.4.1941 heirateten sie in der Römisch-Katholischen Kirche St. Swithers in Liverpool und zogen in eine möblierte Wohnung in der Sunbury Road im Stadtteil Anfield, wo am 18.6.1942 ihr Sohn James Paul geboren wurde. Da sie zuvor Oberschwester auf der Entbindungsstation war, hatte sie Anspruch auf ein Bett für Privatpatientinnen. Am 7.1.1944 wurde ihr zweiter Sohn Peter Michael geboren. Ab 1947 arbeitete sie als Hebamme für Hausgeburten. Da der Job ihres Mannes als Militärdienst anerkannt wurde, konnten sie sich ein kleines Häuschen in Wallasey, 92 Broadway, leisten. Im Januar 1944 zog die Familie in ein Häuschen in der Roack Avenue im Liverpooler Stadtteil Knowsley Estate, am 4.8.1946 in eine Wohnung in Sir Thomas White Gardens im Stadtteil Everton, im gleichen Jahr in ein neues Haus in der 72 Western Avenue im Stadtteil Speke und dann, Anfang der 1950er Jahre, in die 12 Ardwick Road im gleichen Stadtteil. Im September 1955 zog die Familie dann in die 20 Forthlin Road, wo sie bis 1964 wohnte. Paul McCartney später: »Sie strebte nach einem besseren Leben. Sie war ständig am Umziehen, immer auf der Suche nach einem besseren Milieu für die Erziehung ihrer Kinder.« Im Juli 1956 diagnostizierten die Ärzte bei ihr Brustkrebs. † 31.10.1956. Ihr Mann zog nach ihrem Tod die Söhne Paul und Michael allein groß. In dem Song »Let It Be« (1969/1970) setzte Paul McCartney seiner Mutter mit »Mother Mary« ein Denkmal. 1968 soll sie ihm im Traum erschienen sein und ihn getröstet haben.

McCARTNEY, MICHAEL »MIKE«

Bruder Paul McCartneys, * 7.1.1944 in Liverpool (als Peter Michael McCartney); er arbeitete als Friseur und änderte 1963 seinen Namen in Mike McGear, als er anfing, mit der Gruppe → *The Scaffold* als Sänger zu arbeiten. Wie Paul McCartney hatte er die Stockton Wood Road Primary School im Stadtteil Speke besucht und wechselte dann zur Joseph Williams Primary School in der Naylorsfield Road. Später besuchte er das → *Liverpool Institute And School Of Art*. Einen ersten Auftritt hatte er im August 1957 mit Paul McCartney: Bei einem nationalen Talente-Wettbewerb der Zeitung *The People* in Filey/Yorkshire sangen sie den Hit »Bye Bye Love« der Everly Brothers, weil aber beide noch nicht 16 waren, kamen sie nicht weiter. 1966 erschien die erste Single von The Scaffold: »2 Day's Mondays«, produziert von → *George Martin*. Paul McCartney produzierte für seinen Bruder die LP »McGough And McGear« (mit Roger McGough und → *Jimi Hendrix*), aufgenommen vom 20.6.1967 bis Anfang 1968 und erschienen am 17.5.1968. Paul spielte bei einigen Titeln auch Perkussion, Piano, → *Mellotron*, Keyboards und sang background. Michael McCartney war auch bei der Live-Sendung »All You Need Is Love« am 25.6.1967 dabei. Am 10.2.1968 besuchten Paul McCartney und → *Jane Asher* ein Scaffold-Konzert in der Queen Elizabeth Hall in London. Michael heiratete am 7.6.1968 in Carrog, Merioneth, North Wales, die Haarstylistin Angela Fishwick; Paul McCartney war Trauzeuge. Beide hatten die Töchter

Brenna (* 1968), Theran (* 1971) und Abbi (* 1973) und wurden 1979 geschieden. 1972 erschien seine erste Single: »Woman«/»Kill«. Den Song »Bored As Butterscotch« auf der LP »Woman« (1972) komponierte Paul McCartney (Credits: Mike McGear/A Friend/Roger McGough). Im Oktober 1974 erschien unter dem Namen The Country Hams (das sind Paul McCartney und Wings, eventuell mit Michael McCartney) die Single »Walking In The Park With Eloise«/»Bridge Over The River Suite«. Michael McCartney arbeitete später als Fotograf, Produzent und Kinderbuchautor. Am 29.5.1982 heiratete er in der Liverpooler St. Barnabas Church Rowena Horne; am 18.8.1983 wurde ihr Sohn Josh geboren (zwei weitere Söhne folgten). 1989 wurden seine Fotos in der Empire Collection Gallery in New York, 1992 im Albert Dock Maritime Museum in Liverpool (unter dem Motto »Liverpool Now«) ausgestellt. Am 29.11.1991 erschien das Video »Mike McCartney's Alternative Liverpool«, konzipiert als alternativer Stadtführer, aber mit wenig wirklich Neuem. Im September 1992 veröffentlichte er das Kinderbuch »Sunny Joe And The Ringdon Rhymes«. In den USA gab es zeitweise einen Mike McCartney Fan Club und das Fanzine *Gear Box*. 2002 zeigte das Museum of Alberta die Ausstellung »MMLL – Mike McCartney's Liverpool Life«, die vom 24.5. bis 28.9.2003 auch im Museum of Liverpool Life gezeigt wurde. Anfang 2004 wurde er zum Kulturbotschafter des Liverpooler Stadtteils Wirral ernannt. Im September 2004 soll er auf einer Familienfeier ein 16-jähriges Mädchen unsittlich berührt haben. Gegen ihn wurde Anklage erhoben.

Discogr.: *McGough And McGear (1968, mit Paul McCartney; Reissue 1989), Woman (1972), McGear (1974), The Force (1975)* • ***Lit.:*** *Mike Mac: McCartney, Michael: The Macs – Mike McCartney's Family Album (New York 1981); Roger Bear; McCartney, Michael: Mike Mac's Black And Whites Plus One Color (New York 1986); McCartney, Mike: Remember – Recollections And Photographs Of The Beatles (London 1992, New York 1992)*

McCARTNEY, PAUL

* 18.6.1942 als James Paul McCartney im Walton Hospital, Liverpool. Sein Vater → *James McCartney* war Baumwollverkäufer, seine Mutter *Mary Patricia McCartney* Hebamme (die Geburtsurkunde wurde am 18.11.1990 für 18 000 $ in Houston/Texas versteigert). Die Familie lebte in einem kleinen Haus im Liverpooler Stadtteil Wallasey (92 Broadway), zog jedoch in den folgenden Jahren mehrmals um. Paul wurde im September 1947 in der Stockton Wood Road Primary School im Stadtteil Speke eingeschult und wechselte dann zur Joseph Williams Primary School in der Naylorsfield Road. Ab September 1953 besuchte er das → *Liverpool Institute And School Of Art*. Das bedeutete morgens und abends je eine Stunde Schulweg mit dem Bus, wo er eines Tages George Harrison traf, der (seit September 1954) ebenfalls am Liverpool Institute war. In der Schule war Paul McCartney Klassenbester in englischer Literatur und galt als »ein bisschen kultursüchtig« (Nik Cohn). »Er ging stets zu den richtigen Theaterstücken, las die richtigen Bücher und besuchte die richtigen Ausstellungen«, berichtet Cohn weiter. Am 6.7.1957, als → *The Quarrymen* bei einem Sommerfest in der → *St. Peter's Parish Church* im Liverpooler Stadtteil Woolton spielten, stellte → *Ivan Vaughan* ihm John Lennon vor, der ihn sofort für seine Band engagierte. Seinen ersten öffentlichen Auftritt hatte er allerdings im August 1957, als er mit seinem Bruder Michael bei einem nationalen Talente-Wettbewerb der Zeitung *The People* in Filey/Yorkshire auftrat. Sie sangen den Hit »Bye Bye Love« der → *Everly Brothers*,

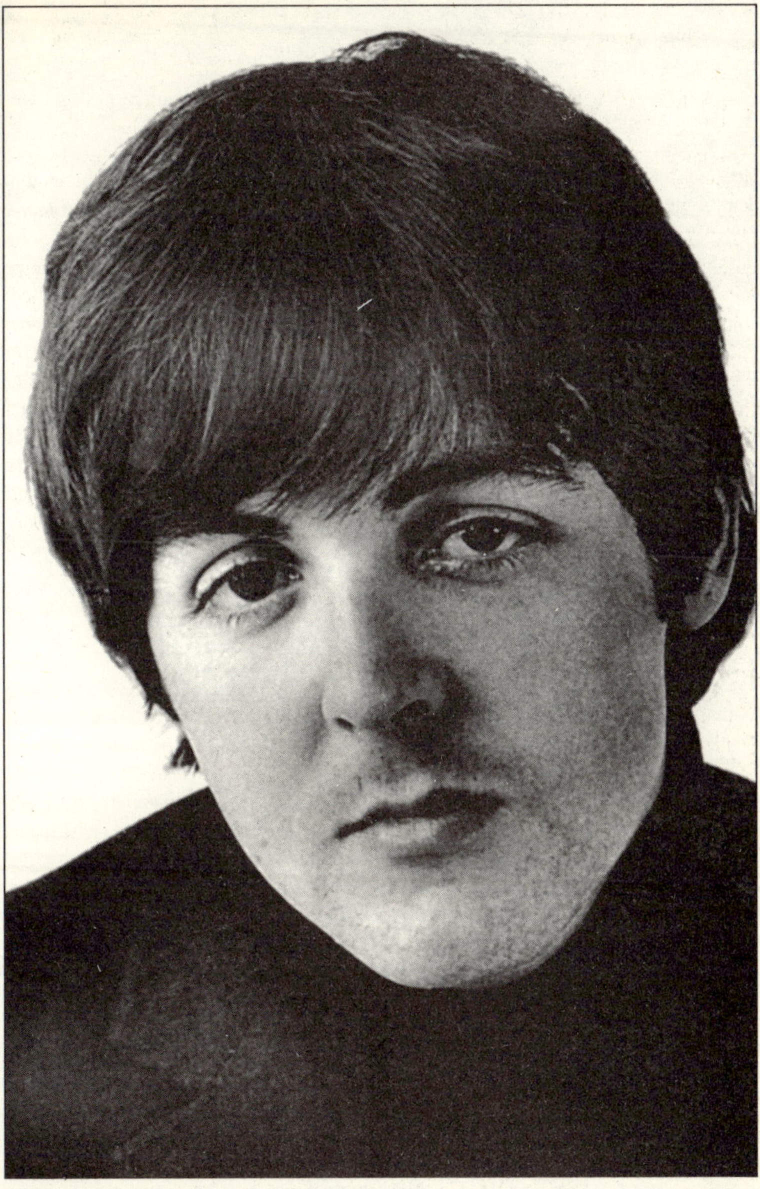

Paul McCartney

Paul McCartney (1993)

weil aber beide noch nicht 16 waren, kamen sie nicht weiter. Den ersten Auftritt mit den Quarrymen hatte er dann am 18.10.1957 im Conservative Club in der New Clubmoor Hall im Liverpooler Stadtteil Norris Green. 1959 verließ er das Liverpool Institute ohne Abschluss. Vom 17.8. bis 5.12.1960 war er mit den Beatles zum ersten Mal in Hamburg, 1961 folgten weitere Gastspiele. Nach der stürmischen Zeit in Hamburg, wo er am Piano saß, spielte er ab Januar 1961 auf Drängen Johns Bass. Gemeinsam mit John Lennon verfasste er den Großteil der Songs der Beatles. → *George Martin*: »Paul war der begabteste Musiker der Beatles.« Dabei adaptierte er erfolgreich archaischen Rock'n'Roll à la → *Chuck Berry*, → *Little Richard* und → *Buddy Holly*, erwies sich jedoch auch als Meister der Ballade.

Am 13.4.1965 kaufte er sich ein Haus in der 7 Cavendish Avenue im Londoner Stadtteil St John's Wood für 40 000 £, am 17.6.1966 die → *High Park Farm* in Machrihanish bei Cambpletown im schottischen Kintyre. Am 25.12.1967 gaben Paul und seine Freundin → *Jane Asher* ihre Verlobung bekannt, am 1.1.1968 stellte er sie seinen Eltern vor. Am 15.5.1967 hatte er allerdings in London Linda Eastman kennen gelernt, im Bag O'Nails Club in 8 Kingly Street (Chas

Chandler von den Animals machte sie miteinander bekannt). Am 12.3.1969 heiratete der letzte noch ledige Beatle im Marylebone Registry Office and Magistrates' Court in der Marylebone Road in London Linda Eastman – zur Hochzeit erschienen die drei anderen Beatles nicht. Trauzeugen waren → *Mal Evans* und → *Michael McCartney*. Im Oktober 1969 rief Louis Yagger, ein Beatles-Fan, bei der Radiostation WKNR in Detroit an und machte den DJ Russ Gibbs auf Hinweise aufmerksam, die belegen sollten, dass Paul McCartney am 9.11.1966 bei einem Autounfall ums Leben gekommen sei (→ *Paul Is Dead*).

Nach der Trennung der Beatles im April 1970 zog sich Paul McCartney, von Depressionen geplagt, auf seine Farm in Schottland zurück. Nach dem noch zu Beatles-Zeiten produzierten Album »McCartney« (1970) veröffentlichte er trotzdem zahlreiche Alben unter eigenem Namen bzw. ab 1971 mit den Wings (in wechselnden Besetzungen, u.a. mit Linda McCartney, Denny Laine – g, voc, Denny Seiwell – dr, Joe English – dr, Steve Holly – dr, Geoff Britton – dr, Henry Mc Cullоch – g, Laurence Juber – g). 1972 lieferte er mit »Give Ireland Back To The Irish« einen Kommentar zum »Bloody Sunday Massacre« im Januar des Jahres in Nordirland. → *BBC* und IBA boykottierten den Song. Ab Juli 1972 ging er zum ersten Mal mit den Wings auf Tournee. Das Konzept war vor allem in den USA erfolgreich. Im März/April 1974 jammten Paul McCartney und John Lennon mit Harry Nilsson, → *Stevie Wonder*, Jesse Ed Davis, Danny Kortchmar, → *Linda McCartney* und May Pang in Los Angeles, dokumentiert auf dem → *Bootleg* »A Toot And A Snore 74«. Auf der »Wings Over America«-Tour 1976 stellte die Band Wings am 2.6.1976 im Seattle Kingdome sogar einen Besucherrekord auf – in der Halle waren 67 100 zahlende Besucher. Trotzdem: »Der McCartney

Paul McCartney (New World Tour 1993)

der Post-Fabs-Ära mühte sich so redlich wie vergebens, seinen Pop ganz vorne zu positionieren, am Bug der Bewegung. Mit jeder Wings-Platte wollte er die Beatles vergessen machen. Doch das Gegenteil trat ein. Jede Wings-Übung war ein weiterer Beleg dafür, wie phantastisch die Fab Four waren.« (Wolfgang Doebeling in *Rolling Stone* 6/2001) Wohl auch deshalb nahm Paul McCartney schon bald wieder alte Beatles-Songs ins Solo-Repertoire. Die Kritik bescheinigte ihm trotzdem »kitschiges Heimkino« *(Stereo Review)*, »stilistische Richtungslosigkeit« und »Trivial-Repertoire« (Barry Graves, Siegfried Schmidt-Joos und Bernward Halbscheffel in »das neue rock-lexikon«, Reinbek bei Hamburg 1998). Paul McCartney unternahm ausgedehnte Tourneen und arbeitete mit anderen Musikern und Sängern zusammen – u.a. mit The Steve Miller Band (1972), → *Mary Hopkin* (1972), Carly Simon (1972), → *Scaffold* (1974), Thornton, Fradkin & Unger and The Big Band (1974), → *James Taylor* (1974), Adam Faith (1974), Mike McGear (→ *Michael McCartney*, u.a. eine Single als The Country Hams, 1974, 1975) und Peggy Lee (1974). 1973 schrieb er die Titelmusik zu dem James-Bond-Film »Live And Let Die«. »Mull Of Kintyre« wurde 1977 mit 2,5 Mill. verkauften Exemplaren bestverkaufte Single Großbritanniens seit »Band Aid«. 1979 erhielt er

Cavern concert puts city on top of the world

THANKS MACCA!

LIVERPOOL was basking in worldwide glory today after Sir Paul McCartney's return to the Cavern.

● Turn to Page 4

Paul McCartney – am 14.12.1999 noch einmal im Cavern Club

eine Rhodium-Schallplatte für über 200 Mill. verkaufte Alben. Als am 5.5.1979 Pattie Boyd und → *Eric Clapton* anlässlich ihrer Hochzeit eine Party in ihrem Haus in Ewhurst in Surrey gaben, spielte er mit George Harrison und Ringo Starr spontan einige Songs. Am 29.12.1979 traten Paul McCartney und Wings auf Bitten der UNO beim Concert For The People Of Kampuchea auf. Die LP »McCartney II« (1980) markierte die Rückkehr zum Solo-Performer, und mit »Tug Of War« (1982, produziert von → *George Martin*) gelang ihm wieder ein Meisterwerk. 1982 nahm er mit Stevie Wonder »Ebony & Ivory« auf, 1982 mit Michael Jackson »The Girl Is Mine«, 1983 ebenfalls mit Michael Jackson »Say Say Say«. Sein erster eigener Film »Give My Regards To Broad Street« (1984) floppte allerdings. Im Juli 1985 stimmte er das Finale beim Konzert der Live Aid Hungerhilfe in London an – sein erster Live-Auftritt seit sechs Jahren.

Am 24.6.1988 erhielt er in London den Silver Clef Award for Outstanding Achievement In The World Of British Music, im gleichen Jahr wurde er Ehrendoktor der University of Sussex in Brighton/East Sussex/GB. 1989 wurde das Liverpool Institute For Performing Arts (LIPA) gegründet – mit seiner Unterstützung (über 1 Mill. £!), das dann am 7.6.1996 von der Queen offiziell eingeweiht wurde. 1989 erhielt er einen Preis für »Outstanding Services to British Music«. 1990 besuchten 184 000 Menschen ein Paul-McCartney-Konzert in Brasilien. Im gleichen Jahr erhielt er einen Billboard Award für das profitabelste Konzert des Jahres – die Shows am 31.3./1.4.1990 im Memorial Stadium in Berkeley/Calif. spielten 3 550 580 $ ein! 50 000 Fans besuchten sein »Heimspiel« am 28.6.1990 am Liverpooler Kings Dock, Motto: »Let It Be Liverpool«. Am 27./28.6.1991 wurde vom Royal Liverpool Philharmonic Orchestra in der Liverpooler Kathedrale sein halb-autobiographisches »Liverpool Oratorio« aufgeführt. Am 21.9.1996 erlebte das Stück in der Liverpool Philharmonic Hall seine 100. Aufführung. Am 7.6.1993 erschien »The McCartney Collection« – eine Reissue seiner 15 Alben als remasterte CDs mit einheitlichem Standardcover (das Originalcover als kleineres Bild auf weißem Grund). Am 11.3.1995 nahm Paul McCartney in seinem Heimstudio Yoko Onos Song »Hiroshima, It's Always A Beautiful Blue Sky« auf – in der Besetzung → *Yoko Ono* (ld-voc), Paul McCartney (b), Linda McCartney (celesta), → *Sean Lennon* (g) und → *James McCartney* (g), auch McCartneys Töchter → *Mary McCartney*, → *Heather McCartney* und → *Stella McCartney* waren dabei. Am 23.3.1996 wurde im Rahmen eines Wohltätigkeitskonzertes für das Royal College of Music (RCM) in London sein Klavierpräludium »A Leaf« aufgeführt. Am gleichen Abend verlieh ihm Prinz Charles die Ehrenmitgliedschaft des RCM – die höchste E-Musik-Auszeichnung Großbritanniens. Zum 100. Geburtstag der → *EMI* schrieb er ein Orchesterstück und für den Zeichentrickfilm »Daumier's Law« die Filmmusik. Am 16.10.1999 wurde in der

Liverpool Philharmonic Hall sein »Working Classical« live uraufgeführt, sein drittes Album mit klassischer Musik. Am 11.3.1997 wurde er zum »Knight Bachelor« ernannt, seitdem darf er sich »Sir« nennen. Sir Paul McCartney ist Träger des MBE und wurde mehrfach mit dem → *Ivor Novello Award* ausgezeichnet, er ist Ehrenbürger der City of Liverpool (seit dem 28.11.1984), Ehrendoktor der University of Sussex, Träger des chilenischen Verdienstordens, der Auszeichnung »First Voice Of The Planet« von »Friends Of The Earth«, des Q Merit Award der britischen Zeitschrift *Q*, des schwedischen Polar-Musikpreises (des »Nobelpreises für Musik«, 1992), des American Music Award of Merit (1986, als erster Nichtamerikaner!), des Doris Day Music Award (1994), des Les Paul Award (2000), eines Ehrenpreises von Amnesty International (2002) und zahlreicher anderer Auszeichnungen. Im → *Guinness Book of Records* steht er mit mehr als 100 Mill. verkauften Singles und über 60 Goldenen Schallplatten als erfolgreichster Komponist und Interpret der Popmusik, insgesamt ist er in der Ausgabe 2003 mit 26 Einträgen vertreten. 1990 erhielt er einen Lifetime Achievement → *Grammy*.

Er schreibt heute Gedichte, arbeitet als DJ (Rundfunksendung »Oobu Joobu«), liest aus seinen Büchern (»Blackbird Singing«) und schuf 1995 den Animationsfilm »Grateful Dead – A Photofilm«. Mit einem geschätzten Vermögen von ca. 725 Mill. £ (März 2004; nach Informationen der Zeitung *Mail On Sunday* betrug sein Vermögen allerdings bereits 2001 ca. 1,1 Mrd. £, d.h. ca. 1,8 Mrd. €) ist »Macca« heute der reichste britische Musiker und elftreichste Brite, sein Jahresverdienst betrug 2002 ca. 180 Mill. $. Bereits 1990 soll er pro Sekunde 1 £ verdient haben. Er selbst weiß allerdings nicht, wie reich er eigentlich ist. Sein Unternehmen → *MPL Communications Limited* besitzt heute die Rechte an ca. 25 000 Songtiteln, darunter an allen Buddy-Holly- und vielen Duke-Ellington- und anderen Jazz-Songs, an dem Musical »Annie« – leider aber nur an zwei Beatles-Songs: »Love Me Do« und »P.S. I Love You«. Als stiller Teilhaber hält er 29 % am Mills Music Trust, einem Musikverlag. 2000 bezeichnete ihn *ME/Sounds* als »einflussreichsten noch lebenden Musiker«. Seit Anfang der 1980er Jahre malt Paul McCartney, erste Bilder von ihm erschienen 1981 in dem Buch »Paul McCartney: Composer/Artist«. Am 30.4.1999 wurde im Kunstforum Lyz in Siegen die weltweit erste Ausstellung seiner Bilder eröffnet (1.5.–25.7.1999). 2002 veranstaltete The Walker Art Gallery in Liverpool eine Ausstellung »The Art of Paul McCartney«. Am 17.4.1998 starb seine Frau Linda. Seit Sommer 1999 ist er mit Heather Mills zusammen, seit Juli 2001 sind sie verlobt, die Heirat war im Sommer 2002, ihre gemeinsame Tochter Beatrice Millie wurde im Oktober 2003 geboren. 2000 erhielt er den First Classical BRIT Award für sein Album »Working Classical«. Im Sommer 2001 stellte er seine Bilder in der Royal Academy Of Arts in London aus. Am 21.10.2001 organisierte er im New Yorker → *Madison Square Garden* »The Concert For New York City«, für die Opfer des Terroranschlages vom 11. September. Einen Monat nach der Show waren bereits 30 Mill. $ zusammengekommen. Am 3.11.2001 wurde er in Wien für sein Wirken mit dem World Arts Award geehrt, am 11.12.2001 trat er in Oslo in einem Konzert zur Nobelpreisverleihung auf – das Konzert wurde in 100 Länder übertragen. Sein erstes Großereignis 2002: das Konzert zum 50. Thronjubiläum der Queen am 3.6.2002 im Garten des Buckingham Palace in London. Im Jahr 2002 erschien unter dem Titel »Listen To What The Man Said« auch das erste McCartney-Tribut-Album – mit Stephen Duffy, Semisonic, SR-71, Robyn Hitchcock, Peter Buck, Sloan u.a. 2002 wurden Paul McCartney und Heather Mills für ihr Engagement gegen Landminen mit einem UNO-Preis ausgezeichnet. 2002/2003 kamen über 2 Mill. Menschen in seine Konzerte. Im Frühjahr 2004 engagierte er elf Sprachlehrer, die ihm die Sprachen der Länder beibringen sollten, in denen er im Sommer auftrat – übrigens mit so vielen Beatles-Songs wie nie zuvor. Im Juni 2004 trat er beim Glastonbury Festival auf. Sein Auftritt in St. Petersburg/Russland am 20.6.2004 war sein 3000. Konzert! Anfang 2005 spendeten er und seine Frau 1 Mill. £ (ca. 1,9 Mill. €) für die Tsunami-Opfer. 2005 spielte er auch beim großen »Live 8«-Konzert in London. Am 12.11.2005 sang er als erster Musiker live für ein Publikum im All – für die Astronauten der Internationalen Raumstation ISS (»Good Day Sunshine«). 2006 engagierte er sich mit Heather Mills gegen das Schlachten von jungen Robben in Kanada – zur Verwunderung der kanadischen Regierung, die darauf hinwies, dass die Zahl der Robben sich in den letzten dreißig Jahren verdreifacht habe, und der Inuit. Für viele ist »Apostel Paul« heute allerdings »eine wandelnde Erinnerung, ein treuäugiger Mythenschatz auf Reisen« (*Die Welt* 29.4.2003). Mitte Mai 2006 trennten sich Paul McCartney und Heather Mills. Unter www.mccartney-discography.com entsteht zur Zeit eine weltweite Paul-McCartney-Diskographie. Übrigens ist Paul McCartney über die US-Agentur Grabow Entertainment auch privat zu buchen – für mindestens 1 Mill. £ für ca. 2 Stunden. *Beatlemania* (Nr. 126, 3/2005) zitiert einen Insider: »Zu sagen, Paul steht unter 1 Million £ gar nicht erst aus dem Bett auf, würde die Situation am besten treffen.«

Anschrift: *Waterfall Estate, Peasmarsh, St Leonards on the Sea, Sussex, England; High Park, Cambelltown, Mull of Kintyre, Scotland.* • ***Discogr.:*** *McCartney (1970), Ram (Paul and Linda McCartney, 1971), Wings Wild Life (Wings, 1971), Red Rose Speedway (Paul McCartney and Wings, 1973), Band On The Run (Paul McCartney and Wings, 1973; 1998 als 25th Anniversary Edition), Venus And Mars (Wings, 1975), Wings At The Speed Of Sound (Wings, 1976), Wings Over America (3-fach Album, 1976), Holly Days (mit Denny Laine, 1976), Thrillington (1977), London Town (1978), Wings Greatest (1978), Back To The Egg (1979), McCartney II (1980), McCartney Interview (1981), Tug Of War (1982), Pipes Of Peace (1983), Strawberries Oceans Ship Forest (als »The Fireman«, 1983), Give My Regards To Broad Street (1984), Press To Play (1986), All The Best (1987), Snova v SSSR (1988 in der UdSSR, weltweit 1991), Paul McCartney CD Gift Set (1989, enthält die CDs »McCartney«, »Red Rose Speedway«, »Ram« und »McCartney II«), Flowers In The Dirt (1989), World Tour Pack (1989; CD »Flowers In The Dirt« plus div. Extras), Tripping The Live Fantastic (DoCD, 1990), Tripping The Live Fantastic – Highlights! (1990), Flowers In The Dirt (World Tour Pack, 1990), Unplugged – The Official Bootleg (1991), Paul McCartney's Liverpool Oratorio (1991), Selections From Paul McCartney's »Liverpool Oratorio« (1991), Off The Ground (1993), Paul Is Live! (1993), strawberries oceans ship forest (als »The Firemen«, 1993), The New World Tour Collection (1993), Flaming Pie (1997), Paul McCartney's Standing Stone (1997), Rushes (als »The Fireman«, 1998), Band On The Run – 25th Anniversary Edition (1999), Run Devil Run (1999), Paul McCartney's Working Classical (1999), Liverpool Sound Collage (2000), Wingspan – Hits And History (DoCD, 2001), Get Back (DVD, 2001), Driving Rain (2001), The PETA Concert For Party Animals (2002), Back In The U.S. – Live 2002 (DoLP, DoCD, DoMC, Video, DVD 2003), In Red Square (DVD, 2005), Chaos And Creation In The Backyard (2005)* • ***Video/DVD:*** *The Paul McCartney Special (1987, 60 min), Once Upon A Video (1987, 18 min), Put It There (1989, 65 min), Get Back (1989/90, DVD, 85 min), In The World Tonight (1997, 73 min, zeigt die Aufnahmen zur CD »Flaming Pie«), Live At The Cavern Club! (Mitschnitt des Auftritts am 14.12.1999, 2000, DVD, VHS-Video, 85 min), Wingspan – Hits And History (Video, 88 min, DVD, 2001), Wingspan – An Intimate Portrait (2001), Back In The U.S. – Concert Film (2003), Live At The Cavern Club! (2004), In Red Square (DVD Video, 2005), Paul Is Live!!! In Concert On The New World Tour (DVD, 2004), The Music & Animation Collection (2004)* • ***Lit.:*** *Barrow, Tony;*

Bextor, Robin: Paul McCartney – Now & then (Milwaukee/WI 2004, London 2004; dt.: Paul McCartney – Now & then, Schlüchtern 2005); Benson, Ross: Paul McCartney – Behind The Myth (London 1992); Berg, Rob van den: Paul McCartney Solo 1970–1990 (Amsterdam 1989); Blaney, John: Paul McCartney – The Songs He Was Singing: The Ultimate Discography (Guildford 2003); Blay, Arturo: Paul McCartney (1999); Capisani, Alberino Daniele: Paul McCartney: Canzoni e Musica (Rom 1981); Clayson, Alan: Paul McCartney (London 2003; 2004 in London neu als Teil der Box »The Little Box Of Beatles«); Coleman, Ray: McCartney, Yesterday And Today (London 1995); Davis, Andy: Sir Paul McCartney (Chorley/Lancashire 1997); Dearborn/MI 1995); Du Noyer, Paul (ed.): The Paul McCartney World Tour (London 1989); Delius, Friedrich Carl: Die Minute mit Paul McCartney – Memo-Arie (Berlin 2005); Deurwaarder, Carola (red.): Paul McCartney (JA Hoofddorp/NL 1992); Dewes, Klaus; Ortel, Rudi: Paul McCartney und Wings (Bergisch Gladbach 1980); DeWitt, Howard A.: Paul McCartney: From Liverpool To Let It Be (Fremont/Calif. 1992); Doney, Malcolm: Lennon And McCartney (New York 1981); Dowswell, Paul: Paul McCartney – An Unauthorized Profile (Chicago/IL 2001, London 2001); Elson, Howard: McCartney. Songwriter (London 1986); Flippo, Chet: McCartney (1987); Flippo, Chet: Yesterday – The Unauthorized Biography Of Paul McCartney (New York 1988); Frietsch, Christian: Paul McCartney im Gespräch für Europa (Baden-Baden 1992); Gambaccini, Paul: Paul McCartney In His Own Words (London 1976; New York 1983; neu London 1996 und 1999 als »The McCartney Interviews – After The Break Up«); Giuliano, Geoffrey: Blackbird – The Life & Times of Paul McCartney (New York 1991; London 1991); Giuliano, Geoffrey: The Illustrated Paul McCartney (London 1993, Secaucus/NJ 1993); Giuliano, Geoffrey: Two Of Us – John Lennon & Paul McCartney Behind The Myth (Harmondsworth 1999; New York 1999); Gracen, Jorie B.: Paul McCartney – I Saw Him Standing There (New York 2002, 2003); Grandfils, Dominique: Paul McCartney (1992); Gross, Edward: Paul McCartney – 20 Years On His Own (New York 1988, Las Vegas/Nevada 1990); Grove, Martin A.: Paul McCartney: Beatle With Wings (New York 1978); Hamilton, Alan: Paul McCartney (London 1983); »Hands Across The Water« – Wings Tour USA (Los Angeles 1978); Harry, Bill: The McCartney File (London 1986); Harry, Bill: The Paul McCartney Enyclopedia (London 2003); Harvey, Andrew; Perry, George: Give My Regards To Broad Street (1984); Jasper, Tony: Paul McCartney & Wings (London 1977); Jouffa, François: McCartney: 50 ans (Frankreich 1993); Lansky, Tomas F.: Paul McCartney (Rastatt 1988); Malms, Jochen: Paul McCartney & Wings (Heyne Discothek 22) (München 1981); Martin, Harald: Paul McCartney (München 2002); Maximum Paul McCartney – The Unauthorised Biography Of Paul McCartney (CD, 2003); McCartney, Paul: Blackbird Singing – Poems and Lyrics 1965–1999« (New York 2001, New York 2002); McCartney, Paul: Each One Believing. On Stage, Off Stage, And Backstage (San Francisco/Calif. 2004); McCartney, Paul; Dunbar, Geoff; Ardagh, Philip: High In The Clouds: An Urban Furry Tail (New York 2005, London 2005, dt.: Hoch in den Wolken, München 2005); McGee, Garry: Band On The Run – A History Of Paul McCartney And Wings (New York 2003); Mendelsohn, John: Paul McCartney. A Biography In Words And Pictures (New York 1977); Miles, Barry: Paul McCartney – Many Years From Now (London 1997, New York 1997); Nash, Pete: Paul McCartney Pics And History (GB 2001); Pascal, Jeremy: Paul McCartney & Wings (London 1977); Patterson, R. Gary: The Walrus Was Paul – The Great Beatle Death Clues (New York 1996); Paul McCartney – Composer/Artist (London 1981); Paul McCartney – Paintings (New York 2000); Paul McCartney; Mitchell, Adrian: Blackbird Singing – Poems and Lyrics 1965–1999 (London 2000; USA 2001); Peel, Ian: The Unknown Paul McCartney – McCartney And The Avant-garde (London 2002); Perry, Harriet: Paul McCartney – The Standing Stone Premier (1998); Philipp, Judith; Simon, Ralf: Listen To What The Man Said (Bielefeld 1991; Bergisch Gladbach 1993); Reeve, Andru J.: Turn Me On, Dead Man – The Complete Story of the Paul McCartney Death Hoax (Ann Arbor/Mich. 1994); Salewicz, Chris: McCartney: The Definitive Biography (London/New York 1986); Sandford, Christopher: McCartney (New York 2006); Schwartz, Francie: Body Count (San Francisco 1972); Seibold, Jürgen: Paul McCartney (Rastatt 1989); Suttner, Wolfgang (Hrsg.): Paul McCartney – paintings (Siegen 1999; überarb. Luxusversion New York 2000); Szabolcs, Benedek; Bárány, Andrea: Paul McCartney – elete napjainkig (Budapest 2000); Tremlett, George: The Paul McCartney Story (London 1975); Volcouve, Jacques; Dubreuil, Michel: McCartney (Paris 1990); Wane, Paul: Paul McCartney – London, NW8 – 1967 (London 2006); Welch, Chris: Paul McCartney. The Definitive Biography (London 1984); Wijnne, Gerrit: Paul McCartney 1942–1966 (1999);

Wingspan – Paul McCartney's Band On The Run (New York 2002); Zeitz, Petra: Paul McCartney – Leben und Musik (Berlin 1993); Zint, Günter; Estorff, Friedhelm von: Paul McCartney 1961–1991 – Fotoband (Bremen 1999) • *www.gernhardt.com/macca/index.shtml; www.macca-central.com; www.paulmccartney.com; www.paulmccartney.fm*

McCARTNEY, RUTH
→ *Nethercutt-McCartney, Ruth.*

McCARTNEY, STELLA NINA
Zweite Tochter Paul und Linda McCartneys, *3.9.1971 im Londoner King's College Hospital. Sie besuchte die renommierte Schule Central St. Martin's of Art and Design in London, bereits mit 15 Jahren arbeitete sie bei Christian Lacroix in Paris und beschloss, Modeschöpferin zu werden. Paul soll sie recht streng erzogen haben: Als sie mit zehn Jahren mal ein paar Züge einer Zigarette probierte, durfte sie nicht mit zum Konzert von → *Michael Jackson*. Am 11.3.1995 nahm Paul McCartney in seinem Heimstudio den Song »Hiroshima, It's Always A Beautiful Blue Sky« von → *Yoko Ono* auf – in der Besetzung Yoko Ono (ld-voc), Paul McCartney (b), → *Linda McCartney* (celesta), → *Sean Lennon* (g) und → *James McCartney* (g), auch McCartneys Töchter → *Mary McCartney* und → *Heather McCartney* waren dabei. Am 12.6.1995 stellte sie in London ihre erste eigene Mode-Kollektion vor, mit Models wie Kate Moss, Naomi Campbell und Yasmin Le Bon (die der Vater bezahlte), er soll ihr speziell für diesen Anlass den Song »Stella May Day« geschrieben haben (eine Bestätigung dafür gibt es allerdings nicht). Stella: »In meinem Beruf überwiegen klar die Vorteile, einen solchen Vater zu haben, ohne ihn wäre ich nicht hier.« (*Die Zeit*, zit. in *Die Welt* 30.9.2004) 1997 wurde sie Chefdesignerin für Chloé in Paris – als Nachfolgerin von Karl Lagerfeld. 2000 erhielt sie den Designer Of The Year Award der VH1/ Vogue Fashion Awards, bei der Preisverleihung war auch Paul McCartney anwesend; im gleichen Jahr bekam sie auch den britischen Modepreis »Glamour designer of the year«. Für die Hochzeit von Madonna und Guy Ritchie entwarf sie Madonnas Brautkleid und einen Hosenanzug für die anschließende Feier, und natürlich war sie auch am 22.12.2000 im schottischen Dornoch dabei – als Brautjungfer. Stella McCartney engagiert sich wie ihre Mutter für die Organisation People for the Ethical Treatment of Animals (PETA, Menschen für den ethischen Umgang mit Tieren) sowie für »Respect For Animals«. Am 20.2.2001 erhielt sie in London den Preis als »New Generation Designer«. Im Juni 2001 lernte sie den Publizisten Alasdhair Willis (Herausgeber des Modemagazins *Wallpaper*) kennen, am 1.8.2002 verlobten sie sich. Im Herbst 2001 kaufte sie im Londoner Stadtteil Notting Hill eine ehemalige Kirche, um sie als Studio und Wohnung auszubauen – und eine Farm in Bishampton bei Pershore. Im Sommer 2001 wechselte sie als Kreativ-Direktorin zu dem italienischen Modehaus Gucci im Milano, sie entwarf jedoch noch die Frühjahrskollektion 2002 für Chloé, Nachfolgerin bei Chloé wurde ihre Freundin Phoebe Philo. Bei Gucci gründete sie ein eigenes Label, das zu 51 % Gucci und zu 49 % ihr gehört. Weltweit wurden eigene Design Shops eröffnet, so u.a. am 20.9.2002 in New York. Einen Monat später startete sie ihre Anzeigenkampagne »Absolut Stella« (mit dem schwedischen Wodka-Produzenten »Absolut«). Im exklusiven Londoner Stadtteil Belgravia kaufte sie 2002 für 7 Mill. £ ein Stadthaus, außerdem besitzt sie seit 2001 eine Farm in Hereford/Worcester. Ihr Jahresverdienst wurde bereits zu diesem Zeitpunkt auf ca. 15 Mill. £ geschätzt. 2002 soll sie allerdings einen Verlust von ca. 6,3 Mill. € eingefahren haben. Der Grund: »Experimente und

übertriebene Preise« (*Draper's*). 2003 erhielt sie die Ehrendoktorwürde der University of Dundee. Am 30.8.2003 heiratete sie auf der westschottischen Isle of Bute den Verleger Alasdhair Willis. Paul McCartney – natürlich anwesend – soll für das Fest ca. 2,8 Mill. € bezahlt haben. Seit 2005 entwirft sie für Adidas Sportbekleidung für Frauen – ihr Vertrag läuft bis 2010. Im November 2005 erschienen in deutschen Zeitungen ganzseitige Anzeigen zur Premiere ihrer limitierten Damen-Kollektion bei H&M. Stella: »Es ist für mich eine Chance, meine Mode einer breiteren Zielgruppe zu zeigen.« (*Die Welt* 12.5.2005)
www.stellamccartney.com

McCARTNEY ON McCARTNEY
Insgesamt 8-stündige Serie der → *BBC*, gesendet 1989. Vom 26. bis 29.5.1989 wurde sie – um zwei Stunden gekürzt – in den USA ausgestrahlt, ab dem 1.7.1989 vom britischen Radiosender BFBS in Deutschland und ab dem 1.8.1989 vom BBC World Service – in 16 Teilen. Thema sind Leben und Werk Paul McCartneys – mit den Beatles und als Solist.

McCARTNEY PRODUCTIONS LIMITED (MPL)
→ *MPL Communications Limited.*

McFALL, RAY
Besitzer des → *Cavern*, *14.11.1926 in Liverpool. 1952 heiratete er und zog nach London, kehrte aber 1954 als Buchhalter nach Liverpool zurück. Er führte für Alan Sytner die Bücher des Cavern und arbeitete sonntags als Kassierer im Temple Jazz Club; donnerstags und samstags hatte er diese Funktion auch im Cavern. Er kaufte den Club am 1.10.1959 für 2750 £ (damals ca. 16 500 €) von Alan Sytner und verwandelte ihn in einen Rock'n'Roll-Club. Er führte auch die Nachmittagskonzerte ein. Die Beatles ließ er nach Meinung von → *Robert »Bob« Wooler*, einem der ersten Ansager des Clubs, nur auftreten, »weil sie die einzige ortsansässige Band waren, die tagsüber auftreten konnte, da sie alle keinen festen Job hatten«. Sie traten am 21.2.1961 zum ersten Mal im Abendprogramm auf. An Samstagen fanden von 13.00 bis 16.00 Uhr die Sessions des Junior Cavern statt. McFall gründete die Agentur Cavern Artists Ltd, im November 1963 begann er mit dem Aufbau des Aufnahmestudios Cavern Sound, das am 15.10.1964 eröffnet wurde. McFall begleitete die Beatles 1964 auch auf ihrer ersten USA-Tournee. Er übernahm sich jedoch und musste Insolvenz anmelden, der Cavern wurde verkauft. Er ging wieder nach London und arbeitete dort als Buchhalter.

McGEAR, MIKE
Künstlername von Paul McCartneys Bruder → *Michael McCartney*.

McGIVERN, MAGGIE
Eine weitere Dame im reiferen Alter, die heute behauptet, eine Affäre mit Paul McCartney gehabt zu haben. Am 12.4.1997 titelte die *Daily Mail*: »Beatle Paul's Secret Lover«. Von 1966 bis 1969 soll die Beziehung gedauert haben, Paul McCartney war da noch mit → *Jane Asher* zusammen.

McGOWAN, CATHY
Moderatorin der britischen TV-Sendung → *Ready Steady Go*, die seit den 1950er Jahren jeden Freitagabend ausgestrahlt wurde. Sie war in der Szene eine Kultfigur: ganz in Schwarz gekleidet, mit langen, schwarzen Haaren. Viele weibliche Fans der Beatles imitierten ihren Stil.

McLUHAN, MARSHALL
Kanadischer Medienwissenschaftler und eine Pop-Ikone der 1960er Jahre, *21.7.1911 in

Edmonton/Alberta/Kanada. Ab 1936 bekleidete er Professuren an diversen Universitäten in aller Welt, ab 1963 leitete er an der University of Toronto das neu eingerichtete Center for Culture and Technology. Er ist Autor des 1964 erschienenen Buches »Understanding Media« (dt.: »Die magischen Kanäle – Understanding Media«, Düsseldorf/Wien 1970) und des 1967 erschienenen Buches »The Medium Is The Message«. Am 20.12.1969 übertrug die CBS in der TV-Show »Weekend« eine 45-minütige Diskussion zwischen John Lennon und McLuhan in dessen Büro in der University of Toronto, in der John Lennon seine Friedensbotschaft verkündete. Als John den Raum verließ, geleitete ihn McLuhan zur Tür mit den Worten: »Diese Tür ist durch deine Anwesenheit geadelt.« † 31.12.1980. Das Marshall McLuhan Center on Global Communications und zahlreiche andere Institutionen setzen heute seine Forschungen zur Kommunikations- und Medientheorie fort.

Lit.: Stearn, Gerald E: McLuhan – Für und Wider (Düsseldorf, Wien 1969); McLuhan, Marshall: War And Peace In The Global Village (San Francisco 1997); Marchand; Philip: Marshall McLuhan – Botschafter der Medien (München 2002) • www.marshallmcluhan.com

MEAN MR. MUSTARD

Song von John Lennon/Paul McCartney, aufgenommen am 24., 25. und 29.7.1969, erstmals erschienen am 26.9.1969 auf der LP »Abbey Road« (eigentlich geplant für das »Weiße Album«). John Lennon ließ sich zu dem Song durch einen Zeitungsartikel über einen notorischen Geizhals inspirieren. Ursprünglich wurde der Song zusammen mit »Sun King« unter dem Arbeitstitel »Here Comes The Sun-King« aufgenommen. Der Song ist Teil des Medleys auf der zweiten Seite der LP, kraftvolle Akkorde leiten zu »Polythene Pam« über. Zahlreiche → *Cover-Versionen*, u.a. von Booker T. and the MG's, Mike Westbrook Band, Steve Martin, Devil's Rubato Band und The Lenny Pane.

MEET THE BEAT

Im Februar 1965 auf → *Polydor* als Sonder-Club-Auflage erschienene 10"-Mini-LP u.a. mit den Beatles-Songs »My Bonnie« und »Sweet Georgia Brown«. Im Mai 1988 erschien das Material auf dem gleichen Label und unter gleichem Titel als CD.

MEET THE BEATLES

1. Zweite in den USA erschienene LP der Beatles, erstmals erschienen am 20.1.1964 mit dem Untertitel »The First Album by England's Phenomenal Pop Combo«. Am 3.2.1964 erhielten die Beatles dafür von der Record Industry Association of America (R.I.A.A.) eine → *Goldene Schallplatte*. Am 26.12.1991 wurde die LP in den USA für 5 Mill. verkaufte Exemplare mit Multi-Platin ausgezeichnet. 2005 erschien in der Reihe »Rock Milestones – The Essential Albums Of All Times« eine → *Bootleg*-DVD »Meet The Beatles« (Icestorm), u.a. mit Interviews und Statements.

2. Deutsche Beatles-→ *Cover-Band*.

Anschrift: Klaus Schlichte, Höhenweg 7, 45470 Mülheim, Tel. (0208) 38 41 05.

MELLOTRON

Eine Art Klangcomputer, eine Vorstufe des Synthesizers, von den Musikern auch »Streicherorgel« genannt. Der Spieler kann auf Tastendruck individuelle Klangfarben bzw. Musikinstrumente (Violine, Trompete, Orgel usw.) abrufen, die auf Band gespeichert sind, und mit diesen Klangfarben spielen. Ohne aufwändiges Personal können so auch live Klangfarben hinzugefügt werden. Das Instrument wurde 1963 in Birmingham erfunden, als eine der ersten Gruppen setzten es The Moody Blues ein. John Lennon pro-

Melodija: A Taste Of Honey

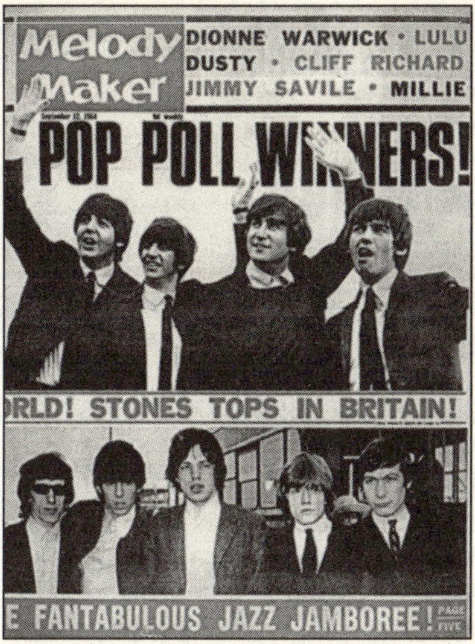

Melody Maker (12.9.1964): The Beatles – Pop Poll Winners!

bierte das Instrument zum ersten Mal am 12.8.1965 im IBC Studio in London aus. Das Ergebnis: »Ich muss eins davon haben.« Die Beatles benutzten das Instrument dann im Studio, u.a. bei den Aufnahmen zu »I Am The Walrus« (1967), »Strawberry Fields Forever« (1967, gespielt von Paul McCartney), »Flying« (1967, gespielt von John Lennon) und »The Continuing Story Of Bungalow Bill« (1968, gespielt von Produzent Chris Thomas). Im Juli 1968 nahm John Lennon in seinem Haus die Stücke »Mellotrone Music No. 4« und »Mellotrone Music No. 5« auf. Die Stücke »Unfinished Mellotron Music« No. 1–5 sind auf den → *Bootleg*-CDs »Nothing Is Real (Private Tapes 1965–1967)« und »Weybridge« enthalten. Das Mellotron wird heute nicht mehr eingesetzt, eine Weiterentwicklung ist das Synclavier. 2005 setzten The Sugar Plum Fairies das Instrument noch einmal für eine → *Cover-Version* von »I Am The Walrus« ein.

MELODIJA

1962 gegründete staatliche Schallplattengesellschaft der UdSSR. In den 1970er und 1980er Jahren erschienen jährlich über 1 000 neue Singles, EPs und LPs in z.T. beträchtlicher Auflage, darunter zahlreiche Titel des »vokal'no-instrumental'nyj ansambl'« namens Beatles, die Melodija als Äquivalent für den Export von E-Musik-Platten einkaufte, wie die LPs »A Taste Of Honey« (»Vkus mjeda«; eigene → *Kompilation*) und »A Hard Day's Night« (»Večer trudnogo dnja«; ohne den Song »When I Get Home«). Beatles-EPs erschienen oft in kuriosen Zusammenstellungen; hinzu kamen Singles und zahlreiche Titel auf Kompilationen. Allerdings verweigerte die UdSSR 1971 die Unterzeichnung des Genfer Tonträgerabkommens, das die Schallplattenpiraterie unterbinden sollte. So werden auch heute noch Beatles-Platten immer wieder raubkopiert, ein Teil der CDs fließt als »Re-Import« auch wieder nach Westeuropa. Später erschienen auch Solo-Platten der Beatles, u.a. »Imagine« (John Lennon), »Paul McCartney and Wings«, »Snova v SSSR« (rel. Februar 1989, »Back In The U.S.S.R.«, mit unterschiedlichen Covers), »Band On The Run«, »Flowers In The Dirt« (alle Paul McCartney bzw. Wings). Melodija kooperierte auch mit der Zeitschrift *Krugozor*, die auf Schallfolien (Flexi-Discs) ab 1988 u.a. auch die Beatles vorstellte.

MELODY MAKER (MM)

Seit 1926 in London erscheinende Zeitschrift für alle Arten populärer Musik, die auch den Beatles viel Platz einräumte. Nachdem die Zeitschrift noch 1963 den Sound der Beatles als »laut und respektlos« bezeichnet hatte, konnte nach dem Erfolg von »Please Please Me« auch der *MM* nicht mehr umhin, die Beatles auf die Titelseite zu hieven. Die Headline am 23.3.1963: »Beatles Eyeview!« und die Frage: »Ist Liverpool Großbritanniens Nashville?« Im September 1963 gewannen die Beatles den »1963 Pop Poll« des *MM* – als beste »vocal group« und mit »From Me To You« als beste »vocal disc«, gefolgt von »Please Please Me«. John Lennon wurde allerdings nur zehntbester Sänger. Eine Schlagzeile im Oktober 1963: »Beatles Fever Hits Britain«. Im Januar 1964 rezensierte John Lennon exklusiv für den *MM* die neuesten Platten. Ray Coleman berichtete von den Auftritten der Beatles in Paris, die ersten Auftritte in den USA waren dem *MM* einen dreiseitigen Bericht wert – Herausgeber Jack Hutton war mit ihnen in die USA geflogen. 1964 wurden sie »Beste internationale Band«, aber nur zweitbeste britische Band – nach den → *Rolling Stones*. Ray Coleman überschrieb einen Artikel mit »1964: The Year Of The Beatles«. Am 30.11.1964 besuchte Ringo Starr die Redaktion in der 161–166 Fleet Street, am 15.1.1965 war er Gast einer Party der Zeitschrift. Auch 1966 waren die Beatles wieder »beste Gruppe« des MM Pop Poll. 1970 wurde Ray Coleman († 10.9.1996), der auch einige Bücher über die Beatles schrieb, so u.a. Biographien von John Lennon, Paul McCartney, → *Brian Epstein* und → *Eric Clapton*, Chefredakteur der Zeitschrift. Anfang der 1970er Jahre erreichte das Blatt mit Exklusiv-Storys eine Auflage von über 300 000 Exemplaren. Über den Kleinanzeigenteil des *MM* fanden z.B. Bands wie Queen, Suede und David Bowies »Spiders from Mars« zusammen. Ende Oktober 1973 interviewte Chris Charlesworth vom *MM* John Lennon in Los Angeles. Als der Musiker Todd Rundgren in der Ausgabe vom 12.9.1974 John Lennon als Heuchler diffamierte, revanchierte sich dieser mit einem Offenen Brief in der Ausgabe vom 26.9.1974. Mit der Weihnachtsausgabe 2000 fusionierte die bis dahin im Verlag IPC Magazines erscheinende Zeitschrift (Auflage zuletzt 32 500 Exemplare) mit dem → *New Musical Express*.

Lit.: Johnstone, Nick: Melody Maker – History of 20th century Popular Music (London 1999)

MEMBER OF THE ORDER OF THE BRITISH EMPIRE

→ *MBE*.

MEMORABILIA

Fans betreiben einen Kult um Gegenstände, die einst ihren Stars gehörten – wie die Kirche um Reliquien verstorbener Heiliger. Die Memorabilien umfassen neben Gegenständen aus dem persönlichen Besitz der Beatles und mit ihnen verbundener Personen alles, was irgendwie mit den → *Fab Four* zu tun hat(te) – also auch all die mehr oder weniger kitschigen Souvenirs, Briefmarken und Telefonkarten, die Original-Schallplatten, Fotos, Tickets usw. Seit 1999 gibt Andrew Croft in Toronto/Kanada das *Beatlology Magazine* als Magazin für Sammler von Beatles-Memorabilia heraus. Der »Beatles Memorabilia Price Guide« (Eck, Marty; Rann, Rick; Augsburger, Jeff; Erstausgabe 1988, seitdem regelmäßige Neuauflagen), der »Official Price Guide To Memorabilia of Elvis Presley and The Beatles« (von Jerry Osborne; der Beatles-Teil stammt von Perry Cox und Joe Lindsay, USA), »The Beatles – Memories And Memorabilia« (Richard Buskin, Value/N.J. 1994), »Collecting The Beatles« Vol. 1 & 2 (Barbara Fenick, Ann Arbor/Mich. 1982/1985 – Rock & Roll Reference Series Vol. 7 and 16), »Beatles For Sale: The Beatles Merchandising Guide« (von → *Bill Harry*, 1985), »The Beatles: A Collector's Guide To Beatles Memorabilia, Yesterday And Tomorrow (1997), »The Beatles – A Reference & Value Guide« (Michael Stern, Barbara Crawford, Hollis Lamon, 1993), »Beatlemania: An Unauthorised Collector's Guide« (Courtney, McWilliams, 1998) und »The Official Price Guide To The Beatles Records & Memorabilia« (2. Aufl., New York/London 1999) verzeichnen die gängigen Preise. Interessante Stücke zeigt auch Geoffrey Giuliano in »Tomorrow Never Knows – Thirty Years Of Beatle Music And Memorabilia« (London 1991). Offizielle Memorabilia wurden seit den 1960er Jahren von Beatles™ Merchandise autorisiert, heute ist die Signatures Network, Inc. in San Francisco/Calif. das einzige von der → *Apple Corps Limited* lizenzierte → *Merchandising*-Unternehmen. Immer wieder versteigern Christie's, Sotheby's, Heritage-Odyssey und Cooper Owen Gegenstände der Beatles, bisweilen werden sie von Beauftragten der Beatles ersteigert, oder des Hard Rock Café, das in seinen Restaurants weltweit auch zahlreiche Beatles-Stücke ausstellt. Im Mai 2004 ersteigerte z.B. ein amerikanischer Privatsammler bei Christie's ein von John Lennon getragenes Lederhalsband für ca. 176 000 € – geschätzt war es auf lediglich ca. 20 000 €. Ein einzelnes Haar von John Lennon, das er sich am 26.8.1964 in Denver/Clorado herausgerissen und einem Fan geschenkt hatte, erzielte 2004 auf einer Auktion in

Memorabilia im Beatles Shop, Liverpool

»Beatlology«, das Magazin der Memorabilia-Sammler

Gerona/Spanien 3460 €! In den letzten Jahren explodiert der Markt für Rock-Memorabilia – immer mehr Anleger investieren ihr Geld lieber hier als in Aktien. Auch immer mehr Rockstars kaufen Gegenstände aus ihrem Besitz zurück, u.a. auch Paul McCartney. → *Olivia Harrison* kauft immer wieder Objekte aus dem Nachlass von George Harrison. Sarah Hodgson, bei Christie's in London für Pop-Memorabilia zuständig, sieht's psychologisch: »Viele Bieter, hauptsächlich ältere Männer übrigens, sehnen sich danach, ein Stück ihrer Jugend zurückzuersteigern, etwas Seltenes, Einzigartiges, Persönliches, etwas, mit dem sie sich von der Masse abgrenzen können.« (*Monopol* 2/2006) Als größter Beatles-Memorabilia-Sammler Europas gilt Uwe Blaschke.

Zahlreiche Mailorder und Online-Auktionäre haben sich auf Beatles-Memorabilia spezialisiert, u.a. → *The Beatles Story Limited*, Britannia Vaults, Albert Dock, Liverpool L3 4AA, Tel. (0151) 709 19 63, Fax (0151) 708 00 39; The Beatles Shop, 31 Mathew Street, Liverpool L2 6RE, Tel. (0151) 236 80 66, beatlesshop@hotmail.com (der Beatles Shop veranstaltet gelegentlich auch Auktionen); Fab 4 Collectibles, P.O.B. 778, Times Square Post Office, New York, N.Y. 10108, Tel./Fax (212) 246-7409, www.fab4collectibles.com; James Gambino, 539 Willow Road, Belle Mead, N.J. 08502, Tel. (908) 874-6060, jgamb914@aol.com, www.beatlerama.com; Bojo, P.O.B. 1403, Cranberry Twp., Pa. 16066, Tel. 1-724-776-0621, bojo@zbzoom.net, www.zbzoom.net/~bojo/; More Than Music – Mailorder, P.O.B. 68, Westerham, Kent TN16 1ZF, Tel. (01959) 56 55 14, Fax (01959) 56 55 10, morethnmus@aol.com, www.mtmglobal.com; Steve Clifford's Only a Northern Song, scliffor@islandnet.com, www.islandnet.com/~sclifford/beatles/fabhome.htm; www.eRock.net; Beatles For Sale, 8 Kingly Street, London W1, Tel. (0171) 434 0464, Fax (0171) 434 0465, www.beatlesforsale.demon.co.uk; Bill DeMartini, Tel. 650-941-6257, Fax 650-949-3095, demartini@earthlink.net; Revolver Records, P.O.B. 630521 Irving, Texas 75063, Tel. (972) 402-0142, www.popculturetoday.com; Perry Cox, P.O.B. 14945, Scottsdale, AZ 85267, Fax 602-971-4265, perrydcox@aol. com; Mitch McGeary, P.O.B. 3393, Lacey, WA 98509, Tel. (360) 491-7343, Fax (360) 491-1333, sps@rarebeatles.com; Robert W. York, Tacoma, Washington, USA, bpentium@eskimo.com, www.eskimo.com/~bpentium/beatles.html; Blue Jay Way Galleries, P.O.B. 451141, Los Angeles, CA 90045, Tel./Fax: (310) 641-2297, bjw66@hotmail.com; Pepperland Music, 850 N.Tustin Street, Orange, CA 92867, Tel. 714-639-0909, Fax 714-639-1015, order@pepperlandmusic.com, www.pepperlandmusic.com; Beatlemania Shoppe, 120 Peter Street, Lower Level, Toronto, Ontario M5V

2C7, Kanada, Tel. (416) 977-2782, www.beatlemaniashoppe.com; Steve Holmes, 15 Ganton Walk, Wolverhampton, West Midlands, WV8 1 YL, Tel. (01902) 682008, Fax (01902) 682007, beatles@beatles99.freeserve.co.uk; Collector's Friend – Beatles Mail Order, Thorsten Schmidt, Humannstraße 47, 28239 Bremen, Tel. (0421) 6918215; Tracks, P.O.B. 117, Chorley/Lancashire PR6 0UU, Tel. (0044) (1257) 26 97 26, Fax (0044) (1257) 23 13 40, sales@tracks. co.uk, www.tracks.co.uk; Georg Hentschel, Bahnhofstraße 19, 41472 Neuss, Tel. (02131) 176 99 70, Fax (02131) 176 99 71, webmaster@beatles-limited-edition.de, www.beatles-limited-edition.de; Bavarian Beatles Store, Frank Seltier, Ziegelfeld 1a, 85419 Mauern, Tel. (08764) 92 07 73, Fax (08764) 17 88, mobil 0172 892 19 85, info@ Bavarian-Beatles-Store.de, www.Bavarian-Beatles-Store.de, www.Beatlesphotos.de

MEMPHIS, TENNESSEE

Song von Cuck Berry, von den Beatles am 1.1.1962 in London beim → *Decca*-Vorspiel gespielt. Der Titel erschien auf mehreren → *Bootlegs* (→ *Decca Tapes*). Die Beatles nahmen den Song fünf Mal für die → *BBC* auf, u.a. für ihre erste Sendung im März 1962. Am 10.7.1963 nahmen sie ihn in den Aeolian Hall Studios, London, für die BBC-Sendung → *Pop Go The Beatles* (Produzent: Terry Henebery, gesendet am 30.7.1963) auf, erschienen am 28.10.1994 auf der DoCD »Live At The BBC«. Am 16.2.1972 spielten John Lennon und Chuck Berry den Song gemeinsam in einer Nachmittags-Ausgabe der → *Mike Douglas Show* im amerikanischen Fernsehen.

MEN OF THE DECADE

Der britische Fernsehsender ITV wählte Ende 1969 drei »Männer des Jahrzehnts«: John F. Kennedy, Ho Chi Minh und John Lennon.

251, Menlove Avenue, Liverpool (»Mendips«): Hier wohnte John Lennon ab 1942 bei seiner Tante Mimi

MENDIPS

→ *Menlove Avenue*.

MENLOVE AVENUE

In dieser Straße zwischen den Liverpooler Stadtteilen Calderstones Park und Woolton, in der Nr. 251, wohnte John Lennon 1942 bis 1963 bei seiner Tante → *Mary Elizabeth Smith (»Mimi«)* und seinem Onkel George. Das Gebäude, nach den Somerset Hills, einem Höhenzug im Südwesten Englands zwischen Bristol und Wells, → *Mendips* genannt, hatte vor und hinter dem Haus einen kleinen Garten. Mimi lebte hier bis 1964 – bis John ihr ein luxuriöses Haus in Poole, Dorset, kaufte. Ein Nachbar war → *Ivan Vaughan*, der mit → *Pete Shotton* und → *Nigel Whalley* zu John Lennons »Gang of Four«, → *The Quarrymen*, gehörte (inzwischen verstorben). 1987 gab → *Yoko Ono* ein Album mit Songs von John Lennon unter diesem Namen heraus. Als ein Filmteam, das hier 2000 eine Lennon-Biographie drehte, wegen der Dreharbeiten eine Mauer zwischen Wohnzimmer und Foyer einreißen musste, versteigerte NBC die Ziegel im Internet. 50 % der Erlöse bekam der Besitzer des Hauses, der Rest ging an das Kinderheim Strawberry Fields bzw. diente zur Deckung der Produktionskosten des Filmes. Im Dezember 2000 erhielt das Haus die Heritage Blue Plaque des National Trust, der britischen Denkmalschutzbehörde. Im Juni 2001 berichtete die Presse, dass das Haus im Internet versteigert werden solle. Ernest Burkey, der letzte Besitzer, war inzwischen verstorben. Erwartet wurden 150000–300000 £. 2002 kaufte Yoko Ono das Haus für über 150000 £ (ca. 231000 €) und übergab es dem britischen Denkmalschutzverein National Trust. 2002 wurden die Glasmosaikfenster restauriert, mit weiteren Arbeiten wurde begonnen. Am 23.5.2003 wurde das Haus als John-Lennon-Museum für Besucher geöffnet – fast originalgetreu. Der Zutritt ist allerdings auf 90 Besucher/Tag limitiert. Der National Trust veröffentlichte 2003 eine 18-seitige Broschüre zum Haus unter dem Titel »Mendips«. Kurator ist Colin Hall, ein früherer Lehrer aus dem Liverpooler Stadtbezirk Woolton.

MERCHANDISING

Eine eingeführte und auf dem Markt platzierte Marke ist heute Gold wert – das trifft auch auf The Beatles zu. Längst ist das auf den offiziellen Veröffentlichungen der → *Apple Corps Limited* befindliche Logo »The Beatles« mit dem charakteristischen tiefgestellten T geschützt – jede Verwendung dieses Logos bedarf der Genehmigung und kostet Geld (viel Geld). Merchandising erschöpft sich heute nicht mehr im Bedrucken von T-Shirts. Mittels entsprechender Vertriebs- und Handelspartner und verstärkt auch im Internet (e-commerce) wird eine Marke umfassend am Markt positioniert und verwertet. Dazu gehören Lizenzmarkenentwicklung, Lizenzvermarktung, Produktmanagement und Lizenzmanagement. Apple Corps Ltd übertrug Ende 1995 – nach den schlechten Erfahrungen mit → *Seltaeb* – die Vermarktung der Beatles an Sony Signatures, eine Tochtergesellschaft der japanischen Sony Corporation. Nach einem Management-Buy-Out gründete Dell Furano im Juni 1999 die Signatures Network, Inc. in San Francisco/Calif. (www.signaturesnetwork.com), die seit 1.9.1999 zur Technologie-Gruppe CMGI gehört. Das Unternehmen betreut mittlerweile über 125 Superstars. Die Beatles finden sich in der Liste übrigens unter »Lifestyle« und »Timeless/Classic Rock«. Auch die Yellow-Submarine-Kampagne im Herbst 1999 wurde von Signatures Network, Inc. geführt. In einer Music Merchandise Mall (www.fanfire.com) findet der Fan alles, was das Sammlerherz begehrt – von der Beatles-Lunchbox über diverse Beatles-T-Shirts und Beatles-Kalender bis zur Hard Day's Night Box.

MERSEY BEAT

1. Bezeichnung (nach dem Mersey River) für die frühe, ca. 1958 bis 1962 in Liverpool gespielte Beatmusik. Unter dem Titel »The Story Of Merseybeat« erschien im Mai 1986 ein Video (MGM/UA), u.a. mit »She Loves You« (Session für Pathé Marconi 1963) und dem Promotionfilm für »Strawberry Fields Forever«. Einen guten Überblick bieten die CDs »Liverpool 1963–1968« und die Dokumentation »Unearthed Merseybeat« (Viper).
2. Titel einer in Liverpool von → *Bill Harry* ab 6.7.1961 herausgegebenen Zeitung, Auflage: 5 000 Exemplare. Die Redaktion befand sich in 81a Renshaw Street (eine Nachbildung des Büros ist im Liverpooler Museum → *The Beatles Story* zu sehen). In der ersten Ausgabe erschien ein Artikel von Lennon mit der Überschrift »Being A Short Diversion On The Dubious Origins Of Beatles«. John Lennon verschmolz hier die vertraute Sprache von Bibel und Märchenliteratur zu einer skurrilen Biographie der Beatles. »Diese Publikation markiert die öffentliche Geburtsstunde des Literaten John Lennon«, urteilt der Literaturwissenschaftler Dr. habil.

Jörg Helbig. Im Dezember 1961 wurden die Beatles von der Zeitung zur »beliebtesten Merseyside-Band« gewählt – nachdem John Lennon und Paul McCartney Dutzende von Zeitungen gekauft und die Stimmzettel ausgefüllt hatten (zu ihren Gunsten natürlich). Die Zeitung führte zahlreiche Neuerungen ein, die später von anderen übernommen wurden: Veranstaltungsführer, die ersten britischen Top 100 Charts, die erste Liste der neuen Platten der Woche usw. Am 17.8.1961 erschien in der Zeitung John Lennons Gedicht »I Remember Arnold«, am 14.9.1961 »Around And About«, ein satirischer Club-Führer durch das Liverpooler Nachtleben. Bis 1964 schrieb John Lennon (z.T. unter dem Pseudonym → *Beatcomber*) weitere Essays und Gedichte für die Zeitung. Einige (nicht alle!) dieser Beiträge erschienen später in seinen Büchern. In der zweiten Ausgabe vom 20.6.1961 waren die Beatles bereits auf dem Cover. Am 3.8.1961 begann → *Brian Epstein* eine Kolumne mit Schallplattenrezensionen unter der Überschrift »Stop the World – And Listen to Everything In It«, eine Woche später erschienen die ersten Briefe von Beatles-Fans. Am 14.9.1961 veröffentlichte die Zeitung John Lennons »Around And Around«, am 23.8.1962 »Small Stan« und am 6.9.1962 »Safary With Whide Hunter« und »The Beginnings Of Beatles«. In einer Umfrage der Zeitung am 5.10.1961 belegten die Beatles bereits den ersten Platz, auch bei der »Mersey Beat Poll Award Show« am 15./16.12.1962 im Majestic Ballroom lagen sie auf Platz 1. 1963 gab es mindestens 18 Zeitungen in GB, die sich direkt an *Mersey Beat* orientierten. Am 14.9.1964 kaufte sich → *NEMS Enterprises Limited.* einen Aufsichtsratsposten bei der Zeitung, indem Brian Epstein die Anteile von → *Ray McFall* erwarb. Die Zeitung erschien dann wöchentlich, unter dem Namen *Music Echo*, mit einer

NOW OVER 250,000 READERS EVERY ISSUE — PRICE 6d.
MERSEY BEAT
FRANK HESSY
JULY 30, 1964.
BRITAIN'S LEADING BEAT PAPER
John Lennon: The Literary Beatle

»Mersey Beat«, herausgegeben von Bill Harry

Auflage von 75 000 Exemplaren und wurde sogar in den USA vertrieben. Bald konnte die Zeitung jedoch nicht mehr mit den Blättern aus London konkurrieren. Hinzu kam, dass Bill Harry nicht mit der von Epstein favorisierten Themenerweiterung (Mode, Lifestyle etc.) einverstanden war. Die Zeitung verschmolz dann mit *Disc* zum → *Disc and Music Echo*. Heute werden Exemplare der Zeitung *Mersey Beat* sogar bei Sotheby's versteigert. 1977 erschien in Thetford/GB ein Reprint der Zeitung, im gleichen Jahr veröffentlichte der Londoner Verlag Omnibus Press unter dem Titel »Mersey Beat – The Beginnings Of The Beatles«, herausgegeben von → *Bill Harry*, einen Band mit Faksimiles aus der Zeitung.

Lit.: Henri, Adrian; McGough, Roger; Patten, Brian: The Mersey Sound (1983); Henri, Adrian; McGough, Roger; Patten, Brian: The Mersey Sound – New Volu-

me (1983); Leigh, Spencer: Let's Go Down The Cavern – The Story Of Liverpool's Merseybeat (London 1984); Leach, Sam: The Rocking City – The Explosive Birth Of The Beatles (Gwynedd 1999); Leigh, Spencer: Twist And Shout! Merseybeat, The Cavern, The Star Club And The Beatles (2004)

THE MERSEY SOUND

Dokumentarfernsehfilm der → *BBC*, produziert von Don Howarth mit diversen Gruppen im August 1963. Auch die Beatles waren natürlich dabei: Am 27.8.1963 traten sie extra für den Film im Odeon in Southport/Lancashire auf und sangen »Twist And Shout«, »She Loves You« und »Love Me Do« (für diesen Titel wurde allerdings dann im Film die Plattenaufnahme verwendet); am nächsten Tag gaben sie im Studio der BBC in Manchester/Lancashire ein Interview. Am 29.8.1963 folgten weitere Aufnahmen am Pier Head in Liverpool, in Wallasey und auf dem Speke Airport in Liverpool, und am 30.8.1963 wurde in Ringo Starrs Haus in 10 Admiral Grove in Liverpool gedreht. Der Film wurde zum ersten Mal am 9.10.1963 gezeigt (Wiederholung am 13.11.1963).

MI5

Offiziell: Security Service. Eine Abteilung des britischen Geheimdienstes, die ausschließlich im Inland operiert und dem Innenministerium untersteht. Sie versucht u.a., extremistische Organisationen zu infiltrieren. Nach Angaben von Jon Wiener, Autor des Buches »Gimme Some Truth – The John Lennon FBI Files«, soll sie 1968 auch eine Akte »John Lennon« angelegt haben – aufgrund seiner politischen Aktivitäten. Der MI5 soll dem amerikanischen → *FBI* Dokumente zugespielt haben, die belegen, dass John Lennon »marxistische Organisationen« und die Irish Republican Army (IRA) unterstützt hat, so u.a. mit ca. 600 000 € die trotzkistische Workers Revolutionary Party (WRP), was von Roger Smith, ehemaliges Mitglied im Exekutivkomitee der WRP, allerdings bestritten wird. Zweck der Londoner Amtshilfe war es, John Lennon wegen seiner Haltung gegen den Vietnamkrieg zu diskreditieren. In Bezug auf Spenden für die IRA beruft sich die Zeitung *Observer* auf David Shayler, 1994–1997 MI5-Mitarbeiter. Jon Wiener ermittelte, dass MI5 und MI6 Ende der 1960er Jahre sowohl seine Telefongespräche abhörten, als er in → *Tittenhurst Park* wohnte, als auch Abhörgeräte in seinem Haus installierten und seine Briefe abfingen. Als John Lennon um seine Einreise in die USA kämpfte, wurden entsprechende Protokolle dem FBI übergeben. Ab 26.4.2001 stand Shayler vor Gericht, die Anklage: Verrat von Staatsgeheimnissen.

MICHAEL X

(Michael Abdul Malik, eigentlich Michael de Freitas) – britischer Black-Panther-Aktivist, nach eigener Aussage damals »der mächtigste Schwarze in Europa«, nannte sich so nach seinem Vorbild Malcolm X (19.5.1925–21.2.1965). Im Januar 1970 schnitten sich John Lennon und → *Yoko Ono* bei einem Aufenthalt in Dänemark die Haare ab. Am 4.2.1970 trafen sie sich mit Michael X im Black Centre (Black House), 95–99 Holloway Road in London, um ihre Haare mit ihm gegen blutbefleckte Shorts von → *Muhammad Ali* zu tauschen und Michael X mit einer Versteigerung derselben finanziell bei der Einrichtung seines Black Centre (Black House) zu unterstützen. Der »Tausch« erfolgte auf dem Dach des Gebäudes. Die Presse nahm allerdings keinerlei Notiz von diesem Event. Am 7.2.1970 brachten sie zu einem Interview für The Simon Dee Show (London Weekend Television) Michael X mit ins Studio, das Interview wurde am nächsten Tag gesendet. Im Januar 1971, als Michael X wegen Erpressung und Diebstahls im Gefängnis saß, hinterlegten John Lennon und Yoko Ono eine Bürgschaft. Michael X floh nach Trinidad, wo beide ihn im April 1971 besuchten und veranlassten, dass Apple ihm 30 000 £ Vorschuss für ein Buch bezahlte, das allerdings nie erschien. Michael X wurde dann am 1.2.1974 in Trinidad eines mysteriösen Doppelmordes für schuldig befunden. John Lennon startete eine Kampagne, um einen Strafaufschub zu erreichen, schrieb einen persönlichen Brief an die Familie von Trinidads Premierminister Eric Williams, verkaufte sein Klavier, um weitere Gelder für seine Kampagne aufzutreiben und bezahlte drei Anträge zur Strafmilderung – erfolglos. Am 16.5.1975 wurde Michael X in Trinidad gehängt. Tariq Ali, Herausgeber der Zeitschrift → *Black Dwarf*, bezeichnete Michael X allerdings später in einem Interview als Bettler. John Lennon und Yoko Ono unterstützten später auch Bobby Seale, einen Mitbegründer und Vorsitzenden der Black Panther Party in den USA, und John Sinclair von den White Panthers, der 1969 für den Besitz von zwei Joints zu zehn Jahren Gefängnis verurteilt worden war. In den USA ist inzwischen eine New Black Panther Party aktiv.

***Lit.**: Seale, Bobby: Seize The Time – The Story Of The Black Panther Party And Huey P. Newton (1970)*

MICHAEL SAMMES SINGERS

→ *Mike Sammes Singers*.

MICHELLE

Song von John Lennon/Paul McCartney, aufgenommen am 3.11.1965, erstmals erschienen am 3.12.1965 auf der LP »Rubber Soul«, am 8.7.1965 auf der EP »Nowhere Man« und am 9.12.1966 auf der LP »A Collection Of Beatles Oldies (But Goldies)«. Zum ersten Mal sangen die Beatles hier einen Teil des Textes in französischer Sprache. 1966 erhielten sie für den Song einen → *Grammy* (»Song of the Year«). Paul McCartney schrieb den Song für die Tochter eines amerikanischen Millionärs, John Lennon steuerte den »I Love You«-Refrain bei, inspiriert von → *Nina Simones* »I Put A Spell On You«. Der Song erreichte die Spitze der Hitparaden in Frankreich – nicht zuletzt, weil die Beatles z.T. französisch singen. Am 27.1.1966 erreichten The Overlanders mit einer → *Cover-Version* des Songs Platz 1 der britischen Charts. Zahlreiche Cover-Versionen, u.a. von Count Basie, Ramsey Lewis, Tielman Brothers, The Canadian Brass, Chet Atkins, Andy Williams, Welsh National Orchestra, Tito Rodriguez, The Overlanders, Arthur Wilkinson and his Orchestra, 12 Cellisten der Berliner Philharmoniker, Royal Philharmonic Orchestra, The Beatles Revival Band, Billy Vaughn, Sounds Orchestral, Rundfunk-Tanzorchester Berlin, David & Jonathan, Erich Kunzel Cincinnati Pops Orchestra feat. King's Singers, The Four Tops, Thomas Anders, Elena Duran/Stephane Grappelli/Laurie Holloway, The Hill/Wiltschinsky Guitar Duo, John Egniz Connection (Wolfgang Zinke), Chris de Burgh, Xaviera Hollander, Cuarteto de Saxofones de Santiago, Bornagen, Andres Ballinas, Munich Symphonic Sound Orchestra (MSSO), Les Boréades, Dave Shaw & Paul Simpson, The Hollyridge Strings, Los Rolin, The Mike Sceptre Singers With The London Starlight Orchestra, The Royal Symphonic Rock Orchestra Vienna, The Punkles, Men At Work, Peter Breiner and His Chamber Orchestra, Beatles Forever, Mr. Acker Bilk, Johnny Reimar, Kremlin Graceful Balalaika Band, Zuki Rock'n'Roll Band, James Last, Unlimited Beat, Hard Day's Night, Austria Pop Symphony Orchestra, The RRSO Symphony Orchestra, The Mersey Sound Orchestra, David Michael Cass, Cathy Berberian, Göran Söllscher, Ben Harper & The Innocent Criminals, Josef Laufer, Caravelli and his Magic

Violins, Michaelis-Chor, Trainers, The King's Singers, BeatleJazz, The Free Design, Die Spitzbuben, Steve Cropper (Booker T. & The MGs) und Orchester Paul Mauriat.

MICROBES

Song von George Harrison, erstmals erschienen am 1.11.1968 auf der LP »Wonderwall Music«.

MIKE DOUGLAS SHOW

→ *Douglas, Mike*.

MIKE SAMMES SINGERS

(auch: Michael Sammes Singers) Als die Beatles Anfang September 1967 »I Am The Walrus« für »Magical Mystery Tour« aufnahmen, gehörten zu den Aufnahmefinessen neben einem → *Mellotron* und einer zwölfköpfigen Streichergruppe auch die Mike Sammes Singers, bestehend aus acht Sängern und sechs Sängerinnen (nach anderen Quellen: insgesamt 16 Mitglieder). Deren Part am Anfang und die zwei Parts am Ende des Songs wurden am 27.9.1967 in den → *Abbey Road Studios* hinzugefügt. Die Mike Sammes Singers wurden auch am 22.7.1968 für die Aufnahmen weiterer Versionen des Songs »Good Night« in die Abbey Road Studios geholt. Auch an »The Long And Winding Road« sind sie beteiligt. Mike Sammes verstarb 2001 im Alter von 73 Jahren.

MILES, BARRY

Britischer Unternehmer, Journalist und Buchautor, Ende der 1960er Jahre eine zentrale Figur des Londoner Underground, * 1945. Er gründete 1965 (mit → *Peter Asher* und → *John Dunbar*) die Miles Asher and Dunbar Limited (M.A.D. Ltd), die u.a. → *Indica Books and Gallery* betrieb. Zuvor hatte er die Taschenbuchabteilung der Buchhandlung »Better Books« in der Charing Cross Road geleitet. Er war auch (mit John »Hoppy« Hopkins) Mitbegründer und Redakteur der Londoner Underground-Zeitschrift → *International Times*, für die er Paul McCartney und George Harrison interviewte. Miles war Mitglied der Pataphysikalischen Akademie, die sich der Literaturförderung widmete, und erhielt von dieser den Ordre de la Grande Gidouille für »pataphysikalische Aktivitäten«. »Miles schien jeden zu kennen, er trank Tee mit McCartney, George Harrison, sogar dem launischen Lennon war er wahrscheinlich sympathisch, wir hörten hinter vorgehaltener Hand Geschichten von Ginsberg, der Lennon verärgerte«, erinnert sich Kevin Ring, Herausgeber des Magazins *Beat Scene* (42/2003). Paul McCartney erwähnte später die »pataphysical sciences« in »Maxwell's Silver Hammer«. Paul McCartney und Miles hatten sich im August 1965 kennen gelernt. Er führte Paul McCartney in die Londoner Avantgarde-Szene ein, in seiner Wohnung in der Hanson Street 15 las dieser zum ersten Mal Bücher von William S. Burroughs und anderen Autoren der Beat Generation, hier hörte er auch zum ersten Mal experimentelle Musik. Miles war später auch oft im Studio bei den Beatles, insbesondere bei den Aufnahmen zu »Sgt. Pepper's Lonely Hearts Club Band«. Am 3.2.1969 machte ihn Paul McCartney zum Manager und De-facto-Geschäftsführer des neuen Sublabels → *Zapple Records*. In der Pressemitteilung wurde Miles als »ausgewiesener Literaturfachmann und Autor aus England, der derselben Generation angehört wie die Beatles« bezeichnet. 1969 interviewte er zwei Tage lang John Lennon und → *Yoko Ono* für die Underground-Zeitschrift *Oz*. In den 1970er Jahren war er Assistent von William S. Burroughs und → *Allen Ginsberg*. So katalogisierte er von Juni bis November 1972 das Archiv von Burroughs. Miles besitzt ein umfangreiches Privatarchiv zum Thema Beatles, er ist Herausgeber der Bücher »The Beatles In Their Own Words« (New York/London 1978) und »John Lennon In His Own Words« (London 1980, New York 1981; dt.: »John Lennon, wie er sich selber sah«, Bergisch Gladbach 1981; »John Lennon in eigenen Worten«, Heidelberg 1996) sowie Autor der Bücher »Paul McCartney – Many Years From Now« (London 1997, New York 1997; dt. 1998), »The Beatles – A Diary« (London 1998), »The Beatles Diary Volume 1: The Beatles Years« (London 2001), »Ginsberg: A Biography« (New York 1989), »A Catalogue Of The William S. Burroughs Archive« (Ollon/ Schweiz, London 1973), »William S. Burroughs: El Hombre Visible« (London 1993, dt. Berlin 1999), »I Want To Take You Higher – The Psychedelic Era 1965–1969« (mit James Henke als Hrsg., San Francisco 1997), »Frank Zappa in eigenen Worten« (als Hrsg., Heidelberg 1996), »Frank Zappa – A Visual Documentary« (London, Paris, New York, Sydney 1993), »Jack Kerouac – King Of the Beats – A Portrait« (New York 1998), »The Beat Hotel – Ginsberg, Burroughs And Corso In Paris, 1958–1963« (London 2000), »In The Sixties« (London 2002) und »Hippies« (New York 2003), dt.: Hippies, München 2004/2005), »Frank Zappa« (New York 2005; dt.: »Zappa«, Hamburg 2005). Jonathan Green interviewte ihn für sein Buch »Days In The Life: Voices From The English Underground 1981–1971« (London 1988). Miles lebt heute als freier Schriftsteller in Großbritannien und Frankreich, seine Frau Rosemary Bailey arbeitet als »Heimlektorin« bzw. »hauseigene Schriftleiterin« für ihn.

MILLING, DOUGLAS ARNOLD »DOUGIE«
Der »Schneider der Beatles«, *30.7.1913 in Manchester als Sohn eines Beamten. Nach Lehrjahren in Edinburgh und Leeds ging er als 20-Jähriger nach London und arbeitete als Zuschneider in einem Modehaus in der Regent Street. Vor dem Zweiten Weltkrieg war er Sänger in einer Londoner Tanzkapelle. »Dougie« Millings, der »Schneider der Stars« in London, kreierte mit seinem Sohn Gordon 1962/1963 in seinem Laden in der Old Compton Street 63 die berühmten enganliegenden, kragenlosen Jacken der Beatles nach italienischem Muster. Die Mod-Jacketts, auch »Nehru«-Jacketts genannt, wurden ein Markenzeichen der Beatles – neben ihrer Frisur – in den 1960er Jahren. Am 21.11.2004 versteigerte Bonhams & Butterfields die vier Anzüge der Beatles, die sie u.a. auf dem Cover ihrer ersten LP getragen hatten, für 59 000 £. Auch die dunkelblauen und dunkelgrauen Bühnenanzüge für die USA-Tournee im Jahre 1964 kamen aus seiner Werkstatt. »Das bildete das Erregungspotenzial, das die Kulturrevolution der sechziger Jahre auslöste«, konstatiert Alan Posener in

Die Anzüge der Beatles 1962/1963, entworfen von Douglas Arnold »Dougie« Milling

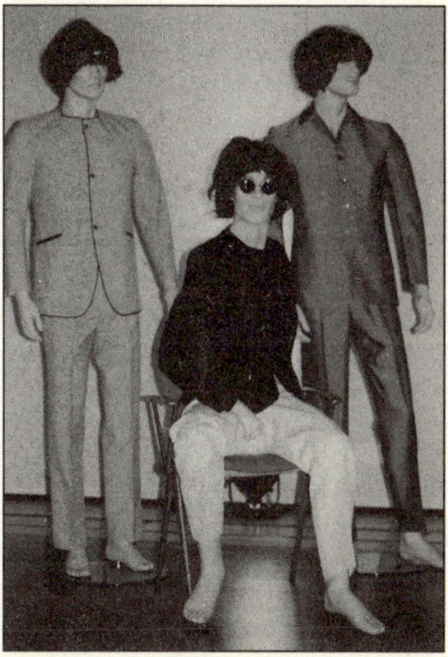

einem Nachruf in *Die Welt* (13.10.2001). Die Anzüge machten die Beatles seiner Meinung nach zur »sexuell bipolaren Naschware« und ließen sie »genauso schwul aussehen«, wie es ihr Manager → *Brian Epstein* war. 1964 hatte Millings in dem Film »A Hard Day's Night« einen kurzen Auftritt als Schneider. Er entwarf auch die Anzüge für die Beatles-Figuren in → *Madam Tussaud's* Wachsfigurenkabinett und arbeitete auch für → *The Rolling Stones*, The Who und The Kinks. Millings verlegte seinen Laden später in die Great Pulteney Street. Über 500 Teile soll er für die Beatles geschneidert haben. Als aus den Popstar-Beatles Hippie-Beatles wurden, schneiderte Millings wieder Anzüge für Geschäftsleute. Aber auch die Anzüge der Wings auf dem Cover von »Band On The Run« (1973) sind von ihm. Kleider machen Leute, Schneider machen Leute, aber Stars verhelfen bisweilen auch ihrem Schneider zu Glanz und Gloria. Die braunen Wollanzüge mit Samtkragen, die die Beatles auf dem Cover ihres Debütalbums tragen, konnten 1998 bei Millings in New York bestellt werden, mit Echtheitszertifikat – allerdings für umgerechnet ca. 140 000 € pro Exemplar. † 20.9.2001 in London. Sein Sohn Gordon ist heute mit der Beatles-Bühnenkleidung, Fotos und Schnittmustern des Öfteren Gast bei → *Beatles Conventions*, u.a. beim Estrel Beatles Festival 2002 und 2003 in Berlin.

***Lit.**: Magnus, David: All You Need Is Love – The Beatles Dress Rehearsal (1997)*

MIMI

→ *Smith, Mary Elizabeth*.

THE MINI BEATS

→ *Cover-Band* aus Kirchheim-Teck in Baden-Württemberg (vormals: The Mini Beatles), Besetzung: Philip Lawall (ld-voc, rhythm-g), Markus Attinger (voc, b), Andi Schaupp (voc, ld-g) und Jonas Kenner (voc, dr). Die vier Musiker, alle Ende der 1980er Jahre geboren, tragen graue Anzüge mit schwarzem Samtkragen und Pilzkopffrisuren und spielen nur Originalinstrumente über alte Vox-Verstärker aus den 1960er Jahren. Bundesweit bekannt wurden sie im Mai 2000 mit zwei Auftritten bei Stefan Raab in »TV Total«, wo sie gleich zweimal den »Raab der Woche« erhielten – da gingen sie noch in die 4. bzw. 5. Klasse. Am 30.9.2000 folgte ein Auftritt in der Fernsehsendung »Millionär gesucht«. Zum Repertoire ihrer 60-minütigen Show gehören ca. 40 Beatles-Songs. Für 2000/2001 erhielten sie am 7.4.2002 in Los Angeles/Calif. einen »Special Award for Outstanding International Young Artist Performers«.

***Anschrift**: c/o Christine Lawall, Brühlstraße 7, 73277 Owen, Tel. (07021) 525 87.* • ***Discogr.**: Get Back (1999), Rock'n'Roll Music (2000)*

MISERY

Song von John Lennon/Paul McCartney, aufgenommen am 11.2.1963, erstmals erschienen am 22.3.1963 auf der LP »Please Please Me« und am 1.11.1963 auf der EP »The Beatles (No 1)«. Eine Woche vor den Aufnahmen wurde der Song → *Helen Shapiro* angeboten, aber deren Management lehnte ab. Zahlreiche → *Cover-Versionen*, u.a. von Kenny Lynch (bereits am 22.3.1963 – die erste Cover-Version eines Beatles-Songs überhaupt), Lobos Negros, Beatles Forever, Peter Lipa und Kremlin Graceful Balalaika Band.

MIX

Zusammenführung der einzelnen im Studio aufgenommenen Bandspuren (Tracks) für die Produktion eines Titels für das → *Mastertape* einer Platte oder CD. Die Instrumentalspuren können dabei zusätzlich mit Hall, Echo und Flanging (Rückkopplung des zeitverzögerten Signals zum Eingang) versehen, entzerrt oder auch verzerrt werden. Am Mischpult werden die aufgenommenen Instrumentenklänge in einem imaginären Raum angeordnet und zueinander in Beziehung gesetzt. Das Produkt ist das Mastertape, das die Grundlage für die Überspielung und Vervielfältigung bildet. »Mix-Meister der Beatles« *(Time)* war → *George Martin*. Die ersten beiden Alben der Beatles wurden in → *Twin-Track Stereo* aufgenommen, ab »A Hard Day's Night« (1964) bis zum »Weißen Album« (1968) wurden von fast allen Beatles-Songs unterschiedliche Mono- und Stereo-Mixe produziert. Kurios: In die Mono-Abmischungen wurde bis 1968 wesentlich mehr Zeit investiert als in die Stereo-Versionen. Ab »I Want To Hold Your Hand« (1963) bis 1968 erfolgten die Aufnahmen mit einem 4-Spur-Tonbandgerät; da die vier Spuren jedoch oft nicht ausreichten, wurden die Aufnahmen von vier auf zwei Spuren gepackt (»tape reduction«), um die anderen beiden Spuren für Aufnahmen von weiteren Instrumenten, Gesang und Soundeffekten und Korrekturen durch überkopierte Neuaufnahmen bestimmter Teile des Songs zu nutzen. Erst bei den Sessions für das »Weiße Album« (1968) wurde in den → *Abbey Road Studios* eine 8-Spur-Maschine installiert. → *Capitol Records* nahm für die USA Nachbearbeitungen vor, z.B. wurde das Klangbild durch Hall oder Schneiden der Bänder verändert. Wie schwierig auch die Katalogisierung all dieser Mixe ist, zeigt der Song »I Will« (LP »Weißes Album«, 1968), den John Lennon, Paul McCartney und Ringo Starr am 16./17.9.1968 in 67 Versionen aufnahmen. »Not Guilty« wurde sogar 102 Mal aufgenommen. Oder: Auf der Erstausgabe der deutschen LP »Hey Jude« ist der Song »Paperback Writer« in Mono. Bei der Überspielung am 20.3.1970 wurde diese Mono-Version durch die Stereo-Version ersetzt. Dabei wurden die Kanäle getauscht ... Beatlology pur. Auf dem Label Yellow Dog erschienen inzwischen zwei → *Bootleg*-CDs mit »Control Room Monitor Mixes«. Auch nach der Trennung der Beatles stellte George Martin für Neuveröffentlichungen immer wieder neue Abmischungen her. So hat er für CD-Veröffentlichungen 1987 sämtliche Masterbänder überarbeitet. Auf Wunsch der Beatles sind diese Mixe seitdem für alle weiteren Veröffentlichungen auf CD oder Schallplatte verbindlich.

Lit.: Schwartz, David: Listening To The Beatles – An Audiophile's Guide To The Sound Of The Fab Four, Vol. 1: Bootlegs & Singles (Ann Arbor/Mich. 1990); Schoeler, Holger; Schmidt, Thorsten: The Beatles Mixes (Bremen 1999, 2. Aufl. 2000; Collector's Friend, Vol. 8)

MODS

Britische Halbstarke von betont dandyhaftem Äußeren, d.h. mit gepflegtem Erscheinungsbild (im Gegensatz zu den → *Teddy Boys*); die musikalische Geschichte dieses britischen Phänomens beginnt in den 1950er Jahren und reicht über die 1960er Jahre (The Small Faces, The Who, The Creation, Dusty Springfield) und das Revival Ende der 1970er Jahre (Jam, Undertones) bis zur Gegenwart (Charlatans, Oasis). Christian Grafs Definition eines Mods im »Punk Lexikon« (Berlin, 2. Aufl. 2001): »Er hat stets einen Kaugummi im Mund und schätzt Motorroller, vor allem der Marke Vespa, die er in chromblitzende Fortbewegungsmittel verwandelt.« (Oder waren es nicht doch Lambrettas?) Die Vorbilder kamen aus Italien und Frankreich (u.a. Jean-Paul Belmondo). Die Mods kamen vorwiegend aus der Unterschicht – auch darin unterscheiden sich die britischen Mods von den späteren Poppers. Die Mod-Philosophie wirkte sich auch auf den Britpop aus und beeinflusste nicht zuletzt Bands wie Oasis, Blur und Smiths. Die Beatles tendierten dagegen mehr zu den Teddy Boys. Die Musik der

Mods ist u.a. dokumentiert auf den CDs der Serie »This Is A Mod« des Labels Get Back, auf »Doin' The Mod Vol. 1–4« (2002) und auf der CD »The In Crowd – UK Mod R&B/ Beat 1964–1967« (2001). »Erben« der Mods sind heute in gewisser Beziehung die Skinheads.

Lit.: Barnes, Richard: Mods! (London 1979; 1991; 2000); Hewitt, Paolo: The Sharper Word – A Mod Anthology (London 1999; London 2005); Rawlings, Terry: Mod – A Very British Phenomenon (London 2000); Rawlings, Terry: The Story Of Mod (London 2000)

MODS AND ROCKERS

Titel eines Balletts mit der Musik der Beatles, uraufgeführt am 18.12.1963 im Londoner Prince Charles Theatre. Es lief bis zum 11.1.1964.

MOHIN, OWEN

Großvater Paul McCartneys mütterlicherseits, * 19.1.1880 in Tullynamalrow/Irland. Seine Eltern sind der Farmer Owen Mohin (* 1840) und Mary Mc Geogh (* 1847). Er wanderte aus und heiratete 1905 in Liverpool Mary Theresa Danher aus Toxteth Park (* 1880). Deren Eltern sind John Danher und Jane Baines. Am 29.9.1909 wurde als ihr viertes Kind Mary Patricia geboren, Paul McCartneys Mutter.

MOMMA MISS AMERICA (ROCK'N'ROLL SPRINGTIME)

Instrumentalstück von Paul McCartney, aufgenommen November 1969–März 1970, erschienen am 17.4.1970 auf Paul McCartneys erster Solo-LP (»McCartney«). Paul McCartney spielte auf dieser LP sämtliche Instrumente selbst. Eine → *Cover-Version* spielten The Beatless.

MONEY (THAT'S WHAT I WANT)

Song von Berry Gordy Jr./Janie Bradford, 1959 ein Hit für Motown-Sänger Barrett Strong, von den Beatles aufgenommen am 18. und 30.7. und 30.9.1963, erstmals offiziell erschienen am 22.11.1963 auf der LP »With The Beatles« und am 7.2.1964 auf der EP »All My Loving« (von den Beatles auch beim → *Decca*-Vorspiel am 1.1.1962 gespielt). Die Mono- und Stereo-Mixe dieses Songs unterscheiden sich geringfügig in Bezug auf John Lennons Gesang. Am 13.9.1969 nahm auch die → *Plastic Ono Band* im Varsity Stadium in Toronto/Kanada für die LP »The Plastic Ono Band – Live Peace In Toronto 1969«, erschienen am 12.12.1969, den Song auf. Die → *Rolling Stones* verwendeten ihn in Deutschland für eine Single, Rückseite: »I Wanna Be Your Man« (John Lennon/Paul McCartney).

THE MONKEES

Aufgrund des Erfolges der Beatles beschloss der amerikanische Fernsehsender NBC-TV 1966, ein amerikanisches Pendant zu kreieren. Die Produzenten Bert Schneider und Bob Rafelson suchten per Annonce »vier verrückte Jungs im Alter von 17–21«, aus denen dann die Monkees rekrutiert wurden: Mickey Dolenz (dr, voc), Peter Tork (b, voc), Mike Nesmith (g, voc) und Davy Jones (voc). Ihre ersten Hits waren »Last Train To Clarksville« (man vergleiche mit »Paperback Writer«) und »I'm A Believer«, und bald feierte die amerikanische Presse sie als die »neuen Beatles« und den von ihnen initiierten Hype als »Monkeemania«. Jack Nicholson schrieb ihren Debütfilm »Head«. Als die Monkees im Februar 1967 für eine Promotion-Tour nach Großbritannien kamen, trafen sich Mickey Dolenz und Paul McCartney am 7.2. in London. Trotz der in der Öffentlichkeit geschürten Rivalität wurden die Monkees und die Beatles gute Freunde. → *NEMS Enterprises Limited* engagierte die Monkees für den 30.6. bis 3.7.1967 (Empire Pool, Wembley).

Nach der letzten Show gab es eine Party im Speakeasy Club, an der auch John Lennon, Paul McCartney mit seiner Frau Jane, George Harrison und seine Frau Patti, → *Eric Clapton*, → *Procol Harum* und Dusty Springfield teilnahmen.

***Lit.**: Sandoval, Andrew: The Monkees – The Day-By-Day Story Of The 60s TV Pop Sensation (Hombrechtikon/Zürich 2005)*

MONTAGU SQUARE

In dieser Londoner Straße, in der Nr. 34, in einer umgebauten Erdgeschoss-Souterrain-Wohnung in einem Regency-Terrassenhaus, wohnte Ringo Starr 1964/1965, bevor er im Dezember 1965 nach Weybridge in Surrey zog, wo er sich im Juli 1965 ein Haus gekauft hatte. Paul McCartney mietete dann die Wohnung von Ringo, um ein Demo-Studio für Lyriker und Avantgarde-Musiker einzurichten. William S. Burroughs nutzte das Studio für Stereoexperimente und Cut-ups, die später als »Hello, Yes, Hello«-Tapes bekannt wurden. Am 6.12.1966 zogen hier → *Jimi Hendrix* und Chas Chandler mit diversen Groupies ein. Hier wurden im Oktober 1968 John Lennon und → *Yoko Ono*, die die Wohnung nach Hendrix als Liebesnest nutzten, wegen Haschisch-Besitzes verhaftet. Hier entstanden (mit Selbstauslöser) auch die Nacktfotos, die dann auf dem Cover der LP »Unfinished Music No. 1 – Two Virgins« für Aufsehen sorgten. Am 19.2.1969 erhielt Ringo Starr von den Eigentümern eine Anklage wegen Missbrauchs von Eigentum. Neun Tage später verkaufte Ringo Starr deshalb seine Rechte an der Wohnung. Ende Juni 2002 bot eine Immobilienagentur die Wohnung für 650 £/Woche zur Miete an.

MONTEREY POP FESTIVAL

Vom 16. bis 18.6.1967 von John Phillips (→ *The Mamas and the Papas*) und Lou Adler auf dem Monterey County Fairground in Kalifornien veranstaltetes erstes großes Festival der Rockmusik, zu den Initiatoren gehörte auch → *Derek Taylor*. Vor etwa 50 000 Zuschauern spielten → *Jimi Hendrix*, Janis Joplin, → *Ravi Shankar*, → *The Byrds* und viele andere. Am 9.4.1967 empfahl Paul McCartney auf einer Sitzung des Planungskomitees in Los Angeles, Jimi Hendrix einzuladen. Die Beatles waren zum Festival eingeladen, sagten aber aufgrund dringender Arbeiten am Album »Sgt. Pepper's Lonely Hearts Club Band« ab. Am 18.6.1967, als Jimi Hendrix auftrat, soll sogar Paul McCartney gesichtet worden sein – wahrscheinlich ein Gerücht. Als »Geschenk« an das Festival gestalteten John Lennon, Paul McCartney, George Harrison und Ringo Starr eine Zeichnung (abgebildet in dem Buch »Fifty Years Adrift« von Derek Taylor). 1993 wurde das Werk in einer limitierten Auflage von 1 000 Exemplaren von Planet Gear Inc. und Project Interspeak nachgedruckt – Preis: ca. 10 000 $. Die Einnahmen kamen Menschenrechts- und Umweltorganisationen zugute. Eine sehr gute Dokumentation bietet die DVD »Complete Monterey Pop Festival« (270 min).

***Lit.**: Selvin, Joel: Monterey Pop (San Francisco 1992)*

Monti Beton: Beatles-Cover-Band aus Wien

MONTEZ, CHRIS

Amerikanischer Sänger, * 17.1.1943 in Los Angeles/Calif. als Christopher Montanez. 1961 entdeckt, hatte er 1962 einen ersten Hit mit »Let's Dance«. Vom 9. bis 31.3.1963 waren die Beatles mit ihm und → *Tommy Roe* auf Tournee. Außerdem auf der Tournee dabei: The Viscounts, Debbie Lee, The Terry Young Six und Tony March. Auf einem Plakat für den Auftritt im »Gaumont« in Wolverhampton stand er ganz oben – und die Beatles ganz unten!

MONTI BETON

Die österreichische Band veröffentlichte 2001 eine 1:1 unplugged → *Cover-Version* der LP »Let It Be« der Beatles. Die Band (Thomas Schreiber – voc, Toni Matosic – voc, ac-g, Klaus Pérez-Salado – voc, perc, Hasi Michalek – ac-g, Geri Schuller – p, Christine Matzy – ac-b; Gastmusiker: Gottfried D. Gfrerer – steel-g) hatte zuvor bereits eine CD mit Cover-Versionen von Elvis Presley herausgebracht. Bei einem Auftritt der Band am 20.10.2000 im Wiener Metropol war → *Toni Sheridan* Stargast.

***Anschrift:** Peter Röder, Hoffingergasse 12/2/4, A-1120 Wien, Tel. (0222) 804 17 12; Monti Beton, Sabulkastraße 3/5/3, A-1100 Wien* • ***Discogr.:** Let It Be different (2001)* • *www.montibeton.com*

MOOG

1963/1964 entwickelte der Amerikaner Dr. Robert A. Moog (23.5.1934 New York City – 21.8.2005 Ashevill/Calif.) die spannungsgesteuerten Bauteile, aus denen dann wenig später der erste funktionsfähige Moog-Synthesizer gebaut wurde – »die wichtigste Instrumentenerfindung des 20. Jahrhunderts« (*Die Welt* 24.8.2005). Walter Carlos (später, nach einer Geschlechtsumwandlung, nannte sie sich Wendy Carlos) spielte damit 1968 unter dem Motto »Switched On Bach« Werke von Johann Sebastian Bach ein – nach der Originalpartitur, aber Stimme für Stimme mit verschiedenen elektronisch erzeugten Klangfarben (1973 folgte »Switched On Bach II). 1970 erhielt er von der National Academy of Recording Arts and Sciences (NARAS) einen Trustees Award für herausragende aufnahmetechnische Einzelleistungen.

George Harrison hatte das Instrument im Herbst 1968 in Hollywood für 10 000 $ (!) gekauft und im November 1968 für »No Time Or Space« (LP »Electronic Sound«, 1969) zum ersten Mal in Kalifornien damit experimentiert. Auch die Beatles setzten den Moog im Studio ein, so 1969 bei den Aufnahmen zu »Maxwell's Silver Hammer«, »I Want You (She's So Heavy)«, »Because« und »Here Comes The Sun« (LP »Abbey Road«). Der Mini-Moog überlebte sich allerdings schnell, denn dem nur einstimmig spielbaren Instrument fehlten Anschlagdynamik und die Möglichkeit der Klangspeicherung. Erst mit dem Polymoog markierte Robert A. Moog 1976 endgültig die Schnittstelle zum Computerzeitalter. Die Erfindungen Moogs werden vom Unternehmen Moog Music Inc. vermarktet.

***Lit.:** Pinch, Trevor: Analog Days – The Invention And Impact Of The Moog Synthesizer (London 2004)*

MOONLIGHT BAY

Song von Madden/Wenrich, ein Showbiz- und Jazz-Standard der 1940er Jahre, aufgenommen u.a. von Claude Thornhill And His Orchestra und Henrik Johansen's Jazzband. Die Beatles spielten den Song Anfang Dezember 1963 in der »Morecambe & Wise Show« von ITV. Eric Morecambe und Ernie Wise waren damals die Top-Entertainer Großbritanniens. Der Song erschien am 20.11.1995 auf der DoCD »The Beatles Anthology 1«.

MOORE, TOMMY

Erster Drummer der → *Silver Beatles*, er war u.a. vom 20. bis 28. Mai 1960 bei der kurzen Schottland-Tournee als Backing-Band für → *Johnny Gentle* dabei. Bei dem Vorspiel bei → *Larry Parnes* wurde er allerdings durch → *Johnny Hutchinson* ersetzt, da er sich verspätet hatte. Er kam durch Vermittlung von → *Allan Williams* in die Band, zuvor arbeitete er als Gabelstaplerfahrer in den Garston Bottle Works. Am 23.5.1960 hatte er einen Autounfall, musste jedoch trotzdem abends wieder auf der Bühne stehen. Er wurde auf der Tournee auch in eine Schlägerei verwickelt. Am Ende der Tournee hatte er nach eigener Aussage gerade mal 2 £ übrig behalten.

Seine Freundin überredete ihn nach der Tournee, wieder auszusteigen und sich nach einem »ordentlichen Job« umzusehen. Am 9.6.1960 trat er zum letzten Mal mit den Silver Beatles in »The Institute« in Neston auf. Zum Gig am 11.6.1960 im → *Grosvenor Ballroom* erschien er nicht, als → *Andy Williams* und die Beatles ihn zu Hause abholen wollten, schrie ihnen seine Freundin zu, dass er bereits wieder als Staplerfahrer in der Nachtschicht in den Garston-Glaswerken arbeite. Sie fuhren in den Betrieb, konnten ihn aber nicht umstimmen. Am 13.6.1960 trat er noch einmal mit den Beatles im → *Jacaranda* auf. Später spielte er gelegentlich in einer lokalen Jazz Band. † 1981.

MOSSPITS COUNTY PRIMARY SCHOOL

(auch: Mosspits Lane Infants School, Mosspits Lane Primary School) John Lennons erste Schule in Wavertree, Liverpool. Hier wurde er am 12.11.1945 eingeschult. John lebte in dieser Zeit mit seiner Mutter → *Julia Lennon* in 9 Newcastle Road. 1948 wurde er wegen »ungebührlichen Verhaltens« von der Schule verwiesen – er hatte angeblich Polly Hipshaw, einen Nachbarsjungen, der ebenfalls diese Schule besuchte, schikaniert. Danach besuchte er die → *Dovedale Road Primary School*.

MOTHER AND CHILD

Ursprünglich für die LP »Get Back« (»Let It Be«) bestimmter Song von Paul McCartney. 2003 schrieb er ihn fertig, nahm ihn in einem Londoner Studio auf und schenkte ihn seiner Frau Heather und Tochter Bea zu Weihnachten.

MOTHER NATURE'S SON

Song von John Lennon/Paul McCartney, aufgenommen am 9. und 20.8.1968, erstmals erschienen am 22.11.1968 auf der LP »The Beatles« (»Weißes Album«). Der Song entstand in → *Rishikesh*, als die Beatles den → *Maharishi Mahesh Yogi* besuchten. Dieser hatte u.a. über die Natur referiert. Paul McCartney spielte alle Instrumente selbst. Antonio Carlos Jobim verband den Song mit seiner Komposition »Wave« zu »Wave – Mother Nature's Son, u.a. auch von dem Pianisten Brad Mehldau interpretiert. Zahlreiche → *Cover-Versionen*, u.a. von Gryphon, Free Klassic, Les Boréades, Chantal, Nilsson, BeatleJazz und Sheryl Crow.

MPL COMMUNICATIONS LIMITED

Ein Unternehmen Paul McCartneys und der New Yorker Rechtsanwälte Eastman & Eastman, hervorgegangen aus der am 12.2.1969 gegründeten Produktionsgesellschaft Adagrose Limited, die am 21.8.1969 in McCartney Productions Limited umbenannt wurde. Anschrift: 1 Soho Square, London W1V 6 BQ. In den USA firmiert das Unternehmen als MPL Communications, Inc. (Anschrift: 41 West 54th Street, New York, New York 10019). MPL ist mit 25 000 Copyrights einer der weltweit größten Musikverlage – mit 17 Tochtergesellschaften (Stand: Dezember 2001).

Neben den Rechten an den Kompositionen Paul McCartneys nach der Trennung der Beatles verwaltet MPL u.a. auch die Kataloge von → *Buddy Holly*, Jerry Herman, Frank Loesser, Meredith Willson und Harold Arlen sowie die Rechte an Musicals wie »Grease«, »A Chorus Line«, »Mame« und »Hello Dolly«. Bereits 1987 wurden die Einnahmen von MPL auf 6,8 Mill. $ geschätzt. Die DoCD »Treasure Of Songs – The Standards« (1994) enthält 40 Songs, deren Rechte bei MPL liegen. Zum MPL-Imperium gehören u.a. MPL Music Limited, MPL Pictures Limited, MPL Music Inc., MPL Music Publishing Inc. und MPL Tunes Inc. Geschäftsführer (CEO) Paul McCartney erhält ein Jahreshalt von 10 Mill. £.

www.mplcommunications.com

MR. MOONLIGHT

Song von Roy Lee Johnson, gesungen 1962 von Dr. Feelgood and The Interns, von den Beatles aufgenommen am 18.10.1964, erstmals erschienen am 4.12.1964 auf der LP »Beatles For Sale«.

MUHAMMAD ALI

→ *Ali, Muhammad*.

MUMMY'S ONLY LOOKING FOR A HAND IN THE SNOW

»Song« von → *Yoko Ono*, aufgenommen am 2.3.1969 in der Lady Mitchell Hall in Cambridge, erschienen am 9.5.1969 auf der LP »Unfinished Music No. 2 – Life With The Lions«. Die am 3./4./6.10.1969 in den Londoner Lansdowne Studios von John Lennon und Yoko Ono (mit Ringo Starr, → *Klaus Voormann* und → *Eric Clapton*) als → *Plastic Ono Band* aufgenommene Version erschien am 20.10.1969 (USA; GB: 24.10.1969) als Rückseite von »Cold Turkey« auf einer Single – allerdings hieß der Song dort »Don't Worry Kyoko«. Immer wieder taucht der Song auch als »Mummy's Only Looking For *Her* Hand In The Snow« auf.

MUNDHARMONIKA

Mit dem Mund angeblasenes wechseltöniges Musikinstrument mit durchschlagenden Metallzungen in diatonischer oder chromatischer Tonanordnung; ca. 1825 vermutlich in Wien erfunden und ab 1830 hergestellt. Über den Blues (blues harp) kam die Mundharmonika auch in die Rock- und Popmusik. John Lennon spielte das Instrument bereits mit fünf Jahren, später dann u.a. in »Love Me Do« und »I Should Have Known Better«, Ringo Starr in »Being For The Benefit Of Mr. Kite« und George Harrison in »The Fool On The Hill«. 1960, auf dem Weg nach Hamburg, soll John Lennon unterwegs eine Mundharmonika aus einem Laden in Arnhem gestohlen und den Rest der Fahrt darauf gespielt haben. → *George Martin* später: »Wahrscheinlich war es dieser Harmonika-Sound, der mich bewegte, ›Love Me Do‹ als erste Schallplattenaufnahme der Beatles auszuwählen.« John Lennon hatte sich das Spielen im Juni 1962 von dem amerikanischen Musiker Delbert McClinton erklären lassen. Seine Hohner-Mundharmonika wurde am 29.7.1993 bei Sotheby's in London für 2200 £ (ca. 2850 €) versteigert. 1964 fertigte die deutsche Matth. Hohner AG in Trossingen speziell für die USA-Tournee der Beatles eine »Beatles Harmonica« in kleiner Auflage – mit den Abbildungen und faksimilierten Unterschriften der Beatles. Da Namen und Bilder nicht übereinstimmten, musste nachgebessert werden ...

Lit.: Wagner, Christoph (Hrsg.): Die Mundharmonika – ein musikalischer Globetrotter (Berlin 1996)

MURRAY THE »K«

(eigentl.: Murray Kaufman) Discjockey beim New Yorker Sender WINS und selbsternannter »Freund« der Beatles, der sich zeitweilig sogar zum → *fünften Beatle* stilisierte. Er verbreitete als Erster die Details ihrer Ankunft in New York am 7.2.1964, interviewte die Beatles noch am gleichen Tag im New Yorker Hotel Plaza, führte sie nach ihrem Auftritt in der → *Ed Sullivan Show* in den Playboy Club und begleitete sie auf ihrer ersten USA-Tournee per Flugzeug und Zug und führte zahlreiche weitere Interviews. In Miami schlief er sogar im Zimmer von George Harrison – sehr zu dessen Leidwesen. 15 Minuten Interviews, aufgenommen im Februar 1964 in den USA und kurz darauf in Großbritannien, und eine Kurzfassung des Songs »Shout« aus der TV-Show »Around The Beatles« sind auf den → *Bootlegs* »Murray The K Fan Club Record« und »Soldier Of Love« enthalten. Die Bootleg-EP »As It Happened: The Beatles & Murray The ›K‹«, erschienen Mitte 1964 in den USA auf dem Label Fairway, enthält u.a. Ausschnitte aus Interviews und der Pressekonferenz zu Ringos Hochzeit. Am nächsten Tag, dem 12.2.1965, interviewte er in London Ringo und → *Maureen Starkey*. Er besuchte die Beatles mehrere Male in London, u.a. bei einem Konzert im Wembley Stadium, und interviewte sie bei den Dreharbeiten zu »A Hard Day's Night«. Er war auch dabei, als am 1.6.1969 in Montreal als Abschluss des → *Bed-Ins* im Queen Elizabeth Hotel »Give Peace A Chance« aufgenommen wurde. 1978 spielte er in dem Film »I Want To Hold Your Hand«. Unter seinem Namen erschienen auch Schallplatten, z.B. »Murray The ›K‹s' Sing Along With The Original Golden Gassers« und »Murray The K's Holiday Revue« (rec. live Dezember 1964, rel. 1995). (Mitschnitt einer Live-Show vom Dezember 1964). † 21.2.1982 in Los Angeles an Krebs.

Lit.: *Kaufmann, Murray: Murray the K Tells It Like It Is, Baby (mit einer Einleitung von George Harrison, 1966)*

MUSIC, MEMORIES & MILESTONES
1988 erschienenes Video mit Mitschnitten der Pressekonferenz anlässlich der Verleihung des → *MBE*, Szenen auf diversen Flughäfen, der Pressekonferenz in Chicago am 11.8.1966, dem → *Bed-In* von John Lennon und → *Yoko Ono* und anderem Material.

THE MUSIC OF LENNON AND McCARTNEY
50-minütige Fernsehsendung von Granada Television bzw. ITV, aufgenommen am 1./2.11.1965 in Manchester, gesendet am 16./17.12.1965, nach einer Idee von Johnny Hamp, Chef für leichte Unterhaltung bei dem Sender. Produzent: Johnny Hamp, Regisseur: Phil Casson. Die Beatles agierten im Playback zu den Songs »We Can Work It Out« und »Day Tripper«. Andere Interpreten, unter ihnen → *Marianne Faithfull* (»Yesterday«, Paul McCartney hatte den Song begonnen), → *Cilla Black* (»It's For You«), Lulu (»I Saw Him Standing There«), das Orchester George Martin (»I Feel Fine«), das Orchester Henry Mancini (»If I Fell«), → *Billy J. Kramer* (»Bad To Me« und »Do You Want To Know A Secret«), → *Peter and Gordon* (»World Without Love«), Alan Haven (org, + Drummer Tony Crombie, »A Hard Day's Night«), Esther Phillips (»And I Love Him«), Fritz Spiegl's Barock And Roll Ensemble (das waren sechs Mitglieder des Liverpool Philharmonic Orchestra, mit »She Loves You«), → *Peter Sellers* (»A Hard Day's Night«) und Richard Anthony sangen diverse → *Cover-Versionen*. In der Sendung trat auch der spanische Tänzer Antonio Vargas auf. 1966 wählte ITV die Sendung in das Eröffnungsprogramm für die »Goldene Rose von Montreux«. Die Sendung ist inzwischen auch auf diversen → *Bootlegs* dokumentiert, u.a. auf »Mod! Sing The Beatles« (Japan 1996) und auf der DVD »The Beatles On DVD – November 1965: All 1965 Promo-Clips & TV-Special ›The Music Of Lennon & McCartney‹« (BEAT).

»With The Beatles« als Musikkassette

MUSIKKASSETTE

(MusiCassette, Abk. MC) Die erste Kassette wurde 1963 von Philips auf der Internationalen Funkausstellung in Berlin vorgestellt. Ab 1970 waren 90-Minuten- (für zwei kurze LPs) und 60-Minuten-Kassetten (für je eine lange LP auf der A- und der B-Seite) sehr populär. Noch 1993 wurden 47,2 Mill. Kassetten verkauft. Einige LPs der Beatles erschienen auch auf Kassetten, so u.a. 1976 »The Beatles Featuring Tony Sheridan« (Label Contour, identisch mit der LP »The Beatles' First«), 1984/1985 »The Beatles: Their Greatest Hits« (eine erweiterte Version des Albums »A Collection Of Beatles Oldies (But Goldies)«, Label St Michael), am 24.10.1988 »Past Masters« (Doppel-Kassette) und am 5.8.1991 »Cassettes Singles Collection« (22 MCs). Am 11.4.1987 erschienen alle 13 in GB erschienenen Beatles-LPs auf MC (auf qualitativ hochwertigem XDR-Band) unter Verwendung der gleichen digitalen Masters, wie sie auch für die CDs verwendet wurden. In den 1980er Jahren gab es sogar Single-MCs, auch von George Harrison, Paul McCartney und Ringo Starr. Hinzu kommen zahlreiche halblegale und illegale Kassettenveröffentlichungen, z.B. die MC → *Only The Beatles* von Heineken und auf dem Label Procom International (»With The Beatles«, »Please Please Me«, »Let It Be« – alle 1992 erschienen). Mit Aufkommen der CD sank der Marktanteil der MC auf unter 5 %. »Von den subversiven Mixtapes einmal abgesehen, ist die Kassette in der Tonträgerfamilie so etwas wie die liebe, aber etwas schwerhörige Oma, die ihren Enkeln Geschichten erzählt.« (*Berliner Zeitung* 28.8.2003) Trotzdem: Auch die CD »Let It Be ... Naked« erschien 2003 noch als MC.

MY BONNIE (LIES OVER THE OCEAN)

1. Song von Charles T. Pratt (unter dem Pseudonym J. T. Wood und H. T. Fulmer), erschienen 1881 in einem Studenten-Liederbuch. Thema ist Bonnie Prince Charles, der 1745 in Schottland landete und einen Aufstand gegen die Krone begann. Ray Charles machte 1958 einen R&B-Hit daraus. Aufgenommen wahrscheinlich am 22.6.1961 von → *Tony Sheridan* & The Beatles, produziert von → *Bert Kaempfert*, erschienen auf Single (→ *Polydor*) im Juli/August 1961 unter dem Namen Tony Sheridan & The Beat Brothers. Die Autorenangabe »Trad. arr. Sheridan« ist also nicht ganz zutreffend. Am 24.6.1961 nahm Tony Sheridan ein Intro in deutscher Sprache für den Song auf (neuer Untertitel: »Mein Herz ist bei dir nur«). Es existieren mehrere Versionen des Songs – mit deutsch- und englischsprachigem Intro und ohne Intro. Der Plattenvertrag für die Single befindet sich in der → *Memorabilia*-Sammlung von Uwe Blaschke. Als der damalige Bundes-

kanzler Gerhard Schröder am 14.9.2004 die Zentrale von Universal in Berlin besuchte, ließ er sich im Archiv mit der »My Bonnie«-Single fotografieren.
2. EP der Beatles, in den 1960er Jahren auf Polydor erschienen, mit den Songs »My Bonnie«, »Why«, »Cry For A Shadow« und »The Saints«.

MY EVELYNE
Der Titel, von den Beatles aufgenommen am 3.4.1963 im Playhouse Theatre in London für die → *BBC*-Rundfunksendung → *Easy Beat* (dort aber nicht gespielt), tauchte später auf zahlreichen → *Bootleg*-CDs auf.

MYTHOLOGY
→ *Bootleg*-Veröffentlichung, erschienen im November 1999, bestehend aus zwei 4-CD- und einem 3-CD-Set (Strawberry Records) mit raren Versionen von Beatles-Songs, darunter zahlreichen Aufnahmen von den → *John Barrett* Tapes, Konzert-Mitschnitten (darunter ein Mitschnitt des Konzertes in Essen vom 25.6.1966), Interviews, → *BBC*-Sessions usw. aus den Jahren bis 1963, 1964–1966 und 1966–1969. Die ersten fünf CDs erschienen im Oktober 2000 auch einzeln. Ende 2002 erschienen die CDs noch einmal auf dem Label Azir Records (wahrscheinlich aus Lettland).

N

NACHFOLGER

Seit dem Auseinandergehen der Beatles werden immer wieder Bands als »Nachfolger« nominiert, obwohl jeder Fan weiß, dass es das nicht geben kann. So wurden als Nachfolger u.a. gehandelt: → *The Monkees*, → *U2*, The Undertones (insbesondere nach ihrer 1981er LP »Positive Touch«), Dire Straits (Die Television Personalities sangen 1982 auf einer gleichnamigen LP »They Could Have Been Bigger Than The Beatles«) und Oasis. John Lennon bezeichnete einst das Electric Light Orchestra als »Söhne der Beatles«. Das Magazin *Prinz* (11/1995) überschrieb einen Beitrag über Brit-Pop mit »Die Invasion der kleinen Beatles«. Die dritte Oasis-CD »Be Here Now« verweist bereits auf dem Cover auf die Beatles. Oasis-Sänger Liam Gallagher antwortete auf die Frage, ob er an Gott glaube: »Ich glaube an John Lennon!«, er nannte seinen Anfang 2000 geborenen Sohn (mit seiner inzwischen geschiedenen Frau Patsy Kensit) Lennon Francis Gallagher, sein liebster Lennon-Song ist »Across The Universe«. »Ich höre keine andere Musik als die Songs der Beatles. Es gibt immer noch so viel darin zu entdecken«, sagte er 2002 der Zeitung *Mirror*. Sein Bruder Noel ist da etwas anderer Meinung: »Ich werde die Beatles auch immer lieben, aber es ist an der Zeit, mal ein bisschen davon wegzukommen.« (*Musikexpress/Sounds* 3/2000) Fünf Jahre zuvor war er sich noch sicher: »Wenn keiner von uns vorzeitig stirbt, werden wir die neuen Beatles sein.« Auch → *George Martin* ist skeptisch: »Ich denke, Oasis sind sehr talentiert, aber ich denke auch, dass sie einen großen Fehler machen, wenn sie sich zu sehr an den Beatles orientieren. Sie sollten das nicht tun.« Bisher einzige Beatles-→ *Cover-Versionen* von Oasis sind »Helter Skelter«, live im Riverside Theatre, Milwaukee (CD »Familiar To Millions«, 2000), »I Am The Walrus«, live im Glasgow Cathouse im Juni 1994 und bei einem Überraschungskonzert in der Berliner Columbiahalle im Februar 2002), und »You've Got To Hide Your Love Away«, live beim Aids Day 1.12.1995 und rein akustisch. Bisweilen werden auch Blur als die »neuen Beatles« und Oasis als die »neuen Stones« dargestellt. »Die Beatles waren die erste Boygroup«, überschrieb der *Rolling Stone* (12/2000) einen Beitrag über die Backstreet Boys und zitierte A. J. McLean: »Die Beatles haben das Ganze eingeläutet. Sie waren eigentlich die erste Boygroup, und wir haben diese Tradition in einem anderen Umfeld fortgesetzt.« Von anderen Bands nahm man sogar an, dass sie die Beatles unter anderem Namen seien – so von → *Badfinger* und → *Klaatu*.

NATIONAL APPLE WEEK

Promotion-Kampagne von → *Apple Records* in der Woche vom 11. bis 18.8.1968. Die ersten vier Singles des Labels (Beatles: »Hey Jude«/»Revolution«, → *Mary Hopkin*: »Those Where The Days«/»Turn! Turn! Turn! (To Everything There Is A Season«, → *Black Dyke Mills Band*: »Thingumybob«/»Yellow Submarine« und → *Jackie Lomax*: »Sour Milk Sea«/»The Eagle Laughs At You«) erschienen in dieser Woche in einem speziellen Box-Set mit dem Titel → *Our First Four*.

NEMPEROR HOLDING CO. LIMITED

Von → *Brian Epstein* in den 1960er Jahren gegründetes Holding-Unternehmen für seine diversen Firmengründungen, u.a. Nemperor

Artist, Inc. (am 6.6.1966 in New York mit → *Nat Weiss* gegründet). Chief Administrator war → *Geoffrey Ellis*.

NEMS ENTERPRISES LIMITED

Von → *Brian Epstein* am 26.6.1962 gegründetes Unternehmen zur Vermarktung der von ihm betreuten Musiker, und damit auch die Management-Firma der Beatles, hervorgegangen aus seinem Schallplattengeschäft in Liverpool (die Abkürzung heißt Northern England Musical Store). Als Brian Epstein die immense Arbeit nicht mehr von seinem Liverpooler Büro aus bewältigen konnte, organisierte → *Tony Barrow* eine Londoner Filiale, die am 1.5.1963 in 13 Monmouth Street eröffnet wurde. Hier befand sich auch das Pressebüro. In den nächsten Jahren ließ Epstein ca. 65 weitere Firmen registrieren ... Am 9.3.1964 zog das Unternehmen (einschl. Pressebüro) von Liverpool in das Sutherland House, 5–6 Argyll Street, in London, die Filiale in der Monmouth Street wurde erst im November 1966 aufgegeben. Epstein hatte außerdem ein Privatbüro im Hille House in der Albemarle Street in Green Park. Epsteins neue Telex-Nr. lautete »Nemperor London« ... (nach seinem Unternehmen → *Nemperor Holding Co. Limited*). Zum Management gehörten zu dieser Zeit: → *Alistair Taylor* (Office Manager), J. B. Montgomery (Steuerberater), Brian Sommerville (Persönlicher Pressesprecher der Beatles), → *Tony Barrow* (Pressesprecher von NEMS), Wendy Hanson (Persönliche Assistentin von Brian Epstein). Am 12.7.1963 wurde NEMS Presentations gegründet, die Aufgabe: Promotion für Konzerte. Schallplatten auf dem Label NEMS Records (z.B. »Not For Sale«, »Nothing Is Real«) sind allerdings → *Bootlegs* und haben nichts mit dem Unternehmen zu tun. NEMS managte außer den Beatles u.a. → *Gerry & The Pacemakers*, → *Billy J. Kramer with The Dakotas*, → *Cilla Black*, Tommy Quickly, → *The Fourmost*, → *Sounds Incorporated*, Cliff Bennett & The Rebel Rousers und The Remo Four. 1965 produzierte das Unternehmen mit Sullivan Productions und → *Subafilm Limited* den Film »The Beatles At Shea Stadium« (Regie: Dick Fontaine, 50 min). 1966 hatte NEMS Enterprises Ltd ca. 80 Mitarbeiter in fünf Londoner Büros. Am 21.1.1967 fusionierte NEMS mit der Robert Stigwood Group, so dass auch The Mersey Beats, The Cream, Crispian St Peters und The Who bei Epstein unter Vertrag standen. Die Firma bestand auch nach dem Tode Brian Epsteins weiter, geleitet (ab 1.9.1967) von seinem Bruder → *Clive Epstein*. Ab 1968 erschienen hier auch Platten auf dem Label NEMS Records, u.a. von Billy J. Kramer, The Boys u.a. Im Januar 1969 hätten die Beatles das Unternehmen für 1 Mill. £ kaufen können, → *Allen Klein* riet ihnen jedoch ab, da sie sich das Geld von → *EMI* hätten leihen und dafür letztendlich die doppelte Summe zurückzahlen müssen. Am 17.2.1969 erwarb Leonard Richenberg vom Londoner Triumph Investment Trust 70 % der Anteile an NEMS Enterprises Ltd und der Nemperor Holding Co. Ltd, vor allem von Clive Epstein. In einem von Allen Klein erreichten Deal verkaufte er diese jedoch im April 1969 für 750 000 £ in bar. Triumph erhielt weitere 50 000 £ für die 23 %, die NEMS an Subafilms hielt, und 5 % der Schallplatten-Tantiemen von 1972 bis 1976. Die Beatles hielten 10 % der Anteile. Am 27.8.1969 verkauften die Beatles ihre Anteile an NEMS Enterprises Limited an Triumph. 1985 schlossen sich NEMS und einige andere unabhängige Schallplattenfirmen zu Castle Communications zusammen. Castle Music Ltd mit Sitz in Chessington/Surrey veröffentlicht heute auf diversen Labels (u.a. Sequel Records) Original-Alben, Sammelplatten und spezielle TV-→ *Kompilationen*

– seit den 1990er Jahren erscheinen alle Produktionen als CD. Seit den 1980er Jahren erscheinen auch Musik-Videos (Castle Music Picture, Castle Vision, Castle Hendring Videos). 1998 schloss sich Castle Communications Edel Contraire an.
www.castlemusic.com

THE NERK TWINS
→ *The Nurk Twins*.

NETHERCUTT-McCARTNEY, RUTH
Stiefschwester Paul McCartneys, *1959, die Tochter von Angela Williams, die am 24.11.1964 Paul McCartneys Vater → *James »Jim« McCartney* geheiratet hatte. Im Alter von neun Jahren nahm sie Klavierunterricht. Als sie zu Hause im »Rembrandt« einmal »Golden Slumbers« übte, half ihr Paul McCartney und ließ sich zu seinem eigenen Song »Golden Slumbers« auf der LP »Abbey Road« inspirieren. Nach dem Tode ihres Vaters 1976 leitete sie zeitweilig ein Tanztrio namens »Talent«, 1981 zog sie nach King's Lynn, wo sie mit ihrer Mutter wohnte und als Verkäuferin arbeitete. Im März 1982 nahm sie an einem Tanzwettbewerb in London teil und gewann in einer Sparte. Ende der 1980er Jahre nahm sie eine eigene Platte auf, »Changes Of Tides«, produziert von Michael Holm. Anfang der 1990er Jahre ging sie in die USA. Dort erschien auch ihre erste CD »I Will Always Remember You« (Single-Auskopplung: »I Will Always Remember You«, »Livin' It Up« und »Dr. Ruth«). Die Platte erschien bei Jupiter Records, die Texte schrieb sie selbst (Musik: Andy Slavik). Sie betreibt heute die Fa. McCartney Multimedia, Inc. (Produktion, Design und Web-Lösungen) und bezeichnet sich auf ihrer Homepage nicht ganz unbescheiden als »the digital diva«. Das Unternehmen wurde 1995 in Nashville/Tenn. gegründet und hat heute Büros in Los Angeles/Calif. und Las Vegas/NV und gestaltete u.a. die Internet-Auftritte von Bon Jovi, Steve Tyrell, America, Fleetwood Mac, David Cassidy und Paula Abdul.
Kontakt: *McCartney Multimedia, Inc., 322 Culver Blvd, Suite #124, Playa Del Rey, CA 90293, Tel. 310 301 8166, Fax 310 301 8136, info@mccartney.com* • *www.mccartney.com*

NEW AGE
Die CD »Here, There & Everywhere – The Songs Of The Beatles« (1999) versammelt Beatles-Songs à la New Age, interpretiert u.a. von Snuffy Walden, Tuck & Patti, Wayne Johnson und Liz Story. Aber irgendwo tun sich da Gräben auf: Schließlich wird Stille von den Esoterikern als eine wichtige ökologische Qualität betrachtet, sie kann sogar Bestandteil oder Ziel von New-Age-Musik sein. Und was haben die Beatles mit dieser Stille zu tun?

NEW MUSICAL EXPRESS (NME)
Neben dem *Melody Maker* lange Jahre die auflagenstärkste britische Zeitschrift für Rock & Co. Am 9.1.1962 berichtete der *NME* zum ersten Mal über die Beatles – indirekt, denn Thema ist das Erscheinen der Single »My Bonnie« von → *Tony Sheridan* & The Beat Brothers. Der *NME* führte am 14.11.1952 die erste Single-Hitparade in GB ein. Am 27.10.1962 waren darin zum ersten Mal die Beatles vertreten – »Love Me Do« hatte es auf Platz 49 geschafft. Am 19.2.1963 standen die Beatles dann mit »Please Please Me« zum ersten Mal auf Platz 1 der *NME*-Charts, am 30.3.1963 war auch die erste LP der Beatles (»Please Please Me«) vertreten (auf Platz 9), und am 20.12.1963 wurden die Beatles bei einer Umfrage des *NME* beliebteste Gesangsgruppe der Welt und beliebteste britische Gesangsgruppe. In den 1960er Jahren führte der *NME* jährlich ein Annual Poll-Winners

All-Star Concert durch, dabei traten u.a. auch die Beatles auf, so z.B. am 21.3.1963 und am 26.4.1964 im Empire Pool im Londoner Stadtteil Wembley – am 10.5.1964 von ITV als »Big Beat '64« gesendet und inzwischen auf dem Video »British Rock: The First Wave«, rel. im Februar 1986, dokumentiert – und am 11.4.1965, ebenfalls im Empire Pool – am 18.4.1965 als »Big Beat '65« gesendet. 1965 waren die Beatles »Britain's and the World's Top Vocal Group«, das Konzert der Poll Winner am 1.5.1966 im Empire Pool in Wembley mit einem 15-minütigen Set der Beatles war deren letzter gemeinsamer Live-Auftritt in ihrer Heimat. ABC-TV sendete am 15.5.1966 einen kurzen Bericht von der Preisverleihung, das Konzert durfte nicht mitgeschnitten werden, weil sich der Sender nicht mit → *Brian Epstein* über die Konditionen einigen konnte. Am 6.12.1966 belegten die Beatles erste Plätze in den Sparten »Beste britische Gesangsgruppe« und »Beste Single 1966« (»Eleanor Rigby«). 1967 waren die Beatles »Weltbeste Vokalgruppe« und »Beste britische Vokalgruppe«, 1968 »Beste britische Gruppe«, »Beste Band der Welt« und »Beste Single« (»Hey Jude«) und 1969 wieder »Beste britische Vokalgruppe« und »Weltbeste Vokalgruppe«, 1970 noch einmal »Beste britische Vokalgruppe«. 1988 initiierte der *NME* mit dem Singer/Songwriter Billy Bragg und der Pianistin Cara Tivey die Platte »Sgt. Pepper Knew My Father« (mit Beatles-→ *Cover-Versionen* u.a. von Billy Bragg, The Fall, Sonic Youth, The Triffids, Wedding Present und Wet Wet Wet). Mitherausgeber Ian McDonald veröffentlichte unter dem Titel »Revolution In The Head. The Beatles' Records And The Sixties« (London 1994, 1997; dt. »The Beatles – Das Song-Lexikon«, Kassel 2000) die »ultimative Song-Fakten-Fibel der Fab Four« (*musikexpress* 11/2000). 2000 verlieh der *NME* seinen »Best Band In The World Ever Award« an die Beatles. Paul McCartney nahm den Preis am 1.2.2000 im Mermaid Theatre in London entgegen und bedankte sich artig bei »jedem, den NME-Lesern, John, George und Ringo und Gott«. Als der *NME* aber ein Jahr lang die Statements wichtiger Musiker sammelte, um den einflussreichsten Popmusiker aller Zeiten zu ermitteln, landeten die Beatles lediglich auf Platz 3 – hinter David Bowie und Radiohead. Die Auflage sank allerdings seit Anfang der 1980er Jahre (150 000 Exemplare) kontinuierlich. Seit Anfang 2001 ist der → *Melody Maker* in den *NME* integriert. Am 15.8.2001 startete der *NME* im Internet einen eigenen Sender (www.nmeradio.com). Im Februar 2002 veröffentlichte der *NME* ein Special mit Rezensionen, Interviews und Fotos zum Thema Beatles, erschienen 1962–1970; »Uncut« veröffentlichte einige Monate später eine Reissue.

www.nme.com

NEWBY, CHARLES »CHAS«

Rhythmusgitarrist der Liverpooler Gruppe → *The Black Jacks*, gegründet ca. im September 1959, zu der auch → *Pete Best* (dr) gehörte. Im Dezember 1960 sprang er bei den Beatles für einige Tage für → *Stuart Sutcliffe*, der in Hamburg geblieben war, als Bassgitarrist ein. Sein erster Auftritt mit den Beatles am 17.12.1960 im → *Casbah Coffee Club* war zugleich ihr erster Auftritt in Großbritannien unter dem Namen The Beatles. Weitere Auftritte: 24.12. → *Grosvenor Ballroom* und 27.12. → *Litherland Town Hall*. Am 31.12.1960 trat er zum letzten Mal mit den Beatles auf – wieder im Casbah Coffee Club. John Lennon schlug ihm vor, mit ihnen nach Hamburg zu gehen, aber Newby lehnte ab, sein Studium war ihm wichtiger. Paul McCartney übernahm dann die Bassgitarre bei den Beatles. Newby arbeitete später als Manager in Birmingham.

THE NEXT SPRING THEN

Avantgarde-Film von Paul McCartney aus dem Jahre 1966, hergestellt für den Journalisten Patrick Skene Catling. Auch der italienische Filmemacher Michelangelo Antonioni (»Blow Up«) zeigte sich beeindruckt. Der Film gilt heute als verschollen, wahrscheinlich wurde er aus seinem Haus in der → *Cavendish Avenue* gestohlen. Einziger Beleg für die Existenz des Films ist eine Beschreibung Catlings in der Zeitschrift *Punch* vom 23.11.1966.

NICOL, JIMMY

Der britische Drummer, *3.8.1939, spielte mit seiner eigenen Gruppe The Shubdubs und als Studiomusiker, u.a. für Tommy Quickly und → *Georgie Fame* & The Blue Flames, und vertrat Ringo Starr im Sommer 1964 zwölf Tage (vom 4.6. bis 15.6.) lang bei einer Tournee durch die Niederlande, Dänemark, Hongkong und Australien (erste vier Konzerte), da Letzterer eine Mandelentzündung hatte und operiert werden musste. Auch bei den Proben am 3.6.1964 war Nicol bereits dabei. Ringo kam erst am 14.6.1964 in Melbourne an. Die Tour ist u.a. auf der → *Bootleg*-Doppel-CD »Australian Tour 1964« dokumentiert, auch die Bootlegs »The Beatles ›John, Paul, George And Jimmy‹ Copenhagen '64«, »Euphoria In Australia«, »Live In Australia 1964«, »Copenhagen Tapes 1964«, »Danmark & Nederland, June 1964« und »The Beatles And Jimmy Nicol« verweisen auf die Beteiligung Nicols. Vor dem Rückflug überreichte ihm → *Brian Epstein* sein Salär von 500 £ und eine goldene Uhr, in die »Für Jimmy, in Bewunderung und Dankbarkeit – Brian Epstein und die Beatles« eingraviert war. Am 12.7.1964 trat er mit den Shubdubs im Vorprogramm der Beatles im Hippodrome Theatre in Brighton/Sussex auf. Danach verschwand er wieder in der Versenkung und tauchte erst am 29.4.1965 wieder in London auf – vor dem London Bankruptcy Court, wegen Schulden in Höhe von 4 066 £ und einer Konkursmasse von gerade einmal 50 £. Die DoCD »Strung Out – Instrumental Diamonds Vol. 2 1963–1970« enthält u.a. einen Titel von Jimmy Nicol & Shubdubs. Nicol spielte dann eine Zeit lang in einer Sessionband im Fernsehen und bei The Spotniks. In Mexiko lernte er Josephina kennen, die er später heiratete. 1987 kehrten sie nach GB zurück. 1996 lebten sie in London, Nicol versuchte, sich als Zimmermann durchzuschlagen. Ironischerweise wurde Howard, sein Sohn aus erster Ehe, Toningenieur und gewann einen BAFTA Award für seine Arbeit an der TV-Serie »The Beatles Anthology«.

NIGHT AND DAY

Song von Cole Porter aus dem Jahre 1932 aus dem Musical »Gay Divorce«, gesungen von Fred Astaire und Claire Luce, 1937 ein Hit für Tommy Dorsey and Orchestra, arrangiert von Chico O'Farrill, aufgenommen am 27.10.1969 von Ringo Starr, erschienen auf dessen erster Solo-LP »Sentimental Journey« am 27.3.1970, aufgenommen mit einem 17-köpfigen Orchester.

THE NIGHT BEFORE

Song von John Lennon/Paul McCartney, aufgenommen am 17.2.1965, erstmals erschienen am 6.8.1965 auf der LP »Help!«. John Lennon setzte hier erstmalig ein E-Piano ein. Zahlreiche → *Cover-Versionen*, u.a. von Joe Goldmark, Electric Sound Orchestra (d.i. Martial Martinay), Lili Ivanova, The George Martin Orchestra, Herbie Mann und The Hollyridge Strings.

NIPPON BUDOKAN

→ *Budokan Hall*.

NME

→ *New Musical Express*.

NO BED FOR BEATLE JOHN

»Song« von John Lennon/→ *Yoko Ono*, aufgenommen am 17.11.1968 im Londoner Queen Charlotte's Hospital, erstmals erschienen 1969 auf der LP »Unfinished Music No. 2 – Life With The Lions«. Es handelt sich allerdings mehr um eine gesprochene Sammlung von Presse-Ausschnitten; sie erschien im Mai 1969 auch auf einer Flexidisc-Beilage in der Nummer 7 der Kunstzeitschrift *Aspen* (→ *British Box*).

NO REPLY

Song von John Lennon/Paul McCartney, aufgenommen am 30.9.1964, erstmals erschienen am 4.12.1964 auf der LP »Beatles For Sale« und am 6.4.1965 auf der EP »Beatles For Sale«. Zwanzig Jahre später war der Song auf zahlreichen Anrufbeantwortern zu hören. Ursprünglich sollte der Song zuerst auf einer Single von Tommy Quickly und The Remo Four erscheinen. Zahlreiche → *Cover-Versionen*, u.a. von Piet Lancaster (»Laß mich rein«), The Hollyridge Strings, Beatles Forever, Peter Lipa und Les Lionceaux (»Ne ris pas«).

NO TIME OR SPACE

Komposition von George Harrison, aufgenommen im November 1968 in Kalifornien, erschienen am 9.5.1969 auf George Harrisons LP »Electronic Sound«. Er experimentierte hier zum ersten Mal mit dem → *Moog*. Sein Toningenieur Bernard »Bernie« Krause behauptete später, die Musik sei von ihm als Demo-Band für den Moog konzipiert worden und George Harrison hätte die Bänder unter seinem Namen veröffentlicht.

NOBODY I KNOW

Song von John Lennon/Paul McCartney, erstmals aufgenommen 1964 von → *Peter and Gordon* und am 27. bzw. 29.5.1964 auf einer Single erschienen (b/w »You Don't Have To Tell«). Zahlreiche → *Cover-Versionen*, u.a. von Petula Clark (»Partir, il nous faut«), Pierson Parker Janovitz Project, The Saltbee und The Beatnix.

NOBODY'S CHILD

Song von Mel Foree/Cy Coben, gesungen 1949 von Hank Snow. → *Tony Sheridan*, der den Song mit The Beatles wahrscheinlich am 22.6.1961 aufnahm, produziert von → *Bert Kaempfert* (erstmals 1964 auf der LP »Beatles First«, auf Single 1965), hörte ihn wahrscheinlich in der Version von → *Lonnie Donegan*, aufgenommen 1956 für dessen Album »Lonnie Donegan Showcase«. 1964 nahm Tony Sheridan den Song noch einmal als Solist auf, die Traveling Wilburys holten den Song 1990 noch einmal aus der Kiste.

NORTHERN SONGS LIMITED

Musikverlag der Beatles-Songs, gegründet Anfang 1963 von → *Dick James*. John Lennon und Paul McCartney verkauften der Firma für 284 000 £ auch die Rechte an ihren älteren Songs, die bis dahin bei → *Lenmac Enterprises Limited* lagen. Northern Songs Ltd übernahm allerdings nur den Vertrieb der Songs, die Tantiemen verwaltete → *Maclen (Music) Limited*. Dick James und → *Brian Epstein* wurden anfangs als gleichberechtigte Geschäftsführer von Northern Songs Limited eingesetzt, später wurde James Managing Director. Das Startkapital betrug 100 £. John Lennon und Paul McCartney nahmen ursprünglich an, sie besäßen zusammen 100 % der Anteile an diesem Unternehmen. Tatsächlich besaß James 49 A-Anteile, John Lennon 19, Paul McCartney 20 und → *NEMS Enter-*

prises Limited 10 B-Anteile. Im Februar 1965 wurde umgeschichtet: Alle Anteilseigner ließen sich einen Teil der Anteile ausbezahlen, so erhielten z.B. John Lennon und Paul McCartney je 94 270 £. Dick James Music besaß dann noch 7 %, seine Familie, Emmanuel Charles Silver (Co-Direktor von Dick James Music), John Lennon und Paul McCartney je 15 %, NEMS Enterprises Limited 7 % und George Harrison und Ringo Starr gemeinsam 1,6 %. Auf dem Höhepunkt der → *Beatlemania* hatten z.B. John Lennons und Paul McCartneys Anteile einen Wert von je 267 000 £. Die Firma zog am 4.5.1964 von der 132 Charing Cross Road in die 71–75 New Oxford Street bzw. in das Sutherland House in der Argyll Street. Hauptgeschäftsführer von Northern Songs waren später Brian Epstein (Vorsitzender) und → *Robert C. Stigwood*, Geschäftsführer C. J. Epstein, G. Ellis, B. Lee und D. L. Shaw. Am 18.2.1965 ging Northern Songs Ltd auf Vorschlag von James Trevor Isherwood an die Börse. Die *Times* bezeichnete allerdings die Aktien am 24.4.1965 als »Flop des Jahres« – ihr Wert war von 40 auf 30 Pence gesunken. Am 25.8.1965 verkündete die *Times*, dass das Unternehmen den für 1964 avisierten Gewinn von 550 000 £ um 71 000 £ übertroffen habe. Aktienbesitzer erhielten im August 1965 eine Dividende von 32,5 % ausbezahlt. Am 20.2.1966 kaufte Northern Songs gleich drei amerikanische Musikverlage: Sweco Music, Comet Music und Cole & Gate Music. George Harrison betätigte sich 1967 mit seinem Song »Only A Northern Song« als »Nestbeschmutzer« und verulkte den eigenen Musikverlag. Nach Brian Epsteins Tod verloren die Aktien des Unternehmens 250 000 € an Wert, zogen aber bald wieder an. Im Januar 1969 kaufte Northern Songs für 800 000 £ (damals ca. 4,5 Mill. €) die Rechte an ca. 4000 Songs dazu. Nachdem → *Allen Klein* am 3.2.1969 offiziell das Management der Beatles übernommen hatte, verkauften im März 1969 Dick James und Emmanuel Charles Silver ihre Anteile an Northern Songs Ltd für 35 Shilling/Anteil an Lew Grades ATV Music Publishing – ohne sie zuerst den Beatles anzubieten, was diese sehr verärgerte. ATV erhielt damit exakt 1 604 750 Anteile dazu – 137 000 besaß sie bereits. Das waren 35 % der Anteile. Die Beatles hielten 29,7 %: Paul McCartney besaß 750 000 Anteile, John Lennon 650 000 und Ringo Starr 40 000. George Harrison hatte seine Anteile verkauft, aber seine Frau Pattie besaß noch 1000 Anteile. Apple kontrollierte über Subafilms weitere 30 000 Anteile. ATV bot den Beatles pro forma an, ihre neuerworbenen Anteile für 9 Mill. £ zu kaufen. Die Beatles brachten mit Hilfe ihrer Banker auch ein Gegenangebot zustande. Am 24.4.1969 boten sie 42 Shilling 6 Pence pro Anteil für die 20 % Anteile, die ihnen noch fehlten, um die Mehrheit zu haben. Das hätte sie 2,1 Mill. £ gekostet. Am 19.5.1969 hatten Lew Grade und ATV jedoch gesiegt: Im September 1969 kauften sie weitere Anteile vom Konsortium, somit gehörten ihnen 50 % aller Aktien. ATV besaß damit bis 1973, als die Verträge John Lennons und Paul McCartneys mit Northern Song ausliefen, definitiv die Kontrolle über alle bei Northern Songs Ltd verlegten Beatles-Songs. John Lennon und Paul McCartney erhielten je 1 Mill. £ aus dem Deal. Beide unterzeichneten Einzelverträge mit ATV. Ihre Tantiemen erhielten sie allerdings weiterhin von Maclen (Music) Ltd. 1985 erwarb → *Michael Jackson* für 40 Mill. $ ATV und damit die Rechte an 251 Beatles-Kompositionen. Sitz des Unternehmens wurde Nassau auf den Bahamas. Die neuen Eigentümer ließen es zu, dass Lennon/McCartney-Songs als Werbung laufen konnten und zahlten relativ wenig an die Urheber. 50 % der Platten-Tantiemen und Teile des Notenumsatzes gehen heute an Fremdaktionäre, 50 % an → *Maclen Music Limited*.

NORWEGIAN WOOD (THIS BIRD HAS FLOWN)

Song von John Lennon/Paul McCartney, im Februar 1965 beim Skiurlaub in der Schweiz geschrieben, aufgenommen am 12.10.1965, erstmals erschienen am 3.12.1965 auf der LP »Rubber Soul«. George Harrison setzte hier zum ersten Mal die → *Sitar* ein. John Lennon berichtet in dem Song über eine Beziehung, von der seine Frau nichts mitbekommen sollte. Der Titel hieß ursprünglich »This Bird Has Flown«. → *Bob Dylan* und die Beatles beschuldigten sich später gegenseitig des Ideenklaus – der Beatles-Song und Dylans »4th Time Around« von der LP »Blonde On Blonde« weisen tatsächlich erstaunliche Parallelen auf. Auch Paul Simon war von dem Song so begeistert, dass er sich einige Takte ausborgte. Barry Graves, Siegfried Schmidt-Joos und Bernward Halbscheffel konstatieren in »das neue rock-lexikon« (vollständig überarb. u. erw. Neuausgabe, Reinbek bei Hamburg 1998) sogar, dass der Song »Klangexperimente der Yardbirds« kopiere. 2000 nannte die norwegische Sängerin Kari Bremnes ihre CD »Norwegian Mood« – eine deutliche Reverenz an die Beatles. Zahlreiche → *Cover-Versionen*, u.a. von Marshall Williams, Bangor Flying Circus, Paraffin Jack Flash Ltd, 12 Cellisten der Berliner Philharmoniker, Buddy Rich, Herbie Hancock, Herbie Mann, The Beatles Revival Band, Bob Dylan, The George Edwards, Frugal Sound, The Royal Philharmonic Orchestra (feat. Elena Duran), P. M. Dawn, Alan Copeland, Jan & Dean, The Hill/Wiltschinsky Guitar Duo, Vanille & The Woodpeckers, Bornagen, Les Boréades, Hour Glass feat. Duane & Greg Allman, The Hollyridge Strings, The Royal Symphonic Rock Orchestra Vienna, Elena Duran/Stephane Grappelli/Laurie Holloway, James Last, Mr. Acker Bilk, For Sale, Beatles Forever, Andrea Braido & Giorgio Cordoni, Frank und Nikk, Buddy Rich, Paraffin Jack Flash, Cornershop, The RRSO Symphony Orchestra, David Michael Cass, The Koppycats (Ian & The Zodiacs), John Egniz Connection (Wolfgang Zinke), Count Basie, Frankie Goes To Liverpool, Paulin Nuotelà & Pareglish (»Lain norvegin«), The Ska Boys, Chantal, Heinrich von Kalnein, Peter Lipa, Madooo (Madhukar Chandra Dhas), Marshall Williams, Jim Hart Trio, The Fiery Furnaces, Inishkea, Trained Monkey, Andreas Geffrath und BTJ.

NOT GUILTY

Song von George Harrison, geschrieben 1968, sollte ursprünglich auf dem Doppelalbum »The Beatles« erscheinen. Nach 102 Aufnahmen befand George Harrison, dass der Song nicht auf das Album passe. Er erschien schließlich in einer Neuaufnahme im Februar 1979 auf seinem Solo-Album »George Harrison«. Die »Beatles-Version« (Take 99) erschien am 28.10.1996 auf der DoCD »The Beatles Anthology 3«. Es gibt auch mehrere → *Bootleg*-CDs und LPs mit diesem Titel, u.a. mit einigen sonst unveröffentlichten Versionen des Songs.

NOT ONLY ... BUT ALSO

TV-Comedy-Serie von Peter Cook und Dudley Moore in der → *BBC2*, produziert von Joe McGrath, in der auch John Lennon mitwirkte. Die Aufnahmen für die erste Sendung am 9.1.1965 erfolgten am 20. und 29.11.1964 in Wimbledon Common in London. John Lennon rezitierte darin Gedichte und Geschichten aus seinem Buch »In His Own Write«. Zu den Mitwirkenden gehörte auch Norman Rossington († 21.5.1999), der »Norm« aus dem Film »A Hard Day's Night«. Am 27.11.1966 spielte John Lennon in einem

Sketch in der Sendung einen uniformierten Nachtclub-Türsteher vor einer öffentlichen Toilette, einem »Gentlemen's Club«, gesendet am 26.12.1966. Die Filmaufnahmen hierzu erfolgten in der Londoner Broadwick Street.

NOT A SECOND TIME

Song von John Lennon/Paul McCartney, aufgenommen am 11.9.1963, erstmals erschienen am 22.11.1963 auf der LP »With The Beatles«. Der Musikwissenschaftler William Mann pries die »äolische Kadenz« des Stückes. Zahlreiche → *Cover-Versionen*, u.a. von The Pretenders.

NOTENAUSGABEN

Wer die Songs der Beatles spielen möchte, findet eine Vielzahl von → Gitarrenschulen. Wer sich ans Piano setzen möchte, sollte »The Very Best Of ... The Beatles« von Hans-Günter Heumann (Band 1 und 2, Bosworth Music GmbH, Berlin; BOE4473 und BOE7041) vor sich liegen haben. Die beiden Bände enthalten insgesamt 30 Songs.

NOTHIN' SHAKIN'

Song von Eddie Fontaine/Calacrai/Lampert/Gluck. Die Beatles nahmen den Song am 10.7.1963 in den Aeolian Hall Studios, London, für die → *BBC*-Sendung → *Pop Go The Beatles* (Produzent: Terry Henebery, gesendet am 23.7.1963) auf. Erschienen am 28.10.1994 auf der DoCD »Live At The BBC«.

NOVELTY RECORDS

Das Wort »novelty« bezeichnet im Englischen sowohl eine Neuheit als auch etwas Ungewöhnliches, aber auch (im Plural) Krimskrams bzw. billige Neuheiten. Novelty Records bezeichnen → *Cover-Versionen* zumeist (gewollt oder ungewollt) komödiantischer oder imitierender bzw. parodierender Natur. Auch von Beatles-Songs gibt es zahlreiche Novelty Records, z.B. von → *Peter Sellers* und → *Klaus Beyer*. So nahm der Ringo-Imitator Chris Tassone eine CD »Looks Like Ringo, Sounds Like John – The Wiseguys INTL« auf. Im amerikanischen Sprachgebrauch hat sich dafür der Terminus »incredible strange music« eingebürgert.

Lit.: Reinhart, Charles: You Can't Do That! Beatles Bootlegs & Novelty Records 1963–1980 (Ann Arbor/Mich. 1981)

NOWHERE MAN

Song von John Lennon/Paul McCartney, aufgenommen am 21. und 22.10.1965, erstmals erschienen am 3.12.1965 auf der LP »Rubber Soul« und am 8.7.1965 auf der EP »Nowhere Man« (mit »Drive My Car«, »Michelle« und »You Won't See Me«). Der Song, offensichtlich unter dem Einfluss von → *LSD* entstanden, beleuchtet die Innenwelt des Menschen. Auch im Film »Yellow Submarine« gibt es einen »Nowhere Man«, dort heißt er Jeremy Hillary Boob, Ph.D. John Lennon bestätigte später in einem Interview, dass es in dem Song wahrscheinlich um ihn selbst ging: »Ich hatte diese Paranoia, weil ich versuchte, etwas zu schreiben, und partout nichts kommen wollte. Also legte ich mich einfach hin und versuchte, nichts zu schreiben – und dann kam dieser Song, fix und fertig, in einem Stück.« Ende November 2003 zahlte ein anonymer Käufer ca. 455 500 $ (967 $ pro Buchstabe!, insgesamt ca. 386 700 €) bei Christie's für die Originalhandschrift des Textes von John Lennon. Zahlreiche → *Cover-Versionen*, u.a. von Tsunematsu Masatoshi, The Settlers, Big Savod & The Deep Manko, The Beatles Revival Band (»Nirgendwo«), Linard Bardill & Bruno Brandenberger (»Sar Nagliur«), Randy Travis, The CT Beatles, The Bee Gees, Paul

Westerberg, Leo Löhr's Original Oldie Quartett, The Hollyridge Strings, Los Rolin, The Fabulous Four, The Beatles Double Group, The Beattells, Low, Los de la Rumba, Andrea Braido & Giorgio Cordoni, Canal Do, Zuki Rock'n'Roll Band, David Michael Cass, The Koppycats (Ian & The Zodiacs), The Brothers Four, BTJ, Jive Bunny & The Mastermixers, Cyril Stapleton, The Sugar Plum Fairies, Marc Damaschke, Natalie Merchant, P.W.(Hel)L. und Paul Westerberg.

NUMBER FIVE

→ *Smile*.

THE NURK TWINS

Unter diesem Namen (oder als The Nerk Twins) absolvierten John Lennon und Paul McCartney am 23. und 24.12.1960 zwei Auftritte in dem Pub The Fox & Hounds in der Gosbrook Road, Caversham/Berkshire. Die beiden waren zu Paul McCartneys Cousine Elizabeth »Beth« Robbins getrampt, die mit ihrem Mann Mike in dem Pub arbeitete. Sie spielten »The World Is Waiting For The Sunrise« und einige Standards.

NUTTER, TOMMY

Neben → *Dougie Millings* der bevorzugte Schneider der Beatles, insbesondere auch nach ihrer Trennung (nur George Harrison verweigerte sich). Er entwarf die ausgestellten Hosen und die Jacketts mit dem breiten Revers und prägte so die Mode der → *Swinging Sixties*. Auch Mick Jagger ließ sich von ihm einkleiden. † 17.8.1992.

O

O'DELL, DENIS

Filmproduzent und guter Freund der Beatles seit den Dreharbeiten zu »A Hard Day's Night« (1964) und ab Februar 1968 sechster Direktor bei → *Apple Films Limited* (mit den Beatles und → *Neil Aspinall*) und Direktor bei → *Apple Publicity Limited*. In dem Song »You Know My Name (Look Up The Number)« wird er erwähnt. O'Dell arbeitete auch für den Film → *The Family Way*, für den Paul McCartney die Musik geschrieben hatte, für → *The Magic Christian*, → *Magical Mystery Tour*, → *Let It Be* und → *Concert For Bangla Desh*. Bei »How I Won The War« fungierte er als Associate Producer. 2002 erschien in London sein Buch »At The Apple's Core – The Beatles From The Inside« (mit Bob Neaverson). Paul McCartney: »Denis O'Dell war ein wertvoller Freund in der verrückten Zeit bei Apple, ein Mann mit einem Herzen so groß wie sein Lachen. Ich erinnere mich mit großer Freude an unsere Zusammenarbeit.«

OB-LA-DI, OB-LA-DA

Song von John Lennon/Paul McCartney, aufgenommen am 3., 4., 5., 8., 9., 11. und 15.7. 1968, erstmals erschienen am 22.11.1968 auf der LP »The Beatles« (»Weißes Album«). Der Song, entstanden in → *Rishikesh*, als die Beatles den → *Maharishi Mahesh Yogi* besuchten, war eine direkte Reaktion auf die → *Reggae*-Euphorie dieser Jahre – die Hauptfigur des Songs heißt Desmond (Dekker), der 1969 als erster Jamaikaner mit dem Song »Israelites« an die Spitze der englischen Charts kam. 1969 kam »Ob-La-Di, Ob-La-Da« auf Single in Deutschland an die Spitze der Charts. In den 1970er Jahren veröffentlichte → *Capitol Records* den Song noch einmal als Single. Paul McCartney ließ sich zu dem Song von dem Musiker Jimmy Scott Emuakpor inspirieren, einem Nigerianer, der in den 1950er Jahren nach Großbritannien gekommen war und bei jeder Gelegenheit die Redewendung »Ob la di ob la da, life goes on, bra« anbrachte und in Londoner Clubs mit seiner Ob-La-Di, Ob-La-Da Band gastierte. Jimmy Smith spielte bei den Aufnahmen Congas. Er starb 1986 in London. George Harrison bezog sich 1968 noch einmal auf den Song – in seinem Song »Savoy Truffle«. Das Original-Manuskript des Songs wurde 1995 bei Sotheby's in London für 62 000 £ versteigert. Trotzdem: In einer Online-Umfrage wurde er im November 2004 zum schlechtesten Song aller Zeiten gewählt. Zahlreiche → *Cover-Versionen*, u.a. von Marmalade, G.E.S. und Studioband, Joyce Bond, The Heptones, The 1970 England World Cup Football Squad, Johnny Prytko And The Connecticut Hi-Tones, Herb Alpert, Wolf Hurt/Orch. Joe Plée, John Egniz Connection (Wolfgang Zinke), Rundfunk-Tanzorchester Berlin, Travellers (dt.: »Hoppla-Di Hoppla-Da«), Erich Kunzel Cincinnati Pops Orchestra feat. The King's Singers, The Bedrocks, Arthur Conley, Celia Cruz, B-Busters, Inner Circle, Malcolm Scarpa Quintet, The Hill/Wiltschinsky Guitar Duo, Volkers lustiger Musikverein (»Obladi Oblada, wir sind Kinder«), The Mini Beats, Los Rolin, The Beatles Double Group, Los de la Rumba, Howard Carpendale, San Francisco Sympathy Orchestra, Jive Bunny & The Mastermixers, Unlimited Beat, James Last, Maria Muldauer, The King's Singers, Orchester Gerhard Kneifel, Cyril Stapleton, Les Boréades, Georges Jouvin und sein Orchester, The Bluebirds, Veselye Rebjata, Madooo (Madhukar Chandra Dhas, »Ob-Ka-di, Ob-Ka-da«), Ken Jacobs, The Persuasions, Orchester Bert Kaempfert und Václav Zahradník Orchestra.

OCTOPUS'S GARDEN

Song von Richard Starkey, aufgenommen am 26. und 29.4. und 17. und 18.7.1969, erstmals erschienen am 26.9.1969 auf der LP »Abbey Road«. Ringo Starr nimmt hier das »Yellow Submarine«-Thema wieder auf, bis hin zu entsprechenden »Unterwasser«-Effekten. Eine frühe Version des Songs ist bereits in dem Film »Let It Be« zu hören. Zahlreiche → *Cover-Versionen*, u.a. von Anita Harris, George Benson, Rundfunk-Tanzorchester Berlin, Mike Westbrook Band, Erich Kunzel Cincinnati Pops Orchestra feat. King's Singers, Devil's Rubato Band, B-Bus, The Persuasions, Schwöar, Reperato & The Delrons und The Lenny Pane.

Das offizielle Beatles-Foto von Odeon

ODEON

Label der International Talking Machine Company, 1904 in Berlin gegründet, 1929 von der Carl Lindström AG übernommen und nach deren Fusionierung mit der Electrola ein Label der → *EMI* Columbia. Schwerpunkt des Labels waren schon immer Gesangsaufnahmen (z.B. Richard Tauber). Auf diesem Label erschienen ab 28.2.1963 (»Love Me Do«/»Please Please Me«) bis in die 1980er Jahre, d.h. bis zum Start von → *Apple Records*, in Deutschland die Platten der Beatles, so am 5.3.1964 auch die deutschsprachige Single »Komm, gib mir deine Hand«/»Sie liebt dich« (Reissue 2.8.1969). Auf Odeon erschienen z.T. auch eigene → *Kompilationen*, z.B. »The Beatles' Songs« (EP, 1964), »The Beatles Beat« (1964, für die Deutsche Buchgemeinschaft), »Beatles' Greatest« (1965) und »The World's Best« (1967, Odeon-Sonderauflage für den Deutschen Schallplattenclub). 1976 erschien auch »The Best Of George Harrison« auf Odeon. Von 1963 bis 1976 erschienen die Platten mit einem dunkelgrünen oder blauen (Ø 81 mm), ab 1976 mit einem grünen (Ø 91 mm) und ab Anfang der 1980er Jahre mit einem hellgrün-weißen Label (Ø 81 mm). Von 1965 bis 1967 produzierte Odeon auch Beatles-Singles und -LPs für den Schweizer Buchclub »ex libris« (Special Edition, Club Edition), z.T. mit gelbem Label. Ende der 1980er Jahre wurde das Odeon-Label eingestellt, die Platten erschienen bei → *Parlophone Records* bzw. → *Apple Records*.

Lit.: *Wahl, Horst: Odeon. Die Geschichte einer Schallplatten-Firma (Düsseldorf 1986); Das Phänomen Beatles (Katalog zur gleichnamigen Ausstellung in Gladbeck 1978, mit einer Übersicht der Erscheinungsdaten aller in Deutschland erschienenen Beatles-Schallplatten)*

Odeon: The Beatles – 20 Golden Hits

Odeon: Revolver (Spanien, 1966)

THE OFFBEATLES

Ska-Band aus Worcester, Besetzung: Paul McCarthy, Rico Starr, Ringo Ska, Bitter Lennon, Jerry Dämmerts und George Harrington. Paul in einem Interview mit *Skin Up* (40/1996): »Wir haben nie die Anerkennung bekommen, die wir verdient hätten, bei den ganzen Songs, die wir geschrieben haben. Wir haben für alle geschrieben, für Elvis, dann später auch für die Beatles. ›Obladi Oblada‹ z.B. und ›Back In The USSR‹ haben wir kurz nach unserer Tour durch die Sowjetunion geschrieben.« Und George ergänzt: »Als die Beatles damals in Hamburg waren, haben wir mit denen in der Kneipe gesessen. Für ›Twist And Shout‹ haben wir denen das Shouten beigebracht, das haben die aber in dem Lied weggelassen. Fanden wir dumm. So sind sie halt reich geworden.«

THE OFFICIAL BEATLES FAN CLUB

Der offizielle britische Beatles Fan Club, gegründet im Mai 1962 von Roberta »Bobby« Brown in Liverpool (nachdem bereits Bernard Boyle im September 1961 einen Beatles Fan Club in Liverpool gegründet hatte), verlegte 1963 auf Anregung von → *Tony Barrow* sein »national headquarter« in die 13 Monmouth Street, London WC2, wo zeitweise fünf Sekretärinnen (u.a. Bettina Rose) die Fans betreuten. Ende 1963 hatte er ca. 30 000 Mitglieder in Großbritannien, weltweit waren es ca. 80 000. Der Northern Area Fan Club (NFC) und der Southern Area Fan Club (SFC) organisierten z.T. sogar eigene Konzerte, so am 7.12.1963 im Liverpooler → *Empire Theatre* und am 14.12.1963 im Wimbledon Palais in London für einige tausend Beatles-Fans. Die Teilnehmer wurden in einer Lotterie ausgewählt. Im Empire Theatre gaben die Beatles am Nachmittag ein Sonderkonzert, die Fans hatten außerdem Gelegenheit, bei den Aufnahmen zur → *BBC* TV-Show

The Official Beatles Fan Club, gegründet im Mai 1962 in Liverpool

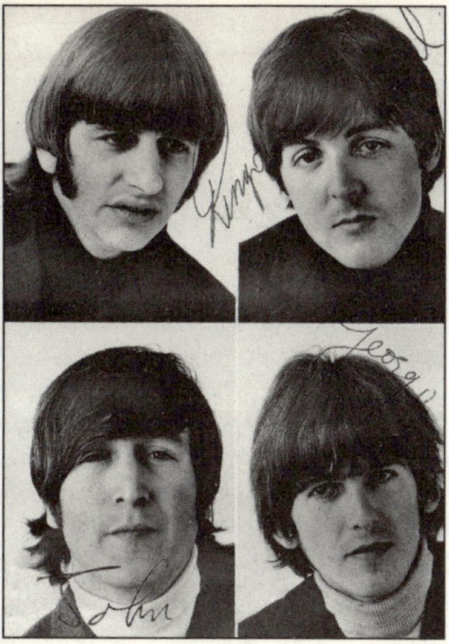

Das offizielle Fan-Club-Foto des offiziellen Beatles Fan Clubs

→ *Juke Box Jury* dabei zu sein. Konzert (Titel: »It's The Beatles«) und Show wurden am gleichen Abend von der BBC ausgestrahlt. Im Wimbledon Palais gaben die Beatles vor dem Konzert ca. 3000 Fans persönlich die Hand. Am 17.12.1967 kamen sie sogar zur Weihnachtsfeier ihres Fan Clubs in die Hanover Naqueting Rooms in London. Joint National Secretary des Clubs war ab Oktober 1966 Freda Kelly (zuvor Leiterin des Northern Secretary). »Anne Collingham«, die das gesamte gedruckte Material unterzeichnete, existierte allerdings nicht, sie war das Synonym für ein ganzes PR-Team. 1968 zog der Club nach Liverpool zurück. Der Club verfügte auch über Sekretariate im Ausland, von 1965 bis Oktober 1971 bestand z.B. der von Gerhard Weidmann aus Offenbach betriebene Official Beatles Fan Club, Secretary for Germany. In den USA gründete Pat Kinzer Mancuso The Official George Harrison Fan Club als Teil des offiziellen Beatles Fan Clubs. 1963–1969 gab der Club zu Weihnachten Schallfolien heraus, enthalten auf der → *Bootleg*-CD »All Christmas Fan Club Flexi-Singles 1963–1969 Plus Outtakes« (2000 und 2003, Label: Odeon bzw. Odino). Der eigene Shop des Fan Clubs wurde am 8.2.1972 geschlossen, am 31.3.1972 schloss auch der Official Beatles Fan Club International. Als Begründung führte → *Apple Corps Limited* in einem Rundschreiben an: »Wie Sie bereits wissen, existieren die Beatles als Gruppe nicht mehr. Es war hauptsächlich dieser Grund, dass der Fan Club Ende März 1972 geschlossen wurde.« Zugleich wurde mitgeteilt, dass es »keinen anderen offiziellen Fan Club für die Beatles als individuelle Künstler« geben werde.

OH, CALCUTTA!

Sehr freizügige Show mit kurzen Sketchen von 15 Autoren, darunter Samuel Beckett, Sam Shephard und Jules Feiffer (Cartoonist), Konzeption: Hillard Elkins, Regie: Jacques Levy, Musik und Songtexte von The Open Window (Robert Dennis, Peter Schickele, Stanley Walden). Kenneth Tynan, seit 1962 Künstlerischer Direktor des National Theatre in London, hatte die Idee zu dem Stück und bat renommierte Autoren um kurze Beiträge, u.a. auch John Lennon (am 16.4.1968). Das Stück wurde am 17.6.1969 am Eden Theatre in New York uraufgeführt. Die Masturbationsszene (»Four In Hand«, deutscher Titel: Vier aus der Hand) basiert auf einer Idee von John Lennon. Die deutsche Fassung wurde am 9.3.1971 im Operettenhaus Hamburg (Kurt-Collien-Theater) uraufgeführt. Das Musical wurde 1972 auch verfilmt (Regie: Jacques Levy, Gillaume Martin Aucion).

OH! DARLING

Song von John Lennon/Paul McCartney, aufgenommen am 20. und 26.4., 17., 18., 22.

und 23.7. und 8. und 11.8.1969, erstmals erschienen am 26.9.1969 auf der LP »Abbey Road«. Paul McCartney soll sich vor den Aufnahmen einige Tage lang heiser geschrien haben, um wie → *Little Richard* zu klingen. Zahlreiche → *Cover-Versionen*, u.a. von John Pizzarelli, Etta Scollo, George Benson, The Four Stiltons, Rundfunk-Tanzorchester Berlin, Mike Westbrook Band, Huey Lewis, Joy Unlimited (mit Joy Fleming), Devil's Rubato Band, Kremlin Graceful Balalaika Band, The Lenny Pane, The Persuasions und Klaus Beyer.

OLD BROWN SHOE

Song von George Harrison, aufgenommen am 16. und 18.4.1969, erstmals erschienen am 30.5.1969 auf Single (B-Seite von »The Ballad Of John & Yoko«). Nun war John Lennon schon mal bei den Aufnahmen eines Harrison-Songs dabei – trotzdem wurde seine Rhythmus-Gitarre letztendlich durch George Harrisons → *Hammond-Orgel* ersetzt. Als Inhalt des Songs definierte George Harrison später »die Dualität der Dinge«. Eine Demo-Version, aufgenommen am 25.2.1969, erschien am 28.10.1996 auf der DoCD »The Beatles Anthology 3«. Zahlreiche → *Cover-Versionen*, u.a. von Biscuit, Gary Brooker & Band, The Marlowes und Leslie West.

OLDHAM, ANDREW LOOG

* 1944 in London. Als wohl skrupellosester, originellster, zynischster und gleichzeitig dilettantischster Manager seiner Zeit arbeitete er 1962 als Presseagent für den Sänger Mark Wynter, bevor → *Tony Barrow* ihn und seinen Partner Tony Calder im Auftrag von → *Brian Epstein* für eine Pressekampagne für die Beatles-Single »Love Me Do« engagierte. Die Beatles sah er zum ersten Mal am 13.1.1963 in Birmingham bei den Dreharbeiten zu → *Thank Your Lucky Stars*, im Konzert dann im März 1963 in Bedford. 1963 (mit 19 Jahren!) war er bereits Co-Manager und Produzent der → *Rolling Stones* (und blieb es bis 1967). Sein Versprechen: »Wir machen aus euch genau das Gegenteil dieser netten, sauberen, ordentlichen Beatles.« Epstein hatte Oldhams Angebot abgelehnt – 50 % der Rolling Stones im Austausch für Büroraum und sonstige Unterstützung, um die Band groß herauszubringen. »Die Stones waren alles schlimme Jungs, als ich sie entdeckte. Ich kitzelte das Schlimmste aus ihnen heraus«, bekennt er im ersten Teil seiner auf drei Teile angelegten Autobiographie. Am 13.10.1963 traten »seine« Stones zum ersten Mal im Liverpooler Odeon Theatre auf – die Beatles spielten an diesem Abend in London. Er vermittelte den Stones auch den Song »I Wanna Be Your Man« von John Lennon und Paul McCartney, ihren ersten Hit im Dezember 1963. »Als latent größenwahnsinniger Zampano wollte er alles auf einmal sein: hyperaktiver Impresario, millionenschwerer Business-Hai, erfolgsverwöhnter Platten-Produzent, genialer Komponist.« (*musikexpress* 10/2000) Sein Vorbild war → *Phil Spector*. Nik Cohn: »Oldham war sicher die schillerndste Persönlichkeit, die es im britischen Pop je gegeben hat, der anarchischste und besessenste und einfallsreichste Gauner von allen.« Sein Credo auf der ersten Stones-LP: »The Rolling Stones are more than a band. They are a way of life.« Im Dezember 1964 trat er mit Brian Epstein in der amerikanischen Fernseh-Show »Hullaballoo« auf. Ab Mitte 1965 unterstützte ihn → *Allen Klein* beim Management der Rolling Stones. Am 19.8.1965 gründete er mit Tony Calder sein Plattenlabel Immediate Records (mit dem Unterlabel Instant Karma), vertrieben durch → *NEMS Enterprises Limited*; die Aufnahmen dieses Labels verkörpern bis heute den Geist des Swingin' London der 1960er Jahre

(6-CD-Box »Immediate – The Singles Collection«, 2000). Mit seinem Unternehmen »Forward Look« wollte er Platten und neue Talente produzieren, als erste Aufnahme erschien »As Tears Go By« von → *Marianne Faithfull*. The Andrew Oldham Orchestra nahm in den 1960er Jahren vier LPs auf, u.a. »The Rolling Stones Songbook« (1966). 1970 mussten Oldham und Calder Konkurs anmelden. Ein Neuanfang in New York City misslang. Im September 1973 besorgte er John Lennon und seiner Geliebten May Pang in Los Angeles ein Haus zur Miete. 1982 zog er nach Bogotá/Kolumbien und managte die argentinische Band Ratones Paranoiacos. In GB erschien auf dem Label See For Miles Records inzwischen eine LP »Andrew Oldham Orchestra & Chorus«. 2002 schrieb er das Vorwort für die Special Limited Edition der britischen Zeitschrift *Mojo* »Days Of Beatlemania«.

Lit.: Oldham, Andrew Loog; Calder, Tony; Irwin, Colin: Abba – The Name Of The Game (1995); Oldham, Andrew Loog: Stoned (2000, als Paperback New York 2001); Oldham, Andrew Loog: 2Stoned (London 2002; London 2003); Spence, Simon A.: The Immediate Records Story (London 2004)

OLDIES 45

US-amerikanisches Label, auf dem am 10.8.1964 vier Singles mit Reissues von Beatles-Songs erschienen: »Do You Want To Know A Secret«/»Thank You Girl«, »Please, Please Me«/ »From Me To You«, »Love Me Do«/»PS. I Love You«, »Twist And Shout«/»There's A Place«.

OLYMPIA THÉÂTRE

Konzerthalle in Paris (28, Boulevard des Capucines), erbaut 1893 von Joseph Oller, seit 1911 ein Mekka der Liebhaber des französischen Chansons. Zeitweilig als Revue-Theater und Kino genutzt, wurde es 1954 von dem Komponisten Bruno Coquatrix mit

Vom 16.1. bis 4.2.1964 gaben die Beatles 37 Konzerte im Pariser Olympia – sie wohnten im Hotel »George V«

2 000 Plätzen wiederbelebt. Die Beatles traten im Olympia vom 16.1. bis 20.1., 22.1. bis 27.1. und 29.1. bis 4.2.1964 auf – für lediglich 50 £ pro Konzert. Wohl keines der Konzerte war ausverkauft. Viele Besucher kamen wegen Sylvie Vartan, die gerade mit »La plus belle pour aller dancer« einen Hit hatte. Die Beatles traten nach → *Trini Lopez* und Sylvie Vartan als Letzte auf. Die 37 Konzerte – an manchen Tagen spielten sie zwei bis drei Mal – sind z.T. auf → *Bootleg*-Platten dokumentiert (z.B. »The Last Paris Tapes – Live At The Olympia Theatre«, »Les Beatles à Paris« und »Live In Paris 1964 And In San Francisco 1966«). Das Nachmittagskonzert am 19.1.1964 wurde von ORTF für eine Rundfunksendung aufgezeichnet, am 22.1.1964 filmte das ORTF-Fernsehen eine Show. Achtung: Das Bootleg »Live At The Paris Olympia« enthält mit großer Wahrscheinlichkeit

Aufnahmen aus dem Pariser Palais des Sports vom 20.6.1965.

ON THE BED

Song von George Harrison, erstmals erschienen am 1.11.1968 auf der LP »Wonderwall Music«.

ON THE ROAD

Video-Dokumentation über die Beatles (50 min), mit Ausschnitten ihrer ersten USA- und der Japan-Tournee, mit Promotion-Auftritten und Presse-Konferenzen aus den letzten Beatles-Monaten, erschienen 1990 (MMG Video).

ONCE UPON A POOL TABLE

Titel auf der → *Christmas Record* der Beatles für das Jahr 1968, Interpreten: John Lennon und → *Yoko Ono*.

ONE

(Film No. 14) Titel eines Kurzfilms von → *Yoko Ono*. Der 5-minütige Film zeigt in Zeitlupe das Anzünden eines Streichholzes. Der Film wurde beim Fluxfilm-Programm in New York im Jahre 1965 gezeigt.

THE ONE AFTER 909

Song von John Lennon/Paul McCartney, aufgenommen am 30.1.1969 bzw. im März 1969, erstmals erschienen am 8.5.1970 auf der LP »Let It Be«. John Lennon hatte den Song bereits 1959 geschrieben, und im März 1963 sollte er schon einmal auf einer Single erscheinen. Die erste Version erschien 1988 auf Vol. 1 der → *Ultra Rare Trax*. Zwei Versionen sollen aus dem November 1962 stammen, aufgenommen im → *Cavern* für eine geplante Live-LP. Zahlreiche → *Cover-Versionen*, u.a. von The Beatles Revival Band, Willie Nelson, Glass Onion, The Smithereens, Monti Beton und Laibach.

ONE AND ONE IS TWO

Song von John Lennon/Paul McCartney, geschrieben bei ihrem Aufenthalt in Paris Anfang 1964. In Paris nahmen die Beatles vier Demo-Versionen des Songs auf, von denen eine später auf »Acetates« und → *Ultra Rare Trax* Vol. 3 & 4 erschien. Der Song wurde erstmals am 20.3.1964 von The Strangers with Mike Shannon aufgenommen. Die Single erschien am 8.5.1964 auf Phillips. Der Song wurde zuvor von → *Billy J. Kramer with the Dakotas* aufgenommen, aber John Lennon war mit der Aufnahme nicht zufrieden. Zahlreiche → *Cover-Versionen*, u.a. von The Beatnix, Pierson Parker Janovitz Project, The Saltbee und The Beatbads.

THE ONES

Doppel-CD mit exklusiven Beatles-Tracks, erschienen am 13.11.2000.

ONLY THE BEATLES

Mitte 1986 von der Brauerei Heineken N.V. veröffentlichte MC mit Beatles-Songs, in GB über Mailorder erhältlich. Heineken ist heute Europas größte Brauerei und weltweit die Nummer zwei, das Bier wird in über 170 Ländern vertrieben und ist damit die internationalste Biermarke der Welt. Auf dem deutschen Markt wird Heineken erst seit 1993 verkauft. Das Unternehmen fördert auch zahlreiche Musikprojekte. Die MC enthält neben einigen Standards des Beatles-Repertoires die erste Stereo-Aufnahme von »Yes It Is«, die offiziell erst 1988 auf → *Past Masters* erschien. Die Beatles bzw. Apple erwirkten am 18.7.1986 einen Verkaufsstopp.

ONLY A NORTHERN SONG

Song von George Harrison, aufgenommen am 14.2. und 20.4.1967, erstmals erschienen am 17.1.1969 auf der LP »Yellow Submarine«. Der Song »war ein Scherz, bezogen auf Liverpool, die Heilige Stadt im Norden von England«, konstatiert George Harrison. Er verulkt außerdem → *Northern Songs Limited*, den Musikverlag, der die Songs von John Lennon, Paul McCartney und George Harrison verlegte. Eigentlich sollte der Song bereits auf der LP »Sgt. Pepper's Lonely Hearts Club Band« erscheinen, zwischen den Songs »Fixing A Hole« und »Being For The Benefit Of Mr. Kite«. Zahlreiche → *Cover-Versionen*, u.a. von The Blue Meanis und Jamie Hoover.

ONO, YOKO

*18.2.1933 in Tokyo/Japan als Tochter des wohlhabenden Bankiers Eisuke und von Isoko, die aus der angesehenen Kaufmannsfamilie Jasuda stammte († 15.1.1999). Ihr Name bedeutet etwa »Kind des Ozeans auf kleinem Feld«. Ihren Vater sah sie erst, als sie drei Jahre alt war. Er arbeitete dann in den USA, in Frankreich und Vietnam, nach dem Zweiten Weltkrieg wurde er Direktor der Bank of Tokyo, bei der er bereits seit 1927 arbeitete. Yoko Ono hat zwei jüngere Geschwister, den Bruder Keisuke (*Dezember 1936) und die Schwester Setsuko (*Dezember 1941); sie besuchte renommierte Privatschulen und erhielt Klavier- und Gesangsunterricht. 1952 ging die Familie mit ihr nach New York, wo sie das renommierte Sarah Lawrence College in Bronxville/N.Y. besuchte – wie später übrigens auch Linda Eastman, die spätere Frau Paul McCartneys. Sie studierte dort Philosophie, brach aber nach drei Jahren das Studium ab. Als ihre Familie 1957 nach Tokyo zurückkehrte, blieb sie in New York und heiratete den japanischen Pianisten Toshi Ichiyanagi, der bei Aaron Copland und John Cage studiert hatte. Sie arbeitete in dieser Zeit als Dolmetscherin für japanische Geschäftsleute. Seit 1960 gehörte sie zur New Yorker Fluxus-Gruppe und veranstaltete zahlreiche Kunst-

Welcome To Gibraltar: Hier heirateten John Lennon und Yoko Ono am 20.3.1969

Events und Happenings in New York und Tokyo und arbeitete u.a. mit John Cage und La Monte Young. Ab 1960 lebte sie mit dem Schriftsteller Michael Rumaker zusammen, dann mit La Monte Young, dann mit einem japanischen Maler. Anfang 1961 wurde die Ehe mit Ichiyanagi geschieden. Ab 1961 fanden in ihrem Loft »Yoko Ono's Chamber Street Concerts« statt. 1962 ging sie zurück nach Japan, wo sie in Depressionen verfiel und zeitweise akut suizidgefährdet war. 1962 zeigte das Sogetsu Art Center ihre Ausstellung »Chair/Ascension piece«. Im November 1964 heiratete sie den amerikanischen Avantgarde-Filmer → *Anthony »Tony« Cox* und ging nach New York zurück. Mit Cox und ihrer am 8.8.1963 in Tokyo geborenen Tochter Kyoko ging sie im September 1966 nach London, um an dem Symposium »Destruc-

Yoko Ono (1995)

tion In Art« teilzunehmen. Sie wohnten in dieser Zeit in 25, Hanover Gate Mansions in der Nähe des Regent's Parks. Am 9.11.1966 traf John Lennon sie zum ersten Mal, bei → *Indica Books & Gallery* in London, bei der Vernissage zu ihrer Ausstellung »Unfinished Paintings and Objects«. »Als sie sich zum ersten Mal in die Augen blickten, war das Ende der Beatles besiegelt.« (*Rolling Stone* 1/2004) Als sie am 29.4.1967 in London am → *14-Hour Technicolor Dream* teilnahm, war John Lennon ebenso dabei wie bei der Vernissage der Claes-Oldenburg-Ausstellung Mitte 1967 in London. 1967 drehte sie den Film »Bottoms«, der 365 Hinterteile zeigt. Seit März 1968 lebte sie dann getrennt von ihrem Ehemann. Am 19.5.1968 – John Lennons Frau Cynthia war in Urlaub – lud John Lennon sie in sein Haus in → *Kenwood* ein. In der Nacht nahmen sie ein Band auf, das später als »Two Virgins« auf LP erschien. Als am 18.6.1968 die Theater-Fassung von John Lennons Buch »In His Own Write« am Londoner Old Vic Theatre in der Waterloo Road Premiere hatte, zeigten sich beide zum ersten Mal gemeinsam in der Öffentlichkeit. Am

John Lennon/Yoko Ono

25.10.1968 gaben John Lennon und Yoko Ono bekannt, dass sie schwanger sei, am 21.11.1968 erlitt sie im Queen Charlotte's Hospital in London eine Fehlgeburt (eine zweite folgte am 12.10.1969). Am 2.2.1969 wurde sie offiziell von Anthony Cox geschieden, sie erhielt das Sorgerecht für ihre gemeinsame Tochter Kyoko, obwohl diese vor allem mit Cox aufgewachsen war. Kyoko soll 1969 mit John Lennon in Dänemark sogar Musik aufgenommen haben, berichtete die Presse 2003. Am 20.3.1969 heirateten Yoko Ono und John Lennon im Gebäude des Britischen Konsulats in Gibraltar (Standesbeamter: Cecil Wheeler), am 22.4.1969 änderte John Lennon seinen Namen in John Ono Lennon. Für John Lennon war Yoko Ono auch eine Art »Mother Superior«, Muttersatz. »Es steht außer Frage, dass Yoko Onos Ansehen als Künstlerin wuchs und sie internationale Beachtung fand, als sie sich Lennon zum Geliebten und dritten Ehemann auserkor. Ohne diese Verbindung mit dem Star wäre sie eine dem großen Publikum unbekannte Künstlerin geblieben und wahrscheinlich schon viel früher nach New York zurückgekehrt«, urteilte später ihr Biograph James Woodall. Am 31.3.1969 hatte ihr Film → *Rape* Premiere (produziert von Hans Preiner, John Lennon und Yoko Ono), Mitte September 1969 wurden im Londoner New Cinema Club vier John & Yoko-Filme gezeigt: → *Two Virgins* (19:30 min), → *Smile* (51 min), → *Honeymoon* (gedreht in Amsterdam) und → *Self Portrait*; am 15.5.1971 in Cannes die John & Yoko-Filme → *Apotheosis* (18 min) und »Fly« (50 min); am 5.9.1971 im Alexandra Palace im Londoner Stadtteil Wood Green die fünf John & Yoko-Filme → *Cold Turkey*, → *The Ballad Of John And Yoko*, »Give Peace A Chance«, → *Instant Karma!* und »Up Your Legs Forever«, und vom 6.8. bis 9.10.2005 zeigte das Museum Moderner Kunst in Passau das gesamte filmische Werk der Künstlerin. Am 13.8.1971 flogen John Lennon und Yoko Ono nach New York, wo sie dann lebten – zuerst im St. Regis Hotel, dann in einer Wohnung in der Bank Street und ab April 1973 im Dakota Building in der 72nd Street Ecke Central Park West. Ihre Wohnung wurde schnell zu einem Treffpunkt der Gegenkultur und Ausgangspunkt zahlreicher politischer Aktionen. Am 9.10.1971 wurde im Emerson Museum of Fine Arts in Syracuse ihre Ausstellung »This Is Not Here« eröffnet. Mit → *David Peel* und Jerry Rubin initiierten John Lennon und Yoko Ono Anfang Dezember 1971 die Rock Liberation Front (RLF), die »den in Mode gekommenen kapitalistischen Ausverkauf der Gegenkultur und politisierende Rockmusik und Rock-Künstler aufdecken« wollte. Im Dezember 1971 veranstaltete sie eine imaginäre Kunstausstellung im New Yorker Museum of Modern Art (MOMA) – die Besucher waren dabei selbst das Kunstwerk. Am 6.1.1972 wurde ihre Firma Yoko Films Limited offiziell registriert. 1972 entstand der Film »Erection« (nein, nicht was Sie denken – die wird in »Self Portrait« gezeigt; in diesem Film geht es um die Errichtung eines Bauwerkes). Am 1.4.1973 gaben John Lennon und Yoko Ono die Gründung des fiktiven Staates Nutopia, eines Landes ohne Grenzen, bekannt. Im August 1974 war sie in Japan auf »Let's Have A Dream«-Tournee. Nach der Geburt ihres Sohnes Sean am 9.10.1975 blieb John Lennon zu Hause, während sie das Familienvermögen verwaltete und mehrte. Ende November 1979 kauften sie Cannon Hill, ein Herrenhaus in Cold Spring Habor, Long Island. Im November 1980 erschien ihre gemeinsame Comeback-LP »Double Fantasy« mit je sieben Songs von John Lennon und von Yoko Ono. »Auf den Yoko-Ono-Teil der Phantasie hätte man gut verzichten können«, schreibt Frank Laufenberg in seinem »Rock- und Pop-Lexikon« (4. komplett überarb. u. erw. Neuausgabe, München 1998), wobei er allerdings übersieht, dass diese LP gerade durch das Spannungsverhältnis der beiden Gegenpole interessant wird (und mit einem → *Grammy* ausgezeichnet wurde). Und immerhin schaffte es die Single-Auskopplung »(Just Like) Starting Over« sowohl in Großbritannien als auch in den USA auf Platz 1 der Hitparaden. Yoko Ono kommt in dieser Auflage des »Rock- und Pop-Lexikons« übrigens als Stichwort nicht vor.

Yoko Ono: Freight Train – Installation auf dem Schlossplatz in Berlin (25.8.–1.10.2000)

Nachdem am 8. Dezember 1980 John Lennon vor dem Dakota House in New

York, ihrem gemeinsamen Wohnsitz, von Mark David Chapman erschossen worden war, erbte sie sein Vermögen (er hatte am 12.11.1979 ein entsprechendes Testament aufgesetzt). Yoko Ono veröffentlichte Anfang 1981 ihr Memorial-Album »Season Of Glass« – mit John Lennons blutbespritzter Brille auf dem Cover. In den Folgejahren brachte sie immer wieder unveröffentlichte Songs aus dem Nachlass John Lennons auf den Markt. So stellte sie 1995/1996 den Beatles die Aufnahmen »Free As A Bird« und »Real Love« zur Verfügung. Bei weiteren Songs müsse sie noch auf den »richtigen Moment warten«, kündigte sie im *stern* an.

Natürlich wurde ihr auch immer wieder die Schuld am Auseinandergehen der Beatles angelastet. Für den Kritiker Geoffrey Stokes ist sie Drahtzieherin einer unheilvollen Liaison, die »einen großen Künstler trivialisiert und eine dubiose Artistin vergöttlicht«. Phil Spector: »Die Leute brauchten einfach jemanden, dem sie die Schuld geben konnten, einen Sündenbock.« So schrieb ein gewisser John MacGraw in einem Leserbrief an den → *Rolling Stone*: »Man wird sich an Yoko Ono nicht wegen der positiven Kunst, die sie geschaffen hat, erinnern, sondern wegen der Kunst, die ihretwegen nicht geschaffen wurde. Ihr Einfluss auf John und ihr erdrückendes Ego haben, im Zusammenhang mit der Manipulation seiner neurotischen Bedürfnisse, schon jetzt mehr künstlerischen Genius vergeudet, als man es irgendeinem anderen Anti-Künstler anlasten könnte.« Kritiker wie Lester Bangs negierten selbst diese Ansätze »positiver Kunst« und bezeichneten die Gemeinschaftsproduktionen von John Lennon und Yoko Ono als »Ego-Trip zweier reicher Gammler, die in den musikalischen Revolutionen der sechziger Jahre dahintreiben«. John Lennon in einem Interview: »Sie ist nun mal eine Frau, sie ist Japanerin – und damit ist sie das Opfer rassistischer Vorurteile und Vorurteile gegen Frauen.« Auch ihre gesanglichen Fähigkeiten wurden immer wieder kritisiert. »Yoko Ono ist noch hässlicher als Ringo Starr und singt wie ein gefolterter Hamster«, schrieb die Journalistin Julie Burchill. *Der Spiegel* allerdings bezeichnete Yoko Onos Werk als »eine der wichtigsten Quellen für den späteren New Wave«.

1981 nannte sie → *Lenono Music* in Ono Music um. Am 8.12.1984 wurde in GB das TV-Special »Yoko Ono: Then And Now« ausgestrahlt. Am 28.2.1986 begann sie in Brüssel ihre erste Welttournee als Solistin. Der US-Teil der Tournee musste allerdings wegen mangelnder Kartenverkäufe abgesagt werden. Sie war im April 1990 (mit → *Barbara Bach*, → *Olivia Harrison*, → *Linda McCartney* und Elton John) Mitgründerin der Stiftung »Romanian Angel Appeal« für rumänische Waisenkinder. Am 30.3.1994 wurde im New Yorker Greenwich Village ihr Musical »New York Rock« uraufgeführt (auch auf CD erschienen) – »eher eine dürre Revue als ein Musical und sogar für Off-Broadway-Maßstäbe zu karg« (Barry Graves, Siegfried Schmidt-Joos und Bernward Halbscheffel in »das neue rock-lexikon«, vollständig überarb. u. erw. Neuausgabe, Reinbek bei Hamburg 1998). 1994 erschien auf ihrem eigenen Label Ono Music das Album »Every Man Has A Woman« mit Künstlern wie → *Sean Ono Lennon*, Harry Nilsson, Elvis Costello und Roberta Flack, die ausschließlich Yoko-Ono-Kompositionen interpretieren. Im Januar 1995 traf sie sich in London mit Paul McCartney, um Fragen der Nachlasspflege ihres Mannes zu regeln. Auch in den 1990er Jahren machte sie immer wieder durch spektakuläre Events auf sich aufmerksam. So ließ sie 1995 in Langenhagen bei Hannover unter dem Titel »A Celebration Of Being Human« 70 000 Plakate mit der Abbildung eines nackten Hinterteiles kleben. Am 11.3.1995 nahm Paul McCartney in seinem Heimstudio ihren Song »Hiroshima, It's Always A Beautiful Blue Sky« auf – in der Besetzung Yoko Ono (ld-voc), Paul McCartney (b), → *Linda McCartney* (celesta), Sean Lennon (g) und → *James McCartney* (g), auch McCartneys Töchter → *Mary McCartney*, → *Heather McCartney* und → *Stella McCartney* waren dabei. Der Song wurde am 6.8.1995 im japanischen Fernsehen gespielt. Vom 13.7. bis 13.9.1995 zeigte das Kempinski Plaza in Berlin die Ausstellung »Sphere-9«. 1997 erhielt sie die Ehrendoktorwürde der School of the Art Institute of Chicago. 2000 erschien mit dem Buch »Yes« eine ultimative Werkschau zu ihrer Ausstellung in der New York Society Gallery (14.9.2000–14.1.2001), mit Abbildungen ihrer Skulpturen, Fotografien, Installationen und Bilder, ausführlichen bibliographischen und diskographischen Angaben und einer exklusiven CD mit neuen Songs. Die Ausstellung wurde 2002 auch in San Francisco gezeigt. 2001 erhielt sie einen → *Grammy* für »Gimme Some Truth«, eine überarbeitete und erweiterte Fassung des Dokumentarfilms aus dem Jahre 1971 (auch auf DVD erschienen). 2000 veröffentlichten Die Ärzte ihren Song »Yoko Ono« (CD »Runter mit den Spendierhosen, Unsichtbarer«, auch als 5"-CD und 7"-Single auf Hot Action Records) – eine ätzende Parodie (»Du nervst noch mehr als Yoko Ono ... Du hast einen beschissenen Musikgeschmack«). 2002 trat sie in mehreren Diskotheken auf, prozessierte aber auch gegen Paul McCartney, weil dieser auf seinem neuen Album den bisherigen Autorenhinweis »Lennon-McCartney« in »Paul McCartney und John Lennon« geändert hatte – später zog sie die Klage allerdings zurück. Im Oktober 2002 zeigte die Wiener Viennale ihre Ausstellung »From My Window«. Im Oktober 2002 verlieh sie zum ersten Mal den von ihr gestifteten John Lennon Friedenspreis – an den israelischen Künstler Zvi Goldstein und den palästinensischen Künstler Chalil Rabah. 2002 tourte unter dem Motto »Yes Yoko Ono« eine Ausstellung ihrer Arbeiten durch die USA, zusammengestellt von Jon Hendricks, ihrem Kurator.

Yoko Ono lebte ab 1981 mit dem Galeristen Sam Havadtoy im Dakota Building. Es gab Gerüchte, dass die beiden Anfang der 1980er Jahre in Budapest geheiratet hätten, das wurde aber nie bestätigt. Inzwischen haben sie sich getrennt. Albert Koch im *Musikexpress* 12/2001: »Yoko Ono kämpft mit Naivität und Idealismus für eine bessere Welt. Und dagegen dürften ja selbst die Leute nichts haben, die ihr immer noch die Trennung der Beatles in die Schuhe schieben wollen.« Im Frühjahr 2003 schaltete sie im *San Francisco Chronicle* für ca. 37 000 € eine ganzseitige Anzeige mit den Worten »Imagine Peace«, zuvor hatte sie ähnliche Anzeigen bereits in Los Angeles und New York aufgegeben. 2003 wurde auf der Biennale in Venedig und im Pariser Musée d'Art Moderne ihr »Wunschbaum« ausgestellt. 2004 zeigte das Kulturhuset in Stockholm ihre Ausstellung »Remember Love«, 2005 das Museum Moderner Kunst Passau eine große Werkschau, 2006 die Galerie Gino DiMaggio ihre Ausstellung »heal yoko ono«. In den letzten Jahren machte Yoko Ono auch des Öfteren mit recht geschmacklosen Ideen von sich reden: 2002 ließ sie zugunsten einer Künstlerhilfe in London ein Foto von John Lennons blutverschmierter Brille versteigern. Ende 2005 verkaufte sie die Rechte für eine sprechende John-Lennon-Puppe an eine Spielzeugfirma. Die Puppe soll auf Knopfdruck Sprüche von John Lennon von sich geben. Am 7.4.2005 erhielt sie den Lifetime Achievement Award der Japan Society. Am 18.2.2006 trat sie mit Sean Lennon und Vincent Gallo im Pariser Châtelet-Theater in dem Spektakel »One

Evening with Yoko Ono« auf. Yoko Ono ist zu erreichen über Studio One, 1 West 72nd Street, New York City, NY 10023. Sie war/ist Geschäftsführerin der Firmen → *Apple Electronics Limited*, → *Apple Films Limited*, → *Apple Publicity Limited*, → *Apple Management Limited*, → *Apple Publishers Limited*, → *The Beatles Limited*, → *Subafilms Limited*, → *Python Music Limited*, → *Maclen (Music) Limited*, Lennon Productions Limited, Joko Music Inc. und → *Ono Music Limited*.

Discogr.: *Unfinished Music No. 1 – Two Virgins (mit John Lennon, 1968), Unfinished Music No. 2 – Life With The Lions (mit John Lennon, 1969), Wedding Album (mit John Lennon, 1969), The Plastic Ono Band – Live Peace In Toronto 1969 (1969), Yoko Ono/Plastic Ono Band (prod. John Lennon; 1970), Imagine (John Lennon Plastic Ono Band, 1971), Fly (Yoko Ono and the Plastic Ono Band with Joe Jones Tone Deaf Music Co., 1971), Sometime In New York City/ Live Jam (John Lennon and Yoko Ono and the Plastic Ono Band with Elephant's Memory plus Invisible Strings, John Lennon and Yoko Ono with The Plastic Ono Supergroup, John Lennon and Yoko Ono Plastic Ono Band with Frank Zappa and The Mothers of Invention, 1972), Elephant's Memory (1972), Approximately Infinite Universe (prod. John Lennon; Yoko Ono Plastic Ono Band with Elephant's Memory, The Endless Strings and Choir Boys, 1973), Feeling The Space (Yoko Ono Plastic Ono Band with Something Different, 1973), Mind Games (John Lennon and The Plastic U.F.Ono Band, 1973), Walls And Bridges (John Lennon with The Plastic Ono Nuclear Band, 1974), Shaved Fish (Lennon Plastic Ono Band, 1975), Double Fantasy (mit John Lennon, 1980), Season Of Glass (1981), It's Alright (I See Rainbows) (1982), Milk And Honey (mit John Lennon, 1984), Heart Play – Unfinished Dialogue (ein Interview David Sheffs mit John Lennon und Yoko Ono für den → Playboy, 1983), Every Man Has A Woman Who Loves Him (1984), Starpeace (1985), Onobox (6 CDs, 1992), Walking On Thin Ice (1992), New York Rock (1994), Rising (1995), Rising Mixes (1996), A Story (1997), Blueprint For A Sunrise (2001), Milk And Honey (Reissue 2001 mit 3 Bonustracks), Walking On Thin Ice (2003)* • **Lit.:** *Sheff, David: Last Interview. All We Are Saying – John Lennon & Yoko Ono (London 2000); Munroe, Alexandra; Hendricks, John: Yes – Yoko Ono (New York 2000, mit CD); Lennon, John/Ono, Yoko/Gruen, Bob: Sometime In New York City (Guildford 1995); The Lennon Tapes, John Lennon and Yoko Ono In Conversation With Andy Peebles, 6 December 1980 (London 1981; dt.: Lennon über Lennon: Leben in Amerika, Reinbek b. Hamburg 1981); Mazzotta, Gabriele: Yoko Ono – To See The Skies (Milano 1993); Ono, Yoko, Jon Hendricks (ed.): To See The Skies (GB 1990); Haskell, Barbara; Hanhardt, John G.: Arias And Objects (Salt Lake City 1991); Woodall, James: John Lennon und Yoko Ono (Reinbek b. Hamburg 1998); Ono, Yoko: Grapefruit (Japan 1964; London, New York 1970; London 1981; New York 2000); Ono, Yoko: Instruction Paintings (New York 1995); Hübner, Klaus: Yoko Ono – »Leben auf dünnem Eis« (München 1999, Econ & List Taschenbuch 26604); Ono, Yoko: John Lennon: Summer Of 1980 (New York 1983); Hopkins, Jerry: Yoko Ono (New York/London 1987); Ono, Yoko (ed.) Give Peace A Chance: Music And The Struggle For Peace (Katalog der gleichnamigen Ausstellung des Chicago Peace Museum); Ono, Yoko: Ai – Japan Through John Lennon's Eyes (Tokyo 1990, San Francisco 1992); Ono, Yoko: Instruction Paintings (New York 1995); Ono, Yoko; Iles, Chrissie: Have You Seen The Horizon Lately? (Oxford 1997, Berlin 1998); Berndt, Katrin: Yoko Ono – In Her Own Write. Ihr musikalisches Schaffen und der Einfluß von John Lennon (Marburg 1999); Christopher, Kevin: Yoko Ono's »Cut Piece« (1964): A Reconsideration (digitale Dissertation, www.umi.com, 1998); Yoko Ono: Endangered Species 2319-2322 (Berlin 1992); Munroe, Alexander: Yes – Yoko Ono (New York 2000); Clayson, Alan: Woman – The Incredible Life Of Yoko Ono (London 2004); Johnstone, Nick: Yoko Ono Talking – Yoko Ono In Her Own Words (London 2006)* • *www.yoko-no.com; www.yoko-ono.com*

ONO MUSIC LIMITED

Von → *Yoko Ono* gegründeter Musikverlag. Als Filiale in den USA fungierte Ono Music, Inc. 1969 übertrug sie alle Rechte an ihren Songs an → *ABKCO Industries, Inc.* Geschäftsführerin war/ist Yoko Ono.

OO YOU

Song von Paul McCartney, aufgenommen im November 1969–März 1970, erschienen am 17.4.1970 auf Paul McCartneys erster Solo-

LP (»McCartney«). Paul McCartney spielte auf dieser LP sämtliche Instrumente selbst. Beim Mischen der Instrumente wurde das Tonbandecho benutzt, um das → *Feedback* der Gitarre von der einen auf die andere Seite zu legen.

OOH! MY SOUL

Song von Richard Penniman (d.i. → *Little Richard*). Die Beatles nahmen den Song am 1.8.1963 im Playhouse Theatre, Manchester (Produzent: Terry Henebery) für die → *BBC*-Sendung → *Pop Go The Beatles* (gesendet am 13.8.1963) auf. Erschienen am 28.10.1994 auf der DoCD »Live At The BBC«.

OPEN-END INTERVIEW

In den 1960er Jahren produzierten insbesondere in den USA zahlreiche DJs Interviews mit den Beatles, obwohl sie nie mit ihnen gesprochen hatten. Möglich wurde das durch Platten, die lediglich Antworten der Beatles auf Fragen bei Interviews und Pressekonferenzen enthielten (ohne die Fragen). So erschien Anfang Februar 1964 auf Capitol Compact eine 7"-Promo-Platte mit dem Titel »The Beatles Open-End Interview«, gefolgt am 24.4.1964 von einer zweiten 7" mit dem Titel »The Beatles Second Open-End Interview«. Ebenfalls im Februar 1964 produzierte → *Ed Rudy* unter dem Titel »Beatlemania Tour Coverage« eine LP für DJs. Im August 1965 erschien eine Promo von United Artists mit einem Open-End Interview mit den Beatles zu ihrem Film »Help!« (1985 auch auf »The Golden Beatles«, Silhouette Records, und 1990 auf einer 7"-Picture Disc als Beilage zu »The Beatles Price Guide for American Records«, Cicadelic Records). 1990 erschien auf Cicadelic eine Picture Disc »The Beatles Open-End Interview: A Hard Day's Night« (als Beilage zum Buch »Picture Discs Of The World Price Guide«). Open-End Interviews gab es später auch mit den Solo-Beatles, z.B. Paul McCartney zur Promotion seiner LPs »Band On The Run« und »McCartney II«.

OPERATION BIG BEAT

Am 10.11.1961 im Tower Ballroom in New Brighton/Wirral in Liverpool erstmalig von dem Promoter → *Sam Leach* bzw. dessen Sam Leach Organisation durchgeführte Veranstaltung mit mehreren Bands vor über 3 000 Besuchern. Die Beatles (»by kind permission of Mrs. Best«) spielten an dem Abend zwei Sets – um 20.00 und um 23.30 Uhr, dazwischen traten sie in der Village Hall im Liverpooler Stadtteil Knotty Ash auf. Am 24.11.1961 fand die zweite Folge statt, wieder mit den Beatles. Der Sänger → *Davy Jones* ließ sich bei zwei Songs von den Beatles begleiten (auch bei einem Auftritt am 8.12.1961). »Operation Big Beat III« startete am 29.6.1962 im Tower Ballroom – wieder mit den Beatles. »Merseyside's ›Top Ten‹ Groups performing in a fabulous cavalcade of ›Rock'n'Twist‹«, versprachen die Plakate. Vom 5. bis 11.11.2001 fand zum 40. Jubiläum eine Reminiszenz an »Operation Big Beat« statt – im neuen Tower Ballroom, denn der alte war abgebrannt; mit dabei u.a. die → *Pete Best* Band.

OPUS

Slowakische Schallplattenfirma, auf dem Label erschien die LP »The Beatles: In The Beginning«.

ORBISON, ROY

Amerikanischer Sänger, *23.4.1936 in Vernon/Texas/USA, arbeitete in den 1950er Jahren (wie → *Elvis Presley*) mit Sam Phillips für Sun Records. Nachdem Elvis Presley und → *The Everly Brothers* mit seiner Komposition »Only The Lonely« Erfolg hatten, nahm er den Song selbst auf. Seine Songs beeinflussten insbesondere die frühen Beatles.

Der erste Beatles-Song im Radio (8.3.1962, »Teenager's Turn«) war »Dream Baby« von Roy Orbison. John bekannte später, Orbison habe ihn auch zu »Please Please Me« inspiriert. Die Beatles waren vom 18.5. bis 9.6.1963 mit Roy Orbison auf Tournee durch Großbritannien. Stand sein Name in der ersten Woche noch groß auf den Plakaten als Headliner, kehrte sich das ab der zweiten Woche um: Jetzt waren die Beatles der Top Act. Weitere Teilnehmer der Tournee: → *Gerry & The Pacemakers*, Louise Cordet, Erkey Grant, Ian Crawford, David Macbeth, The Terry Young Six und Tony March. Am 13.4.1964 trafen sich Paul McCartney und Ringo Starr mit Roy Orbison in London, am 26.4.1964 waren die Beatles Gäste bei Roy Orbisons Geburtstagsparty in London. Am 27.3.1966 besuchten Ringo Starr und George Harrison sein Konzert im Granada Cinema in Walthamstow. In Zeiten, da die Beatles die britischen Charts beherrschten, gelangen ihm mit »It's Over« und »Oh Pretty Woman« Nr.-1-Hits. 1988 war er mit George Harrison, Tom Petty, → *Bob Dylan* und Jeff Lynne Mitglied der Traveling Wilburys, die zwei CDs veröffentlichten (Vol. 1 – 1988, Vol. 3 – 1989 ohne Orbison, Vol. 2 & 4 sind → *Bootlegs*). † 7.12.1988. Die 7-CD-Box »Orbison« enthält über 150 Songs der Jahre 1955 bis 1965, eine Biographie von Colin Escott und eine komplette Diskographie dieser Jahre. Auf der CD »Roy Orbison Songbook« erweisen ihm Stars wie Tom Jones, Waylon Jennings und Connie Francis die Ehre.

Lit.: Lehmann, Peter: Roy Orbison (London 2003) • www.orbison.com

AN ORCHESTRAL TRIBUTE TO THE BEATLES

Benefizkonzert in der → *Royal Albert Hall* in London mit dem Royal Philharmonic Orchestra und der Royal Choral Society zugunsten der Royal Society for the Protection of Birds (RSPB). Zu den Solisten gehörten David Bellamy, Elena Duran, Honor Heffernan, Roy Wood und Joan Collins (Moderation). Zu den Gästen gehörten die Queen, der Duke of Edinburgh sowie Paul und → *Linda McCartney*. Im TV wurde ein 52-minütiges Special (Regie: Alan Birkinshaw) gezeigt. Es erschien 1987 auch auf VHS-Video (Sony/Columbia Tristar).

ORCHESTRAL SGT. PEPPER'S

Orchesterversion der LP »Sgt. Pepper's Lonely Hearts Club Band«, aufgenommen 1994 von The Royal Academy Of Music Symphony Orchestra in den Londoner → *Abbey Road Studios*, arrangiert, dirigiert und produziert von David Palmer. Immerhin: Die Royal Academy of Music, gegründet 1882, ist eines der größten Konservatorien der Welt. Die Einnahmen aus der CD kamen der Ausbildung junger Musiker zugute. David Palmer, einst selbst Student der Akademie, führte den sinfonischen Rock an der Akademie ein; auf seine Initiative entstanden u.a. sinfonische Bearbeitungen von Kompositionen von Jethro Tull, Genesis, → *Pink Floyd* und Yes.

THE ORIGINAL BEATLES MEDLEY

Im August 1977 präsentierte der DJ Mike Wilkinson a.k.a. Captain Mike auf dem III. Billboard Disco Forum seine Idee, einen Programmservice für professionelle DJs zu gründen. Noch im gleichen Jahr wurde in New York Disconet gegründet. Wilkinson und sein DJ-Team wollten aus der Vielzahl der wöchentlich erscheinenden Platten die mit den größten Hit-Chancen auswählen und auf einer → *Kompilation* veröffentlichen. Geplant waren u.a. auch Medleys mit den Titeln einzelner Interpreten. Pro Jahr sollten 13 Disconet-Ausgaben mit je 1000–1500 Exemplaren erscheinen; ein Abo kostete anfangs 250 $/Jahr. 1977 erschien als Disconet Vol. 9 Program 9 (Reissue 1979 als Vol. 4, Program 2), produziert von Ray Lenahan, »The Original Beatles Medley« (13:33 min) mit den zwölf Titeln »Day Tripper«, »Taxman«, »Birthday«, »Dizzy Miss Lizzy«, »A Hard Day's Night«, »I Should Have Known Better«, »Got To Get You Into My Life«, »All My Loving«, »I Saw Her Standing There«, »Magical Mystery Tour«, »Rock'n'Roll Music« und »Slow Down«. Das Medley, unterlegt mit Bass und Perkussion, um den typischen Disco-Sound zu erzeugen, taucht auch als »Movie-Medley« auf. Im Januar 1990 wurde Disconet mit Vol. 11, Program 13 eingestellt.

ORTON, JOE

Britischer Schriftsteller, * 1.1.1933 als John Kinsley Orton in Leicester. Anfang 1967 bat ihn → *Walter Shenson*, ein Theaterstück bzw. ein Drehbuch für einen (dritten) Film für die Beatles zu schreiben. Am 24.1.1967 sprach er darüber mit → *Brian Epstein* und Paul McCartney.

Sein Manuskript mit dem Titel »Up Against It« wurde ihm jedoch ohne eine Erklärung zurückgesandt – wohl, weil es »Sex, Skandale und four-letter words« enthielt. Am 12.4.1967 kaufte Oscar Lewenstein das Manuskript für 10 000 £ und eine 10%ige Beteiligung Ortons an seiner Firma Woodfall Productions. Im Mai 1967 lobte Lewenstein in einem Brief an → *Richard L*ester das Script in höchsten Tönen – ohne Erfolg. Am 9.8.1967 wurde (der homosexuelle) Orton von seinem Liebhaber Kenneth Halliwell ermordet. Bei seiner Beerdigung wurde »A Day In The Life« von den Beatles gespielt. – Die Premiere des Stückes fand dann am 17.10.1989 im New Yorker Public Theatre statt, mit der Musik von Todd Rundgren (LP »Nearly Human«, 1989). Das Stück wurde von → *BBC* Radio 3 am 21.9.1997 anlässlich des 30. Todestages von Orton neu produziert – u.a. mit Sylvia Sims, Prunella Scales und Leo McKern, der bereits im Beatles-Film »Help!« zu sehen war. Damon Albarn von Blur spielte George Harrison, Douglas Hodge John Lennon und Joe Fiennes Ringo Starr.

Lit.: Orton, Joe: Up Against It: A Screenplay For The Beatles (London 1979); Löcker, Ralf: Joe Orton: Up Against It. In: Beatlemania, Erfurt 5/1996, Seite 27–30.

OUR FIRST FOUR

Titel eines in der → *National Apple Week* (11.–18. August 1968) von → *Apple Records* erschienenen speziellen Box-Sets mit den ersten vier Singles des Labels (Beatles: »Hey Jude«/»Revolution«, → *Mary Hopkin*: »Those Where The Days«/»Turn! Turn! Turn! (To Everything There Is A Season)«, → *Black Dyke Mills Band*: »Thingumybob«/»Yellow Submarine« und → *Jackie Lomax*: »Sour Milk Sea«/»The Eagle Laughs At You«. Das Box-Set erhielten u.a. die Queen, die Queen Mother, Prinzessin Margaret und → *Harold Wilson*, der britische Premierminister. Die Queen Mother schrieb zurück und gab sich »stark berührt von dieser netten Idee der Beatles« und »sehr erfreut beim Hören dieser Schallplatten«.

OUR WORLD

Titel des ersten weltweit über Satellit übertragenen TV-Programms, ausgestrahlt am 25.6.1967. Insgesamt beteiligten sich 18 Fernsehstationen an der Veranstaltung, das Programm reichte von Opernaufführungen bis zu Zirkusvorstellungen. Aus dem Studio 1 der Londoner → *Abbey Road Studios* übertrug die → *BBC* die Aufnahmesession zu »All You Need Is Love«, mit den Beatles und zahlreichen befreundeten Musikern, u.a. Mick Jagger, Keith Richards, → *Marianne Faithfull*, → *Eric Clapton*, → *Michael McCartney*,

Gary Leeds (von den Walker Brothers), Keith Moon, → *Jane Asher*, → *Pattie Harrison* und Graham Nash (mit seiner Frau Rose) sowie einem dreizehnköpfigen Orchester unter der Leitung von Mike Vickers. Tony Bramwell hatte die Freunde, Musiker und Berühmtheiten der Londoner Szene ins Studio geholt. Verantwortlich bei »Our World« für die Verpflichtung der Beatles war Derek Burrell-Davis.

Da die Beatles drei Wochen vor dem Termin noch immer keinen Song fertig hatten, wurden Derek Burrell-Davis und auch → *Brian Epstein* langsam nervös. Aber sie schafften es, innerhalb von zehn Tagen war die Platte fertig, Produzent war wie immer → *George Martin*. Die Proben für die Übertragung begannen am 24.6.1967, am Vormittag gaben die Beatles eine Pressekonferenz. Die Übertragung wurde weltweit von ca. 400–500 Mill. Menschen gesehen.

***Lit.**: Turner, Steve: All You Need Is Love – The Beatles Dress Reherseal (Chorley/Lancashire 1997)*

OUTFAKES

Immer wieder tauchen auf → *Bootlegs* obskure Mixe von Beatles-Songs auf, die nichts anderes sind als isolierte Stereo-Kanäle, durch Zugabe von Phasing- und Halleffekten manipulierte Aufnahmen u.ä. technische Fälschungen. Sogar Gitarrensoli werden bisweilen hinzugefügt.

OWEN, ALUN DAVIES

Bühnenschriftsteller, Schauspieler und Regisseur, * 24.11.1925 in Menai Bridge/North Wales; Drehbuchautor des Films »A Hard Day's Night«. Owen, der sich selbst des Öfteren als »Liverpooler Waliser« bezeichnete, heiratete 1942 Mary O'Keefe. 1958 wurde sein erstes Stück, »Progress To The Park«, im Rundfunk gesendet, 1959 »No Trams To Lime Street« im Fernsehen. Er schrieb auch Stücke für Joan Littlewoods Schauspieltruppe und für das Dublin Theatre Festival. Im Oktober 1963 traf er sich mit den Beatles, Paul McCartney hatte wohl die Idee, und → *Brian Epstein* schrieb ihm einen Brief. Er verbrachte dann zwei Tage mit den Beatles auf einer Tournee in Irland, und → *Walter Shenson* nahm ihn mit nach Paris, wo die Beatles auftraten. → *Richard Lester* zum Drehbuch für »A Hard Day's Night«: »Das Buch war sehr clever geschrieben, so dass niemand allzu viel sagen musste, weil gleich wieder ein andrer drankam.« Trotzdem: Es wurde sogar für einen Oscar nominiert. Owen erhielt dafür 1200 £. Er machte sich wohl auch Hoffnungen auf das Drehbuch für einen zweiten Beatles-Film, aber Richard Lester hatte bereits Marc Behm und Charles Wood beauftragt. Owen schrieb später ein Musical auf der Basis des Liverpooler Folksongs → *Maggie May*, das im August 1964 in Manchester uraufgeführt wurde. † 6.12.1994.

P

PAAR, JACK

US-amerikanischer Varieté- und TV-Showmaster, Komiker und Schauspieler, * 1918. Er wuchs in Ohio auf, trat 1954 zum ersten Mal in der »Tonight Show« auf und übernahm diese Show 1957, die dann Anfang der 1960er Jahre in »The Jack Paar Show« bzw. »The Jack Paar Program« umbenannt wurde. Er zeigte im Januar 1964 als Erster die Beatles in einer amerikanischen Fernsehshow – allerdings nur in einem Film.

PACKAGE SHOW (PACKAGE TOUR)

In den 1950er und 1960er Jahren ein Konzert mit mehreren Bands und Solisten, die an einem Abend für jeweils eine halbe Stunde (oder auch weniger) zumeist zweimal auftraten – zumeist in Filmtheatern. Auch die Beatles unternahmen zu Beginn ihrer Karriere zahlreiche Package Tours, u.a. mit → *Helen Shapiro*, Red Price Band, The Honeys, Dave Allen und Danny Williams (2.2.1963–3.3.1963), → *Tommy Roe*/→ *Chris Montez* (9.3.1963–31.3.1963) und → *Roy Orbison* (18.5.1963–9.6.1963). Einer der Hauptveranstalter dieser Package Shows war → *Arthur Howes*. Die Package Show »Star Scene '65«, produziert von John Lyndon, zeigte diverse Acts von → *NEMS Enterprises Limited*.

PALMER, TONY

Der britische Journalist und Dokumentarfilmer drehte unter dem Titel »All My Loving« 1968 eine Fernsehdokumentation über die Beatles für → *BBC* Television, ausgestrahlt ab 31.10.1968. Er interviewte dafür am 23.5.1968 Paul McCartney und Ringo Starr. Im November 1969 erhielt er den Auftrag, eine autorisierte Biographie von John Lennon und → *Yoko Ono* zu schreiben. Allerdings gaben ihm die beiden nur sechs Tage Zeit. Er schaffte es und brachte 75 000 Wörter zu Papier – zuerst genehmigten sie es, dann lehnte Yoko Ono ab, weil »die Sterne nicht mehr günstig stehen«. 1971 erschien in London sein Buch »The Trials Of OZ«, gewidmet dem linken Magazin *Oz*, das einen angeblich obszönen Artikel über Schulkinder veröffentlicht hatte – die drei Hauptredakteure wurden daraufhin zu Freiheitsstrafen zwischen neun und fünfzehn Monaten verurteilt. Bekannt wurde Palmer dann mit seinem 1976 in New York erschienenen Buch »All You Need Is Love« (dt.: München 1977; St. Andrä-Wördern 1994) zur gleichnamigen 17-teiligen Fernsehserie zur Geschichte der Rockmusik.

PANORAMA

Aktuelle Fernsehsendung der → *BBC*, die am 30.3.1964 den Beatles und → *Brian Epstein* gewidmet war. Moderator war Richard Dimbleby. In dem Special liefen ein Interview mit Brian Epstein, ein kurzer Film über die Beatles, gedreht in einer Pause bei den Aufnahmen für »A Hard Day's Night« sowie Auftritte von → *Gerry and the Pacemakers*, Tommy Quickly, → *Cilla Black* und → *Sounds Incorporated*.

PAPERBACK WRITER

Song von John Lennon/Paul McCartney, aufgenommen am 13. und 14.4.1966, erstmals erschienen am 10.6.1966 auf Single (b/w »Rain«), am 9.12.1966 auf der LP »A Collection Of Beatles Oldies (But Goldies)«. Der Song verrät Einflüsse der Who und der → *Beach Boys*, im Hintergrund singen die Beatles das französische Kinderlied »Frère Jacques«. Zahlreiche → *Cover-Versionen*, u.a.

»Paperback Writer«/»Rain« (1966)

von Tempest, Lefty In The Right, The Hobos, Kris Kristofferson, The CT Beatles, The Hill/Wiltschinsky Guitar Duo, The Day Trippers, Sgt. Tepper's Lonely One Night Band, Bornagen, The Bee Gees, Peter Breiner and His Chamber Orchestra, The Beatles Double Group, Jive Bunny & The Mastermixers, Les Sauterelles (»Pauper bel gianter«), The Beattells, Canal Do und Hard Day's Night.

PARADE OF THE POPS

In dieser Radiosendung der → *BBC* hatten die Beatles am 20.2.1963 (12.30–13.30 Uhr) ihren ersten Live-Auftritt im Rundfunk. Moderator: Denny Piercy, Produzent: John Kingdon. Die Beatles spielten im Londoner Playhouse Theatre »Love Me Do« und »Please Please Me«.

PARLOPHONE RECORDS

Sub-Label der britischen → *EMI* (eigentlich Parlophone Company Limited; Label Manager: → *George Martin*), das vorrangig Pop-Produktionen veröffentlicht. Die Ursprünge gehen bis auf den deutschen Schallplattenpionier Carl Lindström zurück, der

Parlophone Records: frühe Cover-Version von »Yesterday« mit Matt Monro

in den 1920er Jahren das Label gründete. 1927 erwarb die British Columbia Graphophone von Lindström u.a. auch das Label Parlophone Records. In den 1930er Jahren erschienen auf Parlophone Records u.a. Aufnahmen von Nat Gonella, Duke Ellington und Richard Tauber. 1950 kam George Martin zu dem Label, das dann 1957 seinen ersten Nr.-1-Hit (von Adam Faith) hatte. Am 9.5.1962 hatte sich → *Brian Epstein* mit George Martin in den Studios getroffen (in George Martins Terminkalender steht der 13.2.1963), am gleichen Tag sandte er die Nachricht per Telegramm an die Beatles in Hamburg und die Redaktion der Zeitung *Merseybeat*. Am 4.6.1962 trat der Vertrag in Kraft. Am 6.6.1962 spielten die Beatles im Studio 3 der → *Abbey Road Studios* der EMI vor. Lt. Vertrag erhielt Parlophone Records im ersten Jahr 1 ½ Penny pro £ Umsatz, ab dem zweiten Jahr 4 ½ Penny. Produzenten waren George Martin und Ron Richards. Auf Parlophone Records erschien dann am 5.10.1962 die erste Single der Beatles (»Love Me Do«/»I Love You«). Erste Aufnahmen vom 6.6.1962 sind auf dem → *Bootleg* »Parlophone Audition Tape« enthalten. Mit den Beatles gelang es der EMI, endlich auch auf dem amerikanischen Markt Fuß zu fassen. Bis 1970 erschienen auf dem Label 22 Singles, 13 EPs und 13 LPs der Beatles (inkl. der Apple-Veröffentlichungen, die weiterhin Parlophone-Nummern trugen, da die Beatles ja bei EMI unter Vertrag standen). George Martin verließ 1965 Parlophone Records, neuer Chef wurde → *Norman Smith*. Das Label ist noch immer aktiv; zu den Künstlern der letzten Jahre gehören u.a. Blur, Kylie Minogue, Radiohead und Supergrass.

Lit.: Watzek, Uwe: Beatles For Sale – British Beatles Parlophone & Apple Records In The Sixties (Halle/S. 2004)

PARNES, LARRY

Manager, Talentsucher und Produzent aus Liverpool. Er entdeckte 1956 Tommy Steele und managte in den 1950er und 1960er Jahren u.a. → *Johnny Gentle*, Billy Fury, Duffy Power und Dickie Pride. → *Allan Williams* schickte die → *Silver Beatles* im Mai 1960 zu ihm, als er eine Vorband für eine Schottland-Tour von Billy Fury suchte. Das Vorspiel fand im Wyvern Social Club in Liverpool statt, am Schlagzeug saß → *Johnny Hutchinson*, da → *Tommy Moore* sich verspätet hatte. Die Beatles begleiteten dann allerdings Johnny Gentle durch Schottland – unter den Pseudonymen → *Carl Harrison* (nach → *Carl Perkins*), → *Paul Ramon*, → *Johnny Silver* und → *Stuart de Stael* (nach dem Maler Nicholas de Staël) – und mit Tommy Moore. Im November 1962 schrieb Parnes an → *Brian Epstein* und bot ihm an, eine Tour zu organisieren. Sie feilschten hin und her, aber die Tour kam nicht zustande. Parnes empfahl Epstein auch den New Yorker Rechtsanwalt → *Nat Weiss* und den Schneider → *Douglas Arnold »Dougie« Millings*. Epstein soll ihm sogar Anteile an den Beatles angeboten haben, aber

Parnes soll abgelehnt haben. † 30.7.1989 im Alter von 59 Jahren.

PARSONS, ALAN

* 20.12.1948. Der britische Tontechniker und Produzent arbeitete mit den Beatles an »Abbey Road« und bei den »Get Back«-Sessions und war »möglicherweise der erste Plattenproduzent, der mehr Anerkennung fand als die Künstler, die er produzierte« (*Rolling Stone*). In den → *Abbey Road Studios* arbeitete er u.a. auch mit Steve Harley and Cockney Rebel und Pilot. Für seine Arbeit an »The Dark Side Of The Moon« von → *Pink Floyd* wurde er 1973 für einen → *Grammy* als bester Toningenieur nominiert. 1975 gründete er mit dem Komponisten und Sänger Eric Woolfson die Band Alan Parsons Project, die 1976 mit »Tales Of Mystery And Imagination – Edgar Allan Poe« ihr erstes Album ablieferte. Eine Zeit lang managte er sogar die → *Abbey Road Studios*. 2001 war er mit → *Walk Down Abbey Road – A Tribute To The Beatles* – einer »Beatles-inspirierten Show« (*Rolling Stone* 9/2001) – auf Tournee.

PARTY SEACOMBE

Song von George Harrison, erstmals erschienen am 1.11.1968 auf der LP »Wonderwall Music«.

PAST MASTERS

Nachdem → *EMI* alle in Großbritannien erschienenen Beatles-LPs ab 1987 als CDs wiederveröffentlicht hatte, blieben einige Tracks von Singles und EPs übrig. In nahezu chronologischer Reihenfolge wurden unter dem Titel »Past Masters Vol. 1 & 2« (Vol. 1: 1962–1965; Vol. 2: 1965–1970) am 8.3.1988 auch die nur auf Singles erschienenen Songs, die von den LP-Fassungen differierenden Versionen von »Love Me Do«, »Get Back« und »Let It Be«, die Songs der EP »Long Tall Sally«, die beiden deutschsprachigen Songs, »Bad Boy« aus dem Jahre 1965 und der Original-Mix von »All Across The Universe« auf CD veröffentlicht. Am 24.10.1988 erschien diese → *Kompilation* auch als DoMC und DoLP. Die → *Bootleg*-CD-Serie »Past Masters« (Vol. 1–6, Japan 1997) enthält völlig andere Titel. Ende 2003 erschienen auf dem Label Pear die CDs »The Alternate Past Masters« Vol. 1 und 2.

PATHÉ NEWS

1894 bauten die Franzosen Emile Pathé (1860–1937) und Charles Pathé (1863–1957) den Edison-Phonographen nach, 1896 gründeten sie Pathé-Frères und kurz danach Pathé Cinema zur Produktion eigener Filme. 1909 starteten sie mit dem »Pathé Journal«, der ersten Wochenschau der Welt. Ab 1910 lief sie auch in den USA und zahlreichen anderen Ländern. Pathé Archives France ist heute eine der größten Sammlungen »bewegter Bilder« zur Zeitgeschichte. 1990 erschien in den USA bei Parkfield Entertainment eine Serie von 40 Videos mit den Pathé-Wochenschauen der Jahre 1930 bis 1969. Die Videos für 1963 bis 1969 enthalten interessantes Material zu den Beatles, so von der Verleihung der Variety Club Awards als »Show Business Personalitiy Of 1963« am 19.3.1964, der Ankunft und der Pressekonferenz der Beatles auf dem New Yorker John F. Kennedy Airport und ihrer Rückkehr nach London (inkl. Pressekonferenz) 1964, der Entgegennahme eines Preises von → *Radio Caroline* bei den Dreharbeiten zu »Help!« 1965, der Verleihung des → *MBE* am 26.10.1965 im Londoner Buckingham Palace, der Ankunft von der Tournee durch den Fernen Osten 1966, Bilder von Lennons Auto und von → *Weybridge* aus dem Jahr 1967, dem Aufenthalt der Beatles in → *Rishikesh* im Frühjahr 1968 und der Hochzeit von Paul und → *Linda McCartney* am 12.3.1969. Weiteres

Material enthält das 1990 erschienene Video »The Road«. Den Wochenschau-Bericht vom 20.11.1963 über einen Auftritt der Beatles in Manchester enthält das Video »Terry O'Neill: His England, His Ireland« (1990). Auch das Video »Yesterday – The Beatles« und die Fernsehsendung »Pop Gear« enthalten Material der Wochenschauen. – In Deutschland ist inzwischen »Fox Tönende Wochenschau« als Video erhältlich – ebenfalls mit zahlreichen Beatles-Bezügen.

PAUL'S CHRISTMAS ALBUM/RECORD
Vielleicht die seltenste Beatles-Platte, aufgenommen 1965 von Paul McCartney als Weihnachtsgeschenk für die anderen drei Beatles und →*Jane Asher*, überreicht am 30.12.1965. Nur vier Exemplare wurden hergestellt. Paul tritt auf der LP als Conférencier, Sänger und Komödiant auf. Oder doch nur eine der zahlreichen Beatles-Legenden?

PAUL IS DEAD
1. Im Oktober 1969 rief Louis Yagger, ein Beatles-Fan, bei der Radiostation WKNR in Detroit an und machte den DJ Russ Gibbs auf Hinweise aufmerksam, die belegen sollten, dass Paul McCartney am 9.11.1966 bei einem Autounfall ums Leben gekommen und durch einen gewissen William Campbell ersetzt worden sei, der zuvor mehrere McCartney-look-alike-Wettbewerbe gewonnen hätte. Von Campbell fehle seitdem jede Spur. Yagger und weitere »Forscher«, darunter der Journalist Fred LaBour, führten zahlreiche »Beweise« an. So fehle seit dieser Zeit bei Paul McCartney eine kleine Narbe auf der Oberlippe. Die Beatles sind auf dem Cover der LP »Abbey Road« beim Verlassen eines Friedhofes zu sehen, John im Anzug eines Geistlichen, Ringo in der Kluft eines Leichenbestatters (wurde allerdings aufgrund des schwarzen Anzugs auch als naher Verwandter interpretiert), George als Totengräber. Paul ist barfuß – bei der Mafia ein Indiz für den Tod, er ist aus dem Gleichschritt und trägt als notorischer Linkshänder die Zigarette in der rechten Hand. Paul später: Das »lag nur am warmen Wetter und daran, dass ich um die Ecke von Abbey Road in St. Johns Wood wohnte.« (*Rolling Stone* 8/2004) Auf einem 2003 in den USA erschienenen »Abbey Road«-Poster ist die Zigarette wegretuschiert, was aber mehr mit der Anti-Tabak-Kampagne zu tun hatte. Das Nummernschild des weißen VW Käfer (»Beetle«) mit der Zulassungsnummer LMW 28 IF, der John Lennon gehörte, wurde interpretiert als: → *Linda McCartney*, Widow (Witwe), Paul McCartney würde im nächsten Jahr (1970) 28, wenn er noch leben würde. Weitere Indizien: Am Ende des Songs »Strawberry Fields Forever« sagt John: »I buried Paul.« (Ich habe Paul vergraben/begraben.) Oder vielleicht wirklich nur »Cranberry Sauce«, wie Paul später korrigierte. Das »one and one and one is three« in »Come Together« könnte bedeuten, dass es nur noch drei Beatles gibt. Das »number 9, number 9« in »Revolution # 9« ergibt, rückwärts gespielt »turn me on, dead man«. Innerhalb der Klangcollage ist Reifenquietschen zu hören, das auf einen Verkehrsunfall deuten könnte – wie der am rechten Straßenrand stehende schwarze Polizeiwagen mit Blaulicht. Auch das Cover von »Sgt. Pepper« zeigt eine Beerdigung. Die roten Blumen auf dem Grab bilden das Wort »Beatles«, die gelben eine Linkshändergitarre. Die Aufschrift »O.P.D.« auf Pauls Uniform wurde als »Officially Pronounced Dead« (Offiziell für tot erklärt) gedeutet (sie bedeutete jedoch »Ontario Police Department«). 1969 veröffentlichte die amerikanische Nachrichtenagentur UPI eine Story über die Forschungsergebnisse eines Toningenieurs aus Florida, der herausgefunden haben wollte, dass auf ver-

schiedenen Aufnahmen der Beatles drei verschiedene McCartneys singen. Yagger und andere Fans fanden immer mehr »Beweise« ... Letztendlich waren diese Storys jedoch lediglich weitere Zeichen für das nahe Ende der Beatles als Gruppe. Paul ging damit gelassen um: »Ich lebe, es geht mir gut, und ich kümmere mich nicht um Gerüchte über meinen angeblichen Tod. Aber wenn ich tatsächlich tot wäre, wäre ich der Letzte, der davon wüsste.« (1969) Paul lieferte dann 1993 mit dem Album »Paul Is Live« noch einmal »Beweise«, dass er lebt: Der geparkte VW Käfer auf dem Cover trägt das Nummernschild »51 IS«, d.h. Paul ist mittlerweile 51. Der Polizeiwagen am rechten Straßenrand, der auf einen Unfall deuten konnte, ist nicht mehr da, Paul trägt Schuhe und hat die Augen weit geöffnet (d.h. er lebt), sein Fuß berührt nur den weißen Streifen ... Auf dem Höhepunkt der »Paul Is Dead«-Gerüchte (1969) gab es sogar eine Single von The Mystery Four mit den Titeln »The Ballad Of Paul« und »The Ballad Of Paul (Follow The Bouncing Ball)«. Brandon Toropov listet in seinem Buch »Wer war Eleanor Rigby« 20 nicht ganz ernst gemeinte »Indizien« auf, die darauf hindeuten könnten, dass alle vier Beatles in den frühen sechziger Jahren unter mysteriösen Umständen ums Leben kamen und bereits zu Beginn ihrer Karriere durch Doppelgänger ersetzt wurden.

2. Der Berliner Regisseur Hendrik Handloegten, Jahrgang 1968, drehte 1998 im Auftrag des ZDF einen Fernsehfilm mit dem Titel »Paul Is Dead« (Buch & Regie: H. Handloegten, Kamera: Florian Hoffmeister, Produzenten: Stefan Arndt und Maria Köpf, Schnitt: Monica Smith, Darsteller: Sebastian Schmidtke, Vasko Scholz, Martin Reinhold u.a., X FilmeCreative Pool GmbH, dffb-Filme, 75 min) – als Abschlussarbeit an der Deutschen Film- und Fernsehakademie Berlin. Die Story der fiktionalen Detektivgeschichte um den vermeintlichen Tod Paul McCartneys: Der 13-jährige Beatles-Fan Tobias (Sebastian Schmidtke) entdeckt im August 1980 in einer deutschen Kleinstadt den weißen VW-Käfer, der auf dem Cover der LP »Abbey Road« abgebildet ist (übrigens der Original-»Käfer« – eine Leihgabe von VW). Der Käfer-Fahrer, ein Engländer, muss Paul McCartneys Mörder sein! Wenig später, der ominöse Engländer ist inzwischen nach New York gereist, wird John Lennon ermordet ... Der Film lief bereits mehrmals im Fernsehen, so am 8.12.2000 im ZDF (Premiere), am 10.12.2000 und am 21.12.2000 in arte und am 26.12.2002 in 3sat. Der Film erhielt 2000 beim Max Ophüls Festival in Saarbrücken den Preis des saarländischen Ministerpräsidenten, 2001 erhielt Hendrik Handloegten dafür den Adolf-Grimme-Preis.

3. 1993 berichtete das amerikanische Magazin *Screen International*, dass unter diesem Titel in den USA ein neuer Film geplant sei, Regie: Allison Anders. Allison Anders (* 16.11.1954 in Ashland/Kentucky, hatte 1989 ihren ersten Film gedreht (»Border Radio«). Die Story des geplanten Films: Eine junge Frau flüchtet sich aus ihrem Elternhaus, in dem sie sexuell missbraucht wird, in Tagträume mit Paul McCartney. Letzterer gab sein O.K. zu dem Film. Die Hauptrolle sollte Amanda De Cadenet spielen, für die Rolle des Paul war Hugh Grant vorgesehen. Als der jedoch absagte, war auch das Filmprojekt geplatzt. Allison Anders war 1999 international erfolgreich mit dem Film »Sugar Town« (mit Kurt Voss).

4. Berliner Band, mit einer → *Cover-Version* von »She Said She Said« vertreten auf der → *Kompilation* »Give 'em A Chance – A Tribute To John Lennon (2005).

Lit.: Reeve, Andru J.: Turn Me On, Dead Man – The Complete Story of the Paul McCartney Death Hoax (Ann Arbor/Mich. 1994); Patterson, R. Gary: The Wal-

rus Was Paul – The Great Beatle Death Clues (New York 1996); Lev, Bruce: Billy Shears – A Secret History Of The Beatles (Pittsburgh 2002) • *www.paul-is-dead.com*

PAUL McCARTNEY PRODUCTIONS LIMITED
→ *MPL Communications Limited.*

THE PAUL McCARTNEY SPECIAL
Ende August 1986 von der → *BBC* ausgestrahlte Sendung, wiederholt am 30.12.1986. Im Dezember 1987 erschien das Special auch als Video (Video Collection International Ltd, 60 min). Auch wenn die Promotion der gerade aktuellen LP »Press To Play« breiten Raum einnimmt – das Special enthält auch zahlreiche Interviews, Session-Mitschnitte und andere Clips zu den Beatles.

PEACE FOR CHRISTMAS
Am 15.12.1969 gaben John Lennon und → *Yoko Ono* im Londoner Lyceum (Wellington Street/Strand) ein UNICEF-Benefiz-Konzert, begleitet von einer All-Star-Band, die dann zur → *Plastic Ono Band* wurde – mit George Harrison. So spielten zum ersten Mal seit dem letzten Live-Konzert am 29.8.1966 (→ *Candlestick Park*) bzw. 30.1.1969 (→ *Rooftop Concert*) zwei Beatles wieder live zusammen.

PEDERSON, LILIAN INGRID MARIA
→ *Lennon, Victoria Elizabeth.*

PEEL, DAVID
Seit 1967 spielte David Peel als Straßenmusiker in New York. Seine erste Band hieß Yellow Banana, später dann The Lower East Side; mit ihr spielte er häufig bei Demonstrationen Anfang der 1970er Jahre. Das erste Album, das u.a. den Genuss von → *Marihuana* propagierte, kam auf den Index und wurde im Radio nicht gespielt. Nach einer zweiten

David Peel & The Apple Band: Bring Back The Beatles (1990)

LP, die durchweg schlechte Kritiken bekam, hörten John Lennon und → *Yoko Ono* den Musiker und Sänger 1971 zufällig im Washington Square Park und verpflichteten ihn für → *Apple Records*. John Lennon sang gelegentlich mit ihm live, u.a. bei einem spontanen Aufmarsch auf der Second Avenue. Gemeinsam mit ihm und Jerry Rubin initiierten John Lennon und Yoko Ono Anfang Dezember 1971 die Rock Liberation Front (RLF), die die »Ausschlachtung der Rockkultur« beenden sollte. Am 28.4.1972 erschien seine LP »The Pope Smokes Dope« (Der Papst kifft), produziert von John Lennon und Yoko Ono, die bei einigen Songs auch mitsingen, auf dem Apple-Label. Ein Song heißt »The Ballad Of New York City, John Lennon/Yoko Ono«. Peel tauchte bisweilen auch im Umfeld von Elephant's Memory auf. Seine »Apple Band« und die »Super Apple Band« sind eine »naive Parodie auf die Beatles« (Christian Graf). David Peel ist ein Unikum der Popszene, ein »kurioses Relikt aus den 60er Jahren« (→ *Rolling Stone*). 1977 nannte er eine LP »Bring Back The Beatles« (nach einem Song, der bereits auf der LP »An Evening With David Peel«, rec. live 1.1.1975 The Hotel Diplomat, New York, erschienen war), mit Songs wie »The Beatles Pledge Of Allegiance«, »The Wonderful World Of Abbey Road«, »Apple Beatle Foursome«, »The Ballad Of James Paul McCartney« und »Keep John Lennon In America«. 1980 folgte die LP »John Lennon For President«, an der John Lennon und Yoko Ono als Produzenten mitwirkten; auch auf späteren LPs finden sich Songs mit Beatles-Bezügen, so u.a. »John Lennon Forever« (CD »The Battle For New York«, 1994). 1980 erschien auf dem Label Orange die 7"-Picture Disc »The David Peel Interview«, mit einem John-Lennon-Interview, wahrscheinlich aus dem Jahre 1972. Teile des Interviews befinden sich auf »John Lennon: A Day On The Radio« (NBC), »John Lennon For President« (Orange) und »The John Lennon Interview« (Orange). 2003 erschien auf dem japanischen Label Captain Trip Records eine 16-CD-Box »David Peel & The Lower East Side: Rock'n'Roll Outlaw – The Apple & Orange Recordings« – mit allen Alben ab 1972 plus Bonusmaterial, Interviews mit John Lennon und Yoko Ono u.a. 2005 war er zum Flower Power Festival nach Freiberg eingeladen, kam aber nicht. Seine Begründung: »Es ist hart für mich, an einem Flower Power Festival teilzunehmen, während in Europa und Nahost Menschen von politischen und terroristischen Kräften als unschuldige Opfer abgeschlachtet werden. Ich will nicht so blind sein wie einst die Beatles während des Vietnam-Krieges.« (*Beatlemania* 5/2005)

PEEL, JOHN

*30.8.1939 in Heswall/Cheshire als John Robert Parker Ravenscroft in Heswall, Cheshire/GB. Britischer Kult-DJ und -Moderator bei der → *BBC*, legendärer Talentescout für neue musikalische Trends und Bands, »Pate des globalen Underground« und »der wichtigste Musikerzieher der Moderne« (*Die Welt* 28.10.2004). Entdeckt wurde er Anfang der 1960er Jahre in Dallas, Texas. Peel ahmte die Liverpooler Aussprache nach und galt in Texas »als eine Art Ersatz-Beatle«. John Peel in einem Interview: »Als die Beatles kamen, habe ich kurzzeitig einen Job als Beatles-Experte gekriegt, nur weil ich aus der gleichen Gegend der Welt kam wie sie. Da bin ich auf der Straße von Fans verfolgt worden. Nur weil ich aus Liverpool komme! Ich bin mit einem DJ in einen Laden gegangen, wo wir ein paar Beatles-Platten verschenken wollten. Wir dachten, dass da so 50, 60 Leute auftauchen würden, Dann waren so 3500 Leute da – und fast alles junge Mädchen. Als der DJ mich dann vorstellte und sagte: ›Das ist unser Freund aus Liverpool‹ und mich fragte, wie lange ich schon in Dallas bin, sagte ich: ›Dreieinhalb Jahre.‹ Nur weil ich ›half‹ mit einem britischen Akzent ausgesprochen habe, sind die durchgedreht, die haben den ganzen Laden auseinander genommen. Danach wurde ich jedes Mal, wenn ich in die Innenstadt ging, von Scharen junger Mädchen verfolgt. Da bin ich natürlich so oft wie möglich in die Innenstadt gegangen. Aber ich habe damals Rhythm'n'Blues gehört und wußte gar nichts über die Beatles.« (*Spex* 12/2004) Nach vier Jahren Radio in Texas und Californien zurück in Großbritannien, arbeitete er ab März 1967 für den Piratensender → *Radio London*, der von einem Schiff auf der Themse aus sendete, (anfangs) als Top 40 Disc-Jockey. Hier präsentierte er als einer der Ersten Bands wie → *Pink Floyd*, Velvet Underground und Soft Machine. Seine Show »The Perfumed Garden«, die nur drei Monate lang ausgestrahlt wurde, machte die britischen Radio-Hörer mit Underground-Musik bekannt – sie war »eine Art Audio-Bulletin für die Gegenkultur« (Robert Chapman in »Selling The Sixties

– The Pirates And Pop Music Radio«, London/ New York 1992). John Peel favorisierte auch die Beatles. Nach dem Verbot der Piratensender ging er 1967 zur BBC bzw. zu Radio One, wo er die Show → *Top Gear* moderierte. Er galt als erster Verfechter und glaubwürdiger Kenner amerikanischer Populärmusik. Am 11.12.1968 interviewte er John Lennon und → *Yoko Ono* zu ihrer LP »Unfinished Music No. 1 – Two Virgins« für die Sendung »Night Ride« der BBC, in der auch Auszüge der LP gesendet wurden. Anfang der 1970er Jahre gründete er sein Label Dandelion Records, wo er u.a. Kevin Coyne und T. Rex förderte. Ein Auftritt bei den legendären Peel Sessions (dokumentiert auf der gleichnamigen Schallplattenreihe) bedeutete für viele Bands den Durchbruch. Jonathan Green interviewte ihn für sein Buch »Days In The Life: Voices From The English Underground 1981–1971« (London 1988). Seine »John Peel Show« war in Deutschland im Soldatensender BFBS, im Freien Radio Stuttgart und beim Potsdamer Radio Eins zu hören. In seinen letzten Jahren präsentierte John Peel z.B. im BBC World Service jede Woche für die ganze Welt »a personal choice of the latest sounds«. Bei BBC Radio 4 arbeitete er für die populäre Gemischtwarensendung »Home Truths«. Zuletzt hatten seine Radio-Shows den höchsten Anteil von unter 16-jährigen Hörern bei der BBC insgesamt. Er war Officer des Order of the British Empire (OBE) und kam bei einer Umfrage nach den berühmtesten Briten immerhin auf Platz 43. Der → *New Musical Express* verlieh ihm 1994 den Titel »Godlike Genius«. † 26.10.2004 in Czco/Peru an einer Herzattacke. »Es fehlen die John Peels: Musikverrückte, die sich sicher sind, dass eine Platte, die sie selber umhaut, auch verlorene Teenager in diesen Tagen aus den Nike-Schuhen schubst.« (*Die Welt* 28.10.2004). *Spex* (12/2004) in einem Nachruf: »Seine Radiosendungen und die auf Schallplatten veröffentlichten Mitschnitte seiner ›John Peel Sessions‹ waren zahllosen Musikliebhabern die ›Räuberleiter zum Tellerrand‹.« Für den *Rolling Stone* (12/2004) war er »Der letzte DJ« bzw. »der größte, wichtigste, einflußreichste und bedeutendste Radio-DJ aller Zeiten«, für den → *NME* gar »das gottgleiche Genie«. 2006 gab seine Frau Sheila Ravencroft die → *Kompilation* »The Pig's Big 78's – A Beginner's Guide« heraus.

Lit.: Heatley, Michael: John Peel – A Life In Music (London 2004; London 2005); Wall, Mick: John Peel (London 2004; London 2005); Peel, John: Margrave Of The Marshals – The Official Autobiography (London 2005) • www.bbc.co.uk/radio/johnpeel/index.shtml

THE PEGGY SPENCER FORMATION DANCING TEAM

Die Tanztruppe tritt im großen Finale des Films »Magical Mystery Tour« auf, wo die Beatles »Your Mother Should Know« singen. Mit dabei: zwei Dutzend weibliche Kadetten der Royal Air Force. Die Aufnahmen erfolgten am 24.9.1967 auf der West Mailing Air Station in Maidstone, Kent. Paul McCartney: »Das war der Set, der den größten Teil des Budgets verschlang.«

THE PENGUIN JOHN LENNON

Da John Lennon seinen am 24.6.1965 unterschriebenen Vertrag für ein drittes Buch, das im Februar 1966 erscheinen sollte, nicht erfüllte, erschien 27.10.1966 eine Zusammenfassung seiner beiden Bücher → *In His Own Write* und → *A Spaniard In The Works*, benannt nach dem Verlag Penguin Books Ltd in Harmondsworth, Middlesex/GB. Eine deutsche Ausgabe, »gedeutscht« von Helmut Kossodo und Wolf D. Rogosky, erschien unter dem Titel »in seiner eigenen schreibe« 1981 im Rowohlt Taschenbuch Verlag, Reinbek b. Hamburg als rororo-Taschenbuch 4832.

PENINA

Song von Paul McCartney, geschrieben, als er in Portugal im Urlaub war – »Penina« war der Name seines Hotels; aufgenommen von Carlos Mendes in Portugal und am 18.7.1969 auf einer Single auf dem Label → *Parlophone Records* (b/w »Wings Of Revenge«) erschienen. 1970 gab es eine → *Cover-Version* der niederländischen Band Jotte Herre. Paul hatte übrigens vergessen, den Song bei → *Northern Songs Limited* anzumelden.

PENNY LANE

Song von John Lennon/Paul McCartney, aufgenommen am 29. und 30.10.1966 und am 4., 6., 9., 10., 12. und 17.1.1967, erstmals erschienen am 17.2.1967 auf Single – für → *George Martin* neben »Strawberry Fields Forever« (der Rückseite der Single) die beste Aufnahme der Beatles. Ursprünglich für die LP »Sgt. Pepper's Lonely Hearts Club Band« geplant, plädierte → *Brian Epstein* für eine Veröffentlichung auf Single, weil die Beatles zu lange nicht in den britischen Charts gewesen seien. Die Beatles besingen eine kleine Straße in Liverpool, oder genauer gesagt den Smithdown Place am Ende der Straße. Heute ist die Straße ein Wallfahrtsort der Beatles-Fans; das Straßenschild, immer wieder entwendet, wird längst nicht mehr erneuert ... 2005 gab es sogar Pläne für ein Besucherzentrum. »The shelter in the middle of the roundabout«, früher eine Bushaltestelle, ist heute ein Café. Die »bank« und der »barbershop« sind von hier aus noch immer zu sehen. Das Solo auf der Piccolo-Trompete bläst David Mason. Paul McCartney hatte ihn am 11.1.1967 in dem → *BBC*2-Programm »Masterworks« mit einer Interpretation von Bachs »Brandenburgischem Konzert Nr. 2 in D-Dur« mit dem English Chamber Orchestra in der Guildford Cathedral gehört und wusste plötzlich, welcher Sound ihm noch

Penny Lane, Liverpool

für »Penny Lane« fehlte. Er summte George Martin das Motiv vor, der es aufschrieb und am nächsten Tag David Mason anrief und ihn für den 17.1.1967 engagierte. In den USA erschienene Promo-Singles enthalten am Schluss eine weitere, sieben Noten lange Mason-Passage. Diese Version des Songs erschien erst auf den »Rarities«. Als 1997 der Original-Textentwurf des Songs in Tokyo versteigert werden sollte, verhinderte Paul McCartney das gerichtlich. Sein Argument: Der Verkäufer sei nicht berechtigt, den Text auf einer Auktion anzubieten. 2002 wurde allerdings eine handschriftliche Notiz, in der Paul McCartney zwei Zeilen aus dem Song zitiert, für ca. 2160 £ versteigert. Penny Lane heißt übrigens auch das von Kate Hudson gespielte Groupie in dem Film »Almost Famous« (Regie: Cameron Crowe), der die Geschichte eines → *Rolling Stone*-Journalisten schildert. Zahlreiche → *Cover-Versionen*, u.a. von The Canadian Brass, Sinners, The Wilson Malone Voice Band, Paul Mauriat, Rundfunk-Tanzorchester Berlin, Erich Kunzel Cincinnati Pops Orchestra feat. The King's Singers, Udo Lindenberg (»Reeperbahn«), The CT Beatles, Twist And Shout, Wonderwall, Bläck Fööss, The Day Trippers, Pavel Sedláček & Rudolf Rokl Orchestra, Les Boréades, Munich Symphonic Sound Orchestra (MSSO), The Mike Sceptre Singers With The London Starlight Orchestra, Sting, Men At Work, Bornagen, Peter Breiner and His Chamber Orchestra,

The Hollyridge Strings, World Party, James Last, The RRSO Symphony Orchestra, Electric Sound Orchestra (d.i. Martial Martinay), David Michael Cass, The Ray Hamilton Orchestra, Count Basie, The King's Singers, John Egniz Connection (Wolfgang Zinke), Göran Söllscher, Chantal und Leo Brouwer/ Ichiro Suzuki.

PEOPLE AND PLACES

Fernsehmagazin von Granada Television, in dem The Beatles am 17.10.1962 (18.35 Uhr) ihr Fernsehdebüt hatten – mit »Love Me Do« und »Some Other Guy«. Die Show wurde in Manchester aufgenommen, Moderator war Gay Byrne, Produzent Johnny Hamp.

PEPITA

Ungarische Schallplattenfirma, auf dem Label erschienen u.a. die LPs »Please Please Me« und »A Hard Day's Night«. Auf dem ungarischen Label Favorit erschien außerdem die LP »Yellow Submarine«.

PEPPER!

Beatles-Revue am Freiburger Theater (Schauspielhaus Kurbel) in Freiburg i.B. nach dem Album »Sgt. Pepper's Lonely Hearts Club Band«, Regie: Stefan Huber, Uraufführung 27.1.2001. Unter dem gleichen Titel lief in Rheinfelden/Schweiz im Jahre 2000 ein Musiktheater-Projekt.

PEPPERLAND

Komposition von → *George Martin*, erschienen am 17.1.1969 auf der LP »Yellow Submarine«.

PEPPERLAND LAID WASTE

Komposition von → *George Martin*, erschienen am 17.1.1969 auf der LP »Yellow Submarine«.

THE PEPPERLAND SUITE

Komposition von → *George Martin*, erschienen 1998 auf der CD »In My Life« (George Martin), bestehend aus den Titeln »Pepperland«, »March Of The Meanies«, »Sea Of Monsters« und einer »Pepperland«-Reprise. Die Musik stammt aus dem »Yellow Submarine«-Soundtrack.

PERKINS, CARL

*9.4.1932 in Tiptonville, Tenn./USA als Carl Lee Perkings, amerikanischer Sänger, Gitarrist und Songwriter, einer der Initiatoren des Rock'n'Roll, stand aber immer im Schatten von → *Elvis Presley*, der mit Perkins' Komposition »Blue Suede Shoes« einen seiner ersten Hits hatte. 1955 erschienen seine ersten Aufnahmen, 1956 hatte er einen ersten Hit mit »Blue Suede Shoes«. Die Beatles, die ihn als eines ihrer wichtigsten Vorbilder ansahen (insbesondere George Harrison), coverten von ihm »Matchbox« (1964), »Everybody's Tryin' To Be My Baby« (1964), »Honey Don't« (1964) und »Sure To Fall (In Love With You)« (→ *Decca*-Vorspiel am 1.1.1962, → *BBC*-Sendung → *Pop Go The Beatles* am 1.6.1963) und überwiesen ihm dafür einen Scheck über 50 000 $. Bei den Aufnahmen zu »Matchbox« am 1.6.1964 war Perkins selbst in den → *Abbey Road Studios* anwesend. Am 13.9.1969 nahm die → *Plastic Ono Band* im Varsity Stadium in Toronto/Kanada für die LP »The Plastic Ono Band – Live Peace In Toronto 1969«, erschienen am 12.12.1969, den Song »Blue Suede Shoes« auf. Im Februar 1981 waren Carl Perkins und Paul McCartney zusammen in den Air Studios in Montserrat, Aufnahmen dieser Sessions sind bisher nicht aufgetaucht. Paul McCartney hatte Perkins als special guest auf seiner LP »Tug Of War« (1982). Als 1986 unter dem Titel »Blue Suede Shoes: A Rockabilly Session With Carl Perkins And Friends« ein Carl-Perkins-Special für das Fernsehen gesendet wurde, waren auch George Harrison und Ringo Starr dabei (aufgenommen am 21.10.1985, mit Eric Clapton, Dave Edmunds, auch als DVD: »Carl Perkins & Friends: A Rockabilly Session«). Und auch als Carl Perkins bei der Party zum 21. Geburtstag des Londoner Hard Rock Cafes auftrat, kam George Harrison auf die Bühne und sang mit ihm »Everybody's Tryin' To Be My Baby«. Auf seiner CD »Go Cat Go!« gelang ihm 1996 sogar das Kunststück, alle vier Beatles zu versammeln – Paul McCartney, George Harrison und Ringo Starr singen mit ihm diverse Duette, und die Technik machte's möglich, dass auch John Lennon dabei war. † 19.1.1998 in Jackson/Mississippi nach mehreren Gehirnschlägen. Bei der Trauerfeier in der Womack Memorial Chapel der Lambuth University in Jackson/Tenn. am 23.1.1998 spielte George Harrison eine akustische Version von »Your True Love« – sein letzter öffentlicher Auftritt. Im Frühjahr erwarb Paul McCartneys → *MPL Communications Limited* mit Carl Perkins Music die Publikationsrechte an 23 Carl-Perkins-Songs. 2003 erschien in der Reihe MPL saMPLer Series eine CD »The Legendary Songs Of Carl Perkins«.

PETER AND GORDON

Das britische Gesangsduo → *Peter Asher* und Gordon Waller (* 4.6.1945 in Braemar, Grampian/GB) nahm am 21.1.1964 den Song »A World Without Love« (John Lennon/Paul McCartney, veröffentlicht auf einer Single am 28.2.1964), am 15.6.1964 den Song »Nobody I Know« (John Lennon/Paul McCartney, veröffentlicht auf einer Single am 29.5.1964), Anfang August 1964 den Song »I Don't Want To See You Again« (Paul McCartney, rec. Anfang August 1964, veröffentlicht auf einer Single am 11.9.1964), im Januar 1966 den Song »Woman« (Paul McCartney als Bernard Webb bzw. A. Smith) und am 22.9.1966 »If I Fell« (John Lennon/Paul McCartney) auf. Die Verbindung kam zustande, weil Paul McCartney in Peters Schwester → *Jane Asher* verliebt war. Im Dezember 1965 trat das Duo in der Fernsehsendung »The Music Of Lennon And McCartney« auf, und am 26.6.1966 in der Hamburger → *Ernst-Merck-Halle* im Vorprogramm der Beatles im Rahmen der Bravo-Blitz-Tournee. Nach einigen weiteren Hits (u.a. »Lady Godiva«, 1967) trennten sich Peter and Gordon 1968. Waller versuchte 1968–1970 erfolglos eine Solokarriere und kehrte in einen »ordinären« Beruf zurück, Peter Asher wurde A&R-Manager bei → *Apple Records*. 2005 standen sie erstmals wieder gemeinsam auf der Bühne – bei einem Benefizkonzert für Mike Smith, Sänger und Keyboarder der Dave Clarke Five, in New York.

Discogr.: *(Auswahl) Peter And Gordon (1964; 1999 digital remastered als CD), A World Without Love (1964), Greener Days (1964), I've Had Better Times (1964), In Touch With Peter And Gordon (1964), I Don't Want To See You Again (1964), I Go To Pieces (1965), True Love Ways (1965), Hurtin' Is Lovin' (1965), Peter & Gordon Sings & Plays The Hits Of Nashville (1966), Woman (1966), The Best Of Peter And Gordon (1966), Peter And Gordon's Greatest Hits (1966), Somewhere (1966), Lady Godiva (1967), Knight In Rusty Armour (1967), In London For Tea (1967), Hot, Cold And Custard (1968), Hits Of British Pop Vol. 8 (1972), Stars Of The Sixties: Peter & Gordon (1977), The Hits And More (1986), The EP Collection (1995), The Best Of The EMI Years, The Best Of Peter & Gordon (1990), The Ultimate Collection (2001)*

PETERSEN, JOANNE

* als Joanne Newfield, → *Brian Epsteins* persönliche Assistentin von 1965 bis zu dessen Tod. Nachdem Epstein ab August 1966 fast ausschließlich von seinem Haus in der Chapel Street aus arbeitete, hatte sie als Einzige engeren Kontakt zu ihm. Sie heiratete später Colin Petersen, den Schlagzeuger der → *Bee Gees*, und ging mit ihm nach Australien, wo sie sehr erfolgreich als Geschäftsführerin

eines Schallplatten- und Musikverlages arbeitete.

PHENMETRAZIN

→ *Preludin.*

PICKFAIR FILMS LIMITED

Am 21.12.1964 von → *Brian Epstein* und George »Bud« Ornstein (in den 1960er Jahren Statthalter von United Artists in London) gegründete Filmproduktionsfirma. Das Unternehmen kaufte z.B. im Juni 1965 die Rechte an »A Talent For Loving«, einem dritten, für 1966 geplanten Film mit den Beatles, von → *Richard Condon*, der jedoch nicht realisiert wurde. Ornsteins Tochter Susan heiratete → *Neil Aspinall.*

PICKLES, THELMA

Mitte der 1950er Jahre Studentin am → *Liverpool College of Art*, wo sie sich im Alter von 16 Jahren in John Lennon verliebte, der sie zärtlich »Thel« nannte. Die Beziehung dauerte allerdings nur sechs Monate, wahrscheinlich, weil sie nicht bereit war, Johns Launen zu tolerieren. Johns nächste Freundin war dann → *Cynthia Powell.* Thelma Pickles heiratete später den Dichter Roger McGough (*9.11.1937) von der Band → *The Scaffold*; nach der Scheidung wurde sie in London Producerin der TV-Sendung »Blind Date«, bevor sie nach Neuseeland auswanderte.

PICO

Das »Starclub-Musical« von Joachim »Daddes« Gaiser (Musiker und Rundfunkredakteur aus Reutlingen) wurde am 10.4.1997 im Hamburger Delphi Musik-Theater uraufgeführt, u.a. mit Volkan Baydar (Pico), Isabel Varell, David Hanselmann, Volker Hinkel, Beatrice Murmann, Joachim »Daddes« Gaiser, Peter Freudenthaler und viel Musik – u.a. von den Beatles (aus der Konserve) und den Rattles (live). Im April 1997 erschien das Musical auch auf einer CD in einer »Papp-Falt-Klapp-Box« (Label: New Line). »Pico« ist eine historische Figur: Salvatore Martens alias Pico war als Roadie, Ansager, Pausenfüller und Kellner die gute Seele vom → *Star-Club.*

PICTURE DISC

(Bildschallplatte) Eine aus transparenter Pressmasse hergestellte Schallplatte mit Bild- bzw. grafischen Motiven. Sie besteht aus einer inneren Kunststoffscheibe, auf die beidseitig die bedruckten und kreisrund ausgestanzten Papierflächen mit dem Bildmotiv aufgelegt werden. In die darauf aufgebrachten Kunststoffseiten werden die Rillen gepresst. Bei einem zweiten Verfahren werden auf schwarzes Vinyl Bilder aufgeprägt (erkenntlich am schwarzen Rand). Die ersten Picture Discs gab es bereits in den 1930er Jahren, das Patent wurde bereits 1928 in den USA erteilt. Picture Discs (LPs, SPs, EPs) sind heute begehrte Sammlerobjekte.

Eine Sonderform stellen Picture Discs in von der runden Form abweichenden Varianten (→ *Shaped Discs*) dar. Inzwischen gibt es auch Picture Disc-CDs. Von den Beatles existiert eine Vielzahl von Picture Discs – legal und illegal. 1991 erschienen z.B. die Singles der Beatles als »The Beatles 20th Anniversary Picture Discs«. Das italienische Label Bulldog Records veröffentlicht → *Bootleg*-Picture Discs, die einem besonderen Datum gewidmet sind, z.B. 100 Jahre Eiffelturm (Paris 20.6.1965). Auch »Thank Your Lucky Stars«, »The Beatles Fan Club Tapes Vol. 1« und andere CDs – darunter auch die Singles »Free As A Bird« und »Real Love« – erschienen inzwischen als Picture Discs. Die 3-CD-Box »Rock Report« (KRB Music Companies, USA 2001) versammelt Interviews.

PIGGIES

Song von George Harrison, aufgenommen am 19. und 20.9. und 10.10.1968, erstmals erschienen am 22.11.1968 auf der LP »The Beatles« (»Weißes Album«). Eine Sozialsatire, zu der sich George durch einen Ausspruch seiner Mutter inspirieren ließ. Die Szene bezog den Titel später natürlich auf die Polizisten. In den Song wurden natürliche Geräusche von Schweinen eingebaut. Das Cembalo spielt Produzent Chris Thomas. Zahlreiche → *Cover-Versionen*, u.a. von R.A.M. Pietsch, Theo Bikel und Les Boréades.

PILCHER, NORMAN

Detective Sergeant, Londoner Polizeibeamter, der am 12.3.1969 die Rauschgift-Razzia in George Harrisons Haus in → *Kinfauns* leitete, die mit Georges Verhaftung endete. John Lennon wurde daraufhin am 28.11.1968 zu einer Geldstrafe von 150 £ verurteilt. Das war der Grund dafür, dass später sein US-Visum nicht verlängert wurde und er einen Ausweisungsbeschluss erhielt. Pilcher versuchte auch, → *Donovan*, → *Eric Clapton*, Mick Jagger und → *Marianne Faithfull* den Besitz von Rauschgift nachzuweisen. Er setzte all seine Energie daran, »harmlose, bekiffte Rockstars die ganze Macht des Gesetzes spüren zu lassen« (*Rolling Stone* 2/2003). 1996 wurde in der Fernsehdokumentation »The Beatles Anthology« berichtet, dass Pilcher von Richter Malford Stevenson 1972 wegen gefälschter Beweisführung zu einer zweijährigen Gefängnisstrafe verurteilt und unehrenhaft aus dem Dienst entlassen wurde.

PILGRIM THEATER LIMITED

Ein weiteres Unternehmen des Beatles- bzw. → *Brian Epstein*-Imperiums, gegründet am 28.4.1964, Direktor: Brian Epstein.

PILZKOPFFRISUR

Die legendäre Frisur der Beatles ist keine Erfindung der Fotografin → *Astrid Kirchherr*, die die Beatles 1960 in Hamburg kennen lernte, wie oft vermutet wird. Die Beatles erhielten ihre Frisuren im Friseursalon »Harry« in der Davidstraße, zuerst George Harrison und → *Stuart Sutcliffe*, dann auch John Lennon und Paul McCartney. Astrid Kirchherr: »Damals habe ich Jean Cocteau sehr bewundert. In einem seiner Filme hatte sein Lieblingsschauspieler, Jean Marais, so eine Frisur. Ich bin mir sicher, dass sich Cocteau dabei von den alten Griechen hat inspirieren lassen.« In dem Film »Le Testament d'Orphée« hatte Marais den Ödipus gespielt – mit dieser Frisur. Nach einer anderen Version, u.a. von John Robertson und → *Barry Miles* kolportiert, soll → *Jürgen Vollmer* in Paris John Lennon und Paul McCartney im Oktober 1961 überredet haben, ihre Haare nach vorn zu bürsten. Bald gehörte die Frisur der »fabulous moptops« jedenfalls zum Gruppenlook, und gerade diese Homogenität der Beatles war eine entscheidende Ursache ihres Erfolges.

PINK FLOYD

1965 in Cambridge gegründete Band, die dann in der Besetzung David Gilmour (voc, ld-g; Nachfolger von Syd Barrett), Roger Waters (b-g, voc), Rick Wright (p) und Nick Mason (dr) zum Schrittmacher des elektronischen Rock avancierte. 1967 produzierte → *Norman Smith*, der mit → *George Martin* bis zu »Rubber Soul« (1965) die LPs der Beatles aufgenommen hatte, ihre LP »Piper At The Gates Of Dawn«, die oft mit »Sgt. Pepper's Lonely Hearts Club Band« verglichen wird. Pink-Floyd-Biograph Nicholas Schaffner: »Piper bietet im Überfluss studiotechnische Zaubereien, die der Trickkiste der Fab Four entnommen wurden, vor allem das künstliche Doppeltracking des Gesangsparts, das bei Barrett noch häufiger eingesetzt wurde als bei Lennon und McCartney und das nicht unwesentlich zur entrückten Atmosphäre der Platte beitrug. Smith entlockte auch Nick Masons Snaredrums jene unverwechselbaren dumpfen Klänge, die er und Martin bereits aus Ringo Starrs Schlagzeug hervorgezaubert hatten – und zwar durch den Einsatz von Geschirrtüchern als Dämm-Material.« Am 18.1.1967 wurde Paul McCartney von Granada TV für die Sendung »Scene Special« am 7.3.1967 ausführlich zu Pink Floyd interviewt (→ *Bootleg*-LP »Psychodelic Games For May«, Snap, 1996). Ende April 1967 besuchten Paul McCartney, George Harrison und Ringo Starr, die in den → *Abbey Road Studios* gerade an der LP »Sgt. Pepper's Lonely Hearts Club Band« arbeiteten, ihre Kollegen im Nachbarstudio. Paul McCartney soll den Jungs auf die Schulter geklopft und ihnen gesagt haben, »sie würden es schon schaffen« (Nicholas Schaffner). → *Barry Miles*: »In meinen Gesprächen mit ihm hat sich McCartney immer überzeugt gezeigt, dass es eine neue Synthese aus elektronischer Musik und Studiotechniken und Rock'n'Roll geben würde. Für ihn waren die Beatles nicht das richtige Vehikel dafür. Aber Pink Floyd, meinte er, waren genau das, worüber wir gesprochen hatten.« Und Peter Jenner, erster Pink-Floyd-Manager, ergänzt: »Ich bin sicher, dass die Beatles uns kopierten. Genau wie wir kopierten, was wir von der anderen Seite des Flurs hörten!« Bei der → *14-Hour Technicolor Dream* am 29.4.1967 in der Great Hall des Alexandra Palace trat neben Pink Floyd auch → *Yoko Ono* auf, John Lennon war im Publikum. Das Video »The Pink Floyd London 1966–1967« dokumentiert das Event.

www.floydian.de

PINWHEEL TWIST

Komposition Paul McCartneys für → *Pete Best* aus frühen Beatles-Zeiten, interpretiert bei zahlreichen Live-Auftritten: Paul saß dann am Schlagzeug, George spielte Pauls Linkshänder-Bass rechtshändig und Pete sang.

PIRATENSENDER

→ *Radio Caroline*, → *Radio City*, → *Radio England*, → *Radio London*, → *Voice Of Peace*.

Lit.: Roth, Wolf-Dieter: Piratensender – Geschichte und Praxis (Baden-Baden 2004)

PLASTIC ONO BAND

(Beinahe) imaginäres Bandprojekt von John Lennon und → *Yoko Ono*, bestehend aus → *Eric Clapton* (g), → *Klaus Voormann* (b), → *Alan White* (dr), Yoko Ono (voice) und John Lennon (voc, g) – und »jedem, der zu der Zeit gerade im Raum war« (John Lennon). So zeigte die erste Anzeige der Band eine zufällig herausgerissene Seite aus dem Telefonbuch (die Jones), mit dem Text »Ihr seid die Plastic Ono Band«. Am 4.7.1969 erschien die erste Single »Give Peace A Chance«/»Remember Love«, am 20.10.1969 folgte »Cold Turkey«/»Don't

Plastic Ono Band: »Give Peace A Chance«

Worry Kyoko (Mummy's Only Looking For A Hand In The Snow)« – beide produziert von John Lennon und Yoko Ono. Als die Presse zur Vorstellung der ersten Single erschien, standen vor ihnen lediglich eine Anzahl in Kunststofffolie verpackter Tonbandgeräte. Am 12.12.1969 erschien die LP »The Plastic Ono Band – Live Peace in Toronto 1969«, aufgenommen am 13.9.1969 im Varsity Stadium von Toronto/Kanada, produziert von John Lennon und Yoko Ono. Auf dem Cover befindet sich ein Bild von Yves Klein mit dem Titel »Blue«. Am 6.2.1970 erschien die Single »Instant Karma! (We All Shine On)«/»Who Has Seen The Wind?« von John Ono Lennon with The Plastic Ono Band. Nach der Auflösung der Beatles erschienen zahlreiche weitere Aufnahmen, auch unter den Namen → *Plastic Ono Supergroup,* John Lennon and The Plastic U.F.Ono Band und The Plastic Ono Nuclear Band, so am 11.12.1970 John Lennons erste Solo-LP »John Lennon/Plastic Ono Band« – »Lennons bestes und erstaunlichstes Soloalbum«. (*Rolling Stone* 2/2003) Zu den Musikern gehörten dann u.a. auch Ringo Starr (dr), → *Billy Preston* (p, keyb), Nicky Hopkins (p, keyb), King Curtis (sax), Jim Keltner (dr) und Hugh McCracken (g).

PLASTIC ONO SUPERGROUP

Imaginäres Bandprojekt von John Lennon und → *Yoko Ono* analog zur → *Plastic Ono Band*, mit wechselnden Besetzungen. Beim Wohltätigkeitskonzert »Peace for Christmas« der UNICEF am 15.12.1969 im Londoner Lyceum Ballroom in Covent Garden traten unter diesem Namen John Lennon, Yoko Ono, George Harrison, → *Eric Clapton*, → *Klaus Voormann*, → *Delaney & Bonnie*, → *Alan White*, Bobby Keys (s), Jim Price (tp), → *Billy Preston* und Keith Moon (The Who) auf – 25 Minuten lang, mit lediglich zwei Songs – »Cold Turkey« und »Don't Worry Kyoko«. Für John Robertson war es immerhin »einer der erschütterndsten Momente der Rock-Geschichte«. Alan White: »Die Leute waren wohl absolut verblüfft, dass 15 bis 18 Musiker und zwei Schlagzeuger auf der Bühne standen. Wir spielten nur auf dem Riff herum, steigerten und steigerten und erreichten dann den Höhepunkt. Es war aufregend.« Ein Mitschnitt des Konzertes erschien 1972 auf dem Doppelalbum »Some Time In York City«.

PLAYBOY

1953 in Chicago als Playboy Enterprises, Inc. (PEI) gegründetes und heute börsennotiertes internationales Multimedia-Entertainment-Unternehmen mit allein in den USA 720 Beschäftigten. Das Magazin *Playboy* (Verleger: Hugh Hefner – Alterspräsident; Chairman & Chief Executive Officer: Hugh Hefners Tochter Christie Hefner) für »alles, was Männer anmacht« (Eigenwerbung) hat in den USA eine Auflage von 3 Mill. Exemplaren (weltweit 4,5 Mill.) und erscheint in 18 weiteren Ländern (u.a. auch mit einer deutschen Ausgabe bis Ende 2002 im Bauer-Verlag, neuer Lizenznehmer: der Burda Verlag, Chefredakteur: Stefan Schmortte). Im III. Quartal 2002 wurden von der deutschen Ausgabe nur ca. 160 000 Exemplare (1998: 245 020) verkauft. Im Februar 1965 veröffentlichte der Playboy ein erstes Interview mit den Beatles. Im Februar 1970 wurden Paul McCartney als weltbester Bassgitarrist und John Lennon und Paul McCartney als weltbeste Songwriter in die »Playboy Hall of Fame« aufgenommen. Bereits 1969 hatte der *Playboy* eine entscheidende Rolle bei der Entstehung des Filmes → *Self Portrait* gespielt. Im Dezember 1973 landeten John Lennon, seine Geliebte May Pang, Harry Nilsson und Cher in Hefners Haus in Los Angeles. Im Januar 1981 erschien im *Playboy* ein großes Interview mit John Lennon und → *Yoko Ono*,

Beatlemania im »Playboy«: Report über John Lennon und die Beatles (Buchausgabe)

das im Dezember 1981 bei Playboy Press in New York und bei der English Library in London auch in Buchform erschien (1994 auch als CD-ROM). Der Reporter David Sheff hatte im September 1980 drei Wochen in Lennons Gesellschaft verbracht und Material für das Interview gesammelt. → *Polydor* veröffentlichte am 5.12.1983 mit Yoko Onos Zustimmung unter dem Titel »Heart Play – Unfinished Dialogue« eine Platte mit 40 min Ausschnitten aus diesem Interview. Im Dezember 1981 wählte das Magazin Paul McCartney erneut zum besten Bassisten. Im März 1984 veröffentlichten David und Victoria Sheff einen Beitrag »The Betrayal Of John Lennon« im *Playboy*. Themen waren Fred Seamans Diebstahl der Lennon-Tagebücher und -Demos aus dem Dakota Building und die zahlreichen Drohungen, die Yoko Ono und → *Sean Lennon* seit John Lennons Tod erhielten. Zum 50. Geburtstag des Magazins erschien 2003 in der Collection Rolf Heyne der Band »Playboy 1954–2004«.

Lit.: William F. Spencer: Das war John Lennon. Alles über ihn und die Beatles (München 1980, Playboy Report); Sheff, David; Golson, Barry (ed.): The Playboy Interviews With John Lennon And Yoko Ono (New York 1981; London 1981); Sheff, David: Last Interview. All We Are Saying – John Lennon & Yoko Ono (London 2000, 2001; dt.: Die Ballade von John und Yoko – Das letzte große Interview, St. Andrä-Wördern 2001); • www.playboy.com; www.playboy.de

PLEASE MR. POSTMAN

Song von Brian Holland/Robert Bateman/Berry Gordy Jr., gesungen 1961 von The Marvelettes, von den Beatles aufgenommen am 30.7.1963, erstmals erschienen am 22.11.1963 auf der LP »With The Beatles«.

PLEASE PLEASE ME

1. Erste (offizielle) LP der Beatles, erstmals erschienen am 22.3.1963. Zehn der vierzehn Songs wurden an einem Tag – dem 11.2.1963 – in neun Stunden und 45 Minuten in den → *Abbey Road Studios* aufgenommen – eine ungewöhnlich kurze Produktionszeit. Die Bezahlung der vier Musiker war eher mager: 14 £ und 10 Shilling (damals ca. 90 €) erhielt jeder Musiker. Die LP, aufgenommen in → *Twin-Track Stereo*, enthält acht eigene Titel – so viel hatte noch nie eine Band zuvor auf einem Album – und sechs → *Cover-Versionen*. → *George Martin* später: »Um ihren Erfolg zu konsolidieren, brachte ich sehr schnell ein Album auf den Markt, und da konnte ich nur so viele Songs aus ihrem vorhandenen Repertoire aufnehmen wie möglich.« Aufgrund der großen Nachfrage veröffentlichte → *Parlophone Records* wöchentlich weitere Auflagen. Sechs Wochen nach der Veröffentlichung steht das Album am 4.5.1963 auf Platz 1 der UK-Charts. George Martin hatte ursprünglich den Titel »Off The Beatle Track« vorgeschlagen. Das berühmte

Foto der Beatles auf der Treppe im Londoner → *EMI*-Haus stammt von Angus McBean († 9.6.1990 im Alter von 86 Jahren). 2002 erschien in Frankreich als → *Bootleg* »The Alternate Please Please Me« – als CD 1 der 5-CD-Box »Quelque chose de nouveau«.

2. Song von John Lennon/Paul McCartney, aufgenommen am 26.11.1962, erstmals erschienen am 11.1.1963 auf Single (die inzwischen bereits für ca. 1500 £ gehandelt wird), am 11.2.1963 auf der gleichnamigen LP und am 6.9.1963 auf der EP »The Beatles' Hits«. Zahlreiche → *Cover-Versionen*, u.a. von Petula Clark (»Tu perds ton temps«), Los Mustang, Billy Lee Riley (harm), Barock And Roll Ensemble, The Liverpools, The Manchesters, The Hollyridge Strings, The George Martin Orchestra, The Chipmunks, Hemp, Bornagen, The Swallows, The Kestrels, Jive Bunny & The Mastermixers, Mary Wells, The CT Beatles, The Mini Beatles, The Crickets, Die Team Beats (»Susi«), The Bandit Beatles, Houdini Band, Unlimited Beat, Welsh National Orchestra, The Beattells, The Punkles, Chantal, Fausto Leali and his Novelty, Orchester Bert Kaempfert und Tony Bolton.

Lit.: Moltmaker, Azing: The Album Collection Vol. 1 – Please Please Me (Alkmaar 1999)

POLYDOR

Dt. Schallplattenlabel, gegründet – ursprünglich nur für den Export – 1924, das in den 1950er und 1960er Jahren den deutschen Schlager so dominierte, dass *Der Spiegel* 1963 in einer Titelgeschichte vom »Kartell der Schlagermacher« schrieb. Bei Polydor, die damals in Hamburg (Harvestehuder Weg 1–4, heute: Alte Rabenstraße 31) residierte, erschienen im Juli/August 1961 noch unter dem Namen → *Tony Sheridan* bzw. Tony Sheridan and The Beat Brothers die erste Single – »My Bonnie«/»The Saints (When The Saints Go Marching In)« und im April

Die Beatles auf dem Label Polydor

1962 die erste EP der Beatles (in Frankreich, in Deutschland erst 1963) – Letztere mit den Titeln »My Bonnie«, »Why«, »Cry For A Shadow« und »The Saints (When The Saints Go Marching In)«. Am 4.12.1961 besuchten Londoner Vertreter von Polydor → *Brian Epstein* in Liverpool, um eine Veröffentlichung in Großbritannien zu besprechen. Am 5.1.1962 erschien die Single dann auch in Großbritannien (wiederveröffentlicht am 24.5.1963 und am 21.2.1964) – jetzt bereits unter dem Namen The Beatles; in den USA erschien sie erst am 23.4.1962 auf → *Decca* (Tony Sheridan and The Beat Brothers). Der Vertrag mit den Beatles lief eigentlich bis zum 12.5.1962, → *Bert Kaempfert* stimmte jedoch am 3.3.1962 in einem Schreiben an Brian Epstein einer vorzeitigen Entlassung aus dem Vertrag zu – Polydor dürfte diese Entscheidung später bedauert haben. Nicht zuletzt deshalb feierte Polydor → *The Bee Gees* beim Erscheinen von dessen erster Single im April 1967 als »die auffälligsten Talente seit den Beatles«. Das Gesamtwerk der Kooperation Tony Sheridan/The Beatles – insgesamt 38 Titel – erschien allerdings nicht auf Polydor, sondern 2001 unter dem

Titel »The Beatles with Tony Sheridan: beatles bop – hamburg days« auf Bear Family Records (2 CDs + 100-seitiges Booklet, Text: Hans Olof Gottfridsson, im Album-Format). Die Box enthält alle 38 Versionen aus den »Polydor Years« – Stereo- und Mono-Versionen, nachträglich von US-Studiomusikern veränderte bzw. ergänzte Fassungen, abweichende Aufnahmen mit neuem Text und geschnittene Medley-Ausgaben. Nach diversen Übernahmen und Umbenennungen (u.a. in PolyGram und Polydor International) heißt Polydor seit 1999 offiziell »Polydor – A Division of Universal Music«. Die Geschichte des Labels dokumentiert u.a. die Box »Sinfonie der Sterne« (8 CDs und eine DVD mit Hits der 1920er bis 1990er Jahre, Bear Family Records, 2001). 2002 verlegte das Label seinen Sitz von Hamburg nach Berlin. Polydor vertreibt heute in Deutschland u.a. die Produkte von Koch Entertainment bzw. Koch Records, dem New Yorker Label, bei dem Ringo Starr seit 2003 unter Vertrag ist.

***Lit.:** Greve, Bettina: Sternenhimmel. Die Chronik einer deutschen Schallplattenmarke (St. Andrä-Wördern 2001); Günther, Manfred; Lotz, Günter: Ein Name wie Musik. Die Polydor Singles 1953–1970 (Hambergen 2001)*

POLYTHENE PAM

Song von John Lennon/Paul McCartney, aufgenommen am 25. und 28.7.1969, erstmals erschienen am 26.9.1969 auf der LP »Abbey Road«. Der Song wurde ursprünglich mit »She Came In Through The Bathroom Window« als ein Song aufgenommen. Der Song ist Teil des Medleys auf der zweiten Seite der LP, einige lockere Sätze von John Lennon leiten zu »She Came In Through The Bathroom Window« über. Die Anregung zu dem Song lieferte der Londoner Beat-Poet → *Royston Ellis*, der John Lennon auf Guernsey (eine der Kanal-Inseln) seine Freundin Stephanie vorstellte, die ganz in durchsichtiges Polyäthylen gekleidet war. John, Ellis und zwei Mädchen sollen dann eine Nacht in einem Bett zugebracht haben. John: »Pervertierter Sex in einem Polyäthylen-Sack.« Nach einer anderen Version ließ sich John zu dem Song von Pat Dawson (Spitzname »Polythene Pam«) inspirieren, mit der er eine kurze Beziehung hatte. Zahlreiche → *Cover-Versionen*, u.a. von Booker T. and the MG's, Mike Westbrook Band, Devil's Rubato Band und The Lenny Pane.

POP GEAR

Inspiriert vom Erfolg des British Beat, filmte die Filmgesellschaft Associated British-Pathé 1963 eine Reihe von Auftritten bekannter Bands, DJ Jimmy Savile sprach dazu einige verbindende Worte. Regisseur des 68-minütigen Films, gezeigt ab 18.4.1965, war Frederick Goode. Die Beatles sangen »She Loves You« und »Twist And Shout« live in Manchester (rec. am 20.11.1963 für → *The Beatles Come To Town*). Zu den Mitwirkenden gehörten zahlreiche weitere Acts – zum größten Teil aus → *Brian Epsteins* »Stall«: → *Billy J. Kramer with The Dakotas* (»Little Children«), Tommy Quickly (»Humpty Dumpty«), → *The Fourmost* (»A Little Loving«), → *Sounds Incorporated*, The Honeycombs, → *Peter and Gordon* (»World Without Love«), The Spencer Davis Group, Herman's Hermits und The Rockin' Berries. In den USA wurde der Film später als »Go Go Mania« wiederveröffentlicht.

POP GO THE BEATLES

Titel einer fünfzehn Wochen laufenden 30-minütigen Radio-Show im Light Programme der → *BBC* vom 4.6. bis 24.9.1963, in der die Beatles jeweils am Dienstagabend zusammen mit Gästen auftraten – die erste Radioshow der Beatles. Sie wurde in den BBC Paris Studios in der Lower Regent Street und im Studio 2 der BBC Aeolian Hall in der New Bond Street ab 24.5.1963 aufgenommen.

Ein Teil der Songs ist inzwischen auf der DoCD »Live At The BBC« und diversen → *Bootlegs* erschienen (u.a. »At The Beeb«, Vol. 2 & 3). Moderator war Rodney Burke, Produzent Lee Peters (erste vier Shows) und Terry Henebery, assistiert von Ian Grant. Der Titel der Show stammt von Francis Line, nachdem Vernon Lawrence der BBC bereits am 30.4.1963 eine Sendung mit dem Titel »Beatle Time« vorgeschlagen hatte. Die Beatles sangen in dieser Show insgesamt 56 Songs, davon 25, die nicht auf Schallplatten erschienen sind. Guest stars waren u.a. The Lorne Gibson Trio, The Countrymen, Carter-Lewis and the Southerners und The Bachelors. Die erste Sendung hörten 5,3 % der Jugendlichen über 14 Jahren, d.h. fast 3 Mill. Hörer.

POP PROFILE

Programm der → *BBC* Mitte der 1960er Jahre, auf 7"-Platten (33 1/3 Upm), den so genannten BBC Transcription's Series, weltweit vertrieben. Ziel war, den persönlichen Hintergrund von »top personalities from the world of popular music« mit deren eigenen Worten darzustellen. Am 30.11.1965 interviewte → *Brian Matthew* John Lennon und George Harrison für »Pop Profile«, am 2.5.1966 folgten Paul McCartney und Ringo Starr.

POSTER

Die Pop-Kultur ist auch eine Poster-Kultur, und so gibt es auch von den Beatles zahlreiche Poster. Der Posterversand Close Up (www.closeup.de) bietet z.B. das Filmposter »Help!«, ein (italienisches?) Poster zu »Let It Be«, Poster zu »Yellow Submarine« und mit dem »Abbey Road«-Motiv an, ferner ein Konzertplakat der Beatles zu einem Auftritt im → *London Palladium*, John Lennon solo und fünf Poster mit »Mersey Beat«-Covers – natürlich ausnahmslos Nachdrucke. Die Originale sind mittlerweile unerschwinglich. Neben diesen »Zweitverwertungen« bereits bekannter Motive entwarfen auch bekannte Künstler spezielle Beatles-Poster. → *Linda McCartney* stellte eines ihrer Fotos für ein Greenpeace-Poster zur Verfügung. Die Kunstvermittlung Köln bot in den letzten Jahren ein Beatles-Poster des Fotografen John C. Desaint und ein John-Lennon-Poster von Bob Gruen an, Die Edition Olms AG in Zürich veröffentlichte das Poster »The Beatles Story« von Peter von Bartkowski. Auch fünf der Fotos von Linda McCartney und einige Fotos von → *Astrid Kirchherr* sind als Poster erhältlich. Auch diverse Posterbooks mit herausnehmbaren Postern der Beatles sind im Angebot einschlägiger Verlage.

Lit.: Farren, Mick: Get On Down – A Decade Of Rock And Roll Posters (London 1976); The Beatles – 24 Posters (Surrey 1983); Grushkin, Paul: The Art Of Rock: Posters From Presley To Punk (New York 1987, Zürich 2005); Grushkin, Paul; King, Dennis: Art Of Modern Rock (New York, Zürich 2004)

POVEY, BILL

Britischer Jazzmusiker (ts, tb). Am 6.2.1968 war er mit den Saxophonisten → *Ronald »Ronnie« Scott*, → *Harold »Harry« Klein* und → *Bill Jackman* an den Aufnahmen zu »Lady Madonna« beteiligt, erstmals erschienen am 15.3.1968 auf Single. Auch bei den Aufnahmen zu »Revolution« am 21.6.1968 war er dabei.

POWELL, CYNTHIA

→ *Lennon, Cynthia*.

PRE FAB!

»Exzellente Kopplung von Songs, die die Beatles in ihrer Frühphase gecovert haben« (Milestone), als CD auf dem Label Conoisseur erschienen. U.a. mit Chan Romero (»Hippy Hippy Shake«), Larry Williams (»Dizzy Miss Lizzy«), → *Little Richard* (»Ooh My Soul«), Arthur Crudup (»That's Alright Mama«), Carl Perkins (»Glad All Over«), Barrett Strong (»Money«), Little Eva (»Keep Your Hands Off My Baby«), The Marvelettes (»Please Mr. Postman«), Smokey Robinson (»You Really Got A Hold On Me«) und The Top Notes (»Twist And Shout«).

PRELLIES
→ *Preludin.*

PRELUDIN
Handelsname für Phenmetrazin, das zu den Amphetaminen gehört – ein Appetitzügler, der zusammen mit Coffein als Aufputschmittel wirkt. Das Mittel ist seit 1954 auf dem Markt, seit 1956 jedoch nur noch auf Rezept erhältlich. Die Beatles nahmen besonders bei ihren Auftritten in Hamburg Anfang der 1960er Jahre große Mengen »Prellies« in diversen »Cocktails«, z.T. mit Captogen, zu sich, die sie sich in Apotheken besorgt hatten, um täglich mehrere Stunden spielen zu können. John Lennon nannte die Pillen auch »beans« (Bohnen). Hinter der Bar des → *Star-Club* hing lange Zeit ein Foto John Lennons, Unterschrift: »John Lennon, King of Prelo«.

PRESLEY, ELVIS
*8.1.1935 in East Tupelo/Mississippi, † 16.8.1977 in Memphis/Tennessee. Der »King of Rock'n'Roll« war ein Idol der Beatles. John Lennon war bereits als Kind Elvis-Fan, inspiriert von seiner Mutter. Seine Halbschwester → *Julia Baird* erinnert sich: »Manchmal sahen wir, wie Mummy und John zu den Klängen von Elvis' Hits durch die Diele tanzten. Dabei wurde immer ›Hound Dog‹, ›Heartbreak Hotel‹, ›Jail House Rock‹ und ›Teddy Bear‹ aufgelegt.« Und: »Von dem Augenblick an, in dem meine Mutter zum ersten Mal eine Elvis-Platte für John auflegte, war er der Musik hoffnungslos verfallen.« John: »Bevor Elvis kam, gab es nichts. Elvis brachte mich dazu, Platten zu kaufen. Seine frühen Sachen habe ich immer für die besten gehalten. Es war definitiv Elvis, der in mir die Begeisterung für die Beat-Musik erweckte.« In → *Pop Go The Beatles* sangen die Beatles drei → *Cover-Versionen* des »King«: »I Got A Woman«, »I'm Gonna Sit Right Down And Cry (Over You)« und »That's All Right (Mama)«. John Lennon sang am 29.6.1963 in »Juke Box Jury« seine Version von »Devil In Disguise«. Im gleichen Jahr outete sich Paul McCartney in der Sendung »Juke Box Jury« als Elvis-Presley-Fan. Am 9.2.1964 schickten Elvis und Colonel Parker den Beatles vorab ein Glückwunschtelegramm zu ihrem Auftritt in der → *Ed Sullivan Show*, am 17.2.1964 rief der Colonel noch einmal → *Brian Epstein* an – in gleicher Sache, und am 24.8.1964 trafen sich beide im vornehmen Beverly Hills Hotel von Los Angeles zum Essen. Am 18.2.1964 hatten sich die Beatles in einem Autokino in Miami den Film »Fun In Acapulco« angesehen. Am 31.8. oder 1.9.1964 rief Paul McCartney vom Atlantic City Hotel Elvis an. Dieser und sein Manager schickten den Beatles diverse Geschenke, ohne dass sie sich bis dahin persönlich begegnet waren. Ringo Starr: »Obwohl wir ihm noch nicht begegnet waren, betrachteten wir uns als gute Freunde und bewunderten gegenseitig, was wir taten.« In ihrem Song »Run For Your Life« verwendeten die Beatles 1965 zwei Textzeilen aus Elvis Presleys Neuaufnahme des Bluesklassikers »Baby, Let's Play House« von 1955. Auf der Doppel-CD »Live At The BBC« singt Paul McCartney »That's Allright Mama«. Am 21.4.1965 sandte Brian Epstein Presley ein Telegramm und gratulierte ihm im Namen der Beatles zum zehnjährigen Jubiläum

im Musikgeschäft. Am 27.8.1965 besuchten die Beatles dann Elvis Presley in seinem Haus in Perugia Way in Bel Air, Los Angeles/Calif. Das Treffen hatte der britische Journalist Chris Hutchins arrangiert. John: »Es gab nur einen Menschen in den USA, den wir wirklich kennen lernen wollten.« Dabei soll Elvis nach einiger Zeit gesagt haben: »Okay, Jungs, wenn ihr hier nur rumsitzt und mich anstarrt, dann gehe ich ins Bett.« Verbürgt ist dieser Satz allerdings nicht. Elvis holte dann ein paar Gitarren und sie jammten zusammen zu alten Elvis-Platten, insbesondere zu »You're My World« (Paul spielte Piano, Elvis Bass) – besagen Gerüchte, verbürgt ist auch das allerdings nicht. Als die Beatles drei Stunden später gingen, lud sie Elvis noch nach Memphis ein. Von dem denkwürdigen Treffen existieren vier Fotos, die entstanden, als die Beatles wieder abfuhren. Sie sind in dem Buch »Beatles '65« von Joseph A. Tunzi (Chicago 2002) enthalten. John Lennon später: »Ohne Elvis hätte es die Beatles nicht gegeben.« Brian Epstein schickte Colonel Parker dann aus GB ein Shetland-Pony als Dank für das Treffen. Am 19.8.1966, als die Beatles in Memphis/Tennessee spielten, versuchte John Lennon noch einmal, Elvis Presley zu treffen. Der gleiche Presley hat dann allerdings seinen Präsidenten Richard Nixon schriftlich gewarnt, dass die Beatles »eine echte Quelle anti-amerikanischen Geistes« seien. Auch als er sich am 21.12.1970 mit Nixon im Oval Office des Weißen Hauses traf, sagte er zu Nixon: »Nun, Sir, diese Beatles sind sehr unamerikanisch, außerdem nehmen sie Drogen.« Paul McCartney hatte später Einblick in diese Gesprächsprotokolle. Am 30.1.1970 erlebten Ringo Starr und seine Frau Elvis »in concert« in Las Vegas, anschließend traf er sich mit Presley. In dem Dokumentarfilm »Elvis – That's The Way It Is« (USA 1970, 126 min, Regie: Denis Sanders), gedreht bei den Proben und Auftritten des »King« im International Hotel in Las Vegas, singt er ein Medley aus »Little Sister« und »Get Back«. Paul McCartney, im Januar 1982 gefragt, welche Platte er auf eine einsame Insel mitnehmen würde, nannte u.a. »Heartbreak Hotel«. Scotty Moore, einst Elvis Presleys Gitarrist, betreute 1970 als Toningenieur die Aufnahmen zu Ringo Starrs zweiter Solo-LP (»Beaucoups Of Blues«). An den Aufnahmen waren auch The Jordanaires beteiligt. Elvis Presley coverte von den Beatles »Get Back«, »Yesterday«, »Something« und »Hey Jude«. John Lennons Kommentar zum Tode von Elvis Presley: »Elvis starb, als er zur Army ging.« Im September 1999 wurden zwölf Schellackplatten aus dem Besitz Lennons versteigert, u.a. »Jailhouse Rock«, »Heartbreak Hotel« und »Hound Dog« von Elvis Presley. Im Oktober 1999 kam bei einer großen Auktion in Las Vegas u.a. auch die Korrespondenz zwischen Elvis Presley und den Beatles unter den Hammer, u.a. ein Telegramm, in dem der »King« den Beatles für ihren Auftritt in der Ed Sullivan Show viel Glück wünschte. Auch George Harrison berichtet in seiner Autobiographie »I Me Mine« über eine persönliche Begegnung mit dem Sänger. Auf dem Label Best Seller Records erschien das → *Bootleg* »Elvis Meets ... The Beatles«. 2002 veröffentlichte J.A.T. Publishing in Chicago als Beilage zu dem Buch »Beatles '65« eine 5"-CD mit dem Titel »Elvis Sings Beatles Songs« mit den Titeln »Something«, »Hey Jude«, »Little Sister«/»Get Back«, »Lady Madonna« und »Yesterday«/»Hey Jude«.

Lit.: Alicio, Stella H.: Elvis Presley – The Beatles (1979); Hutchins, Chris; Thompson, Peter: Elvis Meets The Beatles: The Untold Story Of Their Entangled Lives (London 1994); Hutchins, Chris; Thompson, Peter: Elvis & Lennon (London 1996), Tunzi, Joseph A.: Beatles '65 (mit CD »Elvis Sings Beatles' Songs«; Chicago 2002)

PRESTON, BILLY

*9.9.1946 in Houston/Texas, spielte der Pianist, Organist und Keyboarder 1962 in der Band von → *Little Richard*, u.a. auch in Hamburg, und ab Ende der 1960er Jahre dann mit vielen Größen des Rock und Pop. Am 18.8.1964 lernten ihn die Beatles in San Francisco kennen (er spielte gerade Hammond B 3 bei Little Richard). Aber sie waren sich auch bereits Anfang der 1960er Jahre in Hamburg begegnet. John Lennon hat ihm damals sogar das Mundharmonikaspiel beigebracht. Am 3.4.1969 unterschrieb er einen Schallplattenvertrag bei → *Apple Records*. George Harrison produzierte dann im April 1969 Prestons Single »That's The Way God Planned It«/»What About You?« (erschienen am 27.6.1969), die Single »Everything's All Right«, erschienen am 17.10.1969, sowie die Bestseller-LP »That's The Way God Planned It« (rel. 22.8.1969) und Mitte November den Song »All That I've Got (I'm Gonna Give It To You)«, am 30.1.1970 als Single erschienen. Preston begleitete u.a. die Beatles auf der Single »Get Back«/»Don't Let Me Down«, aufgenommen Ende Januar 1969. George Harrison hatte ihn wohl auch engagiert, um die Spannungen zwischen den Beatles etwas auszugleichen. John Lennon soll sogar vorgeschlagen haben, ihn als festes Mitglied der Beatles zu verpflichten, aber da waren die anderen drei doch dagegen. Als erster externer Musiker wurde er dabei (zumindest auf der deutschen Version der Platte) namentlich erwähnt: »The Beatles with Billy Preston«. Er spielte auch in den Songs »I Want You (She's So Heavy)«, »Something«, »Old Brown Shoe« (nur bei den »Get Back«-Sessions), »I Me Mine« (nur bei den »Get Back«-Sessions), »Dig It« und »Let It Be«. Seine Anwesenheit bei den Aufnahmen für die LP »Let It Be« Ende Januar 1969 in den Apple Studios (auch im gleichnamigen Film dokumentiert) wirkte dann tatsächlich als Katalysator in der bereits vom Zerfall gezeichneten Band. Er war auch dabei, als die Beatles am 30.1.1969 auf dem Dach des Apple-Gebäudes zum letzten Mal gemeinsam auftraten, zu seinem Œuvre gehören also auch die Beatles-Songs »Dig A Pony«, »I've Got A Feeling«, »One After 909« und »Get Back«. Am 11.9.1970 erschien seine LP »Encouraging Words«. Preston wirkte 1971 auch an George Harrisons Solo-Album »All Things Must Pass« mit und nahm auf Einladung George Harrisons am 1.8.1971 am → *Concert For Bangla Desh* im New Yorker → *Madison Square Garden* teil. Später wirkte er u.a. an Aufnahmen von John Lennons → *Plastic Ono Band*, Splinter (betreut von George Harrison) und von Ringo Starr mit, George Harrison spielte 1971 auf seiner LP »I Wrote A Simple Song« Gitarre (als George H.). Auch beim Wohltätigkeitskonzert »Peace for Christmas« von John Lennons und → *Yoko Onos* → *Plastic Ono Supergroup* am 15.12.1969 im Londoner Lyceum Ballroom in Covent Garden war er dabei. 1989 spielte er in einer All Star Band für Ringo Starrs Revival-Tournee. † 6.6.2006 in Scottsdale/Arizona.

www.billypreston.net

PROCOL HARUM

Als Gary Brooker und Keith Reid 1965 »A Whiter Shade Of Pale« schrieben, brauchten sie eine Band, die den Song aufnahm. Sie suchten per Zeitungsannonce Musiker und gründeten Procol Harum. Der Song wurde ein Hit, gefolgt von »Homburg« (1967) und »Conquistador« (1972). Am 24.5.1967 besuchten die Beatles einen Auftritt von Procol Harum im Speakeasy Club in London, am 4.6.1967 trat die Band (mit → *Jimi Hendrix*, The Chiffons, Denny Laine & his Electric String Band) im → *Saville Theatre* auf – Paul McCartney, → *Jane Asher* und George und

→ *Pattie Harrison* waren dabei. Anfang der 1980er Jahre löste sich die Band auf.

Lit.: Johansen, Claes: Procol Harum – Beyond The Pale (London 2000)

PRODUCER (PRODUZENT)

International ist der Produzent der Aufnahmeleiter im Studio, er arbeitet oft unabhängig von der Plattenfirma. Der Produzent überwacht die Sessions und die Einhaltung der Termine und des Kostenlimits, engagiert zusätzliche Studiomusiker und sorgt für das optimale Equipment. Er ist verantwortlich für Arrangement und Produktion, die Planung der Nummernliste, den Sound und die Hauptphasen der Mischung. Je komplizierter die Aufnahmetechnik in den Studios wurde, desto größer wurde der Einfluss des Produzenten auf das Endprodukt, d.h. den Song bzw. die Platte. → *George Martin* hatte als Produzent der Beatles entscheidenden Anteil an der Herausbildung ihres charakteristischen Sounds. Heute produzieren immer mehr Rockgruppen ihre Platten selbst.

PROMO-CLIPS

Die Beatles drehten ab 1965 (als eine der ersten Gruppen) Promo-Clips bzw. Promotionfilme, die man heute als Videoclips bezeichnen würde. Die Dreharbeiten wurden von → *NEMS Enterprises Limited* bezahlt, Regisseur war Joe McGrath, die Produktion übernahm Inter Tel (VTR Services), die erste unabhängige Video-Produktionsfirma. Zu folgenden Songs sind derartige Clips bekannt: 1964: »You Can't Do That«; 1965: »We Can Work It Out« (3 Versionen), »Day Tripper« (3 Versionen), »Help!«, »Ticket To Ride« und »I Feel Fine« (2 Versionen, eine unveröffentlicht); 1966: »Paperback Writer« (4 Versionen) und »Rain« (3 Versionen); 1967: »Strawberry Fields Forever«, »Penny Lane«, »A Day In The Life« und »Hello, Goodbye« (4 Versionen, eine unveröffentlicht), »All You Need Is Love«; 1968: »Lady Madonna« (2 Versionen), »Hey Jude« (2 Versionen) und »Revolution« (2 Versionen); 1969: »Get Back«, »Don't Let Me Down«, »The Ballad Of John And Yoko« (2 Versionen), »Something«, »Hey Bulldog«, »Let It Be« und »Two Of Us«.

Die Clips erschienen 1993 unter dem Titel »The Beatles Video Clips« auf Video. Bisher erschienen über 20 → *Bootleg*-DVDs mit den Clips, u.a. 2003 die DVDs »The Beatles On DVD 1967–70« und »The Beatles Video Collection« (DoDVD), 2004 »Watching Rainbows« (DoDVD) und »Chronology 1962–1970 1 & 2« (DoDVD), 2005 »The Beatles By The Bushel 1/2«, »The Complete Promos 1964–1969 ... &More« (DoDVD) und »In The Flesh – Promo-clips & TV-Appearances 1966–1970«.

Lit.: Reiter, Roland: Screening The Beatles Myth – Movies, Documentaries, Spoofs & Cartoons (Boca Raton/FL 2006)

P.S. I LOVE YOU

Song von John Lennon/Paul McCartney, aufgenommen am 11.9.1962, erstmals erschienen am 5.10.1962 auf Single, am 22.3.1963 auf der LP »Please Please Me« und am 7.2.1964 auf der EP »All My Loving«. Auch als die Beatles am 6.6.1962 in den → *Abbey Road Studios* der → *EMI* vorspielten, war dieser Titel dabei. Zahlreiche → *Cover-Versionen*, u.a. von Gerry Mulligan, The Hollyridge Strings, The Chipmunks, Peter Lipa und Samer Nassif.

PSYCHEDELISCH

Von »psyche« (griech. »Atem, Seele«; Bezeichnung für die Gesamtheit der Prozesse der höheren Nerventätigkeit des Menschen) und »delos« (griech. »sichtbar«). Das Wort wurde 1957 von dem englischen Psychiater Humphrey Osmond kreiert – als Bezeichnung für die Wirkung von → *Drogen*, da Halluzinogene die Seele sichtbar machen und so das Bewusstsein erweitern sollten. Später als Bezeichnung für eine Musik verwendet, die durch komplexe, teilweise großflächig wirkende Songstrukturen, ruhig dahinfließende Rhythmen und Überlängen charakterisiert ist. Andy Davis und Werner Pieper beschreiben in einer Broschüre (Löhrbach/Solothurn 1996) sehr anschaulich »Die psychedelischen Beatles«, Davis stellt unter der Überschrift »25 Schritte auf dem Weg nach Psychedelia« 25 »Drogen-Songs« der Beatles in chronologischer Reihenfolge vor. Als erste psychedelische Songs der Beatles gelten »Day Tripper« (1965) und »Tomorrow Never Knows« von der LP »Revolver« (1966), ein weiteres Musterbeispiel ist »It's All Too Much« von George Harrison von der LP »Yellow Submarine« (1967). Einen guten Überblick gibt die 4-CD-Box »Acid Drops, Spacedust & Flying Saucers: Psychedelic Confectionery From The UK Underground 1965–69« (2001). Die aktuelle internationale Psychedelia-Szene widerspiegelt am besten das belgische Fanzine *Crohinga Well*.

Lit.: Masters, Robert; Houston, Jean: Psychedelische Kunst (München 1969); DeRogatis, Jim: Kaleidoscope Eyes: Psychedelic Rock From the 1960s to the 1990s (San Francisco/London 1996); Henke, James; Miles, Barry (Hrsg.): I Want To Take You Higher – The Psychedelic Era 1965–1969 (San Francisco 1997); Belmo (d.i. Scott F. Belmer): 20th Century Rock and Roll – Psychedelia (Burlington/Kanada 2000); Bisbort, Alan; Puterbangh, Parke: Rhino's Psychedelic Trip (San Francisco 2000); Huxley, Michael: Psychedelia – The Long, Strange Trip (New York 1995); Leary, Timothy; Metzner, Ralph; Weil, G.: The Psychedelic Reader (New York 1997); Davis, Andy; Pieper, Werner: Die psychedelischen Beatles (Löhrbach/Solothurn 1996); Madow, Stuart; Sobul, Jeff: The Colour Of Your Dreams – The Beatles' Psychedelic Music (Pittsburgh/PA 1992); Grunenberg, C. (Hrsg.): Summer Of Love – Psychedelische Kunst der 60er Jahre (Ostfildern 2005)

THE PUBLIC EAR

Serie der → *BBC* im Light Programme (später Radio 2). The Beatles waren am 22.3.1964 in der Show (aufgenommen am 18./19.3.1964 in den → *Twickenham Film Studios*). Thema war vor allem John Lennons Buch → *In His Own Write*; George Harrison interviewte Ringo Starr dazu und Paul McCartney zum Film »A Hard Day's Night«. John Lennon las »Alec Speaking«, George und Ringo lasen aus dem Programm zur Verleihung der Variety Club Awards am 19.3.1964 im Dorchester Hotel in London.

THE PUNKLES

Man stelle sich vor, die Beatles wären 1976 in New York gegründet worden ... Das Ergebnis könnte so klingen wie The Punkles, ein Projekt der vier Prollhead-Musiker aus Hamburg-St.Pauli, ergänzt durch »reizende Background-Mädels«. In Punk-Manier wird aus »Twist And Shout« »Punk & Shout«, aus »All You Need Is Love« »All You Need Is Punk«. Die Besetzung: Joey Lennon (voc), Sid McCartney (b), Dee Dee »Dirty« Harrison (ld-g, 2002 durch Captain O »Bomber« Harrison ersetzt) und Markey Starkey (dr). 1998 erschien ihre erste CD »The Punkles« – mit einer Allstar-Version von »All You Need Is Love«, an der Die Ärzte, Terrorgruppe, The Bates und die Mimmis nicht unschuldig sind. Die nächste CD nach »Punk!« war eine »Revolver«-Bearbeitung mit dem Titel »Pistol« (prod. Folke Jensen, 2004). 1999 spielten The Punkles zwei Mal im → *Cavern*, vermittelt durch Manager »Malcolm McEpstein«, 2005 bei »The Beatles Trash Night« u.a. im Berliner »frannz«. Auch 2006 waren sie wieder auf »The Beatles Trash Night Tour«. 2002 erschien ihre CD/LP »The Punkles« – wieder mit Beatles-Cover-Versionen (und einem Brettspiel als Zugabe). 2003 erschien ihr Debütalbum aus dem

Jahre 1998 neu unter dem Titel »Beat The Punkles« – mit neuem Cover Artwork, remastered, 2 Bonustracks und dem Video zu »Drive My Car« in einer enhanced Video Version.

2004 traten sie u.a. beim Welt-Astra-Tag in Hamburg und bei der Popkomm in Berlin auf. »So lustig das alles auch sein mag, so sind die Punkles dadurch, dass sie auf ihre Rollen festgelegt sind, eine Bankrotterklärung an die Inspiration, was laut Sid McCartney aber nicht Fluch, sondern Triebfeder für die Band ist«, weiß *Slam-Zine* 14/2004 und zitiert Sid McCartney: »Never Mind Jesus Christ, Punkles are bigger than Allah.«

Kontakt: *The Punkles, Alte Landstraße 124a, 22339 Hamburg, marc.zimmermann@hamburg.de • www.punkles.com*

PURPLE HEARTS

Kleine blaue Drinamylpillen, die die britischen Musiker in den 1960er Jahren als Aufputschmittel nahmen. → *Jimi Hendrix* besang sie in »Purple Haze«.

PYTHON MUSIC LIMITED

Am 2.4.1968 von den Beatles gegründeter Musikverlag für die Veröffentlichung ihrer Kompositionen – unter dem Dach der Holding → *Apple Corps Limited*. Als Filiale in den USA fungierte Python Music Publishing Co., Inc. Geschäftsführer waren/sind Dennis O'Brien, Hilary Lester Gerrard, → *Yoko Ono* und → *John Eastman*. Die Gesellschaft hält ein Begünstigteninteresse von 20 % an → *Maclen (Music) Limited* und von 23,9 % an → *Subafilms Limited*. Das Unternehmen war auch in Kalifornien registriert.

Q

QUARRY BANK HIGH SCHOOL

Im September 1952 kam John Lennon auf diese Schule in der Harthill Road im Liverpooler Stadtteil Allerton, 1956 wurde er in die C-Klasse versetzt, die »Idiotenklasse«. Der Grund: Seine ersten Auftritte ließen ihm wenig Zeit für schulische Dinge. → *Julia Baird*, Johns Halbschwester: »Ein altmodisches Gymnasium nur für Jungs, wo die Lehrer ihre Kollegen von den öffentlichen Schulen nachäfften und schwarze Roben trugen.« Aus der Beurteilung John Lennons für das dritte Jahr an dieser Schule: »Hoffnungslos. Mehr ein Clown in der Klasse. Er stiehlt anderen Schülern die Zeit.« John Lennon verließ die Schule im Juli 1957 und ging auf das → *Liverpool College Of Art*. Später wurde die Jungen-Schule mit der Mädchenschule nebenan zusammengelegt und zu einer großen Gesamtschule (Quarry Bank Comprehensive School) umfunktioniert.

THE QUARRYMEN

1. (auch: The Quarry Men, The Quarry Men Skiffle Group) → *Skiffle*-Gruppe John Lennons mit wechselnden Besetzungen, gegründet im März 1957 (als → *The Black Jacks* bzw. The Blackjacks) und dann benannt nach der → *Quarry Bank High School* in der Harthill Road im Liverpooler Stadtteil Allerton, die John ab 1952 besuchte. Waschbrett spielte → *Pete Shotton*, Teekisten-Bass → *Bill Smith* (später: → *Ivan Vaughan* und → *Nigel Whalley*, → *Len Garry*), Banjo → *Rod Davis*, Piano (und später Keyboards) → *John »Duff« Lowe*, Lead-Gitarre → *Eric Griffiths* und Schlagzeug → *Colin Hanton*. Walley kümmerte sich bis etwa Mitte 1958 auch um Auftritte für die Band. Der Name der Band stammt aus dem Schulsong: »Quarry men, strong before our birth, straining each muscle and sinew«, heißt es dort. John hatte sich zuvor (1956) erfolglos bei der Quarry Bank Jazz Combo beworben. Ihren ersten öffentlichen Auftritt hatte die Band am 24.5.1957 bei einem Straßenfest in der Rose Street. Sie hatten zu dieser Zeit immerhin etwa 100 Songs im Repertoire: die üblichen Skiffle-Hits – »Worried Man«, »Freight Train«, »Maggie Mae«, »No Other Baby« und »Come Go With Me«. Ein Vorspiel bei Carroll Levis bei dem Talentewettbewerb »Search for a Star« (ABC TV Star Search) am 9.6.1957 im Liverpooler → *Empire Theatre* blieb leider erfolglos, die Band schied bereits in der ersten Runde aus. Beim Auftritt der Band auf einem Sommerfest der → *St. Peter's Parish Church* im Liverpooler Stadtteil Woolton traf Paul McCartney am 6.7.1957 John Lennon, der ihn sofort in die Band holte. Die Band spielte an diesem Tag zweimal – am Nachmittag draußen im Garten, am Abend im Gemeindesaal. Am 15.9.1994 ersteigerte die → *EMI* (mit Genehmigung von Apple) bei einer Auktion von Sotheby's ein Tape mit zwei Aufnahmen (»Putting On The Style« und »Baby, Let's Play House«) der Quarrymen, von dem mittlerweile 53-jährigen im Ruhestand befindlichen Bob Molyneux mit einem Grundig TK 8 an diesem Tag auf einem 3¾ i.p.s. Emitape aufgenommen, für 78 500 £ (ca. 90 000 €), ließ es aber im Archiv verschwinden. Am 7.8.1957 traten die Quarrymen zum ersten Mal im → *Cavern* auf (ohne Paul McCartney, der gerade im Scout-Lager war), damals noch eine Bastion des traditionellen Jazz. Aber Skiffle galt als Jazz-Ableger, deshalb war auch die Quarrymen Skiffle Group bei der »Skiffle Session« dabei. Als die Quarrymen dann am 18.10.1957 im Conservative Club in der New Clubmoor Hall in Liverpool auftraten, war auch Paul McCartney dabei. Am 6.2.1958 lernte George Harrison in der Wilson Hall in Garston, Liverpool, John Lennon und The Quarrymen kennen, ab dem 29.8.1958 gehörte er offiziell dazu – drei Viertel der Beatles befanden sich damit bei den Quarrymen.

Im Sommer 1958, nachdem die Quarrymen endgültig von Skiffle auf Rock'n'Roll umgestiegen waren, nahmen sie in der Besetzung John Lennon, Paul McCartney, George Harrison, John »Duff« Lowe und Colin Hanton in Percy F. Phillips' Kensington Recording Studio in Liverpool (38 Kensington, heute erinnert eine Gedenktafel an das Studio) die Songs »That'll Be The Day« (Buddy Holly/Petty) und »In Spite Of All The Danger« (Paul McCartney/George Harrison) auf. Das Urband wurde später von Philips gelöscht. Eine Acetatplatte im Besitz von Lowe überlebte. Der wollte sie versteigern, musste sie aber 1981 per Gerichtsbeschluss zwangsweise an Paul McCartney verkaufen. Sie wird heute oft als wertvollste Platte der Welt bezeichnet. Paul McCartney verschenkte später 50 Kopien als Weihnachtsgeschenk an Freunde. 2000 kam eine Replik auf den Markt – aus Copyright-Gründen ist sie jedoch nicht spielbar, sondern lediglich als Dekoration gedacht. Die Aufnahmen waren erstmals am 14.10.1984 in der Fernsehsendung »The Buddy Holly Story« zu hören (auch als Video erhältlich), 1995 erschienen sie auf der DoCD »The Beatles Anthology 1«. 1958 soll auch Arthur Wong, ein Fan der Band, Aufnahmen gemacht haben, aber das Band wurde offensichtlich überspielt – wie auch die Aufnahmen von Geraldine und Colette Davis. Am 29.8.1959 spielten The Quarrymen zur Eröffnung des → *Casbah Coffee Club* und wurden gleich für die nächsten

The Quarrymen beim Estrel Beatles-Festival 2002 mit Ulf Krüger

sieben Sonnabende verpflichtet. 1959/1960 spielten sie auch regelmäßig bei Tanzveranstaltungen des → *Liverpool College Of Art*. Am 23.4.1995 berichtete die »Sunday Times«, Peter Hodgson habe ein Band mit 16 Aufnahmen der Quarrymen aus dem Jahre 1959 gefunden. Weitere Aufnahmen der Quarrymen wurden im Mai 1960 in Pauls Haus gemacht. Diese Aufnahmen wurden inzwischen auf diversen → *Bootlegs* veröffentlicht – u.a. auf »The Quarrymen At Home«, »First In Love«, »Liverpool May 1960«, »The Quarrymen – Early Beatles Recordings 1958–1962« (Midle Record Company), »The Dawn Of Modern Rock« (Pilz) und »Puttin' On The Style« (Black Dog, 1998).

Nach diversen Bootlegs erschien 1994 (nach 37 Jahren!) die erste neue CD der Quarrymen: »Open For Engagements« (Kewbank Records), mit 15 Titeln, davon sieben → *Cover-Versionen* und acht eigene Titel – »gewidmet dem Andenken John Winston Lennons, ohne dessen Inspiration es die Band nie gegeben hätte«. Von den Ur-Quarrymen waren allerdings nur Rod Davis und John Charles »Duff« Lowe dabei. The Quarrymen (Eric Griffiths, Pete Shotton, Rod Davis, Colin Hanton und Len Garry) fanden im Januar 1997 zu zwei Konzerten aus Anlass des 40-jährigen Bestehens des Cavern und am 5.7.1997 zu einem Konzert aus Anlass des

The Quarrymen

40. Jahrestages der Feier in der → *St. Peter's Parish Church* wieder zusammen.

Die ersten Studioaufnahmen der »neuen alten« Band erschienen im November 1997 auf Quarrymen Records unter dem Titel »John Lennon's Original Quarrymen Get Back – Together«. Am 11.4.1998 trat die Band bei der → *Beatles Convention* in Utrecht/NL auf, 1998 tourte sie auch in den USA, im Juli 2002 traten sie beim Estrel Beatles Festival in Berlin auf (mit special guest → *Ulf Krüger* – wbd), im September 2003 waren sie in Japan, im Juni 2004 bei der International Beatles Convention in Hamburg. Die Band tritt heute noch als John Lennon's Original Quarrymen auf – mit Rod Davis, John Charles »Duff« Lowe, Len Garry und Colin Hanton. Gelegentlich kommen Gastmusiker hinzu, z.B. Charles Hart (perc, voc), John Ozoroff (ld-g, voc), Sakito Shirabe (b), Mike Neary (p) und Richie Gould (b-g). 2004 erschien die CD »Songs We Remember« (Quarrymen Records). Die Bootleg-CD »You Might As Well Call Us The Quarrymen« (2004) enthält diverse Mitschnitte.

Lit.: *Shotton, Pete; Schaffner, Nicholas: The Beatles, Lennon, And Me (London 1983); Shotton, Pete; Schaffner, Nicholas: John Lennon – In My Life (London 1984); Garry, Len: John, Paul & Me: Before The Beatles – The True Story Of The Very Early Days (London 1997); O'Donnell, Jim: The Day John Met Paul – An Hour-By-Hour Account Of How The Beatles Began (New York 1994); Thielow, Edmund: John Lennons Quarrymen – Yesterday And Today (Glauchau 1998; 2., erw. Aufl. 2005); Davies, Hunter: The Quarrymen (London 2001) • www.originalquarrymen.co.uk; www.quarrymen.co.uk*

2. Österreichische Band, die zahlreiche Beatles-Songs, aber auch eigene Titel im Repertoire hat. Besetzung: Walter Marth, Walter Gufler, Martin Prünsler, Norbert Gufler und Florian Zipperle.

Discogr.: *Between Yesterday & Tomorrow (1994)*

QUEENS DRIVE

Straße in Liverpool, die vom Sefton Park bis nach Childwall führt. Hier, in dem vornehmen Haus Nr. 197, wohnte die Familie Malka »Queenie« und Harry Epstein mit ihren Söhnen Brian und Clive. Hier traf sich auch → *Brian Epstein* mit John Lennon, um über die Zukunft der Beatles zu reden, und zu Pauls 21. Geburtstag gab die Familie Epstein hier eine Cocktail-Party.

R

RADHA KRSNA TEMPLE

(auch Radha Krishna Temple) Ableger der Hare-Krsna-Sekte, 1966 in London von His Divine Grace A. C. Bhakjtivedanta Swami Prabhupada († 17.11.1977 im Alter von 81 Jahren) gegründet, der über 80 Bücher über vedische Philosophie geschrieben hat. Im Juli 1969 produzierte George Harrison mit den Anhängern für → *Apple Records* in den Londoner Trident Studios eine Single mit »Hare Krishna Mantra«/»Prayer To The Spiritual Masters«, erschienen am 22.8.1969 in den USA und am 29.8.1969 in Großbritannien, von September 1969 bis Januar 1970 dann eine zweite Single mit den Titeln »Govinda« und »Govinda Jai Jai«, erschienen am 6.3.1970. Am 28.5.1971 (USA: 21.5.1971) erschien auf Apple Records die LP »The Radha Krsna Temple«, produziert von George Harrison, aufgenommen von September 1969 bis Januar 1970. Bei einigen Titeln spielt George Harrison auch Gitarre. Die LP erschien 1978 neu auf dem Label Spiritual Sky unter dem

Apple-Single mit Aufnahmen von Radha Krishna Temple (London)

Titel »Goddess Of Fortune«, 1991 beim Bhaktive chanta Book Trust und 2002 noch einmal unter dem Titel »Chant And Be Happy! – Indian Devotional Songs« (mit George Harrison auf dem Cover) auf dem kanadischen Label XXI. Die kanadische Sektion des Radha Krsna Temple war am 1.6.1969 an den Aufnahmen zu »Give Peace A Chance« zum Abschluss des → *Bed-Ins* von John Lennon und → *Yoko Ono* im Queen Elizabeth Hotel in Montreal beteiligt. 2002 verkündete die Sekte, George Harrison mit einem Kunstwerk in Ostindien zu ehren, um »an seinen Beitrag zur Verbreitung der Botschaft des Gottes Krsna zu erinnern«.

RADIO

In Großbritannien gab es Anfang der 1960er Jahre keine Rundfunksender, die neue Aufnahmen vorstellten. Radio 1, Radio 2 und Capital Radio als musikorientierte Sender gingen erst auf Sendung, nachdem die Piratensender demonstriert hatten, wie groß das Interesse der Jugendlichen an Musiksendungen im Rundfunk war. Die → *BBC* präsentierte lediglich in ihrem Light Programme in Sendungen wie → *Saturday Club* (→ *Brian Matthew*), → *Easy Beat* (Brian Matthew), → *Parade Of The Pops* (Denny Pierce), »Teenager's Turn – Here We Go« (in diesem Nachmittagsprogramm traten die Beatles 1962 zum ersten Mal im Rundfunk auf, später waren sie noch einmal in dieser Sendung), → *Side By Side* (John Dunn) und »Pick Of The Pops« (Alan Freeman) gelegentlich Popmusik. Später, auch unter dem Einfluss der Piratensender → *Radio Caroline* und → *Radio London*, änderte sich das. So präsentierte die BBC2 am 19.9.1969 in ihrer Sendung »Late Night Line Up« die Songs der LP »Abbey Road« – 7 Tage vor Erscheinen der LP! Im November 1968 unterstützten John Lennon und → *Yoko Ono* mit großformatigen Anzeigen »The Peace Ship«, einen Sender (→ *Voice of Peace*) auf einem Schiff, der im palästinensisch-israelischen Konflikt vermitteln sollte. 1980 veröffentlichte The Beatles Book Appreciation Society Magazine in den Ausgaben 3–4 (47–48) unter dem Titel »A Complete Catalogue Of The Beatles' U.K. Radio Broadcasts« eine zweiteilige Übersicht aller Rundfunksendungen, zusammengestellt von Mark Lewisohn. Auch sein Buch »The Complete Beatles Chronicle« (London 1992, 2000) enthält eine derartige Übersicht. 1983 sendete eine Radiostation in Texas ein ganzes Jahr lang ausschließlich Beatles-Songs, und 1995 erstellte der Oldie-Sender RTL in Luxemburg eine Top 100 Beatles Hitparade – Platz 1: »Yesterday«, Platz 50: »All My Loving«, Platz 100: »Long Tall Sally«. Paul McCartney moderierte im Oktober 1999 als Radio-DJ eine vierteilige Serie »Paul McCartney's Routes of Rock«.

Lit.: Howlett, Kevin: The Beatles At The Beeb – The Story Of Their Radio Career 1962–1965 (London 1982 – Rock & Roll Remembrances Series Vol. 5; Neuaufl. u.d.T. »The Beatles at the BBC – The Radio Years 1962–70«, London 1996); Chapman, Robert: Selling The Sixties – The Pirates And Pop Music Radio (London/New York 1992)

RADIO CAROLINE

Im März 1964 der erste Piratensender vor der Küste Großbritanniens, gegründet von Roan O'Rahilly – »Visionär, Geschäftsmann, Exzentriker, Gauner, Dynamo und die Sorte Glücksritter, die lieber grandios scheitert als klein beizugeben.« (*Rolling Stone* 11/2003) Das Schiff war in Panama registriert. Der Sendebetrieb begann am 29.3.1964 mit »Can't Buy Me Love«. Im Sommer 1964 wurden Radio Atlanta und Radio Caroline zusammengelegt, der Sender mit den zwei Programmen North (aus der Ramsey Bay, Isle of Man) und South (an der Küste vor Essex) erreichte in dieser Zeit von 13,5 Mill. potenziellen Hörern über zwölf Jahren 7,4–15 %, 1966/67 hatte Radio Caroline ca. 12 Mill. Zuhörer. »Niemand liebte die Pop-Piraten – mit Ausnahme der Hörer«, konstatierte die Zeitung *Daily Sketch* am 14.05.1965. Eine ihrer »Hymnen« war »We Love The Pirate Stations« von The Roaring Sixties. Auch die Beatles unterstützten diese Sender. Am 6.4.1965 verlieh Talk-Show-Moderator Simon Dee den Beatles den Radio Caroline Bell Award als »Beständigste und beste Schallplattenkünstler des letzten Jahres«. Am 25.12.1965 sendete Radio Caroline eine exklusive Weihnachtsbotschaft der Beatles, am nächsten Tag ein zuvor aufgenommenes Interview mit Paul McCartney in dem Programm »Pop's Happening«. Am 25.3.1966 führte der Radio Caroline-DJ Tom Lodge ein Interview mit den Beatles, das dann von der Zeitung → *Disc And Music Echo* als »Sound Of The Stars« kostenlos als Flexi-Disc an die Leser verteilt wurde. Im November 1966 gründete der Sender sein eigenes Label Major Minor. Am 6.12.1966 nahmen die Beatles Weihnachtsgrüße für die Hörer des Senders auf Band auf. Im Frühjahr 1967 sah sich Radio Caroline mit Vorwürfen konfrontiert, neue Platten gegen Bezahlung zu pushen (»pay-to-play«). Im April 1967 spielte der Sender exklusiv »Sgt. Pepper's Lonely Hearts Club Band«. In der Nacht vom 14. zum 15.8.1967 verabschiedete sich Radio Caroline in die Illegalität – u.a. mit der Fanfare aus »All You Need Is Love«. Nach der Schließung des Senders kam Ex-Chef Roman O'Rahilly im August 1967 als Finanzberater zu Apple. → *Derek Taylor* in einer Pressemitteilung: »John bewundert ihn sehr für das, was er bei Radio Caroline gemacht hat.« John Lennon sah im Sommer 1967 größere Zusammenhänge: »Sie haben ›Radio Caroline‹ verboten und versucht, die Stones loszuwerden. Gleichzeitig geben sie Milliarden für Atomwaffen aus, und unser

Land ist voller US-Stützpunkte, über die niemand genau Bescheid weiß.« Die 3-CD-Box »60's Flashback – Radio Caroline Calling« (Disky, AAD, 2003) präsentiert neben Musik auch die bekannten Jingles des Senders.

Lit.: Chapman, Robert: Selling The Sixties – The Pirates And Pop Music Radio (London/New York 1992); Humphries, Ralph C.: Radio Caroline – The Pirate Years (Usk/Mon 2003, London 2004)

RADIO CITY

Von September 1964 bis Februar 1967 einer der britischen Piratensender, er hatte nach eigenen Angaben zeitweise 2,5 Mill. Hörer. Radio City hatte das erste (und lange Zeit das einzige) Programm, das ausschließlich den Beatles und den → *Rolling Stones* gewidmet war: Die tägliche »5 x 4 Show« wurde regelmäßig zu einer der zehn besten Shows aller Offshore-Radios gewählt. Radio City war einer der ersten Sender überhaupt, der »Penny Lane« spielte – lange vor → *Radio London* und der → *BBC*. Zur »Hymne« der Piratensender wurde »We Love The Pirate Stations« von The Roaring Sixties.

Lit.: Chapman, Robert: Selling The Sixties – The Pirates And Pop Music Radio (London/New York 1992)

RADIO ENGLAND

Vom 3.5.1966 bis 11.11.1966 einer der britischen Piratensender vor der Küste von Essex. Im Gegensatz zu den anderen Piratenstationen (→ *Radio Caroline*, → Radio London) bevorzugte Radio England die Übernahme amerikanischer Rundfunkformate als Ganzes. Wie einige US-amerikanische Stationen spielte Radio England z.B. an den Wochenenden nonstop Oldies. Als die Beatles im Sommer 1966 durch die USA tourten, begleitete DJ Jerry Smithwick die Tour. Um die bigotte Kampagne aufgrund von John Lennons Bemerkung, er sei »populärer als Jesus Christus« *(→ Christentum)* zu konterkarieren, führte Radio England eine »Beatles Booster«-Kampagne. Hörer, die an den Sender schrieben und die Beatles unterstützten, wurden »Radio England Beatles Buddies«. Zur moralischen Unterstützung der Beatles spielte der Sender nonstop Beatles-Songs an einigen Oldie-Wochenenden.

Lit.: Chapman, Robert: Selling The Sixties – The Pirates And Pop Music Radio (London/New York 1992)

RADIO LONDON

Einer der 21 Piratensender, die 1964–1967 vor der Küste Großbritanniens operierten. Er hatte 1966/67 ca. 12 Mill. Hörer. Finanzkräftige Autohändler, Baulöwen und Banker, vor allem aus Texas, investierten ca. 1,5 Mill. £ in das Unternehmen. Managing Director war Philip Birch. Die regulären Sendungen begannen am 23.12.1964, zu den Sendeformaten gehörte auch eine »Fabulous 40«-Hitparade. In den 32 Monaten seiner Existenz beschäftigte der Sender immerhin insgesamt 30 Disc-Jockeys. Aufgrund seiner besseren Musikauswahl hatte »Big L«, wie Radio London auch genannt wurde, bereits im Herbst 1965 siebenmal mehr Hörer als → *Radio Caroline* South. 1966 nahm der Sender ca. 1 Mill. £ durch Werbung ein. Er sah sich immer wieder mit Vorwürfen konfrontiert, Platten zu pushen (»pay-to-play«). Eine der »Hymnen« der Piratensender war »We Love The Pirate Stations« von The Roaring Sixties. Auch die Beatles unterstützten diese Sender. Am 6.12.1966 nahmen die Beatles Weihnachtsgrüße für die Hörer des Senders auf Band auf. Radio London spielte am 31.1.1967 als erster Sender »Penny Lane« und am 12.5.1967 als erster Teile der LP »Sergeant Pepper's Lonely Hearts Club Band« – lange vor ihrer offiziellen Veröffentlichung am 30.5.1967. Als die britische Regierung die Schließung verfügte, sendete Radio London am 5.8.1967 eine Botschaft »Radio will never be the same, but it's one of these things«, aufgenommen von Ringo Starr am 31.7./1.8.1967. Der letzte Song, den Radio London am 14.8.1967, dem letzten Tag vor Inkrafttreten des Gesetzes, das alle Piratensender praktisch verbot, sendete, war »A Day In The Life«.

Lit.: Chapman, Robert: Selling The Sixties – The Pirates And Pop Music Radio (London/New York 1992)

RADIO LUXEMBURG

Kommerzieller Rundfunksender im Großherzogtum Luxemburg, gegründet in den 1930er Jahren, teilweise gesponsert von den Plattenfirmen → *Decca*, → *EMI*, Philips und Pye, der dann auch primär deren neue Platten vorstellte. 1949 führte der Sender die ersten Top 20 im kommerziellen Rundfunk ein. John Lennon und Paul McCartney hörten Mitte der 1950er Jahre sehr oft diesen Sender auf Mittelwelle 208, der abends auch in englischer Sprache sendete – als einzige Alternative zur »alten Tante« → *BBC*. Die Zuhörerschaft stieg von 3 Mill. (1960) auf 6,4 Mill. (1965). Am 5.10.1962 wurde hier zum ersten Mal die Beatles-Single »Love Me Do«/»P.S. I Love You« gespielt, am 8.10.1962 gaben die Beatles ein Interview für »The Friday Spectacular Show« des Senders, gesponsert von der EMI und moderiert von Muriel Young, das am 12.10.1962 gesendet wurde. Ein zweites Interview mit Musik für die gleiche Sendereihe nahmen sie am 16.11.1962 auf, das am 23.11.1962 gesendet wurde; das letzte Interview für den Sender wurde am 11.3.1963 aufgezeichnet und am 15.3.1963 gesendet. Am 21.1.1963 (gesendet am 25.1.1963) sollen sie sogar live in »The Friday Spectacular Show« aufgetreten sein – mit den Songs »Please Please Me«, »Carol« und »Lend Me Your Comb«. Wahrscheinlicher ist allerdings, dass nur Platten abgespielt wurden. Am 23.12.1963 begann Radio Luxemburg mit der Ausstrahlung einer

Camillo Felgen, Starmoderator von Radio Luxemburg und Verfasser der deutschen Texte von »Komm gib mir deine Hand« und »Sie liebt dich«

15-teiligen wöchentlichen Spot-Serie von jeweils 15 Minuten über die Beatles: »It's The Beatles«, präsentiert von Peter Carver (letzte Sendung: 30.4.1964). Am 10.5.1964 sendete Radio Luxemburg »This Is Their Life« (Teil 1), Teil 2 folgte am 17.5.1964. Ab Januar 1965 gab es eine weitere wöchentliche Sendung unter dem Titel »The Beatles«, gestaltet von Chris Denning, gesendet sonntags um 20.45 Uhr. Am 20.11.1968 interviewte Tony McArthur Paul McCartney für ein zweistündiges Special unter dem Titel »The Beatles«. Am 26.9.1969 sendete Radio Luxemburg ein Interview mit Ringo Starr zur am gleichen Tag erschienenen neuen Beatles-LP »Abbey Road«, einen Tag später folgte ein Interview mit John Lennon (beide geführt von Kid Jensen).

Lit.: Collins, Rodney: Radio Luxembourg 1979 (London 1978)

RADIO PLAY

»Song« von John Lennon/→ *Yoko Ono*, aufgenommen am 17.11.1968 im Londoner Queen Charlotte's Hospital, erstmals erschienen 1969 auf der LP »Unfinished Music No. 2 – Life With The Lions«. Der Titel besteht ausschließlich aus Geräuschen aus dem Radio. Vorbild könnte John Cages Komposition »Imaginary Landscape No. 4« für zwölf Radioapparate (1952) gewesen sein. Das Material erschien im Mai 1969 auch als Flexidisc-Beilage Nr. 11 zur Nr. 7 der Kunstzeitschrift *Aspen* (→ *British Box*).

RAIN

Song von John Lennon/Paul McCartney, aufgenommen am 14. und 16.4.1966, erstmals erschienen am 10.6.1966 auf Single. Das Band mit Ringo Starrs Schlagzeugspiel wurde langsamer abgespielt, John Lennons Gesang dagegen »beschleunigt«. Der Song verrät deutliche Einflüsse der → *Byrds*. Andy Partridge von XTC: »Nasser Titel, aber der Song brennt. In dem steckt irgendwie alles, was man sich von den einzelnen Beatles jeweils wünschte: Ringo hat selten lässiger und aufregender getrommelt; die Gitarre klingt wie jemand, in dessen Eier sich eine Bulldogge verbissen hat, und Paul McCartney spielt seinen Bass so akrobatisch wie melodisch. Der Song ist eine Art letzter Schnappschuß, bevor sie über den Gipfel kippen, bevor's abwärts ging.« (→ *Rolling Stone*) Zahlreiche → *Cover-Versionen*, u.a. von McCaslin, Sunshine Company, Petula Clark, Grupo 15 (»Lluvia«), The Beatles Revival Band, Todd Rundgren, Curklin, Ann Dyer & No Good Time Fairies, Pribata Idaho, Curschellas/Hendrix/Stern (»Cu ch'i plova«), Purple Schulz und Nikk.

RAMON, PAUL

Unter diesem Pseudonym wirkte Paul McCartney als Bassgitarrist, Schlagzeuger und Background-Sänger am 9.5.1969 an der Aufnahme des Songs »My Dark Hour« der Steve Miller Band mit, erschienen am 16.6.1969 als Single und auf der LP »Brave New World«. Das Pseudonym hatte er bereits im Mai 1960 benutzt, als die Beatles zum ersten Mal auf Tournee gingen – als Vorband für → *Johnny Gentle* in Schottland. Ob sich danach 1974 wirklich The Ramones – die Prototypen des US-Punk – benannten, ist nicht verbürgt. Die Musiker der Band nannten sich jedenfalls Elvis Ramone; Joey Ramone († 16.4.2001), Johnny Ramone und Dee Dee Ramone, Drummer Tommy Ramone wurde 1978 durch Marky Ramone, dieser wiederum durch Elvis Ramone ersetzt. Der Film »Rock And Roll High School« (1979) mit The Ramones enthält Paul McCartneys Song »Did We Meet Somewhere Before«. Vom 25. bis 29.8.1986 machte Paul McCartney in New York einige Aufnahmen mit Musikern aus Billy Joels Band, Produzent: Phil Ramone; 1987 produzierte dieser ein Album Paul McCartneys, das bisher unveröffentlicht blieb – aber das ist eine völlig andere Geschichte.

RAPE

Titel eines im November/Dezember 1968 konzipierten und im Januar 1969 von John Lennon und → *Yoko Ono* gedrehten und von Hans Preiner produzierten Experimentalfilms (76:30 min, Kamera: Nick Knowland), die Premiere fand am 31.3.1969 im österreichischen Fernsehen statt (auch als »Film No. 6« bekannt). Die Pressekonferenz in Wien am gleichen Abend hielten John Lennon und Yoko Ono in einem weißen Sack sitzend ab (→ *Bagism*). Später lief der Film mit Erfolg auch im britischen Fernsehen und am 25.4.1969 (in Anwesenheit von John Lennon und Yoko Ono) auf dem Fernsehfestival in Montreux. Die Handlung: Knowland verfolgt mit der Kamera mehrere Tage eine 21-jährige österreichische (oder ungarische?) Touristin (Eva Majlata) in London und dringt schließlich in ihre Wohnung ein. Er verriegelt die Tür von innen, die Frau kann nicht mehr ausweichen. Eigentlich soll nur ein Film über ein ganz normales Mädchen gedreht werden, das sonst von der Öffentlichkeit nicht weiter beachtet wird. Das Mädchen erleidet schließlich einen Nervenzusammenbruch. Erst nach Ende der Dreharbeiten gibt das Mädchen die Erlaubnis, den Film zu zeigen. Am 2.5.1969 interviewte Michael Wale John Lennon und Yoko Ono zu ihrem Film, das Interview wurde am gleichen Abend in der Fernsehsendung »How Late It Is« der → *BBC2* ausgestrahlt. Dr. Dorothee Hansen im Katalog zur Ausstellung »John Lennon – Zeichnungen, Performance, Film«, die 1995 in Bremen stattfand: »Die gnadenlose Neugier der Presse und die Komplizenschaft zwischen den Medien und ihren Konsumenten wird in diesem Film auf bedrückende Weise deutlich.« Der Film lief 1969 auch beim Mannheim Film Festival und im Oktober 2002 bei der Viennale in Wien.

RAPE PART 2

Titel eines Ende 1969 von John Lennon und → *Yoko Ono* gedrehten Experimentalfilms (Kamera Nic Knowland), eine Fortsetzung von → *Rape*, die Premiere fand beim Mannheim Film Festival am 6.11.1969 statt. John Lennon wird als Toningenieur und Musiklieferant angegeben, obwohl im Film nur einige Sekunden aus »Radio Play« zu hören sind. Der Film ist 77 min lang, die letzten 45 min wurden allerdings in einem dunklen Raum gedreht. Die Dialoge sind in deutscher Sprache.

RARE BEATLES

Am 22.1.1981 (nach anderen Quellen im Februar 1982) auf dem Label Phoenix erschienene LP mit Aufnahmen der Beatles aus ihren ersten Jahren, z.T. identisch mit der DoLP »The Beatles Live! At The Star Club In Hamburg, Germany; 1962« (erschienen 1997).

RARITIES

Am 12.10.1979 auf → *EMI* und am 24.3.1980 in den USA auf → *Capitol Records* (hier: »The Beatles Rarities«, mit anderen Aufnahmen als in Großbritannien) erschienene LP mit seltenen Aufnahmen der Beatles, u.a. mit »Sie liebt dich«, der ersten Single-Version von »Love Me Do« mit Ringo Starr am Schlagzeug (USA-Ausgabe), bisher in Großbritannien und den USA unveröffentlichten Aufnahmen und differierenden Abmischungen. Die Platte war in Großbritannien am 2.12.1978 bereits als Bestandteil der 14-LP-Box »The Beatles Collection« erschienen. Unter dem gleichen Titel veröffentlichte das → *Bootleg*-Label BEAT 1994 vier CDs, die 2002 in neuer Verpackung erneut erschienen.

RASSENTRENNUNG

Die rassistisch motivierte zwangsweise Trennung von Menschen biologisch unterschiedlicher Menschengruppen (»Rassen«) in Bereichen des täglichen Lebens war in den Südstaaten der USA bis in die späten 1960er Jahre verbreitet, in Südafrika als Apartheid bis 1990. Als sie auf ihrer ersten USA-Tour im August/September 1964 erfuhren, dass schwarze Fans bei Konzerten nur in den oberen Rängen sitzen durften, verkündeten The Beatles in einer Presseerklärung am 6.9.1964: »Wir werden nirgendwo auftreten, wo Schwarzen nicht erlaubt ist, dort zu sitzen, wo sie wollen.« Sie waren damit die erste Band, die sich in den USA gegen die

Rassentrennung wandte. Der Sänger Bryan Hyland: »Sie haben diese Plattform sehr gut genutzt. Sie hätten sich auch nicht darum scheren und nichts dazu sagen müssen. Das erforderte damals schon eine Menge Mut.« Die Beatles bekannten sich auch immer wieder zu ihren schwarzen Vorbildern. Ende 1964 luden sie die schwarze Sängerin Mary Wells zu einer gemeinsamen Tournee durch Großbritannien ein.

THE RAVELLERS

Unter diesem Pseudonym spielten die Beatles auf ihrer Weihnachtsplatte 1967 den Song »Plenty Of Jam Jars«.

READY STEADY GO!

Beliebte britische TV-Show von Associated-Rediffusion bei Independent Television (ITV) in den Jahren 1963 bis 1968 (produziert von → *Michael Lindsay-Hogg*), in der auch die Beatles mehrmals auftraten – der erste Auftritt wurde am 4.10.1963 aufgezeichnet. Die Beatles sangen und spielten dabei allerdings im Voll-Playback. Ein am 20.3.1964 entstandener Mitschnitt (»Ready Steady Go – Special Edition: The Beatles Live«; 20 min, 12 Titel, z.T. als Medley) ist seit 1985 auch als Video (PMI) erhältlich, am 13.3.1986 erhielten die Beatles dafür in den USA Platin für 1 Mill. verkaufte Exemplare. Eine gleichnamige CD enthält 20 Titel. Am 16.4.1965 wurden sie für die Live-Sendung »Ready Steady Goes Live« im Studio 1 der Wembley Studios in Wembley/Middlesex von Cathy McGowan auch interviewt. Die 1996 erschienene → *Bootleg*-CD »When I Get Older (Beatles In The '90s)« enthält einige Songs aus dieser Sendung. Bei Picture Music (Dave Clark Productions International) erschienen drei Videos mit Aufnahmen aus der Sendung (Vol. 1 rel. November 1983; Vol. 2 (55 min) rel. Mai 1984, Vol. 3 (57 min) rel. November 1984).

REAL LOVE

Song von John Lennon aus dem Jahre 1977 (ursprünglich: »Real Life«), die neue Version, aufgenommen von Paul McCartney, George Harrison und Ringo Starr als zweite »neue« Single der Beatles, stammt vom Oktober 1979 und erschien am 4.3.1996 (b/w »Baby's In Black« als Remix; Remix Engineer: → *Geoff Emerick*) als Single und am 18.3.1996 auf der DoCD »The Beatles Anthology 2«. Der Titel war von John Lennon Anfang 1980 mehrfach als Demo auf Kassette aufgenommen worden. Eine Version erschien 1987/1988 auf der DoLP »Imagine: John Lennon« (Soundtrackalbum zu der gleichnamigen Filmdokumentation). Auch in seinem Song »Girls And Boys« steckt dieses Thema. → *Yoko Ono* schenkte den Song Paul McCartney am 19.1.1994 in New York bei der Aufnahme John Lennons in die → *Rock and Roll Hall of Fame*. Johns Stimme hat auf der neuen Aufnahme immer noch den typischen Beatles-Klang. Ein Grund hierfür ist, dass man die Gesangsspur etwas schneller laufen ließ. Die schlechte Qualität der Gesangsspur machte es notwendig, dass Paul McCartney einige Takte sang, auch instrumentale Tracks wurden in McCartneys Studio in Rye hinzugefügt. Das Cover ist ein altes Bild aus den 1960er Jahren, nur Ringos Zigarette wurde retuschiert. Paul McCartney spielt einen alten Kontrabass, der bereits bei den Aufnahmen zu → *Elvis Presleys* »Heartbreak Hotel« zu hören war. Jeff Lynne, ein früheres Mitglied des Electric Light Orchestra (ELO) und der Traveling Wilburys, überwachte die Studioarbeiten (Sussex/GB, Februar 1995), als Produzenten sind auf dem Cover jedoch auch John Lennon, Paul McCartney, George Harrison und Ringo Starr vermerkt. Als Toningenieur fungierte neben Geoff Emerick noch Jon Jacobs, das Audio Sequencing besorgte Marc Mann. Die → *Bootleg*-CD »Meet

Real Love – The Beatles anno 1996

The Threetles« (2003) enthält eine Dokumentation »The Evolution of REAL LOVE from the Dakota, New York City, 1979 to The Mill Studio, Sussex, England – February 6th & 7th 1995«.

THE REBEATLES

Deutsche → *Cover-Band*, gegründet 1991 in Ginsheim. Besetzung: Andrew »John« Kohlenberg (voc, g), Martin »Mc«Schurig (b, voc), Edwyn »Eddy« »George« Oil (voc, ld-g), Toby »Ringo« Mann (voc, dr). Die Band hatte am 17.3.1991 ihren ersten Auftritt, es folgten TV- und Radio-Auftritte. 1992 wurde sie in Ludwigshafen zur »Best Beatles Imitation Band« gewählt, 1993 erschien die erste CD (mit zehn Beatles-Songs und sechs eigenen

Cover-Band The ReBeatles

Titeln). Seit 1994 heißt die Band The ReBeatles. 1996 erschien die zweite CD »Fanthology«. In ihrer »originalen Beatles Live Show« tritt die Band im Look der jeweiligen Beatles-Periode auf, also im Abbey Road-Look, in Sgt. Pepper-Kostümen usw.

***Anschrift:** Richard-Wagner-Straße 8, 65462 Ginsheim, Tel. (06144) 316 34, (06131) 83 49 98, info@rebeatles.de • www.rebeatles.de*

THE REBELS

Im Sommer 1957 traten George Harrison, sein Bruder → *Peter Harrison*, dessen Schulfreund Arthur Kelly (Gitarren) und zwei weitere Musiker (→ *Mundharmonika* und Teekisten-Bass) unter diesem Namen als → *Skiffle*-Group im British Legion Club in der Dam Wood Road in Speke auf. Als George seinem Schulfreund Paul McCartney davon erzählte, stieg dieser mit ein. Geprobt wurde in Kellys Haus in Wavertree und im Schlafzimmer der Harrisons.

RED ALBUM

→ *The Beatles 1962–1966*.

RED LADY TOO

Song von George Harrison, erstmals erschienen am 1.11.1968 auf der LP »Wonderwall Music«.

THE REDBUGS

Fiktive Band, die in den 1960er Jahren in der amerikanischen Fernsehserie »F Troop« auftrat. Die Story: Corporal Agarn beschließt seinen Armeedienst zu quittieren, um die Redbugs zu managen, vier junge Musiker aus Boston in kragenlosen Jacketts und mit langen Haaren. Vier seiner Mit-Soldaten wollen ihn behalten und formieren The Termites, die den Beatles äußerst ähnlich sehen. Die Show endet damit, dass die Redbugs nach Liverpool gehen, dort berühmt werden und sogar vor der Queen auftreten. Die Idee hatte Ross Bagdasarian Jr., der 1980 The Chipmunks wiederbelebte, eine weitere fiktive Band, gegründet von seinem Vater Ross Bagdasarian (1919–1972), die 1964 sogar eine LP »The Chipmunks Sing The Beatles Hits« auf den Markt brachte. Songs von den Redbugs sind u.a. »Beatle Beat« und »Beatle Fever«.

REEL MUSIC

Am 22.3.1982 bei → *Capitol Records* und am 29.3.1982 bei → *Parlophone Records* erschienene LP mit 14 Beatles-Songs aus ihren fünf Filmen. Die LP, zusammengestellt von Randall Davis, mit einem zwölfseitigen Booklet und einem von David McMacken gestalteten Cover, kam in den USA auf Platz 19 der Charts und erhielt am 26.5.1982 sogar eine → *Goldene Schallplatte*. Trotzdem: »noch ein hirnloses Stück Verpackungskunst« (John Robertson).

REFLECTIONS & POETRY

Im April 1984 von Silhouette Music in den USA veröffentlichte LP mit Aufnahmen von John Lennons Gedichtlesungen Mitte der 1960er Jahre und mit Auszügen aus John Lennons 150-minütigem Interview mit dem New Yorker Sender RKO Radio am 8.12.1980 im New Yorker Büro von Geffen Records. → *Yoko Ono* erreichte, dass die LP vom Markt genommen werden musste; längere Teile des Interviews erschienen am 11.7.1988 in GB auf der → *Bootleg*-LP/Picture Disc »The Last Word« (Baktabak, 55:13 min) und am 14.12.1990 in GB auf der CD »Testimony« (Magnum Music Group, Thunderbolt, 73:54 min).

REGENT SOUND STUDIOS

Ein kleines Aufnahmestudio in der Tottenham Court Road in London, »kaum mehr als ein Studio für Demo-Aufnahmen« (→ *George*

Martin), wo die Beatles am 9.2.1967 drei Teile des Songs »Fixing A Hole« aufnahmen – es waren die ersten Aufnahmen außerhalb der Studiokapazitäten der → *EMI*. Aufnahmeleiter war Adrian Ibbetson. Zwölf Tage später wurde der Song dann in den → *Abbey Road Studios* fertig gestellt.

REGGAE

Mitte der sechziger Jahre in Jamaika aus Ska, der Musik der Rastafari und Rocksteady entstandene Musikform, gekennzeichnet durch eine auffällige 2-4-Betonung und vielfältige synkopische Brechungen und benannt nach dem Song »Do The Reggay« von den Maytals. Vertreter sind u.a. Bob Marley, Peter Tosh und Burning Spear. In Großbritannien kam es durch die dort lebenden Immigranten zu einer relativ eigenständigen Reggae-Entwicklung, die dann über New Wave-Bands wie Police und Clash auch die Rockmusik beeinflusste. Der Song »Ob La Di, Ob La Da« (1968, »Weißes Album«) war eine direkte Reaktion der Beatles auf diesen Stil, die Hauptfigur des Songs heißt Desmond (Dekker), der mit »Israelites« 1969 einen Hit hatte. Der Song war allerdings als Parodie gedacht. Auch in »I Call Your Name« (1964) sind bereits Ska-Elemente enthalten. Im Sommer 1976 fertigte John Lennon eine Home-Demo-Version des Songs »Many Rivers To Cross« des Reggae-Sängers Jimmy Cliff (»The Harder They Come«), er hatte den Song bereits zwei Jahre zuvor für Harry Nilssons Album »Pussy Cats« produziert. 1981 veröffentlichte Ranking Joe eine LP »Tribute To John Lennon«. Später coverten zahlreiche Reggae-Interpreten Songs der Beatles, nachzuhören auf Alben wie »Yesterday – 16 Fab Beatle Reggae Classics« (1991), »The Black Album – Yesterday Part 2«, »Yesterday Part 3«, »A Reggae Tribute To The Beatles, Vol. 1–2«, »Mellow Dubmarine – A Reggae Tribute To The Beatles« (2001) und »The Beatles Songbook In Reggae« (2 CDs). 2001 veröffentlichte Trojan eine 3-CD-Box »Tribute To The Beatles Reggae Style« mit 45 Songs u.a. von John Holt, Desmond Dekker, Marcia Griffiths, The Heptones, Nicky Thomas, Ken Boothe, Susan Cardogan und The Maytals. Achtung: Alle genannten CDs enthalten trotz unterschiedlicher Titel immer wieder die gleichen → *Cover-Versionen*. »It's Ringo Ska« (2005), versammelt Beatles-Songs im Ska-Rhythmus. Von Bob Marley & The Wailers gibt es eine Cover-Version von »And I Love Her«.

REISSUE

Wiederveröffentlichung älterer Titel oder Platten/CD, z.T. »digital remastered« (neue digitale Abmischung einer analogen Aufnahme).

REMEMBER LOVE

Song von → *Yoko Ono*, aufgenommen Mitte Juni 1969 von der → *Plastic Ono Band* in Montreal und am 4.7.1969 auf einer Single erschienen (b/w »Give Peace A Chance«).

REMEMBER THE BEATLES

Von Uli Schneider geleitetes Beatles-Museum in Gemmerich (Rhein-Lahn-Kreis), Gartenstraße 17, Tel./Fax (06776) 12 76, 0171 701 65 46, gegründet 1999. Das »Journal« der *Rhein-Zeitung* am 5.10.2002: »Den Mythos der Band aus Liverpool bewahrt Uli Schneider aus Gemmerich ... Ein Stück Musik- und Kulturgeschichte, die vier Engländer in nur wenigen Jahren geschrieben haben.«

REMIX

Eigenständige Produktionsform, bei der ein bereits vorhandener, fertig abgemischter Song durch erneutes Mixen im Klangbild verändert wird. Die technischen Möglichkeiten reichen dabei vom Hinzufügen oder Entfernen von Effekten auf dem Original-Mehrspurband (sofern dieses zur Verfügung steht) über partielle Lautstärke-Veränderungen bis zum Hinzufügen neuer Tonspuren. Ein Vorläufer dieser Technik ist das Dubbing in der Frühzeit des → *Reggae*. Auch von Beatles-Songs gibt es inzwischen zahlreiche Remixe: 1995 erschien auf dem Label Chelsea Records in Luxemburg eine CD »Sgt. Pepper's Lonely Hearts Club Band – The Trance Remixes«, 1996 auf Deep Records die CD »The Magic Sound Of Deep Presents The Beatles Megamix« mit einem Megamix (58:45 min) der Beatles und einem → *Stars On 45*-Medley (14:22 min) und 1996 auf far out productions »Magical Mystery Tour Remixed – Day Tripping«.

Lit.: Prochak, Tim: How To Remix (London 2001)

REUNION

Immer wieder nach der offiziellen Trennung der Beatles im April 1970 gab es Gerüchte

Eine Ente aus der Entenzeitung (29.12.1992) – auch diese Reunion fand nicht statt

Yeah! Yeah! Yeah! Die Beatles kommen nach Berlin

Von GÜNTER STAMPF und NIKO LAFRENTZ

Millionen Fans weinen vor Freude: Die Beatles sind wieder zusammen. In einem New Yorker Tonstudio feilen die Pilzköpfe an einer neuen LP. Sänger Paul McCartney zum Comeback: „Ich bin so aufgeregt wie vor unserem ersten Live-Auftritt 1960." Kaum zu glauben: Schon im nächsten Jahr wollen die Beatles auf Welttournee – auch nach Berlin. Peter Schwenkow von „concert concept": „Beatles in der Waldbühne – ich verhandle schon." ▶ **Weiter auf der letzten Seite.**

Beatles in der Waldbühne: Für den toten John Lennon singt sein Sohn

FORTSETZUNG VON SEITE 1

Vor 18 Jahren hatten sich die Beatles nach Streitereien getrennt und Solo-Projekten gewidmet. Jetzt hat McCartney (50) die Wehmut gepackt. „Einzeln sind wir gut, zusammen riesig." So lockte er seine Ex-Kollegen George Harrison (49) und Ringo Starr (52) ins Studio. Für den ermordeten John Lennon kam dessen Sohn Julian (29) dazu. Die BBC filmt die Studio-Aufnahmen für ein TV-Special über die größte Pop-Band der Welt (über eine Milliarde verkaufte Tonträger).

Star-Designer Ruby Mazur (46), der das neue Beatles-Cover entwirft, exklusiv zu BILD: „Sie machen eine Welttournee mit allen Hits. Es wird die Sensation in der Geschichte der Pop-Musik."

BILD erwischte Berlins größten Konzertveranstalter Peter Schwenkow im Silvester-Urlaub. Er bestätigt: „Ich verhandle mit Paul McCartney: Er kommt im Juni in die Waldbühne. Wenn er die anderen mitbringt, kann er von mir aus zehn Tage hintereinander spielen."

über eine Wiedervereinigung der Fab Four. Immer wieder wurden astronomische Summen für einen gemeinsamen Auftritt geboten, insbesondere von → *Sid Bernstein* und → *Bill Sargent*. Im April 1974 bot David Geffen, Chef des amerikanischen Labels Geffen, 75 Mill. DM (ca. 37,5 Mill. €), im Juli 1976 wünschte sich die Queen zu ihrem 25-jährigen Amtsjubiläum einen Auftritt der Beatles im Londoner Wembley Stadium. Am 26.1.1976 bot der US-Promoter Bill Sargent den Beatles 30 Mill. $ für ein Live-Konzert. Am nächsten dran an einer Reunion waren sie vielleicht im November 1976, als George Harrison in der amerikanischen Fernsehsendung »Saturday Night Live« auftrat. Produzent Lorne Michaels bot den Beatles die gewerkschaftlich garantierte Mindestgage für einen gemeinsamen Auftritt (3 200 $) in der Show. John und Paul saßen gerade im Dakota Building in New York vor dem Fernseher (wohl ihr letztes Treffen), und Ringo war ebenfalls in der Stadt. John Lennon: »Wir hätten fast ein Taxi genommen, aber wir waren gerade zu müde.« Am 2.10.1976 wiederholte Michaels sein Angebot in der Sendung. Das Online-Auktionshaus Moments In Time in Washingtonville/NY behauptete im Dezember 2003, ein teilweise gelöschtes Tape und eine Liste mit fünf Songtiteln auf einem Briefkopf der Davlen Sound Studios in Los Angeles zu besitzen, die belegen, dass die vier Beatles am 2.11.1976 noch einmal gemeinsam im Studio waren. Doch die Fab Four hätten sich im Studio zerstritten und seien wieder nach Hause gegangen, nachdem sie das Band gelöscht hatten. In den Abbey Road Studios soll es noch ein Band der Session geben. Moments In Time gab an, Zeugen für die Recording-Session zu haben, die belegen könnten, dass auch George Martin dabei war. Diese Geschichte kursierte bereits Ende der 1990er Jahre, allerdings gab es damals keine Beweise. Paul McCartney erklärte, er könne sich nicht daran erinnern. Auch George Martin kann sich nicht erinnern, und auch das Studio bestreitet den Termin. Am 19.5.1979 kamen Paul McCartney, George Harrison und Ringo Starr bei der Hochzeit von → *Eric Clapton* zusammen. Am 21.9.1979 ersuchte UN-Generalsekretär Kurt Waldheim die Beatles, ein Konzert zur Unterstützung der vietnamesischen Boat People zu geben. Auch Sid Bernstein trat mit einem ähnlichen Vorschlag an die Beatles heran. John Lennon: »Wenn die anderen mitmachen, werde ich für diese Segel-Freaks, die Boat People, spielen.« Gerüchte einer bevorstehenden Reunion der Beatles gab es auch bei Paul McCartneys Wohltätigkeitskonzert für Kambodscha in London 1979. Im diesem Jahr schloss Paul McCartney einen Deal mit CBS und bestätigte, zusammen mit den anderen drei wieder unter dem Namen The Beatles Musik zu machen – für eine Summe von 10,8 Mill. $. Am 28.11.1980 unterzeichnete John Lennon eine eidesstattliche Erklärung zu dem Sachverhalt, dass die vier Beatles angeblich einem Reunion-Konzert Anfang der 1980er Jahre unter dem Titel »Beatlemania« zugestimmt hätten. Das Konzert sollte die Krönung der Kampagne »The Long And Winding Road« von Apple zum offiziellen Dokumentarfilm über die Beatles-Karriere werden. Die Ermordung John Lennons setzte dann allen Gerüchten und Bemühungen ein jähes Ende.

Anfang Februar 1981 gab es dann Berichte, dass sich die überlebenden Beatles zu einem Tribut-Konzert für John Lennon treffen wollten. Im Vorfeld von Paul McCartneys Auftritt bei Live Aid 1985 und beim Prince's Trust-Konzert 1987 im Hyde Park war jedoch wieder eine Reunion im Gespräch (bei Letzterem waren dann nur George Harrison und Ringo Starr dabei). Als »Ersatz« für John Lennon war zeitweise dessen Sohn → *Julian*

Lennon im Gespräch. Paul McCartney in *Musikexpress/Sounds* 3/1988: »Es gab immer eine kleine Chance, aber die Überlegungen gingen nie so weit, dass alle vier von der konkreten Möglichkeit wussten.« Am 28.11.1989 sagte George Harrison in einem Interview, dass es keine Wiedervereinigung der Beatles geben werde, »solange John Lennon tot bleibt«. 1990 planten Sid Bernstein und → *Cynthia Lennon* eine John-Lennon-Gedenkfeier mit Paul McCartney, George Harrison, Ringo Starr und Julian Lennon am Brandenburger Tor, was jedoch von → *Yoko Ono* verhindert wurde. »Beatles-Konzert am Brandenburger Tor geplant«, hatte bereits eine Tageszeitung verkündet. Termin: 9.10.1990. Am 19.1.1994, bei der Aufnahme John Lennons in die → *Rock and Roll Hall of Fame*, bestätigte Paul McCartney, dass die restlichen Beatles planen, wieder zusammenzuarbeiten. Auch Julian Lennon sei eingeladen. Am 13.2.1994 berichtete die Londoner Zeitung *The Mail On Sunday* (später auch *Sun*), dass die Beatles demnächst im New Yorker Central Park ein Konzert geben würden, mit Julian Lennon und → *Sean Lennon*. Jeder Beatle sollte 30 Mill. $ erhalten. Am 23.6.1994 kamen Paul McCartney, Ringo Starr und George Harrison in den Friar Park Studios in Henley-On-Thames noch einmal zu einer Jam-Session zusammen – für John Lennon stand ein weißer Stuhl im Raum. Wie → *EMI* betont, haben sie dabei allerdings keine Beatles-Stücke gespielt. Die Besetzung taucht in der Literatur immer wieder als → *The Threetles* auf. Im Dezember 1995 äußerte Ringo Starr, dass er auch für 1 Mrd. $ nicht mit George Harrison und Paul McCartney als The Beatles auftreten würde. Schließlich wären sie nur noch drei. Am 14.3.1996 verkündeten die verbliebenen drei Ex-Beatles, sie hätten ein 225-Mill.-$-Angebot für eine Welttournee amerikanischer und deutscher Konzertpromoter nicht angenommen. Auch eine angekündigte gemeinsame Session der drei Ex-Beatles bei »Master Of Music« 1996 im Londoner Hyde Park fand nicht statt. Für einen 20-minütigen Auftritt am 23.8.1996 im New Yorker → *Shea Stadium* bot ihnen Sid Bernstein noch einmal 500 Mill. $! Zur Millenniumsfeier wünschten sich die Hotelbosse in Las Vegas eine Reunion, mit Sean Taro Lennon als »Ersatzmann«. Paul McCartney: »Wir drei sind nicht so gut, wie wir zu viert gewesen sind.« That's it. Nach dem Tode von George Harrison verstummten die Gerüchte einer Reunion endgültig. Im Juli 2005 bestätigte Paul McCartney dem Magazin *Word* gegenüber, dass die Beatles in den 1970er Jahren oft über eine Reunion gesprochen hätten: »Aber es lief immer wieder auf dasselbe hinaus – warum? Wir sagten, wir haben alles erreicht. Wir haben eine Menge Werke, die für sich selbst stehen. Warum sollten wir das verderben? Es waren nur Gespräche. Es wurde nie wirklich ernsthaft.«

REVOLUTION

Song von John Lennon/Paul McCartney, aufgenommen am 10., 11. und 12.7.1968, erstmals erschienen am 26.8.1968 auf Single (b/w »Hey Jude«, die erste Apple-Veröffentlichung). Eine Version befindet sich auch auf → *Past Masters* Vol. 2. Eigentlich sollte ja »Revolution I« auf die Rückseite von »Hey Jude«, aber John Lennon war nicht zufrieden mit dem Song und überredete die anderen Beatles, es noch einmal zu versuchen. Das E-Piano-Solo spielte Nicky Hopkins. Ironie der Geschichte: Im August 1968 äußerte die Queen Mum, die eine Special Edition der ersten Apple-Platten (→ *Our First Four*) erhalten hatte, in einem Brief ihre Begeisterung für die Musik der Beatles – ob sie auch diesen Song wirklich gehört hat? Aber John Lennon lässt in diesem Take niemanden im Unklaren:

»Revolution« – Sehen so Revolutionäre aus?

»you can count me out« – er wollte nicht dabei sein bei der »Revolution«. In »Revolution I« auf dem »Weißen Album«, vor der Single-Version entstanden, sang er noch »count me in« – ein Beweis mehr für John Lennons politische Ambivalenz – letztendlich wandte er sich gegen jede Anwendung von Gewalt. 1980 bekräftigte er diese Haltung in einem Interview: »Ich will wissen, wo es lang gehen soll, und wenn Gewalt dazugehört, dann rechnet nicht mit mir, count me out. Erwartet mich nicht auf den Barrikaden, es sei denn, ihr steht mit Blumen da.« Im März 1987 setzte Nike den Song »Revolution« sogar für eine Werbekampagne für Turnschuhe ein (gegen Zahlung von 300 000 $) – die Revolution hat längst ihre turnschuhtragenden Kinder gefressen. George Harrison damals: »Wenn wir nichts dagegen unternehmen, endet irgendwann jeder Beatles-Song als Reklame für Büstenhalter und Fleischpasteten.« Als dotmusic.com 2001 die besten Alternativ-Songs aller Zeiten wählte, kam »Revolution« immerhin auf Platz 8. Zahlreiche → *Cover-Versionen*, u.a. von The CT Beatles, The Brothers Four, The Beattells, Alternative Allstars, Grandaddy, The Beatles Revival Band, Thompson Twins, The Fabulous Four, Hard Day's Night, Hawksley Workman, Billy Bragg, Kenny Neal/Lucky Peterson/Tab Benoit, Running Wild, Stone Temple Pilots, Nina Simone und The Roy Young Band.

REVOLUTION I

Song von John Lennon/Paul McCartney, aufgenommen am 30. und 31.5. und 4. und 21.6.1968, als akustische Version von »Revolution« erstmals erschienen am 22.11.1968 auf der LP »The Beatles« (»Weißes Album«). Zum ersten und letzten Mal nahmen die Beatles zwei Songs zugleich auf – die ersten 4:13 Minuten wurden »Revolution I«, die restlichen 8:15 Minuten bildeten die Basis für »Revolution # 9«. Um die richtige Stimmlage für »Revolution I« zu erreichen, legte sich John Lennon während der Aufnahme auf den Boden des Studios. Der Song entstand in → *Rishikesh*, als die Beatles den → *Maharishi Mahesh Yogi* besuchten, der Inhalt steht der reservierten Haltung der kommunistischen Parteien zu den Studentenunruhen in Paris im Mai 1968 näher als den Forderungen nach sofortiger »Revolution«.

REVOLUTION # 9

Song von John Lennon/Paul McCartney, aufgenommen am 30. und 31.5., am 4., 6., 10., 11., 20. und 21.6. und am 16.9.1968, erstmals erschienen am 22.11.1968 auf der LP »The Beatles« (»Weißes Album«). Auch wenn der Sound äußerst »revolutionär« klingt – der Inhalt steht der reservierten Haltung der kommunistischen Parteien zu den Studentenunruhen in Paris im Mai 1968 und den Flower-Power-Hippies und Bewusstseinserweiterern näher als den Forderungen nach sofortiger »Revolution«. John Lennon konstatierte später, dass der Song als Bild einer Revolution konzipiert wurde und vor dem Hintergrund beurteilt werden sollte, dass die Musik, die er 1968 schrieb (im Gegensatz zu dem, was linke Ideologen drei Jahre später von ihm hören wollten), vor allem mit → *Yoko Onos* Konzeptkunst der 1960er Jahre zu tun hatten und nicht etwa ein Versuch war, die Unruhen des Jahres 1968 wiederzugeben. Für John Lennon und Yoko Ono war der Song ein wichtiges Stück »sound-as-art«. Der Song beginnt mit einem Teil aus einem unveröffentlichten Paul-McCartney-Song, einem Gespräch zwischen dem Apple-Mitarbeiter → *Alistair Taylor* und Produzent → *George Martin* über eine übrig gebliebene Flasche Bordeaux, gefolgt von einem → *EMI*-Test-Tape mit Musikern der Royal Academy of Music mit den Worten »number nine«, einige Male wiederholt. Danach folgt ein Chaos aus Bandschleifen, → *Feedback*, Babyweinen, Autohupen, Schreien von Yoko Ono (ihr erstes »Gastspiel« auf einer Beatles-Platte) und diversen Soundeffekten. Mit 8 min 15 sec ist »Revolution # 9« die längste (offizielle) Studioaufnahme der Beatles (nur von »Helter Skelter« gibt es eine längere Version). Feeling B verarbeitete später Motive des Songs in »Revolution 89« (LP »Celebrating The Eggman«, 1990). Zahlreiche → *Cover-Versionen*, u.a. von Kurt Hoffman's Band Of Weeds, Durham Ox Singers und Frankfurt City Blues Band.

REVOLVER

Siebente (offizielle) LP der Beatles, erstmals erschienen am 5.8.1966 (am 8.8.1966 in den USA, mit leicht differierenden Tracks). »›Revolver‹ dokumentiert das charakterliche Reifen vier klassischer Charaktere unter den Bedingungen von Popkultur und psychedelischer Revolution ... die Beatles in ihrer wohl auch für sie besten Phase zwischen Verlust der Unschuld und wachsender Weisheit.« (Hans Nieswandt in *Spex* 12/1999) »›Revolver‹ war ihr erstes Album, bei dem es nur ein Kriterium gab: so gut wie mög-

Revolver (1966)

lich zu klingen.« (*musikexpress The Beatles Special Limited Edition*, Vol. 1, 2002) Für → *George Martin* war es »das erste Album, das der Welt neue, sich entwickelnde Beatles vorstellt«, und für → *Barry Miles* markiert es »den Übergang von einer Band, die Singles produzierte, zu einer Studioband«. »Sicher ihr freiestes, spannendstes und wohl auch bestes Album.« (*Rolling Stone* 11/2004, Beil.) »›Revolver‹ war das erste Gesamtkunstwerk der Beatles, und keine Sammlung von Songs in verschiedenen Stimmungen und Stilen«, befand Ian MacDonald (*musikexpress The Beatles Special Limited Edition*, Vol. 1, 2002) Und natürlich markiert das Album auch den Übergang von einer Live-Band zu einer Studio-Band. Der Titel hat übrigens nichts mit einer Waffe zu tun, sondern bezeichnet eine Schallplatte, die sich auf dem Plattenteller dreht. Am 26.12.1991 wurde die LP in den USA für 3 Mill. verkaufte Exemplare mit Multi-Platin ausgezeichnet. 2000 benannte das britische Magazin *Q* »Revolver« als »Greatest British Album«. In einer Umfrage des *Rolling Stone* wurde die LP im Dezember 2003 zur drittbesten Platte aller Zeiten gekürt. 1997 erschien auf dem Label Walrus die → *Bootleg*-CD »The Alternate Revolver«, 2000 auf dem Label Fab4 »Revolver – Original Monaural Recording« und Ende 2003 auf dem Label Pear die CD »The Alternate Revolver«.

Lit.: Freeman, Robert; Hogg, Brian: The Revolver Sessions (1991); Moltmaker, Azing: The Album Collection Vol. 7 – Revolver (Alkmaar 2000); Reising, Russell: Every Sound There Is – The Beatles' Revolver And The Transformation Of Rock And Roll (London 2002)

RHONE, DOROTHY

Erste ernsthafte Freundin Paul McCartneys Anfang der 1960er Jahre, von ihm »Dot« genannt. Sie besuchte die Liverpool Institute High School for Girls; im → *Casbah Coffee Club* sah sie zum ersten Mal → *The Quarrymen* und sowohl John Lennon und Paul McCartney bemühten sich um sie. Paul McCartney ging dann fast drei Jahre mit ihr. Paul lud sie auch ein, ihn auf dem zweiten Trip nach Hamburg im April 1961 zu begleiten. Erst nach langer »Überzeugungsarbeit« erlaubten ihr ihre Eltern den Trip. Sie gilt als Inspiration für die Songs »Love Me Do« und »P.S. I Love You«. Zurück in Liverpool, zog Dorothy Rhone zu → *Cynthia Lennon*. Paul McCartney machte einige Monate nach dem Hamburg-Trip allerdings Schluss mit ihr. Sie ging nach Kanada und heiratete den deutschen Geschäftsmann Werner Becker. Sie haben drei Töchter. Im Oktober 1997 schilderte sie ihre Romanze mit Paul McCartney in einem zweiteiligen Artikel in der Zeitung *Daily Mail*.

RICKENBACKER

1931 gründeten Adolph Rickenbacker und George D. Beauchamp (später kam noch

Paul Barth hinzu) in Los Angeles die Electro String Instrument Corporation, die dann ab 1932 die ersten modernen Elektro-Gitarren produzierte. Sie hatten den Spitznamen »frying pan« (Bratpfanne). Als das Unternehmen die »Bratpfanne« zum Patent anmelden wollte, gab es dafür keine Kategorie: War es nun ein Elektrogerät oder ein Musikinstrument? Die Folge: Es gab bald zahlreiche Epigonen. 1935 kam das berühmte Bakelit-Modell. Das Unternehmen produzierte neben E-Gitarren und Bässen auch Verstärker. A. Rickenbacker verkaufte die Gesellschaft 1953 an Francis »F. C.« Hall, der dann Roger Rossmeisl als Designer engagierte und 1954 u.a. die Modelle Combo 400, 600 und 800 und Capri einführte. Einen zweiten großen Aufschwung (nach dem Rock'n'Roll) bescherten dem Unternehmen dann die Beatles. John Lennon spielte ein Semi-Solid-Modell 325 der Capri-Serie, seit 1958 auf dem Markt. Seine erste Rickenbacker kaufte er bereits in Hamburg. Als das Instrument 1997 bei Bonham's in London versteigert werden sollte, fand sich allerdings kein Interessent. Als George Harrison eine der ab 1963 entwickelten elektrischen 12-saitigen Gitarren des Herstellers sah, bezeichnete er sie als »Geheimwaffe der Beat Boys«. Seine schwarze Rickenbacker 425 kaufte er im September 1963 in Benton/Ill., als er seine Schwester besuchte. Die Gitarre war dann auch in dem Film »A Hard Day's Night« zu sehen. Acht Jahre später vermachte er sie einem befreundeten Musiker. Am 21.8.1965 erhielt er eine zwölfsaitige Rickenbacker vom Musikgeschäft B-Sharp in Minneapolis/Minnesota. Am 30.9.1999 wurde sie bei Christie's versteigert, Schätzwert: umgerechnet ca. 100 000 €. George Harrison spielte auch eine doppelbündige 360/12, während der »Get Back«/»Let It Be«-Sessions eine 1962 hergestellte Rickenbacker 425. John Lennon kaufte 1960 in Hamburg ein Modell 325 mit einem Kauffman-Vibrato und spielte sie bis 1964. Anfang 1964 ließ ihm das Unternehmen eine moderne 325 zukommen, schwarz, mit Ac'cent Vibrato. Lennons dritte Rickenbacker war ein englisches Modell 1996 von Rose, Morris Ltd, eine so genannte »Beatle backer«, wie sie in Anzeigen genannt wurde. Lennons vierte Rickenbacker war dann eine Einzelanfertigung des Modells 325 mit 12 Saiten. Ein Exemplar von Lennons Lieblingsgitarre ist im → *Cavern Pub* in der Liverpooler Mathew Street ausgestellt. Im Juli 1990 brachte die Fa. drei Sondermodelle (325 JL, 355 JL, 355 JL/12 JL) mit dem eingravierten Autogramm von John Lennon heraus. Paul McCartney spielte in den ersten Jahren einen Höfner-Bass, ab der Jahreswende 1965/1966 jedoch einen Rickenbacker-Bass, ein englisches Morris-Modell 1999. Die Rickenbacker wurde damit eine Art Markenzeichen der Beatles. 1964 nahm ein neues Werk in Santa Ana/Calif. die Produktion auf. 1984 ging Hall in den Ruhestand, seitdem heißt das Unternehmen Rickenbacker International Corporation (RIC), Eigentümer sind John und Cindalee Hall. Neben neuen Modellen gibt es auch immer wieder Reissues der alten Modelle. Und natürlich steht ein Bild der Beatles auf der Webseite des Unternehmens.

Anschrift: *3895 South Main St., Santa Ana/Calif. 92707-5710, USA.* • ***Lit.:*** *Smith, Richard R.: The History Of Rickenbacker Guitars (1988); Bacon, Tony; Day, Paul: The Rickenbacker Book (New York/London 1994)* • *www.rickenbacker.com*

RINGO'S THEME

Eines der vier Instrumentalstücke, gespielt vom → *George Martin* Orchestra, auf dem Soundtrack-Album »A Hard Day's Night« auf → *United Artists*. In den 1970er Jahren erschien die LP auch auf → *Capitol Records*. Es sollte etwas Atmosphäre für Ringos Solo-Szenen in dem Film liefern. Es handelt sich eigentlich nur um eine Instrumentalversion von »This Boy«.

RIP IT UP

Song von Blackwell/Marascalco; die Beatles nahmen diesen Rock'n'Roll-Klassiker in einem Medley mit »Shake, Rattle & Roll« und »Blue Suede Shoes« bei den Sessions für »Let It Be« auf. Das Medley wurde veröffentlicht am 28.10.1996 auf der DoCD »The Beatles Anthology 3«.

RISHIKESH

Am 15.2.1968 reisten George Harrison und seine Frau Pattie, → *Jenny Boyd* (eine von Patties jüngeren Schwestern), John Lennon und Cynthia, → *Magic Alex* u.a. nach Indien, in den Ashram, das Meditation Centre (Academy of Transcendental Meditation) des → *Maharishi Mahesh Yogi* in Shankaracharya Nagar, eine halbe Meile südlich von Rishikesh und etwa 240 km nordöstlich von Delhi; Paul

McCartney und → *Jane Asher*, Ringo und → *Maureen Starkey* folgten am 19.2.1968. Auch die Schauspielerin Mia Farrow (sie berichtete 1997 in ihrer Autobiographie »What Falls Away«, dt.: »Dauer hat, was vergeht«, von ihren Erlebnissen), deren Schwester Prudence Farrow, Mike Love von den → *Beach Boys*, → *Neil Aspinall*, → *Mal Evans* und → *Donovan* waren dort. Die plötzliche Abreise der Beatles erfolgte lt. → *Cynthia Lennon* aufgrund haltloser Anschuldigungen, die Magic Alex gegen den Maharishi erhob. John Lennons Abschiedsworte an den Maharishi: »Wir reisen ab. Wenn du so verdammt kosmisch bist, weißt du auch warum.« Zuerst reisten Ringo und Maureen Starkey ab (1.3.1968), dann Paul McCartney und Jane Asher (26.3.1968), und schließlich auch John Lennon und Cynthia und George Harrison. Am 12.4.1968 war John Lennon wieder in London. Sein »The Happy Rishikesh Song« entstand allerdings nicht 1968, sondern Anfang 1980 in New York (→ *Bootleg*-CD »Unplugged«, 1997). Später reiste auch Madonna nach Rishikesh, die Stadt ist heute »ein wenig Friedhof, Bücherei, Flohmarkt, Irrenhaus und Woodstock« (Sigrid Flengler in *Die Welt* vom 6.4.2001), im Hotel Mandarin Oriental Ananda kostet eine Übernachtung im Doppelzimmer heute ab 1020 $. Im März 2005 veranstaltete das Uttaranchal Tourism Development Board sogar ein Beatles-Festival, das jährlich stattfinden soll. Der kanadische Fotograf Paul Saltzman zeigt gelegentlich auf → *Beatles Conventions* seine Fotoausstellung »The Beatles In India«.

Lit.: Saltzman, Paul: The Beatles In Rishikesh (New York 2000; dt.: »Die Beatles in Indien«, Berlin 2005) • www.thebeatlesinrishikesh.com

ROADIE (ROAD MANAGER)

Tourneebegleiter von Rockgruppen, verantwortlich für den Aufbau der gesamten Bühnentechnik. Bands, die es sich leisten können, beschäftigen zahlreiche Roadies, deren Aufgaben vom Transport der Bühnentechnik bis zum Aussteuern derselben reicht. Bei den Beatles hatten → *Frank Garner* (ab 1960), → *Neil Aspinall* (ab 1961) und → *Malcolm Evans* (ab 1963) diese Funktion.

ROCK AND ROLL HALL OF FAME AND MUSEUM

Rock'n'Roll-Ruhmeshalle und Museum in Cleveland, Ohio/USA, Eintritt 15 $, Öffnungszeiten: 10.00 bis 17.30 Uhr, eröffnet am 1.9.1995. Seit 1983 nominiert ein von der US-amerikanischen Musikindustrie finanziertes Komitee aus Musikwissenschaftlern, Komponisten und Kritikern verdienstvolle Musiker für die Aufnahme in die Rock and Roll Hall of Fame. Die Zeremonie findet alljährlich im New Yorker Hotel »Waldorf-Astoria« statt. Nach den Regularien können Künstler frühestens 25 Jahre nach ihrer ersten Plattenveröffentlichung aufgenommen werden. Am 23.1.1986 führten → *Julian Lennon* und → *Sean Ono Lennon* an Stelle ihres Vaters → *Elvis Presley* in die Hall of Fame ein. Am 20.1.1988 wurden die Beatles aufgenommen. Bei der Zeremonie im Hotel »Waldorf-Astoria« waren allerdings nur George Harrison, Ringo Starr, → *Yoko Ono*, Julian Lennon und Sean Ono Lennon zugegen. Paul McCartney fehlte aufgrund »geschäftlicher Differenzen« mit dem verbliebenen Rest der Beatles. Mick Jagger bezeichnete die Beatles in seiner Laudatio als »vierköpfiges Monster« und sang mit George Harrison, Ringo Starr, Bruce Springsteen u.a. eine mitreißende Version von »I Saw Her Standing There«. Von der Preisverleihung und dem anschließenden Konzert gibt es eine → *Bootleg*-DVD (ca. 132 min). Am 19.1.1994 ehrte Paul McCartney den ermordeten John Lennon bei der 9th Annual Rock and Roll Hall of Fame-Veranstaltung im »Waldorf-Astoria« bei dessen Aufnahme (als Einzelpersönlichkeit): »Sie sollten nie vergessen, dass ich der John-Lennon-Fan Nummer 1 bin. Ich mag ihn bis heute und ich habe ihn immer gemocht. Wir haben uns hier zusammengefunden, um ihm für alles zu danken, was er uns allen bedeutet. Heute ist er in der Rock and Roll Hall of Fame. Gott sei mit ihm.« Bruce Springsteen und Axl Rose intonierten »Come Together«. Bei dieser Gelegenheit versöhnten sich auch Yoko Ono und Paul McCartney. Am 15.3.1999 wurde Paul McCartney aufgenommen, am 6.3.2000 überreichte er am gleichen Ort → *James Taylor* die Trophäe. Am 15.3.2004 wurde auch George Harrison aufgenommen.

Inzwischen wurden über 2000 Künstler in die Rock and Roll Hall of Fame aufgenommen, darunter auch → *George Martin*. 2000–2002 fand eine John-Lennon-Ausstellung statt. Die Hall of Fame gibt auch Nachschlagewerke heraus, so z.B. »Rock Facts« (1996) und »Rock Classics« (1997). Allerdings: »Die echte Hall of Fame findet sich in unterirdischen Bunkeranlagen, in denen die Plattenindustrie hinter meterdickem Stahlbeton die Masterbänder von den Beatles, den Rolling Stones und anderen lagert.« (Roger Behrens in »Tomorrow Is The Question«, Testcard # 10, Mainz 2001, Seite 16) Von Juni bis September 2001 lief in der Museum's Circular Gallery die Ausstellung »Stuart Sutcliffe – From The Beatles To Backbeat«.

Lit.: Henke, James; Meer, Ron van der: The Rock Pack (New York 1995) • www.rockhall.com

ROCK AND ROLL MUSIC

Song, komponiert und gesungen (1957) von → *Chuck Berry*, von den Beatles aufgenommen am 18.10.1964, erstmals erschienen am 4.12.1964 auf der LP »Beatles For Sale« und am 6.4.1965 auf der EP »Beatles For Sale«.

ROCK'N'ROLL

Genre der populären Musik, das sich in den Jahren 1954 bis 1958 aus der Kopplung weißer Country & Western- und afroamerikanischer Rhythm & Blues-Traditionen herausbildete. Rock'n'Roll veränderte die Struktur des amerikanischen und später des internationalen Musikmarktes und schuf erstmalig einen speziellen Musikmarkt für junge Leute. Unter dem Verkaufsetikett Rock'n'Roll wurden allerdings sehr unterschiedliche Spielweisen vermarktet (Boogie, Doowop, Rockabilly, Rhythm & Blues). Besonders in ihren ersten Jahren sangen die Beatles zahlreiche Rock'n'Roll-Klassiker, aber auch später kehrten insbesondere John Lennon und Paul McCartney immer wieder zu ihren Rock'n'Roll-Wurzeln zurück. Bei den Sessions zum Album »Let It Be« sammelte sich z.B. so viel Material an, dass es für eine ganze Rock'n'Roll-LP gereicht hätte. Paul McCartney sang 1999 auf seinem Album »Run Devil Run« Songs wie → *Little Richards* »Shake A Hand«, → *Gene Vincents* »Blue Jean Bop«, → *Elvis Presleys* »All Shook Up« und → *Chuck Berrys* »Brown Eyed Handsome Man«. Paul McCartney: »Rock'n'Roll hat mich zeit meines Lebens inspiriert und begeistert. Rock'n'Roll kann einen wieder aufrichten, wenn's einem schlecht geht, und dafür liebe ich ihn.« (*ME/Sounds*) John Lennon veröffentlichte im Februar 1975 das Album »Rock'n'Roll«. Er bekannte: »Als ich anfing, war Rock'n'Roll die grundlegende Revolution für Leute in meinem Alter und in meiner Lage. Wir brauchten etwas Lautes und Deutliches, um all die Gefühllosigkeit und Unterdrückung zu durchbrechen, denen wir als Kinder ausgesetzt waren.« Im September 1999 wurden zwölf Schellackplatten aus dem Besitz Lennons versteigert, u.a. Original-Aufnahmen von Elvis Presley, Little Richard und → *Buddy Holly*.

ROCK'N'ROLL MUSIC

Am 7.6.1976 auf → *Capitol Records* und am 10.6.1976 auf → *Parlophone Records* erschienene Doppel-LP mit 28 bereits erschienenen Beatles-Songs. → *George Martin* verbesserte lediglich die Bandaufnahmen durch Re-Dubbing. Am 24.10.1980 erschienen die beiden Platten noch einmal einzeln als Vol. 1 und 2 mit neuem Cover (auf MFP Music For Pleasure, am 27.10.1980 auch auf → *Capitol Records*). 2000 erschien das Album auch als → *Bootleg*-CD.

ROCK PEACE

Im August 1969 wurde angekündigt, dass dieser Instrumentaltitel als nächste Single der → *Plastic Ono Band* veröffentlicht wird. Die Single erschien jedoch nicht, und es gibt keine Hinweise, dass er überhaupt aufgenommen wurde. Als zweite SP erschien schließlich im Oktober 1969 »Cold Turkey«.

ROCK THERAPY

Stück auf der Grundlage des Films »Yellow Submarine«, aufgeführt 1999/2000 im Černé Divadlo (Schwarzes Theater) Prag (Národní třída 36) von der Truppe Animato, Regie: Jan Pajer, Choreographie: Lucie Honcová, Musik: Radek Podroužek/The Beatles.

ROCKY RACOON

Song von John Lennon/Paul McCartney, aufgenommen am 15.8.1968, erstmals erschienen am 22.11.1968 auf der LP »The Beatles« (»Weißes Album«). Das Piano, das wie in einem Wildwest-Saloon klingt, spielt Produzent → *George Martin*, George Harrison ist an diesem Titel nicht beteiligt. »Lily, Rosemary & The Jack Of Hearts« von → *Bob Dylan* aus dem Jahre 1974 erinnert stark an »Rocky Racoon«. Beim Schreiben des Songs in → *Rishikesh* half auch → *Donovan*. Zahlreiche → *Cover-Versionen*, u.a. von Richie Havens, Terry Pospisil, The Persuasions, James Blunt und The Moments.

ROE, TOMMY

Amerikanischer Sänger, * 9.5.1942 in Atlanta/Georgia/USA. Er hatte einen ersten Hit 1962 mit »Sheila«, gefolgt 1969 von »Dizzy«. Vom 9. bis 31.3.1963 waren die Beatles mit ihm und → *Chris Montez* auf Tournee in England. Außerdem dabei: The Viscounts, Debbie Lee, The Terry Young Six und Tony March. Als die Beatles am 11.2.1964 im Washington Coliseum in Washington, D.C. auftraten, hatten sich die Verhältnisse umgekehrt: Jetzt bestritt u.a. Tommy Roe das Vorprogramm. Die Hits des Sängers finden sich auf der CD »Tommy's 22 Big Ones« (2001).

ROLL OVER BEETHOVEN

Song, komponiert und gesungen (1956) von → *Chuck Berry*, von den Beatles aufgenommen am 30.7.1963, erstmals erschienen am 22.11.1963 auf der LP »With The Beatles«. George Harrison singt lead vocals. Am 28.2.1964 nahmen die Beatles den Song im Piccadilly Theatre, London, für die → *BBC*-Sendung → *From Us To You* (Produzent: Bryant Marriott, gesendet am 30.3.1964) auf. Erschienen am 28.10.1994 auf der DoCD »Live At The BBC«.

ROLLING STONE

Seit 9.11.1967 monatlich bei Wenner Media Inc., später bei Straight Arrow Publishers Company, beide in San Francisco/Calif., erscheinende amerikanische Musikzeitschrift (seit 1994 erscheint im DRS Verlag Worldwide Music Management Inc. & Co. KG in Hamburg auch eine deutsche Ausgabe, im Oktober 2002 von der Springer-Tochter AS Young Mediahouse übernommen), gegründet von Jann S. Wenner, Auflage: 1,2 Mill. Exemplare. Natürlich waren auch die Beatles immer

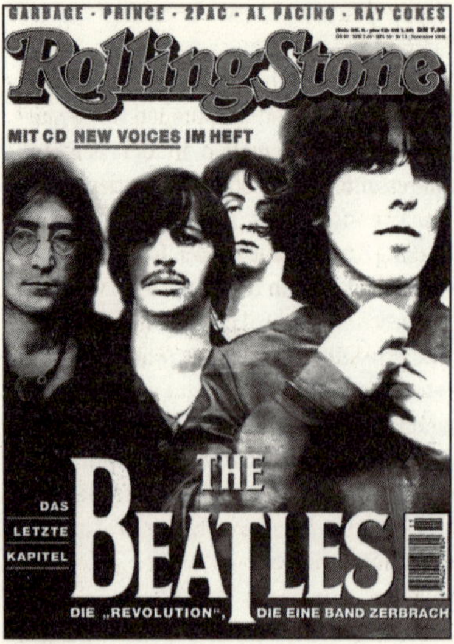

On the cover of the Rolling Stone: The Beatles (November 1996)

wieder ein Thema für den *Rolling Stone*. Auf dem Cover der ersten Nummer posierte John Lennon als Gefreiter Gripweed in Richard Lesters Film »How I Won The War«, auf S. 16 brachte die Zeitschrift eine illustrierte Vorschau auf den Film. Jann S. Wenner: »Mit seiner Experimentierlust, der Bereitschaft, die eigene Identität zu ergründen und mit allem bis zum Äußersten zu gehen, war John für mich der Inbegriff dessen, was ich mir auch für den ›Rolling Stone‹ wünschte.« Am 17./18.9.1968 interviewte Jonathan Cott John Lennon für das Magazin (erschienen in der Nr. 22 am 23.11.1968; auch in dem 1971 erschienenen Sammelband »The Rolling Stone Interviews Vol. 1«). Weil sich die Plattenfirma (Apple Records/Tetragrammaton Records) weigerte, die LP »Unfinished Music No. 1 – Two Virgins« mit einem Aktfoto von John Lennon und → *Yoko Ono* auf dem Cover zu veröffentlichen, zeigte der *Rolling Stone* auf dem Cover dieser Ausgabe John und Yoko nackt – von hinten (mit Selbstauslöser aufgenommen). Bildunterschrift: »Und sie waren beide nackt, der Mensch und sein Weib, und schämten sich nicht.« – ein Zitat aus der Bibel (Mose 2,25). Das »richtige« Aktporträt, das beide von vorn zeigt, erschien auf einer Doppelseite im Innenteil. Zum ersten Mal seit Bestehen war der *Rolling Stone* komplett ausverkauft. Bereits am 30.1.1970 spekulierte der *Rolling Stone* unter der Überschrift »Beatles splitting? Maybe, Says John« über eine mögliche Trennung der Beatles. Der *Rolling Stone* veröffentlichte 1971 ohne John Lennons ausdrückliche Genehmigung unter dem Titel »The Working Class Hero« (Nr. 74 vom 21.1.1971) und »Life With The Lions« (Nr. 75 vom 4.2.1971) ein am 8.12.1970 geführtes zweiteiliges Interview mit John Lennon, das später auch als Buch erschien (»Lennon Remembers«; Harmondsworth/San Francisco 1971; New York 1972; London 1972, 1973 als Paperback; Reprint 1980; dt.: Lennon über Lennon. Abschied von den Beatles, Hamburg 1981; John Lennon und die Beatles – Das legendäre Rolling Stone-Interview, St. Andrä-Wördern 2001) – allerdings offenbar nicht vollständig, denn 2000 erschien mit dem Untertitel »The Full Rolling Stone Interviews From 1970« eine vollständige Ausgabe. Am 9.3.1975 interviewte Pete Hamill John Lennon für den *Rolling Stone*, erschienen in der Nr. 188 am 5.6.1975, am 5.12.1980 interviewte Jonathan Cott noch einmal John Lennon und Yoko – das letzte Interview, erschienen in der Nr. 335 am 22.1.1981, mit einem Foto von Annie Leibovitz auf dem Cover, auf dem sich ein nackter John Lennon in fötaler Haltung an Yoko Ono schmiegt – es wurde 2005 von den Magazin-Herausgebern in den USA zum besten Cover der vergangenen 40 Jahre gekürt. 1982 nahm Brant Mewborn, einer der Herausgeber, sogar eine Single auf: »A Love That Lasts Forever (A Tribute To John Lennon)«. Im Oktober 1982 veröffentlichten die Herausgeber des *Rolling Stone* das Buch »The Ballad Of John And Yoko« mit Material über die Lennons aus dem Archiv sowie einigen neuen Artikeln von Autoren des Magazins (New York 1982, London 1982, Paris 1982, Stockholm 1983). Am 16.2.1984 erschien mit der Nr. 415 eine »Special Beatles Anniversary Issue«. 1991 wählten die Leser Paul McCartney zum besten Bassisten, 2000 wählten der *Rolling Stone* und der Musikkanal MTV »Yesterday« zum besten Popsong aller Zeiten. Einen guten Einblick in die 1970er Jahre des *Rolling Stone* gibt der Film »Almoust Famous (Fast berühmt)«, Regie: Cameron Crowe, einst Reporter der Zeitschrift (2000/2001). Für professionelle Rechercheure: 1996 erschien in London »The Rolling Stone Index« von Jeffrey N. Gatten, der den Inhalt der Jahrgänge 1967–1991 erschließt. In New York erschien 1976 »The Rolling Stone Illustrated History Of Rock & Roll« (dt.: Bildgeschichte der Rockmusik, 2 Bde, Reinbek b. Hamburg 1979). In London erschien 1983 die erste Auflage von »The Rolling Stone Encyclopedia of Rock & Roll«, in New York 1986 »Rock Of Ages: The Rolling Stone History Of Rock & Roll« (von Ed Ward, Geoffrey Stokes und Ken Tucker), in New York erschien 2001 von Jann S. Wenner »The Complete Covers 1967–1997« als Paperback, als deutsche Ausgabe erschien der Bildband »Gesichter des Rock'n'Roll«. Die Nr. 910 vom 28.11.2002 erschien mit drei unterschiedlichen Covern, auf denen die Simpsons jeweils populäre Plattencover nachstellen, u.a. laufen sie als »Beatles« über den Zebrastreifen in der → *Abbey Road*. Insgesamt finden sich unter den ersten 1000 Ausgaben des *Rolling Stone* ca. 35 Cover mit Abbildungen der Beatles bzw. Einzelporträts. Das Cover der 1000. Ausgabe war eine Hommage an »Sgt. Pepper« – ein Familientreffen von 154 Persönlichkeiten, natürlich mit den Beatles. John Lennon ist als Einziger zwei Mal vertreten – als Solist und als Mitglied der Beatles. Noch immer erscheinen in der Zeitschrift interessante Artikel über die Beatles, so z.B. »John Lennon: Some Time in New York City« (*Rolling Stone* 2/2003), der Exklusiv-Beitrag »the ballad of john & yoko – Yoko Ono über ihr Leben mit John Lennon« (*Rolling Stone* 1/2004) und das 18-seitige Paul-McCartney-Interview »Yesterday & Today« (*Rolling Stone* 8/2004). Seit 2006 erscheint in Hongkong als 11. Internationale Ausgabe auch eine chinesische Ausgabe, die allerdings vom Chinesischen Presseamt gestoppt wurde, da sie keine Publikationsnummer besaß. Die Nummer 2 erschien deshalb als »Yinxiang Shijie« (Audio & Video World). 2006 erschien auch ein Buch mit den gesamten bis dahin erschienenen »Rolling Stone 1,000 Covers« (dt.: Berlin 2006).

www.rollingstone.de; www.rollingstone.com

THE ROLLING STONES

Neben den Beatles die berühmteste Beat-Group der 1960er Jahre. Die insbesondere von Journalisten häufig kolportierte Gegensätzlichkeit und Rivalität gab es jedoch nur in den Medien, privat gab es immer sehr gute Kontakte zwischen den beiden Bands bzw. ihren Musikern. Die Beatles hörten die Stones zum ersten Mal am 14.4.1963 im Crawdaddy Club im Station Hotel in der Kew Road in Roehampton im Südwesten Londons. Nach der Show diskutierten sie noch in der Wohnung der Stones in 102 Edith Grove in Chelsea. John damals über Mick Jagger: »Er imitiert uns. Mick macht genau all das, was wir machen.« Trotzdem waren gerade John Lennon und Mick Jagger in den 1960er und 1970er Jahren Freunde und Trinkgefährten. Mick Jagger: »Wir waren nicht die dicksten Freunde,

»Let It Be« (The Beatles) und »Let It Bleed« (The Rolling Stones) – hier friedlich vereint

aber wir verstanden uns immer gut ... Und irgendwie waren wir damals Konkurrenten.« (in: Memories of John Lennon, New York; dt.: »Erinnerungen an John Lennon«, Berlin 2005) Für ihre → *BBC*-Show am 18.4.1963 in der Londoner → *Royal Albert Hall* besorgten die Beatles den Stones Karten für die erste Reihe und Backstage-Pässe. George Harrison soll lt. → *Barry Miles* sogar Dick Rowe, Chef der A&R-Abteilung von → *Decca*, geraten haben, die Rolling Stones unter Vertrag zu nehmen. Rowe sah sie am 6.5.1963 erstmalig und nahm sie sofort unter Vertrag – schließlich war er es gewesen, der zwei Jahre zuvor die Beatles abgelehnt hatte, weil »Gitarrenbands sowieso bald aus der Mode kämen«. Später koordinierten Mick Jagger und Paul McCartney sogar zeitweise das Erscheinen ihrer jeweils neuen Platten, um die Geldbeutel ihrer Fans nicht überzustrapazieren, wie Geoffrey Giuliano in seinem Buch »Not Fade Away« (Zürich 1993) berichtet. »Geschäft mit Spaß verbindend, verbrachten die Stones und die Beatles über die Jahre viel Zeit gemeinsam«, resümiert er. Die Kooperation ist auch auf Platten dokumentiert: Am

1.11.1963 erschien eine Stones-Single mit dem Song »I Wanna Be Your Man« von John Lennon/Paul McCartney, produziert von → *Andrew Loog Oldham*. Am 4.7.1963 erlebten die Beatles die Rolling Stones zum zweiten Mal live – im Club »The Scene« in Soho. Die Beatles waren dann immer mal wieder auf Partys der Rolling Stones anzutreffen, so am 8.1.1966. Am 1.6.1966 sang Brian Jones bei den Aufnahmen zu »Yellow Submarine« im Background-Chor. Am 10.2.1967 waren Mick Jagger und Keith Richards in den → *Abbey Road Studios* dabei, als die Beatles den Orchesterpart von »A Day In The Life« aufnahmen. In dem Song »We Love You« (als Single am 18.8.1967 bei Decca erschienen) sangen John Lennon und Paul McCartney am 18.5. bzw. 12./13.6.1967 background (oder nicht? – Die Fans streiten noch ...). Bei dem Song »Too Many Cooks« (ebenfalls auf dem → *Bootleg* »Get Together«), produziert von John Lennon für eine Apple-Single, die allerdings nie erschienen ist, singt Mick Jagger, Ringo sitzt am Schlagzeug. Dass Brian Jones am 12.5.1967 in den Olympic Studios einige Sopransaxophon-Overdubs auf »Baby, You're A Rich Man« gespielt hat, gehört höchstwahrscheinlich ins Reich der Legenden. Allerdings nahm er am 8.6.1967 in den Abbey Road Studios einige Takes für den Schlussteil von »You Know My Name (Look Up My Number)« auf. Vielleicht wäre er sogar wirklich gern der → *fünfte Beatle* geworden ... Seine Kollegen Mick Jagger und Keith Richards trällerten bei »All You Need Is Love« am 14. und 25.6.1967 im Studio One in der Abbey Road in London im Hintergrund, als die Session weltweit im Fernsehen lief. Auch in → *Bangor* war Mick Jagger dabei. Es gab auch das Gerücht, dass die Stones und die Beatles eine Platte zusammen aufgenommen hätten (»Shades Of Orange«/»Loving Sacred Loving«), was allerdings definitiv nicht stimmt – diese Band hieß The End, wurde von Bill Wyman produziert und klang lediglich so, als wenn die beiden Bands zusammenspielten. Die beiden Songs sind im März 1968 auf Single und 1969 auf LP erschienen. Als Reaktion auf das »Sgt. Pepper«-Album der Beatles veröffentlichten die Stones im gleichen Jahr ihre LP »Their Satanic Majesties' Request«. Gerüchte besagten, dass die Beatles in dem Song »Sing This All Together« zu hören gewesen seien, aber das gehört ins Reich der Mythen – auch wenn auf dem Cover der LP die Gesichter der Beatles versteckt sind. Ende 1967 bestätigte Mick Jagger, dass es sogar Pläne zur Errichtung eines gemeinsamen Aufnahmestudios der Beatles und der Rolling Stones gegeben habe. In der Nähe des Regent's-Park-Kanals war bereits ein Grundstück dafür gekauft worden. Paul McCartney wollte gleich noch ein Hotel und einen Hubschrauberlandeplatz dabei haben. Als am 26.7.1968 die Stones im Londoner Vesuvio Club Mick Jaggers 25. Geburtstag feierten, waren auch John Lennon und Paul McCartney dabei. George Harrison war eng mit Brian Jones befreundet, ihre Geburtstage lagen nur drei Tage auseinander, und ihre Positionen in ihren Bands ähnelten sich. Als Brian Jones Ende Mai 1969 die Stones verlassen musste, dachte er daran, mit John Lennon und → *Jimi Hendrix* ein All Star Trio zu bilden. Beim Gedenkkonzert im Hyde Park anlässlich seines Todes waren auch Paul McCartney und → *Linda McCartney*. Die Beziehungen hielten auch nach dem Split der Beatles an. So waren Linda und Paul McCartney 1978 backstage bei den Rolling Stones im New Yorker Palladium. Georg Diez, Autor des Buches »GegenSpieler: Beatles – Rolling Stones« (Frankfurt/M. 1999), sieht in der Konstellation Beatles/Rolling Stones »eine klassische popmoderne Arbeitsteilung« zwischen »good guy und bad guy«. Und Nik Cohn ergänzt: »Sicher waren die Beatles die größere Band, aber bis sie sich 1967 der Liebe zuwandten, haben sie nie wirklich die Art und Weise verändert, wie jemand dachte. Sie waren selbstsicher, anmaßend und ließen sich nichts gefallen, aber sie waren immer kompromissbereit, und sie gefielen den Erwachsenen genauso wie den Kids. Sie hatten sich nie ganz der Sache der Jugend verschrieben. Die Stones schon.« Zu den Unterschieden der frühen Jahre ist ein weiterer hinzugekommen: Die Rolling Stones sind noch immer als Band unterwegs. 1999 verdienten sie 89,2 Mill. $ allein mit Livekonzerten. Keith Richards 2002 im Interview: »Das Einzige, was uns von den Beatles unterscheidet, ist doch, dass wir in unserer langjährigen Besetzung noch alle am Leben sind.« (*WOM Journal* 10/2002) Seine Meinung über Paul McCartney: »Ich kann nicht glauben, dass diese Leute, die ich von früher noch ganz anders kenne, plötzlich niederknien und vor der Queen rumkriechen.« (*WOM Journal* 110/2002) 2004 warf Mick Jagger → *Yoko Ono* vor, John Lennon in New York weggesperrt und damit verhindert zu haben, dass er John in seinen letzten Lebensjahren sah.

www.the-rolling-stones.com; www.iorr.org; www.stones.net; www.therolling-stones.com; www.rollingstones.com

THE ROLLING STONES ROCK AND ROLL CIRCUS

Am 10./11.12.1968 von → *Michael Lindsay-Hogg* gedrehter 58-minütiger TV-Dokumentarfilm für ein → *BBC* TV-Special, der leider unvollendet blieb. Die Idee war genial: Die → *Rolling Stones* sollten in einem Zirkus auftreten, mit der crème-de-la-crème der Rockwelt. Und so kamen als Gäste auch John Lennon, → *Yoko Ono*, → *Julian Lennon*, → *Eric Clapton*, Jethro Tull, The Who, Mitch Mitchell, Jesse Ed Davis von Taj Mahal, → *Marianne Faithfull* und das Model Donyale Luna. Das einzige Problem hatten die Stones mit ihrem eigenen musikalischen Beitrag. Als Mick Jagger sich die Aufnahmen anhörte, war er so enttäuscht, dass er an Neuaufnahmen dachte. Der Film sollte dann als Feature-Film in Theatern laufen, aber auch daraus wurde nichts. Der → *Rolling Stone* veröffentlichte am 19.3.1970 einen ersten Report über die »entertainment extravaganza«. Danach erfolgten die Aufnahmen in einem Fernsehstudio im Norden Londons, wo eine Zirkus-Arena mit einem Ring mit Sägespänen und einer Art Zelt installiert war, in der die Musiker und Artisten (aus dem Robert Frosset Circus) auftraten. Die Tickets wurden über den Rolling Stones Fan Club und den → *New Musical Express* vertrieben. An das Publikum, das in Hufeisenform um die Arena saß, wurden bunte Ponchos und Filzhüte verteilt. Die Atmosphäre war sehr relaxed, vieles passierte spontan. Yoko Ono spielte eine imaginäre Violine, John Lennon sang, begleitet von Eric Clapton (g), Keith Richards (b) und Mitch Mitchell (dr) als Band »The Dirty Mac«, in einem 8½-minütigen Jam den »Yer Blues«. Die Aufnahmen verschwanden in der Versenkung, bis sie auf diversen → *Bootlegs*

The Rolling Stones Rock and Roll Circus, aufgenommen 1968, erschienen 1996

(u.a. 1990: »The Rolling Stones Rock'n'Roll Circus – The Original Soundtrack«, Starlight Records, USA) und 1996 auf dem Label ABKCO Records als CD, Laser Disc und Video erschienen (inzwischen auch als DVD). Die öffentliche Premiere fand am 12.10.1996 beim New Yorker Filmfestival statt.

Lit.: Randolph, Michael: The Rolling Stones Rock and Roll Circus (London 1991; San Francisco 1991; London 1995); Utpatel, Jörg: Rock And Roll Circus. In: Beatlemania 2/1997, Seite 32–37

ROOFTOP CONCERT

Der definitiv letzte Live-Auftritt der Beatles auf dem Dach des Apple-Gebäudes in der Savile Row am 30.1.1969. Sie spielten fünf Songs: »Dig A Pony«, »I've Got A Feeling«, »One After 909«, »Don't Let Me Down« und »Get Back«. Ein ursprünglich für den 18.1.1969 im Roundhouse in London geplantes Konzert hatte nicht stattgefunden. Auf dem Apple-Dach spielten die Beatles, unterstützt von → *Billy Preston*, 42 min lang, bis die Polizei, gerufen von Stephen King von der nahe gelegenen Royal Bank of Scotland, das Konzert beendete. Die Hälfte des Sets ist in dem Dokumentarfilm »Let It Be« von → *Michael Lindsay-Hogg* dokumentiert. Die Songs sind auf diversen → *Bootlegs* enthalten, der komplette Auftritt auf »The ›Let It Be‹ Rehearsals Vol. 1« (Label: Yellow Dog), »The Complete Rooftop Concert« (Label: RT, DoCD, 1996), »The Complete 2 CD Rooftop Concert« (Label: Yellow Dog, 1999) u.v.a. Bootlegs dokumentiert. Im Herbst 2001 erschien die Bootleg-CD »On The Rooftop – The Complete Apple Rooftop Concert« (Omi) – erstmals mit vier Bonustracks, aufgenommen unten in der Straße. Am 29.1.1999 erinnerten die → *Bootleg Beatles* mit einem Auftritt auf dem Dach des Gebäudes an den 30. Jahrestag des Konzertes.

Auf dem Dach des Apple-Gebäudes spielten die Beatles am 30.1.1969

RORY STORM AND THE HURRICANES

Anfang der 1960er Jahre eine herausragende britische Live-Band und die populärste Band Liverpools – bis die Beatles kamen; gegründet 1960 von Sänger Alan Caldwell alias Rory Storm (* 21.9.1940 in Liverpool), hervorgegangen aus der Ende der 1950er Jahre aktiven Texan Skiffle Group, die sich dann Al Caldwell And His Jazzmen, Rory Storm & The Wild Ones und Raving Texans nannte. Zu den Gründungsmitgliedern dieser Bands gehörten neben Rory Storm Ringo Starr (dr; ab September 1958), Ty Brian, Lou Walters (voc) und Johnny »Guitar« Byrne (g, † 1999). Der Sänger war ein Energiebündel, in seiner Show kletterte er über Lautsprecherboxen und Verstärkeranlagen. Am 2.1.1960 traten Rory Storm and The Hurricanes zum ersten Mal im → *Cavern* auf. Ab 1960 trat die Band dann regelmäßig auch in Hamburg auf, im → *Kaiserkeller* spielten sie im Oktober/November 1960 abwechselnd mit den Beatles. Bei einem »Festival der Rock'n'Roll Fans« im Hamburger »Kaiserkeller« waren z.B. Rory Storm and The Hurricanes die Hauptattraktion, zweiter Gig des Abends: The Beatles. In dem Film → *The Birth Of The Beatles* ist ein Band-Wettbewerb im → *Star-Club* zu sehen, den die Beatles gewinnen – in Wirklichkeit gewannen allerdings Rory Storm and The Hurricanes. Am 15.10.1960 waren Bassist

Rory Storm and the Hurricanes (Annonce im »Mersey Beat«, 19.11.1964)

Lou Waters, Ringo Starr und die Beatles gemeinsam im Akustik-Studio in der Kirchenallee 57 in Hamburg und nahmen dort »Summertime« von George Gerhswin, »Fever« und den »September Song« von Brecht/Weill auf. Allerdings: Die wenigen Musterplatten sind offenbar verschollen. Bei einem Auftritt am 5.2.1962 half dann Ringo Starr zum ersten Mal bei den Beatles aus (→ *Pete Best* war krank); im August 1962 wurde er in einer heimlichen Aktion von John Lennon, Paul McCartney und George Harrison abgeworben. Sein Nachfolger bei Rory Storm wurde Gibson Kemp. Nach dem Ausscheiden von Pete Best bei den Beatles am 16.8.1962 wollte Rory Storm Pete Best in die Band holen, der lehnte jedoch ab. Am 30.9.1964 war Ringo noch einmal mit seiner alten Band im Studio: Gemeinsam nahmen sie in den → *Abbey Road Studios* den Song »America« auf, produziert von → *Brian Epstein* – Ringo spielte Percussion und sang im Background mit (rel. 13.11.1964). Am 20.12.1964 besuchten Paul McCartney und → *Jane Asher* ein Konzert der Band in Liverpool. Am 28.2.1966 trat die Band zum letzten Mal live auf – beim Abschlusskonzert im Cavern, um sich dann aufzulösen. Eine gute Übersicht bietet die CD »The Complete Works« (Street Records). Rory Storm versuchte eine Karriere als DJ, bevor er am 28.9.1972 an einer Überdosis Alkohol und Tabletten starb.

ROSEBERRY STREET

In dieser Liverpooler Straße hatte John Lennon am 22.6.1957 seinen ersten Auftritt. Bei einem Straßenfest zum Nationalfeiertag spielte er mit vier Freunden auf einem alten Lastwagen »schweißtreibenden Rock'n'Roll«, wie sich seine Halbschwester → *Julia Baird* erinnert, »während unten die jüngeren Einwohner der Roseberry Street wie verrückt um sie herumtanzten«.

ROTES ALBUM

→ *The Beatles 1962–1966.*

ROYAL ALBERT HALL

Große Konzerthalle in Kensington Gore, London, errichtet 1871 im viktorianischen Stil zu Ehren des Prinzgemahls. Hier trafen sich am 18.4.1963 Paul McCartney und → *Jane Asher*, als die Beatles in »Swinging Sound '63« (sie spielten »Twist And Shout« und »From Me To You«, von der → *BBC* live übertragen) auftraten. Am 15.9.1963 spielten die Beatles hier mit den → *Rolling Stones* und weiteren neun Bands und Solisten bei der »Great Pop Prom«. 1967 besangen die Beatles die Halle in »A Day In The Life«. Am 29.2.1968 nahm → *Yoko Ono* auf der Bühne den Titel »AOS« auf (erschienen 1970 auf der LP »Yoko Ono Plastic Ono Band«), und zu Weihnachten 1968 saßen John und Yoko

in einem großen schwarzen Sack auf der Bühne – während des → *Alchemical Wedding*, einer Christmas-Party der Londoner Underground-Szene. George Harrison besuchte hier am 20.10.1969 ein Konzert seines Vorbilds → *Ravi Shankar*. Am 1.12.1969 besuchten George Harrison und Ringo Starr mit ihren Frauen hier das Auftaktkonzert der Tournee von → *Delaney & Bonnie* & Friends. George Harrison gefiel die Band so, dass er auf der Tour jeden Abend bei zwei Sets Gitarre spielte. Im Oktober 1997 hatte hier Paul McCartneys Sinfonie »Standing Stone« Uraufführung. Am 29.11.2002 versammelten sich hier zahlreiche Musiker zum »Concert For George«.
www.royalalberthall.com

ROYAL VARIETY PERFORMANCE
(auch: Royal Command Performance, Royal Variety Show) Jährlich in London stattfindende Gala der populären Musik. Am 4.11.1963 traten dort im Prince of Wales Theatre in der 31 Coventry Street die Beatles auf. Als sie Ende August die Einladung erhielten, wollten sie diese noch ablehnen – schließlich waren sie gegen das Establishment. Am 10.11.1963 wurde die Show im Rundfunk und im Fernsehen übertragen. In der Show trat auch → *Marlene Dietrich* auf – gemeinsam posierten sie für ein Foto. Die Beatles sangen (als 7. von 19 Acts) »From Me To You«, »She Loves You«, »'Till There Was You« und »Twist And Shout«. Die Aufnahmen sind inzwischen auf → *Bootlegs* erhältlich (»The Royal Variety Performance 1963«, »The Beatles by Royal Command«, »Live In The United Kingdom 1962–65«, »Radio Active« Vol. 7 und »Beatles At The Beeb« Vol. 7) – John Lennons berühmt gewordener Spruch, dass die Leute auf den billigeren Plätzen ja klatschen könnten, während der Rest ja bitte mit ihren Juwelen klappern sollte, ist u.a. auf → *The Beatles Anthology* 1, im offiziellen Anthology-Video und der offiziellen TV-Dokumentation enthalten. Den Auftritt der Beatles sollen am darauffolgenden Sonntag 26 Mill. Leute im Fernsehen gesehen haben – die Hälfte aller Briten. Auch in den folgenden Jahren sollen die Beatles betr. Mitwirkung an der Royal Variety Performance gefragt worden sein. Am 24.11.1986 trat Paul McCartney bei der Royal Variety Performance im Londoner Theatre Royal in der Drury Lane auf.

RUBBER SOUL
Sechste (offizielle) LP der Beatles, aufgenommen Mitte Oktober–Anfang November 1965 (mit Ausnahme von »Wait«, für das Aufnahmen vom 17.6.1965 mitverwendet wurden), erstmals erschienen am 3.12.1965 – für → *George Martin* die erste Beatles-LP, »die der Welt die neuen Beatles vorstellte«. Martin: »Bis dahin hatten wir LPs mehr als Ansammlung von Singles gemacht. Jetzt fingen wir wirklich an, LPs als ein Stück eigenständige Kunst zu sehen.« Mit »Rubber Soul« übernahmen die Beatles auch zum ersten Mal die volle Kontrolle über eine LP, bis hin zur Gestaltung des Covers. Zum ersten Mal wird der Name »Beatles« auf der Plattenhülle nicht mehr erwähnt. Der Titel soll auf eine Äußerung Paul McCartneys zurückgehen, der eine frühe Version seines Songs »I'm Down« als »plastic soul« bezeichnet hatte. → *Capitol Records* brachte auf »ihrer« »Rubber Soul«-LP die Songs »I've Just Seen A Face« und »It's Only Love« von der LP »Help!« unter, die bis dahin in den USA noch nicht erschienen waren, was die Platte allerdings weniger rockig erscheinen ließ. Die britische Version enthält dafür vier Songs (»Drive My Car«, »Nowhere Man«, »What Goes On?« und »If I Needed Someone«), die später auf der amerikanischen LP »Yesterday ... And Today« erschienen.

Rubber Soul (1965)

Am 26.12.1991 wurde die LP in den USA für 4 Mill. verkaufte Exemplare mit Multi-Platin ausgezeichnet. 1999 erschien als → *Bootleg* die CD »Rubber Soul Mono Mix«. In einer Umfrage des → *Rolling Stone* wurde die LP im Dezember 2003 zur fünftbesten Platte aller Zeiten gekürt. Ende 2003 erschien auf dem Label Pear die CD »The Alternate Rubber Soul«. 2005 erschien zum 40. Jahrestag der LP auf dem kanadischen Label Razor & Tie Entertainment die CD »This Bird Has Flown: 40th Anniversary Tribute To Rubber Soul« mit → *Cover-Versionen*, u.a. mit den Donnas, Fiery Furnaces, Ben Harper, Cowboy Junkies Low, Sufjan Stevens, Red Leo und Albert Hammond jr.

***Lit.**: Moltmaker, Azing: The Album Collection Vol. 6 – Rubber Soul (Alkmaar 2000)*

RUDY, ED

Amerikanischer Journalist, der Ende 1963 in New York auf Vermittlung seines Freundes Bud Hellewell zum ersten Mal → *Brian Epstein* traf. Er war dann bei der ersten Pressekonferenz der Beatles in den USA nach ihrer Ankunft auf dem John F. Kennedy Airport am 7.2.1964 dabei und reiste mit ihnen nach Washington und Miami. Auf ihrer zweiten Tournee im Sommer 1964 war er dann (nach eigener Aussage) der einzige Reporter, der die Beatles begleiten durfte. Er will dabei für 440 amerikanische Sender berichtet haben. Am 9.6.1964 erschien seine LP mit Interviews und Hintergrundberichten »The Beatles American Tour With Ed Rudy« (Radio Pulsebeat News Documentary No. 2; Reissue 1980), 1965 die LP »Ed Rudy With New U.S. Tour (The Beatles Great American Tour)«/»American Tour With Ed Rudy No. 3« (Radio Pulsebeat News Documentary No. 3). 1965 erschien seine erste »Tribut-LP«: »The Great American Tour – 1965 Live Beatlemania Concert« mit Live-Aufnahmen der Beatles aus dem Jahre 1964 in den USA, overdubbed mit Gesang der Liverpool Lads. Er bezeichnete sich gern als → *fünften Beatle*.

RUN FOUR YOUR LIFE

Song von John Lennon/Paul McCartney, aufgenommen am 12.10.1965, erstmals erschienen am 3.12.1965 auf der LP »Rubber Soul«. John Lennon: »Ich habe diesen Song immer gehasst. Es war einer, den ich einfach so hinhaute, nur um einen Song zu schreiben, eine blöde Sache.« Die Textzeilen »I'd rather see you dead, little girl, than to be with another man« stammen aus Elvis Presleys Neuaufnahme des Arthur-Gunter-Bluesklassikers »Baby, Let's Play House« von 1955. Exakt diese Zeilen veranlassten am 18.12.1992 den kanadischen Rundfunksender CFRA, den Song aus dem Programm zu nehmen, weil er angeblich Gewalt gegen Frauen propagiere. Zahlreiche → *Cover-Versionen*, u.a. von Good Times, The Fabulous Four, Der totale Andy und die formalen Eunuchen, Zuki Rock & Roll Band, Cowboy Junkies, Electric Sound Orchestra (d.i. Martial Martinay), Miss Wyoming feat. Olaf Römer und The Punkles.

RUSSELL, BERTRAND EARL OF

Britischer Mathematiker, Logiker, Philosoph und Schriftsteller, *18.5.1872 in Trelleck. Sein wichtigstes Werk sind die »Principia Mathematica« (1910/1913, mit A. N. Whitehead). 1950 erhielt er den Nobelpreis. »In der Philosophie vertritt R. den logischen Empirismus, eine positivistische Strömung, die philosophische Probleme auf syntaktische reduziert und aus der logischen Analyse der Syntax die Lösung der philosophischen Probleme bzw. die Erkenntnis ihrer Unlösbarkeit ableiten will« – so weit ein Lexikon. Russell engagierte sich auch stark in der Friedens- und Antiatomkriegsbewegung der 1960er Jahre (Bertrand Russell Peace Foundation). Paul McCartney hatte nach eigener Aussage »Verschiedenes von ihm gelesen« und besuchte ihn 1964 in dessen Haus im Londoner Stadtteil Chelsea. Ende 1969 schrieb John Lennon ihm einen Brief und bat ihn um Unterstützung in seiner Friedenskampagne. Russell antwortete ihm, äußerte sich positiv zu Lennons Ansichten und begrüßte es auch, dass Lennon seinen → *MBE* zurückgegeben hatte. † 2.2.1970.

RUSSELL, LEON

*2.4.1941 in Lawton/Oklahoma; Sänger, Songwriter, Pianist, Gitarrist, Bandleader und Produzent – in den 1960er Jahren einer der meistbeschäftigten Studio-Musiker. Auf seiner am 23.3.1970 in den USA erschienenen LP »Leon Russell«, aufgenommen im September/Oktober 1969 in den Londoner Olympic Sounds Studios, spielen George Harrison Gitarre und Ringo Starr Schlagzeug. Am 1.8.1971 nahm Russell am von George Harrison, → *Ravi Shankar* und → *Allen Klein* organisierten → *Concert for Bangla Desh* im New Yorker → *Madison Square Garden* teil.

THE RUTLES

1978 unternahmen The Rutles in Anlehnung an die Beatles den nicht ganz ernst gemeinten Versuch, eine »Rutlemania« zu entfachen. Songs wie »Ouch!« (Help!«), »Get Up And Go« (»Get Back«), Auszüge aus ihren berühmten Alben »Silver Rutles«, »Twist And Rut«, »Meet The Rutles«, »A Hard Day's Rut«, »Sgt. Rutter's Only Darts Club Band« und »Shabby Road« sollten die Fans in Ekstase versetzen. Die Geschichte vom unaufhaltsamen Aufstieg der »Pre-Fab Four« wurde Mitte März 1978 (NBC-TV) bzw. am 22./27.3.1978 (→ *BBC*-TV) von Eric Idle (»Monty Python«) und Gary Weis persifliert: »The Rutles In All You Need Is Cash«. Seit 1983 gibt es die Fernsehsendung auch als Video (»The Rutles«).

Die Musiker: Eric Idle (b, voc als Dirk McQuickly bzw. Paul McCartney), Rikki Fataar (voc, g, dr als Stig O'Hara bzw. George Harrison), Peter John Halsey (g, dr als Barry Wom bzw. Ringo Starr; † 29.5.1992) und Neil Innes (voc, g, keyb, *9.12.1944, als Ron Nasty bzw. John Lennon). Weitere Musiker: Ollie Halsall (g, keyb, voc) und Andy Brown (b). Innes, früher bei der → *Bonzo Dog Doo-Dah Band*, produzierte auch das Album. Auch George Harrison ist – neben Mick Jagger und Paul Simon – in einer Nebenrolle zu sehen, er spielt einen Reporter, der Pressesprecher Eric Manchester interviewt. Außerdem fungiert er als Publizist und Berater. In weiteren Rollen: Bianca Jagger (Martini), John Belushi (Ron Decline) und Ronnie Wood (I. J. Waxley, ein Hell's Angel). George Harrison: »The Rutles erzählten die Story wesentlich besser als die normalen langweiligen Dokumentarfilme.« Der *Rolling Stone* 2/1996 urteilte: »Die gelungenste aller Beatles-Parodien. Hier darf gelacht werden.«

Viele der Parodien waren so gut, dass sie schon fast zur Hommage an die großen Vorbilder gerieten. Der Song »Cheese And

Onions« von Neil Innes wird auf der → *Bootleg*-LP »Indian Rope Trick« sogar als Lennon-Outtake aus dem Jahr 1974 geführt. Die Show erzählt die Geschichte einer Band von mittellosen Rockern bis zu ihrem Auseinandergehen während des Niedergangs ihrer Gesellschaft Rutle Corps. Die Rutles spielen in Hamburg im »Rat Keller« und verlieren dort ihren fünften Mann Leppo; im Cavern Rutland entdeckt sie Leggy Mountbatten, sie treten im Che Stadium und in der Royal Variety Show auf, gründen Sgt. Rutter's Darts Club Band und schließlich Rutles Corps. Der Film wurde in London, Liverpool, New Orleans und New York gedreht. Die Videos »The Rutles« (USA 1983), »The Complete Rutles« (GB 1983) und »All You Need Is Cash« (1988) sind noch immer sehenswert. 1991 erschien mit »Rutles Highway Revisited« sogar eine Tribut-CD – u.a. mit Galaxy 500, Dogbowl, Das Damen, Syd Straw & Marc Ribot, Unrest, P. Stampfel, Tuli Kupferberg, Daniel Johnston, Bongwater und Shonen Knife. 1994 kam es zu einer Reunion der Rutles im »Troubadour« in Los Angeles. → *Pete Best* veranstaltete 1999 während seiner »Magical History Lecture Tour« auch »A Hard Day's Rut – An Evening Of Rutlemania«, mit Rutles-Klassikern, dargeboten von Neil Innes. Letzterer trat im Mai 2002 in London mit einer neuen Comedy Show auf, in der er mit dem Titel »Everything And Nothing« auch an George Harrison erinnerte. Am 16.8.2002 hatte der zweite Rutles-Film »Can't Buy Me Lunch« im Rahmen des Festivals »Don't Knock The Rock« in Los Angeles Premiere. Die Story: Reporter Melvin Hall interviewt 25 Jahre später Salman Rushdie, David Bowie, Tom Hanks und Bonnie Raitt, wie die Rutles deren Leben beeinflusst haben. Der Reporter versucht auch, Madonna und Jennifer Lopez zu befragen. Im Juni 2004 traten The Rutles beim Glastonbury Festival auf.

***Discogr.:** The Rutles (1978, Reissue 1990, 1992 als CD mit 6 Bonus Tracks), All You Need Is Cash (1978; 2000 als DVD), Arch-aeology (1996), Sgt. Rutles Only Darts Club Band (1998), The Rutles 2: Can't Buy Me Lunch (DVD, 2005)* • *www.rutles.org; www.rutlemania.org*

S

THE SAINTS (WHEN THE SAINTS GO MARCHING IN)

Der Song basiert auf dem Traditional »Good Night Ladies«, bekannt geworden durch eine Einspielung von Louis Armstrong (1938), aufgenommen wahrscheinlich am 22.6.1961 von → *Tony Sheridan* and The Beatles, produziert von → *Bert Kaempfert*, erschienen auf Single (→ *Polydor*) im Juli/August 1961 unter dem Namen Tony Sheridan & The Beat Brothers. Als Vorbilder dienten u.a. »The Saints Rock'n'Roll« von → *Bill Haley* and the Comets (1956), sowie Aufnahmen von → *Fats Domino* (1958), Jerry Lee Lewis (1958) und den Isley Brothers (1959).

SAMMES, MIKE

→ *Mike Sammes Singers.*

SAMPLER

→ *Kompilation.*

SAROYAN, WILLIAM

US-amerikanischer Schriftsteller (31.8.1908–18.5.1981). Seinem Sohn Aram Saroyan kommt das Verdienst zu, das seitenmäßig kleinste Buch über die Beatles geschrieben zu haben: »The Beatles«, 1971 in New York bei Barn Dream Press erschienen, hat gerade mal acht Seiten! Es kostete allerdings auch lediglich 8 Cents. Das Buch besteht aus vier »Gedichten« zu je zwei Wörtern, d.h. den Vor- und Nachnamen der vier Musiker, beginnend mit Paul McCartney.

SATURDAY CLUB

Eines der wenigen Rundfunkprogramme der → *BBC* mit Popmusik Anfang der 1960er Jahre. Am 22.1.1963 nahmen die Beatles im Londoner Playhouse Theatre in der Northumberland Avenue ihre erste Sendung auf, die dann am 26.1.1963 in den Äther ging. Ihr zweiter Besuch im »Saturday Club« fand am 16.3.1962 statt, sechs weitere Songs nahmen sie am 3.6.1963 auf. Insgesamt waren die Beatles in der von → *Brian Matthew* moderierten und von Bernie Andrews produzierten Sendung 10 Mal zu hören, u.a. mit einem Interview in der 400. Sendung, aufgenommen am 2.5.1966 und gesendet am 4.6.1966.

SAVAGE YOUNG BEATLES

→ *This Is The … Savage Young Beatles*.

SAVILLE THEATRE

→ *Brian Epstein* träumte davon, ein Theater zu besitzen. Seine Gesellschaft Japspic Productions Limited leaste deshalb das Theater in der Londoner 135–149 Shaftesbury Avenue im April 1965 für drei Jahre von Bernard Delfont, um hier Stücke und Pop-Shows zu inszenieren – auch an Sonntagen, wenn andere Theater geschlossen waren. Drei Jahre später war es zwar die erste Adresse der Londoner Rockwelt, aber Brian Epstein steckte auch viel Geld in Produktionen, die floppten. Im Oktober 1965 hielten die Beatles hier ihre Pressekonferenz anlässlich der Auszeichnung als → *Member of the Order of the British Empire* ab. Brian Epstein und die Beatles verfügten über eine eigene Loge mit einem separaten Eingang von der Straße. Für einen Auftritt der → *Four Tops* am 13.11.1966 soll Paul McCartney sogar die Kulissen entworfen haben. Im Januar 1967 traten hier u.a. die → *Jimi Hendrix* Experience und The Who auf (»Soundarama«), im Februar 1967 → *Chuck*

Berry, → *The Cream*, Edwin Starr, The Sands und → *Del Shannon*, im April 1967 → *Donovan* und im Mai/Juni 1967 noch mehrere Male die Jimi Hendrix Experience, die hier auch ihre Version von »Sgt. Pepper's Lonely Hearts Club Band« intonierte.

Des Weiteren traten im Saville Theatre auf: Del Shannon, Lee Dorsey, Edwin Starr, → *Fats Domino*, Bo Didley, → *The Bee Gees*, The Yardbirds, John Mayall's Bluesbreakers, → *Procol Harum* u.a. Am 1.7.1967 begann Barrie Finch, später Mitglied der Künstlergruppe → *The Fool*, damit, das Theater → *psychedelisch* zu gestalten. Am 27.8.1967 fand im Theater eine Gedenkfeier für den am gleichen Tag tot aufgefundenen Brian Epstein statt – ohne die Beatles. Am 10.11.1967 drehten die Beatles hier einen Werbe-Clip für »Hello, Goodbye« – vor Publikum und in ihren »Sgt. Pepper«-Uniformen. Das Theater ist heute ein Filmtheater mit mehreren Sälen.

SAVOY TRUFFLE

Song von George Harrison, aufgenommen am 3., 5., 11. und 14.10.1968, erstmals erschienen am 22.11.1968 auf der LP »The Beatles« (»Weißes Album«).

Zu dem Text ließ sich George von der Inhaltsangabe in einer Konfektschachtel inspirieren, der Song ist auch eine Reverenz an → *Eric Clapton*, einige Worte in der Mitte stammen von → *Derek Taylor*. Die Worte »Good News« könnten ein Hinweis auf eine Schokoladenmarke sein. Product Placement bei den Beatles? Den Begriff gab's damals noch nicht. John Lennon ist auch an den Aufnahmen dieses George-Harrison-Songs nicht beteiligt. In dem Song wird auch auf »Ob-La-Di, Ob-La-Da« Bezug genommen. Zahlreiche → *Cover-Versionen*, u.a. von Taxman und Ella Fitzgerald.

THE SCAFFOLD

1962/1963 von dem Sänger Mike McGear (d.i. Paul McCartneys Bruder → *Michael »Mike« McCartney*), dem Dichter und Lehrer Roger McGough (*9.11.1937 in Liverpool, Autor u.a. von »The Mersey Sound«, London 1967, erhielt 2004 den Orden CBE) und dem Komiker und Ingenieur John Gorman (*4.1.1937 in Liverpool) in Liverpool gegründet. Das Trio, das eine Synthese von Satire und → *Mersey Beat* versuchte, trat am 19.4.1963 zum ersten Mal auf, mit dem Programm »The Liverpool One Fat Lady All Electric Show« (mit Adrian Henri u.a.), wirkte im Late-Night-Programm »Gazette« (ABC-Television Manchester) mit und trat 1964 mit seinem Programm »Birds, Marriages and Deaths« beim renommierten Edinburgh Festival auf. Am 18.11.1965 begann das Trio eine große Tournee durch GB als Vorgruppe für Manfred Mann und The Yardbirds, am 27. besuchte Paul McCartney das Konzert im Granada Cinema im Londoner Stadtteil East Ham. Paul McCartney und → *Jane Asher* besuchten auch die Scaffold-Konzerte am 10.2.1968 in der Londoner Queen Elizabeth Hall und am 31.5.1968 im Lewish Odeon in London. Nach ihrer Debüt-Single »2 Day's Monday« (1966, produziert von → *George Martin*) hatten sie Hits mit »Thank U Very Much« (rel. 4.11.1967, rec. Juli 1967, mit Paul McCartney als Co-Produzent), »Lily The Pink« (rel. 18.10.1968) und »Liverpool Lou« (produziert von Paul McCartney, 1974). 1977 trennten sich die Musiker. Michael McCartney nahm weiter Platten auf (als Solist und mit anderen Musikern), er schrieb Bücher, fotografierte und produzierte andere Acts; Roger McGough festigte seinen Ruf als Dichter und John Gorman trat in TV-Shows für Kinder auf, bevor er sich in Frankreich zur Ruhe setzte. Am 21.3.2000 traten die drei Musiker noch einmal auf einer Veranstaltung zu Ehren des Dichters Adrian Henri in der Liverpool Philharmonic Hall auf, und am 6.2.2005 reformierte Mike McCartney The Scaffold noch einmal für ein Benefizkonzert zugunsten der Tsunami-Opfer.

Discogr.: *Thank U Very Much (1966), An Evening With The Scaffold (1968), Live At The Queen Elizabeth Hall (1968), Lily The Pink (L The P; 1969), Reach For The Stars (1973), Fresh Liver (1973), Sold Out (1975), Golden Number Ones (1977), Original Artists Hits Of The 60s (1977), 40 Years From Lambeth Walk (1978), Hits From The Swinging Sixties (1980), The Abbey Road Collection (1982), The Singles A's And B's (1982), Scaffold At Abbey Road 1966 To 1971 (1989), The Very Best Of Scaffold (1998)*

SCENE AND HEARD

Ende der 1960er Jahre eine beliebte Sendung von → *BBC* Radio 1, in der David Wigg mehrere Male die Beatles interviewte, so George Harrison (gesendet am 30.9.1967), am 14.9.1967 Ringo Starr (gesendet am 14.10.1967), am 18.9.1968 George Harrison (gesendet am 29.9.1968), am 21.1.1969 Ringo Starr (gesendet am 25.1.1969), am 4.3.1969 George Harrison (gesendet in zwei Teilen – am 8.3.1969 und 12.4.1969), am 8.5.1969 John Lennon und → *Yoko Ono* (gesendet in zwei Teilen – am 11. und 18.5.1969) und am 19.9.1969 Paul McCartney (gesendet in zwei Teilen – am 21.9.1969 und 28.9.1969). Ein drittes Interview mit George Harrison folgte am 8.10.1969 (gesendet in zwei Teilen – am 12.10.1969 und am 19.10.1969), ein zweites mit John Lennon am 21.10.1969 (gesendet am 26.10.1969). Die Beatles versuchten erfolglos, die Veröffentlichung der Interviews auf einer DoLP (→ *The Beatles Tapes*, erschienen 1976) zu verhindern. Am 6.2.1970 interviewte John Bellan John Lennon und Yoko Ono, das Interview wurde am 15.2.1970 gesendet. Johnny Moran interviewte für die Sendung George Harrison (gesendet am 15.3.1970), David Wigg am 25.3.1970 Paul McCartney, und am 29.3.1970 wurde ein Interview mit Ringo Starr gesendet, aufgenommen am 20.3.1970.

SCENE THREE, ACT ONE

→ *In His Own Write (2.).*

SCHELLACKPLATTEN

Schallplatten aus Schellack, d.h. einer Mischung aus Baumharz, den Wachsabscheidungen der Lackschildlaus, Ruß und anderen Bestandteilen, mit 78 U/min und einem Durchmesser von 10" wurden seit ca. 1897 bis Anfang der 1960er Jahre gepresst. Auch von den Beatles gibt es einige Schellackplatten, gepresst in Argentinien, Indien und den Philippinen bis Mitte der 1960er Jahre auf den (regionalen) Labels → *Odeon* und → *Parlophone Records*. Sie sind heute sehr selten und werden zwischen 300 und 700 € gehandelt. In den USA und in Großbritannien tauchen immer wieder Fälschungen auf. Also: Vorsicht!

SCHWARTZ, FRANCIE

Kurzzeitige Freundin Paul McCartneys im Sommer 1968. Geboren in Pennsylvania/USA, arbeitete sie als Büroangestellte in New York. Sie hatte ein zehnseitiges »Drehbuch« für einen Film geschrieben und schickte Paul McCartney zwei Telegramme: »Ich habe einen Film geschrieben und möchte, dass du die Musik schreibst. Love and Peace, Francie Schwartz« und »Arriving London April 3«. Paul traf sie zum ersten Mal zufällig im Apple-Büro in der 95 Wigmore Street am 4.6.1968; sie gab ihm seine Adresse und Paul besuchte sie in Notting Hill Gate. Wegen ihr verließ ihn dann → *Jane Asher* – sie hatte beide in ihrem Haus in der → *Cavendish Avenue* im Bett erwischt. Paul McCartney hatte da allerdings bereits seine spätere Frau Linda kennen gelernt ... → *Bill Harry*: »Paul war schon immer ein Womanizer.« Francie Schwartz war bei einigen Aufnahmesessions für »The Beatles« (das »Weiße Album«) dabei, war jedoch der Behandlung durch Paul McCartney bald überdrüssig und trennte sich von ihm. Sie veröffentlichte 1972 eine Biographie unter dem Titel »Body Count« (San Francisco; Neuauflage 1999), für die die englische Sprache die treffende Bezeichnung »kiss-and-tell« erfunden hat.

SCOTT, RONALD »RONNIE«
Britischer Jazz-Saxophonist (ts, ss, ld), *28.1.1927 in London. Er leitete Mitte der 1950er Jahre die Band Jazz Couriers und gründete 1959 im Londoner Stadtteil Soho Ronnie Scott's Club, der seitdem als »eine der beständigsten Spielstätten des Jazz und als dessen europäische Metropole« gilt (Martin Kunzler: Jazz-Lexikon, Reinbek b. Hamburg 1988). Am 3.2.1968 war er mit den Saxophonisten → *Harold »Harry« Klein*, → *Bill Povey* und → *Bill Jackman* an den Aufnahmen zu »Lady Madonna« beteiligt, erstmals erschienen am 15.3.1968 auf Single.

SCOUSER
Bezeichnung für die Einwohner Liverpools, insbesondere die Mittelschicht; ihr Dialekt heißt »scouse«. John Lennons »scouse« ist z.B. bei »Polythene Pam« (1969, LP »Abbey Road«) deutlich zu hören. Liverpool vergibt sogar einen »Scouse Personality Of The Year«-Award – den im Juni 1991 Paul McCartney für das Jahr 1990 erhielt.

THE SCREAM!
HEAR AROUND THE WORLD
Inoffizielles Video (1995, USA) mit Szenen der USA-Tourneen der Beatles, aus »Magical Mystery Tour« sowie Spielfilmen wie »How I Won The War« und »The Magic Christian«.

SEA OF MONSTERS
Komposition von → *George Martin*, erschienen am 17.1.1969 auf der LP »Yellow Submarine«.

SEA OF TIMES & SEA OF HOLES
Komposition von → *George Martin*, erschienen am 17.1.1969 auf der LP »Yellow Submarine«. »Sea Of Holes« enthält ein Zitat aus der Arie aus der III. Suite D-Dur von Johann Sebastian Bach.

SEARCHIN'
Song von Jerry Leiber/Mike Stoller, aufgenommen 1957 von The Coasters, von den Beatles am 1.1.1962 in London beim → *Decca*-Vorspiel gespielt. Nachdem der Titel auf mehreren → *Bootlegs* veröffentlicht worden war (→ *Decca Tapes*) – sogar als Single –, erschien er zum ersten Mal am 20.11.1995 offiziell auf der DoCD »The Beatles Anthology 1«. Die Beatles hatten diesen Song bereits seit 1958 im Repertoire. 1982 wählte Paul McCartney diese Platte der Coasters als »Desert Island Disc« – d.h. als eine Platte, die er mitnehmen würde auf eine einsame Insel.

SECRETS
Titel eines Films, der Ende 1992 in GB Premiere hatte. Er erzählt die Geschichte von fünf Kids, die in Melbourne/Australien im Juni 1964 zu einem Beatles-Konzert wollen, aber im Keller ihres Hotels stecken bleiben. Eines der Kids wird von Danii Minogue (Schwester von Kylie Minogue) gespielt. Der Film wurde auch beim 31. Internationalen Filmfestival in Gijón/Spanien 1993 gezeigt.

SEE YOURSELF
Song von George Harrison, 1967 geschrieben, aber erst 1976 auf der LP »33 1/3« veröffentlicht. Der Song bezieht sich direkt auf die

Einnahme von → *LSD* und die Reaktionen der Öffentlichkeit, als Paul McCartney bekannte, LSD genommen zu haben (»Es ist leichter zu lügen, als die Wahrheit zu sagen.«).

SELF PORTRAIT

Titel eines 42-minütigen Dokumentarfilms von John Lennon und → *Yoko Ono*, gedreht Ende August 1969 in Zeitlupe, ursprünglich in einer 15-minütigen Version. Zu sehen ist John Lennons Penis in verschiedenen Stadien der Erektion. John Robertson in seinem Buch »John Lennon 1940–1980« zur Entstehung des Films: »Intime Kenner des Paares verrieten jedoch, dass Lennon selbst Hand anlegen musste, um den Hauptdarsteller des Films zu voller Größe aufzurichten: Yokos gut gemeinter Versuch, vor ihm in einer erotischen Stellung zu posieren, zeigte nicht die erhoffte Wirkung. Schließlich musste Lennon einige Minuten mit einem *Playboy*-Heft alleine gelassen werden.« Im Hintergrund sind Vögel, Flugzeuge und vorbeifahrende Autos zu hören. Der Film wurde am 10.9.1969 im Cinema Club des Institute of Contemporary Art (ICA) in der Londoner Pall Mall uraufgeführt (angekündigt als der »erste audiovisuelle Film, den man auch riechen kann«) und läuft seitdem gelegentlich in kleinen Zirkeln und privaten Filmclubs. Yoko Onos ungewollt doppeldeutiger Kommentar bei einer Pressekonferenz im Apple-Büro: »Die Kritiker weigerten sich, ihn anzurühren.« Die Zeitschrift *Private Eye* zitierte den bekannten Schuljungenwitz: »Der wird vor Gericht nicht standhalten, Herr Wachtmeister.« Nicht verwechseln: Der Film »Erection« aus dem Jahre 1971 zeigt – nach einer Idee John Lennons – Standbilder vom Bau des London International Hotel des Fotografen Iain Macmillan.

SELLERS, PETER

Britischer Theater- und Filmschauspieler und Freund der Beatles, * 8.9.1925 in Southsea/GB als Richard Henry Selers. Er war einer der Stars der populären Radiosendung »The Goon Show« (1949–1956), 1951 spielte er eine erste kleine Rolle in einem Film, 1955 dann in »Ladykillers«, später in »A Show Called Fred«. Seit Ende der 1950er Jahre ist er auch international bekannt. → *George Martin* produzierte mit ihm und Sophia Loren 1960 den Song »Goodness Gracious Me« – natürlich in den → *Abbey Road Studios*. Am 28.4.1965 überreichte Sellers den Beatles in London zwei → *Grammy Awards* für die »best performance by a vocal group« (»A Hard Day's Night«) und als »best new artist of 1964«. NBC-TV zeigte am 18.5.1965 ein zuvor aufgenommenes Interview Peter Sellers' mit den Beatles in seiner Grammy Awards Show »The Best On Record«). Im Dezember 1965 erschien in GB (USA: 31.1.1966) seine Single mit den Beatles-Parodien »A Hard Day's Night« und »Help!«, produziert von → *George Martin*. Da er absolut nicht singen konnte, verlegte er sich auf einen theatralischen Sprechgesang, der witzig wirken sollte. 1969 spielte er den Sir Guy Grand in → *The Magic Christian*, einem Film von Joseph McGrath (Regie), Drehbuch: Terry Southern, Joseph McGrath und Peter Sellers, gedreht Februar–Mai 1969. Besonders Ringo Starr war mit Sellers befreundet. Weitere erfolgreiche Filme mit Sellers sind »The Pink Panther« (1963; später folgten weitere Pink-Panther-Filme, er spielte den Inspektor Clouseau), »What's New, Pussycat« (1964), »Dr. Strangelove« (1964), »Dr. Seltsam oder wie ich lernte, die Bombe zu lieben« (1964), »Der Partyschreck« (1968) und »Willkommen, Mr. Chance« (1979). Am 18.12.1969 sendete die → *BBC* die Fernsehdokumentation »Will The Real Mr Sellers ...«, Regie: → *Tony Palmer*,

Produzent: → *Denis O'Dell*. 1993 erschienen ein → *Bootleg* »Beatles-Peter Sellers Tape« (Label: Masterdisc) sowie »Peter Sellers' EP« mit den Songs »A Hard Day's Night«, »She Loves You« (Twist Version), »Can't Buy Me Love« und »Help!«, später »Peter Sellers' CD« (mit den Beatles-Songs), »Classic Songs And Sketches« und eine »Peter Sellers Box« mit seinen vier Alben und einigen Bonus-Tracks (alle → *EMI*). † 24.7.1980 in London an einem Herzinfarkt. 2004 drehte Stephen Hopkins den Film »The Life And Death Of Peter Sellers« mit Geoffrey Rush als Peter Sellers (Premiere 2005). Künstlerische Leiterin des Films war Lucy Richardson, die als Kind → *Julian Lennon* zu einer Zeichnung und damit John Lennon zu »Lucy In The Sky With Diamonds« inspiriert hatte.

Lit.: Rigelsford, Adrian: Peter Sellers – A Life In Character (London 2004)

SELTAEB, INC.

Das amerikanische Pendant zum britischen → *Merchandising*-Unternehmen → *Stramsact Limited*, Anfang 1963 von → *Nicholas »Nick« Byrne* und fünf weiteren Partnern gegründet, um mit Beatles-→ *Memorabilia* das große Geschäft zu machen. Der Name ergab sich aus dem Wort »Beatles«, rückwärts gelesen. Byrnes Partner in Großbritannien waren Lord Peregrine Eliot, Simon Miller-Munday, Mark Warman, John Fenton und Malcolm Evans (aber nicht der ehemalige Roadie der Beatles!), die sich mit jeweils 1000 £ beteiligten – und quasi über Nacht durch die Vergabe von Lizenzen zu Millionären wurden. Gegen 15 % Umsatzbeteiligung vergab das Unternehmen weltweit Lizenzen zur Vermarktung der Beatles. → *Brian Epstein* hatte die Rechte allerdings viel zu schnell und viel zu billig abgegeben – den Beatles sind dadurch schätzungsweise 100 Mill. $ entgangen. Innerhalb von zwei Wochen verkaufte eine Firma z.B. 2 Mill. T-Shirts. Allein 1964 wurden in den USA Fan-Artikel im Wert von 50 Mill. $ verkauft – die Zahl könnte aber auch doppelt so hoch sein. Im Juni 1964 wurde ein neuer Vertrag geschlossen, der → *NEMS Enterprises Limited* 45 % der Erlöse sicherte. Epstein verklagte später Seltaeb über → *Geoffrey Ellis*, da sie nicht korrekt zahlten. Seltaeb strengte eine Gegenklage an, weil NEMS hinter ihrem Rücken selbst weitere Lizenzen vergab. NEMS wurde zur Zahlung einer Vertragsstrafe von 5 Mill. $ verurteilt, gingen aber in Revision. Der Prozess zog sich bis Januar 1967 hin, NEMS musste wohl letztendlich knapp 300 000 $ zahlen (wenn sich Geoffrey Ellis richtig erinnert), bis ein neuer, fairer Vertrag geschlossen wurde. Weil Brian Epstein sich an dem Debakel schuldig fühlte, zahlte er die Prozesskosten aus seiner eigenen Tasche. Als die Beatles mit → *Maximum Enterprises* einige Jahre später ihr eigenes Merchandising-Unternehmen gründeten, war der Boom längst vorbei.

SENTIMENTAL JOURNEY

1. Erste Solo-LP von Ringo Starr, aufgenommen Ende Oktober–Mitte Dezember 1969 (mit Ausnahme von zwei Titeln), erschienen am 27.3.1970, produziert von → *George Martin*. An den Aufnahmen waren zahlreiche namhafte Arrangeure beteiligt; Les Reed z.B. nahm am 12.2.1970 das komplette Background-Band für die LP auf.

2. Song von Bud Green/Les Brown/Ben Homer, aufgenommen 1945 von Les Brown and Orchestra (Gesang Doris Day), arrangiert von Richard Perry, aufgenommen (Gesang) am 14.1.1970, erschienen auf der gleichnamigen ersten Solo-LP von Ringo Starr am 27.3.1970. In der → *Ed-Sullivan Show* lief am 17.5.1970 ein Clip zu dem Song mit Ringo Starr, George Martin als Dirigent des Talk Of The Town Orchestra und → *Doris Troy*, Marsha Hunt und

Madelene Bell als Background-Sängerinnen, gedreht von → *Neil Aspinall.*

SEPTEMBER IN THE RAIN

Song von Harry Warren/Al Dubin aus dem Jahre 1937 aus dem Musikfilm »Stars Over Broadway« – im gleichen Jahr in dem Film »Melody For Two«, 1949 der erste Plattenerfolg für den Pianisten George Shearing und 1961 ein Hit für die Jazzsängerin Dinah Washington; von den Beatles am 1.1.1962 in London beim → *Decca*-Vorspiel gespielt. Der Titel erschien auf mehreren → *Bootlegs* (→ *Decca Tapes*), auch als Single.

SERGEANT PEPPER

Deutscher Kinderfilm (Constantin Film), Premiere: 23.12.2004, Drehbuch und Regie: Sandra Nettelbeck, Produktion: Andreas Bareis, Ausführende Produktion: Gerhard Hegele. Die Story: Felix (Neal Lennart Thomas) ist ein sonderbarer Sechsjähriger, der sich von früh bis spät in einem Tigerkostüm versteckt und seine Stofftiere sprechen hört, was seine Mutter (Johanna ter Steege) mit Sorge erfüllt. Eines Tages begegnet Felix Sergeant Pepper, einem einsamen Hund, der, seit er die Villa und das Vermögen seines Herrchens geerbt hat, in Lebensgefahr schwebt: Die habgierigen Kinder des Verstorbenen haben es auf das beträchtliche Erbe abgesehen und trachten dem Hund nach dem Leben. Mit den Beatles hat der Film allerdings herzlich wenig bis gar nichts zu tun ...

SESSIONS

Unter diesem Titel wollte → *EMI* 1985 ein Album mit Beatles-Outtakes aus der Mitte der 1960er Jahre veröffentlichen, aber in letzter Minute legten die Beatles ihr Veto ein. Die Platte war bereits fertig abgemischt. Die Folge war eine Serie von → *Bootlegs*, angefangen im Sommer 1985 mit der Bootleg-LP »Sessions« mit Parlophone/EMI-Logo, Farbglanz-Cover und exzellenter Aufnahmequalität. Eine weitere Version enthält die CD »Sessions« (Avalon Records) – original recordings remixed by → *George Martin*, remix produced by → *Geoff Emerick*. Allerdings enthält nicht jedes Bootleg mit dem Titel »Sessions« die für die ursprüngliche LP bestimmten Abmischungen.

SEVENTEEN

Arbeitstitel des John Lennon/Paul McCartney-Songs → *I Saw Her Standing There*.

SEXY SADIE

Song von John Lennon/Paul McCartney, aufgenommen am 13. und 21.8.1968, erstmals erschienen am 22.11.1968 auf der LP »The Beatles« (»Weißes Album«). Der Song sollte ursprünglich »Maharishi« bzw. »The Maharishi Song« oder sogar »Maharishi, What Have You Done, You Made A Fool Of Everyone« heißen und ist eine verschlüsselte, aber nichtsdestoweniger kritische Auseinandersetzung mit den Praktiken des → *Maharishi Mahesh Yogi*, den die Beatles gerade in → *Rishikesh* besucht hatten. George Harrison drängte John Lennon, den Titel zu ändern.

SGT. BEATLES FAN CLUB

Spanischer Beatles Fan Club, veröffentlichte u.a. eine Diskographie der in Spanien erschienenen Vinyl-Singles der Beatles.

Anschrift: *P.O.B. 7250, 50080 Zaragoza/Spanien.*

SGT. PEPPER

Beatles-Cover-Band aus den Niederlanden, 1985 in Arnhem gegründet. Besetzung: Frank Berentsen (g, voc), Harry Eberhard (g, voc), Michiel den Dulk (b, voc), Sander Ponne (g, keyb, voc), Lex Tjadens (dr, voc) und Henk de Vries (ld-voc).

Sgt. Pepper-Remake: Schaufenster in Berlin (2001)

SGT. PEPPER BEATLES REVIVAL

Beatles-Revival-Band aus Bremen, gegründet 2000, Besetzung: Andreas Einhorn (g,voc), Hans Christian Klüver (g, voc), Ralf Stahn (b, voc; zuvor: Uwe Müller) und Tim Schierenbeck (dr, voc). Die vier Musiker sind Beatles-Fans von Kindesbeinen an und haben sich nicht auf die Fahnen geschrieben, ihre Vorbilder bis ins Detail nachzuahmen, deren Bühnenansagen auswendig zu lernen und den Bass um jeden Preis linkshändig zu spielen. Vielmehr sind sie bestrebt, mit heutigen Mitteln die Qualität, den Spaß und auch den Ausdruck der Fab Four rüberzubringen. Beim Estrel Beatles Festival 2003 belegten sie den zweiten Platz, auch 2005 nahmen sie am Festival ein.

***Anschrift:** Hans Christian Klüver, Erich-Klabunde-Straße 10, 28203 Bremen; Ralf Stahn, Hörenberg 17c, 27726 Worpswede, Tel. (04792) 35 99, mobil 0171 273 67 44, info@beatles-revival.de • www.beatles-revival.de*

SGT. PEPPER INNER GROOVE

Mit 2 sec die kürzeste Aufnahme der Beatles, bestehend wahrscheinlich aus Gesprächsfetzen, die Ende April 1967 bei einer Party nach den letzten Aufnahmen zu »A Day In The Life« aufgenommen wurden. Die Idee hatte John Lennon; → *Geoff Emerick* schnitt die Bänder, klebte sie nach dem Zufallsprinzip wieder zusammen und ließ sie rückwärts ablaufen. Das Ergebnis klingt wie ein Gelächter, ein Geräusch, und einige Fans wollen sogar eine Stimme heraushören, die »Fuck me like a superman« oder »We'll fuck you like supermen« sagt. Der Schnipsel ist am Schluss des Songs »A Day In The Life« zu hören, aber nur auf der britischen Version der LP »Sgt. Pepper's Lonely Hearts Club Band« (auf dem Cover ist er nicht verzeichnet); die amerikanischen Fans mussten bis zur Veröffentlichung der »Rarities« warten.

SGT. PEPPER KNEW MY FATHER

1988 von der Pianistin Cara Tivey und dem Sänger Billy Bragg initiiertes Projekt, für das Bands wie Fall, Sonic Youth und Wedding Present die Songs der legendären Beatles-LP neu aufnahmen. Billy Bragg sang »She's Leaving Home«.

SGT. PEPPER'S LONELY HEARTS CLUB BAND

1. Neunte (offizielle) LP der Beatles, erstmals erschienen am 1.6.1967 (USA 2.6.1967) – ihr Meisterwerk, aufgenommen vom November 1966 bis zum 2.4.1967 – auf einem antiken Studer J37 4-Vier-Gerät (das 1981 für 500 £ versteigert wurde). In Deutschland erschien die LP bereits am 30.5.1967, wenige Tage später folgte die → *Hörzu*-Ausgabe. Nach Berechnungen von → *Geoff Emerick* brauchten die Beatles (und → *George Martin* als Produzent) rund 700 Stunden bzw. 29 volle Tage für die Aufnahmen, die Produktion kostete ca. 25 000 £. Ursprünglich sollte es ein Doppelalbum werden, aber die Songs reichten nicht. Das Album polarisierte die britische und internationale Rockmusik wie keine andere LP zuvor – in Richtung neuer Experimente und in die, die den Verlust der Beatles als einstige »Champions of Pop« beklagten. Im ersten Monat nach der Veröffentlichung wurden bereits 500 000 Exemplare des Albums verkauft, Ende August 1967 waren allein in den USA bereits 2,5 Mill. Exemplare abgesetzt. In Großbritannien blieb die LP 27 Wochen an der Spitze der Charts, in den USA 19 Wochen. Mit 4,5 Mill. Exemplaren ist es das in GB meistverkaufte Album aller Zeiten. Der Titel geht auf eine Idee von Paul McCartney und → *Mal Evans* zurück, die sich bei einem Flug fragten, was das »P« auf der Verpackung der Mahlzeit bedeuten könnte. »Nach ›Pepper‹ war nichts mehr wie zuvor – mit oder ohne die Beatles«, konstatiert der Beatles-Kenner John Robertson, für George Martin ist es »ein bahnbrechendes Album« und »die Hippie-Symphonie No. 1«, Sänger Heinz-Rudolf Kunze bezeichnet die LP als »persönlichen Produktionstriumph von Sir George Martin«, für → *Allen Ginsberg* war es eine »turmhoch aufragende moderne Oper«, für den → *Rolling Stone* (11/2004, Beil.) ist es das »überkandidelte, pompös produzierte Großwerk«, und Phil Collins konstatiert: »Sgt. Pepper hat sich ungeheuer auf den Umgang der Leute mit Platten ausgewirkt. Dieses Album öffnete eine Tür und zeigte allen, dass es da noch andere Räume gab und man in diesen Räumen herumspielen konnte. Und doch konnte man es trotzdem immer noch eine kommerzielle Platte nennen.« »Für meine Generation, für mich ganz persönlich, war ›Sergeant Pepper‹ von den Beatles mehr als nur Musik. Es war ein neuer Lebensstil, eine Botschaft von Freiheit und Aufbruch.« (der damalige Bundesaußenminister Joschka Fischer im Juli 2000 im ZDF). George Martin fasst in seinem Buch »Summer Of Love« zusammen: »Was dieser Platte gelungen war: Sie hatte für ihre Zeit gesprochen, hatte die sechziger Jahre und vieles, was als typisch für diese Ära galt, in Musik eingefangen: die Psychopharmaka, die Mode, die Begeisterung für östlichen Mystizismus, den Abenteuergeist, die ganze Love-and-Peace-Welle, die Antikriegsbewegung, all das und noch vieles mehr.« Am 9.3.1968 erhielten die Beatles für das Album je einen → *Grammy* in den Kategorien »best album of the year«, »best engineered record« (diesen Grammy bekam → *Geoff Emerick*), »best album cover« und »best contemporary album«. 2004 wählte der (amerikan.) *Rolling Stone* das Album zum »Greatest Album Of All Times«, in der dt. Ausgabe landete es jedoch erst auf Platz 10. Jim DeRogatis bezeichnet in seinem Buch »Hall of Shame – Die größten Irrtümer in der Geschichte des Rock'n'Roll« (Berlin 2006) das Werk allerdings als »39 Minuten unbemerkenswerter, unseliger Musik mit einem konservativen, reaktionären Leitmotiv« sowie »aufgeblasen und barock, verzogen wie ein Kind, dem man zuviel Aufmerksamkeit geschenkt hat«. Ursprünglich sollte es eine Platte mit Reminiszenzen der vier Beatles an ihre Kindheit und Jugendzeit in Liverpool werden. Aber gerade »Strawberry Fields Forever« und »Penny Lane«, die in diese Richtung gingen, kamen dann nicht auf die Platte. Am Schluss der LP befindet sich »Sgt. Pepper Inner Groove«, eine Collage aus aneinander geklebten Bandschnipseln, die sich anhört wie »Couldn't really be any other band«. Rückwärts gespielt hört sich die Passage mit etwas Phantasie an wie »We'll

Sgt. Pepper's Lonely Hearts Club Band (1967)

fuck you like supermen« oder »Fuck me like a superman«. Die → *Rolling Stones* antworteten auf die LP mit »Their Satanic Majesties Request«, Frank Zappa's Mothers Of Invention mit »We're Only In It For The Money«. Am 1.6.1987 – zum 20. Jahrestag des Erscheinens von »Sgt. Pepper« – sendete der britische Fernsehsender ITV unter dem Titel »It Was Twenty Years Ago Today« einen Dokumentarfilm über das Entstehen der LP, am gleichen Tag erschien das Album als CD. 1992 produzierte → *George Martin* mit Unterstützung der Disney Corporation im Auftrag der → *BBC* die Fernsehdokumentation »The Making Of Sgt. Pepper« (Regie: Alan Benson, Co-Produzent: Nick de Grunwald), der ebenfalls die Entstehungsgeschichte des Albums dokumentiert und zahlreiche internationale Auszeichnungen erhielt – kein leichter Job, sah er sich doch einem »Meer von Juristen auf beiden Seiten des Atlantik« gegenüber. Die Dokumentation lief am 31.12.1992 auch in der ARD und wurde im Januar 1993 in Cannes bei der 27. MIDEM mit dem International Visual Music Awards Grand Prix ausgezeichnet. Das Royal Academy Of Music Symphony Orchestra nahm 1994 unter dem Titel »Orchestral Sgt. Pepper's« eine Orchesterversion der LP auf, arrangiert, dirigiert und produziert von David Palmer. Branimir Krstic

Die Personen auf dem Cover der LP »Sgt. Pepper's Lonely Hearts Club Band« (Seiten 569–575)

nahm 2004 »Sgt. Pepper For Classical Guitar« auf. Im Mai 1996 erschien als → *Bootleg* die LP »Sgt. Pepper's Lonely Hearts Club Band Original Mono Mix« (die Labelbezeichnung »Capitol/Parlophone/Apple« ist wohl nicht so ernst zu nehmen), im Februar 1998 die Bootleg-CD »Sgt. Pepper's Lonely Hearts Club Band Mono-Mix« (»Parlophone«), im April 1998 »The Alternate Sgt. Pepper's Lonely Hearts Club Band And A Little More« (Dolphin Production), im Oktober 1999 »Sgt. Pepper's Mono Mix« (»Odeon«), 1999 die DoCD »The Alternate Sgt. Pepper's Lonely Hearts Club Band« (Walrus), 2002 als Reissue »The Capitol Versions Vol. 7 – Sgt. Pepper's Lonely Hearts Club Band/Magical Mystery Tour« (BEAT) und »The Making Of Sgt. Pepper's« (Capitol Album Vol. 15, DoCD, 2002). In einer Umfrage des *Rolling Stone* wurde die LP im Dezember 2003 zur besten Platte aller Zeiten gekürt. Bis dahin war sie bereits 11,7 Mill. Mal verkauft worden. Am 25.9.2004 hielt George Martin im Rahmen des Idea Festivals 2004 in Lexington/Kentucky einen Vortrag zum Thema »Making The Greatest Album Of All Time – Sgt. Pepper's Lonely Hearts Club Band«.

Das Cover der Platte (von → *Peter Blake* und dessen Frau Jann Haworth, fotografiert von → *Michael Cooper*) gilt mittlerweile als eigenständiges Kunstwerk der Pop-Art. Erstmalig wurden die Songtexte abgedruckt, erstmalig gab es ein Klappcover. Prof. Dr. Walter Grasskamp (Autor des Buches »Das Cover von Sgt. Pepper – Eine Momentaufnahme der Popkultur«, Berlin 2004), der im Oktober 2003 in öffentlichen Kolloquien unter dem Motto »Sergeant Pepper's Pappe« auftrat (u.a. in der Universität der Künste in Berlin), entdeckt darin Kunst-Traditionen – bis hin zu den Freundschaftsbildern der Romantik und den Gruppenbildern der Surrealisten, und »einen überaus glücklichen Moment der jüngeren Kulturgeschichte«. Das Cover wurde sofort eine Ikone der Popkultur. Es diente später Udo Lindenberg als Vorlage für seine CD »Hut ab«, die Wochenzeitschrift *Wirtschaftswoche* parodierte am 11.11.1999 auf dem Titel ebenso das Motiv wie das Label Exotica Records für das Cover zu »The Exotic Beatles, Part Two«, Frank Zappa für seine LP »We're Only In It For The Money« (1967), Oasis für die CD-EP »Don't Look Back In Anger« (1996), das Label Dressed To Kill für die CD »Daytrippers – 50 Classic Tracks From The Sixties By Original Artists« (1997) und One Nation Experience für die Single »Everyone Got To Be Free« (1997). 2003 erschien die CD »Pepperisms« mit 18 Songs, die von »Sgt. Pepper's Lonely Hearts Club Band« inspiriert waren – und mit einer weiteren Version des Sgt. Pepper-Covers. Ende 2003 erschien auf dem Label Pear die CD »The Alternate Sgt. Pepper«

Die Idee für das Cover kam von Paul McCartney, aber auch die anderen Beatles machten Vorschläge. → *Brian Epstein* war gegen die Idee des »Klassenfotos«, er hätte gern eine einfache Packpapierhülle gehabt. Natürlich wird immer wieder die Frage gestellt, wer entschied, welche Personen auf das Cover der LP »Sgt. Pepper's Lonely Hearts Club Band« kommen sollten, und wer letztendlich verewigt ist. John Lennon, Paul McCartney und George Harrison schrieben Wunschzettel, Ringo war die Auswahl ziemlich egal, Peter Blake und → *Robert Fraser* fügten Figuren hinzu – das Projekt entwickelte schließlich eine gewisse Eigendynamik. Eine lebensgroße Ausschneidefigur von Adolf Hitler, ein Vorschlag John Lennons, flog (»aus Geschmacksgründen« – *musikexpress The Beatles Special Edition*, Vol. 1, 2002) ebenso raus wie Brigitte Bardot (Peter Blake bevorzugte Diana Dors). Hitler taucht dann später im CD-Booklet wieder auf, an der Seitenlinie. Mahatma Gandhi musste auf Druck der → *EMI* entfernt werden (siehe den freien Raum über Diana Dors), weil man befürchtete, Indien damit zu beleidigen. Auch der surrealistische Maler René Magritte und der französische Schriftsteller Alfred Jarry kamen, obwohl auf der Liste, nicht auf das Cover. Manchmal waren wohl auch einfach die Porträts nicht aufzutreiben. Die Kosten für das Cover-Foto beliefen sich schließlich auf 2837 £ – zum Leidwesen der EMI, die auch Klagen der abgebildeten Künstler befürchtete. Üblich waren damals 25 £, bei einer Band vom Kaliber der Beatles 75 £. Peter Blake erhielt 200 £. EMI-Direktor Sir Joseph Lockwood schlug vor, einen Entschädigungsfonds von 50 Mill. £ anzulegen, der eventuell entstehende Prozesskosten und Geldstrafen abdecken sollte – die Summe sollte natürlich von den Einnahmen der Beatles abgezogen werden! Wendy Hanson, Brian Epsteins Sekretärin, sollte schließlich von allen abgebildeten Personen die Erlaubnis einholen. Der »Bowery Boy« Leo Gorcey, ein amerikanischer Schauspieler und einer der »Dead End Kids« (siehe Huntz Hall), wurde z.B. wieder entfernt, weil er 500 £ Honorar verlangte. Auch der Guru Mohandas Karamchand Ghandi wurde eliminiert. Nicht alle der abgebildeten Personen können identifiziert werden. → *Bill Harry* verzeichnet in einer Aufstellung noch Julie Adams (* 1926), eine amerikanische Schauspielerin, andere Autoren wollen den amerikanischen Komponisten Leonard Bernstein (1918–1990) ausgemacht haben. Die mittlerweile klassischen Sgt.-Pepper-Anzüge, zu sehen im Inneren des Klapp-Covers, dienen in der aktuellen Popmusik immer mal wieder als Zitat. So posierten im Frühjahr 2000 die vier Musiker der Liverpooler Band Clinic in den historischen Uniformjacken – auch wenn sie das Erbe der Beatles bewusst ignorieren und *Spex* 5/2000 glaubte, ein Porträt der Band mit »Fuck The Beatles« überschreiben zu müssen. Ursprünglich war die Künstlergruppe → *The Fool* beauftragt worden, ein Bild für das Innencover zu entwerfen. Im Klapp-Cover steckte ein Ausschneidebogen mit dem Abzeichen, dem Schnurrbart, der Basstrommel usw. Auf der Rückseite des Covers wurden die Texte der Songs abgedruckt, »Art Director« für die Rückseite war Gene Mahon. Die Sgt.-Pepper-Uniform John Lennons wurde am 28.7.2005 für 100 000 £ (ca. 145 000 €) versteigert.

Hier eine Aufstellung der bekannten Personen:

1. **Sri Yukteswar Giri:** Einer der vier von George Harrison ausgewählten indischen Gurus (s.a. 26, 32 und 50). Yukteswar war Sri Yoganandas Guru und Autor der Abhandlung »Die Heilige Wissenschaft«, in der Gemeinsamkeiten zwischen Bibel und Hinduschriften konstatiert werden.

2. **Aleister Crowley (1875–1947):** Britischer Kult-Magier, Okkultist und Philosoph, Gegenstand der Novelle »The Magician« (1908) von William Somerset Maugham. Er baute seinen eigenen Orden vom Silbernen Stern auf und wurde in den 1920er Jahren Vorsitzender des deutschen Ordo Templi Orientis (OTO). 1904 schrieb er sein »Book of the Law«. Er wurde von John Lennon vorgeschlagen.

3. **Mae West (1892–1980):** Die legendäre amerikanische Schauspielerin begann als »Baby Vamp« und trat mit 14 Jahren im Vaudeville und in Broadway-Revuen auf. 1926, nach der Aufführung ihres Stückes »Sex«, wurde sie wegen Obszönität für zehn Tage inhaftiert. 1935 war sie die bestbezahlte Frau der USA. 1959 erschien ihre Autobiographie »Goodness Had Nothing To Do With It«. Als Wendy Hanson, die Sekretärin von Brian Epstein, sie um ihre Erlaubnis für die Abbildung auf dem Cover bat, wollte sie erst einmal wissen, was sie in einem »Club der einsamen Herzen« zu suchen hätte. Ein von allen vier Beatles unterzeichneter Brief überzeugte sie schließlich. 1976/1977, mit 85 Jahren, spielte sie in dem Film »Sextette«, in dem auch Ringo Starr mitwirkte.

4. **Lenny Bruce (1925–1966):** Amerikanischer Schauspieler, der insbesondere durch den freizügigen Gebrauch von »four letter words« auffiel. Sein Motto: »Tut mir Leid, wenn ich heute Abend nicht besonders lustig bin, aber ich bin kein Komödiant, ich bin Lenny Bruce.« Er starb an Drogen, sein Leben wurde mit Dustin Hoffman in der Hauptrolle verfilmt. Zu empfehlen: die CD »The Lenny Bruce Originals« Vol. 1 u. 2.

5. **Karlheinz Stockhausen (* 1928):** Deutscher Komponist elektronischer Musik. Er arbeitete ab 1953 am Studio für elektronische Musik des Westdeutschen Rundfunks in Köln und wurde 1963 dessen Direktor. 1963 begründete er die Kölner Kurse für Neue Musik an der Kölner Musikhochschule, er lehrte auch an amerikanischen Universitäten. 1963–1971 erschienen die 3 Bände seiner »Texte zur Musik«.

6. **W. C. Fields (1880–1946):** Exzentrischer amerikanischer Schauspieler, geb. als William Claude Dukenfield. 1901 ging er auf

Europa-Tournee und trat u.a. in den Pariser Folies Bergère und im Londoner Buckingham Palace auf. 1905 trat er zum ersten Mal am Broadway auf, 1915 zum ersten Mal im Film. 1976 entstand die Filmbiographie »W. C. Fields And Me« mit Rod Steiger in der Hauptrolle.

7. **Carl Gustav Jung (1875–1961):** Prominenter Schweizer Psychiater, der sich u.a. mit Traumdeutung und I Ching beschäftigte. The Police benannten 1983 ihr Album »Synchronicity« nach einem seiner Bücher. In den 1930er Jahren hatte er einen Traum, in dem er die Zukunft sah. In dem Traum befand er sich in Liverpool, der »Stadt des Lichts«. Seit 1995 gibt es eine CG Jung Page im Internet (www.cgjungpage.org).

8. **Edgar Allen Poe (1809–1849):** Amerikanischer Schriftsteller, der mit seinen literarisch-kritischen Essays zum Theoretiker der modernen Kurzgeschichte wurde. Er schrieb Detektivgeschichten, phantastische Schauergeschichten und zahlreiche Kurzgeschichten. John Lennon wählte ihn für das Cover aus.

9. **Fred Astaire (1899–1987):** Amerikanischer Schauspieler, Tänzer und Choreograph, geb. als Frederick Austerlitz. Mit sieben Jahren begann er eine Karriere als Tänzer, 1917 trat er zum ersten Mal am Broadway auf, 1933 zum ersten Mal im Film (»Dancing Lady«). Er war dann lange Zeit Partner von Ginger Rodgers. 1960 erschien seine Autobiographie »Steps In Time«. Als ihn Wendy Hanson, Sekretärin von Brian Epstein, um die Erlaubnis für die Abbildung auf dem Cover bat, fühlte er sich geschmeichelt. Er ist auch im John-Lennon-Film »Imagine« zu sehen.

10. **Richard Merkin:** Zeitgenössischer amerikanischer Maler und Illustrator – vielleicht von Robert Fraser für das Cover ausgewählt. Merkin besaß eine große Sammlung erotischer Fotografien vom Ende des 19./Anfang des 20. Jahrhunderts. Er illustrierte u.a. das Buch »Leagues Apart: The Men And Times Of The Negro Baseball Leagues« und einige Ausgaben des → *Rolling Stone*. Ein Vorschlag von Peter Blake.

11. Ein **Pin-up-Girl** des in Peru geborenen Künstlers Alberto Vargas y Chavez (1896–1982) – er gilt als »Erfinder« der Pop-Art. Manche Autoren sehen in der Figur den Stummfilm-Star Clara Bow.

12. **Huntz Hall (1920–1999):** Amerikanischer Schauspieler der 1930er und 1940er Jahren, er spielte ab 1937 in zahlreichen »Dead End Kids«- und »Bowery Boys«-Filmen Dippy, den Dummkopf der Bande. Zu den Dead End Kids (später East Side Kids) gehörten des Weiteren Leo Gorcey, Gabriel Dell, Billy Halop und Bobby Jordan. Ein Vorschlag von Peter Blake.

13. **Simon Rodia:** Britischer Volkskünstler, Bildhauer und Designer. 1954 vollendete er den Watts Tower in Los Angeles, einen ungewöhnlichen Turm aus gebranntem Ton und Zement mit einem Stahlgerüst.

14. **Bob Dylan (* 1941):** → *Bob Dylan*.

15. **Aubrey Beardsley (1872–1898):** Britischer Zeichner des viktorianischen Zeitalters, er stand in Verbindung mit den Präraffaeliten. Seine eleganten dekorativen und z.T. erotischen Zeichnungen und Buchillustrationen beeinflussten u.a. Thomas Theodor Heine und andere Meister des Jugendstils.

16. **Sir Robert Peel (1788–1850):** Premierminister Großbritanniens und Gründer der Konservativen Partei. Er gründete auch die reguläre Polizei, nach ihm wurden die Polizisten lange Zeit »peelers« (und später »Bobbies«) genannt.

17. **Aldous Huxley (1894–1963):** Britischer Schriftsteller, Dozent für englische Literatur, nach dem Ersten Weltkrieg auch Journalist und Kunsthistoriker. Nach seinem Buch »The Doors Of Perception« (1954) benannten sich The Doors. Sein bekanntestes Buch ist »Brave New World« (1932). Insbesondere John Lennon war seit Mitte der 1960er Jahre sehr von Huxley beeindruckt.

18. **Dylan Thomas (1914–1953):** Walisischer Dichter, dessen Lyrik dem Surrealismus nahe stand. Sie zeichnete sich durch Wortgewalt und z.T. auch durch dunkle symbolische Metaphorik aus. Er schrieb auch Hörspiele und Drehbücher.

19. **Terry Southern (1924–1995):** Amerikanischer Schriftsteller, er schrieb u.a. die Drehbücher zu den Filmen »Candy« und »The Magic Christian«, in denen später Ringo Starr mitwirkte. Er war ein Freund des Fotografen Michael Cooper und kam wahrscheinlich auf Vorschlag von Robert Fraser auf das Cover.

20. **Dion (* 1939)** Sänger der Gruppe Dion and the Belmonts, Ende der 1950er Jahre eine der bekanntesten amerikanischen Doo-Wop-Gruppen. Ihr größter Hit war 1960 »Teenager In Love«. Ab 1960 arbeitete Dion als Solist und hatte Hits wie »Runaround Sue« und »The Wanderer« (beide 1961). 1967 und 1973 kam es zu kurzzeitigen Reunions der Band. 1989 wurde er in die → *Rock and Roll Hall of Fame* aufgenommen. Für das Cover wählte ihn Peter Blake aus.

21. **Tony Curtis (* 1925):** Amerikanischer Filmschauspieler. Nach dem Schauspielstudium und einigen Bühnenauftritten erhielt er 1949 einen Vertrag von Universal – und war innerhalb von nur zwei Jahren ein Star. Für seine Rolle in »The Defiant Ones« (1958) wurde er für einen Oscar nominiert. Großen Erfolg hatte er auch in »Some Like It Hot« (1959). Später arbeitete er auch als Maler. 1978 hatte er eine Gastrolle in dem Film »Sextette«, in dem auch Ringo Starr mitwirkte. Er wurde von Peter Blake ausgewählt.

22. **Wallace Berman (1926–1976):** Amerikanischer Maler und Schauspieler der Beat Generation aus Los Angeles, für das Cover ausgewählt von Robert Fraser. Nachdem er 1957 bei seiner ersten Ausstellung sofort verhaftet worden war, arbeitete Berman mit seinen Collagen, Gedichten und handgeschriebenen Zeitschriften im Underground. Mit seinem Magazin *Semina* schuf er das weltweit erste Mailart-Dokument; mit Tosh Berman schrieb er das Buch »Support The Revolution«.

23. **Tommy Handley (1896–1949):** Liverpooler Schauspieler, der für seine Rundfunkserie »I.T.M.A. (It's That Man Again)«, die von 1939 bis 1949 (mit wenigen Unterbrechungen) jeden Freitag lief, bekannt wurde. Sie hatte des Öfteren 16 Mill. Hörer! Filme: »It's That Man Again« (1942), »Time Flies« (1944).

24. **Marilyn Monroe (1926–1962):** Amerikanische Schauspielerin, geb. als Norma Jean Mortenson, ein Star der 1950er Jahre. Bekannt wurde sie vor allem als Sexsymbol und mit ihren Rollen in »Some Like It Hot« (1959) und »The Misfits« (1961), aber auch als Geliebte von John F. Kennedy und Robert Kennedy. 1974 erschien ihre Autobiographie »My Story«. Paul McCartney besitzt eine Skulptur der Schauspielerin.

25. **William S. Burroughs (1914–1997):** Einer der Begründer der Beat-Literatur. Nachdem er sein Anthropologie-Studium an der Harvard University abgebrochen hatte, begann er ein Leben zwischen Boheme und Halbkriminalität. Nach dem Zweiten Weltkrieg in New York lebend, beeinflusste er u.a. → *Allen Ginsberg* und Jack Kerouac. Bands wie The Soft Machine, Naked Lunch und Nova Express benannten sich nach Büchern von Burroughs. Er wurde von Paul McCartney für das Cover ausgewählt.

26. **Sri Mahavatara Babaji:** Einer der vier von George Harrison ausgewählten indischen Gurus (s.a. 1, 32 und 50).

27. **Stan Laurel (1890–1965):** Britischer Filmschauspieler, geb. als Arthur Stanley Jefferson. Er kam 1910 zu der berühmten Fed Karno-Truppe und arbeitete auf zwei USA-Tourneen als Charlie Chaplins Zweitbesetzung. 1917 trat er zum ersten Mal mit Oliver Hardy in einem Film auf. Als Komikerpaar Laurel & Hardy drehten sie dann ab 1926 76 Filme.

28. **Richard Lindner (1901–1978):** In Deutschland geborener Künstler, der 1941 vor den Nazis in die USA floh. Ursprünglich Konzertpianist, wandte er sich in New York mehr und mehr der Malerei zu. Ein Vorschlag von Peter Blake.

29. **Oliver Hardy (1892–1957):** Amerikanischer Filmschauspieler. Er trat bereits mit acht Jahren in einer Minstrel Show auf. Nach einem abgebrochenen Jurastudium ging er 1913 zur Lubin-Truppe nach Jacksonville/Florida, wo er erste Filmrollen erhielt. Mit Stan Laurel drehte er dann ab 1926 76 Filme als Laurel & Hardy.

30. **Karl Marx (1818–1883):** Mit Friedrich Engels (1820–1895) Begründer der Theorie des »wissenschaftlichen Kommunismus«, »der größte Sohn des deutschen Volkes, der bedeutendste Gelehrte, Lehrer und Führer der internationalen und deutschen Arbeiterbewegung«, wie Meyers Neues Lexikon, 1963 in Leipzig erschienen, stramm & parteikonform verkündete.

31. **H. G. Wells (1866–1946):** Englischer Schriftsteller, eigentlich Herbert George Wells. Angeregt von der Evolutionstheorie, schrieb er zunächst technisch-wissenschaftliche, später gesellschaftliche Utopien: »The Time Machine« (1895, dt.: »Die Zeitmaschine«), »The Island Of Dr. Moreau« (1896, dt.: »Dr. Moreaus Insel«) und »The War Of The Worlds« (1898, dt. »Der Krieg der Welten«). Er entwickelte eine Theorie des Weltstaats und dessen Führung durch eine Elite.

32. **Sri Sri Paramahansa Yogananda (1893–1952):** Der erste indische Guru, der längere Zeit im Ausland lebte. 1925 gründete er in Los Angeles das internationale Hauptquartier der Self-Realization Fellowship (in Indien: Yogoda Satsanga Society). George Harrison überreichte 1976 Henry Kissinger ein Exemplar seines Lieblingsbuches, der »Autobiography Of A Yogi«, der Lebensgeschichte des Yogi. Auf seinem Album »33 1/3« widmete George Harrison dem Guru zwei Songs: »Dear One« und »See Yourself«.

33. **anonym** Das Gesicht der Dame ist durch ihren gelb-rot-gestreiften Hut verdeckt, vielleicht eine Modellpuppe aus Wachs, wie sie die Friseure benutzten.

34. **Stuart Sutcliffe** → *Stuart Sutcliffe.*

35. **anonym** (vielleicht die Sängerin Marianne Faithfull??)

36. **Max Miller (1895–1963):** Kontroverser britischer Music Hall-Schauspieler, bekannt als »The cheeky Chappie« aufgrund seiner zweideutigen Witze. Mit acht Jahren kam er ins Show-Business, in den 1930er und 1940er Jahren war er auch in einigen Filmen zu sehen, darunter »The Good Companions« (1933), »Princess Charming« (1934) und »Asking For Trouble« (1943).

37. **Lucille Ball (1911–1989):** Amerikanische Schauspielerin, auf dem Cover als Pin-up in einem Bild des Künstlers George Petty; ein Hollywood-Star und von vielen als größte Fernseh-Komödiantin der USA verehrt. In den 1930er Jahren trat sie in zahlreichen Filmen auf, 1951– 1957 spielte sie in der äußerst erfolgreichen TV-Serie »I Love Lucy«, 1957–1960 gefolgt von »The Lucy-Desi Comedy Hour«. 1960 trat sie am Broadway in dem Musical »Wildcat« auf.

38. **Marlon Brando (*1924):** Amerikanischer Schauspieler, bekannt vor allem durch Filme wie »A Streetcar Named Desire« (1951), »Julius Caesar« (1953), »Mutiny On

The Bounty« (1962), »Last Tango In Paris« (1972), »Superman« (1978) und »Apocalypse Now« (1979). Gelegentlich wird kolportiert, dass der Name einer Biker-Gang in dem Film »The Wild One« (1954) die Beatles zu ihrem Namen inspiriert habe. Der Film durfte jedoch in Großbritannien bis 1968 nicht gezeigt werden.

39. **Tom Mix (1880–1940):** Einer der bekanntesten Western-Schauspieler der Stummfilmzeit. Er arbeitete zuvor als Cowboy und Stuntman und trat 1906 in die Miller Brothers 101 Ranch Wild West Show ein. 1910 kam er zum Film und spielte bis 1917 in über 100 Kurzfilmen. Ab 1917, bei der Filmgesellschaft Fox, wurde er dann zum Cowboy-Star. 1928 ging er zur F.B.O., später tourte er drei Jahre mit dem Ringling Bros. Circus. 1933 bis 1950 lief im Rundfunk »The Tom Mix Show«.

40. **Oscar Wilde (1856–1900):** Irischer Schriftsteller, Dramatiker und Dichter, geb. als Oscar Fingal O'Flahertie Wills. Beeinflusst von den Präraffaeliten, dem englischen Schriftsteller und Kunst- und Literaturkritiker Walter Horatio Pater (1839–1894) und den Symbolisten, wurde Wilde zum führenden Vertreter eines dandyhaften Ästhetizismus und der »L'art pour l'art«-Bewegung. Bekannt sind sein Roman »The Picture Of Dorian Gray« (1891, dt. »Das Bildnis des Dorian Gray«), »Lady Windermere's Fan« (1892, dt.: »Lady Windermeres Fächer«) und »The Importance Of Being Earnest« (1895, dt.: »Bunbury oder Ernst sein ist alles«).

41. **Tyrone Power (1913–1958):** Amerikanischer Schauspieler, besonders Ende der 1930er/Anfang der 1940er Jahre mit romantischen Rollen populär geworden, so in »Jesse James« (1939), »Son Of Fury« (1942), »Captain From Castile« (1947), »The Eddy Duchin Story« (1956) und »Witness For The Prosecution« (1958).

42. **Larry Bell (* 1939):** Zeitgenössischer amerikanischer Künstler. Seit 1964 konzentriert er sich auf Glasskulpturen.

43. **Dr. David Livingstone (1813–1873):** Schottischer Missionar und Afrikareisender. Er forschte insgesamt 28 Jahre im Inneren Afrikas. 1849 entdeckte er den Ngami-See im südlichen Afrika, 1851–1852 erkundete er den oberen Sambesi und 1852–1856 durchquerte er das südliche Afrika, wobei er 1855 die Victoria-Fälle entdeckte. Die Abbildung stammt von einer Wachsfigur.

44. **Johnny Weissmuller (1904–1984):** Amerikanischer Sportler; als Schwimmer gewann er fünf Goldmedaillen bei den Olympischen Spielen 1924 und 1928. Das führte zu Angeboten aus Hollywood, wo er ab 1932 zum bekanntesten Tarzan-Darsteller avancierte. 1967 erschien seine Autobiographie »Water, World And Weismuller«.

45. **Stephen Crane (1871–1900):** Amerikanischer Schriftsteller, zu seinen Werken gehören »Maggie: A Girl Of The Streets« (1893, dt.: »Maggie, das Straßenkind«) und »The Red Badge Of Courage« (1895, dt.: »Das Blutmal«). Er war eng mit dem Schriftsteller Joseph Conrad (1857–1924) befreundet und verbrachte seine letzten Lebensjahre in England.

46. **Issy Bonn** Britischer Komiker und Sänger (u.a. »Shine On, Victory Moon«). Da er seine rechte Hand über Pauls Kopf hält und das in vielen östlichen Kulturen ein Symbol des Todes ist, wurde diese Geste sofort als neuerliche Bestätigung für die → *Paul Is Dead*-Gerüchte gewertet. Zu empfehlen: CD »Let Bygones Be Bygones«, LP »A Pal Forever«.

47. **George Bernard Shaw (1856–1950):** Irisch-englischer Dramatiker. Als Journalist, Essayist, Verfasser soziologischer Bücher und Dramatiker übte er scharfe Kritik an der Gesellschaft. Insbesondere seine sozialkritischen Komödien »Widowers' Houses« (1892, dt.: »Die Häuser des Herrn Sartorius«) und »Mrs. Warren's Profession« (1893, dt.: »Frau Warrens Gewerbe«) sorgten für Empörung. Die Komödie »Pygmalion« (1912) zeichnet sich durch geistvollen Witz aus. 1925 erhielt er den Nobelpreis. In seiner Zeit am → *Liverpool Institute And School Of Art* trat Paul McCartney in einer Aufführung seines Stückes »St. Joan« (1923, dt.: »Die heilige Johanna«) auf. Die Wachsfigur für das Cover stammt von → *Madame Tussaud's*.

48. **HC Westermann (1922–1981):** Amerikanisch-britischer Bildhauer (Pop-Art), eigentlich Horace Clifford Westermann. Peter Blake wählte ihn für das Cover aus.

49. **Albert Stubbins (* 1919):** Ein Soccer-Spieler des Liverpool FC (zuvor bei Newcastle United). John wählte ihn für das Cover aus, weil sein Vater → *Alfred Lennon* ein Fan des Spielers war.

50. **Sri Lahiri Mahasaya:** Einer der vier von George Harrison ausgewählten indischen Gurus (s.a. 1, 26 und 32).

51. **Lewis Carroll (1831–1898):** Britischer Lehrer, Mathematiker und Schriftsteller, geb. in Cheshire bei Liverpool als Charles Lutwidge Dodgson. Er schrieb u.a. die Werke »Alice's Adventures In Wonderland« (1865, dt.: »Alice im Wunderland«) und »Through The Looking Glass« (1872, dt.: »Alice im Spiegelreich«). Insbesondere John zeigte sich von ihm beeinflusst, was u.a. in dem Song »I'm The Walrus« zum Ausdruck kommt.

52. **T. E. Lawrence (1888–1935):** Britischer Archäologe, Arabist und Schriftsteller, eigentlich Thomas Edward Lawrence (Pseudonyme: J. H. Ross und T. E. Shaw; auch als Lawrence of Arabia bekannt), der im Ersten Weltkrieg als Agent des britischen Geheimdienstes die Araber in den Kampf gegen die Türken führte. Desillusioniert, weil die britische Regierung ihre den Arabern gegebenen Versprechungen nicht einlöste, trat er 1922 unter falschem Namen in die Royal Air Force ein. Zu seinen Buchveröffentlichungen gehört »The Seven Pillars Of Wisdom« (1926, dt.: »Die sieben Säulen der Weisheit«). Die Wachsbüste für das Cover stammt von Madame Tussaud's.

53. **Sonny Liston (1932–1970):** Amerikanischer Boxer, er wurde 1962 im Kampf gegen Floyd Patterson Weltmeister im Schwergewicht. Als die Beatles am 16.2.1964 in Miami Beach/Florida in der → *Ed Sullivan Show* auftraten, saß er (wie auch Joe Louis) im Publikum. Er starb arm und vergessen. Peter Blake kaufte die Wachsfigur, die auf dem Cover abgebildet ist, von Madame Tussaud's, sie befindet sich noch heute in seinem Besitz.

54. Ein weiteres **Pin-up-Girl** des Künstlers George Petty (siehe Lucille Ball, Nr. 37)

55. **Wachsfigur George Harrison**

56. **Wachsfigur John Lennon**

57. **Shirley Temple (* 1928):** Die amerikanische Schauspielerin ist gleich dreimal auf dem Cover vertreten (siehe Nr. 69 und 71) – allerdings wohl aus Versehen. Sie wurde als Kinderstar in den Filmen »Wee Willie Winkie« und »The Little Princess« bekannt. 1964 besuchte sie die Beatles in ihrer Garderobe im Cow Palace in San Francisco. Als Wendy Hanson, die Sekretärin von Brian Epstein, sie um die Erlaubnis für die Abbildung auf dem Cover bat, wollte sie als Einzige zuvor die fertige LP hören. Ende der 1960er Jahre ging sie in die Politik, sie war u.a. Vertreterin der USA in der UNO und USA-Botschafterin in Ghana und der ČSSR. 1988 erschien ihre Autobiographie »Child Star«. Der Vorschlag, sie auf das Cover zu bringen, wird Peter Blake zugeschrieben.

58. **Wachsfigur Ringo Starr**

59. **Wachsfigur Paul McCartney** (Anm.: Die Wachsfiguren aus dem Wachsfigurenkabinett Madame Tussaud's wurden im Oktober 2005 versteigert.)

60. **Albert Einstein (1879–1955):** Deutscher Physiker, der 1933 in die USA emigrierte. Er zählt zu den Pionieren der Quantentheorie und entwickelte 1915 die allgemeine Relativitätstheorie. Nach seiner Formel $E = m c^2$ kann die Äquivalenz von Energie und Masse festgestellt werden, durch die die Bindungsenergie der Kerne aus dem Massendefekt erklärt werden kann. 1921 erhielt er den Nobelpreis für Physik.

61. **John Lennon mit Horn**

62. **Ringo Starr mit Trompete**

63. **Paul McCartney mit Englischhorn**

64. **George Harrison mit Flöte**

65. **Bobby Breen (* 4.11.1927 in Toronto/ Kanada):** Der Sopran trat schon in jungen Jahren auf der Bühne und im Radio auf, ab 1936 (»Let's Sing Again«, Produzent: Sol Lesser) auch im Film. Mit seinen Filmen wurde er auch international bekannt. Vier seiner neun Filme wurden für einen Oscar nominiert. Letzter Film: »Johnny Doughboy« (1942), danach sang er vor allem in Nachtclubs. Seine Fa. Bobby Breen Enterprises widmet sich der Talentsuche, zu seinen prominentesten Entdeckungen zählen Jack Jones, Charo und Ed Ames.

66. **Marlene Dietrich:** → *Marlene Dietrich.*

67. **Legionär aus dem Orden der Büffel**

68. **Diana Dors (1931–1984):** Britische Schauspielerin à la Brigitte Bardot und Marilyn Monroe, ein Leinwand-Sexstar der 1950er Jahre. Sie hatte die Royal Academy of Dramatic Art besucht und 1946 ihr Filmdebüt in »The Shop At Sly Corner«. Eigentlich sollte hier nach dem Willen der Beatles Brigitte Bardot stehen, aber Peter Blake tauschte sie einfach aus; die Wachsfigur für das Cover stammt von Madame Tussaud's.

69. **Shirley Temple:** siehe Nr. 57.

70. **Historische Künstlerpuppe von Jann Howarth** (eine alte Dame)

71. **Künstlerpuppe von Jann Howarth** (Shirley Temple mit dem »Welcome Rolling Stones«-Hemd, siehe Nr. 57)

Weiter auf dem Cover: das Blumenbukett mit dem Schriftzug der Beatles und eine Blumengitarre, ein mexikanischer Kerzenhalter, John Lennons Fernsehgerät, als Symbol für → *Marshall McLuhans* Credo »Das Medium ist die Botschaft« interpretiert, die Steinfigur eines Mädchens, das von Joe Ephgrave gestaltete Trommelfell der Band, eine weitere (schwer zu definierende) Steinfigur, eine Statue aus dem Hause John Lennons, ein Pokal, eine vierarmige indische Puppe, eine Hookah (Wasserpfeife), eine Schlange aus Samt, eine japanische Steinfigur, eine Schneewittchen-Steinfigur, ein Gartenzwerg und eine Tuba.

2. Titelsong der gleichnamigen LP von John Lennon/Paul McCartney, aufgenommen am 1. und 2.2. und 3. und 6.3.1967, erstmals erschienen am 1.6.1967. Der Song bildet die Ouvertüre zu dem Werk und stellt die einzelnen Themen vor. George Harrison, Paul McCartney und John Lennon spielen Lead-Gitarre, mit Paul McCartney singen alle drei Lead-Vocal, ohne jegliches Backing. Die Hörner spielen James W. Buck, Neil Sanders, Tony Randall und John Burden. Der Titel des Songs stammt evtl. von Sgt. Pepper's Country Kitchen an der Bus-Station Penny Lane/Smithdown Road, der Hauptlinie ins Zentrum von Liverpool. Fast am Schluss der LP (vor »A Day In The Life«) befindet sich eine Reprise des Titels, aufgenommen am 1.4.1967. Die Idee hierzu hatte → *Neil Aspinall*. Die Reprise ist schneller, rockiger, vitaler. Es gibt keine Lead Vocals, alle vier Beatles singen gemeinsam. Zu Beginn des Songs zählt Paul McCartney wie ein Conférencier »One, two, three, four«, zwischen »two« und »three« unterbrochen von John Lennon, der ein »bye« einwirft. In zwei Durchgängen verabschiedet sich die »one and only Lonely Hearts Club Band« von ihrem imaginären Publikum. Nur zwei Tage nach Veröffentlichung des Albums eröffnete → *Jimi Hendrix* einen seiner Auftritte mit seiner ganz persönlichen Version des Songs. Eine weitere Version erschien im November 1990 auf Paul McCartneys CD »Tripping The Live Fantastic«. Zahlreiche → *Cover-Versionen*, u.a. von Jimi Hendrix, Kickshaw, London Symphony Orchestra And London Pop Choir, Rundfunk-Tanzorchester Berlin, The Royal Academy Of Music Symphony Orchestra, Erich Kunzel Cincinnati Pops Orchestra feat. King's Singers, The Mini Beatles, Volkers lustiger Musikverein (»[Wir sind] Volker's lustiger Musikverein«), Twist And Shout, The Three Wize Men, Men At Work, Bill Cosby, Royal Philharmonic Orchestra, The Persuasions, The Inmates, The Overtures, Branimir Krstic, The Persuasions (Reprise), Plastik Ted und The Rubber Band. **3.** Film von → *Robert Stigwood* und Michael Schultz (USA, Universal International, 1978, 111 min), Buch: Henry Edwards, Kamera: Owen Roizman, u.a. mit Peter Frampton (Billy Shears), Barry Gibb (Mark Henderson), Robin Gibb (Dave Henderson), Maurice Gibb (Rob Henderson), Frankie Howard (Senf), Paul Nicholas (Dougie), Donald Pleasence (B. D. Brockhurst), Sandy Farina (Strawberry Fields), Dianne Steinberg (Lucy), Aerosmith (Future Villain Band), Steve Martin (Maxwell Edison), Alice Cooper (Father Sun), → *Billy Preston* (Sgt. Pepper), George Burns (Bürgermeister) und Earth, Wind and Fire. Eine Robert Stigwood Production in Zusammenarbeit mit Dee Anthony auf der Basis des Musicals → *Sgt. Pepper's Lonely Hearts Club Band On The Road*, die 12 Mill. $ kostete – → *George Martin* arbeitete am Soundtrack mit. Die Story: Billy Shears, Enkel von Sgt. Pepper, befreit die Lonely Hearts Club Band, verkörpert von den → *Bee Gees*, aus den Fängen des mächtigen Plattenproduzenten Brockhurst, um die Kleinstadt Heartland von der bösen Future Villain Band zu befreien. Der Soundtrack erschien 1978 als DoLP auf RSO Records. Publikum und Kritik reagierten nicht gerade begeistert, trotzdem wurden mehrere Mill. Exemplare verkauft. Ronald M. Hahn und Rolf Giesen in »Das neue Lexikon des Fantasy-Films« (Berlin 2000): »›Sgt. Pepper‹ von Peter Frampton (wer?) und den Bee Gees verunstalten zu lassen, ist ohnehin schon grauenvoll genug. Die wohl beste LP der Beatles dann auch noch zu einer stupiden Bonbonmelange aus Discosalat und naiver Huldigung an den *american dream* zu verwursten, sollte allerdings mit Van Halen-Riffs nicht unter 150 Dezibel bestraft werden.« Der Film ist inzwischen auch auf DVD erhältlich.

Lit.: Belmo (d.i. Scott F. Belmer): The Making Of The Beatles Sgt. Pepper (Burlington/Ontario/Kanada 1996); James M. Nesbit: The Kaleidoscopic Rhetoric Of The Psychedelic Counterculture: A Feminist Analysis Of The Beatles' Sgt. Pepper's Lonely Hearts Club Band (1997); Martin, George; Pearson, William: Summer Of Love – The Making Of Sgt. Pepper (London/Boston 1994; dt.: Summer Of Love – Wie Sgt. Pepper entstand, Berlin 1997); Moore, Allan F.: The Beatles' Sgt. Pepper's Lonely Hearts Club Band (New York 1997); Benzinger, Olaf: Sgt. Pepper's Lonely Hearts Club Band (München 2000; Serie Piper 3137); Stigwood, Robert; Anthony, Dee: The Official Sgt. Pepper's Lonely Hearts Club Band Scrapbook (1978); Harry, Bill: Sgt. Pepper's Lonely Hearts Club Band (1986); Mozgowoj, Anatolii: 13 dnej s Seržantom Pepperom (Osa/Russland 1993); Black, Johnny: Recording Sgt. Pepper's (Chorley 1998); Moltmaker, Azing: The Album Collection Vol. 9 – Sgt. Pepper's Lonely Hearts Club Band (Alkmaar 2001); Grasskamp, Walter: Das Cover von Sgt. Pepper – Eine Momentaufnahme der Popkultur (Berlin 2004); Wane, Paul: Sgt. Peppers (London 2005)

SGT. PEPPER'S LONELY HEARTS CLUB BAND ON THE ROAD

Musical nach der Musik von John Lennon

und Paul McCartney, inszeniert von → *Robert Stigwood*, uraufgeführt am 14.11.1974 im New Yorker Beacon-Theater am Broadway. Bei der Premiere waren auch John Lennon, May Pang und → *Yoko Ono* anwesend. Nach der Show war Lennon verschwunden. Als May Pang, John Lennons damalige Geliebte, besorgt bei Yoko Ono anrief, sagte ihr diese: »Ich glaube, ich werde ihn wieder zurücknehmen.« *Der Musikmarkt* über die Inszenierung: »Ein nostalgisch rührendes Spiel um einen von der Showbranche irregeleiteten Popjünger, der dann doch über die ›Lonely Hearts Club Band‹ auf den rechten Weg findet. Happy End.« Das Musical bildete 1978 die Grundlage für den Film »Sgt. Pepper's Lonely Hearts Club Band«.

SHADES OF ORANGE

Song, der nach Angaben einiger »Spezialisten« eventuell von den Beatles und den Stones gemeinsam aufgenommen wurde; erschienen u.a. auf dem → *Bootleg* »Get Together« (Tobe Milo 4Q 1/2). Die Aufnahme stammt jedoch von der Band The End, wurde von Bill Wyman produziert und klang lediglich so, als wenn die beiden Bands zusammenspielten. Der Song ist im März 1968 auf Single und 1969 auf LP erschienen.

SHAKE, RATTLE & ROLL

Song von Calhoun, bekannt geworden 1954 in der Version von → *Bill Haley* and The Comets; die Beatles nahmen diesen Rock'n'Roll-Klassiker in einem Medley mit »Rip It Up« und »Blue Suede Shoes« bei den Sessions für »Let It Be« auf. Das Medley wurde veröffentlicht am 28.10.1996 auf der DoCD »The Beatles Anthology 3«.

SHANKAR, RAVI

*7.4.1920 in Benares/Indien – als → *Sitar*-Virtuose »India's Master Musician« (LP-Titel, 1965) und »Godfather of World Music«. Die Popwelt wurde 1967 auf ihn aufmerksam, als er auf dem → *Monterey Pop Festival* auftrat (LP »Live At The Monterey International Pop Festival«). Mit Yehudi Menuhin nahm er die Platte »West Meets East« auf, für das London Symphony Orchestra schrieb er ein Sitar Concerto, John Coltrane, The Greatful Dead und Philip Glass wurden von ihm beeinflusst. George Harrison hörte Ravi Shankar zum ersten Mal bei einem Konzert in der Londoner → *Royal Albert Hall* am 1.6.1966, nachdem ihn David Crosby von → *The Byrds* auf den Sitar-Virtuosen aufmerksam gemacht hatte, persönlich lernte er ihn bei einem Essen im Haus von Mr. Anghadi, dem Leiter des Asian Music Circle in London, kennen. Kurz darauf kamen Shankar und Allah Rakha (→ *Tablâ*) nach Esher zu einer kurzen Sitar-Unterweisung und einem kleinen Konzert. Am 11.9.1966 flog Harrison dann mit Pattie nach Indien (sie blieben bis zum 22.10.1966) und vervollkommnete in Bombay sein Sitar-Spiel mit Studenten von Ravi Shankar und lernte Yoga. Als Shankar am 2.11.1966 nach London kam, begrüßte ihn George Harrison auf dem Flughafen in traditioneller indischer Tracht. Am nächsten Tag lud er ihn zu sich nach Hause ein. Am 2.8.1967 besuchte er Shankar bei einem Auftritt in dessen Musikschule in Los Angeles, am nächsten Tag veranstaltete er eine Pressekonferenz, um Shankars Konzert in der → *Hollywood Bowl* am nächsten Tag zu promoten, das er dann auch (mit seiner Frau Pattie) besuchte. Am 7.8.1967 traf er sich erneut mit Ravi Shankar. Die LP »Ravi Shankar In New York« (1967) begründete Shankars internationalen Ruhm. 1968 schrieb er die Filmmusik für das Science-Fiction-Drama »Charly« von Ralph Nelson. Am 20.10.1969 besuchte George ein Konzert Ravi Shankars in der Londoner Royal Albert Hall. Am 1.8.1971 organisierte er mit George Harrison und → *Allen Klein* das → *Concert for Bangla Desh* im New Yorker → *Madison Square Garden*, wo er auch auftrat. Am 5.6.1972 erhielten er und George Harrison dafür den »Child Is Father To The Man«-Preis der UNICEF. 1971 drehte Howard Worth in Monterey/Calif. und Madras/Indien den Dokumentarfilm »Raga« (Premiere am 23.11.1971 in New York) über die Musik Shankars, in dem auch George Harrison auftritt (aufgenommen Anfang Juni 1968, Soundtrack 1971 auf Apple, produziert von George Harrison). Am 8.10.1972 nahm Shankar in der New Yorker Philharmonic Hall das Album »In Concert 1972« auf, produziert von Harrison, Zakir Hussein und Phil McDonald. Auch das von April 1973 bis Anfang 1974 aufgenommene Album »Shankar Family & Friends« und die LP »Music Festival Of India« verzeichnen George Harrison als Produzent. Harrison später: »Ravi ist mein musikalischer Guru.« Als George Harrison 1974 sein eigenes Label Dark Horse gründete, verpflichtete er als ersten Künstler Ravi Shankar. Und als dieser 1995 im Londoner Barbican Centre seinen 75. Geburtstag feierte, waren auch die Harrisons dabei. Im März 1996 erschien auf Angel/Dark Horse Records eine repräsentative 4-CD-Box »Ravi Shankar – In Celebration«. Auf seiner 1997 veröffentlichten CD »Chants Of India« (»Indian Chants«), produziert von George Harrison, spielt seine Tochter Anoushka Shankar Sitar. Inzwischen ist sie im Popgeschäft (CDs »Anoushka«, »Anourag«). Als Paul McCartney sie für einige Sitar-Passagen engagieren wollte, lehnte sie allerdings ab: »Wenn ich mit jemandem zusammen ein Album mache, dann nur als gleichberechtigter Partner.« Am 10.2.2001 wurde Shankar Ehrenritter des Ordens des Britischen Empire (CBO). Eine aktuelle Übersicht über das Schaffen Shankars bietet die 2001 erschienene CD »Master Of Sitar«. Zum 82. Geburtstag Shankars erschien 2002 der Film »Ravi Shankar: Between Two Worlds« (Regisseur: Mark Kidel). Die zwei DVDs »Ravi Shankar – In Portrait« (BBC Opus Arte) enthalten eine Retrospektive seines über sieben Jahrzehnte umfassenden Wirkens. Ende November 2001 besuchten Ravi und Anoushka Shankar noch einmal George Harrison – einen Tag vor dessen Tod. Postum erschien 2002 auf Yellow Cat die Bootleg-CD »East & West/Yin & Yang« mit Aufnahmen Shankars und Harrisons. 2004 eröffnete die Ravi Shankar Foundation in New Delhi ein Ravi Shankar Centre – mit Archiv, Bibliothek, Tonstudio usw. Ravi Shankar ist zu erreichen unter der Anschrift: 6 Pavlova, Little Gibbs Road, Mumbai/India.

Lit.: Shankar, Ravi: My Music, My Life (London 1969, dt.: Meine Musik, mein Leben, München 1969); Craske, Oliver: Ravi (Guildford 1995); Shankar, Ravi; Harrison, George: Ravi Shankar. Raga Mala – An Autobiography (Guildford 1997, Dorset 1999, New York 1999) • www.ravishankar.org

SHANNON, DEL

Amerikanischer Rock'n'Roll-Sänger, * 30.12. 1939 als Charles Westover in Grand Rapids/Michigan. Gleich seine erste Aufnahme, »Runaway«, wurde ein Hit in den USA. Auf einer Tournee durch Großbritannien lernte er 1963 die Beatles kennen – am 18. April stand er mit ihnen während der Live-Sendung »Swinging Sound '63« der → *BBC* auf der Bühne der → *Royal Albert Hall*. Er nahm dann als erster amerikanischer Sänger nach seiner Rückkehr einen Beatles-Song auf: »From Me To You« (rel. 3.6.1963). Später kam eine → *Cover-Version* von »A World Without Love« hinzu. Als er am 19.2.1967 mit → *Chuck Berry* im Londoner → *Saville Theatre* auftrat, saßen auch John Lennon und Ringo Starr im Publikum. 1987 machte er einige Aufnahmen mit George Harrison. Er arbeitete dann mit den Traveling Wilburys

(George Harrison, Jeff Lynne, → *Bob Dylan* und Tom Petty) an der zweiten CD der All-Star-Band (nur als → *Bootleg* erschienen). † 8.2.1990 in Santa Clarita/Calif.

SHAPED DISCS

LPs und CDs in von der runden Form abweichender Gestalt. Ein Nachteil ist die geringere Spielzeit. So gibt es z.B. von den Beatles Shaped Picture CDs in der Form der Köpfe von John Lennon und Paul McCartney und – jeweils vierfach gespiegelt – der Köpfe von George Harrison und Ringo Starr (Pikosso Records). Shaped-CDs von Gecko enthalten u.a. ein Interview mit → *George Martin* zu den Beatles. Scopus Records veröffentlichte eine CD in Apple-Form. »Shaped Discs Vol. 1–2« auf dem Label Sonotec enthalten diverse Interviews. Neues Material erscheint auf diesen Platten allerdings in der Regel nicht, sie zielen insbesondere auf die Geldbeutel der Komplett- oder Raritäten-Sammler.

Helen Shapiro – vom 2.2. bis 3.3.1963 auf England-Tournee, Vorgruppe: The Beatles

SHAPIRO, HELEN

*28.9.1946 in London, war sie 1961 eine Sensation als Sängerin, mit Hits wie »Please, Don't Treat Me Like A Child«, »You Don't Know«, »Walkin' Back To Happiness« und »Tell Me What He Said«. Die Beatles unternahmen ihre erste England-Tournee als eine von mehreren Vorbands von Helen Shapiro, die damals gerade 16 war. Ihren ersten gemeinsamen Auftritt hatten sie am 2.2.1963 im Gaumont Cinema in Bradford/Yorkshire, den letzten am 3.3.1963 im Gaumont Cinema in Hanley/Staffordshire. Irgendwann auf dieser Tournee wurden die Beatles allerdings zur Hauptattraktion. »Misery« schrieben John Lennon und Paul McCartney eigentlich für Helen Shapiro, deren Management lehnte den Song jedoch ab. Helen Shapiro gehörte zu den Wenigen, die bei den Aufnahmesessions der Beatles in den → *Abbey Road Studios* dabei sein durften. So lauschte sie den Beatles lt. eigener Aussage bei den Aufnahmen zu »Can't Buy Me Love«. Einige Zeit war → *Tony Barrow* ihr Manager. Seit Ende der 1970er Jahre ist Helen Shapiro vor allem als Jazzsängerin aktiv.

SHE CAME IN THROUGH THE BATHROOM WINDOW

Song von John Lennon/Paul McCartney, aufgenommen am 25. und 28.7.1969, erstmals erschienen am 26.9.1969 auf der LP »Abbey Road«. Der Song wurde ursprünglich mit »Polythene Pam« als ein Song aufgenommen. Paul McCartney verarbeitet hier ein eigenes Erlebnis – irgendwann versuchte tatsächlich ein Fan auf der Jagd nach Souvenirs durch das Badezimmerfenster in sein Haus einzudringen. Zahlreiche → *Cover-Versionen*, u.a. von Joe Cocker, Modern Soul Band, Booker T. and the MG's, Mike Westbrook Band, The Bee Gees, Devil's Rubato Band, The Lenny Pane und Göran Söllscher.

SHE LOVES YOU

1. Song von John Lennon/Paul McCartney, aufgenommen am 1.7.1963, erstmals erschienen am 23.8.1963 auf Single (die erste »Gold«-Single der Beatles), am 9.12.1966 auf der LP »A Collection Of Beatles Oldies (But Goldies)« und am 6.12.1965 auf der EP »The Beatles' Million Sellers«. Darin war zum ersten Mal ihr »Schlachtruf« »Yeah! Yeah! Yeah!« zu hören. Der Song entstand am 26.6.1963, als die Beatles in Newcastle-upon-Tyne auf Tour waren, und wurde am nächsten Tag in Liverpool beendet. »She Loves You« wurde gleich zwei Mal zur Nummer 1 in den britischen Charts: das erste Mal für vier Wochen am 12.9.1963 und dann noch einmal für zwei Wochen am 28.11.1963. Bis 1977 war sie mit 1,6 Mill. verkauften Exemplaren die meistverkaufte Single Großbritanniens – dann lösten sie Paul McCartney & Wings mit »Mull Of Kintyre« ab, bis 1984 »Do They Know It's Christmas?« von Band Aid erschien. Am 2.12.1991 wurde der Song ausgezeichnet, weil er 1 Mill. Mal im Rundfunk gesendet wurde. »Die Nummer hat so eine dreckige Garagenband-Energie«, schwärmt Butch Vig von Garbage, und Billy Corgan von den Smashing Pumpkins ergänzt: »Die harmonischen und melodischen Kombinationen, die da abgehen, sind echt schräg.« (*Rolling Stone* 3/2001) Zahlreiche → *Cover-Versionen*, u.a. von Count Basie, Derek Enright M.P. (in lateinischer Sprache), Emi Bonilla y su Caudros (als »Te quieres«), Chet Atkins, Royal Philarmonica Orchestra, Roger Webb & His Trio, Billy Lee Riley (harm), Krombacherkellerkinder, Hard Day's Night, Rundfunk-Tanzorchester Berlin, Barock And Roll Ensemble, Homer & Jethro, The Liverpools, Bobby Vee, The George Martin Orchestra, The Chipmunks, The Joneses, Cyril Stapleton, Jive Bunny & The Mastermixers, Fred Banana Combo, James Last, The Band Of The Irish Guards, Brenda Lee (»He Loves You«), The Swallows, Dick James, Mary Wells (»He Loves You«), Bornagen, Take That (Medley mit »A Hard Day's Night« und »I Want To Hold Your Hand«), The ReBeatles, The CT Beatles, Worlds Apart (+ »Sie liebt dich«), Twist And Shout, Pinky & Perky, The Haircuts, The Day Trippers, The Bee Gees, The Hollyridge Strings, The Beatles Revival Band, Los Rolin, Peter Breiner and His Chamber Orchestra, The Beatles Double Group, Los de la Rumba, The Crickets, Die Team Beats (»Sie liebt dich«), Berry Lipman Orchestra, Orchester Bert Kaempfert, Call The Mobile und Tony Bolton.

2. »She Loves You ...« ist eine »Multimedia Musical Performance«, eine »Musical-Biographie der Beatles« bzw. eine »musikalische Biographie der erfolgreichsten Band der Welt«, Regie: Eva Niedermeister, mit der Erfolgsstory der Beatles, die seit 12.11.2000 (Premiere in Neubrandenburg) als »exclusive Original-Tourneeproduktion« (Eigenwerbung) durch Deutschland, Österreich und die Schweiz zieht. Nach einigen Veränderungen besteht das Musical schließlich aus 16 Spielszenen, in die 37 Beatles-Songs eingebaut sind – von »Love Me Do« bis »Hey Jude«, interpretiert zum großen Teil von der Osnabrücker → *Cover-Band* → *The Silver Beatles*. Dazu kommen Video-, Film- und Halbplayback-Einspielungen. Tourneemanager Werner Forster aus Passau in einem Interview mit der Zeitschrift *Musiker*: »Unser Ziel ist allerdings, dieses Musical in ganz Europa zu etablieren.« Veranstalter sind COFO Concertbüro Oliver Forster GmbH & Co. KG und Musik-, Werbe-

und Showbüro Werner Forster GmbH & Co. KG, beide aus Passau. Informationen und Tickets: (0851) 98 80 80.

SHE SAID SHE SAID

Song von John Lennon/Paul McCartney, aufgenommen am 21.6.1966, erstmals erschienen am 5.8.1966 auf der LP »Revolver« – »ein frühes Stück Lennon-Autobiographie« (Beatles-Kenner John Robertson). Der Song, offensichtlich unter dem Einfluss von → *LSD* entstanden, wurde durch ein »Gespräch« mit dem Schauspieler Peter Fonda inspiriert, das John Lennon bei einem Acid-Trip in Los Angeles im August 1965 führte. Fonda sprach über Erfahrungen mit Drogen, die ihn fast das Leben gekostet hätten. Im April 2002 wurde ein Band mit einer 25-minütigen Demo-Aufnahme des Songs für 58 750 £ (ca. 95 000 €) in London versteigert. Zahlreiche → *Cover-Versionen*, u.a. von Ann Dyer & No Good Time Fairies, The Runaways, Paul Is Dead, The Black Keys, Matthew Sweet (»He Said, She Said«) und Mark Petersen.

SHE'S LEAVING HOME

Song von John Lennon/Paul McCartney, aufgenommen am 17. und 20.3.1967, erstmals erschienen am 1.6.1967 auf der LP »Sgt. Pepper's Lonely Hearts Club Band«. Das Arrangement dieses elegischen Alltagsdramoletts zum Thema Generationenkonflikt stammt ausnahmsweise nicht von → *George Martin*, sondern von Mike Leander; den Instrumentalteil spielen Sheila Bromberg (Harfe – die erste Frau bei einer Beatles-Aufnahme!) und eine Streichergruppe, bestehend aus Erich Gruenberg (ld, v), Derek Jacobs, Trevor Williams, José Luis Garcia (Geigen), John Underwood, Stephen Shingles (Violinen), Dennis Vigay, Alan Dalziel (Celli) und Gordon Pearce (Kontrabass) – keiner der Beatles ist daran beteiligt. »Die eleganteste, sorgfältigste und perfekteste Melodiestruktur der Popmusik.« (Iggy Pop in → *Rolling Stone*). Oder, wie Jim DeRogatis in seinem Buch »Hall of Shame – Die größten Irrtümer in der Geschichte des Rock'n'Roll« (Berlin 2006) schreibt, nichts als »eine Versöhnungsgeste an die Eltern«? Angeregt wurde Paul McCartney für den Mazurka-artigen Song durch einen Zeitungsbericht im Londoner *Daily Mail* vom 27.2.1967 über ein verschwundenes 17-jähriges Mädchen namens Melanie Coe. Anfang der 1990er Jahre war das »Mädchen« verheiratet, Mutter von zwei Kindern und Leiterin der Juwelier-Abteilung von Londons Nobel-Kaufhaus Harrod's. Das Originalmanuskript des Textes aus dem Nachlass von → *Mal Evans* wurde 1992 von Paul McCartney für 45 100 £ (ca. 57 500 €) ersteigert. Zahlreiche → *Cover-Versionen*, u.a. von McCoy Tyner, The Canadian Brass, Billy Bragg, The Royal Academy Of Music Symphony Orchestra, London Pops Orchestra, Harry Nilsson, Al Jarreau, Syreeta, Richie Havens, Joel Grey, The Hill/Wiltschinsky Guitar Duo, Les Boréades, Harry Nilsson, The Mike Sceptre Singers With The London Starlight Orchestra, Peter Breiner and His Chamber Orchestra, The Fabulous Four, Mr. Acker Bilk, Karine Costa (»She's Leaving Home Remix«), Branimir Krstic, Kremlin Graceful Balalaika Band, David Michael Cass, Göran Söllscher, Erick Saint-Laurent (»C'est devenu un homme«), The Overtures und Leo Brouwer/Ichiro Suzuki.

SHE'S A WOMAN

Song von John Lennon/Paul McCartney, aufgenommen am 8.10.1964, erstmals erschienen am 23.11.1964 auf Single. Auf der LP »Beatles '65« erschien eine überproduzierte, widerhallende Version; die authentische Version erschien erst auf → *Past Masters* Vol. 1. Ein Gag: Nach 1:25 min ist das eindringliche, sich wiederholende Riff für einen Beat nicht zu hören. Am 17.11.1964 nahmen die Beatles den Song im Playhouse Theatre, London, für die → *BBC*-Sendung → *Top Gear* (Produzent: Bernie Andrews, gesendet am 26.11.1964) auf. Erschienen am 28.10.1994 auf der DoCD »Live At The BBC«. Eine weitere Version erschien im Mai 1991 auf der Paul-McCartney-CD »Unplugged – The Unofficial Bootleg«. Zahlreiche → *Cover-Versionen*, u.a. von Chet Atkins, The Hollyridge Strings, Noel Harrison, The Inmates, Frankie Goes To Liverpool, The Beatles Revival Band und The Fabulous Four.

SHEA STADIUM

Baseball-Stadion im New Yorker Stadtteil Queens in der Sportanlage Flushing Meadow, 126th Street Roosevelt Avenue, eigtl. William Alfred Shea Municipal Stadium – das Stadion der New York Mets, eröffnet am 17.4.1964. Am 10.1.1965 bot der amerikanische Konzertveranstalter → *Sid Bernstein* → *Brian Epstein* an, die Beatles im Shea Stadium auftreten zu lassen. Er bezahlte dafür Brian Epstein im April einen Vorschuss von 100000 $. Am 15.8.1965 traten sie dann tatsächlich auf – es war das bis dahin größte Konzertereignis, mit 55600 (nach anderen Quellen: 56000) Fans, 2000 Sicherheitsleuten und Einnahmen von 304000 $ – damals Weltrekord für ein Popkonzert. Zuerst spielten die King Curtis Band, Cannibal and the Headhunters, Brenda Holloway, The Young Rascals und → *Sounds Incorporated*. Ed Sullivan kündigte dann die Beatles an, die knapp 30 min spielten – und so ca. 100 $/sec verdienten. → *BBC*1 zeigte am 1.3.1966 als Weltpremiere einen Mitschnitt des Konzertes unter dem Titel »The Beatles At Shea Stadium« (Regie: Dick Fontaine, 50 min), produziert von Sullivan Productions Inc., den Brian Epstein am 14.10.1965 in New York freigegeben hatte. Der Film kursiert inzwischen auch als Kurzfilm, das Original erschien 2003 auch als → *Bootleg*-DVD. Ursprünglich für den amerikanischen Markt in Farbe gedreht, sendete die BBC eine Schwarz-Weiß-Version. Die *Radio Times* (2.3.1966): »Es war auch wie eine durchaus alarmierende Demonstration künstlich befeuerter Massenhysterie. Wir wurden Zeuge, wie die Begeisterung des Publikums von den diversen Vorbands ins Fieberhafte gesteigert wurde. In dieser verrückten Atmosphäre und gegen eine solide Wand aus Lärm anspielend, gaben die Beatles eine Kostprobe ihrer besten Songs.« Auch ein Video »Live At Shea Stadium« (MEDA) gibt es inzwischen. Mitschnitte (zumeist aus dem Film stammend) sind als Bootleg erschienen: »At Shea Stadium«, »The Beatles At Shea Stadium«, »Live At The Shea Stadium«, »Shea … At Last!«, »Shea Stadium«, »Shea!/Candlestick Park« und »Shea The Good Old Days«. Den Originalvertrag der Beatles für diesen Auftritt ersteigerten 1988 Ann und Nancy Wilson von der amerikanischen Heavy Metal-Band Heart. Am 23.8.1966 traten die Beatles noch einmal im Shea Stadium auf – vor 44500 Fans, Eintrittspreis: 5 $. 11 000 Karten konnten nicht verkauft werden und wurden schließlich verschenkt. 1966 erschien dazu eine LP »Beatles At Shea Stadium – Described By Erupting Fans!« (*Audio Journal*, New York) mit Interviews und Hintergrundberichten zu diesem Konzert. Im August 1967 demonstrierten ca. 2000 Fans vor dem Stadion, um die Beatles zu bewegen, noch einmal live aufzutreten. Sid Bernstein bot den Beatles am 7.10.1967 1 Mill. $ dafür. 2001 wurde ein privater Mitschnitt des Konzerts am 15.8.1965 im Internet versteigert – mit einer unbekannten Version von »Eleanor Rigby« und Interviews mit den Beatles im Hubschrauber und im Auto auf dem Weg zum Konzert. Im Dezember 2005 tauchten bei einer Auktion drei Scotch Audio

Tapes mit den kompletten Tonaufnahmen vom 15.8.1965 auf – aufgenommen von internen PA des Stadions. Die Bänder wurden für 8940 $ verkauft. Das Stadion wurde Ende 2005 geschlossen.

Lit.: Moltmaker, Azing: Beatles In New York – Famous Live Shows Vol. 2: Shea! (Alkmaar 2003)

THE SHEIK OF ARABY

Song von Harry B. Smith/Francis Wheeler/Ted Snyder aus dem Jahre 1921 aus dem Musical »Make It Snappy«, aufgenommen von zahlreichen Jazzmusikern (u.a. Louis Armstrong, Duke Ellington, Harry James, Jack Teagarden) und bekannt geworden als Erkennungsmelodie von Rudolph Valentino und durch das Filmmusical »Tin Pan Alley« (1940); von den Beatles am 1.1.1962 in London beim → *Decca*-Vorspiel gespielt. Nachdem der Titel auf mehreren → *Bootlegs* veröffentlicht worden war (→ *Decca Tapes*), erschien er zum ersten Mal am 20.11.1995 offiziell auf der DoCD »The Beatles Anthology 1«.

SHENSON, WALTER

Produzent der Beatles-Filme »A Hard Day's Night« (1964) und »Help!« (1965) sowie von »You Can't Do That« (»The Making Of A Hard Day's Night«), einer 63-minütigen Dokumentation über die Dreharbeiten zu »A Hard Day's Night« (als Video und DVD erschienen im November 1995). * 23.6.1919 in San Francisco/Calif., studierte Walter Shenson an der Stanford University. Nach der Armeezeit arbeitete er mehrere Jahre als Filmpublizist für Paramount und Columbia in Hollywood, bevor er in den 1950er Jahren als Supervisor für die europäischen Produktionen der Columbia/United Artists nach London ging. Hier gründete er das Unternehmen Walter Shenson Films Ltd und machte sich einen Namen als Produzent von Low-Budget-Filmen. Zu seinen weiteren Werken gehören »The Mouse That Roared« (mit → *Peter Sellers*, → *Victor Spinetti*, 1959), »Mouse On The Moon« (1963), »Don't Raise The Bridge, Lower The River« (1968). Für die Beatles-Filme erhielt → *Brian Epstein* im Voraus 25 000 £ und 20 % der Einnahmen. Eine Klausel im Vertrag besagte, dass die Rechte an den Filmen nach 15 Jahren auf ihn übergehen. Shenson versah dann die Filme mit Stereoton (Dolby), »A Hard Day's Night« erhielt einen zweiminütigen Prolog. Auch der Song »I'll Cry Instead« wurde dem Film hinzugefügt, unterlegt mit Standbildern. 1973 kehrte er mit seiner Frau Gerry in die USA zurück, sie ließen sich in Bel Air/Calif. nieder. 1983 erhielt er mit Julius J. Epstein einen Golden Globe für den Film »Reuben, Reuben«. † 19.10.2000 in Los Angeles an einem Herzinfarkt.

SHEPHERD, BILLY

Autor der ersten (fast) autorisierten Biographie der Beatles: »The True Story Of The Beatles«, 1964 erschienen im Verlag Beat Publications (dt.: Die wahre Geschichte der Beatles, München 1964).

SHERIDAN, TONY

Britischer Gitarrist und Sänger, * 21.5.1940 in Norwich/GB als Anthony Esmond O'Sheridan McGinnity. Nach dem Besuch der Norwich Boys' Grammar School, wo er im Schulorchester Geige gespielt hatte, gründete er in Norwich seine erste eigene Band The Saints und spielte → *Skiffle* und Rock'n'Roll. Er begleitete dann Ende der 1950er Jahre → *Gene Vincent*, Eddie Cochran, → *Roy Orbison*, Conway Twitty und Marty Wilde und trat in der Fernsehshow »Oh Boy!« auf, bevor ihn → *Bruno Koschmider* Anfang der 1960er Jahre mit seiner Band The Jets nach Hamburg holte. Im Juni 1961 nahm → *Bert Kaempfert* für → *Polydor* die erste Single mit Tony Sheridan and The Beat Brothers, den späteren Beatles, auf: »My Bonnie (Lies Over the Ocean)« und »The Saints (When The Saints Go Marching In)«, danach entstanden noch vier weitere gemeinsame Aufnahmen. Die Songs erschienen später auf zahllosen LPs und CDs, wobei der Name Sheridan oft nur im Kleingedruckten auftauchte. Dabei sind die späteren Beatles auf diesen Platten über weite Strecken nicht besser als jede x-beliebige Begleitband. 1963 hatte Tony Sheridan einen ersten Hitparaden-Erfolg mit »Let's Slop«, komponiert von Mike Roger, gefolgt von »Skinny Minny«, das zwar mit dem Label »Tony Sheridan & The Beat Brothers« verkauft wurde, an dem die Beatles aber überhaupt nicht beteiligt waren. Bis 1967 war er eine feste Größe der Hamburger Szene. Insgesamt an 599 Tagen gastierte er mit The Jets, den Beat-Brothers, der Star-Combo und der Big Six im → *Star-Club*. Als die Beatles nach Liverpool zurückgingen, war er »sehr traurig«: »Die Jungs hatten vieles, was andere Bands nicht hatten: Charme, Witz, Können, Humor. Endlich spielte ich mit Typen, denen die Musik genauso wichtig war wie mir.« (*musikexpress* 12/2000) Die Polydor veröffentlichte die wenigen Titel Tony Sheridans mit den Beatles in immer wieder neuen Zusammenstellungen, 1962 erhielt er eine → *Goldene Schallplatte* für »My Bonnie«. Nach seiner Hamburger Zeit ging er 1967 zur Truppenbetreuung nach Vietnam, lebte eine Weile in Australien und kehrte 1969 nach Deutschland zurück, um u.a. als Moderator beim NDR in Hamburg zu arbeiten. Er versuchte kurzzeitig sein Glück in den USA; am 5.9.1975 trat er mit dem Royal Liverpool Philharmonic Orchestra in Liverpool auf. 1977, bei einer Show anlässlich des 15-jährigen Star-Club-Jubiläums, waren auch Ringo Starr und George Harrison im Publikum. 1995 versuchte er mit Howie Casey und → *Roy Young* eine Reunion der Beat Brothers. 2001 gehörten zu seiner Band Georg Schroeter, Victor Hugo Gomez und Antonio Baiza Campos. 2001 veröffentlichte Bear Family Records das Gesamtwerk der Kooperation von Tony Sheridan mit den Beatles bzw. den Beat Brothers: »The Beatles with Tony Sheridan: beatles bop – hamburg days« (DoCD + 100-seitiges Booklet, Text: Hans Olof Gottfridsson, im Album-Format) enthält alle 38 Versionen aus den »Polydor Years« – Stereo- und Mono-Versionen, nachträglich von US-Studiomusikern veränderte bzw. ergänzte Fassungen, abweichende Aufnahmen mit neuem Text und geschnittene Medley-Ausgaben. Am 21.5.2003 traf er in Hamburg Paul McCartney. Fazit: »We did a good job!« Am 20.12.2003 spielte er in der 25. Folge der ZDF-Serie »Von Fall zu Fall« (Titel: »Yesterday«) eine Nebenrolle. 2003 erschien der Dokumentarfilm »Tony Sheridan – Nobody's Child« von George Janelidze. 2003/2004 trat er mit dem Ensemble Chantal aus Alzey in dem Programm »Die Beatles-Story« auf, 2004 war er in Russland. Am 6.8.2005 heiratete er seine Freundin und Managerin, die seitdem Anna O'Sheridan-MacGinnity heißt.

Anschrift: *Kleine Straße 1, 27412 Wilstedt.* • ***Discogr.:*** *My Babe (1962), Tony Sheridan and The Beat Brothers: My Bonnie (1962; Reissue 1986), The Beatles With Tony Sheridan & And Their Guests (1964), Let's Do The Twist, Hully Gully, Slop, Surf, Locomotion, Monkey (1964), The Beatles' First (1964, Reissue 1967, 1984 als CD), Ain't She Sweet (1964), Just A Little Bit Of Tony Sheridan (1964, 1987, CD 1988), The Best Of Tony Sheridan (1964), This Is The … Savage Young Beatles (1964), Meet The Beat (1965), This Is Were It Started (1966), The Amazing Beatles & Other Great English Group Sounds (1966), The Beatles In Hamburg (1968), The Beatles – Circa 1960 – In The Beginning (1968), The Beatles First (1968), Les Beatles avec Tony Sheridan (1969), The Original Beatles (1969), Very Together (1969), First Album (1970), Portrait Of The Beatles (1970), The Early Years – Beatles Featuring Tony Sheridan (1971), The Hamburg Recordings And Interviews, Tony Sheridan Rocks On (1974), History Of British Rock Vol. 3 (1975), On My Mind (1976), The Beatles Featuring Tony Sheridan (1976,*

CD 1987), The Beatles Live! At The Star Club In Hamburg, Germany; 1962, Vol. 1 & 2 (1977, 1985), The Beatles Early Years, Vol. 1 & 2 (1977, 1982, CD 1987), World's End (1977), Worlds Apart (1978), The Beatles: The First Live Recordings Vol. 1 & 2 (1979), Die großen Zwölf (1980), The Historic First Live Recordings (1980), The Beatles Featuring Tony Sheridan – In The Beginning (Circa 1960) (1981), The Beatles Historic Sessions (DoLP, 1981), First Movement (1982), The Savage Young Beatles (1982), Rare Beatles (1982), Pop Explosions Vol. 2 (1983), The Hamburg Tapes Vol. 1, 2 & 3 (1983), 20 Great Hits (1983), Ain't She Sweet (1983), The Beatles Featuring Tony Sheridan, Hamburg 1961 (1984), The Beatles Historic Sessions (3 LPs, 1984), My Bonnie (1986), Just A Little Bit Of Tony Sheridan (1986), The Beatles: The Early Years (1987), The Beatles Live In Hamburg '62 (1987), A Piece Of History (1987), Savage Young Beatles (1987), Tony Sheridan – The Beatles (1987), The Beatles – The Early Tapes (1987), Rock History (1987), Hamburg 1961 (1987), Young Beatles Vol. 1 & 2 (1988), 1962 Live Recordings (1988), Beatles At The Star Club (1988), Tony Sheridan – Vol 1 The Singles 1961–1964 (1991), Tony Sheridan – The Beatles, The Star Combo & Roy Young (1991), Tony Sheridan – Vol. 2 The Singles 1965–1968, The Beatles Rockin' At The Star Club (1992), Tony Sheridan And The Beatles (1992), The First Album (1993), Tony Sheridan: The Singles Vol. 1, 2 & 3, The Beatles Live im Star-Club Hamburg 1962 (1995), The History Of The Beat Brothers (1996), Last Night In Hamburg (1999), Tony Sheridan And The Beatles – Cry For A Shadow (2000), Tony Sheridan and The Beat Brothers: My Bonnie (Reissue 2001 mit 10 Bonustracks), Reeperbahn (2001), 18 Beatles Oldies With Tony Sheridan (2001), The Beatles with Tony Sheridan: beatles bop – hamburg days (DoCD + 100-seitiges Booklet, 2001), Historical Moments – Rod Davis and Tony Sheridan (Doku-CD, 2001), Vagabond (2002), The Beatles Era 60's (DVD, 2003), The Beatles With Tony Sheridan (DVD, 2003), The Beatles featuring Tony Sheridan First! (2 CD/LP, 2004) • **Lit.:** *Moltmaker, Azing: The Album Collection Vol. 0 – Liverpool, Hamburg And The Decca Tapes (Alkmaar 1999); Thielow, Edmund: Tony Sheridan – Ein Leben für die Musik und mit der Musik (Glauchau 1993, 2. Aufl. 1995, Teil 2 1998, 4. Aufl. 2001); Thielow, Edmund: 40 Jahre »My Bonnie« – Tony Sheridan and the Beat Brothers 23.06.1961–23.06.2001 (Glauchau 2001), The Beatles With Tony Sheridan – Die Anfänge der Beatles in Hamburg (DVD, 2003)* • *www.tony-sheridan.de*

Tony Sheridan

SHINDIG

Titel einer US-amerikanischen TV-Show, produziert von Jack Good für ABC-TV; am 7.10.1964 (und in einer Wiederholung am 20.1.1965) sangen hier die Beatles »Kansas City«, »Boys« und »I'm A Loser«. Die Beatles hatten die drei Songs am 2. (Proben) und 3.10.1964 (Aufnahmen) im Londoner Granville Studio am Fulham Broadway aufgenommen. Weitere Mitwirkende der Show waren Sandie Shaw, P. J. Proby, → *Sounds Incorporated*, Tommy Quickly und Lyn Cornell. Im Finale sangen und spielten sie gemeinsam mit dem Karl Denver Trio. Die Show wurde am 7.10.1964 gesendet. Die drei Beatles-Songs finden sich auf den → *Bootleg*-LPs/CDs »The Beatles Conquer America«, »Live In USA 1964–1965«, »In Case You Don't Know«, »Live In The United Kingdom 1962–65« und »The Best Of Shindig! 1964/1965« (DVD). John Lennon sang eventuell kurz vor der Show zum Aufwärmen eine Version von »House Of The Rising Sun«.

THE SHIRELLES

Amerikanische Mädchenband, »wohl die archetypische Girl-Group« (Colin Larkin: The Guinness Who's Who Of Sixties Music), gegründet 1957 in New Jersey, Besetzung: Shirley Owens (* 10.6.1941), Beverley Lee (* 3.8.1941), Doris Kenner Jackson (* 2.8.1941, † 4.2.2000), Addie »Micki« Harris (* 22.1.1940). The Beatles (»Baby It's You«, rec. 11. und 20.2.1963; »Boys«, 11.2.1963), The Merseybeats, Manfred Mann u.a. coverten ihre Songs. Eine ihrer LPs aus dem Jahre 1975 heißt »With A Little Help From My Friends«. Am 29.11.1964 besuchten John Lennon und George Harrison einen Auftritt der Band im »Crazy Elephant« in London (57/58 Jeremy Street). Auch der Song »Hold On Tight« ist unverkennbar von The Shirelles beeinflusst.

SHIRLEY'S WILD ACCORDION

Komposition von John Lennon/Paul McCartney, ursprünglicher Titel »Accordion (Wild)«, gespielt von → *Shirley Evans* (acc) und → *Reg Wale* (perc). Der Titel, aufgenommen am 12.10.1967 in den Londoner → *Abbey Road Studios*, arrangiert von → *Mike Leander*, ist Teil des Soundtracks der »Magical Mystery Tour«, wurde aber für die Platte nicht verwendet. John Lennon produzierte die Session, Ringo Starr fügte etwas Schlagzeug hinzu und Paul McCartney spielte Maraca.

A SHORT ESSAY ON MACROBIOTICS

Essay von John Lennon, erschienen am 7.11.1968 in der englischen Zeitschrift *Harmony*, die über Makrobiotik informierte und bei Greg's, einem makrobiotischen Restaurant, in dem John Lennon und → *Yoko Ono* des Öfteren essen gingen, verkauft wurde. Der Essay bestand lediglich aus 38 Wörtern und acht kleinen Zeichnungen. John Lennon bekannte 1976, dass sich George Ohsawas Buch »Zen Macrobiotics« »tiefgreifend auf sein Leben und seine Denkweise« ausgewirkt hätten. Weitere Informationen: www.kushi-institute.org; www.macrobiotics.org.

A SHOT OF RHYTHM AND BLUES

Song von Thompson, zuerst aufgenommen von dem Rhythm & Blues-Sänger Arthur Alexander, einem Idol John Lennons, im März 1962. Die Beatles nahmen den Song drei Mal für die → *BBC* auf, u.a. am 1.8.1963 im Playhouse Theatre, Manchester, für die Sendung → *Pop Go The Beatles* (Produzent Terry Henebery, gesendet am 27.8.1963). Erschienen am 28.10.1994 auf der DoCD »Live At The BBC«.

SHOTTON, PETE

John Lennon und er lernten sich in der Sonntagsschule kennen, als sie sechs waren, und blieben lange Jahre befreundet. Shotton besuchte Mitte der 1950er Jahre mit John Lennon die → *Quarry Bank School* in Liverpool und spielte Waschbrett in Johns Bands → *The Black Jacks* und → *The Quarrymen* – auch wenn er an Musik nicht sonderlich interessiert war. Eines Abends schlug ihm ein betrunkener John Lennon das Waschbrett über den Kopf, was wohl das Ende seiner musikalischen Karriere bedeutete. Shotton besuchte dann das Liverpool Police College, war aber auch dort nicht sehr erfolgreich. Mit einem Partner betrieb er das Old Dutch Café in der 316 Smithdown Road in Liverpool, war aber auch damit nicht glücklich. John ließ deshalb im März 1965 für sich und Shotton einen Supermarkt auf Hayling Island, Hampshire, kaufen, für 20 000 £ (damals ca. 125 000 €). John Lennon, George Harrison und Pete Shotton wurden so zu Geschäftsführern der Hayling Supermarkets Ltd. 1968 leitete Shotton kurze Zeit Apple Retail bzw. die → *Apple Boutique* (den Supermarket übernahm seine Mutter) und arbeitete dann kurzzeitig als John Lennons persönlicher Assistent. 1976 besuchte er ein letztes Mal John Lennon in New York. Er baute dann in den 1990er Jahren eine sehr erfolgreiche Restaurantkette auf und soll es damit zum Millionär gebracht haben. 1998 verkaufte er die Kette und setzte sich zur Ruhe. Er tritt gelegentlich mit den neu formierten Quarrymen auf (mit → *Rod Davis*, → *Colin Hanton*, → *Len Garry*, → *Eric Griffiths* und → *John Charles »Duff« Lowe*). Nachdem seine erste Frau Beth, die er im März 1963 geheiratet hatte, im Alter von 35 Jahren verstorben war, heiratete er noch zwei Mal. Er lebt heute in Southampton. Aus gesundheitlichen Gründen tritt er seit einigen Jahren nicht mehr live mit The Quarrymen auf.

Lit.: Shotton, Pete; Schaffner, Nicholas: The Beatles, Lennon, And Me (London 1983); Shotton, Pete; Schaffner, Nicholas: John Lennon – In My Life (London 1984, 1994)

SHOUT

Song von O'Kelly, Rudolph und Ronald Isley, 1959 ein Hit für The Isley Brothers und 1964 erfolgreich gecovert von Lulu. Die Beatles nahmen den Song 1964 in den IBC Studios, London, für das TV-Special → *Around The Beatles* auf. Ihre Version erschien am 20.11.1995 auf der DoCD »Anthology 1«.

SIBYLLA'S CLUB

Nachtclub in der Londoner 9 Swallow Street, an dem George Harrison mit 10 % finanziell beteiligt war – als Direktor der Kevin MacDonald Associated Ltd, der Betreibergesellschaft. Am 22.6.1966 besuchten die Beatles eine pre-opening Party, am nächsten Tag wurde der Club offiziell eröffnet. Als Harrisons Teilhaber Kevin MacDonald am 15.10.1966 starb, wurden Sir William Pigott-Brown und der DJ Alan Freeman neue Teilhaber. John Lennon und George Harrison besuchten am 1.11.1967 in Sibylla's Club einen Privatempfang zugunsten der Band Family, Paul McCartney kam des Öfteren mit seiner Freundin → *Jane Asher*.

SIDE BY SIDE

Format innerhalb des → *BBC* Light Programme, Sendezeit: Montag 17.00–17.30 Uhr, Produzent: Bryant Marriott, Moderator: John Dunn, ständiger Gast: das Karl Denver Trio. The Beatles hatten drei Auftritte in der Show, und jedes Mal spielten sie zu Beginn und am Ende »Side By Side« (komponiert 1927) mit dem Karl Denver Trio. Die erste Show mit den Beatles, aufgezeichnet am 1.4.1963 im Studio One im Londoner Piccadilly Theatre, wurde am 22.4.1963 gesendet. Es folgte eine Sendung am 13.5.1963, ebenfalls am 1.4.1963 aufgezeichnet. Die dritte und letzte Sendung mit den Beatles, gesendet am 24.6.1963, wurde am 4.4.1963 aufgezeichnet.

SIE LIEBT DICH

Song in deutscher Sprache von John Lennon/Paul McCartney/Jean Nicolas (d.i. Camillo Felgen, Programmchef und Chefsprecher bei → *Radio Luxemburg*)/L. Montague (d.i. Lawrence »Larry« M. Yaskiel, ein Mitarbeiter der deutschen Plattenfirma Vogue), erstmals aufgenommen von den Beatles auf Wunsch der deutschen Electrola am 29.1.1964 in den Pariser Pathé Marconi Studios, in der Rue de Sevres, Boulogne-sur-Seine, veröffentlicht auf Single am 5.3.1964. Das Band mit der englischsprachigen Originalaufnahme war nicht mehr vorhanden, der Song musste deshalb völlig neu aufgenommen werden. 14 Takes waren notwendig, bis die Aufnahme »im Kasten« war. Neben Produzent → *George Martin* und Tontechniker → *Norman Smith* war der Kölner Produzent Otto Demler an den Aufnahmen beteiligt. Von der »ersten deutschen Original-Aufnahme« (so die Werbung) gab es ein fehlgedrucktes Cover mit der Aufschrift »Sie liebt mich«. In den USA erschien der Titel zum ersten Mal am 21.5.1964 auf einer Single von → *Swan Records* (b/w »I'll Get You«), am 24.3.1980 auch auf der LP »Rarities«. Zahlreiche → *Cover-Versionen*, u.a. von Die Amigos (d.i. das Hemmann-Quintett), Bläck Fööss, Worlds Apart (+ »She Loves You«), The Beatles Revival Band und The Punkles.

THE SILKIE

Britische Band der 1960er Jahre, seit 30.12.1965 gemanagt von → *Brian Epstein*. Die Besetzung: Sylvia Tatler (voc), Mike Ramsden (g, voc), Ivor Aylesbury (g, voc) und Kevin Cunningham (double-b). Am 9.8.1965 produzierte John Lennon mit der Band die Single »You've Got To Hide Your Love Away«/»City Winds«, die am 10.9.1965 erschien. Paul McCartney spielte bei der sechsstündigen Session Rhythmus-Gitarre, George Harrison Gitarre und Tamburin.

Discogr.: *You've Got To Hide Your Love Away (1965), The Silkie Sing The Songs Of Bob Dylan (1965)*

SILVER, JOHNNY

Pseudonym John Lennons auf der ersten Tournee der → *Silver Beatles* als Vorgruppe für → *Johnny Gentle* im Mai 1960 durch Schottland. John Lennon selbst bestritt später, dieses Pseudonym verwendet zu haben, die anderen Beatles meinten jedoch, sich daran erinnern zu können.

THE SILVER BEATLES

1. Kurzzeitige Bezeichnung der Beatles 1959/1960 (auf Plakaten dieser Zeit auch als The Silver Beetles und The Silver Beats). Die Besetzung: John Lennon, Paul McCartney, George Harrison, → *Stuart Sutcliffe*, → *Tommy Moore* (dr; im Juli 1960 dann → *Norman Chapman*, ab 12.8.1960 → *Pete Best*). → *Julia Baird*, John Lennons Halbschwester: »Den Namen hatte John sich ausgedacht.« Der Name Silver Beatles resultiert evtl. aus seiner Bewunderung für → *Buddy Holly*, dessen Band The Crickets (Die Grillen) hieß (Beetles = Käfer). Das Wort »Silver« (Silber) wurde hinzugefügt, damit der Name imposanter klingt. Unter diesem Namen spielten sie ab ca. Mai 1959 und im Mai 1960 dem Sänger Billy Fury und dessen Manager → *Larry Parnes* vor (mit dem Schlagzeuger → *Johnny »Hutch« Hutchinson*), wurden jedoch für eine Tournee mit → *Johnny Gentle* durch Schottland gebucht. Dass John Lennon den Namen »Beetles« als Tribut an die Schriftsteller der Beat Generation in »Beatles« änderte, wie Gordon Ball in »The Rolling Stone Book of the Beats« (New York 1999) behauptet, ist eine der zahlreichen Legenden. Ab Herbst 1960 setzte sich dann endgültig der Name The Beatles durch. Die LP mit dem Titel »The Complete Silver Beatles« auf dem Label Audiofidelity (GB, rel. 10.9.1982) bzw. Audio Rarities (USA, rel. 27.9.1982) enthält die Aufnahmen aus dem Vorspiel der Beatles bei → *Decca* am 1.1.1962 – da nannten sie sich allerdings längst The Beatles. Auch die LP »Dawn Of The Silver Beatles« (PAC Records, 1981), »The Silver Beatles Vol. 1 & 2« (Phoenix, 1982), »The Silver Beatles« (Audio Rarities, 1982) und »The Silver Beatles« (Teichiku Records, 1988) schöpfen aus dieser Quelle.

2. Deutsche Beatles-Cover-Band aus Osnabrück, die seit November 2000 mit dem Beatles-Musical »She Loves You« durch Deutschland, Österreich und die Schweiz tourt. Gegründet 1997 von Martin Kahlau als Johnny and The Silverbeatles, ab 1999 in der Besetzung Martin Kahlau (als John Lennon),

Michael Becker (als Paul McCartney), Michael Döring (als George Harrison) und Thomas Wilberding (als Ringo Starr). Die Band spielte bei der International Beatles Week 1998, 1999, 2000 und 2001 in Liverpool, ist »mit jährlich weit über 100 Shows eine der meistgebuchten Beatles-Cover-Bands in Deutschland und Europa« (Eigenwerbung) und bietet verschiedene Konzertformate, u.a. Cavern-Show 1960–1962, Beatlemania-Show 1963–1966, Sgt. Pepper-Show 1967, Studiozeit 1968–1970. Monika Deux (Lambertistraße 38, 26121 Osnabrück) betreibt einen Silver Beatles Fanclub mit einem vierteljährlich erscheinenden Fanmagazin. Die aktuelle Besetzung: Johnny Silver (John Lennon), Ian Watts (Paul McCartney), George Wilbury (George Harrison) und Peter Kalff (Ringo Starr).

Anschrift: *Martin Kahlau, Adolf-Staperfeld-Straße 73, 49082 Osnabrück; The SilverBeatlesOffice, Eversheide 33, 49090 Osnabrück, Tel. (0541) 12 74 66 • www.silverbeatles.de*

SIMON DUPREE AND THE BIG SOUND

Unter dem Namen The Mole deponierte diese Londoner Band 1968 ein Demo-Band im Schließfach einer Londoner U-Bahn-Station. Den Schlüssel schickten sie an die Redaktion einer namhaften britischen Musikzeitschrift – mit einem Brief, in dem verlangt wurde, die Songs auf dem → *Parlophone*-Label zu veröffentlichen. Viele dachten damals, dass die Beatles dahinter stünden. Die Single wurde veröffentlicht, verkaufte sich aber nicht besser als das 1967 unter Simon Dupree and the Big Sound erschienene Debütalbum »Without Reservations«. Die drei Brüder Shulman (Phil – * 27.8.1937, Derek – * 11.2.1947 und Raymond – * 8.12.1949) formierten nach der Auflösung der Band 1970 die Band Gentle Giant. Der Song »We Are The Moles« (Teil I und II) war dann auch des Öfteren auf Beatles-→ *Bootlegs* zu finden. 1982 erschien die → *Kompilation* »Amen«, 1987 »Kites«.

SIMONE, NINA

Amerikanische Jazz-, Rock- und Bluessängerin, Pianistin und Songwriterin, * 21.2.1933 in Tryon/North Carolina/USA als Eunice Kathleen Waymon. Ende der 1950er Jahre erste Hits, u.a. mit »My Baby Just Cares For Me«. Ihr Motto: »Mein ganzes Leben lang habe ich herausschreien wollen, was es heißt, eingekerkert zu sein. Denn ich kenne die tödliche Stille des gesellschaftlichen Gefängnisses, in dem man als Farbiger lebt.« Im Juli 1965 besuchte Paul McCartney einen Auftritt Nina Simones in Annie's Room in London. Für den Refrain von »Michelle« ließ sich John später von Nina Simones Song »I Put A Spell On You« inspirieren. Ihr größter Hit war 1969 »To Be Young, Gifted And Black«. 1971 erschien ihre LP »Here Comes The Sun« mit einer → *Cover-Version* des gleichnamigen Beatles-Songs. † 21.4.2003 in Carry-le-Rouet/Frankreich.

SINGALONG JUNK

Instrumentalstück von Paul McCartney, aufgenommen November 1969–März 1970, erschienen am 17.4.1970 auf Paul McCartneys erster Solo-LP (»McCartney«). Die Version mit Gesang heißt »Junk«. Paul McCartney spielte auf dieser LP sämtliche Instrumente selbst. Auf der CD »Love In Song: An Atlanta Tribute To Sir Paul McCartney« (2000) spielt das Dry Time Quartet eine → *Cover-Version.*

SINGING OM

Song von George Harrison, erstmals erschienen am 1.11.1968 auf der LP »Wonderwall Music«.

SINGLE

Bezeichnung für eine Schallplatte aus Vinyl mit einem Durchmesser von 7 Inches (1 Inch = 2,54 cm) und 45 U/min – in den 1960er Jahren ein wichtiges Medium auch für die Beatles. Als erste Single der Beatles erschien am 5.10.1962 »Love Me Do«, als letzte Single erschien zu »Beatles-Zeiten« in Großbritannien am 6.3.1970 »Let It Be«/»You Know My Name (Look Up The Number)«. Bis zum Erscheinen der Single »Penny Lane«/»Strawberry Fields Forever« war (mit Ausnahme von »Love Me Do«) jede Beatles-Single eine Nr. 1 in Großbritannien. Sammler suchen heute die raren Singles aus Brasilien (z.B. »Please Please Me« b/w »From Me To You«) und Uruguay (»Por Favor, To«/»Please Please Me« b/w »Love Me Do«), die mit 33 1/3 U/min laufen. Die Box-Sets »The Singles Collection« (am 6.3.1976 erschienen), »The Beatles Collection« (im Herbst 1976 erschienen), »The Beatles Singles Collection« (am 6.12.1982 erschienen) und »The Beatles CD Singles Collection« (am 6.11.1989 erschienen, Reissue am 2.11.1992) und »The Singles« (im August 1991 erschienenen) enthalten alle 22 offiziell erschienenen Singles der Beatles von »Love Me Do« bis »Let It Be« – z.T. in Papphüllen mit dem originalen Artwork und mit Bonus-Singles. Am 28.11.1988 startete → *EMI* eine Serie neuer 3"-CD-Singles aller 22 in Großbritannien erschienenen Singles. Bulldog Records veröffentlichte unter dem Motto »It was more than 20 years ago« 1988 eine Box mit 13 Singles (»The Live Beatles Singles Collection«). 1988/1989 erschien »The CD Singles Collection«, bestehend aus 22 CDs mit 44 Songs. Das Set enthält alle Singles der Beatles in den originalen Hüllen. 2005 erschienen drei CDs mit »The Beatles – US Singles Collection Vol. 1–3«.

Lit.: Drate, Spencer: 45 rpm – A Visual History Of The Seven-Inch Record (London 2002); Moltmaker, Azing; Coomans, Samuel: Beatles Singles And Sleeves From Europe – Illustrated Discography Vol. 1 – 1961–1971, Vol. 2 – 1962–1970 (Alkmaar 2004); Watzek, Uwe: The Beatles Seven Inches 1 – Singles & EPs From Argentina To Jamaica (Halle/S. 2004); Watzek, Uwe: The Beatles Seven Inches 2 – Singles & EPs From Japan To Yugoslavia (Halle/S. 2004); Maus, Christoph: Beatles Worldwide II – An Anthology Of Original Singles And EP-Releases 1961–1972 (Hamburg 2005)

Beatles-Singles im Doppelpack von Tonpress (Polen)

SINGSONG LIMITED

Am 10.10.1968 von George Harrison gegründeter Musikverlag. 1969 übertrug George Harrison alle Rechte an seinen Songs an → *ABKCO Industries, Inc.*

SIT-IN

Weit verbreitete Protestform der Jugendlichen Ende der 1960er/Anfang der 1970er Jahre. John Lennon und → *Yoko Ono* schlossen sich z.B. am 24.12.1969 einem Sit-In in der Kathedrale von Rochester in Kent mit Fasten für den Frieden und gegen den Hunger in der Welt an.

SITAR

Indische Langhalslaute persischen Ursprungs mit birnenförmigem Kürbis- oder

Holz-Korpus und drei bis sieben Spiel- sowie mehreren Bordunsaiten. 16–20 Metallbünde werden entsprechend der zu spielenden Tonart in Halb- und Ganztonintervallen angebunden. Der Spieler zupft die Saiten mit einem auf einem Ring befestigten Stahlplektrum. George Harrison lernte das Instrument im April 1965 bei den Dreharbeiten zu »Help!« kennen – in einem indischen Restaurant. Er kaufte seine erste Sitar in London bei Indiacraft, nahm Unterricht bei → *Ravi Shankar* und setzte das Instrument zum ersten Mal am 12.10.1965 in dem Song »Norwegian Wood (This Bird Has Flown)« (LP »Rubber Soul«) ein, später dann in »Tomorrow Never Knows«, »Lucy In The Sky With Diamonds«, »Across The Universe« und »Within You Without You«. Spielte er die Sitar anfangs noch wie eine Gitarre, gelang ihm später »die vielleicht vollkommenste Fusion östlicher und westlicher Musikkonzepte, die bisher einem westlichen Musiker gelungen ist« (Down Beat). Auf »Love You To« und »The Inner Light« spielen indische Musiker Sitar. Eine zweite Sitar kaufte George Harrison 1966 bei einem viertägigen Aufenthalt in New Delhi. Er verbesserte sein Spiel in Bombay mit Studenten von Ravi Shankar und in → *Rishikesh* im Meditation Centre des → *Maharishi Mahesh Yogi* (Februar 1968). 1965–1968 übte George Harrison nach eigener Aussage jeden Tag zwei- bis dreimal jeweils eine Stunde. 1968 beschloss George Harrison, sich wieder mehr der Gitarre zu widmen, weil er nie ein großer Sitar-Spieler werden würde.

THE SIX BEETLES

Beatles-Coverband aus Magdeburg, Besetzung: Jörg Ratai (g), Jan Kubon (voc, g, harp), Gören Eggert (dr), Daniel Kubon (bg), Burkhard Schmidt (voc, g) und Ronald Hensel (keyb, synth). »Sechs Jungs aus dem Liverpooler Vorort Magdeburg präsentieren eine 120-minütige Show, die alle Elemente exzellenten Entertainments vereint, Comedy, Schauspiel und jede Menge genialer Musik der Pilzköpfe aus Old England.« (PR) Sie belegten 2003 beim Estrel Beatles Festival Berlin einen dritten Platz im Bandwettbewerb »Wir suchen die deutschen Beatles« und waren Sieger des Internationalen Band-Wettbewerbs bei der → *Beatles Convention* in Hamburg 2004 und beim ersten Ruhr Beatles Festival 2004 in Essen. Sie nahmen auch am 7. Perleberg-Festival 2004 und am Estrel Beatles Festival 2005 teil.

Anschrift: *Thomas Dorsch, Winckelmannstraße 9, 39108 Magdeburg, Tel. (0391) 732 79 80, Fax (0391) 733 25 18, mobil 0171 326 92 63, info@thesixbeetles.de • www.thesixbeetles.de*

SKIFFLE

Ein nach dem Zweiten Weltkrieg in Großbritannien als Reaktion auf den zu kommerziell gewordenen Big-Band- bzw. Swing-Jazz entstandener Musikstil, der dem Jazz durch den Rückgriff auf seine Frühphase (New Orleans Jazz) und seine volkstümlichen Wurzeln in der US-amerikanischen Folklore (Jug- und Washboard-Bands) etwas von seiner früheren Ursprünglichkeit zurückgab und zugleich der populären Musik insgesamt neue Impulse verlieh. Der Begriff wurde allerdings bereits im Chicago der 1920er Jahre als Bezeichnung für die Verbindung von Folklore und Jazz verwendet. »Rock Island Line« von → *Lonnie Donegan*, die Skiffle-Version eines Songs von Leadbelly, kam 1956 sogar in die britische Hitparade. Alle vier Beatles wurden entscheidend von der Skiffle-Music geprägt. 1958 klang der Skiffle-Boom wieder ab, die Bands wandten sich dem Rock'n'Roll oder dem Rhythm'n'Blues zu. Auch die Beatles spielten in diversen Skiffle Groups, bevor sie sich als Band zusammenfanden, so bei →

The Quarrymen und (Ringo Starr) in → *The Eddie Clayton Skiffle Group*.

Lit.: Bird, Brian: Skiffle. The Story Of Folk Song With A Jazz Beat (London 1958); McDevitt, Chas: Skiffle – The Definitive Inside Story (London 1997, mit einem Vorwort von Mark Knopfler und George Harrison); Dew, Mike: The Skiffle Craze (London 1998)

SKI-ING AND GET KIRWANI

Song von George Harrison, erstmals erschienen am 1.11.1968 auf der LP »Wonderwall Music« als Medley mit »Greasy Legs« und »Dream Scene«. 1996 entlehnte Kula Shaker einige Melodiefragmente des Songs für seinen Titel »Gokula«.

SKINNY MINNY

Der Song wurde 1964 von → Polydor auf Single herausgebracht.

SKY EVENT FOR JOHN LENNON/ SPRING 1968

Als John Lennon im Februar/März 1968 beim → *Maharishi Mahesh Yogi* in → *Rishikesh* war, schrieb → *Yoko Ono* ihm regelmäßig. Sie schickte ihm auch einige Prosatexte, darunter »Sky Event For John Lennon/spring 1968«, »Sky Event II« und »John Lennon As A Young Cloud«. Der Inhalt: Zwei Künstler können eins werden, auch wenn sie getrennt sind.

SKYWRITING BY WORD OF MOUTH

1986 postum in New York bei Harper & Row erschienenes Buch von John Lennon mit Geschichten und Zeichnungen, vor allem aus seinen letzten Lebensjahren, aber auch mit älteren Schriften (»Two Virgins« – 1968, »An Alphabet« – 1969), herausgegeben von → *Yoko Ono*. Eine deutsche Ausgabe erschien 1993, herausgegeben von Jörg Helbig und übersetzt von Alan Posener, unter dem Titel »Zwei Jungfrauen oder Wahnsinnig in Dänemark«.

SLOW DOWN

Song, komponiert und gesungen (1958) von Larry Williams, aufgenommen von den Beatles am 1. und 4.6.1964, erstmals erschienen am 19.6.1964 auf der EP »Long Tall Sally«. Das Piano spielt → *George Martin*.

SMILE

Titel des ersten gemeinsamen Films von John Lennon und → *Yoko Ono*, auch als »Film No. 5« bekannt (Kamera: William Wareing), der 52 min lang John Lennons lächelndes Gesicht zeigt. Die Aufnahmen, mit der High-Speed-Kamera, die nur 3 min für die 60 000 Aufnahmen brauchte, entstanden im August 1968 im Garten von Lennons Haus in Weybridge (→ *Kenwood*). Ursprünglich wollte Yoko Ono Menschen in aller Welt auffordern, Fotos einzusenden, auf denen sie lächeln. Schließlich reduzierte sie ihre Ansprüche auf eine Person, die dann John Lennon hieß ... Der Film hatte auf dem Chicago Film Festival im Dezember 1968 Premiere, britische Premiere war beim Edinburgh Film Festival im September 1969.

SMITH A.

Pseudonym Paul McCartneys als Komponist/Texter des Songs »Woman«, aufgenommen von → *Peter and Gordon* Anfang 1966. Er wählte das Pseudonym für die in den USA erschienene Single, um zu sehen, ob die Single auch ohne Nennung seines Namens in die Charts kommt, vielleicht auch, um zu umgehen, dass als Autorenangabe »John Lennon/Paul McCartney« hinter dem Song stand. Am 7.3.1966 erschien dann die LP »Woman« des Duos Peter and Gordon mit dem Song, auf der Paul McCartney als Autor angegeben war. → *NEMS Enterprises Limited* musste auf Anfrage am 18.3.1966 bestätigen, dass Paul McCartney der Verfasser ist.

Das Pseudonym könnte von Alan Smith stammen, der die Beatles mehrmals für → *Mersey Beat* und den → *New Musical Express* interviewte.

SMITH, BILL

Einer von John Lennons Freunden an der → *Quarry Bank High School.* Als John Lennon 1956 → *The Quarrymen* formierte, war Smith nach ihm selbst und → *Pete Shotton* das dritte Mitglied. Er spielte Teekistenbass, wurde aber nach wenigen Wochen von → *Ivan Vaughan*, → *Nigel Whalley* und → *Len Garry* abgelöst.

SMITH, MARY ELIZABETH (»MIMI«)

– Tante von John Lennon, als älteste der fünf Töchter von → *George Ernest »Pop« Stanley* und → *Annie Stanley* die Sprecherin der Familie, * 1906, verheiratet seit 15.9.1939 mit dem Milchfarm-Betreiber George Smith († 5.6.1955). Die Ehe blieb kinderlos. Als Tante Lennons suchte sie seinen Namen John aus und setzte es durch, dass John 1942 zu ihr in die → *Menlove Avenue* 251 (→ *Mendips*) kam, weil seine Mutter, die in dieser Zeit mit → *John Albert »Bobby« Dykins* zusammenlebte, ihm in der kleinen Wohnung kein eigenes Bett bieten konnte. → *Julia Baird*, John Lennons Halbschwester, erinnert sich: »Es war typisch für ihr Pflichtgefühl als älteste Schwester. Sie hatte das Gefühl, es sei ihre Aufgabe, dafür zu sorgen, dass der Nachwuchs eine glückliche Kindheit hatte, und sie war davon überzeugt, dass Johns Kindheit gefährdet war.« Mimi arbeitete zu dieser Zeit als Einkäuferin für die Ladenkette Lewis. Als John sich mehr und mehr mit Musik beschäftigte, sorgte sie sich um seine schulischen Leistungen: »Die Gitarre ist gut für ein Hobby – aber du wirst dir damit nie deinen Lebensunterhalt verdienen können« – dieser Spruch ging mittlerweile als Irrtum des Jahrhunderts in die Geschichte ein. Trotzdem kaufte sie ihm im März 1957 seine zweite Gitarre – für 17 £, damals ca. 100 €. Paul McCartney: »Sie war eine sehr beeindruckende, gutbürgerliche Frau.« 1963 zog John bei ihr aus, blieb aber auch später, als die Beatles berühmt waren, in ständiger telefonischer Verbindung mit ihr. Am 3.8.1965 kaufte er ihr für 25 000 £ an der Küste von Poole, Dorset, ein Haus mit Grundstück (Harbour's View oder Harbour's Edge). Sie lebte dort allein mit ihrer Haushälterin Mrs. Bailey. 1968 redigierte sie mit → *Malka »Queenie« Epstein* das Buch »The Beatles: The Authorized Biography« von → *Hunter Davies*. Gesehen haben sich John und seine Tante seit 1971 nicht mehr, sie telefonierten allerdings sehr häufig, das letzte Mal am 5.12.1980. Mary Elizabeth Smith verstarb am 6.12.1991 in Poole. Bei ihrer Einäscherung am 12.12.1991 waren → *Yoko Ono*, → *Cynthia Lennon* und → *Sean Ono Lennon* zugegen. Haus und Grundstück wurden 1992 für 410 000 £ (umgerechnet ca. 582 000 €) an den ortsansässigen Vermögensberater Geoff Kay verkauft, der es 1994 weiterveräußerte.

SMITH, NORMAN

Toningenieur von → *George Martin* in den → *Abbey Road Studios* der → *EMI* seit 1959. * in Edmonton nördlich von London, arbeitete er lange Zeit als Musiker, bevor er sich im Alter von 32 Jahren auf eine Anzeige hin als Aufnahmeassistent bewarb. Er arbeitete anfangs als »Gofor«, zu deutsch »Kaffeeholer« (»Go for some coffee!«), ab 1959 dann als Bandingenieur mit dem Produzenten Ron Richards, der damals Assistent von George Martin war, und ab Februar 1960 eigenverantwortlich als Toningenieur. Seine ersten Aufnahmen waren Songs mit Shane Fenton, dem späteren Alvin Stardust, und Paul Raven, dem späteren Gary Glitter. In den 1960er Jahren arbeitete er u.a. mit → *Billy J. Kramer with the Dakotas*, Freddie & the Dreamers und Cliff Bennett & the Rebel Rousers. Er arbeitete mit den Beatles von ihren ersten Probeaufnahmen am 6.6.1962 (als »balance engineer«, an den Reglern saß Chris Neal) und den ersten »echten« Aufnahmen sechs Wochen später bis zu den Aufnahmen für »Rubber Soul« im Herbst/Winter 1965. Er soll den Beatles auch einen selbst geschriebenen Song angeboten haben, den diese jedoch ablehnten. Im Februar 1966 ging er in die A&R-Abteilung der EMI, sein Nachfolger im Studio wurde → *Geoff Emerick*. 1967 nahm er für → *Pink Floyd* die LP »Piper At The Gates Of Dawn« auf, 1968 »A Saucerful Of Secrets«. Smith gilt auch als »Vater« des EMI-Labels Harvest. Unter dem Pseudonym Hurricane Smith hatte er Anfang der 1970er Jahre bei EMI einige Hits (1971 »Don't Let It Die«, 1972 »Oh, Babe, What Would You Say?«), dann verabschiedete er sich aus dem Musikgeschäft, verlegte sich auf die Pferdezucht und gründete in Surrey ein Unternehmen für den Vertrieb medizinischer Geräte.

SNOW, HANK

Amerikanischer Country-and-Western-Sänger, *9.5.1914 in Liverpool (nein, nicht in diesem, sondern im kanadischen Nova Scotia). Er begann seine Karriere als »The Yodeling Ranger«, aus der dann »The Singing Ranger« wurde. Er hat über 120 LPs aufgenommen und hatte mit »I'm Moving On« (1950) und »Hello Love« (1974) Hits. 1978 wurde er in die Songwriters Hall of Fame und 1979 in die Country Music Hall of Fame aufgenommen und ist seit 1950 Mitglied der Grand Ole Opry in Nashville/ Tennessee. Am 3.8.1969 (oder am 3.9.1969?) besuchten Ringo und → *Maureen Starkey* einen Auftritt des Sängers im → *London Palladium*. † 20.12.1999 in Madison/Tennessee

SNOW IS FALLING ALL THE TIME

»Song« von John Lennon, aufgenommen in der Lady Mitchell Hall in Cambridge, erschienen am 9.5.1969 auf der LP »Unfinished Music No. 2 – Life With The Lions« als Teil von »Song For John«.

SO HOW COME (NO ONE LOVES ME)

Song von Felice & Boudleaux Bryant, 1961 von den Everly Brothers gesungen. Die Beatles nahmen den Song am 10.7.1963 in den Aeolian Hall Studios, London, für die → *BBC*-Sendung → *Pop Go The Beatles* (Produzent: Terry Henebery, gesendet am 23.7.1963) auf. Erschienen am 28.10.1994 auf der DoCD »Live At The BBC«.

SOLDIER OF LOVE

Song von Cason/Moon, aufgenommen von John Lennons Idol Arthur Alexander. Am 2.7.1963 nahmen die Beatles den Song in den Maida Vale Studios, London, für die → *BBC*-Sendung → *Pop Go The Beatles* auf (gesendet am 16.7.1963). Erschienen am 28.10.1994 auf der DoCD »Live At The BBC«.

SOLLOS

Polnisches Label, das in den letzten Jahren halb-legal zahlreiche Beatles-CDs veröffentlichte – mit Covern, die sich von den Originalen z.T. beträchtlich unterscheiden. Das Unternehmen argumentiert, dass alle Musik für alle Menschen da sei ...

SOME OTHER GUY

Song von Jerry Leiber/Mike Stoller/Richie Barrett, erstmalig aufgenommen 1962 von Richie Barrett, später auch von The Big Three und The Searchers. Die Beatles nahmen den Song am 19.6.1963 live im Playhouse Theatre, London, für die → *BBC* (Produzent: Ron Belchier, gesendet am 23.6.1963) auf. Erschienen am 28.10.1994 auf der DoCD »Live At The BBC«.

SOMETHING

Song von George Harrison, aufgenommen am 2. und 5.5., 11. und 16.7. und 15.8.1969, erstmals erschienen am 26.9.1969 auf der LP »Abbey Road«, am 31.10.1969 auf Single (b/w »Come Together«). Zuvor hatte ihn bereits → *Joe Cocker* gesungen. Die Idee zu dem Song hatte George Harrison bereits 1968, als er »Something in The Way She Moves« von → *James Taylor* hörte. Es war eine Liebeserklärung an seine Frau Pattie. Der Song entstand während der Aufnahmen zum »Weißen Album«, als sich George Harrison in einem leeren Studio (Studio 1 in der Abbey Road) ans Klavier setzte. An der letzten Aufnahmesession waren 21 Streicher beteiligt, die Orgel spielte → *Billy Preston*. Frank Sinatra sang »Something«, seiner Meinung nach »das größte Liebeslied der letzten fünfzig Jahre«, bei zahlreichen Auftritten, wobei er im Mittelteil »You stick around, Jack, she might show« sang und den Song oft als seinen »Lieblingssong von John Lennon/Paul McCartney« ansagte. Als Reverenz an »Ol' Blue Eye« übernahm George Harrison diese Passage in Konzerten Anfang der 1990er Jahre. Am 23.10.1994 wurde George Harrison für 5 Mill. erfolgte Sendungen des Songs geehrt. Bei einem Konzert in New York im Herbst 2002 spielte auch → *Bob Dylan* den Song – »weil wir so gute Freunde waren.« Nach »Yesterday« ist »Something« der am meisten gecoverte Song der Beatles, lt. George Harrison gab es davon bereits in den 1980er Jahren ca. 150 → *Cover-Versionen*; u.a. versuchten sich an dem Song Frank Sinatra (s.o.), James Brown, Ray Charles, Smokey Robinson, Joe Cocker, Beatles Forever, Shirley Bassey, Tito Rodriguez, Phyllis Dillon, Royal Philharmonic Orchestra, Sarah Vaughan, The Beatles Revival Band, Booker T. and the MG's, George Benson, Rundfunk-Tanzorchester Berlin, Mike Westbrook Band, Drex Nelson, Dennis Lopez, Martha Reeves & The Vandellas, Tanya Tucker, The ReBeatles, The CT Beatles, Johnny Arthey Orchestra, Dalia Lavi (»Manchmal«), Telly Savalas, Los Rolin, The Mike Sceptre Singers With The London Starlight Orchestra, The Royal Symphonic Rock Orchestra Vienna, The Beattells, Susan Cardogan, Los de la Rumba, Tina, Devil's Rubato Band, Austria Pop Symphony Orchestra, Pete Drake, Phyllis Dillon, Kremlin Graceful Balalaika Band, The Blackbirds, Ike & Tina Turner, Isaac Hayes, The Lenny Pane, Klaus Beyer (»Etwas«), The RRSO Symphony Orchestra, The Day Trippers, The Mersey Sound Orchestra, Silvana & Penelope Sonja Salvis, Engelbert Humperdinck, Count Basie, Junior Walker and the Allstars, Jerry Rix (»Manchmal«), John Selway, Paul McCartney & Eric Clapton, Elvis Presley, Wade Marcus, Jason Byrd with Jamie Hoover und BTJ.

SOMETHING NEW

LP der Beatles, erschienen am 20.7.1964 in den USA auf → *Capitol Records* (als Reaktion auf die LP »A Hard Day's Night«, die in den USA auf United Artists erschienen war) und am 10.9.1964 in Deutschland. Neu für die USA waren allerdings nur die Songs »Things We Said Today«, »Any Time At All«, »Komm gib mir deine Hand«, »Matchdown«, »Slowdown« und »When I Get Home«, der Rest waren zuvor auf anderen Platten erschienene Songs. Am 26.12.1991 wurde die LP in den USA für 1 Mill. verkaufte Exemplare mit Multi-Platin ausgezeichnet.

SOMMERVILLE, BRIAN

Freund → *Brian Epsteins* und ab 29.12.1963 Pressemanager der Beatles. Nachdem er 14 Jahre in der Royal Navy gedient hatte, wo er es bis zum Korvettenkapitän gebracht hatte, wurde er Mitarbeiter der Presseagentur von Theo Cowan, die u.a. für → *Peter Sellers* und Judy Garland arbeitete. Nachdem → *Tony Barrow* die Pressearbeit von → *Cilla Black*, → *The Fourmost*, → *Gerry & the Pacemakers* und → *Billy J. Kramer with the Dakotas* übernommen hatte, wurde Sommerville exklusiv Pressemanager der Beatles. Er war jedoch kein Angestellter von → *NEMS Enterprises Limited*, sondern gründete sein eigenes Unternehmen – natürlich mit Brian Epstein als Teilhaber. Sein Salär: 100 £ im Monat. Nach zehn Monaten quittierte er jedoch den Dienst. Die Ursache: Differenzen mit Brian Epstein, der wohl auf jeden eifersüchtig war, der sich »seinen« Beatles zu sehr näherte. Sommerville inserierte daraufhin in der Zeitung *The Times*: »Ex-Beatles Publicity Manager looking for a job«. Er erhielt so viele Angebote, dass es ihm bald besser ging als je zuvor. Er arbeitete dann u.a. für Manfred Mann, The Who und The Kinks. Später verließ er die PR-Arbeit.

SONG FOR JOHN

Titel eines Medleys von unbegleiteten → *Yoko Ono*-Songs, aufgenommen in der Lady Mitchell Hall in Cambridge, erschienen im Sommer 1969 auf einer Flexidisc-Beilage (→ *British Box*) der amerikanischen Kunstzeitschrift *Aspen* und am 9.5.1969 auf der LP »Unfinished Music No. 2 – Life With The Lions«. Eine Version erschien auch auf der LP »Approximately Infinite Universe« (1972).

SONGBOOKS

Das Standardwerk in Sachen Beatles-Songtexte ist immer noch Alan Aldridges Werk »The Beatles Illustrated Lyrics«, deutsch unter dem Titel »The Beatles Songbook« zum ersten Mal erschienen 1969. 2000 erschien eine unveränderte (Taschenbuch-)Neuauflage des Klassikers – neu war lediglich der gelbe Umschlag mit dem Yellow-Submarine-Motiv.

Das Buch enthält 100 Songtexte mit Illustrationen und Fotos von Alan Aldridge, Tomi Ungerer, Topor u.a. und Kommentaren der Beatles, im Anhang befinden sich die deutschen Übersetzungen. Eine gebundene Ausgabe erschien 2000 unter dem Titel »The Beatles – Das illustrierte Song Book«. Andere Textsammlungen sind »The Beatles Song Book« (Teil 1 und 2) mit allen englischen Originaltexten plus deutscher Übersetzung, »Beatlesongs« von William Dowlding (New York 1989), »The Complete Beatles Lyrics: Every Song Written and Recorded By Lennon, McCartney, Harrison and Starr« (1982, 1993), »The Beatles Lyrics« (2000) und »The Beatles Lyrics Illustrated«. Mit »The Songwriting Secrets of The Beatles« beschäftigt sich Dominic Pedler in seinem 2003 in London erschienenen Buch, und Steve Turner analysiert in »A Hard Day's Write« (London 1994, neue u. akt. Ausg. London 2005; dt. Ausgabe: Zürich 1994, Königswinter 1996, erw. Aufl. Schlüchtern 2002, 2004) »Die Story hinter jedem Beatles-Song« (Untertitel des Buches). Die »ultimative Song-Fakten-Fibel der Fab Four« (*musikexpress* 11/2000) ist »Revolution In The Head. The Beatles' Records And The Sixties« von Ian McDonald (London 1994, 1997; dt.: »The Beatles – Das Song-Lexikon«, Kassel 2000). Als »Bibel der Beatles-Songbücher« (*Soundhouse* 03/2001) gilt auch »The Beatles Complete Scores« – das Buch enthält auf 1 129 Seiten alle Songs der Beatles mit den kompletten Noten und Tabulaturen für Gesang, Piano, Gitarre, Bass und Schlagzeug. Eine Song-Konkordanz enthält Colin Campbells und Allan Murphys »Things We Said Today – The Complete Lyrics and a Concordance to the Beatles' Songs, 1962–1970« (Ann Arbor/Mich. 1980 – Rock & Roll Reference Series Vol. 4). Auch zu den einzelnen LPs erschienen Songbücher für Gitarre, Piano und Gesang, so zu »Abbey Road«, »Rubber Soul«, »Revolver«, »Sgt. Pepper's Lonely Hearts Club Band« und »Let It Be ... Naked«. Weitere Songbooks sind »Guitar Book«, »Keyboard Book«, »Jam With The Beatles« (Vol. 1 & 2). Und natürlich erschienen 2000 auch die Hit-Single-Songs der CD »1« als Songbook, arrangiert für Klavier (mit Akkordsymbolen). Kein Songbook, aber eine hervorragende Einführung in »The Songwriting Secrets Of The Beatles« ist das gleichnamige Buch von Dominic Pedler (London 2003).

THE SONGS LENNON & McCARTNEY GAVE AWAY

Am 13.4.1979 erschienene LP mit Songs, die John Lennon und Paul McCartney anderen Interpreten überließen. Die 20 Songs stammen von elf Interpreten aus den Jahren 1963 bis 1969. Was allerdings der Song »I'm The Greatest«, den John Lennon Ringo Starr für sein Album »Ringo« (1973) überließ, auf dieser → *Kompilation* zu suchen hat, ist schwer nachzuvollziehen. Die anderen Songs im Einzelnen: The Strangers with Mike Shannon: »One And One Is Two«, → *Billy J. Kramer with the Dakotas*: »From A Window«, → *Peter and Gordon*: »Nobody I Know«, The Applejacks: »Like Dreamers Do«, Billy J. Kramer with the Dakotas: »I'll Keep You Satisfied«, → *Cilla Black*: »Love Of The Loved«, Peter and Gordon: »Woman«, Tommy Quickly: »Tip Of My Tongue«, → *The Fourmost*: »Hello Little Girl«, P. J. Proby: »That Means A Lot«, Cilla Black: »It's For You«, Carlos Mendes: »Penina«, Cilla Black: »Step Inside Love«, Peter and Gordon: »World Without Love«, Billy J. Kramer with The Dakotas: »Bad To Me«, Peter and Gordon: »I Don't Want To See You Again«, Billy J. Kramer with The Dakotas: »I'll Be On My Way« und Chris Barber Band: »Catcall«.

SONGS, PICTURES AND STORIES OF THE FABULOUS BEATLES

Am 12.10.1964 auf dem Label → *Vee-Jay Records* erschienene LP der Beatles, identisch mit »Introducing … The Beatles«. 1997 erschien unter dem gleichen Titel auf dem amerikanischen Label Cool Daddy Productions/BEAT eine → *Bootleg*-CD mit den gleichen Titeln plus einigen Bonus-Tracks (bekannte → *BBC*-Aufnahmen).

SONGWRITERS HALL OF FAME

Am 7.3.1987 wurden John Lennon und Paul McCartney bei einem Festakt im New Yorker Plaza Hotel als erste nicht-amerikanische Komponisten/Texter in die Songwriters Hall of Fame aufgenommen.

SOUNDS INCORPORATED

1961 in Kent/GB gegründete Instrumentalgruppe, die Musiker waren mit den Beatles befreundet. Besetzung: Alan Holmes (fl, sax), Griff West (s), John St. John (g), Barrie Cameron (keyb), Wes Hunter (b) und Tony Newman (dr). Die Band begleitete → *Little Richard*, → *Gene Vincent* und andere Musiker aus den USA auf Tourneen durch Großbritannien. Die Beatles lernten sie bei Auftritten in Hamburg kennen. Am 24.1.1964 unterschrieb die Gruppe bei → *Brian Epstein* einen Managementvertrag, im gleichen Jahr erschienen die erste Single (»Spanish Harlem«/»Rinky Dink«) und die erste LP (»Sounds Incorporated«). Im Oktober/November 1964 traten sie bei der Herbsttournee der Beatles auf, im Dezember 1964 bei → *The Beatles' Christmas Show* im Odeon in Hammersmith/London, im Juni 1964 bei der Tournee und vom 15. bis 30.8.1965 im Vorprogramm der zweiten USA-Tournee der Beatles. Bei den Aufnahmen zu »Good Morning Good Morning« (LP »Sgt. Pepper's Lonely Hearts Club Band«, 1967) spielten Barrie Cameron, David Glyde und Alan Holmes von Sounds Inc., wie sich die Band ab 1967 nannte, die Bläserstimmen. In der zweiten Hälfte der 1960er Jahre löste sich die Band auf, Tony Newman ging zur Jeff Beck Group.

SOUR MILK SEA

Song von George Harrison, geschrieben in → *Rishikesh*, erstmals aufgenommen von → *Jackie Lomax* vom 24. bis 26.6.1968 und am 26.8.1968 auf einer Apple-Single erschienen, später auch auf dessen LP »Is This What You Want«. Der Song basiert auf dem Vishvasara Tantra, einem Bild, das in Sanskrit »Kalladadi Samudra« (Sour Milk Sea) heißt, und handelt von Meditation. George Harrison war Produzent und spielte Rhythmus-Gitarre, zu den Musikern gehörten außer Lomax (voc, g) → *Eric Clapton* (ld-g), Ringo Starr (dr) und Nicky Hopkins (p).

SOUVENIR OF THEIR VISIT TO AMERICA

Am 23.3.1964, nach ihrer ersten USA-Tournee, bei → *Vee-Jay Records* erschienene EP der Beatles mit den Titeln »Misery«, »A Taste Of Honey«, »Ask Me Why« und »Anna (Go To Him)« – alle von der LP »Introducing … The Beatles«. Die wenigen Beatles-Songs, die Vee-Jay veröffentlichen durfte, erschienen in immer neuen Zusammenstellungen – ein Ergebnis ist auch diese EP.

SPACEK, SISSY

Amerikanische Schauspielerin, *25.12.1949 in Quitman/Texas als Mary Elizabeth Spacek; Filme u.a. »Carrie« (1980), »Coal Miner's Daughter« (1980), »JFK« (1991) und »L.A. Confidential« (1997). Unter dem Namen Rainbo nahm sie 1969 für das Label Roulette den Song »John, You Went Too Far This Time« (b/w »C'mon, Teach Me To Love«) auf – nach dem Erscheinen der LP »Unfinished Music No – 1 Two Virgins« (1968). Zumindest behaupten das Nicholas Schaffer, Judson Knight und andere Autoren. Zugeben wird das die süße »Carrie« natürlich nie.

A SPANIARD IN THE WORKS

Zweites Buch von John Lennon, am 24.6.1965 im Londoner Verlag Jonathan Cape erschienen (am 1.7.1965 in New York/ USA bei Signet), am 27.10.1966 folgte eine Paperback-Ausgabe bei Penguin (→ *The Penguin John Lennon*, mit »In His Own Write«). Der Titel ist eine Persiflage auf das britische Sprichwort »a spanner in the works« (jemandem einen Knüppel zwischen die Beine werfen). Eine deutsche Ausgabe, übersetzt von Helmut Kossodo, erschien 1965 im Verlag Helmut Kossodo, Genf und Hamburg unter dem Titel »Ein Spanier macht noch keinen Sommer«. Am 18.6.1965 trat John Lennon in der »Tonight«-Show auf, um sein Buch zu promoten. Einige Geschichten aus dem Buch fanden Eingang in das Theaterstück → *In His Own Write*, das 18.6.1968 am Londoner Old Vic Theatre Premiere hatte. 1998 erschien eine englisch-schwedische Ausgabe mit einer Bonus-CD mit fünf bis dahin unveröffentlichten Songs (von → *The Lost Lennon Tapes*). Die CD ist 24 min lang und von → *Yoko Ono* nicht autorisiert. 1995 veröffentlichte Rod Stewart eine CD mit dem Titel »A Spanner In The Works«.

SPECTOR, PHIL

*26.12.1940 in New York City/NY/USA; US-amerikanischer Produzent, »The First Tycoon Of Teen« (Tom Wolfe). Sein Stil, der »Wall of Sound«, basiert darauf, dass er die Musiker in kleine Studios packt und extensiv Echo, Bandschleifen u.ä. einsetzt. Ende der 1950er/Anfang der 1960er Jahre definierte er die Rolle des Produzenten neu; er sah sich als »auteur«, als musikalisches Äquivalent des Filmregisseurs. Mit 21 war er bereits mehrfacher Millionär. 1961 gründete er mit Lester Sill das Label Philles Records (1975 dann Spector International). Am 1.1.1962 nahmen die Beatles bei → *Decca* seinen Song »To Know Her Is To Love Her« auf (1994 auch auf der Doppel-CD »Live At The BBC« erschienen). George Harrison traf Spector zum ersten Mal am 28.1.1964 in Paris, Spector flog dann mit den Beatles am 7.2.1964 nach New York. Am 1.6.1969 war er bei den Aufnahmen zu »Give Peace A Chance« in Toronto dabei. John Lennon war für ihn »der Bruder, den ich nie hatte«. Spector produzierte im Januar 1970 den Song »Instant Karma! (We All Shine On)«, aufgenommen von John Ono Lennon with the Plastic Ono Band, und bearbeitete ab 23.3.1970 auf John Lennons und Allen Kleins Wunsch die Beatles-Bänder für »Let It Be«, nachdem → *Glyn Johns*' Version des Albums von den Beatles abgelehnt worden war. John Lennon: »Er machte eine gute Arbeit.« Andere machen ihn aufgrund seiner bombastischen Version von »The Long And Winding Road« mitverantwortlich für die Auflösung der Beatles. 1970 produzierte er mit John Lennon und → *Yoko Ono* die LP »John Lennon/Plastic Ono Band« sowie »All Things Must Pass« für George Harrison; 1971 zeichnete er verantwortlich für die Produktion des Songs »Power To The People« (John Lennon Plastic Ono Band), der LP »Imagine« (John Lennon Plastic Ono Band with The Flux Fiddlers) und des 3-LP-Sets → *The Concert For Bangla Desh*. Bei John Lennons 31. Geburtstag am 9.10.1971 in dessen Hotelsuite spielte er bei einer spontanen Session, an der neben → *Allen Ginsberg* auch Ringo Starr und → *Klaus Voormann* teilnahmen, zum Repertoire gehörten u.a. »Give Peace A Chance« und »Yellow Submarine«. 1972 erschien auf → *Apple Records* »Phil Spector's Christmas Album«, für John Lennon und Yoko Ono produzierte er »Sometime in New

John Lennon: A Spaniard In The Works (deutsche Ausgabe, 1965)

York City«. Auch später arbeitete Spector, der sich »inzwischen zu einer Art musikalischem Hintergrund-Ich Lennons entwickelt hatte« (James Woodall), noch für John Lennon (LP »Rock'n'Roll«, 1975), auch wenn er Anfang 1974 die Geduld verlor, in die Decke des Studios schoss, die bespielten Bänder nahm und verschwand. Erst im Juni 1974 konnte John Lennon an »Rock'n'Roll« weiterarbeiten. George Harrison schrieb für Spectors damalige Frau Ronnie, eine Sängerin, den Song »You« (LP »Extra Texture«, 1975). 1981 co-produzierte er mit Yoko Ono deren LP »Season Of Glass«. Eine gute Übersicht seines Schaffens bietet die 4-CD-Box »Phil Spector – Back To Mono«. Ideal als Ergänzung: »Phil Spector's Flips And Rarities« und »Wallpaper Of Sound – The Songs Of Phil Spector And The Brill Building« sowie »Phil's Spectre – A Wall Of Soundalikes I/II«. Yoko Ono: »Er ist ein Genie, und seine Zauberkünste waren äußerst wichtig für uns.« 1989 wurde er in die → *Rock'n'Roll Hall Of Fame* aufgenommen. Spector lebt heute zurückgezogen in einem vornehmen Anwesen nordöstlich von Los Angeles, in Beverly Hills, das er selbst nur als »the castle« bezeichnet. 2001 plante der Regisseur Cameron Crowe einen Film über das Leben Phil Spectors, evtl. mit Tom Cruise in der Hauptrolle. Sie verwarfen die Idee jedoch, weil sie kein passendes Ende finden konnten. Als am 3.2.2003 die 40-jährige Schauspielerin Lana Clarkson im Eingang seiner Villa erschossen aufgefunden wurde, geriet er unter Mordverdacht – der Schlusspunkt der Karriere des »seltsamsten Einzelgängers, den die Popmusik jemals hervorgebracht hat«. (*Die Welt* 29.9.2004) Nach seiner Darstellung habe die betrunkene Lana Clarkson versucht, den Gewehrlauf (oder die Pistole) »zu küssen«. Gegen eine Kaution von 1 Mill. $ wurde Spector freigelassen. Der Prozess wurde mehrmals verschoben.

Lit.: Williams, Richard: Out Of His Head – The Sound Of Phil Spector (New York 1972, Neuaufl. London 2003)); Fitzpatrick, Jack, Fogerty, James: Collecting Phil Spector (Ann Arbor/Mich. 1991; Abbott, Kingsley: Phil Spector; Ribowsky, Mark: He's A Rebel: Phil Spector – Rock And Roll's Legendary Producer (New York 2000), Abbott, Kingsley (Hrsg.): Wall Of Sound – A Phil Spector Reader (London 2005) • www.philspector.com

SPEED

Bezeichnung für eine Gruppe von synthetischen, aufputschenden → *Drogen*, deren Struktur sich von den Amphetaminen ableitet.

SPENCER, PEGGY

→ *The Peggy Spencer Formation Dancing Team.*

SPINETTI, VICTOR

Britischer Film-, Fernseh- und Theaterschauspieler und Freund John Lennons, *2.9.1932. Er spielte u.a. in den Beatles-Filmen »A Hard Day's Night« (1964), »Help!« (1965) und »Magical Mystery Tour« (1967) und schrieb mit Adrienne Kennedy das Stück → *In His Own Write* (1968) nach Texten John Lennons für das Londoner Old Vic Theatre (auch als Buch erschienen: Kennedy, Adrienne; Spinetti, Victor; Lennon, John: In His Own Write: The Lennon Play, 1968). 1965 erhielt er einen Rony Award für »Oh! What A Lovely War« (Broadway). Weitere Filme (Auswahl): »The Mouse That Roared« (1959), »The Taming Of The Shrew« (1967), »Start The Revolution Without Me« (1970), »The Return Of The Pink Panther« (1974), »The Little Prince« (1974), »Under The Cherry Moon« (1986), »Secrets« (1993). Spinetti trat auch in Musicals (u.a. in »Make Me An Offer«, »Oliver«, »Jesus Christ Superstar«), in dem Westend-Stück »Oh What A Lovely War« und in der »Rocky Horror Show« auf. Auch in Paul McCartneys Promo-Video zu »London Town« hatte er eine kleine Rolle. Vom 27.2. bis 1.4.1989 gab er zahlreiche Anekdoten über The Beatles in seiner One-Man-Show »Thoughts From A Very Private Diary« am Donmar Warehouse Theatre in Covent Garden zum Besten. Seine aktuelle Ein-Mann-Show heißt »A Very Private Affair«.

ST. PETER'S PARISH CHURCH

Kirche im Liverpooler Stadtteil Woolton, Church Road. Hier begegneten sich John Lennon und Paul McCartney zum ersten Mal – am 6.7.1957, als hier → *The Quarry Men* Skiffle Group bei einem Sommerfest spielte. Die Besetzung an diesem Tag: John Lennon, → *Eric Griffiths*, → *Colin Hanton*, → *Rod Davis*, → *Pete Shotton* und → *Len Garry*. John Lennons Freund → *Ivan Vaughan* hatte Paul

McCartney eingeladen, sich mal die Band anzuhören. Von dem Auftritt existiert ein Mitschnitt von Bob Molyneux, der im September 1994 von der → *EMI* bei Sotheby's für 78 500 £ ersteigert wurde. Trotzdem: Anfang 1997 berichtete die Presse erneut von einer Versteigerung des Tapes. Die Aufnahmen dieses denkwürdigen Tages wurden inzwischen auf diversen → *Bootlegs* veröffentlicht – u.a. auf »Puttin' On The Style« (Black Dog, 1998). 1994 sammelte die Kirche Spenden für die Renovierung ihres Kirchenschiffs. Eine kleine Ausstellung dokumentiert die Geschichte der Kirche, auf deren Friedhof → *Eleanor Rigby* begraben liegt. Der Vikar der Gemeinde, Canon John Roberts, bot 2001 die Bühne, auf der einst The Quarrymen spielten, zum Verkauf an. Sie war bei Renovierungsarbeiten entfernt worden. Bei der Auktion am 27.11.2001 bei Fleetwood Owen fand sich jedoch kein Käufer. Sie wurde dann als Kulturerbe der Stadt eingelagert und soll für das neue Stadtmuseum von Liverpool wieder aufgebaut werden.

STAEL, STU DE

Pseudonym → *Stuart Sutcliffes* auf der ersten Tournee der Beatles als Vorgruppe für → *Johnny Gentle* im Mai 1960 durch Schottland – nach dem Maler Nicholas de Staël.

STANLEY, ANNE GEORGINA »NANNY«

Tante von John Lennon, eine der vier Schwestern von → *Julia Lennon*, * 1912. Sie arbeitete als Angestellte im öffentlichen Dienst und heiratete Sidney Caldwaller. Im November 1947 wurde ihr Sohn Michael geboren.

STANLEY, ANNIE

Großmutter John Lennons mütterlicherseits, geb. Millward. Ihr Vater arbeitete bei einem Rechtsanwalt. Sie heiratete 1906 → *George Ernest »Pop« Stanley*, ihre ersten beiden Kin-

St. Peter's Parish Church im Liverpooler Stadtteil Woolton – hier begegneten sich am 6.7.1957 John Lennon und Paul McCartney zum ersten Mal

der starben, bevor sie drei Jahre alt waren. Sie hatten dann noch fünf Mädchen: Mary Elizabeth (* 1906), Elizabeth (* 1910), Anne Georgina (* 1912), Julia (* 1914) und Harriet (* 1916).

STANLEY, ELIZABETH »MATER«

Tante von John Lennon, eine der vier Schwestern von → Julia *Lennon*, * 1910. Sie heiratete später Charles Parkes. Ihr Sohn Stanley Parkes wurde 1933 geboren, wuchs aber bei den Großeltern → *Annie Stanley* und → *George Ernest »Pop« Stanley* auf. John Lennon und seine Cousine Leila Hafez verbrachten manchmal Wochen bei den Parkes. Nach dem Tode ihres Mannes heiratete sie 1940 den Zahnarzt Robert Hugh »Bertie« Sutherland, der ein Haus in Edinburgh und einen Bauernhof mit einem kleinen Stück Land in Durness kaufte. Im Alter zwischen neun und fünfzehn Jahren verbrachte John Lennon einige Male die Ferien mit ihnen in Schottland. Im Juli 1968 besuchte er sie mit → *Yoko Ono*, → *Kyoko Cox* und → *Julian Lennon*. † 1974 an Krebs.

STANLEY, GEORGE ERNEST »POP«

Großvater John Lennons mütterlicherseits, * 1874 in Liverpool als Kind von William Henry Stanley (1847–19?, Angestellter in einer Rechtsanwaltskanzlei und Freizeitmusiker) und Eliza Jane Gildea, die 1868 geheiratet hatten. Er arbeitete als Schiffsversicherungsagent und heiratete 1906 Annie Millward; ihre ersten beiden Kinder starben, bevor sie drei Jahre alt waren. Sie hatten dann noch fünf Mädchen: Mary Elizabeth (* 1906), Elizabeth (* 1910), Anne Georgina (* 1912), Julia (* 1914) und Harriet (* 1916). Die Familie wohnte in der Huskisson Street in Liverpool 8, später in 9 Newcastle Road im Liverpooler Stadtteil Wavertree. † 1949.

STANLEY, HARRIET »HARRIE«

Tante von John Lennon, eine der vier Schwestern von Johns Lennon Mutter → *Julia Lennon*, * 1916 als jüngstes Kind von George und Annie Stanley. Sie studierte an der Liverpool University und heiratete in erster Ehe den Ägypter Ali Hafez, mit dem sie in Kairo lebte; die Tochter aus dieser Ehe heißt Leila Hafez (* 1937; später: Leila Harvey). Nach dem Tode ihres Mannes kehrte sie nach Liverpool zurück. Dann heiratete sie Norman James Birch, der als Garagenverwalter arbeitete. Der Sohn aus dieser Ehe heißt David Birch (* 1948). Nach dem Tod von Julia Lennon wuchsen deren Töchter → *Julia Baird* und → *Jacqui Gertrude Dykins* bei ihr auf. John Lennon kaufte seiner Tante 1968 ein Haus in Woolton, Liverpool. 1969 besuchten John und → *Yoko Ono* mit Julian und Kyoko die Birchs in Woolton. Auch als John Lennon und Yoko Ono 1970 nach Liverpool kamen, besuchten sie die Birchs. † 1972. Norman James Birch starb am 30.10.1991 im Alter von 77 Jahren bei einem Autounfall.

STANLEY, JULIA

→ *Lennon, Julia*.

STANLEY, MARY ELIZABETH

→ *Smith, Mary Elizabeth (»Mimi«)*.

STAR-CLUB

Club in Hamburg, am 13.4.1962 im ehemaligen Stern-Kino in St. Pauli, Große Freiheit 39, eröffnet, Geschäftsführer: → *Horst Fascher*, Booking: Musik & Star Promotion (Reiner Glede und Bernhard Schulz). Zur Eröffnung spielte u.a. → *Tony Sheridan* mit den Beat Brothers, bis zum 31. Mai gaben die Beatles hier 48 Konzerte (nur am Karfreitag hatten sie frei), für ca. 500 DM (ca. 250 €) pro Person und Woche (ein Kassenbeleg nennt für John Lennon allerdings nur 425 DM – ca. 213 €). So spielten sie u.a. als Opener des »Rockin' Twist Festival 62« am 28.5.1962. Die Beatles wohnten damals in der Großen Freiheit Nr. 30, wo → *Manfred Weißleder* eine ganze Etage für seine Musiker gemietet hatte. Vom 1. bis 14.11.1962 waren sie wieder in Hamburg und gaben 13 oder 14 Konzerte im Star-Club – drei Stunden pro Abend, Stargast war → *Little Richard*. Sie wohnten damals im Hotel Germania (Detlev-Bremer-Straße 8). Jetzt erhielten sie bereits 600 DM (ca. 300 €). Ihr drittes und letztes Gastspiel dauerte vom 18. bis 31.12.1962 – inzwischen für 750 DM (ca. 375 €) pro Person und Woche. Jetzt wohnten sie bereits im Hotel Pacific am Neuen Pferdemarkt, der Musikerunterkunft des Star-Club. John Lennon später in einem Interview: »Wir vermissten später immer die Club-Auftritte, weil wir nur dort wirkliche Musik gemacht haben.« Manfred Weißleder holte in den Folgejahren zahlreiche weitere prominente Solisten und Bands in den Club, darunter → *Gene Vincent*, → *Bill Haley*, → *Chuck Berry*, Ray Charles, → *Fats Domino*, die → *Everly Brothers*, Bo Diddley und Jerry Lee Lewis. Im Januar 1963 fand der erste Band-Wettbewerb für deutsche Gruppen statt, der bis 1967 jährlich durchgeführt wurde. Nach zwei Jahren war der Star-Club wohl der berühmteste Beat-Club der Welt. 1965 versuchte Weißleder noch einmal, die Beatles in den Star-Club zu holen – leider erfolglos. Bettina »Big Betty« Derlin, die Barfrau des Star-Club, besuchte die Beatles am 24.6.1966 bei ihrem Konzert in München. Am 26.6.1966, nach ihrem Konzert in der → *Ernst-Merck-Halle*, kamen John Lennon und Paul McCartney noch einmal in den Club, quasi »illegal«, denn die Polizei hatte es ihnen verboten, weil sie nicht für ihre Sicherheit garantieren konnte. Manfred Weißleder versuchte, den gesetzlich geschützten Namen auch an ähnliche Clubs in Kiel, Köln, Flensburg, Bielefeld und Berlin zu vermieten – allerdings ohne großen Erfolg. Später öffnete auch in Oberhausen ein Star-Club, der in Mülheim/Ruhr besteht noch heute. Auch Dresden hat seinen Star-Club, und am Berliner Columbiadamm laden das Magazin Sally's und der Rocksender starfm zum star-club. Es gab zahlreiche Star-Club-Souvenirs, eine eigene Zeitung (*Star-Club News*) und ein eigenes Plattenlabel (→ *Star-Club Records*, nach ersten Aufnahmen »Twist im Star-Club Hamburg« auf Philips/Fontana und einigen LPs auf Ariola, Mercury und anderen Labels). Am 23.6.1964 musste der Star-Club zum ersten Mal schließen, im März 1966 erhielt Weißleder seine Konzession zurück. Im September 1967 zog er sich von allen Aktivitäten zurück, nachdem im Februar 1969 die Musiker Achim Reichel und Frank Dostal (The Rattles) für kurze Zeit den Club übernommen hatten. Geschäftsführer war Kuno Dreysse, Bassist der Rivets, heute Moderator der TV-Oldie-Show »Kuno's« des Hamburger Senders HH1. Am 31.12.1969 fand das letzte Konzert statt. Hardin & York besiegelten das Ende des Clubs; zum Programm gehörte an diesem Abend auch ein 25-minütiges Beatles-Medley. Um das Andenken an den Club wachzuhalten, verkaufte das St. Pauli Museum in Hamburg später Holzstücke der Star-Club-Bühne, zusammen mit Kopien von Beatles-Fotos und -Dokumenten der Hamburger Zeit sowie eine Fotomappe. 1996 brachte der britische Verlag Tracks ein auf 1000 Exemplare limitiertes Box-Set »The Beatles In Germany« heraus – ebenfalls mit Teilen der originalen Star-Club-Bühne. 1977 tauchten 30 von den Beatles gesungene und gespielte Songs auf, aufgenommen von Edward »Kingsize« Taylor vom 28. bis 31.12.1962 – ihren letzten Konzerten im Star-Club. Adrian Barber aus Liverpool, Ex-Big Three und Stage Manager des Star-Club, bearbeitete das

Star-Club in Hamburg

Live-Aufnahmen aus dem Star-Club, Hamburg (erschienen 1977)

Band, die Aufnahmen erschienen 1976 auf Initiative des ehemaligen → *Polydor*-Produzenten Paul Murphy auf Lingasong Records (»The Beatles Live! At The Star Club, Hamburg«) sowie auf zahlreichen weiteren LPs und CDs (z.B. »1962 Live Recordings« auf dem Label Baktabak, 1988; »Rockin' At The Star Club, 1962«), obwohl Apple versuchte, die Veröffentlichung zu verhindern; erst am 8.5.1998 untersagte ein britisches Gericht die weitere Verbreitung der Aufnahmen. Anfang der 1970er Jahre zog das »Erotic-Theater Salambo« in die Räume des Star-Clubs, am 15.12.1978 gab es eine Wiedereröffnung mit Horst Fascher als Besitzer, an der Ringo Starr und Tony Sheridan teilnahmen, am 18.2.1983 legte ein Brand das Gebäude in Schutt und Asche. Am 12.10.1986 gab es dann die ultimative »Abbruchfete«, dann wurde das Gebäude abgerissen, um dort ein Hotel mit einer Ladenzeile zu errichten. 1989 drehte Horst Königstein den Film »Hard Days, Hard Nights« über die Glanzzeit des Clubs. Heute befinden sich an der Stelle u.a. »The Rock Cafe« und die »Easy Bar«. Rudolf Rock & Die Schocker setzten dem Star-Club mit dem Song »Das war der Star Club« 1979 ein Denkmal. 1994 gab es eine zweitägige Veranstaltung »Star-Club in der Fischauktionshalle«, zu der sogar eine Star-Club-Telefonkarte erschien. Am 5.5.1995 gab es (wieder einmal) eine Wiedereröffnung, an der auch → *Pete Best* teilnahm. Vom 23.4. bis 15.6.1996 fand im Speicher am Fischmarkt in Hamburg eine Ausstellung zur Geschichte des Star-Clubs statt, die ab 30.9.1996 am Spielbudenplatz 3 gezeigt wurde, veranstaltet vom St. Pauli Museum e.V. & Panoptikum. 1997 plante das St. Pauli Museum von → *Günter Zint* eine Wanderausstellung über den Star-Club, im gleichen Jahr wurde im Hamburger Delphi-Theater → *Pico – Das Starclub-Musical* aufgeführt, das seit 1997 auch auf CD vorliegt. Am 13.4.2002 fand an der Großen Freiheit 36 eine große Feier zum 40-jährigen Jubiläum des Star-Clubs statt. Trotzdem: »Niemand ist mehr in der Lage, die führenden Bands der Welt reihenweise in einen kleinen Club zu buchen und ihn wie früher zum Musikmittelpunkt eines ganzen Landes zu machen. Der Star-Club war ein Kind seiner Zeit. Und die Zeiten haben sich geändert. Das war einmalig, so etwas gibt es in dieser Form nicht wieder«, wie Dieter Beckmann und Klaus Martens in ihrem Buch »Star-Club« schreiben. Zum 40-jährigen Jubiläum fand am 13.4.2002 in der Großen Freiheit 36 eine große Party mit zahlreichen Star-Club-Veteranen statt. Seit 2005 findet in Hamburg die Veranstaltungsreihe »Eine Nacht im Star-Club« im Downtown Bluesclub statt, organisiert von → *Ulf Krüger* in Zusammenarbeit mit Uwe Mamminga und Kuno Dreysse. Ansonsten erinnert heute nur noch eine Tafel im Paradieshof an den Star-Club. Zwei Filme zeigen die Geschichte des Star-Clubs: »The Beatles – Damals in Hamburg« (Regie: Thomas Struck, 1966) und »Bye Bye Star-Club«, produziert von Radio

Bremen (1986). Beide sind inzwischen auch auf einer Doppel-DVD erhältlich. Im August 2005 berichteten Hamburger Zeitungen, dass zwei dänische Investoren den Gebäudekomplex rund um die Große Freiheit 39 gekauft haben, um dort den Star-Club neu zu errichten. Inzwischen gibt es sogar einen »Star-Club« auf Mallorca!

Discogr.: *Star Club Anthology, Vol. 1–5 (1973), Star Club Story (1973), Roll Over Beethoven (MC, Delta-Music GmbH, 1983), Die Ariola Star-Club Aufnahmen (4-CD-Box + Buch von Ulf Krüger, 1999), Star Club – The Singles (3 CDs), Rockin' At The Star Club (1962), Star-Club Oldies (4 CD, 2001); Star-Club 1962–1969 – the most famous beat club in the world (3 CD, 2001); Bye Bye Star-Club (DVD, 2003); die Aufnahmen der Beatles: → Tony Sheridan* • ***Lit.:*** *Beckmann, Dieter; Martens, Dieter: Star-Club (Reinbek b. Hamburg 1980); Zint, Günter: Große Freiheit 39 – Vom Beat zum Bums, vom »Star-Club« zum »Salambo« (München 1987); Fascher, Horst; Flesch, Oliver: Let The Good Times Roll! (Frankfurt/M. 2006)* • *www.center-of-beat.com*

STAR-CLUB RECORDS

Vom → *Star-Club*-Besitzer → *Manfred Weißleder* gegründetes Label im Vertrieb von Philips/Fontana/Phonogram, das 1965–1967 38 Alben und fast 100 Singles der im Star-Club auftretenden Bands und Solisten veröffentlichte. Produzent war Siegfried E. Loch. Die erste LP hieß »star-club show 1« (The Rattles). Allerdings entstanden nur wenige Aufnahmen im Star-Club selbst, die meisten Platten wurden in der Hamburg-Harburger Friedrich-Ebert-Halle (Alter Postweg 38) aufgenommen, einem Konzertsaal, den Philips als Studio nutzte. Mehr als 1 Mill. Einheiten wurden von den Star-Club-Aufnahmen weltweit verkauft. Weißleder verlor dann jedoch den Anschluss an die Szene; 1973 wurde das Label für die 20-teilige CD/LP-Anthologie »The Hamburg Sound. Eine phonographische Dokumentation« von → *Ulf Krüger* kurzzeitig reanimiert, später erschienen

Star-Club Records: The Rattles

auch CDs, z.B. »Tony Sheridan – Vol 1 The Singles 1961–1964« und »Tony Sheridan – The Beatles, The Star Combo & Roy Young« als Reissues.

STAR DUST

Song von Hoagy Carmichael/Mitchell Parish aus den Jahren 1927/1929, 1961 ein Soul-Hit für → *Ben E. King*, arrangiert von Paul McCartney, aufgenommen von Ringo Starr am 7.11. (Orchester) und 14.11.1969 (Gesang), erschienen auf dessen erster Solo-LP »Sentimental Journey« am 27.3.1970.

STARKEY, ELSIE

Mutter von Ringo Starr, geb. Gleave. Sie wuchs als eins von vierzehn Kindern auf und heiratete 1936 in Liverpool → *Richard Starkey (2.)*. Beide arbeiteten damals in einer Bäckerei. Nach ihrer Hochzeit zogen sie in das Haus 9 → *Madryn Street* im Liverpooler Stadtteil Dingle, wo am 7.7.1940 ihr Sohn Richard Starkey (»Ringo«) geboren wurde. Als Ringo drei Jahre alt war, verließ der Vater die Familie. Die Ehe wurde 1943 geschieden. Elsie musste als Bardame arbeiten und Freunde und Verwandte bitten, auf Klein-

Ringo aufzupassen. Nach der Scheidung zog die Mutter mit Ringo in die 10 Admiral Grove – ebenfalls im »Dingle«. Sie heiratete am 17.4.1953 → *Harry Graves*, der Ringo sein erstes Schlagzeug kaufte. Ringo schenkte ihnen später ein neues Haus im Gateacre Park in Liverpool. † in den 1990er Jahren.

STARKEY, JASON

Zweiter Sohn von Ringo und → *Maureen Starkey*, * 19.8.1967 im Queen Charlotte's Hospital in London. Anfang 1986 machte er von sich reden, als er in betrunkenem Zustand ein Auto knackte. 1994 spielte er in der Pub-Band Cake. Im Juli 1999 wurde er Vater, der Sohn heißt Louie.

STARKEY, LEE PARKIN

Tochter von Ringo und → *Maureen Starkey*, * 11.11.1970 im Queen Charlotte's Hospital in London. Nach Abschluss der Schule war sie Miteigentümerin einer Boutique in der Londoner Portobello Road. 1991 folgte sie mit ihrem Partner Christian Paris ihrer Mutter nach Los Angeles und eröffnete dort, in der Melrose Avenue, ihre Boutique »Planet Alice«. Zur Eröffnung kamen ihre Eltern mit ihren Lebenspartnern. 1992 musste die Boutique allerdings wieder schließen, sie arbeitete dann als Fotografin in Los Angeles.

STARKEY, MAUREEN »MO«

Erste Frau von Ringo Starr, * 4.8.1946 als Maureen Cox in Liverpool. Im → *Cavern* lernte sie Ringo Starr kennen – drei Wochen, nachdem er bei den Beatles eingestiegen war. Sie heirateten am 11.2.1965 im Caxton Hall Register Office in der Londoner Caxton Street. → *Brian Epstein*, assistiert von John Lennon und George Harrison (Paul McCartney war in Urlaub), fungierten als Trauzeugen. Ihre Flitter»tage« (die nur drei Tage dauerten) verbrachten sie in Hove bei Brighton. Sie war von Beruf Friseurin. Am 13.9.1965 kam im Queen Charlotte's Hospital in London ihr Sohn → *Zak Starkey* zur Welt, am 19.8.1967 → *Jason Starkey* und am 11.11.1970 ihre Tochter → *Lee Parkin Starkey*. Ihre Stimme ist zu hören in dem Song »The Continuing Story Of Bungalow Bill«, aufgenommen am 8.10.1968, erstmals erschienen am 22.11.1968 auf der LP »The Beatles« (»Weißes Album«). Ringo und Maureen kauften sich am 19.7.1965 ein Haus in St. George's Estate, das Anwesen »Sunny Heights« in Weybridge, Surrey. Am 19.11.1968 zogen sie nach »Brookfields« bei Elstead, im September 1973 kauften sie → *Tittenhurst Park*. In den 1970er Jahren wurde Ringo Starr zum Alkoholiker, Maureen soll mit George Harrison fremdgegangen sein – egal, am 17.7.1975 wurde die Ehe geschieden. Ringo Starr war großzügig: Er ließ ihr 500 000 £, kaufte ihr für 250 000 £ ein Haus in Little Venice in London und unterstützte sie weiter finanziell. Sie heiratete am 27.5.1989 in Monte Carlo den Multimillionär Isaac Tigrett, Mitbegründer der »Hard Rock Cafe«-Kette, und zog mit ihm nach Los Angeles. Sie haben eine Tochter, Augusta King Burton Tigrett. Maureen Tigrett starb am 30.12.1994 an Leukämie.

STARKEY, RICHARD

1. → *Starr, Ringo*.

2. Vater von Ringo Starr, genannt »Dickie«. Er hatte zwei Brüder (Billy und Georgie) und drei Schwestern (Angie, Lily und May). Ursprünglich arbeitete er in den Docks. 1936 heiratete er in Liverpool Elsie Gleave. Beide arbeiteten damals in einer Bäckerei. Nach ihrer Hochzeit zogen sie in das Haus 9 → *Madryn Street* im Liverpooler Stadtteil Dingle, wo am 7.7.1940 ihr Sohn Richard Starkey (»Ringo«) geboren wurde. Als Ringo drei Jahre alt war, verließ er die Familie, die Ehe wurde 1943 geschieden. Als Kind sah Ringo seinen Vater nur zwei Mal wieder. »Dickie« heiratete dann wieder und zog in den Nordwesten Englands. Als ihn 1980 die Zeitung *Daily Express* ausfindig machte, arbeitete er als Fensterputzer. Das einzige Erinnerungsstück, was er damals an seinen berühmten Sohn besaß, war ein Foto mit Unterschrift.

STARKEY, ZAK

Ältester Sohn von Ringo und → *Maureen Starkey*, *13.9.1965 im Queen Charlotte's Hospital, London. Zak? »Weil das stark klingt und man keine dummen Abkürzungen machen kann«, erklärt Ringo. Als er vier Jahre war, brachte ihm Vater Ringo die ersten Takte bei, zum neunten Geburtstag kaufte er ihm ein Schlagzeug. Seine Meinung: Er solle sich das Spielen selbst beibringen. Stattdessen engagierte er einen Klavierlehrer für seinen Sohn. Mit zwölf Jahren spielte er in seiner ersten Band. Mit 16 zerstritt er sich mit Ringo, weil er die Schule schmiss, um Schlagzeuger zu werden. Am 24.1.1985 heiratete Zak Sarah Menikides, am 7.9.1985 wurde ihre Tochter Tatia Jayne geboren, die inzwischen als Erotiktänzerin, u.a. bei den Narni Shakers, arbeitet. Er spielte am 14.12.1985 mit seinem Vater auf der Single »Sun City« (Artists United Against Apartheid) und mit Roger Daltrey von The Who auf der Keith Moon Tribute-LP »Under A Raging Moon« Schlagzeug. Er spielte dann gelegentlich mit Bands wie Next, Nightfly, ASAP und Ice und für Bobby Womack. Sein Vorbild: Keith Moon von The Who. 1992 und 1995 war er Mitglied der All Starr Band seines Vaters auf dessen World Tour. Er trat u.a. auch als Gaststar auf Eddie Hardins Album »Wizards Convention 2« (1995) auf. Im September 1995 gründete er mit Ronnie Thomas, Gary Nuttall und Danny Burton seine Band Face. Als The Who bei einem Konzert der Prince-Charles-Wohltätigkeitsstiftung im Londoner Hyde Park am 29.6.1996 erstmals wieder ihre Rockoper »Quadrophenia« spielten, saß Zak Starkey am Schlagzeug. Auch bei weiteren »Quadrophenia«-Shows in New York und Tourneen der »neuen« Who war er dabei. 1998 tourte er mit dem British Rock Symphony & Choir durch die USA. 2000 gründete er mit Johnny Marr (g, ex-Smiths) und Alonza Bevan (b, ex-Kula Shaker) The Healers. 2004 stieg er bei Oasis ein (die sich immer als eine Art Beatles-Erben sahen), erster Auftritt: Glastonbury Festival im Juni (im Beisein von Paul McCartney). Zak »gehört zu den wenigen Prominentenkindern, die sich nie besonders in den Vordergrund gespielt haben. Er hat sich nicht darüber beklagt, im Schatten seines Vaters zu stehen. Über ihn ist überhaupt wenig bekannt, vielleicht nur, dass er eigentlich immer sein Ding gemacht hat.« (*Berliner Zeitung* 30.6.2004)

www.zakstarkey.com

STARR, MAUREEN

→ *Starkey, Maureen.*

STARR, RINGO

*7.7.1940 in Liverpool (9 Madryn Street, Dingle) als Richard Starkey (sein Geburtshaus wurde 2001 bei Bonham's für 13 250 £ versteigert). 1946 wurde er in der St. Silas Infants School in Liverpool eingeschult, im September 1946 wechselte er auf die Dingle Vale Secondary Modern School. Im September/Oktober 1946 lag Ringo sechs Wochen im Krankenhaus, nachdem ein Blinddarmdurchbruch zu spät erkannt wurde. Er hatte auch Tuberkulose. Die Ärzte sagten ihm, dass er das nächste Schuljahr nicht mehr erleben werde. Er hatte daraufhin Probleme in der Schule. Seine Mutter Elsie engagierte deshalb Marie Crawford, die zwei Mal in der Woche kam und mit ihm vor allem lesen lernte (sie arbeitete dann in den 1980er Jahren in Liverpool als offizielle Beatles-Führerin). »Meine vielen Krankheiten haben leider dazu geführt, dass ich viel Schulzeit verpasst habe. Mit 15 konnte ich kaum lesen und schreiben«, bekannte er später. (*Bild am Sonntag*, 7.8.2005) 1957 arbeitete Ringo im H. H. Hunt & Sons Sports Equipment Store im Stadtteil Speke. Mit seinen Freunden Eddie Clayton (der eigentlich Eddie »Ed« Miles hieß; g, voc), Frank Walsh (g), John Dougherty (washboard) und Roy Trafford (Teekistenbass) gründete er im Frühjahr 1957 → *The Eddie Clayton Skiffle Group*, die bis 1958 bestand und u.a. im → *Cavern* und bei verschiedenen Talentwettbewerben spielte. Nach einem kurzen Intermezzo bei der Darktown Skiffle Group war er ab September 1958 Schlagzeuger bei Al Caldwell's Texans, die sich später → *Rory Storm and The Hurricanes* nannten, und wurde in dieser Eigenschaft 1960 zum beliebtesten Schlagzeuger Liverpools gewählt. Seinen Spitznamen »Ringo« erhielt er aufgrund seiner Vorliebe für Ringe. Im Oktober/November 1960 spielten Rory Storm and The Hurricanes und The Beatles abwechselnd im → *Kaiserkeller* in Hamburg. Im Juni/Juli 1960 half Ringo Starr in Hamburg gelegentlich in der Band von → *Tony Sheridan* aus, am 5.2.1962 spielte er im Cavern und im Kingsway Club zum ersten Mal bei den Beatles (→ *Pete Best* war krank). Seinen ersten »offiziellen« Auftritt als Beatle hatte er dann am 18.8.1962 beim Horticultural Society's 17th Annual Dance in der Hulme Hall in Port Sunlight, Birkenhead/Cheshire, nachdem sie zuvor etwa zwei Stunden geprobt hatten. Als frühestes Filmdokument seiner Mitgliedschaft bei den Beatles gilt ein Mitschnitt eines Konzertes im Cavern am 22.8.1962 (Granada TV). Deutlich ist zu hören: »We want Pete!« Am 16.3.1964 wurde er Vizepräsident der Leeds University Law Society – warum auch immer. Erst auf »The Beatles«, bekannt als »Weißes Album«, erschien 1968 ein Song, für den Ringo Starr allein verantwortlich zeichnete: »Don't Pass Me By«, geschrieben 1963. Der zweite Song, den er für die Beatles schrieb, war »Octopus's Garden« (1969, LP »Abbey Road«). Seine erste Wohnung in London, in der Green Street in Mayfair, teilte er sich mit George Harrison, zog aber schon bald in eine bessere Wohnung. George Harrison später: »Mir gefiel nicht, wie Rorys Drummer aussah. Er sah aus wie ein Fiesling, mit seiner kleinen grauen Haarsträhne. Aber aus dem Fiesling wurde Ringo, der netteste von allen.« Im März 1964 wurde Ringo Vizepräsident der Leeds University. Am 11.2.1965 heiratete er im Caxton Hall Register Office in London Maureen Cox, Standesbeamter war D. A. Boreham. → *Brian Epstein* war Trauzeuge, assistiert von John Lennon und George Harrison, Paul McCartney war in Tunesien in Urlaub. Im Juli 1965 kauften Ringo und → *Maureen Starkey* das Anwesen »Sunny Heights« in Weybridge, Surrey, für 37 000 £, kurz vor Weihnachten zogen sie ein. Im Garten ließ er sich eine Go-Kart-Bahn bauen. Auf diesem Anwesen wurde auch George Harrisons »Blue Jay Way«-Sequenz für »Magical Mystery Tour« gedreht. Am 15.7.1968 gründete er seinen eigenen Musikverlag, → *Startling Music Limited*. Bereits am 20.8.1968, bei den Aufnahmen zum »Weißen Album«, kündigte Ringo Starr an, sich von den Beatles zu trennen. Er nahm erst einmal eine vierzehntägige Aus-Zeit auf der Jacht von → *Peter Sellers* im Mittelmeer. Paul McCartney musste deshalb auf »Back In The U.S.S.R.« Schlagzeug spielen. Erst am 3.9.1968 war er wieder im Studio. Am 19.11.1968 zogen die Starrs nach »Brookfields« bei Elstead. Insbesondere → *George Martin* hatte immer eine gute Meinung von Starr: »Ringo bringt aus seinem Schlagzeug einen viel lockeren, tieferen Sound heraus. Wir mussten sogar oft die Bandgeschwindigkeit ändern, weil er wollte, dass seine Basstrommel noch tiefer klang. Die große Beachtung, die er dem Klang seiner Trommeln schenkte, war ein Grund für Ringos Brillanz. Zwar spielte er nicht so präzise wie ein Metronom, doch hat er ein unerreichtes Gespür für das Feeling eines Songs. Wenn er sein Timing variiert, dann immer an der richtigen Stelle und zur richtigen Zeit, so dass die Atmosphäre einer Nummer gewahrt bleibt und sie eine felsenfeste rhythmische Grundlage hat. Und das gilt für jeden einzelnen Beatles-Song, bei dem Ringo mitgewirkt hat.« Als Ringos bemerkenswertestes Talent sah Martin seine »einzigartige und umwerfend komische Weltsicht«. Bei den Beatles galt er immer als eine Art liebenswerte Antithese zu John Lennon. »Die Beatles-Publicity festigte denn auch das Underdog-Gefühle weckende Image vom guten Geist des Ensembles, der zu dümmlich war, irgend jemandem etwas zuleide zu tun«, schreiben Barry Graves, Siegfried Schmidt-Joos und Bernward Halbscheffel in »das neue rock-lexikon« (vollständig überarb. u. erw. Neuausgabe, Reinbek bei Hamburg 1998), um dann doch noch zu einer insgesamt positiven Wertung zu finden: »Der witzigste, sarkastischste und realistischste der Ex-Beatles war trotz seiner immer wieder bemängelten Technik eine herausragende Schlagzeuger-Persönlichkeit im Schnittpunkt des früheren, lediglich begleitenden Rock-Stils und der modernen Auffassung vom Drummer als Solist innerhalb des Ensembles.«

Nach der Auflösung der Beatles veröffentlichte Ringo zahlreiche Solo-LPs (die erste, »Sentimal Journey«, produziert von George Martin, erschien 1970), ging auf Tourneen und trommelte auch für andere, so u.a. für Steve Stills (1971), George Harrison (»All Things Must Pass«, 1971), Howlin' Wolf (1970), B. B. King (1971), Bobby Keys (1972), Harry Nilsson (1972, als Richie Snare, 1974, 1975), Jimmy Webb (1974), Keith Moon (1974), David Hentschel (1975), Carly Simon (1975), Steve Stills (1975) und Paul McCartney (1982, LP »Tug Of War«; 1997 »Flaming Pie«). 1969 spielte er den jungen Guy Grand in dem Film → *Magic Christian*, 1971 Frank Zappa und Larry the Dwarf in »200 Motels«, im gleichen Jahr Candy in »Blindman«, 1976 drehte er »Sextette«, den letzten Film mit Mae West. Am 1.9.1971 nahm er am von George Harrison, → *Ravi Shankar* und → *Allen Klein* organisierten → *Concert for Bangla Desh* im New Yorker → *Madison Square Garden* teil. Im Oktober 1971 trug er mit einem eigenen Objekt (einem mit Wasser gefüllten grünen Müllsack) zu → *Yoko Onos* Ausstellung »This Is Not Here« in Syracuse/USA bei. Bei John Lennons 31. Geburtstag am 9.10.1971 in dessen Hotelsuite spielte er bei einer spontanen Session, an der neben → *Allen Ginsberg* auch → *Phil Spector* und → *Klaus Voormann* teilnahmen. Zum Repertoire gehörten u.a. »Give Peace A Chance« und »Yellow Submarine«. 1972 führte er Regie in »Born To Boogie«, einem Dokumentarfilm über die Band T. Rex und ihren charismatischen Sänger Marc Bolan (neben Elton John war er auch selbst im Film zu sehen). Am 18.9.1973 kaufte er von John Lennon dessen Haus → *Tittenhurst Park*. 1973 war er in dem Film »That'll Be The Day« (mit David Essex und Keith Moon) als Teddy Boy Mike zu sehen, 1974 in »Son Of Dracula« (als Merlin), 1975 als der Papst in »Lisztomania« (Regie: Ken Russell), 1976 in »Stardust« und 1980/1981 in »Caveman« (bei den Dreharbeiten lernte er seine spätere Frau → *Barbara Bach* kennen). 1972 war er Gastsolist (Uncle Ernie) im Musical »Tommy« (Produzent: Lou Reizner). 1973 gelang es ihm, für sein Album

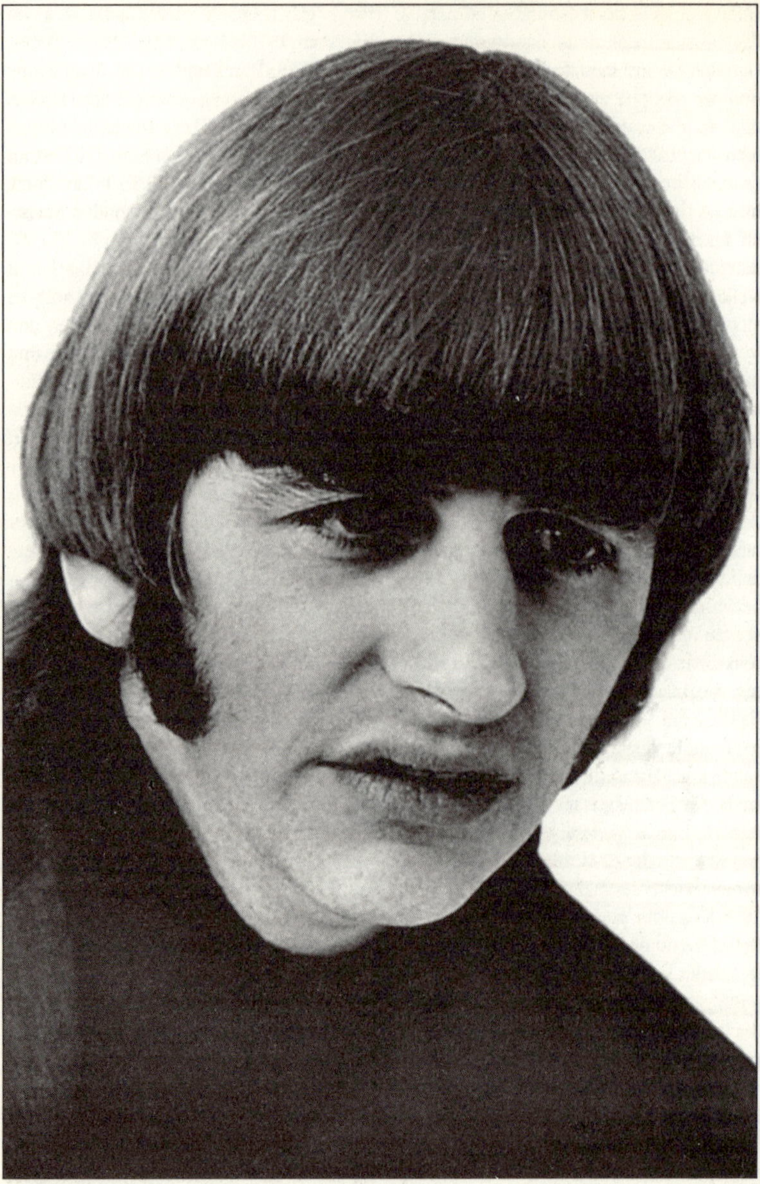

Ringo Starr

»Ringo« John Lennon (»I'm The Greatest«), Paul McCartney (»Six O'Clock«) und George Harrison (»Sunshine Life For Me« und »You And Me (Babe)«) als Songwriter zu gewinnen. John Lennon schrieb für ihn »Goodnight Vienna«, mit George Harrison schrieb er den Hit »Photograph«. Dieses Album erhielt im Gegensatz zu anderen – »Sentimental Journey«: »Reprise abgedroschener Big Band-Schlager«, »Beaucoups Of Blues«: »Kollektion trivialer Western-Songs«, »Goodnight Vienna«: »Ungeschickte Resteverwertung aus früheren Sessions« – sogar positive Kritiken.

Bereits vor seiner Scheidung von Maureen am 17.7.1975 hatte er ernsthafte Alkoholprobleme, unterzog sich später jedoch erfolgreich einer Behandlung. Später hörte er auch mit dem Rauchen auf. 1973 gründete er den Musikverlag Wobble Music Ltd, 1974 seine Produktionsfirma Reckongrade Ltd, die er im Dezember 1974 in Pyramid Records umbenannte. Anfang 1975, nachdem die → *EMI* seinen Vertrag gekündigt hatte, gründete er sein Label Ring O'Records, auf dem u.a. Platten von David Hentschel, Bobby Keys, Carl Groszmann und Colonel (Doug Bogie) erschienen. Im Dezember 1978 schloss er das Label. Eine komplette Übersicht der auf dem Label erschienenen Platten bietet »The International Dark Horse & Ring O'Records Discography« von Franck Leenheer und Ed Dieckmann (Leiden 2002). Ringo Starr entwarf ab 1975 Möbel für sein Unternehmen Ringo or Robin Ltd, in den 1980er Jahren arbeitete er in Atlanta sogar zeitweilig als Restaurateur. Am 26.4.1978 trat er in einer Doppelrolle in der amerikanischen Fernsehsendung »Ringo« (NBC-TV) auf, eine Adaption von Mark Twains Komödie »Der Prinz und der Bettelknabe« (auch George Harrison hatte einen Gastauftritt). Als am 5.5.1979 Pattie Boyd und → *Eric Clapton* anlässlich ihrer Hochzeit eine Party in ihrem Haus in Ewhurst in Surrey gaben, spielte er mit George Harrison und Paul McCartney spontan einige Songs. Am 26.4.1981 heiratete er im Marylebone Registry Office in London die Schauspielerin Barbara Bach. An der Hochzeit nahmen auch George Harrison und Paul McCartney mit ihren Frauen teil. Am 26.9.1987 eröffnete in Atlanta/GA das Restaurant London Brasserie, an dem er beteiligt war. Am 11.10.1988 begannen die Starrs in Tucson, Arizona/USA eine Behandlung ihrer Alkohol-Probleme. 1979 spielte er in »The Kids Are Alright« (ein Dokumentarfilm über The Who), 1981 (mit Barbara Bach) in dem Film »The Caveman«, 1985 den Mock Turtle in »Alice In Wonderland« und 1989 den Mr. Conductor in der Kinder-TV-Serie »Shining Time Station«. Am 23.7.1989 begannen Ringo Starr & His All-Starr Band unter dem Motto »Tour For All Generations« in Dallas, Texas/USA eine

Ringo Starrs Hochzeit mit Maureen Cox am 11.2.1965

Ringo Starr

sehr erfolgreiche Revival-Tournee, an der als Gastmusiker u.a. Dr. John, → *Billy Preston*, Joe Walsh, Rick Danko, Nils Lofgren, Levon Helm, Jim Keltner und Clarence Clemons teilnahmen. Am 11.8.1989 kam im Garden State Arts Center in Holmdel, NJ/USA sogar Bruce Springsteen für vier Songs auf die Bühne. Am 30.10.1989 folgte eine Japan-Tournee mit sieben Konzerten. 1992 hatte Ringo Starr einen Hit mit »Weight Of The World«. Im März 1993 stellte er sich beim 12. Annual Jimmy Stewart Marathon den Fotografen – die Erträge kamen misshandelten, emotional gestörten und körperlich behinderten Kindern zugute. Immer wieder geht er seitdem auf ausgedehnte Welttourneen, so 1992 und 2000 (z.T. mit seiner All Starr Band, mit wechselnden Besetzungen). Mit seiner Stiftung, der Lotus Foundation, unterstützt er soziale Projekte, u.a. in Liverpool. Sehr beliebt wurde er auch durch seine Rolle als Erzähler in der britischen Fernsehserie »Thomas The Tank Engine & Friends« (Premiere am 9.10.1984 bei ITV) und als »Scouse The Mouse« nach der gleichnamigen Story von Donald Pleasence. Ringo Starr kaufte 1973 → *Tittenhurst Park* von den Lennons und richtete dort die Startling Studios ein. 1988 zog er dort mit Barbara Bach aus, Anfang 1989 wurde Tittenhurst Park verkauft. Einige Jahre lebte er in Los Angeles/Calif. (sein erstes Haus brannte am 28.11.1979 ab), 1998 kaufte er sich für umgerechnet ca. 3 Mill. € das Anwesen Rydinghurst in Cranleigh/Surrey/GB. 2001 war er (mit George Harrison) auf dem Album »Zoom« des Electric Light Orchestra zu hören.

Am 29.11.2002 trat er beim »Concert For George« in der → *Royal Albert Hall* auf. Ringos Reaktion auf die Benennung des Liverpool Airports nach John Lennon: »Ich wünsche mir, dass sie auf dem John Lennon Airport ein Gepäckband nach mir benennen.« In der Liste der britischen Musik-Millionäre der *Sunday Times* stand Ringo Starr 2003 auf Platz 17 – mit 115 Mill. £. 2003 unterzeichnete er einen Vertrag mit Koch Entertainment bzw. Koch Records (New York); im gleichen Jahr gründete er mit Mark Hudson sein neues Label Pumpkinhead.

Anschrift: *»Rocca Bella«, 24 Avenue Princess Grace, Monte Carlo, Monaco; 1541 Ocean Avenue, Suite 200, Santa Monica, CA 90401, USA.* • ***Discogr.:*** *Sentimental Journey (1970), Beaucoups Of Blues (1970), Ringo (1973), Goodnight Vienna (1974), Blast From Your Past (1975), Ringo's Rotogravure (1976), Ringo The 4th (1977), Scouse The Mouse (1977), Bad Boy (1978), Stop And Smell The Roses (1981), Old Wave (1983), Starr Struck – Best Of Ringo Starr Vol. 2 (1989), Ringo Starr And His All-Starr Band (1990), Time Takes Time (1992), Ringo Starr And His All-Starr Band Volume 2 – Live From Montreux (1993), Vertical Man (1998), VH-1 Storytellers (1998), I Wanna Be Santa Claus (1999), The Anthology … So Far (2001), The Best Of Ringo Starr And His All Starr Band So Far (DVD, 2001), Ringo & His New All Starr Band (CD/DVD, 2002), Tour 2003 (2003), Ringo Rama (2003),*

Ringo Rama (Deluxe Edition: 2 CD + DVD, 2003), Extended Versions (2003), Most Famous Hits (DVD, 2003), Yellow Submarine – The Greatest Hits (DVD, 2004), Choose Love (2005) • ***Lit.**: Clayson, Alan: Ringo Starr – Straight Man Or Joker? (London 1992, 1996); Clayson, Alan: Ringo Starr (London 2001; neue verb. Aufl. von »Ringo Starr – Straight Man Or Joker?«; 2004 in London neu als Teil der Box »The Little Box Of Beatles); Harry, Bill: The Ringo Starr Encyclopedia (London 2004); O'Neill, Terry: Legends (London 1985); Ringo's Photo Album (1964); Starr, Ringo: Postcards From The Boys (Guildford 2002, San Francisco 2004, London 2004, 2005 (Paperback); dt.: »Postcards From The Boys«, Berlin 2005)* • *www.ringostarr.com*

STARS ON 45

Niederländisches Bandprojekt/Produktionsteam aus den 1980er Jahren, bestehend aus Jaap Eggermont, Hans Vermeulen, Baas Muijs und Okkie Huijschens. Sie mixten Parts aus bekannten Titeln von Abba, → *Stevie Wonder*, den Supremes, den → *Rolling Stones* und vor allem den Beatles (u.a. »No Reply«, »I'll Be Back«, »Drive My Car«, »Do You Want To Know A Secret«, »We Can't Work It Out«, »I Should Have Known Better«, »Nowhere Man«, »You're Going To Lose That Girl«) im straighten Disco-Sound. »Echte Fans waren sprachlos ob dieser vermeintlichen Gotteslästerung, das Disco-Volk glaubte dagegen, tatsächlich Medleys der Original-Bands und Originalaufnahmen zu hören.« (*Soundhouse* 01/2001) Die erste Platte kam in Deutschland und den USA an die Spitze der Charts, »Stars On 45 II«, wieder mit Verschnitten zahlreicher Beatles-Titel, war ähnlich erfolgreich. Weitere Veröffentlichungen (»Stars On 45 III«, »More Stars On 45«) nach immer dem gleichen Schema floppten; eine gute Übersicht bieten die CDs »Greatest Stars On 45«, »The Non Stop Party Album«, »The Very Best Of Stars On 45« (1992) und »The Club Hits« (2000). Die Medleys sind heute Kult.

STARSCHNITT

Ab 1959 veröffentlichte die Teenager-Postille → *Bravo*, beginnend mit Brigitte Bardot, Woche für Woche in A-4-Größe Körperteile der Lieblingsstars der Leser. Ausgeschnitten und zusammengefügt, ergaben sie ein lebensgroßes Bild. Als Erfinderin des Starschnitts gilt die damalige Chefredakteurin Lieselotte Krakauer. Natürlich waren in den 1960er Jahren auch die Beatles dabei – einzeln und als Gruppe. Im April 1981 begann noch einmal eine Beatles-Starschnitt-Serie. Diese Starschnitte sind heute begehrte Sammelobjekte. Die Starschnitt-Idee funktioniert noch immer – auch wenn die Stars heute Britney Spears oder Sarah Michelle Gellar heißen. Ihr kompletter Starschnitt wurde sogar nachgedruckt. Vielleicht gibt's auch die Beatles-Starschnitte irgendwann wieder?

STARTLING MUSIC LIMITED

Musikverlag Ringo Starrs, gegründet am 15.7.1968. Als Filiale in den USA fungierte Startling Music, Inc. 1969 übertrug Ringo Starr alle Rechte an seinen Songs an → *ABKCO Industries, Inc.* Geschäftsführer von Startling Music ist Hilary Lester Gerrard.

STEP INSIDE LOVE

Song von John Lennon/Paul McCartney, erstmals aufgenommen am 21.11.1967 von → *Cilla Black*. Paul McCartney sang im Background und spielte akustische Gitarre. Die am 8.3.1968 auf Single erschienene Version wurde allerdings im Februar 1968 ohne Paul McCartney aufgenommen. Cilla Black verwendete den Song dann in einer neuen Version (ohne Paul McCartney) auch als Erkennungsmelodie für ihre Fernsehshow »Cilla«, die am 30.1.1968 Premiere hatte. Eine Demo-Version Paul McCartneys erschien am 28.10.1996 auf der DoCD »The Beatles Anthology 3«. Zahlreiche → *Cover-Versionen*, u.a. von The Beatnix, The Paper Dolls, Pierson Parker Janovitz Project, The Hill/Wiltschinsky Guitar Duo und Elvis Costello.

STEVENS, JOHN (WILLIAM)

*10.6.1940 in Brentford/GB. Der britische (und nicht amerikanische, wie → *Bill Harry* schreibt) Avantgarde-Jazzmusiker (dr, perc, tp) gründete 1966 das legendäre Spontaneous Music Ensemble (SME) und den Little Theater Club im Londoner Covent Garden – zwei Keimzellen der britischen Jazz-Avantgarde. Als er am 2.3.1969 mit → *John Tchicai* (as, ss, ts, fl, bcl) in der Lady Mitchell Hall der Cambridge University spielte, kamen John Lennon und → *Yoko Ono* auf die Bühne und jammten mit den Musikern. Der Mitschnitt des Konzertes erschien am 9.5.1969 unter dem Titel »Cambridge 1969« auf der LP »Unfinished Music No. 2 – Life With The Lions«, der ersten LP auf dem Apple-Sub-Label → *Zapple Records*.

STIGWOOD, ROBERT

Australischer Manager, der Anfang der 1960er Jahre nach London kam. Ursprünglich wollte er → *NEMS Enterprises Limited* kaufen – er borgte sich sogar 10 000 £ von der → *EMI* –, aber am 21.1.1967 kaufte → *Brian Epstein* die Robert Stigwood Organisation (RSO). Stigwood wurde wie → *Vic Lewis* »Joint Managing Director« von NEMS. Er managte u.a. die → *Bee Gees*, → *The Cream*, → *Jimi Hendrix* und The Who. Brian Epstein, der sich weiterhin persönlich um The Beatles und → *Cilla Black* kümmerte, reiste im Februar 1967 eigens in die USA, um die Fusion zu promoten. Stigwood wurde eine Beteiligungsoption von 500 000 £ angeboten. Epstein wollte mit Stigwood und Lewis die Geschäfte in Großbritannien führen, in den USA sollten → *Sid Bernstein* und → *Nat Weiss* die Partner sein. Nach dem Tode Epsteins sah sich Stigwood bereits als dessen Nachfolger, aber John Lennon, Paul McCartney und → *Clive Epstein* wandten sich dagegen, dass er das Management der Beatles übernahm. So trennte er sich am 8.12.1967 im gegenseitigen Einvernehmen offiziell von den Beatles bzw. NEMS – und nahm »seine« Bands gleich mit. Er ging in die USA und produzierte dort u.a. die Broadway-Musicals »Jesus Christ Superstar« und »Sgt. Pepper's Lonely Hearts Club Band« (1974), das West End-Musical »John, Paul, George, Ringo … and Bert« (1975) und die Film-Musicals »Saturday Night Fever«, »Grease« und »Sgt. Pepper's Lonely Hearts Club Band« (1978). Er gründete die Label Creation und Reaction bei → *Polydor*, bevor er Anfang der 1970er Jahre sein eigenes Label RSO gründete. Anfang der 1970er Jahre arbeitete auch → *Peter Brown* für ihn. 1981 verließ Stigwood RSO, die Rechte an dem Label besitzt seitdem Polydor. Er lebt heute als Pensionär auf der Isle of Wight.

STILLS, STEPHEN (ARTHUR)

*3.1.1945 in Dallas/Texas, formierte nach der Auflösung der Band Buffalo Springfield Ende 1968 die Super Group Crosby, Stills & Nash, zu der 1969 noch Neil Young kam. Im August 1969 nahmen sie am → *Woodstock* Festival teil, 1971 löste sich die Band auf, es kam jedoch immer wieder zu Reformierungen. 1971 zog Stills vorübergehend nach Großbritannien, wo er von seinem Freund Ringo Starr einen alten Landsitz erwarb, in dem zuvor der Schauspieler → *Peter Sellers* gelebt hatte. Am 18./19.2.1970 war er mit Ringo Starr in den → *Abbey Road Studios*, um dessen Song »It Don't Come Easy« aufzunehmen, erstmals erschienen am 9.4.1971 auf einer Single. Die weiteren Musiker: George Harrison (acc-g), → *Klaus Voormann* (b) und Ringo Starr (dr), Produzent war → *George Martin*. Ringo trommelte dafür im Gegenzug in den Songs »To A Flame« und »We Are Not Helpless« (beide LP »Stephen Stills«, 1970) und »As I Come Of Age« (LP »Stills«, 1975). Graham Nash war dabei, als die Beatles am 14. und 25.6.1967 »All You Need Is Love« aufnahmen.

STORM, RORY
→ *Rory Storm and The Hurricanes*.

STORMY WEATHER
Komposition von Harold Arlen und Ted Koehler aus dem Jahre 1933, der Swing-Evergreen wurde u.a. durch Lena Horne, Ella Fitzgerald und Louis Armstrong bekannt; aufgenommen am 6.11.1969 von Ringo Starr (mit einem 18-köpfigen Orchester) für seine erste Solo-LP »Sentimental Journey« – der Song erschien dann allerdings doch nicht auf der Platte.

STRACH, DR. WALTER
→ *Bryce, Hanmer and Isherwood Limited*.

STRAMSACT LIMITED
Britische Firma (das Pendant zur Seltaeb, Inc. in den USA), die gegen 10 % Umsatzbeteiligung Lizenzen zur Vermarktung des Warenzeichens »Beatles« vergab.

STRAWBERRY FIELDS
Am 16.4.1981 unterzeichnete der damalige New Yorker Bürgermeister Ed Koch eine Verordnung, nach der ein Teil des Central Parks in der Nähe des Dakota Building zum Andenken an den am 8.12.1980 ermordeten John Lennon in »Strawberry Fields« umbenannt werden sollte. Am 20.4.1982 eröffnete → *Yoko Ono* die Gedenkstätte, am 9.10.1985 wurde sie offiziell eingeweiht. Der »Friedensgarten« enthält Bäume und andere Pflanzen aus vielen Ländern der Welt, u.a. Flussbirken aus Russland, Zedern aus Israel und Narzissen aus den Niederlanden. Das Mosaik mit dem Wort »Imagine« kommt aus Italien. Zum 25. Todestag John Lennons fand hier am 8.12.2005 eine große Gedenkfeier statt – Yoko Ono, die sonst nie vor einer größeren Menschenmenge auftritt, legte Blumen nieder und flüsterte sogar ein paar Worte.

STRAWBERRY FIELDS FOREVER
Song von John Lennon/Paul McCartney, aufgenommen am 24. und 29.11. und 8., 9., 10., 21. und 22.12.1966, erstmals erschienen am 17.2.1967 auf Single (b/w »Penny Lane«). Ursprünglich für die LP »Sgt. Pepper's Lonely Hearts Club Band« geplant, plädierte → *Brian Epstein* für eine Veröffentlichung auf Single, weil die Beatles zu lange nicht in den britischen Charts gewesen seien. Die Aufnahmen dauerten insgesamt 55 Stunden! John Lennon bezeichnete »Strawberry Fields Forever« 1970 als den einzig wahren Song, den er zu Beatles-Zeiten geschrieben habe (außer »Help!«). Er entstand in Spanien, in den Drehpausen für den Film »How I Won The War«. Auch für → *George Martin* ist er – neben »Penny Lane« – der beste Song der Beatles. Mit dem dazugehörenden Video haben die Beatles im Februar 1967 wohl eines der ersten Musikvideos der Musikgeschichte produziert; es ist auf dem Video »The Story Of Merseybeat« (MGM/UA), rel. Mai 1986, enthalten. 1996 kürten britische Musikexperten das Video zum drittbesten Musikvideo aller Zeiten. Inspirieren ließ sich John Lennon zu dem Song von einer Liverpooler Besserungsanstalt für Mädchen bzw. einem Heim für elternlose Kinder, seit 1936 betrieben von der Heilsarmee, in der Beaconsfield Road im Liverpooler Stadtteil Woolton, die John Lennon noch von seiner Kindheit her kannte. Er hatte einen direkten Weg von Tante Mimis Garten in das Unterholz des Waisenhauses entdeckt, später besuchte er dort die Som-

Strawberry Fields, Liverpool

merfeste im Garten. John Lennon hinterließ dem Heim eine größere Summe. Als → *Yoko Ono* Johns Sohn → *Sean Lennon* im Januar 1984 den Ort zeigte, ließ sie nochmals 50 000 £ fließen. Trotzdem: 2005 wurde das Heim endgültig geschlossen – zuletzt lebten nur noch drei Kinder dort. Zwei unterschiedliche Versionen des Songs in unterschiedlichen Tonarten wurden von George Martin in unterschiedlichen Abspielgeschwindigkeiten zusammengefügt. Die Schnittstelle, nach ca. 1 min, ist zu hören, wenn man das Stück über den linken Kanal des Kopfhörers hört. Die ersten Takte des Songs werden auf einem → *Mellotron* von Paul McCartney gespielt. Die Worte, die John Lennon am Schluss des Songs murmelt, wurden lange Zeit als »I buried Paul« und damit als Beleg für die → *Paul is Dead*-Theorie gedeutet.

Auf der DoCD »The Beatles Anthology 2« ist allerdings deutlich »cranberry sauce« zu hören. Weitere beteiligte Musiker: Greg Bowen (tp), Derek Watkins (tp), Stanley Roderick (tp), Tony Fisher (tp), John Hall (cello), Norman Jones (cello) und Derek Simpson (cello). Die Entstehung des Songs dokumentieren die → *Bootleg*-CDs »It's Not Too Bad – The Evolution Of Strawberry Fields Forever« (Peg Boy, 1997) und »Nothing Is Real – The Making Of ›Strawberry Fields Forever‹« (Chapter One). Zahlreiche → *Cover-Versionen*, u.a. von Todd Rundgren, London Symphony Orchestra And London Pop Choir, Erlend Krauser, Michael Vescera Project, Richie Havens, Royal Philharmonic Orchestra, The Real Group, The Hill/Wiltschinsky Guitar Duo, Los Escarabajos, Pavel Sedláček & Rudolf Rokl Orchestra, Ben Harper, Candy Flip, FR David (»Il est plus facile«), Guitar Orchestra, Signs, Guy & Maggie Riley, The RRSO Symphony Orchestra, Tartaruga (»Frajas giardin«), David Michael Cass, Dork, The Bobs, Cyndi Lauper, Halmakenreuther, Laurence Juber und Transatlantic.

THE STRAWBERRY FIELDS FOREVER FAN CLUB

Beatles-Fan-Club in Boston/Mass./USA. Vom 26. bis 28.7.1974 hielt der Club seine erste → *Beatles Convention* ab.

SUBAFILMS LIMITED

(auch: Subafilms) Eine Filmproduktions- und -verleihfirma der Beatles, gegründet Ende 1963, Direktor: → *Brian Epstein*. Ihr gehörten die Rechte an »A Hard Day's Night«, »Help!« und »Yellow Submarine«. 1965 produzierte das Unternehmen mit Sullivan Productions und → *NEMS Enterprises Limited* den Film »The Beatles At Shea Stadium« (Regie: Dick Fontaine, 50 min). 1969 war das Unternehmen immerhin 350 000 £ wert. 1990 klagte Subafilms Ltd gegen MGM/United Artists und Warner Home Video, um die Verbreitungsrechte an »Yellow Submarine« zurückzubekommen – mit Erfolg. Geschäftsführer waren/sind Dennis O'Brien, Hilary Lester Gerrard, → *Yoko Ono* und → *John Eastman*.

SUICIDE

Song von Paul McCartney, aufgenommen November 1969–März 1970 (nach Geoffrey Giuliano: »Two Of Us«, Harmondsworth 1999, bereits im März 1969), erschienen am 17.4.1970 auf Paul McCartneys erster Solo-LP (»McCartney«) (in einem Medley mit »Glasses« und »Hot As Sun«). Paul McCartney spielte auf dieser LP sämtliche Instrumente selbst. Als Paul McCartney ca. 14 Jahre alt war, hatte er den Song als Demo an Frank Sinatra geschickt, erhielt jedoch keine Antwort.

New York, Central Park: Strawberry Fields zum Gedenken an John Lennon

SULLIVAN, ED

US-amerikanischer Entertainer, Autor und TV-Moderator, * 1901, † 13.10.1974, Spitzname »The Great Stone Face«. Sullivan wuchs in New York auf, war Ressortleiter Sport bei der New Yorker Zeitung *Evening Graphic*, hatte 1930 sein erstes eigenes Rundfunkprogramm und debütierte 1933 als Drehbuchautor und Schauspieler in dem Film »Mr. Broadway«, es folgten »Ed Sullivan's Headliners« (1934) und »Big Town Czar« (1939). 1959 erhielt er den Golden Globe Award für die TV-Show »Toast Of The Town«, die von 1948 bis 1954 lief und dann bis 1971 → *Ed Sullivan Show* hieß. Hier traten auch mehrmals die Beatles auf, die Sullivan zum ersten Mal zufällig am 31.10.1963 auf dem Flughafen Heathrow Airport gesehen hatte. Ende 1963 traf sich → *Brian Epstein* einige Male mit ihm in New York, um die Chancen eines Auftritts in seiner Show zu erkunden. Am 17.4.1964 interviewte er die Beatles in London. Am 15.8.1965 kündigte Ed Sullivan die Beatles bei ihrem legendären Konzert im → *Shea Stadium* an. Weitere Filme mit Ed Sullivan sind »Bye Bye Birdie« (1963), »The Patsy« (dt.: »Die Heulboje«, 1964), »The Singing Nun« (dt.: »Dominique – Die singende Nonne«, 1965), »The Last Of The Secret Agents?« (1966) und »The Phynx« (1970); zu »There Goes My Heart« (1938) und »Ma, He's Making Eyes At Me« (1940) schrieb er die Drehbücher. 1958/1959 drehte David Lowell Rich den Film »Senior Prom«, der zeigt, wie die berühmte Show hinter den Kulissen funktioniert, 1992 entstand der Film »Mr. Saturday Night« mit Will Jordan in der Hauptrolle über das Leben Ed Sullivans. Sullivan besaß mit Ed Sullivan Radio & Television Productions Inc. auch eine eigene Produktionsfirma, die 1965 mit → *Subafilm Limited* und → *NEMS Enterprises Limited* den Farbfilm »The Beatles At Shea Stadium« (Regie: Dick Fontaine, 50 min) produzierte. Nach dem Tode Ed Sullivans im Jahre 1974 wurde das CBS Studio 50 Broadway and West 53rd Street in New York City, wo die Shows aufgezeichnet wurden, in Ed Sullivan Theatre umbenannt. Am 11.12.1992 nahm Paul McCartney hier ein »Up Close«-Special für MTV auf. Seinen Auftritt am 12.12.1992 dokumentiert die → *Bootleg*-CD »First Night At The Ed Sullivan Theatre/Complete Show«. Eine gute Übersicht über die frühen Ed-Sullivan-Shows bieten die drei DVD »Ed Sullivan's Rock'n'Roll Classics« (Eagle).

SUMMERTIME

Song von George Gershwin (Musik; 1898–1937) und Du Bose Heyward (Text; 1885–1940) aus dem Jahre 1935 aus der Oper »Porgy and Bess« und seitdem ein Jazz-Evergreen. Am 15.10.1960 nahmen John Lennon, Paul McCartney, George Harrison, evtl. → *Stuart Sutcliffe* und zwei Mitglieder von → *Rory Storm and the Hurricanes* (Ringo Starr – dr und Lou »Wally« Walters – b, voc) im Akustik-Studio in der Kirchenallee 57 hinter dem Hamburger Hauptbahnhof eine »Summertime«-Version auf. Die Aufnahme von »Fever« als zweitem Titel lässt sich nicht bestätigen, auf die Rückseite der Single kam eine Lederwaren-Werbung. Von den damals produzierten neun 78er Schallplatten (→ *Allan Williams* spricht von vier) blieb leider nur eine erhalten. Eine weitere Version des Songs erschien im Oktober 1988 auf Paul McCartneys LP »Snova v SSSR«. Dieser nutzt den Song auch gern bei Soundchecks.

SUN KING

Song von John Lennon/Paul McCartney, aufgenommen am 24., 25. und 29.7.1969, erstmals erschienen am 26.9.1969 auf der LP »Abbey Road«. Ursprünglich wurde der Song zusammen mit »Mean Mr. Mustard« unter dem Arbeitstitel »Here Comes The Sun King« aufgenommen. Der Song ist Teil des Medleys auf der zweiten Seite der LP, schwer zu definierende Gesangsstimmen leiten zu »Mean Mr. Mustard« über. Die Idee zu dem Song könnte John Lennon nach dem Lesen von Nancy Mitfords Biographie Ludwig XIV., des »Sonnenkönigs«, gekommen sein, das damals gerade erschienen war. Er nannte den Titel allerdings ursprünglich »Los Paranoias«. Zahlreiche → *Cover-Versionen*, u.a. von Booker T. and the MG's, Mike Westbrook Band, The Bee Gees, Devil's Rubato Band und The Lenny Pane.

SUPRAPHON

Staatliche Schallplattengesellschaft der ČSSR, hier erschienen u.a. die LPs »The Beatles« (= »The Beatles' First«), »Beatles 62–65« (eigene → *Kompilation*), »A Hard Day's Night«, »Abbey Road«, »With The Beatles« (1987), »A Collection Of Beatles Oldies (But Goldies)« und 1983 eine von Miroslav Černý zusammengestellte Kompilation mit dem Titel »Expedice R'n'R Beatles« mit älteren Aufnahmen der Beatles, ferner die beiden Singles »She Loves You«/»Yesterday« (mono und stereo) und »Yesterday«/»I Should Have Known Better«. Später erschienen auch Solo-LPs der Beatles, wie »Live In New York City« (John Lennon), »Ram« (Paul & Linda McCartney), »Tug Of War« (Paul McCartney) und »Cloud Nine« (George Harrison; mit Booklet!).

SURE TO FALL (IN LOVE WITH YOU)

Song von Carl Perkins/Quinton Claunch/William »Bill« Cantrell, von → *Carl Perkins* 1956 auf seinem Debütalbum aufgenommen, von den Beatles am 1.1.1962 in London beim → *Decca*-Vorspiel gespielt. Der Titel erschien auf mehreren → *Bootlegs* (→ *Decca Tapes*) und wurde am 1.6.1963 im BBC Paris Theatre, London, auch für die → *BBC*-Sendung → *Pop Go The Beatles* (Produzent: Terry Henebery, gesendet am 18.6.1963) aufgenommen. Erschienen am 28.10.1994 auf der DoCD »Live At The BBC«.

SUTCLIFFE, CHARLES FERGUSSON

Vater von → *Stuart Sutcliffe*. Sein Vater war Armeeoffizier. Bereits bei den Pfadfindern brachte er es bis zum King's Scout, dem höchsten Rang. Mit 18 Jahren trat er in den öffentlichen Dienst ein. In seiner Freizeit malte, zeichnete und fotografierte er. Gelegentlich spielte er bei Stummfilm-Aufführungen Klavier oder in der Kirche Orgel. Mit Mitte 20 heiratete er Martha, mit der er dann drei Söhne und eine Tochter hatte. Er wurde leitender Beamter an der schottischen Ostküste. Zehn Jahre nach seiner Heirat lernte er Martha Cronin kennen, die er (zur Unterscheidung von seiner Frau) Millie nannte. Er ließ sich scheiden, um sie zu heiraten. Er wurde Schiffsingenieur auf einer Werft in

Glasgow. Der Job wurde so gut bezahlt, dass sie sich ein Haus in Edinburgh kaufen konnten. Am 23.6.1940 wurde ihr Sohn Stuart geboren, 1942 Joyce Whitelock (später: Wainwright) und am 8.1.1944 → *Pauline Sutcliffe*. Während des Zweiten Weltkriegs wurde er zur Armee eingezogen und nach Huyton in der Nähe von Liverpool versetzt. Die Familie folgte ihm nach. 1947 begann er zur See zu fahren. † 1966.

SUTCLIFFE, MARTHA »MILLIE«

Mutter von → *Stuart Sutcliffe*, geb. Cronin (eine weitläufige Verwandte des Schriftstellers A. J. Cronin), * in Lanarkshire/Schottland als jüngste von neun Töchtern. Sie hatte gerade eine Ausbildung als Lehrerin begonnen, als sie den Schiffsingenieur → *Charles Fergusson Sutcliffe* kennen lernte. Er ließ sich scheiden, um sie zu heiraten. Am 23.6.1940 wurde ihr Sohn Stuart geboren, 1942 Joyce Whitelock (später: Wainwright) und am 8.1.1944 → *Pauline Sutcliffe*. 1943 zogen sie nach Liverpool. Als Lehrerin war sie in Liverpool auch in der Lokalpolitik für die Labour Party aktiv. Sie förderte – oft gegen den Willen ihres Mannes – die künstlerische Karriere ihres Sohnes Stuart und akzeptierte dann auch seine musikalischen Aktivitäten – unter der Bedingung, dass er weiter das → *Liverpool College Of Art* besuche. Als Stuart im August 1961 mit → *Astrid Kirchherr* aus Hamburg nach Liverpool zurückkehrte, um sich einer Blinddarmoperation zu unterziehen, kam es zum Zerwürfnis zwischen Mutter und Sohn. Am 12.4.1962 flog sie nach Hamburg zur Beerdigung ihres Sohnes. Zwischen ihr und Astrid Kirchherr kam es später zum Streit über die Aufteilung des Nachlasses von Stuart Sutcliffe. Nach dem Tode ihres Sohnes Stuart initiierte sie einige Ausstellungen seiner Werke. Nachdem ihr Mann Charles 1966 verstorben war und die beiden Töchter aus dem Haus waren, zog sie nach Sevenoaks in Kent. Die letzten Monate ihres Lebens verbrachte sie bei den Nonnen von St. Francis, sie starb am 8.12.1983. Das Haus 37 Aigburth Drive in Liverpool, in dem sie lange Zeit gelebt hatte, ist heute ein Hotel.

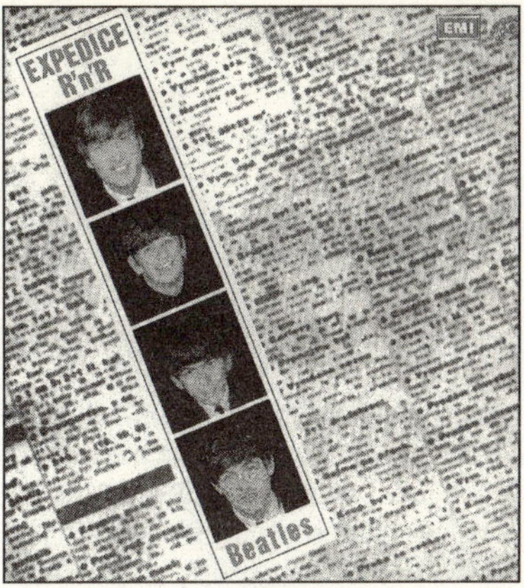

Supraphon: Expedice R'n'R (1983)

SUTCLIFFE, PAULINE

Schwester von → *Stuart Sutcliffe* und nach eigener Aussage »das erste Beatles-Groupie«, * 8.1.1944 in Huyton bei Liverpool. Nach dem Tode ihres Bruders Stuart am 10.4.1962 in Hamburg gründete sie »Stuart«, eine Firma zur Vermarktung der Werke ihres Bruders. Im »normalen Leben« arbeitet sie als Psychotherapeutin. Im Dezember 1993 sah sie gemeinsam mit → *Astrid Kirchherr* zum ersten Mal den Film »Backbeat« (Scala Productions, Großbritannien; Buch und Regie: Iain Softley, Produzent: Stephen Woolley). Mit Alan Clayson veröffentlichte sie 1994 das Buch »Backbeat«, das im gleichen Jahr (mit dem Untertitel »Die Stuart Sutcliffe Story«) auch in deutscher Übersetzung erschien. 2001 erschien in London ihr Buch »The Beatles' Shadow – Stuart Sutcliffe & His Lonely

Hearts Club« (Paperback-Ausgabe London 2002, 2003). Sie behauptet darin u.a., John Lennon habe eine homosexuelle Affäre mit Stuart Sutcliffe gehabt. In einem Streit, in dem auch Eifersucht und Trunkenheit im Spiel waren, habe er ihn so schwer am Kopf verletzt, dass er an den Spätfolgen starb. → *Yoko Ono* wandte sich (natürlich) sofort gegen diese Vorwürfe.

SUTCLIFFE, STUART (FERGUSSON VICTOR) »STU«

1960–1961 Bassist der Beatles, * 23.6.1940 in Edinburgh/Schottland als Sohn von → *Martha »Millie« Sutcliffe* und → *Charles Fergusson Sutcliffe*. 1943 zog die Familie nach Liverpool. Ab 1946 besuchte er die Park View Primary School in Liverpool, im September 1951 wechselte er auf die Prescot Grammar School. Im Herbst 1956 schrieb er sich für ein National Diploma in Design am → *Liverpool College Of Art* in der Hope Street (heute: Liverpool John Moores University Faculty of Art and Design) ein – gegen den Willen seines Vaters. Hier lernte er 1959 auch John Lennon kennen, der ihn als Bassist für seine Band anwarb. In der 9 Percy Street hatte Sutcliffe seit dem Sommer 1957 ein eigenes Studio, in dem er mehr Zeit verbrachte als im nahegelegenen Liverpool College of Art, wo er mit Röhrenjeans und rosa Hemden »ein James Dean in Embryoform« (Nik Cohn) war. Er wohnte im Studio mit seinem Freund Rod Murray. Ihr Tutor war der Künstler Arthur Ballard. Später zogen Sutcliffe und Murray nach 3 Gambier Terrace/Hope Street. Ab 1960 war auch John Lennon häufiger Gast in dieser Wohnung und zog bald hier ein. John bewunderte das künstlerische Talent Sutcliffes, führte ihn in die Welt der Musik ein und brachte ihm bei, Bassgitarre zu spielen. John Lennon später: »Ich schaute zu Stu auf. Ich wollte, dass er mir die Wahrheiten beibringt ... Stu sagte mir, wenn etwas gut war, und ich glaubte ihm.« Seinen ersten Bass, einen Hofner President, kaufte sich Sutcliffe für 65 £ (damals ca. 390 €), nachdem der Galerist John Moore eins seiner Bilder (»Summer Painting«) gekauft hatte. Am College of Art sorgten Sutcliffe und → *Bill Harry*, die beide im Student's Union Committee waren, dafür, dass dort eine ordentliche PA gekauft wurde, die dann auch → *Johnny and The Moondogs* nutzten, wenn sie am Freitagnachmittag in der Mensa im Keller spielten. Als Sutcliffe im Januar 1960 Mitglied der → *Silver Beatles* wurde, kam es zu Spannungen mit Paul McCartney, »weil er einfach nicht richtig spielen konnte« (Paul McCartney). Paul: »Vielleicht war ich überempfindlich, aber ich hatte den Eindruck, dass es für eine erfolgversprechende Gruppe nicht gerade gut war, ein so schwaches Mitglied zu haben.« Sutcliffe verließ das College of Art und tourte mit den Silver Beatles durch Schottland (mit → *Johnny Gentle*, 20.–28. Mai 1960). Bei ihrem ersten Engagement in Hamburg verliebte er sich im Oktober 1960 in → *Astrid Kirchherr*, Mitte November 1960 verlobten sie sich. Er malte auch ein Porträt von ihr. Er blieb in Hamburg, als die Beatles Ende 1960 nach Liverpool zurückkehrten. Erst Mitte Februar 1961 kehrte er nach Liverpool zurück, wo ihn Astrid Kirchherr besuchte, am 15.3.1961 flog er wieder nach Hamburg, schrieb sich im April an der Staatlichen Hochschule für bildende Künste in Hamburg (Lerchenfeld 2) ein und heiratete Astrid Kirchherr. Ab Dezember 1961 wohnte er in einem ausgebauten Dachboden in der Eimsbütteler Straße 45a. Der spätere Pop-Art-Künstler Prof. Eduardo Paolozzi zeigte starkes Interesse an seiner Malerei, auf seine Empfehlung hin erhielt Sutcliffe ein Stipendium. Als die Beatles am 2.7.1961 nach ihrem zweiten Hamburg-Aufenthalt nach Liverpool zurückkehrten, blieb er in Hamburg – sein Abschied von den Beatles. Im Alter von nur 21 Jahren starb er am 10.4.1962 in Hamburg an einer Gehirnblutung bzw. an einem Gehirntumor, vielleicht eine Spätfolge einer Schlägerei im Liverpooler → *Grosvenor Ballroom* Ende Juli 1960. Am 19.4.1962 wurde er auf dem Gemeindefriedhof Huyton an der Blue Bell Lane in Liverpool beigesetzt. Wegen der Aufteilung seines Nachlasses kam es später zum Streit zwischen Astrid Kirchherr und den Sutcliffes. Auf einigen → *Bootlegs* spielt er mit den → *Silver Beatles*, bevor diese → *Tommy Moore* engagierten: »The Bass Drum Used To Roll Away Across The Stage«, »Quarry Men Rehearse With Stu Sutcliffe«, »Spring 1960« und »Liverpool, May 1960 – John, Paul, George And Stu«. 1967 nahmen ihn die Beatles auf das Cover ihrer LP »Sgt. Pepper's Lonely Hearts Club Band«, auch im Film »Magical Mystery Tour« (1967) wird er – wenn auch versteckt – erwähnt. Zu hören war er offiziell erst auf der »Anthology«. Vom 2. bis 24.5.1964 zeigte die Walker Art Gallery in Liverpool auf Initiative von Martha »Millie« Sutcliffe eine Ausstellung seiner Bilder, die über 11 000 Besucher anzog. In den folgenden Jahren gab es Ausstellungen seiner Werke in Liverpool (1965, 1990, 1992), London (1967, 1972, 1990), Glasgow (1990), Köln (1990–1991), Japan (1994), Washington (1994) und Cleveland (→ *Rock and Roll Hall of Fame*, 2001). 1984 wurden seine Bilder in der Walker Art Gallery in Liverpool in der großen Ausstellung → *The Art of The Beatles* gezeigt, die 50 000 Besucher anzog. Die Ausstellung wurde dann in Japan (1984–1987) und in Köln (1988) gezeigt. Am 13.5.1990 sendete Granada TV die einstündige Dokumentation »Stuart Sutcliffe – Midnight Angel« in ihrer Reihe »Celebration«, 1991 sendete das Kölner Fernsehen einen Bericht über die Ausstellung seiner Werke in der BBK Galerie. Hugh O'Neill und Jeremy Stockwell schrieben das Theaterstück »Stu – Scenes From The Life Of Stuart Sutcliffe«. 1994 hatte der Film → *Backbeat* (Scala Productions, Großbritannien; Buch und Regie: Iain Softley, Produzent: Stephen Woolley) Premiere, der insbesondere die Beziehung zwischen John Lennon und Stuart Sutcliffe Anfang der 1960er Jahre illustriert. Sutcliffe spielte der amerikanische Schauspieler Stephen Dorff. Von Juni bis September 2001 lief in der → *Rock'n'Roll Hall Of Fame And Museum* in Cleveland die Ausstellung »Stuart Sutcliffe – From The Beatles To Backbeat«.

Lit.: Clayson, Alan; Sutcliffe, Pauline: Backbeat – Stuart Sutcliffe: The Lost Beatle (London 1994; dt: »Backbeat. Die Stuart-Sutcliffe-Story«, Bergisch Gladbach 1994); Sutcliffe, Pauline; Williams, Kay: Stuart – The Life And Art Of Stuart Sutcliffe (Guildford 1996); Sutcliffe, Pauline; Thompson, Douglas: The Beatles' Shadow – Stuart Sutcliffe & His Lonely Hearts Club (London 2001, London 2002) • www.stuartsutcliffeart.com

SUZY PARKER

Song von John Lennon/Paul McCartney/George Harrison/Ringo Starr, aufgenommen im Januar 1969 bei den »Let It Be«-Sessions in den → *Twickenham Film Studios*. Die Beatles spielen den Song im Film »Let It Be«, auf Platte ist er bisher offiziell nicht erschienen.

SVARMANDAL

→ *Swordmandel*.

SWAN RECORDS

Kleines US-amerikanisches Label, gegründet 1957 in Philadelphia. Insbesondere der DJ und TV-Moderator Dick Clark hatte in das Label investiert. Besitzer waren in den 1960er Jahren Bernie Binnick und Tony Mammarella. Nachdem sich Beatles-Platten auf → *Vee-Jay*

Records in den USA schlecht verkauft hatten, beschloss → *Brian Epstein*, weitere Singles auf diesem Label zu veröffentlichen. Binnick hatte die Beatles in London gehört und war begeistert. So erschien am 19.9.1963 die Beatles-Single »She Loves You«/»I'll Get You«, gefolgt von »Sie liebt dich«/»I'll Get You« (21.5.1964). Da Swan nicht die Rechte für »Sie liebt dich« besaß, verklagte → *Capitol Records* das Label. Am 12.2.1964 überreichte das Label den Beatles in New York eine → *Goldene Schallplatte* für 1 Mill. verkaufter Schallplatten von »She Loves You«. Swan veröffentlichte später noch eine Jazz-Version von »She Loves You«, gespielt von Roger Webb & His Trio. 1964 erschien auf dem Label eine Single der Buddies mit dem Song »The Beatle«. Bekannter ist das Label für seine Alben weißer East-Coast-Meister im Philadelphia-Doo-Wop-Sound.

SWANEE RIVER

Song von Stephen C. Foster (1826–1864) aus dem Jahre 1851, ein Jazz-Standard, aufgenommen u.a. von Louis Armstrong, Sidney Bechet, Dave Brubeck, Gene Krupa und Kid Ory. 1957 transponierte Ray Charles das Stück als »Swanee River Rock« in die Popmusik. Die Beatles nahmen den Titel am 24.5.1962 mit → *Tony Sheridan* (Produzent: → *Bert Kaempfert)* im Studio Rahlstedt in Hamburg auf, um ihren Vertrag mit dem Label → *Polydor* zu erfüllen. Die Aufnahme blieb allerdings unveröffentlicht und gilt als verschollen.

SWEET APPLE TRAX

Bezeichnung für diverse Bandaufnahmen von den »Let It Be«-Sessions der Beatles (Januar 1969) in den Londoner → *Twickenham Film Studios*, die 1972 von Bootleggern für einige hundert Dollar gekauft und 1974 als zwei Doppelalben auf dem Label Image Disc veröffentlicht wurden. Anhand dieser Aufnahmen lässt sich minutiös die Entstehung der Songs verfolgen. »Es ist, als wenn man all die handschriftlichen Notizen eines Schriftstellers liest, bevor man das fertige Werk liest.« (Harry Castleman und Walter J. Podrazik in ihrer Diskographie »All Together Now«, Ann Arbor/Mich. 1975) Für die → *Bootlegs* wurden so genannte Referenzbänder verwendet, die ein Mitarbeiter von → *Michael Lindsay-Hogg* mono und mit Raummikrofonen aufgenommen hatte. Zu den Aufnahmen gehören auch die bis dahin unveröffentlichten Songs »Suzy Parker« und »The Commonwealth Song«. Beide Doppel-LPs waren angeblich auf 1 000 Ex. limitiert. Später erschienen allerdings zahlreiche besser und vollständiger edierte Dokumentationen der »Let It Be«-Sessions.

SWEET GEORGIA BROWN

Song von Ben Bernie/Maceo Pinkard/Kenneth Casey aus dem Jahre 1925, aufgenommen im gleichen Jahr von Ben Bernie and Orchestra und 1957 von The Coasters wieder ausgegraben; die Aufnahme der Beatles, produziert im Mai 1961 von → *Bert Kaempfert* (zweite Fassung rec. 24.5.1962), erschien erstmals im Oktober 1962 auf der zweiten EP von → *Tony Sheridan* and The Beat Brothers (»Ya Ya«). An der Version, die später auf der LP »My Bonnie« erschien, sind die Beatles mit an Sicherheit grenzender Wahrscheinlichkeit allerdings nicht beteiligt. 1964 nahm Tony Sheridan die Lead-Vocals neu auf. Eine neue Strophe, geschrieben von dem Liverpooler Musiker Paul Murphy, war den Beatles gewidmet – und ihren Frisuren. Die neue Text-Version erschien zuerst als B-Seite der Single »Skinny Minny« und auf der LP »Beatles First«. In den USA erschien eine Version mit zusätzlich aufgenommenen Instrumentenparts.

SWEET LITTLE SIXTEEN
Song von → *Chuck Berry*, im Juni 1958 Berrys erster britischer Top-20-Hit. Die Beatles nahmen den Song am 10.7.1963 in den Aeolian Hall Studios, London, für die → *BBC*-Sendung → *Pop Go The Beatles* (Produzent: Terry Henebery, gesendet am 23.7.1963) auf. Erschienen am 28.10.1994 auf der DoCD »Live At The BBC«.

SWEET TORONTO
Titel eines bei einem Konzert der → *Plastic Ono Band* im Varsity Stadium von Toronto bei der → *Toronto Rock'n'Roll Revival Show* am 13.9.1969 gedrehten Films, Regisseur: DA Pennebaker. Bei der Veröffentlichung des gesamten Festival-Programms auf Video fehlte der Part der Plastic Ono Band – er wurde erst 20 Jahre später veröffentlicht.

SWEETLES
Deutsche Gesangsgruppe, in den 1960er Jahren erfolgreich mit dem Tribute-Song »Zum Geburtstag wünsche ich mir einen Beatle«.

SWINGING LONDON
Bezeichnung für die Londoner Szene Mitte der 1960er Jahre. Zentren waren die Carnaby Street und King's Road, wo sich die Stars und ihre Fans mit verrückter Mode einkleideten. Die damals angesagten Clubs waren Ad Lib, Scotch Of St James, Dolly's, → *Sibylla's Club* und Bag O'Nails. Auch die Beatles verkehrten in diesen Clubs. Das US-amerikanische Magazin *Time* brachte im April 1966 eine Titelgeschichte über Swinging London und kürte London zur »Stadt des Jahrzehnts«. Georg Diez in seinem Buch »Beatles – Rolling Stones – GegenSpieler« (Frankfurt/M. 1999): »Swinging London: Das waren neue Kleider, neue Bilder, neue Farben, neuer Stil, neue Mode, neue Gesichter, das waren die Models Jean Shrimpton und Twiggy, das war Vidal Sassoon, das war die Hochzeit des Photographen David Bailey mit Catherine Deneuve, das war die Modemacherin Mary Quant, das waren Op-Art-Minikleider, das waren Plastikstiefel und halluzinogene Farborgien, das war Carnegy Street (richtig: Carnaby Street – R. B.) und Teenager, die ihr Geld vor allem zu einem Zweck besaßen – um ordentlich zu konsumieren. Das war die Haltung, mit der die Beatles durch die Welt gingen: mit aufgerissenen Augen, als sähen sie alles zum ersten Mal. Das war die Unverschämtheit der Rolling Stones, die in aller Öffentlichkeit (und Dringlichkeit) gegen eine Wand pinkelten. Die Beatles lieferten der Welt mit ›Help!‹ in diesem Sommer einen lustigen Film, den Soundtrack zum Lebensgefühl des Swinging London.«

Lit.: Schröder, Dorothea: Spaziergänge durch das musikalische London (Hamburg 1999); Décharné, Max: King's Road – The Rise And Fall Of The Hippest Street In The World (London 2005)

SWINGING SIXTIES
Bezeichnung für die Rock- bzw. Popkultur der 1960er Jahre. Dieses spezielle Lebensgefühl wurde nicht nur durch den → *Beat* und die Beatles geprägt. Seit 1961 gab es die Pille auf Rezept und damit die Möglichkeit, Sex ohne Angst vor unerwünschten Folgen zu genießen.

1964 »erfand« Mary Quant den Minirock, vier Jahre später probte die Jugend in Paris, Berlin und Prag den Aufstand. John Lennon am 22.12.1969 bei einer Pressekonferenz im Hotel Château Champlain in Montreal/Kanada: »Wir glauben, es war ein positives Jahrzehnt, kein deprimierendes. Das ist erst der Anfang. Unsere Aufgabe ist es, die Hoffnung am Leben zu erhalten, denn ohne sie werden wir alle untergehen.« Und am 31.12.1969 schrieb er: »Wir glauben, dass das letzte Jahrzehnt auch das Ende der alten Zerstörungs-Maschinerie markiert.«

Lit.: Assayas, Michka; Meunier, C.: The Beatles And The Sixties (New York 1996); Gitlin, Todd: The Sixties – Years Of Hope, Days Of Rage (New York 1987); Howard, Gerald (Hrsg.): The Sixties (New York 1982); Green, Jonathan: Days In The Life: Voices From The English Underground 1961–1971 (London 1988); Mac Donald, Ian: Revolution In The Head: The Beatles' Records And The Sixties (London 1994/New York 1994); Wheen, Francis: The Sixties – A Fresh Look At The Decade Of Change (1982); Green, Jonathan: All Dressed Up – The Sixties And The Counter-culture (London 1999); Herrwerth, Thommi: Partys, Pop und Petting. Die Sixties im Spiegel der »Bravo« (Marburg 1997); Landy, Elliott: Woodstock Dream (Kempen 2000); Matheja, Bernd: Thank You For The Days – The 60s Picture Book (Hamburg 2002); Stollberg, Lutz: Das oldiefm-Buch: Damals – Die 60er (Halle/S. 2002)
disc. Spirit 60s (1990, Time Life Music, 7 LP/MC/CD + Buch), Die 60er Jahre – Plastik, Pop & Flowerpower (HörVerlag 1999), Sixties – A Decade In Sound (10-CD-Box, u.a. The Beatles: »Cry For A Shadow«, The Sixties Collection (8 CD, 2002), Wow That Was The 60's (8 CD, 2003) • www.sixtiespop.com; www.sixties.com

SWORDMANDEL
Kleines zitherähnliches, gezupftes, evtl. aus Indien stammendes Musikinstrument, das George Harrison bei den Aufnahmen zu »Strawberry Fields Forever« (Single, 1967) und ein unbekannter indischer Musiker bei »Within You Without You« (1967, LP »Sgt. Pepper's Lonely Hearts Club Band«) spielten.

SYMPHONIC BEATLES
Projekt des britischen Royal Philharmonic Orchestra (Louis Clark), das Beatles-Songs wie »Eleanor Rigby«, »Strawberry Fields Forever«, »Something«, »I Am The Walrus«, »Michelle«, »And I Love Her« und »Hey Jude« unter einem sinfonischen »Dach« versammelte.

T

TABLÂ

Ein Trommelpaar von verschiedener Größe und Stimmung, besonders im Norden Indiens verbreitet. Die größere, nach oben sich verengende, wird mit der rechten Hand geschlagen, die linke, die fässchenförmig und kleiner ist, mit der linken. Die originalen Tablâs sind mit drei Fellschichten bespannt, wobei die unterste die ganze Öffnung bedeckt und die nächste angeklebte Schicht ein rundes Loch in der Mitte hat, das in größerer Form auf dem obersten Fell wiederkehrt. Zwischen den Trommelfellen befindet sich eine Masse aus Manganpulver, gedünstetem Reis und Tamarindensaft, was dem Instrument den zarten, gedämpften Klang verleiht. Nachdem George Harrison 1966 → *Ravi Shankar* kennen gelernt hatte, kam dieser mit dem Tablâ-Spieler Allah Rakha nach Esher (→ *Kinfauns*) zu einer kurzen Sitar-Unterweisung und einem kleinen Konzert. George Harrison setzte dann in »Love You To« (1966) zum ersten Mal bewusst → *Sitar* und Tablâ als Basistracks ein, die Tablâ spielte der Inder Anil Bhagwat; in »Within You Without You« (1967) spielt ein unbekannter indischer Musiker Tablâ. → *Geoff Emerick* entwickelte für diese Aufnahme eine spezielle Mikrofonanordnung: »Noch nie zuvor wurde eine Tablâ auf unsere Weise aufgenommen. Jeder war überrascht, wie durch unsere ganz nahe Positionierung der Mikros die Tablâ im oberen Tonbereich singend und in den tiefen Frequenzen weich pulsierend klang.«

TABLA AND PAKAVAJ

Song von George Harrison, erstmals erschienen am 1.11.1968 auf der LP »Wonderwall Music« (als Medley mit »In The Park«).

DER TAG, ALS DIE BEATLES (BEINAHE) NACH MARBURG KAMEN

Deutscher Dokumentarfilm, 2005, 66 min, Koproduktion arte/HR, Premiere 22.2.2006 im Marburger Cineplex, Fernseh-Premiere 5.3.2006 arte. Der in Marburg geborene und in München lebende Dokumentarfilmer Michael Wulfes hat fast drei Jahre an dem einstündigen Film gearbeitet, der eine kuriose Anekdote aus dem Jahre 1967 erzählt. Die Story: Im Mittelpunkt dieser Kleinstadt-Posse steht als tragischer Held der Friseurgeselle Ferdinand Kilian (gespielt von Robert Kratz), dem sich eines Tages ein Herr Öttringer vorstellt, der behauptet, John Lennon persönlich zu kennen und die Beatles in die Marburger Provinz zu holen. Kilian soll das Konzert am 24.3.1967 in den Marburger Stadtsälen organisieren. Die Begeisterung ist ansteckend, immer mehr Leute glauben an die Geschichte. Und vielleicht ist das Glücksgefühl, dass in Marburg endlich einmal etwas passiert, sogar die bittere Enttäuschung wert, die sich breit macht, als sich herausstellt, dass Herr Öttringer ein Betrüger ist und alle auf ihn hereingefallen sind? »Der Film ist eine wunderbare, traurig-komische Geschichte über das Ausblenden der Realität durch die Verliebtheit in einen Traum.« (*musikexpress* 3/2006)

TAKE GOOD CARE OF MY BABY

Song von Gerry Goffin/Carole King, 1961 eine Nummer 1 für Bobby Vee, von den Beatles am 1.1.1962 in London beim → *Decca*-Vorspiel gespielt. Der Titel erschien auf mehreren → *Bootlegs* (→ *Decca Tapes*).

TAKE OUT SOME INSURANCE ON ME, BABY
→ *If You Love Me, Baby*.

A TALENT FOR LOVING
→ *Condon, Richard*.

THE TALENT SPOT
Halbstündiges Rundfunkprogramm der → *BBC* Anfang der 1960er Jahre, gesendet dienstags um 17.00 Uhr. Produzent: Brian Willey, Moderator: Gary Marshal. Die Beatles traten zwei Mal in dem Programm auf: am 4.12.1962 (rec. am 27.11.1962) mit »Love Me Do«, »P.S. I Love You« und »Twist And Shout«, und am 29.1.1963 (rec. 22.1.1963) mit »Please Please Me«, »Ask Me Why« und »Some Other Guy«.

TAMBURÂ
Indische Langhalslaute mit großem, fast rundem Kalebassenkorpus, bundlosem Hals und vier als Bordune mit den Fingern zu zupfenden Metallsaiten. Die Beatles setzten dieses Instrument u.a. für »Tomorrow Never Knows« (1966, LP »Revolver«), »Getting Better«, »Within You Without You« und »Lucy In The Sky With Diamonds« (alle 1967, LP »Sgt. Pepper's Lonely Hearts Club Band«) ein.

TAPE BEATLES
Niederländ. Band, die auf dem Label Staalplaat/Hausmusik 1999 die CD »Good Times« und 2000 die CD »The Grand Delusion« veröffentlichte – eine »collagenhafte Soundmaterialsammlung aus Sprache, Field Recordings, Drumloops und Geräuschen« (Normal Mailorder) – beide allerdings ohne jeden Bezug zu den Beatles.

A TASTE OF HONEY
Song von Ric Marlow/Bobby Scott aus dem Jahre 1960, erste Plattenaufnahme 1962 vom Victor Feldman Quartet, 1962 dann ein Hit für Richard Denny, erste Gesangsaufnahme 1962 mit Lenny Welch; aufgenommen von den Beatles am 11.2.1963, erstmals erschienen am 22.3.1963 auf der LP »Please Please Me« und am 12.7.1963 auf der EP »Twist And Shout«. Live machte John Lennon dann aus der Titelzeile manchmal »A Waste Of Money«. Am 10.7.1963 nahmen die Beatles den Song in den Aeolian Hall Studios, London, für die → *BBC*-Sendung → *Pop Go The Beatles* (Produzent: Terry Henebery, gesendet am 23.7.1963) auf. Erschienen am 28.10.1994 auf der DoCD »Live At The BBC«.

TAVENER, SIR JOHN KENNETH
Einer der populärsten britischen klassischen Komponisten und Dirigenten, * 28.1.1944 in London. Er studierte an der Highgate School und ab 1962 an der Royal Academy of Music. Sein erstes größeres Werk, »The Whale« (1966 komponiert), fand 1968 bei den → *Royal Albert Hall* Proms großen Beifall. Als Ringo Starr einen Mitschnitt der → *BBC*-Rundfunkübertragung gehört hatte, nahm er Kontakt zu Tavener auf und engagierte ihn für → *Apple Records*. Dieser Vertrag brachte ihn sofort ins Dritte Programm der BBC. Auf Apple erschienen »The Whale« (Part One + Two, rel. 25.9.1970) und »Celtic Requiem« (rel. 2.7.1971), die Aufnahmen waren allerdings nicht sehr erfolgreich.

Die Aufnahmen beider Werke erfolgten in der Church of St. John the Evangelist in London, zu den Mitwirkenden gehörten die London Sinfonietta and Chorus; Tavener selbst spielte → *Hammond-Orgel*. Die Platte erschien später noch einmal auf Ringo Starrs Label Ring O'Record. 1977 konvertierte Tavener zur russisch-orthodoxen Kirche, was sich auch in seiner Musik widerspiegelte. Tavener ist bis heute mit Werken wie »The Protecting Veil«, »Depart in Peace«, »Eternity's Sunrise«

und »The Hidden Face« in den Schallplattenkatalogen vertreten; »The Whale« wurde 1994 vom Royal Philharmic Orchestra unter James Brown neu aufgenommen. Sein »Song For Athene« (1993) wurde beim Begräbnis von Prinzessin Diana gespielt. 1993 erschien bei Apple seine CD »Celtic Requiem (Requiem For Jenny Jones)/Nomine Jesu/Coplas«. Für die Millenniums-Feiern in London komponierte er »Fall And Resurrection« (inzwischen auch auf DVD). Im Januar 2001 wurde er in den Ritterstand erhoben. 2002 erschien die CD »Darkness Into Light – The Bridgeroom & Other Works«, 2004 »John Tavener – A Portrait«.

TAXMAN

Song von George Harrison, aufgenommen am 21. und 22.4. und 16.5.1966, erstmals erschienen am 5.8.1966 auf der LP »Revolver«. Nachdem → *Brian Epstein* sie jahrelang gedrängt hatte, sich politischer Kommentare zu enthalten, engagierten sich die Beatles hier erstmals – wenn auch nur recht allgemein – gegen das Steuerunwesen: Mit »Mr. Wilson« und »Mr. Heath« sind natürlich die »Steuereintreiber« → *Harold Wilson*, Premierminister und Führer der Labour-Regierung, und Edward Heath, Führer der Konservativen Partei und später Premierminister, gemeint. Der Spitzensteuersatz lag damals tatsächlich bei 96 % (Harrison singt von 95 %)! Das markante Lead-Gitarrenriff wird übrigens nicht von George Harrison gespielt, sondern von Paul McCartney. Zahlreiche → *Cover-Versionen*, u.a. von Hard Day's Night, Fred Lonberg-Holm, Ann Dyer & No Good Time Fairies, Mondo Furmatore, Yukihiro Takahashi, Bill Wyman, Tom Petty & The Heartbreakers, The Beattells, Beatallica (»Sandman«), Barbara Casini Quartet, Twenty Cent Crush und Junior Parker.

TAYLOR, ALISTAIR »AL« »MR FIX-IT«

* 21.6.1935 in Runcorn, Cheshire. Als 1959 die Epsteins in 12–14 Whitechapel in Liverpool eine weitere Filiale ihrer Elektrowarenladenkette NEMS eröffneten, wurde er persönlicher Assistent von → *Brian Epstein (*als solcher bezeugte er den am 13.12.1961 zwischen den Beatles und Brian Epstein abgeschlossenen Management-Vertrag) und dann der »gute Geist« (offiziell: General Manager) bei → *NEMS Enterprises Limited*, Gehalt: 1 000 £/Jahr. Epstein nannte ihn »Mr Fix-it«, weil er alle Probleme schnell und unbürokratisch löste. Eine Zeit lang managte er persönlich die Band → *Silkie*. 1967 unterstützte er die Beatles bei den Dreharbeiten zu dem Film »The Magical Mystery Tour«. Nach dem Tod von Brian Epstein war er Office Manager der Beatles (bzw. General Manager von Apple), bis er am 8.5.1969 von → *Allen Klein* aufgrund der finanziellen Probleme des Unternehmens gefeuert wurde. Er arbeitete dann in der Hotelbranche und trat auf → *Beatles Conventions* auf. 1988 erschien in London das Buch »Yesterday: The Beatles Remembered« von Taylor und Martin Roberts – ein von einem Ghostwriter geschriebener Text in Form von Briefen eines Epstein-Mitarbeiters aus den Anfangszeiten der Beatles. 1999 schrieb er das Vorwort zu dem Buch »The Making Of The Beatles' Magical Mystery Tour« von → *Tony Barrow*. † 9.6.2004 in einem Krankenhaus in der Nähe von Darley Dale, Derbyshire.

Lit.: Yesterday – The Beatles Remembered (mit Martin Roberts, London 1988); Yesterday – My Life With The Beatles (USA 1991); The Beatles – A Secret History (London 2001); With The Beatles (London 2003)

TAYLOR, DEREK

Pressesprecher, Publizist und enger Freund der Beatles, * 7.5.1934 in Liverpool. Derek Taylor arbeitete als Journalist, u.a. für die

Liverpool Daily Post und das *Liverpool Echo*. Die Beatles sah er zum ersten Mal am 30.5.63 auf deren Tournee mit → *Roy Orbison* mit seiner Frau Joan im Odeon Cinema in Manchester, wo Taylor damals lebte und als Theaterkritiker und Kolumnist für die in Manchester erscheinende Nord-Ausgabe des Londoner *Daily Express* arbeitete. Ab Ende 1963 schrieb er eine wöchentliche Kolumne für diese Zeitung, unter der allerdings als Verfasser der Name George Harrison stand. Derek Taylor war dann persönlicher Assistent Epsteins (für 150 £/Woche) bei → *NEMS Enterprises Limited* und in dieser Eigenschaft Mitautor bzw. Ghostwriter der 1964 in London erschienenen Brian-Epstein-Biographie »A Cellarful Of Noise« (für 600 £ + 2,5 % der Einnahmen aus dem Buchverkauf). 1964 zog er mit seiner Frau Joan und den vier Kindern nach London und war bis 1965 Pressesprecher der Beatles. Er schrieb auch einige Worte des Textes zum Song »Savoy Truffle« (1968, LP »The Beatles«, bekannt als »Weißes Album«). Nach einem Zerwürfnis mit → *Brian Epstein* ging er mit seiner Familie nach Los Angeles/Calif., wo er als English Director of Creative Services und Vizepräsident bei Warner Brother Records in Burbank/Calif. arbeitete – u.a. mit The Beau Brummels, Paul Revere and The Raiders, → *The Beach Boys*, → *The Byrds* und Captain Beefheart. Im Frühjahr 1967 initiierte er mit Lou Adler, John Philips und Alan Pariser das → *Monterey Pop Festival*. Im Juli 1967 besuchte ihn George Harrison in Los Angeles. Er stand weiterhin in engem Kontakt zu den Beatles und ging im April 1968 nach Suffolk/GB zurück. Am 29.3.1968 wurde er Pressechef von → *Apple Corps Limited* und in dieser Eigenschaft auch John Lennons Pressechef. 1970 verließ er Apple und ging zu Warner Bros Records. John Lennon unterhielt mit ihm bis in die 1970er Jahre einen regen Briefwechsel. Im November 1986 und April 1987 erschienen auf dem Label Cicadelic zwei LPs mit Interviews, die Taylor im Februar/März 1965 mit den Beatles bei den Dreharbeiten zu »Help!« auf den Bahamas führte: »Here There And Everywhere« und »Moviemania!«. Taylor ist auch Mitautor der 1980 erschienenen George-Harrison-Biographie »I Me Mine« und Autor der Bücher »As Time Goes By – Living In The Sixties« (London/San Francisco 1973, Ann Arbor/Mich. 1983 – Rock & Roll Remembrances Series Vol. 3, London 1984, 1997), »Fifty Years Adrift (In An Open-Necked Shirt)« (Guildford 1984), »It Was Twenty Years Ago Today« (London 1986, New York 1987), »Getting Sober ... And Loving It!« (mit Joan Taylor, London 1992) und »Save Food Handbook« (London 1993). Jonathan Green interviewte ihn für sein Buch »Days In The Life: Voices From The English Underground 1981–1971« (London 1988). Am 28./29.8.1982 nahm er an der → *Beatles-Convention* »Mersey Beatle Extravaganza« in Liverpool teil. Bis zu seinem Tod am 7.9.1997 arbeitete er als beratender Redakteur am Buch »The Beatles Anthology«. Er hinterließ seine Frau Joan und sechs Kinder (Dominic, Timothy, Gerard, Abigail, Vanessa und Anabel). 2001 erschien auf dem britischen Label Thunderbolt eine CD mit Interviews, die Derek Taylor mit den Beatles führte (»Here, There And Everywhere«, ursprünglich bei Cicadelic Discs, 1993 bei One Way). Larry Kane interviewt darauf auch Derek Taylor (rec. 1964).

TAYLOR, JAMES

* 12.3.1948 in Boston/Mass./USA, als zentrale Figur der »Singer/Songwriter-Renaissance« Anfang der 1970er Jahre war James Taylor einer der ersten Gaststars auf dem Apple-Label, wo → *Peter Asher* sein Debüt-Album »James Taylor« produzierte, erschienen am

6.12.1968. Auf dem darauf befindlichen Song »Carolina On My Mind«, rec. im Juli 1968, auch als Single erschienen, spielt Paul McCartney Bassgitarre. James Taylor hatte mit seiner Band The Flying Machine als Begleitgruppe für → *Peter and Gordon* auf deren USA-Tournee gespielt. Taylor nannte später als seinen liebsten Lennon/McCartney-Song »A Day In The Live«.

Lit.: Halperin, Ian: Fire And Rain – The James Taylor Story (New York 2000, London 2003); White, Timothy: Long Ago & Far Away: James Taylor – His Life & Music (London 2005) • www.jamestaylor.net; www.james-taylor.com

TCHICAI, JOHN (MARTIN)

* 28.4.1936 in Kopenhagen. Der Avantgarde-Jazzmusiker (as, ss, ts, fl, bcl) wurde bekannt als Altsaxophonist auf John Coltranes legendärer LP »Ascension« (1965) – laut »Down Beat« »vermutlich die kraftvollsten menschlichen Klänge, die jemals auf Schallplatte aufgenommen wurden«. Danach arbeitete John Tschicai als Solist und mit zahlreichen europäischen und amerikanischen Avantgarde-Jazzern – u.a. mit Albert Ayler und Archie Shepp. Am 2.3.1969 spielte Tchicai mit → *John (William) Stevens* (dr, perc, tp) und anderen europäischen und südafrikanischen Musikern in der Lady Mitchell Hall der Cambridge University. Den zweiten Teil des Konzertes sollten John Lennon und → *Yoko Ono* bestreiten. Vor dem Konzert sprach John Lennon ihn an, ob er in seinem Set nicht mitspielen wollte. Zuerst spielten John Lennon und Yoko Ono, dann stiegen Tchicai und Stevens ein. Ein Mitschnitt des Konzertes erschien unter dem Titel »Cambridge« am 9.5.1969 als Seite 1 der LP »Unfinished Music No. 2 – Life With The Lions« – der ersten LP auf dem Apple-Sub-Label → *Zapple Records*. John Tchicai lebt heute als Lehrer und Musikdozent in Kalifornien.

TEDDY BOY

Song von Paul McCartney, 1968 in → *Rishikesh* begonnen und in Schottland und London fertig gestellt, aufgenommen November 1969 bis März 1970 (nach Geoffrey Giuliano: Two Of Us, Harmondsworth 1999, bereits am 24., 25. und 29.1.1969). Der Song schaffte es bis auf die Testpressung der LP »Get Back« von → *Glyn Johns*. → *Phil Spector* mischte diesen Song für die LP »Let It Be« dann neu ab, er wurde jedoch nicht verwendet. Am 17.4.1970 erschien dann der Song auf Paul McCartneys erster Solo-LP (»McCartney«). Paul McCartney spielte auf dieser LP sämtliche Instrumente selbst. Die Harmonien singen → *Linda McCartney* und Paul McCartney. Die »Beatles-Version« erschien erst am 28.10.1996 auf der DoCD »The Beatles Anthology 3«.

TEDDY BOYS

(auch: Teds) Bezeichnung für die britischen »Halbstarken« in den 1950er/1960er Jahren – ein visueller und akustischer (→ *Rock'n'Roll*!) Angriff auf die bürgerliche Gesellschaft. Die Jugend besaß erstmals Geld und damit wirkliche Macht. Christian Grafs Definition der Teddy Boys im »Punk Lexikon« (Berlin, 2. Aufl. 2001): »Trugen ihre Jacketts immer ein paar Nummern zu groß und stärkten ihre Elvis-Tollen mit Brillantine.« → *Cynthia Lennon* über John Lennon: »Ich glaube, er war der letzte Vertreter der Teddy Boys – total aggressiv und gegen das Establishment.« (»A Twist of Lennon«, S. 24) Und Tony Bramwell, ein Nachbar von Johns Mutter Julia, erinnert sich: »John war gekleidet wie ein Teddy Boy, der er aber gar nicht war, aber er hatte oft Probleme im Halewood Youth Club. Wenn es irgendwelche Dummheiten oder Sachbeschädigungen gab, zeigten die Finger immer auf John.« Auch George Harrison erinnerte sich später, dass er beim ersten

Kontakt mit → *The Quarrymen* in der Wolton Hall in Garston, Liverpool, von John Lennons »trendy Teddy-Boy-Klamotten« beeindruckt gewesen sei. Und Cynthia Lennon bestätigt: »Ich hatte Angst vor ihm. Er war so grob. Er wollte nie nachgeben. Er kämpfte immer.« Noch in den 1960er Jahren warnten in britischen Clubs Schilder: »At the request of the Council – no Teddy Boys«. Die Teds erlebten in der ersten Punk-Periode Mitte der 1970er Jahre eine erste Renaissance. Die Musik ist u.a. auf der CD »The Teddyboy Generation« (2003) dokumentiert. Jack Kerouac: »›Teddy Boys‹ sind das englische Gegenstück unserer Hipster und haben überhaupt nichts mit den ›Zornigen jungen Männern‹ zu tun, denn sie sind beileibe keine Typen, die an den Straßenecken stehen und Schlüsselketten kreisen lassen, sondern universitätsgebildete und intellektuelle Gentlemen gutbürgerlicher Herkunft, meist ohne viel Drive und wenn doch, dann eher politisch als künstlerisch. Teddy Boys sind Straßeneckendandies.« (Passing Through (Desolation Angels), 1960; dt.: Engel, Kif und neue Länder, Reinbek b. Hamburg 1971)

Lit.: Steele-Perkins, Chris; Smith, Richard: The Teds (London 1979, London 2002)

TELL ME IF YOU CAN

Song, geschrieben im Dezember 1962, aufgenommen von → *Tony Sheridan* und Bobby Patrick's Big Six im Februar 1964, von dem Sheridan (u.a. in einem Interview in *Beatlemania* 6/1991) behauptet, er habe ihn zusammen mit Paul McCartney während ihres Aufenthaltes in Hamburg geschrieben. Tony Sheridan in einem Brief an Rainer Moersvom → *Beatles Museum*: »Der Song ›Tell Me If You Can‹ entstand 1962 in meiner Wohnung in Hamburg. Ich saß seinerzeit mit Paul bei einem Bier zusammen, wie wir es schon so oft taten. Wir hatten unsere Gitarren dabei, und im Laufe des Abends enstand ›Tell Me If You Can‹.« (*Things* Nr. 99, März 2003) Sheridan: »Ich habe es aber noch nicht fertiggebracht das zu verwerten, weil ... ich weiß nicht. So gut ist das Stück auch nicht und ich glaube nicht, dass Paul sehr erfreut wäre. Er müsste sich dafür begeistern können, das wäre gut.« Auf einem Festival in Nashville hätte er den Titel nach eigener Aussage fast gespielt – »Ich habe es dann aber doch nicht gemacht.« 1998 kam der Titel dann auf einer gleichnamigen → *Bootleg*-CD heraus, in einer Aufnahme Tony Sheridans, entnommen einer One-Track-CD, die nur für Freunde als Weihnachtsgeschenk bestimmt war. Vom 27.1. bis 2.2.2001 war Sheridan mit der österreichischen → *Cover-Band* → *Beatles Unlimited* im Studio und nahm u.a. auch diesen Song neu auf. Am 21.12.2003 spielte er ihn zum ersten Mal live – im »Frankfurter Hof« in Mainz. Auf der SP »Tell Me If You Can« (2004) von → *Chantal* befinden sich vier Studio-Versionen des Songs – mit Tony Sheridan, Geff Harrison und strictly instrumental, aufgenommen vom 9. bis 12.4.2004 in den → *Abbey Road Studios*. Der Titel mit Tony Sheridan und Chantal liegt inzwischen auch auf der CD/DVD »Chantal Meets Tony Sheridan« auf.

TELL ME WHAT YOU SEE

Song von John Lennon/Paul McCartney, aufgenommen am 18.2.1965, erstmals erschienen am 14.6.1965 auf der LP »Beatles VI«, am 6.8.1965 auf der LP »Help!«. Zahlreiche → *Cover-Versionen*, u.a. von The George Martin Orchestra, Electric Sound Orchestra (d.i. Martial Martinay), John Egniz Connection (Wolfgang Zinke), Teenage Fanclub und BTJ.

TELL ME WHY

Song von John Lennon/Paul McCartney, aufgenommen am 27.2.1964, erstmals erschienen am 10.7.1964 auf der LP »A Hard Day's Night« und am 6.11.1964 auf der EP »Extracts From The Film A Hard Day's Night«. 2002 erschien unter diesem Titel in New York ein Buch von Tim Riley, der darin jedes Album und jeden Song der Beatles musikalisch analysiert. Zahlreiche → *Cover-Versionen*, u.a. von Me And Them, Billy Lee Riley (harm), Rundfunk-Tanzorchester Berlin, Didi & His ABC-Boys (»Sei mir treu wie Gold«), The Beach Boys, Beatles Forever, The Punkles, Les Lionceaux (»Dis-moi pourquoi«) und Brinsley Schwarz.

THANK YOU GIRL

Song von John Lennon/Paul McCartney, aufgenommen am 5. und 13.3.1963, erstmals erschienen am 11./12.4.1963 auf Single (b/w »From Me To You«) und am 6.9.1963 auf der EP »The Beatles' Hits«. Die komplette Aufnahmesession für die dritte Single der Beatles dokumentiert die → *Bootleg*-CD »March 5, 1963 – The Complete Session Tape For The Third Single« (Vigotone, Australien). Eine weitere Version erschien am 28.10.1994 auf der DoCD »Live At The BBC«, aufgenommen live im Playhouse Theatre, London, am 19.6.1963 (Produzent: Ron Belchier, gesendet am 23.6.1963). Zahlreiche → *Cover-Versionen*, u.a. von Fabulant & Tartaruga (»Memia bel«) und Beatles Forever.

THANK YOUR LUCKY STARS

Britische Fernsehsendung von ABC Television bei Independent Television (ITV), Produzent: Philip Jones; hier hatten die Beatles am 19.1.1963 mit »Please Please Me« (allerdings mit Voll-Playback, rec. am 13.1.1963 in den Alpha Television Studios, Birmingham) ihren ersten landesweiten Fernsehauftritt. Den Auftritt hatte → *Dick James* vermittelt. Im Laufe des Jahres 1963 traten die Beatles noch 7 Mal in der Show auf, darunter in einigen Specials, die der Liverpooler Szene gewidmet waren. Die Sommer-Shows der Serie hießen »Summer Spin« (auch hier waren die Beatles dabei). Am 14.11.1964 nahmen sie in den Teddington Studios vier Songs für ein ihnen gewidmetes Special mit dem Titel »Lucky Stars Special« auf, das am 21.11.1964 gesendet wurde. Am 3.4.1965 strahlte ABC-TV eine weitere Folge mit den Beatles aus, aufgezeichnet am 28.3.1965. Und natürlich durften die Beatles auch in der letzten Ausgabe der Sendung am 25.6.1966 nicht fehlen – gezeigt wurde ihr Video zu »Paperback Writer«. Das Material erschien inzwischen auf diversen → *Bootlegs*, u.a. auf »Thank Your Lucky Star« (Cosmic Communication, Italien). Das Album »Thank Your Lucky Stars« der amerikanischen Band Whitehouse (1990) hat natürlich nichts mit der Sendung und den Beatles zu tun.

THAT MEANS A LOT

Song von John Lennon/Paul McCartney, erstmals aufgenommen am 7.4.1965 von P. J. Proby (Produzent: Ron Richards), veröffentlicht auf Single am 5.7.1965 in den USA (b/w »Let The Water Run Down«; in Großbritannien am 17.9.1965). Der Song sollte ursprünglich auf der LP »Help!« bzw. der »Sessions«-LP erscheinen; die Beatles-Version, aufgenommen am 20.2. und 30.3.1965, wurde erst im März 1996 auf »The Beatles Anthology 2« veröffentlicht. Zahlreiche → *Cover-Versionen*, u.a. von Pierson Parker Janovitz Project, The Beatnix und The Saltbee.

THAT WOULD BE SOMETHING

Song von Paul McCartney, geschrieben 1969 in Schottland, aufgenommen November 1969–März 1970, erschienen am 17.4.1970 auf Paul McCartneys erster Solo-LP (»McCartney«). Paul McCartney spielte auf dieser LP sämtliche Instrumente selbst. Eine weitere

Version erschien im Mai 1991 auf der Paul-McCartney-CD »Unplugged – The Unofficial Bootleg«.

THAT'LL BE THE DAY

Song von Allison/Buddy Holly/Petty, von → *The Quarrymen* (Paul McCartney, John Lennon und George Harrison sowie → *Colin Hanton* (dr) und → *John »Duff« Lowe* (p)) auf eine → *Schellackplatte* (b/w »In Spite Of All The Danger« von George Harrison und Paul McCartney) aufgenommen im Sommer 1958 im Hinterzimmer von Percy F. Phillips' Liverpooler Elektrowarenladen, das als »Heimstudio« diente – eine der ganz frühen Aufnahmen, erschienen am 20.11.1995 auf der DoCD »The Beatles Anthology 1«. Der Song war im September 1957 eine Nr. 1 für → *Buddy Holly*, und Paul McCartney hatte ihn im März 1958 auf seiner einzigen britischen Tournee live erlebt. John Lennon in einem Interview: »Das erste Lied, das ich zu spielen lernte, war ›That'll Be The Day‹. Meine Mutter brachte es mir auf dem Banjo bei. Mit endloser Geduld saß sie neben mir, bis ich alle Griffe gelernt hatte.« Das Video »The Real Buddy Holly Story« (rel. August 1986 PMI) enthält die erste offiziell öffentlich zugängliche Version des Songs.

THAT'S ALL RIGHT MAMA

Song von Arthur »Big Boy« Crudup, von Elvis Presley 1954 für seine erste Single aufgenommen. Paul spielte den Song dann bei → *The Quarrymen*. Am 2.7.1963 nahmen die Beatles den Song in den Maida Vale Studios, London, für die → *BBC*-Sendung → *Pop Go The Beatles* auf (gesendet am 16.7.1963). Erschienen am 28.10.1994 auf der DoCD »Live At The BBC«. Eine weitere Version erschien im Oktober 1988 auf Paul McCartneys LP »Snova v SSSR«.

THEIR BIGGEST HITS

Auf → *Tollie Records* evtl. im April 1964 erschienene EP mit den Titeln »Love Me Do«, »Twist And Shout«, »There's A Place« und »P.S. I Love You«. Die EP existiert aber wahrscheinlich nur als → *Bootleg*, erschienen in den 1970er Jahren.

THEME FROM »THE FAMILY WAY«

Komposition von Paul McCartney, erstmals aufgenommen am 10.12.1966 von The George Martin Orchestra.

(THERE'S A) DEVIL IN HER HEART

Song von Richard B. Drapkin, aufgenommen 1962 von The Donays – da es eine Girl-Gruppe war, hieß der Song natürlich »(There's A) Devil In His Heart« – von den Beatles aufgenommen am 18.7.1963, erstmals erschienen am 22.11.1963 auf der LP »With The Beatles«.

THERE'S A PLACE

Song von John Lennon/Paul McCartney, aufgenommen am 11.2.1963, erstmals erschienen am 22.3.1963 auf der LP »Please Please Me« und am 12.7.1963 auf der EP »Twist And Shout«. Zahlreiche → *Cover-Versionen*, u.a. von The Kestrels, Les Surfs (»Oh Chagrin«), Wicz, Herman van Keeken (»Du bist schön«), The George Martin Orchestra, Beatles Forever, The Aranbee Pop Symphony Orchestra Under The Direction Of Keith Richard und Collage.

THINGS

Seit November 1977 (ursprünglich unter dem Titel *Things We Tell Today*) erscheinendes Fanzine des Beatles Information Center West Germany, ab Ausgabe 46 vom → *Beatles Museum* Köln (ab 2000 in Halle/S.) herausgegeben, ISSN 1617-8114, Untertitel ab Nr. 81/Juni 2001 »Magazin vom Beatles

Museum«, Erscheinungsweise: zweimonatlich (oder öfter). Redaktion: Rainer Moers, Stefan Kruter, Philipp Schreiner und Martin Schmidt.

THINGS WE SAID TODAY

Song von John Lennon/Paul McCartney, aufgenommen vom 1. bis 3.6.1964, erstmals erschienen am 10.7.1964 auf Single und auf der LP »A Hard Day's Night«. → *Brian Epstein* hatte den Song ursprünglich The Searchers gegeben, die ihn jedoch nicht aufnahmen. Am 14.7.1964 nahmen die Beatles den Song im Broadcasting House, London, für die → *BBC*-Sendung → *Top Gear* (Produzent: Bernie Andrews, gesendet am 16.7.1964) auf. Erschienen am 28.10.1994 auf der DoCD »Live At The BBC«. Eine weitere Version erschien im November 1990 auf Paul McCartneys CD »Tripping The Live Fantastic«. Zahlreiche → *Cover-Versionen*, u.a. von John Pizzarelli, Os Vips (»Coisas que acontecem«), The Iguanas With Iggy Pop, The Hollyridge Strings, Loving Hearts (»Manchmal wenn ich träume«), The Sneakers, Cliff Richard, Jacky DeShannon, Zuki Rock'n'Roll Band, Madooo (Madhukar Chandra Dhas), Laurence Juber, Chantal, The Silhouettes, Hou-Lops (»Ces mots qu'on oublie un jour«), Beatles Forever, The Koppycats (Ian & The Zodiacs) und BTJ.

THINGUMYBOB

Komposition von John Lennon/Paul McCartney, eigentlich als Titelmelodie für die gleichnamige Wochenend-TV-Serie geschrieben, erstmals aufgenommen am 30.6.1968 in Saltaire in der Nähe von Bradford von → *The Black Dyke Mills Band*, produziert von Paul McCartney und erschienen am 26.8.1968 auf dem Apple-Label. Die Serie mit Paul McCartneys Titelmelodie wurde zum ersten Mal am 2.8.1968 von London Weekend Television ausgestrahlt.

THINK FOR YOURSELF

Song von George Harrison, aufgenommen am 8.11.1965, erstmals erschienen am 3.12.1965 auf der LP »Rubber Soul«. Zum ersten Mal äußerte hier George Harrison eigene Gedanken. Die Zeile »Versuch, weiter zu denken, und sei es auch nur dir zuliebe« beinhaltet seine Philosophie für die nächsten Jahre. Später wusste er nicht mehr genau, was oder wer ihn zu diesem Song inspiriert hatte – »wahrscheinlich die Regierung«. Zahlreiche → *Cover-Versionen*, u.a. von The Out-Of-Towners, Yonder Mountain String Band, Finley Quaye und The Zinedines.

THIS BOY

Song von John Lennon/Paul McCartney, aufgenommen am 17.10.1963, erstmals erschienen am 29.11.1963 auf Single. 1998 verband Scott McCarl, Ex-Raspberries, in seinem Song »In Love Without A Girl« (CD »Play On«) das Original Vocal Arrangement des Titels mit der Instrumentalversion von »A Hard Day's Night« von → *George Martin*. Zahlreiche → *Cover-Versionen*, u.a. von Shirley Abicair (»This Girl«), The Leon Young Strings, The George Martin Orchestra (als »Ringo's Theme«), Deuces Wild, Tim Allen, Denis Lotis, The Hill/Wiltschinsky Guitar Duo, The Bee Gees, Les Lionceaux (»Cette fille«), Laurence Juber, Sean Lennon & Rufus Wainwright und BTJ.

THIS IS THE … SAVAGE YOUNG BEATLES

Mitte 1964 auf dem Label Savage und am 31.7.1982 auf dem Label Charly erschienene → *Kompilation* mit frühen Aufnahmen von → *Tony Sheridan* & The Beatles und Tony Sheridan & The Beat Brothers. Im Dezember 1987 erschien das Material auf dem Label Topline auf der CD »Tony Sheridan – The Beatles«. Am 31.7.1982 erschien die 10"-LP »Savage Young Beatles« (Charly Records, identisch mit der LP »The Beatles Featuring Tony Sheridan. Hamburg 1961«, Topline, rel. 16.11.1984, der CD »The Beatles First«, Polydor, rel. Dez. 1984, und der CD »Hamburg 1961«, Topline, rel. Juni 1987), am 1.10.1989 die gleichnamige CD (Romance Records), ebenfalls mit Material aus Hamburg.

THOMAS, CHRIS

Produzent einiger Titel des »Weißen Albums« (1968), an einigen Songs ist er auch als Musiker beteiligt. So spielt er in »Piggies« Cembalo und in »The Continuing Story Of Bungalow Bill« → *Mellotron*.

THORNE, KEN

Britischer Bandleader, Komponist und Arrangeur. Sein Orchester spielte in dem Beatles-Film »Help!« (1965) die Filmmusik und ist auch auf der LP »Help! – Original Sound Track Album« (rel. 13.8.1965) zu hören – mit den Titeln »Bond Theme« (Monty Norman), »From Me To You Fantasy« (John Lennon/Paul McCartney), »In The Tyrol« (Richard Wagner/arr. Ken Thorne), »Another Hard Day's Night« (John Lennon/Paul McCartney), »The Bitter End« (Ken Thorne) und »The Chase« (Ken Thorne). Er komponierte auch die Filmmusik zu »How I Won The War« (1966/1967) und »The Magic Christian« (1969). Weitere Filmmusiken (als Komponist und/oder Orchesterleiter): u.a. »Funny Thing Happened On The Way To The Forum« (1966, Academy Award), »Head« (The Monkees, 1968), »Inspector Clouseau« (1968), »Juggernaut« (1974), »The Ritz« (1976), »Superman II« (1980), »Superman III« (1983), »The King & I« (1999). 1997 zeichnete er verantwortlich für das Sampling des Debüt-Albums »Dummy« von Portishead.

The Three Normal Beatles: Beatles-Cover-Band aus Hamburg

THREE COOL CATS

Song von Jerry Leiber/Mike Stoller, die B-Seite der Single »Charlie Brown« der Coasters aus dem Jahre 1959, von den Beatles am 1.1.1962 in London beim → *Decca*-Vorspiel gespielt. Nachdem der Titel auf mehreren → *Bootlegs* veröffentlicht worden war (→ *Decca Tapes*), erschien er zum ersten Mal am 20.11.1995 offiziell auf der DoCD »The Beatles Anthology 1«.

THE THREE NORMAL BEATLES

Beatles-Cover-Band aus Hamburg, 1992 gegründet, Besetzung: Klaus Ramke (g, voc), Thorsten Seif (b; zuvor: Thomas Wenzel – b, org) und Ted Gaier (dr). Die drei Musiker spielen allerdings nicht nur Kompositionen der Beatles, sondern vor allem Rhythm & Blues britischer Prägung. 2005 trat die Band u.a. beim Fusion Festival in Mecklenburg-Vorpommern auf.

THE THREETELS

Am 23.6.1994 trafen sich Paul McCartney, George Harrison und Ringo Starr in den Friar Park Studios, Henley-On-Thames zu einer Session. Bedingung: Es sollten keine Beatles-Songs gespielt werden. Für John Lennon stand ein weißer Stuhl im Raum. Die → *Bootleg*-CD »Meet The Threetles« (Purple Chick, 2003, Untertitel: »The First Album By England's Phenomenal Pop Combo«) enthält die Titel »Raunchy«, »Thinking of Linking«, »Blue Moon of Kentucky«, »Baby What Do You Want Me To Do«, »I Will«, »Dehra Dun« und »Ain't She Sweet«. Einen Mitschnitt der Session enthält auch die Bonus-DVD zur 2003 erschienenen → *The Beatles Anthology* auf DVD.

TICKET TO RIDE

1. Song von John Lennon/Paul McCartney, aufgenommen am 15.2.1965, erstmals erschienen am 9.4.1965 auf Single (b/w »Yes It Is«), am 6.8.1965 auf der LP »Help!«, am 9.12.1966 auf der LP »A Collection Of Beatles Oldies (But Goldies)«. Paul spielt hier auch die Lead-Gitarre. John Lennon beschrieb den Song als »einen Vorläufer des Heavy Metal«. »Musikalisch die stärkste Platte, die die Beatles bis dahin gemacht hatten.« (Beatles-Kenner John Robertson) »Ticket To Ride« war der erste Song, der das klassische 3-Minuten-Format sprengte. Zahlreiche → *Cover-Versionen*, u.a. von Cathy Berberian, The Hobos, Bornagen, Jive Bunny & The Mastermixers, The Beatles Revival Band (»Sie kommt nicht mehr«), The Carpenters, Cyril Stapleton, The George Martin Orchestra, Cyril Stapleton, The Rocking Ghosts, Mary Wells, The Hill/Wiltschinsky Guitar Duo, The CT Beatles, Det Betales, Beam & Yanou feat. Domenik, The Bee Gees, Natalie Cole, The Hollyridge Strings, Guy Ridley, Gwen Guthrie, Unlimited Beat, Hard Day's Night, The Mersey Sound Orchestra, The Koppycats (Ian & The Zodiacs), Echo & The Bunnymen, The Beattells, The Day Trippers, Los Apartos (»Fatg il bagasch«), Göran Söllscher, Leo Brouwer/Ichiro Suzuki, The Punkles und Les Mistigris.

2. Titel einer Show über die frühen Jahre der Beatles, bestehend aus Filmdokumenten und Live-Szenen. Uraufführung: Juni 1994 im Towngate Theatre in Poole/GB.

TILL THERE WAS YOU

Song von Meredith Willson aus dem Broadway-Musical »The Music Man« (1957, gesungen von Robert Preston und Barbara Cook, erste Plattenaufnahme 1958, populär 1961 in der Version von Peggy Lee), 1959 ein Hit für Anita Bryant; von den Beatles aufgenommen am 30.7.1963, erstmals erschienen am 22.11.1963 auf der LP »With The Beatles« (von den Beatles auch beim → *Decca*-Vorspiel am 1.1.1962 gespielt). Am 28.2.1964 nahmen die Beatles den Song im Piccadilly Theatre, London, für die → *BBC*-Sendung → *From Us To You* (Produzent: Bryant Marriott, gesendet am 30.3.1964) auf, erschienen am 28.10.1994 auf der DoCD »Live At The BBC«. Paul McCartney revanchierte sich bei Peggy Lee 1974, als er für sie den Song »Let's Love« schrieb und produzierte.

TINY TIM

Amerikanischer Sänger, * 12.4.1933 in New York City als Herbert Khaury; er tingelte jahrelang durch die Provinz, bis er 1968 einen Hit mit »Tip Toe Thru The Tulips« (LP »God Bless Tiny Tim«) hatte. Tiny Tim sang im Falsettosopran und spielte auf der Ukulele, für »Time« war er der »bizarrste Entertainer seit den Tagen des Barnum & Bailey Circus«. Am 30.10.1968 sahen sich John Lennon und Ringo Starr ein Konzert Tiny Tims in der Lon-

»Ticket To Ride« anno 2000

doner → *Royal Albert Hall* an, das die Beatles gesponsert hatten. Er hatte auch einen kurzen Auftritt auf ihrer → *Christmas Record* 1968. † 30.11.1997.

TIP OF MY TONGUE

Song von John Lennon/Paul McCartney, erstmals aufgenommen im Juli 1963 von Tommy Quickly und am 30.7.1963 auf Single erschienen (b/w »Heaven Only Knows«). Die Beatles hatten den Titel zwar am 26.11.1962 mit → *George Martin* in den → *Abbey Road Studios* aufgenommen, die Aufnahme ging jedoch verloren. Zahlreiche → *Cover-Versionen*, u.a. von Pierson Parker Janovitz Project, The Beatnix und The Saltbee.

TITTENHURST PARK

John Lennon und → *Yoko Ono* kauften das ca. 30 km² große Anwesen in der London Road in Ascot/Sunningdale, Berkshire mit dem ca. 300 Jahre alten Herrenhaus am 4.5.1969 für 150 000 £ (damals ca. 900 000 €). Es gehörte zuvor dem Industriellen Peter Cadbury. Das Haus hatte sieben Schlafzimmer, drei Empfangsräume, einen großen Küchenbereich, zahlreiche Räume für das Personal und einige Gästehäuser. Verwalter des Anwesens wurde Lord »Ronnie« Morris, dem John Lennon zu Weihnachten 1969 sein Tagebuch schenkte – irgendwann ist es leider verloren gegangen. Im Garten ließen sie als Kunstwerk das zu einem Würfel gepresste Auto aufstellen, mit dem sie am 1.7.1969 einen schweren Unfall hatten. Am 11.8.1969 zogen sie ein. In dem Haus entstanden am 22.8.1969 die letzten gemeinsamen Fotos der Beatles (mit Yoko Ono und Linda Eastman). Nach dem Konzert von → *Bob Dylan* beim Isle of Wight Festival am 31.8.1969 kamen John Lennon, George Harrison und Ringo Starr mit Bob Dylan auf das Anwesen. Ende 1969 ließen sich die Lennons dort auch ein kleines Studio (mit zwei Studer-Tonbandgeräten B 62 und Neumann-Mikrofonen KM 84i und U 47fet) einrichten, in dem sie 1971 auch die LP »Imagine« und Yoko Onos LP »Fly« aufnahmen. An dem weißen Steinway-Flügel entstand der Song »Imagine«. Im August 1971 verließen sie die Villa und gingen nach New York, am 18.9.1973 kaufte Ringo Starr das Anwesen und zog sofort ein. Er benannte das Studio in Startling Studios um und machte es öffentlich zugänglich. 1988 zog er wieder aus, und am 21.2.1989 verkaufte er das Anwesen an Scheich Zayed bin Sultan al-Nahyan aus Abu Dhabi für 9 Mill. $. Der gab 1989/1990 noch einmal 72 Mill. $ für die Renovierung aus und ließ nebenan eine Moschee errichten. Johns Wandmalereien wurden dabei beseitigt. Im Juni 1996 wurde die Eingangstür des Hauses bei Christie's versteigert. Eine → *Hammond-Orgel* aus diesem Studio wurde am 24.11.1999 bei Bonhams für 40 000–50 000 £ angeboten.

TM

→ *Transzendentale Meditation*.

TO KNOW HER IS TO LOVE HER

Song von → *Phil Spector*, von den Beatles am 1.1.1962 in London beim → *Decca*-Vorspiel gespielt. Etwas makaber: Die Idee zu dem Song lieferte Spector die Inschrift auf dem Grabstein seines Vaters, seine Version, aufgenommen von Annette Kleinbard, Marshall Leib und ihm selbst als The Teddy Bears (+ Sandy Nelson – dr, 1958 eine Nr. 1 in den USA), hieß deshalb ursprünglich »To Know Him Is To Love Him«. Der Titel, interpretiert von den Beatles, erschien auf mehreren → *Bootlegs* (→ *Decca Tapes*). Am 16.7.1963 nahmen die Beatles den Song im BBC Paris Theatre, London, für die → *BBC*-Sendung → *Pop Go The Beatles* (Produzent: Terry Henebery, gesendet am 6.8.1963) auf. Erschienen am 28.10.1994 auf der DoCD »Live At The BBC«.

TOGETHER

Komposition von John Lennon/→ *Yoko Ono*, als Teil von »Two Virgins« erschienen 1968 auf der LP »Unfinished Music No. 1 – Two Virgins«. Der gleichnamige auf Paul McCartneys CD »Tripping The Live Fantastic« (1990) erschienene Song hat nichts mit diesem Titel gemeinsam.

TOKYO BEATLES FAN CLUB

Nach eigener Aussage der größte nicht-kommerzielle Fanclub in Japan und mit derzeit 68 000 Mitgliedern auch der größte Beatles-Fanclub der Welt. 4 x jährlich erscheint das *Tokyo Beatles Fan Club Magazine* (in englischer Sprache).

Anschrift: *4-6-304 Toyotama-Kita, Nerima-Ku, Tokyo #176, Japan.*

TOLLIE RECORDS

Kleines US-amerikanisches Label, Sub-Label von → *Vee-Jay Records*; hier erschien am 2.3.1964 die Beatles-Single »Twist And Shout«/ »There's A Place«, gefolgt von »Love Me Do«/»P.S. I Love You« (27.4.1964) und evtl. im April 1964 eine EP unter dem Titel »The Beatles: Their Biggest Hits«. Diese EP hat aber wahrscheinlich nie existiert, in den 1970er Jahren tauchte sie als → *Bootleg* auf.

TOMORROW NEVER KNOWS

Song von John Lennon/Paul McCartney, aufgenommen am 6., 7. und 22.4.1966, erstmals erschienen am 5.8.1966 auf der LP »Revolver«, musikalisch charakterisiert u.a. durch den Einsatz von Rückwärts-Bandschleifen und anderen technischen Finessen – eines der »sozial einflussreichsten Lieder, die die Beatles überhaupt gemacht haben« (Ian MacDonald). Der Song, offensichtlich unter dem Einfluss von → *LSD* entstanden, basiert auf → *Timothy Learys* psychedelischer Deutung des tibetanischen Totenbuches in »The Psychedelic Experience«. John Lennon hatte dieses Buch am 1.4.1966 bei → *Indica Books and Gallery* in London gekauft. Der Beginn des Songs (»Turn off your mind, relax and float downstream – it is not dying«) ist eine direkte Reverenz an Leary. John Lennon wollte ursprünglich auch wirklich tausend singende Mönche für den Background haben, seine eigene Stimme wurde im Studio über ein Megaphon durch einen Leslie, einen Lautsprecher mit rotierenden Hörnern, moduliert. Arbeitstitel des Songs waren »The Void« und »Mark I«, Ringo Starr hatte dann die Idee für den Titel. Ein ausgezeichnetes Essay über den Song findet sich in Ian McDonalds Buch »Revolution In The Head«. Zahlreiche → *Cover-Versionen*, u.a. von Christy Baron, Jimi Hendrix, Phil Collins, The Mirage, Ann Dyer & No Good Time Fairies, Dawn Thompson, Jay Atwood & Susan Maccorkle, The Mission, Christy Baron, The Punkles, BeatleJazz, Michel Decurtins & Silke Schmeing (»Damaun mai na sa«), Five O'Clock Shadow, Bastion, Collage und 801 + Phil Manzanera & Brian Eno.

TONBAND (MAGNETTONBAND)

Magnetisierter bandförmiger Informationsträger in Spulen- oder Kassettenform. Die Trägerschicht besteht aus Polyester, auf das die Magnetschicht (magnetisierbare Kristalle in einem organischen Bindemittel) in einem Gießverfahren aufgebracht wird. Auch wenn diese Technik ständig weiterentwickelt wurde, hat sie heute an Bedeutung verloren. Zu Beatles-Zeiten waren Tonbänder noch ein wichtiges Medium. Die Get-Back-Sessions wurden z.B. mit einigen tragbaren Nagra-Zweispur-Recordern auf 507 Tonbändern aufgenommen. Am 10.1.2003 wurden bei einer Razzia der niederländischen Polizei in einem Lagerhaus bei Amsterdam Bänder mit Aufnahmen der »Get Back«-Sessions gefunden – wahrscheinlich Kopien der Filmtonspuren. Da es immer wieder Spekulationen über die Echtheit der Bänder gab, wurden sie beim Hersteller BASF in Ludwigshafen geprüft – und für echt befunden. 1989 bot Alf Bicknell, Chauffeur der Beatles, auf einer Auktion fünf Bänder mit Aufnahmen der Beatles an. Dem Online-Auktionshaus Moments In Time in Washingtonville/NY lag im Dezember 2003 nach eigenen Angaben eine Songliste mit dem Briefkopf des Davlen-Studios in Los Angeles mit den Stücken »Happy Feeling«, »Back Home«, »Rockin' Once Again«, »People Of The 3rd World« und »Little Girl« und ein Masterband der Beatles vor, auf dem die Stücke gewesen sein sollen. Doch die Fab Four hätten sich am 2.11.1976 im Studio zerstritten und seien wieder nach Hause gegangen, nachdem sie das Band gelöscht hatten. In den Abbey Road Studios soll sich allerdings in einem Tresor noch ein weiteres Band der Session befinden. Moments In Time behauptete, Zeugen für die Recording-Session zu haben, die belegen könnten, dass auch George Martin anwesend war. Immer wieder tauchen auch Tonbandaufnahmen der Beatles auf Flohmärkten auf, so z.B. Anfang 2003 in Sydney mit Aufnahmen aus dem Jahre 1969 (einst verworfene Aufnahmen zum »Weißen Album« und zu »Abbey Road«) und im Juli 2004 in Lara bei Melbourne/Australien u.a. mit Versionen von »We Can Work It Out« und »Cry Baby Cry«, die noch nie in der Öffentlichkeit zu hören waren. Der glückliche Finder zahlte gerade mal knapp 35 € dafür! Wahrscheinlich handelte es sich dabei um Band-zu-Band-Aufnahmen der Alben »Abbey Road« und »The Beatles« (White Album). Im April 2004 wurde im Internet der Mitschnitt eines Anrufes John Lennons bei Anthony »Tony« Cox auf Band angeboten. Auch von Auftritten der Beatles tauchen immer wieder Live-Mitschnitte auf Band auf.

TOO BAD ABOUT SORROWS

Song von John Lennon/Paul McCartney, lt. → *Bill Harry* eventuell der erste Song, den sie gemeinsam schrieben, im Repertoire der → *Quarrymen*, offiziell unveröffentlicht (Quelle: »The Commercially Unreleased Songs«, in: Geoffrey Giuliano: Two Of Us, Harmondsworth 1999). Der Song wurde mehrmals bei den »Get Back«-Sessions gespielt.

TOO MANY COOKS

Song von Willie Dixon auf einer nicht veröffentlichten Apple-Single, produziert von John Lennon, mit John Lennon (g), Ringo Starr/Jim Keltner (dr) und Mick Jagger (voc), aufgenommen am 25.3.1974 in den Record Plant Studios West in Los Angeles. Zur Besetzung und zum Aufnahmezeitraum (Ende 1973 bis Mitte 1974) gibt es allerdings widersprüchliche Angaben. Der Titel ist wohl eine Anspielung auf »Too Many Cocks« (dt.: »Zu viele Schwänze«). → *Phil Spector*, der die Aufnahmen des »Jim Keltner Fan Clubs« (so nannten sich die Musiker der Sessions) produzierte, war an diesem Tag nicht im Studio. Erschienen u.a. Anfang der 1970er Jahre auf der → *Bootleg*-DoLP »Sing This All Together«, 1976 auf der Bootleg-EP »The Beatles Get Together« (Tobe Milo), 1991 auf der Bootleg-CD »Through The Years« (Fab Four Rarities) sowie auf »Brandy Alexanders And The Wall Of Sounds« (3 CDs) und »Shot Of Salvation«. Auch in der Rundfunkserie → *The Lost Lennon Tapes* wurde der Song ausgestrahlt (Episode 156 im Januar 1991). Ein Exemplar eines 10"-Acetates aus dem Besitz von Ron Wood (The Rolling Stones) wurde am

20.2.2003 von dem Londoner Schallplattenhändler Tom Fisher für 1400 £ (ca. 2100 €) versteigert. Seine Story: Er hatte sie 1999 für 20 £ (ca. 32 €) gekauft, Mick Jagger hatte die Echtheit der Aufnahme bestätigt – was ohnehin nie jemand bezweifelt hat.

TOO MUCH MONKEY BUSINESS
Die Beatles hatten diesen Song von → *Chuck Berry* seit 1960 im Repertoire. Am 3.9.1963 nahmen sie ihn in den Londoner Aeolian Hall Studios für die → *BBC*-Sendung → *Pop Go The Beatles* (Produzent Ian Grant, gesendet am 10.9.1963) auf. Erschienen am 28.10.1994 auf der DoCD »Live At The BBC«.

TOP GEAR
Von → *Brian Matthew* und Bernie Andrews (→ *Saturday Club*) gestaltete Rundfunksendung der → *BBC*, in der die Beatles im Sommer 1964 zwei Mal live auftraten – am 16.7.1964 bei der Premiere der Sendung (»Things We Said Today«, aufgenommen am 14.7.1964, im Broadcasting House, London, Produzent: Bernie Andrews) und am 26.11.1964 (»She's A Woman«, aufgenommen am 17.11.1964 im Playhouse Theatre, London, Produzent: Bernie Andrews). Die Beatles spielten in den Sendungen bis zu sechs Songs. Später moderierte auch → *John Peel* die Sendung, des Öfteren wurden Songs der Beatles gesendet.

TOP OF THE POPS
Beliebte TV-Show der → *BBC*1, erfunden von DJ Jimmy Savile, moderiert von → *Brian Matthew* und produziert von Johnnie Stewart – eine Reaktion auf das Format → *Ready Steady Go* von ITV. In der ersten Sendung, ausgestrahlt am 1.1.1964, zeigte DJ Jimmy Savile u.a. Filmclips der Beatles – eröffnet wurde die zunächst auf zwölf Folgen konzipierte Reihe allerdings von den → *Rolling Stones*. Die Sendung wurde live ausgestrahlt, die Musiker spielten allerdings auf Drängen der Gewerkschaft Playback, das sie zuvor selbst einspielten. Am 25.3.1964 spielten die Beatles in dieser Sendung »Can't Buy Me Love« und »You Can't Do That« – die Playback-Aufnahmen zur Plattenaufnahme entstanden am 19.3.1964 im Television Theatre im Londoner Stadtteil Shepherd's Bush Green. Am 7.7.1964 wurde ein weiterer Auftritt aufgenommen, gesendet am nächsten Tag. Am 16.11.1964 wurde ein Auftritt in den Riverside Studios in Hammersmith/London für die Sendung aufgezeichnet. Die Sendung am 3.12.1964 zeigte die Beatles mit »I Feel Fine«. Am 2.6.1966 waren in dieser Sendung erstmalig die Video-Clips zu »Paperback Writer« und »Rain« zu sehen. Am 16.6.1966 traten die Beatles zum ersten und letzten Mal als Gruppe live in der Sendung auf – es war zugleich ihre letzte Live-Fernsehsendung mit Musik. Ab 1967 wurde die Show in den Londoner Elstree Studios aufgezeichnet. Am 16.2.1967 waren die Clips zu den Beatles-Songs »Strawberry Fields Forever« und »Penny Lane« in der Sendung zu sehen. Am 20.3.1967 interviewte Brian Matthew die Beatles für seine Rundfunksendung mit dem gleichen Titel. Hausfotograf der Sendung war 1964–1973 Harry Goodwin, er dokumentierte auch die Auftritte der Beatles. Am 11.2.1970 mimte die → *Plastic Ono Band* einen Live-Auftritt in der Sendung mit »Instant Karma!«. Trotz der Besetzung John Lennon (voc, el-p), → *Klaus Voormann* (b), → *Alan White* (dr), → *Mal Evans* (tamb) und → *Yoko Ono* (anwesend) wurde allerdings nur Johns Gesang aufgezeichnet, die Musik der anderen wurde von der Single eingespielt. Der Song wurde am 12.2.1970 gesendet. Am 5. und 19.3.1970 sendete »Top Of The Pops« Film-Clips, die die Beatles bei den Aufnah-

men zu »Let It Be« zeigten. → *Bootlegs* wie »BBC Radio's Top Of The Pops« und »Top Of The Pops« dokumentieren Auftritte der Beatles in der Show. Nach der Trennung der Beatles trat Paul McCartney weiter in der Sendung auf – so z.B. am 3.12.1987 und am 3.8.1989. Die Sendung läuft noch heute und wird mittlerweile in 112 Länder exportiert – im englischen Original oder mit landeseigenen Moderatoren-Teams. Der deutsche Ableger als eigene Produktion mit geliehenem Namen wird seit 1998 auf RTL ausgestrahlt. Trotz zweier Krisen 1977 und 1997 wurden inzwischen über 1800 Folgen gesendet. 2000 erschien auf Video und DVD der Dokumentarfilm »Top Of The Pops – True Story«. Am 23.5.2001 (wiederholt am 26.5.2001) war auch Paul McCartney wieder einmal Gast der Sendung. Seit 2001 werden jährlich in neun Kategorien die »Top Of The Pops Awards« verliehen. Während in den 1970er Jahren noch ca. 20 Mill. Menschen die Show sahen, waren es 2003 nur noch knapp 3 Mill. Die BBC plante deshalb einen erneuten kompletten Relaunch. »Erfinder« Jimmy Savile bezeichnete die Krise als hausgemacht. Sein Tipp: »Nehmt die Leute ernst, bringt sie zum Rocken.« (*Berliner Zeitung* 1.8.2003)
www.bbc.co.uk/totp

TOP TEN CLUB
1. Club in Hamburg in den 1960er Jahren (Reeperbahn Nr. 136), eröffnet am 31.10.1960, hervorgegangen aus dem 1960 geschlossenen Zirkus »Hippodrom« und als Konkurrenz zu → *Indra* und → *Kaiserkeller*. Geschäftsführer: Peter Eckhorn (eigentlich Gastronom, † 19.5.1978 an Nierenversagen)/→ *Horst Fascher*. Im Top Ten waren die Beatles des Öfteren, um → *Tony Sheridan* (der auch zu den Top Ten All Stars gehörte) zu sehen, sie spielten hier im November/Dezember 1960, bei ihrem ersten Hamburg-Gastspiel, gelegentlich quasi »illegal«, wahrscheinlich auch mit Tony Sheridan, u.a. vom 2. bis 5.12.1960 (ohne George Harrison, der zurück nach Liverpool musste), John Lennon sogar bis zum 12.12.1960. Am 30.11.1960 verpflichtete Eckhorn die Beatles vertraglich, ab April 1961 im Top Ten Club aufzutreten – die Beatles (ohne Harrison) unterschrieben. Vom 1.4. bis 1./2.7.1961 spielten sie dann regulär im Top Ten Club – sieben Tage in der Woche von 19.00 bis 2.00 Uhr mit 15 Minuten Pause pro Stunde für 35 DM (später 40 DM; ca. 17,50 bzw. 20 €) pro Person und Abend und Unterkunft (im Dachgeschoss des Gebäudes). Es könnten über 90 Auftritte gewesen sein (evtl. 98, die Beatles-Forscher streiten noch). Peter Eckhorn bemühte sich danach, die Beatles erneut zu verpflichten, erhielt jedoch am 23.1.1962 von → *Brian Epstein* eine Absage. Er verpflichtete Iain Hines als Booking Manager. Nach dem Tode Eckhorns betrieb seine Frau den Club noch bis 1981 weiter, dann wurde daraus eine Diskothek, eine Zeit lang pachtete Ex-Rattle Herbert Hildebrandt den Top Ten Club, 1996 wurde daraus kurzzeitig ein Irish Pub, dann verschwand der traditionsreiche Name (für immer?).
2. Am 1.12.1960 eröffnete → *Allan Williams* auch in Liverpool einen Top Ten Club (100 Soho Street), in dem auch die Beatles auftreten sollten. Moderator und DJ war → *Bob Wooler*. Am 6.12.1960 brannte der Club jedoch bis auf die Grundmauern nieder. Allan Williams vermutete einen Fehler in der Elektrik als Ursache, es gab jedoch auch Gerüchte, es habe sich um Brandstiftung gehandelt.
Discogr.: *Live Recordings From The Top Ten Beat Club (1965, Top Ten All Stars mit Gästen, CD-Reissue 1999 mit vier Bonustracks), Live At The Top Ten Beat Club No. 1*

TORONTO ROCK'N'ROLL REVIVAL SHOW
Festival im Varsity Stadium der Universität von Toronto/Kanada am 13.9.1969 mit →

Little Richard, → *Chuck Berry*, Alice Kooper und Jerry Lee Lewis, später auch bekannt als Toronto Peace Festival. Einen Tag vor dem Konzert rief der Veranstalter, der Rockpromoter John Brower, John Lennon an und lud ihn und → *Yoko Ono* sowie sechs Freunde nach Toronto ein. John Lennon bot spontan an, mit seiner Band live zu spielen. Brower, total überrascht, stimmte sofort zu. John Lennon trommelte → *Eric Clapton* (g), → *Klaus Voormann* (b) und → *Alan White* (dr) zusammen, → *Mal Evans* kam als Manager dazu, Brower kümmerte sich um Visa und Einreiseformalitäten. Auf dem Flug probten sie ein paar Songs, im Stadion spielten sie als → *The Plastic Ono Band* Rock'n'Roll-Klassiker wie »Blue Suede Shoes«, »Money (That's What I Want)« und »Dizzy Miss Lizzy« sowie die Lennon-»Hits« »Yer Blues«, »Give Peace A Chance« und »Cold Turkey«. Und da Yoko Ono auch etwas zu singen und zu sagen haben wollte, kamen »Don't Worry Kyoko (Mummy's Only Looking For A Hand In The Snow)« und »John, John (Let's Hope For Peace)« hinzu. Ein Mitschnitt erschien auf der LP »The Plastic Ono Band – Live Peace In Toronto 1969«, erschienen am 12.12.1969. Ein → *Bootleg* bietet einen »Alternative Toronto Mix« (Goblin Records, 1991). DA Pennebaker drehte einen 140-minütigen Film von dem Festival, uraufgeführt 1970, mit dem Titel »Keep On Rockin'«. 1972 wurde der Film neu bearbeitet, erschien aber aufgrund rechtlicher Probleme ohne den Auftritt der Plastic Ono Band. Am 28.4.1989 erschien das Konzert auch auf Laser Disc und Video (55 min), unter dem Titel »John Lennon & The Plastic Ono Band: Live Rock & Roll Revival, Toronto«, wieder mit dem gesamten Auftritt der Plastic Ono Band – dafür sind die Auftritte anderer Künstler wesentlich gekürzt. 2004 erschien die DVD »Sweet Toronto«. Vom 3. bis 5.7.1970 sollte das Toronto Peace Festival stattfinden, als John Lennon und Yoko Ono jedoch hörten, dass Eintritt erhoben werden sollte, sagten sie ab – das Festival fand nicht statt.

TOURNEEN (INTERNATIONAL)

Die Beatles gingen zum ersten Mal vom 20. bis 28.5.1960 auf Tournee, als supporting act für → *Johnny Gentle*. Es folgten eine viertägige Schottland-Tour vom 3. bis 6.1.1963 und die Tournee mit → *Helen Shapiro* vom 2.2. bis 3.3.1963. Auch für → *Tommy Roe*/→ *Chris Montez* (9.–31.3.1963) und → *Roy Orbison* (18.–9.6.1963) fungierten sie offiziell noch immer als Vorband. Vom 5. bis 7.10.1963 hatten sie dann endlich ihre erste eigene Tournee, mit Mike Berry als Support, durch drei schottische Städte (Glasgow, Kirkcaldy und Dundee). Es folgten drei weitere Tourneen durch Großbritannien (1.11.–13.12.1963, 9.10.–10.11.1964, 3.–12.12.1965). Eine komplette Übersicht aller Live-Auftritte der Beatles enthalten Mark Lewisohns 1986 erschienenes Buch »The Beatles Live!« und »The Beatles Concert-ed Efforts« von Jan van de Bunt, herausgegeben 1979 von Beatles Unlimited (Niederlande). Die 1964er Tour durch Australien und Neuseeland dokumentieren Glenn A. Baker und Roge Dilernia in ihrem Buch »The Beatles Down Under« (Ann Arbor 1985). Die erste Auslandstour führte die Beatles 1963 nach Schweden:

24.10.	Live-Aufnahmen im Karlaplansstudion, Stockholm
25.10.	Nya aulan, Karlstad
26.10.	Kungliga Hallen, Stockholm
27.10.	Cirkus, Goteborg
28.10.	Borashallen, Boras
29.10.	Sporthallen, Eskilstuna

Nach einem Aufwärmkonzert im Cinéma Cyrano in Versailles am 15.1.1964 und den Konzerten im Pariser → Olympia Théâtre (16./ 17.1.–4.2.1964, mit Trini Lopez und

Sylvie Vartan) und zwei Auftritten in den USA am:
11.2. → *Coliseum*, Washington, D.C.,
2.2. → *Carnegie Hall*, New York)
folgte dann 1964 die erste große Welttournee:
4.6. K. B. Hallen, Frederiksberg, Dänemark
5.6. Café-Restaurant Treslong, Hillegom/Niederlande
6.6. Veilinghal »Op Hoop van Zegen«, Blokker/Niederlande
9.6. Princess Theatre, Hongkong
12.6. Centennial Hall, Adelaide, Australien
13.6. Centennial Hall, Adeleide, Australien
15.6. Festival Hall, Melbourne, Australien
18.6. Sydney Stadium, Sydney, Australien
19.6. Sydney Stadium, Sydney, Australien
20.6. Sydney Stadium, Sydney, Australien
22.6. Town Hall, Wellington, Neuseeland
23.6. Town Hall, Wellington, Neuseeland
24.6. Town Hall, Auckland, Neuseeland
25.6. Town Hall, Auckland, Neuseeland
26.6. Town Hall, Dunedin, Neuseeland
27.6. Majestic Theatre, Christchurch, Neuseeland
29.6. Festival Hall, Brisbane, Australien
30.6. Festival Hall, Brisbane, Australien
Nach zwei Konzerten in Schweden (28. und 29.7.1964 Johanneshovs Isstadion, Stockholm) flogen sie in die USA, wo am 19.8.1964 ihre erste Amerika-Tour begann. Sie reisten an den 26 Tagen insgesamt 22 441 Meilen, d.h. 600 Meilen pro Tag:
19.8. Cow Palace, San Francisco
20.8. Las Vegas Convention Center, Las Vegas
21.8. Seattle Center Coliseum, Seattle
22.8. Empire Stadium, Vancouver
23.8. Hollywood Bowl, Los Angeles
26.8. Red Rocks Amphitheater, Denver
27.8. The Cincinnati Gardens, Cincinnati
28.8. Forest Hills Tennis Stadium, New York
30.8. Convention Hall, Atlantic City
2.9. Convention Hall, Philadelphia
3.9. Indiana State Fair Coliseum, Indianapolis
4.9. Milwaukee Auditorium, Milwaukee
5.9. International Amphitheatre, Chicago
6.9. Olympic Stadium, Detroit
7.9. Maple Leaf Gardens, Toronto/Kanada
8.9. The Forum, Montreal/Kanada
11.9. Gator Bowl, Jacksonville
12.9. Boston Garden, Boston
13.9. Civic Centre, Baltimore
14.9. Civic Arena, Pittsburgh
15.9. Cleveland Public Hall (Public Auditorium), Cleveland
16.9. City Park Stadium, New Orleans
17.9. Municipal Stadium, Kansas City
18.9. Memorial Coliseum, Dallas
20.9. Paramount Theatre, New York
1965, fast ein Jahr später, folgte die erste (und einzige) große Europa-Tournee durch Frankreich, Italien und Spanien:
20.6. Palais des Sports, Paris
22.6. Palais d'Hiver, Lyon
24.6. Velodromo Vigorelli, Mailand
25.6. Palazzo dello Sport, Genua
27.6. Teatro Adriano, Rom
28.6. Teatro Adriano, Rom
30.6. Palais des Fêtes, Nizza
2.7. Plaza de Toros de Madrid, Madrid
3.7. Plaza Toros Monumental de Barcelona, Barcelona
Mit 55 600 Zuschauern stellten sie dann beim ersten Konzert ihrer zweiten Amerika-Tournee 1965 einen Rekord auf:
15.8. Shea Stadium, New York
17.8. Maple Leaf Gardens, Toronto
18.8. Atlanta Fulton County Stadium, Atlanta/Georgia
19.8. Sam Houston Coliseum, Houston
20.8. White Sox Park, Chicago
21.8. Metropolitan Stadium, Minneapolis
22.8. Memorial Coliseum, Portland

28.8. Balboa Stadium, San Diego
29.8. Hollywood Bowl, Los Angeles
30.8. Hollywood Bowl, Los Angeles
31.8. Cow Palace, San Francisco

1966 war das letzte Jahr, in dem die Beatles Konzerte gaben. Im Juni/Juli 1966 waren sie auf einer Kurztournee in Deutschland, Japan und auf den Philippinen:

24.6. Circus Krone, München
25.6. Grugahalle, Essen
26.6. Ernst Merck Halle, Hamburg
30.6. Budokan Hall, Tokyo
1.7. Budokan Hall, Tokyo
2.7. Budokan Hall, Tokyo
4.7. Rizal Memorial Football Stadium/ Araneta Coliseum, Manila

Im August 1966 flogen sie noch einmal in die USA, zu ihrer dritten und letzten Amerika-Tournee:

12.8. International Amphitheatre, Chicago
13.8. Olympia Stadium, Detroit
14.8. Municipal Stadium, Cleveland
15.8. Washington Stadium, Washington, D.C.
16.8. John F. Kennedy Stadium, Philadelphia/PA
17.8. Maple Leaf Gardens, Toronto/Kanada
18.8. Suffolk Downs Racecourse, Boston
19.8. Memphis Coliseum, Memphis
20.8. Crosley Field, Cincinnati
21.8. Busch Stadium, St. Louis
23.8. Shea Stadium, New York
25.8. Seattle Coliseum, Seattle
28.8 Dodger Stadium, Los Angeles
29.8. Candlestick Park, San Francisco

TOWNSEND, KEN

Seit Mitte der 1950er Jahre Tontechniker in den → *Abbey Road Studios*, bei vielen Aufnahmen der Beatles »der unbesungene Held, unser technisches Genie hinter den Kulissen« (→ *George Martin*). Er war auch bei den ersten Aufnahmen der Beatles am 6.6.1962 dabei. Er war dann Cheftoningenieur und später General Manager der Abbey Road Studios. Er gilt auch als Erfinder des Artificial Double Tracking (ADT), heute auch als Flanger bekannt. Bei diesem Effekt wird das Tonsignal bei der Aufnahme vom Synchronkopf des Multitracks genommen, auf eine unterschiedlich oszillierte Bandschleife gespielt und mit einer zeitlichen Verschiebung (ca. 1/5 sec) wieder auf den Multitrack zurückgespielt.

THE TOY BOY

Gedicht von John Lennon, eigentlich für sein drittes Buch bestimmt, das im Februar 1965 erscheinen sollte. Da das Gedicht kein Buch füllen konnte, verkaufte es John Lennon später an das amerikanische Magazin *McCall's*, wo es in der Dezember-Ausgabe 1985 (Vol. 93, No. 3, S. 68) erschien. Das Gedicht handelt von einem Jungen und seinem Spielzeug.

TRANSZENDENTALE MEDITATION (TM)

Durch kurze, tägliche Meditationsübungen können sämtliche Irritationen überwunden werden, bis sich ein Zustand reiner Seligkeit einstelle, behaupten die Anhänger der TM. Diese Art der Meditation reduziert nach Aussagen ihrer Anhänger auch das Risiko von Herz- und Kreislauferkrankungen und hilft beim Kampf gegen → *Drogen*. → *Pattie Harrison* hatte im Februar 1966 in London ein Seminar »Spirituelle Regeneration« besucht. 1967 machten die Beatles dann den Guru → *Maharishi Mahesh Yogi* und seine Lehre international bekannt. Ringo Starr: »Seitdem wir seine Heiligkeit Maharishi Mahesh Yogi trafen, fühle ich mich großartig.« John Lennon ergänzt: »Wenn wir den Maharishi früher getroffen hätten, hätten wir kein LSD zu nehmen brauchen.« Ringo Starr 1967: »Ich hoffe, unsere Fans werden sich der Meditation zuwenden, anstatt Drogen zu nehmen.« Am 29.9. und 4.10.1967 diskutierten John Lennon und George Harrison in »The Frost Programme« des Senders Rediffusion Television über Transzendentale Meditation. 1989 stellte das Bundesverwaltungsgericht fest, dass es berechtigt sei, vor der Sekte zu warnen. Die Technik der TM könne bei labilen Menschen zu schweren psychischen Störungen führen. Ende 1977 gab es in der Bundesrepublik bereits 70 »Weltplan«-Zentren, über 1000 TM-Lehrer und ca. 80 000 registrierte Anhänger. Insider gehen heute von ca. 160 000 Anhängern in Deutschland und 5 Mill. weltweit aus. Das Zentrum der Bewegung befindet sich in Vlotrop/NL. In Großbritannien besteht die Maharishi Natural Law Party, die George Harrison bei den Wahlen am 6.4.1992 mit einem Konzert in der → *Royal Albert Hall* unterstützte. Im Herbst 1999 wollte die »Maharishi Universität für vedische Wissenschaften« in Rheinsberg für ca. 100 Mill. € ein Kultur- und Tagungszentrum oder eine Ayurveda-Klinik bauen, das Vorhaben scheiterte jedoch am Widerstand der Bürger. 2001 gab es ähnliche Pläne in Fürstenberg/Havel, 2005 auch für Falkenstein in Sachsen-Anhalt. In Oebisfelde/Sachsen-Anhalt will die Maharishi Weltfriedensstiftung eine »vedische Universität« errichten. 2002 erschien ein 4-CD-Set mit dem Titel »Power Of Silence – Transcendental Meditation«.

Lit.: Helmut Obst: Neureligionen, Jugendreligionen, destruktive Kulte (Berlin 1984), Rüdiger Hauth: Jugendsekten und Psychogruppen von A–Z (Gütersloh 1981), Ludger Zinke (Hrsg.): Religionen am Rande der Gesellschaft. Jugend im Sog neuer Heilsversprechungen (2. Aufl., München 1978), Friedrich-Wilhelm Haack: Jugendreligionen. Ursachen, Trends, Reaktionen (München 1979), Eberhard Fuchs: Jugendsekten (München 1979), Maharishi Mahesh Yogi: Die Wissenschaft vom Sein und die Kunst des Lebens (Stuttgart 1969), Rüdiger Hauth: Transzendentale Meditation – neue Wege zum Heil (Gladbeck 1979), Bernhard Müller-Elmau: Kräfte aus der Stille – Transzendentale Meditation (Düsseldorf, Wien 1977), Christa Kniffki: Transzendentale Meditation und Autogenes Training (München 1979) • www.maharishi.de

TRENNUNG

Es war wie nach einer guten Ehe: Die Beatles gingen nicht plötzlich auseinander, sie lebten sich auseinander. Dabei sind Gerüchte über eine Trennung fast so alt wie die Beatles: Bereits im Oktober 1966 wollten die Medien wissen, Paul McCartney strebe eine Solo-Karriere an. Auch bei der jährlichen Versammlung von → *Northern Songs Limited* am 14.11.1966 musste → *Brian Epstein* Gerüchte entkräften, die Beatles wollten sich auflösen. Einen Tag später verkündete er, die Beatles würden sich nicht auflösen. Bei den Aufnahmen zum Doppelalbum »The Beatles« warf Ringo Starr dann das Handtuch: Am 20.8.1968 kündigte er an, sich von den Beatles zu trennen. Er nahm erst einmal eine vierzehntägige Auszeit auf der Jacht von → *Peter Sellers* im Mittelmeer. Paul McCartney musste deshalb auf »Back In The U.S.S.R.« Schlagzeug spielen. Erst am 3.9.1968 war Ringo wieder im Studio. Am 10.1.1969, bei den Aufnahmen zu »Let It Be«, verließ dann George Harrison die Band – und kehrte erst nach viel gutem Zureden der anderen drei Beatles zurück. Am 30.1.1969 traten die Beatles zum letzten Mal live vor einem Publikum auf – zum Abschluss der Aufnahmen zu »Let It Be«, auf dem Dach des Apple-Gebäudes in der Londoner Savile Row Nr. 3 (→ *Rooftop Concert*). Im Sommer 1969 häuften sich die Anzeichen für eine Trennung. Am 20.8.1969 trafen sich die Beatles noch einmal in den → *Abbey Road Studios*, um ihrer LP »Abbey Road« den letzten Schliff zu geben, als letzte gemeinsame Aktion der Beatles gilt eine Foto-Session am 22.8.1969 in → *Tittenhurst Park*. Am 20.9.1969 kündigte John Lennon bei einem Treffen der Beatles mit → *Allen Klein* an: »Ich will eine Scheidung, wie die Scheidung von Cyn. Ich bin der Meinung, die Gruppe ist am Ende. Ich gehe.« Am 30.1.1970 spekulierte der → *Rolling Stone* unter der Überschrift »Beatles splitting? Maybe, Says John« über eine mögliche Trennung der Beatles. Am 10.4.1970 erschien der *Daily Mirror* mit der Schlagzeile »Paul verlässt die Beatles«. → *Derek Taylor* hatte am gleichen Tag eine etwas kryptisch formulierte Presseerklärung verschickt. Paul bat → *Peter Brown* von Apple, einen Katalog mit vorformulierten Antworten auf Journalistenfragen zu verfassen. Frage 28: »Ist dieses Album (Pauls erstes Solo-Album »McCartney« – R.B.) eine Erholungspause von den Beatles oder der Start einer Solo-Karriere?« Paul: »Das wird die Zeit zeigen. Ein Solo-Album bedeutet nun mal den ›Start einer Solo-Karriere‹ ... und dass ich's nicht mit den Beatles gemacht habe, heißt, dass es auch 'ne Pause ist. Es ist beides.« Eine weitere Frage: »Ist Ihr Bruch mit den Beatles vorübergehend oder für immer, erfolgte er aufgrund persönlicher oder musikalischer Differenzen?« Pauls Antwort: »Persönliche Differenzen, geschäftliche Differenzen, aber vor allem, weil ich lieber mit meiner Familie zusammen bin. Vorübergehend oder für immer? Ich weiß nicht.« John Lennon dazu: »Er hat die Band nicht verlassen. Ich habe ihn rausgeworfen.« Überhaupt waren die Beatles für John Lennon später eine »endlich abgelegte Fessel«. (*Rolling Stone* 2/2003) Paul McCartney war damals auch darüber verärgert, dass → *Phil Spector* ohne sein Wissen die »Let It Be«-Bänder überarbeitet hatte. Nach der Trennung befehdeten und beleidigten sich insbesondere John Lennon und Paul McCartney immer wieder öffentlich, u.a. in Interviews im → *Melody Maker*. Am 31.12.1970 reichte Paul McCartney bei der Chancery Division des High Court of Justice in London eine Klage gegen die anderen drei Beatles ein. Seine Forderung: Annullierung der Beatles-Partnerschaft, unabhängige Überprüfung ihrer finanziellen Situation und Einsetzen eines amtlich bestellten Zwangsverwalters für ihr Vermögen. Die drei anderen Beatles erhoben Einspruch. Am 18.2.1971 begann die Verhandlung, am 23.2.1971 wurde John Lennons eidesstattliche Erklärung verlesen, in der er die Apple-Mitarbeiter als Schwindler und Schmarotzer bezeichnete. Paul später: »Als sich die Beatles trennten, war ich total down. Man beschuldigte mich, sie im Stich gelassen zu haben, was nicht stimmt. Ich denke, während der Gerichtsverfahren benahmen wir uns damals alle ziemlich seltsam.« Am 12.3.1971 ernannte der Oberste Gerichtshof James Douglas Spooner zum Konkursverwalter der gemeinsamen Beatles-Unternehmen. John Lennon, George Harrison und Ringo Starr legten gegen diese Entscheidung Revision ein, die sie aber am 26.4.1971 zurücknahmen. Diese Entscheidung bestätigte praktisch die endgültige Trennung der Beatles. Aber der Steit ging weiter. Als Antwort auf einige sarkastische Bemerkungen Paul McCartneys in einem Interview Ende November 1971 schrieb Lennon einen »Offenen Brief« an seinen ehemaligen Kollegen, der im *Melody Maker* abgedruckt wurde – allerdings gekürzt, um eine mögliche Beleidigungsklage abzuwenden. Erst Ende Februar 1972 trafen sich beide in New York, um ihren Streit beizulegen. 1974 jammten sie in der Hit Factory in Los Angeles/Calif. sogar wieder zusammen – u.a. mit → *Stevie Wonder* und Harry Nilsson (→ *Bootleg* »A Toot And A Snore In '74«). Mitte Dezember versöhnten sich auch John Lennon und George Harrison. Am 9.1.1975 unterschrieb schließlich auch John Lennon den Vertrag, der die geschäftlichen Beziehungen der ehemaligen Beatles beendete. Für Verstimmung sorgte dann wieder George Harrison, weil er in seiner Autobiographie → *I Me Mine* John Lennon nicht erwähnte. Lennon ließ ihn deshalb abblitzen, als er im August 1980 seine Hilfe für das Album »Double Fantasy« anbot. Im. Februar 1985 verklagten → *Yoko Ono*, George Harrison und Ringo Starr Paul McCartney, weil er seine Tantiemen-Quote an den Beatles-Platten heimlich erhöht habe, ohne die anderen zu informieren ...

TRIBUT-SONGS

Verständlich, dass sich angesichts der allgemein verbreiteten → *Beatlemania* insbesondere in den 1960er Jahren überall auf der Welt Sänger und insbesondere Sängerinnen fanden, die »ihre« Beatles besangen. The Clash sangen allerdings »No Beatles, Elvis or Rolling Stones in 1977«. Als weltweit erster Tribut-Song gilt Bill Cliftons »Beatle Crazy«, aufgenommen im November 1963, gefolgt von Dora Bryans »All I Want For Christmas Is A Beatle« (rel. 23.11.1963) und »We Love The Beatles« von den Vernon Girls (rel. 19.12.1963). Nachdem John Lennon und → *Yoko Ono* 1969 nackt auf dem Cover ihrer LP »Unfinished Music No. 1 – Two Virgins« zu sehen waren, erschien in den USA unter dem Pseudonym »Rainbo« 1969 ein Song »John, You Went Too Far This Time«, der von Nicholas Schaffer und Judson Knight der Schauspielerin → *Sissy Spacek* zugeschrieben wird. 1975 nahm Barclay James Harvest den Song »Titles« auf, der aus Beatles-Song-Titeln bestand. Die deutsche Band Salvation Road veröffentlichte 2001 ihre Platte »Through The Past« als »A Beatles Hommage«.

Die LPs/CDs »Celebrating The Eggman« (1990), »John – A Tribute To John Lennon« (The Beatles Revival Band, 1993), »Working Class Hero: A Tribute To John Lennon« (1995), »Private Audition« (Heart, 1985), »Love: John Lennon Forever« (1992), »Winston« (The But, EP, 2000), »NYiD – New York In December« (Karen Kassulat, 2000), »Songs For John« (Beaten Path, das sind David Goyette und Tom Heyfron, 2001), »Thank You For The Music« (Chris, d.i. Christopher L. Pick, 2000), »A Tribute To John Lennon« (2002), »Come Together – A Night For John Lennon's Words & Music« (DVD, 2002), »John Lennon, Une Home-nagem« (Brasilien, 2002), »But I Never Left You – A John Lennon Tribute« (Bootleg, 2004) und »Hole In The Sky – A Very Special Tribute To John Winston Lennon« (Bootleg, 2004) sind speziell John Lennon gewidmet – wie auch die Tribut-Songs von Tom Paxton »Crazy John« (1969), George Harrison »It's Johnny's Birthday« (1970), Ringo Starr »Happy Birthday, John« (1970, unveröffentlicht), David Peel »Keep John Lennon In America« (1977), David Peel »John Lennon For President« (1980), Meryl King »John« (1981), Iren Koster »We Won't Say Goodbye, John« (1981), Baxter, Baxter & Baxter »John« (1981), Paul Simon »The Late Great Johnny Ace« (1981), Daphne Latham »Live With Love« (1981), Katrin Lindner & Schubert Band »Junge aus Liverpool« (1981), Puhdys »He, John« (1981, einziger Tribut-Song mit Original-Musik – aus John Lennons »Imagine«), George Harrison »All Those Years Ago« (1981), Elton John »Empty Garden (Hey Hey Johnny)« (1982), Billy Joel »Scandinavian Skys« (1982), Phil Boardman »Much Missed Man« (1982), Queen »Life Is Real (Song For Lennon)« (1982), Sando »For The Walrus (Tribute To JL)« (1982), Brant Mewborn »A Love That Lasts Forever (A Tribute To John Lennon)« (1982), Jackson Browne »For A Rocker« (1983), Mike Oldfield »Moonlight Shadow« (1983), Elton John »The Man Who Never Died« (1985), Barclay James Harvest »John Lennon's Guitar« (1990, aufgenommen mit einer ehemals von John Lennon benutzten Gitarre, einer Epiphone Semi Accoustic), The Beatles Revival Band »Imagine John« (1990), The Beatles Revival Band »John – A Tribute To A Hero« (1993), Cavern »Dear John« (1994), The Quarry Men »John Winston« (1994), The Cranberries »I Just Shot John Lennon« (1996, live rec. 2.6.1995), Stackridge »Something About The Beatles« (1999), The But »Winston« (2000), Armin Gönner »Days In The Life« (2000), The But »It's Johnny's Birthday« (2000) und George Michael »John & Elvis Are Dead« (2004). Weitere Lennon-Tributs: Neil Innes »Lennon Quickie«, Bert Gaunt »Lennon Song«, Inner City Mission »Get Back John«, Justice Department »Let John And Yoko Stay In The USA«. Eine ungewöhnliche Tribut-Single erschien in den USA: »John Lennon Remembered« hatte eine unbespielte A-Seite. Das Beat Archiv Glauchau brachte 2000 eine CD mit »One Minute Silence – In Memory Of John Lennon« heraus. Stereo Total huldigte 1999 auf der CD »My Melody« sogar Yoko Ono: »I Love You Yoko«. Eine der besseren zahlreichen Lennon-Tribut-CDs ist »Give 'em A Chance – A Tribute To John Lennon« (2005).

Marianne Rosenberg wurde 1970 mit »Mr. Paul McCartney« zum Star. Paul McCartney sind auch die folgenden Songs gewidmet: David Peel »The Ballad Of James Paul McCartney« (1977), Mike Berry »I'm As Old As Paul McCartney« (1980) und Tony Hazzard »Paul McCartney«. Selbst die Gerüchte um Pauls Tod (→ *Paul Is Dead*) wurden in Songs verarbeitet: The Mystery Tour »Ballad Of Paul«, Terry Knight »St. Paul«, Billy Shears & the All Americans »Brother Paul«, Zacharias & the Tree People »We're All Baul Bearers« und Sr-71 »Paul McCartney« (2000). Die Alben »Listen To What The Man Said« und »Coming Up – An Indie Tribute to Paul McCartney« (beide 2001) enthalten weitere Tribut-Songs und Cover-Versionen.

Von George Harrison gewidmeten Tribut-Songs ist wenig bekannt, 2000 sang Steve Morse »Something Gently Weeps« und im gleichen Jahr nahm Udi Subudi, eine Band aus Milwaukee/Wisconsin, einen Song mit dem Titel »George Harrison« auf. Erst nach dem Tod George Harrisons erschienen zahlreiche Tribut-CDs, u.a. »Thanks For The Pepperoni« (2002) und »Our Love Could Save The Day – A George Harrison Tribute« (Bootleg, 2004).

Ringo sind eindeutig die meisten Tribut-Songs gewidmet: Rolf Harris »Ringo For President«, Neil Sheppard »You Can't Go Far Without A Guitar Unless You're Ringo Starr«, Angie And The Chicklettes »Treat Him Tender Maureen (Now That Ringo Belongs To You)«, Ella Fitzgerald »Ringo Beat« (1964), Four Sisters »I Want Ringo For Christmas«, Bonnie Jo Mason (die spätere Cher, prod. von → *Phil Spector*) »I Love Ringo« (1964), Jack Dorsey Band »Ringo's Dog«, Penny Valentine »I Want To Kiss Ringo Goodbye«, Christine Hunter »Santa, Bring Me Ringo For Christmas«, Weekend »Ringo«, The Rainbows »My Ringo«, Darlene Terra »R (Is For Ringo)«, The Tributes »Here Comes Ringo«, The Starlettes »Ringo«, Bob Dean »Ringo«, Carl & The Haircuts »Ringo Part One/Part Two«, Gary Ferrier »Ringo-Dear«, Dori Peyton »Ringo Boy«, Ron Ringo »Ringo's Jerk«, Joye and the Classics »Ringo's Walk«, Veronica Lee & The Moniques »Ringo Did It«, Dick Lord »Like Ringo«, The Whippets »Go Go With Ringo«, The Beatle Bugs »Where Did Ringo Go?«, Chug & Doug »Ringo Comes To Town«, Pat Wynter »Ringo, I Want to Know Your Secret«, Larry Finnegan »A Tribute To Ringo Starr (The Other Ringo)«, The Young World Singers (später The Shangri-Las) »Ringo For President«, The BonBugs »What's Wrong With Ringo«, Butler Daws »Bingo Ringo«, Viv Price »Minuet For Ringo«, Stereo Total »Ringo, I Love You«

(1999) und Al and Lou Marks Fisher »Ringo, Ringo Little Star«.

Weitere Beatles-Tribut-Songs: Mama Betty's Band »Wie John, Paul, George und Ringo« (1963), The Sweetles »Zum Geburtstag wünsche ich mir einen Beatle« (1963), Gerd Böttcher »Nur keine Beatle-Frisur« (1964), The Phaetons »The Beatle Walk« (1964), Larsy Tumblyn & The Standellos »Peppermint Beatles« (1964), The Scramblers »The Beatle Walk«/ »The Beatles Blues« (1964), Gaby & Petra »Mein Boyfriend hat 'nen Beatle-Haarschnitt« (1964), Donna Lynn »My Boyfriend Got A Beatle Haircut« (1964), The Buddies »The Beatle« (1964), Sonny Curtis »A Beatle I Want To Be« (1964), The Bulldogs »John, Paul, George And Ringo« (1964), The Flamingos »Mein Beatle Baby« (die deutschspr. Version von »Roll Over Beethoven«, 1964), The Swans »The Boy With The Beatle Hair« (1964), Brett & Ferry »Beatles Fever« (1964), Erni Maresca »The Beatles Dance« (1964), The Carefrees »We Love You Beatles« (1964), Janis Joplin and The Full Tilt Boogie Band »Happy Trails« (1970), Donovan »Here Comes The Threes« (1970), Lester Lanin »Salute To The Beatles« (1974), Peggy March »The Beatles: Wie John, Paul, George und Ringo« (1975), David Peel »Bring Back The Beatles« (1975), Mara Landin »Die Vier aus Liverpool« (1975), Kreis »Ich war der 5. Beatle« (1977), David Peel »Apple Beatle Foursome« (1977), David Peel »The Wonderful World Of Abbey Road« (1977), David Peel »The Beatles Pledge Of Allegiance« (1977), Bläck Fööss »Mir Han Nen Deckel« (1978), Garland Jeffreys »Jump, Jump« (1980), Dschungelband »Spiel mir das Lied von den Beatles« (1982), The House Of Love »The Beatles And The Stones« (1990), The Beatles Revival Band »John, Paul, George & Ringo« (1993), Joe Duffy »Bigger Than The Beatles«, The Velvettes feat. Frankie Velvet »We Love Rock'n'Roll«, The Liverpools »Beatlemania In The USA«, The Exterminators »Beatle Stomp«, The Insects »Let's Bug The Beatles«, Frank Sidebottom »Flying«, John Moreland »Lennon & McCartney«, Norma Johnson »Beatles Are In Town«, The Angels »Little Beatle Boy«, Heinz Kiessling »Beatle Express«, Bill Clifton »Beatle Crazy«, Ed Solomon »The Beatles' Flying Saucer«, J. Fish »Beatle Woman«, Al Martin Six »Beatle Baby Walk«, The Buddies »The Beatles«, Bruce Brand & Steven J. Hamper »Beatle Boots«, Dick Pillar and his Orchestra »Beatle Song«, Richard Jones & Tim Sebastian »Beatle Days«, James Douglas & James Duncan »Beatle Drive«, The Japanese Beatles »The Beatles Song«, David Hamilton »Beatle Walk«, Chris Laidlow »Beatle Man«, Scott Douglas »The Beatles Barber«, The Outsiders »The Guy With The Long Liverpool Hair«, Johnny & The Hurricanes »Saga Of The Beatles«, Leroy M. Emanuel »Beatles And The MBE«, Leon Young »Beatles-Go-West«, Lipstick »Come Back Beatles«, Sonny Curtis »A Beatle I Wanna Be«, The Twilighters »My Beatle Haircut«, Zeke Mullins »Beatle Fan«, The Twilighters »The Beatle Song«, Lenore King & Tommy Anderson »The Beatles Is Back (Yea, Yea, Yea)«, Benny and the Redbugs »Beatle Beat«, Hans Uwe Schneider und die Beatelchen »Baby Beatle Song«, Colin Anthony & His Beat Combo »Crazy Beatle Boots«, Nicki & Hero »Wie die Beatles trägt mein Bobby seine Haare«, Pat & Tina Stern »Sie waren die Helden der 60er Jahre«, Hans Uwe Schneider und die Beatelchen »Ja, das weiß doch jedes Kind«, The Four Preps »Letter To The Beatles«, Keith Green »Sgt. Pepper's Epitaph«, Edwyn Collins »The Beatles« und The Redbugs »Beatle Fever«.

Auch Beatles-Songs wurden parodiert: Spike Milligan »Purple Aeroplane« (eine Parodie auf »Yellow Submarine«), → *Peter Sellers* »A Hard Day's Night«, »Help!« und

»She Loves You«. Am meisten wurde wohl »I Want To Hold Your Hand« parodiert: Rupert Holmes »I Don't Want To Hold Your Hand«, The Bootles »I'll Let You Hold My Hand«, The Bagels »I Want To Hold Your Hair«, The Beatlettes »Yes, You Can Hold My Hand«, Gene Moss »I Want To Bite Your Hand«, Homer and Jethro »I Don't Want To Hold Your Hand«, Paul Perryman »Just Hold My Hand«, The Teen Bugs »Yes, You Can Hold My Hand« und Lafwan Paul »You Can Hold My Hand«. Die CD »Better Than The Beatles« (2002) enthält »26 tunes that failed to dust the fab-four from the charts«.

Neben den zahllosen Tribut-Songs gibt es auch einige Hate-Songs: Dick Hyman »Beatles Go Home«, Allan Sherman »Pop Hates The Beatles«, Jekyll & Hyde »I'm Better Than The Beatles«, Johnny Garnier »To Kill A Beatle«, Jerry Foster »I Ain't No Beatle«, The Defenders »Beatles, We Want Our Girls Back«, Lee Byron and Llewellyn Vincent »Beatles Got To Go«, Long, David, Wellbourne & Jay »Beatle Bug«, Dar Williams »I Won't Be Your Yoko Ono« (2000) und Die Ärzte »Yoko Ono« (2001).

Die CD »We All Wanna Sound Like The Beatles« (Flowerpot Records) versammelt 28 Songs von Bands, die den Fab Four nacheiferten, u.a. Board Of Directions mit »Beatles Revival Songs«.

TRIDENT STUDIOS
Aufnahmestudios in London (Trident House, 17 St. Anne's Court), wo die Beatles 1968 vier Tracks für das »White Album« aufnahmen: »Honey Pie« (rec. 1.10.1968), »Dear Prudence« (28.8.1968), »Savoy Truffle« (3.10.1968) und »Martha My Dear« (4.10.1968). Auch »Hey Jude« wurde am 31.7., 1.–2. und 6.8.1968 hier z.T. aufgenommen, auch »I Want You (She's So Heavy)« und weitere Apple-Platten, darunter Mary Hopkins »Those Were The Days«. Das Studio verfügte damals bereits über eine moderne 8-Spur-Technik.

TROY, DORIS
Soul-Sängerin, *6.1.1937 in New York City/USA, war anfangs Background-Sängerin bei Solomon Burke und Chuck Jackson und hatte Anfang der 1960er Jahre Hits mit »It's In His Kiss« und »Just One Look«. → *Billy Preston* holte sie für sein erstes Apple-Album (»That's The Way God Planned It«, rel. 22.8.1969). Am 13.2.1970 erschien auf dem Apple-Label ihre Single »Ain't That Cute« (Autoren: George Harrison/Doris Troy, produziert von George Harrison)/»Vaya Con Dios« (mit George Harrison als Gitarrist). George Harrison begleitete sie auf der Gitarre auf der Single »Jacob's Ladder« (arrangiert von George Harrison)/»Get Back«, erschienen am 28.8.1970. Auf der LP »Doris Troy«, aufgenommen Dezember 1969–Juli 1970 und erschienen am 11.9.1970 auf Apple, spielen George Harrison Gitarre und Ringo Starr Schlagzeug, auch → *Jackie Lomax*, → *Klaus Voormann* und → *Stephen Stills* waren beteiligt. George Harrison ist Mitautor von »Gonna Get My Baby Back«. 1970 sang Doris Troy für George Harrisons »My Sweet Lord« im Background, 1973 war sie Background-Sängerin für → *Pink Floyd* (LP »The Dark Side Of The Moon«), später auch für »Another Brick In The Wall«. † 16.2.2004 in Las Vegas an Emphysema, einem Lungenleiden.

TRUDEAU, PIERRE ELLIOTT
Kanadischer Premierminister, *18.10.1919 in Montreal. 1968–1984 war er Parteivorsitzender der Liberalen und von 1968 bis 1979 Premierminister. Ihm kommt das Verdienst zu, in den 1960er Jahren die Politik wieder für die Jugend interessant gemacht zu haben, man sprach sogar von einer »Trudeaumania«

– nicht zuletzt deshalb, weil ihn auch viele Frauen vergötterten. Mehrmals musste er vor Frauen flüchten, die ihm vor dem Parlament oder seiner Dienstvilla auflauerten. Welcher Politiker hat heute noch dieses Glück? Als John Lennon und → *Yoko Ono* vom 26.5. bis 2.6.1969 im Queen Elizabeth Hotel (Zimmer 1742) in Montreal ihr berühmtes → *Bed-In* veranstalteten, trafen sie sich auch mit Trudeau. Dieser gehörte auch zu den wenigen, die die von John und Yoko im Rahmen ihrer Aktion »Acorns For Peace« verschickten Eicheln wirklich einpflanzten. Originalton Trudeau: »Ich verstehe nicht viel von Eicheln, aber wenn er schon mal hier ist, würde ich ihn gern sehen. Er ist ein großer Poet.« Charlotte Breuer übersetzt diese Äußerung Trudeaus etwas zweideutig mit »Seine Eicheln interessieren mich nicht ...« (James Woodall: John Lennon und Yoko Ono, Reinbek b. Hamburg 1998). Am 22./23.12.1969 lud er John Lennon und Yoko Ono in seinen Amtssitz nach Ottawa ein, um sich über ihre Friedensaktionen zu informieren. 51 Minuten (oder gar zwei Stunden, wie andere berichten) lang sprach er mit ihnen. John danach: »Wenn alle Politiker so wie Trudeau wären, gäbe es den Weltfrieden.« Schreibt → *Barry Miles*. Moers/Meier/Bühring/Budéus zitieren Yoko Ono: »Wenn alle Politiker so schön wären wie Trudeau, gäbe es den Weltfrieden.« Wem soll man glauben? † 28.9.2000.

TUESDAY RENDEZVOUS

Titel einer britischen Fernsehsendung, produziert von Associated-Rediffusion. The Beatles traten in dem Programm am 4.12.1962 (»Love Me Do«) und am 9.4.1963 live auf.

TWICKENHAM FILM STUDIOS

Filmstudio 15 Minuten südlich von London in Middlesex (St. Margaret's, Twickenham, TW1 2AW), gegründet 1912. Dr. Ralph Jupp arbeitete hier mit seiner London Film Company, 1913 wurde hier »The House of Temperley« (Regie: Harold Shaw) gedreht. 1920 wurden die Studios verkauft, 1928 gründete Julius Hagen die Twickenham Film Studios Ltd, die 1937 wiederum verkauft wurde. Nachdem sie während des Zweiten Weltkriegs bombardiert worden waren, wurden die Studios in den 1950er Jahren vorrangig für Fernseh- und Kurzfilmproduktionen genutzt, bis 1959 Guido Coen den bedeutendsten Abschnitt in der Geschichte der Studios einleitete. 1960 drehte hier Karel Reisz »Saturday Night And Sunday Morning«. Im März/April 1964 nahmen die Beatles hier Teile ihres Films »A Hard Day's Night«, im März 1965 Teile ihres Filmes »Help!« und im Januar 1968 die Live-Sequenz für »Yellow Submarine« auf. Auch die Promo-Clips für »Hey Jude« und »Revolution« wurden hier gedreht. Hunderte von Teenagern belagerten Mitte der 1960er Jahre die Tore der Studios.

Am 2.1.1969 begannen hier die dreiwöchigen Aufnahmen zu »Let It Be«. John Lennon war gegen die Filmaufnahmen, in der Tat fiel es auch den anderen Beatles schwer, sich auf die Songs zu konzentrieren, wenn die Kameras liefen und die Scheinwerfer strahlten. Ende des Monats wurden die Aufnahmen dann in den bandeigenen Apple Studios fortgeführt. Die Sessions sind dokumentiert auf acht → *Bootleg*-CDs: The Twickenham Sessions (Yellow Dog Records) sowie auf »The Get Back Journals I & II«, »Let It Be Sessions« und anderen Bootlegs. Ringo Starr drehte hier Teile des Films → *The Magic Christian*, Princess Margaret und Paul und Linda McCartney besuchten ihn bei den Dreharbeiten. U.a. wurden hier auch »A Fish Called Wanda«, »Blade Runner«, »American Werewolf in London«, »Gandhi«, »Alfie« und hunderte von Fernsehproduktionen für die → *BBC* gedreht.

TWIGGY
Model und Idol der 1960er Jahre, sie machte u.a. den von Mary Quant und Jean Muir kreierten Mini-Rock populär; * 19.9.1949 als Lesley Hornby in Neasden, London. 1963 sah sie die Beatles zum ersten Mal live im Finsbury Park Astoria. Ab 1966, mit 17 Jahren, prägte sie das Gesicht der → *Swinging Sixties* – bleistiftdürr, jungenhaft, blond. Nach einem Jahr war der Hype vorbei. Im Mai 1968 traf sich Paul McCartney mit Twiggy und ihrem Ehemann und Manager Justin de Villeneuve zum Abendessen im Hause seines Vaters in Liverpool. Twiggy machte bei dieser Gelegenheit Paul McCartney auf die Sängerin → *Mary Hopkin* aufmerksam, die sie in der TV-Sendung »Opportunity Knocks« gesehen hatte. Kurze Zeit später waren Paul McCartney, → *Derek Taylor* und Twiggy im China-Restaurant Mr. Chow im Londoner Stadtteil Fulham, und Twiggy schwärmte erneut von Mary Hopkin. 1969 hatte Twiggy ihre erste Filmrolle in »Popcorn«, bis heute war sie in zahlreichen Filmen zu sehen. Paul McCartney schrieb für einen Film mit Twiggy den Song »Gotta Sing, Gotta Dance« – von ihm 1973 aufgeführt in dem ATV-Special »James Paul McCartney«. Der Film wurde leider nicht realisiert. In ihrer Autobiographie »Twiggy« konstatiert sie eine Freundschaft mit Paul und Linda McCartney. Im Herbst 2002 stand sie (mit 53 Jahren) in Mailand wieder auf dem Laufsteg.

TWIN-TRACK STEREO
Bei den frühen Aufnahmen der Beatles, d.h. den LPs »Please Please Me« (1963) und »With The Beatles« (1963), wurden mit einem 2-Spur-Tonband die Instrumente auf dem linken Kanal und der Gesang auf dem rechten Kanal aufgenommen, so dass sich keine echte Stereo-Abmischung herstellen ließ. Bei den später erschienenen »Stereo«-Versionen hört man deshalb den Gesang rechts und die Instrumente links.

TWIST AND SHOUT
1. Song von Bert Russell/Phil Medley, aufgenommen von den Beatles am 11.2.1963, erstmals erschienen am 22.3.1963 auf der LP »Please Please Me« und am 12.7.1963 auf der EP »Twist And Shout«. Im Juli 1976 erschien der Song mit »Back In The U.S.S.R.« auf einer Single (→ *Parlophone Records*). 1986 wurde der Song in den Filmen »Ferris Bueller's Day Off« und »Back To School« verwendet und kam dadurch sogar auf Platz 23 der amerikanischen Charts. Am 29.11.1991 verwendete die Mission Control im Kennedy Space Center den Song als Weckruf für die Space-Shuttle-Crew.
2. Erste EP der Beatles, erschienen am 12.7.1963, mit den Songs »Twist And Shout«, »A Taste Of Honey« »Do You Want To Know A Secret« und »There's A Place«.
3. Deutsche Beatles-→ *Cover-Band*. Die Band trat bereits im renommierten St. Pauli Theater in Hamburg auf. **4.** Beatles-Cover-Band aus Las Vegas/USA, sie wirkte seit 2000 in dem Musical → *All You Need Is Love! A Tribute To The Beatles* mit. 1998 erschien ihre erste CD »Meet Twist And Shout Vol. 1«. Besetzung: Jim Owen (John Lennon), Tony Kishman (Paul McCartney), John Brosnan (George Harrison) und Carmine Grippo (Ringo Starr). Mit dem 48-köpfigen Classical Mystery Tour Orchestra gestaltet sie das Programm »The Beatles Go Philharmonic«. Die Band gastierte außer in den USA und Deutschland u.a. in der Schweiz und Australien.

TWO MINUTES SILENCE
Titel von John Lennon/→ *Yoko Ono*, erstmals erschienen 1969 auf Seite 2 der LP »Unfinished Music No. 2 – Life With The Lions«, aufgenommen am 21.11.1968 im Londoner

Queen Charlotte's Hospital. Der Titel folgt auf »Baby's Heartbeat« und wirkt wie eine verlängerte Schweigeminute für das bei der Fehlgeburt verlorene Kind Yoko Onos. Vorbild könnte John Cages Komposition »4:33« (1952) gewesen sein.

TWO OF US

Song von John Lennon/Paul McCartney, aufgenommen am 31.1.1969, erstmals erschienen am 8.5.1970 auf der LP »Let It Be«. Zuvor war der Song unter dem Titel »On Our Way Home« von The Mortimers für → *Apple Records* aufgenommen worden, ist jedoch nie auf Platte erschienen. Der Song gilt einigen als ein letztes Dankeschön Paul McCartneys an John Lennon, anderen als eine Liebeserklärung Paul McCartneys an Linda. John Lennon kündigt den Song mit den Worten an: »Phase one, in which Doris gets her oats«, das ungefähr mit »Phase eins, in der Doris ordentlich durchgebumst wird« zu übersetzen wäre. Zahlreiche → *Cover-Versionen*, u.a. von Penny Arcade, Neil Finn & Liam Finn, The Punkles, Skylab 2000, Aimee Mann & Michael Penn, The Two (»Zwei wie wir«), Frankie Goes To Liverpool, Curdin Brugger (»Domadus«), Monti Beton und BTJ.

TWO VIRGINS

1. Komposition von John Lennon/→ *Yoko Ono* in 10 Teilen, erschienen 1968 auf der LP »Unfinished Music No. 1 – Two Virgins«, z.T. aufgenommen am 19.5.1968 in → *Kenwood* von John Lennon und Yoko Ono (→ *Cynthia Lennon* war gerade in Urlaub).

2. Titel eines im August/September 1968 von John Lennon und Yoko Ono in John Lennons Garten in → *Kenwood* gedrehten 16-mm-Experimentalfilms (19:30 min, Kamera: William Wareing) mit Musik aus dem Album »Unfinished Music No. 1 – Two Virgins«. John und Yokos Gesichter werden z.T. so übereinander geblendet, dass sie miteinander verschmelzen. Am Ende trennen sich die beiden Gesichter wieder; den Schluss bildet eine längere Sequenz, in der sich beide ausgiebig küssen. Premiere war am 22.10.1968 auf dem Chicago Film Festival, britische Premiere beim Edinburgh Film Festival im September 1969. John Robertson: »So simpel oder simplizistisch das sein mag – ›Two Virgins‹ zeigt visuell bezaubernd die naive Unschuld des Paares bei ihrer frühen künstlerischen Zusammenarbeit.«

U

U2

Irische Rockgruppe, gegründet im Sommer 1978. Besetzung: Bono Vox (voc, g), Adam Clayton (b), Larry Mullen (dr) und The Edge (g, p). Auch wenn zahlreiche Kritiker sie mittlerweile als »the biggest band in the world« (Mark Chatterton) sehen, bekennen sich Bono & Co. immer wieder zum Einfluss der Beatles. Auf der LP »Rattle And Hum« (1988) veröffentlichten sie eine → *Cover-Version* von »Helter Skelter«, live gespielt auf der »Joshua Tree«-Tour. Im Studio nahm U2 1997 für die Single »Last Night On Earth« den Song »Happiness Is A Warm Gun« auf.

Beim Konzert »Conspiracy Of Hope« im Giant's Stadium in New Jersey am 15.6.1986 spielte U2 einen kurzen Clip aus »Help!«, der dann auf das Video »Lennon – A Tribute« kam. In Konzerten spielten bzw. spielen sie gelegentlich »Dear Prudence«, »She Loves You«, »Let It Be«, »Hello, Goodbye«, »Norwegian Wood« und »Rain« – Letzteren vor allem bei Open-Air-Konzerten und drohendem Regen. Bezug nehmend auf den Song »God« von der → *Plastic Ono Band*, nahm U2 »God Part II« für die LP »Rattle And Hum« auf. Beim Live Aid Konzert 1985 teilten sich Bono und Paul McCartney ein Mikrofon, beim Konzert Self Aid (1986) zitierte Bono in »Maggie's Farm« einige Takte aus John Lennons »Cold Turkey«. Bei einem Auftritt am 8.12.1987 in »The Omni« in Atlanta widmete er »40« seinem Vorbild John Lennon. Noel Gallagher (Oasis): »Für mich sind sie, was einst die Beatles waren.«

www.u2.com

THE ULTIMATE COLLECTION

Drei Box-Sets mit → *Bootleg*-CDs der Beatles, vor allem Alternativ-Versionen, erschienen bei Yellow Dog.

ULTRA RARE TRAX

1988 auf zwei CDs erschienene Studio-Aufnahmen der Beatles, die Dieter Schubert (»Swingin' Pig Records«) für 10 000 $ von einem englischen Mittelsmann gekauft und durch weiteres Material aus seiner Sammlung ergänzt hatte, darunter alternative Versionen von »I Saw Her Standing There«, »Strawberry Fields Forever« sowie einige nie auf Platte erschienene Songs. Später erschienene weitere Folgen der »Ultra Rare Trax« (Vol. 3–6) sind weit weniger interessant. Die → *EMI* unternahm zwar rechtliche Schritte, konnte aber einen offiziellen Verkauf der CDs lange Zeit nicht stoppen. Im Januar 1990 wurden bei einer Razzia in einem Lagerhaus von Perfect Beat, der luxemburgischen Muttergesellschaft von Swingin' Pig Records in Westfalen, u.a. 14 000 Exemplare der Vol. 5 und 6 der »Ultra Rare Trax« beschlagnahmt. Während der MIDEM in Cannes wurden bei einer Razzia alle gefundenen Exemplare konfisziert. In Deutschland ergingen einstweilige Verfügungen gegen Hersteller und Großhändler. Allen J. Wiener lobt in seinem Buch »The Beatles – The Ultimate Recording Guide« (New York/Oxford 1992): »Die Serie ›Ultra Rare Trax‹ markierte eine Revolution in Bezug auf Beatles-Bootlegs, indem sie eine hervorragende Klangqualität und zahlreiche zuvor nicht veröffentlichte Studio-Outtakes bot.« The Genuine Pig Records veröffentlichte später Vol. 7 und 8 der »Ultra Rare Trax« sowie 1994 Reissues der Vol. 1–6. In Osteuropa erschienen die acht CDs 2002 noch einmal auf Azia-Records.

UNDER THE MERSEY WALL

Komposition von George Harrison, aufgenommen am 1.2.1969 in seinem Haus in Esher (→ *Kinfauns*), erschienen am 9.5.1969 auf seiner LP »Electronic Sound«. Der Sound ist geprägt vom → *Moog*, den sich George Harrison kurz zuvor in Kalifornien gekauft hatte.

UNFINISHED MUSIC NO. 1 – TWO VIRGINS

Erste gemeinsame LP von John Lennon und → *Yoko Ono*, aufgenommen Ende Mai 1968, erschienen am 11.11.1968 bei → *Apple Records* (USA, im Vertrieb von Tetragrammaton Records; GB: 29.11.1968, im Vertrieb von Track Records [bzw. Island Records], dem Label der Who). Der Titel spielt auf Yoko Onos »Unfinished Paintings And Objects« an, die 1966 in der Londoner → *Indica Books & Gallery* zu sehen waren. Die LP rief einen Skandal hervor, weil Yoko Ono und John Lennon auf dem Cover nackt zu sehen sind. Die Bilder hatten sie in ihrer Wohnung am → *Montagu Square* mit Selbstauslöser aufgenommen. → *Julia Baird*, Johns Halbschwester, kommentierte: »kindischer Exhibitionismus«. Als Yoko Ono erklärte, das Cover sei »Kunst«, soll → *EMI*-Chef Sir Joseph Lockwood vorgeschlagen haben, dann doch bitte ansehnlichere Körper abzubilden. John Robertson zitiert Lockwood sogar mit der Bemerkung »Warum haben sie dann nicht Paul stattdessen genommen?«. Die EMI presste schließlich zwar die Platte für Apple Records, Track Records (bzw. Island Records) war jedoch für den Vertrieb zuständig. In den USA verweigerte → *Capitol Records* ebenso den Vertrieb, hier sprang Tetragrammaton Records ein, die Händler mussten das Cover mit einer braunen Packpapiertasche verhüllen, die lediglich eine Aussparung für die Köpfe aufwies. Am 3.1.1969 wurden in New Jersey/New York 30 000 Exemplare der LP beschlagnahmt, weil das Cover angeblich pornographisch sei. »Als Geste war die LP recht effektiv, als Kunstwerk eher langweilig«, urteilte James Woodall. Sie wollte offensichtlich Avantgarde sein, löste diesen Anspruch aber nicht ein. »Die Protagonisten lassen sich derart gehen, dass der Hörer, über den ein sinn- und planloser Schwall undisziplinierten Studio-Gedudels und -Gekiekses hereinbricht, fast Gewissensbisse bekommt, weil er die Privatsphäre dieser beiden armen Menschen verletzt«, urteilte der *Rolling Stone*. (2/2003) In den USA erschien aus diesem Anlass unter dem Pseudonym »Rainbo« ein Song »John You Went Too Far This Time«, der von Nicholas Schaffer der Schauspielerin → *Sissy Spacek* zugeschrieben wird. Das Cover der LP wurde später von William Stout für die → *Bootleg*-CD »Virgin + Three – Get Back Sessions II« parodiert. Im Januar 1969 konfiszierte die amerikanische Polizei die Universitätszeitung der Hartford University, weil auf dem Umschlag das Cover der LP abgebildet war. But the times they are a-changin': 2001 warben John Lennon und Yoko Ono mit dem Nacktbild für Absolut-Vodka. Ca. 500 000 € sollen dafür an die Erben sprich Yoko Ono geflossen sein. Kurt Cobain schreibt in seinen mittlerweile auszugsweise veröffentlichten Tagebüchern, dass er einen surrealistischen Film gedreht habe – u.a. mit dem Penis von John Lennon. Das Bild hatte er wohl dem Cover dieser LP entnommen.

UNFINISHED MUSIC NO. 2 – LIFE WITH THE LIONS

Zweite gemeinsame LP von John Lennon und → *Yoko Ono*, aufgenommen live am 2.3.1969 in der Lady Mitchell Hall der Universität Cambridge/GB (Seite 1) und vom 4. bis 25.11.1968 (Seite 2), erschienen am

9.5.1969 als erste LP auf dem Apple-Sub-Label → *Zapple Records* (USA: 26.5.1969). Die Vorderseite des Covers zeigt Yoko Ono im Krankenbett im Queen Charlotte's Maternity Hospital in Hammersmith, London, John Lennon wacht neben ihr im Schlafsack; Yoko Ono hatte damals eine Fehlgeburt. Die Rückseite zeigt ein Foto von ihrer Verhaftung wegen Drogenbesitzes in London. Der Konzertmitschnitt auf Seite 1 unter dem Titel »Cambridge 1969«, aufgenommen live mit → *John Tchicai* und → *John Stevens*, ist charakterisiert durch John Lennons kreischende Feedback-Gitarrenklänge und Yoko Onos plötzlich hereinbrechende aggressive Stimmexkurse. Auf der zweiten Seite berichtet Yoko Ono über die Probleme mit der zensierten »Two Virgins«-LP und ihre komplizierte Schwangerschaft. Nach »Baby's Heartbeat«, wo vier Minuten lang die Herztöne des sterbenden Fötus zu hören sind, folgt eine beklemmende Stille – »Two Minutes Silence« ist dem bei der Geburt verstorbenen Baby Yoko Onos gewidmet. Für Kritiker wie David Stubbs (*Rolling Stone* 2/2003) war die LP einfach »unhörbar«. Das → *Bootleg* »Life With The Lions« (Goblin Records) enthält weitere Aufnahmen, u.a. eine mit → *Ornette Coleman* in der → *Royal Albert Hall* (Februar 1968).

UNFINISHED MUSIC NO. 4

Im November 1969 als weiteres Album von John Lennon und → *Yoko Ono* auf dem Label → *Zapple Records* angekündigt. John Lennon: »Die eine Seite ist Lachen, die andere Seite Flüstern.« Die LP ist nie erschienen.

UNFINISHED PAINTINGS AND OBJECTS

Titel der Ausstellung von → *Yoko Ono* in der Londoner → *Indica Books & Gallery* (6 Mason's Yard), bei der sich am 9.11.1966 Yoko Ono und John Lennon zum ersten Mal begegneten. Bereits einige Wochen zuvor hatte sie sich an Paul McCartney mit der Bitte gewandt, ihr einige Manuskripte von Lennon/McCartney-Songs zu überlassen, die sie John Cage zu dessen 50. Geburtstag schenken wollte. Paul hatte abgelehnt und sie an John verwiesen. Galerie-Mitbesitzer → *John Dunbar* schickte schließlich John Lennon eine Einladung zur Vernissage der Ausstellung.

UNITED ARTISTS

US-amerikanische Filmgesellschaft mit eigenem Schallplattenlabel, hier erschien am 26.6.1964 die Beatles-LP »A Hard Day's Night«. Die LP enthält auch Instrumentalmusik aus dem Film. Das Label veröffentlichte auch diverse Promo-Platten zu den Beatles-Filmen, so im August 1965 zu »Help!« und im Mai 1970 zu »Let It Be«.

UNSURPASSED MASTERS

Serie von sieben → *Bootleg*-CDs auf dem Label Yellow Dog (registriert in Luxemburg) sowie auf dem Label Sphinx mit raren Studio-Aufnahmen der Beatles, chronologisch geordnet: Vol. 1 1962–1963, Vol. 2 1964–1965, Vol. 3 1966–1967, Vol. 4 1968, Vol. 5 1969, Vol. 6 1963–1969, Vol. 7 1962–1969, erschienen ab 1989. Die CDs sind mittlerweile so gefragt, dass russische »Piraten« bereits Bootlegs der Bootlegs anbieten, im original Artwork, ergänzt mit russischem »Copyright«.

UNTITLED PIECES

Diverse Hardcore-Diskographien führen Aufnahme(fragmente) der Beatles ohne Titel auf. Geoffrey Giuliano nennt in seinem Buch »Two Of Us« (Harmondsworth 1999) z.B. derartige Aufnahmen vom 5.1.1967, 9.5.1967, 1./2.6.1967, 1.11.1967, 24.7.1968 und 25.1.1969.

V

VAGRANT

Name einer großen Jacht, die 1966/1967 den Beatles gehört haben soll. Im Sommer 1967 waren sie damit in der Ägäis unterwegs, um sich die Insel → *Leslo* anzusehen, die sie kaufen wollten. Das Schiff hat eine bewegte Geschichte: Auf der Werft Bath Iron Works in Bath im US-Staat Maine gebaut, wurde sie am 9.1.1941 auf Kiel gelegt. Der Stapellauf erfolgte am 24.5.1941, und am 13.9.1941 wurde sie dem Auftraggeber, dem Milliardär Harold S. Vanderbilt, übergeben. Die »Vagrant« war mit 38,60 m Länge und 8,25 m Breite für Cups allerdings zu groß. Sie hatte einen Tiefgang von 3,40 m, eine Wasserverdrängung von 431 t und einen Cooper Bessemer EN-8TR Diesel-Motor mit einer Wellenleistung von 400 shp, der eine Geschwindigkeit von 12 Knoten ermöglichte. Am 23.3.1942 kaufte die US Navy die Jacht und ließ sie zum Patrouillenboot, bewaffnet mit zwei Maschinengewehren, umbauen. Nach Kriegsende und mehreren Eigentümerwechseln nutzten sie die Beatles. Lange Zeit lag sie später als Wrack vor irgendeiner Küste. Heute liegt sie als Restaurantschiff im Hafen von Funchal, der Hauptstadt Madeiras. Eine Plakette erinnert daran, dass es sich um die »Ex Beatles Yacht« handelt.

VALENTINE DAY

Instrumentalstück von Paul McCartney, aufgenommen November 1969–März 1970, erschienen am 17.4.1970 auf Paul McCartneys erster Solo-LP (»McCartney«). Paul McCartney spielte auf dieser LP sämtliche Instrumente selbst.

LE VALLIER, MICHELLE

*5.4.1960 (oder 1961?) – noch eine angebliche Tochter Paul McCartneys. 2002 kündigte sie an, McCartney zum Vaterschaftstest zwingen zu wollen. Ihren Namen änderte sie schon mal eigenmächtig in Michelle McCartney. Immerhin: Ihre Mutter Monique Le Vallier († 1992) hatte in ihre Geburtsurkunde James Paul McCartney aus Liverpool als Vater eintragen lassen. Angeblich hatte Paul McCartney mit ihr in London eine Beziehung.

VARIATIONS ON »ELEANOR RIGBY«

Komposition des kanadischen Pianisten und Dirigenten Stewart Goodyear, Uraufführung im Januar 2001 während der Veranstaltung »Network for New Music« an der Temple University in Philadelphia/USA. Goodyear (* 978 in Toronto/Kanada), Absolvent des renommierten Curtis Institute of Music in Philadelphia, gilt als hervorragender Interpret von Werken Mozarts, Liszts und Chopins und spielte u.a. bereits mit dem Oregon Symphony und dem Toronto Symphony Orchestra.

VAUGHAN, IVAN »IVY«

Freund John Lennons und Paul McCartneys; *18.6.1942 in Liverpool (dem Geburtstag von Paul McCartney!). Er wohnte in den 1950er Jahren mit seinen Eltern neben Johns Tante Mimi und Onkel George in der → *Menlove Avenue* zwischen den Liverpooler Stadtteilen Calderstones Park und Woolton und besuchte mit John die → *Dovedale Road Primary School*. Mit → *Pete Shotton* und → *Nigel Whalley* gehörte er zu John Lennons »Gang of Four« und spielte gelegentlich auch den Teekisten-Bass bei → *The Quarrymen*. Wie Paul McCartney und George Harrison besuchte er dann das → *Liverpool Institute And School Of Art*, wo er sich mit Paul McCartney anfreundete. Vaughan schlug Paul McCartney vor, ein Konzert von John

Lennons Quarrymen zu besuchen, und stellte ihn am 6.7.1957 bei einem Fest der → *St. Peter's Parish Church* in Woolton, Liverpool, John Lennon vor. Vaughan studierte dann in Cambridge und arbeitete als Lehrer; er war verheiratet mit Janet. Im Mai 1968, bevor er an der Parkinson'schen Krankheit erkrankte, unterstützte er die Beatles bei der Gründung einer Apple-Schule, die allerdings nicht realisiert wurde. Er blieb immer in Kontakt mit den Beatles, insbesondere mit John Lennon und Paul McCartney, begleitete sie auf einer USA-Tournee und war bei den »Sgt. Pepper«-Sessions dabei. Seine Frau half Paul bei den französischen Zeilen von »Michelle«. BBC2 TV sendete am 3.12.1984 die Dokumentation »Ivan«, insbesondere dem Kampf Vaughans gegen die Parkinson'sche Krankheit gewidmet, mit Paul McCartneys Song »Blackbird«. † 1994.

***Lit.**: Vaughan, Ivan: Ivan: Living with Parkinson's Disease (London 1986; dt.: Ivan, Bergisch Gladbach 1991)*

VAYA CON DIOS

Song von Russell/Starkey/James/Hoff, aufgenommen im Dezember 1969 von der Sängerin → *Doris Troy*. George Harrison spielte Gitarre. Die Single erschien am 13.2.1970.

VEE-JAY RECORDS (VJ)

Auf dem US-amerikanischen Label erschien am 25.2.1963 mit »Please Please Me«/»Ask Me Why« die erste Beatles-Single der USA, gefolgt von einigen weiteren Singles, z.T. in von den britischen Ausgaben abweichenden Kopplungen. Der Beginn des Vertrages mit den Beatles ist auf den 25.1.1963 datiert. Lt. Vertrag durften die bis Ende 1963 übernommenen Aufnahmen bis Ende 1964 vertrieben werden. Insgesamt erschienen elf Platten. Aber Vee-Jay (VJ) hat wohl auch nach diesem Datum Beatles-Schallplatten produziert, deklariert als »Restbestände«. Auch erschienen die 16 Beatles-Songs, an denen Vee-Jay die Rechte besaß, in immer neuen Zusammenstellungen (z.B. die EPs »Souvenir Of Their Visit To America« – 1964 und »The Beatles«). Als erste LP der Beatles erschien in den USA am 27.1.1964 auf Vee-Jay Records »Introducing ... The Beatles« (Untertitel: »England's No. 1 Vocal Group«). Unter dem gleichen Titel erschien kurze Zeit später eine weitere LP mit etwas veränderter Titelzusammenstellung – mit »Please Please Me« und »Ask Me Why« und Plattenetiketten mit einem »Regenbogenrand«. Der Hintergrund: Vee-Jay hatte für »Love Me Do« und »P.S. I Love You« keine Tantiemen gezahlt und durfte diese Titel nicht mehr veröffentlichen, die zweite

Die Yacht »Vagrant« soll 1966/1967 den Beatles gehört haben; heute liegt das Restaurantschiff im Hafen von Funchal, der Hauptstadt Madeiras

Ausgabe enthält deshalb stattdessen »Ask Me Why« und »Please Please Me«. Auf dem Sublabel → *Tollie Records* erschienen im März und April 1964 zwei Beatles-Singles. Am 26.2.1964 erschien die LP »Jolly What! The Beatles And Frank Ifield On Stage«. Eine Rarität bei Sammlern ist auch die DoLP »The International Battle Of The Century«: Zwei Seiten bestreiten die Beatles (identisch mit »Introducing ... The Beatles«), die anderen zwei The Four Seasons. Am 23.3.1964 erschien die EP »Souvenir Of Their Visit To America«, im Herbst 1964 anlässlich der Beatles-Tournee durch die USA eine Promotion-LP mit Interviews (»Hear The Beatles Tell You All«) und am 12.10.1964 die LP »Songs, Pictures And Stories Of The Fabulous Beatles« als weitere Zusammenstellung älterer Titel (identisch mit »Introducing ... The Beatles«).
Vee-Jay Records, 1953 von dem Ehepaar Vivian Carter (1920–1989) und James »Jimmy« Bracken (1909–1972) in Chicago gegründet und nach ihren Initialen benannt, war anfangs auf R&B, Blues und Gospel spezialisiert und veröffentlichte u.a. LPs von John Lee Hooker, Jimmy Reed und The Staple Singers. Später kamen The Four Seasons, Gene Chandler u.a. dazu. Mit Frank Ifield u.a. Künstlern versuchte das Label Anfang der 1960er Jahre, auf dem Pop-Markt Fuß zu fassen. Das Label veröffentlichte auch Beatles-Singles speziell für ausländische Märkte, z.B. für Italien. Paul Marshall, Vertreter der → *EMI* in New York, arrangierte den ursprünglich auf fünf Jahre angelegten Leasing-Vertrag zwischen der New Yorker EMI-Filiale Transglobal Music Co. Inc. und Vee-Jay Records. Aufgrund anfänglich schlechter Verkäufe wurde der Vertrag jedoch aufgelöst, weitere Beatles-Singles erschienen bei → *Swan Records*. Vee-Jay Records musste im Mai 1966 Konkurs anmelden, Bracken und Carter betrieben in der Folgezeit einige kleinere Labels wie J.V. und Ra-Bra. Der Vee-Jay-Katalog gehört heute der Familie Pritzker, die vor allem im Hotelgeschäft aktiv ist und jährlich den renommierten Pritzker Architect Price vergibt. In den 1970er und 1980er Jahren erschienene Vee-Jay-Platten der Beatles sind allerdings Fälschungen. Einen guten Überblick bieten das CD-Set »The Vee-Jay Story« (1998), die → *Bootleg*-CD »The VJ Story« (Reissue 2002), die DoCD »The Story Of Vee Jay – America's Premier Black Music Label« (2002) und die 3-CD-Box »Vee Jay – Celebrating 40 Years Of Classic Hits 1953–1993« (Rhino Handmade, 2004).

Lit.: Spizer, Bruce: Songs, Pictures And Stories Of The Fabulous Beatles – Records On Vee-Jay (New Orleans 1998, London 2000, New York 2000) • www.vjrex.com

VERMOUTH, APOLLO C.

Unter diesem Pseudonym produzierte Paul McCartney im März 1968 den Titel »I'm The Urban Spaceman« der → *Bonzo Dog Doo-Dah Band*, erschienen am 11.10.1968 auf einer Single. Der Song stieg im Dezember 1968 bis auf Platz 5 der britischen Charts.

THE VERY BEST OF THE BEATLES RAREST

Auf dem amerikanischen → *Bootleg*-Label TKRWM erschienene 7-teilige CD-Serie mit raren Beatles-Aufnahmen.

VIDEO

Mit »Strawberry Fields Forever« haben die Beatles im Februar 1967 wohl eines der ersten Musikvideos der Musikgeschichte produziert. 1982 erschien mit »The Compleat Beatles« eine unautorisierte Geschichte der Beatles auf Video (MGM/UA) – noch heute ein Standardwerk (Neuauflage 1986). Von zahlreichen Auftritten der Beatles gibt es legale und illegale Videos, z.B. von Southport (2.8.1963), Liverpool (21.12.1963), → *Hollywood Bowl* (23.8.1964), München

(24.6.1966), Tokyo (30.6.–2.7.1966 und San Francisco (29.8.1966). Weitere Videos: »The Beatles – The Making of A Hard Day's Night« (moderiert von Phil Collins), »Gimme Some Truth« (über John Lennon), »Behind The Beat – Historical Beatles« (rare Backstage-Aufnahmen, 54 min, Australien), »Hey Beatles« (Live-Aufnahmen ihrer USA-Tourneen), »The Rolling Stones Rock and Roll Circus«, »Ready Steady Go!« (Vol. 1–3), »The Road« (1990), »The Beatles Live!« (Aufnahmen aus der TV-Show »Around The Beatles«), »Fun With The Fab Four« (1987), »The Beatles: Alone And Together« (1990, = »The Legend Continues«), »The Beatles Live In Japan« (Japan, rel. 1984 von The Beatles Collector's Shop, Mitschnitt des ersten Konzertes der Beatles 1966 in Tokyo), »The Beatles Concert At Budokan 1966« (VAP Video), »The Beatles: The First U.S. Visit« (EMI, 83 min, rel. 1991, mit dem Beatles-Auftritt in der → *Ed Sullivan Show*), »The John Lennon Video Collection« (1992), »The Beatles Live At The BBC Featuring Ringo Starr« (USA, rel. 1995). Die Video-Serie »The Beatles Anthology« umfasst acht Teile: Teil 1 (79 min) – Von den Anfängen bis 1963, Teil 2 (72 min) – März 1963 bis Februar 1964, Teil 3 (73 min) – Februar 1964 bis Juli 1964, Teil 4 (71 min) – August 1964 bis August 1965, Teil 5 – August 1965 bis Juli 1966, Teil 6 – Juli 1966 bis Juni 1967, Teil 7 – Juni 1967 bis Juli 1968, Teil 8 – Juli 1968 bis 1970. 1996 erschien unter dem gleichen Titel ein Video-Box Set mit acht VHS-Kassetten, das auch die für die Fernsehsendung nicht verwendeten Teile enthält (Spieldauer: über zehn Stunden, englische Originalfassung mit deutschen Untertiteln). Franz Schöler in Stereo 12/1996: »Wohl das ausführlichste Bandportrait der Rockgeschichte«. Einen Blick hinter die Kulissen erlaubt die Video-Dokumentation »Behind The Beat« (63 min). Auch »A Hard Day's Night« (1984, 85 min, tontechnisch generalüberholt, mit Interviews, Zitaten, Biographien, einer Fotogalerie und Produktionsnotizen), »Help!« (1990, 1995 digital remastered im Hi-Fi-Sound), »Magical Mystery Tour« (englische Originalversion 1990, inzwischen auch mit deutschen Untertiteln, 55 min, HiFi-Digital-Stereo), »Yellow Submarine« (1987, Warner Bros.; digital remasterte Neuauflage 1999 – 86 min) und andere Filme der Beatles als Gruppe oder Solisten liegen heute als Video vor. Am 18.9.1984 erhielten David Bowie und die Beatles in der New Yorker Radio City Music Hall die MTV Video Music Awards (Kategorie: Video Vanguard). 1986 erhielten die Beatles für den 1985 als Video erschienenen Mitschnitt »Ready Steady Go – Special Edition: The Beatles Live« in den USA Platin für 1 Mill. verkaufte Exemplare. 1990 erschien in den USA eine 40-teilige Video-Serie mit den Wochenschauen (→ *Pathé Newsreel*) – natürlich enthalten die Jahre 1963–1969 diverses Beatles-Material. 2000 erschien in Offenbach ein englischsprachiges VHS-Video »The Beatles – The Legend Continues« (ca. 30 min).

VINCENT, GENE

* 11.2.1935 als Vincent Eugene Craddock in Norfolk/Virginia (USA), † 12.10.1971. Seit Mitte der 1950er Jahre ein Rock'n'Roll-Sänger, der 1956 mit »Be-Bop-A-Lula« einen Superhit hatte. Die Beatles lernten ihn Anfang der 1960er Jahre kennen, als er in Hamburg auftrat. Auf einem → *Bootleg*, mitgeschnitten am 1.7.1962 im Liverpooler → *Cavern*, soll Gene Vincent bei dem Song »What'd I Say« von The Beatles und → *Sound Incorporated* begleitet worden sein.

VIRGIN + THREE – GET BACK SESSIONS II

Auf dem Label Smokin' Pig erschienene → *Bootleg*-CD mit Studio-Aufnahmen der Beatles aus der »Let It Be«-Zeit, u.a. »I Me Mine«,

»Dig A Pony« und »Let It Be«. William Stout parodiert auf dem Cover die »Two Virgins« John Lennon und → *Yoko Ono* mit Schweinegesichtern.

VJ
→ *Vee-Jay Records*.

VOICE OF PEACE
Offshore-Rundfunksender (1540 kHz AM 100 Mhz FM) des israelischen Friedensaktivisten Abie Nathan (* 1927). John Lennon und → *Yoko Ono* veröffentlichten am 8.11.1968 großformatige Anzeigen zugunsten des Senders: »Tun Sie etwas Gutes an diesem Morgen. Versuchen Sie, den dritten Weltkrieg zu verhindern.« Etwa 170 000 $ waren nötig, um den Sender zu installieren. Das »Peace Ship«, Baujahr 1940 und bis dahin »Cito« geheißen, stach 1969 von Amsterdam aus in See, lag dann wegen Geldmangels drei Jahre in New York und sendete ab 26.5.1973 regelmäßig. 1977–1993 lag es dann vor Tel Aviv, bis Nathan 1993 den Betrieb einstellte. Das Schiff sank am 28.11.1993. Die Ideen Nathans, der wegen Kontakten zur PLO zeitweilig im Gefängnis saß, sind weiter lebendig: In der »Operation Abie« unterstützten Israelis die Hungernden in Äthiopien, jährlich findet ein Friedenslauf zu seinen Ehren statt. Und vielleicht kauft mal wieder jemand ein Schiff und sendet für Palästinenser und Israelis ... Die Gefahr eines dritten Weltkriegs ist noch längst nicht gebannt.

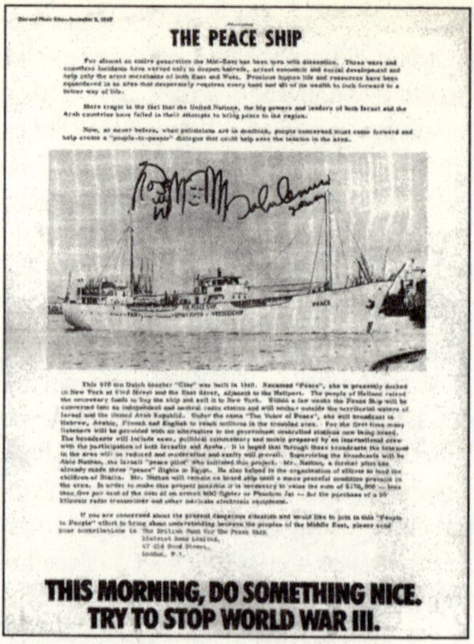

Voice Of Peace: John Lennon und Yoko Ono für den Frieden (1969)

VOLLMER, JÜRGEN
Deutscher Fotograf, er war in den 1960er Jahren mit → *Astrid Kirchherr* und → *Klaus Voormann* befreundet – die drei erkannten als Erste das künstlerische Potenzial der Beatles, deren Auftritte im Hamburger → *Kaiserkeller* sie seit Oktober 1960 des Öfteren besuchten. Er studierte an der Meisterschule für Mode, Textil, Grafik und Werbung in Hamburg (heute: Fachhochschule) bei Reinhart Wolf Fotografie. Jürgen Vollmer soll 1961, als er in Paris als Assistent von William Klein arbeitete, bei einem Besuch John Lennon und Paul McCartney in seinem Hotelzimmer in St. Germain ihre erste → *Pilzkopffrisur* verpasst haben – weil er sich ebenfalls die Haare nach vorn gekämmt hatte. Vollmer fotografierte zuerst George Harrison, 1961 dann John Lennon im Eingang zu dem Haus Jägerpassage 1 (Wohlwillstraße 22), das Letzterer dann 1975 für das Cover seiner LP »Rock'n'Roll« verwendete. Auch Astrid Kirchherr und → *Stuart Sutcliffe* fotografierte er. → *Jackie Lomax* ließ sich später von Astrid Kirchherr in der gleichen Pose ablichten – allerdings in der Jägerpassage 2. John Lennon später: »Jürgen Vollmer war der erste Fotograf, der die Schönheit und den Geist der Beatles einfing. Wir haben lange versucht, jemanden mit seinem Stil zu

finden, als wir aus Hamburg zurückkehrten. Niemand konnte es. Er liebte die Rocker und den Rock'n'Roll.« Die Beatles hat Vollmer nie wieder zusammen gesehen, Ringo hat er schon nicht mehr kennen gelernt. Vollmer: »Mit John war ich 1966 einen Nachmittag zusammen, als er mal incognito nach Paris kam, ein zweites Mal in New York, Mitte der siebziger Jahre, während der Vorbereitungen zu seinem Album ›Rock'n'Roll‹, für dessen Cover er ja eines der Fotos benutzte, die ich in Hamburg von ihm gemacht hatte. Paul habe ich nur noch einmal getroffen, für eine Stunde in seiner Garderobe vor einem Konzert in Hamburg 1989, als ich zufällig dort zu Besuch war. George habe ich nie wieder gesehen.« Jürgen Vollmer lebte eine Zeit lang in Los Angeles, dann in New York. Mitte der 1990er Jahre kehrte er nach Hamburg zurück.

Lit.: Vollmer, Jürgen: Sex Appeal (mit einem Vorwort von William S. Burroughs, New York 1976); Vollmer, Jürgen: African Roots (New York 1980); Vollmer, Jürgen: Rock'n'Roll Times (Paris 1980); Vollmer, Jürgen: From Hamburg To Hollywood (Guildford 1997); Vollmer, Jürgen: Rockers (Zürich 2000); Vollmer, Jürgen: The Beatles in Hamburg (München 2004)

VOORMANN, KLAUS

(in angloamerikanischen Veröffentlichungen auch oft: Voorman) Deutscher Künstler und Bassist, *29.4.1943 in Berlin als Sohn eines Dermatologen, vom 7. bis 15. Lebensjahr erhielt klassischen Klavierunterricht, gab bereits im zarten Alter von zehn Jahren seine ersten Konzerte. Nach dem Besuch der Meisterschule für Grafik und Druck in Berlin kam er 1957 nach Hamburg, wo er an der renommierten Meisterschule für Mode/Gestaltung studierte. Er arbeitete dann ab 1960 als Grafiker für die Programmzeitschrift → *Hörzu* und für *Kristall* sowie für das Fotostudio Reinhart Wolf. In Hamburg lernte er 1958 → *Astrid Kirchherr* (mit der er bis 1960 liiert war) und den Fotografen → *Jürgen Vollmer* kennen. Die drei haben als Erste das künstlerische Potenzial der Beatles erkannt. Im Oktober 1960 hörte Voormann im → *Kaiserkeller* zum ersten Mal die Beatles. Trotzdem: Entdeckt hat er sie nicht, auch wenn *ME/Sounds* 3/2000 das behauptet. Bis 1961 wohnte er im ausgebauten Dachboden in der Eimsbütteler Straße 45a, dem Haus, in dem Astrid Kirchherr wohnte. Als → *Stuart Sutcliffe* sich in Astrid Kirchherr verliebte und beschloss, in Hamburg zu bleiben, wäre Voormann gern als Bassist bei den Beatles eingestiegen, aber Paul McCartney war schneller. 1965, nachdem er Gitarre spielen gelernt hatte, zog er auf Einladung der Beatles nach London. Seine erste Band (Juni 1965 bis Juni 1966, mit Paddy Chambers, ld-g, und Gibson Kemp, dr) hieß »Paddy, Klaus und Gibson« (hervorgegangen aus der Band »Eyes«) und wurde von → *Brian Epstein* gemanagt. Nach drei Single-Flops in Folge löste sie sich allerdings im Mai 1966 wieder auf. 1966 ging er dann zu Manfred Mann, nachdem er kurzzeitig bei The Hollies ausgeholfen hatte und Epstein ihn aus seinem Vertrag mit → *NEMS Enterprises Limited* entlassen hatte. Er entwarf u.a. die Cover der LP »Revolver« (für das er am 2.3.1967 einen → *Grammy* für das »Beste Albumcover« erhielt), der LP »The Concert For Bangla Desh« (zweiter Grammy) und der »The Beatles Anthology«-CDs (1995). Auf dem Schwarz-Weiß-Cover der LP »Revolver« ist er auch selbst zu sehen: Unter seiner Unterschrift, unter John Lennons Mund, fügte er ein Bild von sich selbst ein. »Klaus' innovative Kombination aus Zeichnungen und Fotokollagen (alte Beatles-Aufnahmen, darunter Fotos vom letzten Cover) passte perfekt zur überbordenden Kreativität des neuen Albums.« (*musikexpress The Beatles Special Limited Edition*, Vol. 1, 2002) Paul McCartney: »Wir alle waren damit sehr zufrieden.« (→ *The Beatles Anthology*) Auch beim Wohltätigkeitskonzert »Peace for Christmas« von John Lennons und → *Yoko Onos* → *Plastic Ono Supergroup* am 15.12.1969 im Londoner Lyceum Ballroom in Covent Garden war Voormann dabei. Am 11.2.1970 mimte er mit der → *Plastic Ono Band* einen Live-Auftritt in der Sendung → *Top Of The Pops* mit »Instant Karma!«. Am 18.2.1970 spielte er mit Ringo Starr dessen Song »It Don't Come Easy« ein. Er spielte dann u.a. bei Klaus Doldinger, für B. B. King, Dr. John, Harry Nilsson, Randy Newman, John Lennon/Yoko Ono (LP »Imagine«, 1971; The Plastic Ono Band, The Plastic Ono Nuclear Band), George Harrison (1971, »All Things Must Pass«), bei Howlin' Wolf (1970, »The London Howlin' Wolf Sessions«, rel. 1971), Bobby Hatfield (1972), Bert Jansch (1974, LP »L.A. Turnaround«) und Ringo Starr (1974, »Goodnight Vienna«). Für Ringo Starrs erste Solo-LP »Sentimental Journey« arrangierte er Ende 1969 den Song »I'm A Fool To Care«. Am 1.8.1971 trat er auf dem von George Harrison im New Yorker → *Madison Square Garden* organisierten → *Concert for Bangla Desh* auf (mit der von George Harrison organisierten All Star Band) und erhielt dafür seinen zweiten Grammy. Im September 1971 produzierte er für Ringo Starr den Song »Blindman«. In dieser Zeit gab es Gerüchte um eine Reunion der Beatles – mit ihm am Bass. »Neuer Beatle versteckt sich«, schrieb der → *Melody Maker* am 27.3.1971, als er einige Tage auf George Harrisons Landsitz in Oxfordshire verbrachte. Bei John Lennons 31. Geburtstag am 9.10.1971 in dessen Hotelsuite spielte er bei einer spontanen Session, an der neben → *Allen Ginsberg* auch → *Phil Spector* und Ringo Starr teilnahmen. Zum Repertoire gehörten u.a. »Give Peace A Chance« und »Yellow Submarine«. 1973 zog er nach Los Angeles, 1979 kehrte er zurück nach Deutschland, arbeitete bei Phonogram als Produzent und Talentescout. So produzierte er 1982 »Da Da Da« mit Trio. Klaus Voormann arbeitete auch für Heinz Rudolf Kunze, Joachim Witt und Wigald Boning und spielte auch Bass für Marius Müller-Westernhagen (CD »Stinker«, 1981). Ende der 1980er Jahre stieg er aus dem Musikgeschäft aus und erwarb an der Ostsee ein altes Hotel. 1990 heiratete er die Sängerin Christina Harrison. 1991 war er einer der Initiatoren des ersten John Lennon Förderpreises der Itzehoer Versicherungen (www.john-lennon-talent-award.de). Er ist mit → *Astrid Kirchherr* Autor des 1999 in Guildford (Genesis Fine Art Books) erschienenen zweibändigen Werkes »Hamburg Days«.

Mit Alfons Kiefer gestaltete er die Umschlagvorderseite des Buches »The Beatles Anthology«. Vom 13. bis 17.2.2001 zeigte die Gallery 27 in London unter dem Titel »Hamburg Days« seine Zeichnungen und Illustrationen. Sein Paul-McCartney-Porträt »Paul« (1999) wurde über den Lakota Fund e.V. vertrieben; von den 190 DM (ca. 95 €) gingen 20 DM (ca. 10 €) an verarmte Lakota-Sioux-Indianer in der Pine Ridge Reservation (www.lakota-village.de). Er entwarf auch das Logo für das Estrel Beatles Festival in Berlin, den »Beatle Boot«. 2003 erschien seine Autobiographie. *Rolling Stone* 11/2003): »Also versucht er gar nicht erst, der Beatles-Saga neue Aspekte anzufügen. Er bleibt der unauffällig im Hintergrund verharrende Beobachter, seine Position ist die des Freundes mit subjektiver Perspektive. Er geht mit Ringo in Clubs, spielt Bass für John, urlaubt mit George, seinem liebsten Beatle.« Fazit: »... in jeder einzelnen Zeile uneitel und ehrlich.« Seine Frau engagiert sich für den Schutz des Starnberger Sees.

Anschrift: *Volkartstraße 32, 80634 München, klaus@voormann.com* • ***Lit.:*** *Thielow, Edmund:*

Klaus Voormann (Glauchau 1999; 2., erw. Aufl. 2005); Kirchherr, Astrid; Voormann, Klaus: Hamburg Days (Guildford 1999); Voormann, Klaus: »Warum spielst du Imagine nicht auf dem weißen Klavier, John?« (München 2003; München 2006) • www.voormann.com; www.klaus-voormann.com

VOX (VOX AMPLIFICATION LIMITED)
Britisches Unternehmen, das Verstärker, Gitarren und Pedale herstellt. 1951 gründete Thomas Walter Jennings (*28.2.1917 in Hackney, London) The Jennings Organ Company, nachdem er bereits Ende der 1940er Jahre ein Keyboard- bzw. Orgel-artiges Instrument namens Univox produziert hatte. 1957 wurde Dick Denney Chefingenieur bei Jennings Musical Instruments (bzw. ~ Industries, JMI, Sitz in Dartford/Kent). Er war Gitarrist und Elektronikfan und hatte bereits 1956 in Heimarbeit einen Gitarrenverstärker zusammengebastelt. Im Januar 1958 erschien dann der erste Verstärker unter dem Markennamen Vox – der A.C.15 mit 15 W Leistung. The Shadows nutzten ihn, bevor sie Ende 1959 auf den neuen A.C.30 mit 30 W Leistung umstiegen. Bekannt wurde das Unternehmen dann auch mit Vox-Gitarren, Echo-Maschinen, Orgeln, Mikrofonen und Wah-Wah-Pedalen. Der Vox A.C.30 war der erste britische Verstärker, nahezu jede Beatgruppe der 1960er Jahre benutzte ihn. Die Beatles nahmen ihre erste LP (»Please Please Me«) damit auf. Alle Verstärker waren damals mehr oder weniger Handarbeit. Vox entwickelte neue Modelle unter Berücksichtigung der Bedürfnisse der Beatles und testete sie auf deren Tourneen. In Anzeigen für die Verstärker T.60 Bass und A.C.30 Twin warb das Unternehmen: »The Beatles feature the VOX«. Den Vox 7120 setzten die Beatles zum ersten Mal bei den Aufnahmen zu »Paperback Writer« und »Rain« (rec. 13.–16.4.1966) und in den entsprechenden Promotion-Filmen) ein, später dann auch für die Aufnahmen zum Album »Revolver« (1966), live zum ersten Mal im Juni 1966 bei der Bravo-Blitz-Tournee, und zum letzten Mal live im Juli 1966 auf den Philippinen. Noch einmal zu Ehren kam er bei den Aufnahmen zu »Strawberry Fields Forever« (Nov./Dez. 1966) und einigen anderen Songs der LP »Sgt. Pepper's Lonely Hearts Club Band«. Insgesamt sollen nur 30 Exemplare davon hergestellt worden sein. Der Entwurf stammte von Triumph Electronics (die eigentlich medizinische Geräte herstellten) im Auftrag von JMI. Heute existiert wohl nur noch ein Exemplar des Verstärkers, wie ihn die Beatles benutzten. Trotzdem: Auf der Vox-Homepage (Vox Musicians and Groups) führt noch immer ein Link zu den Beatles, d.h. zu Alan Lowells Beatles Site.

Ende der 1960er Jahre produzierte Vox dann die ersten Verstärker auf Transistorbasis. 1969 hieß das Unternehmen nach einem Eigentümerwechsel Vox Sound Ltd, ab 1979 Vox Ltd, 1993 wurde die Korg UK Ltd Eigentümer. Auf der Homepage feiert sich Vox heute als »einen der komplexesten und am meisten missverstandenen Musikinstrumentenhersteller«. Wie wahr: Die eigentliche Rock-Revolution leitete Mitte der 1960er Jahre verstärkermäßig Jim Marshall ein, der »Erfinder der Lautstärke« (*Berliner Zeitung* 29.7.2003). Eine der weltweit größten Sammlungen von Vox-Instrumenten besitzt Sabine Reitz aus Hamburg.

Lit.: Petersen, David; Denney, Dick: The Vox Story (Westport/CT) • www.voxshowroom.com; www.voxamps.co.uk

VS-LPS
In den USA war es in den 1960er Jahren übliche Praxis, Songs von zwei Interpreten auf der Vor- und Rückseite einer LP zu veröffentlichen (versus = gegen). Die Zusammenstellung erfolgte allerdings sehr

willkürlich, die Bands hatten zumeist wenig Mitspracherechte. Auch die Beatles mussten sich eine solche Vermarktung oder besser Verwurstung gefallen lassen. So erschien am 26.2.1964 bei → *Vee-Jay Records* die LP »Jolly What! The Beatles And Frank Ifield On Stage«. Eine Rarität bei Sammlern ist auch die DoLP »The Beatles vs. The Four Seasons«, Untertitel: »The International Battle Of The Century«, ebenfalls erschienen auf Vee-Jay Records. Eine Seite bestreiten die Beatles (identisch mit »Introducing ... The Beatles«), die andere The Four Seasons. »The Beatles vs. The Stones« gibt es nur als → *Bootleg*-CD auf dem italienischen Label Joker; »The Beatles vs. The Third Reich« ist eine als Bootleg erschienene Parodie auf die LP »The Beatles vs. The Four Seasons« auf Richard Records. Die Idee wurde bald auf zahlreichen Bootlegs weitergesponnen: Beatles vs. Chuck Berry, Beatles vs. Don Ho, Beatles vs. Buddy Holly And The Isley Brothers, Beatles vs. Carl Perkins, Beatles vs. Little Richard And Larry Williams ...

W

WAH-WAH

Song von George Harrison, geschrieben während des »Let It Be«-Fiaskos, genauer gesagt, während John Lennon und → *Yoko Ono* des Öfteren schreiend ausflippten, was auch im Film zu sehen ist. George Harrison: »Ich bin nach Hause gegangen und habe diesen Song geschrieben.« Veröffentlicht 1970 auf der LP »All Things Must Pass«.

WAIT

Song von John Lennon/Paul McCartney, aufgenommen am 17.6. und 11.11.1965 unter Verwendung von Aufnahmen aus den »Help!«-Sessions, erstmals erschienen am 3.12.1965 auf der LP »Rubber Soul«. Der Song war für »Help!« abgelehnt worden und wurde in letzter Minute aufpoliert, da für »Rubber Soul« noch ein Titel fehlte. Zahlreiche → *Cover-Versionen*, u.a. von Frankie Vaughan, Ben Kweller und The Hill/Wiltschinsky Guitar Duo.

WALE, REG

Britischer Perkussionist, er nahm am 12.10.1967 in den Londoner → *Abbey Road Studios* mit den Beatles und → *Shirley Evans* (acc) den Titel »Shirley's Wild Accordion« auf, eine Komposition von John Lennon und Paul McCartney, die ursprünglich Teil des Soundtracks der »Magical Mystery Tour« werden sollte, aber nicht verwendet wurde.

WALK DOWN ABBEY ROAD – A TRIBUTE TO THE BEATLES

Unter diesem Motto waren 2001 Todd Rundgren (*22.6.1949 Upper Darby/Penns./USA; er hatte bereits 1976 auf seiner LP »Faithful« u.a. »Strawberry Fields Forever« gecovert), → *Alan Parsons*, Ann Wilson (ex-Heart) und John Entwistle (ex-The Who, *9.10.1944 Chiswick/GB) auf Tournee – mit einer »Beatles-inspirierten Show« (*Rolling Stone* 9/2001).

WALL'S ICE CREAM

Titel einer am 18.7.1969 auf dem Apple-Label für Promotion-Zwecke erschienenen EP mit den Titeln »Little Yellow Pills« von → *Jackie Lomax* (produziert von George Harrison), »Happiness Runs (Pebble And The Man)« von → *Mary Hopkin* (produziert von Paul McCartney), »Something's Wrong« von → *James Taylor* und »Storm In A Tea Cup« mit The Iveys (die beiden Letzteren ohne Beatles-Bezug). Die EP erschien in Deutschland von Langnese Eis (omen est nomen!).

WALLER, GORDON

→ *Peter and Gordon.*

WAR IS OVER!

Im Dezember 1969 gaben John Lennon und → *Yoko Ono* im Rahmen einer Friedenskampagne eine Reihe von Werbeplakaten mit dieser Überschrift in Auftrag. Gemeint war der Vietnamkrieg. In kleinerer Schrift stand darunter: »If you want it. Happy Christmas from John & Yoko«. Die internationale Plakat-Aktion begann am 15.12.1969 in zwölf Städten: Athen, Berlin, Hongkong, London, Los Angeles, Montreal, New York, Paris, Port-of-Spain (Trinidad), Rom, Tokyo und Toronto. Die Plakate waren z.T. in der Landessprache gestaltet, in Deutschland stand demzufolge »Der Krieg ist aus!« auf den Plakaten. Zusätzlich wurden Handzettel mit der Botschaft verteilt. Als Auftakt der Aktion gaben John Lennon und Yoko Ono mit ihrer → *Plastic Ono Supergroup* ein Wohltätigkeitskonzert zugunsten der UNICEF unter dem Motto »Peace for Christmas« im Lyceum Ballroom in Covent Garden in London. Zugleich schlug John Lennon für das Jahr 1970 die Bezeichnung »One A.P.« – »One After Peace« (das Jahr eins nach dem Frieden) vor. Am 21.12.1969 schalteten John und Yoko zusätzlich eine ganzseitige »War Is Over!«-Anzeige in der *New York Times*. Im Frühjahr 2003 griff Yoko Ono die Idee wieder auf und schaltete im *San Francisco Chronicle* für ca. 37 000 € eine ganzseitige Anzeige mit den Worten »Imagine Peace«, zuvor hatte sie ähnliche Anzeigen bereits in Los Angeles und New York aufgegeben. Der Slogan »War Is Over!« ist auch Bestandteil des Songs »Happy Xmas (War Is Over)«, den John Lennon 1971 mit den Kindern des Gemeindechores Harlem in New York aufnahm. Am 1.12.1998 veranstaltete Yoko Ono am Duffy Plaza in New York ein Revival der Aktion, um auf die noch nicht beendeten Kriege aufmerksam zu machen. Die Aktion war über www.earthcam.com live im Internet zu verfolgen. 2003 benutzte Michael Moore den Slogan »War Is Over (If You Want It)« für seinen Videoclip »Boom« für die Nu-Metal-Band System Of A Down. Robbie Williams machte daraus 2003 »Happy Easter (War Is Coming)«.

WARUM TRÄGT JOHN LENNON EINEN ROCK?

→ *Why is John Lennon Wearing a Skirt?*

WE ALL SHINE ON

→ *Instant Karma!*.

WE CAN WORK IT OUT

Song von John Lennon/Paul McCartney, aufgenommen am 20. und 29.10.1965, erstmals erschienen am 3.12.1965 auf einer Single mit zwei A-Seiten, am 9.12.1966 auf der LP »A Collection Of Beatles Oldies (But Goldies)«. Die charakteristische Klangfarbe des Songs liefert ein → *Harmonium*. Eine weitere Version erschien im Mai 1991 auf der Paul-McCartney-CD »Unplugged – The Unofficial Bootleg«. Zahlreiche → *Cover-Versionen*, u.a. von Sacha Distel, The Four Seasons, Tom Jones/Chaka Khan, Sandro (»Podemos solucionato«), The Beatle Barkers, King Missile, All Saints, Petula Clark, Stevie Wonder, Melanie, Phil Keaggy & PFR, The ReBeatles, The Hill/Wiltschinsky Guitar Duo, Twist And Shout, Heather Nova, Munich Symphonic Sound Orchestra (MSSO), The Aranbee Pop Symphony Orchestra Under The Direction Of Keith Richard, The Hollyridge Strings, Peter Breiner and His Chamber Orchestra, Dionne Warwick, Electric Sound Orchestra (d.i. Martial Martinay), Les Boréades, The Day Trippers, The Larry Page Orchestra, Maxine Brown, The Koppycats (Ian & The Zodiacs), Jive Bunny & The Mastermixers, Nearly Good, John Egniz Connection (Wolfgang Zinke), The Silhouettes, The Runaways, The Inmates und Progress Organization »Barnodaj«.

WEBB, BERNARD

Pseudonym Paul McCartneys als Komponist/Texter des Songs »Woman«, aufgenommen von → *Peter and Gordon* Anfang 1966. Er wählte das Pseudonym für die in GB erschienene Single, um zu sehen, ob die Single auch ohne Nennung seines Namens in die Charts kommt, vielleicht auch, um zu umgehen, dass als Autorenangabe »John Lennon/Paul McCartney« hinter dem Song stand. Am 7.3.1966 erschien dann die LP »Woman« des Duos Peter and Gordon mit dem Song, auf der Paul McCartney als Autor angegeben war. → *NEMS Enterprises Limited* musste auf Anfrage am 18.3.1966 bestätigen, dass Paul McCartney der Verfasser ist. Auf den Namen kam Paul McCartney, als er beim Konzert im

New Yorker → *Shea Stadium* plötzlich ein Transparent mit der Aufschrift »Long Live Bernard Webb« entdeckte.

THE WEDDING ALBUM
LP von John Ono Lennon und → *Yoko Ono Lennon*, aufgenommen Ende März–Anfang April 1969, erstmals erschienen am 20.10.1969 als Multimediapaket (Multiple) in den USA und am 24.10.1969 in GB. In dem Set befinden sich außer der LP ein Heft mit Presseberichten zur Trauung von John Lennon und Yoko Ono am 20.3.1969 in Gibraltar, zum → *Bed-In* und → *Bagism*, Zeichnungen, Fotos, ein Passfoto-Streifen, zwei beidseitig bedruckte Poster, ein Textheft mit Interview, eine Kopie der Heiratsurkunde und ein Stück Hochzeitskuchen aus Kunststoff. Die LP dokumentiert auf einer Seite (»Amsterdam«) das Bed-In im Amsterdamer Hotel »Hilton« inkl. eines Interviews, Frühstück und Roomservice; die andere Seite (»John And Yoko«) ist eine »Art koitales Mantra« (James Woodall), eine weitere akustische Umsetzung des »Beat Piece« und enthält u.a. die Herztöne von John Lennon und Yoko Ono, aufgenommen am 22. und 27.4.1969 in den → *Abbey Road Studios*. Kunstwissenschaftler wie Thomas Grötz zogen inzwischen Parallelen zu Fluxus-Aktionen wie der Hochzeitszeremonie von Milan Knizak 1967 und der »Fluxdivorce« von Geoffrey Hendricks (1971).

WEDDING FOR PEACE
Aktion von John Lennon und → *Yoko Ono* im Frühjahr 1969, nach ihrer Trauung am 20.3.1969 in Gibraltar, zu dem u.a. das → *Bed-In* im Amsterdamer Hotel »Hilton« und die Ankündigung, dass sie wichtigen politischen Führern der Welt als Geste des Friedens 50 Eicheln schenken wollen (→ *Acorns For Peace*), gehörten.

Flyer für das Theaterstück
»Warum trägt John Lennon einen Rock?«

WEISS, NATHAN »NAT«
New Yorker Rechtsanwalt, spezialisiert auf Rechtsfragen im Musikgeschäft (zu seinen Klienten gehörten Cat Stevens, → *James Taylor* und Bonnie Raitt), Manager und Eigentümer einer eigenen Schallplattengesellschaft. Ab 1964 war er einer der engsten Freunde und Vertrauten von → *Brian Epstein* und später Mitbegründer der → *Nemperor Holding Co. Limited*. Er schloss mit Brian Epstein einen Vertrag, demzufolge er alle Tourneen von Epsteins Künstlern in den USA managen sollte. Weiss: »Das hätte mich zum Manager der Manager gemacht.« Im April 1967 schlug ihm Epstein eine Partnerschaft mit → *Sid Bernstein* und ihm vor – um die Beatles wollte sich Epstein allerdings weiter selbst kümmern. Am 2.9.1967 sollte Epstein für einen Monat in die USA kommen – aber da lebte er bereits nicht mehr. Weiss blieb mit den Beat-

les in Kontakt: Im Mai 1968 verbrachte Paul McCartney eine Nacht mit Linda Eastman in Weiss' Apartment in der 181 East 73rd Street in Manhattan, als er mit John Lennon das Unternehmen → *Apple Corps Limited* in den USA vorstellte.

WEISSES ALBUM
→ *The Beatles*.

WEISSLEDER, MANFRED
Initiator des Hamburger → *Star-Clubs* und des Labels → *Star-Club Records*, Chef der Manfred Weißleder KG. Der blonde Zwei-Meter-Mann, geboren in Dortmund, hatte Flugzeug-Elektromechaniker gelernt und kam Mitte der fünfziger Jahre nach Hamburg – »nur mit einem kleinen Handkoffer«, wie Dieter Beckmann und Klaus Martens in ihrem Buch »Star-Club« (Reinbek b. Hamburg 1980) schreiben. Er arbeitete anfangs als Betriebselektriker auf dem Kiez, Anfang der 1960er Jahre gehörten ihm bereits etwa ein Dutzend Stripläden in Hamburg. Im Alter von 34 Jahren verpachtete er diese und eröffnete am 13.4.1962 im ehemaligen Stern-Kino in St. Pauli, Große Freiheit 39, den Star-Club. Zur Eröffnung spielten u.a. die Beatles. Sie hatten insgesamt drei Engagements im Star-Club: vom 13.4. bis 31.5.1962 (Gage: 500 DM pro Kopf und Woche, ca. 250 €), 1.– 14.11.1962 (Gage: 600 DM pro Kopf und Woche, ca. 300 €) und 18.–31.12.1962 (Gage: 700 bis 750 DM pro Kopf und Woche, ca. 350 bis 375 €). Um noch einmal Beckmann/Martens zu zitieren: »Manfred Weißleder war Geschäftsmann, der stets seinen Vorteil deutlich sah und zu nutzen verstand. Der Star-Club und die später angegliederten Unternehmen und Unternehmungen waren keine Wohlfahrtsinstitute und -aktionen, sondern auf Wachstum und Gewinn ausgerichtet.« So vermietete er z.B. den Namen »Star-Club« für 1000 DM/Monat (ca. 500 €) bundesweit an Lokale. Bald gab es Star-Clubs in Berlin, Köln, Bielefeld, Kiel, Flensburg, Bremen, Karlsruhe und lt. Weißleder sogar in Mombasa. All diese Clubs waren verpflichtet, ihre Musiker bei ihm zu buchen, waren aber nicht sonderlich erfolgreich. Es folgten Star-Club-Tourneen, Sondergastspiele, Souvenirs, Star-Club Records und die Zeitung *Star-Club News*. Am 11.6.1964 entzog Amtmann, Leiter des Wirtschafts- und Ordnungsamtes Hamburg-Mitte, Weißleder aufgrund diverser Vorkommnisse die Lizenz, am 23.6.1964 musste der Star-Club schließen. Nach zwei Tagen öffnete der Club wieder: Weißleder hatte die Konzession auf Hans Bunkenburg als Geschäftsführer der Star-Club GmbH übertragen, blieb aber der Boss im Hintergrund. Im März 1966 erhielt Weißleder seine Konzession zurück. Im September 1967 zog er sich von allen Aktivitäten zurück. Manfred Weißleder lebte dann völlig zurückgezogen in seinem Haus in Hamburg-Nienstedten, wo er am 2.2.1980 verstarb.

WELLS, SAM
Unter diesem Pseudonym flog George Harrison mit seiner Frau Pattie am 11.9.1966 nach Indien, um dort Urlaub zu machen. Auf dieser Reise lernte er → *Ravi Shankar* kennen und → *Sitar* spielen.

WEYBRIDGE
→ *Kenwood*.

WHALLEY, NIGEL
Teekisten-Bassist (alternierend mit → *Ivan Vaughan*) und Manager der → *Quarrymen*, ein Freund John Lennons seit ihrer Kindheit, * 30.6.1941 in Woolton, Liverpool. Sein Spitzname: »Whalloggs«. Nach Abschluss der Schule wurde er Golf-Profi im Lee Park Golf

Club. Er spielte auch mit Dr. Sytner Golf, dessen Sohn Alan gerade den → *Cavern* gekauft hatte. Am 7.8.1957 hatten sie dort ihren ersten Auftritt. Ende des Jahres 1957 gab er seine Funktionen bei den Quarrymen auf, weil er an Tuberkulose erkrankte. 1961 verließ er Liverpool und arbeitete in Österreich. Er besuchte John Lennon einige Male in dessen Haus in → *Kenwood* und arbeitete dann sehr erfolgreich im Wrotham Golf Club in Borough Green, Kent.

WHAT GOES ON

Song von John Lennon/Paul McCartney/Richard Starkey, aufgenommen am 4.11.1965, erstmals erschienen am 3.12.1965 auf der LP »Rubber Soul«. Den Song hatte John Lennon bereits früher, im Frühjahr 1963, geschrieben, und er wurde auch am 5.3.1963 schon einmal aufgenommen, aber nicht veröffentlicht. Bei den neuen Aufnahmen fügten Paul McCartney und Ringo Starr einen neuen Mittelteil hinzu – zum ersten Mal wird deshalb Ringo Starr als Mitautor genannt – es bleibt der einzige Beatles-Song mit dieser Autorenschaft. Der Song wurde »in einem Ritt« aufgenommen. Zahlreiche → *Cover-Versionen*, u.a. von Sufjan Stevens und The Beatles Revival Band.

WHAT IS LIFE

Song von George Harrison, geschrieben 1969 ursprünglich für → *Billy Preston*, der den Song jedoch nicht ins Repertoire nahm. George Harrison schrieb den Song innerhalb von 15–30 Minuten auf dem Weg in die Londoner Olympic Studios, wo er eine Langspielplatte mit Preston produzierte. Er erschien erst 1970 auf Harrisons LP »All Things Must Pass«. Zahlreiche → Cover-Versionen, u.a. von Shawn Mullins, Marc André und die Clifford Singers (»Nimm die Welt wie sie ist«) und The Brambles.

WHAT YOU'RE DOING

Song von John Lennon/Paul McCartney, aufgenommen am 26.10.1964, erstmals erschienen am 4.12.1964 auf der LP »Beatles For Sale«.

WHAT'S HAPPENING!
THE BEATLES IN THE U.S.A.

→ *Albert und David Maysles*.

WHAT'S THE NEW MARY JANE

(auch: What A Shame, Mary Jane Had A Pain At The Party) Song von John Lennon aus dem Jahre 1967 oder 1968 – eines der experimentellen, von → *Yoko Ono* beeinflussten Stücke, aufgenommen von John Lennon und George Harrison am 14.8.1968 während der Sessions zum »Weißen Album« und remixt am 26.11.1969 für eine Single der → *Plastic Ono Band*, weil die Beatles den Song nicht veröffentlichen wollten. John Lennon sagte später, er hätte den Song zusammen mit → *Magic Alex* geschrieben und ihn einem Bootlegger als Äquivalent für einige → *Bootlegs* gegeben.

Die Single, angekündigt für den 5.12.1969 (b/w »You Know My Name«), erschien jedoch nicht. Erstmals veröffentlicht in zwei Versionen (6:35 und 7:04 min) auf einer 12"-Bootleg-Single auf Richard Records (R 8028, mit dem Parlophone-Logo, als »reference disc cut from original master tapes«). Das Cover zeigt die Beatles mit Monster-Masken, umgeben von nackten Girls. Die »Beatles-Version« erschien erst am 28.10.1996 auf der DoCD »Anthology 3«.

WHEN I GET HOME

Song von John Lennon/Paul McCartney, aufgenommen vom 1. bis 3.6.1964, erstmals erschienen am 10.7.1964 auf der LP »A Hard Day's Night«. Zahlreiche → *Cover-Versionen*, u.a. von The Hassles With Billy Idol.

WHEN I'M SIXTY-FOUR

Song von John Lennon/Paul McCartney, aufgenommen am 6., 8. und 20./21.12.1966, erstmals erschienen am 1.6.1967 auf der LP »Sgt. Pepper's Lonely Hearts Club Band«. Der historische Touch resultiert vor allem aus der Verwendung von Ragtime- und 1920er-Jahre-Dancehall-Rhythmen und dem Einsatz der Klarinetten, gespielt von Robert Burns, Henry MacKenzie und Frank Reidy. Wolf Kampmann attestiert dem Song sogar »gewisse Ähnlichkeiten mit dem Timbre des Klezmer« (klezmer – hejmisch und hip. Essen 2004). Paul McCartney: »Ich wollte einen speziellen Sound für diesen Song, und ich liebe Klarinetten.« Den Song hatten die Beatles bereits in Cavern-Tagen gespielt. Paul McCartney wollte mit dieser Aufnahme seinen Vater ehren, der 1966 64 geworden war. Paul McCartney: »Ich sang den Song in einem altmodischen Varieté-Stil, wie ein schmalziger Jazz-Sänger der zwanziger Jahre.« Das Band wurde nachträglich manipuliert, d.h. beschleunigt, um den »altmodischen Touch« noch zu verstärken. Ein Acetate (Testpressung) mit einem langsameren Mix und einem zusätzlichen Textteil am Ende aus dem Nachlass von → *Mal Evans* wurde am 27.8.1992 bei Sotheby's versteigert. Zahlreiche → *Cover-Versionen*, u.a. von The Canadian Brass, Frankie Goes To Liverpool, John Pizzarelli, John Egniz Connection (Wolfgang Zinke), Bernd Frank, Les Boréades, Benkö Dixieland Band, The Metropolitan Police Male Voice Choir, The Royal Academy Of Music Symphony Orchestra, Max Bygraves, Andreas Schmidt, Erich Kunzel Cincinnati Pops Orchestra feat. King's Singers, Schmidt Happens!, Branimir Krstic, Claudine Longet, John Denver, Archie and Edith Bunker, The Chipmunks, Volkers lustiger Musikverein (»Wenn ich mal alt bin«), The London Double Bass Sound, Courtney Pine Quartet, The Mike Sceptre Singers With The London Starlight Orchestra, The Royal Symphonic Rock Orchestra Vienna, Cyril Stapleton, The Bates (»Trauriges Lied«), Steph und Raff, Revival Club Prague und Julian Lennon.

WHEN THE SAINTS GO MARCHING IN

→ *The Saints*.

WHILE MY GUITAR GENTLY WEEPS

Song von George Harrison, aufgenommen am 5. und 6.9.1968, erstmals erschienen am 22.11.1968 auf der LP »The Beatles« (»Weißes Album«). Das Lead-Gitarren-Solo spielte → *Eric Clapton* unter dem Pseudonym → *L'Angelo Misterioso* am 6.9.1968 ein. George Harrison benutzte das Pseudonym 1969 für seine Mitarbeit (g) an der Aufnahme »Never Tell Your Mother She's Out Of Time« von Jack Bruce (LP »Songs For A Tailor«). Zu dem Text ließ sich George Harrison vom chinesischen »I Ching – das Buch der Veränderungen« inspirieren. Als er seine Eltern im Norden Englands besuchte, beschloss er, die ersten Worte eines dort zufällig ausgewählten und aufgeschlagenen Buches für den Song zu verwenden – das waren dann die Worte »Gently Weeps«. 1986 wurde der Song für den Kultfilm »Withnail And I« verwendet (Handmade Films (Productions) Ltd, Regie: Bruce Robinson, Richard E. Grant in der Hauptrolle, Soundtrack 1987 auf DRG Records). Das Originalmanuskript des Songs aus dem Nachlass von → *Mal Evans* wurde 1992 für 8500 £ (ca. 11 000 €) versteigert. Zahlreiche → *Cover-Versionen*, u.a. von Russ Freeman, Buddy + The Huddle, Badi Assad, Rundfunk-Tanzorchester Berlin, Frankie Goes To Liverpool, The Jeff Healey Band (mit George Harrison und Jeff Lynne), The ReBeatles, The CT Beatles, Magical Mystery Group, Munich Symphonic Sound Orchestra (MSSO), Hard Day's Night, Nan Vernon, The Fabulous Four,

Phish, The RRSO Symphony Orchestra, Joe Sachse/Ernst Bier, Joe Louis Walker, Chantal, The Downers, The Beattells, Peter Frampton, Carlitos Ordax & Roman Gil, The Punkles, The Natural, Beatles Forever, Paul McCartney & Eric Clapton & Band, Todd Rundgren, The Beatless und Laurence Juber.

WHISKEY FLAT(S)

Auf mehreren → *Bootlegs* auftauchende Bezeichnung eines imaginären Auftrittsortes in Atlanta – die Beatles spielten an diesem 2.9.1964 allerdings in der Convention Hall in Philadelphia.

WHISPERING GRASS (DON'T TELL THE TREES)

Song von Fred Fisher/Doris Fisher, aufgenommen 1940 von The Ink Spots, arrangiert von Ron Goodwin, aufgenommen am 9.2. und 5.3.1970 von Ringo Starr und einem 36-köpfigen Orchester, erschienen auf dessen erster Solo-LP »Sentimental Journey« am 27.3.1970.

WHITAKER, ROBERT »BOB«

Britischer Fotograf, der ab 1961 in Melbourne/Australien arbeitete. Im Juni 1964 fotografierte er die Beatles auf ihrer Australien-Tournee. → *Brian Epstein* war von seinen Fotos so begeistert, dass er ihn als offiziellen Fotografen seiner Künstler und Künstlerischen Direktor von → *NEMS Enterprises Limited* anstellen wollte – aber Whitaker lehnte ab. Drei Monate später erneuerte Epstein sein Angebot – Whitaker kam dann nach London und war vom August 1964 bis November 1966 offizieller Fotograf (»Hoffotograf«) der Beatles. Er war mit ihnen auf Tournee in den USA, Deutschland und Japan und fotografierte sie auch im Studio. Er fotografierte die Beatles am 23./25.3.1966 in seinem Studio in 1 The Vale, off the King's Road im Londoner Stadtteil Chelsea auch für das so genannte → *Butcher-Cover*, auf dem sie in weißen Kitteln mit diversen Puppen- und Fleischteilen à la → *Salvador Dalí* zu sehen sind. Zum ersten Mal erschien eines dieser Fotos in → *Disc and Music Echo* als Anzeige bzw. zur Promotion zur Single »Paperback Writer«/»Rain« im Mai/Juni 1966. Nachdem → *Capitol Records* das Foto als Cover für die LP »Yesterday ... And Today« der Beatles, erstmals erschienen am 20.6.1966, verwendet hatte, empörte sich die Öffentlichkeit. Das Cover – es waren immerhin bereits ca. 60 000 Exemplare der LP an Radiosender, die Presse und Capitol-Filialen verteilt worden – wurde zurückgezogen und mit einem neutralen, zum Image der Beatles als nette Jungen passenden Foto überklebt. Whitaker nahm 1966 auch das Cover für die EP »Nowhere Man« auf, auch das Beatles-Foto auf der Rückseite der LP »A Collection Of Beatles Oldies (But Goldies)« ist von ihm. Sein Engagement für die Beatles endete 1967 mit Brian Epsteins Tod. 2002 erschien in den Niederlanden ein Ausstellungskatalog unter dem Titel »In Your Face« mit neun seiner Fotos.

Lit.: The Unseen Beatles – Photographs by Bob Whitaker (London 1993, San Francisco 2001)

WHITE, ALAN

Britischer Schlagzeuger, * 14.6.1949 in Pelton, County Durham/GB. Er war bei den Bands Griffin, Balls und Paul Williams Set sowie Studiomusiker für Johnny Almond, Stefan Grossman, Gary Wright und Paul Kossoff; er trommelte am 13.9.1969 mit der → *Plastic Ono Band* bei der → *Toronto Rock'n'Roll Revival Show*, ein Mitschnitt erschien am 12.12.1969 unter dem LP-Titel »The Plastic Ono Band – Live Peace In Toronto 1969«. Auf der am 24.10.1969 erschienenen Single »Cold Turkey«/»Mummy's Only Looking For A Hand In The Snow« der Plastic Ono Band, aufgenommen in London, sitzt allerdings Ringo Starr an den Drums. Beim Wohltätigkeitskonzert »Peace for Christmas« von John Lennons und → *Yoko Onos* → *Plastic Ono Supergroup* am 15.12.1969 im Londoner Lyceum Ballroom in Covent Garden war White ebenso dabei wie bei den Aufnahmen zu »Instant Karma! (We All Shine On)« am 27.1.1970 in den → *Abbey Road Studios*, produziert von → *Phil Spector* und erschienen als Apple-Single am 6.2.1970. 1972 ging er für Bill Bruford zu Yes (LP »Yessongs«).

WHITE, ANDY

Londoner Session-Drummer und Schlagzeuger im Vic Lewis Orchestra, er »vertrat« Ringo Starr am 11.9.1962 bei den Aufnahmen zu »Love Me Do«, »P.S. I Love You« und »Please, Please Me« in den Londoner → *Abbey Road Studios*, weil → *George Martin* mit den Probeaufnahmen (→ *Pete Best*) und den ersten Studioaufnahmen (Ringo Starr) nicht zufrieden war. Ringo spielte derweil Tamburin und Maracas. Während auf der ersten Single der Beatles (aufgenommen am 4.9.1962) Ringo trommelt, ist auf der Fassung, die dann auf die LP »Please Please Me« kam, Andy White zu hören. 1963 beschloss die → *EMI*, dass auch für alle künftigen Pressungen der Single die Version mit Andy White zu verwenden sei. → *Barry Miles* ist der Meinung, dass für die ersten Pressungen die Version mit Ringo Starr (rec. 4.9.1962) benutzt wurde, aber auf der ersten regulär erschienenen Single letztendlich doch Andy White zu hören wäre. Die Unterschiede sind in der Tat minimal. Übrigens erhielt White für sein »Gastspiel« 11 £ – damals ein gutes Honorar, heute eher wenig. White war mit Lynn Cornell von der Girlband The Vernon Girls verheiratet. Er spielte später im BBC Radio Orchestra in Glasgow, bei Aufnahmen mit Burt Bacharach, Tom Jones, Jimmy Page und Herman's Hermits und ging dann in die USA, wo er u.a. für Louis Armstrong, → *Marlene Dietrich*, → *Chuck Berry* und Shirley Bassey trommelte. 1992 ließ er sich in New York nieder und arbeitete als Bibliothekar und Musiklehrer. Bei der New York Police Band brachte er es bis zum »drum sergeant«.

WHITE, CILLA

→ *Cilla Black*.

WHITE ALBUM

→ *The Beatles*.

WHO HAS SEEN THE WIND?

Song von → *Yoko Ono*, erstmals aufgenommen am 27./28.1.1970 von John Lennon mit → *The Plastic Ono Band*, produziert von John Lennon und erschienen auf einer Single am 6.2.1970 (b/w »Instant Karma!«).

WHO'S WHO

Unter diesem Titel erscheinen seit Jahrzehnten in aller Welt biographische Nachschlagewerke für Länder, Regionen und Sachgebiete. Am 22.5.1965 wurden auch die Beatles in das offizielle Who's Who aufgenommen, im April 1984 auch Paul McCartney. Unter www.whoswho-online.com kann man seit 1999 im Who's Who Global Network recherchieren. Das International Who's Who (www.internationalwhoswho.com) hat mittlerweile über 80 000 Mitglieder in 150 Ländern, ist aber online nur für Mitglieder zugänglich. Ein Standardwerk ist das bei Oxford University Press erscheinende »Who's Who In The 20th Century«.

WHOLE LOTTA YOKO

Song von → *Yoko Ono*, aufgenommen am 10./11.12.1968 für den → *Rolling Stones Rock and Roll Circus* von Yoko Ono und dem Geiger Ivry Gitlis, begleitet von »The Dirty

Mac«. Die Aufnahme wurde jedoch erst 1996 auf der CD »The Rolling Stones Rock'n'Roll Circus« veröffentlicht.

WHY (CAN'T YOU LOVE ME AGAIN)
Song von Tony Sheridan/Bill Crompton, geschrieben 1958, aufgenommen wahrscheinlich am 22.6.1961 von → *Tony Sheridan* & The Beatles), produziert von → *Bert Kaempfert*, erschienen auf der ersten EP von Tony Sheridan and The Beat Brothers.

WHY DON'T WE DO IT IN THE ROAD?
Song von John Lennon/Paul McCartney, aufgenommen am 9. und 10.10.1968, erstmals erschienen am 22.11.1968 auf der LP »The Beatles« (»Weißes Album«). Piano, Gitarre und Lead-Gesang hatte Paul McCartney ohne Wissen der anderen Beatles aufgenommen, später fügte Ringo noch das Schlagzeug hinzu. Hadayatullah Hübsch: »Es ging darum, in der Lotusposition auf dem Trafalgar Square mit der Geliebten zu schlafen, das wäre der Ausbruch der Revolution.« Zahlreiche → *Cover-Versionen*, u.a. von Lydia Lunch, Dead Yellow Cars, Klaus Beyer (»Warum tun wir's nicht auf dem Weg«), B-Bus, 4 Track All-Stars, Duo Liebestoll (»Spe'l clavau«), The Punkles, Jimmy Thackery & The Drivers und Lowell Fulson.

WHY IS JOHN LENNON WEARING A SKIRT?
(dt.: Warum trägt John Lennon einen Rock?) Ein-Personen-Stück der Engländerin Claire Dowie, ausgezeichnet 1991 mit dem London Fringe Award, 1996 bei Methuen Publishing Ltd in London auch als Buch erschienen. Die englische Schriftstellerin und Theaterfrau Claire Dowie gilt als Vorreiterin des »stand-up-theatre«, einer kabarettistisch-komödiantischen, improvisatorisch-offenen Theaterform, die den direkten Kontakt mit dem Publikum sucht. Deutsche Premiere war am 21.10.2004 auf der theater strahl probebühne im Kulturhaus Schöneberg in Berlin, Regie: Kerstin Lorisz, gespielt von Anne-Rebekka Düsterhöft. Seit 17.11.2004 auch auf dem Spielplan des Nordharzer Städtebundtheaters Quedlinburg, Schulvorführungen auch im Rahmen der Reihe »Blauer Theater Montag« der Inszenierung von Britta Weyers/ ZENO Theater im Kulturbunker Mülheim, gespielt von Ina Beimbauer und Patricia Langfeld. Thema ist die Gleichberechtigung von Jungen und Mädchen: »Auf amüsante und mitunter auch bittere Weise wird erzählt, wie eine junge Frau auf höchst ungewöhnliche Art ihren eigenen Lebensentwurf findet.« (PR theater strahl). Im Detail: In den 1960er Jahren gab es noch keine Girl Groups. Mädchen, die anders als ihre Eltern sein wollten und auf Popmusik standen, mussten sich notgedrungen mit Jungs identifizieren. So stellen sich auch die beiden 14-jährigen Freundinnen vor, sie seien John Lennon und Paul McCartney. Doch spätestens dann, wenn die beiden morgens die Röcke ihrer Schuluniform anziehen müssen, kommt es zu unangenehmen Kollisionen zwischen Traum und Realität. Thomas Linden ließ sich davon zu dem Stück »Lennon trägt einen Rock« inspirieren.

WIE ICH DEN KRIEG GEWANN
→ *How I Won The War*.

WIGG, DAVID
→ *The Beatles Tapes*.

WILD HONEY PIE
Song von John Lennon/Paul McCartney, aufgenommen am 20.8.1968, erstmals erschienen am 22.11.1968 auf der LP »The Beatles« (»Weißes Album«). Paul nahm diesen kurzen Song (62 sec) als One-Man-Band auf und

fügte einige Gesangs- und Gitarrenspuren hinzu. Zahlreiche → *Cover-Versionen*, u.a. von The Down Siders.

WILLIAMS, ALLAN

Besitzer des Clubs → *Jacaranda* (»The Jac«), wo die Beatles einen ihrer ersten öffentlichen Auftritte hatten, und des Blue Angel Club, wo sie am 10.5.1960 dem Manager → *Larry Parnes* vorspielten. Williams hatte 1959 John Lennon und → *Stuart Sutcliffe* kennen gelernt und sie im Mai 1960 Parnes empfohlen, der die Beatles zu ihrer ersten Tournee (als Vorband für → *Johnny Gentle* auf einer Schottland-Tournee) verpflichtete. Williams verschaffte den Beatles dann weitere Auftritte, insbesondere Lunchtime-Gigs, und bezeichnete sich deshalb seit Mai 1960 mit seinem »Unternehmen« Jacaranda Enterprises als »erster Manager der Beatles« – → *Bill Harry* konstatiert dagegen: »Er managte die Gruppe nie. Sie waren lediglich eine von diversen lokalen Bands, für die er Auftritte arrangierte.« Für die Auftritte erhielt er 1 £ Provision. Er half auch anderen Liverpooler Gruppen und gilt als einer der Initiatoren der Liverpooler Szene. Anfang Juli 1960 eröffnete er mit seinem Freund »Lord Woodbine« (d.i. Harold Phillips, † 2000) in der Upper Parliament Street einen illegalen Strip-Club »New Cabaret Artists Club«, wo auch die → *Silver Beatles* spielten (eine Woche sogar mit Paul als Drummer). Nachdem eine Steelband, die Williams unter Vertrag hatte, nach Hamburg gegangen war, fuhr er dorthin und erkundete die Szene. Im Juni 1960 traf er sich dann mit → *Bruno Koschmider* in der Londoner 2i's Coffee Bar (59 Old Compton Street), der die Beatles für den Zeitraum August bis Dezember 1960 für den → *Kaiserkeller* engagierte (mit → *Pete Best* als Drummer). Am 16./17.8.1960 fuhren er und seine Frau Beryl mit den Beatles zum ersten Mal nach Hamburg. Williams schrieb am 1.3.1961 an das Deutsche Konsulat in Liverpool, um ein zweites Gastspiel der Beatles in Hamburg, diesmal im → *Top Ten Club*, zu ermöglichen. Trotz des bereits direkt zwischen den Beatles und Peter Eckhorn in Hamburg geschlossenen Vertrages schloss er am 2.3.1961 einen neuen Vertrag für ein dreimonatiges Engagement der Beatles im Top Ten Club in Hamburg – wohl, um seine Provision zu sichern. Das letzte von ihm in Liverpool organisierte Konzert der Beatles fand am 10.3.1961 im → *Grosvenor Ballroom* statt. 1977 veranstaltete er mit → *Bob Wooler* die erste → *Beatles Convention* in Liverpool. Im Oktober 2002 hatte in Dublin das Musical »The Man Who Gave The Beatles Away – The Allan Williams Story« Premiere (Autor: Ronan Wilmot). 2003 war er zum Estrel Beatles Festival in Berlin. Williams lebt noch immer in Liverpool (15 Groove Park, Liverpool L8 0TL). Seine Lebensgefährtin Beryl Adams starb am 1.3.2003 im Alter von 65 Jahren am Creutzfeld-Jakob-Syndrom.

Lit.: Williams, Allan; Marshall, William: The Man Who Gave The Beatles Away (London 1975; als CD 2000); Baxter, Lew: Allan Williams Is ... The Fool On The Hill (Oxford 2004); Baxter, Lew: My Beatles Hell – The Tragical History Tour Of Beryl Adams (Wirral 2004)

WILLIAMS, ANGELA

→ *McCartney, James.*

WILLIS, TED

Britischer Politiker und Mitte der 1960er Jahre Mitglied des Oberhauses. Er erlangte im Mai 1964 traurige Berühmtheit mit seiner negativen Äußerung zu den Beatles: »Die Musik ist primitiv und hat die gleiche Funktion wie die Kriegstänze der Wilden und rückständigen Völker.«

WILSON, SIR JAMES HAROLD

Natürlich schmückte sich auch der damalige britische Premierminister gern mit den Beatles. * 11.3.1916 in West Yorkshire, war er 1947–1951 Handelsminister, 1963–1976 Führer der Labour Party, 1964–1970 und noch einmal 1974–1976 Premierminister. Am 19.3.1964 übergab der damalige Oppositionsführer Harold Wilson im Dorchester Hotel in London beim 12. Jahresessen des Variety Club Of Great Britain den vier Beatles den Preis als »Show Business Personalitiy Of 1963« – ihre erste Begegnung. Natürlich nutzte Wilson die Gelegenheit, sich mit den Beatles fotografieren zu lassen – das Bild erschien am nächsten Tag in zahlreichen Zeitungen. Besonders Mitte der 1960er Jahre bemühte er sich, seinen Teil beizutragen zum → *Swinging London*, zum Ruf Großbritanniens als Wiege der → *Swinging Sixties*. Als er am 14.10.1964 zum Premierminister gewählt wurde, schickte ihm → *Brian Epstein* ein Telegramm: »Ich hoffe, Ihre Gruppe wird auch ein Erfolg.« Sein Lieblingssong der Beatles war nach eigener Aussage »She Loves You«. Er schlug 1965 auch die Auszeichnung der Beatles mit dem → *MBE* vor. Am 6.3.1966 erhielt er eine Petition mit 5000 Unterschriften gegen die Schließung des → *Cavern* in Liverpool. Folgerichtig war er am 23.7.1966 dabei, als der Cavern wieder eröffnet wurde. Die Beatles revanchierten sich: Im Rahmen der → *National Apple Week* (11.–18.8.1968) von → *Apple Records* schickten sie auch ihm ein Exemplar von → *Our First Four*, ein spezielles Box-Set mit den ersten vier Singles des Labels. Allerdings soll John Lennon mal gefragt haben: »Harold Wilson? Ist der nicht auf Decca?« † 24.5.1995

WINSTON'S WALK

Komposition von John Lennon, aufgenommen 1962, offiziell unveröffentlicht (Quelle: »The Commercially Unreleased Songs«, in: Geoffrey Giuliano: Two Of Us, Harmondsworth 1999), z.T. auch als »Winston's Talk« verzeichnet. Das Instrumental spielten → *The Quarrymen* gelegentlich Ende der 1950er Jahre. Der Titel ist eine Reverenz an Winston Churchill – und damit auch an John Lennon selbst, denn schließlich war ja »Winston« sein zweiter Vorname (im Englischen: »middle name«).

WITH A LITTLE HELP FROM MY FRIENDS

1. Song von John Lennon/Paul McCartney, aufgenommen am 29. und 30.3.1967, erstmals erschienen am 1.6.1967 auf der LP »Sgt. Pepper's Lonely Hearts Club Band« (Arbeitstitel: »Bad Finger Boogie«). Ringo singt die Lead-Vocals. George Martin: »Es ist eine der besten Gesangsnummern, wenn nicht die beste, die er je geliefert hat.« Der Song wurde als einziger in einer → → *Cover-Version* bekannter als im Original – Joe Cocker hatte damit 1968 einen Hit, seine Version wurde auch zu einer der ganz großen Hymnen beim → *Woodstock* Festival im Sommer 1969. Später griff John Belushi den Song für seine Joe-Cocker-Parodie auf, er diente auch als Titelmelodie für die amerikanische Soap »Wunderbare Jahre«. Der US-amerikanische Vizepräsident versuchte 1970, den Song aus Rundfunksendungen zu verbannen, weil er (wohl nicht ganz zu Unrecht) die Zeile »I get high with a little help from my friends« für einen Drogenbezug hielt. Ringo Starr sang den Song live auf seiner CD »Ringo & His New All Star Band« (2002, rec. 22.8.2002 Chicago). Zahlreiche Cover-Versionen, u.a. von Joe Cocker, The Canadian Brass, Knorkator, Modern Soul Band, Joe Brown, Richie Havens, Sergio Mendes & Brasil '66, The Beatles Revival Band, Rundfunk-Tanzorchester Berlin, Beatles Forever, The Royal Academy Of Music Symphony Orchestra, Bernd Frank,

David Peel and the Apple Band, Joe Brown & The Bruvvers, Helmut Schmidt & seine Jets (»Jeder braucht einen Freund«), Jackie Trent & Tony Hatch, Midnight Special, The Beach Boys, Santana, Ike & Tina Turner, Barbra Streisand, David Peel, Herb Alpert and the Tijuana Brass, Wet Wet Wet, Jesus Enriquez & Miles Peña (»La Ayuda de la Amistad«), Count Basie, George Burns, Branimir Krstic, Volkers lustiger Musikverein (»Alles ist gut, wenn man singt«), Irena & die Regenbogen-kids, Munich Symphonic Sound Orchestra (MSSO), Young Idea, John Egniz Connection (Wolfgang Zinke), The Mike Sceptre Singers With The London Starlight Orchestra, Intruder, Bornagen, Toto, The Fabulous Four, Puhdys, The Overtures, Chantal, Madooo (Madhukar Chandra Dhas), The Punkles, Peter Lipa, Bon Jovi, Tony Hatch, Hard Day's Night, Gino Marinello, Sam Nixon & Mark Rhodes, Steve Cropper, The Beattells, Orchester Bert Kaempfert, The Persuasions, The Beatless und Los Angeles.

2. Titel einer Fernsehshow von → *George Martin* Ende der 1960er Jahre. Am 8.12.1969 nahm Ringo Starr extra für diese Show den Gesangspart von »Octopus's Garden« und am 14.12.1969 einen weiteren Part mit dem 40-köpfigen Orchester von → *George Martin* auf.

WITH THE BEATLES

Zweite (offizielle) LP der Beatles, erstmals erschienen am 22.11.1963 (in Deutschland bereits am 12.11.1963), aufgenommen in → *Twin-Track Stereo*. Duplizität der Ereignisse: An diesem Tag wurde John F. Kennedy ermordet. Als erste Beatles-LP verkaufte sie sich über 1 Mill. Mal. 2002 erschien in Frankreich als → *Bootleg* »The Alternate With The Beatles« – als CD 2 der 5-CD-Box »Quelque chose de noveau«.

***Lit.:** Moltmaker, Azing: The Album Collection Vol. 2 – With The Beatles (Alkmaar 1999)*

WITHIN YOU WITHOUT YOU

1. Song von George Harrison, aufgenommen am 15./16. und 22./23.3. und 3./4.4.1967, erstmals erschienen am 1.6.1967 auf der LP »Sgt. Pepper's Lonely Hearts Club Band«. Bei den Aufnahmen wurde George Harrison, der → *Sitar* spielt, von vier indischen Musikern des Londoner Asian Music Circle auf → *Dilruba*, → *Svarmandal*, → *Tablâ* und → *Tamburâ* und → *Neil Aspinall* auf der Tamburâ unterstützt, die anderen drei Beatles waren lediglich anwesend. Die Geigen spielen Erich Gruenberg (ld), Alan Loveday, Julien Gaillard, Paul Scherman, Ralph Elman, David Wolfsthal, Jack Rothstein und Jack Greene, die Violoncelli Reginald Kilbey, Allen Ford und Peter Beavan. George Harrison schrieb den Song im Haus von → *Klaus Voormann* im Londoner Bezirk Hampstead, nachdem er sich mit Meditation beschäftigt hatte. Das Gelächter am Schluss des Titels stammt von einem Stück Band, auf dem die Beatles am Abend zuvor schallend gelacht hatten – eine gute Überleitung zum fröhlichen »When I'm Sixty-Four«. Zahlreiche Kritiker bezeichneten den Titel als musikalisch langweilig und George Harrisons Reflexionen als selbstgerecht und scheinheilig, wenn er vor jenen warnt, die die Welt gewinnen wollen und dafür ihre Seele hergeben (»gain the world and loose their soul«). Irgendwo waren ja auch die Beatles in diesem Geschäft. Zahlreiche → *Cover-Versionen*, u.a. von Angels Of Venice, Sonic Youth, Branimir Krstic, Les Boréades, BeatleJazz, The Beatless und Rainer.

2. Unter diesem Titel gestaltete das American Ballet Theatre in New York »A Tribute To George Harrison« (Untertitel). Premiere war im Oktober 2002, das Stück enthält die Songs »My Sweet Lord«, »I Dig Love«, »Isn't It A Pity«, »Within You Without You«, »Something« und »While My Guitar Gently Weeps«. Die Choreographie stammt von den Ameri-

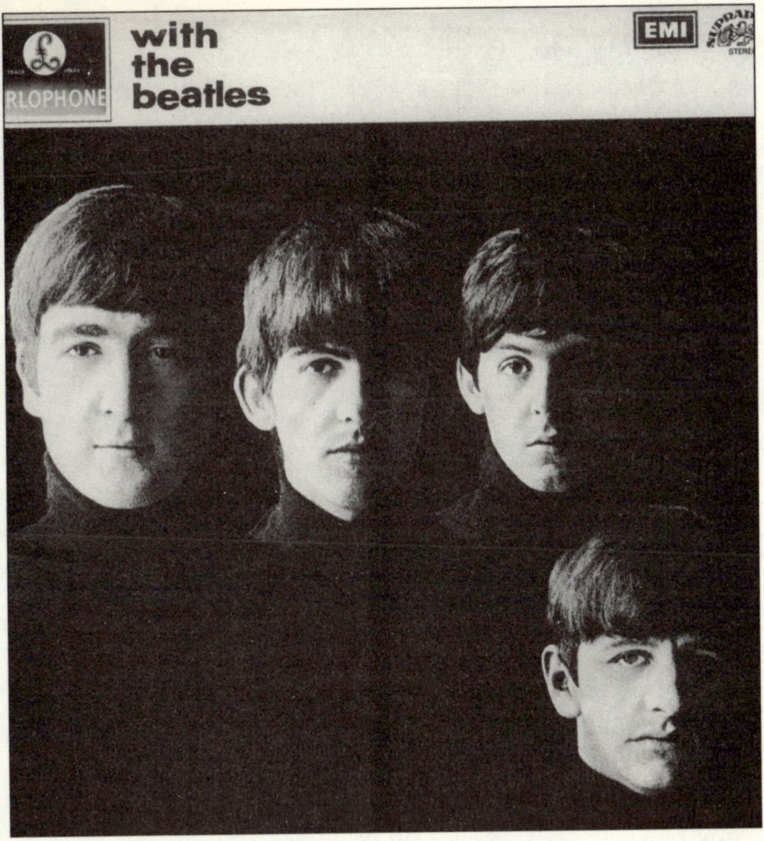

With The Beatles (1963)

kanern David Parsons und Ann Reinking, Big Head Todd & The Monsters und den Australiern Stanton Welch und Natalie Weir.

WITHOUT THE BEATLES

1996 erschienene → *Kompilation* mit Beatles-→ *Cover-Versionen* aus der Independent-Szene, zusammengestellt von Joachim A Reinbold (Jarmusic JAR 015, Lüchow-Jabel). Die Kompilation erschien in einer Box, die neben der CD, einer Vinyl-EP (mit fünf weiteren Coverversionen) und einem ausführlichen Booklet (mit Statements der beteiligten Musiker) noch diverse Memorabilien enthielt, wie z.B. eine MC »Hope Of Deliverance«, einen Sticker »Without The Beatles«, eine Beatles-Single (»Real Love«/»Baby's In Black«) und diverse Postkarten. Eine 2001 erschienene Neuauflage, ebenfalls in Single-großer Spezialverpackung, enthält neben der o.g. CD auf einer CD-ROM die Songs der Vinyl-EP, verlängerte Versionen der Beiträge von Bevis Frond und Dillingham und zwei bis dahin unveröffentlichte Tracks von R. Stevie Moore.

WOCHENSCHAU
→ *Pathé News.*

WOMAN
Song von Paul McCartney (unter dem Pseudonym → *Bernard Webb* bzw. → *A. Smith*), erstmals aufgenommen Anfang 1966 von → *Peter and Gordon*. Der Titel erschien im Januar 1966 auf einer Single in den USA (b/w »Wrong From The Start«) und am 11.2.1966 in GB. Der Song erreicht in den Charts Platz 28 und war dann auch der erste Track auf dem Album »Woman« des Duos, erschienen im März 1966. Auf der LP war dann der Name des Autors exakt angegeben. 1997 verkaufte → *Michael Jackson* den Song als Werbespot für Parfüms von Yves Rocher. Zahlreiche → *Cover-Versionen*, u.a. von The Beatnix, Pierson Parker Janovitz Project, Mr. Acker Bilk und Collage.

WOMEN DON'T YOU CRY FOR ME
Song von George Harrison, entstanden im Dezember 1969 in Göteborg/Schweden, als er mit → *Delaney & Bonnie* und → *Eric Clapton* auf Tournee war. Er sollte auf »All Things Must Pass« erscheinen, wurde dann aber doch erst 1976 auf der LP »33 1/3« veröffentlicht.

WONDER, STEVIE
Amerikanischer Soul-Sänger, * 13.5.1950 in Saginaw/Michigan/USA. Er wuchs, kurz nach der Geburt erblindet, in Detroit auf und hatte 1963 einen ersten Hit mit »Fingertips Pt. II« (noch als Little Stevie Wonder). Am 2./3.2.1966 besuchte Paul McCartney einen Auftritt des Sängers im Londoner Club Scotch Of St James. 1982 nahm Paul McCartney mit Stevie Wonder »Ebony & Ivory« auf. Stevie Wonder war auch dabei, als Paul McCartney (am Schlagzeug!) und John Lennon 1974 in der »Hit Factory« in Los Angeles/Calif. miteinander jammten – zu »Matchbox« und »Midnight Special« und das erste und einzige Mal nach der Trennung der Beatles (→ *Bootleg* »A Toot And A Snore In '74«).

WONDERS
Imaginäre Beat-Gruppe aus dem Film »That Thing You Do!« (1996) mit Tom Hanks als Manager – und zahlreichen musikalischen und biographischen Parallelen zu den Beatles (Soundtrack auf der gleichnamigen CD).

WONDERWALL
Film mit der Musik von George Harrison (Regie: Joe Massot, Produzent: Andrew Braunsberg, Drehbuch: G. Cain nach einem Buch von Gerard Brach, 92 min, → *Apple Films Limited*) und den Schauspielern Jack MacGowran (Professor), Jane Birkin (ein junges Model), Irene Handl, Iain Quarrier und Richard Wattis, gedreht in den → *Twickenham Film Studios*. Zuerst waren → *The Bee Gees* gebeten worden, den Soundtrack zu schreiben, letztendlich erhielt jedoch George Harrison den Zuschlag. Der Film erzählt die Erlebnisse und Halluzinationen eines geistig etwas verwirrten Professors im → *Swinging London* der 1960er Jahre. Die → *psychedelische* Ausstattung des Films stammt von → *The Fool*. Weltpremiere war am 15.5.1968 beim Film Festival in Cannes/Frankreich (in Anwesenheit von George und → *Pattie Harrison*, Ringo und → *Maureen Starkey*), in London wurde er erst am 20.1.1969 aufgeführt. Eine 1999 auf Video und am 13.12.2000 auch auf DVD (Internet-Shop Rhino Handmade, USA) erschienene remasterte Version (Director's Cut, 78 min) enthält neben dem Soundtrack einen bis dahin verschollenen Song der

Remo Four, »In The First Place«, produziert von George Harrison – die DVD außerdem ein 120-seitiges Booklet über »The Making Of Wonderwall«, einen Reprint des Original-Filmposters und eine Vinyl-Single des Remo-Four-Songs. Der Original-Soundtrack mit einem »englischen« und einem »indischen« Teil erschien auf → *Apple Records* am 1.11.1968 (USA: 2.12.1968) als »Wonderwall Music By George Harrison«, rec. im November/Dezember 1967 in London und vom 9. bis 15.1.1968 in Bombay – produziert von George Harrison, mit George Harrison and Band (Colin Manley – g, Tony Ashton – g, Johnny Sandon – rhythm, Tommy Quickly – evtl. g) und einem indischen Orchester – und als erste Solo-LP eines Beatles. Der Oasis-Titel »Wonderwall« ist allerdings keine → *Cover-Version*, sondern wurde lediglich von der LP inspiriert. Der Film gilt inzwischen als ein Kultfilm der 1960er Jahre. In GB erschien 2000 »Wonderwall – The Book« von Joe Massot (Herausgeber: Raymond Harris, Illustrationen: Nigel Tudman).

www.wonderwallfilm.com

WONDERWALL MUSIC

→ *Wonderwall.*

WONDERWALL TO BE HERE

Song von George Harrison, erstmals erschienen am 1.11.1968 auf der LP »Wonderwall Music«.

WOODSTOCK

»Three Days of Peace and Music« versprachen die Veranstalter allen, die vom 15. bis 17.8.1969 zur »Musik- und Kunstmesse Woodstock«, einer Veranstaltung im »Zeichen des Wassermanns«, kommen. Nicht zuvor und nicht danach wurde die Kultur der 1960er Jahre so umfassend dokumentiert wie in diesen drei Tagen in der Künstlerkolonie Woodstock in der Nähe von Bethel/N.Y. 400 000 kamen, um Canned Heat, Janis Joplin, The Who, → *Joe Cocker*, CSN & Y, → *Jimi Hendrix*, → *Jefferson Airplane* und andere Größen der Folksong-, Rock-, Soul- und Bluesmusik zu hören. Zwei LP-Sets und ein Film dokumentieren das »bedeutende planetarische Ereignis« (→ *Allen Ginsberg*). Die Veranstalter um Michael Lang hatten auch die Beatles zu dem Festival eingeladen, sie boten ihnen jede verlangte Summe. John Lennon schrieb zurück, dass die Beatles zu einem Auftritt nicht in der Lage wären, er selbst aber mit der → *Plastic Ono Band* auftreten könne. Michael Lang lehnte dieses Angebot, das die Trennung der Beatles wahrscheinlich entscheidend beschleunigt hätte, ab.

***Lit.**: Spitz, Robert Stephen: Barefoot In Babylon – The Creation Of The Woodstock Music Festival, 1969 (New York 1979); Lang, Michael: Woodstock Festival Remembered (New York 1979); Hoffman, Abbie: Woodstock Nation – A Talk-Rock Album (New York 1971); Landy, Elliott: Woodstock Vision (Reinbek b. Hamburg 1984); Landy, Elliott: Woodstock Dream (Kempen 2000); Bennett, Andy (Hrsg.): Remembering Woodstock. Ashgate Popular & Folk Music (Hampshire 2004) • **Discogr.**: Woodstock (3 LPs, 1970), Woodstock Two (DoLP, 1971), Woodstock Diaries (DVD, 2002, 173 min), Woodstock – The Director's Cut (DVD, 1994)*

WOOLER, ROBERT »BOB«

Von 1961 bis 1967 Moderator des → *Cavern*. * 19.1.1932 (oder 1926?) in Liverpool, arbeitete er ab 1957 als Manager für Liverpooler Bands. Da hatte er noch seinen Büro-Job bei der Eisenbahn. Er kannte sich in der Liverpooler Szene bestens aus und war bekannt für seine »Woolerismen« – Wortschöpfungen wie z.B. »The Nemperor« für → *Brian Epstein* und »Mr. Showmanship« für Rory Storm. Er lag damit auf gleicher Wellenlänge wie John Lennon, der ihn im Cavern einmal als seinen lange verschollenen Vater, den er seit fünfzehn Jahren nicht mehr gesehen

Woodstock: drei Tage Love & Peace, aber ohne die Beatles

hatte, vorstellte – und das Publikum glaubte ihm! Im Dezember 1960 verpflichtete ihn → *Allan Williams* für seinen → *Top Ten Club*, der jedoch nur kurze Zeit existierte. Wooler engagierte die Beatles für das »Welcome Home«-Konzert in der → *Litherland Town Hall* am 27.12.1960, wo die Beatles als »direct from Hamburg« ankündigt wurden. Er begann dann, die Beatles zu promoten, und trat in ihren Konzerten auch als Ansager auf. So spielte er die »Wilhelm Tell«-Ouvertüre, bevor die Band auf die Bühne kam, oder ließ sie hinter dem geschlossenen Vorhang beginnen. In der Zeitung → *Mersey Beat* vom 5.10.1961 stellte er eine Liste der zehn besten Liverpooler Bands auf. Auf Platz 1: The Beatles! Als er allerdings bei der Party zu Paul McCartneys 21. Geburtstag am 18.6.1963 in Huyton/Liverpool behauptete, John Lennon und Brian Epstein hätten bei ihrem Urlaub in Torremolinos/Spanien etwas miteinander gehabt, prügelte sich ein betrunkener John

Lennon mit ihm. Brian Epstein fuhr Wooler ins Krankenhaus, wo sein Auge und einige gebrochene Rippen behandelt werden mussten. Am nächsten Tag telegrafierte John Lennon an Wooler, dass ihm der Vorfall leid tue. Wooler verklagte ihn trotzdem, und er musste 200 £ Schmerzensgeld zahlen. Er war kurzzeitig verheiratet mit Beryl Adams, der ersten Sekretärin von Brian Epstein in dessen Liverpooler Tagen, nach einer Scheidung heirateten sie ein zweites Mal. Beryl Adams starb am 1.3.2003 im Alter von 65 Jahren am Creutzfeld-Jacob-Syndrom. Wooler ist auf der 1965 erschienenen LP »Liverpool Today – Live At The Cavern« zu hören. Nach der Schließung des Cavern arbeitete er als Manager, DJ und Bingo-Ausrufer, 1977 veranstaltete er mit Allan Williams die erste → *Beatles Convention* in Liverpool, und gelegentlich führt er auch Besucher durch Liverpool. † 8.2.2002.

Am 12.1.2003 fand in der Philharmonic Hall in Liverpool ein Tribut-Konzert statt, u.a. mit Pete Wylie, Julian Cope, Ian McCulloch, Pete Burns, Echo and the Bunnymen und Ian Broudie.

Lit.: Leigh, Spencer: The Best Of Fellas (London 2003)

THE WORD

Song von John Lennon/Paul McCartney, aufgenommen am 10.11.1965, erstmals erschienen am 3.12.1965 auf der LP »Rubber Soul«. Der Song ist offensichtlich unter dem Einfluss von → *LSD* entstanden. → *Barry Miles* bezeichnet ihn als ersten der »unverhohlenen Love-and-Peace-Songs der Beatles«. John Lennon gab das Originalmanuskript des Songs → *Yoko Ono*, die es dem Komponisten John Cage zum 50. Geburtstag schenkte. Es ist in Cages 1969 bei Something Else Press erschienenem Buch »Notations« reproduziert. Zahlreiche → *Cover-Versionen*, u.a. von Surfing Beat, Joan Jett, Mindy Smirg, Harvey Averne und Heinrich von Kalnein.

WORDS OF LOVE

Song, komponiert und aufgenommen (1957) von → *Buddy Holly*, von den Beatles aufgenommen am 18.10.1964, erstmals erschienen am 4.12.1964 auf der LP »Beatles For Sale«, am 4.6.1965 auf der EP »Beatles For Sale (No 2)« und in den USA auf der LP »Beatles VI«. Ringo benutzt hier u.a. eine Holzkiste als Schlagzeug.

THE WORLD OF JOHN AND YOKO

Vom 2. bis 6.12.1969 von der → *BBC*1 für ihre Sendereihe »24 Hours« gedrehte 35- bzw. 50-minütige Dokumentation über John Lennon und → *Yoko Ono*, moderiert von David Dimbleby. Am 4.12.1969 nahmen John Lennon und Yoko Ono, → *Mal Evans*, Eddie Klein, → *Anthony Fawcett* und → *Geoff Emerick* in den → *Abbey Road Studios* → *Item 1/Item 2* auf, die Aufnahmen wurden für die Dokumentation gefilmt. Weitere Dreharbeiten erfolgten in → *Tittenhurst Park* (John Lennon und Yoko Ono im Bett), in Lavenham in Suf-

»Words Of Love« (1964), hier als Titel einer CD aus Polen

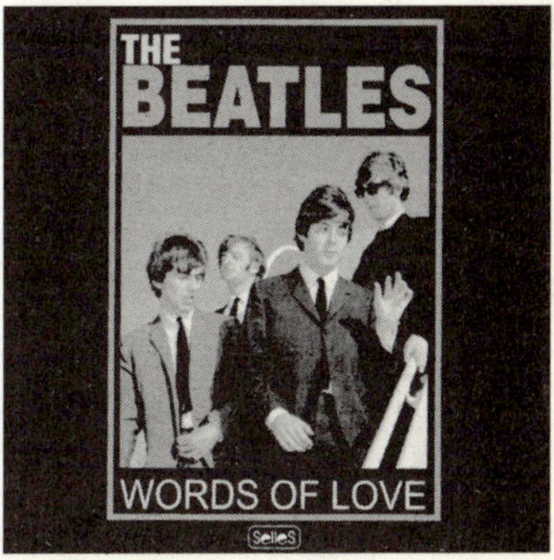

folk, wo beide → *Apotheosis* filmten, und im Bull Hotel, Long Melford. Die Dokumentation wurde am 15.12.1969 gesendet.

A WORLD WITHOUT LOVE

Song von John Lennon/Paul McCartney, erstmals aufgenommen am 21.1.1964 von → *Peter and Gordon* und auf Platte erschienen am 28.2.1964. Am 25.4.1964 verdrängte der Song sogar »Can't Buy Me Love« von Platz 1 der britischen Charts. Der Song wurde dann im Juni 1964 auch in den USA eine Nummer 1. Zahlreiche → *Cover-Versionen*, u.a. von Gerd Böttcher & Detlef Engel (»Eine Welt ohne Liebe«), Cyril Stapleton, The Supremes, The Beatnix, Del Davis, Johnny Arthey Orchestra, Mr. Acker Bilk, The Saltbee, Pierson Parker Janovitz Project, Del Shannon und The Crystals.

THE WORLD'S BEST

Titel einer 1967 als → *Odeon*-Sonderauflage im Deutschen Schallplattenclub erschienenen → *Kompilation* mit Beatles-Hits, Neuauflage 1969. 1997 erschien sie auch als → *Bootleg*-Picture-LP.

WRAPPING PIECE

Performance von → *Yoko Ono*, bei der sie sich im August 1967 an eine der Löwen-Statuen am Londoner Trafalgar Square kettete, nachdem sie sie zuvor in Stoff gehüllt hatte.

XYZ

YA-YA

Song (Part 1 + 2), von Morgan Robinson/Clarence Lewis/Lee Dorsey, 1961 aufgenommen von Lee Dorsey, produziert im Mai 1961 von → *Bert Kaempfert*, erstmals erschienen im Oktober 1962 auf der zweiten EP von → *Tony Sheridan* and The Beat Brothers, allerdings ohne Beteiligung der Beatles; auch auf John Lennons LP »Rock'n'Roll« (1975).

YEAH, YEAH, YEAH!

1. »Schlachtruf« der Beatles, erstmalig zu hören 1963 in »She Loves You« und »It Won't Be Long«, dann auch in weiteren Aufnahmen. Am 5.12.1963 überschrieb die Londoner Zeitung *Daily Mirror* mit dieser Schlagzeile ihr Editorial. Die Punkband The Vibrators benannte so 1988 eine LP, und mittlerweile ist daraus ein Standard-Riff der Pop-Geschichte geworden – Uncle Kracker hatte Ende 2001 einen Hit mit diesem Titel und seit 2002 macht ein New Yorker Indie-Power-Noise-Trio namens »Yeah Yeah Yeahs« von sich reden.

2. Deutscher Verleih-Titel des Films → *A Hard Day's Night*.

YEAH, YEAH, YEAH – THE BEATLES IN NEW YORK

→ *Albert und David Maysles*.

YEAR OF PEACE

DVD-Video (Dolby, Digital, Mono, 52 min, Icestorm Entertainment GmbH, 2002) über die Friedensaktionen von John Lennon und → *Yoko Ono* im Jahre 1969 – u.a. mit Aufnahmen einer Debatte John Lennons mit → *Marshall McLuhan* und von Lennons Treffen mit → *Pierre Trudeau*.

YELLOW SUBMARINE

1. Song von John Lennon/Paul McCartney, aufgenommen am 26.5. und 1.6.1966, erstmals erschienen am 5.8.1966 auf Single und auf der LP »Revolver«, am 9.12.1966 auf der LP »A Collection Of Beatles Oldies (But Goldies)« und am 17.1.1969 auf der LP »Yellow Submarine«. Zum Text soll auch → *Donovan* zwei Zeilen beigesteuert haben. »Eigentlich war's ja ein Kinderlied«, sagte Paul McCartney später. Die Lead-Stimme singt Ringo Starr. Auch auf späteren Ringo-Starr-Platten ist der Song, »wohl das berühmteste schlechte Lied auf einem meisterlichen Pop-Album« (*Rolling Stone* 11/2004, Beil.), enthalten, so u.a. auf »Ringo & His New All Star Band« (2002, rec. 22.8.2002 Chicago). Die Effekte kamen u.a. dadurch zustande, dass John Lennon Luftblasen ins Wasser blies und Beatles-Chauffeur → *Alf Bicknell* mit Ketten gegen eine Badewanne schlug. Das Geplapper der imaginären U-Boot-Crew entstand, indem John Lennon und Paul McCartney durch einen Filter sprachen. Zu Ringos Part »And the band begins to play« spielte eine echte Militärblaskapelle – 5 sec lang. Im Schlusschor singen außer den vier Beatles u.a. → *George Martin*, Brian Jones von den → *Rolling Stones*, → *Marianne Faithfull*, → *Geoff Emerick*, → *Mal Evans*, → *Neil Aspinall* und → *Pattie Harrison*. Evans führte den singenden Zug durch das Studio. Am 7.12.2002 sangen 184 Badegäste im Rebstockbad in Frankfurt/M. den Song, um auf die Olympia-Bewerbung der Stadt für das Jahr 2012 aufmerksam zu machen – als »größter badender Chor der Welt«. Im Oktober 2005 wurde in Jekaterinenburg das erste John-Lennon-Denkmal Russlands enthüllt – ein fast 3 m langes gelbes U-Boot in einem See – aus einem der Bullaugen sieht Lennon heraus. Zahlreiche → *Cover-Versionen*, u.a. von Klaus Beyer mit der Götz Alsmann Band (»Das gelbe Unterwasserboot«), Bill Ramsey, John Foster And Sons Limited Black Dyke Mills Band, Derek Enright M.P., Akiko Kanazawa, Maurice Chevalier, Los Fernandos, Leningrad Cowboys, Beatles Forever, Bernd Frank, Alan Jenkins, Rundfunk-Tanzorchester Berlin, Peter Knight, The ReBeatles, The Silhouettes, Volkers lustiger Musikverein (»Das bunte Tauchseeboot«), Los Rolin, The Royal Symphonic Rock Orchestra Vienna, Peter Breiner and His Chamber Orchestra, Los de la Rumba, Iris, The Rubber Band, Austria Pop Symphony Orchestra, The Punkles, Toby Bietel feat. Not Enough, Cathy Berberian, Göran Söllscher, John Egniz Connection (Wolfgang Zinke), The Day Trippers, Classic Dream Orchestra, Lieutenant Pigeon, Lubomír Pánek Singers & Swingers, Rude und The Copycats.

2. Elfte (offizielle) LP der Beatles, erstmals erschienen am 13.1.1969 (USA; GB: 17.1.1969). Sie enthält nur die vier neuen Songs, die im Film verwendet wurden (»All Together Now«, »Hey Bulldog«, »Only A Northern Song« und »It's All Too Much«), der Rest besteht aus Orchestermusik von → *George Martin*. Am 26.12.1991 wurde die LP in den USA für 1 Mill. verkaufte Exemplare mit Multi-Platin ausgezeichnet. Am 14.9.1999 erschien eine neue LP/CD »Yellow Submarine Songtrack« mit erstmals allen 15 Originaltiteln aus dem Film (dafür ohne die Orchesteraufnahmen). Die Songs wurden von Peter Cobbin, Peter Mew, Allan Rouse und George Harrison nicht nur digital remastert, sondern erstmals vollständig remixt (in Dolby Surround). Die limitierte Erstauflage der LP erschien (natürlich) in gelbem Vinyl, im Herbst 2001 folgte eine »normale« Ausgabe in schwarzem Vinyl. Audiofühlige Beatles-Fans bezeichneten die Neuveröffentlichung allerdings als Sakrileg. Noel Gallagher von Oasis: »Find ich voll langweilig. Der Sound ist vollkommen aufgeblasen, viel zu clean.« Die → *Bootlegs* »Anotherside Yellow Submarine Song Track« (39 Songs auf 2 CDs), »The Acoustic Submarine« (DoCD), »The Alternate Magical Submarine Tour« (DoCD), »Yellow Submarine Mono Mix« (CD), »Secret Songs in Pepperland« (9 Songs) und die Ende 2003 auf dem Label Pear erschienene CD »The Alternate Rubber Soul« enthalten weiteres Material. Die DVD, 1999 erschienen, enthält u.a. zusätzlich den 7-minütigen Film »A Mod Odyssey« von Tarot Associates, produziert von → *United Artists*. Unter dem Titel »Mellow Dubmarine« erschien »A Reggae Tribute To Thc Beatles«.

3. Von dem Song »Yellow Submarine« inspirierter Zeichentrickfilm (85 min, → *Apple Films Limited*) nach einer Idee von Lee Minoff, Al Brodax (Produzent), Jack Mendelsohn und Erich Segal (später Autor der »Love Story«). Regie George Dunning, Kamera John Williams, Animation Jack Stokes und Bob Baiser, optische Umsetzung → *Heinz Edelmann*, John Cramen und Gordon Harrison. Im Juli 1967 begannen 126 Zeichner mit den Arbeiten, die »World Gala Premiere« fand am 17. Juli 1968 im London Pavilion am Piccadilly Circus in Anwesenheit von John Lennon, Paul McCartney und Ringo Starr statt. Die Story: Das Hippie-Paradies Pepperland, beherrscht von Friede, Freude, Eierkuchen und der Musik von Sgt. Pepper's Lonely Hearts Club Band, wird von den Blue Meanies bedroht. Bei einem Konzert von Sgt. Pepper's Lonely Hearts Club Band führen sie einen konzentrischen »Anti-Musik-Angriff«, um die Musik verstummen zu lassen und den Pfefferländlern schließlich auch noch das Glück und die Liebe zu stehlen. Bandleader Old Fred holt die Beatles aus Liverpool zu Hilfe, gemeinsam fahren sie im gelben U-Boot zurück nach Pepperland und bekehren die Blaumiesen zu Liebe und Musik. Die Stimmen der Cartoon-Beatles werden von Schauspielern synchronisiert, die Beatles selbst treten nur in der Schlusssequenz kurz auf: Geoffrey Hughes (dt.: Andreas Mannkopff) spricht Paul McCartney, John Clive (dt.: Randolf Kronberg) John Lennon, Peter Batten (dt.: Michael Chevalier) George Harrison und Paul Angelus (dt.: Uwe Friedrichsen) Ringo Starr. Judson Knight feiert in seinem Buch »Abbey Road To Zapple Records« (Dallas/Texas 1999) den Film überschwänglich als »Kombination von Walt Disney und Andy Warhol«. Die Animation selbst repräsentiere »das Beste an Pop Art«. An den Kinokassen floppte der Film, trotzdem: »Allerfeinste Pop- und Op-Art« bescheinigte *ME/Sounds* 9/1999 dem Werk, und für die *Junge Welt* vom 21.02.2001 war er gar der »innovativste Zeichentrickfilm der sechziger Jahre«. Er gilt auch als Lieblingsfilm von Queen Elizabeth II. Die Beatles selbst zeigten wenig Interesse an dem Film. »Nichts an diesem Beatles-Streifen geht auf einen eigenständigen mimischen oder musikalischen Beitrag der Beatles selbst zurück. Yellow Submarine darf man bestens als ihr illegitimes Kind bezeichnen, und obendrein leugnen sie auch noch jede Vaterschaft«, schrieb Karl Heinz Wocker in der Zeitschrift *Film*. Im August 1987 veröffentlichte Warner Bros. den Film auf Video (ohne den Song »Hey Bulldog); am 14.9.1999 erschien eine digital remasterte Neuauflage auf Video (86 min) und DVD im 5.1 Surround Sound, Weltpremiere war am 30.8.1999 in Liverpool, in Anwesenheit von Heinz Edelmann und → *Neil Aspinall*. Paul McCartney: »Der Film ist sehr gut gewor-

Dieses »Yellow Submarine« ist leider gesunken, es ankerte kurzzeitig am Potsdamer Platz in Berlin

»Yellow Submarine« im Museum »The Beatles Story«, Liverpool

den. Manche Fans waren sauer, weil wir den Soundtrack neu abgemischt haben. Aber ich war überrascht, welche Details dadurch zutage getreten sind. Dafür hat sich die Mühe gelohnt. Wir haben es auch nicht übertrieben mit der Pingeligkeit. Denn sonst hätte man womöglich die Fehler entdeckt.« (*arte TV Magazin* 6/2003) Die drei Beatles leisteten sich einen kostspieligen Werbefeldzug – für ca. 100 000 £ ließen sie einen der Eurostar-Züge, die durch den Kanaltunnel zwischen Frankreich und Großbritannien verkehren, in ein gelbes U-Boot umdekorieren. Am 5.6.2003 lief der Film in arte. Ende 2003 wurde ein großes Yellow Submarine versteigert, das als Dekoration für die Filmpremiere fungiert hatte. Seit 2005 steht ein 25 Tonnen schweres Modell des Bootes in der Nähe des Liverpooler Flughafens.

4. Stück für Theater, Marionettentheater und Schwarzes Theater von Richard Slanina, Regie Antonín Klepáč, Bühnenbild Daniel Dvočák und Jaroslav Milfajt, Untertitel: »Eine kleine Geschichte aus einer großen Zeit«, uraufgeführt 1999/2000 im Narodní Divadlo Marionet Prag (Nationales Marionettentheater, in Koproduktion mit MozART Praha Production, Novotného lávka 1) mit Originalmusik aus dem gleichnamigen Film. Das 80-minütige Stück läuft noch immer – im Schwarzen Theater Prag (Černé Divadlo Praha). »Durch die Verbindung des Schwarzen Theaters, des Schattentheaters, der Prinzipien von Laterna Magica und der Originalmusik von The Beatles wird eine außergewöhnliche und für die Zuschauer attraktive Show erreicht. Dank ihrer Form der Traumpoesie und der Kombination mehrerer Theatergenres hat unsere Vorstellung schon Tausende von bezauberten Zuschauern gewonnen. Da das Stück keine Sprach- und Altersbarrieren kennt, feiert es Erfolge nicht nur in Tschechien, sondern auch im Ausland.« (Presseinformation)

5. Name der Diskothek im Royal Lancaster Hotel in London. Sie wurde so benannt, weil hier am 17.6.1968 die Premierenparty des Films »Yellow Submarine« stattfand.

6. Tanztheaterstück von Anthony Taylor nach dem Film und dem Song der Beatles, Premiere am 4.3.2000 am Theater der Stadt Koblenz – ein »Flowerpower-Pop-Ballett für Jugendliche und solche, die es bleiben möchten« (Werbung).

7. Am 21.9.2002 feierte am Plauen-Zwickauer Theater in Zwickau/Sachsen das Puppenspiel »Yellow Submarine« Premiere. Intendant Georg Mittendrein hatte den Stoff zuvor bereits auf die Schauspielbühne gebracht. Regie: Detlef Plath, Design: Antje Hohmuth.

***Lit.**: Schröder, Nicolaus: 50 Klassiker Film (Hildesheim 2000); Wilke, Max: The Beatles in Yellow Submarine (1967); The Yellow Submarine Gift Book (1967); Wilke, Max: The Beatles – The Art Of The Yellow Submarine (1995); Hieronimos, Robert: It Was All In The Mind – The Co-Creation Of The Beatles Yellow Submarine (2000); Hieronimus, Robert R.: Inside The Yellow Submarine – The Making Of The Beatles' Animated Classic (Iolo/Wisconsin 2001; New York 2003); Brodax, Al: Up Periscope Yellow: The Making Of Yellow Submarine (London 2003); Edelmann, Heinz; Gardner, Charlie: The Beatles – Yellow Submarine (London 2004; Hildesheim 2004)*

YELLOW SUBMARINE COURIER

Fanzine des »Beatles Fan-Service« Yellow Submarine e.V. in Würzburg (seit 1994 zusammengeschlossen mit The Beatles Fan-Club von 1989 e.V., Gießen), Chefredakteur: Capt'n Meck (d.i. Marion Eckerle) – inzwischen eingestellt.

YELLOW SUBMARINE DAY

Am 30.8.1999 fand in Liverpool das Festival »Yellow Submarine Day« statt, organisiert von der Stadt Liverpool und → *Apple Corps Limited*. 180 Bands aus aller Welt spielten acht Stunden lang Songs der Beatles. Höhepunkt war die Weltpremiere des »neuen«

Films »Yellow Submarine« in der Liverpool Philharmonic Hall.

YELLOW SUBMARINE IN PEPPERLAND

Komposition von John Lennon/Paul McCartney, arrangiert von → *George Martin*, erschienen am 17.1.1969 auf der LP »Yellow Submarine« als Teil der Filmmusik, gespielt von einem Orchester.

YELLOW SUBMARINE SONGTRACK

→ *Yellow Submarine*.

YER BLUES

Song von John Lennon/Paul McCartney, aufgenommen am 13., 14. und 20.8.1968, erstmals erschienen am 22.11.1968 auf der LP »The Beatles« (»Weißes Album«). Der Song wurde in einem kleinen Raum in den Apple Studios aufgenommen, um noch einmal die Atmosphäre im → *Cavern* zu reproduzieren. Der Song, entstanden im Maharishi-Camp in → *Rishikesh*, ist ein Eingeständnis John Lennons an Einsamkeit und Schmerz. Der Song war ihm so wichtig, dass er ihn am 13.9.1969 mit der → *Plastic Ono Band* im Varsity Stadium in Toronto/Kanada für die LP »The Plastic Ono Band – Live Peace In Toronto 1969«, erschienen am 12.12.1969, noch einmal einspielte. Am 10./11.12.1968 sang und spielte er, begleitet von → *Eric Clapton* (g), Keith Richards (b) und Mitch Mitchell (dr), den Song für den → *Rolling Stones Rock and Roll Circus*, 1996 auf der gleichnamigen CD erschienen. Zahlreiche → *Cover-Versionen*, u.a. von Matmosphere, Lucky Peterson, Jeff Healey Band.

YES IT IS

Song von John Lennon/Paul McCartney, aufgenommen am 16.2.1965, erstmals erschienen am 9.4.1965 auf Single (b/w »Ticket To Ride«). Zahlreiche → *Cover-Versionen*, u.a. von Peter Sellers und Scott McCarl.

YESTERDAY

1. EP der Beatles, erschienen am 4.3.1966, mit den Songs »Yesterday«, »Act Naturally«, »You Like Me Too Much« und »It's Only Love«.

2. Song von John Lennon/Paul McCartney, aufgenommen am 14.6.1965, erstmals erschienen am 6.8.1965 auf der LP »Help!«, am 13.9.1965 in den USA auf Single, am 4.3.1966 auf der EP »Yesterday« und am 9.12.1966 auf der LP »A Collection Of Beatles Oldies (But Goldies)«. Die Idee zu dem Song hatte Paul McCartney bereits Ende 1963, sein Titel war ursprünglich »Scrambled Eggs« (Rühreier), was allerdings Alan Clayson und Spencer Leigh in ihrem verdienstvollen Buch »The Walrus Was Ringo« (London 2003) dementieren. 1980 bezeichnete Paul McCartney »Yesterday« als seinen »wahrscheinlich besten Song« und »die komplexeste Sache, die ich je geschrieben habe«. Ursprünglich hatte er ihn Chris Farlowe angeboten, der ihn jedoch zurückschickte. → *George Martin* behauptete 2006, Paul McCartney und er hätten den Song geschrieben, John Lennon hätte gar nichts damit zu tun gehabt. John Lennon rechnete später in dem Song »How Do You Sleep?« (LP »Imagine«, 1971) etwas unfair mit Paul McCartney ab: »The only thing you done was ›Yesterday‹.« Immer wieder gab es auch Anschuldigungen, der Song basiere auf diversen Vorlagen, z.B. auf »Answer Me, My Love« von Nat King Cole (1953). Paul McCartney nahm den Song allein auf, nur begleitet von seiner akustischen Gitarre und einem Streichquartett, arrangiert von George Martin, in der Besetzung Tony Gilbert und Sidney Sax (Geige), Kenneth Essex (Viola) und Francisco Gabarro (Cello). Die Backing-Tracks fertigte der BBC Radiophonic Workshop. Weitere Versionen des Songs erschienen im Dezember 1976 auf der Live-Triple-LP »Wings Over America«, im Oktober 1984 auf Paul McCartneys LP »Give My Regards To Broad Street« und im November 1990 auf Paul McCartneys CD »Tripping The Live Fantastic«. 1989 wurde bei Sotheby's für 770 £ ein bis dahin unveröffentlicher »Yesterday«-Mix (rec. 14.6.1965) aus dem Besitz von → *Dick James* versteigert. Am 19.9.1988 erhielt Paul McCartney von der Broadcast Music Incorporated (BMI) eine Auszeichnung, weil der Song mehr als 5 Mill. Mal im Radio gespielt wurde, in den USA soll »Yesterday« bis Anfang 2000 mehr als 7 Mill. Mal in Rundfunk und Fernsehen gelaufen sein. Der norwegische Autor Lars Saabye Christensen widmete dem Song einen Roman (dt. »Yesterday«, München 1989). 2000 wählten die Zeitschrift → *Rolling Stone* und der Musikkanal MTV »Yesterday« zum besten Popsong aller Zeiten. Im gleichen Jahr bot der Schmuckmarkt Rumler in Pforzheim in Annoncen »Yesterday« als Drehorgel-Melodie an – wenn das keine Popularität ist! 2001 wählten die Leser des *musikexpress* den Song zum zweitbesten aller Zeiten (nach »Stairway To Heaven« von Led Zeppelin). 2003 wurden 500 Reproduktionen des »Yesterday«-Manuskripts versteigert. Der Erlös kam den Aktivitäten → *George Martins* auf der Karibik-Insel Montserrat zugute. Von »Yesterday« gibt es inzwischen ca. 3000 → *Cover-Versionen*, u.a. von Dave Grusin, Fred Weyrich (»Chesterday« – auf Sächsisch!), Nicky Hopkins, The Canadian Brass, Peter Hofmann, Tyrone Taylor, Silly, Andy Williams, Welsh National Orchestra, Bornagen, Bon Scott, Dimo Dimov, Phil Leadbetter, Tito Rodriguez, Tom Jones, P. P. Arnold, Arthur Mullard, (Peter) Haax (»Gestern noch«), Arthur Wilkinson and his Orchestra, Wes Montgomery, Gabor Szabo, Bernd Frank, 12 Cellisten der Berliner Philharmoniker, Beatles Forever, Marianne Faithfull, Sarah Vaughan, Staatliches Estradenorchester der RSFSR (Ltg. Leonid Utesov), David Newman, En Vogue, Frank Sinatra, Acoustic Sound Orchestra, Caterina Valente & Silvio Francesco (»Ayer«), Mantovani und sein Orchester, Benny Goodman, Oscar Peterson, The Day Trippers, The Singers Unlimited, The Creams, Rundfunk-Tanzorchester Berlin, Ray Charles, Placido Domingo/John Denver, The George Martin Orchestra, Shirley Bassey, Los Fomcats, Grit van Hoog (»Gestern noch«), The Supremes, James Last, Mike Krüger (»So viel Stress today«), Chris Farlowe, Tammy Wynette, Erich Kunzel Cincinnati Pops Orchestra feat. King's Singers, Dandy, Toys, Mary Wells, Frank Evans, Pat Boone, Alma Cogan, Orchester Studio Brno, Marvin Gaye, Billy Dean, The Hill/Wiltschinsky Guitar Duo, Jackie Edwards, Cheo Feliciano, Volkers lustiger Musikverein (»Schlafe gut«), Münchener Freiheit, Matt Monro, Cilla Black, Nat King Cole, Perry Como, The Dillards, Otis Redding, Smokey Robinson & the Miracles, Les Boréades, Munich Symphonic Sound Orchestra (MSSO), Dave Shaw & Paul Simpson, Electric Sound Orchestra (d.i. Martial Martinay), The Hollyridge Strings, The Beatles Revival Band, Los Rolin, The Mike Sceptre Singers With The London Starlight Orchestra, The Royal Symphonic Rock Orchestra Vienna, Eberhard Büchner & Fischer Quintett, Beau Brummels, Los de la Rumba, The Quarrymen (Österreich), Andrea Braido & Giorgio Cordoni, Knut Kiesewetter (»Gestern noch«), Austria Pop Symphony Orchestra, Pete Drake, Kremlin Graceful Balalaika Band, The Impressions, The Mersey Sound Orchestra, David Michael Cass, Laurence Juber, Thüringen Philharmonie/Vital, José Feliciano, Elena Duran/Stephane Grappelli/Laurie Holloway, The Koppycats (Ian & The Zodiacs), Cyril Stapleton, Count Basie, Göran Söllscher, Norton Buffalo & Lisa Flores, Cathy Berberian, Michael-Fritzen-Quartett, Marta Rafael, Michaelis-Chor, The Copycats,

Udo Jürgens, Judita Čeřovská (»Gestern noch«), Caravelli and his Magic Violins, Orchester Bert Kaempfert, Quartett Jazz Focus 65, Václav Zahradník Orchestra, Mieczysław Kosz/Bronisław Suchanek/Janusz Stefanski, Variety Orchestra of the Bulgarian Radio and Television, Vania Delmonaco, Lee Morgan, Swarf Sisters, The Punkles, The King's Singers, The Persuasions, Leo Brouwer/Ichiro Suzuki, Elvis Presley, Fred Banana Combo, The Swingle Singers und The Romantic Strings.

3. Musical von Hein Altenboxter und Hans Engels, uraufgeführt am 29.8.1997 am Neuen Theater in Hamburg, Regie: Horst Kuska. Die Band Park Lane spielt in dem Musical u.a. Songs der Beatles, von Simon & Garfunkel, → *The Mamas and the Papas*, → *The Beach Boys*, The Searchers, → *The Monkees*, → *Bob Dylan*, Aretha Franklin und Diana Ross; Solisten sind u.a. Neil Landon (Ex-Flowerpot Men, Ex-Fat Mattress und Ex-Rudolf Rock) und Susi Freese.

4. »Beatles-Spektakel – eine musikalische Hommage«, Autor: Intendant Georg Mittendrein, uraufgeführt am 26.2.1995 am Landestheater Altenburg/Thüringen, konzipiert als musikalischer Querschnitt durch das Gesamtschaffen der Beatles. Die Darsteller: Roland Kurzweg (John Lennon), Rainer Koschorz (Paul McCartney), Georg von Wehren (George Harrison) und Bello Bürgi (Ringo Starr). Die Band: Markus Dreßler (g), Dmitri Werikoski (bg), Thomas Buß (dr) und Olav Kröger (keyb, arr). Der Mittelteil des Stückes ist eine musikalische Umsetzung des Films »Yellow Submarine«. Bei der Premiere spielte → *Tony Sheridan* 10 min live, für die Musik war ansonsten die Beatles Big Band sprich Landeskapelle Altenburg unter der musikalischen Begleitung von Olav Kröger zuständig. Letzte Vorstellung: 21.5.1995.

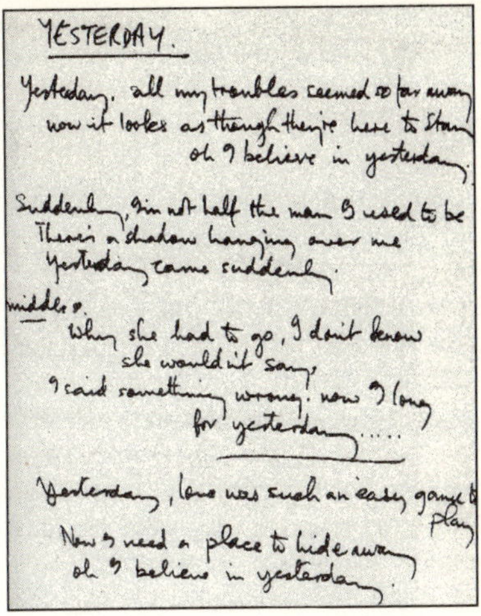
YESTERDAY.

Yesterday, all my troubles seemed so far away
now it looks as though they're here to stay
oh I believe in yesterday.

Suddenly, I'm not half the man I used to be
There's a shadow hanging over me
Yesterday came suddenly.

middle:
Why she had to go, I don't know
she wouldn't say,
I said something wrong; now I long
for yesterday.....

Yesterday, love was such an easy game to play
Now I need a place to hide away
oh I believe in yesterday.

Paul McCartneys »Yesterday« – das Original

»YESTERDAY« ... AND TODAY

LP der Beatles, erstmals erschienen am 14.6.1966 in den USA (→ *Capitol Records*), eine → *Kompilation*, u.a. mit Songs der LPs »Revolver«, »Help!« und »Rubber Soul«. Das Cover zeigte ursprünglich die Beatles in Fleischerhemden inmitten von rohen Fleischstücken und zerteilten Baby-Puppen (deshalb als → *Butcher-Cover* bezeichnet), wurde jedoch am 16.6.1966 schnell zurückgezogen und mit einem neutralen, zum Image der Beatles als nette Jungen passenden Foto überklebt.

Die Aktion kostete Capitol Records immerhin mindestens 200 000 $. Am 20.6.1966 erschien die »neue« alte LP deshalb noch einmal, sie erreichte am 30.7.1966 die Spitze der Billboard Top 100 Alben und blieb dort fünf Wochen lang. Auf dem Label Roaring Mouse erschien 1996 eine → *Bootleg*-CD unter dem gleichen Titel mit den Mono- und Stereo-Abmischungen der offiziellen US-LP. 1980 erschien anlässlich der 4th Annual Beatle Convention in Chicago unter dem

Titel »Yesterday And Today« ein Bootleg mit einem Mitschnitt des Konzertes in der Hollywood Bowl am 23.8.1964 (mit Butcher-Cover, SHEA 1).

YOKO PLUS ME
→ *Half-A-Wind.*

YOU ALWAYS HURT THE ONE YOU LOVE
Song von Allan Roberts/Doris Fisher, aufgenommen 1944 von The Mills Brothers. Neu arrangiert von Johnny Dankworth, der auch das 20-köpfige Orchester dirigierte, aufgenommen am 25.2. und 6.3.1970 von Ringo Starr, erschienen auf dessen erster Solo-LP »Sentimental Journey« am 27.3.1970. Johnny Dankworth spielte auch Schlagzeug, Piano und Saxophon.

YOU ARE HERE.
Titel der ersten eigenen Kunstausstellung John Lennons in der Robert Fraser Gallery (Duke Street 69) in London. Zur Eröffnung am 1.7.1968 ließen er und → *Yoko Ono* 365 weiße heliumgefüllte Luftballons steigen, daran waren Zettel mit der Aufschrift »you are here.« befestigt. Die Rückseite forderte auf, an John Lennon (c/o Robert Fraser Gallery) zu schreiben. Die Post, die zurückkam, bestand dann allerdings zumeist aus Schmähbriefen an Yoko Ono. Auf eine große weiße Leinwand und in einen weißen Kreidekreis von etwa einem Meter Durchmesser hatte John Lennon in der Ausstellung den Satz »you are here.« geschrieben. Den anderen Teil der Ausstellung bildeten diverse Sammelbüchsen von Wohltätigkeitsvereinen, ein weißer Hut und ein Glas mit weißen Buttons. »Ein mechanischer Hund bellte, wackelte mit dem Schwanz und hob ein Bein, wenn man eine Münze einwarf«, erinnert sich → *Peter Brown*. Londoner Kunststudenten vom Hornsey College of Art ließen ein rostiges Fahrrad zurück, das John Lennon sofort in die Ausstellung integrierte. John Lennon komponierte auch einen Song mit diesem Titel (LP »Mind Games«, 1973). Er widmete die Ausstellung »Für Yoko, von John, mit Liebe«, diese revanchierte sich im Oktober 1971 mit ihrer Ausstellung »This Is Not Here« im Everson Museum of Art in Syracuse/New York, zu der sie John als »Gast-Künstler« einlud. → *Robert Fraser* später: »Die John-Lennon-Ausstellung wurde nicht so gut aufgenommen ... Ob es sich dabei um Kunst gehandelt hat, vermag ich nicht zu sagen.«

YOU CAN'T DO THAT
Song von John Lennon/Paul McCartney, aufgenommen am 25.2.1964, erstmals erschienen am 20.3.1964 auf Single, am 10.7.1964 auf der LP »A Hard Day's Night« (John Lennons Lieblings-Song auf dieser LP). 1967 sang Harry Nilsson auf seiner LP »Pandemonium Shadow Show« ein Medley aus fünfzehn Beatles-Songs, zusammengehalten durch die Melodie von »You Can't Do That«. 2004 belegte der Song in der Liste der zehn besten B-Seiten Platz 1. Zahlreiche → *Cover-Versionen*, u.a. von Joe Goldmark, The Beatles Revival Band, Diana Ross & The Supremes, Harry Nilsson, Det Betales, Peter Maffay, Booker T & The MG's, The Koppycats (Ian & The Zodiacs), The Pebbles, Beatles Forever, Madooo (Madhukar Chandra Dhas), Fizz (»Si tu fais ça«), The Inmates und BTJ.

YOU KNOW MY NAME (LOOK UP THE NUMBER)
Song von John Lennon/Paul McCartney, aufgenommen am 17.5. und 7. und 8.6.1967 und am 30.4. und 26.11.1969, erstmals erschienen am 6.3.1970 auf Single (b/w »Let It Be« – der letzten Single-Aufnahme der Beatles). Brian Jones von den → *Rolling Stones* spielte auf Einladung Paul McCartneys das

Saxophon, zu hören im Schlussteil. Den Titel entnahm John Lennon einem Werbeslogan für das Londoner Telefonbuch, als er Paul in dessen Haus in der → *Cavendish Avenue* besuchte. Ende 1969, als das Ende der Beatles abzusehen war, wollte er den Song für eine Single der → *Plastic Ono Band verwenden* (b/w »What's The New Mary Jane«), Apple kündigte am 28.11.1969 an, dass die Single am 5.12.1969 erscheinen werde, aber Paul McCartney wollte den Song für die Beatles. Er bezeichnete ihn später als sein Lieblingsstück.

YOU KNOW WHAT TO DO

Song von George Harrison, nach »Don't Bother Me« sein zweiter Song für die Beatles, aufgenommen am 3.6.1964 in den → *Abbey Road Studios* von George Harrison (voc, rhythm-g, bg, tamb), produziert von → *George Martin*. Er erschien allerdings erst am 20.11.1995 auf der DoCD »The Beatles Anthology 1«. Sgt. Pepper's Band singt eine → *Cover-Version*.

YOU LIKE ME TOO MUCH

Song von George Harrison, aufgenommen am 17.2.1965, erstmals erschienen am 14.6.1965 auf der LP »Beatles VI«, am 6.8.1965 auf der LP »Help!« und am 4.3.1966 auf der EP »Yesterday«. Paul McCartney und → *George Martin* spielen hier an einem Piano. Zahlreiche → *Cover-Versionen*, u.a. von Mamaia-Quintett, Faux Frères (»Une fille pour deux garçons«), Beatles Forever und Chris Richards.

YOU NEVER GIVE ME YOUR MONEY

Song von John Lennon/Paul McCartney, aufgenommen am 6.5., 1., 11., 15., 30. und 31. 7. und 5.8.1969, erstmals erschienen am 26.9.1969 auf der LP »Abbey Road«. Der Song ist Teil des Medleys auf der zweiten Seite der LP, Grillengezirpe und Glockengeläut leiten zu »Sun King« über. Der Song ist eine Reaktion auf die finanziellen Probleme von → *Apple Corps Limited* Ende der 1960er Jahre. Zahlreiche → *Cover-Versionen*, u.a. von The Canadian Brass, Sarah Vaughan, Booker T. and the MG's, George Benson, Bevis Frond, Mike Westbrook Band, Devil's Rubato Band, Houdini Band, The Lenny Pane und Hard Day's Night.

YOU REALLY GOT A HOLD ON ME

Song von William »Smokey« Robinson, gesungen 1962/1963 von Smokey Robinson & The Miracles, von den Beatles aufgenommen am 18.7.1963, erstmals erschienen am 22.11.1963 auf der LP »With The Beatles«. Am 30.7.1963 nahmen die Beatles den Song im Playhouse Theatre, London, für die → *BBC*-Sendung »Saturday Club« (Produzent: Bernie Andrews, gesendet am 24.8.1963) auf. Erschienen am 28.10.1994 auf der DoCD »Live At The BBC« und am 20.11.1995 auf der DoCD »The Beatles Anthology 1«.

YOU WON'T SEE ME

Song von John Lennon/Paul McCartney, aufgenommen am 11.11.1965, erstmals erschienen am 3.12.1965 auf der LP »Rubber Soul« und am 8.7.1965 auf der EP »Nowhere Man«. Zahlreiche → *Cover-Versionen*, u.a. von Ernie Smith, Anne Murray, The Beatles Revival Band, Bryan Ferry, Snuffy Walden, Dar Williams, Twist And Shout, The Bee Gees und Laurence Juber.

YOU'LL BE MINE

Song von John Lennon/Paul McCartney. Die Beatles, d.h. John Lennon, Paul McCartney, George Harrison und → *Stu Sutcliffe*, nahmen den Titel im März 1960 mit einem normalen Heim-Tonbandgerät auf, wahrscheinlich im Haus der McCartneys (20 Forthlin

Road, Allerton, Liverpool). Nachdem der Titel bereits auf einigen → *Bootlegs* erhältlich war, erschien er am 20.11.1995 auf der DoCD »The Beatles Anthology 1«, wurde jedoch höchstwahrscheinlich von einem Bootleg übernommen.

YOU'RE GONNA LOSE THAT GIRL

Song von John Lennon/Paul McCartney, aufgenommen am 19.2.1965, erstmals erschienen am 6.8.1965 auf der LP »Help!«. Zahlreiche → *Cover-Versionen*, u.a. von The Beatles Revival Band, The George Martin Orchestra, The Hill/Wiltschinsky Guitar Duo, Electra Combo (»So soll es immer sein«), Gardens End, Beatles Forever, The Bees, Unlimited Beat und BTJ.

YOU'VE GOT TO HIDE YOUR LOVE AWAY

Song von John Lennon/Paul McCartney, aufgenommen am 18.2.1965, erstmals erschienen am 6.8.1965 auf der LP »Help!«. Der erste vollständig mit akustischen Instrumenten eingespielte Song der Beatles. Das Flötensolo spielt John Scott, der aber auf dem Cover nicht genannt wird. Damit engagierten die Beatles zum ersten Mal einen außenstehenden Studiomusiker (abgesehen von → *George Martin* und → *Andy White*). Zahlreiche → *Cover-Versionen*, u.a. von Joe Cocker, The Silkie, John Pizzarelli, The George Martin Orchestra, The Beach Boys, Electric Sound Orchestra (d.i. Martial Martinay), The King-Beats, Oasis, The CT Beatles, The Hill/Wiltschinsky Guitar Duo, Brings, John Egniz Connection (Wolfgang Zinke), Eddie Vedder, Terence Trent D'Arby, Barbara Manning, The Mike Sceptre Singers With The London Starlight Orchestra, Elvis Costello, Kentucky Headhunters, Hard Day's Night, The Koppycats (Ian & The Zodiacs), Cathy Berberian, The Strangeman, Madooo (Madhukar Chandra Dhas), The Beattells, Subways, Beatles Forever, Chantal und Eddie Vedder.

YOUNG, ROY

Britischer Pianist und Sänger, * in London, trat mehrere Male mit den Beatles in Hamburg auf. Zuvor war er Musiker in britischen TV-Shows (»Oh Boy«, »Drumbeat«), seine ersten Schallplattenaufnahmen datieren aus dem Jahre 1959. 1961 war er einen Monat lang im → *Top Ten Club* verpflichtet, der Vertrag wurde dann um vier Monate verlängert. Er spielte für → *Tony Sheridan* bei den → *Beat Brothers*. Er wurde dann für drei Jahre als Solist für die Hausband des → *Star-Club*, die Star-Combo, verpflichtet. Als → *Horst Fascher* am 21.1.1962 nach Liverpool flog, um The Beatles zu buchen, begleitete er ihn als Dolmetscher. Er spielte dann mit den Beatles des Öfteren bei ihren Auftritten im Star-Club, wie → *Bill Harry* berichtet. In einem Interview behauptete Young 1996, → *Brian Epstein* hätte ihm angeboten, bei den Beatles einzusteigen und mit ihnen Platten in Großbritannien aufzunehmen. Er musste jedoch ablehnen, weil er ja beim Star-Club unter Vertrag stand ... Roy Young: »Ob ich das bereue? Jeden Abend gehe ich ins Bad und schlage meinen Kopf zehnmal gegen die Wand, aber sonst geht's mir gut.« (*Die Welt* 22.7.2003) Er spielte später bei Cliff Bennett & the Rebel Rousers und gründete 1969 die Roy Young Band. Er lebt heute in den USA.

Discogr.: *Tony Sheridan – The Beatles, The Star Combo & Roy Young (1991)*

YOUNG BLOOD

Song von Jerry Leiber/Mike Stoller/Doc Pomus, 1957 ein Hit der Coasters. Die Beatles nahmen den Song am 1.6.1963 im BBC Paris Theatre, London, für die → *BBC*-Sendung → *Pop Go The Beatles* auf (Produzent Terry

Henebery, gesendet am 11.6.1963). Erschienen am 28.10.1994 auf der DoCD »Live At The BBC«. Ob sie ihn auch am 1.1.1962 bei ihrer → *Decca*-Audition spielten, ist nicht erwiesen.

THE YOUNG RASCALS

»Eines der besten Pop/Soul-Ensembles Amerikas« (Larkin, Colin (ed.): The Guinness Who's Who Of Sixties Music, London 1992); erste Auftritte im Februar 1965, Besetzung: Felix Cavaliere (org, voc), Eddie Brigati (voc, perc), Dino Danelli (dr) und Gene Cornish (voc, g). Sie hatten einen ersten Hit 1966 mit »Good Lovin'«, gefolgt von »Groovin'« (1967). Ab 1968 nannten sie sich The Rascals, im gleichen Jahr hatten sie ihren dritten Nr.-1-Hit mit »People Got To Be Free«. 1972 löste sich die Gruppe auf, 1988 gab es eine Reunion. Am 1.12.1966 besuchte Paul McCartney ein Konzert der Young Rascals im Londoner Club Scotch Of St James und war so begeistert, dass er am nächsten Tag auch noch den Auftritt in Blaise's Nightclub in London miterlebte.

YOUR MOTHER SHOULD KNOW

Song von John Lennon/Paul McCartney, aufgenommen am 22. und 23.8. und 29.9.1967 im Londoner Chappell Recording Studio, erstmals erschienen am 8.12.1967 auf der EP »Magical Mystery Tour«. Bei den Aufnahmen war zum letzten Mal → *Brian Epstein* mit den Beatles im Studio; am 27.8.1967 starb er. Ein Acetate (Testpressung) mit einem frühen Mix aus dem Nachlass von → *Mal Evans* wurde am 27.8.1992 bei Sotheby's versteigert. Zahlreiche → *Cover-Versionen*, u.a. von Kenny Ball, Beatles Forever, Merseys (»Ta mère ne sait pas«), Rundfunk-Tanzorchester Berlin und The Beatles Revival Band.

ZAPPLE RECORDS

Sub-Label von → *Apple Records*, spezialisiert auf elektronische Musik und »spoken word«, also Sprechplatten, gegründet am 3.2.1969 mit der Zielsetzung eines »paperback records concept«. Die Idee: Die Käufer sollten die preiswerten Platten wie Paperbacks hören und dann weitergeben oder wegwerfen. Die Leitung hatten Ron Kass (Chef von Apple Records) und → *Barry Miles* (inhaltliche Gestaltung, Labelmanager, de facto Geschäftsführer). John Lennon hatte bereits im November 1968 eine Liste möglicher Zapple-Kandidaten aufgestellt: → *Allen Ginsberg* (mit Songs von William Blake), Michael McClure, → *Richard Brautigan*, Lawrence Ferlinghetti, Kenneth Patchen, Charles Bukowski, William S. Burroughs, Charles Olson, Simon Vinkenoog, Ed Sanders, Anaïs Nin, Aram Saroyan und Anne Waldman. Lt. Pressemitteilung sollten Ferlinghetti, McClure, Patchen, Olson und Ginsberg bereits vertraglich verpflichtet gewesen sein. Auch eine Wiederveröffentlichung der Platten von Lord Buckley und Lenny Bruce auf Zapple sollte geprüft werden. John Lennon und → *Yoko Ono* schlugen dann noch Gregory Corso und Diane di Prima vor. Im Januar 1969 flog Barry Miles nach New York, um die ersten Aufnahmen zu realisieren. Charles Olson las aus seiner jüngsten Veröffentlichung »Maximus IV, V, VI« und einigen früheren Werken, dann nahm er Ken Weaver, Perkussionist bei der Underground-Band The Fugs, auf. Charles Bukowski nahm Miles in dessen Wohnzimmer in Los Angeles auf. Als erste Platte erschien auf Zapple allerdings am 9.5.1969 John Lennons und Yoko Onos »Unfinished Music No. 2 – Life With The Lions«, als Nr. 2 »Electronic Sound« von George Harrison und als Nr. 3 sollte am 23.5.1969 die LP »Listening to Richard Brautigan« mit dem Schriftsteller → *Richard Brautigan* folgen, die allerdings nicht veröffentlicht wurde (die LP erschien am 21.9.1970 auf dem Label Harvest). Das Label Zapple wurde schließlich stillgelegt, da die ersten beiden Platten kommerziell wenig erfolgreich waren.

Günter Zint

ZINT, GÜNTER

Fotoreporter für die Illustrierten *Quick* und *Stern* und das Jugendmagazin *OK*. Er war von 1965 bis Ende 1969 Hausfotograf im Hamburger → *Star-Club*, fotografierte die Beatles 1964 in London backstage und gestaltete in den 1960er Jahren zahlreiche Plattencover. Als Fotoreporter dokumentierte er die Auftritte der Beatles in der Hamburger → *Ernst-Merck-Halle* am 26.6.1966 im Rahmen der → *Bravo*-Blitz-Tournee und als offizieller Standfotograf die Dreharbeiten zu → *Richard Lesters* Film → *How I Won The War* in der Lüneburger Heide. Er verwaltet auch die Nutzungsrechte an den Fotos von Gerhard »Germin« Mingram (22.6.1910–29.5.2001; → *Top Ten*, 1961), Peter Brüchmann (Top Ten 1961, Bravo-Blitz-Tournee 1966) und Hans Lehmann (Bravo-Blitz-Tournee 1966). Ca. 3 000 Fotos mit Bezug auf die Beatles befinden sich in seinem Archiv. Die insgesamt ca. 100 000 Musikerfotos verwaltet seit 2000 → *Ulf Krüger*. In Zusammenarbeit mit dem John Lennon Förderpreis der Itzehoer Versicherungen entstand die Foto-Wander-Ausstellung »The Many Faces Of John Lennon«. Zint gründete 1986 das St. Pauli Archiv, das 1987 als e.V. eingetragen wurde. 1988 zog das Archiv kurzzeitig in die Wohlwillstraße, am 2.9.1991 eröffnete in einem Hinterhaus von Schmidt's Tivoli (Spielbudenplatz 27/28) endlich das St. Pauli Museum. Den Grundstock bilden das Archiv von Zint und die Sammlung von Holger Rosenberg, als Träger fungiert der Kultur für St. Pauli e.V., von Zint und dem Verleger und Kulturmanager Frank Eyssen gegründet. Am 18.9.1991 besuchte Paul McCartney anlässlich der Premiere seines Tourneefilmes »Get Back« auch das Museum. Ende 1992 mussten die Räume aufgrund fehlender Mittel aufgegeben werden. Seitdem ist das Museum ohne ständigen festen Sitz, sozusagen ein »virtuelles Museum«. Es gastierte mit Ausstellungen u.a. in der Öffentlichen Bücherhalle St. Pauli, auf dem Kampnagel-Gelände sowie in verschiedenen Gaststätten und im Dom. Bibliothek, Fundus, Fotoarchiv und die Verwaltung befinden sich in der Wohlers Allee 12–14. 1996 organisierte das Museum im Helms Museum eine Ausstellung über »The Beatles in Harburg«.
Am 28.5.2005 wurde ein Förderverein »Sankt Pauli Museum« gegründet. Für ein Jahr fand das Museum ein neues Domizil in der Hein-Hoyer-Straße 56, verwaltet als Teil des Museums für Hamburgische Geschichte. 1999 zeigte die Sparkasse Siegen die Ausstellung »Paul McCartney – Gesichter eines Stars« – mit Fotos von Günter Zint und Friedhelm von Estorff. Er wird u.a. vom Grauwert-Galerie-Archiv in Hamburg vertreten (www.grau-

wert.de). 2005 erschien ein Leporello mit seinen Fotos von der → *Bravo*-Blitztournee 1964. Der St. Pauli-Chronist bezeichnet sich heute als Gebrauchsfotograf. Zint betreibt heute die Fotoagentur PAN-FOTO, »die zur Zeit kaputtgespart wird« (*Menschen machen Medien* 12/2005-1/2006).

Lit.: *Zint, Günter: Große Freiheit 39 – Vom Beat zum Bums, vom »Star-Club« zum »Salambo« (München 1987); Zint, Günter: Die weiße Taube flog für immer davon ... (Hamburg 1988); Zint, Günter: Beatles In Germany (1996); Zint, Günter: The Doors Fotomappe (Bremen 1997); Zint, Günter: Portrait Of Music (Bremen 1998); Big Beatles in Germany (mit → Astrid Kirchherr, → Tony Sheridan, Peter Bruchmann u.a., Guildford 1997), Zint, Günter; Estorff, Friedhelm von: Paul McCartney 1961–1991 – Fotoband (Bremen 1999); Krüger, Ulf (Hrsg.): The Many Faces of John Lennon (Ausstellungskatalog; Hamburg 2000); Martens, Rene; Zint, Günter: St. Pauli. Kiez Kult Alltag (Hamburg 2000) • www.st-pauli-museum.com*

Bibliographie deutschsprachiger Beatles-Bücher

Eine komplette Bibliographie der weltweit in Buchform erschienenen Beatles-Literatur würde mittlerweile ein eigenes Buch füllen. Die nachfolgende Aufstellung beschränkt sich deshalb auf die deutschsprachigen Titel. Weitere Titel finden sich unter www.my-beatles.com.

Aldridge, Alan (Hrsg.): The Beatles Songbook – Das farbige Textbuch der Beatles (München 1969, Taschenbuchausg. München 1971, München 1981, Gütersloh 1981, Neuaufl. u.d.T. »The Beatles – Das illustrierte Song Book«, München 2000, dtv 745)

Aldridge, Alan (Hrsg.): The Beatles Songbook 2 – Das farbige Textbuch der Beatles (München 1981, Neuaufl. u.d.T. »The Beatles – Das illustrierte Song Book 2«, München 2000, dtv 1746)

Alvarez Taylor, John: Stars, Mythen & Legenden: The Beatles (Genf 1992)

Articus, Rüdiger; Beier, Gerhard; Krüger, Lothar; Krüger, Ulf; Schulze-Schlichtegroll, Klaus-Christian: Die Beatles in Harburg (Hamburg 1996)

Augustin, Gerhard: Die Beat-Jahre. Musik in Deutschland – die sechziger Jahre (München 1987) (goldmann blitz 21017)

Babiuk, Andy: Der Beatles Sound. Die Fab Four und ihre Instrumente auf der Bühne und im Studio (Bergkirchen 2002)

Baird, Julia; Giuliano, Geoffrey: Mein Bruder John Lennon (Bergisch Gladbach 1989) (Bastei-Lübbe-Taschenbuch Bd. 61 150)

Barrow, Tony; Bextor, Robin: Paul McCartney – Now & then (Schlüchtern 2004/2005)

The Beatles Anthology (München 2000)

The Beatles Forever – Sammlerausgabe (Heft 4, Gronau 1996; Chefredakteur dt. Fassung: Martin Wilmer)

The Beatles – Die Geschichte der »Fab Four« (London 1999)

Beatles, Hagenbeck und Schopenhauer (Hamburg 2001)

The Beatles – Yellow Submarine (Hildesheim 2004)

Beckmann, Dieter; Martens, Klaus: Star-Club (Reinbek b. Hamburg 1980)

Behl, Joachim: John Lennon – Ich glaube nicht an die Beatles (Grevesmühlen 2000)

Behnke, Frank (Hrsg.): Das große Klaus Beyer Beatles-Buch – Der Narr auf den Höhen (Kassel, Berlin 1996)

Behnke, Frank: Das System Klaus Beyer (Kassel, Berlin 2003)

Benson, Harry: Die Beatles – Geburt eines Mythos (München 2003)

Benson, Ross: Paul McCartney – Die Biographie (München 1992)

Benzien, Rudi: John Lennon Report (Berlin 1989)

Benzinger, Olaf: Sgt. Pepper's Lonely Hearts Club Band (München, Zürich 2000) (Serie Piper 3137)

Berndt, Katrin: Yoko Ono – In Her Own Write. Ihr musikalisches Schaffen und der Einfluß von John Lennon (Marburg 1999)

Beyl, Th. G.: Bravo. Das sind die Beatles (München 1966)

Bow, Dennis: Die Beatles kommen – Fahrplan einer Weltsensation (München 1964) (Lichtenberg Taschenbücher Bd. 124)

Bratfisch, Rainer: The Fab Four (Berlin 2002)

Bratfisch, Rainer: Das Beatles-Lexikon (Berlin 2007)

Breuer, Rainer; Alcot, Alan: Imagine John Lennon Band 1 (Trier 1981)

Buskin, Richard: John Lennon – Leben und Legende (Erlangen 1991)

Butkus, Günther (Hrsg.): Die Beatles und ich (Bielefeld 1995)

Carr, Roy; Tyler, Tony: The Beatles – eine illustrierte Dokumentation (Dreieich 1976)

Christensen, Lars Saabye: Yesterday (München 1991)

Clayson, Alan; Sutcliffe, Pauline: Backbeat. Die Stuart-Sutcliffe-Story (Bergisch Gladbach 1994) (Bastei-Lübbe-Taschenbücher. Bd. 12164)

Clifford, Mike: The Beatles – Geschichte einer Rocklegende (München 1992)

Coleman, Ray: John W. Lennon – Eine Biographie (übers. v. Uschi Gnade; München 1985 als Knaur Taschenbücher Bd. 2360; erw. u. akt. Aufl., St. Andrä-Wördern 2000)

Corx (d.i. Corinne Ullrich u. Xenia Schürer): Paul ist schuld (Sindelfingen 1989)
Cott, Jonathan; Doudna, Christine (Hrsg.): Die Ballade von John & Yoko (München 1984) (Knaur 2326)
Davies, Hunter: Alles was du brauchst ist Liebe – Die Story der Beatles (München/Zürich 1968; 1970 als Knaur Taschenbücher. Bd. 228)
Davies, Hunter: Die Beatles – Die einzige autorisierte Biografie – Update 2002 (St. Andrä-Wördern 2002)
Davies, Hunter: Die Geschichte der Beatles (München/Zürich 1978) (Knaur 505)
Davies, Hunter: The Beatles – A Hard Day's Night. Die einzige offizielle Biographie (St. Andrä-Wördern, erg. u. erw. Neuausg. 1994; aktual. Neuausg. Höfen 2000)
Davies, Hunter: Die Beatles – die einzige autorisierte Biografie, Update 2002 (Höfen 2002)
Davis, Andy; Pieper, Werner: Die psychedelischen Beatles (Löhrbach/Solothurn 1994)
Davis, Arthur: Die Beatles – Die Legende lebt! (Augsburg 1997)
Delius, Friedrich Carl: Die Minute mit Paul McCartney – Memo-Arie (Berlin 2005)
Dettmann, Lutz: Wer die Beatles nicht kennt – Flegeljahre im Arbeiter- und Bauernstaat (München 2005)
Dewes, Klaus; Ortel, Rudi: Paul McCartney und Wings (Bergisch Gladbach 1980)
Diez, Georg: Beatles – Rolling Stones – GegenSpieler (Frankfurt/M. 1999) (Fischer Taschenbuch 14469)
Edelmann, Heinz; Gardner, Charlie: The Beatles – Yellow Submarine (Hildesheim 2004)
Ehrhardt, Christiane; Freiherr von Tucker, Wolf: Die Beatles – Fabelwesen unserer Zeit? (Diessen/Ammersee 1965) (Aktuelle Taschenbücher. Bd. 6)
Ellermann, Heike: Help! (Oldenburg 2006)
Fandl, Arthur; Leopold, Peter; Planker, Wolfgang; Zechmeister, Gerald: Servus Beatles – Fünf Beatles-Bücher in einem (Wien 1995)
Fascher, Horst; Flesch, Oliver: Let The Good Times Roll! (Frankfurt/M. 2006)
Fawcett, Anthony: John Lennon – Beatle, Künstler, Provokateur (übers. v. Hannelore Zander; Bergisch Gladbach 1979, 1993) (Bastei-Lübbe-Taschenbücher Bd. 61037)
Fields, Danny: Linda McCartney – Porträt einer unbekannten Frau (Planegg 2001)
Fine, Jason u.a. (Hrsg.): Harrison (Zürich 2002)
Frietsch, Christian: Paul McCartney im Gespräch für Europa (Baden-Baden 1992)
Geppert, Georg: Songs der Beatles. Texte und Interpretationen (München 1968) (Schriften zur Katechetik. Bd. 11)
Goldman, Albert: John Lennon – Ein Leben (übersetzt v. Jürgen Abel u.a., Reinbek b. Hamburg 1989) (rororo 13158)
Grasskamp, Walter: Das Cover von Sgt. Pepper – Eine Momentaufnahme der Popkultur (Berlin 2004)
Gruen, Bob: John Lennon – Die Jahre in New York (Berlin 2005)
Henke, James: John Lennon – Die Legende (München 2003, 2005)
Henschel, Gerhard: Der dreizehnte Beatle (Hamburg 2005)
Hertsgaard, Mark: The Beatles – Die Geschichte ihrer Musik (München 1995/1996/2000) (dtv 30559)
Herzogenrath, Wulf; Hansen, Dorothee (Hrsg.): John Lennon – Zeichnungen, Performance, Film (Stuttgart 1995)
Höller, Christian: Yoko Ono Film Works (Berlin 2003)
Hörig, Elmar: Elmar Hörigs Beatles Story (Frankfurt/M 1994; Neuausg. als: Raimonds Traum – Ein Beatles Roman, Frankfurt/M. 1995)
Hoffman, Dezo: John Lennon (München 1986)
Hübner, Klaus: Yoko Ono – »Leben auf dünnem Eis« (München 1999) (Econ & List Taschenbuch 26604)
James, Martin: Beatles – die Geschichte der »Fab Four« (USA 1999) (Gold Collectors Series Entertainment Magazine)
John Lennon erinnert sich (Hamburg 1974)
Jones, Jack: »Ich bin der Fänger im Roggen« – Der Mann, der John Lennon erschoß (München 1993) (Goldmann 42402)
Jürgs, Michael; Ziemann, Hans Heinrich; Meyer, Dietmar: Das Album der Beatles (Hamburg 1981)
Korinth, Axel: Echoes Of The Mersey Side – Die Songs der Beatles (Eigenverlag, 2001)
Krämer, Harold: Bitte eintreten! Das kleinste Beatles-Museum der Welt. Dort, wo sich die »Pilzköpfe« wohlfühlen! (Siegen 2005)
Krüger, Ulf: Damals in Hamburg – Die Ariola Star-Club Aufnahmen (4-CD-Box + Buch) (Hambergen 1999)
Krüger, Ulf: Beatles Guide Hamburg (Hamburg/Wien 2001)
Krüger, Ulf (Hrsg.): The Many Faces of John Lennon (Ausstellungskatalog; Hamburg 2000)
Kuberski, Jürgen: John Lennon – Der Schrei nach Hilfe (Berneck/CH 1989)
Kunze, Martin-G. (Hrsg.): Ich und John Lennon (Hannover 2005)

Lansky, Tomas F.: Paul McCartney (Rastatt 1988) (Moewig Bd. 3331)

Leach, Sam: Die Beatles in Amerika (Hamburg 1964)

Leen, Jason: John Lennon aus der fünften Dimension (Köln 1991)

Lennon, Cynthia: John (München 2005) (Goldmanns Taschenbücher 15406)

Lennon, John: Ein Spanier macht noch keinen Sommer (Genf, Hamburg 1965)

Lennon, John: Real Love – Bilder für Sean (Reinbek b. Hamburg 2000)

Lennon, John: In seiner eigenen Schreibe (Genf, Hamburg 1964)

Lennon, John: in seiner eigenen schreibe (Reinbek b. Hamburg 1981) (rororo 4832)

Lennon, John: Zwei Jungfrauen oder Wahnsinnig in Dänemark – Werke aus dem Nachlaß (Hrsg. von Jörg Helbig, übersetzt von Alan Posener, Bielefeld 1993, Düsseldorf, Köln 1996) (Econ Taschenbuch 27250-0)

Leukefeld, Peter: John Lennon In Memoriam (München 1980) (Heyne-Bücher 5850)

Lieck, Jutta; Wandley, Uwe (Hrsg.): Lennon über Lennon. Leben in Amerika. John Lennon und Yoko Ono im Gespräch mit Andy Peebles, übersetzt v. Wolfgang Döbeling (Reinbek b. Hamburg 1981)

Lieck, Jutta; Wandley, Uwe (Hrsg.): Lennon über Lennon. Abschied von den Beatles
(Reinbek b. Hamburg 1981)

Liljedahl, Karen: Die Beatles (München 2002)

Longus, Crispus (d.i. Hans Ulrich Behner): Carmina Scarabaensia (Mainz 2000)

MacDonald, Ian: The Beatles – Das Song-Lexikon (Kassel/Basel/London/New York/Prag 2000)

Malms, Jochen: Paul McCartney & Wings (München 1981) (Heyne Discothek 22)

Martin, George; Pearson, William: Summer of Love – Wie Sgt. Pepper entstand (Berlin 1997)

Martin, Harald: Paul McCartney (München 2002)

Matheja, Bernd: »Internationale Pilzvergiftung – Die Beatles im Spiegel der deutschen Presse 1963–1967« (Schlüchtern 2003)

McCartney, Linda: Die 60er Jahre – Portrait einer Ära (München 1993)

McCartney, Linda: Linda's Rezepte (Gütersloh 1998)

McCartney, Paul: Blackbird Singing – Gedichte und Songs 1965–1999 (übers. v. Kristian Lutze u. Werner Schmitz, Köln 2001, 2003)

McCartney, Paul; Dunbar, Geoff; Ardagh, Philip: Hoch in den Wolken (München 2005, übers. v. Harry Rowohlt; auch als Hörbuch)

Miles, Barry; Marchbank, Pearce (Hrsg.): Die Beatles – wie sie sich selbst sehen (Bergisch Gladbach 1978) (Bastei Lübbe Taschenbücher Bd. 60038)

Miles, Barry; Marchbank, Pearce (Hrsg.): John Lennon, wie er sich selber sah (übers. v. Michael Kubiak, Bergisch Gladbach 1981) (Bastei Lübbe Taschenbücher)

Miles, Barry (Hrsg.): John Lennon – In eigenen Worten (übers. V. Kathrin Razum; Heidelberg 1997)

Miles, Barry: Paul McCartney – Many Years From Now (Reinbek b. Hamburg 1998, Taschenbuchausg. 1999) (rororo Sachbuch 60892)

Mills, Heather: Bezaubernd beinhart (München 1996)

Moers, Rainer; Meier, Claus-Dieter; Bühring, Matthias; Budéus: Die Beatles – Geschichte und Chronologie (Hamburg 2000)

Musikexpress The Beatles Special Limited Edition, Vol. 1 (Hamburg 2002, in Kooperation mit *Mojo*)

Niedergesäss, Siegfried: Die Beatles (3. Aufl., Hamburg 1976; Ravensburg 1991 – Ravensburger Taschenbuch RTB 1851; Ravensburg 1994 – Ravensburger Taschenbuch RTB 4071)

Norman, Philip: Shout! Die wahre Geschichte der Beatles (München 1982)

Ono, Yoko: Grapefruit – Ein Buch voller wichtiger Dinge (Frankfurt/M. 1970)

Ono, Yoko (Hrsg.): Erinnerungen an John Lennon (Berlin 2005)

Oppermann, Rudi: Eines harten Tages Abend (Eigenverlag 2006)

Pang, May; Edwards, Henry: Geliebter John – Bewegte Jahre mit John Lennon (München 1984)

Pascall, Jeremy: Die Beatles Story (Wiesbaden 1977)

Peglau, Andreas: Alles was du brauchst ist Liebe – John Lennon zwischen 1967 und 1980 (Leipzig 1987) (Profil-Extra. 1)

Philipp, Judith; Simon, Ralf: Listen To What The Man Said (Bielefeld 1991; Bergisch Gladbach 1993)

Plaumann, Klaus: The BeatAge – Die frühen Tage des Rock in Deutschland und Großbritannien (Frankfurt/M. 1978)

Posener, Alan: The Beatles Story (Stuttgart 1994)

Posener, Alan: John Lennon (Reinbek b. Hamburg 1987) (rororo rm 363; 8. Aufl. 2005)

Rabe, Evelyn; Schwarz, Hartmut: The Beatles In East Europe (Kopie, Erfurt 1988)

Ranson, Arthur; Allan, Angus: The Beatles – Die Bildbiografie einer Legende (Stuttgart 1996)

Rehwagen, Thomas: Gimme Some Truth – Das komplette Songbuch (Bergisch Gladbach 1991) (Bastei Lübbe Taschenbücher Bd. 60315)

Rehwagen, Thomas (Übers. u. Hrsg.): Gimme Some Truth – Das endgültige John Lennon Songbook (Bielefeld 1990)
Rehwagen, Thomas; Thorsten Schmidt: »Mach Schau!« – Die Beatles in Hamburg (Braunschweig 1992)
Robertson, John (d.i. Peter Doggett): The Beatles – Story und Songs kompakt (Köln, Wien, London 2001) (BOE 7046)
Robertson, John (d.i. Peter Doggett): Rocklegenden – John Lennon (übersetzt von Frank Laufenberg u. I. Hake, Schindellegi/CH 1992)
Robertson, John (d.i. Peter Doggett): John Lennon 1940–1980 – Eine Reise durch John Lennons Leben in Worten und Bildern (übersetzt von Peter von Stahl, Zürich 1996)
Rombeck, Hans; Neumann, Wolfgang: Die Beatles. Ihre Karriere, ihre Musik, ihre Erfolge (Bergisch Gladbach 1977; neu überarb. Fassung 1981, 1988 und 1990, mit Rainer Moers; akt. Neuausg. 1995, mit Robert Lyng u. Andreas Schaffer) (Bastei Lübbe Taschenbücher Bd. 61015)
Rosalk, Hellmut: Zwischen Himmel und Hölle – The Beatles (St. Peter 1997)
Rosen, Robert: Nowhere Man – Lennons letzte Tage in New York (Höfen/St. Andrä-Wördern 2001)
Saltzman, Paul: Die Beatles in Indien (Berlin 2005)
Schmiedel, Gottfried: Die Beatles – Ihr Leben und ihre Lieder (Leipzig 1983, 2. Aufl. 1984, 3. veränd. Aufl. 1985; das Buch erschien auch in russischer und slowakischer Sprache)
Schoeler, Holger; Schmidt, Thorsten: The Beatles Mixes (Bremen 1999, 2. Aufl. 2000) (Collector's Friend. Vol. 8)
Schröder, Michael (Hrsg.): ... it was twenty years ago today ... Die Beatles und die 60ziger Jahre (Berlin 1982) (Edition Galerie 70)
Schulz, Jörg: Beatles Under Cover (Berlin 2004)
Schuster, Peter: Four Ever. Die Geschichte der Beatles (Stuttgart/Zürich 1986, 2. durchges. u. erw. Aufl. 1989, überarb. u. erw. Sonderausgabe 1991)
Seaman, Frederic: John Lennon – Eine Biographie (München 1995) (Heyne Taschenbuch. Bd. 9409)
Seaman, Frederic: John Lennon – Geborgte Zeit – Eine persönliche Erinnerung (übers. v. Clara Drechsler, Köln 1992)
Seibold, Jürgen: Beatlemania (Wien 1994; Rastatt 1994)
Seibold, Jürgen: Paul McCartney (Rastatt 1989)
Seuss, Juergen; Dommermuth, Gerold; Maier, Hans: Beat in Liverpool (Frankfurt/M. 1966, mit EP)
Sheff, David: Die Ballade von John und Yoko – Das letzte große Interview (Höfen/St. Andrä-Wördern 2001)
Shepherd, Billy (d.i. Peter Jones): Die wahre Geschichte der Beatles (München 1964)
Shipton, Paul: The Beatles (Berlin/München 2002)
Sigg, Bernie: Das Große Beatles-Lexikon (Brugg/CH 1983)
Smith, Peter: Sam, die Beatles und ich – Wie ich das Herz meines Sohnes gewann (Köln 2004)
Solt, Andrew; Egan, Sam: Imagine John Lennon. Eine Bildbiographie (übersetzt von Reiner Pfleiderer, München 1989)
Spencer, Terence: Es war einmal ... Die Beatles – Vor 30 Jahren (übersetzt von Ingeborg Schober; München 1994, Neuaufl. 2000 unter dem Titel »The Beatles – Wie alles begann«)
Spencer, William F. (Pseudonym): John Lennon (Rastatt 1980) (Moewig 3437)
Spencer, William F. (Pseudonym): Das war John Lennon. Alles über ihn und die Beatles (München 1980, hrsg. v. Dietrich Lindau u. Dieter Kerschkamp, München 1980) (Playboy Report) (Moewig 6619)
Starr, Ringo: Postcards From The Boys (Berlin 2005)
Suttner, Wolfgang (Hrsg.): Paul McCartney – paintings (mit Textbeiträgen von Brian Clarke, Barry Miles, Wolfgang Suttner, Christoph Tannert; Siegen 1999)
Thielow, Edmund: Beatlemania Made in Deutsche Demokratische Republik (Glauchau, überarb. Aufl. 2003)
Thielow, Edmund: John Lennons Quarrymen – Yesterday And Today (Glauchau 1998; 2., erw. Aufl. 2004)
Thielow, Edmund: Klaus Voormann (Glauchau 1999; 2., erw. Aufl. 2005)
Thielow, Edmund: Tony Sheridan – Ein Leben für die Musik und mit der Musik (Glauchau 1993, 2. Aufl. 1995; Teil 2: 1998, 4. Aufl. 2001)
Thielow, Edmund: 40 Jahre »My Bonnie« – Tony Sheridan and the Beat Brothers 23.06.1961–23.06.2001 (Glauchau 2001)
Toropov, Brandon: Wer war Eleanor Rigby? – 909 Fragen und Antworten rund um die Beatles (Köln 1997) (KiWi 460)
Trynka, Paul (Hrsg.): Die Beatles – Ihre Geschichte – ihre Musik (Starnberg 2004)
Turner, Steve: A Hard Day's Write – Die Story hinter jedem Beatles-Song (Zürich 1994; Königswinter 1996; ergänzt u. neu übers. von Wieland Ulrichs, Schlüchtern 2002)

Ullrich, Corinne: John Lennon (München 2000) (dtv 31036)

Vaughan, Ivan: Ivan (Bergisch Gladbach 1991)

Villinger, Alexander: Die Beatles-Songs – Analysen zur Harmonik und Melodik (Freiburg i.B. 1983) (Hochschulsammlung Philosophie: Musikwissenschaft. Bd. 4)

Vollmer, Jürgen: The Beatles in Hamburg (München 2004)

Vollmer, Jürgen: Die Beatles auf St. Pauli – Photographien 1961 (München 2004)

Voormann, Klaus: Warum spielst du Imagine nicht auf dem weißen Klavier, John (München 2003, München 2006)

Watzek, Uwe; Heft, Uwe: The Beatles Made In Germany – Discografie der Beatles-Schallplatten aus Deutschland, Österreich und der Schweiz (Halle/S., Eigenverlag, 2001; 2. Aufl. 2002, 5. Aufl. 2004 u.d.T. »The Beatles Made In Germany – The Beatles Record Guide Of Germany, Austria & Switzerland«)

Weidmann, Gerhard: Beatles Forever (Solingen 1972)

Wells, Simon: Die Beatles – Tag für Tag (München 2005)

Wenner, Jann S.: Lennon über Lennon. Abschied von den Beatles (hrsg. v. Jutta Lieck u. Uwe Wandrey, übersetzt von Niko Hansen, Reinbek b. Hamburg 1981)

Wenner, Jann S.: John Lennon und die Beatles – Das legendäre Rolling Stone-Interview »Lennon Remembers« (Höfen/St. Andrä-Wördern 2001)

Wlaschek, Mathias; Pelz, Wilfried: The Beatles Here, There (And Everywhere) (Köln 1983)

Woodall, James: John Lennon und Yoko Ono (Reinbek b. Hamburg 1998) (rororo 22536)

Yesterday, The Beatles und die 60er (Ludwigshafen 1992)

Zeitz, Petra: Paul McCartney – Leben und Musik (Berlin 1993)

Zint, Günter; Estorff, Friedhelm von: Paul McCartney 1961–1991 – Fotoband (Bremen 1999)

Zint, Günter: Große Freiheit 39 – Vom Beat zum Bums, vom »Star-Club« zum »Salambo« (München 1987) (Heyne Allgemeine Reihe 01/6964)

Bildnachweis

ABKCO Records: S. 550; Amiga: S. 29; Apple Records: S. 188, 36, 47, 83, 288, 383, 505, 510, 5338, 566; Archiv des Autors: 12, 26, 33, 48, 71, 76, 78, 878, 100, 112, 122, 123, 124, 134, 140, 142, 159, 174, 177, 193, 197, 202, 218, 222, 224, 244, 259, 260, 264, 276, 294, 289, 3028, 312, 315, 324, 325, 334, 344, 366, 369r, 385, 392, 415, 418, 426, 431, 437, 439, 440, 466, 480u, 481, 487, 525, 535, 541, 551, 552, 567, 585, 601, 603, 610, 635, 660, 681, 689; The Backwards: S. 49; Balkanton: S. 53; Ballantine Books: S. 182; Bastei Lübbe: S. 52; Beatallica: S. 64; Beatlemania: S. 67; The Beatles Monthly Book: S. 84; Beatles Unlimited: S. 90; Beatlology: S. 450; Uwe Blaschke: S. 92; BMG Ariola/Private Music: S. 612; Peter Bratfisch: S. 617; Bravo: S. 121; Capitol Records: S. 133, 413, 486, 554; Cavern City Tours: S. 139; Chantal: S. 145; Collection Fred Ostrowski: S. 178; Columbia Records: S. 579; Cotillion: S. 680; Daily Mail: S. 370; Disc and Music Echo: S. 180; Elektra Records: S. 56; EMI/Odeon/Parlophone: S. 14, 81, 121, 204, 295, 301u, 351, 356, 479, 497,498, 538, 540, 677; Exotica Records: S. 215; glitter books: S. 106; Grundig: S. 393; Independent: S. 25; Jarmusic: S. 163r; Kiefer/Beatarchiv: S. 62; Knaur: S. 169; Knitting Factory: S. 336; Stanisław Kolodziej: S. 425, 432, 685l; Michael Lavine/Virgin Records: S. 379; Lingasong: S. 604; Madam Tussaud's: S. 408; Melodija: S. 274, 449; Melody Maker: S. 150, 451; Mersey Beat: S. 109, 208, 279, 453, 611; Moewig: S. 512; Monti Beton: S. 461; mpl/Parlophone: S. 438; Orange Records: S. 502; Polydor: S. 31, 79, 513, 528; Rock Classics: S. 368; Rolling Stone: S. 546; RSO Records: S. 97; Rüdel-Verlag: S. 303; Sanctuary Records: S. 163l; Hartmut Schwarz: S. 103, 223, 364, 524, 694; Star Book: S. 363r; Star-Club Records: S. 176, 605; Supraphon: S. 619; Swamp Room Records: S. 105; Telefunken: S. 86u; theater strahl: S. 667; The Three Normal Beatles: S. 634; TKO Magnum Music: S. 329; Tonpress: S. 590; Ullstein: S. 73; Vee-Jay Records: S. 326; Verlag Helmut Kossodo: S. 318, 599; VW: S. 44; Conny Weiser: S. 15u, 27, 20, 38, 59, 66, 85, 88, 141, 143, 170, 187, 199, 209, 243, 241, 246, 269, 307, 320, 349, 354, 363l, 369l, 371, 401, 405, 409, 412, 449, 451, 460, 483, 485, 488, 523, 533u, 551, 564, 616, 657, 685r; Peter Wende: S. 55; World Distributors/Souvenir Press: S. 271; Robert Wyatt: S. 421.

Danksagung

Eine chronologisch orientierte Danksagung muss zwangsläufig mit den Beatles beginnen, ohne die dieses Buch nicht denkbar wäre. Also: JOHN, PAUL, GEORGE & RINGO, auf Erden & da oben & »From me to you«: Thank you very much for all the music! Ein zweites Dankeschön an meine Frau Conny, die mich immer wieder zurückholte, wenn ich John und George auf Wolke sieben und den Rest der Band irgendwo auf dieser Erde (be)suchte. Weitere thanx gehen an Bill Gates, der mir gegen ein geringes Entgelt die technischen Voraussetzungen zur Verfügung stellte, an alle meine Freunde und Bekannten, die mich mit Material und Geduld unterstützten, an Evelyn & Hartmut Schwarz von *Beatlemania* und Harald Skrzeczek aus Borken, die mir wertvolle Hinweise gaben, und natürlich an Oliver Schwarzkopf und Daniel Spitzer und alle anderen Mitarbeiter von Schwarzkopf & Schwarzkopf, die dieses Buch ermöglichten.

Autor und Verlag bedanken sich bei Rainer Schwanke für die wunderschönen Fotografien im Bildteil des Buches, und bei Herbert Hauke für die Herstellung des Kontaktes zwischen Verlag und Fotograf und für seine vielen anregenden Ideen.

ARCTIC MONKEYS

THE STROKES

KAISER CHIEFS

THE WHITE STRIPES

GREEN DAY

FRANZ FERDINAND

COLDPLAY

OASIS
TALKING

THE KILLERS

PETE DOHERTY
THE LIBERTINES UND BABYSHAMBLES

LOU REED
TALKING

GWEN STEFANI

THE WHO

JIMI HENDRIX

SEX PISTOLS

QUEEN

DIE TOTEN HOSEN

RollingStone
1000 COVER

METALLICA
FOTOGRAFIEN VON ROSS HALFIN

ROBBIE WILLIAMS

DER AUTOR

Rainer Bratfisch, geboren am 9.11.1946 in Bad Berka/Thüringen, ist wie so viele seiner Generation mit dem Beat, der Anfang der 60er Jahre aus Liverpool kam, und mit den Beatles groß geworden. Als Musikjournalist hat er immer wieder auch über John, Paul, George und Ringo geschrieben, so arbeitete er u.a. 1984 an dem Buch »Die Beatles – ihr Leben und ihre Lieder« von Gottfried Schmiedel mit. Musikpublizistische Aktivitäten in anderen Genres wie Jazz oder Reggae (2003 erschien »Das große Reggae-Lexikon«, 2005 »Freie Töne – Die Jazzszene in der DDR«) erlauben dem Autor interessante Querverweise. Schließlich ist das Phänomen Beatles nicht isoliert zu betrachten, sondern nur im Kontext der Zeit- und Musikgeschichte. Der Autor sieht sich als »kritischen Fan« – das bewahrt ihn sowohl vor einem nostalgisch verklärten Trip in die »swinging sixties« als auch vor einer trockenen Anhäufung von Fakten. Mit diesem Buch – einer aktualisierten und erweiterten Auflage des großen Beatles-Lexikons »The Fab Four« – liefert er den »Hardcore-Fans« interessante Hintergründe, Erklärungen und Daten und den »Beatles-Anfängern« Einstiegs- und Orientierungshilfen.

Rainer Bratfisch
DAS BEATLES-LEXIKON
John, Paul, George & Ringo –
aus Liverpool in die Welt.
Stark erweiterte Taschenbuch-Neuausgabe

ISBN: 978-3-89602-701-6

Titelfoto und Fotos im Bildteil: Rainer Schwanke
Umschlaggestaltung: Frank Wonneberg

KATALOG
Wir senden Ihnen gern kostenlos unseren Katalog.
Schwarzkopf & Schwarzkopf Verlag,
Kastanienallee 32, 10435 Berlin.
Telefon: 030 – 44 33 63 00,
Fax: 030 – 44 33 63 044

INTERNET & E-MAIL
www.schwarzkopf-schwarzkopf.de
info@schwarzkopf-schwarzkopf.de

Maarten 't Hart
Die Sonnenuhr
oder
Das geheime Leben
meiner Freundin Roos

Maarten ’t Hart
Die Sonnenuhr

oder

Das geheime Leben
meiner Freundin Roos

Roman

Aus dem Niederländischen von
Marianne Holberg

Arche

In Absprache mit dem Autor
wurde die deutsche Übersetzung
leicht überarbeitet.

1. Auflage Januar 2003
2. Auflage Februar 2003

Die niederländische Originalausgabe erschien 2002
u. d. T. *De zonnewijzer*
bei B. V. Uitgeverij De Arbeiderspers, Amsterdam

Umschlag: Max Bartholl, Frankfurt
unter Verwendung des Gemäldes
Hommage an Mack Sennett
von René Magritte, 1937

Satz: Gaby Michel, Hamburg
Druck und Bindung: Clausen & Bosse, Leck
Printed in Germany
ISBN 3-7160-2311-6

Die Sonnenuhr
oder
Das geheime Leben
meiner Freundin Roos

1

Roos war tot, und ich wußte nicht, was ich anziehen sollte. Wenn es doch Winter wäre, dachte ich, dann würde ich meinen schwarzen Mantel anziehen. Wer stirbt denn auch im Sommer? Zugegeben, es war ein holländischer Mogelsommer mit kalten, nassen Tagen. Schon seit Anfang Juni herrschte der westeuropäische Monsun. Dennoch, ein Wintermantel, das ging nicht. Aber was dann?

Wie eigenartig, deine beste Freundin ist gestorben, und du stehst da und reißt verbissen, beinahe wütend, ein Kleidungsstück nach dem andern aus dem Schrank und schleuderst es aufs Bett. Als dreiviertel meiner verwaschenen, armseligen Garderobe ausgebreitet vor mir auf dem großen Bett lag, ließ ich mich mutlos auf einen Stuhl fallen. »Warum, in Gottes Namen?« fuhr ich den Türpfosten an. Mir war klar, daß ich schnell wieder aufstehen mußte. Wenn ich sitzen bliebe, würde ich langsam, aber sicher versteinern. Mich hatte in dem Moment, als mein Blick im Aufbahrungsraum flüchtig über den gläsernen Sargdeckel geglitten war und ich ihr starres blaßblaues Gesicht gesehen hatte, urplötzlich eine aschgraue Mutlosigkeit überfallen. Solange man in Bewegung blieb, konnte man sie auf Abstand halten. Wenn man sich aber hinlegte oder hinsetzte, versank man in Minenschächten, von denen nicht einmal der Dichter von Psalm 130 eine Ahnung hatte. »Aus der Tiefe rufe ich, Herr, zu dir.« Der hatte noch rufen können!

»Der Tod, der Tod, der Tod, das Sterben und die Toten«, murmelte ich eine Gedichtzeile von Du Perron, und ich stand wieder auf. Entschlossen griff ich zur schwarzen Jacke meines Designerkostüms. Das war meine erste Wahl gewesen. Doch da ich es von Roos bekommen hatte, fand ich es nicht gerade passend. Zur Beerdigung in den Kleidern der Verstorbenen?

Zweifellos das schönste Kostüm, das ich besaß. Außerdem tiefschwarz, also hervorragend geeignet für eine solche Feier. Aber der Rocksaum reichte mir nur bis zum Knie, und die Jacke war tailliert. Einigermaßen provozierend. Ging das bei einer Beerdigung? Gut, das konnte ich ausgleichen, indem ich mein Haar hochsteckte. So konnte ich gleichzeitig verbergen, daß es strähnig war und nicht mehr saß. Ich sollte endlich zum Friseur gehen.

Als ich das Kostüm angezogen hatte und sah, daß ich etwas zu dick dafür geworden war, murmelte ich: »Wenn ich es anziehe, gehören auf jeden Fall schwarze Strümpfe dazu.« Besaß ich noch schwarze Strumpfhosen ohne Laufmaschen? In der unteren Schublade meines Kleiderschranks fand ich zwei Paar, fünfzehn Denier, jede mit einer Laufmasche an einem der Beine. Ohne Rücksicht auf Verluste schnitt ich bei beiden das beschädigte Bein ab. Auf diese Weise hatte ich zwei mutierte Strumpfhosen mit jeweils einem schönen Bein. Ob sie gleich aussahen und glänzten – ich war mir nicht sicher, aber was sollte ich tun? Zeit, noch einmal loszugehen, hatte ich nicht. Außerdem waren die Läden am Montagmorgen geschlossen. Zuerst aber zog ich mir Handschuhe an. »Strumpfhosen ohne Glacéhandschuhe anziehen, das gibt gleich wieder eine Laufmasche«, murmelte ich.

Dann kam das Problem mit der Handtasche. Ich besaß ein billiges schwarzes Lacktäschchen. Paßte das zu einem so teuren Kostüm? Es mußte einfach.

Auch wegen der Schuhe ging ich erst einmal ausführlich mit mir zu Rate, doch schließlich stand ich wahrhaftig in schwarzen Pumps im kalten Sommerregen an der Bushaltestelle. Und weil ich dort nun stehen und warten mußte, meldete sich unerbittlich die quälende Niedergeschlagenheit wieder, so daß ich kaum fähig war einzusteigen. Am Bahnhof mußte ich umsteigen. Glücklicherweise stand der Bus zum Friedhof schon abfahrbereit da.

Als wir uns Rhijnhof näherten, riß der Himmel auf. Zarte Wölkchen schoben die graue Monsundecke nach Deutschland. Und in dem Augenblick, als ich bei Boeketterie Datura ausstieg, kam sogar die Sonne durch. Ich machte mich lächerlich mit meinem schwarzen Regenschirm.

In den Wandelgängen des Krematoriums mußte man warten. Die vorhergehende Feier zögerte sich hinaus. Ich stellte fest, daß mein Kostüm aufreizend wirkte. Oder reagieren Männer sowieso lüsterner auf einem Friedhof oder in einem Krematorium? Wie dem auch sei, Aufsehen erregte ich jedenfalls.

Als ich in meinen Pumps zu den großen Flügeltüren der Trauerhalle aufrückte, wurde ich prompt von einem Schlipsträger fortgeschrittenen Alters angesprochen.

»Haben Sie Roos gut gekannt?«

»Sie war meine beste Freundin«, sagte ich aggressiv.

»Nicht zu glauben«, sagte der Mann, »auf einmal tot... und noch so jung.«

»Nächste Woche«, sagte ich, »wäre sie dreiundvierzig geworden. Sie war eine Löwin. In diesen dummen Astrologiebüchern steht immer, daß Löwen eine so gute Haltung haben, daß sie kerzengerade gehen, beherzt handeln. Bei ihr stimmte das, als sei sie dazu geschaffen gewesen, diesen blödsinnigen Sterndeutern recht zu geben...«

Erschrocken verstummte ich. Woher dieser Redefluß? Bei einem Menschen, den ich noch nie gesehen hatte? Und dann noch in diesem aggressiven Ton?

»Genau«, sagte der alte Mann ebenso freundlich wie unbeirrt, »sie sah immer großartig aus. Und wunderbar kerzengerade, genau wie Sie sagen, kerzengerade.«

Es folgte noch mehr, aber ich hörte nicht zu, ich dachte: Ob Thomas wohl hier ist? Unter den Leuten, die vor mir in der Reihe standen, konnte ich ihn nicht entdecken. Als ich mich umwandte, sah ich einem seiner früheren Kollegen direkt ins Gesicht. Obwohl jünger als Thomas, war er vor Jahren aufgrund sensationeller Untersuchungen über blutdrucksenkende Mittel zum Nachfolger des Professors für Pharmakologie ernannt worden. Thomas war natürlich verbittert. Hatte damals zuerst seine Wut an mir ausgelassen und sich dann auswärts beworben. War jetzt im Ausland. Nicht daran zurückdenken, ermahnte ich mich, alles besser als eine verpfuschte, kinderlose Ehe.

»Hallo«, sagte der Hypertonie-Professor, »weißt du, ob Thomas kommt?«

»Das hab ich mich auch gerade gefragt«, sagte ich, »aber vielleicht weiß er nicht, daß Roos gestorben ist.«

»Hast du ihn denn nicht angerufen?«

»Nein«, sagte ich kurz.

Ich erschrak selbst über meinen Ton. Er wandte sich an seine Frau, die in einem dottergelben Kostüm herausgeputzt war wie ein Pfingstochse, und sagte gekränkt: »Um ein Uhr sollte es anfangen, und jetzt ist es schon zehn nach eins.«

»Für Roos ist das jetzt egal«, sagte Marjolein spöttisch, »und deine Rede steht auf dem Papier, was macht es also schon aus, ob es ein paar Minuten später anfängt.«

»Pünktlich auf die Minute, das ist meine Devise.«

»Genau wie der Tod«, sagte Marjolein.

»Warum stellst du dich bloß immer quer?«

»Wer stellt sich hier quer? Roos nicht, sie liegt nämlich, und zwar hübsch gerade in ihrem Sarg. Wer nörgelt hier wegen lächerlicher zehn Minuten ...«

Er wollte etwas erwidern, aber die Flügeltüren schwangen auf. Wir durften also endlich hineingehen. Vorn stand ihr Sarg. Ich setzte mich in die zweite Reihe. Aus den Lautsprechern erklang der langsame Satz aus dem ersten Haydn-Quartett von Mozart. Greift einem nicht zu sehr ans Herz, dachte ich, ganz passend, hab ich gut ausgesucht.

Als alle einen Platz gefunden hatten, schritt einer jener Männer ans Rednerpult, die man früher »Leichenbitter« nannte. Er sagte: »Professor Wehnagel hat das Wort«, und verließ das Rednerpult wieder. Eduard, seinerzeit der typische Chef mit Bauch, jetzt emeritiert und alt und verschrumpelt, wankte zum Rednerpult, nahm einen Schluck Wasser und sagte: »Wir sind hier zusammengekommen, um Abschied zu nehmen von unser aller Roos Berczy. Wie die meisten von Ihnen wahrscheinlich wissen, war Roos ungarischer Herkunft. Im November 1956 sind ihr Vater und ihre Mutter aus Ungarn geflohen. Im Jahr darauf wurde sie geboren. Sie war das einzige Kind. Alle ihre Verwandten sind im ungarischen Aufstand ermordet worden. Ihre Eltern starben kurz nacheinander in den achtziger Jahren. Viel zu jung noch ist sie nun selbst gestorben. In der Blüte ihrer Tage mußte sie, wie das alte Buch sagt, dahingehen durch die Tore des Totenreiches und den Rest ihrer Jahre entbehren.«

Er machte eine Pause, nahm wieder einen Schluck und sagte: »Ich weiß es noch, als sei es gestern gewesen, wie sie sich bei uns als Chemielaborantin bewarb. Sie hatte zwei Konkurrentinnen, aber sie fiel sofort aus dem Rahmen. Sie war ein unglaublich hübsches Mädchen, ich weiß noch, daß ich damals dachte: Geh bitte nicht nach dem Äußeren. Und ich dachte damals auch: Ein Mädchen mit so langen Fingernägeln kann niemals präzise arbeiten. Also entschloß ich mich entgegen meiner Intuition, eines der anderen beiden Mädchen auszuwählen. Nette Graue-Maus-Mädchen, diese anderen beiden Bewerberinnen. Nachdem ich mit allen dreien gesprochen hatte und bei Gott nicht wußte, wen ich nehmen sollte, ließ ich sie alle drei zu einem zweiten Gespräch wiederkommen. Das erste graue Mäuschen fragte ich: ›Können Sie ein *dubbeltje* hochkant hinstellen?‹ Das Mädchen nahm ein Dubbeltje aus ihrem Portemonnaie und versuchte verzweifelt, es hinzustellen. Wenn Sie das jemals versucht haben, wissen Sie, daß das nicht geht. Auch das zweite Mädchen versuchte, das Dubbeltje hochkant hinzustellen, aber Roos blickte mich an, blickte mich an … ich sehe es noch vor mir, wie auch sie ein Dubbeltje aus ihrem roten Portemonnaie fischte ... ich weiß noch genau, daß ich damals enttäuscht dachte: Ob sie es auch versucht ... aber sie nahm eine Streichholzschachtel aus ihrer Tasche, klemmte das Dubbeltje geschickt zwischen die Hülle und das Kästchen, in dem die Streichhölzer liegen, und stellte die Schachtel dann gerade hin. ›Bitte sehr‹, sagte sie, ›ein Dubbeltje hochkant.‹ Da konnte ich also nicht mehr anders, da mußte ich sie nehmen.

Eine bessere Wahl hätte ich nicht treffen können. Jahrzehnte habe ich mit ihr zusammengearbeitet. Wenn meine Forschung Aufsehen erregt hat, dann vor allem durch Roos. Dank ihrer Genauigkeit, ihrer guten Spürnase und ihres Scharfsinns haben wir im pharmakologischen Institut phantastische Forschungsarbeit leisten können. Wie wird man sie vermissen!«

Er verließ das Rednerpult, ging zum Sarg, strich mit der rechten Hand über das Holz und sagte bewegt: »Leb wohl, Roos«, und setzte sich dann.

Wieder schritt der Leichenbitter durch den Raum. In der Blüte ihrer Tage mußte sie dahingehen und den Rest ihrer Jahre entbehren, dachte ich, wo steht das? Daß ich aber auch nicht bibelfest genug bin, um das sofort zu wissen!

»Dann gebe ich jetzt Professor Mentink das Wort.«

Bas Mentink bekam von seiner dottergelben Ehefrau einen Stoß in den Rücken und trottete zum Rednerpult. Unterwegs zog er seine Rede aus der Innentasche seines Anzugs, der dieselbe dunkelgraue Farbe hatte wie die neuen Müllsäcke. Noch bevor er alle Blätter auseinandergefaltet hatte, schnitt seine hohe, helle Stimme durch den Raum. Er sagte: »Ich kenne Roos seit über zwanzig Jahren. Wir haben ungefähr gleichzeitig im Labor angefangen, ich noch als Medizinstudent, der Pharmazie als Nebenfach nehmen wollte. Daß ich für immer dort bleiben würde, wußte ich damals noch nicht. Für meine Forschung habe ich nicht sofort ihre Mitarbeit in Anspruch nehmen können. Sie arbeitete *full time* für meinen Lehrer, für denjenigen, der vorher gesprochen hat, aber wir sahen uns jeden Tag. Sobald sie Zeit hatte, auch für mich zu arbeiten, wie habe ich da ihre Hingabe, ihren Eifer, ihre Genauigkeit schätzen gelernt! Es ist kaum zu fassen, daß sie nicht mehr da ist. Am Morgen jenes verhängnisvollen Tages war sie, als ich ins Labor kam, schon eifrig bei der Arbeit.

›Es sieht danach aus, als würde es heute endlich ein schöner Sommertag‹, sagte sie.

›Ja‹, sagte ich, ›von mir aus kannst du heute nachmittag freinehmen und an den Strand gehen.‹

›Furchtbar gern‹, sagte sie.

Wer wäre jemals auf den Gedanken gekommen oder hätte auch nur ahnen können, daß sie nachmittags am Strand von Katwijk einen so üblen Sonnenstich bekommen würde, daß sie ins Koma fiel. Wenn man das rechtzeitig bemerkt hätte, vielleicht wäre sie noch zu retten gewesen. So aber lag sie nur da, und die ganze Zeit in dieser sengenden Sonne. Sogar, als endlich ein Badegast entdeckte, daß sie im Koma lag... sogar da wäre doch niemand auf den Gedanken gekommen, daß sie noch am selben Abend... daß sie spätabends im Diaconessenhuis sterben würde.«

Die hohe Stimme verklang im Raum, in den dieselbe Sonne, die Roos umgebracht hatte, verschwenderisch durch die hohen Fenster hereinschien. Mentink nahm einen Schluck Wasser, riß sich zusammen und wiederholte: »... daß sie im Diaconessenhuis sterben würde.«

Er wischte sich mit der rechten Hand über die Lippen.

»Roos, was sollen wir ohne dich tun? Niemand wird dich je ersetzen können. Du warst der Sonnenschein der Abteilung. Du warst eine phantastische Frau. Unbegreiflich, daß du nie geheiratet hast. Verehrer hattest du genug, aber offenbar lag dir nichts an einem Ehemann, an Kindern, an der Geborgenheit einer Familie. Du warst nun einmal mit deiner Arbeit verheiratet. Du warst seltsam allein, du hattest keine Verwandten. Aber viele Freunde und Freundinnen – einen großen Raum voll, wie wir jetzt sehen können. Wir werden dich alle schrecklich vermissen.«

Auch er ging zum Sarg, strich mit der Hand darüber, murmelte etwas Unverständliches und kehrte dann an seinen Platz zurück.

Da saßen wir nun in diesem sonnigen, warmen Raum. Niemand sagte etwas, und ich dachte: Jetzt müßte vielleicht noch Musik erklingen, aber ich hatte nicht mehr als zwei Stücke angegeben, Mozart am Anfang, Beethoven zum Schluß. Der Leichenbitter ging nach vorn und fragte, ob noch jemand das Wort ergreifen wolle. Er warf einen vorwurfsvollen Blick in meine Richtung, als wollte er sagen: »Sie auch nicht? Mit Ihnen habe ich den Ablauf der Feierlichkeit besprochen, Sie müßten doch auch etwas sagen.«

Wenn ich mich da hinstelle, dachte ich, kann ich vielleicht gerade mal zwei Worte sagen, bevor ich anfange zu heulen.

Draußen hörte man das helle Lachen eines Grünspechts, hörte man das Gurren der Türkentauben, den weinerlichen Gesang des Grünlings. Es war nun einmal Hochsommer, und wir saßen noch eine Zeitlang in dem funkelnden Sonnenlicht, das sie vor einigen Tagen umgebracht hatte. In dieser seltsamen Stille – höchstens zwei, drei Minuten – dachte ich: All die sechs Milliarden Menschen, die jetzt auf der Erde herumlaufen, müssen einer wie der andere begraben oder eingeäschert werden, und es schien mir, als würde bei einem derart überwältigenden Angebot an potentiellen Toten weder Zeit noch Gelegenheit dazu sein. Tausend Tode starb ich wegen des logistischen Problems all dieser Milliarden Trauerfeiern. All diese Reden, mindestens drei bis vier pro Begräbnis – denn zwei, das erwies sich jetzt, war offensichtlich dürftig –, mindestens achtzehn Milliarden Reden, wo sollten die um Gottes willen herkommen?

Pianissimo erklang aus den Lautsprechern der Trauerhalle der langsame Satz aus dem letzten Streichquartett von Beethoven. Auch das konnte man noch als Beerdigungsmusik akzeptieren, es ging einem nicht zu nah, warf einen nicht in Tiefen, aus denen Rufen unmöglich war.

Aus der Trauerhalle wurden wir in einen Nebenraum mit hohen Fenstern und Topfpalmen dirigiert. Da Roos keine Verwandten mehr hatte, konnte man im Prinzip niemandem kondolieren. Aber man kann nach einer Beerdigung selbstverständlich nicht nach Hause gehen, ohne jemandem sein Beileid ausgesprochen zu haben, also stellten Bas und ich uns nebeneinander zwischen die beiden Topfpalmen. Bas sagte: »Mein Vorgänger muß sich auch dazustellen«, aber der war offensichtlich schon gegangen. »Das wundert mich nicht«, sagte Bas, »es hat ihm sehr zugesetzt, er war völlig fertig, und hier noch Hände zu schütteln und Konversation zu machen, das schaffte er anscheinend nicht. Und seine Frau ist krank, vielleicht wollte er auch deshalb schnell wieder nach Hause.«

Also standen wir beide nebeneinander. Alle Anwesenden schienen aufrichtig erfreut, daß sie jemandem ihr Beileid aussprechen konnten, und machten eifrig Gebrauch davon. Es wundert mich immer, daß die meisten Menschen nach einem Begräbnis oder nach einer Kremation erleichtert sind. In einem Kondolenzraum bei Kaffee und Kuchen geht es nach einiger Zeit richtig fröhlich zu.

»Weißt du, wo in der Bibel steht: ›In der Blüte ihrer Tage mußte sie dahingehen, sie entbehrt den Rest ihrer Jahre‹?« fragte ich Bas.

»Weißt du bestimmt, daß es aus der Bibel stammt? Er sprach von einem alten Buch.«

»Welches andere alte Buch könnte er denn sonst gemeint haben?«

»Keine Ahnung, aber die Bibel ... ja, wahrscheinlich, aber was macht das aus, wo es steht, passend war es, in der Blüte ihrer Jugend mußte sie dahingehen, sie entbehrt den Rest ihrer Jahre.«

Ich wollte sagen: Nicht Jugend, sondern Tage. Er war aber zu sehr von den Kondolierenden in Anspruch genommen.

Als wir allen Anwesenden die Hand geschüttelt hatten, sagte Bas: »Ich glaube, das hätten wir geschafft, wir können uns jetzt unters Volk mischen.«

»Da kommt noch jemand«, sagte ich, aber er hörte mich nicht, sondern lief hastig fort.

Ein zartes rothaariges Mädchen, wie aus Alabaster, kam auf mich zu. Sie schüttelte mir die Hand, murmelte etwas Unverständliches, aus dem ich das Wort »Beileid« herauszuhören meinte, und eilte sofort wieder zum Ausgang. Ich ging zu Bas. Ich wollte ihn fragen: Kanntest du das Mädchen? Aber er unterhielt sich gerade mit seiner Frau. Es hörte sich schon wieder nach Zank und Streit an. Bas' Frau wandte sich wütend ab, sah mich, warf einen mißbilligenden Blick auf meine Strümpfe, anschließend auf mein armseliges Lacktäschchen, kam einen Schritt auf mich zu und sagte: »Was für ein wunderschönes Kostüm du anhast.«

»Danke«, sagte ich.

»Nur schade«, sagte sie, »daß sie es nicht in deiner Größe hatten.«

2

An das Gezwitscher der heutigen Telefone kann ich mich einfach nicht gewöhnen. Ich hätte lieber wieder das altmodische Klingeln. Dieses unterdrückte Gemecker wie von einem kastrierten Ziegenbock aus einem Kellergewölbe – wer hat sich das bloß ausgedacht?

Als das Telefon ein paar Tage nach der Beerdigung morgens um halb neun so unangenehm zirpte, erschrak ich denn auch halb zu Tode.

»Leonie Kuyper.«

»Hier ist das Büro von Notar Graafland, ich verbinde Sie mit dem Anwalt persönlich«, sagte eine Soubrette.

Ein leises Klicken, dann eine joviale Stimme: »Hab ich richtig g … habe ich die Ehre, spreche ich mit Mevrouw Kuyper?«

»Am Apparat.«

»Schön. Viel zu tun g… viel Arbeit heute morgen?«

»Nein«, sagte ich erstaunt, »ich wollte gerade zum Friseur gehen, aber das kann warten.«

»Könnten Sie dann heute vormittag hierherkommen? Hätte am liebsten alles auf einmal abg… durchg… erledigt. Können natürlich auch einen Termin in ein paar Tagen vereinbaren, aber wenn Sie zufällig nicht beschäftigt sind, bin ich auch nicht beschäftigt, und können wir sofort ein paar Sachen… Sie sind die einzige, die g... nur Sie haben etwas g... kurz, Sie erben alles. Wollte ich g... wollte ich mit Ihnen durchsprechen.«

»Bin ich die einzige, die geerbt hat?« fragte ich erstaunt.

»Ja, Sie sind die einzige, die... ja, Mevrouw Berczy hat erst vor kurzem ihr Testament g... machen lassen, und darin sind Sie die einzige, die g...«

»Geerbt hat«, ergänzte ich.

»Richtig«, sagte der Anwalt erfreut. »Es wäre schön, wenn Sie und ich die näheren Einzelheiten besprechen könnten. Können Sie jetzt sofort hierherkommen?«

»Gleich auf der Stelle? Ist das wirklich nötig?«

»Nötig, was ist nötig, das g... ganze Leben ist unnötig, aber kommen Sie g... sofort... Die Frage ist: Wollen Sie die Erbschaft annehmen? Ist so einiges damit verbunden. Denken Sie im Auto hierher darüber nach.«

»Ich habe gar kein Auto.«

»Macht g... macht nichts. Fahrrad auch g... Fahrrad in Ordnung oder Taxi. Oder Schusters Rappen. Von mir aus zu Pferd. Oder auf einem Esel. Wenn Sie nur eben vorbeikommen, mein Büro ist in der G... Galig... Galigaangr... gracht 40 in Gr... Groenh...«

Soll man ein Wort, bei dem ein Stotterer steckenbleibt, ergänzen? Ich glaube nicht, dennoch sagte ich: »Groenhoven«, selbst auch fast über das G stolpernd.

Auf dem Fahrrad dachte ich kaum an die Erbschaft, sondern dachte immer nur: Kannst du kein G sagen, heißt du Graafland und wohnst in der Galigaangracht in Groenhoven.

Aufgrund seiner jovialen Stimme hatte ich mir schon ein Bild von Graafland gemacht. Wie man sich doch täuschen kann! Die Stimme gehörte nämlich nicht der langen, leicht gebeugten Gestalt eines Fünfzigers, als den ich ihn mir vage am anderen Ende der Leitung vorgestellt hatte, sondern einem gedrungenen, kräftig gebauten, sehr jungenhaft aussehenden Mann mit fröhlich blitzenden Augen und einem lächerlichen Schnurrbart. Er trug ein kamelhaarfarbenes Jackett mit Stacheldrahtmuster und einen breiten hellgrünen Schlips.

»So, so... Sie sind also Mevrouw Kuyper. Setzen Sie sich doch, Sie können g ... gern den Sessel nehmen. Leg ich also sofort los. Mevrouw Berczy wollte alles ihren Katzen hinterlassen. In Amerika kann man das, hier nicht. Da haben wir die Möglichkeit erwogen, eine Stiftung zu errichten. Der Vorstand würde dann jemanden anstellen, um die Katzen zu versorgen, ist aber alles g ... ganz kompliziert. Haben schließlich doch eine einfachere Lösung bedacht. Alles einer zuverlässigen, tüchtigen, soliden Person zu vererben, die es übernimmt, die Katzen zu verwöhnen. Da fiel Ihr Name. Sie sind also die einzige, die etwas g..., na gut, Sie wissen, was ich meine. Unterwegs überlegt, ob Sie die Erbschaft annehmen?«

»Sie haben davon gesprochen, daß noch so einiges damit verbunden ist.«

»Nicht wenig. Sehen Sie, Mevrouw Berczy... Aber Sie werden das doch alles schon wissen, es sicher gr... intensiv mit ihr besprochen haben. Seitdem sie tot ist, kümmern Sie sich schon, nehme ich an, um ihre drei Katzen?«

»Ich fahre jeden Tag mit dem Fahrrad zu ihrer Wohnung.«

»Richtig, dachte ich mir schon, also g ... schön,

aber haben Sie auch mit ihr besprochen, daß Sie dort wegen der Katzen einziehen sollen?«

»In ihrer Wohnung wohnen? Irgendwann hat sie mich beiläufig gefragt: ›Würdest du dich, wenn mir etwas passiert, um meine Katzen kümmern?‹, und da habe ich gesagt: ›Das ist doch selbstverständlich‹, aber konnte ich ahnen … ich meine, man rechnet doch nicht damit … sie war Anfang Vierzig.«

»Soll ich daraus schließen, daß Sie einen Rückzieher machen?«

»Ich mache keinen Rückzieher, ich hatte nur nicht erwartet …«

»Also haben Sie doch nicht alles g … ausführlich besprochen. Die Katzen, die waren ihr ein und alles, nun, das werden Sie besser wissen als ich. Sie wollte so g … sie wollte nichts lieber, als daß die Katzen nach ihrem Tod in ihrer vertrauten Umgebung bleiben … darum dreht sich ihr Testament. Alles hat sie Ihnen vererbt, unter der Voraussetzung, daß Sie zunächst einmal g … dort einziehen, daß Sie sozusagen in ihre Fußstapfen treten, ihre Rolle übernehmen, sie playbacken, ihre Katzen verwöhnen, wie sie das tat. Für die Katzen muß es so scheinen, als sei alles noch beim alten, als würde ihr Frauchen noch leben. Sie müssen ihre Rolle übernehmen, Sie sollten … Sie könnten mit einem Hauch ihres Parfüms einen G … in ihren Kleidern, ich mache nur einen Vorschlag … Ach, wissen Sie, für Katzen zu sorgen, so schlimm ist das nicht. Wenn es Frettchen oder Pythons wären, und hinzu kommt noch, sie wohnte traumhaft.«

»Ja, sie wohnte sehr schön, aber erbe ich das Apartment denn auch?«

»Aber ja, und hypothekenfrei. Die hatte sie abbezahlt. Sie sind ein Sonntagskind. Aber natürlich, die immense Erbschaftssteuer. Sie hatte deshalb eine ziemlich hohe Lebensversicherung abg… abgeschlossen. Ob das g… ob das ausreicht, Häuserpreise sind so unmäßig g… viel höher in den letzten Jahren. Weiß ich also noch nicht. Muß alles noch ausg… muß ich alles noch austüfteln.«

Seine Fingerknöchel hämmerten einen schneidigen Marsch auf den Schreibtisch, er blätterte in einer Mappe mit Schriftstücken, blickte mich an und fragte: »Sie wohnen jetzt in einer Seitenstraße der Burg… g… gravenlaan? Schlimm, da wegzugehen?«

»O nein, überhaupt nicht. Ich wohne in einer häßlichen Mietwohnung. Da bin ich nach meiner Scheidung gelandet. Denn als mein Mann sich abgesetzt hat, war ich nicht in der Lage, die Hypothek unseres Hauses allein…«

»Sieh einer an, also umziehen, das g… wäre möglich.«

»Im Prinzip, ja.«

»Schön, Sie könnten also schon einmal einziehen und es beispielsweise zunächst mieten.«

»Mieten? Von wem denn? Sie hatte das Apartment doch gekauft.«

»Sie mieten von den Erben.«

»Von den Erben?«

»Ja, von den Erben Berczy, also *sensu stricto* von sich selbst. Denn wissen Sie, ehe alles erbrechtlich g… geregelt ist, sind wir schon wieder ein Jahr weiter. Dann haben Sie schon mal ein Jährchen Miete g… bezahlt. Mietwohnung immer sechzig Prozent weniger wert als Eigentumswohnung. Also dann auch weniger Erbschaftssteuer. Jedenfalls, wenn der Fiskus darauf reinfällt. Und sonst … verkaufen Sie ein paar von ihren Aktien … nehmen Sie notfalls eine kleine Hypothek auf … auch nicht schlimm.«

»Kleine Hypothek? Das ist mir nun aber … ich verstehe … ich kapiere … nun fang ich auch schon an zu stottern, o Gott, warum sag ich jetzt so was Dummes, entschuldigen Sie.«

»Oh, keine Ursache, ich stottere schon, seit ich in den Windeln … unmöglich? Ein bißchen später dann, schon seit dem Laufställchen. Funktioniere trotzdem g … recht ordentlich. Florierende Praxis. Plädoyer manchmal ein Problem, aber das kann man so hinkriegen, daß man es g … g … ganz ohne G schreibt. He, hören Sie das, auf einmal ging es, auf einmal kommen sie raus. Gediegen ist das. All die Gs. Wenn wir Glück haben, bis zum Lunch kein Problem mehr. Das kommt von Ihnen, kommt, weil Sie so frank und frei über mein Gestotter … ja, es geht immer noch … Große, gute Greise geben grauen Gorillas gratis Gerstengrütze …«

Verblüfft starrte ich auf den kleinen, muskulösen Mann. Mit seinen blitzenden Augen sah er mich strahlend an. Er faßte ohne Stottern zusammen, was er bisher gesagt hatte: »Sie sind also die einzige, die geerbt hat. Sie können das meiste ganz beruhigt annehmen. Schulden gibt es keine. Sie hinterläßt viel. Leider sind Sie nicht mit ihr verwandt, die Erbschaftssteuer ist also nicht gering, aber auch dafür ist gesorgt. Sie hatte eine Lebensversicherung, die sich sehen lassen kann. Sie hatte auch eine Bestattungsversicherung, die Einäscherung ist also gedeckt. Das einzige ist: Sie müssen dort einziehen und die Versorgung der Katzen übernehmen.«

»Ich verstehe das nicht ... warum hatte sie denn schon ein Testament gemacht? Warum hat sie alles bis ins kleinste geregelt? Rechnete sie damit... dachte sie, daß sie nicht mehr lange zu leben hätte? Ich traue der Sache nicht. Wenn man noch nicht mal dreiundvierzig ist, geht man doch nicht davon aus, daß man bald sterben wird, da geht man doch nicht zum Notar...«

»Ein Fehler, den viele Menschen machen, zu denken: Hat noch Zeit, bin noch jung, hab das Leben noch vor mir..., oh, wie dumm. Es kann mir nichts, dir nichts mit einem zu Ende sein, dazu gehört nicht viel, es kann zwischen Frühstück und Mittagessen vorbei sein. Ein Testament, das kann man gar nicht früh genug machen...«

»Ich finde es merkwürdig, sehr merkwürdig.«

»Ich nicht. Sie war eine kluge Frau. Als sie ihr Apartment kaufte, war ich an der Übergabe beteiligt, da habe ich zu ihr gesagt: ›Mevrouw, denken Sie an Ihren Letzten Willen‹, und das sage ich jetzt auch zu Ihnen. Ich stehe zu Ihrer Verfügung... ist nicht teuer. Und zeitgemäß. Bestimmt, man kann das gar nicht früh genug machen.«

»Am besten noch in den Windeln, was?«

Graafland brach zuerst in Lachen aus und sagte dann erschrocken: »Ich habe Ihnen noch nichts angeboten.«

»Macht nichts«, sagte ich.

»Eine Tasse Kaffee?«

»Gern.«

Er schaltete die Sprechanlage ein und rief: »Margreet, würdest du bitte zwei Tassen Kaffee bringen?«

Nervös trommelte er mit den Fingern auf seinen

Schreibtisch und sagte: »Kommt so einiges zusammen bei so einem Nachlaß. Finanzamt, Steuererklärung… haben Sie einen Steuerberater?«

»Nein«, sagte ich, »warum sollte ich?«

»Sie könnten ihren Steuerberater nehmen. Ist gut in ihre Sachen eingearbeitet und hat eine Hotline zu meinem Büro, also können wir Sie mit vereinten Kräften durchmanövrieren, wenn Sie wollen. Sie können sich natürlich auch einen anderen Notar suchen und einen anderen Steuerberater.«

Ein leises Klopfen an der Tür, sie schwang auf, ein Arm erschien, der ein Tablett auf einem Tischchen hereinschob.

»Ja, der Kaffee«, sagte Graafland und erhob sich eilig.

»Zucker? Milch?«

»Ein paar Tropfen Milch«, sagte ich.

Er überreichte mir ein Tütchen Kaffeeweißer. Vergnügt sagte er: »Aufpassen. Ist bemerkenswert leicht entflammbar.«

»Leicht entflammbar?« fragte ich erstaunt.

»Nie gesehen?«

Er öffnete ein zweites Päckchen Kaffeeweißer, schüttete den Inhalt in seine geöffnete linke Hand, griff mit der Rechten nach einem Feuerzeug, knipste es an, warf den Kaffeeweißer in die Luft und hielt die kleine Flamme darunter. Für den Bruchteil einer Sekunde erschien eine riesige Stichflamme, die sofort erlosch.

»Immer wieder großartig«, sagte er begeistert.

Erstaunt schaute ich den untersetzten Mann an. War das wirklich ein Notar, dieser stotternde Pyromane? Begeistert blickte er mich an. Er sagte: »Falls

Sie jetzt denken: Mal lieber keinen Kaffeeweißer in den Kaffee, dann hab ich noch eine Büchse entrahmte Kaffeesahne in Reserve.«

»Gern, ehrlich gesagt.«

»Komisch! Läßt man Kaffeeweißer brennen, wollen die Leute ihn nicht mehr in ihren Kaffee. Verständlich. Aber nicht zu fassen ist, daß so viele Leute, oft sogar noch ohne letztwillige Verfügung, sorglos alles in sich reinstopfen, von dem sie nicht wissen, was es enthält, nicht wissen, wie leicht entflammbar es ist, nicht wissen, wie g … g … o nein, nicht schon wieder, nein, nein, große Graue graben Gräber … ha, geht doch …«

Er setzte sich wieder und rührte in seinem Kaffee.

»Haben Sie Kinder?«

»Nein«, sagte ich kurz.

»Ich ja. Drei. Süße Krabben!«

Er nahm ein paar Schlucke hintereinander und sagte: »Da gibt es einige Legate, also Sie bekommen nicht alles. Großes Legat an den Tierschutz, großes Legat an die Stiftung gegen Pelz, *Bont voor dieren.*«

»Stichting Bont voor dieren«, sagte ich erstaunt, »sie selbst hatte zwei Pelze, ein hellbraunes Bisamjäckchen und einen Nerzmantel …«

»Ja, den trug sie, als sie hier ihr Testament … ja, wunderschöner Pelz … gehört jetzt Ihnen … wird Ihnen auch hervorragend stehen.«

»Ja, aber … ein Legat für eine Anti-Pelz-Stiftung, während sie selbst …«

»Ist doch nicht so merkwürdig? Schuldgefühle … Prachtstück von Mantel … sich freigekauft. Es sind die Diebe, welche die Diakonie unterstützen. Es sind die Kinderverführer, die Geld für Waisenhäuser spenden.«

Mit lautem Klirren stellte er seine Tasse auf die Untertasse.

»Womit verdienen Sie Ihren Lebensunterhalt?« fragte er.

»Ich bin Übersetzerin, und ab und zu gebe ich vertretungsweise Französischunterricht«, sagte ich, »aber ich habe keine feste Stellung.«

»Hätten Sie nicht Lust, zwei halbe Tage pro Woche bei mir zu arbeiten? Zum 1. September geht Margreet weg.«

»Hier? In welcher Funktion?«

»Repräsentieren ... empfangen, beruhigen. Dafür haben Sie Talent. Durch Sie kommen meine Gs mühelos heraus, schon allein darum... Denken Sie mal drüber nach ... demnächst eine Hypothek ... da kommt ein kleiner Job doch gelegen...«

»Hatte sie keine Hypothek?«

»Die hatte sie schon abbezahlt, wie ich Ihnen eben gesagt habe.«

»Abbezahlt? Wovon?«

»Weiß ich nicht, hatte gutes Gehalt, konnte was auf die Seite legen.«

»Schon abbezahlt, wie ist das möglich?«

»Apartment war spottbillig, als sie es kaufte. Die Preise sind seitdem irrsinnig gestiegen, aber damals ...«

Verträumt blickte er mich an, er flüsterte: »Fangen Sie doch hier an, zwei halbe Tage. Sie haben etwas... so eine hübsche Erbschaft ... Schön, daß die bei Ihnen landet. Ach, nun muß ich mal wieder an die Arbeit ... kleine Beurkundung. Scheuen Sie sich nicht, mich anzurufen, wenn es Probleme gibt. Kommen Sie, ich begleite Sie hinaus.«

Er brachte mich nicht nur zur Haustür, sondern lief auch noch mit bis auf die Straße. Er zeigte zum Regenhimmel und sang: »Wo bleibt der Sommer, der schöne Sommer.«

»An einem einzigen Tag war strahlendes Wetter«, sagte ich bitter, »und da hat Roos diesen Sonnenstich gekriegt.«

»Sonnenstich. Das hört man doch selten, nicht wahr, daß Menschen an einem Sonnenstich sterben?«

»Man hat sie zu spät gefunden«, sagte ich.

»Ach, kommen Sie«, sagte er, »es kann niemals nur der Sonnenstich gewesen sein... schon so oft hatte sie stundenlang in der Sonne gelegen... da war natürlich auch etwas anderes nicht in Ordnung, schwaches Herz, was weiß ich, kleine Gehirnblutung, man kann sich alles mögliche vorstellen... Sonnenstich, na ja, was weiß ich, ich bin kein Leichenbeschauer. Hat man sie überhaupt richtig angeschaut? Wer hat den Totenschein ausgestellt? Lassen Sie es sich eine Lehre sein: Bevor Sie sich's versehen, kann es mir nichts, dir nichts mit Ihnen zu Ende sein, bestimmt, dazu gehört nicht viel. Denken Sie einmal über Ihren Letzten Willen nach... Testament... immer zu Ihren Diensten.«

3

Als sei es so vorherbestimmt, lag Roos' Apartment genau in der Mitte zwischen der Galigaangracht und meiner trostlosen Mietwohnung. Seitdem Roos gestorben war, fuhr ich einmal am Tag spätnachmittags mit dem Fahrrad dorthin, um Tijg, Ober und Lellebel ihr Luxuskatzenfutter zu servieren. Jetzt, auf dem Weg nach Hause, konnte ich es nicht übers Herz bringen, einfach vorbeizufahren, obwohl es noch lange nicht Zeit für ihre Abendmahlzeit war. Sollte ich fortan wirklich dort wohnen? Ich konnte es kaum glauben. Ein so schönes, helles Apartment in einem vornehmen Haus aus dunkelrotem Backstein, mit Doppelfenstern, Feuertreppen und den modernsten Sicherheitsraffinessen? Zum Beispiel mit einem niedlichen kleinen Bildschirm im Flur, auf dem man sehen konnte, wer im Hauseingang vor der Tür stand, wenn es klingelte.

Unten holte ich zuerst ihre Post aus dem Briefkasten. Schon wieder üppiger Zuwachs an diesen Hochglanz-Katzenzeitschriften.

Als ich oben in ihren Flur mit dem Minibildschirm trat, stach mir der Katzengeruch in die Nase. Natürlich hatte ich diesen Geruch früher auch wahrgenommen, hatte ihn ganz sicher eingeatmet, wenn ich Roos besuchte. Jetzt schien es, als sei er stärker – so ein gemeiner, durchdringender Katzenpissegeruch. Oder bildete ich mir das nur ein? Mußte die Katzenstreu schon wieder erneuert werden? Ein Glück, daß diese Katzenklos auf dem überdachten Balkon stehen konnten. Stell dir vor, sie stünden in der Küche oder im Schlaf- oder Badezimmer!

Sollte ich also fortan wirklich so eine Katzentante werden? Widerwillen gegen Katzen hatte ich zwar keineswegs. Dennoch wäre ich nie auf den Gedanken gekommen, mir selbst eine Katze anzuschaffen. Von diesem unverkennbaren Geruch war mir, wo ich ihn auch wahrgenommen hatte, immer übel geworden. Und jetzt sollte ich hier, in diesem Geruch, wohnen, o mein Gott! Noch ganz benommen von ihrem unerwarteten Tod, hatte ich mich bisher kaum gefragt, was auf die Dauer mit den Katzen geschehen sollte. Ich hatte nur gedacht: Ich versorge sie, solange es nötig ist.

Tijg war der erste, der mich begrüßte. Schöne Katze, hübsches, geschecktes Muster. Schaute mich wie immer mit dem Blick aus Baudelaires Gedicht an:

Je vois avec étonnement
Le feu de ses prunelles pâles
Clairs fanaux, vivantes opales
Qui me contemplent fixement.

Ober sah ich erst, als ich ins Wohnzimmer ging. Pechschwarz bis auf ein dreieckiges weißes Beffchen unterm Kinn. Lellebel war natürlich nirgends zu entdecken. Die hielt sich immer unter einem Bett oder in einem Schrank versteckt. Die sah man selten.

»Ich werde bei euch wohnen«, sagte ich zu Tijg und Ober, »ich kann hier sofort einziehen, meinen armseligen Krempel kann ich als Sperrmüll an die Straße stellen. Aber… all diese Uhren… Warum hatte Roos so viele Uhren? Seid ihr einverstanden, wenn ich ein paar davon wegtue?«

Über der Wohnzimmertür hing eine altmodische Kuckucksuhr. Direkt neben dem großen Fenster prangte eine von diesen Friesischen Stühlchenuhren, die ohrenbetäubend tickte. Verkaufen? Undenkbar. Aber all diese Digitaluhren mit ihren fluoreszierenden Ziffern, durfte ich die auch nicht wegtun? Im Wohnzimmer leuchteten sowohl im Bücherregal als auch unten auf dem Display des Fernsehers diese aufdringlichen roten Ziffern. In der Küche an der Mikrowelle glühten blaue Ziffern. Ich ging ins Schlafzimmer. Dort standen ein Radiowecker mit roten Ziffern und ein hypermoderner Wecker mit roten Ziffern und auch noch ein altmodischer kleiner Wecker, der schrecklich wütend tickte. Ich nahm ihn, lief damit ins Badezimmer und stellte ihn auf die Ablage über dem Waschbecken, wo er verbissen weitertickte. Ich schaute in das kleine Nebenzimmer, in dem Roos immer ihre Gäste unterbrachte. Es schien auf den ersten Blick uhrenfrei zu sein. Ich ging wieder zurück in ihr Schlafzimmer. Vorsichtig ließ ich mich in den hohen Lehnstuhl sinken, der vor ihrem Frisiertisch stand. Solch einen Frisiertisch hatte ich mir schon immer gewünscht, aber der sparsame Thomas hatte sich eisern dagegen gewehrt, und in meiner Wohnhöhle hatte ich keinen Platz dafür.

Ich beugte mich vor und drückte auf einen Kippschalter. Tatsächlich, wupp, gingen all die Lämpchen an, und gleichzeitig hörte ich wieder das durchdringende Ticken der Uhren und nahm den aufdringlichen

Katzengeruch wahr. Wütend sprang ich auf. Ich lief zur Schlafzimmertür, schloß sie und kehrte zum Frisiertisch mit seinem komfortablen Lehnstuhl zurück. »Neulich habe ich im Fernsehen einen Physiker gesehen, der behauptete, Zeit existiere nicht«, sagte ich zu Tijg, der mir nachgelaufen war und es sich auf dem Bett gemütlich gemacht hatte. Ich war mir nicht sicher, ob ich das mochte, aber Roos hatte es bestimmt geduldet. »Dieser Knallkopf hat gesagt, daß ich in die Fußstapfen von Roos treten soll«, sagte ich leise zu Tijg, »ich soll sie playbacken, ich soll in ihre Haut kriechen, ihre Kleider anziehen, ich soll einen Hauch von ihrem Parfüm … eine gute Idee, dann dufte ich angenehm, dann schaffe ich es vielleicht, all dieses dumme Geticke und eure elende Pißluft zu ertragen. Und auch, daß du hier in aller Seelenruhe auf ihrem Bett liegst.«

Ich betrachtete das große Farbfoto von Roos, das neben dem Frisiertisch hing. Hatte Roos dort ein Foto von sich selbst aufgehängt, damit sie beim Schminken vergleichen konnte? Weshalb sonst hatte sie dort ein Foto aufgehängt? Oder war sie so eitel gewesen? Ich betrachtete mich selbst in dem erleuchteten Spiegel. Ich betrachtete all die sündhaft teuren Make-up-Sachen, die dort fein säuberlich und verführerisch bereitlagen. Sie hatte oft Dolly Parton zitiert: »*There is no such thing as natural beauty*«, und zu mir gesagt: »Spare nie am Make-up. Nimm immer das Allerteuerste. Nur das Allerbeste ist gut genug für deine zarte Haut.« Wie hätte ich von meinen armseligen Übersetzerhonoraren jemals diese unverschämt teuren Cremes bezahlen sollen? Jetzt konnte ich das eine oder andere ausprobieren, und mit ungekannt leichtem Herzen und in dem sicheren Wissen, daß Roos es begrüßt hätte, und noch mit den Worten des Notars im Ohr begann ich vorsichtig, mich mit ihren Kostbarkeiten zurechtzumachen. Zuerst war mir noch nicht recht klar, was ich da eigentlich tat, aber während es mir immer besser gelang, wurde mir immer mehr bewußt, daß ich versuchte, sie heraufzubeschwören. Der Prozeß hatte schon begonnen, als ich ihr Designerkostüm zu ihrer Beerdigung angezogen hatte. Dadurch hatte ich die quälende Niedergeschlagenheit auf Abstand halten können. Jetzt, an ihrem Frisiertisch, gelang das sogar noch besser. Wenn ich es schaffte, in ihre Haut zu kriechen, war sie noch nicht endgültig tot, höchstens vorläufig, dann konnte sie wieder ins Leben zurückkehren.

»Ich sollte meine Haare so schneiden lassen wie Roos«, sagte ich zu Tijg, »das ginge sicher, denn mein Haar ist länger, davon kann ein ganzes Stück herunter, das kriegt man hin, ihre Frisur … vielleicht noch tönen, und dann …«

Ich überlegte, daß ich mir jetzt schon das Haar hochstecken und eine ihrer flotten Baskenmützen aufsetzen könnte, um der Sache näherzukommen.

Nachdem ich mich, immer wieder mit einem Seitenblick auf ihr Foto, um mich inspirieren zu lassen, geschminkt und mein Haar hochgesteckt und eine weiße Baskenmütze aufgesetzt hatte, holte ich ein hellblaues Sommerkostüm aus ihrem Kleiderschrank. Es paßte, aber genau wie das Designerkostüm hätte es besser gesessen, wenn ich ein paar Kilo weniger drauf gehabt hätte. »Da hilft nur Abnehmen«, sagte ich zu Tijg, und er miaute ermutigend.

Ich stand vor dem Spiegel, betrachtete mich, sah,

daß es gut war. Jedoch mußte ich mir ihre kerzengerade Haltung aneignen. Und es würde noch besser werden, wenn ich mir ihre Frisur machen ließe.

Lange stand ich dort, schaute im Spiegel das Schattenbild von Roos an und fragte mich die ganze Zeit: Weshalb mache ich das? Mache ich das im Auftrag des Notars oder von mir aus? Es konnte Pflicht sein oder Zwang oder geistige Verwirrung. Ich erinnerte mich, irgendwo gelesen zu haben, daß trauernde Männer manchmal die Kleider ihrer verstorbenen Frau anzögen. Vielleicht war es etwas Derartiges. Ich wußte es nicht.

Ich versuchte, ob ich ihren Blick schaffte. So ein bißchen spöttisch und fröhlich, und oft auch etwas hochmütig. Verdammt schwierig! Mir fehlten die schweren, halb gesenkten Augenlider. Moment, wenn ich mir falsche Wimpern aus ihrem reichen Vorrat aufklebte? Als ich das nach einigen Mühen zustande gebracht hatte, schien ich der Sache tatsächlich nähergekommen zu sein.

Und wenn ich erst mal ihre Frisur hätte, wäre es bestimmt noch einfacher, ihren Gesichtsausdruck zu imitieren. Spöttisch blicken, das konnte ich zwar, aber es paßte nicht zu mir. Ich warf die Arme in die Luft, wie sie es immer tat, wenn sie sich abschätzig über gemeinsame Bekannte ausgelassen hatte. Das war nicht schlecht. Jetzt noch ihren ausgestreckten Zeigefinger, auch so eine charakteristische Geste. Das gelang mir ziemlich gut, aber sofort begriff ich, daß sie dabei ihre Hände mit den extravaganten Hexennägeln ausgestreckt hatte.

Ich starrte eine Weile auf meine Hände. Mußte ich mich, wenn es offenbar sogar notariell verlangt wurde, daß ich in ihre Haut kroch, auch noch mit diesen ordinären Fingernägeln schmücken? Solange ich Roos gekannt hatte, mindestens schon zwanzig Jahre, war sie mit langen, lackierten Nägeln herumgelaufen. Ein paarmal hatte ich sie gefragt: »Warum denn nur diese Nägel?«, und dann hatte sie geantwortet: »Weil ich es schön finde«, und dann hatte ich gesagt: »Schön? Ist es nicht einen kleinen Tick ordinär?«, und dann hatte sie geantwortet: »Was ordinär oder vulgär ist, mußt du nicht meiden, auch das hat einen Platz im Leben. Wenn du es durch die Vordertür hinauswirfst, kommt es mit Aplomb durch die Hintertür wieder herein.« Jetzt, da sie tot war, fühlte ich mich schuldig, weil ich mich manchmal kritisch über ihre extravaganten Nägel ausgelassen und sie oft mißbilligend angesehen hatte.

Gewissermaßen als Buße zog ich eine Schublade des Frisiertischs auf. Noch mehr Make-up. Ich zog eine zweite Schublade auf: eine angebrochene Packung mit mindestens noch der Hälfte der hundert künstlichen Nägel Modell Curve Oval, die der Aufschrift zufolge darin gewesen waren. Plus Acrylpulver und einem Fläschchen mit der dazugehörigen Flüssigkeit.

»Also los«, murmelte ich, »ich kann es einfach ausprobieren, man kriegt es sofort wieder ab. Prüfet alles, und behaltet das Beste, um mit Paulus zu sprechen. Alles? Nein, keine Drogen, keinen Inzest, kein Bungee-Jumping, keinen Sadomasochismus!«

Eine Sache habe ich gelernt in meinem Leben: Lies zuerst die Gebrauchsanweisung. Dennoch warf ich nur einen halben Blick auf den Beipackzettel, der in der Schachtel lag, dennoch las ich nur, daß man erst die Oberfläche des eigenen Nagels mit einer Nagelfeile bearbeiten solle, bevor man die Nägel aufklebte. Daß sie an dem feinen Staub haften würden, der dann auf dem Nagel lag, und der Klebstoff besser hielte.

Welch eine Geduldsarbeit war das, dieses Kunstnägel-Anbringen. Ich hatte Roos ein paarmal dabei zugeschaut. Den künstlichen Nagel auf die Spitze des eigenen Nagels heften. Mit stinkendem Acryl den Streifen zwischen Nagelbett und Unterkante des künstlichen Nagels ausfüllen. Obwohl ich es also besser hätte wissen müssen, machte ich sofort einen typischen Anfängerfehler. Zuerst muß man die Nägel seiner rechten Hand aufkleben. Beginnt man, wie man von Natur aus geneigt ist, umgekehrt, steht einem anschließend nur die linke Hand mit den störend langen Nägeln zur Verfügung, wenn man danach seine rechte Hand in Angriff nimmt.

Also gut, nach viel Herumgepussel hatte ich es geschafft. Zwei Hände versehen mit, was sage ich, bewaffnet mit langen, ovalen, scharfen, ein wenig gekrümmten Nägeln. Ziemlich vulgär, sehr fremd, gräßlich faszinierend. Doch eines war offensichtlich, meine fleischigen Hände wirkten weniger plump.

»Jetzt noch anmalen«, hörte ich mich selbst fast wollüstig sagen. »Wo ist der Nagellack?«

Das Fläschchen stand genau vor meiner Nase auf dem Frisiertisch, also hatte ich es zuerst übersehen. Es war eine grauenhafte Farbe: ein violettes Rot, durchzogen von blauer Glut. Aber, nun ja, das war die Farbe, die sie in den letzten Wochen getragen hatte. Mir blieb keine Wahl.

Und als hätte ich nichts dazugelernt, begann ich wieder mit den Nägeln meiner linken Hand. »Nur Esel stoßen sich nie zweimal am selben Stein«, schnaubte ich, nachdem ich meinen linken Daumennagel bearbeitet hatte.

Als ich endlich fertig war und die Nägel trocken waren und ich zuerst mit beiden Händen die Wegwerfgeste probierte und danach die Finger ausstreckte, wie wenn ich jemanden durchbohren wollte, stellte ich mit Genugtuung fest, daß ich einen tüchtigen Schritt vorangekommen war. Mit diesen Curve Ovals hatte ich wie von selbst einen anderen Blick, schon viel Roos-artiger, hatte ich mich weiter von meiner eigenen nachgiebigen Art entfernt, hatte ich meine engelhafte Ausstrahlung eingebüßt. Zugleich spürte ich, daß ich nahe daran war, wieder einmal zu heulen. Aber wenn ich damit anfing, würde ich mein, nein, ihr ganzes Make-up zerstören. Ich fühlte, wie es mir in den Augenwinkeln prickelte, wie die Tränen vor Verlangen zitterten herauszukullern. Ich hob die Hände, krümmte meine Finger, krallte die Curve Ovals in meine Handflächen und riß mich zusammen.

Dann hörte ich die Wohnungstür. Kam da jemand? Aber wer, um Himmels willen? Ich ging ins Wohnzimmer, fühlte mein Herz rasen wie ein ängstliches Kaninchen, umklammerte die angelehnte Wohnzimmertür und zog sie vorsichtig zu mir heran. Der Einbrecher war inzwischen bis in den Flur vorgedrungen. Das erste, was er von mir wahrnahm, waren meine Curve-Oval-Finger, die die Tür umklammerten. Ich hörte ein Geräusch wie das unterdrückte Jammern einer Waldohreule. Ich riß die Tür auf. In dem halbdunklen Flur stand Bas Mentink. Er sah mich natürlich auch. Noch immer hatte ich die schöne weiße Baskenmütze auf und trug das hellblaue Kostüm. Er blickte mich an, wie Saul seinerzeit zu Endor auf

Samuel geblickt haben muß. »Und er neigte sich mit seinem Angesicht ehrfurchtsvoll zur Erde«, sagt des Herrn Wort. Auch Bas neigte sein Angesicht zur Erde, auch er neigte sich, aber er richtete sich nicht wieder auf, er neigte sich immer tiefer und knallte dann auf den Vinylfußboden.

»Bin ich ohnmächtig geworden?« fragte er, nachdem er wieder zu sich gekommen war.

»Nicht richtig«, sagte ich, »du bist höchstens fünf Sekunden bewußtlos gewesen.«

»Wenn ich in die Hocke gehe und nach einer Weile wieder aufstehe, kippe ich manchmal auch um. Das ist nicht ungefährlich. Im Handumdrehen sterben dann Millionen von Gehirnzellen ab.«

Er stand auf, blickte mich an und sagte: »Ich dachte, du wärst Roos, ich sah ihre Nägel, also ... Gott im Himmel, hab ich mich erschrocken.«

»Natürlich«, sagte ich, »aber wer platzt denn auch unangekündigt in ihre Wohnung?«

»Du bist doch auch hier?«

»Ich versorge ihre Katzen.«

»Deshalb bin ich auch gekommen. Im Labor dachte ich gerade, mein Gott, ihre Katzen ...«

»Hast du einen Schlüssel?«

»Ja.«

»Wer hat sonst noch alles einen Schlüssel?«

»Weiß ich nicht.«

»Dann bleibt mir nichts anderes übrig, als das Schloß auszuwechseln«, sagte ich.

»Warum?«

»Es ist kein angenehmer Gedanke, daß jeder hier einfach reinspazieren kann.«

»Komm, komm, jeder ... ich glaube nicht, daß es

noch so viele gibt, die... sag mal, warum hast du dich eigentlich so aufgetakelt, als seiest du Roos?«

»Das soll ich, hat der Notar gesagt. Steht im Testament. Ich soll in ihre Fußstapfen treten. Wegen der Katzen. Damit alles beim alten bleibt und Tijg und Ober und Lellebel denken, Roos laufe hier noch rum.«

Er sah mich an, als dächte er: Der steckt die Creutzfeldt-Jakob-Krankheit in den Gliedern.

»Roos hat in ihrem Testament festlegen lassen, daß die Katzen hierbleiben müssen und daß ich sie versorgen soll.«

»Und tust du das?«

»Das siehst du doch. Ich habe schon angefangen.«

»Ja, ihre Katzen ... das waren ihre Kinder, aber trotzdem, ich... also du ziehst hier ein? Geht das einfach so?«

»Der Notar sagt, ja.«

»Ich bin platt. Wenn ich Marjolein das erzähle...«

»Warum solltest du Marjolein das erzählen? Die braucht das doch nicht zu wissen, oder? Die haßt mich schon so genug.«

»Wenn ich es ihr nicht erzähle, kommt sie doch irgendwie dahinter.«

»Sag mal, was soll das überhaupt?«

Wieder hatte ich dieses unbezähmbare Bedürfnis zu weinen. Am liebsten hätte ich mich, auch wenn ich ihn nicht besonders mochte, an Bas gelehnt, um mich an seiner Schulter auszuheulen. Er stand noch immer da und blickte mich an, und ich sagte: »Komm doch rein, dann mache ich eine Tasse Tee.«

»Nein, ich muß zurück ins Labor, ich wollte nur nachsehen, ob die Katzen schon vor Hunger und Durst umgekommen sind.«

Er trat auf den sonnigen Laubengang hinaus. Ich schloß die Tür hinter ihm und legte das Ende der Sicherheitskette in die Halterung. Ich ging zurück ins Wohnzimmer, setzte mich ans Fenster, schaute hinauf zum Himmel und sang leise: »Die Himmel erzählen die Ehre Gottes.« Wie sehr können uns langsam vorüberziehende Wolken doch aufmuntern. Und immer und immer ziehen sie vorüber, und du weißt, daß sie auch nach deinem Tod noch vorüberziehen, nach einem Atomkrieg, nach dem Aussterben der Menschheit. Gut, sie ziehen vielleicht nicht bis in alle Ewigkeit dahin, aber bestimmt noch Millionen, wenn nicht Milliarden Jahre. Oh, wie tröstete mich das.

Vorsichtig zerrte ich an den Curve Ovals. Die Nägel saßen bombenfest. Ich ging ins Schlafzimmer und holte die Gebrauchsanweisung. Von Entfernen stand dort nichts. Ich zerrte noch einmal daran. Es schien, als seien sie mit meinen echten Nägeln verwachsen. Wie sollte ich sie um Gottes willen jemals wieder abbekommen? War ich dazu verdammt, sie draufzulassen? Soviel war sicher, mit diesen Nägeln hatte ich Roos so perfekt heraufbeschworen, daß Bas bei dem Anblick umgekippt war. Es war mir also gelungen, einen Teil ihres Daseins auf dieser armseligen Erde nach ihrem Tod tatsächlich wieder lebendig werden zu lassen, und das schenkte mir eine düstere, bittere Befriedigung.

4

Ich konnte mich nicht überwinden, schon jetzt in Roos' Wohnung zu übernachten. Erst einmal mußte ein anderes Schloß in die Tür, dann würde ich weitersehen. Ich rief den Schlüsseldienst an. »Nein, Mevrouw, so schnell, das klappt nicht, vor dem Wochenende nicht mehr. Und Montag haben wir geschlossen. Dienstag morgen, 22. August, das würde gehen, elf Uhr.«

Am Dienstag morgen fuhr ich auf dem Weg von meiner Wohnhöhle zu ihrem Apartment an einem dieser Läden vorbei, in denen man Frauen im Licht einer kleinen Neonlampe den ganzen Tag über künstliche Fingernägel anpaßt. Ich ging hinein. Eine Nageldesignerin war unaufhörlich am Feilen. Ob das gesund ist, dachte ich, den ganzen Tag mit gesenktem Kopf dazusitzen und zu feilen? Von diesem fiesen Acrylkleber und dem Zeug, mit dem sie die Biester herstellen, bekommt man beim Feilen unvermeidlich eine kräftige Dosis in seine Lungenbläschen.

Die Designerin schaute kurz auf. Ich fragte: »Haben Sie vielleicht etwas, womit ich meine künstlichen Fingernägel wieder runterkriege?«

»Selbst aufgeklebt, was?« fragte sie schnippisch.

»Ja«, sagte ich schuldbewußt.

»Das sollte man eben von Fachleuten machen lassen«, sagte sie.

Sie warf einen Blick auf meine Nägel.

»Womit haben Sie sie festgeklebt?«

»Mit *extra strong*, bei Etos gekauft.«

»Darin ist Zyanoakrylat, leider, dann sitzen sie bombenfest. Da kann ich Ihnen nicht helfen.«

»Gibt es wirklich …«

»Man kann sie eventuell in Aceton auflösen, aber ich warne Sie: Das wird ein echter Schweinkram.«

»Muß ich denn nun immer damit rumlaufen? Muß ich mich damit begraben lassen?«

Sie griff nach meiner rechten Hand, tippte mit ihren eigenen künstlichen Fingernägeln auf meinen Nagel und sagte fachmännisch: »Dieses gebogene Modell sitzt viel fester als ein gerades Modell, weil es sich besser auf den eigenen Nagel legt, dieses kriegt man nicht einmal mit Leimlöser ab, das hatten wir mal, führen es aber nicht mehr, denn es hagelte Beschwerden.«

»Da klebt man sich aus Spaß künstliche Fingernägel auf. Und dann gehen sie nicht mehr ab.«

»Ja, Sie hätten hierherkommen sollen. Diese Art Heimarbeit … Aber warum wollen Sie die Nägel abnehmen? Sie sind nicht gerade mit schlanken Fingern gesegnet. Diese Nägel gleichen das bildschön aus.«

»Kann sein, aber es ist verflixt lästig. Man kann seine Knöpfe nicht mehr schließen, man kann nicht schnell mal was aufheben. Und auf dem Kl …«

»Ja, den Hintern abwischen, das ist ganz schön lästig mit langen Nägeln«, sagte die Designerin. Sie lächelte tatsächlich. »Wie lange laufen Sie schon damit rum?«

»Seit voriger Woche.«

»Ach je, das ist doch noch gar nichts, wirklich, einfach durchhalten, man gewöhnt sich dran, und was man nicht mehr mit den Fingerspitzen machen kann, macht man mit seinen Knöcheln. Bald können Sie sich gar nichts anderes mehr vorstellen und wollen es auch gar nicht.«

»Kann sein, aber …«

»Ach was, nun jammern Sie mal nicht, Sie können sie jederzeit abschneiden, wenn Ihr eigener Nagel wieder etwas gewachsen ist.«

»Das kann lange dauern, meine Nägel wachsen so irrsinnig langsam.«

Als ich wieder draußen war, begann es, lautlos zu nieseln. Es war so ein kalter, heimtückischer Regen, bei dem man optimistisch denkt: Davon werde ich nicht naß. Aber ich wurde sehr wohl naß, fuhr zitternd vor Kälte zu Roos' Wohnung und dachte fortwährend: Welch ein Unsinn, natürlich kann man die Nägel wieder abmachen, sie hat mich ganz einfach angeschwindelt, diese feilende Nervensäge. Im Apartment war die Heizung angesprungen, obwohl die Hundstage kaum vorüber waren. Wie beängstigend komfortabel! Nichts macht so süchtig wie Komfort, aber niemand weiß das, weil das heutzutage selbstverständlich ist.

Wieder schlenderte ich hin und her zwischen Wohnzimmer und Schlafzimmer. Wieder machten mich diese tickenden Wand- und Standuhren und all diese rotglühenden, verhaßten, tödlich stillen Ziffern fast verrückt. Bei einer dieser Digitaluhren zog ich den Stecker heraus. Auf der Stelle erloschen die brutalen Ziffern.

»Gut so«, murmelte ich, aber als ich vorsichtig weiter über den geräuschdämpfenden Teppich ging, drängte sich mir beharrlich der Gedanke auf, daß ich diesen groben Eingriff in die herrschende Ordnung rückgängig machen müßte. Wer gab mir das Recht, Roos übers Grab hinaus zu kritisieren? Konnte man das übrigens sagen: übers Grab hinaus, wenn jemand eingeäschert war? Na gut, was machte es schon aus. Soviel war jedenfalls sicher: Niemals hatte ich, wenn ich bei Roos gewesen war, den Mut gehabt zu sagen: »Mußt du wirklich so scheußlich viele Wanduhren und Standuhren hier haben?« Jetzt, wo sie tot war, konnte ich es. Welch ein Feigling ich doch war!

Der Mann vom Schlüsseldienst klingelte. Er schraubte den Zylinder aus dem Schloß, setzte einen neuen ein, gab mir die Schlüssel, und ich bezahlte. Und so wurde das Apartment etwas mehr zu meinem eigenen, und es schien, während ich langsam ins Wohnzimmer ging, als sei sogar der Katzengeruch etwas erträglicher geworden.

Das Telefon begann zu surren. Was sollte ich tun? Abnehmen? Ich zögerte, aber das fordernde Geräusch hörte nicht auf. Vorsichtig legte ich meine Hand auf den weißen Designerapparat. Blitzschnell nahm ich den Hörer ab und legte gleich wieder auf. Sofort verstummte Gott sei Dank das aufdringliche Geräusch. Um wiedergutzumachen, daß ich das Telefon nicht richtig abgenommen hatte, ging ich zu der kleinen Digitaluhr, deren Stecker ich gezogen hatte. Ich steckte ihn wieder in die Steckdose. Wütend zwinkernde Nullen erschienen auf dem Display. Plus grimmiger Pünktchen zwischen den Nullen. Wie sollte ich nun diesem zügellosen Geblinke ein Ende machen? Oben auf der Uhr waren kleine schwarze Knöpfe, darunter standen englische Begriffe: *snooze, hour, min, time, alarm* und dazu ein *on/off*-Knopf. Bevor ich einen einzigen dieser Knöpfe mit meinen Fingerknöcheln hatte drücken können, klingelte das Telefon wieder. Auf dem Display, das normalerweise die Telefonnummer des Anrufers verriet, erschien das Wort *Secret*. Ich nahm den Hörer ab und sagte mißtrauisch: »Hallo?«

»Hier Freek. Roos zu Hause?« bellte eine Männerstimme.

»Roos zu Hause?« konnte ich nur wie ein Echo erstaunt wiederholen.

»Ja, ist Roos zu Hause«, brummte der Mann, womöglich noch mürrischer, »im Labor nimmt sie das Telefon nicht ab.«

»Roos ist tot«, sagte ich.

»Erzähl keine Märchen.«

»Es ist wahr, Roos ist tot.«

Ich hörte den Mann schwer atmen. Bevor er wieder etwas herausbringen konnte, sagte ich: »Sie ist letzte Woche Montag eingeäschert worden.«

»Jetzt hören Sie mal gut zu. Mich können Sie nicht für dumm verkaufen, mich nicht. Wenn Roos tot wäre, hätten wir das längst gewußt... hätten wir wenigstens irgendwo eine Todesanzeige gesehen.«

»Ich glaube nicht, daß irgendwo eine Todesanzeige aufgegeben worden ist. Wir haben es nicht getan, und sie hatte keine Angehörigen. Ich glaube nicht, daß jemand auf die Idee gekommen ist, eine Anzeige aufzugeben.«

»Mevrouw, ich glaube Ihnen nicht. Vor einer Woche oder so habe ich Roos noch gesehen. Da war sie quicklebendig und kerngesund. Und nun wollen Sie mir weismachen, daß sie tot ist.«

»Sie ist an einem Sonnenstich gestorben.«

»Ein Sonnenstich? Gestorben an einem Sonnenstich? Sag bloß! Davon glaub ich im Leben kein Wort. Wenn sie wirklich tot ist, ist irgendwas faul dran. Ein Sonnenstich, also hör'n Sie mal!«

»Ihr ist vor zwei Wochen, am Mittwoch, als so wunderschönes Wetter war, nachmittags am Strand schlecht geworden, sie ist ins Koma gefallen und spätabends im Diaconessenhuis gestorben.«

»Mittwoch vor zwei Wochen wunderschönes Wetter? Sehen Sie jetzt, daß Sie lügen wie gedruckt? Mein Kumpel und ich mußten an dem Mittwoch nachmittag wegen einer Kleinigkeit zur Veluwe. Wir haben unterwegs nicht das kleinste bißchen Sonne gesehen, keinen Funken Himmelsfeuer, da war genauso ein Mistwetter wie heute.«

»Am Strand von Katwijk war herrliches Wetter.«

»Ach ja? Waren Sie auch da?«

»Nein.«

»Dann würd ich der Sache noch mal nachgehen, ob da auch wirklich über Katwijk eine kleine Ritze war, durch die die Sonne schien. Ein Sonnenstich! Roos an einem Sonnenstich gestorben! Jesus, Mensch, wenn Sie das glauben, sind Sie ganz schön blöd.«

»Aber was sollte es denn sonst gewesen sein?«

»Was weiß ich. Ich war nicht dabei.«

»Wirklich, der Arzt...«

»Der Doktor? Was für ein Doktor? So 'n junger Dachs, was? Frisch von der Schulbank. Nicht für einen Pfifferling Erfahrung. Sieht nicht über die eigene Nasenspitze hinaus. Weiß es nicht. Schreibt also auf gut Glück auf so 'n Totenschein: Sonnenstich. Gott im Himmel, Roos tot, ich kann es noch immer nicht glauben, wir wollten heute abend ... wir hatten heute abend ... was sollen wir ohne sie anfangen ... Sonnenstich. Du bist wohl verrückt! Wenn auch nur eine blasse Sonne am Himmel hing, legte sie sich schon auf ihre Dachterrasse, um braun zu werden. Wenn jemand gegen Sonne abgehärtet war, dann sie. Wissen Sie, was sie mir das letzte Mal, als ich sie gesehen hab, so ein bißchen wie zum Spaß zugeflüstert hat? Sie sagte: ›Freek‹, sagte sie, ›ich glaube, daß jemand meinen Tod will.‹ Da hab ich noch zu ihr gesagt: ›Ach, Mädchen, schon allein hier in Hogewoerd sind mindestens zwei, die mir auf dem Gerüst wahnsinnig gern mal einen Stoß versetzen würden, aber ich lebe immer noch.‹«

»Woher kannten Sie Roos?« fragte ich.

»Das geht Sie einen feuchten Dreck an. Ich glaube nicht, daß Roos das gut fände, wenn ich Ihnen das erzähle. Roos und ich und noch ein paar taffe Jungs, wir hatten einen netten Club ... mehr will ich nicht darüber sagen. Roos tot, ist nicht wahr, kann nicht wahr sein.«

Ich hörte ihn schwer atmen. Dann sagte er: »Sind Sie vielleicht die... sie hat von jemandem gesprochen, die sollte ... dem würde sie, wenn sie überraschend sterben sollte, ihre Katzen anvertrauen. Sind Sie das?«

»Ja, das bin ich.«

»Dann tut es mir leid, daß ich mich so hab gehenlassen, aber Roos... Roos... nein, tot, das ist unmöglich. Wenn das stimmt, werden wir sie schrecklich vermissen. Tschüs.«

Und er legte auf. Ich saß noch eine Weile mit dem weißen Hörer in der Hand da. Mit meiner freien Hand rieb ich mir das Ohr, um den Nachhall dieser mürrischen, penetranten Stimme loszuwerden. Warum hatte Roos sich mit so einem Widerling eingelassen?

Unermüdlich zwinkerten die Nullen und Pünktchen auf der kleinen Uhr. Ich drückte auf *hour*, drückte auf *time*, aber das Zwinkern ging weiter. Ich drückte nochmals auf *hour*, nochmals auf *time* und dachte dabei: Wie kindisch, daß man Tätigkeiten, die sich als sinnlos erwiesen haben, einfach wiederholt. Ich zog den Stecker aus der Steckdose. Jetzt, wo herauskam, daß Roos sich offenbar mit irgend so einem Bauarbeiter eingelassen hatte, schien es mir nicht mehr so deplaziert, eine von ihren Digitaluhren abzustellen.

Draußen kam plötzlich Wind auf. Die dünnen Pappeln schwankten wild hin und her. Aus einer hellblauen Wolke schoß ein gezackter Blitz. Unmittelbar darauf folgte ein Donnerschlag. Dann klatschte der Regen in solchen Massen gegen die Scheiben, als würden Engel Löschwasser auskippen. Tijg sprang auf die Fensterbank und tippte mit seinem linken Vorderpfötchen ans Fenster, als wollte er sagen: Geht's auch etwas weniger? Ich stellte mich zu ihm und starrte in den stürmischen Himmel, starrte auf das verschlungene System von Aluminiumrohren auf dem Industriegelände gegenüber. Dieses Rohrgefüge war wie von Escher entworfen. Sie schlangen sich umeinander, verloren sich ineinander und tauchten hinter Kränen unerwartet wieder auf.

Es war ein Sonnenstich, bestimmt, was sollte es sonst gewesen sein?

Wenn nun aber die Sonne an dem Mittag kaum geschienen hatte? Wenn die Leichenschau oberflächlich und nachlässig gewesen war? »Ich glaube, daß jemand meinen Tod will«, hatte sie im Spaß zu diesem widerlichen Freek gesagt. Daraus mußten Schlüsse gezogen werden. Aber welche? Daß jemand sie hatte ermorden wollen, mehr noch, daß jemand sie an jenem Mittwoch nachmittag so raffiniert ermordet hatte, als sei sie an einem Sonnenstich gestorben, das war lächerlich. Erstens passierte es einem oft genug, daß man dachte: Ich wollte, ich könnte ungestraft einen Mord begehen, dann würde ich …, aber natürlich wurde nie etwas daraus. Es heißt zwar: Wenn Blicke töten könnten, aber würde man diese zwielichtigen Typen, denen man auf der Straße begegnete, wirklich zu töten wagen, wenn man das mit seinen Augen könnte? Zweitens dachte man manchmal auch: Der würde mich am liebsten kaltmachen. Marjolein beispielsweise würde mich bestimmt gern tot sehen. Und ich sie vielleicht auch.

Ich schaute in den strömenden Regen hinaus, der sich gratis das Wohnzimmerfenster einmal gründlich vornahm, und ich war wieder das kleine Mädchen, das im Sommer an freien Mittwochnachmittagen am Fenster des elterlichen Hauses stillvergnügt in den rauschenden Regen geblickt und gelauscht hatte, wie er in den Rinnsteinen gurgelte.

5

Mittwoch vor zwei Wochen? Daran kann ich mich nicht mehr erinnern. Die Sonne soll geschienen haben? Fast nicht möglich. Es ist ein solcher Mistsommer. Ich könnte den Laden genausogut zumachen. Ich arbeite nur noch mit zwei Mann hier, die anderen hab ich nach Hause schicken müssen.«

»Vielleicht können Sie noch am Umsatz sehen, ob...«

»Umsatz? Junge Frau, ich hab überhaupt keinen Umsatz, sehen Sie sich an, wie es hier aussieht. Der Regen tropft den lieben langen Tag von meinen Tischen, als würden sie flennen.«

»Erinnern Sie sich auch nicht mehr daran, daß vor zwei Wochen am Spätnachmittag ein Rettungswagen auf den Strand fuhr?«

»Meine Dame, das passiert fast jeden Tag, wenn ich darauf auch noch achten sollte... Jesus, das kann sein... jetzt, wo Sie es sagen... da war, glaube ich, ein Fräuleinchen bewußtlos geworden ... so mitten am Nachmittag ... Spätnachmittag ... ja, das kommt hin.«

»Erinnern Sie sich vielleicht noch, ob da die Sonne geschienen hat?«

»Das einzige, woran ich mich erinnere, ist diese scheußliche Sirene. Aber jetzt fällt mir ein, daß wir vor vierzehn Tagen einen Nachmittag lang ganz gut verdient haben, das wird dann wohl der bewußte Tag gewesen sein. Ich sehe es auch noch vor mir ... Drum herum ein Haufen Leute *out of the blue*, als die junge Dame auf die Krankenbahre gehoben wurde ... es muß also ganz schön voll gewesen sein am *beach*. Tja, voll, man kapiert manchmal nicht, wo all die Herrschaften plötzlich herkommen. Aber gut, nehmen wir mal an, daß an dem Nachmittag tatsächlich schönes Wetter war. Besser als das, was uns jetzt wieder geboten wird, das ist wirklich Scheiße.«

»Haben Sie irgendeine Ahnung, wer entdeckt hat, daß die Frau bewußtlos war?«

»Ne, keinen blassen Schimmer.«

»Sie hatte eine Liege bei Ihnen gemietet?«

»Muß schon. Wo sonst? Vielleicht weiß Flip mehr. Der macht im Moment die Vermietung der Liegestühle.«

Der Inhaber des Strandpavillons lief zu einer Schwingtür, wie man sie immer im Film in den nachgemachten Westernsaloons sieht, stieß sie auf und schrie: »Flip!«

Ein dürrer, wachsbleicher junger Mann mit nahezu schlohweißem Haar tauchte aus den Katakomben auf. Er zwinkerte unaufhörlich mit den Augen und schielte auf meine Fingernägel.

Die müssen so schnell wie möglich runter, dachte ich, aber wie?

»Erinnerst du dich noch an dieses Fräulein vor vierzehn Tagen?«

Flip sah aus, als wollte er sagen: Welches Fräulein?

»Die mit dem Rettungswagen weggefahren wurde«, verdeutlichte der Inhaber.

Flip schüttelte demonstrativ den Kopf.

»Hatten wir da ordentliches Wetter?«

Flip nickte.

»Wer hat das Fräulein gefunden? Du?«

Flip schüttelte wieder seinen weißen Kopf, murmelte etwas Unverständliches und wollte weglaufen.

»Elendes Gerippe, hiergeblieben, diese Dame hat vor vierzehn Tagen ihre beste Freundin verloren und möchte gern wissen, was hier passiert ist. Stimmt's, meine Dame?«

»Ja«, sagte ich.

»Gut, dann frag ich einen Tick anders: Weißt du, wer ihre Freundin gefunden hat?«

Flip reckte sich und wies beherzt in die Richtung des Wohnviertels.

»So, es sieht ganz danach aus, als wenn wir doch noch ein Stück weiterkommen. Also jemand aus Kattek hat sie gefunden.«

Flip hielt zwei Finger in die Luft.

»Zwei Leute aus Kattek haben sie gefunden! Wer, Flip, wer? Würdest du dich wohl herablassen, in ordentlichem Holländisch zu reden?«

Flip schwieg.

»Weißt du es noch?«

Flip nickte.

»So nach und nach kommen wir weiter. Jetzt müssen wir es nur noch zustande bringen, ihm die Namen der beiden Leute aus der Nase zu ziehen. Dann muß Flip wohl seinen Mund aufmachen, aber wenn es etwas gibt, was Flip nicht leiden kann, dann ist es Reden. Ach, was für ein schreckliches Pech hat dieser Flip doch gehabt, wie gern wäre der Flip taubstumm geboren. Na, los, komm schon, sag die Namen.«

Flip starrte aufs Meer und zeigte auf den Wald aus Masten.

»So, so, arbeiten wir mal wieder mit *hints*, nicht zu glauben. Aber gut, es ist deutlich, kein Zweifel, Ihre Freundin ist von dem Ehepaar Mastenbroek gefunden worden. Ich hätte selbst drauf kommen können. Ein Sonnenstrahl, und sie liegen, dick mit Sonnenöl mariniert, auf ihren Luftmatratzen und lassen sich braten, sie vor allem. Wenn Sie die Promenade ein Stück zurücklaufen, kommen Sie zu einer kleinen weißen Kirche, können Sie gar nicht verfehlen. Da biegen Sie ab und laufen genau auf ein Hochhaus zu, wo die Mastenbroeks wohnen. Fragen Sie mich nicht nach der Hausnummer, die weiß ich nicht, gucken Sie unten im Eingang auf die Namensschilder, dann kann nichts schiefgehen.«

Das Herz wurde mir schwer, als ich die Strandpromenade zurücklief. Ich hatte keine Ahnung, was ich da eigentlich wollte. War ich dabei, auf eigene Faust eine Ermittlung durchzuführen? Ich will nur sicher sein, daß du wirklich einen Sonnenstich gehabt hast, daß nichts anderes passiert ist, sagte ich innerlich zu Roos.

In der Eingangshalle des Hochhauses fand ich ein Namensschild, auf dem mit schlichten goldenen Buchstaben der Name Mastenbroek stand. Vorsichtig drückte ich auf einen kleinen weißen Klingelknopf. Gleich darauf fragte eine Männerstimme durch die Sprechanlage: »Wer ist da?«, und ich sagte meinen Namen und fügte hinzu: »Ich wollte Sie etwas fragen, darf ich kurz raufkommen?« Ich bekam keine Antwort, aber die Tür sprang auf. Ein Fahrstuhl brachte mich zum fünften Stock. Durch einen windigen Laubengang ging ich zur Wohnungstür der Mastenbroeks. Sie stand weit offen, aber niemand war zu sehen. Langsam ging ich in den Flur. Aus dem Wohnzimmer kam ein bronzebraungebrannter Mann auf mich zu. Er roch nach ranzigem Öl und saurem Hering.

»Kommen Sie rein«, sagte er unsicher, »dann mach ich die Tür zu, es zieht hier manchmal ganz gemein, vor allem, wenn gegenüber alles offensteht. Dann knallen einem die Türen um die Ohren.«

Als er die Wohnungstür hinter mir geschlossen hatte und wieder ins Zimmer kam, sagte er verlegen: »Meine Frau macht gerade Besorgungen, sie ist gleich wieder da.«

Er zeigte aufs Meer und sagte in einem Ton, als müsse er sich entschuldigen: »Eine Aussicht, was? Niemals langweilig, immer wieder anders. Jeden Augenblick eine andere Farbe, grau, blau, weiß, was du nur willst. Manchmal auch grün.«

»Der Seewind scheint aber ziemlich schlecht für die Farbe und das Holz zu sein«, sagte ich. Es ist eigenartig. Ich bin taktisch so unwahrscheinlich unklug, wenn ich mich unsicher fühle.

Der Mann zuckte zusammen, schaute mich bestürzt an und fauchte: »Ach was, stimmt überhaupt nicht, vielleicht, wenn man direkt am Wasser wohnt, aber hier nicht, man muß höchstens die Rahmen einmal mehr überholen, aber das ist uns unser eigenes Reich wert. Kann ich Ihnen etwas anbieten? Kaffee, Tee, Sprudel oder einen kleinen Sherry – was möchten Sie?«

»Ach, nein, ich gehe gleich wieder, ich wollte Sie nur etwas fragen. Sie scheinen vor zwei Wochen als erste gesehen ... gemerkt ... entdeckt zu haben, daß irgend etwas mit meiner Freundin Roos nicht in Ordnung war.«

In den Augen des Mannes flackerte es. Dann sagte er eigenartig betreten: »Von wem haben Sie das gehört?«

»Von Flip.«

»Flip? Ich kenne keinen Flip.«

»Ich kenne Flip auch nicht. Er arbeitet in dem Strandpavillon. Er vermietet die Liegestühle.«

»Oh, das ist Flip? Dieser Weißfisch.«

Was sollte ich dazu sagen? Ich nickte feige und dachte: Verdammt noch mal, ich kriege zuviel von diesem widerlichen Kerl, wo bleibt seine Frau?

Er sagte: »Wir lagen direkt daneben, wir haben den ganzen Nachmittag daneben gelegen und uns braten lassen. Na ja, was heißt … Im Windschatten ging es ja, auch wenn es nicht gerade glühend heiß war. Sie lag still da und sonnte sich. Sie hatte eine verflixt schöne Sonnenbrille auf und einen verflixt schönen weißen Bikini an. Der hob sich wunderschön von ihrer braunen Haut ab. Ich hab … ich, eh … als meine Frau eingeduselt war, hab ich sie kurz auf Video aufgenommen … ich könnte es Ihnen zeigen, aber …«

Er schlenderte unentschlossen durchs Zimmer.

»War sie eine sehr gute Freundin von Ihnen?«

»Ja, sie sagte immer, es ist, als seien wir Schwestern.«

»Schwestern? Ich hab Sie aber noch nie gesehen. Sie lag immer mutterseelenallein da. Hatten Sie denn nie Lust, mit an den Strand zu kommen?«

»An den Strand«, sagte ich erstaunt, »ich und an den Strand?«

»Warum nicht?«

»Quallen, Tiere, auf die man tritt, Sand zwischen den Zehen und... und... ich werde nicht braun, ich verbrenne.«

»Ach so, daher.« Er blickte mich an, als glaubte er mir nicht.

»Wenn meine Frau eingedöst war, nahm ich Roos immer heimlich auf Video auf, ich hab eine ganze Menge kleiner Streifen von ihr. Vor zwei Wochen hab ich sie auch aufgenommen. Und den Rettungswagen hab ich richtig schön drauf, das weiß auch meine Frau, obwohl sie da schon zu Hause war, das war eine solche Aufregung, das brauchte ich nicht heimlich... das hätte meine Frau sogar komisch gefunden ... wenn ich meine Kamera da in der Tasche gelassen hätte. Also, ich könnte Ihnen das jetzt eben zeigen, aber andererseits ... wenn meine Frau jetzt nach Hause kommt und ich gucke hier mit einer wildfremden Dame Videos, flippt sie sofort aus... also das geht nicht, tut mir leid, aber das geht nicht. Ich kann zwei Dinge tun... haben Sie einen Videorecorder?«

»Nein«, sagte ich.

»Pech, ja, dann weiß ich auch nicht.«

»Roos hatte einen Videorecorder«, sagte ich, »darauf könnten wir...«, und dann dachte ich: Verdammt, dieses Ekelpaket in Roos' Wohnung, niemals, also hielt ich meinen Mund.

»Na also«, sagte der Mann, »wenn wir uns da mal verabreden, bring ich das Video von ihr mit, dann können wir es in aller Ruhe ansehen.«

»Ich weiß nicht, ob das nötig ist«, sagte ich, »erzählen Sie mir, was genau passiert ist vor zwei Wochen. Sie hat sich also den ganzen Nachmittag gesonnt?«

»Ja, bis sie so heftig anfing zu atmen.«

»Ist in der Zeit jemand vorbeigekommen? Hat sie mit jemandem gesprochen? Ist sie selbst noch weggewesen, um sich etwas zu holen? Etwas zu trinken, ein Eis?«

»Nicht, daß ich wüßte, sie hat den ganzen Nachmittag ganz still auf ihrem Badetuch gelegen. Ich denke, sie hat die ganze Zeit geschlafen... eher gedöst. Irgendwann am Nachmittag begann sie zu ... ja, wie soll ich das nennen ... schnarchen? So eine Art Geräusch ... es war, als würde sie keine Luft mehr bekommen, als würde sie verzweifelt nach Atem ringen ... ich hab das unheimlich schön auf dem Video, mit dem Geräusch dabei, Sie müssen sich das wirklich ansehen. Und auch, wie eigenartig, wie verkrampft sie dalag, ja, das ist ganz deutlich drauf, ich konnte es von ganz nahem aufnehmen, denn meine Frau war schon gegangen, um Kartoffeln aufzusetzen.«

»Pleuntje«, rief eine Stimme.

»O Jesus, da haben wir sie, da ist sie schon, Herrgott noch mal ...«

Er eilte mit großen Schritten zur Wohnzimmertür, rannte durch den Flur, öffnete die Wohnungstür und sagte: »Wir haben Besuch.«

»Besuch?«

»Ja, eine Freundin von Roos. Sie möchte gern wissen, was vor zwei Wochen passiert ist.«

»Was gibt es da zu wissen? Sie hat sich gesonnt, sie fing an, schwer zu atmen, man hat sie in einen Rettungswagen geschoben, und dann war sie futsch, das ist alles.«

»Ich hab gedacht, vielleicht kann ich ihr eben mal das Video zeigen, was denkst du, Schatz?«

»Video zeigen? Wozu soll das, um Gottes willen, gut sein?«

Die Frau kam ins Wohnzimmer. Sie war wasserstoffblond, aber ihre Haarwurzeln waren dunkel. Sie trug einen Pferdeschwanz, der hinten aus einer knallroten Baseballkappe heraushing. Sie hatte rostbraune Bermudas an, darüber ein langes weißes T-Shirt. Sie hatte lange Fingernägel, aber sie waren weniger gebogen als meine und mit einem dunkelroten Nagellack bemalt, der abblätterte. Wie vulgär das aussah. Sofort wirkten meine eigenen Krallen, Gott sei Dank, etwas weniger vulgär.

Sie nahm ihre Sonnenbrille ab, richtete ihre Nägel wie in einer Attacke auf mich, riß sich dann zusammen und sagte honigsüß: »So, also Sie sind eine gute Freundin von Roos. Warum hab ich Sie denn nie zusammen mit Roos am Strand gesehen? Mögen Sie das Meer nicht?«

»Ich mag Sonnenbaden nicht«, sagte ich.

»O ja, mein Mann im Grunde genommen auch nicht, stimmt's, Pleun? Ach, die Roosje...«

»Ach, die Roosje«, wiederholte ihr Mann wie ein Echo.

»Wir müssen los«, sagte die Frau, »wir sollten um halb fünf bei den Zwarthoedjes sein.«

»Ach ja, das stimmt«, sagte der Mann folgsam.

»Ich gehe«, sagte ich.

Der Mann begleitete mich zur Wohnungstür, ging mit auf den Laubengang. Er flüsterte: »Wenn Sie das Video sehen wollen... Morgen früh ist meine Frau bei Quasar.«

»Quasar...?«

»Ja, irgend so eine Art Heilgymnastik. Für ihre

Figur. Ist dann immer so zwei Stunden weg. Sturmfreie Bude. Aber ich kann auch zu Ihnen kommen. Wie Sie wollen. Schließlich ist es doch das letzte, was noch von Ihrer Freundin, von Roos, zu sehen ist. Und sonst... melden Sie sich, ich steh im Telefonbuch, vor neun können Sie mich immer anrufen, dann liegt meine Frau noch in den Federn.«

Auf dem Rückweg mußte ich mit dem Fahrrad ein Stück über die Promenade fahren. Rechts lag still glänzend das Meer. Sogar die Brandung hielt sich zurück. Als ich in Scheidung war und todunglücklich, hatte ich mich ein paarmal von Roos überreden lassen, mit an den Strand zu kommen. Nicht einmal Roos hatte ich zu sagen gewagt, weshalb ich das später nicht mehr wollte. Bei Mensje van Keulen hatte ich nämlich gelesen: »Ich erinnere mich an die ersten Augenblicke mit meinem Sohn und an die eine starke Assoziation: das Meer.« Diese Bemerkung hatte mir damals einen unglaublich eifersüchtigen Stich versetzt. Warum sie und nicht ich? Warum war mir das nie zuteil geworden: die ersten Augenblicke mit meinem Sohn? Vielleicht hätte ich dann auch diese eine starke Assoziation gehabt. Oh, wie gern wüßte ich das. Mir ist versagt geblieben, was so viele andere Frauen oft sogar mehrfach erleben dürfen.

War es kindisch, wenn ich mich aus diesem Grund lieber von den Dünen und der Brandung und dem Strand und den kreischenden Möwen fernhielt?

6

Tags darauf wurde ich dafür bestraft, daß ich mich noch immer nicht traute, in Roos' Apartment zu übernachten. Wenn es dort morgens geklingelt hätte, dann hätte ich zuerst auf dem Minibildschirm im Flur nachgesehen, wer sich unten meldete. Hätte ich Pleun Mastenbroek gesehen, hätte ich schlicht und einfach nicht geöffnet.

Jetzt sah er mich von weitem mit dem Fahrrad in die Grimburchstraat fahren. Ich sah ihn auch, erkannte ihn aber zuerst nicht. Drüben, auf der anderen Straßenseite, hüpfte er auf dem Bürgersteig auf und ab wie ein kranker Sperling. Danach umklammerte er mit beiden Händen die Gitterstäbe des Zauns, der das Industriegebiet mit den Escherrohren gegen die Grimburchstraat abschirmte.

Als ich näher kam, ließ er die Gitterstäbe los und versuchte, einnehmend zu lächeln. Es klappte nicht, aber sein Paviangrinsen hatte dennoch etwas Rührendes.

»Ja«, sagte er, »da sind Sie, ich habe Sie schon gesehen, als Sie mich noch nicht gesehen haben. Ich dachte heute morgen: Ich wag es einfach. Wo Sie wohnen, weiß ich natürlich nicht, aber wo Ihre Freundin wohnte, das hab ich schon vor langer Zeit ausgetüftelt. Und ich dachte bei mir: Irgendwann gehen Sie bestimmt noch mal hin. Also, da sind Sie endlich. Schön, ich habe meine Videos dabei ... alles zusammengenommen eine ganz hübsche Menge ... tja, man hat so sein Hobby ... man nimmt das eine und andere auf, man schneidet, so gut man kann, man bastelt so lange, bis man so etwas wie einen richtigen Film hat. Es ist doch eine nette Zugabe, wenn man in Rente ist und noch etwas Beschäftigung hat.«

War es mein Schicksal, an einem sonnigen, aber windigen Sommertag mit einem wildfremden Spanner im Apartment einer verstorbenen Freundin Videos anzusehen?

»Ich habe zu tun«, sagte ich so energisch wie möglich, »ich muß ihr Apartment aufräumen, die Katzen füttern, Besorgungen machen. Was würden Sie davon halten, wenn Sie mir das Video ...«

»*Die Videos*«, sagte er, »es sind vier Stück.«

»... wenn Sie die Videos hier solange bei mir lassen. Ich werde vorsichtig mit ihnen umgehen. Dann kann ich sie mir in aller Ruhe heute abend ansehen. Es ist jetzt auch kein Wetter, um sich vor den Fernseher zu setzen. Viel zu sonnig.«

»Die Jalousien kann man doch schließen?«

»Ja, aber, nein, ich würde, ich möchte lieber ...«

»Kommen Sie überhaupt zurecht mit ihrem Videorecorder?«

»Warum sollte ich das nicht können?«

»Tja, aus keinem bestimmten Grund, aber diese Recorder ... bestimmt, es ist keine Schande. Die sind heutzutage schrecklich kompliziert. In Katwijk gibt es Videokurse für Senioren, weil es mit all diesen Knöpfen auf der Fernbedienung und, vergessen Sie nicht, auf dem Apparat selbst manchmal alles zusammen über hundert Knöpfe ... ich mein, ich kenn mich da gut aus, ich hab es mir angeeignet, ich könnte es Ihnen zeigen.«

»Video rein, man drückt auf *play* und...«

»Ja, so ging das früher, aber heutzutage, bestimmt, es kann manchmal sehr lästig sein.«

»Wenn ich es nicht schaffe, sie allein abzuspielen, kann ich mich immer noch an Sie wenden.«

»Das sowieso, das ist selbstverständlich, aber...«

»Geben Sie mir die Videos«, sagte ich so entschieden wie möglich, »ich versuche erst, ob ich damit zurechtkomme. Schaffe ich es nicht, dann lasse ich's Sie wissen.«

»Von mir aus«, sagte Pleun Mastenbroek gekränkt, »wie Sie wollen. Ich muß sowieso schnell wieder zurück. Bevor Corinne wieder da ist, muß ich zu Hause sein. Wenn wir nur eben bei einer frischen Tasse Kaffee... wenn ich jetzt nur mal eben das bewußte Video von vor zwei Wochen für Sie einlege, verzieh ich mich danach sofort wieder, muß ich sowieso. Ich hab es gestern abend noch laufen lassen. Lohnt sich wirklich.«

»Na gut«, hörte ich mich selbst sagen. Daß ich nicht energischer sein konnte. Roos wäre das nie passiert. Die hätte resolut gesagt: »Los, mein Freund, nun gib mir schon die Videos«, und er hätte ihr die Videos auf der Stelle gegeben.

Also füllte ich kurz darauf heißes Wasser in diesen hübschen dänischen Apparat, bei dem man den Kaffee herunterdrückt, während der Kerl im Wohnzimmer geräuschvoll mit ihren Jalousien und ihrem Videorecorder herumhantierte.

Als ich mit dem Kaffee ins Zimmer kam, hatte er sich bereits mit der Fernbedienung auf ihrem pompösen dreisitzigen Sofa niedergelassen. Er sagte: »Sie sehen Ihrer Freundin ähnlich.«

»Das haben schon mehr Leute gesagt.«

Er drückte auf einen Knopf. Der Fernseher schaltete sich ein. Er drückte wieder. Der Recorder lief. Dann erschien der Strand von Katwijk im Bild. Herabhängende Fahnen, Strandkörbe, auf denen schwarze Seepferdchen abgebildet waren. Plötzlich kam Roos ins Bild.

»Nun sagen Sie selbst«, sagte der Mann, »Sie haben dieselbe Figur, wenn Sie genauso eine Frisur hätten, könnte man Sie mit ein bißchen gutem Willen mit ihr verwechseln.«

»Ich bin lange nicht so braun.«

»Das kann man leicht hinkriegen. Sonnenbank.«

»Ich werde nicht braun, ich verbrenne.«

»Eine Frage des Sonnenöls.«

Aufmerksam starrte ich die monotonen Bilder an. Der Kerl trank seinen Kaffee in irrsinnig kleinen Schlucken. Ich betete, daß er aufstehen würde, sobald seine Tasse leer war.

»Findest du es langweilig?« fragte er.

Langweilig? Ich sah Roos auf ihrem Badetuch liegen. Sie trug ihre aberwitzig teure Ray-Ban-Sonnenbrille. Wo war diese Brille eigentlich? Wenn ich die aufsetzte, würde ich ihr ähnlicher sehen. Würde ich dann einen Kerl wie diesen Pleun Mastenbroek leichter abschütteln können? Wie sehnte ich mich in diesem Augenblick danach!

Nichts geschah. Roos lag da. Es schien fast windstill zu sein. Ab und zu zog eine winzig kleine Wolke vor der Sonne vorbei.

»Geht das noch lange so weiter?« fragte ich.

»Nein«, sagte Mastenbroek, »ich hab nur ungefähr zehn Minuten aufgenommen. Ich wollte noch ein Stück Roos dazubekommen. Ich habe sehr viele solcher Stückchen. Wenn ich sie alle aneinandersetze, hab ich einen Film über eine Frau, die jahraus, jahrein an derselben Stelle in der Sonne liegt.«

»Wußte sie eigentlich, daß Sie sie aufgenommen haben?«

Mastenbroek tat, als hörte er meine Frage nicht. Ich holte tief Luft, um sie zu wiederholen, aber er kam mir zuvor, er sagte: »All die Jahre, du wirst sehen, daß sie sich kaum verändert, kaum älter wird...«

Hartnäckig sagte ich: »Wußte sie, daß Sie...«

In dem Augenblick glitt ein Schatten über Roos. Wieder eine kleine Wolke?

»Haben Sie das gesehen?« fragte ich.

»Was?«

»Diesen Schatten.«

»Schatten?«

»Spulen Sie mal ein kleines Stück zurück.«

Gehorsam spulte Pleun ein kleines Stück zurück. Wieder erschien Roos im Bild, und ich sagte: »Oje, wie weit sind wir nun wieder zurück?«

»Soll ich ein Stückchen vorspulen?«

»Nein, laß man, wir schauen es mal eben an.«

Aufmerksam starrte ich das stille, nahezu statische Bild an und dachte dabei: Was für ein komischer Mann, der jahraus, jahrein heimlich eine sonnenbadende Frau aufnimmt. Wie unheimlich. Was verbirgt sich dahinter? Oder war es ganz harmlos? War es einfach nur ein skurriles Hobby?

Dann rief ich: »Da ist es wieder. Was ist das?«

»Ich denke, daß jemand direkt an ihr vorbeigeht.

Danach sieht es aus. Ich denke, es ist der Schatten eines vorbeilaufenden Badegastes. Warte, ich weiß jetzt, wo es ist, ich spul eben wieder zurück, dann zeigen wir ein Bild nach dem anderen und können sehen ...«

Wir studierten es nochmals, und es schien mir tatsächlich am wahrscheinlichsten, daß es der Schatten eines vorübergehenden Badegastes war, der gerade über sie hinweggeglitten war.

»Aber warum sehen wir dann nicht öfter solche Schatten?«

»Warum sollten wir die öfter sehen?«

»Ging denn nur ein einziges Mal ein Badegast vorbei? Es war doch ziemlich voll am Strand?«

»Da ist bestimmt öfter jemand vorbeigekommen, aber davon sieht man nichts, weil sie ... ich meine, dieser Heini muß sozusagen über sie weggestiegen sein.«

»Dann müssen Sie diesen Heini doch gesehen haben?«

»Kann ich mich nicht dran erinnern.«

»Aber Sie haben die Kamera draufgehalten ... Sie ...«

»Ach was, die Kamera hatte ich im Strandkorb unter Handtüchern versteckt. Die Linse schaute ein bißchen aus den Falten heraus. Das brauchte weiter niemand zu wissen, daß ich ... ich meine ...«

Dann glitt der Schatten nochmals über Roos, aber nun in die andere Richtung.

»Da ist er wieder«, sagte ich.

»Ja, tatsächlich«, sagte Mastenbroek.

Gleich danach fiel das Bild aus. Grelle Streifen und dieses eigenartige Flackern wie bei einem heftigen Schneefall in Sibirien. Dann kam wieder der Strand ins Bild. Es war später am Nachmittag. Die Schatten waren länger.

Roos war jetzt von ganz nahem aufgenommen. Sie lag reglos auf ihrem Badetuch. Ein eigenartiges, schnarrendes, häßliches Geräusch war zu hören.

»Hörst du das?« sagte Mastenbroek aufgeregt. »Das ist es, es ist genauso, als wenn sie keine Luft mehr kriegt, als ob sie nach Atem ringt.«

»Tut denn keiner was?« fragte ich verzweifelt.

»Was hätte man tun sollen? Ich hatte der Strandwache Bescheid gesagt, soweit ich weiß, war der Rettungswagen schon angerufen, hörst du, da kommt er schon.«

Die quäkende, unheilverkündende Sirene des Rettungswagens übertönte das rasselnde Atmen. Jäh fuhr er in das Bild hinein. Zwei weiße Pfleger stiegen blitzschnell aus, einer von ihnen öffnete die rückwärtige Tür des Rettungswagens, zog eine Trage heraus, der andere hatte sich schon über Roos gebeugt. Gemeinsam hoben sie sie auf die Trage, schoben sie hinein, die Türen wurden zugeworfen. Sofort fuhr das weißrote Auto aus dem Bild. Es war erschütternd, in ihrem Wohnzimmer mit anzusehen, wie schnell alles erledigt war.

»Siehst du«, sagte Mastenbroek, »hier habe ich etwas herangezoomt.«

»Was für ein Haufen Menschen«, sagte ich.

»Das kann man wohl sagen.«

Ich schaute mir aufmerksam all die neugierigen Badegäste an. Vielleicht waren Bekannte darunter. Es fiel mir schwer, das festzustellen. Fast jeder trug eine Sonnenbrille, fast jeder trug eine dieser albernen Baseballmützen mit dem idiotisch großen Schirm. Fast jeder war nahezu nackt. All diese glänzenden, gleichmäßig gebräunten Körper – es war, als seien sie austauschbar, als seien sie von bronzebraungebrannten Vorfahren geklont.

Ich verstand nicht, was all die Menschen dort taten. Sie standen da herum, obwohl Roos abtransportiert worden war. Es schien, als sollte das spektakuläre Ereignis noch stattfinden, als warteten sie und verkürzten sich mit einem Schwätzchen die Zeit, bis die Kreuzigung stattfinden würde. Das grelle Sonnenlicht schirmte die Wartenden ab, ließ sie anonym bleiben. Dennoch kam mir einer der Badegäste, eine magere Frau, bekannt vor. Sie lief aus dem Bild.

»Spul mal ein kleines Stück zurück.«

Pleun gehorchte. Wieder fuhr der Rettungswagen ins Bild, wieder wurde Roos blitzschnell von ihrer Liege gehoben, wieder erschienen all die Sonnenbrillen und Baseballmützen und nackten braunen Rücken im Bild. Wieder erschien die magere Frau. Sie war eine der wenigen, die vollständig angezogen waren. Sie trug eine große Sonnenbrille und einen Strohhut.

»Zurück, und dann, bitte, ein Bild nach dem andern«, sagte ich.

»Zu Diensten«, sagte Pleun.

»Die magere Erscheinung«, sagte ich, während ich auf das Bild zuging, »kommt mir bekannt vor. Aber wer ist das?«

»Keine Ahnung«, sagte Pleun, »ich kenne den Besenstiel nicht.«

»Ob es das Alabastermädchen ist?« murmelte ich.

»Was hast du gesagt?« fragte Pleun.

»Oh, ich hab mich nur gefragt, ob es dasselbe Mädchen ist, das ich auch bei der Beerdigung gesehen habe. Ob du noch ein letztes Mal zurückspulst?«

Herrgott noch mal, dachte ich, ich duze ihn, und er duzt mich auch, Herrgott noch mal.

Wieder kam die magere Erscheinung ins Bild. War sie das? Schwierig zu sagen. Das kondolierende Alabastermädchen war rothaarig gewesen, hatte bestimmt eine milchweiße Haut und konnte es sich daher nicht erlauben, lange in der prallen Sonne zu bleiben. Hatte sie deshalb Kleider an und einen so lächerlich großen Strohhut auf? Trug sie deshalb eine Sonnenbrille, die wie eine Maske war?

»Sie könnte es sein.«

»Warum legen Sie… legst du so großen Wert auf all diese Dinge?«

»Das ist nun mal meine Art«, sagte ich leichthin.

Pleun versuchte noch einmal sein Paviangrinsen. Wie seltsam anrührend! Sogar ein solcher Kerl schien noch etwas an sich zu haben, wobei man schwach werden konnte.

»Ich muß gehen«, sagte er, »sonst bin ich zu spät zu Hause, und ich bekomme Ärger. Ich lasse die anderen Videos hier, dann können Sie… kannst du sie in aller Ruhe ansehen, es ist ganz einfach, Sie drücken auf *play*…«

»Das hab ich doch schon gesagt.«

»Ja, aber das hier ist noch ein ziemlich alter Apparat, die neuen…«

Und er ging, Gott sei Dank. Im Flur sagte er: »Schöne Wohnung. Würde ich gern drin wohnen.«

Als er fort war, ging ich ins Schlafzimmer. Dort stand die Plastiktüte, die der Beerdigungsunternehmer mir ausgehändigt hatte. »Hat man mir im Krankenhaus gegeben«, hatte er mir sachlich mitgeteilt, »werden wohl ihre Strandsachen drin sein.«

Es stimmte. Unter ihrem weißen Bikini fischte ich ihre Ray-Ban-Sonnenbrille heraus. Ich setzte sie auf und ging zum Spiegel. Was ich vermutet hatte, erwies sich als richtig. Mit der Brille kam ich meinem Ziel näher. Gern hätte ich wieder einmal losgeheult. Es war seltsam: Kündigte sich die Mutlosigkeit wieder an, weil sie tot war, dann nahm auch sofort dieses Verlangen, mich vollständig mit ihr zu identifizieren, mir fast den Atem. Dabei bekam ich dann wieder dieses lächerliche Bedürfnis loszuheulen, aber dennoch hielt es die quälende Niedergeschlagenheit auf Abstand. Ich schob ihren Kleiderschrank auf, zog eine weiße Sommerhose heraus, dazu einen weißen Pullover, in den Goldfäden gewebt waren.

Als ich ihre Hose anzog, dachte ich an unseren Pastor. Immer wieder hatte er damals in seinen Predigten gesagt: »Schwestern, begehrt niemals die Kleidung des Mannes, Hosen tun dem Herrn weh.« Wie dankbar ich ihm dafür war! Dank dieser Bemerkung zog ich schon aus Prinzip mit diebischer Freude Hosen an.

Kurz darauf stand ich in weißen Sandalen und ihrer Hose und ihrem Pullover und mit ihrer Sonnenbrille vor dem Spiegel. Jetzt noch ihr Haar, dachte ich, und ich hörte mich selbst seufzen und wollte wieder heulen und riß mich zusammen, indem ich die Fäuste ballte, wobei ihre ovalen rot-violett-blauen Nägel mir sehr gelegen kamen. Die werde ich noch ein zweites Mal lackieren müssen, dachte ich, es ist das reinste Elend, damit herumzulaufen, man kriegt keinen einzigen Knopf ordentlich zu, man kann seinen Hintern nicht abwischen, man kann sich nicht mehr gründlich waschen, man kann nichts mehr vom Boden aufheben, und man kann nicht mehr tippen, aber ich muß lernen, damit zu leben, ich muß, ich muß. Dann kann ich im Notfall solch einem Video-Kerl die Augen auskratzen.

7

In dieser Nacht kroch ich schweren Herzens zum erstenmal unter ihre Daunendecke. Als ich morgens erstaunt aufwachte, summte ich einige Zeilen vom Anfang des Gesangbuchs: »Herr, ich danke dir von Herzen, daß du mich in dieser Nacht vor Gefahr, Angst, Not und Schmerzen hast behütet und bewacht und bei meiner großen Schuld mich noch trägst mit Vaterhuld.« Daß ich in einem fremden Bett so gut geschlafen hatte. Kam das, weil es in Grimburchstaete so viel ruhiger war als in meiner Wohnhöhle? Dort hörte man die ganze Nacht über das melancholische Glucksen der Heizung und immer wieder das Gurgeln des abfließenden Wassers, wenn jemand in der Toilette unter oder über oder neben mir gespült hatte.

Ich bedauerte jetzt, daß ich kein Auto hatte. Am liebsten hätte ich sofort das wenige, woran ich hing, aus meiner Höhle an der Burggravenlaan zur Grimburchstraat gebracht. Drei Monate Kündigungsfrist galten für meine Mietwohnung. Vielleicht würde es mir jedoch genauso ergehen wie meiner früheren Nachbarin. »Ich wollte meinen Mietvertrag bei der Stadt kündigen. Sagt so ein Beamter zu mir: ›Ziehen Sie in drei Monaten um, oder wollen Sie lieber sofort?‹ ›Geht das denn?‹ frag ich. ›Ja, das geht, denn wir haben eine Menge Asylanten, die an der Reihe sind, also brauchen wir dringend Mietwohnungen.‹

›Nächste Woche kann ich draußen sein‹, sagte ich, und da fragte er: ›Nehmen Sie die Gardinen und die Polstermöbel mit?‹ ›Im Prinzip ja‹, sagte ich. ›Ach‹, sagte er, ›Sie würden es uns so herrlich erleichtern, wenn Sie das eine oder andere hängen oder stehen ließen. Dafür bekommen Sie eine anständige Vergütung, und dann kann einer der Asylanten sofort einziehen. Andernfalls muß eine solche Familie auf Kosten der Gemeinde neu eingerichtet werden. Für uns ist dies eine viel günstigere Lösung.‹ Also, da habe ich meinen alten Teppichboden liegen und die Vorhänge hängen und auch sonst soviel alte Sachen wie möglich stehen lassen, Korbstühle, einen Tisch, ein Bett, den ganzen Plunder, und noch eine Menge Hausrat. So war ich den Krempel auf der Stelle los und habe noch ein ordentliches Taschengeld dafür bekommen.«

Auch ich würde meinen Hausrat zurücklassen. Mir war es offensichtlich vergönnt, noch einmal ganz von vorne anzufangen. In einer anderen Umgebung konnte und durfte ich versuchen, ein anderer Mensch zu werden, beschwingter, eleganter, vielleicht sogar charmanter und hoffentlich selbstsicherer.

Durch ihren Tod, dachte ich, und ich schaute zu den Escherrohren, die hinter den Gitterstäben bösartig im Nieselregen glänzten. Dann war es, als hörte ich Roos sagen: »Du denkst doch nicht, daß du mich glücklicher machst, wenn du in Sack und Asche dasitzt? Schon so oft habe ich zu dir gesagt: Lauf doch etwas flotter rum! Wenn du dich vor den Spiegel stellst, brauchst du nicht immer zu denken: Ach je, wie gut ich doch aussehe, wie kann ich das am besten verstecken? Komm, ich werde dich mal richtig schminken, dann gehen wir zusammen einkaufen, wir haben dieselbe Größe, kaufen wir doch zweimal das gleiche von irgend etwas bestialisch Schönem, dann sind wir Zwillingsschwestern ... Ich hätte so schrecklich gern eine Schwester gehabt.« Wenn sie das sagte, war es, als hörte ich mich sagen: »Und ich hätte so schrecklich gern Kinder gehabt.«

So hatte es einst angefangen, sie hatte selbst in Gang gesetzt, was sich jetzt als geheime Besessenheit in mir eingenistet hatte. Jetzt mußte ich mich mit ihr identifizieren, jetzt mußte ich, notariell angeordnet, in ihre Haut kriechen – wie aus einem zwar vergeblichen, aber dennoch verbissenen Protest gegen ihren Tod. Leise sang ich das Lied aus dem Gesangbuch: »Fröhlich nur in deiner Spur will, o Herr, ich fortan schreiten, daß mein Fuß nicht möge gleiten, folgen deinem Heilslicht nur.« Genau passend, wenn ich das Wort »Heilslicht« durch einen modernen Ausdruck ersetzen würde.

Während ich sang, blickte Tijg, der auf der breiten Fensterbank saß und seine linke Vorderpfote leckte, als hinge sein Leben davon ab, erstaunt zu mir auf und miaute dann kläglich. Liebte er keine frommen Lieder? Ober kam lautlos angelaufen und sah mich besorgt an, und ich sagte: »Aber wo ist Lellebel denn?«, und er blieb auf dem hochflorigen Teppich stehen, und beide schauten, wie nur Katzen schauen können: mit diesen glänzenden, fragenden Augen – *Clairs fanaux, vivantes opales* –, in denen sich das Tageslicht spiegelt. Wie gern wüßte ich, was in einem solchen Moment in ihren Köpfchen vorgeht.

»Ich werde bei euch wohnen«, sagte ich zu den beiden Katzen, und beide musterten mich aufmerksam. »Schade, daß ich kein Auto habe, sonst könnte ich ...

würde ich ...«, und Tijg streckte die Pfote in meine Richtung aus, sprang dann graziös auf den Teppich und schlenderte in Obers Richtung. Natürlich ist es undenkbar, daß Katzen einem etwas mitteilen wollen, aber es schien wirklich so, als würde Tijg, während er sich angriffslustig neben Ober stellte, zu mir sagen: »Dummkopf, Roos hat doch ein Auto, warum benutzt du es denn nicht?«

»Wo hat sie es denn geparkt?« hörte ich mich halblaut fragen.

Natürlich bekam ich keine Antwort, also versuchte ich es mit einer weiteren Frage: »Wo ist ihr Autoschlüssel?«

Auch darauf blieb eine Antwort aus. Den Autoschlüssel hatte ich doch noch vor kurzem gesehen? Wo? Erinnere dich mal, wo du deine Sachen zuletzt gesehen hast. Wenn du etwas gedankenlos weglegst, hast du einen Tag später keine Ahnung mehr, wo du es gelassen hast. Wenn du nicht ganz genau darauf achtest, daß du Scheren und Nadeln und Stricknadeln und Handwerkszeug und Schlüssel nach Gebrauch an denselben Platz zurücklegst, suchst du dich jedesmal halbtot. »Ich kann es mit geschlossenen Augen finden, wenn ich nur weiß, wohin ich es gelegt habe«, hatte meine Mutter immer wie ein Rezitativ gesungen. Für ihren Autoschlüssel hatte Roos sicher einen festen Platz. Das nützte mir nichts, solange ich nicht wußte, welchen. Gestern noch hatte ich ihn gesehen, dessen war ich mir sicher, aber wo, um Gottes willen? Auf jeden Fall im Apartment.

Also begann ich eine fruchtlose Wanderung durch das riesige Wohnzimmer, durch das luxuriöse Schlafzimmer, durchs Gästezimmer, durch die SieMatic-

Küche, durch den Flur. Wo hatte ich den Schlüssel gesehen?

Als ich dreimal durch das ganze Apartment marschiert war und mich schließlich an das große Wohnzimmerfenster stellte und den grauen Wolkenhimmel anstarrte, sagte ich zu Tijg, der mich auf meiner Wanderung beschattet hatte: »Selbst wenn ich den Schlüssel wiederfände, weiß ich immer noch nicht, ob ich ohne weiteres ihr Auto benutzen darf. Wie sieht es mit der Versicherung aus, wenn ich einen Unfall habe? Muß das Auto nicht zuerst auf meinen Namen überschrieben werden? Erbe ich es überhaupt?«

Ich ging zum Telefonbuch, suchte eine Nummer, wählte sie und hörte eine Frauenstimme melodisch lispeln: »Büro Notar Graafland, was kann ich für Sie tun?«

»Könnte ich bitte den Notar kurz sprechen?«

»Der ist in einer außerordentlich wichtigen Konferenz, der darf im Moment auf keinen Fall gestört werden, eh, eh, warten Sie einen Augenblick, er steht hier neben mir, er hat Ihre Stimme gehört, er will Sie gern sprechen. Er geht jetzt in sein Zimmer, ich stelle durch.«

Ich hörte geheimnisvolle Klickgeräusche und dann: »Ach nein, was für ein Gl... Gl... ein Festtag... Sie wollen mir sagen, daß Sie die Stelle...«

»O Himmel, darüber hab ich noch gar nicht nachgedacht. Ich wollte Sie etwas fragen. Ihr Auto, erbe ich das auch?«

»Aber sicher.«

»Darf ich es schon benutzen?«

»Warum nicht?«

»Falls ich einen Unfall habe, die Versicherung...«

»Sie kriegen g... gar keinen Unfall.«

»Ich habe seit Jahren nicht mehr am Steuer gesessen.«

»Solange das Auto noch nicht auf Ihren Namen läuft, ist es, als wenn Sie es von ihr leihen.«

»Kann man etwas von jemandem leihen, der nicht mehr lebt?«

»G... schlaue Frage. Noch nie so was g... g... gehabt. Ich würde da in aller Ruhe einsteigen.«

»Dazu muß ich erst rauskriegen, wo es geparkt ist.«

»Steht es nicht auf dem Innenhof bei dem schönen G... Komplex, wo sie wohnte?«

»Sie hatte da einen eigenen Parkplatz. Gleich beim Eingang. Ich weiß genau, daß es da nicht steht. Sonst hätte ich es bestimmt gesehen.«

»Vielleicht steht es noch traurig und verlassen in Katwijk.«

Noch bevor er zu Ende geredet hatte, wußte ich, wo ich gestern den Autoschlüssel gesehen hatte. In dem Plastikbeutel mit ihren Sachen, aus dem ich die Sonnenbrille herausgenommen hatte. Daß ich da nicht sofort gedacht hatte: Ihr Auto steht noch in Katwijk. War ich denn eine so unglaubliche Schlafmütze?

»Sind Sie noch da?« fragte der Notar.

»Ja«, sagte ich.

»Wie g... geht's denn? Sind Sie schon umgezogen?«

»Nein, dafür brauche ich ja gerade den Wagen.«

»Was meinen Sie: Ob er noch in Katwijk...?«

»Bestimmt.«

»Ich glaube nicht, daß sie ihn da, außer an der Promenade, abschleppen.«

»Sie hat ihn bestimmt nicht an der Promenade geparkt, er steht wahrscheinlich in einer Nebenstraße, wo man noch umsonst parken darf. Nicht, weil sie so sparsam war, sondern weil sie es nicht ausstehen konnte, zu einer bestimmten Zeit zurück sein zu müssen, weil sonst ihr Parkgeld …«

»Richtig, ja, dann kann es natürlich ziemlich umständlich sein, das Auto wiederzufinden. Sie könnten natürlich bei der Polizei anrufen.«

»Kann ich immer noch tun, ich gehe erst einmal auf die Suche.«

»Viel Erfolg dann. Alles g … alles in Ordnung mit den Katzen?«

»Ja, sie sind alle drei noch kerngesund.«

»Na, schön. Ich weiß eigentlich nicht g … g … so recht, bin ich wegen ihres Testaments verpflichtet zu kontrollieren, ob all die Bestimmungen g … richtig befolgt werden, ach, was für ein Unsinn, haben Sie die Katzengebrauchsanweisung gefunden?«

»Ja, die kannte ich schon, die hat sie schon vor ein paar Jahren gemacht. Als sie im Urlaub war und ich für ihre Katzen sorgen mußte. Sie lag in einem der Küchenschränke.«

»Also darin steht genau, wie sie wollte, daß Sie …«

»Für mich liest es sich fast wie ein Vademekum. Am Samstag muß ich Wittling für sie machen. Frisch vom Markt, von Klaas Hartevelt. Den darf ich nicht bei anderen Fischhändlern kaufen, deren Wittling könnte schon viel zu alt sein. Whiskas darf ich ihnen nicht geben, davon müssen sie spucken, sie kriegen nur dieses irrsinnig teure Sheba. Milch auf Untertassen muß ich ihnen den ganzen Tag über hinstellen und sie regelmäßig erneuern. Ober braucht ab und an ein Stück Papaya, er ist verrückt danach, und Tijg ist versessen auf Wasser, in dem etwas Chrysal aufgelöst ist, es gibt ausführliche Anweisungen zur Säuberung des Katzenklos...«

»Ach, Sie brauchen es nicht buchstäblich zu befolgen.«

»Ich finde, daß ich ihr das schuldig bin.«

»Das ist verflixt edel.«

»Edel? Damit hat das nichts zu tun. Wenn ich mich nicht daran halte... wenn ich anfange zu feilschen... ich meine nur, daß ich so ein Katzenklo genauso oft saubermachen und mit neuer Katzenstreu füllen muß, wie sie es tat. Sie mochte keinen Geruch, ich auch nicht.«

Es ging Graafland nichts an, daß ich nicht feilschen wollte, weil ich so sorgfältig wie möglich in ihre Fußstapfen treten wollte. In jeder Hinsicht, also auch, wenn es um ihre Katzen ging, wie übertrieben ich ihre grenzenlose Hingabe und ihre perfektionistische Fürsorge für ihre Tiere seinerzeit auch gefunden hatte. Was ich fand, war gleichgültig. Es ging darum, daß Leonie Kuyper aufgehen sollte in Roos Berczy, sich transformieren sollte zu Roos Berczy oder, wenn das zu hoch gegriffen war, eine Schwester von Roos Berczy werden sollte. Kompromisse sollten dabei soweit wie möglich vermieden werden.

In dem leeren Bus nach Katwijk ging es mir durch den Kopf: Früher oder später kriegst du von jedem genug. Früher oder später bist du froh, von der Gesellschaft eines anderen erlöst zu sein. Niemals kann man jedoch seiner eigenen Gesellschaft entkommen, auch wenn man längst von sich selbst genug hat. Sogar wenn man schläft, bleibt man bei sich selbst. Ich konnte mich nicht erinnern, jemals geträumt zu haben, daß ich eine andere sei. Zweifellos war es eine

Illusion zu glauben, daß man sich selbst entkommen könne, indem man in die Fußstapfen einer andern trat, in die Haut einer andern schlüpfte. Der alte Schopenhauer hatte zu Recht geschrieben: »Allein *a posteriori*, durch die Erfahrung, findet er zu seinem Erstaunen, daß er nicht frei ist, sondern der Notwendigkeit unterworfen, daß er, aller Vorsätze und Reflexionen ungeachtet, sein Tun nicht ändert und vom Anfang seines Lebens bis zum Ende denselben von ihm selbst mißbilligten Charakter durchführen und gleichsam die übernommene Rolle bis zum Ende spielen muß.« Wie wahr das auch sein mochte, im letzten Teil des Nebensatzes wurde doch eine Fluchtmöglichkeit geboten. Es war die Rede von einer Rolle, die man übernommen habe. Was hinderte einen dann daran, diese Rolle gegen eine andere einzutauschen? Mir schien es jetzt, da Roos' Tod mir eine solche Chance bot, ein zwar gewagtes, aber aufregendes Experiment zu sein, eine andere Rolle zu spielen. Was hatte ich zu verlieren? Höchstens einen Teil von mir selbst. Von mir selbst hatte ich jedoch allmählich genug. Wäre ich jemand anders, würde ich einen großen Bogen um mich machen.

In Katwijk mied ich die Promenade. Da würde ihr schwarzer Saab ohnehin nicht stehen, da würde ich das Meer riechen, das Meer, von dem, wie Thomas mir erzählt hatte, ein Liter Wasser durchschnittlich zehn Milliarden Viren enthielt. Aber auch in den Straßen und Gassen hinter der Promenade roch ich das Meer, und mißmutig ging ich weiter. Während der Zeit meiner Scheidung, als ich mich wie ein Koalabär an Roos geklammert hatte und mit ihr nach Katwijk gefahren war, hatte ich sogar neben ihr gelegen und mich auf einem ihrer riesigen Badetücher gesonnt. Noch immer schämte ich mich, daß ich mich ihr damals in meiner Verzweiflung so blindlings aufgedrängt hatte. Um mich zu trösten, hatte sie gesagt: »Du kriegst mein Auto, genieße die Freiheit, lenk dich ab, und ich kann mir einen Saab kaufen.« Ich fuhr das abgelegte Stück so lange, bis es schrottreif war. Danach hatte ich mir nicht einmal einen Gebrauchtwagen leisten können. Bedauert hatte ich das nicht. Freiheit? Immer im Stau und immer wieder auf der Suche nach einem teuren Parkplatz, als wenn das Freiheit bedeutete.

In jener Zeit hatte sie ihr Auto immer in der Varkevisserstraat geparkt. »Sie ist so lang, daß man immer irgendwo einen Platz findet, und der Name ist so bescheuert, daß nicht einmal ich ihn vergessen kann. Da weiß ich also immer, wo ich stehe, ist auch notwendig.« Daß sie nun nie wieder so leicht und unbekümmert und munter eine solche Rede schwingen konnte!

Wenn man bedenkt, wie treu Roos an Gewohnheiten festhielt, schien es mir am wahrscheinlichsten, daß sie ihren Saab an jenem verhängnisvollen Mittwoch in der Varkevisserstraat geparkt hatte. Von der kleinen weißen Kirche aus kannte ich den Weg: zuerst durch die Duinstraat, dann um die Ecke. Nichts schien sich verändert zu haben, seitdem ich – vor inzwischen schon wieder fünfzehn Jahren – an strahlenden Sommertagen mit Roos dort entlanggegangen war. Ich lief die Straße hinunter bis an den Schelpendam und dann wieder zurück. Viel weiter weg konnte er nicht stehen. Sie hatte an einem normalen Wochentag geparkt, so voll konnte es da nicht gewesen sein. Aufmerksam betrachtete ich alle geparkten Autos. Kein Saab. Nochmals ging ich an allen geparkten Autos entlang und wieder hin und wieder zurück, als würde er wieder auftauchen, wenn ich nur lange genug liefe.

»Mevrouw, suchen Sie was?« erklang eine Stimme hinter mir. Ich wandte mich um und schaute in das neugierige Gesicht eines alten Mannes.

»Einen schwarzen Saab.«

»Schwarzer Saab? Da hat hier vor einiger Zeit ein paar Tage lang ein schwarzer Saab gestanden.«

»Wissen Sie das sicher?«

»Mevrouw, ich habe nichts, aber auch gar nichts zu tun, ich sitz den ganzen Tag nur so ein bißchen am Fenster und guck auf die Straße, und, ja, dann sieht man von selbst das eine oder andere. Ich sah Sie immer nur hin- und herlaufen, ich sag zu meiner Frau, Miep, sag ich, ich geh mal eben nach draußen, da läuft jemand immer nur hin und her, vielleicht kann ich irgendwie helfen.«

»Erinnern Sie sich noch an das Kennzeichen?«

»Da war eine 25 dabei ... ich bin zufällig 25 geboren, daher also, das behält man dann, aber die Buchstaben, dumm, hätte ich sie doch nur aufgeschrieben, ich hab da noch dran gedacht, das einzige, was ich noch weiß, ist, daß es zweimal die gleichen zwei Buchstaben waren, aber dann umgekehrt.«

»NJ-JN-25 war es«, sagte ich, »das wird er dann wohl gewesen sein. Und wenn er es war, wurde er am Mittwoch, 9. August, hier geparkt.«

»Könnte sein. Er hat übers Wochenende da gestanden. Am Montag hat er den ganzen Tag auch noch da gestanden, am Dienstag war er weg, aber ich habe nicht gesehen, wie er weggefahren wurde. Kann spätabends passiert sein, kann nachts passiert sein, kann im Morgengrauen passiert sein, man weiß es nicht.«

»Vielen Dank«, sagte ich, »Sie haben mir sehr geholfen.«

Ich erwog, zur Polizei von Katwijk zu gehen, doch schreckte ich davor zurück. Erst einmal mit Graafland überlegen. Ob der Saab wohl gestohlen war? In Katwijk, wo die Kirchen sonntags noch voll waren?

Nach Hause gekommen, rief ich Graafland an. Ich hoffte, daß niemand mehr da war, daß sich der Anrufbeantworter einschalten würde. Dann könnte ich kurz mitteilen, daß der Saab wahrscheinlich gestohlen war, und brauchte keine lästigen Fragen zu beantworten, vor allem nicht die Frage, weshalb ich nicht zur Polizei in Katwijk gegangen war.

Der Anrufbeantworter schaltete sich ein, und ich sprach nach dem Signal meine Nachricht auf das Band.

8

Sie wollen Ihr Haar anders haben? Kann ich mir lebhaft vorstellen. Womit Sie jetzt rumlaufen, mit dieser Florence-Nightingale-Frisur, das geht heutzutage wirklich nicht mehr.«

»Ich möchte es gern so geschnitten haben«, sagte ich, und ich legte das Foto von Roos, das ich im Schlafzimmer von der Wand genommen hatte, vor ihn hin.

»Die Frisur wollen Sie? Sind Sie sicher? Aber Mevrouw, die steht Ihnen nicht. Sie haben ein... darf ich es sagen? Sie haben ein ziemlich rundes Gesicht, Sie wollen doch nicht aussehen wie Prinzessin Irene?«

»Nein, ich will aussehen wie die Frau auf diesem Foto.«

»Ja, aber diese Frau...«

Der Haarkünstler strich vorsichtig mit dem Zeigefinger über das Foto von Roos. Er sagte: »Diese Frau hat hohe Wangenknochen, Sie ... *d'accord*, die haben Sie vielleicht auch, aber Ihre Wangen sind voller.«

»Dann muß ich abnehmen.«

»Es ist die Frage, ob Ihr Gesicht dadurch schmaler wird, wirklich, ich rate Ihnen davon ab, das wird nichts. Gut, Sie haben noch keine zehntausend Falten wie die Prinzessin, aber trotzdem, kommen Sie, ich gebe Sie kurz in den Computer. Dann können Sie es selbst sehen.«

Etwas später starrte ich fasziniert auf die Transformationen meines Kopfes. Immer wieder, kaum hatte der Haarkünstler die Tasten berührt, erschien ich auf dem Bildschirm, aber jedesmal mit einer anderen Frisur.

»Sehen Sie«, sagte er, »Sie können viel machen, Sie brauchen es nur zu sagen. Sie haben eine reiche Auswahl, wirklich, alles ist möglich, warum wollen Sie sich so festlegen, warum unbedingt die Frisur von diesem Foto? Ja, diese Primadonna sieht wie eine Fürstin aus, aber es würde Ihnen ... *évidemment*, ach, erstaunlich, es ginge schon, aber warten Sie, nein, lassen Sie uns zuerst das bestehende Repertoire abarbeiten.«

Also kam ich als rabenschwarze Superbitch zum Vorschein, als blondiertes Animiermädchen und als Vamp mit üppigem dunkelrotem Haar. Als harmloses junges Mädchen, als Femme fatale, als falsches Biest, als liebes Frauchen aus den fünfziger Jahren, als strenge Lehrerin. Es war unglaublich, was ich zu sehen bekam. Wie dein Haar fällt, sich kräuselt, sitzt, das bestimmt, wer du bist. Was würde Schopenhauer dazu gesagt haben?

»Sehen Sie«, sagte der Haarkünstler, »jetzt werde ich einmal versuchen, ob ich die Frisur Ihrer Freundin hier eingeben kann, warten Sie, vielleicht *tout simplement* mit dem Scanner ...«

Seine Finger hüpften über die Tastatur. War dieser kleine Leptosome mit seinem flämischen Akzent ein gewöhnlicher Damenfriseur? Er kam mir eher wie ein Computerfreak vor.

Auf blaßblauem Hintergrund tauchte das Gesicht von Roos auf. Warum tat mir das so unmäßig weh, obwohl es schlichtweg eine Reproduktion des von mir mitgebrachten Fotos war? Da meldete es sich wieder, dieses Gefühl von Psalm 130, diese quälende Niedergeschlagenheit. Der Abgrund öffnete sich, und alles schien so maßlos vergeblich.

»Nun noch ihre Gesichtszüge löschen und dafür Ihre an die Stelle setzen«, sagte der Computerfreak.

Irgendwann früher hatte ich eine Zeitlang selbst Fotos entwickelt. Dann sah man in der Entwicklerschale ein Gesicht auftauchen. Jetzt sah ich das Umgekehrte, sah ich ihr Gesicht verschwinden, sich auflösen.

»Und nun... ja, es klappt, sehen Sie jetzt... ah, na ja, besser als ich dachte, ehrlich gesagt, aber so richtig toll... Sie würden doch am vorteilhaftesten, warten Sie, lassen Sie uns...«

»Nein, nein«, sagte ich, mich aus tiefster Not aufraffend.

»Gut«, sagte er, »ich hätte noch mit der Form Ihres Gesichts spielen wollen, was Sie eventuell mit Makeup... aber mir soll's recht sein, lassen Sie das hier erst einmal auf sich wirken.«

Geradezu atemberaubend, was ich sah. Ob sie mir stand, diese Frisur von Roos, war kaum von Bedeutung. Wichtiger war, daß ich ihr mit ihrer Frisur verblüffend ähnlich sah. Ihre Frisur, das war's, die würde mich besser als ihre Kleider oder ihre extravaganten Fingernägel oder ihre falschen Wimpern oder ihre Ohrringe oder ihr Make-up in ihre Zwillingsschwester verwandeln. Ich starrte das stumme Bild an, und da fielen mir einige Zeilen von Hendrik Marsman ein: »Daß die eine, wenn sie zu der andern sieht, bei sich selber denkt: Ach, bin ich das nicht?«

»Wissen Sie was«, sagte der Haarkünstler, »ich

drucke Ihnen ein paar Frisuren aus, die Ihnen schmeicheln, sehen Sie sie in aller Ruhe zu Hause an, und dann wählen Sie aus, was Ihnen gefällt. Sie werden sehen... ich werde Sie auch mit der Frisur Ihrer Freundin ausdrucken. Zeigen Sie es Ihrem Partner, Ihren Bekannten, wirklich, jeder wird Ihnen sagen, daß Sie mit der Frisur nicht gerade vorteilhaft aussehen. Ja, ja, heutzutage kann man schon was erleben, wenn man sich als Frau eine neue Frisur zulegen will. Ui, ui, was für Möglichkeiten man heutzutage hat, davon hätte ich früher nicht einmal zu träumen gewagt, als ich mich als junger Friseur mit der Brennschere an die Arbeit machte.«

Als ich wieder in ihrem Apartment war und frische Milch in alle Untertassen gefüllt hatte, fiel mir ein, daß sie oft gesagt hatte: »Wo läßt du um Gottes willen dein Haar machen? Komm mal mit zu meiner Friseuse im Vogelviertel in Den Haag. Die schneidet wie ein Erzengel, auch wenn sie verrückt ist. Aber was soll's: Lieber verrückt als gewichst.« Immer hatte ich das durch geschicktes Taktieren umgehen können. Dumm, denn was lag näher, als dorthin zu gehen und zu sagen: »Frisieren Sie mich bitte wie Roos.« Wie eigenartig, daß ich jetzt zwanghaft tun wollte, was ich, als sie noch lebte, immer vorsichtig abgewehrt hatte. Vielleicht verbarg sich dahinter eine geheime Logik.

In ihrem Telefonverzeichnis suchte ich so lange, bis ich eine Adresse in der Tureluurlaan in Den Haag fand. Ich wählte die Nummer, und sofort nahm jemand ab. »Salon Marquise«, erklang es munter. Nachdem ich erklärt hatte, wer ich war und was ich wollte, sagte die Frau am anderen Ende der Leitung:

»Ach nein, eine Freundin von Roos! Ich hatte mich so darauf gefreut, zu ihrer Beerdigung zu gehen, aber ich hatte mir an dem Tag alle Rippen gequetscht, so geht's einem manchmal, so ein Tag, wo alles schiefläuft, heute morgen kullerte ich im Wuppdich die Treppe runter, ich hab alle Kunden für heute abgesagt, und jetzt steh ich da, zähneknirschend, denn ich hab mir schrecklich das Steißbein geprellt, also muß ich stehen und könnte durchaus schneiden, aber, nun ja, ich kann wohl kaum alle meine Kunden wieder anrufen. Also kommen Sie ruhig, ich hab reichlich Zeit für Sie, und wir können ausführlich über Roos plaudern. Daß sie nun tot ist, ich kann es kaum ertragen. Wann darf ich Sie erwarten?«

»Ich glaube, daß ich eine, anderthalb Stunden brauche, um zu Ihnen zu kommen. Wo ist diese Tureluurlaan?«

»Direkt bei dem Wäldchen von Poot, wenn ich meine Hand aus dem Fenster strecke, kann ich die Blätter abreißen. Wenn Sie auf der Sportlaan sind, sofort Richtung Meer abbiegen. Gleich nach den Sportplätzen. Dann in die Kwakstraat, durch die Draaihalsstraat, zur Snorstraat, es ist ganz einfach, und dann links und wieder links ... Sie sehen es von selbst.«

Es war beinahe windstill. Die Sonne leuchtete an einem strahlendblauen Septemberhimmel, als ich entlang der Polder mit schüchtern sich kräuselndem Wasser in den kleinen Gräben auf der parallel zur A 44 verlaufenden Straße radelte. Bei Den Deyl mußte ich die Straße überqueren und meinen Weg auf einem völlig leeren zweispurigen Fahrradweg an der dem Meer zugewandten Seite der A 44 fortsetzen. Über die Autostraße rasten ununterbrochen, in Reih und Glied, mit beängstigend kleinem Abstand Autos und Lastwagen und Busse, während ich den breiten Fahrradweg für mich ganz allein hatte.

Jemand hupte. Ich blickte zur Seite. Ein schwarzer Saab raste vorbei. Hatte der gehupt? Aber weshalb? Ich sah nach dem Kennzeichen. War das die Nummer, nach der ich in der vorigen Woche in Katwijk die ganze Zeit gesucht hatte? Sah ich denn jetzt schon Gespenster?

Am ANWB-Büro vorbei fuhr ich nach Den Haag hinein. Etwas weiter, in Madurodam, schlenderten Hunderte von Kindergartenkindern im goldfarbenen Sonnenlicht zwischen Euromast und der Nieuwe Kerk und dem Paleis auf dem Dam herum. Durch die eigenartige Verzerrung der Perspektive, die aus Kindern Riesen machte, schien es, als würde mich eine Riesenklaue im Genick packen und wieder hinunterwerfen, um mir noch einmal klarzumachen, daß ich mich gründlich vertan hatte.

Hastig setzte ich ihre Sonnenbrille auf. Es half kaum, ich trat wie eine Besessene in die Pedale, bog in einen Fahrradweg ein, wußte nicht einmal sicher, ob ich richtig fuhr, landete in Amphitheatern von üppigem Grün und dachte: Ob ich Hilfe brauche? Aber was sollte ein Psychiater mir erzählen, was ich nicht selbst schon wußte? Daß ich wieder einmal hoffnungslos in der Patsche saß, weil ich erlebte, daß alle meine Freundinnen plötzlich eine nach der andern Großmutter wurden? Und daß ich mich deshalb jetzt mitten in einem geradezu schwachsinnigen Abenteuer befand? Dann dachte ich daran, was Roos immer gesagt hatte, wenn sie merkte, daß ich beim Anblick eines dieser altmodischen Kinderwagen, die man, Gott sei Dank, nur noch selten sieht, völlig fertig war: »Stell dich nicht so an, denk daran, daß SS-20-Raketen mit atomaren Mehrfachsprengköpfen auf uns gerichtet sind. Wer jetzt noch Kinder in die Welt setzt, ist unzurechnungsfähig.«

Ich erreichte das Vogelviertel, fuhr durch die Poelsnipstraat, die Haakbekstraat, die Steenloperstraat, landete auf dem Snorplein und war offensichtlich in der richtigen Gegend. Ich fuhr einfach weiter, niemand war auf der Straße, großzügig schien die Septembersonne.

Snorstraat, was hatte sie gleich wieder gesagt? Sollte ich durch die Snorstraat fahren? Tatsächlich kam jemand aus einem Haus. »Mevrouw, wissen Sie, wo die Tureluurlaan ist?« »Natürlich, hier durch, um das Plein, dann sind Sie da.«

Kurz darauf hielt ich vor dem letzten Wohnhaus in der Tureluurlaan. Im Garten prangte ein großes Schild auf schlanken Pfählen: »Salon Marquise«. An einen der Pfähle kettete ich mein Fahrrad an, dann klingelte ich. Aus dem Haus erklang ein beängstigendes Bellen, lautlos öffnete sich die Haustür, und ein riesiger schneeweißer Vierfüßer schaute so drohend zu mir herauf, daß ich einen Augenblick lang dachte: ein Eisbär.

Das Tier schnaubte und trommelte dann mit seinem Schwanz gegen ein goldlackiertes Treppengeländer. Das war offenbar ein Wedeln, ich war also willkommen. Mit Heldinnenmut ging ich an ihm vorbei und stieg die Treppe mit dem glänzenden Treppengeländer hinauf.

»Ist da jemand?« rief ich.

Oben standen an einem langen Flur links und rechts

die Türen offen. In einem Zimmer ganz am Ende sah ich auf einem Frisiertisch mit Spiegelwand einen Styroporkopf. Dorthin ging ich und entdeckte dann das Spiegelbild einer Frau, die ich verrückterweise selbst nicht sah.

»Guten Tag«, sagte ich.

»Oh, entschuldigen Sie«, sagte das Spiegelbild, und sie stieg aus dem Bild und tauchte genau hinter mir auf.

»Bitte, setzen Sie sich«, sagte sie, »gestern ... da hatte ich gestern doch zwei völlig bescheuerte Kundinnen, zwei Nutten aus der Geleenstraat, die kamen gleichzeitig an, wollten aber nicht zusammen in diesem Zimmer sitzen, also hab ich die eine ins Wohnzimmer befördert, alle Türen zu, oh, was man hier manchmal mitmacht, man zeigt immer auf die Stirn, um zu sagen: Die hat sie nicht mehr alle, aber man sollte lieber ein Stück höher zeigen, auf das Haar, darin steckt die Verrücktheit. Also, Sie wollen genauso eine Frisur wie Roos, ja, ja, ich sehe schon, ihre Nägel haben Sie schon, Großpackung aus der Wagenstraat, die Adresse hat sie von mir, da hab ich sie hingeschickt. Sie wollen sie playbacken, toll, das würde ich auch furchtbar gern, aber nun ja, ich habe nicht ihre Figur, warten Sie, ich mach zuerst was für Sie. Was darf ich Ihnen anbieten, Kaffee, Tee?«

»Eine Tasse Tee gern.«

»Ach Gott, Roos tot, ich hörte es von meinem Sohn.«

»Von Ihrem Sohn?« fragte ich erstaunt. »Woher wußte Ihr Sohn, daß sie gestorben ist?«

»Mein Sohn weiß immer alles, mein Ältester jedenfalls, ich hab zwei, der eine ist psychotisch, der andere neurotisch, und alle beide sind chaotisch, oh, Kinder, Familie, das ist wirklich das Allerschlimmste, mein Ältester, Drogen, Drehtür-Krimineller!«

»Drehtür-Krimineller?«

»Ja, kennst du das nicht? Hopp, rein ins Gefängnis, hopp, wieder raus. Und trotzdem, auch wenn er neurotisch ist und ziemlich feuergefährlich – eigentlich ist er ein Gemütsmensch, Roos war richtig verliebt in ihn, und er auch in sie, obwohl sie zwanzig Jahre älter war. Als sie zum erstenmal hierherkam, spielte er noch mit seinen Dinky Toys auf dem Flur. Später wurde das anders, ja, ja, ich habe mich da rausgehalten, ich dachte immer: Vielleicht kann sie ihn auf den rechten Weg bringen, aber es war eher umgekehrt, er hat sie hier ganz in der Nähe, im Blumenviertel, in einen von diesen schicken Clubs eingeführt. Na ja, sie ist nicht mehr, was wollte ich doch gerade, o ja, ein Täßchen Tee. Irgendwas dazu?«

»Nein, nein«, sagte ich, »ich mache eine Schlankheitskur, ich muß abnehmen, sonst kann ich ...«

»Schlankheitskur? Hilft nichts, du. Was du verlierst, kommt doppelt wieder.«

»Und doch bin ich schon ein paar Kilo los«, sagte ich stolz.

»O ja? Wovon läßt du denn die Finger?«

»Eigentlich von nichts. Seit Roos tot ist, bin ich dauernd in Bewegung. Umziehen, Kartons schleppen, sie auf dem Fahrrad transportieren, eine ganze Woche lang, alles mußte vor dem 1. September draußen sein. Ich denke, daß es dadurch kommt.«

»Davon glaube ich kein Wort, Bewegung... Es wird soviel geredet. Das hilft nichts, das ist meine Erfahrung. Ißt du vielleicht weniger, seit sie tot ist?«

»Nein, warum sollte ich?«

»Warum solltest du nicht? Du hast doch Kummer? Wer trauert, hat keinen Appetit. Oder trauerst du nicht? Ich ja, du, ich komm nicht drüber weg, daß sie tot ist. Oje, dein Tee, was bin ich doch für ein hoffnungsloser Fall.«

Sie ging aus dem Spiegelzimmer. Aß ich weniger? Soviel ich wußte, nicht. Höchstens anders, weil ich für mich selbst, wenn ich Wittling für die Katzen kaufte, meistens einen kleinen Seehahn oder Seebarsch mitnahm. Wurde man dünner, wenn man mehr Fisch aß? Hatte man keinen Appetit, wenn man trauerte? Konnte gut sein, aber in den letzten Monaten hatte ich mich jedesmal, wenn eine Freundin anrief, um außer sich vor Stolz mitzuteilen, daß sie Großmutter geworden war, immer mit großen Tüten Chips aus dem Supermarkt eingedeckt. Wie ein Jammerlappen hatte ich dann vor der Röhre gesessen und sie aufgeknabbert. »Und daraus wird jetzt nichts mehr, weil ich mit diesen Mistnägeln die Chips nicht mehr aus der Tüte kriege«, murmelte ich und betrachtete erstaunt die Curve Ovals. Nahm ich ab, weil ich mit diesen Krallen kaum Chips zu fassen kriegte? Und auch Erdnüsse stehenließ? War das vielleicht ein guter Tip für jede Frau, die abnehmen wollte? Kleb dir Nägel auf, möglichst lang und gebogen, dann kannst du keinen Chips und Knabbersachen und Erdnüssen mehr zu Leibe rücken. Und dann dachte ich: Mit dem Essen mache ich mir auch viel weniger Mühe, weil man mit Curve Ovals so verflixt schlecht hantieren kann, und ich koche nicht mehr so lecker und esse dadurch weniger.

Die Friseuse kam mit einer Tasse Tee zurück, schnürte mich dann in eine Art Zwangsjacke, so daß ich keinen Schluck nehmen konnte, und schnitt mir das Haar ebenso ruhig wie geschickt mit einer Art Nagelschere.

»Ich kann nicht reden, während ich schneide«, sagte sie, »aber du darfst gern reden, nur zuhören kann ich auch nicht, wenn ich bei der Arbeit bin, also tun wir am besten alle beide, als seien wir stumm, bis ich fertig bin. Ich hab ihr auch immer eine Tönung gemacht hinterher, wegen ihrer grauen Haare hier und da, soll ich das bei dir auch machen? Es ist eigentlich nicht nötig, ich sehe noch nirgends Grau. Und doch wäre es nicht dumm, dann hast du auch gleich ihre Haarfarbe...«

Im Spiegel vollzog sich ein Wunder. Langsam tauchte die Frisur von Roos auf. Dennoch dauerte es ungefähr genauso lange wie eine Symphonie von Bruckner, ehe die Haartransformation vollendet war. Während ich so dasaß, immer nur mich selbst betrachtete und dem wunderlichen Schnattern einer Frau zuhörte, die, wenn sie Haare schnitt, nicht reden, aber offenbar unermüdlich schwadronieren konnte, überfiel mich eine dumpfe Trägheit. Ich hörte kaum, was die Friseuse alles von sich gab.

Ich kam erst wieder zu mir, als sie nach Beendigung ihrer Tätigkeit einschließlich Tönung zufrieden sagte: »Wir sind der Sache schon sehr nahe gekommen. Gut, daß mein Sohn nicht da ist. So, wie der auf Roos flog, der würde jetzt auch an Ihnen kleben. Du Ärmste, jetzt werden alle Kerle von Roos hinter dir her sein, paß auf. Das waren ganz schön viele. Ich hab immer gedacht, daß sie eines schönen Tages noch stranguliert werden würde... dafür war sie der Typ... um stranguliert zu werden...«

Sie kniff mir in den Nacken und sagte liebkosend: »Hübsches Wort, stranguliert, ich las es neulich noch in der Zeitung, ich sah es gleich vor mir. Unheimlicher Mann, hübscher Kerl, schwarze Lacklederhandschuhe, klemmt seine Finger um deinen Hals, und weg bist du ... in Etappen, denn es scheint ziemlich anstrengend zu sein, jemanden zu strangulieren. Ab und zu muß der Würger eine Pause machen, um zu Kräften zu kommen, und auch das Schlachtopfer kommt wieder zu sich ... Jetzt bist du die nächste Kandidatin auf der Liste, aber was soll's, an irgendwas muß man ja sterben. Bist du einmal weg, hast du keinen Ärger mehr mit der Familie, stell dir mal vor, phantastisch.«

Sie umfaßte meinen Hals mit beiden Händen, als wollte sie mich erwürgen. »Komm mal aus dem Stuhl hoch, laß mich genau hinschauen, geh mal den Flur entlang.«

Ich lief den Flur entlang. Sie sagte: »Du mußt sehr aufrecht gehen, Roos ging immer kerzengerade.«

»Das sagt jeder«, sagte ich.

»Um ehrlich zu sein: Ich hab der Sache nie ganz getraut, ich hab immer gedacht: Die hat eine Anlage zu einem schiefen Rücken, die trägt unter ihren Kleidern ein Korsett. Danach müßtest du unter ihren Sachen suchen. Sie hatte bestimmt irgendein geschmiedetes Teil. Nach Maß gearbeitet. Mit Billionen von Fischbeinstäbchen. Ich meine: So unheimlich gerade ... das war bestimmt gemogelt. Genau wie ihre Nägel und ihre Wimpern.«

9

Erschöpft betrat ich gegen sechs Uhr ihr Apartment. »*Never eat when tired*«, hatte der Begründer der Makrobiotik einst gesagt. Wahrscheinlich der einzig vernünftige Ratschlag aus seinem Mund. Schon bevor ich davon hörte, hatte ich mich daran gehalten. Auch diesmal würde ich es tun, denn ich war so müde, daß ich fast ohnmächtig wurde von dem starken Katzengeruch. Ist unser Geruchssinn ausgeprägter, wenn wir müde sind?

Die Katzen strichen mir liebkosend um die Beine, als ich mir in der Küche erst einmal Tee aufgoß. Sogar Lellebel ließ sich für einen Moment blicken mit ihren getupften schwarzweißen Pfötchen, die aussahen, als trüge sie Netzstrümpfe. Sobald ich versuchte, sie zu streicheln, sauste sie jedoch eingeschüchtert davon.

Die Sonne schien unangenehm intensiv durch das große Wohnzimmerfenster. Ich kämpfte eine Weile mit den Jalousien. Danach kämpfte ich mit dem Videorecorder. Weshalb hatte ich nicht zugesehen, als Mastenbroek den Apparat bediente? Weshalb drückte ich blindlings immer weiter mit meinen Knöcheln auf all diese Knöpfe der Fernbedienung? Das einzige Mittel war die Bedienungsanleitung. Aber ich hatte keine Ahnung, wo Roos ihre Gebrauchsanweisungen aufbewahrte.

Also rückte ich den Knöpfen verbissen zu Leibe,

und, tatsächlich, Mastenbroeks erstes Video lief. In einem kleinen Fenster erschienen blaue Zahlen. Jetzt noch das Bild. Ich zappte von Fußballmatch und Talkrunde zum Quiz. Gab es nie etwas anderes?

Von oben legte sich ein Schleier über den Bildschirm, der aber sofort wieder hochgezogen wurde. Roos kam ins Bild. Friedlich lag sie da und sonnte sich. Sonst nur Sand und grelles Sonnenlicht, umgeben von tiefschwarzen Schatten. Schwach erklang das Geräusch der Brandung. Oder war es das Geräusch des Videos? Zehn Minuten lang starrte ich ihren gebräunten Körper an. Sie bewegte sich kaum, scheuchte nur in der Mitte der Vorstellung träge eine Fliege fort. Ihre silbern lackierten Nägel glänzten dabei giftig im Sonnenlicht.

Nach diesen zehn Minuten folgten noch einmal zehn Minuten Roos auf einem Badetuch, größer als eine Zeltplane. War das ein Jahr später? Sie schien unverändert, trug nur einen etwas gewagteren Bikini, und ihre Fingernägel waren jetzt länger und dunkelrot.

Wie rätselhaft und beunruhigend, daß ein Mann jahraus, jahrein immer wieder zehn Minuten von einer Frau aufgenommen hat, die sich in der Sonne aalt. Ob er wohl auch Videos mit anderen sich bräunenden Bikini-Trägerinnen besaß? Aber vielleicht war es nicht weniger rätselhaft und beunruhigend als mein verrücktes Verlangen, in ihre Haut zu kriechen. Schopenhauer hat in seinem Buch *Die Kunst, glücklich zu sein* gesagt: »Nachahmung fremder Eigenschaften und Eigentümlichkeiten ist viel schimpflicher als das Tragen fremder Kleider.«

Sie hatte damit angefangen. Sie hatte die Initiative ergriffen. Sie hatte mich mitgeschleppt in teure Läden, wo sie gleich zweimal das gleiche Kostüm kaufte. Oh, diese Einkaufsbummel an verkaufsoffenen Sonntagen durch alle Superläden! Gingen wir irgendwo hinein, kam sofort eine der Verkäuferinnen auf Roos zu und sagte: »Meine Damen, womit kann ich dienen?« Trotz des Plurals hatte dieses aufgedonnerte Geschöpf dann ausschließlich sie angeblickt. Überall, wohin sie kam, wurde sie wie eine Großfürstin behandelt. Und das ließ sie sich gern gefallen, als sei sie eine vor kurzem aufgetauchte Zarewna, nein, die Zariza selbst. Wollte eine Verkäuferin ihr etwas andrehen, dann wimmelte sie sie so energisch ab, daß diese sofort ganz klein wurde. Oh, wie hatte ich sie um diese Fähigkeit, so überlegen auftreten zu können, beneidet. Denn auf diese Weise flößte man anderen nicht nur Ehrfurcht und Respekt ein, sondern es war einem dann auch gleich, ob die Mitmenschen einen mochten oder nicht. Man drehte den Spieß um: Jeder wollte von dir, der Zariza selbst, gemocht werden.

Eine ganz gewöhnliche Laborantin. Dennoch: überlegen. So sind, immer und unter allen Umständen, die Überlegenen die Herrscher. Zu Roos hätte das Luder nie zu sagen gewagt: »Was für ein wunderschönes Kostüm hast du an. Nur schade, daß sie es nicht in deiner Größe hatten.« Ein einziger vernichtender Blick, und ein solcher Satz erstarb auf den Lippen dieses Miststücks. War man wie Roos, dann wurde man nie gekränkt, erniedrigt, verspottet. Es war eine Illusion zu meinen, man könne sich als *lookalike* auch die überlegene Unantastbarkeit aneignen. Aber ausprobieren konnte man es.

Währenddessen glitten die stummen Bilder auf dem Bildschirm vorbei. Wir waren schon im dritten Jahr angelangt. »Ihre Bikinis werden immer knapper, ihre Fingernägel immer länger und die Farben gewagter«, murmelte ich, »aber das ist auch der einzige Unterschied.«

Hatte auch dieser abartige Mastenbroek sich ihre Überlegenheit aneignen wollen? Oder gab es da eine andere Triebfeder? War hier ausschließlich Lust im Spiel? Aber dann nahm man doch nicht jahrelang jeweils zehn Minuten von der Frau auf, die man begehrte? Soviel war sicher: Er war verrückter als ich, und weil er verrückter war, verschaffte er mir einen Freibrief, in ihre Haut zu kriechen. So viele Köpfe, so viele Arten von Wahnsinn. Hörte man nicht jeden Tag von den skurrilsten Auswüchsen? Aus der menschlichen Psyche tauchten unaufhörlich erstaunliche, irrsinnige Wünsche und Sehnsüchte auf, von denen übrigens, Gott sei Dank, nur ein kleiner Teil in die Tat umgesetzt wurde. Von den schlimmsten, oft kriminellen Taten las man auf den Titelseiten, aber ein Mann, der über Jahre heimlich zehn Minuten lang seine schlau hinter Badetüchern versteckte Videokamera laufen ließ, der kam nie in die Zeitung. Er selbst fand es offenbar ganz normal. Sonst hätte er doch seine Videos nicht ohne Zögern ausgeliehen? Es sei denn, es verbarg sich eine Absicht dahinter.

Mich schauderte, und ich stellte den Recorder ab. Die schlimmste Müdigkeit war vorüber. Mir tat vom Radfahren noch alles weh, aber das brauchte kein Hindernis zu sein, nach dem vorerst hypothetischen, nach Maß angefertigten Korsett mit den Billionen von Fischbeinstäbchen zu suchen. Daß ich daran nicht selbst gedacht hatte, daß erst die Friseuse mich auf die Idee hatte bringen müssen.

Hinten in ihrem Kleiderschrank fand ich vier, wie es schien, recht biegsame, tatsächlich aber aus steifen Fischbeinstäbchen hergestellte Bodys. Oder waren es nach Maß angefertigte Korsetts? Als ich mich auszog und mir dann eine dieser Zwangsjacken umschnüren wollte, genierte ich mich und mußte mich erst überwinden. Ganz zu Anfang, als ich ihre Kleider anzog, war mir das auch so ergangen. Inzwischen hatte sich das Gefühl gelegt, aber jetzt kam es mit aller Macht zurück. Ob so etwas sie auch belastet hätte? Wohl kaum. Dann brauchte es mich doch auch nicht zu belasten, oder?

Schnell zeigte sich, daß diese geheimnisvolle Kreuzung aus Body und Korsett meine Figur ausgezeichnet korrigierte. Kerzengerade ging ich durch ihr Schlafzimmer. Wenn ich erschlaffte, fühlte ich die Stäbchen gemein in meinen Rücken pieksen. Angenehm konnte man es wirklich nicht nennen, aber der Effekt war großartig: Dank dieses Folterwerkzeugs hatte ich nun auch ihre Haltung erreicht.

Ich holte wieder das schöne Foto von der Wand, das ich zu dem flämischen Haarkünstler mitgenommen hatte. Sie war eitel gewesen, sonst hängte man doch nicht ein so hinreißendes Foto von sich selbst auf. Oder kam mir da meine christlich-reformierte Herkunft in die Quere?

Ich lehnte ihr Foto an den Spiegel und setzte mich an ihren Frisiertisch. Während ich das Foto immer wieder genau betrachtete, begann ich, mich, so gut es ging, zu schminken wie die Zariza. Wieder erwies sich das als rasend schwierig. Oft mußte ich die praktischen Wattestäbchen zu Hilfe nehmen, um Fehler zu korrigieren.

Dennoch kam, besonders weil mein Haar so fachkundig zu ihrer schönen Frisur geschnitten war, ein *lookalike* zum Vorschein, das sich sehen lassen konnte. Ich bemerkte, daß ich jetzt, da meine Ohren nicht mehr verdeckt waren, auch diese in Angriff nehmen mußte. Ich würde ihre hinreißenden Ohrclips tragen müssen. Mindestens ein Dutzend dieser Biester lagen ausgebreitet auf einem Bord neben dem Frisierspiegel. Von Kindesbeinen an hatte ich einen Widerwillen gegen diese glamourhaften Accessoires gehabt, sie leider nicht.

Als ich so ein glitzerndes Wagenrad in die Hand nahm und es an mein Ohr klippte, fiel es sofort wieder herunter. Logisch, dachte ich, es ist schließlich bleischwer. Wie sie die Clips wohl befestigt hatte? Zwischen den Clips stand ein Plastikfläschchen Collal. Ich starrte es an. Vorsichtig tat ich ein Tröpfchen Klebstoff auf die Innenseite des Clip. Dann befestigte ich ihn. Er hielt. »So also«, brummte ich und befestigte auch den anderen Clip mit einem Tröpfchen Klebstoff. Wieder etwas gelernt, wieder ein Geheimnis gelüftet.

Kaum hatte ich die beiden Clips an meine Ohren geleimt, als die Türklingel ihre Drei-Töne-Melodie summte. Vor Schreck zitterte ich am ganzen Körper. Angsthase, schalt ich mich selber, was für eine lächerliche Reaktion. Wollte ich je das Odium der Feigheit von mir abschütteln, mußte ich sofort einen Anfang machen und ohne jede Ängstlichkeit zur Tür gehen und sie öffnen. Ich schlich in den Flur. Auf dem Minibildschirm war niemand zu sehen. Dieser Klingler war schon oben, stand schon vor der Tür. Ich schielte durch den Spion. Ich erwartete das Paviangrinsen, aber ich erblickte eine Art Handelsvertreter. Ich öffnete die Tür.

»Guten Abend, doch zu Hause, Gott sei Dank, ich dachte, Sie wären nicht da, denn ich habe Ihren Saab schon eine ganze Zeit nicht mehr gesehen, ich wohne fünf Penthäuschen weiter, wir treffen uns manchmal im Fahrstuhl, Wijnmeulen ist mein Name, meine Katze ist weggelaufen, ist sie vielleicht bei Ihnen auf der Dachterrasse?«

»Nicht, daß ich wüßte«, sagte ich.

»Darf ich kurz nachschauen?«

»Bitte«, sagte ich.

Lebten die Yuppies in Grimburchstaete denn so nebeneinanderher? Wußte dieser Mann nicht einmal, daß Roos gestorben war?

Mit kleinen, gezierten Schritten bewegte der Mann sich durch den Flur und das Zimmer zu der Tür, die ich selbst noch nie geöffnet hatte. Auf die Dachterrasse hatte ich mich noch nicht gewagt.

»Ein schöner Sommerabend«, sagte der Mann, »so ein richtiger Abend, um draußen zu futtern und in der Sonne zu braten und mit deinem Frauchen zu knutschen, aber nun hält einen so eine Katze in Trab.«

Er entriegelte die Tür, ging auf die Dachterrasse und rief: »Poekie, Poekie«, kam wieder zurück und sagte: »Hier ist sie nicht, ich werde es mal bei den anderen Nachbarn versuchen.« Weg war er und ließ mich mit einem Gefühl des Triumphs zurück, hinter dem sich jedoch die elende weinerliche Stimmung wieder meldete.

Also zog ich ein tailliertes Lederjäckchen von Roos an, nahm meine Tasche und trat dann auch auf den Laubengang hinaus. Im Fahrstuhl war ich allein. In der

Grimburchstraat schien mir unbarmherzig das Licht der niedrig stehenden Abendsonne in die Augen. Ich holte ihre Sonnenbrille aus meiner Tasche, setzte sie auf und ging dann die Grimburchstraat bis zum Ende und überquerte eine breite Hauptverkehrsstraße. Bei Digros – glücklicherweise immer bis acht Uhr abends geöffnet – kaufte ich ein paar Weintrauben und ein Stück jungen Gouda. Für das Abendbrot.

Als ich ungefähr zehn Minuten später wieder in ihrem Apartment war – oder mußte ich von jetzt an sagen: ihrem Penthäuschen? Was für ein Angeber, dieser Nachbar –, klingelte das Telefon. Ich erschrak kaum, nahm den Hörer ziemlich ruhig ab und sagte: »Hallo.«

»Hier Freek. Fahr ich da doch eben die Willem de Zwijgerlaan runter, seh ich da an der Fußgängerampel, Himmel Sakrament noch mal, Roos gehen. Ich konnte nicht stoppen, ich konnte nichts tun, aber was ist denn nun los? Haben Sie mir was weisgemacht? Wenn es Roos nicht war, sah sie ihr doch verflixt ähnlich. Ich kann mir kaum vorstellen, daß Sie mich angelogen haben. Was hätten Sie davon? Man erfindet doch nicht, daß einer tot ist, der es nicht ist? Aber wer spazierte da rum? Wer?«

Ich wollte etwas sagen, aber er brummte: »Es war ihr rotes Lederjäckchen, garantiert, gut, ich habe sie nur einen winzigen Augenblick gesehen, vielleicht war sie es nicht, vielleicht war es Einbildung, ich weiß noch, als ich jung war und die Hormone mir wie Silberfischchen durch den Leib schossen, da hab ich einmal spätabends im Dunkeln und sturzbetrunken eine Verkehrsampel für eine dufte Biene gehalten, aber das hier, man kann verrückt davon werden. Seh ich sie aus den Augenwinkeln wieder rumlaufen, wieder so stolz rumlaufen, so schön grade. Gott, was für ein Mist, daß ich da einfach nicht stoppen konnte. Roos an einem Sonnenstich gestorben? Und du glaubst das? Roos tot, aber ich seh sie durch die Gegend laufen… *I smell a rat, I smell two rats*… Ich muß mir irgendwie eine eigene Meinung dazu bilden, Anfang nächster Woche frag ich erst mal im Rathaus nach, ob sie wirklich tot ist, da werden sie es, Himmel Sakrament noch mal, wissen, das werd ich erst mal austüfteln.«

Ohne eine Antwort abzuwarten, legte er auf.

10

Etwa eine Woche danach klingelte es am späten Sonntag nachmittag. Diesmal erschrak ich nicht. Im Laufe der Woche hatte ich einen mürrischen Gasableser an der Tür gehabt, zwei reizende Mormonen und jemanden, der für die Nierenstiftung sammelte. Ruhig ging ich also zur Tür. Auch dieser Klingler war offenbar unten mit einem Nachbarn hereingeschlüpft. Durch den Spion sah ich einen schmächtigen Mann. Gelassen öffnete ich. Der schmächtige Mann sah mich an, wurde blaß, während seine Pupillen sich vergrößerten. Er wollte etwas sagen, konnte aber kaum ein Wort herausbringen und verhedderte sich in unverständlichen Silben.

Da stand er, starrte mich an, und ich starrte ihn an. Dann schüttelte der Mann erschrocken den Kopf, wie ein Hund, der sein nasses Fell schüttelt, und streckte eine wettergegerbte Pranke aus.

»Ich bin Freek«, sagte er, »Freek Volbeda.«

»Freek?« stammelte ich verblüfft.

»Ja, ich bin Freek.«

»Ich hatte Sie mir anders vorgestellt«, sagte ich. Gehörte die primitive, barsche Telefonstimme zu dieser schmächtigen Erscheinung? Jetzt, da ich ihn sah, klang die Stimme, unverkennbar die Telefonstimme, heller, weniger unheimlich.

»Ich bin perplex«, sagte Freek.

Dann marschierte er unverfroren an mir vorbei in den Flur. Er schob mich sogar beiseite und brummte: »Wir müssen reden«, und stiefelte ins Wohnzimmer. Was blieb mir anderes übrig, als die Wohnungstür zu schließen? An Roos wäre er nie so achtlos vorbeigegangen, ich war also noch lange nicht soweit.

»So«, sagte Freek, als auch ich in das große Wohnzimmer trat, »ein Rätsel ist schon mal gelöst. Also Sie habe ich neulich in der Willem de Zwijgerlaan herumstolzieren sehen. Warum haben Sie das nicht gesagt, als ich Sie anrief?«

»Dazu hatte ich nicht die Gelegenheit«, sagte ich.

»Sind Sie vielleicht die Schwester, von der sie immer geredet hat?«

»Sie nannte mich immer ›meine Schwester‹«, sagte ich, »aber ich bin ...«

Er fiel mir ins Wort. »Ist auch kaum anders möglich. Was mir furchtbar schwer im Magen liegt – ich will das mal sofort sagen –, ist, daß Roos *out of the blue* gestorben ist. *Out of the blue.* Kerngesund war sie noch am Wochenende davor, das kann ich beschwören, sie war da ... wir haben da noch furchtbar viel Spaß zusammen gehabt ... drei Tage später stirbt sie, ist sie einfach tot, mausetot, wie ist das möglich?«

»Sonnenstich«, sagte ich.

»Sind Sie verrückt, jemand, der kerngesund ist, stirbt doch nicht an einem Sonnenstich. Wenn auch nur ein kleines bißchen Sonne war, lag sie dick mit Sonnenöl eingeschmiert auf ihrem Badetuch am Strand. Niemals irgendwelche Beschwerden oder Probleme oder so was. Und dann soll sie, wo an dem Tag doch keine Rede davon war, daß die Sperlinge tot auf die Erde fallen ... na ja, es gibt so gut wie keine Sperlinge mehr, hab ich neulich in der Zeitung gelesen, aber gut ... die Krähen also auf die Erde fallen in der Hitze ... verrückter Spruch eigentlich. Als wenn diese Mistviecher nicht fliegen könnten, gut, was sagte ich grade, o ja, morgens war es noch stark bewölkt ... ich muß es wissen, wir rammten den ersten Pfahl ein, dann guckst du zigmal nach oben ... und dann soll sie in Null Komma nix an einem Sonnenstich ... das glaub ich nicht die Bohne, kein bißchen, nix, überhaupt nicht.«

»Sie ist im Diaconessenhuis gestorben. Da haben sie ...«

»Da bin ich diese Woche gewesen, nachdem ich erst im Rathaus ... Da hab ich mit Müh und Not so einen Kerl, so ein langes Elend, zu sprechen gekriegt, so ein Jüngelchen im weißen Kittel, der den Totenschein ausgestellt hat. ›Ja, Meneer, ganz sicher, es war ein Sonnenstich, gar kein Zweifel.‹«

Er blickte mich an, als wollte er auch mich mit einem Sonnenstich töten.

»Wenn Sie nichts dagegen haben, setz ich mich eben hin.«

»Bitte.«

»Schön.« Und er ließ sich auf das dreisitzige Sofa fallen. Er kniff die Augen zu, öffnete sie wieder und sah mich an mit so einem Blick, so von unten her.

»So ein langes Elend ... ›Ja, Meneer, ganz sicher, sie ist ... wir haben ... sie hatte einen Spenderausweis, also haben wir sie gründlich untersucht‹, sagt er auch noch. Da wußte ich genug ... die Aasgeier haben sie sofort aufgemacht und alles rausgegraben, was sie brauchen konnten, ihre Nieren, ihr Herz und was weiß ich noch alles. Sie haben die Hornhaut abgekratzt... was scherte es sie, woran sie gestorben war, sie waren viel zu froh, daß sie wieder einen hatten, aus dem sie alles rausreißen konnten, das war das Wichtigste, die Todesursache, was machte das um Himmels willen aus?«

»Das sagen Sie, aber gesetzt den Fall, daß sie vergiftet worden ist... das untersucht man doch erst mal, bevor man die Nieren...«

»Sie sagen es: vergiftet. Also, Sie haben auch daran gedacht, oder Sie denken jetzt jedenfalls daran.«

»So etwas ist mir natürlich durch den Kopf gegangen«, sagte ich, »ich kann es auch kaum begreifen, daß sie einen Sonnenstich bekommen haben soll, sie war ziemlich abgehärtet.«

»Das kann man wohl sagen.«

»Aber andererseits, ich erfuhr vom Beerdigungsunternehmer, daß er so etwas schon öfter erlebt hat, er sagte, daß es wirklich nicht so außergewöhnlich ist, daß ihm oft genug Ärzte gesagt haben...«

»Ärzte, diese Kerle, das sind solche Trottel. Nicht, daß ich nicht auch ein Trottel wär, nichts für ungut... Obertje, Junge, da bist du ja, wie geht es dir jetzt, wo das Frauchen tot ist?«

Ober sprang Freek auf den Schoß, streckte sich und begann zu schnurren. Freek strich mit seinen Pranken über das weiße Beffchen.

»Mein Vater... sie machen ihn auf, sie nähen ihn wieder zu. Und zu mir sagt so ein Weißkittel: ›Er hat ein Pankreaskopfkarzinom, hat höchstens noch ein halbes Jahr vor sich.‹ Also legen wir alle schon mal die Fahne in Persil, so daß wir sie blütenrein hissen können, wenn er den Löffel abgibt und wir gehörig erben von diesem miesen Geizkragen... ja, ja, das ist jetzt schon fünfzehn Jahre her, und du müßtest mal meinen Vater sehen, noch immer quietschfidel, noch genau dasselbe Miststück, und wir denken die ganze Zeit, daß wir sein Vermögen … ne, Weißkittel.«

Er streichelte Ober. Der schnurrte wie eine Singer-Nähmaschine. Tijg kam angelaufen, sprang aufs Sofa und kroch dicht an Freek heran.

»Holst du dir einen, hast du im Handumdrehen alle drei am Hals«, sagte Freek.

»Meiner Meinung nach sind Sie der einzige, der das schafft«, sagte ich.

»Also Sie sorgen momentan für sie. Sie haben also alles geerbt.«

»Danach sieht es aus«, sagte ich, »aber es ist noch nicht alles geregelt.«

»Ne, natürlich nicht, so ein Notar … der will auch sein Butterbrot dabei verdienen, der kann das auch nicht mal so eben in einem Mußestündchen … nun ja, er würde es garantiert können, aber: Schreib dann mal 'ne gepfefferte Rechnung.«

»Roos hat nie von Ihnen gesprochen, nie, ich wußte nichts von Ihrer Existenz.«

»Das wundert mich nicht. Wir … unser Club … darüber hat sie natürlich nie mit andern geredet … und ich werd den Deubel tun und Ihnen erklären, warum das so ist. Sie hat immer sehr angegeben mit Ihnen, und dann haben wir gesagt: ›Bring das phantastische Schwesterherz doch mal mit‹, und dann hat sie gesagt: ›Nein, die ist so rein und unschuldig und unverdorben und unbesudelt, nein, kommt nicht in Frage‹, also darum wird sie wohl auch nie über unsern Club geredet haben, sie wollte Sie nicht beduseln … was sag ich … besudeln.«

»Ich hab sie immer gewaltig bewundert«, sagte ich, »sie hatte so ein Flair, so eine Courage, so ein…«

»Du sagst es! Eine, die nichts anbrennen ließ… ein Wahnsinnsweib, es ist jammer- und jammerschade, daß sie tot ist. Aber Sonnenstich, das kannst du nicht einmal ihren Katzen weismachen.«

»Ich habe ein Video von dem letzten Nachmittag«, sagte ich, »da können Sie selbst sehen, daß sie friedlich ein Sonnenbad nimmt, daß nichts Verdächtiges passiert ist, bis sie von einem Rettungswagen weggebracht wird.«

»Ein Video? Von dem letzten Nachmittag? Wer hat das gemacht?«

»Ein Mann aus Katwijk. Hat sie immer auf Video aufgenommen.«

»Hat sie immer aufgenommen? Irgend so ein Hornochse aus Katwijk? Wie das?«

»Er hat sie immer aufgenommen.«

»Wußte sie das?«

»Ich denke, nicht. Er hat mir ein paar Videos gegeben. Immer wieder hat er sie in all den Jahren jedesmal zehn Minuten aufgenommen…«

»Herrgott, Jesus, hast du den Namen von diesem Saftsack, von diesem Bikiniglubscher, von diesem Kameraspanner?«

»Pleun Mastenbroek.«

»Sagt mir nichts. Aber gut… da haben wir schon gleich mal einen Verdächtigen, ein Kerl, der jahrelang Roos heimlich auf Video aufnimmt, Junge, Junge, was doch alles auf diesem Erdball passiert. Kann ich das Video mal sehen?«

»Wenn ich es schaffe, alles richtig einzustellen.«

»Oh, das laß mich mal machen, ein Kinderspiel, ich

hab dasselbe Monstrum wie sie, ich konnte ein paar davon für ein Taschengeld kaufen, da hab ich einen davon selbst behalten, ihr einen gegeben… na ja, gegeben…«

Kurz darauf schauten wir den weißen Bikini und den stummen Rücken von Roos an. Wir sahen den Schatten zweimal über sie hinweggleiten, wir sahen mit an, wie sie mit Blitzgeschwindigkeit im Rettungswagen weggebracht wurde.

»Herrgott, Jesus«, sagte Freek heiser, als er das Video stoppte. Er seufzte tief, streichelte wütend Obers Rücken, der das heldenhaft über sich ergehen ließ, und sagte dann: »Entschuldigung.«

Er legte Ober aufs Sofa, eilte mit großen Schritten zur Küche. Ich hörte den Wasserhahn laufen, hörte ihn trinken. In großen Schlucken. Er kam zurück, setzte sich wieder hin, nahm Ober wieder auf den Schoß.

»Roos… so ein duftes Mädel, so ein Klasseweib, geht mir doch ganz schön an die Nieren, nun, wo ich sie wieder sehe… Gott, Roos… wie ist das möglich, welcher Schuft hat dich auf dem Gewissen?«

»Warum sind Sie so fest davon überzeugt, daß… denken Sie, denkst du… laß uns doch du sagen, ich heiße Leonie.«

»Freek, wie du weißt, ja, hören wir mit der Siezerei auf.«

»Warum denkst du denn immer, daß sie ermor…«

»Du kannst es nicht mal über die Lippen kriegen«, sagte er, »das versteh ich gut, aber du hast recht: Ich denke… was sag ich… ich weiß bestimmt, daß sie ermordet worden ist, da gibt's keinen Zweifel.«

»Aber das Video? Da passiert doch nichts.«

»Ja, komm, das ist nur ein Ministück von dem Nachmittag. Da kann alles mögliche passiert sein vor oder nach dem, was da eben an uns vorbeigezogen ist. Zwischen den ersten zehn Minuten und der Ankunft vom Rettungswagen ist ein ziemliches Loch. Da kann es passiert sein.«

»Aber was kann da passiert sein?«

»Ja, wenn ich das wüßte, aber bitte, das ist nicht mein Job, ich bin auf dem Bau, Unternehmer. Und was machst du so?«

»Ich übersetze und bin SOS-Lehrerin.«

»SOS-Lehrerin? Was ist das Verrücktes?«

»Ich habe die Lehrbefähigung für Französisch. Wenn irgendwo ein Französischlehrer oder eine Französischlehrerin für längere Zeit ausfällt, rufen sie bei mir an, und ich vertrete sie für ein paar Monate.«

»Wollen sie dich an diesen Schulen denn nicht als feste Kraft?«

»Sie wollen schon, aber ich finde es nicht leicht, vor der Klasse zu stehen... es ist schrecklich anstrengend. Als SOS-Lehrerin gibt man manchmal zwei, drei Monate Unterricht und dann wieder eine ganze Zeit nicht.«

»Und womit vertreibst du dir sonst die ganze Zeit?«

»Mit Übersetzen.«

»Was muß ich mir darunter vorstellen?«

»Ein Verleger schickt einem ein Buch, in meinem Fall immer ein französisches Buch, und davon mache ich dann eine niederländische Version.«

»Mußt du so ein Buch dann auch lesen?« fragte er mit abgrundtiefem Grausen.

»Das geschieht *en passant*«, sagte ich spöttisch, »aber neulich habe ich ein Buch von Michel Onfray übersetzt. Der zitiert Schopenhauer. Da mußte ich auf der Suche nach dem Originalzitat *Die Welt als Wille und Vorstellung* durchlesen, sechzehnhundert Seiten! Man muß das Zitat natürlich direkt aus dem Deutschen übersetzen.«

»Sakrament, was für eine Katastrophe. Ein Buch von sechzehnhundert Seiten lesen! Das ist so ungefähr das Schlimmste, was ich mir vorstellen kann. Dann wird dieses Übersetzen sicherlich fürstlich bezahlt.«

»Nein, überhaupt nicht. Es ist ziemlich viel Arbeit für ziemlich wenig Geld. Aber wenn man an einem guten Buch sitzt, gibt einem das eine große Befriedigung. Man hat eine Aufgabe, und ich habe gemerkt, daß man nur auf eine Art glücklich wird: Indem man sich mit seiner ganzen Kraft einer schweren Aufgabe widmet. Und bei einer Übersetzung kommt alles zusammen. Man muß in die Bibliothek, um wer weiß was nachzusehen, auch wenn man jetzt fast alles im Internet finden kann. Du kommst mit allen möglichen Leuten in Kontakt, du lernst eine Menge, dein Leben ist ausgefüllt. Aber manchmal gibt es nichts zu übersetzen, und dann arbeite ich ehrenamtlich.«

»Das wird auch nicht bezahlt. Na ja, wir haben im Büro auch einen … dem darf man dann zweiundvierzig Miese pro Woche geben … mit einem Maximum von vierzehnhundert pro Jahr, davon kannst du dir nicht mal 'ne Rennmaus halten. Wovon lebst du sonst? Sozialhilfe?«

»Ich komme mit dem Übersetzen und Unterrichten gerade so hin. Alimente habe ich nie annehmen wollen.«

»Herrgott, du bist also geschieden. Ich habe zwei Exen, die ich bezahlen muß, zwei von diesen lahmen

Enten... alle beide mit Bälgern... zwölf Jahre hast du sie am Hals, sie ziehen dir das Fell über die Ohren, dein ganzes Geld geht dahin. Du behältst gerade genug für eine Portion Pommes übrig... Pommes ohne, denn für Pommes mit reicht es nicht mehr. Anspruch auf Alimente, was für ein Glückspilz du bist, du bist auf die Butterseite gefallen... und nun auch noch eine Erbschaft dazu ... deine eigene Schwester tot ... Frauen, unglaublich ist das.«

»Schwester? Bevor hier Mißverständnisse ...«

Aber er war nicht zu bremsen. »Emanzipation ... alle reden von Emanzipation. Und was ist die Realität? Daß sie dich jahrelang bis aufs Hemd ausziehen, während sie selbst auf ihrem faulen Hintern sitzen.«

»Sie war ein Einzelkind«, sagte ich, aber was sollte es, er war ein echter Mann, er hörte schlichtweg nicht zu.

»Wußtest du, daß du erben würdest?«

»Nein. Sie hatte mich nur gebeten, falls ihr etwas passieren sollte, für ihre Katzen zu sorgen.«

»Du kannst mir viel erzählen, also du... na, dann bist du doch schlicht und ergreifend die Hauptverdächtige, du hattest das größte Interesse daran, daß sie starb.«

»Hör doch auf«, sagte ich ironisch, »Hauptverdächtige, du siehst zu viele amerikanische Cop-Serien.«

»Was sollst du auch sonst tun, wenn du abends solo zu Hause vor dich hin grübelst? Du kannst doch nicht jeden Abend in die Kneipe...«

»Darum denken Sie... denkst du... in diesen Serien gibt es Leute, die eines natürlichen Todes gestorben sind, in Wirklichkeit aber ermordet wurden.«

»Nein«, sagte er, »nein, das ist es nicht, ich werde dir aber sagen, was es ist. Mit unserm Club hatten wir ein irre nettes Wochenende, bevor sie am Mittwoch danach an diesem Sonnenstich ... hau doch ab: Sonnenstich ... also gut, Samstag abend sind wir alle zusammen essen gegangen, wir waren ganz schön hinüber, ich hab sie nach Hause gebracht, denn sie war viel zu betrunken, um noch fahren zu können. Ehrlich gesagt, saß ich selbst auch ganz schön blau am Steuer ... ich bin hier noch mit ihr reingegangen, hab sie sogar ins Bett gebracht, das darfst du ruhig wissen ... und als sie in den Federn lag und ich noch einen Moment bei ihr auf der Bettkante saß, sagte sie: ›Da ist jemand, der meinen Tod will.‹

›Jemand, der deinen Tod will?‹ fragte ich.

›Ja‹, sagte sie. ›Du wirst es nicht glauben, aber ich bin ... da ist ... versprich mir, daß du es nicht hinnimmst, wenn ich einfach hopplahopp sterbe.‹

›Versprochen‹, sagte ich, ›aber wer will denn deinen Tod?‹

Aber da war sie schon weg, da schlief sie schon, und ich hab mich rausgeschlichen. Ich hab sie Montag sofort angerufen, ich hab sie gefragt: ›Wer will deinen Tod?‹ Da fing sie an zu kichern, da sagte sie, daß sie sturzbetrunken war und im Bett nur so was gelallt hat. Könnte natürlich sein, aber du hättest sie sehen sollen, als sie das zu mir sagte, daß ... das klang nun nicht gerade wie das Lallen einer Betrunkenen, nix, kein bißchen, da steckte bestimmt was dahinter.«

Er schluckte und sagte: »Gibt's hier nichts zu trinken im Haus? Ein Gläschen könnte ich jetzt gebrauchen.«

»Ich werde mal nachsehen«, sagte ich.

Als ich mit einer Flasche jungem Genever zurückkam, sagte er: »Was für ein altmodisches Mädel sie doch war! Hatte noch jungen Genever im Haus. Wo findest du das heutzutage noch? Heutzutage sind es immer Whisky und Wodka und Getränke aus Südamerika, tierisches Zeugs ... junger Genever, diese Roos... ›Versprich mir‹, sagt sie, ›daß du es nicht hinnimmst, wenn ich einfach hopplahopp sterbe.‹ Und was passiert? *Out of the blue* stirbt sie. Wenn jemand das zu dir gesagt hat und er noch so betrunken war und wenn sie dann von einem Sonnenstich tuscheln, würdest du nicht auch denken, irgendwas ist faul? Ja, aber wie kommen wir nun um Himmels willen dahinter, wer sie um die Ecke gebracht hat und warum? Sag mir das mal. So auf den ersten Blick profitierst nur du davon, daß sie nicht mehr ist, du bleibst...«

»Nun komm aber«, sagte ich.

»Sollen wir zusammen irgendwo was essen gehen, oder hattest du schon andere Pläne?«

»Etwas essen?« fragte ich erstaunt.

»Ja, warum nicht? Sonntags sind Roos und ich oft zusammen essen gegangen. Wir können zu De Avonden gehen, da war sie gern.«

»Wo ist das?«

»Im Choorlammersteeg. Sie haben da eine kleine, übersichtliche Karte. Wenig Auswahl, leichte Wahl.«

11

Wie oft hab ich mit Roos hier gesessen«, sagte Freek.

»Ich esse nie auswärts«, sagte ich, »für einen Bruchteil der Kosten kochst du es dir zu Hause genauso lecker und weniger fett.«

»Wenn du dazu die Zeit hast«, sagte Freek, »aber ich hab die Zeit nicht. Ich komm von der Arbeit nach Haus und hab keine Lust mehr, in die Küche zu gehen. Also eß ich woanders. Oder ich hol mir was, das mach ich auch oft, heutzutage kannst du alles kriegen, chinesisch, thailändisch, indonesisch, italienisch, griechisch, türkisch und so weiter.«

»Selber kochen ist viel gesünder. In den Restaurants verfeinern sie alles durch reichlichen Gebrauch der heiligen Dreieinigkeit Butter, Eier und Sahne. Und hier und da noch eine Prise Zucker dazu. Die Menschen fliegen, was Geschmack angeht, nun mal in erster Linie auf Süß und Fett. Was nimmst du also zu dir? Cholesterin.«

»Cholesterin? Bist du auch so ein Angsthase wie Roos? Hatte auch immer Probleme wegen Cholesterin, wegen ihrer Gesundheit... hatte sie das vielleicht von dir?... und guck dir das nun an, sie hat immer genau darauf geachtet, was sie gegessen hat, und hat das geholfen? Ne, denn irgend so ein dreckiger Scheißkerl hat sie um die Ecke gebracht.«

»Meinst du wirklich?«

»Ganz sicher«, sagte er grimmig.

»Aber jeder liebte sie, sie hatte keine Feinde, wirklich, ich kann es nicht glauben.«

»Auch Freunde begehen Morde«, sagte er.

»Sie ist...«

»Wir haben es hier mit einem verflucht schlauen Mörder zu tun«, sagte er.

»Was für ein Unsinn«, sagte ich.

Wir bekamen Krebssuppe serviert, natürlich mit einem kräftigen Schuß Sahne.

»Guten Appetit«, sagte Freek.

»Gleichfalls«, sagte ich.

»Ich bleib dabei«, sagte Freek, den Mund voll Cholesterinsuppe, »sie wurde vergiftet.«

»Wie kommst du eigentlich darauf?«

»Ja, sie ist vergiftet worden. Sie hat in einem Labor gearbeitet. Sie hat manchmal davon erzählt. Was die da alles hatten! Drogen, Pulver, Pillen, Salben, Tranquilizer, Sedative. Raffinierte Medikamente, von denen ein gewöhnlicher Sterblicher keine Ahnung hat. Hinterlistige Tabletten mit irgend etwas Schlauem eingebaut, wodurch jedesmal ein Tröpfchen herausleckt, so kriegt man nicht alles auf einmal verpaßt, sondern sozusagen auf Raten. Es gibt einen Namen dafür, aber du kannst meinen ganzen Wein austrinken, ich wüßte trotzdem nicht, wie das schon wieder heißt.«

»Ein *Time-Releaser*-Mechanismus«, sagte ich, »aber Tröpfchen aus einer Tablette ... wie stellst du dir das vor?«

»Na ja, sozusagen, meine ich, hab ich 'ne Ahnung? Du verstehst offenbar mehr davon. Was ich nur sagen will: Wenn sie da solche gewieften Pillen drehen können, dann kann die eine oder andere gewitzte Krokodilsnase auch sehr gut eine Art Tabletten oder Pillen austüfteln, die erst nach ein paar Stunden wirken. Er hat es ihr morgens heimlich in den Kaffee getan, und am Ende des Nachmittags: Bingo.«

Er sagte das so überzeugt, daß ich lachen mußte.

»Was gibt es da nun zu lachen«, fuhr er mich an.

»Ja, entschuldige… es klang so witzig.«

»Sie ist tot«, sagte er zutiefst entrüstet.

»Weiß ich«, sagte ich, »ich schäme mich, wirklich, ich… aber…«

»Ich bleib bei so einer gefährlichen Pille, bestimmt, paß auf, da im Labor laufen solche ausgekochten Schlawiner rum, solche gerissenen Gauner.«

»Vorhin hast du aber von den Ärzten gesagt, daß es alles Trottel sind.«

»Ja, aber dies sind keine gewöhnlichen Weißkittel in langweiligen Sprechzimmern, dies ist ein ganz anderes Gesindel, dies sind ausgeschlafene linke Filous, die sind erpicht darauf, dir irrsinnig viel Kohle aus der Tasche zu ziehen für solche Pillen, die du nur mit der Lupe und einer Pinzette aus diesen Durchdrückverpackungen friemeln kannst und wovon die Hälfte dir gleich durch die Finger rutscht und sofort im Teppichboden verschwunden ist, so verflucht klein sind sie. Sie brauchen dein ganzes weiteres Leben, um dich gesund zu machen, so bist du bis ans Grab mit Schlukken und Blechen zugange.«

Ich konnte nicht anders, ich mußte wieder lachen.

»Ich verstehe bei Gott nicht, was es die ganze Zeit zu lachen gibt«, sagte er wütend, »ich versuche, dir was zu erklären, und…«

»Ja, entschuldige, aber du widersprichst dir dauernd, Ärzte siehst du als Stümper an, und diese Leute, die meistens auch Medizin studiert haben, hältst du für Superzauberer, die raffinierte Pillen produzieren.«

»Mädchen, sei doch nicht gleich sauer, was ich sagen will, ist: Sie haben da das Know-how, um Pillen zu machen. Zehn zu eins hat da irgend so ein Schurke...«

»Und wer? Ich kenne dort jeden, weil Thomas, weil mein Ex da gearbeitet hat... wer sollte sie da... nein, ausgeschlossen, sie wurde dort von allen auf Händen getragen. Sie war die weitaus beste Chemielaborantin. Alle Pharmakologen und Mediziner waren versessen darauf, mit ihr zu arbeiten. Sie wußten alle: Arbeitest du mit ihr an einem Forschungsprojekt, dann kommt es ganz bestimmt zu einer aufsehenerregenden Publikation. Sowohl der Professor, der jetzt emeritiert ist, als auch sein Nachfolger haben ihre Ernennung zum großen Teil der ausgezeichneten Zusammenarbeit mit Roos zu verdanken. So ein Labor... wenn du wüßtest, wie es dort zugeht... genau besehen, ist es himmelschreiend. Die Akademiker streichen die Ehre ein, aber die wirkliche Arbeit, die Präzisionsarbeit, wird von den Laboranten gemacht. Die sind für all die stinklangweilige Routinearbeit verantwortlich, die so vornehm als wissenschaftliche Forschung bezeichnet wird.«

»So geht das überall«, sagte Freek, »hinter jedem Minister verbirgt sich irgendein As, das die richtige Arbeit macht. Muß wohl auch, der Kopf von so einem Minister kann rollen, wenn er Dreck am Stecken hat, während unser As schön im Trocknen bleibt.«

»Ich glaube, in der Modewelt ist es auch so«, sagte ich. »Hast du einen richtig guten Designer, dann sitzt in seinem Atelier ein Zuschneider oder eine Zuschneiderin mit brillanten Ideen.«

»Und was meinst du, wie das in meinem Job ist? Es gibt Architekten, aber wir bauen.«

»Das ist doch etwas anderes.«

»Ach ja? Meinst du, wir führen sklavisch aus, was so ein Architekt an seinem Zeichentisch ausklamüsert hat?«

»Du wirst doch nicht allzuviel vom Entwurf abweichen können, denke ich.«

»Denkst du wirklich? Meistens muß man den noch tüchtig zurechthobeln und hier und da einen Extra-Stützbalken einziehen, sonst stürzt der ganze schwindsüchtige Plunder schon beim Richtfest ein.«

»Wie auch immer, ich glaube einfach nicht, daß Roos, wenn sie wirklich ermordet worden ist, von jemandem aus dem Labor …«

»Von wem sonst?«

»Was weiß ich. Von einem aus eurem geheimnisvollen Club.«

»Mensch … Mensch …« Zutiefst entrüstet starrte er mich über seine leere Suppenterrine an.

»Guck nicht so böse«, sagte ich.

»Nun ja, aber … ach, laß man, Gott im Himmel, so kommen wir, verdammt noch mal, keinen Schritt weiter. Wir müssen uns jemanden dazuholen.«

»Jemanden dazuholen?«

»Ja, jemanden, der diese Art Sachen öfter in den Fingern hat, wir können nicht auf eigene Faust rumpfuschen, wir müssen … ich wäre dafür …«

»Polizei? Du würdest zur Polizei gehen?«

»Bullen? Polypen? Ne, auf keinen Fall, die haben da auch gerade auf uns gewartet! Die sitzen bis zum

Hals in der Scheiße, die kommen um in den kleinen Fällen, die sind alle völlig überarbeitet, und die werden mürbe gedroschen von irrwitzigen Bestimmungen und Vorschriften, die ihnen dauernd aus Den Haag auf den Schreibtisch flattern. Und was soll man der Kripo groß sagen? Es existiert keine Leiche mehr, bei der man noch eine Obduktion vornehmen kann. Wenn sie vergiftet wurde und dieser Mist vor allem in den Nieren sitzt – da wird ja das meiste hingeschwemmt, glaub ich –, haben wir vielleicht noch eine kleine Chance, daß man es bei jemandem nachweist, der nach einer Transplantation stolz rumspaziert ... stell dir das bloß vor ... nein, das wird wohl doch nicht möglich sein, davon hab ich noch nie gehört. Also, nein, Obduktion, das geht nicht mehr. Noch so was übrigens. Warum mußte sie unbedingt verbrannt werden? War das ihr eigener Wille? Oder hat der Mörder das so gedeichselt? So daß alle Spuren verwischt sind? Erinnerst du dich noch? Neulich, irgendein mieser Typ in England hat, glaub ich, so ungefähr alle Witwen in seiner Praxis, insgesamt an die hundert, mit Gift umgebracht und den Angehörigen immer den Rat gegeben: Laßt eure Mutter einäschern.«

»Roos war meiner Meinung nach Mitglied in einem Verein der Befürworter von Einäscherungen.«

»Weißt du das bestimmt? Das laß ich nachforschen. Ich bin in einem Frühstücks-Rotary-Club, jeden Mittwochmorgen sitzen wir um halb acht im Verboden Toegang, und einer von ...«

»›Zutritt verboten‹?«

»Ja, kann ich was dafür, daß dieser komische Schuppen so heißt«, sagte er gereizt, »kann ich was dafür ... was sagte ich doch gleich, o ja, einer von unsern Leuten ist spezialisiert auf die Nachforschung bei dieser Art Sachen.«

»Ein Detektiv?«

»So will er nicht genannt werden, und er selbst will nicht sagen, wie man ihn nennen soll, kann mir auch schnurz sein, aber der soll mal ... den werd ich mal einspannen.«

»Kannst du tun«, sagte ich.

»Ja, das tu ich, ich hab selbst wirklich keine Zeit und kein Know-how ... ne, diese Art von Arbeiten, die mußt du in Auftrag geben.«

Ich wollte etwas dagegen einwenden, aber in dem Moment fragte das Mädchen, das uns bediente, schüchtern: »Hat es geschmeckt«, während sie die Suppenterrinen diskret vom Tisch räumte.

»Wie immer«, sagte Freek.

Von meinem Vorbehalt, der auch schon wieder verschwunden war, ließ ich mir jetzt nichts anmerken. Freek sagte: »Laß uns nicht zu lange auf den Hauptgang warten.«

»Kommt sofort«, sagte das Mädchen.

»Gut.«

Jemand kam an unserem Tisch vorbei. Hoch über meinem Kopf sagte eine Männerstimme: »Gott, Roos, du hier ... ich dachte ... wie ist das möglich, ich habe gehört, daß du an einem Sonnenstich ...«

Ich blickte auf. Ein Mann, der einen starken Aftershave-Geruch verströmte, blickte mich an, als sähe er mich übers Wasser wandeln.

»Es tut mir leid«, sagte ich, »ich kenne Sie nicht.«

»Du täuschst dich, Kumpel«, sagte Freek, »das ist nicht Roos.«

»Nein, jetzt höre ich es auch, aber ... aber ...«

Der Mann ging zwischen den dunklen Tischen in dem dunklen Raum davon. Zweimal noch sah er sich um, ehe er durch die innere Tür und die äußere Tür zum Choorlammersteeg verschwand. Und sogar von der Straße her starrte er noch kurz durch eines der Fenster zu unserem Tisch herüber.

»Der Kerl hat sich fast in die Hose gemacht vor Schreck«, sagte Freek lakonisch, »ich hab ihn die ganze Zeit ziemlich gut im Visier gehabt. War keiner, den so leicht was umhaut.« Er nahm einen kräftigen Schluck Wein und fügte hinzu: »Er saß die ganze Zeit mit dem Rücken zu dir, also bekam er dich eben erst zu sehen... es ist hier ja auch ziemlich dunkel. Daher dachte er, er sieht Roos... aber warum ist er so wahnsinnig erschrocken, das möchte ich doch gern wissen. Kanntest du den Typ?«

»Nein«, sagte ich.

»Stell dir vor, du hast jemanden ermordet. Du sitzt in einem Restaurant, stehst auf, willst gehen, plötzlich sitzt die Person da, die du ins Jenseits befördert hast. Wie reagierst du da?«

»Man würde zu Tode erschrecken.«

»Genau. Der Knabe hat sich zu Tode erschrocken. Ich will nachher mal kurz fragen, wer das war. Wenn er öfter hierherkommt, werden sie das bestimmt wissen, auch wenn er jetzt vielleicht nie mehr kommt. Wenn er mit Plastik bezahlt hat, weiß man auch, wer es war, nachher... warum nachher, warum nicht sofort?«

Freek stand auf, ging zu dem schüchternen Mädchen, sprach kurz mit ihr und kam zurück. Er schüttelte den Kopf.

»Sie kennen ihn hier nicht. Und er hat bar bezahlt.

Siehst du, da hast du's nun, was ich eben schon sagte ... du hast selber nicht die Mittel und nicht das Know-how, um so was rauszukriegen, wir müssen jemanden einspannen ... ich werd mal mit Peter reden.«

Er setzte sich wieder und lächelte grimmig.

»Irgendwie hast du Glück, daß du ihr so ähnlich siehst, ist fast ein DNA-Test. Wer zu Tode erschrickt, den setzen wir sofort auf die Top ten der Verdächtigen. Ist das vorher schon mal passiert, daß jemand so wahnsinnig erschrocken ist?«

»Nein«, sagte ich, »nein ... eh ja, Bas, er war sehr erschrocken, der wurde sogar ohnmächtig.«

»Bas? Wer ist Bas?«

»Bas ist der akademische Direktor des Labors. Aber der hatte ... nein, auf keinen Fall, er war den Tränen nahe, als er bei der Beerdigung seine Rede hielt.«

»Guter Schauspieler, dieser Bas, ich würde ihn doch lieber beobachten. Junge, Junge, wurde ohnmächtig, sagtest du.«

»Ja, aber er kam in ihre Wohnung, wußte nicht, daß ich auch da war, sah als erstes nur meine Hand, aber schließlich mit ihren Nägeln ...«

»Was hatte der nach ihrem Tod in ihrer Wohnung zu suchen?«

»Er machte sich Sorgen um die Katzen.«

»Wie kam er rein?«

»Er hatte einen Schlüssel.«

»Warum hatte er einen Schlüssel?«

»Wird er irgendwann von ihr bekommen haben, sie arbeiteten fast jeden Tag eng zusammen.«

»Warum war er so intim mit ihr, daß er einen Schlüssel hatte? Ich hab keinen Schlüssel. Bin ich etwa weniger wert als Bas? Oder hat er die Schlüssel für einen Augenblick aus ihrer Tasche geklaut und zwischendurch nachmachen lassen? Siehst du wohl, wieder was, worauf wir Peter ansetzen können.«

Er faltete die Hände, als wollte er beten, und sagte: »Irgendwie ist es aber auch verdammt riskant.«

»Riskant? Was ist riskant?«

»Daß du Roos so ähnlich siehst. Unser Mann könnte denken: He, Roos lebt noch, gleich noch mal wiederholen, die Arbeit zu Ende bringen.«

Das Mädchen servierte lautlos den Hauptgang.

»Ja, gut so, was für ein appetitlicher Hasenrücken«, sagte Freek, »und was hast du? Glattbuttfilet mit Minipilzen? Mußt du dich davon ernähren? Fisch auf dem Tisch ... ich kapier nicht, daß Menschen Fisch essen. Fisch schwimmt im Magen noch nach drei Tagen.«

Er sah mich schelmisch an, runzelte dann die Augenbrauen und sagte: »Mach dir nichts draus, war ein Witz, Fisch läßt sich gut essen, wenn man eine leckere Sauce drübergießt. Aber Pilze, bah ...«

»Glaubst du, daß ich ein Risiko eingehe?«

»Oh, das ist es? Du siehst auf einmal so käsig aus. Hast du Angst, daß du ...? Erstens bist du gewarnt, und zweitens weiß unser Mann bestimmt, daß Roos nicht mehr ist. So ausgeschlafen wird er sein, ganz sicher ... nein, war nur so ein Gedanke. Wenn jemand tatsächlich denken sollte: Da ist Roos, würde deine Stimme dich sofort verraten. Jammerschade. Hättest du ihre Stimme, dann könntest du überall für sie durchgehen, wo Dämmerlicht ist. Das wäre doch ein phantastischer DNA-Test. Meinst du, daß du ihre Stimme imitieren kannst?«

»Ober«, sagte ich, »Obertje, Jungchen, komm mal, komm mal zu Frauchen.«

»Jesusmariajosef«, sagte Freek, »wie kriegst du das hin?«

»Weiß ich auch nicht. Kann ich auch nur, wenn ich nachmache, wie sie Ober immer rief.«

»Nur Ober? Tijg nicht?«

»Tijg, mein Männlein, kleiner Donnerkeil, willst du Wittling?«

»Siehst du wohl, also Tijg auch. Und Lellebel?«

»Lellebel, Lellebel, wo bist du, wo sitzt du?«

»Na, aber wenn du das kannst, mußt du doch leicht…«

»Ja, aber diese Dinge habe ich sie hundertmal sagen hören, also kann ich die leicht nachmachen, etwas anderes würde mir schwerer fallen.«

»Weißt du das bestimmt? Sie konnte so richtig gebieterisch sagen…«

»Gib mir mal meine Tasche.«

»Ja, genau, siehst du, du kannst es, das hast du in dir, du mußt nur tüchtig üben. Eine Stimme, damit triffst du doch ins Schwarze, das ist der Mensch selbst … auch wenn du keinen Schwanz sehen kannst, hörst aber die Stimme, weißt du gleich: Da haben wir den bescheuerten Soundso… ich meine: Am Telefon reicht die Stimme aus, der Rest ist Nebensache. Also mußt du tüchtig üben für den DNA-Test… paß auf, ich hab ein Band, da ist ihre Stimme drauf. Ein Geburtstag, nichts Besonderes, ein bißchen lockeres Gequatsche von allen durcheinander… will ich aber behalten… ich werd's auf ein anderes Band überspielen, dann kannst du üben… es ist doch genauso, wie wenn du eine Fremdsprache lernst, dann mußt du auch deinen

Schnabel gründlich überholen, mußt dir auch deine Aussprache ordentlich vornehmen. Was mich übrigens daran erinnert, daß ich furchtbar gern diese Videos von dem Mastenbroek kopieren würde. Kann ich Roos immer wieder sehen. Und haben wir sofort auch Beweismaterial.«

»Ach komm, Beweismaterial.«

»Man kann nie wissen.«

»Ich möchte Mastenbroek diese Videos am liebsten so schnell wie möglich zurückgeben. Solange ich sie habe, hat er einen Vorwand, um sie abzuholen. Am liebsten würde ich sie morgen zur Post bringen.«

»Nichts dagegen einzuwenden. Wenn wir fertig sind mit Essen, holen wir sie eben bei dir raus, fahren zu mir nach Haus, dann überspiel ich sie … das geht ganz schnell, kriegst du nachher gleich wieder mit.«

Der Kaffee kam, und dazu ein paar Tütchen Kaffeeweißer. Ich nahm ein Tütchen und sagte zu Freek: »Hast du schon mal gehört, daß Kaffeeweißer leicht entflammbar ist?«

»Kaffeeweißer entflammbar? Ne, nie gehört.«

»Der Notar von Roos hat es mir gezeigt. Er öffnete so ein Tütchen, warf den Inhalt in die Luft und hielt sein Feuerzeug dran. Und da kam tatsächlich eine Stichflamme.«

Freek riß sofort ein Tütchen Kaffeeweißer auf, warf den Inhalt mit seiner rechten Hand in die Luft und packte zugleich eine der Kerzen, die auf dem Tisch standen. Eine riesige Stichflamme erhellte für einen kurzen Augenblick das Interieur von De Avonden. Die Gäste an den anderen Tischen reagierten entsetzt. Das schüchterne Mädchen kam angerannt und sagte:

»Würden Sie das, bitte, nicht machen.«

»Ich hab es schon gemacht«, sagte Freek, »eine Wiederholung ist nicht nötig, ich weiß es jetzt.«

Als wir später am Abend, nachdem er die Videos kopiert und ein Sammelvideo für mich gemacht hatte, in die Grimburchstraat fuhren, dachte ich ängstlich: Wenn er jetzt nur nicht mit reinkommen will, um mich, genau wie Roos, ins Bett zu bringen.

Er hielt vor dem Eingang und bat mich: »Sag es noch einmal.«

»Was?« fragte ich.

»Ober, Jungchen, komm mal …«

»Ober, Obertje, Jungchen, komm mal zu Frauchen.«

»Nicht zu glauben«, sagte er, »als wenn ich sie wieder höre. Ober nannte sie immer Jungchen und Tijg Männlein, wobei Ober doch ungefähr doppelt so alt ist. Roos, Roosje … einfach weg, und wir auch bald und diese ganze schwindsüchtige Welt hier um uns herum auch, es ist nicht zu glauben, da darfst du hier so sechzig, siebzig Jahre oder, wenn du Schwein hast, achtzig ein bißchen rumlümmeln, und du kapierst einen Scheißdreck, warum. Auch wenn es diese Hampelmänner gibt, die behaupten, daß du zur Ehre Gottes rumläufst, als wenn Er auch nur für einen Cent weiser davon würde, wenn du im Nieselregen klapperst, ne, Gott, der geht mir so am Arsch vorbei. Na gut, was soll's, wenn du dir Ober und Tijg und diese Tasche fest in deinen Schädel eingebimst hast, kriegst du den Rest auch rein, üb mal tüchtig.«

»Vielleicht doch ziemlich riskant.«

»Ach was, war nur so ein Hirngespinst von mir, dieser Mörder. Wenn überhaupt einer rumläuft … der wird bestimmt nicht denken: Da ist Roos.«

»Gut, aber vielleicht… nun ja, ich will… ich kann nicht glauben, daß sie ermordet worden ist, und du bist dir offenbar auch nicht so sicher, du machst auch schon einen Rückzieher und sagst: ›Wenn überhaupt einer rumläuft.‹ Na ja, es könnte sein, daß jemand sie gehaßt und dann ermordet hat. So einer wird mich dann auch hassen, vor allem, wenn ich mir auch solch eine dunkle Altstimme zulege.«

»Tja, alles ist möglich, aber es scheint mir doch ziemlich weit hergeholt. Gute Nacht… he, warte, eine Sache noch, sie hatte ein Schließfach bei der Rabobank hier in der Gegend, weißt du das?«

»Nein.«

»Da liegt ein Häppchen Schwarzgeld drin. Kannst du vielleicht besser rausholen und verbrauchen, bevor die Steuer … verbrauchen ist übrigens sowieso anzuraten. Bald stopfen sie uns den Scheißeuro in die Kehle, und unser holländisches Moos ist einen Scheißdreck wert. Vielleicht wär es eine Idee, meinen Rotarybekannten davon zu bezahlen – auch wenn es dir, glaub ich, nicht so furchtbar paßt, jemanden zu beauftragen. Kann sie noch übers Grab hinaus die Nachforschungen zu ihrem eigenen Tod finanzieren. Würde ihr gefallen, weiß ich hundert Prozent.«

Bevor ich ins Bett ging, hörte ich mir noch seine Kassette an. Sie war offenbar bei einer Geburtstagsfeier aufgenommen worden. Viel Gelächter, viel Gerede und ab und zu die schöne, dunkle Altstimme von Roos zwischen den polternden Männerstimmen. Sie erzählte von ihrer Arbeit, sie bat um ein Glas Wein, nichts Besonderes, aber es würde mir dabei helfen können, ihre Stimme zu imitieren. Dann hörte ich sie, mitten im Gläserklirren, etwas sagen, wovon ich in die Höhe schoß. Es war beinahe unverständlich und wurde sofort von dem brüllenden Gelächter der zechenden Männer übertönt. Hatte ich richtig gehört? Ich spulte die Kassette zurück. Da kam es wieder. Gläserklirren und dann, schwach, ihre Stimme: »Ich piß auf Freek.« Einfach ein primitiver Satz, herausgerutscht, als sie schon ziemlich betrunken war? Dabei sollte ich es belassen. Sie wird sich doch nicht zusammen mit diesem schmächtigen Bauunternehmer zu Piß-Sex erniedrigt haben?

12

So ein Schließfach, das war, um ehrlich zu sein, nicht so mein Fall. Dennoch suchte ich in müßigen Augenblicken nach einem Schlüssel. Oder bewahrte sie den nicht zu Hause auf, mußte man ihn zuerst, beispielsweise unter Vorlage eines Passes und eines Personalausweises, am Schalter in der Bank abholen? In ihrem Apartment konnte ich nirgends einen Schlüssel finden. Vielleicht suchte ich auch nicht gründlich genug. Dennoch trug meine oberflächliche Sucherei überraschend Früchte. Als ich ziemlich ungeduldig eine Schreibtischschublade öffnete und mit dem rechten Daumen hängenblieb, hörte ich ein merkwürdiges Knirschen, und mein künstlicher Nagel fiel auf den hochflorigen Teppich. Mein eigener Nagel kam scheußlich fahl, grünlichweiß und stumpfgrau darunter zum Vorschein. Ganz unerwartet ein künstlicher Nagel weg, was für ein Glücksfall!

Vorsichtig betastete ich die anderen künstlichen Nägel. Auch vom kleinen Finger und vom Zeigefinger der linken Hand konnte ich die Krallen abzerren. War der Klebstoff brüchig geworden? Vielleicht hatten sie sich gelockert, weil meine eigenen Nägel gewachsen waren. Soviel war sicher: Nach einem so geduldigen wie langwierigen Kampf und unter der Mithilfe von Aceton und Sodawasser kamen schließlich meine eigenen Nägel wieder zum Vorschein. Allerdings verunstaltet, aber das würde sich hoffentlich bald geben.

Wenn ich mich jedoch vollständig mit ihr identifizieren wollte, würde ich kaum umhinkönnen, mich irgendwann wieder mit diesen Biestern zu schmükken, aber nach dem Essen im Choorlammersteeg hatte die geheime Besessenheit, mich selbst nach ihrem Bilde neu zu erschaffen, einen kräftigen Knacks bekommen. Freek hatte mit dem Kraftausdruck »verdammt riskant« erreicht, daß ich Angst bekam. Keine große Angst, aber gerade genug, um diese sprühende, prickelnde Erregung, womit der Wunsch nach Verwandlung einhergegangen war, zu untergraben. Bedauerlich, denn diese Art Erregung führte unmittelbar zurück in meine Kindheit, zu jenen großen Erwartungen, die dem ersten Schultag, den Geburtstagen, den Ausflügen, dem Übernachten bei einer Freundin, dem Nikolaustag vorangegangen waren.

Ach, daß man sie verlor im Laufe seines Leben, diese Fähigkeit, den so gar nicht spektakulären Ereignissen, die dennoch riesige Schatten vorauswarfen, voll Sehnsucht entgegenzusehen. Vielleicht, wenn man ein Kind bekam oder ein Enkelkind ... nein, um Gottes willen, nicht daran denken. Trösten konnte ich mich damit, daß ich eine Art Nachgeschmack davon hatte erleben dürfen, auch wenn das Wort »verdammt riskant« einen Dämpfer daraufgesetzt hatte.

Dennoch: Wie phantastisch, daß meine Fingerspitzen befreit waren! Und so wichtig waren die künstlichen Nägel nicht, weniger wichtig jedenfalls als ihre Frisur. Aber es blieb das Gefühl, daß ich mir keine Zugeständnisse erlauben durfte. Ich hatte es übernommen, in ihre Fußstapfen zu treten, wie riskant es auch sein mochte. Wenn du eine Aufgabe, die du dir selbst auferlegt hast, nicht erfüllst, wird das Leben grauer.

Andererseits konnte ich doch mit solchen Nägeln nicht zum Notar gehen. Bei ihm hatte ich nämlich einen richtigen Termin, wir hatten uns, o Wunder, sogar auf eine Zeit geeinigt. Im goldenen Septembersonnenlicht radelte ich zur Galigaangracht.

Das erste, was er sagte, war: »Und? Überlegt, ob Sie hier Teilzeit arbeiten wollen?«

»Dafür fehlt mir die notwendige Qualifikation«, sagte ich.

»Nicht nötig, verlange ich nicht, Sie scheinen mir g... g... geeignet, ach, schauen Sie mich noch einmal an, sagen Sie noch einmal frisch von der Leber weg, daß ich stottere.«

»Sie stottern furchtbar, Sie bleiben bei jedem Wort hängen, das mit einem G anfängt.«

»Genau! Wie beim Papst, nur umgekehrt. Der kann unser H nicht aussprechen, er macht ein G daraus. Als der sich hier seinerzeit tummelte, sprach er immer von der geiligen Jungfrau. Ja, es geht wieder, großartig, o bitte, arbeiten Sie doch hier, notfalls ein Stündchen pro Tag, Sie sind Gold wert, ich drücke Sie an mein Herz ... na gut, ich dränge nicht, Sie werden selbst mit der Zeit merken, daß ein kleiner Job nicht das schlechteste für Sie wäre. Davon können Sie die kleine Hypothek finanzieren, die sich vielleicht als notwendig erweisen wird. Wenn Sie so freundlich wären, noch einmal ein paar Sachen zu unterschreiben, können wir das schnell in Angriff nehmen, dann können wir diesen ziemlich komplizierten Erbkrempel und Nachlaß abwickeln, ja, nicht von heute auf morgen, aber in absehbarer Zeit. Geht's gut mit den Katzen? Leben sie noch?«

»Sie sind alle drei kerngesund.«

»Vielleicht wäre ein Besuch beim Tierarzt ... um sie untersuchen zu lassen. Es kann sein, daß ich darauf im Sinne des Testaments sachte bestehen muß.«

»Dann mache ich das«, sagte ich, »ist eine Kleinigkeit. Dazu brauche ich höchstens ein paar Stunden, um sie alle drei einzufangen und in einen Korb zu sperren. Und dann nehmen wir, herzzerreißend miauend, ein Taxi zum Tierarzt, wo wir in einem proppevollen Wartezimmer völlig verstört zwischen bellenden Hunden sitzen. Und wenn wir wieder zurück sind, hocken wir drei Tage bibbernd unterm Bett.«

»Ja, Taxi ... wo Sie das gerade sagen, es ist doch nicht zu glauben, von ihrem Saab noch immer keine Spur. Ich stehe in Verbindung mit der Polizei in Katwjk, aber im Grunde genommen habe ich alle Hoffnung aufgegeben, kurz und schlecht, es trifft Sie nicht besonders, glaube ich, und das macht eine ganze Menge aus für die Erbschaftssteuer, wenn so ein teures Auto futsch ist. Das heißt, wenn wir den Fiskus davon überzeugen können, daß das Auto tatsächlich gestohlen wurde. Auch wieder so was, was ich noch nie in den Fingern gehabt habe. Dann weiß man nicht genau, was einen erwartet.«

»Erstens war ihr Auto nicht so teuer, es war ein Gebrauchtwagen, und zweitens ... wir haben doch Anzeige erstattet? Die Polizei hat ein Formular geschickt. Das können wir doch bei der Steuer vorlegen?«

»Ja, aber die von der Steuer sind auch nicht hinterm Mond, die wissen auch, daß Erben ein teures Auto oft beiseite schaffen, um die Erbschaftssteuer zu drücken, und dann Anzeige wegen Diebstahls erstatten. So hält man es aus der Erbmasse heraus. Wenn alles abgewickelt ist, holt man es wieder aus dem Hühnerstall, wo man es versteckt hatte. Ich meine, so ein Saab, wenn sie die Marke sehen, flippen sie gleich aus.«

»Es war ein Gebrauchtwagen.«

»Wissen Sie das genau?«

»Hat sie mir, meine ich, gesagt.«

»Meiner Meinung nach hat sie ihn neu gekauft.«

»Wovon? Sie war Chemielaborantin. Höchstens dreitausend Gulden netto im Monat.«

»Was Sie nicht sagen! Das ist allerdings ein Rätsel. Hat sie vielleicht geerbt? Sie war beg ... vermögend, sie trat hier auf als Gr ... Hilfe, es geht wieder schief, schauen Sie mich streng an, sagen Sie, daß ich stottere.«

»Sie stammeln«, sagte ich, während ich dachte: Entweder tickt er nicht ganz richtig, oder das ist eine komplizierte Anmache.

»Grünknochen grossieren in grünen Gräten ... ja, Gott sei Dank, es geht wieder, sie trat hier als Grande Dame auf. Sie wohnte in einem Luxusapartment. Gut, das hat sie gekauft, als die noch für billiges Geld zu haben waren und man die Jalousien umsonst dazubekam, aber die Hypothek hat sie auch schon abbezahlt. Sie hat sich ein hübsches Vermögen zusammengespart, besaß eine stattliche Anzahl Aktien, erschien hier im Winter in ihrem Nerz von mindestens fünfzehn Mille, sie fuhr einen Saab. Obwohl sie ein bescheidenes Gehalt hatte ... Rijksuniversiteit ... das ist alles andere als ein Fleischtopf ... von dem, was sie da kassierte, konnte sie gerade ihre Katzen aushalten. Also ... also ...«

»Ja, was also? So gut kannte ich sie nun auch wieder nicht. Vielleicht haben ihre Eltern ihr etwas hinterlassen, sie war das einzige Kind, sie brauchte nicht zu teilen.«

»Kann sein, muß noch rauszukriegen sein, aber ach, warum? Und doch, sobald ich im Bett liege, brodelt es da oben in meinen grauen Zellen. So vermögend, und dann... Sonnenstich... ach, ja, es kann sehr gut sein, daß er jemandem äußerst gelegen kam, es kann wirklich sein, daß jemand der Sonne ein bißchen nachgeholfen hat.«

»Warum, um Himmels willen?«

»Weiß ich auch nicht. Müssen Sie mich nicht fragen. Ich bin nur ein einfacher Wald-und-Wiesen-Anwalt. Gerade angefangen, grün wie Gras. Firmen, Übereignungen, Nachlässe, so die Sachen.«

»Die Aktien... darf ich die schon verkaufen?«

»Wollen Sie ihre Aktien verkaufen? Warum?«

»Mir ist das unheimlich, Aktien, von einem Tag auf den andern sind sie plötzlich wertlos. Ich finde auch... nein, mit Geld Geld zu verdienen, o Gott, es ist unanständig, es ist unmoralisch. ›Hast du Aktien im Haus, fleucht der Friede hinaus‹, sagte mein Vater immer.«

»*Big business* ist es«, sagte er, »es wäre dumm, jetzt zu verkaufen, sie steigen wie Heliumballons.«

»Darum«, sagte ich, »es ist ein idiotisches, windiges Geschäft. Was hoch steigt, kann tief fallen.«

»Sobald alles abgewickelt ist, können Sie sie verkaufen.«

»Das dauert vielleicht noch Jahre.«

»Nein, nein, das dauert höchstens ein Jährchen, und vielleicht können Sie jetzt schon verkaufen, ach, warum nicht, die Erben können … sehen Sie, das kommt davon, wenn man gerade anfängt, dann hat man so was noch nicht in den Fingern gehabt … man weiß noch nicht alles … ich gehe der Sache nach, wenn Sie sie unbedingt verkaufen wollen … die Leute stehen Schlange, Sie sind sie im Handumdrehen los.«

»Da wäre ich froh. Weg damit.«

»Und anschließend nehmen Sie einen kleinen Job an. Kommen Sie hierher.«

»Warum sind Sie eigentlich so erpicht darauf, daß ich hier arbeite?«

»Sie erlösen mich von meinem Leiden, Geißen grasen grüne Gräschen.«

Ich brach in Lachen aus.

»Lachen Sie nur«, sagte er, »lachen Sie mich nur aus. Ist erlaubt, macht nichts. Ich bin schon verheiratet, sonst würde ich vor Ihnen auf die Knie fallen, für immer mit Ihnen zusammensein, nie mehr stottern.«

»Dachten Sie tatsächlich, ich würde bei Ihnen arbeiten, wenn Sie so komisch … so idiotisch ver …«

»Sagen Sie es nur, sprechen Sie Ihren Satz nur zu Ende.«

»Sagen Sie es nur selbst, es ist kein G in dem Wort.«

»Nein, Mevrouw, das ist es nicht, ich habe kein Auge auf Sie geworfen, sehen Sie, ist doch ein G drin, sogar zwei, ich habe kein Auge auf Sie geworfen, aber Sie … Sie haben etwas Besonderes, etwas, das wenigen gegeben ist, und deshalb hätte ich Sie gern ab und zu hier im Büro.«

»Was habe ich denn?«

»Sie haben etwas an sich, daß Menschen sich wohl fühlen. Sie sind wie eine Mutter für sie, und dabei haben Sie ein so repräsentatives Auftreten und, was auch wichtig ist, ich habe die Papiere durchgesehen, also ich weiß, wann Sie geboren sind, Sie sind ein ganzes Stück älter, auch wenn Sie aussehen wie ein Teenager. Ich habe schon soviel erlebt mit diesen blutjungen Mädchen, diesem jungen Gemüse, die fordern unheimlich viel, von Kindesbeinen an verwöhnt.«

»Ich habe drei Katzen zu versorgen. Das ist ein Fulltimejob. Vor allem, wenn ich sie ab und an zum Tierarzt schleifen muß, um sie untersuchen zu lassen.«

»Sie haben bestimmt eine winzige Lücke für einen winzigen Job. Das ist doch auch nicht gut, den ganzen Tag zu Hause mit den Katzen. Sie müssen da mal raus, zehn zu eins, hier wären Sie am richtigen Platz...«

»Nun mal ganz ehrlich: Hätten Sie Roos auch darum gebeten?«

»Die hatte schon eine Stelle.«

»Nun, und wenn sie die nicht gehabt hätte?«

»Der Gedanke wäre mir nicht unbedingt gekommen. Ich muß jemanden haben, bei dem die Menschen sich wohl fühlen, der wie eine Mutter für sie ist, so ein Mensch war sie vielleicht nicht, und dann ... sie sah fabelhaft aus ... teure Kostüme, stark geschminkt, monumentale Ohrringe, gräßlich lange Fingernägel.«

Als ich im goldenen Sonnenlicht zurückfuhr, ging es mir immer wieder durch den Kopf: War also mein Fehler. Ich hätte doch in vollem Ornat als ihr *lookalike* hingehen müssen. Dann wäre mir die Quengelei vielleicht erspart geblieben. Was soll ich mit so einem armseligen Job? Warum will dieser Mann mich, um Himmels willen, so gern haben? Doch verliebt? Behauptet, nein, dieser Vollidiot mit seinem Zierschnauzbart und seinem Auge, in dem doch ein G war. Überhaupt: Er ist ungefähr fünfunddreißig, ich bin bald zehn Jahre älter. Ist er etwa gerontophil? Auf seinem Schreibtisch steht wohlgemerkt das Foto einer wunderhübschen Frau mit drei süßen Kindern.

So fuhr ich auf meinem Fahrrad in der verschwenderischen Herbstsonne, und immer wieder spürte ich meine Augen feucht werden. »Sie sind wie eine Mutter…«, hatte er gesagt.

Wieder zu Hause, blickte Tijg, der auf der Fensterbank döste, erstaunt auf, als ich unvermutet anfing zu kichern. Was für ein komischer Kerl. Sogar, als ich etwas geniert ihre Kontoauszüge der letzten Monate durchsah, um dieses vage Gefühl der Beklemmung zu bekämpfen, das der Notar mit seinen Bemerkungen über ihren rätselhaften Reichtum hervorgerufen hatte, mußte ich immer wieder lachen. Von den Auszügen wurde ich übrigens kein bißchen klüger. Niemals rote Zahlen, das war das einzige, was mir auffiel. Das kam vielleicht daher, weil ich selbst regelmäßig in den roten Zahlen war. »Sie konnte einfach gut mit Geld umgehen«, sagte ich zu Tijg, »sie war de facto sparsam, und deshalb konnte sie sich ab und zu eine Ausschweifung erlauben.«

Tijg blickte mich an, als wollte er mir nicht glauben.

»Es ist bestimmt wahr, Tijgje«, sagte ich, »sie war nicht reich, das weißt du genau. Dieser Saab war ein Gebrauchtwagen, und auch den bildschönen Nerz hatte sie secondhand ergattert, und die teuren Kleider… höchstens ein bis zwei Kostüme pro Jahr, also worüber reden wir? Andere Frauen lassen ihre Nägel bei Art Nail für hundert Gulden machen, aber sie klebte sie selbst auf. Nein, nein, er ist verrückt, dieser komische Galigaankauz.«

13

Vor gut einem Monat stand sie noch hier«, sagte Juffrouw Goudsblom, »da war sie noch quicklebendig.«

Sie saß mit baumelnden Beinen auf der hölzernen Tischplatte, die sich vor den hohen, halbrunden Fenstern des Farmacologisch Laboratorium über die ganze Breite erstreckte. Links und rechts von ihr saßen, lehnten oder standen die Studenten, die beiden Hausmeister, die drei Mitarbeiter und der Tierpfleger. Etwas entfernt standen die Sekretärin und die einzige, übriggebliebene Chemielaborantin.

War es Zufall, daß ich gerade im wichtigsten, erhabensten Moment des Labortages – dem Beginn der Kaffeepause! – dort erschien, um, wie Bas in einem Brief gebeten hatte, »die Sachen von Roos durchzusehen und zu entscheiden, ob noch etwas davon aufbewahrt werden soll«?

Zufälle gibt es nicht, dennoch war ich überrascht, als ich merkte, daß ich unbewußt genau diesen Zeitpunkt gewählt hatte.

»Auch einen Becher Kaffee?« fragte die im Dienst ergraute Kaffeefrau, die sogar den emeritierten Wehnagel noch als Studenten erlebt hatte.

»Gern«, sagte ich, »vorausgesetzt, Sie haben noch genau wie früher Milchkaffee, denn der Kaffee hier ist immer so grauenhaft stark.«

»Natürlich habe ich Milchkaffee. Joop, der eine Hausmeister, will auch immer einen Becher Milch mit einer Idee Kaffee drin.«

Ich hatte mich schon zu der Zeit, als Thomas noch dort arbeitete und ich manchmal zur Kaffeepause vorbeikam, gewundert, daß jeder, fast demonstrativ mit dem Rücken zur Außenwelt, große Becher mit kochend heißem, absurd starkem Kaffee in winzigen Schlucken schlürfte. Selten schauten sie auf den hübsch angelegten Innenhof, um den das Labor im Karree herumgebaut war. Genau in der Mitte des Rasens, den die Hausmeister immer schrecklich kurz schnitten, prangte eine majestätische Sonnenuhr, in deren Sockel mit goldenen Buchstaben die Namen sämtlicher Pharmakologieprofessoren seit Gründung des Labors Anfang des 19. Jahrhunderts gemeißelt waren. Im Gras waren weiße Markierungen angebracht. Dank der Sonnenuhr konnte man, falls es nicht bewölkt war, auf dem Rasen sehen, wie spät es war.

Ich stellte mich gegenüber von den anderen hin. Ich wollte die herrliche Sonnenuhr sehen. Sie erinnerte mich an die Sommertage meiner Kindheit. Der wunderliche Mann, der jede Woche in der christlich-reformierten Bauernkate predigte und zu dem wir zweimal jeden Sonntag »fröhlich und gottesfürchtig wallten«, wie es in Psalm 122 heißt, sprach oft über König Hiskia. Der war, so habe ich erst im nachhinein begriffen, sein großes Vorbild. Jesus erwähnte er selten, Hiskia war sein Seligmacher. Regelmäßig war er zu Tränen gerührt, wenn er über das zweite Buch der Könige 20 oder das zweite Buch der Chronik 32 oder über Jesaja 38 predigte.

Ich konnte mich fast Wort für Wort an diese Predigten erinnern. »Dreimal, geliebte Gemeinde, erzählt uns der Heilige Geist in der Schrift über das Wunderzeichen, das der Herr der Heerscharen an Hiskias Krankenlager vollbracht hat. Im zweite Buch der Chronik 32 wird es kurz und bündig beschrieben: ›In jenen Tagen wurde Hiskia todkrank; da betete er zum Herrn, und der Herr erhörte ihn und gab ihm ein Wunderzeichen.‹ Und welches war dieses Wunderzeichen, worüber die Chronik uns so schlicht informiert? Welche ruhmreiche Heilstat floß da aus der Hand unseres Bundesjehova? Darüber lesen wir im zweiten Buch der Könige 20. Hiskia ist todkrank. Jesaja kommt zu ihm und sagt: ›So spricht der Herr: So will ich dich denn gesund machen; in drei Tagen wirst du in das Haus des Herrn hinaufgehen.‹ Und dann, Brüder und Schwestern, sagt Jesaja: ›Bringt ein Feigenpflaster her!‹ Und als man es brachte und auf das Geschwür legte, wurde er gesund. Bevor es soweit ist, bekommt Hiskia ein Zeichen. Als König nach dem Herzen Gottes darf er selbst wählen! Jesaja fragt ihn: ›Soll der Schatten der Sonnenuhr zehn Grade vorwärts gehen oder sich zehn Grade rückwärts kehren?‹ Worauf Hiskia sagt: ›Es ist ein leichtes, daß der Schatten zehn Grade vorwärts gehe. Nein, der Schatten soll zehn Grade zurückgehen.‹ Da rief Jesaja, der Prophet, den Herrn an; und Er ließ an der Sonnenuhr des Ahas den Schatten, der vorwärts gegangen war, um zehn Grade zurückgehen.«

Anschließend wurde uns Kirchgängern deutlich gemacht, daß Gott, um diesen Schatten zehn Grade zurückgehen zu lassen, das Weltall mit all seinen Milliarden Sonnensystemen in seinem rätselhaften Fortgang »zehn Grade« angehalten hatte, daß er also die Zeit selbst hatte rückwärts gehen lassen. Einzig und allein, um einem nichtigen Menschen, König Hiskia, zu zeigen: Ich, der Herrgott, halte das ganze Universum in einer Hand, ich kann damit spielen, wie ein kleines Kind mit Sandkörnern oder Wassertropfen spielt.

Während ich da also stand, genau gegenüber von Juffrouw Goudsblom (»so eine steinalte, unverheiratete Jungfer mit Brille, wie man sie in jedem Labor unter den Mitarbeitern findet«, wie Thomas oft spöttisch gesagt hatte), die dort seit Menschengedenken an Pharmaka forschte, wie die natürliche Temperaturregulierung im Rattenschwanz beeinflußt werden konnte, starrte ich die blitzende Sonnenuhr an. Offenbar war sie erst vor kurzem von einem der Hausmeister geputzt worden. Der Schatten des horizontalen Stabs fiel auf das Zifferblatt, das genau in der Mitte des Rasens lag. Hinter der Sonnenuhr erhob sich die gezähnte Scheindolde eines furchterregenden Stechapfelstrauchs. Ein unangenehmer Geruch wehte in Schwaden durch eines der offenstehenden Fenster herein.

»Schade, daß der Stechapfel dort steht«, sagte ich zu Juffrouw Goudsblom, »jetzt kann man mittags nicht mehr genau erkennen, wie spät es ist, weil der Schatten des Strauchs über das Zifferblatt fällt.«

»Ja, die Datura ist einen Tick aus den Fugen geraten, Kindchen.« (Sie hatte mich immer »Kindchen« genannt.)

»Ich verstehe nicht«, sagte ich, »daß ihr den schönen Rasen und das Zifferblatt …«

»Es war auch nicht geplant, daß die Datura so wuchern sollte, Kindchen«, sagte sie, »sie ist schneller gewachsen als Geißblatt, und, ehrlich gesagt, wir fanden sie schön, sie blühte so wunderbar.«

»Sie blüht noch immer«, sagte ich.

»Ja, aber sie ist nicht mehr das, was sie gewesen ist«, sagte sie, »du hättest sie im Sommer sehen sollen. Die reinste Blütenpracht, und bis ungefähr ein Uhr war es kein Problem, stimmt's, Mijna?«

»Ja«, sagte die Kaffeefrau stolz, »wir haben da draußen die schönste Uhr, die es gibt. Ein einziger Blick aus dem Fenster, und du weißt genau, wie spät es ist.«

»Aber doch nur, wenn die Sonne scheint«, sagte ich.

»Oh, aber die Sonne scheint beinahe immer«, sagte Mijna.

»Hier, bei uns?« sagte ich erstaunt. »Tagelang kann es grau sein oder stark bewölkt. Dann hast du nichts von deiner Sonnenuhr.«

»Die Sonne scheint zwar nicht immer den ganzen Tag über«, sagte Mijna, »aber sie zeigt sich jeden Tag ein paarmal. ›Kein Samstag wird trübe vorübergehn, die Sonne läßt sich immer sehn‹, sagte mein Vater früher immer. Er hatte recht, und das gilt nicht nur für den Samstag, es gilt für alle Tage. Man braucht doch nicht den ganzen Tag über zu wissen, wie spät es ist. Man braucht es nur zu wissen, wenn die Sonne scheint.«

Soviel Logik war ich nicht gewachsen, also wechselte ich das Thema und fragte Juffrouw Goudsblom: »Ist es ein gewöhnlicher Stechapfel?«

»Nein, Kindchen, es ist nicht die Datura stramonium, sondern die Datura fastuosa.«

»Samen aus Indien«, sagte Bas stolz, der näher gerückt war.

»Diese unglaubliche Farbe der Blüten...«, sagte die Laborantin.

»Eine Art Purpur«, sagte Juffrouw Goudsblom,

»das man fast nie sieht. Als die erste Blüte aufging, hat Roos ein Blättchen abgezupft. Sie ist damit zu Ici Paris gegangen und hat gesagt: ›Diese Farbe Nagellack will ich.‹«

»Und? Hatte sie Glück?« fragte ich, obwohl mir in dem Augenblick, als ich das fragte, klar wurde, weshalb diese violettrote Farbe, durchzogen von blauer Glut, in einem Fläschchen auf ihrem Frisiertisch stand.

»Was sie am nächsten Tag auf den Nägeln hatte, kam dem sehr nahe«, sagte die Sekretärin.

»Ach ja, diese umwerfenden Nägel von Roos, ich vermisse allein diese Nägel schon«, sagte einer der Hausmeister schmachtend.

»Von mir aus wäre das nicht nötig gewesen«, sagte Juffrouw Goudsblom mißbilligend, »ich habe nie verstanden, daß sie mit ihren Krallen so präzise wiegen und titrieren konnte. Mit solchen Nägeln wäre ich völlig hilflos.«

»Ich würde damit nicht tippen können«, sagte die Sekretärin, »aber es paßte zu ihr. Keine Roos ohne Dornen.«

»Kann sein«, sagte Juffrouw Goudsblom, »aber warum solche Dornen? Als sie hier anfing, hatte sie auch lange Nägel, aber nicht diese unheimlichen Hahnensporne, mit denen sie in letzter Zeit herumlief.«

»Die hat sie immer in Den Haag gekauft«, sagte die Laborantin, »sie meinte, daß die besser klebten.«

»Ich habe mich immer gefragt«, sagte Juffrouw Goudsblom, »Roos, Kind, wer bedroht dich, daß du dich so bewaffnen mußt?«

»Denkst du, daß sie sich bedroht fühlte?« fragte ich.

»Warum solltest du dich sonst bewaffnen?«

»Ich glaube nicht, daß sie sich bewaffnete«, sagte die Sekretärin, »sie tat es, weil sie es schön fand.«

»Schön«, sagte Juffrouw Goudsblom voller Verachtung, »schön, nein, das war es nicht, darum ging es ihr meiner Meinung nach nicht. Als sie anfing, hier zu arbeiten, blieb sie immer über Mittag da. Dann saß sie oft allein hier. Einmal kam ein Einbrecher. Der hatte es auf unseren Vorratsschrank abgesehen. Wollte Pharmaka daraus naschen. Mit ihren Nägeln ist sie ihm auf den Pelz gerückt. Später sagte sie, sie habe einmal gelesen, daß man jemanden außer Gefecht setzen kann, indem man ihm die Haut über seinen Augenbrauen zerkratzt. Dann strömt Blut in die Augen. Wem das passiert, der achtet auf gar nichts mehr, der ist nur noch mit sich selbst beschäftigt. Ob das stimmt, weiß ich nicht, aber vorstellen kann ich es mir.«

»Es stimmt«, sagte Bas, »und sie ist damit damals sogar in die Zeitung gekommen. Der Kerl war wie von Sinnen, als ihm das Blut links und rechts durch die Augenbrauen in die Augen sickerte.«

»Ihr könnt mir glauben«, sagte Juffrouw Goudsblom, »daß diese Krallen primär als Waffen …«

»Obwohl sie krumm waren? Lang und spitz ist doch viel effektiver. Die brauchst du nur wie Rasiermesser direkt über den Augenbrauen …« Und die Sekretärin zog mit ausgestreckten Fingern imaginäre Nägel über ihre eigene Stirn.

»Ach was, Krallen sind effektiver. Sieh dir die Raubvögel an, die haben auch krumme Krallen«, sagte die Laborantin.

»Um Beute zu greifen«, sagte die Sekretärin, »nicht, um zu kratzen.«

»Meiner Meinung nach kratzt man leichter mit krummen Nägeln. Man braucht seine Hände gar nicht auszustrecken, man kann jemandem mit gekrümmten Fingern zu Leibe rücken«, sagte die Laborantin.

Juffrouw Goudsblom bog ihre Finger, als wenn sie Klavier spielen wollte, schaute sie an und sagte: »Ja, ich glaube, du hast recht.«

»Und dazu kommt noch«, sagte die Laborantin, »daß die krummen bombenfest saßen. ›Dieses Modell hält mit Abstand am besten‹, sagte Roos immer. Sie dürfen sich ja nicht lösen, wenn man jemandem zu Leibe rücken will.«

»Es ist wahr, sie hat früher oft darüber geklagt, daß ihre künstlichen Nägel absprangen, in der letzten Zeit tat sie das nicht mehr«, sagte die Sekretärin.

»Ja, aber das kommt daher, weil man besseren Klebstoff hat. Dieses Zeugs mit Zyanoakrylat drin, genau wie beim Sekundenkleber«, sagte die Laborantin.

»Gift für deine eigenen Nägel«, sagte ich.

»Ja«, sagte die Laborantin, »aber wenn du diese kleinen Papierstreifen benutzt, diese Klebepads, die man bei Etos bekommt, mit denen man die künstlichen Nägel auch ganz gut festkleben kann, beschädigst du deine eigenen Nägel viel weniger.«

»Mit den Papierstreifen sitzen deine Nägel nie richtig fest«, sagte die Sekretärin.

»Nein, das ist wahr, das ist etwas, wenn du einen Abend ausgehst, aber wenn du so ein Klebepapier auf deinen eigenen Nagel tust und dann ein Tröpfchen Klebstoff auf den künstlichen Nagel, das geht phantastisch. Aber du kannst es dir viel besser machen lassen, das geht heutzutage überall. Ich habe oft zu Roos gesagt: ›Warum gehst du nicht zu Art Nail‹, aber dann sagte sie immer: ›Da haben sie dieses gebogene Modell nicht.‹«

»Sie wollte Waffen haben«, beharrte Juffrouw Goudsblom.

»Schluß mit diesem Nagelgerede«, sagte Bas mürrisch. »Es wird Zeit, wieder an die Arbeit zu gehen.«

Außer Juffrouw Goudsblom, die demonstrativ sitzen blieb, um zu zeigen, daß sie Professor Bas noch als Studenten erlebt hatte und ihm also nicht zu gehorchen brauchte, beeilte sich jeder, an seinen Arbeitsplatz zu kommen. Bas selbst zögerte noch einen Augenblick und sagte zu mir: »So lernt man noch etwas dazu, nur schade, daß man als Mann nichts davon hat.«

»Sag das nicht«, sagte ich im Spaß, »du weißt jetzt, daß du dich vor Frauen mit Krallen hüten mußt.«

»War mir bereits bekannt«, fuhr er mich an. »Was die Sachen von Roos betrifft: Riet hat sich darum gekümmert, wenn du also kurz mit ihr in ihr Zimmer gehst, kannst du einen Blick darauf werfen. Dem Gesetz nach gehört ja jetzt alles dir.«

Riet Goudsblom wartete, bis Bas verschwunden war, ließ sich dann vom Praktikumstisch gleiten und sagte: »Dann wollen wir mal.«

Ich folgte ihr durch den feuchtkalten Flur, stieg hinter ihr eine knarrende Treppe hinauf und dachte an das, was Thomas immer gesagt hatte: »Die betagten alten Jungfern wirken versauert und verbittert und sind immer ziemlich schnippisch. Sie haben meistens einen Schnurrbart und oft Warzen, auf denen ein paar einzelne Haare sprießen. Trotzdem sind sie hilfsbereiter, als man denkt. Man kann sie immer um etwas bitten, in Wirklichkeit sind es die nettesten Menschen, die es gibt.«

Sorgfältig schloß sie die Tür ihres Zimmers, nachdem wir eingetreten waren. Sie zeigte auf einen Tisch an der Seite.

»Da liegt alles«, sagte sie traurig, »das ist also das Ende.«

Während ich an den Tisch trat, fragte ich: »Glaubst du wirklich, daß sie sich bedroht fühlte?«

»Na, und ob.«

»Aber von wem denn?«

»Keine Ahnung. Sie hatte immer Horden von Männern im Schlepptau. So dann und wann wird sie gezwungen gewesen sein, sich einiger wieder zu entledigen, die sich bei näherem Hinsehen als wenig angenehm erwiesen. Das wird dir dann nicht immer gedankt.«

»Dennoch wirst du dann selten ermordet.«

»Da braucht nur einer dabeizusein, der nichts taugt. Tja, Männer, eine komische Gattung, man kann nicht vorsichtig genug sein. Könnten wir sie doch alle im Schrank aufbewahren, wie Natronlauge, die man nur herausholt, wenn man sie wirklich braucht.«

»Ein einziger, der nichts taugt ... zugegeben, das kann sein, aber ob solch ein unangenehmer Kerl sie dann so gerissen umgebracht hätte, daß es aussah, als sei sie an einem Sonnenstich gestorben?«

»Man kann nie wissen.«

»Eher denkt man... ihr habt hier alles mögliche und unmögliche, womit man einen Menschen...«

»Hier? Wolltest du damit andeuten, daß einer von uns ... wie kannst du nur so etwas denken, sie arbeitete hier schon mehr als zwanzig Jahre, sie gehörte einfach zu uns, und wir gehörten zu ihr ... lächerlich.«

»Entschuldige, ich rede nur so daher.«

Ich schaute die Sachen an, die auf dem Tisch lagen. Ich nahm ein Täschchen in die Hand. Darin ein kleiner Spiegel, ein Kamm und ein Lippenstift. Ich legte das Täschchen wieder hin, ich wurde so unendlich traurig. Hinter mir sagte Riet Goudsblom: »Sie fühlte sich bedroht.«

»Das habe ich nun schon einmal von dir gehört«, sagte ich.

»Ich will dir etwas sagen: Du weißt genausogut wie ich, daß sie immer vergnügt herumlief. Sie war der Sonnenschein des Hauses, wirklich jemand, der immer auf der Sonnenseite der Straße geht.«

»Deshalb war es so eine Freude, mit ihr zusammenzusein«, sagte ich, während mir Tränen in die Augen traten.

»Das brauchst du mir nicht zu erzählen«, sagte Riet Goudsblom, »aber nun folgendes: Also, immer vergnügt. Aber was passiert manchmal: Sie wird angerufen. Sie sagt nichts, hört nur zu, legt den Hörer wieder auf. Danach kannte man sie nicht wieder. Danach war sie wie eine, die gerade von ihrem Hausarzt gehört hat, daß sie nur noch ein Jahr zu leben hat. Und wenn sie dann an dir vorbeiging, rochst du durch ihr Parfüm hindurch so einen typischen Geruch. Angstschweiß, glaube ich. *There you are*. Mehr kann ich auch nicht dazu sagen.«

»Dürfen die Sachen hier noch etwas liegenbleiben?« fragte ich.

»Gern«, sagte sie, »von mir aus, dann behalten wir ein Andenken.«

»Ich habe immer gedacht, daß du, genau wie Thomas, nicht so gut mit ihr konntest.«

»Das haben noch mehr gedacht. Es ist wahr, sie lag mir nicht. Meine Mutter lag mir auch nicht. Die war flatterhaft und leichtsinnig, sie flirtete mit jedem Mann, der ihr über den Weg lief. Mein Vater litt schrecklich darunter, wie habe ich meine Mutter schon allein deshalb gehaßt. Aber nach ihrem Tod habe ich angefangen, anders über sie zu denken. Mein Haß schmolz, als sie starb. Das war eine solche Erleichterung. Für Roos gilt dasselbe, auch wenn ich sie nicht haßte, wie ich meine Mutter gehaßt habe, es war eher so, daß ich sie beneidete ... Was willst du machen, was ich nicht mitbekommen habe, hatte sie doppelt. Wo Gunst ungleich verteilt ist, scheint Mißgunst unabwendbar. Jemand wie ich ist nicht für das Glück geboren. Warum, weiß ich nicht. Früher habe ich mehr darunter gelitten als heute. Alles Glück verkehrt sich so schnell in Kummer. Fehlt dir Glück, dann ersparst du dir Leid. Bei Gewinn droht Verlust. Gewinnst du nicht, kannst du nichts verlieren. Komm, ich geh mal wieder an die Arbeit.«

Auf dem Weg nach draußen hallten die Absätze meiner Stiefel in dem hohen Gewölbe des Flurs wider. Bas öffnete die Tür seines Zimmers.

»Hast du mal eben ...?«

»Ich hab mal eben«, sagte ich.

Ich ging hinein, er schloß die Tür hinter mir. Ich trat ans hohe Fenster und starrte die Sonnenuhr an, über die der Schatten der Datura fiel.

Bas stellte sich neben mich und warf von der Seite einen schiefen Blick auf meine Stiefel.

»Dieselbe Schuhgröße?«

»Ja«, sagte ich.

»Du hast dir dein Haar machen lassen.«

»Stimmt.«

Er holte tief Luft, ballte die Faust.

»Marjolein hat dich Sonntag abend auf dem Choorlammersteeg gesehen. Du warst so von deiner Begleitung in Beschlag genommen, daß du sie nicht bemerkt hast. Sie hat mir erzählt, daß du dich von Kopf bis Fuß wie Roos ausstaffiert hattest. Warum tust du das?«

Ich antwortete nicht, zuckte die Schultern.

»Weißt du, was Marjolein sagte, als sie nach Hause kam?«

»Bestimmt nichts Schmeichelhaftes.«

»Sie sagte: ›Welch eine Leichenfledderei.‹«

Schweigen schien mir die einzig passende Antwort. Also schwieg ich.

»Daß du ihre Kleider anziehst, kann ich noch nachvollziehen, aber daß du herumläufst, als seiest du Roos, das finden wir skandalös, Marjolein und ich.«

»Roos sagte immer, wir seien Schwestern, Roos selbst wollte immer, daß ich ihre Kleider anzog, ihr Make-up benutzte, ihr ...«

»Das gibt dir noch nicht das Recht, nach ihrem Tod... du besudelst ihr Andenken, ich verbiete dir, so herumzulaufen.«

»Kraft welcher Kompetenz?«

»Ich verbiete es dir!«

»Ich wiederhole: Kraft welcher Kompetenz?«

»Wir standen Roos sehr nahe, Marjolein und ich, sie hat oft auf unsere vier Knirpse aufgepaßt, wir sind immer wieder bei ihr zu Besuch gewesen. Ich kann nicht verstehen ... ich, wir ... alles hat sie dir vermacht. Warum?«

»Wegen ihrer Katzen. Sie wollte, daß ihre Katzen gut versorgt werden und weiter dort bleiben können, wo sie immer waren.«

»Als ob wir ... wir haben uns oft genug um ihre Katzen gekümmert, wenn sie im Urlaub war. Wir verstehen das nicht.«

»Ihr fühlt euch benachteiligt?«

»Sie hätte uns doch ... etwas ... ein Andenken.«

»Ich bin mir sicher, daß ich in ihrem Namen spreche, wenn ich sage: Kommt in die Grimburchstraat und nehmt, was ihr haben wollt. Sie ertrank in Uhren. Wollt ihr vielleicht eine davon? Die große Friesische Stühlchenuhr? Kann ich euch damit eine Freude machen?«

Ich sah die Habgier in seinen Augen glitzern.

»Ich muß kurz bei Digros vorbei, um Sheba für die Katzen zu kaufen. Dann geh ich in die Grimburchstraat, in einer halben Stunde bin ich da. Schick in einer Dreiviertelstunde deine beiden Hausmeister mit dem Lieferwagen vom Labor. Es ist eine wunderschöne Uhr, ein Juwel, Roos schenkt sie euch gern.«

»Du hast nicht das Recht, im Namen von Roos zu sprechen«, sagte er, »aber ich ... wir nehmen dein Angebot gern an.«

»Ich erwarte also den Lieferwagen, bis bald.«

»Bis bald, und ich sage dir: Auch wenn ich es sehr zu schätzen weiß, daß du diese Uhr an uns abtreten willst, verbiete ich dir ...«

Bevor er den Satz beenden konnte, hatte ich seine Zimmertür schon hinter mir geschlossen. All meiner Wut konnte ich in den hallenden Fluren Luft machen. Mit den hohen Absätzen von Roos' Stiefeln hämmerte ich auf den Terrazzoboden. Vier Knirpse, sie hatten vier Knirpse, und Roos hatte oft auf diese Knirpse aufgepaßt, und ich... was hatte ich? Vier In-vitro-Fertilisationen, die wahrhaftig alle vier geglückt waren und einen hoffen ließen, eine Hoffnung, die dann erbarmungslos zunichte gemacht wurde.

14

Sogar noch als die Hausmeister eine gute Stunde später die Friesische Stühlchenuhr, die richtig solide mit großen Bolzen an der Wand befestigt war, fluchend abgeschraubt und, unter ihrem Gewicht stöhnend, abtransportiert hatten, lief ich bebend vor Wut in ihrem Apartment herum. Daß soviel kalte Wut in mir aufsteigen konnte, wer hätte das je für möglich gehalten? »Leichenfledderei«, wie konnte sie es wagen!

Es gab aber auch Momente, in denen mir durch den Kopf ging, daß sie vielleicht recht hatte. Vielleicht ist es schockierend, einer Frau auf der Straße zu begegnen, die sich von Kopf bis Fuß wie eine verstorbene Freundin ausstaffiert hat. Dennoch, »ich verbiete es dir«, das ließ ich mir nicht sagen, das war lachhaft.

Als ich wieder zur Ruhe gekommen war, richtete ich mich vor ihrem Frisiertisch ein. Ich sah die Schubladen durch. Vielleicht hatte sie irgendwo ein paar dieser Klebepads. Wenn nicht, dann noch einmal niet- und nagelfeste Krallen, und wenn es nur war, um Bas bei der nächsten Begegnung die Augen auskratzen zu können. Gott sei Dank enthielt eine der vielen kleinen Schubladen dieses Klebepapier, selbstverständlich, was hätte sie denn auf diesem Gebiet nicht gehabt?

Außerdem hatte sie Geld, aber da konnte ich nicht

drankommen. Ihre sämtlichen Konten waren vorläufig gesperrt. Die kulinarischen Genüsse der Katzen hatte ich bis jetzt aus meinem eigenen Portemonnaie bezahlt. Den Berczy-Erben hatte ich, im Auftrag des Notars, zum 1. September eine Miete von eintausendfünfhundert Gulden überwiesen und darüber hinaus noch zweihundertdreißig für Verwaltungskosten an den Eigentümerverband der Grimburchstaete. Jetzt war ich so tief in den roten Zahlen, daß ich nichts mehr abheben konnte.

Immer wieder dachte ich an das geheimnisvolle Schließfach. Wen konnte ich wegen eines solchen Spartopfs um Rat fragen? Ob meine Schwägerin vielleicht etwas darüber wußte? Normalerweise sah ich sie ein- oder zweimal im Jahr. Über die erstaunlichen Veränderungen in meinem Leben hatte ich sie noch nicht informiert, ich hatte ihr nicht einmal eine Adreßänderung geschickt. Ich rief sie an ihrer Arbeitsstelle an, sagte ihr, daß ich umgezogen sei, gab ihr meine neue Adresse und Telefonnummer und fragte dann: »Euer Schließfach ist doch seinerzeit bei einem Bankraub geplündert worden, also mußt du dich mit Schließfächern auskennen. Bewahrt man den Schlüssel dazu bei sich zu Hause auf?«

»Eigentlich schon«, sagte sie.

»Du gehst also mit dem Schlüssel zur Bank. Und dann?«

»Dann mußt du dich ausweisen, dein Name wird eingetragen, dazu die Uhrzeit, du mußt unterschreiben, und dann geht jemand von der Bank mit dir in den Tresorraum. Der hat auch einen Schlüssel, denn es gibt am Schließfach ein Außen- und ein Innentürchen. Der Bankangestellte öffnet zuerst das Außentürchen, und du kannst dann mit deinem eigenen Schlüssel das Innentürchen öffnen. Danach nimmst du die Kästen heraus, in denen deine Reichtümer sind, und du kannst dich damit an einen Tisch setzen und herausholen, was du brauchst.«

»Schaut der Bankangestellte dabei zu?«

»Normalerweise nicht. Der zieht sich diskret zurück, macht nur die äußere Schließfachtür wieder zu, wenn du die Kästen zurückgestellt und die innere Tür geschlossen hast.«

Wir unterhielten uns noch eine Weile, aber ich war mit meinen Gedanken woanders. Dauernd dachte ich: Auch an dem Schließfachschalter wird zweifellos vermerkt sein, daß Roos gestorben ist. Oder ihr Computer gibt ihnen die Information nach einem Druck auf die Taste. Dann ist auch der Zugang zum Schließfach gesperrt. Aber angenommen, daß es nicht…, ich kann es doch einfach versuchen, oder? Was könnte passieren, wenn sie entdecken, daß ich nicht Roos bin? Ob sie die Polizei holen? Dann kann ich notfalls mit Tränen in den Augen erklären, was los ist. Gesperrte Konten, teure Katzenmahlzeiten, die hohe Miete, Verwaltungskosten, Geldnot. Warum sollte ich es nicht ganz unverfroren versuchen? Ich brauchte dringend Geld. Heute noch.

Also war es keine Spielerei mehr, dieses absonderliche Verlangen, in ihre Haut zu kriechen, sondern bittere Notwendigkeit. Während ich meine Lippen mit einem ihrer schmalen Lancôme-Stifte schminkte und mich aufmerksam betrachtete, schien mein Spiegelbild mir die Frage zu stellen: »Alles gut und schön, aber wo ist der Schlüssel zu diesem Schließfach?«

»Gerade noch rechtzeitig«, sagte ich zu Tijg, der auf

ihrem Bett aufmerksam meine Vorbereitungen beobachtete, »jetzt kann ich noch suchen, ohne von den Curve Ovals dabei gestört zu werden. Weißt du vielleicht, wo dieser Schlüssel liegt?«

Fragend blickte ich ihn an, er blickte zurück, richtete sich dann auf und begann, seine rechte Vorderpfote zu putzen. Wo bewahrt ein Mensch wichtige Schlüssel auf? In Schubladen, in Kästen, in den Seitenfächern von Taschen und sogar in Manteltaschen. An diesen Plätzen hatte ich schon gesucht. Wo würde man den Schlüssel eines Schließfachs hinlegen, in dem man Geld aufbewahrte? Dann wußte ich es.

Ich lief zum Kühlschrank und fand unter dem Reservefutter für die Katzen nach einigem Herumtasten mit einer Hand, die scheußlich schnell kalt wurde, den Schlüssel im Gefrierfach. Und bald waren nach dem Bibelwort aus Daniel 4, Vers 30 wie bei Nebukadnezar meine »Nägel wie Vogelkrallen«. Ich brauchte unglaublich lange und begriff erst, als ich damit fertig war, daß ich so langsam und geduldig gearbeitet hatte, um den Moment, in dem ich zur Bank würde gehen müssen, so lange wie möglich hinauszuschieben. Dank all dieser aus Angst geborenen Geduld sah einiges bedeutend besser aus als beim ersten Mal. Irgendwann würde ich mich vielleicht daran gewöhnen. Als Hilfsmittel, in die Haut einer anderen zu kriechen, schien es zweifelsohne eine glänzende Idee zu sein.

Unterwegs zur Bank war ich kaum noch bei Sinnen. Wie gern hätte ich gekniffen! Meine Hände zitterten, als ich ihren Ausweis vorlegte. Zu Hause hatte ich noch intensiv ihre Unterschrift geübt. Fast perfekt konnte ich sie nachmachen, aber was ich da zustande brachte, als ich mich in die Liste eintragen mußte, sah miserabel aus. Zum Glück bediente mich ein Angestellter, der fasziniert war von meinen Nebukadnezar-Nägeln. »Schön, Sie wieder einmal zu sehen«, sagte er, »wunderschöne Farbe, beinahe noch schöner als das grelle Rot vom vorigen Mal.«

»Daß Sie das noch wissen«, sagte ich, »das ist, meine ich, schon wieder lange her.«

»Mindestens ein halbes Jahr, wenn nicht länger, von mir aus dürfen Sie jeden Tag kommen, ach, wenn ich meine Frau doch nur soweit kriegen würde...«

Er seufzte bekümmert, lief vor mir her, öffnete die äußere Tür des Schließfachs und ließ sich, als ich die innere Tür öffnete, keine einzige Bewegung meiner Fingerspitzen entgehen. Männer, dachte ich, sind in der Tat eine komische Gattung, aber manchmal kann man auch davon profitieren. Wenn wirklich schon irgendwo notiert oder im Computer vermerkt war, daß dieses Schließfach aufgrund des Ablebens seiner Besitzerin gesperrt war, hatte er das übersehen, und zwar einzig und allein deshalb, weil er wegen zehn Stückchen Plastik den Kopf verloren hatte.

Und dann verlor ich selbst den Kopf. Denn in der Schachtel gewahrte ich zehn Umschläge, und darin auffallend dicke Bündel Banknoten. Ich steckte zunächst nur einen dieser Umschläge in meine Tasche, dann dachte ich: Jetzt habe ich die Chance, alles mitzunehmen, diese Chance bekomme ich vielleicht niemals wieder, also tat ich alle Umschläge in meine Tasche, Gott lobend und preisend, daß Er mich mit einer riesigen Einkaufstasche zur Bank geschickt hatte.

Auch Geldzählen erwies sich, wieder zu Hause angekommen, mit Curve Ovals als lästige Aufgabe. Ich hätte es gar nicht zu tun brauchen. Weshalb mußte ich unbedingt genau wissen, wieviel Geld ich mitgebracht hatte? Ich zählte alles genau, obwohl mir schon nach dem ersten Umschlag, in dem fünftausend Gulden steckten, klar war, daß der Gesamtbetrag sich auf die bemerkenswert runde Summe von fünfzigtausend belaufen würde.

Fünfzigtausend! Was sollte ich damit um Himmels willen anfangen? Anderthalb Jahre noch bis zur Einführung des Euro, gut fünfhundert Tage. Hundert Gulden pro Tag würde ich ausgeben müssen! Wofür, um Himmels willen? So teuer war Sheba nicht.

Nun hatte ich das Problem, wo ich fünfhundert Scheine sicher verwahren konnte, und dazu die Frage, wie Roos an so viel Geld gekommen war. Die vorläufige Lösung des ersten Problems machte das zweite noch dringlicher. Denn als ich ein Buch nach dem anderen aus ihrem Regal nahm und in jedes zwei Hunderter legte, stellte sich heraus, daß besonders in größeren Nachschlagewerken bereits Banknoten zwischen den Seiten lagen. Aus der Bibel, die ich ihr einmal geschenkt hatte, als ich merkte, daß sie nicht einmal die Heilige Schrift im Hause hatte, schüttelte ich sogar ein Vermögen heraus. Da mußte ich doch schlucken. Das Wort des Herrn als Geldschrank! Na gut, meinem Nervenkostüm hätte ich also diese Schließfachheimsuchung ersparen können. Dennoch bereitete es mir eine phantastische Befriedigung, daß ich das gewagt hatte. Allerdings, daß es gelungen war, verdankte ich allein dem Nagelfetischismus des Bankangestellten.

Nachdem ich das Geld in ihren Büchern versteckt hatte, holte ich das Taschenbuch aus ihrem Regal, das ich zwischen ihre Bücher gestellt hatte: *Les Thibault* von Roger Martin du Gard. Ich hatte Geld, viel Geld, ich konnte mir jetzt erlauben, das zu tun, was ich immer hatte tun wollen: dieses Meisterwerk zu übersetzen. Ob ich einen niederländischen Verleger dafür finden würde, wenn ich fertig war, blieb fraglich, aber was machte das? Ein solches Werk, eines der schönsten Romane in der französischen Literatur, mußte es endlich in einer vollständigen niederländischen Übersetzung geben. Vor längerer Zeit waren Teil eins, zwei und sieben des Romanzyklus übersetzt worden. Ich brauchte also nur noch die Teile drei bis sechs und acht zu übersetzen. Aus einem der unausgepackten Kartons mit meinen eigenen Sachen suchte ich meine Wörterbücher heraus. Dann richtete ich mich an meinem Laptop ein und schlug Teil drei auf. Lange betrachtete ich den ersten Satz der vielen tausend, die ich übersetzen würde: *Les deux frères longeainent la grille du Luxembourg*. Ich schrieb: »Die beiden Brüder ...«, und während ich schrieb, kam mir der ganze Roman wieder in den Sinn und auch die Sommerferien, in denen ich ihn gelesen hatte. Es war einer der schönsten Sommer meines Lebens gewesen, dieser Sommer mit *Les Thibault*, ein Sommer, in dem ich noch dachte, ich würde genau wie Jenny irgendwann ein Kind zur Welt bringen.

Nach neun Uhr abends, während ich Satz für Satz übersetzte und mir nebenbei den Kopf über die Frage zerbrach, woher all das Geld kam, wurde ich immer ängstlicher. Die Angst begann ganz allmählich. Zuerst meinte ich, Gemurmel aus der Küche zu hören. Nachdem der Schreck verflogen war, dachte ich: Der Kühlschrank brummt. Als ich hinlief, um zu sehen, ob meine Vermutung stimmte, flitzte gerade mit der

Geschwindigkeit eines Formel-1-Wagens eines dieser länglichen silbergrauen Tierchen vom Rand der Spüle über die Arbeitsplatte zum Gasherd. Wahrscheinlich ein Silberfischchen oder die verwandte Thermobia domestica. Nichts Besonderes, nichts, wovor man Angst haben müßte. Aber ich mag nun mal diese flitzenden Viecher nicht. Es sieht immer so aus, als könnten sie sich gleichzeitig in alle Richtungen bewegen. Sie scheinen aus kleinen Segmenten zu bestehen, die flexibel durch Scharniere miteinander verbunden sind. Sie haben am Kopf zwei nach vorn ragende Fühler, die sich ständig wie Spinnenbeine bewegen.

»Hau ab«, schrie ich das Urinsekt an. Prompt kamen Tijg und Ober angerannt. Sie sprangen auf die Platte und fauchten furchterregend. Ober tippte sogar mit seiner Pfote auf das Silberfischchen, woraufhin es noch wilder hin und her zu schießen begann.

Um ehrlich zu sein, vermisse ich Thomas weniger, als ich das für möglich gehalten hatte, aber wie gern hätte ich ihn an jenem Septemberabend aus dem Schrank geholt. Dann hätte er beruhigend gesagt: »Silberfischchen sind Gliederfüßer und leider ungefährlich.« Er hätte mich mit einer seiner Gruselgeschichten besänftigt. Er hätte von einer Art erzählt, die Blausäure ausscheidet, und von dem Zoologen, der ein paar solcher Exemplare in einer Plastiktüte gesammelt und beim Öffnen dieser Tüte wenige Moleküle Blausäure eingeatmet hatte. »Schade, du kannst es dann selbst nicht mehr genießen, daß du auf so originelle Weise stirbst«, hätte Thomas gesagt, um gleich beruhigend hinzuzufügen: »Diese unheimlichen Arten kommen in den Niederlanden nicht vor.« Einmal hatte er mir bei einer solchen Frühstücksvorlesung erzählt: »Es gibt einen Tausendfüßler, bei dem das Männchen sich zurückhäutet. Organismen, die sich häuten, werden älter, aber bei dieser Art ist es umgekehrt. Wenn er sich häutet, wird er jünger. Er häutet sich nur nach der Paarung. Während des Paarens gewinnt er seine Jugend zurück.«

Zurück in meine Jugend, das würde ich auch gern wollen, um

Kinderbücher, nur sie noch zu lieben,
Nichts als kindliche Träume zu sehn,
Alles Große weit weg von sich schieben,
Aus der Trauer, der tiefen, auferstehn.

Ober schubste das Silberfischchen geschickt mit seiner Pfote von der Platte herunter. Dennoch war meine Angst noch nicht gewichen. Ich stellte den Fernseher an. Auf allen Sendern schlug die Stunde der Werbung. Überall glückliche Familien mit vorbildlichen Kindern. Genüßlich an Tischen schlemmend. In der Küche plaudernd. Im Wagen einer Achterbahn. Ich stellte den Fernseher wieder aus und sagte mit ihrer Stimme: »Obertje, ich geh ins Bett.«

Als ich im Bett lag, machte Ober es sich diskret hinter dem Kopfkissen gemütlich. Er schnurrte so laut, als würde er pro Dezibel ein Schälchen Sheba bekommen. Zu Anfang hatte ich ihn immer gleich weggejagt, aber wenn ich dann aufwachte, lag er doch da. Also duldete ich es jetzt. Man schlief gut ein, mit dem friedlichen Schnurren im Ohr.

Plötzlich schrak ich auf. Die Uhr mit den feurigen Ziffern zeigte 2:01. KV 201, die schönste Symphonie, die jemals ein Achtzehnjähriger komponiert hat, ging es mir durch den Kopf. Mit klopfendem Herzen horchte ich auf das eigenartige kratzende Geräusch, das mich offenkundig geweckt hatte. Es dauerte einen Augenblick, bevor ich begriff, woher es kam. Jemand versuchte, einen Schlüssel in das Türschloß zu stekken. Immer wieder glitt der Schlüssel mit einem leise klirrenden Geräusch über den Türbeschlag.

»So allmählich muß der Einbrecher doch gemerkt haben, daß das Schloß ausgewechselt wurde, oder?« flüsterte ich Ober zu.

Ich schlug die Decke zurück, stand auf und schlich zur Wohnungstür. Die drei Katzen schlichen, ihre Schwänze wild hin und her schlagend, mit.

Ich spähte durch den Spion. Auf der anderen Seite der Tür war es nicht viel heller als auf meiner Seite. Ich sah fast nichts. Regungslos blieb ich stehen. Noch immer kratzte der Schlüssel. Wie eigenartig! Man merkt doch schnell genug, wenn der eigene Schlüssel nicht mehr paßt!

Langsam gewöhnten sich meine Augen an die Dunkelheit. Der Einbrecher war erstaunlich zartgliedrig. Ich sah langes Haar. Eine Frau, dachte ich voll Erstaunen, es ist eine Frau. Da habe ich aber Glück gehabt! Und ich schlüpfte zurück ins Bett.

Verrückt, daß ich nicht begriff, wer dort stand, daß mir erst morgens beim Aufwachen einfiel: Das war wahrscheinlich das Alabastermädchen. Da tat es mir leid, daß ich die Tür nicht geöffnet hatte. Für sie hätte ich selbst um 2:01 die Tür gut aufmachen können.

Auch sie war also eine Vertraute von Roos gewesen. Auch sie war, genau wie der Vollidiot Bas, im Besitz eines Schlüssels gewesen.

15

Obwohl ich ihn noch immer zum Teufel wünschte, beschloß ich, Bas anzurufen.

»Hast du eine Ahnung, wer das zierliche Mädchen war, das ganz zum Schluß noch kondoliert hat?«

»Ich kann mich an kein zierliches Mädchen erinnern«, sagte er.

»Sie war zart, hatte ein schmales, wachsbleiches Gesichtchen. Lange rote Haare. Sommersprossen.«

»Weißt du sicher, daß sie auch mir die Hand gedrückt hat?«

»Ich erinnere mich nicht mehr. Mir in jedem Fall.«

»Was willst du von dem Mädchen?«

»Sie stand hier heute nacht um zwei Uhr vor der Tür. Versuchte, mit einem Schlüssel reinzukommen.«

»Heute nacht? Wo?«

»In der Wohnung von Roos.«

»Bist du denn schon richtig eingezogen? Schläfst du da denn schon?«

»Seit ein paar Wochen.«

Er sagte nichts, ich hörte ihn nur heftig atmen.

»Sie konnte nicht reinkommen, ich habe das Schloß auswechseln lassen.«

Das wußte er dann auch gleich. Da konnte er seinen Schlüssel wegwerfen.

»Also du hast keine Ahnung, wer das Mädchen gewesen sein könnte?« fragte ich.

»Nein.«

»So gut kanntest du Roos also offenbar nicht«, sagte ich spöttisch.

Er revanchierte sich sofort.

»So ganz auf Draht scheinst du nicht zu sein, was? Wenn du wissen willst, wer das Mädchen war, brauchst du nur in die Kondolenzliste zu schauen. Die hat der Beerdigungsunternehmer dir gegeben.«

Nach seinem Ton zu urteilen, hatte ihn auch das maßlos gekränkt.

»Du hast recht«, sagte ich versöhnlich, »dumm, daß ich daran nicht gedacht habe. Wenn sie sich denn eingetragen hat.«

»Warum sollte sie sich nicht eingetragen haben?«

»Sie machte einen ziemlich verwirrten Eindruck auf mich.«

»Verwirrt? Da ist sie nicht die einzige. Vielleicht habe ich mich dir gegenüber gestern zu rüde ausgedrückt, aber findest du nicht selbst, daß es so nicht weitergeht?«

»Daß was nicht weitergeht?« fragte ich erstaunt, obwohl ich haargenau wußte, worauf er sich bezog.

»Daß du herumläufst, als seiest du Roos. Ich mache mir Sorgen. Gestern habe ich mit einem alten Freund telefoniert, einem Studienkollegen. Er ist Psychiater. Er kenne das Krankheitsbild, sagte er. Offenbar kommt es häufiger vor. Wär das nicht eine Idee, mal mit meinem Freund zu reden? Ich habe seine Telefonnummer jetzt nicht zur Hand, aber er steht in den Gelben Seiten, Pieter Hoppenzak, du kannst ihn nicht übersehen, es gibt nur einen.«

»Danke für den Tip«, sagte ich, »bis dann.«

Die Kondolenzliste hatte ich neben ihr Fotoalbum

ins Bücherregal gestellt. Ich ging damit an das große Wohnzimmerfenster. Als ich darin blätterte und zufällig hinausschaute, sah ich Pleun Mastenbroek. Er umklammerte die Gitterstäbe des Zauns. Ich steckte die Liste in die Tasche und griff mir die Videos, die ich längst hätte zurückschicken müssen. Daß ich, Gott sei's geklagt, auch immer so nachlässig war in diesen Dingen!

Als ich nach draußen kam, hatte er gerade den Zaun losgelassen. Hastig überquerte ich die Straße.

»Hier sind die Videos«, sagte ich, »mit bestem Dank zurück, ich muß jetzt leider schnell weg.«

»Wie schade«, sagte er. »Und? Noch etwas Besonderes darauf entdeckt?«

»Nein«, sagte ich, »sie liegt still da und sonnt sich, sie ist immer allein. Aber es sind natürlich jedesmal nur ein paar Minuten, und sie lag doch ganze Nachmittage da. Haben Sie jemals ein rothaariges Mädchen gesehen?«

»So einen blassen Spargel? Ja, die kam manchmal vorbei, aber sie legte sich nie hin.«

»Natürlich nicht, die wäre verbrannt.«

»Nicht unbedingt, du, mit gutem Sonnenöl...«

»Ist dieses Mädchen vielleicht auch an dem letzten Nachmittag vorbeigekommen?«

»Kann ich mich nicht erinnern, aber könnte durchaus sein.«

»Ich will dann mal los«, sagte ich.

»Wir bleiben in Verbindung«, sagte er.

Während ich langsam wegging und er mir ein paar Schritte folgte, sagte ich über die Schulter: »Ein eigenartiges Hobby hast du.«

»Findest du? Nichts Beruhigenderes, als im Winter

die Videos laufen zu lassen. Meer, Sommer, eine schöne Frau, die sich sonnt. Wirst du wunderbar ruhig. Ein so friedlicher Anblick. Etwas völlig anderes als das, was man im Fernsehen sieht, all diese scheußlichen Sachen. Ich nehme auf, was andere liegenlassen.«

»Da ist was dran«, sagte ich und dachte: Oft steckt im Wahnsinn die schönste Logik.

»Kann ich dich vielleicht irgendwo hinbringen?« fragte er.

»Nein, nicht nötig, ich muß zum Labor. Das ist mit dem Auto schlecht zu erreichen.«

»Zum Labor? Wo sie gearbeitet hat?«

Ich beschleunigte meinen Schritt, hörte meine hohen Absätze klappern. Wenn er mir jetzt nur nicht folgte.

Beim Gehen holte ich die Kondolenzliste aus der Tasche und blätterte darin. Auf der letzten Seite stand: Fiona Sterkenburg, Hausboot Poseidon, Zevenhuizen.

»Das muß sie sein«, sagte ich halblaut zu mir selbst. Früher hätten die Leute befremdet aufgeschaut, wenn man auf der Straße mit sich selbst redete. Jetzt denken alle, daß man ein Handy hat. Gelegentlich kann man von Fortschritt sprechen.

Schade, daß keine genauere Adresse dabeistand. Macht nichts, ein Hausboot im Flecken Zevenhuizen, das mußte zu finden sein. Ich ging zum Bahnhof und blickte dabei ab und an ängstlich hinter mich, um zu sehen, ob Mastenbroek mir etwa folgte. Am Taxistand stieg ich in den vordersten Mercedes. Hundert Gulden pro Tag mußte ich ausgeben, also lag ein Taxi drin. Außerdem: Eine Grande Dame wie ich fuhr nicht Fahrrad.

»Nach Zevenhuizen«, sagte ich.

»Und wo da?« fragte der Taxifahrer.

»Weiß ich nicht genau«, sagte ich, »Hausboot Poseidon.«

»Das kann überall liegen, gemeine Ecke, kann auch an der Kopfseite der Seen sein. Haben Sie keine Adresse?«

»Nein, Hausboot Poseidon, das ist alles, was ich weiß.«

»Da sind überall kleine Flußläufe, Gräben und Teiche, auf denen man schippern kann. Oder hinter einem von diesen Mistdeichen. Ist nicht zu finden, wenn man keine Adresse weiß.«

»Also, Sie verzichten drauf, mich dorthin zu bringen?«

»Davon hab ich nichts gesagt, meine Dame. Wir können zur Post in Zevenhuizen fahren. Da wissen sie es vielleicht.«

Wir krochen eine Weile durch die Stadt, bekamen mehr Tempo im Poldergebiet, wo gigantische Wolken lautlos gen Osten segelten.

Als wir schon fast durch Zevenhuizen gefahren waren, ehe wir überhaupt begriffen, daß wir es erreicht hatten, sahen wir einen Postboten hinter einem dieser beladenen Fahrradgepäckträger ohne Fahrrad laufen. Der Taxifahrer stoppte, drehte das Fenster herunter und fragte: »Wissen Sie, wo die Poseidon liegt?«

»Auf der andern Seite vom Teich«, sagte der Postbote, »dort weiterfragen.«

Wir fuhren weiter. Die ganze Zeit auf schmalen Polderstraßen mit Ausweichbuchten für entgegenkommende Fahrzeuge. Aber es kam keines, und kurz darauf fuhren wir in das Dörfchen auf der anderen Seite des Wassers. Wir hielten an der Post, der Fahrer ließ den Motor laufen, rannte hinein und kam sofort wieder zurück. »Sie wissen es nicht, ich soll lieber den Postboten fragen.« Also fuhren wir im Schrittempo durch das Dorf auf der Suche nach einem einsamen Gepäckträger.

»Noch schön hier«, sagte der Taxifahrer, »alles, was Geld hat, läßt sich hier nieder. Aber wo sind die Postboten? Das einzige, was man hier sieht, sind reiche Leute, die ihren Hund ausführen.«

Das stimmte. Erst als wir an allerlei Bouviers und Teckeln und Rottweilern mit ihren angeleinten Besitzerinnen vorbeigekommen waren, sahen wir einen beschwingt schiebenden Postboten.

»Die Poseidon? Hinterm Wald von Krans bei den Brüdern Heemskerk. Hier zurück, aus der Allee raus, an der Ruine vorbei, am katholischen Kirchhof vorbei, dann am Wald von Krans entlang. Bei der Bushaltestelle rechts abbiegen in den Feldweg. Am Ende siehst du den Bauernhof. Ist aber noch nicht der Hof von den Brüdern Heemskerk, dahin kommst du mit dem Auto nicht. Da einfach jemanden suchen, der dir den Hof zeigt, und die Heemskerks können dann sicher sagen, wo die Poseidon liegt. Kannst nicht einfach hin, brauchst ein Boot für.«

Wir folgten seinen Hinweisen und fuhren auf den Hof. Der Taxifahrer hupte, eine Bäuerin tauchte auf, jagte gackernde Hühner weg und schrie: »Heemskerk? Ja, ein Stück weiter längs, dem Feldweg nach, da weiterfragen.«

Ich zahlte, stieg aus und ging an glitzerndem Wasser entlang. Am Weg blühte noch Sumpfziest, und überall sah ich Kuckuckslichtnelken, und im Wasser entdeckte ich Igelskopf und die spitzen Blätter des

Pfeilkrauts. Während ich ging, vergaß ich, weshalb ich dort war. Eine kleine Brise säuselte in den Blättern der Kopfweiden. Tief atmete ich die spätsommerlichen Düfte ein. Es roch wie früher bei meiner Großmutter.

Großmutter, das Wort, das bei mir nie Fleisch werden würde. Ich grub die Curve Ovals in meine Hand und sagte mit ihrer Stimme: »Wer jetzt noch Kinder in die Welt setzt, ist unzurechnungsfähig.« Leise wiederholte ich den Satz, bis ich den Bauernhof erreichte. Zwei Männer beluden einen Lieferwagen, sahen mich, erschraken halb zu Tode. Wie kann dieser Lieferwagen hier jemals wegkommen? fragte ich mich, und laut fragte ich: »Ist dies der Hof der Brüder Heemskerk?«

»Nein, der ist weiter längs, hier über den Hof, dahinten längs und dann durchs Moordenaarslaantje.«

Schnell setzte ich meinen Weg fort. Was immer sich an Ungesetzlichem dort auf dem Hof mit dem geheimnisvollen Lieferwagen abspielen mochte, ich wollte nichts damit zu tun haben. Wieder kam ich an glitzerndem Wasser vorbei. Am Ufer standen schmutzigbraune Brennesseln. Offensichtlich war man verschwenderisch mit Unkrautvernichtungsmitteln umgegangen.

Am Ende des Moordenaarslaantje landete ich in einer Art Weiler, wo Gewächshäuser und Scheunen und Wohnhäuser bunt durcheinandergebaut worden waren. Mitten auf einer Wiese stand ein Rollstuhl mit einem Zwerg darin.

»Wohnen hier die Brüder Heemskerk?«

»Nein, das ist weiter längs.«

Würde ich das nun immer zu hören bekommen? Ich

ging weiter, folgte einem Weg oben auf einem kleinen Deich, links und rechts reglose Gräben mit durchdringend riechendem Morast. Dann stieß ich auf einen monströsen knallgelben Traktor, auf dem mit Riesenbuchstaben der Name Heemskerk geschrieben stand. Danach kam ich an einem eigenartigen eisernen Dinosaurier mit Rohren und Stangen und Schaufeln vorbei, auf dem derselbe Name quer über die ganze Fahrerkabine gepinselt war. Noch etwas weiter stand ein knallroter Hebekran, auf dem der Name gleich zweimal prangte.

Und dahinter – nichts. Kein Bauernhof, keine Allee, keine Gräben, nur magere Erlen und Eschen. Beim Näherkommen meinte ich einen Pfad zu erkennen. Als ich ihm folgte, merkte ich, daß ich im Zickzack zwischen den Bäumen ging. Dahinter lag schließlich – wer hätte das noch zu hoffen gewagt? – ganz einfach ein Bauernhof mit Ställen und Nebengebäuden und Heuhaufen.

Ich hörte von irgendwoher eine Turmuhr schlagen. Halb eins. Vielleicht aßen sie bei Heemskerks jetzt zu Mittag. Ein roter Kater ergriff die Flucht vor mir. »Bleib doch«, rief ich, »kriegst Sheba.« Andere Katzen tauchten auf, flohen ebenso hastig, eilten alle zu einer in eine obere und untere Hälfte geteilten Tür. Sie sprangen auf den geschlossenen unteren Teil und brachten sich durch den offenstehenden oberen Teil in Sicherheit. Ich ging zur Tür und schaute hinein. Ungefähr vierzig Kühe drehten träge ihre Köpfe zu mir. Die schweren Ketten klirrten.

»Ist da jemand«, rief ich, und als das nicht half: »Hallo.«

Ich ging zu einer anderen Tür, bewegte die Türklinke. Sie ließ sich öffnen. Dahinter lag eine Art Diele. Wieder rief ich: »Hallo.«

Keine Antwort. Ein Flötenkessel begann, zu zischen und zuerst leise, dann zunehmend lauter zu pfeifen. »Jetzt wird bestimmt jemand kommen«, murmelte ich, aber niemand schien sich an dem hohen Pfeifton des Kessels zu stören.

Gleich würde das Wasser verkochen. Kurz entschlossen lief ich zum Gasherd und drehte die Flamme herunter. Ich lief zurück zur Tür, wartete geduldig und rief noch einmal. Der Flötenkessel näselte jetzt eine eintönige Melodie.

Ich ging am Haus entlang. In den Zimmern konnte ich niemanden sehen. Vielleicht arbeiteten sie in einem der Ställe, und ich lief rundherum, öffnete vorsichtig eine Luke und hörte wieder das schwere Klirren der Ketten. Vierzig Kühe, alle noch dorthin starrend, wo ich vorher zu sehen gewesen war, drehten nun träge und mißbilligend ihre Köpfe in meine Richtung. Sie schienen mir eindeutig zu mißtrauen. Über ihren Köpfen schwebten gewaltige, schwarz geteerte Hahnenbalken. Die Kühe waren irgendwo angekettet, aber wo, das konnte ich nicht sehen.

»Ist hier denn überhaupt niemand?« fragte ich die Kühe verzweifelt. Gleichsam als Antwort begannen alle, ihre Köpfe hin und her zu schwingen, wodurch das Geklirr der Ketten symphonische Ausmaße annahm. Ich lief wieder zur Diele mit dem Flötenkessel. In der kurzen Zeit, in der ich weggewesen war, schien die Kulisse wie ausgetauscht. Der Flötenkessel war vom Gasherd genommen worden, der obere Teil der Stalltür war geschlossen, und durch eine offenstehende Tür in der Diele sah ich drei Männer mit Lokkenköpfen und leuchtend orangefarbenen Overalls am Tisch sitzen. Ich ging zur Tür, klopfte und fragte: »Brüder Heemskerk?«

Die drei Männer grinsten mich an, antworteten aber nicht.

»Darf ich Sie etwas fragen? Liegt hier irgendwo die Poseidon?«

»Da können Sie von ausgehen.«

»Aber wo denn?«

»Woll'n Sie dahin? Ist umständlich. Brauchst 'n Boot? Willst unser Boot leihen? Geht Henk wohl eben mit, was, Henk?«

Es erklang ein Grunzen, als versuchte ein Mastschwein, ja zu sagen.

»Was wollen Sie da eigentlich, junge Frau?«

»Fiona Sterkenburg sprechen.«

»Kann nicht angehen, daß jetzt jemand da ist. Heut morgen war alles noch zu. Meistens sind sie da nur am Wochenende. In der Woche siehst du sie nicht oft. Abends manchmal. Aber sie kommen immer von der anderen Seite, also von hier aus haben wir das auch nicht so im Blick.«

»Hätte ich dann auch von der anderen Seite kommen sollen?«

»Ist egal. Von hier aus kannst du da nicht mit einem Motorboot hin, du mußt rudern, und davon halten sie wohl nichts.«

»Ach was«, sagte ein anderer Heemskerk, »ach was, das ist nicht wegen dem Rudern, daß sie... nein, sie haben immer diese Ladungen, dafür ist das Ruderboot viel zu klein. Sie bringen was, und sie holen was.«

Eine etwa siebzigjährige Frau kam herein, stellte

einen riesigen Topf auf den Tisch, wischte ihre rechte Hand an der Schürze ab und streckte sie mir entgegen.

»Clara Heemskerk«, sagte sie.

»Roos Berczy«, sagte ich, und das erschreckte mich ziemlich. Einen Augenblick lang erwog ich, »Entschuldigung, ich meine Leonie Kuyper« zu sagen, aber das wäre töricht gewesen. Und, ach, was machte es schon aus, daß ich mir ihren Namen angeeignet hatte. Namen werden schnell vergessen.

»Wir wollten gerade anfangen, von dem Biest zu essen«, sagte Clara Heemskerk, »es ist nicht ganz die Jahreszeit für Biestmilch, aber Geurtje ist etwas aus der Reihe geraten, sie hat vorgestern gekalbt, also haben wir einen ganzen Schwung Biest. Koos, mach mal einen Stuhl frei.«

Koos schob einfach einen Stapel Zeitungen von einem Stuhl.

»Komm«, sagte er, »setz dich.«

»Ja, aber ...«, sagte ich.

»Kein Aber«, sagte Clara mit Bestimmtheit, »du wolltest doch nicht etwa sagen, daß du überall, wohin du kommst, einen Teller Biest vorgesetzt kriegst, nicht mal in den feinsten Restaurants servieren sie das.«

Ich ging zum frei gemachten Stuhl und setzte mich.

Clara füllte vier riesige Teller, holte aus einem Wandschrank noch ein Wagenrad, stellte es vor mich hin und füllte auch das bis zum Rand.

»Guten Appetit«, sagte Henk.

»Gleichfalls«, sagte Koos.

»Ebenso«, sagte der Heemskerk, dessen Vornamen ich noch nicht kannte.

»Zucker?« fragte Clara mich. »Möchtest du Zucker drüber?«

»Erst einmal so probieren«, sagte ich. Irgendwann einmal hatte ich Biest probiert, aber das war so lange her, daß ich mich nicht mehr an den Geschmack erinnerte. Vorsichtig nahm ich einen Löffel der glitschigen, schmutziggelben, sahnigen Masse. Der Geschmack hatte weder Ähnlichkeit mit Milch noch mit irgendetwas anderem, das ein Mensch essen kann. Während ich probierte, wurde ich aufmerksam von Koos und Henk und Heemskerk Nummer drei beobachtet. Clara schaute nicht zu, sie aß, ohne sich stören zu lassen.

»Du mußt ganz schön davon rülpsen«, sagte Heemskerk drei.

»Klaas!« sagte Clara Heemskerk tadelnd.

»Ist schon gut, Ma«, sagte Heemskerk drei, der also Klaas hieß.

»Und? Wie schmeckt es?« fragte Koos.

»Es ist unglaublich lecker«, sagte ich.

Die drei Brüder legten feierlich ihre Löffel auf den Tisch, nahmen sie dann wieder auf und trommelten mit dem Stiel auf die Tischplatte.

»Du hörst es«, sagte Clara Heemskerk spöttisch, »du hast die Aufnahmeprüfung bestanden.«

Als wir den ganzen Biest aufgegessen hatten, sagte Klaas: »Also, jetzt wollten Sie eben bei der Poseidon vorbeirudern?«

»Wenn es geht. Ich wollte nur sehen, ob Fiona vielleicht da ist.«

»Man kann nie wissen. Wenn sie nicht da ist, ist da vielleicht jemand anders, der weiß, wo sie ist.«

»Ich geh eben mit«, sagte Henk.

»Laß mich mal machen«, sagte Koos.

»Wenn dann niemand da ist, der will, werd ich mich

opfern«, sagte Klaas, und er stand auf, zog mich unsanft hoch und ging dann nach draußen. Ich folgte ihm. Neben einem überwucherten Ziegelweg führte ein ausgetretener Graspfad zum Ufer. Klaas sprang in ein Ruderboot, streckte eine Hand aus, zog mich mehr oder weniger hinein, warf ein Tau los und stieß den Vijfstuivers – so hieß das Boot – mit einem Riemen vom Ufer ab. Als wir mitten auf dem Flüßchen waren, griff Klaas nach beiden Rudern und kam beachtlich in Fahrt.

»Früher legte ich hier abends Reusen«, sagte Klaas, »da holte man morgens armdicke Aale raus. Die pusteten dich an, wenn du sie hinten am Kopf packtest, da kriegtest du richtig Angst. Schlei saß auch viel drin, Burschen waren das, und Karauschen, auch ein fettes Fischchen. Aber am schönsten war doch ein Aal. Hattest du so einen Johnny, dann setztest du ihn in einen Eimer sauberes Wasser. Dann spuckte er alles aus, da war das Wasser am nächsten Tag trübe. Dann tatst du ihn wieder in sauberes Wasser und so weiter, so lange, bis das Wasser kristallklar blieb. Dann war aller Dreck raus, und dann konntest du ihn essen. Aber das dauerte manchmal an die zwei Wochen.«

»Gibt es jetzt keinen Aal mehr?«

»Nein, sitzt nichts mehr drin, nur noch Silberfischchen, groß wie Sicherheitsnadeln.«

Wir erreichten den See. Klaas ruderte schnell vorwärts.

»Da liegt sie«, sagte er und zeigte mit einem der Ruder auf ein riesiges Hausboot, das halb versteckt unter hohen Bäumen lag.

»Es ist offenbar am Ufer vertäut«, sagte ich, »kann man da nicht übers Land hinkommen?«

»Dazu mußt du durch den Wald von Krans. Das geht zuerst prima, aber dann landest du in einem schrecklichen Blubbermatsch. Vielleicht in Gummistiefeln, aber da hab ich so meine Zweifel.«

Als wir an der Poseidon entlangfuhren, sagte Klaas: »Siehst du wohl, totenstill, da ist niemand, alles verrammelt. Wenn da im Moment jemand hausen würde, könnte man durch eine Ritze Licht sehen.«

»Werden die Läden nie aufgemacht?«

»Ne, nie, du kannst nicht sehen, was drinnen passiert. Wenn jemand da ist, sieht man durch die Ritzen in den Läden Licht brennen.«

»Also wohnt da niemand? Was tun sie denn dort? Ist es vielleicht ein Bordell oder so was?«

»Ne, der Pferdchenclub liegt weiter längs, dahin kommst du über Land ganz gut, wär sonst ganz schön lästig, all die Hengste übers Wasser hinzubringen. Ist im Pferdchenclub viel los, kann man's, wenn das Wasser schön still ist, schlingern und stampfen hören.«

Ich lachte. Klaas grinste zutiefst befriedigt. Männer sind einfach gestrickt. Durch nichts fühlen sie sich so geschmeichelt wie durch eine Frau, die über sie lacht. Jeden Mann kann man verliebt machen, indem man genüßlich über seine Witze lacht.

»Haben Sie eine Ahnung, was sich da abspielt?« fragte ich.

»Meiner Meinung nach basteln sie da irgendwas zusammen. Sie bringen was, und sie holen was. Mehr kann ich nicht drüber sagen. Sind immer piekfeine Leute, ordentliche Kerls, und oft auch das Mädchen, so eine...«

»So eine was?«

»Wie soll ich das nun sagen? Ich hab die Leute

eigentlich nur im Dunkeln gesehen. Aber einmal war auch eine Frau in Ihrem Alter dabei, mit genau solchen… genau solchen…«

»Fingernägeln?«

»Wie kommen Sie darauf? Als ich Sie vorhin sah, dachte ich sogar einen Moment, daß Sie… na ja, das kann ja nicht sein.«

»Aber warst du denn so nahe dran, daß du ihre Hände sehen konntest?«

»Wie weit weg kann ich gewesen sein? Fünfzig Meter?«

»Dann kann man im Dunkeln doch keine Hände sehen.«

»Normalerweise nicht, aber sie hatte die Nägel mit Menninge angepinselt. Leuchtend orangerot, genau wie unsere Overalls. Ich wette, daß sie fluoreszierten, es war, als schwebten zehn winzig kleine Lampions übers Wasser.«

16

Der Regen prasselte so wütend gegen das große Wohnzimmerfenster, daß Tijg erschreckt von der Fensterbank sprang und mich ängstlich anblickte. »Ja, Tijg, es ist schon wieder Oktober«, sagte ich, »Zeit für das bedrückende Gedicht von Rilke: *Herr: es ist Zeit. Der Sommer war sehr groß. / Leg deinen Schatten auf die Sonnenuhren…*

Da fing das Telefon bösartig an zu klingeln.

»Leonie Kuyper«, sagte ich.

»Hier Van Stenis. Spreche ich mit der Schwester von Roos Berczy?«

»Sie nannte mich immer ihre Schwester, aber ich bin nicht verwandt mit ihr.«

»Oh, Freek sagte, Sie seien eine Schwester der Verstorbenen.«

»Das kommt, weil sie zu Freek immer von ihrer Schwester gesprochen hat. Und damit meinte sie mich, aber…«

»So kommen Mißverständnisse in die Welt, na gut, ist auch egal. Freek hat mich gebeten, mich gründlicher mit dem Tod von Mevrouw Berczy zu befassen. Ich habe den Arzt gesprochen und bin im Labor gewesen. Für mich ist die Sache erledigt. Dabei gibt es für mich keinen Blumentopf zu gewinnen. Ich habe meine Fühler ausgestreckt und ziehe sie wieder ein.«

»Sie denken, daß…«

»Mevrouw, wenn überhaupt etwas passiert ist, was ich bezweifle, dann ist jetzt doch nichts mehr zu beweisen. Nichts deutet darauf hin, daß etwas passiert ist. Die Lampe hängt da schief bei denen im Labor.«

»Die Lampe hängt da schief?« fragte ich erstaunt.

»Kennen Sie den Ausdruck nicht? Dann werde ich es anders sagen: Schäbiger Verein da in dem Labor. Ich meine: Sie haben die Leute da und das Know-how, um alle möglichen Pillen herzustellen, und was tun sie? Sie machen stumpfsinnige Forschung, womit kein trockenes Brot zu verdienen ist.«

»Aber sie stellen dort durchaus Pillen her«, sagte ich.

»Pillen«, sagte er, »aber keine Pillen.«

Er sprach dasselbe Wort zweimal völlig verschieden aus. Als ich nicht antwortete, sagte er: »Ich meine, Sie könnten da mühelos Ecstasy und Speed und Crack und was weiß ich sonst noch alles herstellen, sie haben alles im Haus, was dazu nötig ist, sie haben da sogar Gewölbe... sind Sie jemals in diesen Kellern gewesen?«

»Ja, als mein Mann da noch arbeitete.«

»Dann brauche ich Ihnen nichts weiter zu sagen. Was für Kerker! So baut Freek sie nicht einmal! Wäre das Labor ein Eros-Center, dann würden in den Katakomben strenge Dominas sich eine goldene Nase verdienen. Man braucht den Kunden nur runtersteigen zu lassen, und schon kommt er zum Höhepunkt.«

»Sie sind offenbar auch runtergestiegen«, sagte ich ironisch.

»Eins zu null für Sie«, sagte Van Stenis anerkennend, »ja, ich bin unten gewesen, und was bekam ich zu sehen: leere Katakomben. Ich verstehe das nicht.

Kein Hahn würde danach krähen, wenn man da Ecstasy machen würde. Sie haben alles im Haus. Oben dreht man dumme Blutdruckpillen, und unten ...«

»Es sind anständige Menschen«, sagte ich.

»Genau, wo findet man die heutzutage noch? Sie haben recht, und weil Sie recht haben, sage ich: Da ist nichts passiert. Würden da unten Ecstasy und Speed und Crack hergestellt, zehn zu eins, daß früher oder später einer von denen da oben unter verdächtigen Umständen den Löffel abgeben würde, denn je einfacher der dicke Zaster verdient wird, desto mehr trachtet man einander nach dem Leben, aber so ... ich habe nichts Besonderes entdecken können. Freek sagt immer: ›Sie haben ihr was in den Kaffee getan, eine gemeine Pille mit verzögerter Wirkung!‹ Wenn das wahr ist, muß es eine verflixt schlaue Pille gewesen sein. Nein, dieser Kaffee ... sie hat nach Aussage der Kaffeefrau einen Becher Kaffee getrunken, bevor sie wegging. Um halb eins. Sofort danach ist sie, laut der Alten, aus dem Labor gegangen. Und das wird bestätigt von einigen der Leute, die auch in dieser Kantine waren ...«

»Sie haben da gar keine Kantine.«

»Stimmt, ich sage doch, daß das ein primitiver Haufen ist, sie haben nicht einmal eine manierliche Kantine, die Kaffeemaschine steht in einem schmuddeligen Arbeitsraum mit Tischen an den Fenstern, in denen man den Holzwurm nagen hört.«

»Das ist ein Praktikumssaal.«

»Kann sein. Meiner Meinung nach 19. Jahrhundert. Die Zeit ist da stehengeblieben. Ich versichere Ihnen: Wo die Zeit stehengeblieben ist, begehen die Leute keine Morde.«

»Wenn das nur wahr wäre.«

»Ach, Mevrouw, was wissen Sie schon davon? Drogen, darum dreht sich heutzutage alles, außer, so verrückt es auch klingt, in so einem dunklen alten Loch, wo sie alles zur Hand haben, um das teuerste Zeug zu fabrizieren. Das ist das einzige Geheimnis, auf das ich gestoßen bin.«

»Ihrer Meinung nach war es also ein Sonnenstich.«

»Dafür lege ich meine Hand ins Feuer. Ich werde zu Freek sagen: ›Kumpel, das bringt nichts.‹ Jetzt habe ich nur noch ein kleines Problem, und deshalb rufe ich Sie an. Freek sagte mir, ich könne Ihnen die Rechnung schicken. Stimmt das?«

»Das stimmt«, sagte ich.

»Ich werde Ihnen einen Überweisungsträger beilegen.«

»Ich würde lieber bar bezahlen.«

»Schwarz? Oh, das geht auch, gern sogar, dann brauche ich es nicht zu verbuchen. Paßt es Ihnen, wenn ich jetzt gleich vorbeikomme, ich muß für einen anderen Auftrag sowieso in die Gegend fahren.«

»Ich bin den ganzen Vormittag zu Hause«, sagte ich.

»Wir sehen uns gleich. Ich bekomme dann dreitausend Gulden von Ihnen.«

Bist du von Haus aus sparsam, dann bleibst du es, selbst wenn du hundert Gulden am Tag ausgeben mußt. Also ging es mir nah, diesem Kerl in dem tadellos geschnittenen Anzug, der zehn Minuten später bei mir vor der Tür stand, einfach dreitausend Gulden zu bezahlen. Ohne daß ich ihn darum gebeten hatte, war er genüßlich in die Kellergewölbe hinabgestiegen. Und ich sollte dafür blechen?

Aber ich hatte nicht protestiert, als er fragte: »Stimmt das?« Denn er schien für mich, indem er von den leeren Katakomben und den Möglichkeiten, dort ungesehen Ecstasy zu fabrizieren, das Rätsel des Hausboots gelöst zu haben. War die Poseidon ein kleines Labor, in dem irgendwer Ecstasy-Pillen und anderes Dreckszeug herstellte? Hatte Roos sich darauf eingelassen? Wie sonst war ihr Reichtum zu erklären? Einfach so fünfzigtausend Gulden in einem Bankschließfach und dazu noch ein hübsches Taschengeld in allerlei Nachschlagewerken. Pelze, ein schwarzer Saab, ein teures Apartment, für das die Hypothek schon abbezahlt war. Eine Garderobe wie für eine Fürstin und dazu ungefähr genauso viele Schuhe wie Imelda Marcos von den Philippinen.

Ein kurzer Satz von diesem Van Stenis hatte sich bei mir festgehakt: »Je einfacher der dicke Zaster verdient wird, desto mehr trachtet man einander nach dem Leben.«

Wenn Roos atemberaubende Summen in einem schwimmenden Labor dazuverdient hatte, tauchte ein riesiges Problem vor mir auf. Dann war ihr Geld beschmutzt, besudelt, dann wollte ich lieber nichts mehr davon ausgeben. Aber was sollte aus ihren Lieblingen, ihren Katzen, werden? Zurück in meine Wohnhöhle an der Burggravenlaan und die Katzen mitnehmen? Hoffentlich wollten sie dann Whiskas fressen, denn Sheba würde ich mir nicht leisten können. Raus aus diesem herrlichen Apartment? Wie schwer es mir fiel, dem ins Auge zu sehen! Mich von ihrer phantastischen Garderobe trennen? Mich von dem trennen – und das war vielleicht noch das Schlimmste –, was sich als eine Art neues Lebensgefühl erwiesen hatte:

mich selbst ausradieren, eine Schwester von Roos werden.

Mußte ich jetzt zu Graafland gehen und sagen: »In einem Hausboot hat Roos Ecstasy-Pillen fabriziert, also beruht ihr ganzer Besitz auf schmutzigen Geschäften. Es tut mir schrecklich leid, damit will ich nichts zu tun haben, ich trete von allem zurück.« Ginge das? Eine Menge Dokumente hatte ich schon unterschrieben. O mein Gott, was für ein Elend.

Ich ging zu der – auch schon wieder so etwas! – großartigen Stereoanlage von Roos. Ich legte ein Musikstück auf, das ganz allein mir gehörte, denn ich war nie jemandem begegnet, der es kannte, die *Kantate zu Ehren von Josef Spendou* von Franz Schubert. Vor allem an den Schlußchor habe ich mein Herz verloren, so innig, so herzzerreißend, so anrührend schön. Und nach dieser Kantate legte ich ein anderes unbekanntes, kleines Wunderwerk von Schubert auf: die langsame Einleitung des ersten Satzes aus der Symphonie in E-Dur. Schubert selbst hat diese Symphonie nur skizziert, andere haben sie vollendet, aber diese Einleitung stammt von ihm selbst, auch die dazugehörige ergreifende Instrumentierung. Als die Musik gedämpft und erschütternd aus Roos' Boxen erklang und ich sie so genau wie möglich mitsummte, um für einen Augenblick von dem elenden moralischen Dilemma erlöst zu sein, das vor mir aufgetaucht war, liefen meine Gedanken dennoch von selbst weiter.

Van Stenis hatte mir nichts Neues erzählt, ich hatte es bereits vermutet. »Sie bringen was, und sie holen was.« Und alles abends und nachts, im Dunkeln. Ach ja, ich wußte es schon, aber ich wollte dem nicht ins Auge sehen, ich hatte es die ganze Zeit verdrängt.

Vielleicht war es nicht Roos gewesen, dort abends auf dem See. »Als schwebten zehn winzig kleine Lampions übers Wasser.« So erstaunlich leicht aufzuspüren war man, wenn man mit solchen irrsinnigen Nägeln herumlief. Oder sollten es die künstlichen Nägel einer anderen Frau gewesen sein, die auf dem Wasser fluoreszierten? Oh, sicher, bei Indian Way wurden Curve Ovals am laufenden Band verkauft, fast jede Frau lief damit herum.

»Oh, Roos, das ist doch nicht möglich«, stöhnte ich, während Schubert nach diesen erstaunlichen Eröffnungstakten zu einer munteren Melodie ansetzte. Ich ging zum CD-Player und ließ ihn zu dem unnachahmlichen langsamen Satz von D 729 weiterspringen.

Dann suchte ich, genau wie ich es an jenem Abend getan hatte, als ich nach der Ruderfahrt mit Klaas Heemskerk wieder zu Hause war, in ihrer eindrucksvollen Nagellack-Kollektion nach dem fluoreszierenden Orangerot. Daß du, wenn du Ecstasy-Pillen herstellen wolltest, ausgerechnet mit Nägeln loszogst, die auf ungefähr fünfzig Metern Entfernung im Dunkeln zu sehen waren! Das war typisch Roos, der machte das nichts aus. Courage brauchte man.

Genau wie an dem Abend nach meiner Hausbootmission konnte ich auch jetzt das fluoreszierende Orangerot nicht entdecken. »Also kann sie es nicht gewesen sein«, sagte ich zu Tijg, der mir natürlich nicht von der Seite wich. Denn wo ich war, da war auch Tijg mit seinen *prunelles pâles*. Und Tijg blickte mich verständnisvoll an. Es war, als wollte er sagen: »Fläschchen leer, ist schon längst entsorgt.«

Also ging ich jetzt, da ich es sicher wissen mußte,

ob die Finger von Roos an den zehn kleinen Lampions gesessen hatten, zu dem Geschäft, wo sie ihr Make-up gekauft hatte. Es regnete noch immer. Ich ging unter ihrem Schirm, meinen hatte ich in der Wohnhöhle zurückgelassen, wie ich fast alles zurückgelassen hatte. Was sollte ich anfangen, wenn es sich als unumgänglich erwies, daß ich auf ihren Besitz verzichtete?

Bei Ici Paris schaute so ein unreifes Ding mich mitleidig an, als ich fragte, ob sie fluoreszierenden orangeroten Nagellack verkauften. Wieder so ein Gruftie, die in die Disco will, sagten ihre kalten Augen. Als sie mir mitteilte, daß sie eine so vulgäre Farbe nicht führten und ich es bei Etos versuchen solle, kam eine Verkäuferin in meinem Alter hinzu, die mich scharf musterte. Das junge Ding sagte zu ihr: »Mevrouw sucht fluoreszierenden orangeroten Nagellack.« Die Frau sagte: »Ich erinnere mich, daß Sie schon mal danach gefragt haben.« Sie starrte mich an und fragte dann: »Haben Sie Ihr Gesicht liften lassen?« »Nein«, sagte ich. »Oh«, sagte sie, »dann weiß ich es nicht, Sie sehen auf jeden Fall anders aus als früher.« »Aber doch nicht jünger«, sagte ich. »Nein«, sagte sie, »aber Sie wären nicht die erste, bei der es mißlungen ist.«

Bei Etos, wohin ich anschließend flüchtete, verkauften sie ebensowenig einen solchen Nagellack. »Wir haben vor einiger Zeit grün fluoreszierende Hexennägel gehabt«, sagte das Mädchen, »aber die gingen überhaupt nicht, die haben wir aus unserem Sortiment genommen. Versuchen Sie es mal im Discoladen.«

Schließlich war meine Mission doch noch erfolgreich. Roos hatte bei Ici Paris vergeblich nach fluoreszierendem orangerotem Nagellack gefragt, hatte also aller Wahrscheinlichkeit nach weitergesucht und ihn auch gefunden. »Als schwebten zehn winzig kleine Lampions übers Wasser.« Wer anders als Roos konnte das gewesen sein?

Beim Discoladen zögerte ich. Sollte ich hineingehen? Im Schaufenster hingen Fledermausposter. Glücklicherweise habe ich vor denen weniger Angst als vor Spinnen. Fledermäuse sind vielleicht sogar nett. Es ist idiotisch, daß sie mit Vampirpraktiken assoziiert werden. Zugegeben, es gibt Fledermausarten, die ausschließlich von Blut leben, aber die kommen, Gott sei Dank, in den Niederlanden nicht vor.

Die Tür stand einladend offen. Drinnen war es nicht nur stockfinster, sondern man wurde aus pechschwarzen Lautsprechern mit irgendeinem Heavy-Metal-Gedröhn oder etwas vergleichbar Schrecklichem beschallt. Ich riß mich zusammen, brach durch die Geräuschmauer und ging hinein, anfangs sah ich praktisch gar nichts, entdeckte aber nach einer Weile ein in schwarzes Latex gehülltes Monster mit abstehendem Wuschelhaar und Ringen durch Ohrläppchen, Augenbrauen und Nasenscheidewand. Ob männlich oder weiblich, bekam ich nicht heraus, und das machte mich äußerst unsicher.

»Haben Sie fluoreszierenden Nagellack?«

»*Yes*«, sagte die Erscheinung, »rot oder grün?«

»Rot«, sagte ich.

Sie griff, ohne sich umzusehen, hinter sich und stellte ein Fläschchen giftgrünen Lack vor mich hin. In der Dunkelheit leuchtete die Farbe grell auf.

»Das ist Grün«, sagte ich.

»Kann gut sein«, sagte die Erscheinung, »ich bin farbenblind.«

Wieder ein Griff nach hinten. Noch einmal ein Fläschchen Giftgrün.

»Wieder verkehrt«, sagte ich.

»Dann wird das Rot alle sein.«

Die Erscheinung stand klirrend auf, drehte sich um, tat wieder einen Griff und sagte: »Ist das Rot?«

»Das ist Rot«, sagte ich.

»Fünfzehn Miese.«

Da konnte ich es nicht übers Herz bringen zu sagen, daß ich es nicht haben, sondern nur wissen wollte, ob es das überhaupt gab. Ich hielt einen Zehner und zwei Rijksdaalder hin. Die Erscheinung drückte mir das Fläschchen unverpackt in die Hand, und ich verließ den Discoladen. Sogar draußen, im Hellen, war es noch eine Farbe, grell wie eine Verkehrsampel, die einen fast blendete. »Roos«, murmelte ich, »Roos, Roos, Roos.«

Wieder zu Hause, nahm ich erst einmal all ihre Ringe von den Fingern. Dann zog ich mir vorsichtig Mogelnagel nach Mogelnagel von den Händen. Dank der Klebestreifen zwischen gemogelten und echten konnte man das, sie saßen nicht so bombenfest wie zuerst. Dennoch stieß ich so viele Schmerzensschreie aus, daß der gesamte Katzenbestand mit schwingenden Schwänzen angelaufen kam. Ich entfernte die Ohrclips, zog ihren prächtigen Pullover aus, streifte mir vorsichtig das Bodykorsett vom Leib und zog ihren Pullover wieder an. Das mußte ich wohl, denn meine eigenen Kleider hatte ich mehr oder weniger komplett in den Behälter der Altkleidersammlung geworfen. Ich zog ihre Stiefel aus und zog ein paar alte Stiefel von mir an. Mein eigenes Schuhzeug hatte ich, Gott sei Dank, aus Angst vor Blasen noch nicht weggeworfen. Sie hatte zwar dieselbe Schuhgröße wie ich, hatte aber immer viel höhere Absätze.

Ich rieb mir das Make-up vom Gesicht und blickte mein eigenes graues Gesicht an. Selbst mit ihrem Make-up hatte ich offenbar das Gesicht von jemandem, der ein Face-Lifting hatte machen lassen, was mißlungen war. Wollte ich Roos weiterhin ähneln, dann mußte mein Haar schon bald wieder geschnitten werden. Aber das war nicht mehr nötig, und bitter sagte ich zu den Katzen: »Dieser Sohn der Friseuse, dieser Drehtür-Kriminelle, das ist also kein Zufall.«

Dann ging ich wieder auf die Straße und kaufte bei Digros ein paar Tüten Chips. Ich ging damit zurück nach Hause. Es regnete nicht mehr, die Sonne schien, Mijna würde jetzt auf der Sonnenuhr sehen können, wie spät es war. In den Schaufenstern sah ich mein Spiegelbild. Die Person da... wie furchtbar gern hätte ich Abschied von ihr genommen. Eine schüchterne Transuse, die beim Anblick eines Kinderwagens vollständig die Fassung verlieren konnte. Zum Glück sah man die hochrädrigen Wagen nicht mehr, diese schwerfälligen Mammutvehikel aus meiner Jugend. Die waren durch kleine Wagen ersetzt worden, die in einen Fahrstuhl paßten oder, zusammengeklappt, in ein Auto. Die Urkinderwagen sah man höchstens noch in Vierteln, in denen Ausländer wohnten, und dorthin ging ich der Kinderwagen wegen aus purem Selbsterhaltungstrieb vorsichtshalber nicht. Allerdings war es immer noch möglich, daß ich einem Vater oder einer Mutter mit einem altmodischen Bollerwagen hinter dem Fahrrad begegnete, unter dessen Plastikdach so ein Knirps lag und am Daumen lutschte. Genauso wie ich früher bei den Kinderwagen die Fassung verlor, so geriet ich jetzt bei diesen Wägelchen aus dem Gleichgewicht.

Wie gern hätte ich endgültig Abschied von mir selbst genommen. Eines wußte ich jetzt: Daß du mit den Attributen einer anderen erstaunlich weit kommen kannst. Ohrclips, die du mit Klebstoff befestigen mußt, wovon dir die Ohrläppchen brennen. Hohe Hacken, auf denen du stolperst. Eine Art Korsett, dessen Fischbeinstäbchen dir in den Rücken stechen, wenn du nur einen Augenblick erschlaffst. Künstliche Nägel, die unaufhörlich dafür sorgen, daß du dich nicht wohl fühlst in deiner Haut. Mit diesen Attributen kannst du nicht vergessen, daß du eine Rolle spielst. Und auch, wenn es vielleicht etwas von einer Bußübung an sich hat, du bist eine andere, du bist, um mit Mandelstam zu sprechen, *aus der Trauer, der tiefen* auferstanden, du bist eine Frau, die der Anblick eines Kinderwagens und eines daumenlutschenden Knirpses unberührt läßt, und deshalb erlebst du die Buße nicht als Strafe, sondern als eine unverhoffte Form der Befreiung.

17

Tijg«, sagte ich, »ich wollte, ich hätte jemanden, mit dem ich darüber sprechen könnte. Graafland? Ach nein, dieser Scherzbold mit seinem prächtigen Schnauzbart und seinem ›Auge‹ … nein, einfach jemanden, der zuverlässig ist. Nun rächt es sich, daß ich keine Freundinnen mehr habe. Immer, wenn sie Kinder bekamen, habe ich die Freundschaft einschlafen lassen. Dieses Herumgemache und -getue mit so einem Knirps, ich konnte es nicht mit ansehen. Es machte mich so schrecklich traurig. Und jetzt wird eine nach der anderen schon Großmutter. Es füllt ihr Leben aus, sie reden über nichts anderes mehr. Ich kann es ihnen nicht übelnehmen, aber ich kann den Kontakt mit ihnen nicht aufrechterhalten, es schmerzt zu sehr.«

Tijg hob eine Pfote wie ein Pastor, der am Ende eines Gottesdienstes den Segen sprechen will, blickte mich an, schloß dann die Augen, wandte den Kopf und starrte nach draußen.

»An dir habe ich auch nichts«, sagte ich, »obwohl du eine wichtige Voraussetzung erfüllst: Du hast Roos gekannt. Ich brauche jemanden, der sie gut gekannt hat.«

Am späten Nachmittag stieß ich bei Digros in der Gemüseabteilung auf Riet Goudsblom.

»Was für ein Zufall, Kindchen«, sagte sie, »wir haben heute morgen beim Kaffee von dir gesprochen. Eine französisch-kanadische Pharmakologin wird einen Monat lang bei uns arbeiten. Wir haben uns gefragt, ob sie vielleicht bei dir wohnen könnte?«

»Bei mir wohnen, warum bei mir?«

»Wir haben schon früher ein paarmal Besuch gehabt. Die haben dann meistens bei Roos gewohnt.«

»Wenn es eine sympathische Frau ist...«

»Ich hab sie einmal auf einem Kongreß getroffen. Netter Mensch.«

»Und wann...«

»Schon bald. Denk in Ruhe drüber nach. Bei mir geht es auch, aber mich mögen die meisten nicht, bei dir fühlt sie sich zweifellos sofort wohl.«

»Ich werde drüber nachdenken. Hast du vielleicht Lust, morgen abend zu mir zum Essen zu kommen? Oder übermorgen? Du hast Roos gut gekannt, ich wollte...«

»Morgen abend würde es mir passen. Um welche Zeit?«

»Direkt nach dem Labor?«

»Dann bin ich um halb sechs bei dir.«

Ich machte eine Senf-Porree-Suppe und backte meine Superquiche mit einer Füllung aus Champignons, geriebener Sellerie, Zwiebeln, Tomaten und Käse.

»Die kannst du der Kanadierin auch vorsetzen«, sagte Riet Goudsblom anerkennend, als ich die Quiche vorsichtig auf den Tisch stellte, während draußen der Regen mit stochastischen Pausen gegen die Scheiben prasselte.

»Oh, du gehst also schon davon aus, daß sie hier wohnt«, sagte ich.

»Ja«, sagte sie, »warte ab. Du wirst ganz begeistert von ihr sein. Und was liegt dir wegen Roos auf dem Magen?«

»Ich habe so die Vermutung, daß sie abends und an den Wochenenden in einem Labor arbeitete, wo Ecstasy und solches Zeug hergestellt werden.«

»Himmel! Wehnagel dachte das auch, er wollte sie schon zur Rechenschaft ziehen. Vor kurzem hat er noch zu mir gesagt: ›Irgendwann setzt sie den guten Namen, den unser Institut auf der ganzen Welt hat, aufs Spiel.‹ Ich glaube, daß er sogar jemanden beauftragt hat, herauszufinden, was sie so trieb. Soweit ich weiß, hat er nichts gefunden. Da müßtest du Eduard selbst fragen.«

»Mit dem stehe ich nicht auf so gutem Fuß«, sagte ich, aber ich mußte daran denken, daß er mit seiner Rede auf der Beerdigung vieles gutgemacht hatte. Er hatte die schöne Bibelstelle zitiert. »In der Blüte ihrer Tage mußte sie dahingehen und den Rest ihrer Jahre entbehren.« Noch immer wußte ich nicht, wo das stand. Wie sollte ich das herausbekommen? Ich konnte wohl kaum die ganze Bibel schnell noch einmal lesen.

»Mit Eduard kommt man ganz gut aus, wenn man ihn richtig kennt«, sagte Riet.

»Also, er dachte ...«

»Nicht nur er, ich auch. Sie schwamm in Geld. Ich habe sie einmal gefragt: ›Wovon bezahlst du das alles?‹ Sie sagte: ›Meine Eltern haben mir viel hinterlassen.‹«

»Wäre das nicht möglich?«

»Es waren ungarische Flüchtlinge, die völlig mittellos in die Niederlande gekommen sind.«

»Ihr Vater soll hier …«

»Kann sein, aber ich denke eher … nein, es sollte mich nicht wundern, aber gut, was ist nun das Problem?«

»Sie hat mir alles vererbt. Was soll ich machen? Unsauberes, schmutziges Geld. Kinder schlucken diese Pillen und sterben daran.«

»Ist ihre eigene Schuld.«

»Kann sein, aber ich finde … ich habe immer zu ihr aufgesehen, aber jetzt … ich weiß wirklich nicht, was ich machen soll. Am liebsten würde ich auf alles verzichten, aber ich habe alles unterschrieben, und was soll dann mit den Katzen geschehen?«

»Auf alles verzichten? Das passiert sowieso. Die Steuer nimmt dir sofort achtundsechzig Prozent oder so etwas ab. Dann bist du das meiste schon los.«

»Ja, aber sie hatte so viel, sie hatte Aktien … ich habe dem Notar gesagt, daß ich die verkaufen wolle, und darüber bin ich nun kürzlich benachrichtigt worden. Es wird einem schwindlig, wenn man sieht, wieviel Geld aufs Konto der Berczy-Erben geflossen ist.«

»Geht auch an die Steuer.«

»Es bleibt viel übrig, was soll ich damit? Das ist Blutgeld, verdient auf dem Rücken all der Drogenabhängigen. Ich will nichts damit zu tun haben. Hätte ich die Aktien nur behalten, kaum waren sie verkauft, gingen die Kurse auf Talfahrt.«

»Was kann ein Mensch doch für furchtbares Pech haben«, sagte Riet Goudsblom fröhlich.

»Ja, du lachst darüber, aber …«

»Sieh es mal anders, Kindchen. Roos hatte vielleicht Probleme mit ihrem Gewissen. Ich meine, wir brauchen hier nicht über sie zu richten, aber wie sie lebte … Vielleicht dachte sie deshalb: Ich muß mein Geld einem integren Menschen hinterlassen, der, im Gegensatz zu mir, auf der richtigen Seite lebt. Dann weiß ich sicher, daß nichts damit passiert, wofür ich mich nach meinem Tod schämen müßte.«

Das war ein so unerwartet neuer Gesichtspunkt, daß ich nicht sofort etwas erwidern konnte. Riet fuhr fort: »Spende das Geld. Adoptiere so ein armes Würmchen in Afghanistan. Bring es zu den SOS-Kinderdörfern. Überweise es auf ein Konto der Leprakranken oder der Ärzte ohne Grenzen. Ich habe für dich noch ein paar Überweisungsträger liegen.«

»Und so besänftigst du dann dein Gewissen«, sagte ich bitter.

»Ecstasy und Crack«, sagte Riet, »sind schrecklich und böse, aber denk nicht, daß du in einem Labor wie dem unsrigen besser dran bist. Gesetzt den Fall, du hast phantastische Forschungsergebnisse. Was passiert? Sie verschwinden im Dschungel der Pharmaindustrie. Zehn zu eins wird deine Arbeit beim Kampf um Leben und Tod eingesetzt. Neulich las ich in einem Fachblatt etwas über Kalziumantagonisten. Die nimmst du gegen hohen Blutdruck. Aus einer englischen Untersuchung geht hervor: Konsumiert der Patient außerdem eine Grapefruit, dann kann er hopsgehen. Was passiert? Alle Fabrikanten anderer blutdrucksenkender Mittel posaunen es in die ganze Welt. Exit für die Produzenten von Kalziumantagonisten. Niemand will mehr ihre Pillen schlucken.«

»Was für ein Unsinn, du kannst doch deine Grapefruit stehenlassen?«

»Ja, natürlich, aber die Menschen hören schlecht zu. Sie schnappen die Information auf: Kalziumantagonisten, schlimmes Zeug, und verlangen daraufhin von ihrem Hausarzt ein anderes Mittel.«

»Gut, aber das ist doch nichts, verglichen mit Ecstasy?«

»Meinst du? Ich bin später dahintergekommen, daß die Produzenten anderer blutdrucksenkender Mittel diese prächtige Grapefruit-Studie finanziert hatten. Und das ist nur ein Beispiel, aber ich könnte dir Dutzende nennen.«

Noch bevor sie den Satz zu Ende gesprochen hatte, summte die Türklingel. Der Spion verriet die schmächtige Gestalt von Freek Volbedas. Wasserdicht konnte man diese Sicherheitsanlage nicht nennen. Ich öffnete die Tür. Freek schob mich beiseite, stapfte herein, warf die Wohnungstür zu und sagte wütend: »Entschuldige, daß ich so hereinplatze, aber du hast mich, verdammt noch mal, reingelegt. Du bist nicht ihre Schwester.«

»Ich habe nie behauptet, daß wir verwandt waren.«

»Du hast gesagt, du bist ihre Schwester, und ich hab dir prompt geglaubt, ich bin, Himmel Sakrament, mit offenen Augen drauf reingefallen, ich hör es grade von Piet van Stenis und dachte: Da werd ich gleich mal klare Verhältnisse schaffen.«

»Ich habe ein paarmal versucht, dir zu sagen, daß es sich um ein Mißverständnis handelt, aber du hast nicht zugehört.«

»Du hast mich, Himmel Sakrament, beschummelt.«

»Komm doch rein, ich habe zwar Besuch, aber das macht nichts.«

Wir gingen ins Wohnzimmer, ich machte Riet und Freek miteinander bekannt und sagte dann zu Freek: »Du hast mir erzählt, daß sie immer von ihrer Schwester sprach.«

»Na und?«

»Sie hatte keine Angehörigen. Wenn sie von ihrer Schwester sprach, meinte sie mich.«

»Kann ich bestätigen«, sagte Riet, »wenn Roos im Labor von ihrer Schwester sprach, meinte sie Leonie.«

»So, also Sie arbeiten auch in diesem Scheißlabor. Haben Sie ihr vielleicht irgendeine gemeine Pille gegeben, die ihr den sogenannten Sonnenstich verpaßt hat?«

»Wenn wir solche Pillen machen könnten, wären wir steinreich. Danach gäbe es mehr Nachfrage als nach Schwarzbrot.«

»Es ist doch zum Total-Verrücktwerden. Roos wird ermordet, aber niemand will es glauben. Setz ich Piet van Stenis drauf an, und was kriege ich zu hören? ›Mit dem Fall kann ich keinen Blumentopf gewinnen.‹ Der kann mir nur erzählen, daß die sogenannte Schwester kein bißchen ihre Schwester ist. Wovon ich auch wieder nicht die Bohne kapier, denn du siehst... du sahst ihr doch ähnlich, wie aus dem Gesicht geschnitten. Es ist wahr, jetzt sitzt dein Haar anders, aber doch... ich möchte euch alle zusammen eine nach der andern durchschütteln, um die Wahrheit rauszukriegen, in diesem Scheißlabor...«

»... machen wir auch Beruhigungstabletten, mit denen Ihnen geholfen wäre«, sagte Riet.

»Beruhigungspillen?« raste Freek. »Ich? Ich bin ruhig, vollkommen ruhig.«

»Ja, im Auge des Orkans ist es windstill«, sagte Riet.

Freek sah sie lauernd an, ließ sich dann kommentarlos auf einen Stuhl fallen und sagte: »Niemand redet mir aus, daß sie ermordet worden ist. Von Piet höre ich, sie hat noch einen großen Becher Kaffee getrunken, bevor sie wegging. Dieser Kaffee, darauf setze ich meinen Kopf, da war was drin, irgendein gemeines Zeug…«

»Wenn Sie das denken, kann ich Sie sofort aufklären«, sagte Riet, »ich bin zusammen mit ihr nach unten gegangen. Mijna hatte gerade frischen Kaffee gemacht. Für Roos habe ich dann einen Becher aus dem Apparat geholt, weil sie mit ihren Nägeln immer Probleme damit hatte. Danach einen für mich. Wenn etwas in dem Kaffee gewesen wäre, müßte ich auch tot sein.«

»Oder Sie haben selbst… Sie ließen den Kaffee hineinlaufen, und als sie gerade nicht hinguckte… war jemand dabei?«

»Jemand? Wir standen da zu sechst. Gleich nach mir haben sich zwei Studenten und eine Chemielaborantin und unsere Sekretärin einen Becher Kaffee genommen. Die leben nicht nur alle noch, sondern schauten mir auch auf die Finger.«

»Wird wohl stimmen«, sagte Freek dumpf, »aber…«

»Haben Sie gewußt, daß sie sich in irgendeinem Ecstasy-Labor als Chemielaborantin etwas dazuverdiente?« fragte Riet.

»Wer? Roos? Wie kommen Sie darauf? Sind Sie denn wahnsinnig?«

»Das sagen Radsportler und Fußballer auch immer, wenn sie gefragt werden, ob sie verbotene Mittel eingenommen haben«, antwortete Riet gleichmütig.

Freek hörte kaum zu, er schrie: »Sie? Machte Ecstasy? Davon glaub ich nicht die Bohne, keinen Dreck, keinen Scheiß, keinen…«

»Hör auf«, sagte Riet, »inzwischen ist uns klar, wie Sie darüber denken.«

Freek sah uns abwechselnd mit einem Blick an, als wollte er auf uns losgehen, und zischte dann durch die Zähne: »Ein Paar schleimige Schlammkäfer! Sitzen da zu zweit bei einer lumpigen Mahlzeit mit diesen ekligen, klebrigen Giftpilzen drin und lästern über Roos. Roos! So ein Mordsmädchen, so ein Wahnsinnsweib. Gesegnete Fortsetzung zusammen.«

Er rannte aus dem Wohnzimmer. Gleich darauf fiel die Tür krachend ins Schloß.

Nachdem wir uns von dem Schreck erholt hatten, sagte Riet: »Es ist nicht zu fassen, daß Roos mit solchen Rüpeln umging. Dann forderst du doch geradezu heraus, daß es böse mit dir endet, oder?«

In der Nacht träumte ich, daß ich mit Riet an einer Mühle vorbeiging. An deren Fuß standen Rettungswagen mit Blaulicht. »Das kommt davon«, sagte Riet, »wenn man die Flügel verlängert. Jeder, der darunter durchgeht, wird getroffen.«

»Sollten wir nicht dem Müller Bescheid sagen?« fragte ich.

»Das hilft nichts«, sagte sie, »er ist der Rüpel.«

18

Das Telefon zirpte wie eine Heuschrecke mit Halsweh. Ich nahm ab.

»Hallo«, sagte ich.

»Hier Bas. Riet hat dir, glaube ich, schon erzählt, daß wir wieder eine Gastwissenschaftlerin bekommen. Diesmal eine Kanadierin aus Quebec. Früher hat Roos sich immer unserer Wissenschaftlerinnen angenommen. Würdest du so freundlich sein…«

»Warum? Ich habe nichts mit dem Labor zu tun.«

»Aber du gehörst doch zu uns! Außerdem kannst du gut Französisch.«

»Sie spricht sicher auch ausgezeichnet Englisch.«

»So ein paar Worte Französisch, dann fühlt sie sich gleich zu Hause. Außerdem hast du Zeit, dich um sie zu kümmern, ihr die Stadt zu zeigen, Einkaufsbummel mit ihr zu machen und solche Sachen.«

»Ach komm, mach mir nicht weis, daß du keine Zeit hast, mal kurz mit ihr in die Stadt zu gehen.«

»Hör mal zu«, sagte er und dämpfte seine Stimme, »du kennst Marjolein. Sie ist leider krankhaft eifersüchtig. Diese Kanadierin sieht auffallend gut aus. Wenn ich mit ihr losziehe, gibt es zu Hause ein fürchterliches Theater. Du würdest mir einen großen Gefallen tun, wenn du dich um sie kümmerst.«

»Ich habe gar nicht gewußt, daß Marjolein so eifersüchtig ist.«

»Ich könnte dir Bände erzählen! Immer wieder dachte sie, ich hätte was mit Roos.«

»Du hattest auch was mit Roos.«

»Früher, in unserer zarten Jugend, lange bevor Marjolein Chemielaborantin bei uns wurde.«

»Du hattest noch immer einen Schlüssel.«

»Das war ihr Reserveschlüssel. Er steckte in der Tasche ihres weißen Laborkittels. Für den Fall, daß sie versehentlich ohne Schlüssel weggegangen war. Aber jetzt noch kurz zu der Dame aus Quebec: Bitte, hilf uns.«

»Kann sie nicht in einem Hotel übernachten?«

»Dafür gibt es kein Budget. Und außerdem sitzt sie dann mutterseelenallein herum.«

»Ich muß mir erst mal das Gästezimmer ansehen.«

»Tu das.«

Das Apartment von Roos bestand aus einem Wohnzimmer von mindestens sechzig Quadratmetern, einer offenen Küche, einem Flur und einem großen sowie einem kleinen Schlafzimmer. Seitdem ich hier eingezogen war, hatte ich das kleine Schlafzimmer kaum betreten. Lellebel verbrachte ihre Zeit darin, und es stand eine Digitalwaage dort. Ist es vorstellbar, daß jemand ein Zimmer meidet, nur weil sich dort ein Kilo-Verräter befindet? Wollte ich nicht daran erinnert werden, daß ich zugenommen haben könnte?

Mit großem Widerwillen betrat ich nach dem Telefonat das Gästezimmer. Die Waage mit ihrem Display leuchtete mir entgegen. Wenn ich mich darauf stellte, würde das Urteil nicht nur schrecklich genau in Kilo, sondern nach dem Komma sogar in Gramm gefällt werden.

Vorsichtig stellte ich mich darauf. Prompt erschienen die verhaßten schwarzen Zahlen. Heftig erschrokken stieg ich sofort wieder herunter. So viele Chips hatte ich doch gar nicht gegessen seit meinem Ausflug zur Poseidon? Aber was machte es noch aus. Als *lookalike* von Roos durchs Leben zu gehen – das war fortan undenkbar.

»Lellebel«, sagte ich, »bist du da? Sitzt du vielleicht oben auf dem Schrank?«

Ich stieg auf den Stuhl, der neben dem Schrank stand, und ließ meinen Blick über das staubige Holz gleiten. Ganz an der Wand lag ein aufgerolltes Poster. Ich gab ihm einen Schubs, so daß es herabfiel und auf dem Bett landete. Ich kletterte vom Stuhl, nahm das Poster und rollte es langsam auseinander. Als erstes erschien in riesigen gelben Großbuchstaben das Wort: PELZ? Darunter wurde der Arm einer Frau sichtbar, deren Handgelenk von einem hellbraunen Pelzband umschlossen war. Die Hand selbst, eine wahrhaftig wunderschöne Mädchenhand, war mit unglaublich langen, krummen, pechschwarzen, spitzen Fingernägeln geschmückt. Offenbar sollten diese Fingernägel einem Furcht einflößen. Sie übermittelten die Botschaft: Nur Frauen mit solchen Raubvogelkrallen tragen Pelz. Für den, der dieses Evangelium noch nicht begriffen haben sollte, stand in gelben Großbuchstaben darunter: NUR FÜR HEXEN!

Die Schiebetür des Kleiderschranks stand ein Stück offen. Mit einem Finger stieß ich dagegen. Leicht ließ sich die Tür weiter aufschieben. Ich schaute hinein und schaute genau in Lellebels funkelnde Augen.

»Hast du's bequem hier?« fragte ich.

Sie hatte sich eine Art Nest aus dunklen, zunächst schwer identifizierbaren Sachen gebaut. Ich schob die

Tür so weit wie möglich auf. Lellebel reckte sich, kroch noch etwas weiter hinein und ließ sich dann wieder auf irgend etwas Glänzendem, Schwarzem nieder.

»Lellebel, laß mich mal sehen«, sagte ich.

Vorsichtig zog ich an dem Teil. Lellebel erhob sich wütend, sie fauchte, holte mit einer Vorderpfote aus, sauste aus dem Schrank und verschwand unterm Bett. Was ich in der Hand hielt, war eine Art Gummistiefel mit unwahrscheinlich hohem Pfennigabsatz. Ich begriff nicht sofort, worauf ich gestoßen war, oder vielleicht wollte ich es nicht begreifen, und auch, als ich einen zweiten Stiefel zum Vorschein geholt hatte und dazu ein schwarzes Riemchenkorsett aus glänzendem Latex, drang es noch kaum zu mir durch, wie vielseitig Roos gewesen war. Ich tat noch einen Griff, meinte es wieder mit einem Kleidungsstück zu tun zu haben, durch das lange Riemen gezogen waren, hielt aber eine Peitsche in der Hand.

Erst als alles ordentlich auf dem Gästebett lag, Stiefel, Handschellen, Fußschellen, eine Halsfessel, zwei Korsetts, zwei Peitschen, eine Maske, lange schwarze Latexhandschuhe, ein Halsband mit spitzen Stacheln und ein kolossaler Dildo mit nicht nur allerlei Riemen und Schnallen daran, sondern auch mit drei kleineren Satelliten-Dildos, schien die einzig mögliche Schlußfolgerung, daß Roos, platt gesagt, SM getrieben hatte.

»Das mußte wohl noch dazukommen, Tijg«, sagte ich, aber Tijg war nicht da. Ich wollte alles zurücklegen, stieß deshalb wütend gegen die Schranktür, aber weiter ging sie nicht auf. Ich schmiß die Fesseln zurück und sah dann, daß auch noch ein paar Fotos dort lagen. Ich holte sie heraus und legte sie nebeneinander aufs Gästebett. Auf dem ersten, dem größten Foto stand Roos, schwarze Stiefel bis übers Knie und angetan mit einem der Riemchenkorsetts, hoch erhoben über einem maskierten Mann, der offenbar auf einer Folterbank angekettet war. Roos trug das Halsband mit den spitzen Stacheln und umklammerte eine Peitsche. Über den Kopf des Mannes war eine Kapuze gezogen, so daß er unkenntlich war.

»Jesus, Roos«, flüsterte ich und lief auf der Suche nach Tijg aus dem Zimmer. »Mit wem, Tijg?« sagte ich, als ich ihn ausgestreckt auf der Fensterbank liegen sah, »mit wem machte sie solche Sachen?«, und ich lief wieder zurück ins Gästezimmer und studierte die anderen Fotos. War es derselbe Mann? Es war einfach nicht zu erkennen. Es schien immer derselbe behaarte nackte Kerl mit derselben Kapuze über dem Gesicht zu sein. Ich lief mit den Fotos ins Wohnzimmer. Am Fenster betrachtete ich sie aufmerksam. »War es etwa Bas oder etwa Freek? Oder Pleun Mastenbroek? Oder jemand anders? Was denkst du?« fragte ich Tijg. Aber Tijg dachte wahrscheinlich nichts, aalte sich friedlich in der spärlichen Oktobersonne, hatte noch nie etwas von SM gehört. Das kam nicht vor in seiner sündenlosen Katzenwelt.

Ich starrte die nackten, behaarten Arme des Schlachtopfers an, des »Sklaven«, wie es meiner Meinung nach im Jargon hieß. Warum war ich so erpicht darauf zu wissen, wer der Mann auf diesem Foto war? Ich hatte das Gefühl, mir würde, sobald ich das wüßte, auch sofort offenbart werden, wer ihr möglicher Mörder war. Denn die Schlußfolgerung, daß sie ermordet worden war, erschien mir nach der Entdeckung dieser Fotos auf einmal mehr als zwingend.

»Ich glaube, ich mache mir erst einmal eine Tasse

Roibuschtee«, sagte ich zu Tijg. Er folgte mir in die offene Küche und meinte wohl irrtümlicherweise, daß ein Frauchen unter Schock leichter auf die Idee käme, ihm eine Leckerei zu gönnen. Als das nicht der Fall war, folgte er mir trotzdem wohlgemut ins Wohnzimmer und streckte sich wieder auf der Fensterbank aus, sobald ich mich mit dem heißen Tee in einen Sessel am Fenster verkrochen hatte und die unbeweglichen Kumuluswolken anstarrte. Vielleicht war das in diesem hinreißenden Apartment das, was mich am glücklichsten machte: der weite Himmel mit den Wolken hoch über den Dächern ringsum.

Daß du Männer geschlagen hast, na gut, das kann ich noch begreifen. Es gibt Exemplare genug, denen ich auch nur allzugern eine verpassen würde. Daß du sie gefesselt und auf einer Folterbank angekettet hast, zugegeben, vielleicht auch noch nachvollziehbar. Aber daß du sie, nachdem du dir einen von diesen Dildos umgeschnallt hattest, von hinten bestiegst ... verdammt noch mal! Und wozu dienten die Satelliten-Dildos? Solltest du dir einen von denen, ganz nach Wahl, *en passant* in die eigene Vagina stecken, um, während du einen solchen Mann berittst, selbst auch zu kommen?

Ich schlürfte vorsichtig meinen heißen Roibuschtee und begriff, daß ich weniger schockiert war als nach meiner Bootsfahrt zur Poseidon. Ob es anders gewesen wäre, wenn ich zuerst das hier entdeckt hätte, fragte ich mich. Erfährt man zuerst von jemandem, daß er ein Mörder ist, dann trifft einen die Enthüllung, daß er auch ab und zu sein Schoßhündchen tritt, vielleicht weniger hart. Der große Schock hatte den zweiten gemildert. Hätte ich mir, wenn ich im Prä-

Poseidon-Zeitalter auf die Dildos gestoßen wäre, auch ihre Ohrringe und Ringe und Nägel abgerissen? »Das hätte ich«, murmelte ich, aber ganz sicher war ich mir dessen nicht. In jedem Fall hätte es kein moralisches Dilemma gegeben.

Ich wollte gerade sagen: Früher, Tijg, haben wir gesungen, »Ich möchte sein wie Jesus«, aber ich beherrschte mich. Ich sollte endlich aufhören, den ganzen Tag laut mit Tijg zu sprechen. Also summte ich das Lied nur für mich: »Ich möchte sein wie Jesus, sein wahres Ebenbild; seine Worte waren lieblich, seine Stimme süß und mild.« Wie Jesus zu sein war mir als Kind, allein schon, weil er ein Mann war, wenig verlockend erschienen.

Sei du selbst – das war das wichtigste Gebot. »Sei nur du selbst, so sprach ich einst zum Wicht; vergebliches Bemüh'n – ein Selbst besaß er nicht.« War das von De Genestet? Es steckte mehr Wahrheit darin, als De Genestet selbst vielleicht begriffen hatte. Du selbst – es existierte kein Du-Selbst. Man hatte sich selber eine Rolle zugelegt, und diese Rolle konnte man, Schopenhauer zum Trotz, von Grund auf verändern, wenn man sich mit jemandem identifizierte, den man bewunderte. Gut, es blieb wie Schlittschuhlaufen auf verräterischem, glatten Eis, aber je größer die Bewunderung, desto kräftiger der Rückenwind, wenn man auf seinen Schlittschuhen dahinglitt.

Aber was, wenn die eigene Bewunderung auf die Probe gestellt wurde? Was, wenn das eigene Idol mithalf bei der Herstellung von Drogen und wenn es Männer mit einem Dildo bearbeitete? Sehr genau schälten sich durch eine solche Probe die eigenen Grenzen und Vorurteile heraus.

Könnte ich mir einen anderen Begriff von Gut und Böse aneignen? Nein, nicht, was Drogen betraf, das wußte ich sicher. Würde ich meine eigenen Grenzen und Vorurteile überwinden können, soweit es den Sadomasochismus betraf? Wahrscheinlich auch nicht, aber wie geschmacklos und undenkbar ich das auch fand, es war nicht vergleichbar mit den Wuchergewinnen des Ecstasy-Handels. Dazu kam noch, daß es etwas Vertrautes hatte, weil ich als Kind dank all der Geschichten in der Bibel immer von Foltern und Anketten und Fesseln und Geißelungen gehört hatte. Also derart geschmacklos ... wie schlimm war das eigentlich? Würde ich die Stiefel und das Korsett anziehen können? Vielleicht sollte ich das erst einmal probieren? Wenn ich Roos weiterhin lieben und bewundern wollte, war es besser, mich selbst bloßzustellen, als zu moralisieren.

Als ich mich eine Weile später in dem großen Schlafzimmerspiegel betrachtete, stellte ich erstaunt fest, daß all das glänzende Schwarz mir genausogut stand wie Roos, gerade weil ich wieder ein paar Kilo zugenommen hatte. Was ich sah, hatte weniger mit einer Kombination aus Sex und Grausamkeit zu tun als vielmehr mit Kraft und Motorradfahren und Unberührbarkeit und der vorteilhaften Zurschaustellung ein wenig zu üppiger Formen. Dennoch erschrak ich zu Tode, als es klingelte, während ich gerade mit dem unheimlichen Halsband herumhantierte. Natürlich schien es undenkbar, daß ich öffnete, aber derjenige, der draußen stand, drückte einfach weiter auf die Klingel, und deshalb riß ich die Maske herunter und warf mir einen weißen Morgenmantel von Roos über, der bis über die Hacken herabfiel. Darin eingehüllt, lief ich zur Wohnungstür. Durch das Verräterauge sah ich nichts als einen großen Blumenstrauß.

Ein Strauß Chrysanthemen, sicher von Bas, um mich nachgiebiger zu stimmen wegen der Kanadierin. Na gut, einen Strauß Blumen konnte ich eben annehmen.

Ich öffnete die Tür einen Spaltbreit. Der Strauß kam in Bewegung, stieß die Tür weiter auf, und eine Stimme sagte: »Entschuldige, daß ich schon wieder unangekündigt hereinplatze, aber ich hab etwas gutzumachen. Ich hab mich neulich ziemlich danebenbenommen. Hoffentlich hast du die hübschen Vasen von Roos noch nicht weggeworfen.«

»Ich kapier nicht«, sagte ich in meiner Verblüffung, »daß du es jedesmal schaffst, unten mit jemandem zusammen hereinzuschlüpfen.«

»Ne, ne, Mädchen, die Sache liegt anders. Ich hab Grimburchstaete seinerzeit selbst mit gebaut, und es schien mir praktisch, einen Hauptschlüssel zu behalten, wenn die Bewohner mit Beschwerden kommen sollten.«

Er wollte weitergehen, aber ich trat ihm in den Weg und sagte: »Gib nur her, ich stell sie schon in eine Vase, ich bin noch nicht angezogen.«

»Ziemlich spät auf«, sagte er, »von mir aus, dann geh ich wieder.«

Der Strauß, den er mir in die Hand drückte, war so riesig, daß ich prompt das Gleichgewicht verlor. Bevor ich auf dem Fußboden landete, hielt er mich fest und ließ mich zum Glück gleich los, als ich wieder sicher auf den Beinen stand.

»Auf den Hacken stehst du nicht gerade sicher«, sagte er, »du sagtest doch, du bist noch nicht angezogen, schläfst du denn damit?«

Welch ein Jammer, daß ich so wenig geistesgegenwärtig bin. Eine neckische Antwort, zum Beispiel: »Solche Hacken ersetzen die Wärmflasche«, ein Stoß gegen die Tür, und er wäre draußen gewesen, die geschlossene Tür zwischen uns. Jetzt stand ich da mit dem unförmigen Blumenstrauß in der Hand, kippelte auf den elenden Pfennigabsätzen und wußte bei Gott nicht, wie ich das alles befriedigend lösen sollte. Glück im Unglück war, daß ich den Morgenmantel mit dem weißen Gürtel ganz fest zugezogen hatte.

Wenn ich mich unbehaglich fühle, werde ich immer taktlos. Also sagte ich plump: »Dieser Club von euch ist also ein SM-Club.«

»Erraten.«

»Bist du das auf den Fotos?«

»Auf welchen Fotos?«

»Die ich gerade gefunden habe.«

»Du mußt sie mir schon mal zeigen.«

Als ich auch darauf nicht sofort eine passende Antwort wußte, sagte er: »Komm, gib mir den Strauß, dann stell ich ihn dir in eine Vase. Inzwischen ziehst du Jeans und T-Shirt an, und dann zeigst du mir die Fotos.«

Als ich ihm wenig später die Fotos zeigte, sagte er nichts. In aller Seelenruhe zog er seinen Seemannspullover aus, zeigte auf seine unbehaarte Brust und zog seinen Pullover wieder an. Er konnte es also nicht sein, und ich war froh darüber, denn den Mann auf dem Foto fand ich, auch wenn man sein Gesicht nicht sah, äußerst unsympathisch. Freek aber wußte auch nicht, wer es war.

»Keiner aus unserm Club«, sagte er, »ein alter Knakker, das sieht man sofort, und es ist ein altes Foto.«

»Woran siehst du das?«

»Woran ich das seh? An Roos' Haar, denk ich, oder an ihrer Haut. Ihre Haut sieht noch so jung aus. Nirgends Zellulitis. All das dumme Sonnenbaden, das macht eine Haut nicht besser. Um von anderen Dingen ganz zu schweigen.«

»Also doch ein Sonnenstich? Ich dachte, als ich diese Fotos sah, Freek hat recht: Sie ist ermordet worden.«

»Warum dachtest du das?«

»Weil ... ich verbinde SM mit Grausamkeit und Quälen und Foltern und ... und ... Totschlagen.«

»Bist du besoffen? Es ist alles wahnsinnig harmlos, es bedeutet überhaupt nichts, es ist ein Spielchen, Bumsen auf dem Gerüst, würde man auf dem Bau sagen.«

»Kann ich drauf verzichten.«

»Und doch hattest du meiner Meinung nach eben gerade all ihre Sachen an.«

»Ich wollte sehen, ob es mir steht.«

»Und?«

»Es sah besser aus, als ich dachte.«

»Du müßtest mal mitkommen«, sagte er, »an einem Samstag abend. Wir gehen immer erst alle zusammen zur Kaagsociëteit. Da trinken wir ein paar Gläschen am Kamin, und dann essen wir was. Danach gehen wir alle zusammen zu unserer geheimen Adresse.«

»Mich reizt das nicht.«

»Komm mal mit, völlig unverbindlich, du setzt dich in ein gemütliches dunkles Eckchen und genießt den Anblick. Du brauchst wirklich keine Angst zu haben, daß wir dich anbetteln, sofort die Peitsche zu schwingen. Du wirst sehen: Es ist alles ganz harmlos. Es ist ein Wahnsinnsjammer, daß Roos nicht mehr da ist, sie war eine phantastisch strenge Domina, so eine erwischen wir in tausend Jahren nicht wieder. Aber du... du hast ihre Figur, und mit ihrer Maske und in ihren Sachen würden wir fast das Gefühl haben, daß Roos zurückgekehrt ist. Es ist ein solcher Notbehelf mit diesen ausgekochten Dragonern von den Callgirl-Agenturen.«

»Und dazu noch die gepfefferten Preise«, sagte ich verächtlich.

»Oh, aber Roos haben wir auch bezahlt«, sagte er, »das gehört nun mal dazu, das ist ein Teil vom Kick, es muß dir auch im Portemonnaie weh tun«, und er klatschte kräftig auf seine ausgebeulte rechte Gesäßtasche.

19

Sie kommt morgen direkt vom Flughafen hierher«, sagte Bas. »Morgens so um die Kaffeezeit wird sie da sein. Es wäre also praktisch, wenn du auch da wärst. Dann könnt ihr euch gleich kennenlernen. Am Spätnachmittag oder, wenn wir zuerst noch mit ihr essen gehen, im Laufe des Abends bringe ich sie dann mit ihren Koffern zu dir in die Grimburchstraat.«

»Es ist also alles schon geregelt«, sagte ich, »als hätte ich selbst nichts zu sagen.«

»Ach du, das haben wir doch alles durchgesprochen, außerdem war es für Roos immer ein Vergnügen, wenn jemand kam, also muß es für dich jetzt auch so sein.«

»Du hast mir wohlgemerkt verboten, in ihre Fußstapfen zu treten! Und jetzt? Ob ich, bitte, so gut sein wolle, mich darauf zu freuen, daß ich einen Monat lang jemanden Wildfremdes im Haus habe!«

»Du bist herumgelaufen wie Roos, du hast gesprochen wie Roos, es war einfach schrecklich, du bist jetzt, Gott sei Dank, seit einer ganzen Zeit wieder du selbst. Marjolein hat dich neulich bei Digros gesehen und sagte abends im Bett zu mir: ›Die Erde hat sie wieder.‹«

»Ich werde da sein«, sagte ich spitz, »bis morgen«, und legte auf.

Am liebsten hätte ich mich, wäre die unüberwindliche Ecstasy-Barriere nicht gewesen, sofort am Frisiertisch von Roos häuslich niedergelassen und mich wie Roos zurechtgemacht. Wieso mußte Marjolein sich einmischen? Was bildete dieses Biest sich überhaupt ein? Wenn jemand mich irgendwann zwingen würde, einen Mord zu begehen, dann wäre sie das Opfer.

Ich räumte das Gästezimmer auf und machte es sauber, immer in der Hoffnung, daß ich noch mehr SM-Bilder finden würde, die mir enthüllen könnten, wer ihr behaarter Sklave gewesen war. Ich fand nur Fotos der Hundert-Meter-Läuferinnen Florence Griffith und Gail Devers, beide mit unsinnig langen Nägeln. Unter das Bild mit den enormen Raubvogelkrallen von Gail Devers hatte Roos mit großen Buchstaben JA geschrieben.

Am nächsten Tag lief ich schlecht gelaunt durch den hohen, gewölbten Flur des Labors. Meine Schritte klapperten über den Terrazzoboden. An der Tür zum Praktikumssaal blieb ich stehen. Ich hörte Stimmen. Es wurde *brenglish* gesprochen, wie Thomas *broken English* immer genannt hatte. Bas führte natürlich das große Wort, erzählte von der Forschung über die Temperaturregulierung im Rattenschwanz. Worauf ich Riet Goudsblom in nahezu perfekter englischer Aussprache sagen hörte: »*You see, this laboratory… I tell you, only lunatics.*« Dann hörte ich ihr Lachen. War es de Buffon, der gesagt hat: *Le style, c'est l'homme même*? Da die meisten Menschen nicht schreiben und man daher nicht von einem Stil sprechen kann, habe ich das immer als eine unzutreffende Bemerkung empfunden. Viel richtiger wäre es zu sagen: *Le rire, c'est l'homme.* Das Lachen drückt das innerste Wesen des

Menschen aus. Es gibt Menschen, die haßerfüllt lachen, Menschen, die nicht lachen, sondern immer nur auslachen, Menschen, durch deren Lachen Schadenfreude klingt, Menschen, die falsch lachen, Menschen, die wie Kinder lachen. Mit seinem Lachen kann man Menschen zwar täuschen, aber nicht betrügen.

Fröhlich, unbekümmert, sorglos. Ihr Lachen erinnerte mich an das von Roos, versöhnte mich für einen Augenblick mit der ganzen Welt, mit dem Dasein, mit dem unbegreiflichen Weltall, in dem wir unwissend herumirren und so überraschend kurz leben und so erstaunlich lange tot sind. Ich blieb stehen, ich hatte Angst, daß sie nach einem solchen Lachen enttäuschen würde, und ich dachte auch: Ein solches Lachen, dagegen komme ich nie an. Durch mein Lachen klingt immer Kummer hindurch. Ein spontanes, warmes Lachen, darauf kann man bei mir lange warten.

Laute Schritte erklangen auf dem Terrazzo. Es hätte komisch ausgesehen, wenn ich da herumgestanden hätte, also ging ich in den Praktikumssaal und konnte sie einen Augenblick lang sehen, ohne daß sie mich sah. Sie stand mit dem Rücken zum Fenster. Der Sonnenstrahl, der auf sie fiel, beleuchtete ihr platinblondes Haar. Sie trug einen weißen Rollkragenpullover und dunkelblaue Jeans. Sie wirkte zerbrechlich, zartgliedrig, einen Moment lang dachte ich sogar: Was ist denn das, das ist ja ein Kind.

Kurz, all mein Widerstand, mein Groll, meine Wut waren verflogen. Als Bas mich ihr vorstellte und ich ihr die Hand schüttelte, spürte ich ein Kribbeln in der Nase, als müsse ich niesen. Ich schaute kurz in die Sonne, um mich davon zu befreien, aber es kribbelte immer noch teuflisch. Verunsichert mußte ich mir die ganze Zeit die Nase reiben. Doch das machte nichts, Bas führte das große Wort und gab es ungern ab.

Erst spätabends im Dunkeln am großen Wohnzimmerfenster konnte ich zum erstenmal ungestört mehr als ein paar Worte mit ihr wechseln. Sie sagte, als würde auch ich im Labor arbeiten, sie habe in Kanada seit Jahren die Arbeit in *your institute* genau verfolgt und bewundere *the amazing investigations* enorm. Sie sei gekommen, um zu sehen, wie all diese Untersuchungen durchgeführt würden, und um viel dabei zu lernen. Dann sagte sie: »Wir haben in Quebec einige eurer spektakulärsten Experimente wiederholt, aber wir bekamen andere Resultate.«

»Nach dem, was ich von Thomas, meinem Exmann, weiß«, sagte ich, »ist das de facto immer so. Experimente sind offenbar nie wirklich wiederholbar.«

»They have to be«, sagte sie.

»Ja«, sagte ich, »aber doch ist die Realität anders.«

»Natronlauge«, sagte sie, »reagiert in jedem Labor in gleicher Weise auf Schwefelsäure.«

»Bei einem so relativ primitiven Versuch ja, aber wenn es um kompliziertere Versuche geht... in jedem Labor sind die Verhältnisse anders. Anderes Klima, andere Luftfeuchtigkeit, andere Versuchstiere, andere Wissenschaftler, andere Laboranten.«

»Deshalb will ich hier einige der spektakulärsten Experimente wiederholen, um zu sehen, ob ich hier dieselben Resultate erhalte wie ihr.«

»Ihr«, sagte ich, »das klingt fremd in meinen Ohren. Ich arbeite dort nicht, mein Ex und meine Freundin haben dort gearbeitet, das ist meine Verbindung zu dem Institut.«

»Als seinerzeit mein Besuch vereinbart wurde, hatte

ich es so verstanden, daß ich bei der Chemielaborantin wohnen würde, die all die Versuche durchgeführt hat«, sagte sie, »das wäre phantastisch gewesen. Dann hätte ich alles gründlich mit ihr durchsprechen können.«

»Tut mir leid, nun mußt du mit mir vorliebnehmen.« Ich sagte es auf französisch, um zu zeigen, daß ich andere Qualitäten hatte.

Sie runzelte die Augenbrauen und sagte in gebrochenem Französisch, daß sie das schlecht spräche, und fragte dann: *»She had an accident, didn't she?«*

»Yes, she did«, sagte ich, und ich erzählte von Roos und von dem Sonnenstich, aber erzählte natürlich nicht, daß einige Leute bezweifelten, daß sie eines natürlichen Todes gestorben war.

Dieser Zweifel kam erst viel später zur Sprache, als sie schon drei Wochen bei mir wohnte und wir einander so vertraut geworden waren, daß wir oft wie zwei Schulfreundinnen, die zusammen woanders übernachteten, bis in die frühen Morgenstunden am Wohnzimmerfenster saßen, den Sternenhimmel betrachteten und miteinander redeten.

An ihrem letzten Abend, einem Abend mit ungewöhnlich klarem Himmel und übermütig funkelnden Sternen, sagte sie, sie müsse mir etwas gestehen. Sie betonte ausdrücklich, daß alles, was sie mir jetzt erzählen würde, unter uns bleiben müsse. *»I trust you«*, sagte sie ein paarmal, und sie sagte auch, da ich nicht im Institut arbeite, könne sie mich ins Vertrauen ziehen. Sie sei unter einem Vorwand hierhergekommen. In Quebec hätte man den Verdacht geschöpft, daß seit Jahren *in the institute here* Forschungsergebnisse manipuliert würden. All die spektakulären Resultate hätten in Quebec nie verifiziert werden können. Und deshalb sei sie, wahrscheinlich auch, weil sie so *innocent* aussähe, wie sie mit ihrem fröhlichen Lachen betonte, losgeschickt worden, um auszukundschaften, ob da in Holland vielleicht gewiefte Zahlengaukler säßen.

»Zahlen können nicht lügen«, sagte sie, »aber Lügner können gewieft Zahlen manipulieren. Es ist bedauerlich, daß diese Chemielaborantin verunglückt ist. Ihr Name wird immer bei den *credits* angegeben, sie hat also viele der Versuche durchgeführt. Sie hat gewußt, welches die richtigen Resultate waren und ob das Team die Zahlen so gedreht hat, daß dabei etwas herauskam, was anfangs spektakulär erschien und weltweites Aufsehen erregte, von uns aber als Betrug betrachtet wird. Wie schrecklich gern hätte ich mit dieser Laborantin gesprochen! Es muß denen sehr gelegen gekommen sein, daß sie verunglückt ist.«

»Könnten sie hier gewußt haben, daß du kommst, um zu spionieren?«

»Das könnten sie vermutet haben«, sagte sie.

»War denn schon länger bekannt, daß du kommen würdest?«

»O ja, das ist vor einem Jahr auf einem Kongreß vereinbart worden. Da war euer ganzes Team da.«

»Gott im Himmel«, sagte ich.

»Was ist los?« fragte sie.

»Ich habe es dir die ganze Zeit nicht sagen wollen, denn, ja, es sind vielleicht nur idiotische Hirngespinste ... aber ... Roos ...«

»What about Rose?«

»Some people think she was murdered.«

»I think it all the time«, sagte sie.

Und dann saßen wir eine Weile da, ohne etwas zu sagen, und blickten den dunklen Sternenhimmel an. Nach einiger Zeit fragte ich: »Ob die Angst, daß der Wissenschaftsbetrug herauskommt, ein Motiv für einen Mord sein konnte?«

»Denk mal an das Renommee«, sagte sie, »du wirst vollkommen aus der wissenschaftlichen Welt verbannt, du wirst aus allen wissenschaftlichen Veröffentlichungen gestrichen, du wirst fertiggemacht, du wirst verhöhnt, kein einziger Kollege will jemals wieder etwas mit dir zu tun haben, *it's definitely the end of your career.*«

Und dein Name kommt nicht auf den Sockel der Sonnenuhr, dachte ich, und ich sagte: »Wenn sie umgebracht worden ist, wer von den Leuten hier sollte es getan haben, wer war der Betrüger?«

»Das ist nicht so einfach zu sagen, es stehen immer mindestens drei, vier Namen über den Veröffentlichungen, sie haben hier immer als Institut publiziert, nicht als einzelne Wissenschaftler.«

Wieder saßen wir eine Weile da und blickten die Kassiopeia und den Großen Bären an. Dann sagte sie: »Es lag mir auf der Seele, ich fand, daß du das wissen solltest. Wenn ich wieder zu Hause bin und darüber publiziere und du davon erfahren solltest, dann denkst du: Was für eine Betrügerin. *But let us change the subject now. What about kids?*«

»*What about kids?*« fragte ich erstaunt.

»Ja, du hast mir erzählt, du hättest keine Kinder. Wolltest du keine Kinder? Oder konntest du keine bekommen?«

Obwohl ich ganz genau wußte, daß sie es vor allem fragte, um konsequent das peinliche Thema zu wechseln, krampfte sich in mir alles zusammen. So unumwunden nach dem gefragt zu werden, was mein Leben vollständig verdorben hat, davon mußte ich mich erst einmal erholen.

Ich erzählte ihr so locker wie möglich, daß ich sehr gern Mutter geworden wäre, aber nach und nach der Tatsache hätte ins Auge sehen müssen, daß ich nie schwanger werden würde, dann aber wieder Hoffnung bekommen hätte, weil mir nach mehreren, auch in unserem Fall erfolgreichen, In-vitro-Fertilisationen immer wieder ein Embryo implantiert worden sei, daß meine Gebärmutter jedoch all die Embryos jedesmal nach ein paar Wochen abgestoßen hätte.

»Dadurch ist damals auch meine Ehe schiefgegangen«, sagte ich.

»I'm very sorry«, sagte sie, *»I asked you in such a blunt way about it.«*

»Don't be sorry«, sagte ich, »es tut mir gut, darüber zu sprechen.«

»Is it still painfull for you?« fragte sie.

»Eine Zeitlang ging es gut«, sagte ich, »es schien, als hätte ich es verarbeitet, als hätte ich mich irgendwie damit abgefunden, daß mein ganzes Leben mißlungen war, weil wir keine Kinder bekommen hatten. Eine Zeitlang war ich im Windschatten, im Auge des Orkans, aber dann frischte der Wind wieder auf, dann wurden meine früheren Freundinnen, die erst Mutter geworden waren, nun eine nach der anderen Großmutter. Da kam die zweite Runde, alles, was du durchgemacht hast, machst du nun noch einmal durch, und du bist älter, du verträgst weniger, deine Haut ist dünner geworden. Und außerdem, diese Großmütter... sie bekommen nicht nur so etwas wie einen Anfall von

Glück, wenn sie ihr erstes Enkelkind in den Armen halten, sondern sie müssen es auch in die ganze Welt hinausposaunen.«

»What about Roos?« fragte sie. »Hatte sie Kinder?«

»Nein«, sagte ich, »sie wollte keine Kinder haben, sie sagte immer: ›Auf uns sind Raketen mit atomaren Mehrfachsprengköpfen gerichtet. Wer jetzt noch Kinder in die Welt setzt, ist unzurechnungsfähig.‹«

»She is right«, sagte Claire.

»Also ist das auch der Grund, warum du keine Kinder hast?«

»Wir wollen furchtbar gern Kinder«, sagte sie, »mein Hubby und ich, es ist unser sehnlichster Wunsch. Wenn ich wieder in Kanada bin, setze ich die Pille ab.«

Mit diesem eigenartigen Wort »Hubby« schuf sie Distanz, entfernte sie sich von mir. Ich stand auf.

»Ich geh mal schlafen.«

»Ja, ich muß morgen früh auf«, sagte sie, »dann muß ich packen. Und dann … *yes, yes*, ich werde dich vermissen, aber wir bleiben in Kontakt.«

»Wie willst du es morgen früh machen?« fragte ich.

»Mit dem Taxi zum Labor. Dann habe ich gleich meine Koffer dabei, und ich kann mittags sofort weiter nach Schiphol. Komm doch mit. Ich möchte dich gern meinem Hubby vorstellen. Ich bin so froh, daß er zu einem Botanikerkongreß nach London mußte und den Umweg über Amsterdam macht und wir zusammen zurückfliegen können.«

20

Am nächsten Tag, einem wachsbleichen Montag morgen, landete ihr »Hubby«, wie Claire ihren Mann weiterhin zärtlich nannte, um halb neun in Schiphol.

Er rief an, sagte, daß er sein Gepäck dort lassen und mit dem Zug kommen würde, und Claire und ich nahmen ein Taxi zum Labor, wo wir ihre Koffer in der Pförtnerloge unterstellten, und ließen uns dann zum Bahnhof fahren.

Zwanzig Minuten später lief er in bequemen Tennisschuhen über den Bahnsteig auf sie zu. Zur Begrüßung hob er sie hoch, ungefähr bis über die Baumgrenze, umarmte sie dann, drückte sie, fuhr mit der Hand durch ihr Haar, klopfte ihr auf den Rücken und nahm sie, nachdem auch ich ihm tatsächlich einmal kurz die Hand hatte schütteln dürfen, zum Schluß in eine Art Polizeigriff, der mir für eine Wanderung zum Institut nicht besonders bequem vorkam. Aber wie ein Vierfüßler mit zwei Köpfen spazierten sie bis zum Eingang des Labors innig umschlungen über Bürgersteige und Zebrastreifen. Die ganze Zeit über lief ich in angemessenem Abstand hinter ihnen her und fühlte mich heimatlos, fehl am Platz, überflüssig. Ich konnte dort laufen, ich hätte dort vor einem Jahrhundert laufen können, ich könnte dort noch in hundert Jahren laufen, es würde nichts ausmachen. Ich war entbehrlich, ich hätte ebensogut nicht dasein können, und wenn ich nach der Mittagspause nicht mehr da wäre, würde sich niemand darüber aufregen. »Die Not des ungeborenen Lebens«, schrieb Martinus Nijhoff, aber es gibt nicht die Not Ungeborener. Selbst die Not der Geborenen zählt kaum, sie ist ersetzbar, auswechselbar, wie es alle Geborenen sind.

Das Dasein erschien mir, während ich den Verschlungenen folgte, weder sinnvoll noch sinnlos, sondern in erster Linie völlig überflüssig. Die Erde hätte ebensogut ein kahler Planet sein können, genauso kahl und genauso öde und leer wie der Mond, und diese Leere würde von niemandem beweint werden.

Solche deprimierenden Gedanken helfen dir keinen Schritt weiter. Also war ich froh, als wir im Labor ankamen und dort mitten in der Kaffeepause zu dritt in den Praktikumssaal marschierten. Claires Mann bekam einen Riesenbecher Kaffee und lehnte sich an den Praktikumstisch, mit dem Rücken zu Innenhof und Sonnenuhr. Was, wenn er so stehengeblieben wäre? Das wäre möglich gewesen. Es schien, als würde er einen Empfang geben. Er stellte sich allen vor, schüttelte Hände und hätte das leicht bis zum Ende der Kaffeepause durchhalten können. Dann wäre die Datura ihm entgangen.

Auf die Sonnenuhr schien fahl das Licht des ganz normalen Sterns, der unser Planetensystem regiert. Aus dem bleichen, zartblauen, etwas dunstigen Himmel kam ein grünes Vögelchen mit schiefergrauen, zerfransten Flügeln angeflattert.

»He, ein Halsbändchen, bestimmt ein entflogener Wellensittich«, sagte einer der Hausmeister.

Alle Anwesenden unterbrachen für ein so spektakuläres Ereignis ihre Gespräche, wandten ihre Gesichter zum Innenhof und schauten dem verzweifelt herumflatternden Vögelchen zu, das offenbar nichts mit seiner neu erworbenen Freiheit anzufangen wußte. Es setzte sich auf die Sonnenuhr, ließ sich dann von dort herabfallen, als wollte es testen, ob auch rund um Sonnenuhren die Gesetze der Schwerkraft galten, stieg wieder auf und stürzte dann kreischend herab. Schwer atmend lag es im Gras.

»Wir müssen ihn fangen«, sagte der andere Hausmeister, »wir setzen ihn solange in einen Rattenkäfig und stecken überall einen Zettel in die Briefkästen. ›Halsbandwellensittich gefangen. Abzuholen im Farmacologisch Laboratorium.‹«

»Wetten, daß niemand hier auftauchen wird«, sagte Riet Goudsblom, »Halsbandwellensittiche sind heute heimisch in Gärten und Parks.«

»It's a love-bird«, sagte Claire, die Riet natürlich nicht verstand und offensichtlich dennoch etwas zur Konversation beitragen wollte.

Auch Claires Mann hatte sich umgedreht. Er studierte den Innenhof und sagte begeistert: »Ihr habt da eine einzigartige, altmodische äquinoktiale Sonnenuhr. Die müßt ihr gut hüten, die sieht man nirgends mehr. Und was für ein wunderbares Zifferblatt darunter. So schön in den Rasen eingebettet. Schade, daß hier in den Niederlanden die Sonne so selten scheint, und wenn sie scheint wie jetzt, kann man kaum den Schatten des Stabs sehen, weil die Lichtintensität zu wünschen übrig läßt.«

»Im Sommer haben wir die schönste Uhr, die man sich nur wünschen kann«, sagte Riet gekränkt.

Claires Mann antwortete nicht, sondern betrachtete

aufmerksam den Innenhof und murmelte vor sich hin: »*That's a very interesting plant.*«

»Welche?« fragte Riet Goudsblom.

»Die Datura, sie ist leider schon verblüht, aber, wie es scheint, ist es nicht die gewöhnliche Datura. Da steht meiner Meinung nach eine Datura fastuosa. Wie seid ihr daran gekommen?«

»Wir haben ein paar Samen von jemandem bekommen, der am Fachbereich für Sprachen und Kulturen Indiens arbeitet«, sagte Bas. »Die Leute dort reisen regelmäßig nach Madras und kehren dann außer mit Folianten und Palmblättern auch immer mit Samen zurück. Um viele Ecken herum haben wir etwas von diesen Samen bekommen – die meisten gingen nicht auf, aber dieser ... du siehst, welch ein prächtiger Strauch, er hat diesen Sommer großartig geblüht, wir waren alle ganz stolz.«

»Kann ich verstehen«, sagte Claires Mann, »es ist eine phantastische Sorte, aber ihr müßt aufpassen, sie ist viel giftiger als der gewöhnliche Stechapfel! Wußtet ihr, daß die Thugs diese Pflanze früher benutzten, um Verbrechen zu begehen? Vielleicht tun sie das übrigens immer noch.«

»Davon habe ich mal was gehört«, sagte Bas. Er gab nicht gern zu, wenn er etwas nicht wußte.

»Die Thugs«, sagte Claires Mann, »benutzten die Samen. Man stampft sie so fein wie möglich. Dann bekommt man ein geruch- und geschmackloses Pulver. Das kann man in alles mischen: in Mehl, Zucker, was auch immer. Wenn jemand dann ein Löffelchen mit derart angereichertem Zucker in seinen Kaffee tut, schmeckt er nichts und nimmt es also unbemerkt zu sich.«

»Stirbt man dann?« fragte Riet Goudsblom vergnügt.

»Nein, es passiert überhaupt gar nichts.«

»Und was soll das dann?«

»Was das Daturapulver in einem Land wie Indien so leicht verwendbar macht, ist die Sonne. Wenn jemand eine Prise von diesem Pulver zu sich genommen hat und anschließend nach draußen geht, *in the bright sunlight*, verliert er nach kurzer Zeit das Bewußtsein. Auch dann braucht noch nichts zu passieren. Holt man ihn rechtzeitig aus der Sonne, dann kommt er wieder zu sich. Tut man das nicht und bleibt derjenige in der Sonne sitzen oder liegen, dann fällt er ins Koma... und ja, dann kann der Verlauf tödlich sein.«

Er sah aus, als halte er eine Vorlesung über bezaubernde Orchideen. Mit typischen Dozentengesten setzte er seine Darstellung fort: »Das Pulver ist auch gut in Wasser löslich. Oder in Kaffee. Man könnte hier etwas in die Kaffeemaschine tun, es löst sich leicht auf, und jeder, der hier Kaffee trinkt, bekommt seine Portion. Es ist ein phantastisches Gift. Post mortem ist nichts mehr zu finden. *Yes, it's one of the great poisons, the king of the poisons. The only problem is you need bright sunlight. In Holland and England you can't use it. You need the sun to finish the job.*«

Triumphierend blickte er in die Runde, wies noch einmal auf den verblühten Strauch und wiederholte noch einmal leise für sich, wie manche Menschen es mit der Pointe eines Witzes machen, den entscheidenden Satz: *»You need the sun to finish the job.«*

Es wurde totenstill im Praktikumssaal. So still, daß man das ruhelose Gurgeln des Wassers in den altmodischen, armdicken Rohren der Zentralheizung hörte.

Auch aus dem ungeordneten Federhaufen, der auf dem Rasen lag und ursprünglich als Wellensittich vom Himmel gefallen war, klang noch schwaches Röcheln.

»*Well, what's the matter*«, sagte Claires Mann erstaunt.

Niemand antwortete, das Wasser gurgelte in den Rohren, der Wellensittich kreischte pianissimo. Dennoch dröhnten mir diese Geräusche in den Ohren. Auch hörte ich den schweren Atem des Teams und der Studenten und des technisch-administrativen Personals des Farmacologisch Laboratorium.

»Habe ich etwas Falsches gesagt?« flüsterte Claires Mann. Er wartete einen Augenblick und wiederholte: »Habe ich vielleicht etwas Falsches gesagt?«

Noch immer war keiner der Anwesenden in der Lage, etwas zu sagen. Unerträglich lange blieb es still. Einer der Hausmeister hielt es nicht mehr aus und flüsterte: »Ein Engel geht vorbei.«

Claires Mann schaute verzweifelt seine Frau an. Sie nahm ihn am Arm, zog ihn aus dem Kreis und flüsterte: »Sie sind furchtbar erschrocken.«

»Worüber?«

»Über das, was du gerade eben erzählt hast.«

»Warum?«

»In diesem Sommer ist hier jemand an einem Sonnenstich gestorben.«

»Sonnenstich? *So what* … das hat doch nichts mit der Datura zu tun. Ein Sonnenstich kommt öfter vor, als man denkt. Viel öfter.«

Sie zog ihn noch weiter von den pharmakologischen Kaffeetrinkern weg. Während sie ihn aus dem Saal führte, schaute er sich noch ein paarmal verzweifelt um. Sogar, als sie den Raum verlassen hatten, war niemand imstande, ein Wort zu sagen. Unangenehm deutlich klangen ihre Schritte auf dem langen Flur des Labors.

Ich hielt es nicht mehr aus, stellte meinen Becher so vorsichtig wie möglich auf den Praktikumstisch – für mein Gefühl klang es, als würde eine Bombe explodieren – und ging Schritt für Schritt rückwärts, den Blick die ganze Zeit auf die Sonnenuhr gerichtet. Denn ich gehörte nicht dazu, ich arbeitete hier nicht, ich durfte mich zurückziehen, sie sollten das nur untereinander austragen. Endlich erreichte ich die Tür des Praktikumssaals. Sobald ich sie hinter mir geschlossen hatte, zog ich hastig meine Schuhe aus und rannte auf Strümpfen durch den Flur. Sogar als ich draußen war, rannte ich, nachdem ich meine Schuhe wieder angezogen hatte, so lange zwischen den Laboratorien aus dem 19. Jahrhundert hindurch, bis ich eine Straße mit Wohnhäusern erreichte. Erst da lief ich langsamer. Ich war außer Atem, mir war schlecht, ich hatte Seitenstechen. Ich legte meine Hand auf die Milz, es half nichts. Ein Mann hielt mit seinem Auto neben mir, drehte die Scheibe herunter und fragte: »Wissen Sie vielleicht, wo die Laat de Kanterstraat ist?«

»Nein, tut mir leid«, sagte ich. Du bist im Epizentrum eines emotionalen Erdbebens, und man fragt dich nach dem Weg!

Die Katzen, dachte ich, ich habe kein Sheba mehr, ich muß Sheba für sie kaufen, habe ich Geld bei mir? Sonst muß ich erst mal nach Hause, Herrgott, diese Schmerzen, wie dumm, so schnell zu rennen, davon wird einem schlecht, sie ist mit einem Blütenblatt zu Ici Paris gegangen: Habt ihr diese Nagellackfarbe?

Wie ist es um Gottes willen möglich? Jetzt steht also nicht nur fest, daß sie umgebracht wurde, sondern auch noch, daß es passiert sein muß, genauso wie Freek Volbeda es denkt, etwas in ihrem Kaffee oder im Zucker, nein, nicht im Zucker, denn sie nahm nie welchen, also etwas in ihrem Kaffee, sie können es schon in ihren Becher getan haben, jeder hat da seinen eigenen Becher. Oder sogar zur Sicherheit in alle Becher, nur wer in die Sonne ging, war in Gefahr. Sie können es auch in die Kaffeemaschine getan haben oder ins Kaffeepulver, es löst sich ja im Wasser auf, gießt du also Wasser auf den Kaffee im Filter, dann spülst du das Gift heraus, ein Kinderspiel, jeder hätte es tun können, das einzige, was man dafür braucht, ist das Wissen, daß die Samen ein so gemeines, giftiges Pulver freigeben, wenn man sie fein stampft. Wer könnte das um Himmels willen gewußt haben, dazu muß man schließlich Botaniker sein wie Claires Mann, oder sollte es in pharmazeutischen Handbüchern stehen, das muß herauszubekommen sein, nun ja, Wissen ist wie Wasser, es kann überall hinsickern, weißes Daturapulver, du schluckst es, du sonnst dich auf einem großen Badetuch, und dich gibt es nicht mehr.

Als ich in die Grimburchstraat einbog, erwartete ich irgendwie, daß ich Pleun Mastenbroek am Zaun sehen würde, aber gottlob, er stand nicht da. Eigentlich gab es auch gar keinen Grund, weshalb er sich ausgerechnet diesen wachsbleichen Montag morgen ausgesucht haben sollte, um nochmals die Gitterstäbe zu umklammern. Mit zitternden Händen gab ich den Katzen ihr Sheba, und was noch nie passiert war, passierte jetzt: Sie schnupperten daran, aber fraßen nicht davon. Sie miauten, wichen vor mir zurück, erschienen fast ängstlich. Ich setzte mich ans Fenster, stand wieder auf, lief durch die Wohnung, setzte mich wieder hin, stand wieder auf, suchte das Foto mit dem behaarten Mann, schaute es an. Wenn ich nur wüßte, wer das ist, und dann dachte ich: Was für ein Unsinn, dieser Mann hat nichts damit zu tun, es ist jemand von denen, das ist gar nicht anders möglich, und doch konnte ich das Gefühl nicht loswerden, daß dieser Mann auf dem Foto etwas damit zu tun hatte. Ich legte das Foto weg und wußte nicht, was ich anfangen sollte, um meine furchtbare Unruhe zu bekämpfen. Ich nahm das Telefonverzeichnis, blätterte es durch, stieß auf den Salon Marquise, legte das Verzeichnis hin und wählte die Nummer.

»Salon Marquise.«

»Hier Ro... hier Leonie Kuyper. Könntest du mein Haar heute machen?«

»Heute? Montag? Oh, ich hab so ein scheußliches Wochenende hinter mir, sie haben meinen Sohn gestern festgenommen, ausgerechnet am Sonntag, hätten sie nicht einen einzigen Tag warten können, und heute früh, als ich den Mülleimer rausbringen wollte, bin ich fürchterlich hingeknallt. Ich bin ausgerutscht, ich glaube, ich hab mir alle meine Rückenwirbel gebrochen, ich kann nicht stehen, ich kann nicht sitzen, es ist schrecklich, ich muß vielleicht zum Arzt, ich...«

»Oh, also Schneiden geht heute nicht...«

»Doch, doch, das geht schon, das lenkt ab, ja, komm nur.«

Ich zog einen Parka von Roos an, den ich bis jetzt noch nicht getragen hatte, lief zum Bahnhof, nahm den Zug nach Den Haag, stieg dort in ein Taxi zur Tureluurstraat und hörte mir gut eine Stunde lang das Klagelied an, das so abstrus klang, daß ich dadurch abgelenkt und sogar leicht aufgemuntert wurde. Im Zug zurück saß ich jedoch in einem leeren Abteil und wurde, da ich meine Unruhe nicht in Bewegung umsetzen konnte und niemand mich ansprach, von einem chaotischen Gedankenstrom in meinem Kopf heimgesucht. Es war fast, als hätte ich Fieber.

Welche Hirngespinste sich dabei auch präsentierten, eines war ekelhaft deutlich. Man konnte monatelang mit der Ahnung herumlaufen, daß jemand umgebracht worden war, man konnte sogar das Motiv für den Mord angeboten bekommen, aber das bedeutete noch nichts. De facto hatte ich die ganze Zeit über nie wirklich geglaubt, daß sie keines natürlichen Todes gestorben war. Mord als eine wahrscheinliche Hypothese oder Mord als Faktum – das war ein Unterschied wie zwischen einem Schuß gegen den Pfosten und einem echten Tor, ein Unterschied von wenigen Zentimetern, aber dennoch ein Unterschied: alles oder nichts, gewinnen oder verlieren. Erst jetzt mußte ich der schrecklichen Wahrheit ins Auge sehen, daß jemand sie zielstrebig und mit wahrhaft teuflischer Absicht vergiftet hatte, und zwar mit dem Samen einer Pflanze, deren Blütenfarbe sie geliebt hatte.

Daß sie umgebracht worden war, verschob alle Perspektiven, bewirkte sogar, daß ich ihr die Beteiligung an der Herstellung von Ecstasy-Pillen verzeihen konnte. In dieser hermetisch abgeschlossenen Poseidon mußte ihr Mörder nicht gesucht werden, es sei denn, er arbeitete im Labor und hatte dort eine Nebenbeschäftigung. Und auch dadurch stand ich der

Tatsache, daß sie sich auf die Herstellung von Drogen eingelassen hatte, anders gegenüber. Nein, ihr Mörder war offenbar viel näher, hatte, genau wie sie, genau wie ich, viele Male seine eigenen Schritte auf den abgetretenen Terrazzoböden hallen hören.

Als ich wieder zu Hause war, bekämpfte ich meine Unruhe an ihrem Frisiertisch. Langsam wischte ich mich selbst aus, langsam erschien sie im Spiegel. Sie war ermordet worden, und vielleicht war es deshalb, wie Freek gesagt hatte, »verdammt riskant«, in ihre Haut zu schlüpfen, aber ich konnte nicht anders, ich war es ihr schuldig, und wenn der Mörder auch mich umbringen wollte, dann bitte! Ich war gewarnt, mit Daturapulver brauchte er es kein zweites Mal zu versuchen, in der warmen Sommersonne schmoren, das lag in dieser Jahreszeit nicht drin.

Ich befestigte ihre Ohrclips mit einem Tropfen Klebstoff an meinen Ohrläppchen, steckte ihre Ringe an meine Finger und verschanzte mich in ihrem engsten Korsett. Schlank werden, abnehmen, das war das Signal, das ihr Body mir gab, als ich mich hineinzwängte, und dieses Signal erreichte mich gnadenlos nachdrücklich noch einmal, als ich eines ihrer schönsten Kostüme anzog. Nun gut, abnehmen, dabei würden die Curve Ovals mir helfen, und ich holte das letzte Set aus der Großpackung. Zuerst wollte ich sie noch mit diesen Klebestreifen befestigen, aber dann dachte ich, auch wenn ich wußte, daß mir eine solche Heldentat nicht gerade auf den Leib geschrieben war: Bombenfest müssen sie sitzen, so daß ich dem Mörder die Augen auskratzen kann.

Als ich sie, erst rechts, dann links, angebracht hatte, erhob sich die Frage: Welche Farbe sollten sie bekommen? Die Daturafarbe kam natürlich nicht mehr in Frage. Zwischen all ihren Fläschchen suchte ich eine andere ausdrucksstarke Farbe, konnte so schnell nichts finden und dachte dann: Neulich habe ich doch diesen fluoreszierenden Lack gekauft. Ich erschrak fast zu Tode, als ich meinen rechten Daumennagel damit lackiert hatte. Es war, als stünde er in Flammen. Was machte das schon aus, ich wollte brennen, ich mußte brennen, beim Einkaufen konnte ich notfalls Handschuhe anziehen, es war die Jahreszeit für Fäustlinge.

Willst du deine Nägel perfekt lackieren, mußt du dir Zeit nehmen. Du mußt sie dreimal bearbeiten und danach gut trocknen lassen. Dazu war ich viel zu unruhig, aber ich zwang mich, still am Wohnzimmerfenster zu sitzen und zu warten. Riesige Wolken trieben, um mir zu helfen, auffallend langsam über den blaßblauen Mittagshimmel. Jedesmal, wenn ich es nicht mehr aushielt und aufstehen wollte, kam wieder so ein Gefährt daher. Stillsitzen, einfach nur stillsitzen, welch eine schwere Aufgabe war das. Als ich es nicht mehr aushielt, griff ich zu ihrem Telefonverzeichnis und suchte eine Nummer. Gleich darauf wählte ich sie mit meinen Knöcheln.

»Bauunternehmen Volbeda, was kann ich für Sie tun?« sang eine Mädchenstimme.

»Leonie Kuyper. Kann ich Meneer Volbeda kurz sprechen?«

»Nein, der ist momentan auf der Baustelle. Kann er vielleicht zurückrufen?«

»Ja«, sagte ich, »er weiß die Nummer.«

»Geben Sie sie mir doch vorsichtshalber«, sagte das Mädchen.

Zehn Minuten später zirpte das Telefon.

»Hallo.«

»Freek. Das ist das erste Mal, daß du mich anrufst, womit hab ich das verdient?«

»Ich wollte dir nur sagen, daß du recht hattest, es war tatsächlich ein teuflisch raffiniertes Pulver in ihrem Kaffee.«

Ich hörte ihn schwer atmen, dann begann er zu fluchen.

»Nicht fluchen«, sagte ich, »ich bin von Haus aus christlich-reformiert, ich ertrag das nicht.«

Er fluchte in aller Ruhe weiter und sagte dann: »Ich gehöre von Haus aus zur reformierten Gemeinde, das ist noch einen tüchtigen Schuß strenger als christlich-reformiert, und deshalb fluche und tobe ich den ganzen Tag wie ein Philister und ein Tyrer und ein Amalekit, niemand kann mir verbieten zu fluchen, nicht einmal du, warte, paßt es dir, wenn ich kurz vorbeikomme, ich bin ganz in der Nähe, ich will alles genau hören.«

O mein Gott, dachte ich, ich kann ihn doch nicht mit solchen Feuernägeln empfangen. Aber er schaute sie kaum an, als er wenig später mit Ober auf dem Schoß auf dem dreisitzigen Sofa saß. Ich erzählte ihm, was mir am Morgen bei einem Becher Milchkaffee offenbart worden war.

»Siehst du wohl, die ganze Zeit hab ich es gesagt, niemand wollte auf mich hören, alle haben sie diesen Dummkopf ausgelacht, allen voran dieser Stiernacken Van Stenis und dieses Weib, das neulich hier saß … kann die das nicht getan haben?«

»Nein«, sagte ich, »denn sie hat nie mit ihr zusammen an einer Forschungsreihe gearbeitet.« Und ich erzählte ihm auch, was ich von Claire gehört hatte. Woraufhin er nochmals, während er Ober halb totstreichelte, fluchte, wie ich noch nie jemanden hatte fluchen hören.

»Verdammt, verdammt, Hölle und Schwefel, verdammt«, endete er, und er fügte hinzu: »Immer haben sie gedacht, ich bin ein absoluter Dummkopf, im Kindergarten fing das schon an, und in der Schule... na ja, wahr ist es, als wir zum erstenmal Brüche kriegten, hatten wir so ein As, das sofort ›drei Viertel‹ sagen konnte, wenn man ein Halb und ein Drittel zusammenzählen mußte...«

»Ich bin kein Rechengenie«, sagte ich, »aber meiner Meinung nach sind das nicht drei Viertel.«

»Du siehst, ich bin immer noch keine Leuchte in Brüchen, aber wen schert das jetzt? Nur als Beispiel, ich will bloß sagen: Als wir Brüche kriegten, war ich völlig fertig, da dachte ich selbst auch, ich bin ein Kalbskopf, ein Dussel erster Klasse ... und jetzt, ich hab einen Betrieb, der läuft wie am Schnürchen, und diese Brüchekanone, den sah ich neulich im Fernsehen, der schreibt Gedichtchen und jammerte, er verdient nichts damit und scharwenzelt von Stipendium zu Stipendium, ich will damit nur sagen ... Herrgott im Himmel, ich lag also richtig, es war doch dieser Kaffee, nun müssen wir nur noch wissen, wer sie getötet hat.«

Er gab Ober einen zärtlichen Klaps, streichelte ihn wieder wütend und rief mitten in das Schnurren hinein: »Wenn ich weiß, wer's ist, garantier ich dir, den mach ich kalt.«

»Mit solchen Sprüchen ist mir nicht gedient«, sagte ich, »so was sag mal bei dir auf dem Gerüst.«

Erstaunt blickte er von seiner sich selbst auferlegten Streichelarbeit auf.

»Die Stimme von Roos«, sagte er begeistert, »das war die Stimme von Roos, ach, Roos ... du siehst übrigens phantastisch aus. Hast du nicht Lust, mit mir 'ne Kleinigkeit essen zu gehen?«

»Ich hab kein bißchen Hunger«, sagte ich.

»Paßt doch«, sagte er, »dann nimm nur eine kleine Vorspeise, das geht auch nicht so ins Geld.«

»Nein, mir ist noch immer ganz schlecht.«

»Ja, klar, das geht dir an die Nieren. Wem geht das nicht an die Nieren? Na gut, ein anderes Mal, laß mal sehen, morgen... ne, kann ich nicht, übermorgen, verdammt, die ganze Woche wieder proppevoll, Samstag... warte. Komm Samstag mit, ach ja, das mußt du machen, das bist du mir nun wohl schuldig, du hast mich auch ausgelacht, du hast auch gedacht: Freek ist bekloppt mit seinem Kaffee, ja, das bist du mir jetzt schuldig. Ein Gläschen im Kaag, dann 'ne Kleinigkeit essen und dann... ja, das mußt du machen.«

»Das ist wirklich nichts für mich.«

»Es war ihr Leben! Roos arbeitete ab und zu auch in so einem schicken Club in Den Haag, im Blumenviertel. Da habe ich sie kennengelernt. Du wohnst in ihrer Wohnung, du sorgst für ihre Katzen, du trägst ihre Kleider, du gebrauchst ihren Nagellack, was für einen Schneid hatte sie, so eine großartige Farbe ... das hättest du dich von dir aus nie getraut, es ist ihr Schneid, der dir jetzt hilft.«

Er holte Luft und sagte: »Du bist doch aus demselben Stall, du weißt doch, Elia fuhr gen Himmel, und da fiel sein Mantel herunter, und Elisa zerriß seine Kleider... hab ich immer so schön gefunden als Kind, sie zerreißen sich in der Bibel die ganze Zeit ihre Kleider, das wollte ich als Kind auch so gern, weil ich immer die abgelegten Sachen meines Bruders kriegte … also Elisa zerriß auch seine Kleider und sagte: ›Mein Vater, mein Vater! Wagen Israels und seine Reiter‹, wie wunderbar ist das, und dann zog er den Mantel an. Da war er Elia geworden, und dann steht da so schön: ›Der Geist Elias ruht auf Elisa.‹ Du hast auch ihren Mantel bekommen, der Geist von Roos ruht jetzt auf dir, also mußt du, auch wenn es nur ein einziges Mal ist, mit uns mitkommen. Ganz unverbindlich. Du sitzt in einem Eckchen, guckst es dir mal an, du hast keinen blassen Schimmer, wer Roos eigentlich war, wenn du daran vorbeigehst und davor zurückschreckst.«

»Was für eine Ansprache«, sagte ich bewundernd, »du hättest Pastor werden können.«

»Guck, das war nun wieder mein Glück, daß ich so ein Tolpatsch war, wie dieser Trottel Gehazi, sonst hätte mein Vater mich hübsch auf die Pastorenschule geschickt, genau wie meinen Bruder, und ich stünde jetzt auch für einen Hungerlohn jeden Sonntag zweimal auf so einer Kanzel und quatschte das Blaue vom Himmel runter … also, du kommst mit, Samstag.«

»Sonntags zweimal? Das gibt es jetzt doch nirgends mehr, zwei Gottesdienste am Sonntag?«

»Doch, bei meinem Bruder, bei der reformierten Gemeinde. Und keine Predigten von einer halben Stunde, von wegen, eine Predigt von einer ganzen Stunde, mit einem Zwischengesang. Also, du kommst mit, Samstag?«

Ich konnte es nicht übers Herz bringen, rundheraus nein zu sagen. Also sagte ich im Scherz, wobei ich dachte, da bin ich sicher, das schafft er nie: »Wenn du weißt, wo in der Bibel steht: ›In der Blüte ihrer Tage mußte sie dahingehen und den Rest ihrer Jahre entbehren‹, komm ich mit.«

»Muß ich das sofort sagen?«

»Nein, du darfst es suchen.«

»Ich hab die ganze Bibel auf CD-ROM, das ist ein Kinderspiel.«

21

Am Samstag nachmittag um fünf Uhr stand er bei mir vor der Tür.

»Weißt du, wo es steht?« fragte ich.

»Das weiß ich«, sagte er.

»Wo denn?«

»Sag ich, wenn wir unterwegs sind.«

»Wenn du mich reinlegst, kehre ich sofort um.«

»Ich leg dich nicht rein, nun komm schon.«

Ich zog ihren Parka an und ging hinaus.

»Nimmst du ihre Sachen nicht mit?« fragte er. »Sie hatte ein so hübsches Köfferchen dafür.«

»Nein«, sagte ich.

»Ach, komm«, sagte er, »nimm sie mit. Nachher bist du da und denkst, hätt ich sie doch mitgenommen.«

»Gibt es denn da nichts?«

»Nein, Roos schleppte alles hin und her in einem piekfeinen Köfferchen. Wir hatten immer Schiß, daß er gestohlen wurde.«

»Ich nehme ihre Sachen nicht mit«, sagte ich, »du versuchst jedesmal, mich wieder ein Stück weiter rumzukriegen.«

»Besser mit den Sachen verlegen dabeisitzen, als um die Sachen verlegen sein.«

»Solche Sprüche kenne ich.«

»Ich sag dir eins: Wenn wir da nachher als Nackedeis stehen und die vornehme Dame fein herausgeputzt ist, fühlst du dich außen vor, weil du in deinen normalen Kleidern dumm daneben sitzt.«

Das hatte ich mir auch schon überlegt, aber ich wollte es nicht zugeben. Ich sagte: »Es ist wirklich nichts für mich, laß mich man zu Hause.«

»Zu Hause bleiben? ›Prüfet alles, und behaltet das Beste‹, sagt der Apostel Paulus.«

Ich antwortete nicht, ging wieder hinein, nahm das piekfeine Köfferchen und lief zurück.

»Sieh mal einer an, du hattest alles schon fertig da stehen! Man muß dich mit Bibelsprüchen bearbeiten. Das ist anders als bei Roos.«

Ich fühlte mich überrumpelt, aber als wir aus der Stadt heraus waren und an einem dieser urholländischen Kanäle entlangfuhren, mit Schaumköpfen und träge schwankenden Schilfrispen am Ufer und einem bleigrauen Regenhimmel darüber und resolut mahlenden Mühlen hier und da, und Freek immer wieder bremsen mußte, weil Bläßhühner mit gereckten Hälsen wie *stormtroopers* die schmale Straße überquerten, besserte sich meine Stimmung.

»Wir sind spät dran«, sagte Freek, »du kannst sicher sein, die anderen sind alle schon da und picheln. Das sind Arie, ein grundehrlicher Schrotthändler, Cor, ein harter Junge aus dem Fahrschulwesen, und Siem. Der verdient sich sein Brot als Feuerwehrmann.«

In der Kaagsociëteit warteten in der Tat Freeks Kumpel schon. Sie trugen teure Dreiteiler, aber ihre Fingernägel waren schmuddelig. Am Tisch saß auch eine stämmige, grobschlächtige Blondine, ungefähr fünfundzwanzig Jahre alt, die mürrisch vor sich hin starrte.

»Das ist Sheila«, sagte Freek.

Als ich mich vorstellte und ihr die Hand drückte, flüsterte sie: »Kommen Sie auch mit?«

»So ist es geplant.«

Das Mädchen sah plötzlich aus, als hätte sie gerade erfahren, daß sie das große Los gezogen hatte. Ich merkte, daß eine bleischwere Last von ihr abfiel. Lieber Himmel, dachte ich, die war todunglücklich, weil sie berufshalber mit vier wildfremden Männern losziehen mußte. Jetzt ist sie hoch erfreut, daß eine Schicksalsgefährtin mitkommt. Man muß sich das mal vorstellen, was für ein Job das ist, man begreift nicht, daß Mädchen sich dafür hergeben, offenbar sind sie auf das dicke Geld versessen, das sie danach sofort wieder in der Disco durchbringen.

Inzwischen übertrumpften die vier Männer sich gegenseitig mit bravourösen Geschichten. Je leerer die Gläser wurden, desto mehr nahm die Angeberei zu. Die glorreiche Aufzählung von Heldentaten auf Baugerüsten, in Feuerwehrkasernen und auf Autoschrottplätzen wechselten mit wenig feinsinnigen Witzen ab.

Währenddessen rückte ich ein Stück vom Tisch weg, und die Blondine rückte mit. Ich sagte leise: »Ich habe keine Erfahrung damit, mir ist ganz mulmig zumute.«

»Ach«, flüsterte sie, »ist gar nicht so schlimm, du fesselst sie, und dann kann gar nichts mehr passieren.«

»Ja, aber dann mußt du ihnen eins überziehen.«

»Einen Teppich auszuklopfen ist viel anstrengender, du brauchst nicht so doll zu schlagen.«

»Aber die Kapuzen, macht ihr auch was mit Kapuzen?«

»Kapuzen?«

»Ja, neulich habe ich in der Zeitung etwas über Kapuzen gelesen, die man über den Kopf zieht. Dadurch kriegt man Atemnot, und man wird *high* ... wirklich furchtbar gruselig.«

»Da gibt es, soweit ich weiß, keine Kapuzen«, sagte Sheila mürrisch, »da wird nur locker geschlagen, du tröpfelst ihnen etwas heißes Kerzenwachs auf den Rücken, du steckst ihnen einen Eisblock zwischen die Eier ... reg dich nicht auf. Arie kriegt ein Halsband um mit einer Kette dran. Der will immer Wachhund sein, der kriegt einen Napf dreckiges Bonzo. Cor muß in eine Zwangsjacke geschnürt werden. Und Siem kommt an den Pranger. Als kleiner Knirps hat er immer die Tabakreklame ...«

»O ja, die Reklame mit dem Mann am Pranger, der stillvergnügt eine Pfeife raucht.«

»Ja, genau. Der steht einfach den ganzen Abend am Pranger und raucht sein Pfeifchen, kein Problem. Nur geht das Pfeifchen immer aus, das elende Ding. Jedesmal mußt du das Biest wieder anzünden.«

»Oh, das werde ich dann wohl machen.«

»Mit deinen Fingernägeln? Da kannst du doch kaum ein Streichholz halten. Ne, ich werde Arie, Siem und Cor bearbeiten, dann nimmst du Freek auf deine Kappe, der ist schließlich dein Freund. Der will getreten und geschlagen werden, und zum Schluß muß er einen tüchtigen Strahl drüber kriegen.«

»Das steht mir aber wahnsinnig bevor, und diese Dildos ...«

»Ach, aber dazu kommen wir gar nicht, denk ich. Die Kunst ist, dafür zu sorgen, daß sie schon zum Höhepunkt kommen, bevor sie überhaupt daran denken, und wenn sie ihn dann gehabt haben, ist die Luft aus dem Ballon sofort raus, dann haben sie zu nichts mehr Lust, dann wollen sie nichts weiter, als in aller Ruhe verschnaufen und ein bißchen rumquatschen bei einem Bierchen.«

»Macht dir das Ganze Spaß?«

»Es wird furchtbar gut bezahlt«, sagte sie ausweichend.

»Rückt mal wieder etwas näher, die Damen«, sagte Freek, »ich möchte jetzt zu Tisch.«

»Du mußt mir noch sagen, wo es steht«, sagte ich.

»Laut meiner CD-ROM Jesaja 38, Vers 10, nur steht es da etwas anders. Da heißt es: ›Im Mittag meines Lebens muß ich dahingehen, zu den Toren des Totenreichs bin ich entboten für den Rest meiner Jahre.‹«

»In welchem Kontext steht es?« fragte ich.

»Kontext?«

»Ich meine: Was steht drum herum? Weshalb diese Sätze?«

»Keinen blassen Schimmer. Ich hab ›dahingehen‹ auf meinem Computer eingegeben, und da begann meine CD-ROM zu brummen und spuckte einen ganzen Schwung Texte mit ›dahingehen‹ aus. Da sah ich es sofort, Jesaja 38, Vers 10.«

»Hat jemand zufällig eine Bibel bei sich?« fragte ich.

Eine große Freude breitete sich aus bei Feuerwehrmann, Schrotthändler und Fahrschullehrer.

»Hast du eine Bibel bei dir, Siem?«

»Immer, ohne die geht es nicht in unserer Branche, aber dumm, sie steckt zufällig in meiner anderen Jacke.«

»Die Bibel? Nein, die Bibel nicht, wohl den Koran. Ist dir damit auch gedient?« sagte Cor.

»›Arie‹, sagte meine Frau, bevor ich wegging, ›kannst du die Bibel heute ein einziges Mal zu Hause lassen? Ich wollte ein Rezept für Rotkohl darin nachsehen.‹«

Es war natürlich eine Riesendummheit, nach einer Bibel zu fragen, und die Herren machten einen faulen Witz nach dem anderen und kicherten. Als sie fertig waren mit Lachen, sagte Freek: »Ich hab was anderes für dich, das dich wahrscheinlich interessieren wird. Von Stennis van Stenis hab ich einen Bericht gekriegt, da steht vielleicht noch was drin, das uns weiterhilft. Ich hab ihn mitgebracht. Willst du ihn sehen?«

»Furchtbar gern«, sagte ich, »aber warum hat er mir den nicht geschickt? Ich habe ihn schließlich bezahlt.«

»Hast du ihn etwa auch bezahlt? Was für ein Schuft! Mir hat er auch eine Rechnung geschickt, verdammt verdammt, das werd ich ihm Montag um die Ohren hauen, was für ein dreckiger, schmieriger Gauner.«

Als wir beim Essen saßen, gab er mir in der immer so langweiligen, toten Zeit zwischen Bestellen und Servieren der Mahlzeiten den dünnen Bericht, der eher einem ordentlichen Schulaufsatz mit Paragraphen und Zwischenüberschriften ähnelte. Viel klüger wurde ich daraus nicht. Van Stenis hatte genau nachgeforscht, wer zwischen zwölf und eins im Labor war. Ein Extraparagraph hielt fest, wer gesehen hatte (die Kaffeefrau, Riet Goudsblom und die beiden Studenten, die Chemielaborantin und die Sekretärin, die im Praktikumssaal waren), daß Roos um halb eins aus dem Labor weggegangen war, dazu die Mitteilung, daß jeder von ihnen direkt danach gehört hatte, wie der Saab gestartet wurde. Er hatte auch notiert, daß nach halb eins noch eine Besucherin dort gewesen war: Marjolein Mentink. Ich starrte den Namen eine Weile an. Sie hatte kurz im Labor vorbeigeschaut. So außergewöhnlich war das an sich nicht, schon als Thomas noch dort arbeitete, kam sie oft mal kurz im Labor vorbei, und außerdem hatte sie als junges Mädchen dort gearbeitet. Dennoch, als uns das urholländische Essen serviert wurde – Vermicellisuppe, Rindfleisch mit Blumenkohl, krümelige Kartoffeln mit fetter Sauce und als Nachtisch ein Grießpudding (und das vor einer SM-Orgie!) –, ging mir immer wieder dieser Name durch den Kopf. Man konnte sich noch so sehr darin verrennen, was das Mordmotiv – Sorge um das Renommee, wenn herauskommen würde, daß in großem Umfang Wissenschaftsbetrug begangen worden war? – gewesen sein könnte, es blieb denkbar, daß es ein anderes Motiv gab, Eifersucht beispielsweise. Angenommen, dieser Mann auf dem SM-Foto war Bas. Angenommen, Marjolein war dahintergekommen, daß Bas' frühere Freundin wieder etwas mit ihm angefangen hatte und ab und an tüchtig die Peitsche über ihm schwang? Hirngespinste, ach ja, es waren wohl Hirngespinste, und hinzu kam, daß ich sie haßte und daher ungerecht und voreingenommen war. Außerdem war sie um fünf nach halb eins ins Labor gekommen, fünf Minuten, nachdem Roos weggegangen war.

Während des Essens wurde ich immer besorgter, weil die Herren zu den exotischen Gerichten so erstaunlich viel tranken. Ob es exquisite Weine waren, konnte ich nicht beurteilen, davon verstehe ich nichts und will es auch nicht, aber eines war sicher: Welchen Wein du auch trinkst, jedes Glas enthält an die zwölf Prozent Alkohol. Mußten Sheila und ich uns nachher mit vier lallenden Saufbolden auf den Weg machen?

Es kam anders. Nach dem Essen wurde Kaffee serviert, was mich kaum beruhigte, denn es ist ein Mythos, daß man von Kaffee nüchtern wird, aber nachdem die Herren sich daran reichlich gütlich getan und *en passant* auch noch einen Kognak verdrückt hatten, sagte Freek: »Dann wollen wir uns mal einschiffen.«

In dem Augenblick hätte mir klar sein müssen, wohin wir fuhren, aber ich war in einem Zustand von so etwas wie beherrschter Panik. Auch als die Trossen des Motorboots mit viel Gejohle und Geschrei losgeworfen waren und wir unter einem dicht bewölkten Himmel in fast pechschwarzer Dunkelheit über ein breites Gewässer fuhren, das Het Joppe hieß, begriff ich immer noch nicht, wo das SM-Event stattfinden würde. Mein ganzes Inneres war Abwehr, und ich klammerte mich fast an Sheila, die in einer Art Kajüte neben mir auf der Bank saß.

»Oh, wie unheimlich«, sagte ich.

»Du wirst sehen, ist gar nicht so schlimm.«

»Bist du da schon mal gewesen?«

»Zweimal.«

»Warst du dann allein mit diesen Kerlen?«

»Gott sei Dank nicht, es war immer die Cousine von einer dabei, mit der sie da früher hingingen, aber sie scheint jetzt geistig etwas verwirrt zu sein. Schade eigentlich, denn diese Kerle waren verrückt nach ihr.«

»Diese Kerle sind sternhagelvoll«, sagte ich mißbilligend.

»Ja, das ist ganz schön lästig. Je mehr sie getrunken haben, desto länger dauert es, bis sie kommen.«

»Ich hoffe, daß du den Teil übernehmen wirst.«

»Oh, von mir aus, ich gebe ihnen noch einen Rutscher.«

Was für ein schöner Ausdruck, dachte ich, den muß ich mir merken, kann man vielleicht mal brauchen.

»Allerdings hast du die richtigen Fingernägel dafür«, sagte Sheila. »Wenn du sie damit kitzelst, kommen sie im Handumdrehen zum Höhepunkt.«

Sie nahm meine Finger, streichelte über das Plastik und sagte: »Schade, daß sie so furchtbar unpraktisch sind. Die Kerle werden wahnsinnsgeil davon, und je geiler sie sind, desto schneller ist es geschafft, aber mit solchen Nägeln kannst du ja nichts anfassen.«

»Man gewöhnt sich daran«, sagte ich, »und man kann nicht mehr gedankenlos vor der Flimmerkiste seine Chips knabbern.«

»Kann sein, aber wie kriegst du nachher die Haken von deinem Korsett zu?«

Ich wollte sagen, ich ziehe gar kein Korsett an, aber dann dachte ich: Ich kann doch nicht mit ansehen, daß dieses Schaf sich allein mit den Saufbolden abrackert, also sagte ich: »Vielleicht machst du sie nachher für mich zu.«

»Ist doch selbstverständlich, das heißt, wenn meine Finger das noch schaffen, die sind schon fast erfroren, ich hoffe, daß es da wärmer ist, ich friere wie ein Schneider.«

Um uns herum blinkten an fernen Ufern gelbe, weiße, blaue und rote Lichter, aber auf Het Joppe war es stockfinster. Selbst die Spiegelung auf dem Wasser konnte man durch das goldgerahmte Bullauge kaum sehen. Immer wieder tauchten aus der pechschwarzen Dunkelheit entgegenkommende Motorboote auf, denen wir oft nur gerade noch ausweichen konnten. Freek schaute in die Kajüte.

»Und, die Damen? Geht's?«

»Eine Eiseskälte hier«, sagte Sheila.

»Hättest deinen Pelzmantel anziehen sollen.«

»Hab keinen.«

Mit einem betrunkenen Triller in der Kehle sang Freek:

> Auf dem hohen Meere
> Die Kirch als Christi Schifflein fährt,
> Bewahr uns, lieber Herre,
> Im Schifflein unversehrt.

Er hörte auf zu singen und sagte zu mir: »Das kennst du doch wohl?«

»Na, und ob«, sagte ich.

»Warum hast du dann nicht mitgesungen?«

»Durftet ihr das früher denn singen?«

»Nein, natürlich nicht, das war kein Psalm, das nannten sie bei uns in der Kirche ein Hurenliedchen. Darum kenne ich es auch so gut.«

Und lauthals sang er, ziemlich sauber, aber immer mit dem bibbernden Tremolo auf jedem Ton, die drei Strophen des Liedes. Wenn ich nicht die ganze Zeit solchen Bammel gehabt hätte, wäre ich bei den Zeilen »Sonne, schenk dem Schiff dein Glänzen, Winde, treibt es sanft voraus« in Lachen ausgebrochen. Voller Hingabe ließ er das Lied über Het Joppe schallen. Er endete mit einem lang angehaltenen Triller auf dem letzten Ton. Ich sagte: »Du singst richtig gut.«

»Als Junge wollte ich wahnsinnig gern im Chor mitsingen«, sagte er, »aber das war verboten, das war sündiges, weltliches Vergnügen.« Dann brüllte er los: »Diese dreckigen Schwindsüchtler, meine ganze Jugend hat dieser Krebshaufen versaut, mit ihrer verlausten Bibel, ihren Typhuspresbytern, ihren Rippenfellpastoren, o wie gern würd ich an einem Sonntag ...«

»Hör sofort auf damit«, sagte ich mit der Stimme von Roos.

Augenblicklich schien seine Wut verflogen. Schüchtern fragte er: »Regst du dich denn nie auf über das, was sie dir angetan haben?«

»Warum? Manchmal habe ich sogar richtig Spaß daran, daß sie einen so kurzgehalten haben. Unser Pastor sagte in seinen Predigten: ›Schwestern, begehrt niemals die Kleidung des Mannes, Hosen tun dem Herrn weh.‹«

»Und an solches Gelaber denkst du mit Freuden zurück?«

»Dadurch ist es für mich heute ein Mordsspaß, beispielsweise eine Stretchjeans anzuziehen. Du würdest niemals mit soviel Vergnügen ›Schifflein‹ singen, wenn du als Kind nicht soviel Verdruß deswegen gehabt hättest. Verdruß erhöht Genuß.«

Bevor Freek antworten konnte, rief Siem: »Klarmachen zum Ausbooten. Poseidon in Sicht.«

»Die Poseidon?« fragte ich verblüfft.

»Ja«, sagte Freek stolz, »hübsches Hausboot. Konnte ich für 'n Appel und 'n Ei kriegen, hab es wie einen kleinen Palast einrichten lassen. Roos war hin und weg davon, und ihre Cousine auch.«

»Sie hatte keine Verwandten, habe ich dir doch gesagt, also auch keine Cousine«, sagte ich.

»Keine Cousine? Das haut mich um. Dieses Mädchen ... Fietje ... das Schäfchen hat völlig den Verstand verloren, seit Roos ... war das denn nicht ihre Cousine?«

»Genauso, wie sie mich immer ihre Schwester nannte, wird sie Fiona immer ihre Cousine genannt haben.«

»Oh«, sagte Freek, »das müssen wir dann wohl schlucken. Aufpassen, Arie, da kommt der Poseidonspanner wieder, der uns immer von seinem Vijfstuivers-Ruderboot aus beobachtet.«

Arie gab dem Steuer einen kleinen Stoß. Leewärts tauchte die Poseidon auf. Psalm 100 stieg mir die Kehle herauf: »Jauchzet dem Herrn alle Lande!« Zugleich fühlte ich mich todunglücklich. Bedenkenlos hatte ich den Schluß gezogen, daß Roos dort, in dem schwimmenden Labor, Ecstasy-Pillen hergestellt hatte. Als hätte ich darauf gewartet! Ohne jeden Beweis, nur aufgrund vager Hinweise, hatte ich angenommen, daß sie ihre Seele dem Drogenhandel verkauft hatte. Gut, aus Erfahrung wußte ich, daß Leute Gerüchte, die auf gute Bekannte ein schlechtes Licht werfen, gern für wahr halten (»wundert mich nicht, hab ich schon immer gedacht«). Aber daß auch ich, sogar ich dabei mitgemacht hatte, ich, die ich Roos doch auf Händen getragen hatte! Nie würde ich das wiedergutmachen können. Mich müßten sie da jetzt gleich an einen solchen Pranger stellen und mit Peitschen bis aufs Blut züchtigen.

Während ich mich zutiefst schämte und zugleich überglücklich war, daß Roos nun von jedem Ecstasy-Vorwurf freigesprochen war, legte unser Boot seitlich der Poseidon an. Cor löste ein Tau aus dem Bolster und zog es durch einen Ring der Poseidon. Weil das Motorboot nun am Bug vertäut lag, bekamen Wind und Strömung es so in den Griff, daß der Achtersteven wieder friedlich hinaustrieb. Sheila war mit ihrem Köfferchen aus der Kajüte geklettert und stand auf dem Deck. Cor und Siem und Arie standen auch auf dem Deck, Freek hatte das Ruder von Arie übernommen. Als ich meinen rechten Fuß aufs Deck setzte, tauchte hinter uns aus der pechschwarzen Dunkelheit einer von diesen Schwarzgeldkreuzern auf und rammte uns mittschiffs. Durch den Aufprall gingen Cor, Siem, Arie und Sheila an Luv über Bord. Ich knallte gegen die Kajütenwand. Auf dem Kreuzer rief eine Frauenstimme: »Zurück«, und die Yacht, die sogar mit Radar ausgerüstet war (also kann man sich fragen, weshalb sie uns rammte), entfernte sich rückwärts, während das Wasser heftig rauschte. Dann wendete sie den Steven und verschwand im Eiltempo über Het Joppe.

Während ich die Bordlichter verschwinden sah, zog Freek Sheila aus dem Wasser. Cor und Siem hievten sich selbst an der Reling hoch, standen sogar schon wieder an Deck, bevor ich mich noch etwas zittrig aufgerappelt hatte und mit meinem Köfferchen aus der Kajüte gestiegen war.

»Arie ist futsch«, sagte Cor.

»Futsch«, sagte Siem.

»Arie ist futsch?« fragte Freek.

Die drei Männer starrten aufmerksam in das glänzende, friedlich plätschernde schwarze Wasser.

»Er ist mit dem Kopf gegen die Reling gestoßen«, sagte Siem, »ich hörte was knacken. Vielleicht liegt er bewußtlos irgendwo da unten.«

»Wir müssen ihn rausholen«, sagte Freek, »ihr seid schon naß, los.«

Siem und Cor sprangen wieder über Bord, Freek rief ihnen nach: »Wir können es nicht gebrauchen, daß er nachher tot aus Het Joppe gefischt wird. Was sollen wir dann seiner Frau sagen? Ich weiß nicht, was er ihr erzählt hat, aber er wird sicher nicht gesagt haben, daß er in der Poseidon eine Nummer schieben wollte.«

Es schien, als würde diese Ansprache helfen. Über der Reling erschien Aries leichenblasser Kopf. Aus einer großen Wunde über seinem Auge sickerte Blut. Cor sagte: »Er atmet noch.« Freek hob ihn mühelos aus Het Joppe, während Cor und Siem wieder an Deck kletterten. Was mir gewaltig imponierte, war die Effizienz und Ruhe, mit der alles geschah.

»Der braucht Hilfe«, sagte Freek.

»Da bleibt uns nichts anderes übrig, als ihn an Land irgendwo hinzubringen, von wo aus wir einen Rettungswagen rufen können.«

»Ich sterbe vor Kälte«, jammerte Sheila.

»Geht ihr beide schon mal auf die Poseidon«, sagte Freek zu Sheila und mir, »hier, der Schlüssel, drinnen ist es warm, wir bringen Arie jetzt weg, nachher holen wir euch. Oder sonst haut ein Boot an, wenn es euch zu lange dauert, es kommen genug hier vorbei. Die bringen euch schon zu einer Stelle, wo ihr ein Taxi nehmen könnt.«

Mit der triefend nassen Sheila hinter mir lief ich über die schmale Gangway der Poseidon zur Eingangstür. Als ich sie öffnete, schlug mir warme Luft entgegen. Offenbar war die Heizung aufgedreht. Trotzdem zitterte und bebte Sheila auch noch, als wir hineingegangen waren. Es war dunkel, ich suchte einen Lichtschalter. Endlich fand ich den runden Knopf eines Dimmers. Ich drehte daran und bereitete mich darauf vor, Erlenmeyerkolben, Reagenzglashalter, Bechergläser, Bunsenbrenner und Trockenschränke zu sehen. Langsam erschien jedoch, angestrahlt von versenkten Deckenspots, ein geisterhaftes Interieur. In dem großen, langgestreckten Raum standen drei Böcke, wie früher in der Turnstunde, standen Pranger, standen Stühle mit Lehnen, an die hufeisenförmige Handschellen montiert waren. Auch die Stuhlbeine waren mit Fesseln ausgestattet. Von der Decke hingen Ketten mit diversen Haken daran. Ich entdeckte auch Zahnräder. Offenbar hängte man angekettete Sklaven an einen der Haken und zog sie dann hoch. In einer Ecke auf einem schmalen Bett lagen zusammengefaltete Decken und ein riesiges Handtuch.

»Zieh deine Kleider aus«, sagte ich zu Sheila, »die müssen wir so schnell wie möglich trocknen.«

»Ich bin patschnaß«, sagte sie, »ich sterbe vor Kälte.«

Zitternd entledigte sie sich ihrer leichten Fähnchen. Inzwischen suchte ich nach irgend etwas, das sie anziehen konnte. Ich fand einen Lackledermantel, aber als sie auch ihre klitschnasse Unterwäsche ausgezogen hatte und diesen anzog, jammerte sie: »Oh, wie kalt auf der Haut.«

»Dann leg dir die Decke um«, sagte ich, während ich eine vom Bett nahm.

Ich hob ihre nassen Kleider auf. »Du wirst sehen, sie haben hier die dollsten Sachen, aber einen Wäscheständer, von wegen. Aber selbst wenn, wo sollte man ihn hinstellen? Nirgendwo ein Heizofen.«

»Können meine Sachen nicht auf den Heizkörpern trocknen?« fragte Sheila.

»Ich sehe keine Heizkörper, ich wette, die haben hier Warmluftheizung.«

»In der Abseite, wo wir uns immer umziehen mußten, steht, glaube ich, ein elektrischer Heizofen auf Rädern.«

Ich öffnete die Tür zur Abseite. Dort stand tatsächlich ein kleiner Heizofen. Ich steckte den Stecker in eine Steckdose, lief zurück, nahm das Handtuch vom schmalen Bett, legte es über den Heizofen und drapierte dann ihre nassen Kleider darauf.

»Jetzt warten wir, bis alles trocken ist«, sagte ich.

Ich richtete mich in dem Stuhl mit den Hufeisenfesseln an den Armlehnen ein. Sheila setzte sich zuerst aufs Bett, probierte dann, ob sie liegen konnte, aber die zusammengefalteten Decken waren im Weg. Sie schob sie weg, legte sich aufs Bett und bat: »Deckst du mich zu?« Das tat ich, und dann verschanzte ich mich wieder in dem Handfesselstuhl. Sheila nieste.

»Erkältet«, sagte ich.

»Ich bin allergisch gegen Hausmilben«, sagte Sheila.

Dann sagten wir nichts mehr, und ich saß einfach nur da und starrte den Pranger und die Zahnräder an. Einer der Deckenspots war auf einen großen Käfig gerichtet, dessen Gitterstäbe einen Fächer aus Schatten über den Fußboden warfen. Lauter kleine Sonnenuhren, dachte ich, und während ich die Schatten anstarrte, machte die Wärme mich träge und schläfrig. Kein Ecstasy, Gott sei Dank, kein Ecstasy, aber woher kam all das Geld? Von diesen Ausflügen? Teilzeit-Peitschenschwingen in einem schicken Club im Haager

Blumenviertel? Ich wollte Sheila fragen: »Wieviel Geld bringt eine solche Sitzung?«, aber sie hatte die Augen geschlossen. Vielleicht schlief sie, ich war ebenfalls angenehm müde, aber ich tauchte nicht ganz weg, sondern versank in ein benommenes Dösen. Es schien, als seien meine Handgelenke mit den Hufeisenfesseln an die Armlehnen und meine Beine mit den Fußeisen an die Stuhlbeine gefesselt. Ich konnte mich nicht mehr bewegen, ich war wie betäubt, gedopt. Langsam erhob sich die äquinoktiale Sonnenuhr vor meinem inneren Auge. »Deswegen ist die Sonne zehn Grade zurückgegangen, in den Graden, die sie vorwärts gegangen war.« Wie viele Minuten mochten das sein, zehn Grade? Ein Kreis hatte dreihundertsechzig Grad, ein Tag und eine Nacht dauerten vierundzwanzig Stunden, also mußte man dreihundertsechzig durch vierundzwanzig teilen. War das fünfzehn? Zehn Grad waren also vierzig Minuten. Würde die Sonne um Viertel vor eins zehn Grade zurückgehen, dann war es wieder für einen Augenblick fünf nach zwölf.

Fünf nach zwölf brauchte es gar nicht zu sein, fünf vor halb eins wäre schon genug. Fünf nach halb eins war Marjolein ins Labor gekommen. Ging die Uhr beim Pförtner vielleicht vor? Ging die Sonnenuhr vielleicht nach? Nein, die ging immer gleich, die gab die einzig richtige Zeit an, die Sonnenuhrzeit, nicht die mitteleuropäische Kompromißzeit aller Wanduhren und Armbanduhren. Erklärte das einen Unterschied von ein paar Minuten? Wie schade, daß ich zu müde war, um weiter darüber nachdenken zu können.

Steif und zitternd schrak ich auf, als Freek die Tür der Poseidon öffnete und verkündete, daß es leider zu spät sei für nette Spielchen. An das, was danach geschah, erinnere ich mich kaum, ich blieb schläfrig, auch als wir über Het Joppe zurückfuhren, auch als wir bei der Kaagsociëteit die Fähre zum Parkplatz nahmen. Wo Freek das Mädchen von der Callgirl-Agentur absetzte, weiß ich nicht mehr. Oder kam das daher, daß es stockdunkel war? Woran ich mich erinnere, ist, daß Sheila und ich hinten im Auto saßen und daß Sheila sagte: »Ich kriege doch wohl mein Geld?«

»Das fehlte noch, daß du das nicht bekommst«, sagte ich, »zumindest Schmerzensgeld.«

Als Freek sie also absetzte und keine Anstalten machte, sie zu bezahlen, knurrte ich: »Kriegt sie ihr Geld nicht?«

»Warum sollte sie?«

»Du hast sie engagiert. Kann sie was dafür, daß sie ihre Arbeit nicht machen konnte?«

»Wir vielleicht?«

»Bei Arbeitsausfall durch Frost werden deine Leute auch weiterbezahlt. Sie hat ein Recht auf ihr Geld. Sie wäre wohlgemerkt um ein Haar ertrunken.«

»Es ist, als hörte ich Roos reden«, sagte er vergnügt, zog ein Portemonnaie aus seiner Innentasche und sagte: »Fünfhundert pro Mann waren verabredet, ich werde mit Arie, Siem und Cor abrechnen«, und gab ihr zweitausend Gulden. Dann sagte er zu mir: »Und du? Willst du auch bezahlt werden?«

»Du bist ja wohl bescheuert«, sagte ich.

22

Bevor ich in jener Nacht ins Bett ging, schaute ich in ihrer Bibel unter Jesaja 38, Vers 10 nach. Hätte ich das nur nicht getan! Während ich den Text suchte, kam zwischen den dünnen, knisternden Seiten der Klagelieder des Jeremias ein Tausendguldenschein ans Tageslicht. »All das Geld«, stöhnte ich. Jesaja 38, Vers 10 war, wie ich bemerkte, der erste Satz aus dem Danklied von König Hiskia. Genau darüber, in Jesaja 38, Vers 8, stand: »Siehe, ich will an der Sonnenuhr den Schatten, der vorwärts gegangen ist, um zehn Grade zurückgehen lassen.«

Da konnte ich nicht mehr schlafen, da warf ich mich wie im Fieber von einer Seite auf die andere. Was sollte man davon halten? Zufall? Der emeritierte Professor, der Boß, wie er noch immer genannt wurde, Eduard Wehnagel, hatte in seiner Rede bei ihrem Begräbnis aus dem Danklied von Hiskia zitiert. Dieses Lied bezog sich auf Hiskias Genesung und deren sichtbares Zeichen: das Wunder der Sonnenuhr. Von der Sonnenuhr war es nur ein Schritt zum Schlagschatten des daneben stehenden Strauchs, des indischen Stechapfels mit seinen purpurnen Blütenblättern.

Freud ist nicht so mein Fall. Dennoch schien es mir nicht undenkbar, daß der Professor unbewußt gerade diesen Text gewählt hatte. Wenn er sie aus Angst vor dem Verlust seines Renommees als Wissenschaftler umgebracht hatte, mußte das Bild des Schlagschattens tief in seinem Unterbewußtsein geruht haben. Und deshalb hatte er, der Freudschen Alchimie entsprechend, ohne es selbst zu durchschauen, bei der Beerdigung indirekt auf die Sonnenuhr hingewiesen.

Das war jedenfalls meine Schlußfolgerung nach einer unruhigen Nacht. Erst bei Tagesanbruch schlief ich ein. Als die Katzen mich empört miauend weckten, weil ihre Freßnäpfe und Untertassen leer blieben, schien alles, was ich in der Nacht gedacht hatte, ein Hirngespinst zu sein. War Wehnagel an dem verhängnisvollen Mittwoch denn überhaupt im Labor gewesen? Kein Wort darüber im Bericht von Van Stenis.

»Geduld, Geduld«, sagte ich zu den Katzen, »was ich mich nur frage, ist: Ein Professor hat bekanntlich immer eine Chemielaborantin, die die Schmutzarbeit für ihn erledigt.« Hatte vielleicht Marjolein, die einst als Chemielaborantin angefangen hatte, die Schmutzarbeit für Eduard erledigt? Doch die war erst um fünf nach halb eins ins Labor gekommen. Aber halb eins auf der Sonnenuhr im Praktikumssaal, war das vielleicht Viertel vor eins auf der Uhr in der Pförtnerloge?

Wieder begannen meine Gedanken, sich im Kreis zu drehen. Ging die normale Uhr vor im Vergleich zur Sonnenuhr? Aber wie war es dann mit der Sommerzeit und der Winterzeit? Ging die Uhr im Frühling nun nach oder vor? Wenn die Sommerzeit anfing, dann stand man doch eine Stunde eher auf? Vermutlich, denn im Frühling hörte man immer die meisten Proteste. Bedeutete das dann nicht, daß die normale Uhr der Sonnenuhr weit voraus war? Dann konnte es sich nicht um einen Unterschied von einer Viertelstunde handeln, dann war der Unterschied sehr viel größer, es sei denn, man bezog im Praktikumssaal mit ein, daß die Sonnenuhrzeit von der mitteleuropäischen Zeit abwich, und korrigierte dies stillschweigend. Wenn die Sonne schien, müßte ich hingehen und Mijna fragen: »Wie spät ist es?« und dann zum Pförtner sausen. Sicher würde ich Ärger mit Bas bekommen, weil ich wieder wie Roos herumlief. *So what?* Soll er doch dreikantig in den Dreck fallen, dachte ich.

Am späten Sonntag nachmittag zirpte das Telefon.

»Hallo.«

»Hier Freek, nicht erkältet?«

»Nein, aber ich habe nicht gut geschlafen.«

»Lust auf 'ne kleine Vögelei?«

»Bist du verrückt geworden?«

»Ne, geil.«

»Dann gib dir selbst einen Rutscher.«

»Hab ich schon getan, hat nicht geholfen.«

»Kleine Vögelei, allein das Wort schon.«

»Was soll man denn sonst sagen? Kommst du mit ins Bett? Das fand ich schon immer einen so stumpfsinnigen Ausdruck. Als ob du unbedingt ein Bett dazu brauchst. Im Stehen ist es oft am schönsten.«

»Hör doch auf, Sex, das ist wie Strickwolle.«

»Strickwolle? Was redest du da?«

»Strickwolle kann wunderbar wärmen, aber ein Wollknäuel ...«

»Ich freu mich, daß du so ehrlich bist.«

»Du warst es auch.«

»Ja, warum nicht? Wenn du vielleicht Lust gehabt hättest und ich hätte nicht gefragt, dann hättest du vielleicht gedacht: Bin ich schon so alt? Bin ich vielleicht nicht mehr attraktiv? Nicht, daß du das denkst.«

»Vielen Dank für das Kompliment.«

»Dir auch vielen Dank. Damit hätten wir das Kapitel im Moment abgeschlossen. Jetzt können wir weiter normal miteinander umgehen, ohne daß irgendwie zwischen uns steht, früher oder später zusammen in die Kiste zu müssen.«

Nachdem ich den Hörer aufgelegt hatte, dachte ich zuerst zufrieden: Sieh an, der neue Mensch, die emanzipierte Frau. Dann dachte ich: Ob Roos diesen Bauarbeiter auch so abgefertigt hätte? Ob sie jemals mit Freek geschlafen hat? Das schien mir wenig wahrscheinlich, sie hatte immer gesagt: »All dieses stumpfsinnige, feuchte Rumgemache zwischen den Laken, die dann sofort in die Miele müssen, das wird so enorm überschätzt, die Leute machen so viel Brimborium darum, und es hat so wenig zu bedeuten, es ist ein Bedürfnis, genau wie Essen und Trinken und Niesen. Einkaufen gehen ist tausendmal schöner.«

Also zog ich mit den biblischen tausend Gulden los (die verkaufsoffenen Sonntage sollen leben!) und versuchte, einen atemberaubenden himmelblauen Hosenanzug mit enganliegendem, kurzen Jäckchen zu erstehen. Aber der Verkäufer wollte den Tausender nicht annehmen, und die Banken hatten geschlossen, also konnte ich ihn nicht wechseln. Ich hätte mit Plastik bezahlen können, aber ich wollte unbedingt diesen Tausender loswerden, und ich ging wieder zurück in den Laden mit dem Hosenanzug und sagte zu dem Verkäufer: »Ich kriege diesen Tausender nirgends gewechselt. Auf andere Art kann ich nicht bezahlen. Ich gebe Ihnen meinen Namen und meine Adresse. Gehen Sie morgen zur Bank, und wenn der Tausender falsch ist, wissen Sie, wo Sie mich suchen müssen.«

Er wollte gern etwas verkaufen, ließ sich breitschlagen, und ich hatte nun ein Kleidungsstück im Stil von Roos, womit ich mich im Labor zeigen konnte, weil es keiner kannte.

Die Rechnung ging nicht auf. Als ich am nächsten Morgen, einem wolkenlosen Tag, durch die hohen Flure lief und meine Absätze auf dem Terrazzo klapperten, erschrak jeder, dem ich begegnete. Der Pförtner starrte mich an, als trachtete ich ihm nach dem Leben. Ein Student, dem ich auf dem Flur begegnete, wandte demonstrativ den Kopf weg. Mijna blickte mich kaum an, als ich sie fragte: »Wie spät haben wir's?« Prompt sagte sie, ohne nach draußen zu sehen, was auch der entsetzte Pförtner zwanzig Sekunden vorher auf dieselbe Frage geantwortet hatte: »Halb zehn.«

Ich versuchte, mir vorzustellen, wie ich auf die anderen wirkte. Sie sahen eine Frau, die unbedingt jemandem täuschend ähnlich sehen wollte, dem sie jahrelang jeden Tag begegnet waren und den sie sehr gern gehabt hatten. Mußte der Anblick eines solchen *lookalike* nicht schockierend sein? Oder dachte man: Sie ist übergeschnappt, sie muß zum Psychiater? Oder würde man böse werden? Nein, böse wurden sie nicht, sie waren von meinem Anblick einfach nur peinlich berührt.

Ich sah zur Sonnenuhr, versuchte, sie abzulesen. Zehn nach neun? Ob dann doch …?

Ich verließ den Praktikumssaal. Auf dem Flur begegnete ich Riet. Sie warf einen mißbilligenden Blick auf meine Nägel, blieb stehen und sagte: »Kindchen, was führt dich hierher?«

»Ich wollte nur mal nach der Uhr sehen.«

»Warum?«

»Es hätte sein können, daß die Uhr beim Pförtner eine andere Zeit angibt als die Uhr im Praktikumssaal. Denn nach Auskunft des Pförtners ist um fünf nach halb eins jemand ins Labor gekommen. Da müßte Roos schon weggewesen sein, aber ich habe immer gedacht: Vielleicht gibt die Sonnenuhr eine andere Zeit an als die normale Uhr, vielleicht war derjenige schon da, bevor Roos wegging.«

»Als ob hier jemand, der Böses im Schilde führt, nicht wüßte, daß es einen Hintereingang gibt.«

»Das ist überhaupt wahr! Daran habe ich noch gar nicht gedacht. Aber dann muß man im Schleichschritt durch die alte Leichenhalle.«

»Genau das richtige für einen Mörder, dünkt mich«, sagte Riet ironisch.

»Du glaubst nicht daran, habe ich den Eindruck.«

»Komm mit in mein Zimmer, da können wir in Ruhe reden.«

Dort angekommen, schloß sie sorgfältig die Tür, setzte sich an ihren Schreibtisch und fragte: »Hat die junge Dame aus Kanada versucht, dir weiszumachen, daß hier jahrelang Betrügereien stattgefunden haben sollen?«

»Woher weißt du das?« sagte ich erstaunt.

»Wissen ist zuviel gesagt, ich vermute es. Das Team in Quebec pflügt auf unserem Acker. Schon jahrelang versuchen sie, uns den Rang abzulaufen. Seit kurzem haben sie ihre Taktik geändert. Sie haben es sich in den Kopf gesetzt, uns fertigzumachen. Voriges Jahr auf dem großen Pharmakologenkongreß fing es an. Geflüster auf den Fluren. Diese hervorragenden Forschungsergebnisse in den Niederlanden? *Maybe* Betrug, ein Produkt der Mogelei. Jetzt haben sie diese kleine Diva geschickt, die jeden um den Finger wickelt und uns dabei ausspioniert. Außerhalb des Labors hat sie hier und da fallenlassen, daß wir jahrelang gemogelt hätten. Sie hat es zu dir gesagt, sie hat es auf einem Empfang zum Direktor des Academisch Ziekenhuis gesagt, und bestimmt zu zehn oder zwanzig anderen, von denen wir wegen der Finanzierung unserer Forschungen abhängig sind. Der Wind ist gesät, das Mädchen wieder zu Hause. Demnächst hoffen sie in Quebec mit ansehen zu können, wie wir hier in ein schweres Unwetter kommen.«

»Ich kapier das nicht«, sagte ich, »du hast darauf gedrungen, daß das Mädchen bei mir wohnen sollte, du hast sie in den höchsten Tönen gelobt, und nun...«

»Bas und ich wollten sie irgendwo unterbringen, wo sie am wenigsten Schaden anrichten könnte.«

»Also habt ihr zu mir gesagt, daß sie so nett sei, um mich zu ködern.«

»Eine kleine Notlüge. Ich bitte um Entschuldigung. Du kannst dich bei Bas bedanken, der hat sie sich ausgedacht.«

Sie starrte eine Weile finster vor sich hin und sagte dann: »Welch ein Glücksfall für die Leute in Quebec, daß hier nun offenbar auch noch ein Mord begangen wurde! Das können sie sofort in ihre Flüsterkampagne mit einbeziehen. Ich frage mich immer, ob die nicht mit gezinkten Karten gespielt haben, es kommt ihnen so erstaunlich gelegen.«

»Du meinst, daß die Leute in Quebec...«

»Nein, nein, hier haben sie die Finger nicht im Spiel gehabt, das scheint mir ausgeschlossen, das wäre zu riskant gewesen. Nein, ich denke an etwas anderes, ich denke, das Mädchen hat ihrem Mann, wenn es überhaupt ihr Mann war, sie waren so übertrieben zärtlich miteinander, daß ich das kaum glauben kann … dieses Mädchen hat möglicherweise ihrem sogenannten Botaniker erzählt oder gemailt, daß hier im Innenhof eine exotische Datura steht, und er hat sich dann neulich diese hübsche Geschichte dazu ausgedacht von Samen, aus denen man ein tödliches Gift herstellen kann.«

»Das scheint mir übertrieben, das glaube ich nicht, das kann man überprüfen.«

»Ich habe es überprüft, ich habe im Rijksherbarium die ganze Literatur über das Genus Datura zusammengesucht, die ich finden konnte. Zunächst ist klar, daß an dieser Sonnenscheingeschichte nicht viel dran ist. Auch ohne Sonne ist man gefährdet, wenn man es schluckt. Außerdem ist die weiße Variante offenbar giftiger als die purpurne, die wir hier haben. Wenn man das Zeug schluckt, kann es schon nach fünf Minuten zur Katastrophe kommen.«

»Gott im Himmel«, sagte ich, »aber ich begreife etwas nicht. Welchen Vorteil würde das Team in Quebec davon haben, daß dieser Mann uns hier im Praktikumssaal diese Geschichte erzählt?«

»Begreifst du denn nicht? So etwas verbreitet sich sofort! Du kannst davon ausgehen, daß die gesamte akademische Welt inzwischen haargenau weiß, bei uns wurde eine Frau vergiftet. Die Folgen für unser Team kann man sich vorstellen.«

»Ob Roos dann gar nicht vergiftet worden ist? Ob dieser Mann … er schien so ein netter Mann zu sein … er mußte doch fast gestützt werden, als er aus dem Praktikumssaal ging.«

»Ein guter Schauspieler, das war er. Seit wann gehst du nach dem Äußeren? Das kann man nach Belieben anpassen, wie du selbst glänzend demonstrierst. Aber denk an das, was Goethe gesagt hat: *Du bist am Ende – was du bist / Setz dir Perücken auf von Millionen Locken. / Setz deinen Fuß auf ellenhohe Socken, / Du bleibst doch immer, was du bist.* Bestimmt, es diente und dient nur einem einzigen Ziel: Weg mit diesen Pharmakologen.«

»Also diese Datura-Geschichte …?«

»Ich habe große Zweifel.«

»Aber was dann? Doch ein Sonnenstich?«

»Nichts, was dagegen spricht. Ich sage es jeden Tag, und das ist auch nötig, denn die Stimmung hier ist weit unterm Gefrierpunkt, es ist, als würde den ganzen Tag das Totenglöckchen bimmeln.«

»Wundert mich kein bißchen … dieser Mann, ich war auch ganz fertig davon.«

»Ich nicht, ich dachte sofort: Da stimmt was nicht, diese Geschichte über eine Prise Pulver im Kaffee … ach komm, man würde hier nie so amateurhaft vorgehen. Man weiß nicht einmal die letale Dosis eines solchen Stoffs.«

»Und der Betrug?«

»Betrug? Für Eduard lege ich meine Hände bis an die Ellbogen ins Feuer. Es wird noch sein Tod sein, wenn er hört, was die in Quebec aushecken. Ich bin dagewesen, habe gesehen, wie sie arbeiten. Pfuscher sind das, furchtbare Pfuscher. Daß sie unsere Resultate nicht verifizieren können, wundert mich nicht. Seit Roos' Tod geht es ihm gesundheitlich nicht gut. Nein, dieser Betrug …«

Sie blickte mich an wie eine aufgebrachte Lehrerin

und fuhr fort: »Soll ich dir mal was sagen? Wissenschaftliche Forschung ist genauso wie Klavierspielen, du mußt wahnsinnig genau sein, immer mit äußerster Konzentration arbeiten, du mußt wiegen und titrieren und pipettieren und filtrieren und destillieren, und bei allem, was du tust, brauchst du deine Fingerspitzen genauso wie beim Klavierspielen. Hast du je eine Frau mit langen Nägeln gesehen, die gut Klavier spielt? Zu Eduard habe ich immer gesagt: ›Von meinen Versuchen soll Roos die Finger lassen. Mit Krallen kann man unmöglich sorgfältig arbeiten.‹ Dann lachte er mich aus. Ich sage dir: Wenn wirklich etwas mit den Resultaten seiner Forschung nicht stimmt, ist es nicht seine, sondern ihre Schuld. Das kommt nur durch diese verunstalteten Nägel.«

Für einen Moment schloß sie die Augen und sagte, ruhiger geworden: »Und weil du dich mit Roos identifizierst, läufst du wahrhaftig... Darf ich dir eine Gewissensfrage stellen? Verleugnest du jetzt auch Mozart und Schubert? Liebst du seit deinem Umzug ihre Musik, Bill Evans und Miles Davis?«

Sie gab mir keine Gelegenheit zu antworten, was mir nicht unangenehm war. Offenbar kannte sie die Antwort. Sie fuhr ohne Pause fort: »Kindchen, schneide dir diese Nägel sofort ab, wenn du zu Hause bist, das ist kein Anblick, es ist vulgär, es ist widerwärtig, sie sind zu nichts nütze, du bist doch kein Raubvogel.«

»Sie helfen beim Abnehmen.«

»Helfen beim Abnehmen? Was für ein Unsinn!«

»Mit den Nägeln kann ich nichts mehr anfassen und auch nicht lecker kochen. Früher saß ich vor der Röhre und futterte gedankenlos eine Tüte Chips leer.«

»Als ob du solche Nägel brauchst, um auf Chips zu

verzichten. Kokain ist verboten, aber in den Supermärkten liegen Wagenladungen von diesen abartig fetten Chips und diesem Salzgebäck herum voll krebserregender Acrylamide und anderer Schweinereien… es ist zum Gotterbarmen. Wenn du nicht diszipliniert genug bist, um von den Chips zu lassen, dann renn weiter mit diesen Krallen rum. Meinen Segen hast du!«

Mir war leicht schwindlig, als ich wieder auf der Straße stand. Ich hatte nach ihrer heftigen Philippika gegen Roos' Fingernägel das Gefühl, als starrten alle Leute meine Fingernägel an, und ich zog Handschuhe über und behielt sie auch an, als ich ins Rijksherbarium ging. In der Bibliothek sagte ich zu einem Mann in der Ausleihe, der aussah, als hätte auch er jahrelang zwischen zwei Pergamentblättern zum Trocknen gelegen: »Es tut mir leid, daß ich nicht präziser sein kann, aber haben Sie vielleicht Literatur über das Genus Datura?«

»Das ist eine Pflanze, die sich auf einen Schlag eines außerordentlich großen Interesses erfreuen darf«, sagte der Bibliothekar.

»Also ist alles ausgeliehen?«

»Nein, es ist gerade etwas zurückgebracht worden, ich habe es hier noch liegen, ich kann es Ihnen sofort mitgeben.«

Als ich mit dem Buch nach draußen ging, fiel, da ich es ziemlich lose festhielt, ein Ausleihzettel heraus. Ich bückte mich, hob ihn auf und steckte ihn, weil ich so schnell nicht wußte, was ich damit anfangen sollte, und ich nirgends einen Mülleimer sah, wieder ins Buch zurück. Nie verkehrt, kann man immer als Lesezeichen gebrauchen.

23

Am Ende eines dieser windstillen Dezembernachmittage mit raschelndem Eichenlaub überall auf dem Straßenpflaster fuhr ich mit dem Fahrrad durch die Uiterste Gracht. In einer Zoohandlung hatte ich, da es bei Digros offenbar ausverkauft war, Sheba geholt. Den ganzen Tag über hatte eine bleischwere, dunkelgraue Wolkendecke am Himmel gehangen. Regen fiel merkwürdigerweise nicht, es nieselte nicht einmal. Da ich aus meiner Zeit als Autofahrerin noch wußte, daß man Radfahrer im Dunkeln, obwohl Vorder- und Rücklicht brennen, erst im letzten Moment entdeckt, wenn sie dunkle Jacken tragen, hatte ich das kurze hellbraune Bisamjäckchen aus Roos' reichhaltiger Garderobe angezogen. Ich wollte den Autofahrern ersparen, was mir selbst so oft passiert war: Daß ich über einen unvermutet aus der Dunkelheit auftauchenden Radfahrer fast zu Tode erschrocken war.

Ich fand, daß ich dieses Pelzjäckchen tragen durfte. Bisampelz stammte von der Bisamratte. Sie werden, soweit ich weiß, nicht auf Tierfarmen gehalten, sondern zu Zehntausenden gefangen, weil sie eine große Gefahr für Deiche und Schleusenanlagen darstellen. Aus den Häuten der somit notgedrungen gefangenen Tiere Jacken herzustellen scheint mir erlaubt zu sein. Passend zum Jäckchen trug ich ein Stirnband aus

Bisamfell, das mein Gesicht auf ein schmales Oval reduzierte.

Ruhig trat ich in die Pedale. Radfahren – welch wunderbare Art der Fortbewegung, verglichen mit dem Auto, in dem man verkrampft am Steuer sitzt und dauernd eine Heidenangst vor einem Unfall hat. Dabei hat man nicht so sehr Angst davor, daß man sich selbst verletzt, als vielmehr davor, daß man einen anderen Menschen totfährt. Nun, wenige Menschen teilen offenbar diese Angst, denn sogar in der Uiterste Gracht war ein Ministau.

Als ich mich daran vorbeizwängte, sah ich zwischen einem Peugeot und einem Honda Civic einen schwarzen Saab. Kurz darauf überholte mich der Peugeot, und gleich danach glitt fast geräuschlos der schwarze Saab vorbei. Ich achtete nicht auf das Nummernschild, aber als ich ein Stück weiter die drei Autos wieder überholte, hupte der Fahrer des schwarzen Saab. Es schien sogar, als hupte er, um mich zu grüßen. Mit meinem hellbraunen Pelzjäckchen fiel ich auf, aber ich fand es ziemlich albern, daß ich aus dem Auto gegrüßt wurde. Vom Fahrrad aus kann man schlecht erkennen, wer im Auto sitzt. Es kommt regelmäßig vor, daß einem ein Autofahrer begeistert zuwinkt, und dann denkt man: Wer war das um Himmels willen, und dann winkt man einfach zurück. Im Dunkeln ist es für einen Radfahrer fast unmöglich zu erkennen, wer am Steuer sitzt. Ich winkte also kurz und fuhr weiter, und etwas später wurde ich meinerseits wieder von den drei Autos überholt. Wieder hupte der Saab.

Wer war das um Himmels willen, dieser Huper? Während das Auto beschleunigte, blickte ich aufs Nummernschild. NJ-JN-25. Da ich es nicht erwartet hatte, dauerte es einen Augenblick, ehe ich begriff, daß da Roos' schwarzer Saab von der Dezemberdunkelheit verschluckt wurde.

Wer fuhr dort in Roos' Saab? Es mußte jemand sein, der sich nicht schämte, sich den Saab angeeignet, schlimmer noch: ihn gestohlen zu haben. Unverfroren hatte der Dieb auf die Hupe gedrückt. Als wüßte er, wer ich bin, und als wollte er sagen: Guck mal, da bin ich, du hast das Nachsehen. Ja, aber das ging doch nicht, der Dieb konnte unmöglich wissen, daß die Radfahrerin in dem hellbraunen Jäckchen, die er in der Uiterste Gracht überholt hatte, allen Besitz von Roos geerbt hatte, inklusive des schwarzen Saab. Oder sollte der Dieb so gut mit Roos bekannt gewesen sein und wissen, daß sie im Winter oft in einem Bisamjäckchen herumlief?

Ich fuhr schneller. Vielleicht konnte ich den Saab einholen, konnte herausbekommen, wer am Steuer saß. Als ich eine Einbahnstraße erreichte, sah ich den Saab weiter vorn im Stau stehen. Diesmal kein Ministau, sondern eine Autoschlange, die von der Brücke, wo die Einbahnstraße anfing, bis zu der Brücke reichte, wo sie in eine breite Hauptverkehrsstraße mündete. Überall glühten in der Dunkelheit die Rücklichter der weiterkriechenden Autos. Sogar die Fußgänger auf den Bürgersteigen kamen schneller voran, und die Radfahrer flogen auf ihrer Radfahrerspur geradezu am Stau vorbei.

Ich hielt auf der Singelbrug an. Wenn ich jetzt an den fast stillstehenden Autos entlangfuhr, würde ich neben dem schwarzen Saab stoppen und hineinschauen können. Ob ich dann erkennen könnte, wer der Fahrer war, blieb abzuwarten. Ich könnte unverfroren an die Scheibe klopfen. Die Frage war mehr, ob der Fahrer die Courage haben würde, das Fenster herunterzukurbeln und mir Rede und Antwort zu stehen. Und wenn es nun, was mir am wahrscheinlichsten erschien, jemand war, den ich nicht kannte? Ein Verrückter, der sich an Frauen in kurzen Pelzjäckchen aufgeilte und deshalb gehupt hatte? So einer würde bestimmt das Fenster öffnen, wenn ich neben ihm auftauchte und klopfte. So jemand würde vielleicht sogar denken, daß ich auf seine Hup-Avancen einginge. Verflixt! Nein, das war nicht die Art herauszubekommen, wer dort in aller Seelenruhe in Roos' Saab fuhr.

Wenn ich ihm nun – angenommen, das war möglich – bis nach Hause folgen würde? Dann wüßte ich, wo er wohnte. Danach könnte ich dann mit Graafland überlegen, was zu tun war.

Ich fuhr langsam am Stau entlang. Dreißig Autos weiter vorn stand der schwarze Saab. Konnte der Fahrer mich ankommen sehen? Wohl kaum, denn er saß natürlich links, und ich fuhr auf der rechten Seite des Staus. Dennoch würde beim Näherkommen die Gefahr zunehmen, daß er, beispielsweise im Rückspiegel, mein Pelzjäckchen entdeckte. Was mir als großer Vorteil erschienen war, im Dunkeln mit dem hellbraunen Jäckchen loszuziehen, um den Autofahrern einen furchtbaren Schrecken zu ersparen, verkehrte sich jetzt in einen ebenso großen Nachteil. Aber in meiner Fahrradtasche hatte ich doch meine dunkelblaue Nylonjacke bei mir. Die konnte ich anziehen.

Ich hielt in einer Kurve. Dort lagen Hausboote im Wasser des Singels, und auf der schmalen Grünfläche zwischen Ringgraben und Straße wuchsen hier und dort dünne Bäumchen. Hinter einem solchen Bäumchen schlüpfte ich schnell in meine dunkelblaue Jacke. Meinen Dynamo klappte ich vom Vorderreifen weg. Auch mein Vorder- und Rücklicht konnten mich jetzt nicht mehr verraten.

Ich fuhr an der Autoschlange vorbei, also auch am Saab, und widerstand tapfer der Versuchung, mich umzudrehen. Ich fuhr bis zu einer Ampel am Übergang von der Einbahnstraße zur Hauptverkehrsstraße, von wo aus man in zwei Richtungen – nach links oder geradeaus – fahren konnte. Zu Fuß überquerte ich die Straße zwischen den stehenden Autos, suchte einen dunklen Platz unter hohen Bäumen und wartete in aller Ruhe auf das Erscheinen des Saab. Daß es mir gelingen würde, dem Saab weiter zu folgen, schien höchst unwahrscheinlich. Solange die Autos im Stau standen, war ich als Radfahrerin im Vorteil, aber *du moment*, da der Saab ein langes, freies Stück Straße vor sich hatte, würde er meinem Blick entschwunden sein. Doch der Versuch lohnte sich. Aber das Warten fiel mir schwer. Jedesmal, wenn die Ampel auf Grün sprang, gelang es vier bis fünf Autos aufzurücken. Danach stand wieder alles, und bei den anderen Ampeln kam der Verkehr langsam in Gang. Während ich das beobachtete, wunderte ich mich, daß Millionen Menschen sich jeden Tag aufs neue einer solchen schweren Prüfung unterziehen. Aufrücken, stehen, aufrücken, stehen, über eine Ampel, hundert Meter weiterkriechen bis zur nächsten Ampel, und alles, was man gerade eben durchgemacht hat, muß man wieder durchmachen, aufrücken, stehen, aufrücken, und schließlich über die Ampel bis zur nächsten Ampel, wo sich alles erbarmungslos wiederholt. Ad infinitum. Zugegeben, noch nicht, aber das ist eine Frage der Zeit. Eines Tages ist es soweit, dann sind die Straßen so voll, daß sich die Staus nicht mehr auflösen, dann bleiben die Autos für immer vor Ampeln stehen, die vielversprechend von Rot auf Grün springen.

Soweit war es an diesem dunklen Dezembernachmittag noch nicht. Schließlich landete der schwarze Saab vor der Ampel. Als es grün wurde und er nach links abbog, folgte ich ihm in gebührendem Abstand. Die nächste Ampel war zweihundert Meter entfernt. Da konnte der Saab geradeaus weiterfahren oder nach rechts abbiegen. Dort mußte ich also wieder warten. Zum Glück war direkt neben der Ampel auf dem breiten Bürgersteig ein Blumenstand, hinter dem ich mich verstecken konnte.

Als der Saab nach ungefähr vier Minuten das Hindernis der Ampel am Blumenstand genommen hatte, sauste er auf dem Hoge Rijndijk davon. Jetzt bestand die Gefahr, daß er weiter vorn, vor der großen Brücke über den Kanal, nach rechts abbog, in den Kanaalweg, und dann hatte ich ihn verloren. Dort standen die Autos, die vom Kanaalweg her auf den Hoge Rijndijk wollten, im Stau. Bog der Saab rechts ab, dann hatte er, soweit das Auge reichte, eine leere Straße vor sich.

Als ich mich der Brücke näherte, sah ich den Saab vor der Ampel im Stau stehen. Ein Klingeln war zu hören, die Brücke hob sich. Die Folge war, daß der Stau auf dem Hoge Rijndijk sich bis an die Hogewoerd erstreckte und der Stau auf dem Kanaalweg bis zur nächsten Provinz. Man sah nichts als das Abblendlicht und die glühenden Rücklichter von Hunderten von Autos. Steht man als Radfahrer dazwischen, kann man nur staunen über ein derart unpraktisches und außerdem sündhaft teures Fortbewegungsmittel. Selbst einer, der hinter einer Gehhilfe humpelt, kommt schneller voran.

Neben den geschlossenen Schlagbäumen versteckte ich mich auf einem Grasstreifen hinter der Autoschlange auf dem Kanaalweg. Als nach einer fast unerträglichen Wartezeit – vier lange Flußschiffe fuhren quälend langsam unter der hochgeklappten Brücke hindurch – die Brücke sich wieder senkte, stellte ich mich hinter die Schlagbäume. Nun mußte ich versuchen, so schnell wie möglich zur nächsten Ampel zu kommen. Dort konnte der Saab in drei Richtungen fahren, also mußte ich mich dort so verdeckt wie möglich hinstellen, um ihm weiter folgen zu können.

Mit einem hohlen, fast makabren Geräusch senkte sich die Brücke. Die Schlagbäume öffneten sich, die Radfahrer setzten sich in Bewegung, die Autos aber blieben stehen. Bei der schnell erreichten nächsten Ampel hielt ich mindestens drei Minuten nach dem schwarzen Saab Ausschau. Bevor er erschien, hatte ich Zeit genug, die dunkelste Stelle zu suchen, wo ich ihn abpassen konnte. Fuhr der Saab geradeaus weiter, dann erwarteten ihn noch viele Ampeln, und dank all dieser Ampeln würde ich ihm leicht folgen können, aber wenn er beim fünften Licht auf die Schnellstraße abbiegen würde, hatte ich ihn unwiderruflich verloren. Fuhr er nach rechts, gelangte er in ein ärmliches Wohnviertel, aus dem er nur auf demselben Weg wieder herauskommen konnte. Dort würde ich ihn, wie schnell er auch in dem Viertel verschwinden mochte, jederzeit aufspüren können. Fuhr er nach links, dann kam er nach Waardeiland. Auch dort würde er mir nicht entwischen können.

Und er bog links ab, er fuhr nach Waardeiland. Immer wieder vor den Bodenschwellen bremsend, kroch der Saab über die Insel. Ich folgte in gebührendem Abstand. Schließlich hielt das Auto an der Spitze der Insel, wo die teuersten Villen mit der weitesten Aussicht über den Zijl stehen. Ich kettete mein Fahrrad an den Pfosten eines Verkehrsschildes. Im schützenden Schatten der Villen ging ich langsam auf den Saab zu. Die Rücklichter erloschen, die Wagentür schwang auf. Eine zarte Gestalt in langem dunklem Mantel stieg aus. Ohne jeden Zweifel war es eine Frau, genauer: ein Mädchen. Eigenartig, daß man auch auf große Entfernung, selbst wenn man nichts als die Linie des Rückens sieht, sofort weiß, ob es ein Mann oder eine Frau ist.

Während das Mädchen ihre Tasche aus dem Auto holte, machte ich noch ein paar Schritte in ihre Richtung. Ich glaube, da wußte ich schon, wer sich dort mit einer so anmutigen Bewegung die Tasche über die rechte Schulter hängte. Sie schloß die Tür des Saab und kam unerschrocken auf mich zu. Einen Augenblick lang erwog ich, in eine Seitenstraße einzubiegen und sie vorbeigehen zu lassen, so daß ich ihr dann wieder würde folgen können, aber als sie noch näher gekommen war und ich ihr langes Haar im gelben Licht einer Straßenlaterne aufglänzen sah, wußte ich sicher, daß dort das Alabastermädchen ging, und wartete ruhig ab. Ich zog meine Regenjacke aus, knüllte sie zusammen und stopfte sie in meine Tasche. Das Mädchen sah natürlich ein hellbraunes Bisamjäckchen, als sie auf mich zukam. Es machte ihr offensichtlich nichts aus, ja, sie beschleunigte ihren Schritt sogar, lief auf mich zu und sagte: »Hallo, sind Sie es?

Wie kommen Sie so schnell hierher? Ich sah Sie eben noch über die Gracht fahren. Sind Sie mit dem Fahrrad gekommen?«

»Ich bin dir gefolgt«, sagte ich, »ich wollte wissen, wer in Roos' schwarzem Saab saß.«

»Oh, das ist supereinfach, es ist Fiona. Wußten Sie doch schon? Bin schon in Wassenaar an Ihnen vorbeigefahren, hab noch gehupt, Sie fuhren auf dem Fahrradweg Richtung Den Haag.«

Verblüfft starrte ich sie an.

»Woher wußtest du, daß Roos gestorben ist?«

»Im Krankenhaus gehört. War zur ambulanten Behandlung da.«

»Wie kommst du zu dem Saab von Roos?«

»Roos hat immer zu mir gesagt: ›Wenn ich sterbe, darfst du meinen Saab haben.‹«

»Ja, aber wie hast du ihn dann aus Katwijk geholt?«

»Nach der Beerdigung mit dem Bus nach Katwijk, fand, daß das erlaubt ist. Roos war da ja für immer weg.«

»Wußtest du denn, wo sie ihn geparkt hatte?«

»Ja, bin so oft mitgewesen, wenn sie sich sonnen wollte, sie stellte ihn immer auf denselben Platz, konnte ihn an dem Montag abend blindlings finden.«

»Wie bist du an ihren Autoschlüssel gekommen?«

»Sie hatte mir ein Set Reserveschlüssel gegeben. Falls sie abrupt sterben sollte. Das dachte sie nämlich immer, daß sie abrupt sterben würde und daß Fiona dann nicht an ihren Autoschlüssel kommen würde.«

»Aber das Auto ist noch nicht auf deinen Namen überschrieben. Neulich bekam ich sogar ein vorgedrucktes Überweisungsformular zugesandt. Einen Strafzettel für zu schnelles Fahren. Das hat noch einen Haufen Ärger gegeben.«

»Oh, Entschuldigung, weiß, wo es passiert ist.«

Wir schwiegen eine Weile. Mir schien es am vernünftigsten, das alles erst einmal mit Graafland zu besprechen, bevor ich mit ihr überlegte, wie es nun weitergehen sollte. Von mir aus durfte sie gern weiterhin mit diesem Saab fahren, aber dann mußte er auf ihren Namen überschrieben werden, und wie funktionierte das mit der Erbschaftssteuer? Oder sollte ich ihr das Auto schenken, und danach würde sie Schenkungssteuer bezahlen müssen? Schön, das kam alles später. Zuerst wollte ich wissen, warum sie mir um zwei Uhr nachts einen solchen Schrecken eingejagt hatte und warum sie auf der Kondolenzliste als Adresse »Hausboot Poseidon« angegeben hatte.

»Warum hast du um zwei Uhr nachts in Grimburchstaete vor der Tür gestanden?«

Als wäre es vollkommen selbstverständlich, sagte sie entwaffnend: »War pleite und dachte: Werde mal bei Roos an der Bibel schütteln. Die hat es doch nicht mehr nötig.«

»Warum hast du auf der Kondolenzliste als Adresse ›Hausboot Poseidon‹ angegeben?«

Sie blickte mich mit ihren unschuldigen Augen an, als wollte sie sagen: Was für eine verrückte Frage.

»Doch logisch, so oft mit Roos dort gewesen.«

»Wohnst du hier auf Waardeiland?«

»Nein, hier wohnt Vater.«

»Oh, also dahin willst du jetzt?«

»Schön wär's. Er will nicht zugeben, daß er Vater ist. Mutter hat eine Zeitlang im Lab gearbeitet, wurde schwanger von ihm, wurde dann entlassen. Roos hat sich das sehr zu Herzen genommen, Roos hat Mutter sehr beigestanden. Roos hat Vater regelmäßig verprügelt, aber er hat nie zugeben wollen, daß er Mutter… er will es immer noch nicht zugeben. Roos sagte immer, daß sie ihn zwingen würde, Fiona anzuerkennen. Sie könnte ihn unter Druck setzen, sagte sie, sie wüßte alles mögliche über ihn, sagte sie, das nicht an die große Glocke gehängt werden darf.«

»Also war es ihm ganz recht, daß sie einen Sonnenstich bekam.«

»Aber sicher. Sofort gerufen: Das hat Vater gemacht, und wollte zur Polizei gehen.«

»Warum hast du das nicht getan?«

»Kannst doch nicht deinen eigenen Vater anzeigen?«

»Also, du denkst, daß dein Vater Roos…«

»Dachte es, aber…«

»Was aber?«

Sie gab keine Antwort darauf, sondern sagte nur traurig: »Hoffte so, daß Fiona nach der Beerdigung… aber er sah Fiona und ist sofort verschwunden… du hast eine Jacke von Roos an, steht dir gut, sie sagte immer, daß du ihre Schwester bist.«

»Und du offenbar ihre Cousine.«

»Stimmt, war ihre Cousine, bin also auch deine Cousine.«

»Was hast du jetzt vor?«

»Vater angucken, bin nämlich eine Spannerin. Wenn es irgendwie möglich ist, geht Fiona hierher zu seinem Haus. Meistens arbeitet er im Wintergarten, kannst du ihn vom Pfad an ihrem Garten schön erleuchtet hinter all dem Glas sehen. Komm mit, kannst ihn auch sehen, irgendwie ist er auch mit dir verwandt, wenn du Cousine bist.«

»Ich finde es komisch…«

»Komisch, ach was. Los, komm ein Stück mit, er sieht uns nicht. Bin zwar eine Spannerin, aber will mich nicht aufdrängen. Roos sagte immer, wenn er nicht verheiratet wäre, würde er Fiona nicht so mies behandeln. Er will seiner Frau gegenüber nicht zugeben, daß er Tochter hat, das ist es.«

Wir gingen bis zur Spitze von Waardeiland und landeten auf einem dieser schmalen Pfade zwischen den mannshohen Hecken zweier Gärten. Ein Stück weiter war die Hecke etwas niedriger, dort konnte man drüber hinwegsehen.

»Siehst du«, sagte sie, »da sitzt er. Werd immer unheimlich froh davon, wie er da sitzt. Es geht so was Friedliches davon aus. Er arbeitet, er schreibt, er studiert, es ist, als ob dann alles gut ist. Manchmal kommt seine Frau kurz rein, und dann schimpft er. Es ist schade, diese Frau. Wenn sie nicht wäre, dürfte Fiona bei ihm im Wintergarten unter der Lampe sitzen. Aber, nun ja, sie ist Doktor gewesen, hat er also immer einen praktischen Arzt bei sich. Praktisch.«

»Doktor gewesen? Sie hat Medizin studiert und auch im Labor gearbeitet. So hat sie ihn kennengelernt. Ob sie je eine eigene Praxis gehabt hat, bezweifle ich.«

Ungefähr zwanzig Minuten lang standen wir schweigend dort. Der Zijl plätscherte unruhig, die Enten schnatterten laut und empört, weil das Wasser kalt war. Trotz meiner warmen Jacke fing auch ich an zu frieren, aber fasziniert starrte ich weiterhin auf den Mann im Wintergarten. Das Mädchen hatte recht. Der Anblick dieses ruhig arbeitenden Professors dort in dem erleuchteten Terrarium munterte einen auf. Ab und an warf ich einen Blick auf das Alabastermädchen, das auf so beunruhigende Weise ihren eigenen Namen benutzte. Mit äußerster Konzentration starrte sie Eduard an. Sie sah ihm wirklich kein bißchen ähnlich. Vielleicht schwindelte sie mich an, oder war das, was sie mir erzählt hatte, Teil ihrer Wahnwelt? Nie hatte ich etwas über sie oder ihre Mutter gehört und war doch fast ein Vierteljahrhundert – zuerst ganz aus der Nähe durch Thomas, später von weitem durch Roos – in alles einbezogen gewesen, was im Labor vor sich ging. Ich könnte nachforschen, ob ihre Geschichte stimmte, aber was machte das aus? Wenn es sich um Verrücktheit handelte, dann hatte diese Verrücktheit etwas Anziehendes. De facto gibt es keine Verrücktheit, es gibt nur Menschen, die die Verrücktheit nicht begreifen. Die Logik von Wahnvorstellungen ist durchweg verblüffend.

»Gleich führt er den Hund aus«, sagte sie, »müssen zurückgehen, finde es nicht angenehm, wenn er Fiona sehen würde.«

Als wir wieder zurückliefen, sie zu ihrem Auto, ich zu meinem Fahrrad, fragte ich: »Was meinst du? Ob Roos ermordet worden ist?«

»Roos wurde ermordet«, sagte sie ernst, »steht fest.«

»Du denkst, daß dein Vater es getan hat?«

»Ja, Roos hat immer gesagt, daß Vater, wenn er in die Enge getrieben würde, verrückte Dinge tun könnte. Deshalb ... ja, er kann es gewesen sein, aber es kann auch jemand anders gewesen sein. Roos hat oft genug gesagt, daß es jemanden gibt, der sie nicht ausstehen kann.«

»Und wer war das?«

»Sag ich lieber nicht. Ist ungeheuer gefährlich, das zu wissen.«

Sie lächelte mich gewinnend an und sagte dann: »Abrupt tot – dürfen Sie meinen Saab haben.«

»Warum solltest du plötzlich sterben?«

»Vermute, weiß vielleicht sogar, wer es getan hat. Wenn Sie es wüßten, könnten Sie auch abrupt sterben, ist also besser, wenn Sie es nicht wissen.«

»Auch wenn ich meinen Mund halte?«

»Wer weiß, ist auf der Hut«, sagte sie feierlich, »und wer auf der Hut ist, verhält sich danach. Und verrät damit, daß er weiß.«

Beim Saab angekommen, schaute sie mich betrübt mit ihren großen Augen an.

»Will nichts verraten, bin deshalb die ganze Zeit nicht in die Nähe gekommen. Darum auch besser, ins Auto steigen. Sie steigen auf Ihr Fahrrad und fahren in andere Richtung.«

Sie setzte sich in den Saab, startete und fuhr weg. Ich ging zu meinem Fahrrad, griff nach dem Schlüssel für mein Schloß, den ich in meine Jackentasche gesteckt hatte, und dachte dann: Warum sollte ich nicht mal sehen, wie er auf meinen Anblick reagiert?

Ich ging zurück zum Haus des Professors. Ein Stück weiter versteckte ich mich im Eingang einer Villa. Ich zog meine Handschuhe aus und steckte sie in meine Jackentasche. Ich hasse kalte Hände, aber nun, Roos' flammende Nägel hatten schon früher Männer täuschen können. Ich wartete in aller Ruhe. Ich kam mir vor wie ein Exhibitionist. Anstelle eines Geschlechtsorgans hielt ich zehn fluoreszierende Nebukadnezar-Nägel bereit. Ich hörte eine Tür aufgehen. Ich sah ihn nicht, konnte aber hören, daß er näher kam. Gerade, als er vorbeilaufen wollte, trat ich aus dem Hauseingang.

Hätte ich es nur nicht getan! Niemals in meinem Leben habe ich jemanden sich so grausam erschrekken sehen. Er wurde aschgrau, er schien zusammenzuschrumpfen. Das Hündchen begann, wütend zu bellen, und ging auf meine schwarzen Stiefel los.

»Roos«, sagte er, »du hier...«, und schüttelte dann in großer Verzweiflung den Kopf.

»Entschuldigen Sie«, sagte ich, »ich bin...«, und da sprach ich nicht weiter, denn was ich hörte, war nicht meine eigene Stimme, sondern der warme Alt von Roos. Es schien, als hätte er auf den Klang dieser Stimme gewartet. Genau wie Bas kippte er um, aber anders als Bas kam er nicht nach ein paar Sekunden wieder zu sich. Im Gegenteil, er blieb reglos liegen. Ich stieg über ihn hinweg, rannte zu seinem Haus und drückte auf den Klingelknopf. Eine Lampe von mindestens dreihundert Watt flammte auf. Seine Frau öffnete, sah mich in dem grellen Licht, erschrak anscheinend überhaupt nicht, sondern sagte nur erstaunt: »Was ist los?«

»Eduard ist zusammengebrochen«, sagte ich.

Sie kam nach draußen, sah ihn dort liegen, ging geradewegs auf ihn zu und versuchte dabei, so gut wie möglich zu überspielen, daß sie wegen eines Nervenleidens zu einem merkwürdig schleppenden Gang gezwungen war. Sie hob ihn halb hoch.

»Hilf mir kurz«, sagte sie, »dann tragen wir ihn zusammen hinein.«

Gleich darauf lag er, auf ein Kopfkissen gestützt, auf einer Couch. Das Hündchen starrte mit großen ängstlichen Augen auf ihn und knurrte mich zwischendurch an.

»Ich glaube, er ist ohnmächtig geworden«, sagte seine Frau, »aber ich will zur Sicherheit sein Herz abhören. Wenn du kurz seinen Schlips und sein Oberhemd lockern könntest … ich hol inzwischen mein Stethoskop.«

Sie verließ das Zimmer. Vorsichtig zog ich seinen Schlips auf. Dann begann mein Ringkampf mit den Knöpfen seines Oberhemdes. Hat man lange Fingernägel, dann bilden Knöpfe ein unüberwindliches Hindernis. Na gut, zumachen mit langen Nägeln übertrifft glücklicherweise aufmachen mit langen Nägeln. Als sie zurückkam, hatte ich es, Gott sei's gelobt, geschafft. Ich sah den oberen Teil seiner entblößten Brust, ich sah die gespensterhaft schwarzen Haare. Es war der Mann auf dem Foto.

»Sag ihm, wenn er zu sich kommt, daß es mir furchtbar leid tut«, sagte ich.

»Leid tut? Was tut dir leid?«

»Daß ich ihn so erschreckt habe.«

»Reg dich nicht auf, er kann nichts vertragen. Der kleinste Windhauch pustet ihn um.«

»Ich gehe«, sagte ich.

»Jetzt schon? Schade, wir haben dich so lange nicht gesehen. Streichel die Katzen von mir.«

»Werde ich tun«, sagte ich.

24

Nachdem ich den Katzen ihr Sheba vorgesetzt und mir selbst ein Eintopfgericht gekocht hatte aus Zwiebeln, Knoblauch, Champignons, Porree, gewürfelten Möhren, gewürfelter Sellerieknolle und mit von den Inkas als heilig angesehenem Quinoa – wie phantastisch, dieses Supergetreide aus den Anden mit seinem hohen Eiweißgehalt –, holte ich – es war etwa eine Woche nach meiner Expedition nach Waardeiland – das Rijksherbariumbuch aus dem Tiefkühlfach. Gleich nachdem ich das Buch ausgeliehen hatte, wollte ich darin blättern, aber als ich es im Wohnzimmer aufschlug, sauste ein unheimliches braunes Tierchen heraus. Wahrscheinlich ein Bücherwurm. Daraufhin hatte ich das Buch ins Tiefkühlfach des Kühlschranks gelegt. Zuerst sollten, bitte, alle unheimlichen Tierchen tot sein.

Auf der eiskalten Seite vierunddreißig fand ich einen Bericht über *The Black Datura*, der, wie folgt, lautete: »Baden-Powell verweist auf eine Reihe von Ausstellungsstücken, die im Museum von Lahore gezeigt werden, und bezeichnet sie als Illustration für den Gebrauch dieser Medizin bei Verbrechen in Nordindien. Er sagt (Zitat aus einem Bericht von 1863): ›Die Ausstellung zeigt rohen und gerösteten Pflanzensamen sowie aus dem Samen gepreßte ätherische Öle, *atta* (Mehl), mit Rauschgift versetzt, dito Zucker, dito

Tabak.‹ Anschließend führt Baden-Powell weiter aus, dieses Gift sei der ›Stoff‹, mit dem die ›Thugs‹ in Indien ihre Opfer betäubten. ›Beide Arten Datura, die weiße und die violette, werden verwendet, jedoch gilt die weiße als die wirkungsvollere.‹ Zur Herstellung des Giftes wird der Samen getrocknet und zu Pulver zermahlen, das sich problemlos mit Zucker, Tabak etc. vermischen läßt. Auch kann der Samen mit Wasser destilliert werden, so daß eine kräftige Essenz entsteht; zehn Tropfen davon in den *chillam* der *huka* reichen aus, um einen erwachsenen Mann für zwei Tage bewußtlos zu machen. Der Rauch schmeckt scharf und bitter, danach folgt brennendes Würgen. Bei Autopsien ist das Gift nur schwer nachweisbar. Die Opfer werden meistens im Zustand der Bewußtlosigkeit und schwer nach Atem ringend aufgefunden; bei der Bergung dürfen sie nicht dem Sonnenlicht ausgesetzt werden, welches unweigerlich zum Tode führt. Bei großer Hitze wirkt das Gift schneller als bei kühler Witterung, wobei es jedoch auch auf die Konstitution des Opfers ankommt, aber bei warmem Wetter wirkt das Gift bereits nach fünf Minuten, binnen einer Stunde tritt das Koma ein.«

Seit 1863 war zweifellos mehr über die Datura bekannt geworden. Dennoch kam mir alles, was ich las, vertraut vor. Aus dieser Quelle hatte also Riet geschöpft. Daß sie zu der Geschichte von Claires Mann bemerkt hatte, es stimme wenig daran, schien übertrieben. Wahrscheinlich war Roos ganz einfach mit feingestampftem Daturasamen vergiftet worden. Hätte Roos, wenn ihr Kaffee sauer oder bitter gewesen wäre, das nicht schmecken müssen? Frisch aufgebrühter Kaffee dort im Farmacologisch Laboratorium war immer unheimlich stark, also bitterer als durchgewachsene Saubohnen. Roos hatte ihren Kaffee immer schwarz getrunken, und von Haus aus war Kaffee sowieso schon bitter.

Blieb also nur noch das Problem, wie der Mörder es geschafft hatte, das Gift ungesehen in ihren Becher zu befördern. Das war genauso einfach, wie einen Saab mit dem Fahrrad zu beschatten. Anstelle von Zucker tat Roos immer Süßstofftabletten in ihren Kaffee. Die bewahrte sie in der Tasche ihres weißen Laborkittels auf. Man brauchte nur – und darin waren Pharmakologen gut – weiße *lookalike*-Kombipillen herzustellen, die außer dem Süßstoff Aspartam noch den Extrakt aus dem Daturasamen enthielten. Die mußte man in ihre Kitteltasche stecken, während man die echten Süßstofftabletten herausnahm. Da Roos ihren wenig attraktiven Laborkittel im Laufe des Tages mehr als einmal an- und wieder auszog, hatte der Mörder zwischen Kaffee- und Mittagspause zweifellos Gelegenheit gehabt, diesen Trick anzuwenden. Beispielsweise, wenn Roos zur Toilette ging, denn dann zog sie begreiflicherweise ihren Kittel kurz aus.

Wie war es zu verstehen, daß das Gift an sich schnell wirken soll? Manchmal schon nach fünf Minuten. Hatte der Mörder das Gift irgendwie manipuliert, wodurch es erst nach ein paar Stunden zu wirken begann? Das war sehr gut möglich, dafür gab es Techniken. Es hing davon ab, in welche Pharmaklasse das Daturagift fiel. Man konnte es vielleicht an Moleküle anhängen, die seine Aufnahme durch die Darmwand verlangsamten. Das Know-how dafür war im Labor vorhanden. Mit den weißen Ratten, die dort seit Menschengedenken in den Katakomben zu wissenschaftlichen

Zwecken gehalten wurden, hatte der Täter vielleicht zuerst Versuche durchgeführt. Aber dann war der Mörder planmäßig und gezielt vorgegangen. Oder sollte jemand, der zufällig auf ein solches Zitat von Baden-Powell gestoßen war, aus reiner Neugier, wo doch eine solche indische Datura im Innenhof hinter der Sonnenuhr in die Höhe schoß wie Jonas Wunderbaum, ein paar simple Experimente durchgeführt haben, um zu sehen, was sich hinter dieser erstaunlichen Geschichte aus dem Jahr 1863 verbarg?

Wer könnte das dann gewesen sein? Die wissenschaftlichen Mitarbeiter waren wahnsinnig neugierig und außerdem versessen darauf, etwas Aufsehenerregendes zu entdecken, worüber man nicht nur publizieren, sondern womit man auf dem nächsten Pharmakologenkongreß nach sorgfältig vorbereiteten Referaten für heiße Diskussionen sorgen konnte. Die meisten Mitglieder des Teams waren intensiv mit ihrer eigenen Forschung beschäftigt, hatten also gar keine Zeit, *en passant* auch das Daturagift zu studieren (obwohl man nie wissen konnte), aber ein emeritierter Professor, der nicht mehr unter dem Joch gezielter Forschung gebückt ging, worüber er dann auch noch etwas publizieren mußte, war natürlich ein naheliegender Kandidat. Das Alabastermädchen hatte zu mir gesagt, daß außer ihrem Vater auch jemand anders Roos ermordet haben könnte, mir aber zugleich erzählt, daß Roos ihren Vater unter Druck gesetzt habe, seine uneheliche Tochter anzuerkennen. Vielleicht hatte Roos ihm mit der Aufdeckung von anderen Dingen gedroht? Sie wußte so einiges, das, wie das Mädchen gesagt hatte, nicht an die große Glocke gehängt werden durfte. Und vielleicht hatte mir das Mädchen die Geschichte von jemand anderem, der Roos haßte, nur erzählt, um ihren Vater, in dem sie den Mörder vermutete, den sie aber nicht anzeigen wollte, zu schützen?

Mindestens einmal in der Woche kam der emeritierte Professor ins Labor, um, wie er selbst es immer nannte, ein paar Experimente durchzuführen. Wenn er es war, der die Wirkung der Datura untersucht hatte, dann war es Roos und niemand anders gewesen, die ihm dabei geholfen hatte. Roos konnte man jedoch nicht mehr fragen: »Hast du die Samen der Datura fein gestampft und den Stoff daraus untersucht?« Daß sie mit einem solchen Blütenblatt zu Ici Paris gegangen war, daraus konnte man vielleicht folgern, daß sie sich auch aus beruflichen Gründen für diese Pflanze interessiert hatte.

Nachdem ich am großen Wohnzimmerfenster im Anblick der Stielpfanne des Großen Bären lange über das Zitat von Baden-Powell und über die Pharmakologen gegrübelt hatte, fragte ich mich: Wenn einer von ihnen zuerst den Stoff untersucht und ihn an Ratten ausprobiert und ihn danach jemandem als geschickt kombinierte Mogelsüßstofftablette mit verzögerter Wirkung verabreicht hat, ist es fast undenkbar, daß er an dem bewußten Nachmittag im Labor geblieben ist. Ein Wissenschaftler will dabeisein. Sowohl, um zu beobachten, wie das Experiment verläuft, als auch, um zu sehen, ob es gelingt. Dann hat er sich auch in Katwijk am Strand aufgehalten, dann ist er ganz nah an ihr vorbeigelaufen, dann steht er unter den Zuschauern, als sie in den Rettungswagen geschoben wird.

Also war wieder einmal eine Runde Freistilringen mit dem Videorecorder angesagt, dessen Bedienungsanleitung ich immer noch nicht gefunden hatte. Die Kopie von Mastenbroeks Video war etwas weniger scharf, aber die Verbindung zu diesem Ekel wiederaufzunehmen, das war das letzte, was ich wollte.

Wieder sah ich zweimal fast denselben Schatten über Roos fallen, und davon wurde mir jetzt, da ich beinahe sicher wußte, daß dort ihr Mörder lief, ganz elend. Unter den Zuschauern vor der Ankunft des Rettungswagens und nach seiner Abfahrt (während des Hineintragens sah man keine Zuschauer, weil Mastenbroek dabei auf die Tragbahren-Brüder gezoomt hatte) sah ich wieder die magere Gestalt, von der ich zuerst angenommen hatte, daß es Fietje war, wie Freek sie nannte. Jetzt, nachdem ich sie noch einmal gesehen und gesprochen hatte, wunderte ich mich, daß ich die Erscheinung auf dem Video als das Alabastermädchen identifiziert hatte. Die magere Gestalt ähnelte ihr gar nicht. Wie leicht kann ein Mensch sich irren! Dann dachte ich: Was für ein Trottel bin ich doch, ich habe mich die ganze Zeit furchtbar geärgert, daß alle, die da stehen, fast nackt sind und einen Sonnenhut plus Sonnenbrille tragen und dadurch so gut wie unkenntlich sind, aber ihr »Sklave« ist auch nackt, ich hätte die ganze Zeit schon nachsehen können, ob der alte Prof auch da am Strand unter den Zuschauern steht. Warum habe ich das nicht eher getan? Ich holte die Fotos und schaute mir fast die Augen aus dem Kopf, spulte vor, spulte zurück, sah dauernd störend blitzende Brillengläser, die das Bild verdarben, sah gleich zwei Männer, die ebenso schwarz behaart waren wie der alte Professor. Wäre es doch nur ein einziger Mann gewesen, dann hätte ich mich auf ihn konzentrieren können. Jetzt war ich mir so gut wie sicher, daß einer der beiden Wehnagel war, aber so gut wie sicher ist nicht hundert Prozent sicher sein, gerade weil jeder von beiden in Frage kam. Beide trugen große Strohhüte, beide waren halb hinter Zuschauern verborgen. Dazu kam, daß das Bild nicht scharf war. Sonst hätte ich den Professor vielleicht erkannt.

Ich schaltete das Video wieder aus. Es war spät geworden, ich sollte ins Bett gehen. Ich nahm das Rijksherbariumbuch von der Fensterbank. Ich wollte es im Bett noch kurz anschauen. Wieder fiel dieser Ausleihzettel heraus. Bevor ich ihn zurücklegte, überflog ich ihn. Was für eine geballte Ladung von Daten! Auf dem schmalen, gefalteten Streifen links: Ausleihdatum, Leihstelle, Bestellnummer, Titel, Autor, Angabe des Bandes, Strichcode, Rückgabe bis spätestens, Art der Ausleihe, Erläuterungen, Name des Entleihers, Strichcode des Entleihers. Ich klappte den Streifen um, betrachtete den breiten rechten Teil. Das erste, was mir auffiel, war der Name des Entleihers: Eduard Wehnagel. Dann schaute ich auf das Datum hinter »Rückgabe bis spätestens«: 14. Juli 2000. 14. Juli 2000? Rückgabe bis zum 14. Juli 2000? Wann hatte er das Buch dann ausgeliehen? Drei Wochen vorher, am 23. Juni 2000. Schon fast anderthalb Monate vor dem verhängnisvollen Datum hatte er das Buch im Hause gehabt. Zeit genug, um Daturasamen zu gewinnen, Versuche mit Ratten zu machen und eine Kombinationspille aus Süßstoff und dem Daturaprodukt herzustellen.

Dann ging ich zu Bett und warf mich stundenlang von einer Seite auf die andere. Allerlei Gedanken und Vermutungen wimmelten mir wie Wolfsspinnen im Gehirn. Etwa gegen drei Uhr kam ich mehr oder weniger zur Ruhe. Es schien sonnenklar. Ich stand auf, ging in dem schönen, sündhaft teuren silberfarbenen Hemdchen und dem Höschen von Roos zum Videorecorder, stellte ihn an, betrachtete die Schatten, aus denen ich natürlich auch diesmal nicht klüger wurde, sah den Rettungswagen ankommen, sah, wie Roos eingeladen wurde, sah die Zuschauer, die danach ungeordnet durcheinander standen. Sah wieder die hinterhältig funkelnden, faustgroßen Gläser einer Sonnenbrille, darüber nichts weiter als einen Strohhut und darunter nichts weiter als den nackten Körper eines männlichen Zuschauers, hinter dem die Brillenträgerin verborgen war, sah wieder die beiden schwarzbehaarten Kerle. Sie kamen beide in Frage, und gerade deshalb nagte der Zweifel. Dennoch, nach diesem Ausleihzettel konnten kaum noch Zweifel bestehen.

Ich ging zu Bett, versank Gott sei Dank in tiefen Schlaf und schlief bis in die Puppen. Die fiebrige Sicherheit von drei Uhr nachts war nach dem Aufwachen verflogen. Leider erlebt man das oft. Die verführerischen Hirngespinste vom Abend vorher erweisen sich morgens nach einer erquickenden Nachtruhe als gespenstische Luftschlösser. Ich zog mich an und wanderte im großen Wohnzimmer hin und her, Tijg mir immer auf den Fersen. »Was soll ich machen, Tijg, Tijgje, sag mal, was soll ich tun? Ich weiß nicht, was ich tun soll. Zur Polizei gehen? Aber was habe ich für Beweise?« Man würde mich auslachen, wenn ich sagte: »Jeder, der Roos gut gekannt hat, erschrickt furchtbar, wenn ich wie Roos herumlaufe, aber er blieb so gut wie tot liegen, also ...« »Ja, was also«, würde die Polizei sagen, »es war stockdunkel, Sie kommen da völlig überraschend aus einem Hauseingang. Allein schon dabei erschrickt man fast zu Tode.« Und dazu noch: ein Jäckchen, das er genau kannte, ein Stirnband aus Pelz, das er öfter gesehen hat, flammende Nägel, mit denen keine einzige Frau außer Roos jemals herumlief.

Ein zufällig in einem Buch zurückgelassener Ausleihzettel – würde der Eindruck machen? Im Garten hatte eine exotische Datura geradezu königlich geblüht. Deshalb hatte der Professor sich darüber natürlich Literatur ins Haus geholt. Nichts Besonderes.

Genau besehen, hatte ich nichts anderes in der Hand als die erstaunliche, intuitive Sicherheit der vergangenen Nacht, daß er es gewesen sein mußte. Mit einem ernstzunehmenden Motiv konnte ich jedoch nicht aufwarten. Angst vor der Aufdeckung, daß er bei wissenschaftlichen Forschungen betrogen hatte? Angenommen, Roos hatte ihm gedroht, dies aufzudecken, wenn er sich weiterhin weigerte, seine Tochter anzuerkennen, wie hätte sie das machen sollen? Einen Artikel an eine führende wissenschaftliche Zeitschrift schicken? Einmal angenommen, daß sie, obwohl nicht geschult, so etwas hätte schreiben können, hätte man ihr geglaubt? Eine Chemielaborantin, die nie zuvor etwas publiziert hatte? Sie hätte damit natürlich zu einer Zeitung gehen können, aber was sollte eine Zeitung mit einer solchen Information anfangen? Claire wäre eine Möglichkeit gewesen, und es blieb denkbar, daß der Professor, als er erfahren hatte, daß Claire eine Weile im Labor arbeiten würde, die Initiative ergriffen hatte.

Wissenschaftliche Neugier – konnte das ein Motiv

sein? In seinem Fall sicher, er hatte den Stoff vielleicht sogar an Ratten ausprobiert.

Auch war es durchaus möglich, daß er eifersüchtig gewesen war. Viele Jahre lang hatte er, ungefähr von dem Tag an, als Roos in seinem Arbeitszimmer ein Dubbeltje hochkant hingestellt hatte, ein Verhältnis mit ihr gehabt, wie Thomas mir wiederholt versichert hatte. Schon in der Zeit hatte er offenbar auch weniger übliche sexuelle Vorlieben gehabt, und damit war er bei Roos an der richtigen Adresse gewesen. Und dann hatte er mit ansehen müssen, daß Roos auch Verhältnisse mit anderen Männern hatte, mit seinem Nachfolger Bas zum Beispiel. Er hatte Roos beobachten lassen, um herauszubekommen, ob sie in ihrer Freizeit in einem geheimen Labor arbeitete, wo Ecstasy-Pillen oder ähnliche Drogen hergestellt wurden. Das hatte nichts gebracht, wie Riet mir gesagt hatte, aber vielleicht hatte er ihr nicht erzählt, daß er auf diese Art durchaus etwas anderes erfahren hatte: Daß Roos nämlich auf der Poseidon Kerzenwachs auf die Rücken von Fahrschullehrern, Schrotthändlern und Feuerwehrleuten tröpfelte und ihre volle Blase auf einen schmächtigen Bauunternehmer leerte.

Hatte er im Laufe der Jahre vielleicht angefangen, sie zu hassen?

Konnte man als anständiger Mensch töten, wenn man haßte? Wenn ich das Know-how hätte und mir ein solcher Daturastoff in die Finger käme, würde ich Marjolein dann töten?

Zur Kaffeezeit am Vormittag, dem Höhepunkt des Labortages, könnte ich hingehen. Dann könnte ich beim bitteren Kaffee all den Widerlingen dort, die es mir mißgönnten, daß ich in Roos' Apartment wohnte und ihre Kleider trug, ins Gesicht schleudern, was ich wußte und vermutete. Dann könnten sie mir ihrerseits vielleicht einiges erzählen, was meine Vermutungen bestätigte. Noch besser wäre es, an dem Tag hinzugehen, wenn er selbst dort war. Dann würde ich ihm meine Theorien entgegenschreien, und er würde vielleicht so außer sich geraten, daß jeder sehen konnte: Der hat Roos umgebracht. Vielleicht würde er aber auch sagen: »Wir haben hier einen Videorecorder, zeig uns das Video mal«, und dann stand ich da. Zwei behaarte Männer statt einem. Einer dieser beiden war er, dessen war ich mir ziemlich sicher, aber ein Skeptiker würde vermutlich anders darüber denken. Und es waren gewiefte Wissenschaftler, also waschechte Skeptiker.

Ich könnte Freek mitnehmen, um ihn einzuschüchtern, aber Freek war ein ungesteuertes Projektil, der würde losbrüllen. Wenn ich die Stimme von Roos benutzte, konnte ich ihm zwar den Mund stopfen, aber vorher hätte er Ausdrücke ausgespuckt, die dort noch nie erklungen waren. Und bei alldem war da noch das große Problem, daß ich mich, auch wenn ich ihn nie gemocht hatte, zutiefst schämte, den alten Professor so erschreckt zu haben. Wenn er Roos umgebracht hatte, verdiente er es nicht besser, aber dennoch, dieses aschgraue Gesicht – ich konnte es nicht vergessen.

Wäre ich meiner Sache hundertprozentig sicher gewesen, hätte ich mich auf dem Höhepunkt des Labortages resolut zur Pharmakologie begeben. Wenn auch nur, um die anderen zu warnen. Paßt auf, er untersucht diesen Stoff aus der Datura. Denkt nicht, daß er nur wirkt, wenn ihr in die Sonne geht, er wird auch wissen wollen, welches die letale Dosis bei Einnahme an einem regnerischen Dezembertag ist. Ich könnte Riet zitieren: »...diese Geschichte über ein Pulver... ach komm, man würde hier nie so amateurhaft vorgehen. Man weiß nicht einmal die letale Dosis eines solchen Stoffes.« Nun, die fand man auch nicht nach einem einzigen Experiment mit einer Sonnenanbeterin heraus. Aber vielleicht hatte er die letale Dosis, bei der fünfzig Prozent der Population stirbt, schon an Ratten getestet. Ratten gab es genug, Hunderte von Ratten.

Leider war ich meiner Sache nicht sicher. Je weiter der Morgen voranschritt und wie immer, ohne daß man auch nur das geringste davon merkte, in den Mittag überging und der Mittag wieder in den Abend, desto mehr begann ich zu zweifeln. Schon einmal hatte ich mir *jumping to conclusions* erlaubt. Schon einmal hatte ich aufgrund vager Hinweise angenommen, daß Roos auf einem verbarrikadierten Hausboot Ecstasy-Pillen hergestellt hatte, während ich aus den »zehn winzig kleinen Lampions, die übers Wasser schwebten« hätte schließen können oder müssen, daß man damit sehr wohl Ekstase zustande bringen konnte, aber nicht Ekstase mit Ecstasy.

Wenn man alles noch einmal genau durchdachte und dabei berücksichtigte, daß Riet mir von Drohanrufen berichtet hatte, kam man kaum um die Schlußfolgerung herum: Er hat Roos umgebracht.

Was aber sollte ich aus der Tatsache schließen, daß er fast zu Tode erschrocken war? Wie würde ich selber reagieren, wenn jemand, von dem ich wußte, daß er tot war, völlig unerwartet aus einem Hauseingang trat? Auch Bas war ohnmächtig geworden, auch der

Pförtner, und ein Student und Mijna waren erschrokken. Dennoch: Wenn ich daran zurückdachte, wie bleich er geworden war und wie er »Roos« gestammelt hatte und gleichsam in sich zusammengesackt war, schien nur eine Schlußfolgerung möglich: Er wurde von Schuldgefühlen heimgesucht. Durch die Leichenhalle konnte er ins Labor geschlüpft sein, um den Süßstoff zu vertauschen. Das hätte er, der das Labor so gut kannte, leicht ungesehen tun können. Es gab so viele Nischen und dunkle Ecken in dem makabren Gebäude, in denen man sich für einen Augenblick verstecken konnte, wenn man jemanden kommen hörte. Es blieb sogar denkbar, daß jemand ihn gesehen hatte. Ich könnte nachfragen, aber würde sich noch jemand erinnern können, ob der alte Professor am Mittwoch morgen, dem 9. August, im Labor herumgelaufen war?

Abends gegen neun Uhr war es mit meiner Contenance vorbei. Ich lechzte nach einer Pille, die mich beruhigen konnte. Ich legte das *Introit für kleines Orchester und Solovioline* von Gerald Finzi auf. Die erhabene Elegie hatte mir immer geholfen, mich immer beruhigt. Jetzt wirkte nicht einmal das. Das einzige, was mir schließlich in den Sinn kam, um mein in Aufruhr geratenes Nervenkostüm zur Räson zu bringen, war spazierenzugehen. Als ich unten die Eingangstür öffnete, biß die Eiseskälte sich in meiner Haut fest. Ich ging wieder nach oben und sagte zu Tijg, der sich freute, mich so schnell zurückkommen zu sehen: »Das ist höhere Gewalt, ich weiß, daß es nicht sein darf, ich esse keine toten Kühe, Schweine oder Hühner, ich pfeife auf die Bioindustrie, ich verdamme alles, was mit Tierhaltung um des Fells willen zu tun hat, aber der Mantel hängt dort, und ich muß zur Ruhe kommen.«

Allein schon ihren Nerz anzuziehen war wie ein Zaubermittel. Man weiß nicht, wie einem geschieht, wenn man sich darin einhüllt. Es ist, als würde man eine gutartige Ecstasy-Pille einnehmen. Es ist, als würde man liebevoll umsorgt. Als ich dann draußen damit herumlief und die Kälte mir nicht nur nichts anhaben konnte, sondern mir außerdem einmal mehr demonstrierte, was für ein phantastischer Mantel so ein Nerz ist, wußte ich, daß ich schnell zurückgehen mußte. Es machte zweifellos genauso süchtig wie eine Zigarette oder wie Schokolade.

Ich ging zurück, litt, als ich nach dem kurzen Ausflug das Apartment wieder betrat, furchtbar unter dem Katzengeruch, überwies hundert Gulden an die *Stichting Bont voor dieren*, sagte zu Tijg: »Noch eben die Überweisung zum Briefkasten bringen«, und ging noch einmal in ihrem Nerz nach draußen. Es war erstaunlich hell, es fror, und die Kassiopeia und die Fuhrmann-Kapella glänzten so nahe, als könnte man sie anfassen. Wenn ich atmete, erschienen Kondenswölkchen. Im Gegensatz zu Roos lebte ich noch. Ich lebte noch, aber wenn der Professor derjenige war, der Roos umgebracht hatte, mußte ich zu Recht annehmen, daß nun, da ich seine Aufmerksamkeit so nachdrücklich auf mich gelenkt hatte, indem ich wie ein Exhibitionist aus dem Hauseingang aufgetaucht war, ich die nächste Versuchsperson für sein wissenschaftliches Experiment sein würde. Kann man mit dem Daturastoff auch jemanden umbringen, der sich nicht in die Sonne legt? Eines stand fest: Ich mußte Freek Bescheid sagen.

25

So, so, viel Betrieb hier zur Besuchszeit. Bist du vielleicht der feuergefährliche Notar?«

»Allerdings, aber viel Betrieb hier? Ach komm, ich bin g … g … ganz allein hier, ich bin seit eben erst hier.«

»Ich hätte früher hiersein können, aber ich hab mich kaputtgesucht, das ist kein normales Krankenhaus mehr, das ist Off-shore-Industrie, ich wünschte, ich hätte das hochziehen dürfen.«

»Ja, diese Uniklinik ist sehr gr … gr … groß ge …«

»Sag mal, bist du so geboren, oder hast du im Kindergarten einen Unfall gehabt?«

»Einen Unfall? Wieso?«

»Weil du röchelst wie ein Hase in Todesangst, wenn ein G auftaucht. Da hast du dir was aufgeladen, mußt den ganzen Tag quasseln, Urkunden vorlesen und all den Ärger, und immer bleibt dir das G wie eine Gräte im Hals stecken. Kommt es daher? Bist du früher als kleiner Krümel mal fast erstickt an einer Gräte im Hals und kannst deshalb kein G mehr sagen? Ich seh es vor mir, Gräte im Hals, deine Mutter fragt: ›Was ist los‹, und du willst sagen: ›Gräte im Hals‹, aber du kannst immer nur ›Gr …‹ sagen. Komm zu mir zum Fugenschmieren, du würdest mir enorm aus der Patsche helfen, ich krieg keinen mehr zum Verfugen, das wäre genau das richtige für dich, du schmierst die Leisten ein, und dabei brauchst du deine Klappe gar nicht aufzumachen.«

»Ich füge schon den ganzen Tag Dokumente zusammen.«

»Ach ja, ich hör schon, bist dir zu gut fürs edle Handwerk. Dafür kriegt man nur noch Ausländer, Marokkaner, Türken, alles, was den Koran murmelt ... von denen gibt's massenweise.«

»Sie sind offenbar auch einer, der die Niederlande zu voll findet.«

»Na und ob, viel zu voll, gerammelt voll, aber nicht, weil da so viele von den Murmlern sind, von denen haben wir höchstens zehn große Stadien voll, das ist nichts. Ne, es ist zu voll, weil es so viele Niederländer gibt, 15 Millionen, so ungefähr, und das ist noch nicht das Schlimmste, das Schlimmste ist, daß alle Holländer so hoch hinaus wollen. Finde du noch mal einen holländischen Facharbeiter, einen Zimmermann, einen Klempner, einen Maler. Alle unsere eigenen Leute wollen hoch hinaus, sehen aufs Handwerk herab. Und alle haben büschelweise Haare auf den Zähnen. Geh zu Aldi. Da stehst du in der Schlange an der Kasse zwischen den bescheidenen, freundlichen Frauen mit Kopftuch, kommt da ein Niederländer. Sofort Riesenrummel, sofort Gebrüll, sofort Vordrängeln.«

»Ich gehe nie zu Aldi.«

»Nicht gut genug, Aldi?«

»Das will ich nicht sagen, aber ...«

»Hast recht, es ist nicht alles Qualität, gestern dachte ich, verflixt, Tijg und Ober und Lellebel haben nichts zu beißen, also ich sofort hin mit einer Büchse Katzenfutter von Aldi. Das behagte ihnen aber überhaupt nicht. Sie schnüffelten dran und blickten dann zutiefst entrüstet zu mir hoch. Als wenn ich was von ihnen wollte, na, dafür hab ich, Gott sei Dank, andere Kätzchen. Zum Glück waren sie noch kerngesund. Nur ganz hübsch durstig. Ziemlich viel notwendig, um eine Katze totzukriegen, die überleben sogar Tierärzte, mußt du dir mal vorstellen.«

»Was ist nun g… g… genau passiert, ich habe zwar ein paar Sachen auf Radio Rijnland g… g… erzählen hören und bei TV West mitbekommen, aber…«

»Ich kann es dir genau erzählen. Es fing damit an, daß sie mich anrief und zu mir sagte: ›Vielleicht sehe ich Gespenster, aber könnten wir nicht ein paar Vorkehrungen treffen?‹ Also ich frage: ›Was für Vorkehrungen?‹ ›Daß ich dir einen Schlüssel gebe, damit du reinkannst, wenn mir was zustoßen sollte. Und wir müßten eine Art Hotline haben, damit ich dir sofort Bescheid sagen kann, wenn etwas passiert. Wenn ich erst diese Stimme am Telefon kriege: 'Bauunternehmen Volbeda', und dann: 'Nein, Meneer ist momentan nicht erreichbar, kann er vielleicht zurückrufen', könnte ich schon tot sein, bevor du zurückrufst.‹ ›Ich geb dir die Geheimnummer von meinem Handy‹, sagte ich, ›und kauf dir selbst auch so ein Ding, und steck es immer ein, dann kannst du mich von überall anrufen.‹ ›Ja, aber hast du dein Handy denn immer bei dir…?‹ ›Das trage ich auf dem Herzen‹, sagte ich. Sie sagte das Ganze so ein bißchen lässig, aber bei mir schaltete es sofort auf Alarmstufe eins. Ich meine: Ich hatte das schon einmal erlebt, und dadurch bist du ins Bild gekommen, da hattest du auf einmal richtig schön Arbeit, das gönn ich dir kein zweites Mal. Also hab ich sofort Stennis van Stenis…«

»Stennis, heißt dieser Mann Stennis?«

»Ne, an sich heißt er Piet, aber er will Peter genannt werden – reicht das jetzt? –, also diesen Van Stenis angerufen und gesagt: ›Ich hab noch einen gut bei dir, denn du hast zwei große Rechnungen für deine Miniarbeit geschickt, dreckiger Gauner, behalt sie mal im Auge.‹ Er war zum Glück grade nicht so beschäftigt wegen Weihnachten, hatte also Zeit genug, ihr nachzustiefeln. Er kam schon bald mit der Nachricht, daß da irgendein Spanner aus Katwijk an ihr dran war, aber das war blinder Alarm. Lies den Bericht, den er mir mit einer Rechnung dazu gleich nach Weihnachten geschickt hat, dann siehst du – du wirst es kaum glauben –, dieser Hornochse hat genau gesehen, was passiert ist. Da hätte er sofort Zeter und Mordio schreien müssen, aber als ich ihn gestern deswegen anrief, sagte er: ›Das sieht man oft. Die Leute gucken bei andern in den Einkaufswagen und denken: He, die Champignons sehen schöner aus als meine, und wenn der andere sich kurz umdreht, vertauschen sie schnell die Schälchen. Vor allem Frauen sind da ganz gerissen.‹«

»Also steckte das Gift in den Champignons.«

»Genau, in Pilzen. Hätte gar nicht besser passen können. Sind von Haus aus schon giftig.«

»Sie können aber auch sehr lecker sein.«

»Lecker? Pilze? Nicht mal Kaninchen mögen die. Ja, Leonie ist verrückt danach, die hat sie meiner Meinung nach zu jeder warmen Mahlzeit gefuttert, daher war das auch so verflixt schlau, das Gift in die Hütchen zu stecken. Das erstemal, als wir essen gingen, bestellte sie Glattbuttfilet mit so was wie Steinpilzen. Bei dem glatten Butt machte sie lange Zähne, aber diese Steinpilze verputzte sie, als wenn es große Garnelen wären. Steinpilze, du faßt es nicht ... Pilze ... wenn du die den Leuten im Knast vorsetzt, gibt's bald keine Diebe mehr.«

»Leonie hat diese Champignons zu Hause zubereitet ...«

»Ja, zum Glück nicht alle, sie hatte die Hälfte für den zweiten Weihnachtstag im Schälchen gelassen, sonst wüßte man noch immer nicht, daß dieser Schweinkram drin versteckt war ... ich meine: mit einer dünnen Nadel reingespritzt, stell dir das bloß vor ... du kaufst morgens ein Schälchen Champignons, du löst das Gift in Wasser auf, du füllst das Giftwasser in eine Injektionsspritze, und du spritzt es in diese Kugeln. Du tust den durchsichtigen Deckel wieder ordentlich auf das blaue Schälchen, du gehst mit dem Schälchen in deiner Tasche zum Supermarkt, du wartest in aller Ruhe, bis ein Schälchen Champignons im Einkaufswagen des andern gelandet ist, und dann vertauschst du in dem vollen Laden, wenn der andere grade nicht aufpaßt, blitzschnell die Schälchen. Es ist am Samstag nachmittag, 23. Dezember, passiert, also alles gerammelt voll bei Digros, war fast ein Wunder, daß Stennis es gesehen hat. Oder vielleicht sollte man dann doch von Fachkenntnis sprechen. Deshalb muß ich die Zusatzrechnung, den dieser Sack mir geschickt hat, dann doch wohl bezahlen. Auch wenn es natürlich unverzeihlich bleibt, daß er, während diese Schälchen, hopplahopp, vertauscht wurden, und das fast vor seiner Nase, nicht Alarm geschlagen hat. Ich denke doch, daß ich zehn Prozent von dieser Rechnung abziehe.«

»Später an dem Nachmittag hat sie diese Champignons also fertig gemacht ...«

»Ja, zu irgendeinem Gericht mit ... mit ... ich hab es gewußt, aber ich weiß es nicht mehr, etwas von den Indianern, glaube ich.«

»Q ... q ... q ...«

»Oh, also das Q kannst du auch nicht sagen. Wär gut, wenn es darauf beschränkt bliebe, dann wärst du fein raus, würde niemand merken, daß du so entsetzlich behindert bist.«

»Quinoa.«

»Großartig, wie kommt das nun, daß du es plötzlich sagen kannst?«

»Weil ihre Augenlider zittern.«

»Als wenn ich das nicht längst gesehen hätte, Kumpel, sie kommt wieder ganz in Ordnung, hat so ein Weißkittel zu mir gesagt. Meistens glaub ich nicht die Bohne von dem, was diese Leute erzählen, aber in diesem Fall will ich mal 'ne Ausnahme machen ... wo waren wir schon wieder? O ja, sie briet diese Champignons mit Quinoa, etwas später ißt sie davon, und eigentlich merkt sie, weil sie die ganze Zeit gehörig auf dem Quivive war, sofort, daß etwas nicht stimmt, daß sie den Schweinkram geschluckt hat. Also rief sie mich an, ich sofort hin, aber als ich ankam, lag sie schon im Koma. Ich also einen Rettungswagen gerufen und die Polizei. Sie im Eilzugtempo hier ins Krankenhaus, Magen ausgepumpt, und seitdem liegt sie hier, von wegen Weihnachtstage, und das, wo ich es doch wahrhaftig geschafft hatte, daß sie Weihnachten mit mir essen ..., was ist jetzt los, Kumpel? Warum guckst du, als wenn du die Krätze kriegst? Eifersüchtig? Mann, du bist mindestens zehn Jahre jünger als sie.«

»Als ich bei ihr ang ... als ich sie per Telefon habe

wissen lassen, daß wir über das Erbe sprechen müßten, kam sie auf ihrem Fahrrad an. Ohne großes Heckmeck. Meistens sieht man sofort die Dollarzeichen in den Augen, wenn man jemandem erzählt, daß er tüchtig g… g… bedacht worden ist, aber sie… sie hat nicht ein einziges Mal wissen wollen, wieviel sie am Ende erben würde. Das ist doch immer das erste, wonach sich die Erben erkundigen, Habgier, das ist etwas so Schlimmes … Und später, mit diesen Aktien… ein anderer will g… am liebsten sofort wissen, wieviel und von welchem Unternehmen und wie hoch sie notiert sind, aber sie will sie nur los sein. Sie sind verkauft worden, als sie am höchsten standen, danach sind sie unheimlich in den Keller g… gerutscht. Wenn sie das hier hinter sich hat, braucht sie nie wieder zu arbeiten. Es ist schade, denn ich hätte sie g… g… am liebsten bei mir im Büro.«

»Bei dir im Büro? Kaffee bringen, sicher, für ein bißchen notarielles Klimpergeld, nun komm aber, bei mir kann sie auch sofort anfangen, als PR-Mädchen verdient sie eine ganze Menge mehr, denn auf dem Bau kann man noch was deichseln, vor allem, wenn man öffentliche Aufträge hat. So, so, du bist also einen Tick verknallt…«

»Ja, ich … ich war sofort … ich … ja, nein, bestimmt, da ist… ach, es ist wahr, ich bin schon g… habe vor drei Jahren g…«

»Es hört sich an wie Multiple Choice. Was wolltest du sagen, du bist gebunden oder du hast vor drei Jahren geheiratet?«

»Das letztere.«

»Bei mir fängt es auch mit ’nem G an, das G von geschieden. Ich hab schon zwei Gelege und eine dritte

Brut, ich darf gar nicht dran denken, aber daß sie eine ist, vor der du dich auf die Knie legen willst, brauchst du mir nicht zu erzählen, auch wenn ich nicht gern mit ihr zusammenleben würde, jeden Tag Pilze... verdammt, und zu Anfang dachte ich auch: Was ist das für ein Getue, daß sie sich so anstrengt, Roos ähnlich zu sehen.«

»Das ist meine Schuld, ich habe zu ihr gesagt, daß es für die Katzen so aussehen müsse, als ob ihr Frauchen noch lebte...«

»Oh, du steckst dahinter ... na gut, das gibt sich nun wohl, wenn wir ehrlich sind, die schönen Kleider von Roos stehen ihr phantastisch, vor allem jetzt, wo sie auch noch ein paar Pfunde weniger drauf hat, es ist nur ... man muß jedesmal kurz schlucken, wenn sie etwas von Roos anhat, es hat doch etwas von Leichenfledderei...«

»Aber ich verstehe noch nicht, wie die Polizei so schnell den Täter...«

»Ich komm da angerannt, mach die Tür auf, seh sie da liegen, ruf den Rettungswagen und ruf die Polizei an. Ich sage: ›Sie ist vergiftet worden, und ich weiß auch fast sicher, von wem.‹ Also erzähle ich den Bullen, hinter wem sie her sein müssen, aber klar, sie glauben mir nicht. Also ruf ich Stennis auf seinem Handy an... der Halsabschneider saß mit seiner ganzen Brut schon in Center Parcs... und frage: ›Hast du heute was Besonderes gesehen?‹ Worauf er sagt: ›Bei Digros hat eine Frau mit Brille Schälchen mit Champignons vertauscht.‹ ›Bingo‹, sage ich. Mußte ich mir dann doch erst mal den Mund fusselig reden, um die Polypen soweit zu kriegen, daß sie sofort zu ihr gingen. War übrigens noch ’ne elende Sucherei, um ihre

Adresse zu finden. Sie hatte einen Namen mit -blom, das wußte ich noch, ja, dann kannst du das ganze Telefonbuch durchackern. Ich also immer am Suchen, und die Bullen immer mit ihren Sprüchen: ›Das kann warten, machen wir schon am Tag nach Weihnachten.‹ ›Dann kann die Brillenschlange inzwischen noch zehn weitere vergiften‹, sage ich, Friede auf Erden und den Menschen ein Wohlgefallen, und bei Nacht werden noch zehn kleine Hirten umgelegt. Ich hab zu ihnen gesagt: ›Wenn ihr der Sache nicht sofort nachgeht, komm ich mit meinem größten Löffelbagger und ramm euer neues Polizeibüro, ich hab es selbst hingesetzt, also, ich weiß genau, wo die Schwachstellen sind.‹ Darüber mußten sie herzlich lachen, aber schließlich haben sie sie, nach telefonischer Beratung mit dem Büro, doch noch festgenommen, und unterwegs zur Zelle in so einem weißen Porsche haben sie ihr schon ganz schön zugesetzt. Aber sie sagte keinen Mucks, sie leugnete in allen Tonarten, das kann man sich denken, aber ein paar Nächte in einer Zelle, und sie wird schon reden...«

»Hat man denn irgendeine Ahnung, weshalb diese Frau...«

»Meiner Meinung nach wollte sie eine Pille herstellen. Eine Pille, womit man die Leute, die einem nicht passen, einfach umlegen kann, ohne daß ein Hahn danach kräht. Und womit du dich auch selbst umlegen kannst, wenn du keine Lust mehr hast. Ist alles noch nicht mal so dumm ausgedacht, ich würde schon was anzufangen wissen mit so einer Pille. Wenn du, wie ich, an Händen und Füßen gebunden bist, weil du jeden Monat wieder eine Unmenge Alimente ausspuken mußt, hast du sicher Verwendung für so eine

Mordtablette. Du kommst mal kurz vorbei, sagst mit Tränen in den Augen: ›Ich vermisse meine Knirpse so, darf ich sie mal kurz sehen‹, du trinkst ein Täßchen Tee mit ihr und wirfst heimlich einen weißen Bonbon in die Tasse von deiner Ex … ja, daß die Menschheit nach einer solchen Pille lechzt, dahinter steh ich voll und ganz. Wenn die kommt, hoffe ich nur, daß sie sie nicht allzu teuer machen. Denn wenn du selbst keine Lust mehr hast, ist es natürlich auch ein Ausweg. Du schluckst sie, setzt dich in die warme Sonne, du fühlst, wie diese warme Sonne deine Augenlider streichelt, du wirst schläfrig, und bevor du es weißt, bist du hinüber. Ruhig, schmerzlos, friedlich, auf Wiedersehen Blumen, auf Wiedersehen Tiere, auf Wiedersehen Menschen. Im Jahr werfen sich an die elfhundert Menschen vor den Zug. Da wäre so eine Pille doch ein Ausweg, oder? Und dann hast du nicht dieses blutige Blubberzeug auf den Schienen.«

»Der Heilige Vater …«

»Der Heilige Vater? Der Kerl mit dem gestickten Billardtuch um? Mümmelmann der Erste, der geht mir doch glatt am Arsch vorbei, der ist gegen alles, was der Menschheit nützen würde.«

»Na gut, aber diese Pille, was für eine unsinnige Geschichte, sie war …«

»Das sagst du so, aber als ich die Brillenschlange zum erstenmal sah … auch bei Pilzen übrigens …, sagte sie zu mir, es würde nach einer solchen Pille mehr Nachfrage geben als nach Schwarzbrot. Da dachte ich sofort, sie … ich hab ihr das auch klipp und klar gesagt, haben Sie Roos vielleicht diese Pille gegeben … wenn man besser auf mich gehört hätte … wenn ich selbst besser auf mich gehört hätte, läge

Leonie jetzt nicht hier. Ich bin vielleicht kein As in Brüchen, aber manchmal…«

»Sie brauchen sich nichts vorzuwerfen. Ohne Sie wäre Leonie tot… War die nicht eher sauer und verbittert und konnte es deshalb nicht ertragen, daß täglich an ihrer Arbeitsstelle eine schöne Frau … denn schön war sie, die Mevrouw Roos, sag mal ruhig, bildschön.«

»Brauchst du mir nicht zu erzählen. Überall, wo sie erschien, mußten sofort Absperrgitter aufgebaut werden. Sei vorsichtig, was du über ›sauer und verbittert‹ sagst. Dann ist der Damm gebrochen. Dann fangen sie damit an, diese Schreckschraube hätte eine strenge Moral und könnte es nicht ertragen, wenn Roos alles nicht so genau nahm, und sie wollte sie deshalb bestrafen, und Leonie auch, als sie so deutlich in die Fußspuren von Roos trat. Dann kriegst du zu hören, sie hätte Roos gehaßt, weil Roos mit all ihren männlichen Kollegen was gehabt hat, während die mit ihr nicht mal eine Nummer geschoben hätten, wenn sie fürstlich dafür bezahlt worden wären. Dann zählen sie alle Weihnachtstage und Silvester zusammen, an denen sie in ihrem abgewrackten Kaninchenbau allein gehockt hat. Wenn du damit anfängst, schalten sie Seelenklempner ein, und jeder fängt an zu rufen: ›Ach, wie traurig‹…«

»Still, sie wollte etwas sagen.«

»Stimmt. Weißt du, was sie sagen wollte? Sie wollte sagen: ›Hör auf damit.‹«

»Du hast g… g… scharfe Ohren.«

»Ja, das sagte meine Mutter früher auch oft. Ach ja, und da sitzen wir nun an ihrem Krankenhausbett, jeder an einer Seite.«

»Du siehst, daß es jeden Tag zu Ende sein kann, ich habe Leonie noch gesagt: ›Komm zu mir und mach ein Testament.‹ Wenn sie sich hiervon erholt hat, wird sie vielleicht zugänglicher …«

»Dreckskerl! Willst sie wieder in dein Büro locken! Hübsch zu zweit in einem kleinen Zimmerchen ein paar Tütchen Kaffeeweißer aufreißen und …«

»Sie sind immer herzlich eingeladen. Haben Sie schon ein Testament?«

»Ich? Wofür hab ich das denn nötig? Ich hab keinen Cent zu verbraten, geschweige denn, zu vererben. Was ich habe, verbrauch ich immer sofort, sonst landet es früher oder später in den Klauen meiner zwei Exen.«

»Aber einen Letzten Willen …«

»Mann, hau ab, wenn du noch mal damit anfängst, scheuer ich dir eine, daß man deine letzte Willenserklärung aus der Schublade ausgraben muß. Ich nehme an, du hast die schon.«

»Na, und ob.«

»Guck mal, nein … schade, ich dachte eben, sie kommt zu sich, aber offensichtlich ist es noch nicht soweit, he, da trabt so ein Weißkittel an.«

»Guten Tag, die Herren, man hat mir aus dem Rijksherbarium noch ergänzende Literatur über die Datura gefaxt. Mit dem daraus gewonnenen Stoff kann man aus seinen Patienten Zombies machen, die bei vollem Bewußtsein sind, aber nicht einmal die Augenlider heben können. Der wirksamste Stoff in dem Gift ist Scopolamin. Jetzt, wo wir das wissen, sind wir therapeutisch ein Stück weiter, jetzt können wir gezielter arbeiten.«

»Gezielter, du meinst, du hast nun eine Ausrede, eine noch höhere Rechnung zu stellen?«

»Meneer, bitte benehmen Sie sich. Sonst hat da der Zimmermann ein Loch gelassen. Ich werde ihr jetzt eine Injektion geben. Ich bin sicher, daß sie vor Ende der Woche wieder auf dem Damm ist.«

»Gut so, dann ist sie zu Silvester wieder zu Hause, ich werd schon mal ordentlich Champagner besorgen und ihn kalt stellen.«

»Sie ist sonst auch herzlich eing ... einge ... willkommen, bei mir Silvester zu feiern.«

»Das glaub ich gern, aber wenn sie sich das einfallen ließe, würde ich sie höflich daran erinnern, daß ich ...«

»Aber nur, weil sie dich angerufen hat. Sie hätte auch mich anrufen können, dann hätte ich ...«

»Du? Mann, vergiß es, wenn du 112 gewählt hättest, hättest du gesagt: ›Schicken Sie bitte einen Wagen zur Gr ... Gr ... Gr ...‹, und dann hätten sie bei 112 gedacht, da bellt ein Hund, und hätten den Tierschutz geschickt. Hörst du, da kommt schon wieder jemand angetrabt, wieder so ein ... o nein ... So, so, wen haben wir denn da? Was willst du denn hier?«

»Ich hörte auf Radio Rijnland ... ich hab in allen Krankenhäusern angerufen, ich hörte, daß sie hier liegt.«

»Und dann dachtest du, ich werd ihr mal einen kleinen Besuch abstatten? Ich werd ihr 'ne kleine Videokamera mitbringen ... warte mal, bist du vielleicht der Strandheini ... ja, du bist natürlich dieser Strandheini ... Dussel, Esel, Blödmann, den ganzen Plunder auf Video, aber genau diese Schreckschraube nicht!«

»Das wird sich noch zeigen. Ich hab an dem Nachmittag mit dem Sonnenstich eine Frau vorbeikommen sehen, ich erinnere mich noch genau, denn sie war an dem Nachmittag fast die einzige, die Kleider anhatte.«

»Warum hast du dann nichts davon gesagt?«

»Es hat mich doch keiner gefragt!«

»Hättest sie, verdammt noch mal, aufnehmen sollen.«

»Hättest? Ich hab sie auf dem Video, das weiß ich hundertzehnprozentig sicher. Zwischen den Zuschauern steht eine alte Dame mit Brille. Gut, sie ist klein und deshalb hinter all den anderen verborgen, und sie hat einen großen Sonnenhut auf, aber ihre glitzernden Brillengläser sieht man ganz deutlich, weil die Sonne drauf fällt und von den Gläsern zurückgeworfen wird.«

»Bewahr das Video dann mal gut auf. Es ist zu hoffen, sie erkennen es als Beweismittel an.«

26

Ich hörte die Brandung leise rauschen und roch das Meer. Eine Männerstimme sang: *Die Sonne sticht. Ein Garten lacht uns an, / Der vor der Glut uns schützen kann.* Dann folgte, gesungen von vier zarten Stimmen, die lieblichste, innigste, herzerwärmendste Melodie, die ich kannte: *Vater unter Serapsreih'n. / Blick' mit Huld auf den herab, / Der Entstehung und Gedeihen / Unserm Institute gab!* Es war, als wollte diese kleine Melodie mich zurückholen, trotz der anderen Schubertmelodie, die auch immer wieder durch meinen Kopf summte, pom, pompom, pom. Ich wollte meine Augen öffnen, aber das gelang noch nicht, obwohl es tatsächlich danach aussah, als würde ich mich nach einer unerträglich langen Zeit, während der ich gleichsam *standby* gewesen war, wieder als ein Mensch mit normalem Bewußtsein entpuppen dürfen. Alles, was sich an meinem Krankenhausbett abgespielt hatte, und alles, was da über mich hinweg geredet worden war, hatte ich einfach nur registriert, ohne darauf reagieren oder darüber nachdenken zu können. Es war, als sei ich für immer versteinert – zu keinem Gedanken, keiner Handlung fähig. Ich war nicht einmal in der Lage gewesen zu schlafen. Wie irritierend seltsam, daß so etwas möglich war, daß man existieren konnte, ohne dazusein, daß der eigene Körper gleichsam abwesend war und man trotzdem noch lebte. Als sei man ein Apparat, an dem ein rotes Lämpchen glühte, zum Zeichen, daß man ihn mit einer Fernbedienung einschalten konnte. Anscheinend konnte man auch einen Menschen wieder einschalten. Nur brauchte man dazu offensichtlich eine Injektion, die mir gerade im Beisein von Freek und dem Notar gegeben worden war. Sie waren inzwischen weggegangen. War die Besuchszeit schon vorbei?

Ich versuchte nachzudenken. Aber das gelang mir kaum, denn mitten in Schuberts Kantate meldete sich das Weihnachtslied, das dort bei Digros am Samstag nachmittag über die Kunden herabgeflossen war:

Kommt verwundert her, ihr Leute,
Schauet her, wie Gott euch liebt,
Tiefsten Wunsch erfüllt er heute,
Seht das Kind, das er euch gibt.

Als ich klein war, hatte ich das Lied immer so schön gefunden, vielleicht, weil es bei uns Christlich-Reformierten nicht gesungen werden durfte. *Kommt verwundert her, ihr Leute.* Verrückt, daß es mit dieser Verbissenheit durch Schubert hindurchzudringen versuchte. Kam das, weil ich verwundert war? Wenn es dabei nur hätte bleiben können! Nein, ich war nicht verwundert, über Verwunderung war ich hinaus, ich war bestürzt. Offenbar hatten sie Riet festgenommen. Was für Idioten! Diejenige, die Roos umgebracht hatte und mich hatte umbringen wollen, lief noch immer frei herum, die konnte sogar – genau wie Freek oder der Notar oder das Ekel Mastenbroek – an meinem Krankenbett erscheinen, um die Arbeit mal schnell zu Ende zu bringen.

Was mich wunderte, war, daß ich trotz meiner fast tödlichen Unruhe die ganze Zeit über das Meer roch und daß mich das so tröstete.

Erst ganz allmählich begann das Mittel, das mir injiziert worden war, zu wirken. Es war, als dürfte mein ganzer Körper sich entspannen, als dürften sich alle Muskeln wieder lockern, es war, als würde ich versinken, einfach in den Tod, auch wenn es hoffentlich nichts anderes sein würde als ein tiefer Schlaf. Ich erlebte dieses Versinken als verführerisch angenehm, und Schubert mit seiner wunderschönen Melodie würde mich hoffentlich zurückholen.

Und doch kämpfte ich, wie herrlich dieses Versinken auch war, verzweifelt gegen diese merkwürdige, niemals zuvor als so deprimierend und unausweichlich empfundene Trägheit. Ich mußte wach bleiben, hellwach, denn jeden Augenblick konnte die wirkliche Täterin an meinem Bett erscheinen, um noch im nachhinein mit mir abzurechnen. Denn über Radio und Fernsehen war ja bekanntgeworden, daß der Champignon-Anschlag mißlungen war. Ich war mir ziemlich sicher: Diejenige, die Roos umgebracht hatte, wußte jetzt, daß ich noch lebte. Hoffentlich hatte sie nicht gemerkt, daß ich sie bei Digros hatte herumhumpeln sehen, in einer nahezu perfekten Vermummung mit Hut und Brille. Allerdings hatte ich mir, dumm genug, nicht sofort klargemacht, daß sie es war. Und vor allem konnte sie nicht wissen, daß es mir – dank der glitzernden Brille und des großen Huts und des viel zu weiten Mantels – wie Schuppen von den Augen gefallen war, sobald ich sie gesehen hatte. Natürlich, die magere Erscheinung auf Mastenbroeks

Video, die mir immer so bekannt vorgekommen war und die sich auch dabei so überraschend geschickt, wenngleich nicht gerade zum Sonnenbaden, verkleidet hatte, war niemand anders als sie. Warum hatte ich das nicht eher bemerkt? Wegen der Vermummung? Warum erkannte ich sie dann aber bei Digros? Weil ich sie da *live* sah, nicht auf einem unscharfen Videobild? Oder wegen dieses eigentümlich schleppenden Gangs? Schon vor längerer Zeit, irgendwann im vorigen Jahrhundert, hatte sie mir in ihrer Küche zugezischt: »Dieses Miststück bumst noch immer mit meinem Mann«, woraufhin sie so heftig mit der Abwaschbürste ins Spülwasser schlug, daß es mir ins Gesicht spritzte. Geduldig hatte sie auf ihre Chance gewartet. Letzten Sommer hatte sie sie dank des Stechapfels bekommen. Eduard hatte ein Buch ausgeliehen, das sie aller Wahrscheinlichkeit nach auch gelesen hatte. Und zweifellos hatte auch sie die Datura im Innenhof blühen sehen, denn sie kam fast ebensooft ins Labor wie ihr Mann. Nichts einfacher als das, eine überschwenglich wachsende und blühende Pflanze im Innenhof bei der Sonnenuhr mit Samen, die man leicht gewinnen und verarbeiten und sogar bis Weihnachten aufbewahren konnte und aus denen man eine Pille herstellen und sie aussehen lassen konnte wie eine Süßstofftablette oder einen Extrakt anfertigen, den man Champignons mit einer Spritze injizierte. Sie hatte ja das notwendige Know-how. Schließlich hatte sie vor ihrer Heirat jahrelang im Labor gearbeitet. Alles schien im letzten Sommer perfekt gelungen zu sein, aber dann war ich eines Winterabends unerwartet aufgetaucht, und da hatte sie, mich maßlos überschätzend, wahrscheinlich geglaubt, ich wüßte zuviel. Während ich in meiner Dummheit ausschließlich auf ihren Mann fixiert gewesen war. Einen einzigen Schritt nur hätte ich weitergehen müssen. Sie hatte natürlich gewußt, daß Roos über den Wissenschaftsbetrug aus der Schule plaudern konnte, und auch, wenn ich dem Alabastermädchen glauben durfte, daß Roos ihren Mann unter Druck gesetzt hatte, damit er Fiona als seine Tochter in die Arme schloß. Wobei noch hinzukam, daß sie Roos erbittert haßte. Ich versuchte, mich zu erinnern, was für ein Gesicht sie gemacht hatte, als sie mich, perfekt wie Roos ausstaffiert, unter mindestens dreihundert Watt vor ihrer Tür hatte stehen sehen. Stählerne Nerven hatte sie, das war nicht anders möglich, denn sie hatte sich nichts anmerken lassen. Wenn sie überhaupt erstaunt gewesen war, hatte sie das meisterhaft zu verbergen gewußt. Aber vielleicht war sie gar nicht erstaunt gewesen. Wahrscheinlich hatte sie längst erfahren, daß ich in Roos' Kleidern und mit Nägeln wie sie herumlief und mir die Haare nach ihrer Frisur hatte machen lassen. Oder vielleicht hatte sie sich Roos' Art zu denken viel effektiver angeeignet, als ich es je tun würde, weil sie sie ermordet hatte, und hatte nur, wie Sara in ihrem Zelt, über meine primitiven Versuche als *lookalike* von Roos gelacht. Soviel war sicher: Als ich bei ihr geklingelt hatte, war mein Schicksal besiegelt, und zehn zu eins würde sie weiterhin versuchen, mich aus dem Weg zu räumen.

Gott sei Dank, ich lebte noch, ich konnte es noch laut in die Welt hinausrufen: »Laßt Riet augenblicklich frei, sie hat nichts damit zu tun.« Vorausgesetzt, ich blieb wach.

Wie seltsam, daß man sich später nie an den Augenblick erinnern kann, in dem man eingeschlafen ist. Als ich erwachte, wußte ich nur, daß ich viele Stunden herrlich geschlafen hatte. Ich fühlte mich viel besser, konnte jetzt sogar die Augen öffnen. Als ich das vorsichtig und noch etwas träge versuchte, war das erste, was ich wahrnahm, das glitzernde Funkeln von Brillengläsern. Ein Schauder durchzog meinen ganzen Körper, ich wollte einen Schrei ausstoßen, aber mein Schreck war so groß und der Schrei so wild, daß er mir im Hals steckenblieb. O mein Gott, da war sie, jetzt würde sie... oh, oh, und was sollte dann aus den Katzen werden?

»Still, Kindchen, ich bin es, du brauchst keine Angst zu haben.«

Weit öffnete ich meine Augen.

»Du hier?« fragte ich erstaunt. »Haben sie dich gehen lassen?«

»Ja, denn dieser Van Stenis hat mich nicht erkannt, der mußte mich durch einen von diesen halb durchsichtigen Spiegeln beäugen, und der sagte dann voller Schadenfreude und so laut, daß auch ich es hören konnte: ›O nein, ihr habt die falsche, die Dame mit den Champignons sah aus wie ein magerer Zwerg, und dies ist eine klobige Hexe, nein, ihr habt mal wieder schrecklich danebengehauen.‹«

»Aber hast du denn jetzt erst hinter diesem Spiegel gestanden? Warum nicht sofort Samstag nachmittag?«

»Weil dieser Van Stenis da bereits mit Frau und Kindern unerreichbar zu fröhlichen Weihnachten in Center Parcs verschwunden war.«

Ich seufzte tief und sagte dann: »Würdest du dich,

bitte, der Katzen von Roos annehmen, wenn mir etwas zustößt? Und dafür sorgen, daß bei meiner Beerdigung »Soave sia il vento« von Mozart und *Dies natalis* von Finzi gespielt wird?«

»Abgemacht, aber weshalb sollte dir etwas zustoßen?«

»Die Dame mit den Champignons weiß bestimmt inzwischen, daß ich noch nicht tot bin, die wartet nur darauf, ihre Arbeit zu Ende zu bringen.«

»Das ist mir auch durch den Kopf gegangen«, sagte Riet, »und deshalb bin ich sofort hierhergekommen und sitze hier jetzt als unbezahlter Leibwächter. Denn es ist hier totenstill, auch hier arbeiten sie zwischen Weihnachten und Neujahr nur mit halber Kraft, alles, was nicht in den letzten Zügen liegt, haben sie nach Hause geschickt, also kann jeder, der Böses im Sinn hat, hier einfach hereinlaufen, also auch...«

»Hast du denn irgendeine Vermutung, wer...«

»*Of course*, ich hatte in meiner Zelle Zeit genug nachzudenken. Ich habe die ganzen Weihnachtstage angenehm in einer warmen Höhle gesessen. Es war da alles unheimlich gemütlich... pünktlich zu essen und zu trinken, und du brauchst dich um nichts zu kümmern. Sonst sitzt du gerade an den Tagen mutterseelenallein zu Hause, und jetzt hatte ich die ganze Zeit Abwechslung, ich habe mich blendend unterhalten.«

»Du hältst dich großartig.«

»Kann sein. Zum Glück war ich, als die Leute vor der Tür standen, so geistesgegenwärtig, meinen Walkman einzupacken und dazu alle Klaviersonaten von Beethoven, gespielt von Richard Goode. Wie mich das aufgemuntert hat. Aber ich war davon überzeugt, daß sie mich irgendwann gehen lassen würden, selbst wenn ich für den Nachmittag kein Alibi hatte. Wie hätte ich das auch haben sollen? Ich habe an dem Nachmittag überall Besorgungen gemacht, genau wie jeder andere.«

»Hast du der Polizei, als sie dich verhört haben, gesagt, wer deiner Meinung nach die Dame mit den Champignons in Wirklichkeit war?«

»Nein.«

»Warum nicht?«

»Weil ich immer gedacht habe, daß sie alles so schlau und perfekt geplant hat, daß sie, wenn es überhaupt zum Prozeß kommt, mangels Beweisen freigesprochen wird. Man kann sie zwar anzeigen, aber beweisen kann man ihr nichts, ich denke, daß die Polizei einen laut auslacht.«

»Die einzige Möglichkeit ist, daß dieser Van Stenis sie vielleicht wiedererkennt.«

»Wohl kaum, zehn zu eins hatte sie sich sehr geschickt vermummt, darin war sie sehr gut, früher schon... ich erinnere mich noch...«

»Ja, du hast recht, sie hatte sich verkleidet, ich hab sie bei Digros gesehen.«

»Wie hast du sie dann erkannt?«

»An diesem eigenartig schleppenden Gang.«

»Ja, den kann sie schlecht verbergen. Das kommt, wie du weißt, von ihrem Nervenleiden. Ich denke, daß die Krankheit auch ihr Gehirn angegriffen hat. Denn wie ist es sonst zu verstehen, daß sie mit ihrer sonst so strengen Moral jetzt nicht einmal mehr vor Mord zurückschreckt.«

»Aber ihr Gehirn arbeitet noch gut genug, um einen Mord perfekt auszuführen.«

»Ach hör auf, sie war immer schon eine Perfektionistin. Und so klug! Viel klüger als Eduard. Sie hätte es sehr weit bringen können. Aber nein, sie heiratete, bekam Kinder und war für die Wissenschaft verloren.«

»Wie konnte sie wissen, daß ich am Samstag nachmittag Champignons bei Digros kaufen wollte?«

»Sie wußte, daß du ein Pilzfreak bist, das wußte jeder im Labor. Sie ist dir vielleicht schon tagelang mit diesen Champignons gefolgt, oder sie hat ganz einfach darauf spekuliert, daß du an dem Samstag nachmittag... es erinnert mich richtig an ihre Experimente früher. Alles war immer unheimlich perfekt aufgebaut, so gut durchdacht.«

»Daß sie, wenn ihr Verstand nicht... wenn sie... du verstehst mich, wenn sie Roos umgebracht hat ... o Himmel, wir reden darüber, als sei es ganz normal... und dabei...«

»Ja, Kindchen, ich finde es auch ganz, ganz schrecklich, aber wir müssen dem entschlossen ins Auge blikken, es ist vielleicht doch besser, nüchtern über alles zu sprechen. Aber was wolltest du sagen?«

»Also, sie haßte Roos... aber warum wollte sie nun auch mich umbringen? Warum auch mich, um Gottes willen?«

»Vielleicht hatte sie Angst, daß du allmählich zuviel weißt.«

Ich sagte: »Ich muß dir etwas gestehen«, und ich erzählte ihr von dem Abend auf Waardeiland, wobei ich ein bißchen vertuschte, daß ich ihrem Mann einen tödlichen Schrecken eingejagt hatte.

»So, so, also dieser Fiona bist du auch begegnet... furchtbar liebes Mädchen, aber Eduards Tochter? Daß ich nicht lache, na gut, das ist eine ganz andere Geschichte. Die erzähle ich später mal. Ich wollte, ich hätte in meiner Zelle gewußt, daß du dort nach Waardeiland geraten bist, jetzt verstehe ich besser, warum sie auch dich ... du tauchst auf, Roos ähnlich wie ein Ei dem andern. Was kann sie anderes gefolgert haben, als daß du dort wie eine als Roos verkleidete Nemesis auftauchst, weil du der Wahrheit schrecklich nahe gekommen bist. Und das war auch so, ein Schritt, und du hättest gewußt, wer Roos ... es ist kaum zu glauben, jemand, den du immer gekannt und außerordentlich geschätzt hast, deshalb habe auch ich keinen Augenblick gedacht ... Aber ja, mein Vater, so ein untadeliger Herr ... als er an Alzheimer litt, kam er mit seinem Kot in den Händen von der Toilette, um ihn dann großzügig zu verteilen.«

»Sie hat doch nicht Alzheimer?«

»Nein, aber irgend etwas stimmt nicht bei ihr.«

»Stimmt nicht? Wenn sie dachte, daß ich zuviel weiß und daher lieber ... ich meine, dahinter verbirgt sich doch normale Logik? Auf der anderen Seite, was hatte sie von mir zu befürchten? Auch wenn ich sie angezeigt hätte ... ein so großes Risiko ging sie doch gar nicht ein, ich meine, sie hat Roos auf so ekelhaft raffinierte Weise ums Leben gebracht.«

»Ein fast perfekter Mord, das kann man wohl sagen. Selbst ich habe sie nie verdächtigt, selbst ich war davon überzeugt, daß es sich um einen Sonnenstich handelte. Aber sieh mal, auch wenn sie dann vielleicht mangels Beweisen davongekommen wäre, dennoch hätte sie ganz hübsch im Schlamassel gesessen. Nicht, daß ihr das, wie ich sie kenne, viel ausgemacht hätte, aber ich denke, daß sie Eduard einen solchen Prozeß und alles, was an Unannehmlichkeiten noch hinzugekommen wäre, hat ersparen wollen... und außerdem alles, was dann über das jahrelange Verhältnis von Roos und dem Professor an die Öffentlichkeit gelangt wäre, inklusive vielleicht Details von... von... na ja, ist auch egal.«

»Von SM-Praktiken«, sagte ich.

»Oh, soweit warst du also auch schon... dahinter bist du auch gekommen ... wie auch immer, ich denke, daß sie vor allem deshalb in Panik geraten ist, weil du zuviel zu wissen schienst, und daß sie darum... sie hängt nun einmal sehr an ihrem Mann, schon immer, daher rührt alles, ich kann, auch wenn ich Mord weiterhin für ein entsetzliches und falsches Mittel halte, verstehen, daß sie Roos fürchterlich haßte. Er ist jahrelang bis zum Verrücktwerden in sie verliebt gewesen, aber Roos wollte niemals etwas anderes als ein lockeres Verhältnis, sonst hätte er seine Frau jederzeit für sein Roosje im Stich gelassen. Vielleicht wäre das besser gewesen ... so mußte sie mit ansehen, daß er sie jahraus, jahrein mit Roos betrog. Es ist, genau betrachtet, ein Wunder, daß sie nicht schon viel früher... na gut, laß uns davon aufhören, ich habe einen Plan.«

»Was für einen Plan?«

»Mir scheint: Es hat wirklich wenig Sinn, der Polizei unsere Vermutungen mitzuteilen. Wenn sie sie überhaupt festnehmen, müssen sie sie wahrscheinlich wieder gehen lassen. Wenn sie sie nicht gehen lassen und es zum Prozeß kommt, bleibe ich dabei, daß sie freigesprochen wird mangels Beweisen. Du wirst sagen: ›Aber sie muß doch für den sogenannten Sonnenstich und die vergifteten Champignons bestraft werden.‹ Was mich betrifft, ich finde, daß Strafe, sicher eine jahrelange Gefängnisstrafe, ein primitives und ineffektives Mittel ist. Korrigierst du damit das Verhalten deiner Mitmenschen? Kaum. Was ist es also anderes als eine Form von Vergeltung? Meiner Meinung nach darfst du niemals Böses mit Bösem vergelten. Das ist primitiv, das ist nichts anderes als sublimierte Rachsucht. In diesem Fall scheint mir Vergeltung ganz und gar unangemessen. Diese Frau hat ein Leben lang in einer Hölle gelebt, weil ihr Mann ziemlich offen ein Verhältnis mit seiner Chemielaborantin hatte. Was wir jetzt zu tun haben, ist dies: Verhindern, daß sie noch einmal so etwas wie diesen Champignon-Trick versucht. Daher mein Plan.«

»Erzähl.«

»Ich gehe zu ihr, ich sage zu ihr: ›Man hat mich festgenommen, ich habe in meiner Zelle nachgedacht und bin zu dem Schluß gekommen, sie hätten dich einsperren müssen. Aus dem und dem Grund. Außer mir gibt es niemanden, der dich verdächtigt. Ich habe nicht vor, irgendwann irgend jemandem zu erzählen, daß du Roos umgebracht hast, unter einer einzigen Bedingung: Laß in Zukunft die Hände von Leonie. Vor allem, da Leonie, anders als du offenbar annimmst, keine Ahnung hat, daß du Roos umgebracht hast.‹ Und dann erzähle ich ihr, wie du an dem Abend durch Fiona, diesen Unglückswurm, zufällig auf Waardeiland gelandet bist und daß das überhaupt nichts damit zu tun hatte, daß du sie verdächtigt hast.«

»Der Plan hat ein, zwei Haken«, sagte ich.

»Einen nach dem anderen«, sagte Riet.

»*Du moment*, wenn du weißt, wie der Hase läuft,

und du ihr das sagst, gehst du ebenfalls das Risiko ein, von irgendeiner Art Sonnenstich erwischt zu werden.«

»Das habe ich mir gründlich überlegt. Ja, das Risiko gehe ich ein, aber besonders groß ist es nicht, und außerdem: Sie hat mich immer gemocht und hat sich im Laufe der Jahre Dutzende Male bei mir ausgeweint. Wie auch immer: Das Risiko gehe ich ein ... Und wenn mir etwas passieren sollte, kannst du ja aktiv werden.«

»Ja, aber dann bist du vielleicht schon tot.«

»Wäre schade, dann sorge dafür, daß sie auf meiner Beerdigung Beethoven spielen, den letzten Satz opus 109, gespielt von Richard Goode. Aber man stirbt nicht so leicht, so schlimm wird es schon nicht kommen, wir sind genügend gewarnt, und ich werde mir ein Gegengift besorgen. Das solltest du übrigens auch im Haus haben, ich werde es dir beschaffen. Mein Gott, worüber reden wir eigentlich ... es geht nur darum, daß du im Windschatten bleibst. Wenn ich sie davon überzeugen kann, daß du keine Ahnung hast, wem Roos diesen Sonnenstich und du die Champignons zu verdanken hast, sollte das gelingen. Aber wie stehst du dazu? Vielleicht findest du diesen Mordversuch an dir so schlimm, daß du, wie auch immer, zur Polizei gehen willst. Schließlich würden das die meisten Menschen augenblicklich tun.«

»O nein, du, das will ... ich ... nein, ich will nur zurück zu meinen Katzen ... ich will ...«

»Du sprichst tatsächlich mit der Stimme von Roos ... diese Katzen, die haben doch was an sich ... wer sorgt jetzt für sie?«

»Freek, hoffe ich.«

»Ist das der Mann, der hereinplatzte, als ich diese köstliche Quiche bei dir gegessen habe?«

»Ja.«

»Oh. Nun gut, du hast von zwei Haken gesprochen...«

»Auch wenn wir nicht zur Polizei gehen, wird ganz bestimmt eine Ermittlung eingeleitet, und dann... ich meine, es ist alles so erstaunlich einfach, wenn sie weiterdenken...«

»Auch das habe ich mir überlegt. Ja, eine solche Ermittlung erscheint unvermeidlich, auch wenn ich neulich einen Kommissar im Fernsehen sagen hörte: ›Die Arbeit wächst uns im Augenblick über den Kopf. Selbst zu den schweren Fällen kommen wir nicht mehr. Wenn nicht sofort klar ist, wer der Täter sein könnte, lassen wir den Fall liegen.‹ Wir müssen abwarten. Wenn wir beide unseren Mund halten und du also auch nicht erzählst, daß du sie an dem Samstag nachmittag bei Digros verkleidet hast herumhumpeln sehen... Aber gut, wie auch immer, wenn sie Ermittlungen einleiten, dann kann sie als Verdächtige in Frage kommen, das ist dann eben so. Sie wird es sich jedoch, wenn sie schon frei herumlaufen sollte, zweimal überlegen, bevor sie dich... Nun ja, man kann nichts völlig ausschließen, das ganze Leben ist letztlich ein fortdauerndes Risiko. Ich werde auf jeden Fall alles tun, um dich zu beschützen. Ich habe außerdem großes Interesse daran, daß du am Leben bleibst. Denn wenn du stirbst, muß ich für die Katzen sorgen.«

»Vielleicht ist noch ein anderes Interesse mit im Spiel«, sagte ich ironisch.

»Ein anderes Interesse?«

»Ich kann mir zum Beispiel gut vorstellen, daß es für dich keine angenehme Vorstellung ist, wenn durch einen Prozeß das Labor ins Gerede kommt.«

»Ich gebe ehrlich zu, daß auch das eine Überlegung ist. Das Labor hat international einen ausgezeichneten Namen, auch wenn diese Mistkerle in Quebec uns anschwärzen... na gut, darüber weißt du alles. Ein aufsehenerregender Prozeß, darauf sind wir nicht gerade erpicht. Und ich sage dir ehrlich: Nur zu gern würde ich Eduard dieses Elend ersparen, es könnte sein Tod sein.«

Während ich ihr aufmerksam zuhörte, dachte ich: Sie ist nicht ins Krankenhaus gekommen, um mich zu bewachen, sondern um mich zu bearbeiten. Ihr geht es nicht darum, daß ich im Windschatten bleibe, sie will, daß das Labor im Windschatten bleibt. Thomas sagte oft über die Abläufe im Labor: »Eduard denkt, Riet lenkt.« Jetzt will sie auch den Rechtsweg lenken. Vielleicht wird es ihr gelingen, vielleicht nicht. Die Frage ist: Will ich da mitmachen? Roos ist ermordet worden, ich wäre beinahe ermordet worden, darf das ungestraft bleiben aus Rücksicht auf die wissenschaftliche Reputation eines Labors und eines emeritierten Professors? Da es nicht gelungen war, konnte ich ihr irgendwann einmal, in hundert Jahren vielleicht, vergeben, daß sie mich mit vergifteten Champignons hatte umbringen wollen, auch wenn ich ehrlich dazusagen muß, daß ich kaum weiß, was ich mir unter dem biblischen Wort »vergeben« genau vorstellen soll. Wie auch immer, schließlich hatte ich Strafe verdient, weil ich ihren Mann zu Tode erschreckt hatte, wenn auch keine so drakonische. Aber daß sie Roos umgebracht hatte, das würde ich ihr niemals vergeben können, auch wenn mildernde Umstände galten.

Was sollte ich tun? Ich lag da und sah die kleinen Wellen auf dem in der Sommersonne glitzernden Wasser vor mir. Mein Bruder hatte mich in diesen Graben geschubst und dann in Panik wieder herausgezogen, zu Tode erschrocken, weil ich mit dem Kopf untergetaucht war. Als ich durchnäßt wieder draußen war, hatte er mich angefleht, Vater und Mutter nicht zu verraten, daß er mich in den Graben geschubst hatte, und wir setzten uns ein Stück weiter in die Sonne, damit ich trocken wurde, und ich ließ mich von der Sonne trösten und streicheln, und ich schaute auf das glasklare Wasser und auf die plätschernden Wellen mit ihren Lichtkringeln, die lautlos über den Grund des flachen Gewässers glitten, und ob ich damals schon wirklich begriffen habe, daß Strafe nie ungeschehen machen kann, was passiert ist, das weiß ich nicht mehr, aber immer, wenn ich an die dahingleitenden Schatten der gekräuselten Wellen zurückdachte und daran, daß auch er in der Blüte seiner Tage dahingegangen war, war ich zutiefst dankbar, daß ich ihn damals nicht verraten hatte.

Also sagte ich: »Das einzige, was für mich zählt, ist, daß Roos, was immer wir oder andere auch tun, nie mehr zurückkommt. Also mach, was du für richtig hältst, nur wird Freek sich auf die Hinterbeine stellen, wenn die Polizei es auf sich beruhen läßt.«

»Schon wieder dieser Freek«, sagte sie mürrisch.

»Was hast du gegen Freek?«

»Der Lümmel hat mir die ungeschliffenen Rüpel in ihrem Porsche auf den Hals gehetzt. Dadurch hat er übrigens völlig bei der Polizei verspielt. Du hättest hören müssen, was sie über ihn sagten, als sie mich gehen lassen mußten, nein, wegen Freek mache ich mir keine Sorgen … Ach Gott, Roos, daß sie mit solchen Leuten umging, und du jetzt auch!«

»Er wirkt wie ein ungehobelter Klotz, aber eigentlich ist er ganz amüsant«, sagte ich, »grundehrlich, so völlig anders als die gehemmten Akademiker, mit denen wir umgehen, aber na ja, sehr unbesonnen, wie du gemerkt hast, in vieler Hinsicht ein großes Kind.«

»Genau wie die meisten Männer.«

»Ich fühle mich pudelwohl, warum muß ich hier noch liegenbleiben? Sieh mal nach, ob meine Sachen in dem Eckschränkchen liegen.«

»Die lassen dich hier nicht so einfach weggehen.«

»Ich kann doch heimlich ausbüxen?«

»Ich weiß nicht, ob ich dir das raten soll … Warte, wenn ich's recht bedenke, stimmt, hier bist du nicht sicher, denn vor allem, wo sie hier blaumachen, hat jeder Schurke, der Böses im Sinn hat, freie Bahn, und mir paßt es auch ganz gut, dann brauche ich nicht Wache zu schieben. Und weil hier kein Schwanz zu sehen ist, können wir kinderleicht nach draußen. Und Starley steht direkt vor dem Eingang, denn das Parken war vorhin kein Problem, also sind wir im Nu auf und davon.«

Es war nur gut, daß ihr beigebrauner Toyota Starlet so nahe am Eingang stand. Als ich mich angezogen hatte und gehen wollte, zeigte sich, daß ich schwächer war, als ich gedacht hatte.

»Ja, was willst du«, sagte Riet, »du hast seit Samstag nichts mehr gegessen. Aber keine Angst, hier stehen überall Rollstühle.«

Sie schob mich kurz darauf fröhlich durch die langen Flure. Niemand begegnete uns. Problemlos kamen wir am Pförtner vorbei. Wenig später lehnte ich mich in ihrem Toyota bequem zurück, während sie den Rollstuhl zurückbrachte.

Einen Augenblick lang, als ich da so allein im Auto saß, jubelte es in mir. Ich lebte noch, ich war noch da, und ich war wieder auf dem Weg nach Hause. *Und meine Seele spannte / Weit ihre Flügel aus, / Flog durch die stillen Lande, / Als flöge sie nach Haus.* Leise und stillvergnügt summte ich dieses unvergängliche Lied von Schumann vor mich hin.

»Weißt du was«, sagte Riet, als sie neben mir saß und wir ungehindert losfuhren, »wenn wir in Roos'... in deinem Apartment sind, rufe ich sie sofort an und verabrede mich mit ihr, am liebsten noch für heute.«

Sogar Lellebel kam mir mit aufgerichtetem Schwanz entgegen, um mich zu begrüßen, als ich ins Wohnzimmer stolperte und mich auf das große Sofa fallen ließ. Riet hatte inzwischen ihre Nummer gewählt und hatte offenbar Eduard am Telefon. Sie sagte ein paarmal »Ja« und legte dann den Hörer wieder auf.

»Du hast vorläufig nichts von ihr zu befürchten... Eduard sagt, daß sie Grippe hat. Samstag sei sie, sagt er, mittags noch kurz in der Stadt gewesen. Völlig erschöpft sei sie nach Hause gekommen und liege seitdem zu Bett. Krank sei sie, todkrank!«

»Ach...«, sagte ich.

»Ich gehe jetzt, wenn es dir recht ist. Trink Tee, iß Obst. Früchte sind die beste Medizin. Hast du etwas zu essen im Haus?«

»Ich glaube, ja. Vielleicht steht noch eine halbvolle Schale Champignons im Kühlschrank.«

Hinweise

Seite 8: Aus der Tiefe rufe ich Alle Bibelzitate nach der sog. Zürcher Bibel; *Der Tod, der Tod* Zitat aus dem Gedicht *Gebed bij de harde dood* von Charles Edgar du Perron (1899–1940). Übers. v. Marianne Holberg

Seite 11: der langsame Satz Wolfgang Amadeus Mozart, Streichquartett G-Dur, KV 387

Seite 16: der langsame Satz Ludwig van Beethoven, Streichquartett F-Dur, op. 135

Seite 31: Je vois avec étonnement Aus: Charles Baudelaire, *Le Chat / Die Katze.* In: *Les Fleurs du Mal / Die Blumen des Bösen.* Dt.-franz. Ausg. Übers. v. Monika Fahrenbach-Wachendorff. Stuttgart: Reclam Verlag 1998, S. 104 f. (»Seh mit Erstaunen ich das fahle / Leuchtfeuer der Pupillen glühn, / Und unverwandt, wie lebende Opale, / Schaun ihre Augen zu mir hin.«)

Seite 33: There is no such thing Aus dem Film *Steel Magnolias.* Komödie (1989) mit Shirley MacLane u. a. (dt. *Magnolien aus Stahl*, 1990)

Seite 36: Prüfet alles 1. Thessalonicher 5, 21

Seite 39: Und er neigte sich 1. Samuel 28, 14

Seite 80: Allein a posteriori Aus: Arthur Schopenhauer, *Die Welt als Wille und Vorstellung.* In: Werke in zehn Bänden. Bd. I, 2. Buch, § 23. Zürich 1977

Seite 86: Daß die eine Leicht verändertes Zitat aus dem Gedicht *Twee vrienden* (»Zwei Freunde«) von Hendrik Marsman (1899 bis 1940)

Seite 97: Nachahmung fremder Eigenschaften Aus: Arthur Schopenhauer, *Die Kunst, glücklich zu sein.* München: Verlag C. H. Beck 1999, S. 34

Seite 164: Kinderbücher, nur sie noch zu lieben Aus: Ossip Mandelstam, Der Stein. Frühe Gedichte 1908–1915. Aus d. Russ. u. hg. v. Ralph Dutli. Zürich: Ammann Verlag 1988, S. 13

Seite 186 f.: Kantate zu Ehren von Josef Spendou Franz Schubert D 472, op. 128; *Symphonie in E-Dur* Franz Schubert D 729

Seite 208: De Genestet Petrus Augustus de Genestet (1829–1861), niederl. Prediger und Dichter

Seite 215: de Buffon George Louis Leclerc de Buffon (1707–1788), franz. Naturforscher

Seite 224: Martinus Nijhoff (1894–1953), niederl. Dichter

Seite 235: wie ein Philister vgl. 1. Chronik 10; Psalm 87, 4; 1. Samuel 15

Seite 237 f.: Elia fuhr gen Himmel vgl. 2. Könige 2

Seite 238: Gehazi vgl. 2. Könige 5, 1–19

Seite 266: Du bist am Ende Mephisto zu Faust in: Johann Wolfgang von Goethe, *Faust I* (1. Akt, 3. Szene). In: Werke. Hamburger Ausgabe in 14 Bänden. Hg. v. Erich Trunz. Bd. III. Hamburg 1949

Seite 285: Baden-Powell verweist Aus: George Watt, *Dictionary of the Economic Products of India.* Calcutta 1889–1896. Übers. v. Heide Sommer

Seite 288: Jonas Wunderbaum vgl. Jona 4

Seite 297: Introit für kleines Orchester und Solovioline Gerald Finzi, F-Dur, op. 6

Seite 313: Die Sonne sticht Aus: Franz Schubert, *Kantate zu Ehren von Josef Spendou* D 472, op. 128, Nr. 4; *trotz der anderen Schubertmelodie* Gemeint ist das Lied *Der Tod und das Mädchen* von Franz Schubert, D 531

Seite 319: Soave sia il vento Terzettino (Alfonso, Fiordiligi, Dorabella) aus: Wolfgang Amadeus Mozart, *Così fan tutte* (1. Akt, Nr. 10); *Dies natalis* Gerald Finzi, op. 8, für Solostimme und Streichorchester

Seite 330: Und meine Seele spannte Aus: *Mondnacht* von Joseph von Eichendorff, vertont von Robert Schumann, *Liederkreis*, op. 39, Nr. 5

Maarten 't Hart wurde 1944 in Maassluis, einer Kleinstadt in der Nähe von Rotterdam, als Sohn eines Totengräbers geboren und studierte von 1962–68 an der Rijksuniversiteit Leiden Biologie. Von 1970–87 war er Dozent für Ethologie. Seitdem lebt er als freier Autor und Kritiker mit seiner Frau in der Nähe von Leiden. 1971 veröffentlichte er seinen ersten Roman unter dem Pseudonym Martin Hart. Inzwischen ist ein umfangreiches erzählerisches und essayistisches Werk entstanden, das in mehrere Sprachen übersetzt und teilweise verfilmt wurde. Bei Arche erschienen: *Das Wüten der ganzen Welt* (1997); *CD – Das Wüten der ganzen Welt* (1997); *Die Netzflickerin* (1998); *CD – Die Netzflickerin* (1998); *Die schwarzen Vögel* (1999); *Bach und ich.* Mit CD (2000); *Gott fährt Fahrrad oder Die wunderliche Welt meines Vaters* (2000); *Das Pferd, das den Bussard jagte* (2002). Außerdem erschien als CD: Christian Brückner liest: *Maarten 't Hart, Concerto russe.* Mit Musik von Édouard Lalo (2002).

Maarten 't Hart im Arche Verlag

Das Wüten der ganzen Welt
Roman
416 Seiten. Gebunden. Mit CD

Die Netzflickerin
Roman
444 Seiten. Gebunden

Die schwarzen Vögel
Roman
320 Seiten. Gebunden

Gott fährt Fahrrad
oder Die wunderliche Welt
meines Vaters
320 Seiten. Gebunden

Alle aus dem Niederländischen
übersetzt von Marianne Holberg

Bach und ich
Aus dem Niederländischen von
Maria Csollány
264 Seiten. Gebunden. Mit CD
Neuauflage in Vorbereitung